AF142256

Contents

Legend .... Inside Front Cover
Points of Interest.................... II
Country Information III
Time Zone Map IV
Abbreviations V
Key Map Canada .... VI-VII
Key Map U.S.A .... VIII-IX
Key Map Mexico .... X-XI
Regional Maps 2-279
Index....................... 280-342
City Map Index 83
Distance Table .... Inside Back Cover

Contenu

Légende .... Couverture intérieure avant
Points d'intérêt II
Informations sur les pays III
Carte des fuseaux horaires IV
Abréviations V
Carte de repérage du Canada .... VI-VII
Carte de repérage des États-Unis .... VIII-IX
Carte de repérage du Mexique .... X-XI
Cartes régionales 2-279
Index............................ 280-342
Index des plans des villes 83
Tableau des distances . . Troisième de couverture

Contenido

Leyenda .... Interior de la portada
Puntos de interés II
Información sobre los países III
Mapa de la zona horaria IV
Abreviaturas V
Encuesta Mapa de Canadá .... VI-VII
Encuesta Mapa de EE.UU. .... VIII-IX
Encuesta mapa de México .... X-XI
Mapas Regionales..................... 2-279
Índice 280-342
Índice de mapa de la ciudad 83
Tabla de Distancias . . Interior de la contraportada

Provinces / States index • Indice Provinces / États • Índice Provincias / Estados

Canada

Alberta 9-10, 19-20, 34-35
British Columbia 8-9, 16-18, 32-35
Manitoba 11-12, 22-24, 38-39
Newfoundland and Labrador.......14-15, 29-31
New Brunswick 45-46, 74-75
Northwest Territories 2-4, 8-10
Nova Scotia 75-79
Nunavut 3-7, 11
Ontario 12, 24-26, 39-43, 50-53, 59-63, 66-73
Prince Edward Island 75-76
Québec 7, 13-14, 26-31, 43-47, 53-58, 62-65
Saskatchewan 10-11, 20-22, 36-37
Yukon 2, 8-9

U.S.A. / États-Unis

Alabama 212-213, 230-232, 242-243
Alaska 84-105
Arizona 183-185, 202-204, 219-222
Arkansas 191-192, 210-211, 228-229
California . . 140-141,160-161,180-182,199-202,218-219
Colorado 165-168, 185-188
Connecticut 158-159
Delaware 178, 198
Florida 243-245, 248-251
Georgia 213-215, 232-234, 243-245
Hawaii 252-253
Idaho 108-109, 123-125, 142-144
Illinois 152-153, 172-173, 193
Indiana 153-154, 173-174, 193-194
Iowa 150-152, 170-172
Kansas 168-171, 188-191
Kentucky 174-175, 193-196
Louisiana 228-229, 240-242
Maine 120, 138-139, 159
Maryland 176-178, 198
Massachusetts 178-179
Michigan 117-119, 133-135, 153-155
Minnesota 115-117, 130-132, 150-140
Mississippi 211-212, 229-230, 229-230
Missouri 170-172, 191-193
Montana 109-113, 124-128
Nebraska 147-150, 168-170
Nevada . . . 141-143, 161-163, 181-183, 201-202
New Hampshire 138, 159
New Jersey 178
New Mexico 185-187, 204-206, 222-224
New York 136-137, 156-158, 178-179
North Carolina 196-198, 214-217
North Dakota 113-115, 128-130
Ohio 154-155, 174-176
Oklahoma 188-191, 207-210
Oregon 121-123, 140-142
Pennsylvania 156-158, 176-178
Rhode Island 159
South Carolina 214-216, 233-234
South Dakota 128-130, 147-150
Tennessee 193-196, 212-214
Texas . . .188, 206-210, 223-228, 235-240, 246-247
Utah 131-132, 151-153, 171-173
Vermont 137
Virginia 176-177, 195-198
Washington 106-108, 121-123
West Virginia 175-177, 196-197
Wisconsin 117, 132-134, 152-153
Wyoming 125-128, 145-147, 165-167

Mexico / Mexique

Aguascalientes 272
Baja California 262
Baja California Sur 266-267
Campeche 278-279
Chiapas 277
Chihuahua 263-265, 267-269
Coahuila de Zaragoza 253, 268-268
Colima 271
Distrito Federal 272
Durango 268, 271
Guanajuato 272
Guerrero 275-276
Hidalgo 272-272
Jalisco 271-272
Estado de México 272, 275
Michoacán de Ocampo 271-272, 274-275
Morelos 275-276
Nayarit 271
Nuevo León 269
Oaxaca 274-277
Puebla 273, 275-276
Querétaro 272
Quintana Roo 279
San Luis Potosí 269, 272-273
Sinaloa 267-268, 271
Sonora 262-263, 267
Tabasco 277
Tamaulipas 269-270, 272-273
Tlaxcala 273
Veracruz de Ignacio de la Llave ... 273, 276-277
Yucatán 279
Zacatecas 268-269, 271-272

Colour Key Map / Explication des Couleurs / Explicación de los colores

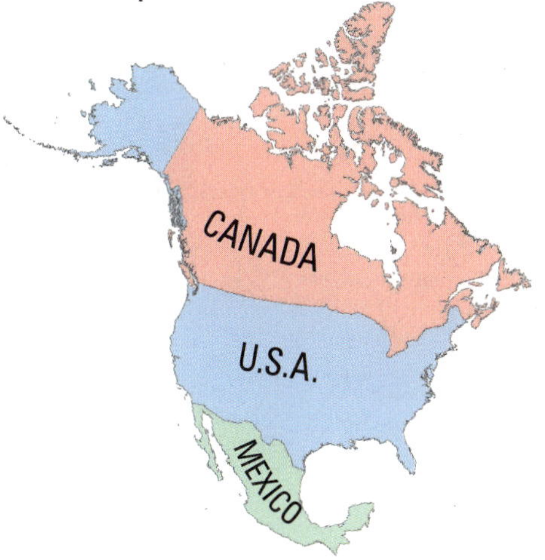

Published by / Publié par

MapArt.com

MapArt Publishing Corporation (Oshawa)
70 Bloor Street East
Oshawa, Ontario
L1H 3M2
Phone / Téléphone: 905-725-1010
email: feedback@cccmaps.com

Creative Team:
Norm Adam, Ralph Bonas, Karen Dyer, Norbert Eckrich, Daniel Engelhardt, Steve Fillinger, Lorne Franklin, Janina Grätz, Peter Gunter, Gerhild Kemper-Wildtraut, Tobias Kniep, Kelly Lawrence, Lisa McGhie, Rudolf Nowak, Wendy Pritchard, Frank Pruin, Wolf Dieter Störmer, Lars Tegtmeyer, Virág Veláncsics, Brandon Wheatley, Uta Ziegner

Printed in Canada / Imprimé au Canada

© Copyright 2016: This product is copyright protected by
MapArt Publishing Corporation (Oshawa)
under agreement with Huber Kartographie GmbH
www.cartography-huber.com

MapArt and MapArt Logo are trademarks of
© MapArt Publishing Corporation (Oshawa)

Every effort has been made to ensure the accuracy of this publication; however, since inconsistencies and frequent changes occur in this type of work the publishers cannot be responsible for any variations from the printed information but would appreciate notification should any be discovered.

Reproducing or recording of maps, text or any other material in this publication, by photocopying, by electronic storage and retrieval, or by any other means is prohibited without written permission of the copyright owner.

GPS image used under license from Shutterstock.com

Abbreviations / Abréviations / Abreviaturas

Cons. . . . . Conservation
Hist. . . . . .Historic(al)
Mar. . . . . Maritime
NHS . . . . .National Historic Site
NM . . . . .National Monument
NP. . . . . .National Park
Rec.. . . . . .Recreation

* = UNESCO World Heritage

CANADA

Alexander Graham Bell NHS 77 B7
Banff NP 34 B5
Banff Park Museum NHS. 34 B5
Canadian Rocky Mountain Parks*. 34 B4/5
Cape Breton Highlands NP 77 A7
Cape Spear Lighthouse NHS 49 D8
Chilkoot Trail NHS 8 C4
Clearwater Provincial Park 11 E8
Confederation Bridge. 75 B9
Dinosaur Provincial Park* 35 C10
Fortress of Louisbourg NHS 77 C8
Fort St. James NHS 17 B10
Fundy NP 75 C6/7
Glacier NP. 34 B4
Gros Morne NP* 48 B3
Head-Smashed-In Buffalo Jump* 35 D8
Jasper NP. 19 C6
Joggins Fossil Cliffs* 75 C8
Kicking Horse Pass NHS 34 B5
Kings Landing Hist. Settlement 74 C2
Kluane/Wrangell-St Elias/Glacier Bay/
Tatshenshini-Alsek* 8 C3
Kluane NP and Reserve. 8 B2
Kouchibouguac NP 75 A7
Lake of the Woods Museum 40 C1
Lake Superior National Mar. Cons. Area 41 D7/8
Landscape of Grand Pré* 79 A6
Lunenburg Old Town* 79 C6
L'Anse aux Meadows NHS* 31 D10
Manitoba Agricultural Museum. 38 D3/4
Martyr's Shrine. 60 C2
Miguasha NP* 46 C2
Museum of Northern British Columbia 16 B4
Mining & Nuclear Museum. 51 B4
Nahanni NP*. 9 B9
Niagara Falls Canada. 72 A3
Old Fort Henry. 69 B4
Pacific Rim NP Reserve. .32 E5
Québec Hist. District of Old Québec* 58 B1
Rideau Canal NHS*. .62/63 B3
Rogers Pass NHS 34 B4
S.S. Klondike NHS. 8 B4
SGang Gwaay*. 16 D3
Uniacke Estate Museum & Park 79 B7
Waterton Glacier International Peace Park* . . . 35 D7/8
Wood Buffalo NP*. 10 B1
Yoho NP 34 B5

U.S.A.

Alcatraz Island. 180 B2
Arches NP. 165 D5
Atlanta (Martin Luther King Jr. NHS). 214 C2
Aztec Ruins NM 186 C1
Badlands NP 128 D3
Big Hole National Battlefield NHS 125 B4
Bryce Canyon NP 184 B2
Cahokia Mounds State Hist. Site*. 172 D4
Cape Hatteras National Seashore 217 A6
Capitol Reef NP. 184 A3
Carlsbad Caverns NP*. 224 B1
Chaco Culture* 186 D2
Charlottesville (Monticello and the University
of Virginia)* 197 A5
Chimney Rock NHS (affiliated area) 147 C5
Colonial Beach
(George Washington Birthplace NM) 198 A2
Craters of the Moon NM and Preserve 143/144 A1
Death Valley NP 182 C2
Denali NP 92 D/E3
Devils Tower NM. 128 C1
Dinosaur NM. 165 B6
Everglades NP*. 251 B4
Fort Laramie NHS 147 B4
Glen Canyon National Rec. Area 185 A4
Grand Canyon-Parashant NM 183 C6
Grand Canyon NP* 184 C2
Great Smoky Mountains NP* 214 A3
Hawaii Volcanoes NP* 253 D6
Hyde Park NY (Home of F. D. Roosevelt NHS) . . . 158 C3
Kluane/Wrangell-St Elias/Glacier Bay/
Tatshenshini-Alsek* . . . . 104 D/E 2
Lassen Volcanic NP. 161 B4
Lewis and Clark National Hist. Trail. 110 B3
Little Bighorn Battlefield NM. 127 B4
Mammoth Cave NP*. 194 B2
Mesa Verde NP* 185 B6
Mississippi National River and
Recreacion Area (St. Paul) 131/132 C2
Montezuma Castle NM 203 B4
Mount Rainier NP 107 C5
Mount Rushmore National Memorial 128 D2
Natural Bridges NM 197 B4/212 B4
New York (Statue of Liberty)* 178 B3
New York Federal Hall NM . . . . 179 City Map
Olympic NP*. 106 B3
Padre Island National Seashore. 247 C4
Philadelphia (Independence Hall)* . . . . . 179 City Map
Philadelphia (Independence
National Hist. Park) . . . . 179 City Map
Puuhonua o Honaunau NHP 253 D6
Redwood National and State Parks* 140/160 A2
Richmond National Battlefield Park 198 B1
Rocky Mountain NP 167 B4
Sequoia NP 181 C6/182 C1
Springfield II (Lincoln Home NHS) 172/173 C4
Taos Pueblo*. 187 C4
Vicksburg National Military Park. 229 B6
Washington D.C. (Lincoln Memorial). . . . 256 City Map
Washington D.C. (Thomas Jefferson Memorial) . . . . . .
. . . . 256 City Map
Washington D.C. (Washington Monument). . . . .
. . . . 256 City Map
Waterton Glacier International Peace Park* . . 147 D7/8
White Sands NM 223 B4
Wrangell-St. Elias National Park and Preserve 8 C3
Yellowstone NP*. 126 C1
Yosemite NP* 181 B5
Zion NP 184 B1

MEXICO

Basaseachi (Cascada). .264 E1
Calakmul Ancient Maya City (Campeche)* 279 D5
Campeche (Hist. Fortified Town)* 279 C4
Central University City Campus of the Universidad
Nacional Autónoma de México (UNAM)* 272 E4
Chichen-Itza (Pre-Hispanic City)* 279 B6
Copper Canyon 267 A8
El Tajin Pre-Hispanic City*. 273 D6
Franciscan Missions in the Sierra Gorda
(Querétaro)*. 272 C4
Guanajuato (Hist. Town and Adjacent Mines)* . . 272 D2
Gulf of California (Islands and Protected Areas* . . 266 A3
Iztaccíhuatl-Popocatépetl 272 E5
Loreto (Bahía de Loreto) 266 B4
Louis Barragán House and Studio* 272 E4
Majalca (Cumbres de Majalca) 264 E3
Merida 279 B5
Mexico City. 272 E4
Mexico City and Xochimilco (Hist. Centre)* 272 E4
Monarch Butterfly Biossphere Reserve*. 272 E3
Monte Albán (Archaeological Site)* 276 B3
Montebello NP (Lagunas) 277 C8
Monterrey NP (Cumbres de Monterrey NP) . . . 269 C7
Morelia (Hist. Centre)* .272 E2
Oaxaca (Hist. Centre)* 276 B3
Palenque (Pre-Hispanic City and NP)*. 277 B7
Paquimé Archaeological Zone Casas Grandes*. 264 C2
Popocatepetl Earliest 16th-Century Monasteries
on the Slopes of Popocatepetl* 272 E5
Puebla (Hist. Centre)* 276 A1
Querétaro (Hist. Monuments Zone)* 272 D3
Rock Paintings of the Sierra de San Francisco* 266 A2
San Cristóbal de las Casas 277 C7
Sanctuary of Jesús Nazareno de Atotonilco* . . 272 C3
San Miguel (Protective Town)* 272 D3
San Miguel de Allende 272 D3
Sian Ka'an* 279 C7
Sierra de San Francisco (Rock Paintings)* 266 A2
Sierra Gorda (Querétaro) Franciscan Missions* 272 C4
Teotihuacan (Pre-Hispanic City)* 272 E5
Tequila Agave Landscape and
Ancient Industrial Facilities* 271 D4
Tierra Adentro (Camino)* 264 A2
Tlacotalpan (Hist. Monuments Zone)* 276 A4
Tulum 279 B7
Uxmal (Pre-Hispanic Town)*. 279 B5
Whale Sanctuary of El Vizcaino*. 266 A1
Xochicalco Archaeological Monuments Zone* . 275 A7
Xochimilco (Hist. Center)* 272 E4
Yagul and Mitla in the Central Valley
of Oaxaca (Prehist. Caves)*. 276 C3
Yaxchilan. 277 C9
Zacatecas (Hist. Center)* 272 B1

CANADA

Capital / Capitale: Ottawa

Largest city: Population / Plus grande ville: Population:
Toronto: 2.615.060

Area / Superficie: 9.984.670 km²

Population / Population: 33.476.688 (2011 census)

Currency / Gentilé: 1 Canadian Dollar ($) = 100 Cent

International area code / Préfixe International: +1

Emergency telephone numbers / Numéro d'appel d'urgence:
Police / Police 911
Medical / Secours Médicaux 911
Fire / Pompiers 911[*1]

Embassies / Ambassades:
- United States
490 Sussex Drive,
Ottawa, Ontario K1N 1G8
Phone Number: +1.613.688.5335
- Mexico:
45 O'Connor Street, Suite 1000
Ottawa, ON,K1P 1A4
Phone Number: +1.613.233.8988

Automobile Clubs / Club Automobile: CAA
Canadian Automobile Association
Association Canadienne des Automobilistes
Internet: www.CAA.ca
Phone Number: 01-800-222-4357

Electricity / Électricité:
Voltage / Tension du Secteur 110-120 V

Maximum Speed / Vitesse maximale (Interstate Highways):
100 / 110 km/h

Unit of Length / Unité de Longueur:
Kilometre/Kilomètre, Metre/Mètre, Centimetre/Centimètre
Conversion:
1 Kilometre = 0,621 Mile
1 Metre = 1,09 yard
1 Centimetre = 0,393 inch

Measure of Capacity / Mesure de Capacité: Litre
Conversion:
1 Litre = 2,64 US Gallons (liquid)
10 US Gallons = 38 Litres

Temperature / Température: Celsius
Conversion:
0° Celsius = 32° Fahrenheit
10° Celsius = 50° Fahrenheit
20° Celsius = 68° Fahrenheit

Climate / Climat:
„Canada's climate is not as cold all year around as some may believe. In winter, temperatures fall below freezing point throughout most of Canada but the southwestern coast has a relatively mild climate. Along the Arctic Circle, mean temperatures are below freezing for seven months a year. During the summer months the southern provinces often experience high levels of humidity and temperatures that can surpass 30 degrees Celsius regularly. Western and south-eastern Canada experience high rainfall, but the Prairies are dry with 250 mm to 500 mm of rain every year." (Source: www.trailcanada.com)

U.S.A.

Capital / Capitale: Washington, D.C.

Largest city: Population / Plus grande ville: Population:
New York: 8.244.910

Area / Superficie: 9.629.091 km² (UN 2007)

Population / Population: 311.484.627 (2011)

Currency / Gentilé: 1 US-Dollar (USD, $) = 100 Cent (¢)

International area code / Préfixe International: +1

Emergency telephone numbers / Numéro d'appel d'urgence:
Police / Police 911
Medical / Secours Médicaux 911
Fire / Pompiers 911

Embassies / Ambassades:
- Canada:
501 Pennsylvania Avenue NW
Washington, DC 20001-2114
Phone Number: +1.202.682.1740
- Mexico:
1911 Pennsylvania Ave NW
Washington DC 20006
Phone Number: +1.202.728.1600

Automobile Clubs / Club Automobile: AAA
American Automobile Association
Internet: www.AAA.com
Phone Number: 1-800-222-4357

Electricity / Électricité:
Voltage / Tension du Secteur 120 V
Frequency / Fréquence 60 Hz

Maximum Speed / Vitesse maximale (Interstate Highways):
55 - 80 mph *(89 - 129 km/h)*

Unit of Length / Unité de Longueur:
Mile, Yard, Feet, Inch
Conversion / Conversión:
1 inch = 2,54 cm
1 feet = 12 inch
1 Mile = 1,609 Kilometre

Measure of Capacity / Mesure de Capacité: US Gallon
Conversion:
1 US Gallon (liquid) = 3,79 Litres
10 Litre = 2,64 US Gallons (liquid)

Temperature / Température: Fahrenheit
Conversion:
0° Fahrenheit = -18° Celsius
50° Fahrenheit = 10° Celsius
75° Fahrenheit = 24° Celsius

Climate / Climat:
„A primary driver of weather in the contiguous United States is the position of the polar jet stream and its associated position. During the Northern Hemispheric Winter, it brings in large low pressure systems from the northern Pacific Ocean. ... In the Great Plains, the most extreme climate swings in the world occur over short time spans. Temperatures can rise or drop rapidly; winds can be extreme; and the flow of dry or moist hot air clashing with incoming Arctic air from the north often spawn powerful and life-threatening tornadic storms, particularly in the Spring." (Source: Wikipedia)

MEXICO

Capital: México City

Largest city: Population / La ciudad más grande: Población:
México City: 8.841.916

Area / Área: 1.972.550 km²

Population / Población: 112.322.757 (2011 census)

Currency / Moneda: Peso ($) = 100 Centavos (¢)

International area code / Internacional código de área: +52

Emergency telephone numbers / Números de teléfono de emergencia:
Police / Policía 066
Medical / Médico 065
Fire / Fuego 068

Embassies / Embajadas:
- Canada:
Calle Schiller No. 529, Colonia Polanco
11580 México, D.F.
Phone Number: +52.55.5724.7900
- United States:
Paseo de la Reforma 305, Colonia Cuauhtemoc
06500 México, D.F. Phone Number: +52.55.5080.2000

Automobile Clubs / Automóvil Clubes: AMA
Asociación Mexicana Automovilística
Internet: www.ama.com.mx
Phone Number: 01.800.911.0262

Electricity / Electricidad:
Voltage / Voltaje: 127 V (110V-135V)
Frequency / Frecuencia: 60 Hz

Maximum Speed (Interstate Highways) / Velocidad máxima (Autopistas interestatales):
100 / 110 km/h *(62-69 mph)*

Unit of Length / Unidades de longitud:
Kilometre/Kilómetro, Metre/Metro, Centimetre/centímetro
Conversion / Conversión:
1 Kilometre = 0,621 Mile
1 Metre = 1,09 yard
1 Centimetre = 0,393 inch

Measure of Capacity / Medida de capacidad: Litre/Litro

Temperature / Temperatura: Celsius

Climate / Climat:
„The Tropic of Cancer effectively divides the country into temperate and tropical zones. Land north of the twenty-fourth parallel experiences cooler temperatures during the winter months. South of the twenty-fourth parallel, temperatures are fairly constant year round and vary solely as a function of elevation. ... Mexico lies squarely within the hurricane belt, and all regions of both coasts are susceptible to these storms from June through November." (Source: Wikipedia)

Important: Travel Warning / Advertencia de viaje:
U.S. DEPARTMENT OF STATE, Bureau of Consular Affairs: „ ... crime and violence are serious problems throughout the country and can occur anywhere. ... The location and timing of future armed engagements is unpredictable. We recommend that you defer travel to the areas indicated in this Travel Warning [towns and cities in many parts of Mexico, especially in the border region] and to exercise extreme caution when traveling throughout the northern border region."

Sources:
- Federal Foreign Office, Berlin
- Government of Canada / Gouvernement du Canada (www.canada.ca)
- Canadian Tourism Commission (www.caen.canada.travel)
- U.S. Department of State (www.usembassy.gov/#AR)
- Foreign Affairs and International Trade Canada / Affaires étrangères et Commerce international Canada (www.international.gc.ca or www.voyage.gc.ca)
- www.embassy.org

Magadan Time
Samoa Standard Time
Hawaii-Aleutian Standard Time
Alaska Standard Time
Pacific Standard Time
Mountain Standard Time
Central Standard Time
Eastern Standard Time
Atlantic Standard Time
West Greenland Time
RUSSIA
GREENLAND
Beaufort Sea
Davis Strait
HAST
Nome
AK
Anchorage
Inuvik
YT
Whitehorse
Juneau
NT
Yellowknife
NU
Iqaluit
Hudson Bay
Churchill
CANADA
AB
BC
SK
MB
ON
QC
NL
Schefferville
Goose Bay
Newfoundland Standard Time
Edmonton
Calgary
Saskatoon
Regina
Winnipeg
Vancouver
Seattle
WA
Sept-Iles
St. John's
PE
NB
NS
Québec
Montréal
OTTAWA
Halifax
Pierre & Miquelon Standard Time
MT
ID
OR
ND
SD
MN
WI
MI
Minneapolis
Toronto
Detroit
ME
VT
NH
MA
CT
RI
NY
Boston
New York
WY
Salt Lake City
NV
UT
CO
Denver
NE
IA
Chicago
IL
IN
OH
PA
NJ
MD
DE
San Francisco
CA
UNITED STATES
KS
Kansas City
MO
KY
WASHINGTON D.C.
VA
WV
Los Angeles
AZ
Phoenix
Santa Fe
NM
OK
AR
Memphis
TN
NC
SC
Atlanta
GA
AL
MS
LA
TX
Dallas
Houston
New Orleans
FL
Miami
Pacific Ocean
Atlantic Ocean
Atlantic Standard Time
Samoa Standard Time
Hawaii-Aleutian Standard Time
Alaska Standard Time
BCN
SON
CHH
Chihuahua
MEXICO
BCS
SIN
La Paz
DUR
COA
NLE
ZAC
TAM
NAY
SLP
JAL
MEXICO CITY
DF
TLA
MOR
COL
MIC
PUE
VER
TAB
GRO
OAX
CHP
CAM
YUC
ROO
Merida
Gulf of Mexico
BAHAMAS
CUBA
JAMAICA
HAITI
DOMINICAN REPUBLIC
Puerto Rico
BELIZE
GUATEMALA
HONDURAS
EL SALVADOR
NICARAGUA
COSTA RICA
PANAMA
COLOMBIA
VENEZUELA
Caribbean Sea
Honolulu
HI
Hawaii-Aleutian Standard Time
Pacific Standard Time
Mountain Standard Time
Central Standard Time
Eastern Standard Time
Greenwichtime = 6 pm

A

A.F.B.	Air Force Base
Admin.	Administration
Agri.	Agriculture or Agricultural
Al.	Alley
Amer.	American
Arc.	Arcade
Arch.	Archaeological
Arpt.	Airport
Aud.	Auditorium
Av.	Avenue

B

B.	Bay
Bch.	Beach
Bfld.	Battlefield
Bio.	Biological
Bldg.	Building
BLM	Bureau of Land Management
Bot.	Botanical
Br.	Branch or Bridge
Bur.	Bureau
Byp.	Bypass

C

C.C.	Country Club
C.H.	City Hall
C.of C.	Chamber of Commerce
C.V.B.	Convention and Visitors Bureau
Can.	Canal
Cap.	Capitol
Cath.	Cathedral
Cd.	Ciudad
Cem.	Cemetery
CHA	Critical Habitat Area
Cir.	Circle
Co.	Company or County
Col.	Coliseum
Coll.	College
Com.	Common
Comm.	Community
Cons.	Conservation
Cor.	Corner
Corp.	Corporation
Cr.	Creek
Cross.	Crossing
Cswy.	Causeway
Ct.	Court
Ct.Hse.	Court House
Ctr.	Centre

D

Dept.	Department
Dev.	Development
Div.	Division
Dr.	Drive

E

E.	East
El.	Elevation
Env.	Environmental
Est.	Estación
Exh.	Exhibition
Expm.	Experimental
Expwy.	Expressway

F

Fco.	Francisco
Fed.	Federal
Fk.	Fork
Fld.	Field
For.	Forest
For.Pres.	Forest Preserve
Found.	Foundation
Frgds.	Fairgrounds
Ft.	Fort
ft	Feet
Frwy., Freewy.	Freeway
Fy.	Ferry
Fy. (Pass.)	Ferry (Passenger)

G

Gdns.	Gardens
Gen.Hosp.	General Hospital
Govt.	Government
Gral.	General
Grdn.	Garden
Grds.	Grounds
Grv.	Grove

H

H.S.	High School
Hbr.	Harbour
Hd.	Head
Hdqrs.	Headquarters
Hist.	Historic or Historical
Hosp.	Hospital
Hse.	House
Hts.	Heights
Hwy.	Highway

I

I.	Island
IR or Ind.Res.	Indian Reservation or Reserve
Ind.	Indian
Info.	Information
Inst.	Institute
Int'l.	International
Is.	Islands

J

Jct.	Junction
Jn.	Junction

L

L.	Lake
La.	Laguna
Lib.	Library
Ln.	Lane
Lndg.	Landing

M

Mar.	Marine
Med.	Medical
Mem.	Memorial
Metro.	Metropolitan
Mgmt.	Management
Mid.	Middle
Mil.	Military
Mil. Res.	Military Reservation
Min.	Mineral
Mkt.	Market
Mnd.	Mound
Mnds.	Mounds
Mnr.	Manor
Mon.	Monument
Msn.	Mission
Mt.	Mount
Mtn.	Mountain
Mtns.	Mountains
Mtwy.	Motorway
Mun.	Municipal
Mus.	Museum

N

N.	North
N.A.S.	Naval Air Station
Nat.	Natural
Nat'l.	National
Nat'l.Mem.	National Memorial
N.C.	northern central
N.E.	northeastern
NF	National Forest
NHL	National Historical Landmark
NHP	National Historical Park
NHS	National Historical Site
NM	National Monument
NP	National Park
NRA	National Recreation Area
N.W.	northwestern
NWF	National Wildlife Forest
NWR	National Wildlife Refuge

P

P.	Port
P. N.	Pueblo Nuevo
P.O.	Post Office
Pass.	Passenger
Pd.	Pond
Pk.	Park
Pk.	Peak
Pkwy.	Parkway
Pl.	Place
Plant.	Plantation
Plz.	Plaza
Pres.	Preserve
Prov.	Province or Provincial
Prov.Pk. or P.P.	Provincial Park
Pt.	Point
Pta.	Punta

R

R.	River
R.R.	Railroad
Rd.	Road
Rds.	Roads
Rec.	Recreation
Reg.	Regional
Res.	Reservoir/Reservation/Resort

S

S.	Sound
S.	South
S.	San
Sanc.	Sanctuary
SB	State Beach
S.C.	southern central
Sci.	Scientific
S.E.	southeastern
SF	State Forest
SHL	State Historic Landmark
SHM	State Hist. Monument
SHS	State Hist. Site
Shop.Ctr.	Shopping Center
SHP	State Hist. Park
SM	State Monument
SMP	State Monument Park
SNA	State Natural Area
SP	State Park
Spr.	Spring
Sprs.	Springs
Sq.	Square
SRA	State Recreation Area
SRS	State Recreation Site
St.	State/Saint/Street
St.Coll.	State College
St.Mem.	State Memorial
St.Mus.	State Museum
Sta.	Station or Santa
Stad.	Stadium
Ste.	Sainte
Stgo.	Santiago
Sth.	South
Sto.	Santo
S.W.	southwestern
Sys.	Systems

T

T.Br.	Toll Bridge
T.I.C.	Tourist Information Center
Tech.	Technical, Technology or Technological
Ter.	Terrace
Terr.	Territory
Theol.	Theological
Tlwy.	Tollway
Tpk.	Turnpike
Tr.	Trail
Trfwy.	Trafficway
Tun.	Tunnel

U

U. or Univ.	University
U.S.	United States
U.S.A.	United States of America

V

Va.	Villa
Val.	Valley
Vet.	Veterans
Vic.	Vicente
Vil.	Village

W

W.	West
W.C.	western central
WMA	Wildlife Management Area
Wwy.	Waterway

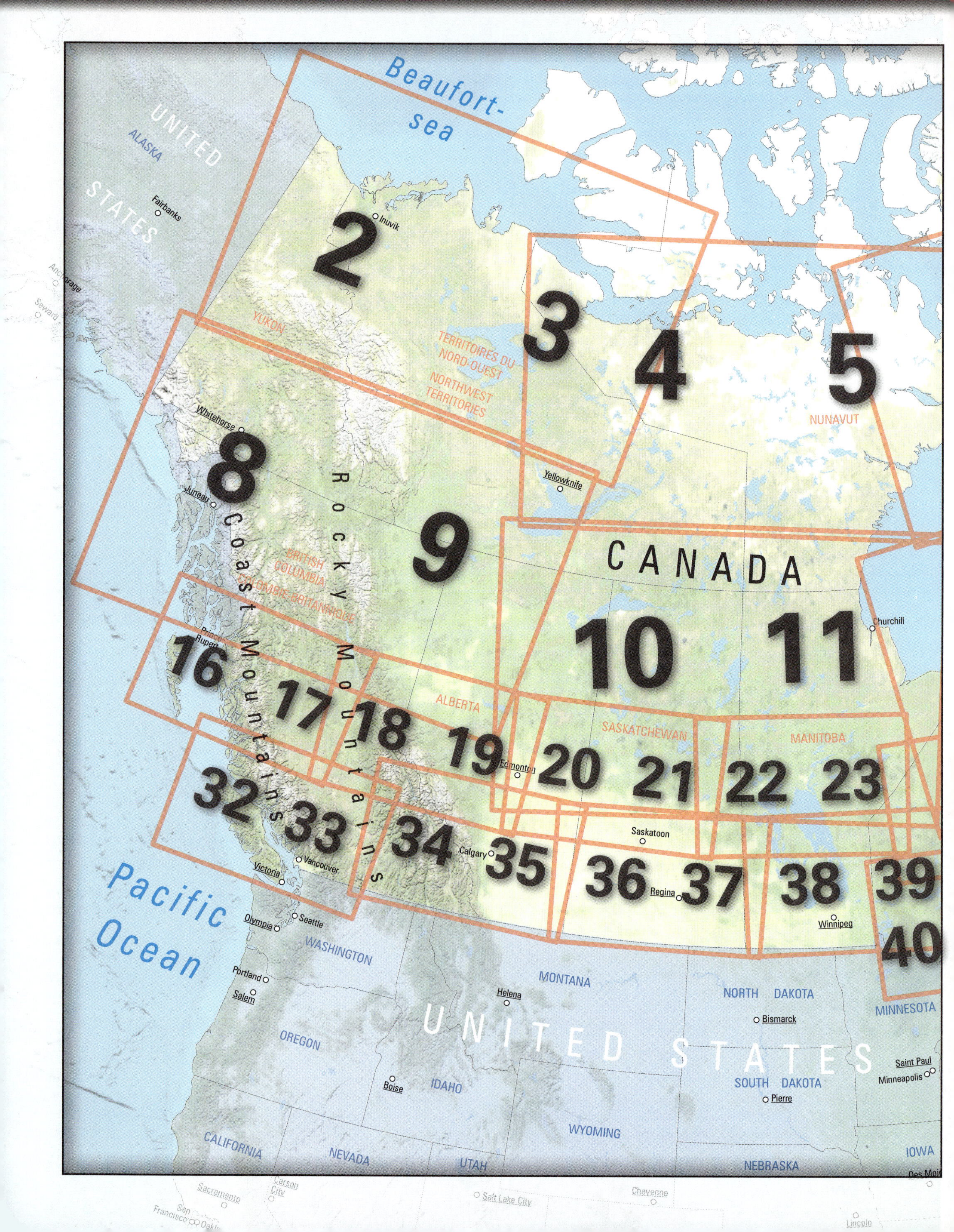
Beaufort-sea
UNITED STATES
ALASKA
Fairbanks
Anchorage
Seward
Inuvik
YUKON
TERRITOIRES DU NORD-OUEST
NORTHWEST TERRITORIES
NUNAVUT
Whitehorse
Juneau
Yellowknife
Coast Mountains
Rocky Mountains
BRITISH COLUMBIA
COLOMBIE-BRITANNIQUE
CANADA
Churchill
Prince Rupert
ALBERTA
SASKATCHEWAN
MANITOBA
Edmonton
Saskatoon
Calgary
Regina
Winnipeg
Vancouver
Victoria
Pacific Ocean
Olympia
Seattle
WASHINGTON
Portland
Salem
OREGON
MONTANA
Helena
IDAHO
Boise
NORTH DAKOTA
Bismarck
SOUTH DAKOTA
Pierre
MINNESOTA
Saint Paul
Minneapolis
WYOMING
CALIFORNIA
NEVADA
UTAH
NEBRASKA
IOWA
Des Moines
Sacramento
Carson City
San Francisco
Salt Lake City
Cheyenne
Lincoln
2
3
4
5
8
9
10
11
16
17
18
19
20
21
22
23
32
33
34
35
36
37
38
39
40

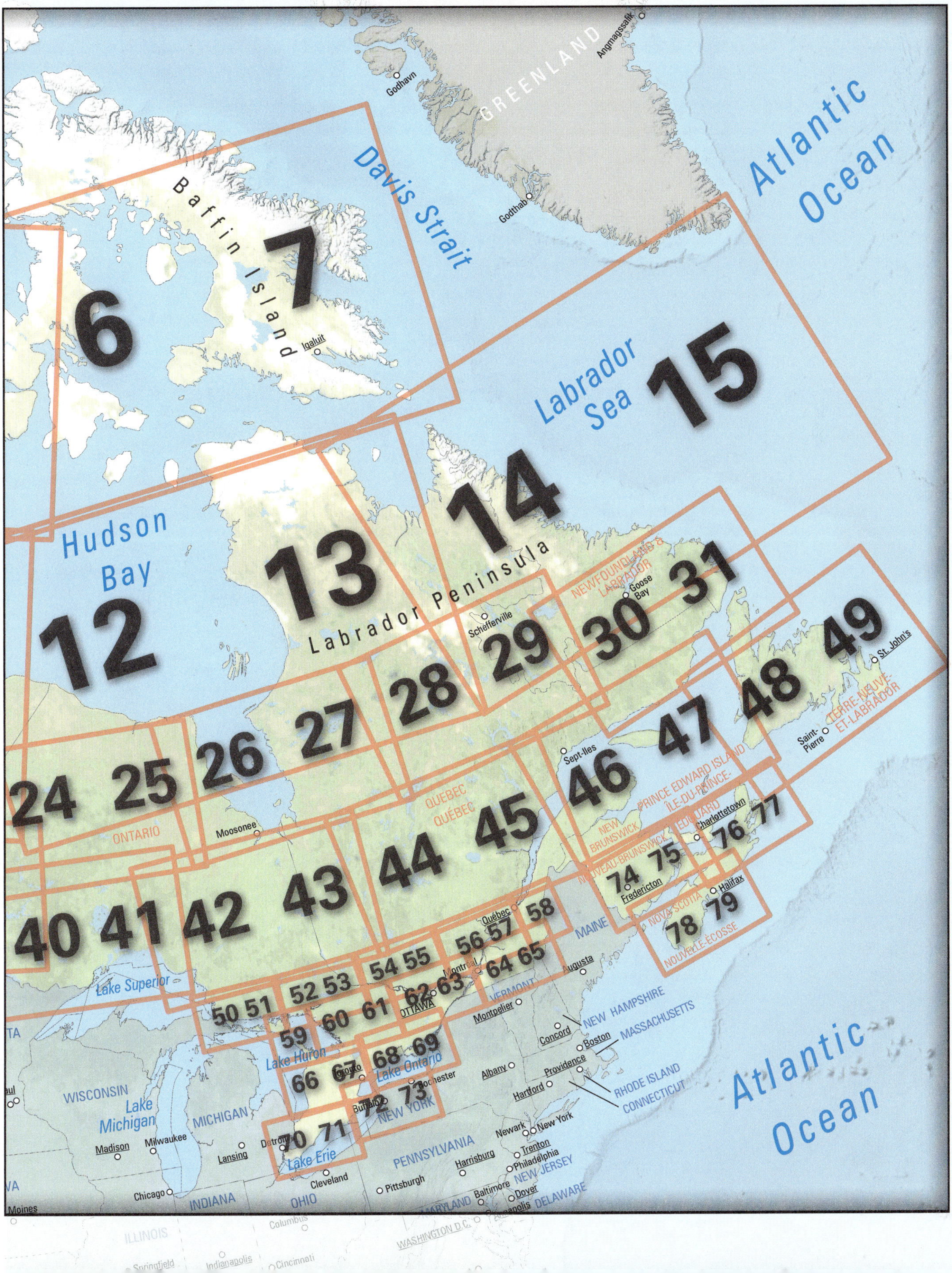
0 100 250 500 km
0 50 150 300 Miles
N
GREENLAND
Godhavn
Angmagssalik
Godthab
Davis Strait
Atlantic Ocean
Baffin Island
Iqaluit
Labrador Sea
Hudson Bay
Labrador Peninsula
Schefferville
Goose Bay
NEWFOUNDLAND & LABRADOR
St. John's
Saint-Pierre
TERRE-NEUVE-ET-LABRADOR
Sept-Iles
PRINCE EDWARD ISLAND
ÎLE-DU-PRINCE-ÉDOUARD
Charlottetown
NEW BRUNSWICK
NOUVEAU-BRUNSWICK
Fredericton
Halifax
NOVA SCOTIA
NOUVELLE-ÉCOSSE
QUÉBEC
ONTARIO
Moosonee
Québec
Montréal
OTTAWA
Toronto
Lake Superior
Lake Huron
Lake Ontario
Lake Michigan
Lake Erie
MAINE
Augusta
VERMONT
Montpelier
NEW HAMPSHIRE
Concord
MASSACHUSETTS
Boston
Providence
RHODE ISLAND
CONNECTICUT
Hartford
Albany
NEW YORK
New York
Rochester
Buffalo
Newark
Trenton
Philadelphia
NEW JERSEY
Dover
DELAWARE
Baltimore
Annapolis
MARYLAND
WASHINGTON D.C.
PENNSYLVANIA
Harrisburg
Pittsburgh
Cleveland
OHIO
Columbus
Detroit
MICHIGAN
Lansing
WISCONSIN
Madison
Milwaukee
Chicago
INDIANA
Indianapolis
Cincinnati
ILLINOIS
Springfield
Moines
6 7 12 13 14 15 24 25 26 27 28 29 30 31 40 41 42 43 44 45 46 47 48 49 50 51 52 53 54 55 56 57 58 59 60 61 62 63 64 65 66 67 68 69 70 71 72 73 74 75 76 77 78 79

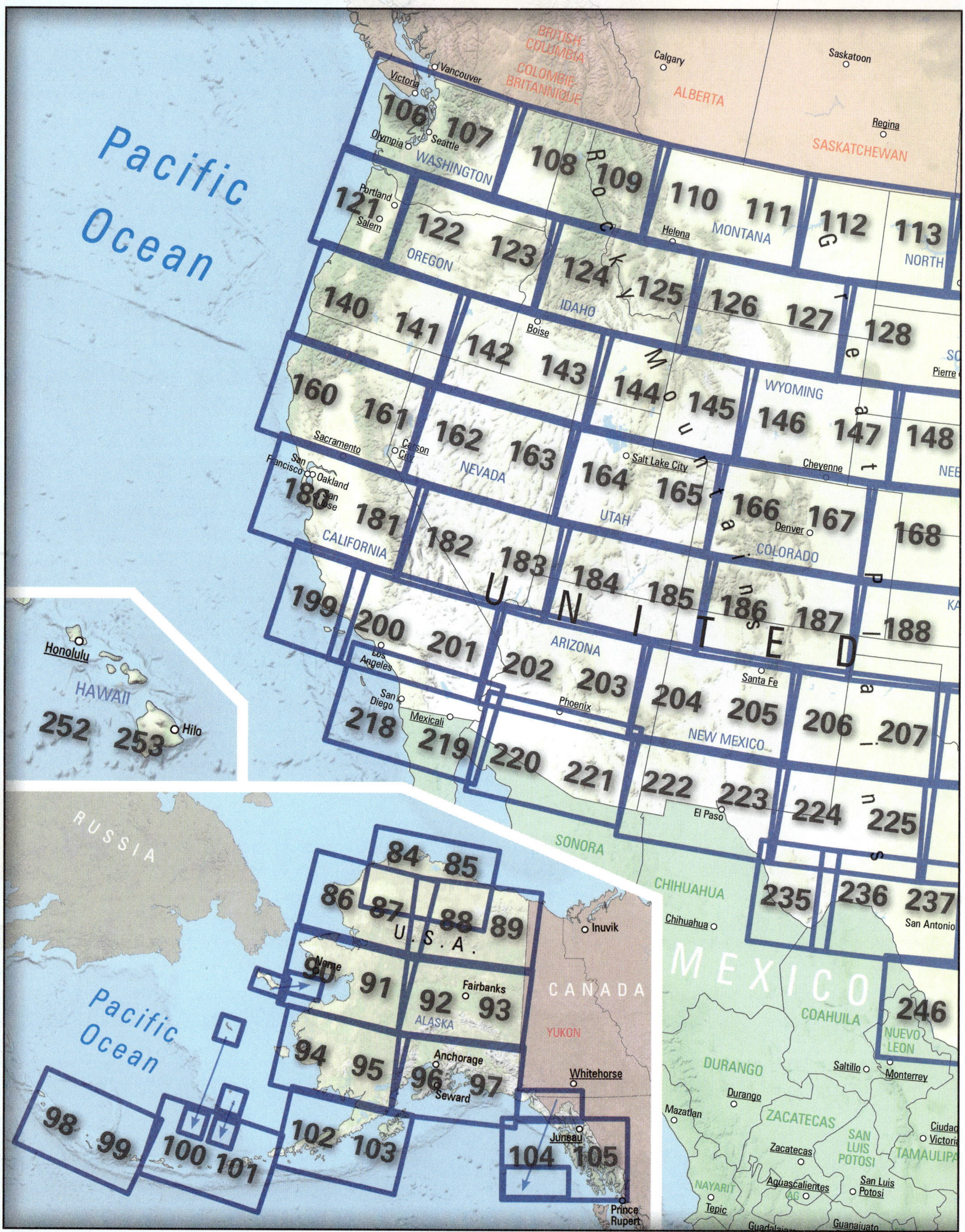
Pacific Ocean
BRITISH COLUMBIA
COLOMBIE BRITANNIQUE
ALBERTA
SASKATCHEWAN
Calgary
Saskatoon
Regina
Vancouver
Victoria
Seattle
Olympia
WASHINGTON
Portland
Salem
OREGON
IDAHO
Boise
MONTANA
Helena
NORTH
WYOMING
Cheyenne
Pierre
Rocky Mountains
Great Plains
NEVADA
Carson City
Sacramento
San Francisco
Oakland
San Jose
CALIFORNIA
Los Angeles
San Diego
Mexicali
UTAH
Salt Lake City
COLORADO
Denver
ARIZONA
Phoenix
NEW MEXICO
Santa Fe
El Paso
UNITED
SONORA
CHIHUAHUA
Chihuahua
MEXICO
COAHUILA
NUEVO LEON
Saltillo
Monterrey
San Antonio
DURANGO
Durango
Mazatlan
ZACATECAS
Zacatecas
SAN LUIS POTOSI
San Luis Potosi
Aguascalientes
NAYARIT
Tepic
TAMAULIPAS
Guadalajara
Guanajuato
Honolulu
HAWAII
Hilo
RUSSIA
U.S.A.
Nome
Fairbanks
ALASKA
Anchorage
Seward
Inuvik
CANADA
YUKON
Whitehorse
Juneau
Prince Rupert
84 85 86 87 88 89 90 91 92 93 94 95 96 97 98 99 100 101 102 103 104 105
106 107 108 109 110 111 112 113
121 122 123 124 125 126 127 128
140 141 142 143 144 145 146 147 148
160 161 162 163 164 165 166 167 168
180 181 182 183 184 185 186 187 188
199 200 201 202 203 204 205 206 207
218 219 220 221 222 223 224 225
235 236 237 246 252 253

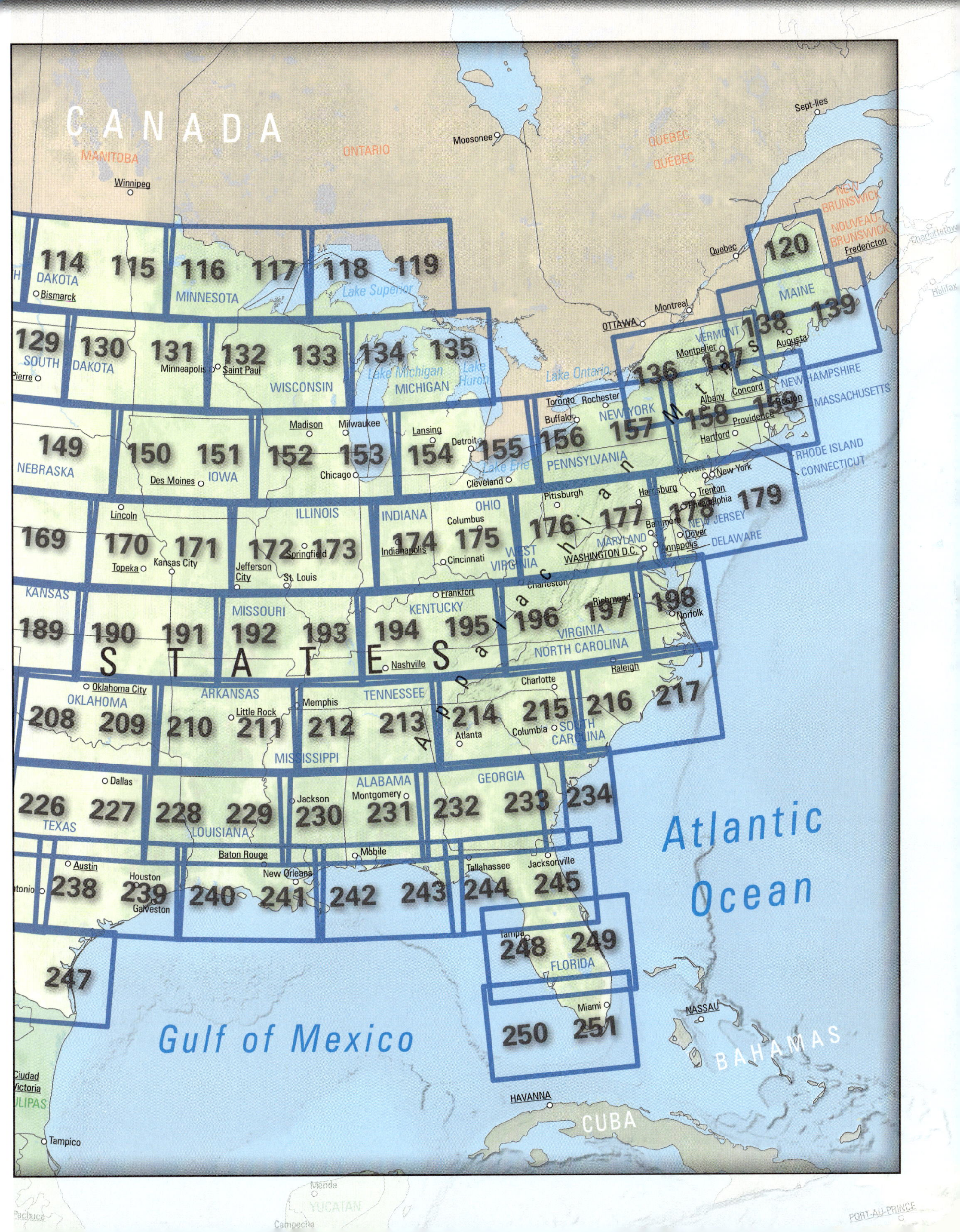
CANADA
MANITOBA
Winnipeg
ONTARIO
Moosonee
QUEBEC
QUÉBEC
Sept-Iles
NEW BRUNSWICK
NOUVEAU-BRUNSWICK
Fredericton
Quebec
Montreal
OTTAWA
Lake Ontario
Toronto
Rochester
Buffalo
Lake Superior
Lake Michigan
Lake Huron
Lake Erie
114
115
116
117
118
119
120
DAKOTA
Bismarck
MINNESOTA
MAINE
129
130
131
132
133
134
135
136
137
138
139
SOUTH
DAKOTA
Pierre
Minneapolis
Saint Paul
WISCONSIN
MICHIGAN
VERMONT
Montpelier
Augusta
NEW YORK
NEW HAMPSHIRE
Concord
Albany
MASSACHUSETTS
Boston
Providence
Hartford
RHODE ISLAND
CONNECTICUT
149
150
151
152
153
154
155
156
157
158
159
NEBRASKA
Des Moines
IOWA
Madison
Milwaukee
Chicago
Lansing
Detroit
Cleveland
PENNSYLVANIA
Newark
New York
Pittsburgh
Harrisburg
Trenton
Philadelphia
NEW JERSEY
Baltimore
Dover
Annapolis
DELAWARE
MARYLAND
WASHINGTON D.C.
169
170
171
172
173
174
175
176
177
178
179
Lincoln
Topeka
Kansas City
ILLINOIS
Springfield
Jefferson City
St. Louis
INDIANA
Indianapolis
OHIO
Columbus
Cincinnati
WEST VIRGINIA
Charleston
KANSAS
189
190
191
192
193
194
195
196
197
198
MISSOURI
Frankfort
KENTUCKY
Richmond
Norfolk
VIRGINIA
NORTH CAROLINA
Nashville
STATES
Appalachian Mts
Oklahoma City
OKLAHOMA
ARKANSAS
Little Rock
Memphis
TENNESSEE
Charlotte
Raleigh
208
209
210
211
212
213
214
215
216
217
MISSISSIPPI
Atlanta
Columbia
SOUTH CAROLINA
Dallas
226
227
228
229
230
231
232
233
234
TEXAS
LOUISIANA
Jackson
ALABAMA
Montgomery
GEORGIA
Austin
Houston
Galveston
Baton Rouge
New Orleans
Mobile
Tallahassee
Jacksonville
238
239
240
241
242
243
244
245
247
248
249
250
251
Tampa
FLORIDA
Miami
Atlantic Ocean
Gulf of Mexico
NASSAU
BAHAMAS
HAVANNA
CUBA
Ciudad Victoria
Tampico
Merida
YUCATAN
Campeche
Pachuca
PORT-AU-PRINCE
Charlottetown
Halifax

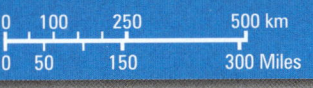

Los Angeles
CALIFORNIA
San Diego
ARIZONA
Phoenix
NEW MEXICO
UNITED
Mexicali
El Paso
262
263
264
265
Isla Guadalupe (Mexico)
BAJA CALIFORNIA
Golfo de California
SONORA
Sierra Madre Occidental
Hermosillo
CHIHUAHUA
Chihuahua
COAHUIL
266
267
268
BAJA CALIFORNIA SUR
Culiacan
DURANGO
MEXIC
La Paz
SINALOA
Durango
ZACATECAS
Mazatlan
AGUASCALIENTES
Zacatecas
NAYARIT
Aguascalientes
271
Tepic
Guadalajara
JALISCO
Pacific Ocean
Isla Socorro (Mexico)
Colima
COLIMA
MICHO
274

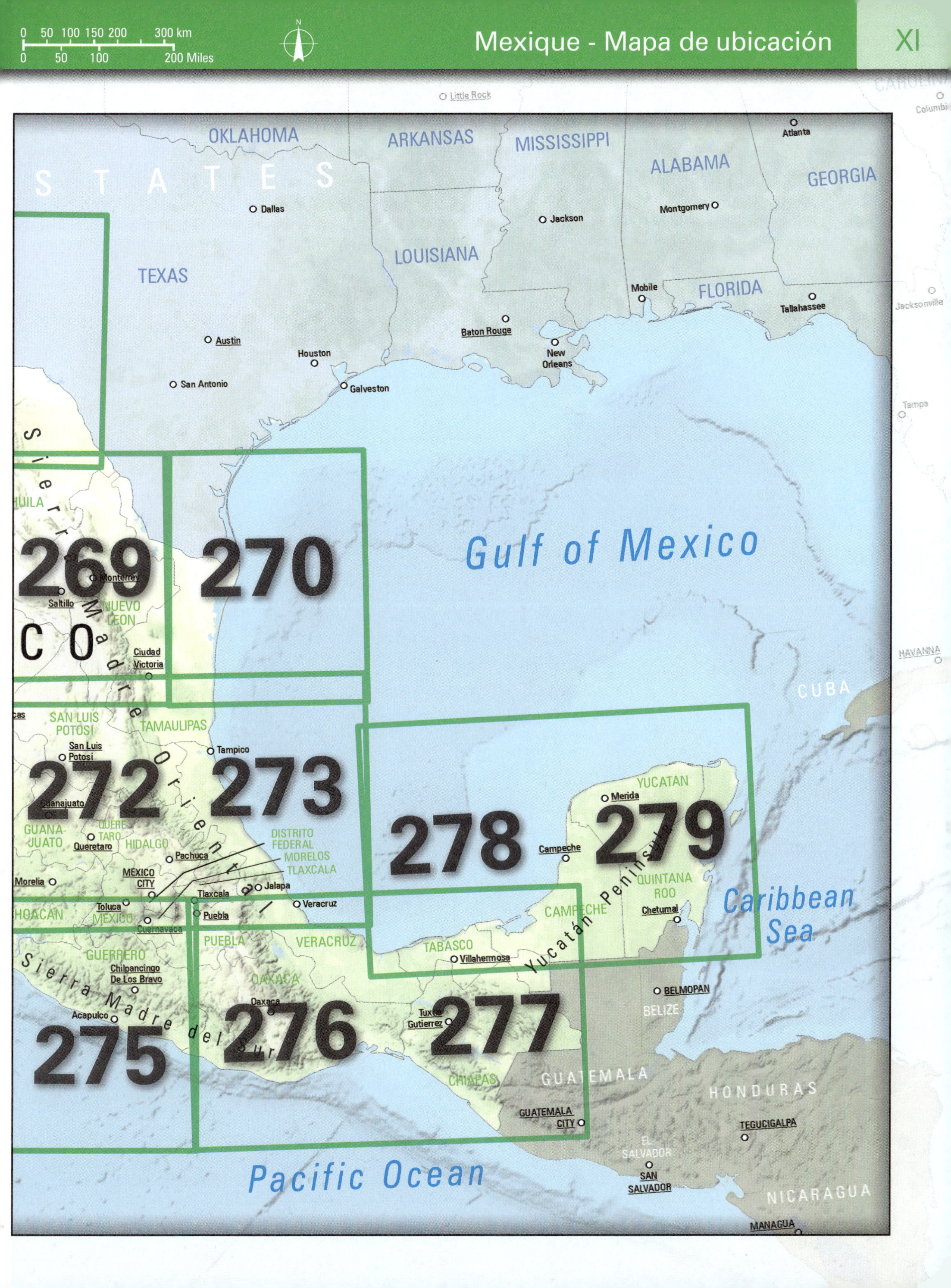
0 50 100 150 200 300 km
0 50 100 200 Miles
N
OKLAHOMA
ARKANSAS
MISSISSIPPI
ALABAMA
GEORGIA
STATES
Atlanta
Dallas
Montgomery
Jackson
LOUISIANA
TEXAS
Mobile
FLORIDA
Tallahassee
Baton Rouge
Austin
Houston
New Orleans
San Antonio
Galveston
Gulf of Mexico
269
270
Monterrey
Saltillo
NUEVO LEON
CO
Ciudad Victoria
Sierra Madre Oriental
CUBA
HAVANNA
SAN LUIS POTOSI
TAMAULIPAS
San Luis Potosi
Tampico
272
273
278
279
YUCATAN
Merida
Guanajuato
GUANA-JUATO
QUERETARO
Queretaro
HIDALGO
DISTRITO FEDERAL
MORELOS
TLAXCALA
Pachuca
Campeche
Yucatán Peninsula
QUINTANA ROO
Chetumal
Morelia
MEXICO CITY
Jalapa
Tlaxcala
Veracruz
Caribbean Sea
Toluca
MEXICO
Puebla
Cuernavaca
CAMPECHE
PUEBLA
VERACRUZ
TABASCO
Villahermosa
GUERRERO
Chilpancingo De Los Bravo
BELMOPAN
BELIZE
OAXACA
Oaxaca
Acapulco
Sierra Madre del Sur
276
Tuxtla Gutierrez
277
275
CHIAPAS
GUATEMALA
HONDURAS
GUATEMALA CITY
TEGUCIGALPA
EL SALVADOR
SAN SALVADOR
Pacific Ocean
NICARAGUA
MANAGUA
Little Rock
Columbia
Jacksonville
Tampa

1
2
AKST 3 PST
4
5 PST
6
MST
9
10
146°W
144°W
142°W
140°W
138°W
136°W
134°W
130°W
128°W
126°W
A
B
C
D
E
70°N
68°N
66°N
64°N
89
93
8
Cape Kellett
Northwest Passage
Camden Bay
Kaktovik
Barter I.
Beaufort Lagoon
Icy Reef
Demarcation Pt.
Gordon
Mt. Michelson 2700 8855
Romanzof Mnts.
Mt. Greenough 2207 7240
British Mountains
Ivvavik Nat. Park
Herschel I.
182
Herschel
Kay Pt.
Kendall Island Bird Sanctuary
Mackenzie Bay
Pelly I.
Warren Pt.
Atkinson Pt.
Baillie Is.
Cape Bathurst
Cape Dalhousie
Russell Inlet
Harrowby B.
Nicholson Pen.
98
Liverpool Bay
Wood B.
Franklin Bay
Kugmallit Bay
Tuktoyaktuk
Campbell I.
Ellice I.
Richards Island
Olivier Is.
Langley I.
Tununuk
Eskimo Lakes
Arctic National Wildlife Refuge
Davidson Mnts.
2255 7396
Bear Mt. 1601 4220
1905
Vuntut Nat. Park
Porcupine
1143
Babbage R.
Blow R.
Shallow B.
Mackenzie Delta
Reindeer Depot
Noell L.
Sitidgi L.
Winter Road
Aklavik
Inuvik
Parsons L.
West Channel
290
Crossley Lakes
Tadenet L.
NORTHWEST TERRITORIES
Wolverine R.
Andrew R.
Simpson L.
Niwelin L.
Old Crow Mt. 1271
Old Crow
1676
Richardson Mountains
Porcupine R.
Old Rampart
Sharp Mt. 1035
Porcupine Plain
Porcupine Plateau
8
Rengleng R.
Travaillant L.
411
Tsiigehtchik (Arctic Red River)
Fort McPherson (Tetl'it Zheh)
Nagwichoonjik Historic Site
Mackenzie R.
Little Chicago
Hud Mt. 856 2807
Mt. Rover 1408
1574
Salmon Fork
U.S.A.
CANADA
Ogilvie Mountains
Eagle Plains
5
Peel River Game Reserve
Martin House
385
Tadek L.
Lac Belot
Colville Lake
Winter Road
Hare Indian R.
Mt. Burgess 1600
1343
Caribou R.
Indian Grave Mtn. 1292
Mt. Klotz 1905
Ogilvie
Peel Plateau
Bald Hill 824
Fort Good Hope
Ramparts R.
Lac à Jacques
Franklin
Norman Range
Nation
Fort Egbert NHS
Mt. Eldridge 1905 6250
Eagle
2210
Dempster Hwy.
YUKON
1905
Selwyn Mountains
Mackenzie Mountains
Norman Wells
1003
Kelly L.
Closed in winter
Top of the World Hwy.
Dawson City
Chicken
Jack Wade
2362
2210
2515
2515
2132
Caracuja Falls
Mt. Hart 1621
Glenboyle
Klondike River
Stewart Plateau
Rackla Range
2667
Mt. Patterson 2088
Elsa
Keno Hill
Klondike Plateau
1483
1600
Mt. Eduni 2352
11
Mayo
Mt. Joy 2235
Klondike Hwy
Silver Trail
Stewart Crossing
Mt. Stewart 1239
1593
Coldspring Mtn.
2515
Keele
Delthore Mtn.

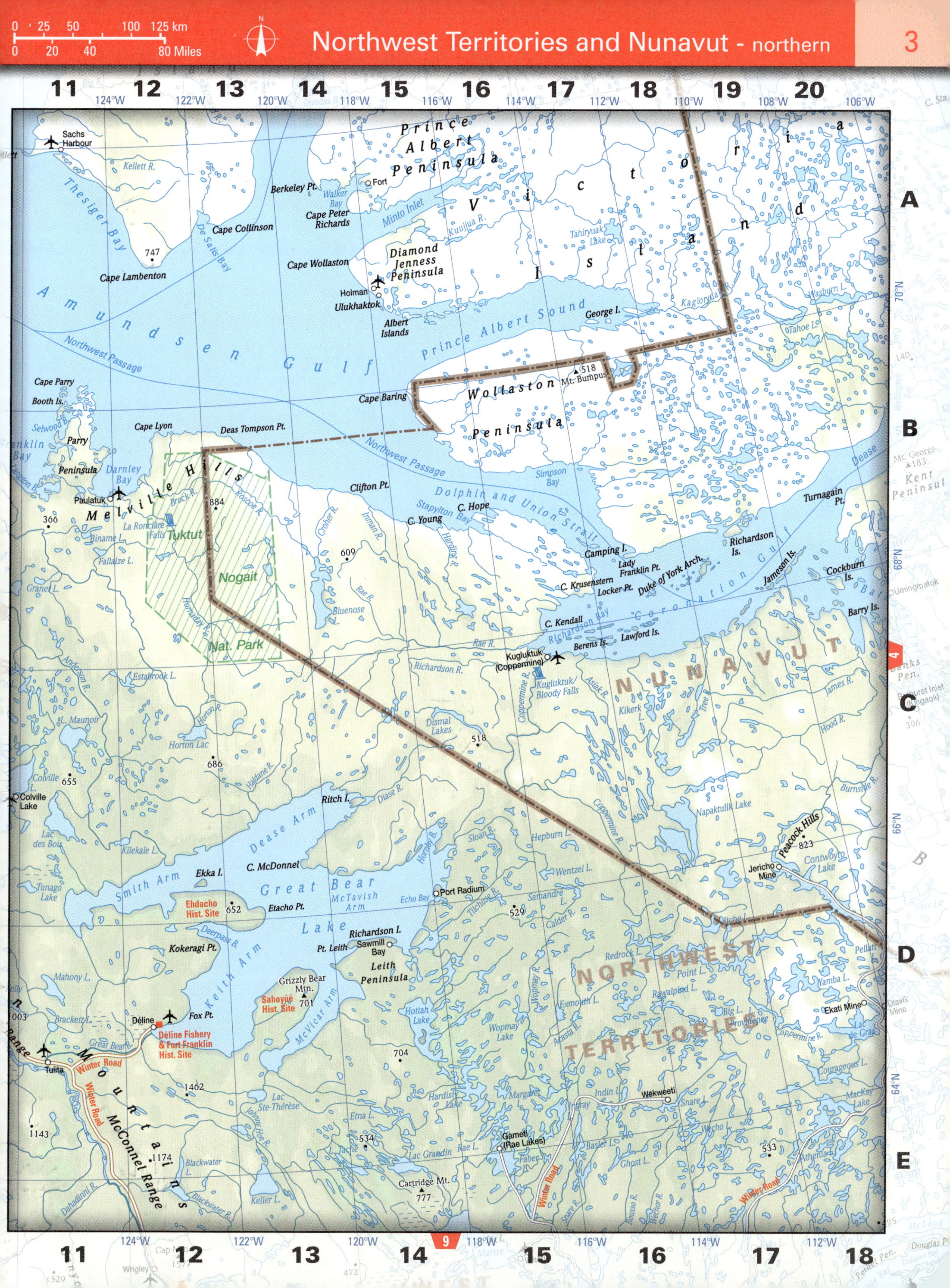
0 25 50 100 125 km
0 20 40 80 Miles
N
Sachs Harbour
Kellett R.
Thesiger Bay
747
Cape Lambenton
Cape Collinson
De Salis Bay
Berkeley Pt.
Fort
Walker Bay
Cape Peter Richards
Minto Inlet
Prince Albert Peninsula
Victoria Island
Kuujjua R.
Diamond Jenness Peninsula
Cape Wollaston
Holman
Ulukhaktok
Albert Islands
Tahiryuak Lake
Prince Albert Sound
George I.
Kaglonyak R.
Amundsen Gulf
Northwest Passage
Cape Parry
Booth Is.
Parry Peninsula
Cape Lyon
Deas Tompson Pt.
Cape Baring
Wollaston Peninsula
Mt. Bumpus
518
Darnley Bay
Paulatuk
Melville Hills
884
366
Tuktut Nogait Nat. Park
La Roncière Falls
Brock R.
Hornaday R.
Clifton Pt.
Dolphin and Union Strait
Stapylton Bay
C. Hope
C. Young
Simpson Bay
609
Croker R.
Inman R.
Harding R.
Rae R.
Bluenose
Camping I.
Lady Franklin Pt.
C. Krusenstern
Locker Pt.
Duke of York Arch.
Richardson Is.
Jameson Is.
Coronation Gulf
Turnagain Pt.
Dease
Cockburn Is.
Barry Is.
C. Kendall
Richardson Bay
Berens Is.
Lawford Is.
Kugluktuk (Coppermine)
Kugluktuk/Bloody Falls
NUNAVUT
Richardson R.
Kikerk L.
Tree R.
James R.
Hood R.
Anderson R.
Estabrook L.
L. Maunoir
Horton R.
Horton Lac
686
Dismal Lakes
518
Haldane R.
Colville L.
655
Colville Lake
Lac des Bois
Ritch I.
Diase R.
Dease Arm
Kilekale L.
Smith Arm
Ekka I.
C. McDonnel
Great Bear Lake
McTavish Arm
Echo Bay
Port Radium
Sloan R.
Hepburn L.
Wentzel L.
Coppermine R.
Napaktulik Lake
Burnside R.
Peacock Hills
823
Jericho Mine
Contwoyto Lake
Ehdacho Hist. Site
652
Etacho Pt.
Samandre L.
529
Calder R.
Takiyuak L.
Tunago Lake
Deerpass B.
Keith Arm
Kokeragi Pt.
Richardson I.
Pt. Leith
Sawmill Bay
Leith Peninsula
NORTHWEST TERRITORIES
Redrock L.
Point L.
Rawalpind L.
Exmouth L.
Big L.
Providence
Mahony L.
Grizzly Bear Mtn.
701
Sahoyúé Hist. Site
McVicar Arm
Hottah Lake
Wopmay R.
Wopmay Lake
Arasta R.
Coppermine R.
Ekati Mine
Diavik Mine
Lac de Gras
Brackett L.
Déline
Fox Pt.
Déline Fishery & Fort Franklin Hist. Site
Great Bear R.
Tulita
Winter Road
704
Courageous L.
1462
McConnel Range
Mountains
Lac Ste-Thérèse
Johnny Hoe R.
Hardisty Lake
Margaret L.
Indin L.
Wekweèti
Snare L.
MacKay Lake
1143
Etna L.
534
Lac Grandin
Rae L.
Gamètì (Rae Lakes)
Faber L.
Basler L.
Ghost L.
Winter Road
533
Athena L.
1174
Blackwater L.
Keller L.
Blackwater R.
Cartridge Mt.
777
Dahadinni R.
Snare R.
Bonsso R.
Wecho R.
124°W 122°W 120°W 118°W 116°W 114°W 112°W 110°W 108°W 106°W
70°N 68°N 66°N 64°N
11 12 13 14 15 16 17 18 19 20
A B C D E
4
9

Wollaston Peninsula
Mt. Bumpus
Cape Baring
Clifton Pt.
Northwest Passage
Dolphin and Union Strait
C. Young
C. Hope
Stapylton Bay
Simpson Bay
Camping I.
C. Krusenstern
Lady Franklin Pt.
Locker Pt.
Duke of York Arch.
Richardson Is.
C. Kendall
Richardson Bay
Coronation Gulf
Kugluktuk (Coppermine)
Berens Is.
Lawford Is.
Jameson Is.
Kugluktuk/ Bloody Falls
Dismal Lakes
NUNAVUT
Turnagain Pt.
Mt. George
Kent Peninsula
Dease Strait
Melbourne I.
Jenny Lind I.
Queen Maud
Iqaluktuuttiaq (Cambridge Bay)
Cambridge Bay
Wellington Bay
Ferguson L.
Tahoe L.
Kaglorydak R.
Washburn L.
Ekalluk R.
Albert Edward Bay
Melville Sound
Campbell Bay
Whitebear Pt.
Bowes Point
Cockburn Is.
Barry Is.
Umingmaktok
Bathurst Inlet
Banks Pen.
Bathurst Inlet (Kingaok)
James R.
Hood R.
Burnside R.
Mara R.
Western R.
Ellice R.
MacAlpine Lake
Bullen R.
Perry R.
Kikerk L.
Tree R.
Napaktulik Lake
Peacock Hills
Jericho Mine
Contwoyto Lake
Barren
Coppermine R.
Richardson R.
Rae R.
Croker R.
Inman R.
Harding R.
Bluenose
Diase R.
Hornby B.
Sloan R.
Hepburn L.
Wentzel L.
Port Radium
Echo Bay
Tilchuse R.
Samandre L.
Calder R.
NORTHWEST TERRITORIES
Redrock L.
Exmouth L.
Point L.
Rawalpind L.
Wopmay L.
Wopmay Lake
Acasta R.
Margaret
Big L.
Lac de Gras
Ekati Mine
Diavik Mine
Pellatt
Nose L.
Beechey L.
Migration L.
Back R.
Aylmer Lake
Healey L.
Clinton Golden L.
Indin L.
Wekweeti
Gameti (Rae Lakes)
Faber L.
Basler L.
Snare L.
Winter Road
Ghost L.
Courageous L.
Mackay Lake
Lac du Sauvage
Lac de Charlot
Lac Capot Blanc
Lac Tete d'Ours
Make L.
Ford Falls
Ptarmigan Lake
Mary Frances L.
Radford R.
Tyrrell L.
Eyeberry L.
Clarke R.
Whati
Athena L.
Marian L.
Behchoko (Rae-Edzo)
Gordon L.
Giant Yellowknife Mine
Yellowknife
Dettah
North Arm
Yellowknife B.
Beaulieu R.
Cook L.
Artillery L.
Campbell Lake
Parry Falls
McLeod Bay
Pethel Pen.
Douglas Pen.
Reliance
Christie Bay
Lutselk'e
Ethen I.
Snowdrift R.
Whitefish Lake
Eileen Lake
Gerde L.
Berwick L.
Thelon R.
Mosquito L.
Markham L.
Dubawnt R.
Oman L.
Casey L.
Gardenia L.
Howard L.
Lynx L.
Sid L.
Gravel Hill L.
Gypsum Pt.
Blanchet I.
Simpson Is.
Great Slave Lake
Windy Bay
Fort Resolution
Rocher River
Pine Pt.
Hay River

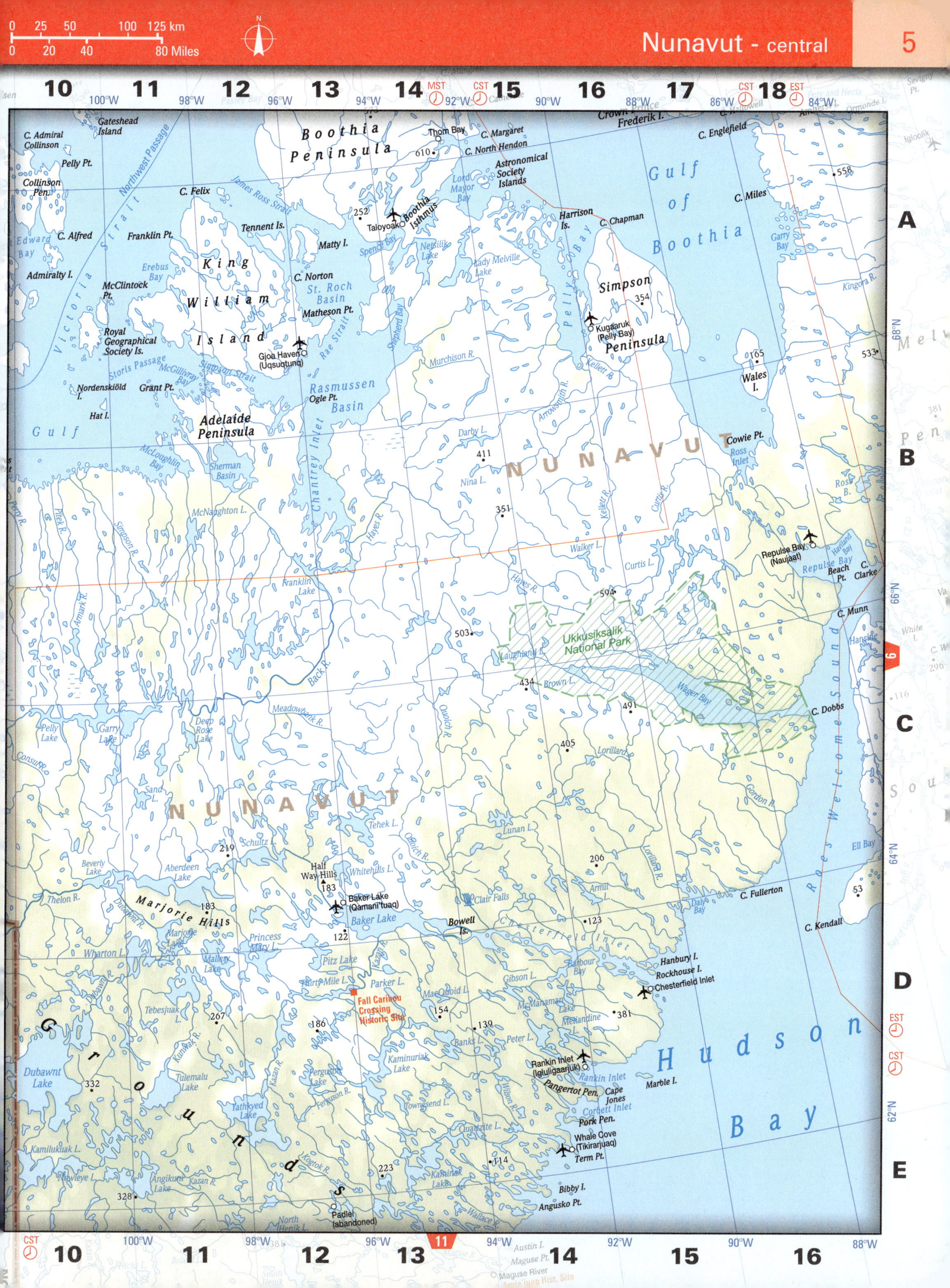
0 25 50 100 125 km
0 20 40 80 Miles
N
Boothia Peninsula
Gulf of Boothia
King William Island
Simpson Peninsula
Adelaide Peninsula
Rasmussen Basin
St. Roch Basin
NUNAVUT
Ukkusiksalik National Park
Hudson Bay
Roes Welcome Sound
Thelon R.
Marjorie Hills
Gateshead Island
C. Admiral Collinson
Pelly Pt.
Collinson Pen.
C. Alfred
Admiralty I.
C. Felix
Franklin Pt.
Erebus Bay
McClintock Pt.
Royal Geographical Society Is.
Storis Passage
Nordenskiöld I.
Grant Pt.
Hat I.
Tennent Is.
Matty I.
C. Norton
Matheson Pt.
Gjoa Haven (Uqsuqtuuq)
Ogle Pt.
Taloyoak
Thom Bay
C. Margaret
C. North Hendon
Astronomical Society Islands
Harrison Is.
C. Chapman
C. Englefield
C. Miles
Kugaaruk (Pelly Bay)
Wales I.
Cowie Pt.
Repulse Bay (Naujaat)
Beach Pt.
C. Clarke
C. Munn
C. Dobbs
C. Fullerton
C. Kendall
Baker Lake (Qamani'tuaq)
Half Way Hills
Bowell Is.
Chesterfield Inlet
Hanbury I.
Rockhouse I.
Rankin Inlet (Igluligaarjuk)
Marble I.
Pangertot Pen.
Cape Jones
Pork Pen.
Whale Cove (Tikirarjuaq)
Term Pt.
Bibby I.
Angusko Pt.
Padlei (abandoned)
Fall Caribou Crossing Historic Site
Baker Lake
Dubawnt Lake
Chantrey Inlet
Back R.
Wager Bay
Chesterfield Inlet
Clair Falls
A B C D E
10 11 12 13 14 15 16 17 18
100°W 98°W 96°W 94°W 92°W 90°W 88°W 86°W 84°W
MST CST EST

NUNAVUT
Gulf of Boothia
Simpson Peninsula
Melville Peninsula
Foxe Basin
Foxe Channel
Southampton Island
Hudson Bay
Roes Welcome Sound
Frozen Strait
Evans Strait
Fisher Strait
Coats Island
Mansel Island
Prince Charles Island
Nottingham I.
Salisbury I.
Ukkusiksalik National Park
Wager Bay
Kugaaruk (Pelly Bay)
Repulse Bay (Naujaat)
Igloolik
Hall Beach (Sanirajak)
Coral Harbour
Chesterfield Inlet
Taloyoak
Kinngait (Cape Dorset)
Ivujivik
Boothia Isthmus
Crown Prince Frederik I.
Astronomical Society Islands
C. North Hendon
Harrison Is.
C. Chapman
C. Hallowell
C. Englefield
Amherst I.
Ormonde I.
Fury and Hecla Strait
Sevigny Pt.
Siorarsuk Pen.
Jens Munk I.
Koch I.
Bray I.
Rowley I.
Igloolik I.
Baird Pen.
North Spicer I.
South Spicer I.
Wales I.
Cowie Pt.
Parry Bay
Amitikoe Pen.
C. Penrhyn
Pt. Elizabeth
Winter I.
C. Martineau
Sturges Bourne I.
Vansittart I.
Opposite I.
White I.
C. Welsford
C. Munn
C. Clarke
Beach Pt.
C. Dobbs
C. Comfort
Porsild Mts.
C. Fullerton
C. Kendall
Bell Peninsula
Seahorse Pt.
Leyson Pt.
C. Low
C. Pembroke
Santianna Pt.
C. Southampton
Marble I.
Hanbury I.
Rockhouse I.
C. Dorchester
Kingnait Range
King Charles C.
Mill I.
Digges Is.
C. Wolstenholme
Okolli I.
Gravell Pt.
C. Burpee
C. Thalbitzer
C. Jensen
C. Konig
C. Miles
Pinger Pt.
Foster Bay
Garry Bay
Hall L.
Kingora R.
Barrow R.
Ross Inlet
Ross B.
Hoppner Inlet
Lyon Inlet
Blake Bay
Gore Bay
Haviland Bay
Repulse Bay
Curtis L.
Walker L.
Murchison R.
Darby L.
Nina L.
Arrowsmith R.
Kellett R.
Curtis R.
Hayes R.
Laughland L.
Brown L.
Lorillard R.
Gordon R.
Armit L.
Daly Bay
Cleveland R.
Kirchoffer R.
Ell Bay
South Bay
Native Bay
Native Pt.
Ruin Pt.
Bear Cove Pt.
Bay of Gods Mercy
Ford R.
East Bay
Caribou I.
Junction Bay
Calanus Bay
Shoran Bay
Harkin B.
Finnie B.
Nabukjuak B.
Grant Suttie B.
Ikpik Bay
Freuchen Bay
Pelly Bay
Spence Bay
Netsilik Lake
Lord Mayor Bay
Lady Melville Lake
Shepherd Bay
Agu Bay
Gifford Fiord
Murray Maxwell Bay
Steensby Inlet
MST CST EST
94°W 92°W 90°W 88°W 86°W 84°W 82°W 80°W 78°W 76°W
68°N 66°N 64°N 62°N
A B C D E
1 2 3 4 5 6 7 8 9
5 12

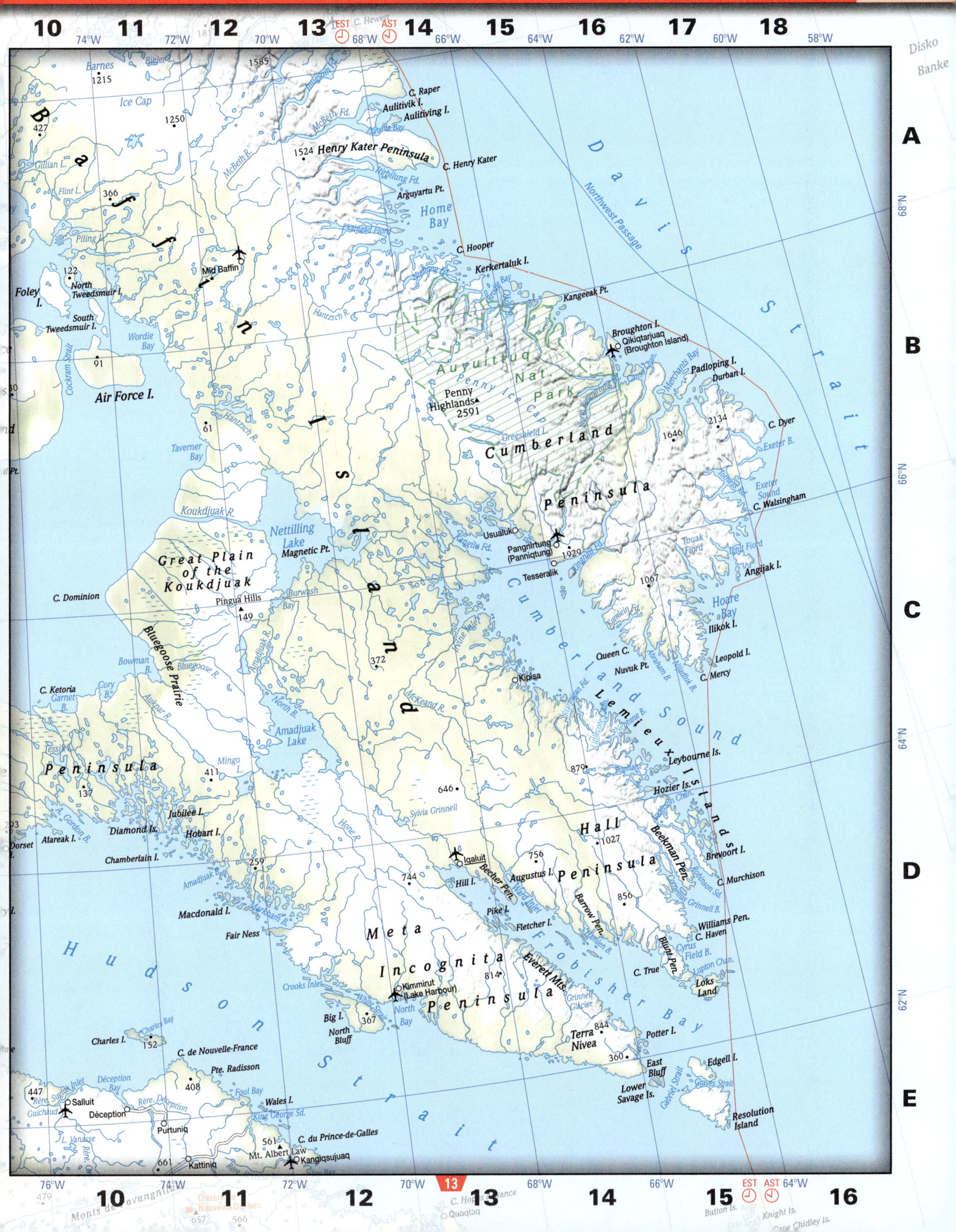
0 25 50 100 125 km
0 20 40 80 Miles
N
10 11 12 13 14 15 16 17 18
74°W 72°W 70°W 68°W 66°W 64°W 62°W 60°W 58°W
EST AST
A B C D E
68°N 66°N 64°N 62°N
Disko
Banke
Barnes
1215
Ice Cap
1250
1585
B a f f i n
427
Gillian L.
Flint L.
366
Piling
122
North Tweedsmuir I.
Foley I.
South Tweedsmuir I.
Wordie Bay
91
Cockram Strait
Air Force I.
Mid Baffin
McBeth R.
McBeth Fd.
1524
Henry Kater Peninsula
C. Raper
Aulitivik I.
Aulitiving I.
Cabela Bay
C. Henry Kater
Kivitoo Fd.
Arguyartu Pt.
Home Bay
Ekalugad Fiord
C. Hooper
Kerkertaluk I.
Kangeeak Pt.
Broughton I.
Qikiqtarjuaq (Broughton Island)
Padloping I.
Durban I.
D a v i s
S t r a i t
Northwest Passage
Auyuittuq Nat Park
Penny Highlands 2591
Penny Ice Cap
Greenshield L.
Cumberland Peninsula
1646
2134
C. Dyer
Exeter B.
Exeter Sound
C. Walsingham
Hantzsch R.
61
Taverner Bay
Koukdjuak R.
I s l a n d
Nettilling Lake
Magnetic Pt.
Usualuk
Pangnirtung (Panniqtung)
1929
Tesseralik
Kingnait Fd.
Touak Fiord
Angijak I.
1067
Great Plain of the Koukdjuak
C. Dominion
Pingua Hills
149
Burwash Bay
Hoare Bay
Ilikok I.
Leopold I.
C. Mercy
Queen C.
Nuvuk Pt.
Cumberland Sound
Bluegoose Prairie
Bluegoose R.
Bowman B.
372
Amadjuak R.
Kipisa
C. Ketoria
Garnet B.
Cory B.
Aukpar R.
North B.
McKeand R.
Lemieux Islands
Leybourne Is.
Amadjuak Lake
Mingo L.
Peninsula
411
137
879
646
Hozier Is.
Sylvia Grinnell L.
Jubilee I.
Diamond Is.
Hobart I.
Gordon B.
Alareak I.
Dorset
Chamberlain I.
259
Hone R.
Hall Peninsula
1027
Beekman Pen.
Brevoort I.
C. Murchison
Iqaluit
Hill I.
Becher Pen.
756
Augustus I.
744
Ward Inlet
856
Barrow Pen.
Macdonald I.
Pike I.
Fletcher I.
Williams Pen.
C. Haven
Fair Ness
Meta Incognita Peninsula
814
Everett Mts.
Frobisher Bay
Blunt Pen.
Cyrus Field B.
C. True
Lupton Chan.
Loks Land
H u d s o n
Crooks Inlet
Kimmirut (Lake Harbour)
North Bay
Big I.
367
North Bluff
Grinnell Glacier
Terra Nivea
844
Potter I.
360
East Bluff
Edgell I.
Charles I.
Charles Bay
152
C. de Nouvelle-France
Pte. Radisson
408
447
Salluit
Déception Bay
Déception
Foul Bay
Wales I.
Lower Savage Is.
Gabriel Strait
Graves Strait
Resolution Island
S t r a i t
King George Sd.
Purtuniq
561
C. du Prince-de-Galles
Mt. Albert Law
Kangiqsujuaq
661
Kattiniq
76°W 74°W 72°W 70°W 68°W 64°W
10 11 12 13 13 14 15 16
EST AST
479
657
566
Quaqtaq
Button Is.
Knight Is.
Cape Chidley Is.

AKST
PST
MST
142°W
140°W
138°W
136°W
134°W
132°W
130°W
128°W
62°N
60°N
58°N
56°N
Y u k o n
Dawson Range
Wellesley Basin
YUKON
Lewes Plateau
Macmillan Plateau
Pelly Plateau
Logan Mountains
Hyland Plateau
Saint Cyr Range
Pelly Mountains
Big Salmon Range
Nisutlin Plateau
Cassiar Mountains
Ruby Range
St. Elias Mountains
Kluane Nat. Park
Mt. Logan 5959
Mt. St. Elias
Mt. Augusta
Mt. Vancouver
Mt. Hubbard
Mt. Cook
Mt. Fairweather
Beaver Creek
Coffee Creek
Pelly Crossing
Carmacks
Faro
Ross River
Whitehorse
S.S. Klondike NHS
Takhini Hot Springs
Haines Junction
Champagne
Dezadeash
Klukshu
Carcross
Jakes Corner
Johnsons Crossing
Teslin
Watson Lake
Upper Liard
Lower Post
Tuchitua
Tungsten
Macmillan Pass
Mt. Sir James MacBrien
NORTHWEST TERRITORIES
YUKON
BRITISH COLUMBIA
White Pass Railway
Chilkoot Trail
Bennett
Skagway
Haines
Atlin
Tagish
Tatshenshini-Alsek Prov. Park
Glacier Bay Nat. P. and Preserve
Gulf of Alaska
A L A S K A
Yakutat
Alaska Marine Hwy.
Juneau
Douglas
Auke Bay
Hoonah
Chichagof Island
Baranof Island
Sitka
Kake
Petersburg
Wrangell
Ketchikan
Craig
Klawock
Hydaburg
Metlakatla
Prince of Wales I.
Revillagigedo Island
Kupreanof I.
Kuiu I.
Alexander Archipelago
Port Alexander
Cape Ommaney
Coronation I. Wilderness
Maurelle Is. Wilderness
U.S.A.
CANADA
Taku Plateau
Stikine Plateau
Nahlin Plateau
Stikine Ranges
Tanzilla
Dease Lake
Good Hope Lake
Cassiar
Telegraph Creek
Glenora
Spatsizi Plateau Wilderness Prov. P.
Spatsizi Plateau
Skeena Mountains
Boundary Ranges
Nass Basin
Stewart
Hyder
Bob Quinn Lake
Cassiar-Stewart Hwy.
Kitwanga
Hazelton
New Hazelton
Ksan Ind. Village
Gingolx
New Aiyansh
Dorreen
Mt. Edziza Prov. P.
Stikine
Misty Fiords Nat. Mon. Wilderness
Bell Island Hot Springs
16

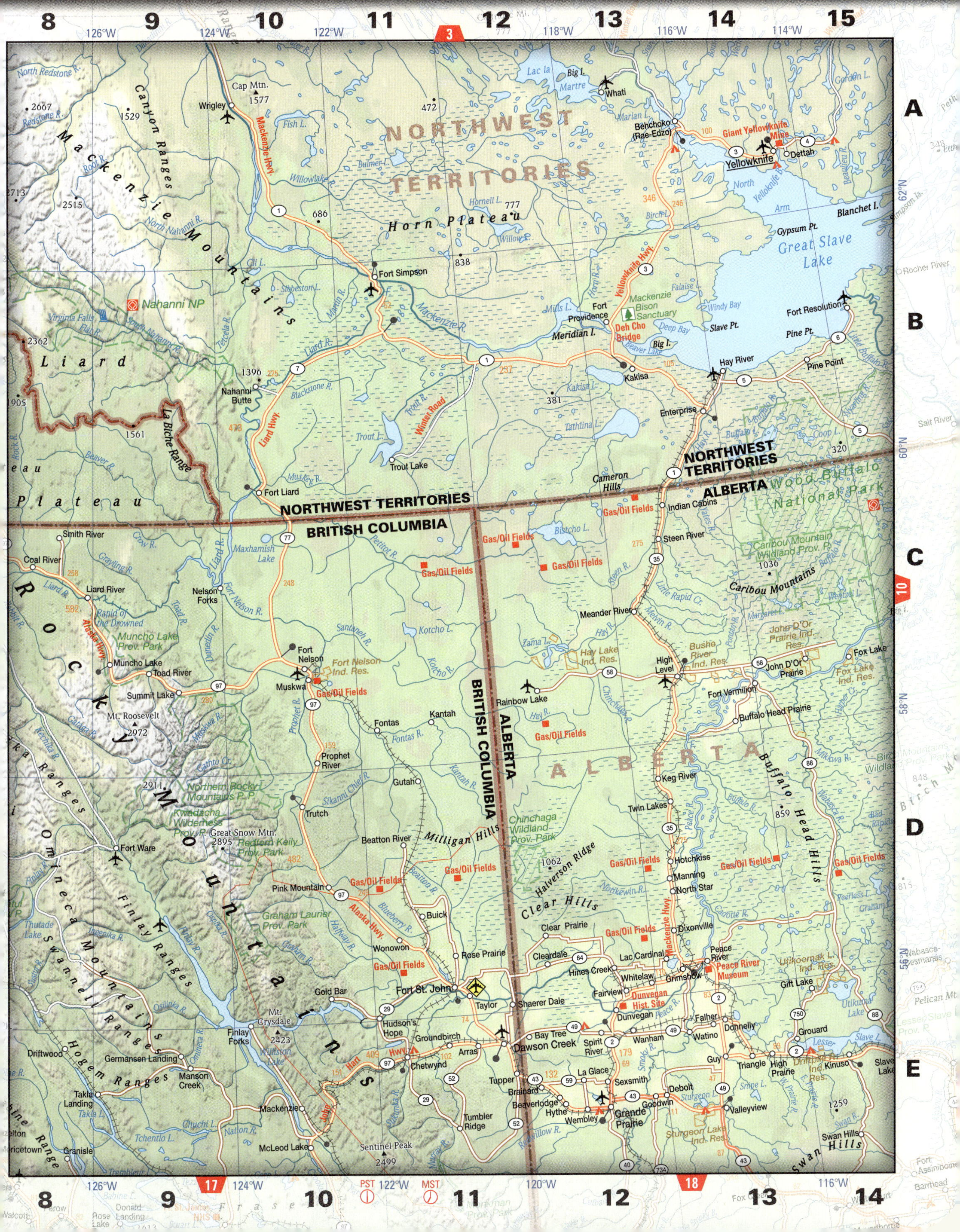
NORTHWEST TERRITORIES
Horn Plateau
Mackenzie Mountains
Canyon Ranges
Nahanni NP
Liard Plateau
La Biche Range
Wrigley
Cap Mtn. 1577
Mackenzie Hwy.
Fort Simpson
Nahanni Butte
Liard Hwy.
Fort Liard
Trout Lake
Winter Road
Behchoko (Rae-Edzo)
Giant Yellowknife Mine
Yellowknife
Dettah
Whati
Great Slave Lake
North Arm
Gypsum Pt.
Blanchet I.
Yellowknife Hwy.
Mackenzie Bison Sanctuary
Fort Providence
Deh Cho Bridge
Meridian I.
Big I.
Slave Pt.
Windy Bay
Fort Resolution
Pine Pt.
Pine Point
Hay River
Kakisa
Enterprise
Cameron Hills
Indian Cabins
NORTHWEST TERRITORIES
ALBERTA
BRITISH COLUMBIA
Wood Buffalo National Park
Caribou Mountains Wildland Prov. P.
Caribou Mountains
Steen River
Meander River
Gas/Oil Fields
Zama L.
Hay Lake Ind. Res.
High Level
Bushe River Ind. Res.
John D'Or Prairie Ind. Res.
Fox Lake
Fort Vermilion
Buffalo Head Prairie
Buffalo Head Hills
Rainbow Lake
Smith River
Coal River
Liard River
Rapid of the Drowned
Muncho Lake Prov. Park
Muncho Lake
Toad River
Summit Lake
Mt. Roosevelt 2972
Nelson Forks
Fort Nelson
Fort Nelson Ind. Res.
Muskwa
Fontas
Kantah
Prophet River
Gutah
Trutch
Rocky Mountains
Northern Rocky Mountains P.P.
Kwadacha Wilderness Prov. P.
Great Snow Mtn. 2895
Redfern Keily Prov. Park
Fort Ware
Beatton River
Milligan Hills
Chinchaga Wildland Prov. Park
Halverson Ridge
Clear Hills
Keg River
Twin Lakes
Hotchkiss
Manning
North Star
Dixonville
Pink Mountain
Alaska Hwy.
Graham Laurier Prov. Park
Buick
Wonowon
Rose Prairie
Clear Prairie
Cleardale
Hines Creek
Lac Cardinal
Peace River
Peace River Museum
Grimshaw
Whitelaw
Fairview
Dunvegan Hist. Site
Dunvegan
Utikoomak L. Ind. Res.
Gift Lake
Omineca Mountains
Finlay Ranges
Swannell Ranges
Hogem Ranges
Mt. Crysdale 2423
Finlay Forks
Gold Bar
Hudson's Hope
Fort St. John
Taylor
Shaerer Dale
Groundbirch
Arras
Dawson Creek
Bay Tree
Spirit River
Wanham
Falher
Donnelly
Watino
Grouard
Kinuso
Triangle
High Prairie
Guy
Chetwynd
Driftwood
Germansen Landing
Manson Creek
Takla Landing
Mackenzie
McLeod Lake
Sentinel Peak 2499
Tumbler Ridge
Tupper
Brainard
Beaverlodge
Hythe
Wembley
La Glace
Sexsmith
Grande Prairie
Goodwin
Debolt
Valleyview
Sturgeon Lake Ind. Res.
Swan Hills
Granisle
PST
MST

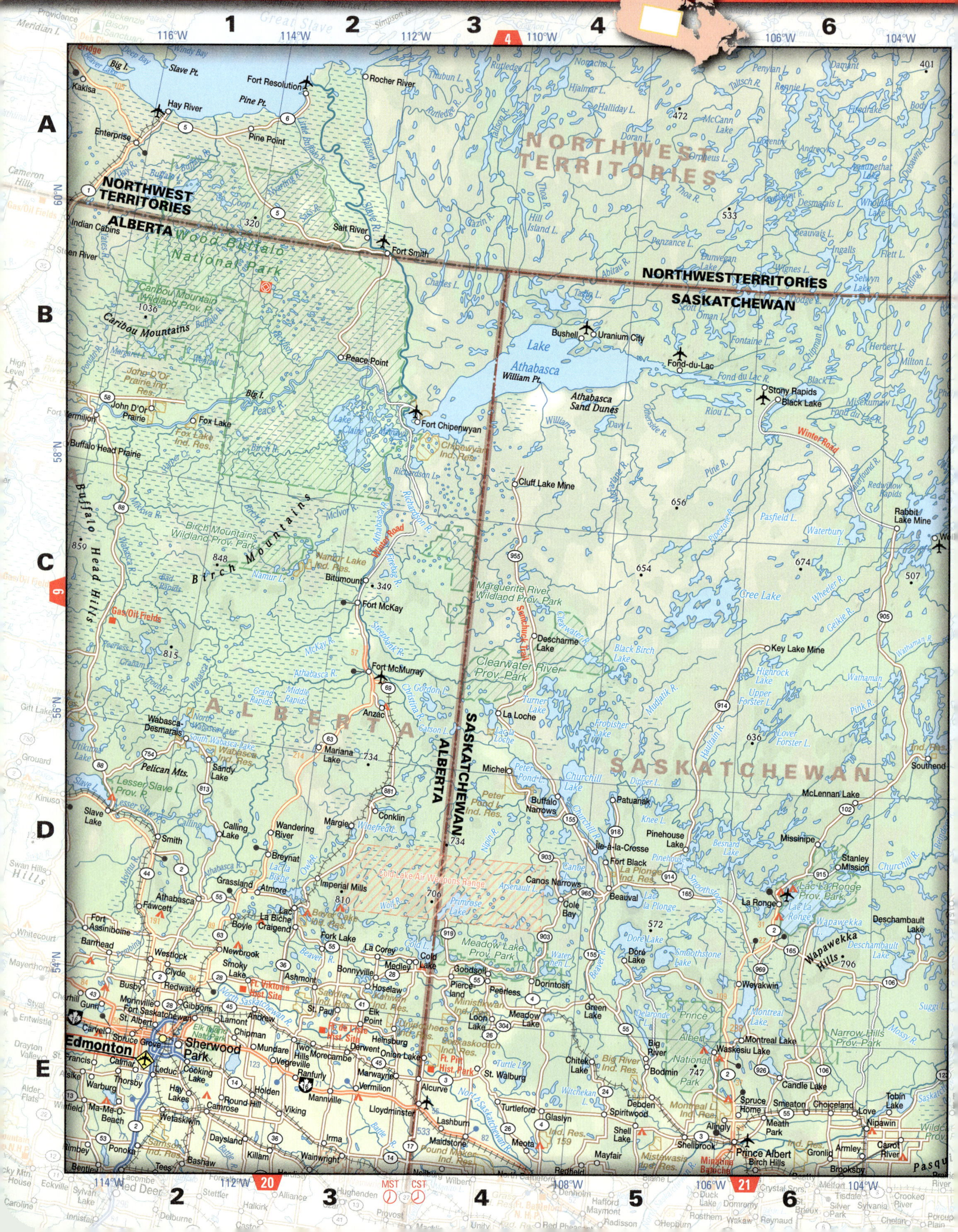

116°W
114°W
112°W
110°W
106°W
104°W
60°N
58°N
56°N
54°N
NORTHWEST TERRITORIES
ALBERTA
SASKATCHEWAN
NORTHWEST TERRITORIES
SASKATCHEWAN
Wood Buffalo National Park
Fort Resolution
Hay River
Enterprise
Pine Point
Fort Smith
Salt River
Rocher River
Kakisa
Slave Pt.
Pine Pt.
Indian Cabins
Caribou Mountains
Peace Point
Fort Chipewyan
Uranium City
Bushell
Fond-du-Lac
Stony Rapids
Black Lake
Lake Athabasca
William Pt.
Athabasca Sand Dunes
Cluff Lake Mine
Winter Road
Fox Lake
John D'Or Prairie
Buffalo Head Prairie
Buffalo Head Hills
Birch Mountains
Bitumount
Fort McKay
Fort McMurray
Anzac
Mariana Lake
Conklin
Wandering River
Atmore
Imperial Mills
La Loche
Michel
Buffalo Narrows
Patuanak
Pinehouse Lake
Île-à-la-Crosse
Beauval
Canoe Narrows
Cole Bay
La Ronge
Stanley Mission
Missinipe
Key Lake Mine
Rabbit Lake Mine
Southend
Lac La Ronge Prov. Park
Wapawekka Hills
Montreal Lake
Waskesiu Lake
Prince Albert National Park
Big River
Green Lake
Dorintosh
Meadow Lake
Meadow Lake Prov. Park
Goodsoil
Pierceland
Cold Lake
Bonnyville
Lac La Biche
Athabasca
Westlock
Edmonton
Sherwood Park
St. Albert
Spruce Grove
Leduc
Camrose
Vegreville
Vermilion
Lloydminster
Lashburn
Maidstone
St. Walburg
Turtleford
Spiritwood
Shellbrook
Prince Albert
Birch Hills
Nipawin
Carrot River
Candle Lake
Smeaton
Choiceland
Wainwright
Wetaskiwin
Ponoka
Slave Lake
Lesser Slave Prov. Park
Wabasca-Desmarais
Sandy Lake
Calling Lake
Smith
Fawcett
Barrhead
Fort Assiniboine
Cold Lake Air Weapons Range
Clearwater River Prov. Park
Descharme Lake
Marguerite River Wildland Prov. Park
Birch Mountains Wildland Prov. Park
Caribou Mountains Wildland Prov. Park
Gas/Oil Fields
Cree Lake
Churchill Lake
Peter Pond Lake
NORTHWEST TERRITORIES
ALBERTA
SASKATCHEWAN

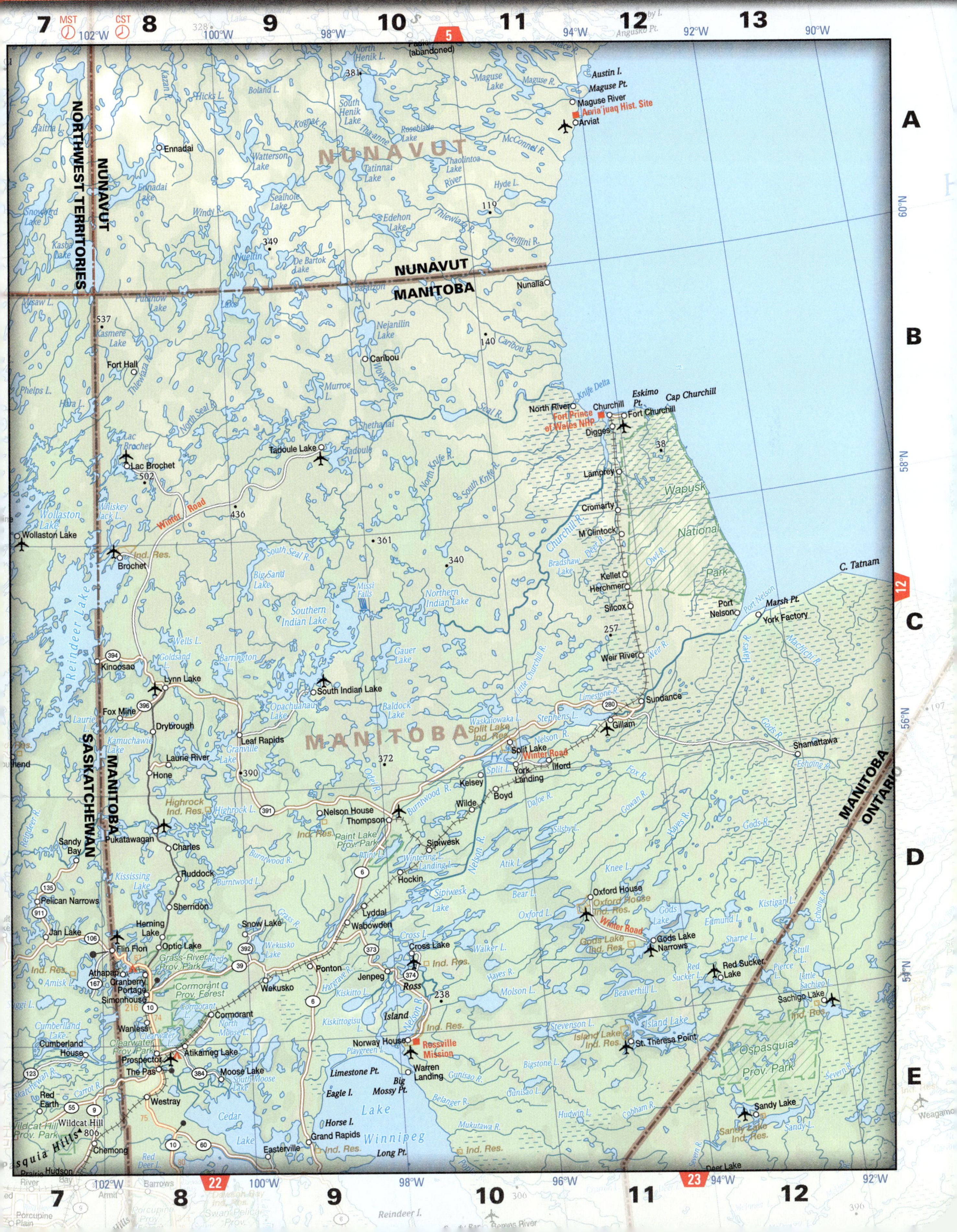
0 25 50 100 125 km
0 20 40 80 Miles
N
MST
CST
102°W
100°W
98°W
96°W
94°W
92°W
90°W
60°N
58°N
56°N
NUNAVUT
NORTHWEST TERRITORIES
NUNAVUT
MANITOBA
SASKATCHEWAN
MANITOBA
MANITOBA
ONTARIO
MANITOBA
North Henik L.
South Henik Lake
Padlei (abandoned)
Maguse Lake
Maguse R.
Austin I.
Maguse Pt.
Maguse River
Arviat
Arvia'juaq Hist. Site
Ennadai
Ennadai Lake
Kognak R.
Watterson Lake
Thaanne R.
Roseblade Lake
Tatinnai Lake
Thaolintoa Lake
McConnel R.
Hyde L.
Sealhole Lake
Windy R.
Edehon Lake
Thlewiaza R.
Nueltin Lake
De Bartok Lake
Caribou R.
Seal R.
Nunalla
Nejanilini Lake
Caribou
Fort Hall
Kasmere Lake
Phelps L.
Hara L.
Murroe L.
Knife Delta
North River
Churchill
Eskimo Pt.
Cap Churchill
Fort Churchill
Fort Prince of Wales NHP
Digges
Lac Brochet
Tadoule Lake
Shethanei
Wollaston Lake
Winter Road
Lamprey
Wapusk
Cromarty
National
McClintock
Park
Kellet
Herchmer
Silcox
Brochet
Ind. Res.
South Seal R.
Big Sand Lake
Missi Falls
Northern Indian Lake
Southern Indian Lake
Reindeer Lake
Port Nelson
Marsh Pt.
C. Tatnam
York Factory
Weir River
Kinoosao
Lynn Lake
Fox Mine
South Indian Lake
Gauer Lake
Sundance
Gillam
Drybrough
Leaf Rapids
Baldock Lake
Split Lake
Split Lake Ind. Res.
Stephens L.
Shamattawa
Laurie River
Granville Lake
Hone
York Landing
Ilford
Kelsey
Boyd
Highrock Ind. Res.
Nelson House
Thompson
Wilde
Paint Lake Prov. Park
Sipiwesk
Pukatawagan
Charles
Sandy Bay
Ruddock
Hockin
Knee L.
Oxford House
Oxford House Ind. Res.
Sherridon
Pelican Narrows
Lyddal
Wabowden
Gods Lake
Gods Lake Narrows
Gods Lake Ind. Res.
Red Sucker Lake
Jan Lake
Herning Lake
Snow Lake
Cross Lake
Flin Flon
Optic Lake
Grass River Prov. Park
Ponton
Jenpeg
Athapap
Cranberry Portage
Cormorant Prov. Forest
Wekusko
Ross
Sachigo Lake
Simonhouse
Wanless
Cormorant
Island Lake
Island Lake Ind. Res.
St. Theresa Point
Cumberland House
Clearwater Prov. Park
Atikameg Lake
Norway House
Rossville Mission
Ospasquia Prov. Park
Prospector
The Pas
Moose Lake
Limestone Pt.
Warren Landing
Eagle I.
Big Mossy Pt.
Red Earth
Westray
Cedar Lake
Lake Winnipeg
Wildcat Hill
Wildcat Hill Prov. Park
Chemong
Horse I.
Grand Rapids
Easterville
Long Pt.
Sandy Lake
Sandy Lake Ind. Res.
Deer Lake
Hudson Bay
Pasquia Hills
A
B
C
D
E
7 8 9 10 11 12 13
7 8 9 10 11 12
5
12
22
23

1 : 4.000.000

1
2
3
4
6
7
A
B
C
D
E
94°W
92°W
90°W
88°W
86°W
84°W
82°W
60°N
58°N
56°N
54°N
CST
EST
6
11
24
25
26
H u d s o n
B a y
B a i e
d ' H u d s o n
J a m e s
B a y
Eskimo Pt.
Cap Churchill
Fort Churchill
Churchill
Wapusk National Park
Port Nelson
Marsh Pt.
York Factory
C. Tatnam
Hayes R.
Kettle R.
Gods R.
Shamattawa
Echoing R.
MANITOBA
ONTARIO
197
133
Black Duck R.
Niskibi R.
Beaver R.
Beaverstone R.
Fort Severn
Partridge I.
Severn R.
Goose Cr.
Limestone Rapids
Sachigo R.
Shagamu R.
Wood Cr.
Polar
Wabuk Pt.
Winisk
Weenusk (Peawanuck)
Winisk R.
C. Lookout
Bear
Provincial
Park
C. Henrietta Maria
Hook Pt.
ONTARIO
Sutton Ridges
North Washagami L.
Sutton R.
Asheweig R.
Sutton L.
Lakitusaki R.
Opinnagau R.
Shamattawa R.
Black Bear R.
Severn River Prov. Park
Ind. Res.
Big Trout Lake
Big Trout L.
Big Trout Lake Ind. Res.
Fawn R.
Otter R.
Kasabonika
Ind. Res.
Weagamow Lake
North Caribou L.
Wunnummin L.
Wunnummin Lake
Nibinamik L.
Webequie
Winisk River Prov. Park
Ekwan R.
Swan R.
Ekwan Pt.
Houston Pt.
Akimiski Island
Attawapiskat
Attawapiskat R.
Bear I.
Farmer I.
Gilmour I.
Perley I.
Kugong Islands
Flaherty I.
Lansdowne House
Cat Lake
Cape Duncan
Nunalla
Sachigo Lake
Maguse River

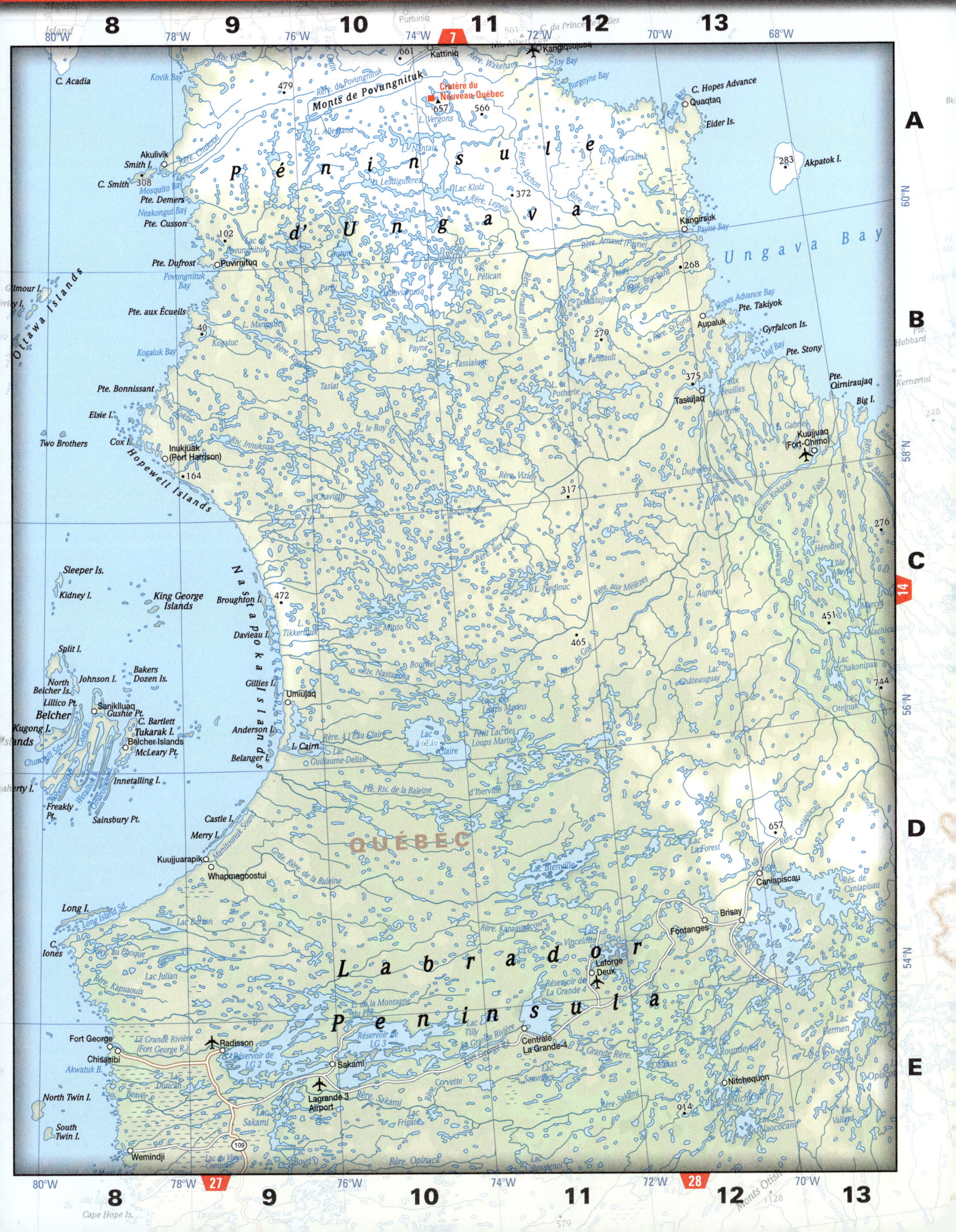
0 25 50 100 125 km
0 20 40 80 Miles
8
9
10
11
12
13
A
B
C
D
E
80°W
78°W
76°W
74°W
72°W
70°W
68°W
60°N
58°N
56°N
54°N
7
14
27
28
Kattiniq
Kangiqsujuaq
Joy Bay
Burgoyne Bay
Monts de Povungnituk
Cratère du Nouveau Québec
657
566
661
479
C. Hopes Advance
Quaqtaq
Eider Is.
Akpatok I.
283
C. Acadia
Kovik Bay
Akulivik
Smith I.
C. Smith
308
Mosquito Bay
Pte. Demers
Neakongut Bay
Pte. Cusson
Péninsule d'Ungava
L. Allemand
L. Vergons
Nantais
Lestiguères
Lac Klotz
372
L. Nagvaraaluk
Kangirsuk
Payne Bay
Ungava Bay
102
Puvirnituq
Pte. Dufrost
Povungnituk Bay
268
L. Pélican
Hopes Advance Bay
Pte. Takiyok
Aupaluk
Gyrfalcon Is.
Pte. Stony
Leaf Bay
Ottawa Islands
Pte. aux Écueils
40
Kogaluc
Kogaluk Bay
Lac Payne
Tassialouc
279
L. Faribault
375
Tasiujaq
Pte. Qirniraujaq
Big I.
Pte. Bonnissant
Elsie I.
Two Brothers
Cox I.
Inukjuak (Port Harrison)
164
Hopewell Islands
L. le Roy
Kuujjuaq (Fort-Chimo)
L. Dufreboy
317
L. Minto
276
Sleeper Is.
Kidney I.
King George Islands
Broughton I.
472
Nastapoka Islands
L. Tikkerutuk
Davieau I.
465
L. Aigneau
451
Split I.
North Belcher Is.
Johnson I.
Bakers Dozen Is.
Lillico Pt.
Sanikiluaq
Gushie Pt.
Belcher
Kugong I.
C. Bartlett
Tukarak I.
Belcher Islands
McLeary Pt.
Gillies I.
Umiujaq
Anderson I.
L. Cairn
Belanger I.
Lac à l'Eau Claire
Petit Lac des Loups Marins
Lac Guillaume-Delisle
Lac Châteauguay
744
Innetalling I.
Freakly Pt.
Sainsbury Pt.
Castle I.
Merry I.
QUÉBEC
657
Kuujjuarapik
Whapmagoostui
Lac Bienville
Lac LaForest
Caniapiscau
Brisay
Fontanges
Long I.
C. Jones
Lac Julian
Labrador Peninsula
Laforge Deux
Réservoir de La Grande 4
Fort George
Radisson
Chisasibi
Sakami
Centrale La Grande-4
Nitchequon
Lagrande 3 Airport
North Twin I.
South Twin I.
Wemindji
109
914
Cape Hope Is.

Labrador Sea
Mer du Labrador
Ungava Bay
QUÉBEC
NEWFOUNDLAND AND LABRADOR
Coast of Labrador
Torngat Mts.
Torngat Mountains National Park
Resolution Island
Button Is.
Knight Is.
Killiniq
Cape Chidley Is.
Killiniq I.
C. Labrador
Black Rock Pt.
North Aulatsivik I.
Eclipse Channel
Murphy Head
Mt. Ellot 1387
C. White Handkerchief
Cirque Mtn. 1621
Retchel Hd.
Big I.
C. Uivak
Hebron
Finger Hill I.
Grimmington I.
Cod I.
Coopers I.
Nutak
Okak Is.
Iglusuaktalialuk I.
South Aulatsivik I.
Dog I.
Nain
Paul I.
Kikkertavak I.
Kamarsuk
Tunungayualok I.
Natuashish
Davis Inlet
C. Harrigan
Hopedale
Okaliktok Is.
Aillik
Makkovik
C. Strawberry
Adlavik Is.
Ragged I.
C. Harrison
Postville
Mt. Benedict 829
Holton
Rigolet
Mealy Mountains
Separation Point
North West River
Happy Valley Goose Bay
Churchill Falls
Smallwood Reservoir
Trans Labrador Hwy
Churchill River
Labrador City
Wabush
Ross Bay Jtn.
Kawawachikamach
Schefferville
Astray
Faden
Esker
Sawbill
Pitaga
C. Hopes Advance
Quaqtaq
Eider Is.
Akpatok I.
Kangirsuk
Payne Bay
Aupaluk
Pte. Takiyok
Gyrfalcon Is.
Pte. Stony
Tasiujaq
Pte. Qirniraujaq
Big I.
C. Kernertut
Pte. Hubbard
Kangiqsualujjuaq
Kuujjuaq (Fort-Chimo)
Rère. Koksoak
Rère. George
Rère. à la Baleine
Lac Chakonipau
Lac Champdoré
Res. de Caniapiscau
70°W
68°W
66°W
64°W
62°W
58°W
60°N
58°N
56°N
54°N
EST
AST

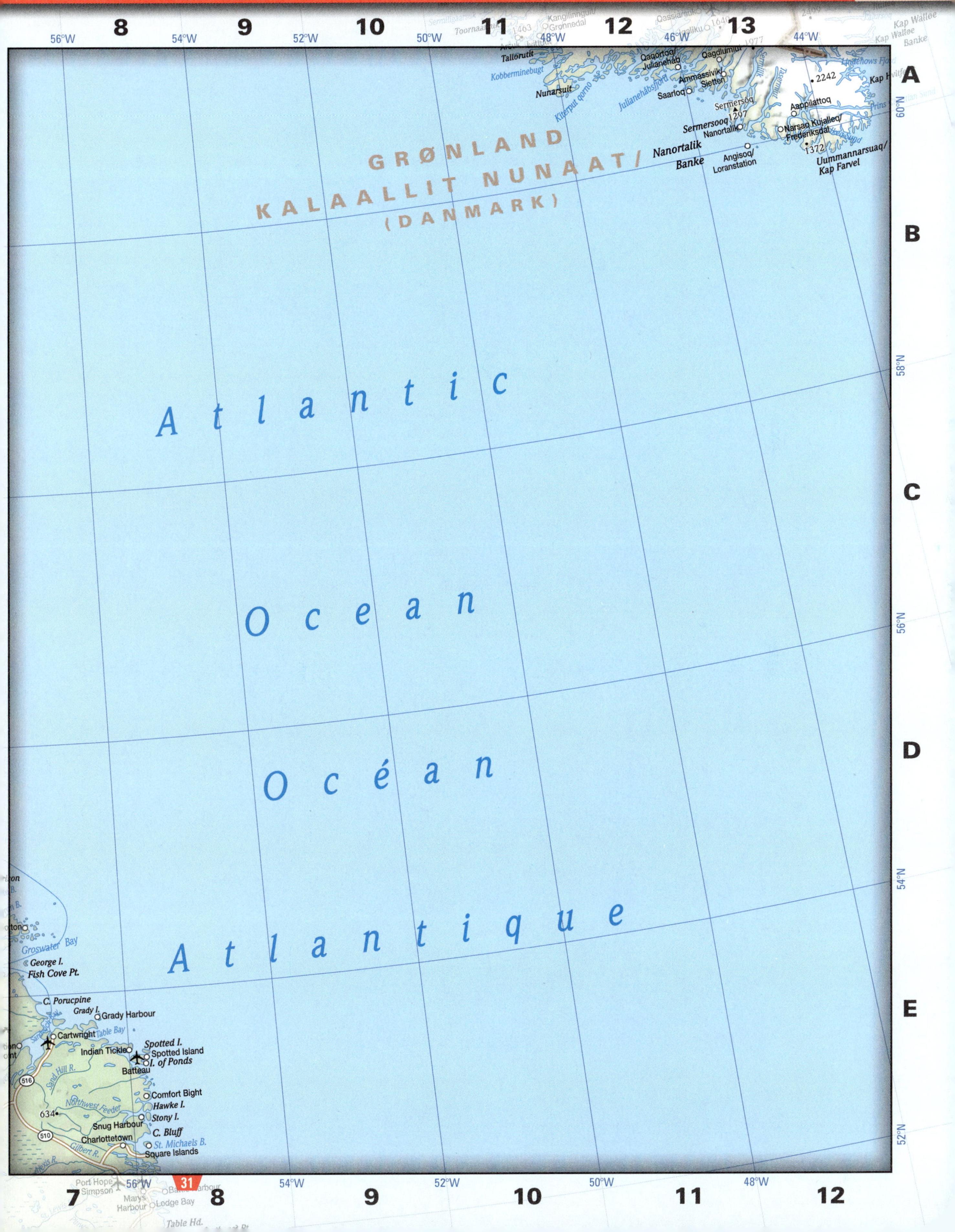
8
9
10
11
12
13
56°W
54°W
52°W
50°W
48°W
46°W
44°W
A
B
C
D
E
60°N
58°N
56°N
54°N
52°N
GRØNLAND
KALAALLIT NUNAAT/
(DANMARK)
Tallorutit
Kobberminebugt
Nunarsuit
Kiterput qorno
Julianehåbsfjord
Qaqortoq/
Julianehåb
Qagdlumiut
Ammassivik/
Sletten
Saarloq
Sermersoq
1297
Sermersooq
Nanortalik
Nanortalik
Banke
Angisoq/
Loranstation
2242
Kap Hvilf
Aappilattoq
Narsaq Kujalleq/
Frederiksdal
1372
Uummannarsuaq/
Kap Farvel
Kap Walløe
Banke
Atlantic
Ocean
Océan
Atlantique
Groswater Bay
George I.
Fish Cove Pt.
C. Porucpine
Grady I.
Grady Harbour
Cartwright
Table Bay
Spotted I.
Spotted Island
I. of Ponds
Indian Tickle
Batteau
Sand Hill R.
516
Northwest Feeder
Comfort Bight
Hawke I.
634
Stony I.
Snug Harbour
C. Bluff
510
Charlottetown
St. Michaels B.
Square Islands
Gilbert R.
Port Hope Simpson
56°W
31
Marys Harbour
Lodge Bay
Table Hd.
54°W
52°W
50°W
48°W
7
8
9
10
11
12

ALASKA
U.S.A.
CANADA
BRITISH COLUMBIA
Prince of Wales Island
Revillagigedo Island
Misty Fjords National Monument
Alexander Archipelago
Dixon Entrance
Hecate Strait
Graham Island
Queen Charlotte Islands
Îles de la Reine-Charlotte
Haida Gwaii
Queen Charlotte Mts.
Moresby I.
Pacific Ocean
Océan Pacifique
Queen Charlotte Sound
Nass Basin
Kitimat Ranges
Coast Mountains
Cape Pole
Heceta I.
Maurelle Is. Wilderness
Noyes I.
Baker I.
Suemez I.
Dall I.
Forrester Island Nat. Wildlife Refuge
Forrester I.
Long I.
Cordova Bay
Pont Cornwallis
C. Muzon
Kaigani
Thorns Bay
Klawock
Craig
Hollis
Salt Chuck
Kasaan
Waterfall
Hydaburg
Sukkwan I.
South Prince of Wales Wilderness
Ernest Sound
Cleveland Peninsula
Bell Island Hot Springs
Behm Canal
Lering
Wacker
Ward Cove
Ketchikan
Saxman
Metlakatla
Annette I.
Annette I. Ind. Res.
Duke I.
Revillagigedo Channel
C. Chacon
Hyder
Stewart
Cambria Icefield
Meziadin Lake
Cassiar Hwy.
Cranberry Junction
Alice Arm
Nass Camp
New Aiyansh
Gitwinksihlkw
Gingolx (Kincolith)
Laxgalts'ap (Greenville)
Arrandale
Portland Inlet
Cedarvale
Dorreen
Rosswood
Usk
Terrace
Lax Kw'alaams
Port Simpson
Tsimpsean Ind. Res.
Khutzeymateen Valley Grizzly Bear Sanctuary
Yellowhead Hwy.
Exstew
Lakelse Lake
Prince Rupert
Mus. of Northern British Columbia
Skeena
Dodge Cove
Port Edward
Port Essington
Gitnadoix River Prov. Park
Kitimat
Kitimat Village
Chatham Sound
Brown Passage
Dundas I.
Stephens I.
Prescott I.
Porcher I.
Oona River
Goschen I.
Kitkatla
Browning Entrance
McCauley I.
Pitt Island
Banks I.
Bonilla I.
Help Pt.
Greif Pt.
Principe Channel
Grenville Ch.
Squally Ch.
Gil I.
Campania I.
Estevan Group
Goodacre Pt.
Caamaño Sound
Aristazabal I.
Laredo Ch.
Laredo Sound
Princess Royal Island
Butedale
Gribbell I.
Hawkesbury I.
Maitland I.
Douglas Ch.
Sarah I.
Klemtu
Roderick I.
Swindle I.
Price I.
Dowager I.
Milbanke Sound
McLoughlin B.
Campbell I.
Goose I.
Queens Sound
Hakai Conservancy Area
Langara Point
Langara I.
Cape Knox
Virago Sound
Masset
McIntyre Bay
Rose Point
Rose Spit
Naikoon-Agate Beach & Misty Meadows Prov. Park
Morgan Pt.
Tian Head
Masset Inlet
Port Clements
Cape Ball
Juskatla
Tlell
Yellowhead Hwy.
Kuuakun Pt.
Rennell Sound
Cone Hd.
Queen Charlotte City
Queen Charlotte Islands Museum
Skidegate Inlet
Skidegate
Cartwright Sound
Sandspit
Copper Bay
Alliford Bay
Chaatl I.
Moresby Camp
K'una
Cumshewa Head
Englefield Sound
Louise I.
Sewell Inlet
Cape Henry
Tasu Sound
T'anuu
Hlk'waah
Lyell I.
Gandla K'in
The Gwaii Haanas Nat. Marine Conservation Area Reserve
Gwaii Haanas Nat. Park Reserve
S Gang Gwaay
Skincuttle Inlet
Houston Stewart Channel
Rose Harbour
Kunghit I.
Cape St. James
Elan Edén L.
134°W
133°W
132°W
131°W
130°W
129°W
55°N
54°N
53°N
52°N
AKST
PST
8
32

0 30 60 km
0 20 40 Miles
6 7 8 9 10 11 12
128°W 127°W 126°W 125°W 124°W 123°W
PST MST
A B C D E
BRITISH COLUMBIA
COLOMBIA BRITANNIQUE
Skeena Mountains
Hogem Ranges
Omineca Mountains
Babine Range
Bulkley Ranges
Nechako
Pank Plateau
Fraser Basin
Fraser Plateau
Fawnie Range
Telegraph Range
Kitimat Ranges
Finlay Forks
Mt. Crysdale 2423
Omineca Prov. Park
Germansen Landing
Manson Creek
Driftwood
Shedin Pk. 2591
Takla Landing
Fort Babine
Mt. Thoen 2291
Kispiox
Kitwancool Aged Totem Poles
Kitwancool
Gitwangak Battle Hill NHS
'Ksan Ind. Village & Museum
New Hazelton
South Hazelton
Kitwanga
Kitseguecla
Moricetown
Smithers
Smithers Ski Area
Telkwa
Smithers Landing
Granisle
Fulton River Dam
Topley Landing
Topley
Babine Lake
Leo Creek
Tchentlo L.
Nation Lakes
Chuchi L.
Witch L.
Inzana L.
Tochcha L.
Trembleur L.
Tezzeron L.
Tachie
Fort St. James NHS
Fort St. James
Stuart Lake
Murray Ridge
Great Beaver Lake
Salmon R.
Mackenzie
Powder King Ski Area
Little Mac Ski Hill
Pine Pass 933
Parsnip Reach
Heather-Dina L.
(Closed in Winter)
McLeod Lake
Fort McLeod Historic Site
Carp L.
Crooked R.
Perow
Walcott
Houston
Eagle Peak 2093
Rose Lake
Donald Landing
Decker Lake
Burns Lake
Tchesinkut Lake
François Lake
Endako
Fraser Lake
Fort Fraser
Engen
Vanderhoof
Isle Pierre
Nukko Lake
Bednesti
Stony Creek Ind. Res.
Noralee
Tatalrose
Grassy Plains
Nadina River
Ootsa Lake
Cheslatta Lake
Natalkuz Lake
Kenny Dam
Knewstubb Lake
Lucas Lake
Tatuk Lake
Chilako R.
Baldy Hughes
Punchaw
Euchiniko R.
West Road R.
Andesite Peak 2379
Atna Peak 2755
Nanika Lake
Tahtsa Lake
Mt. Dubose 2784
Kemano
Whitesail Lake
Michel Peak 2255
Chelaslie R.
Eutsuk Lake
Tetachuck L.
Entiako R.
Tweedsmuir Provincial Park
Tsacha Lake
Nazko
Fiordland Prov. Recreation Area
Compz Mtn. 2018
Kimsquit
Dean R.
Far Mtn. 2405
Mt. Downton 2365
Itcha Ilgachuz Prov. Park
Mt. Dent 1753
Clisbako R.
Nazko R.
Chilcotin R.
Chezacut
Pooley I.
Kalone Peak 2557
Bella Coola Historic Museum
Firvale
Heckman Pass 1524
Anahim Lake
Nimpo Lake
Bella Coola
Hagensborg
Stuie
Mt. Saugstad 2908
Ocean Falls
Waterdom
King Island
New Bella Bella
Hunter Island
Charlotte L.
Chilanko R.
Chilanko Forks
Redstone
Alexis Creek
Stone Ind. Res.
Hanceville
Tatla Lake
Kleena Kleene
Monarch Icefield
Monarch Mtn. 3533
South Bentinck Arm
Namu
Chilko R.
1756 1613 1890 2769 2478 2318
37 97 39 16 118 35 27 20
55°N 54°N 53°N 52°N
9 18 32 33

1:1.900.000

MapArt.com

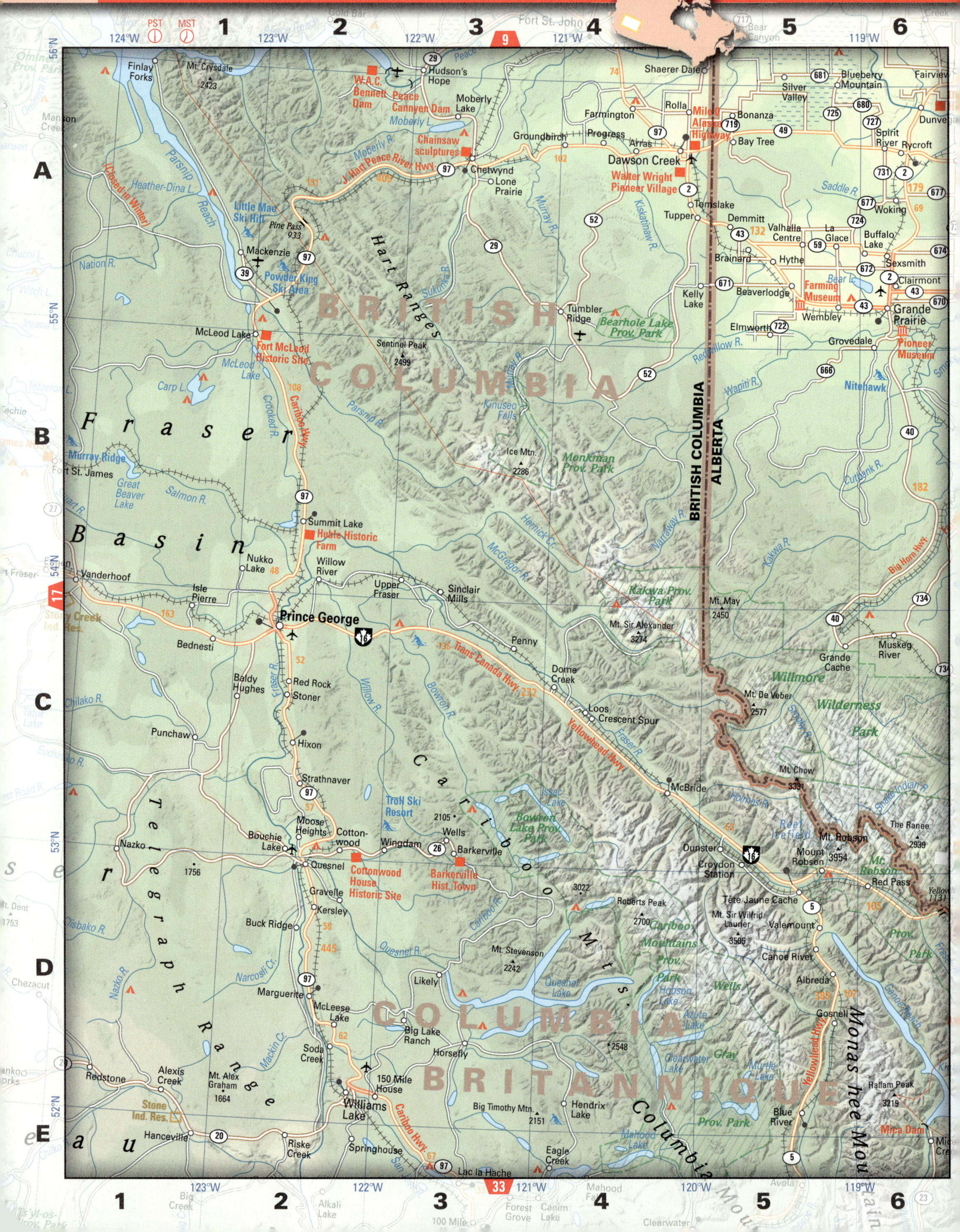

Finlay Forks
Mt. Crysdale
2423
Hudson's Hope
W.A.C. Bennett Dam
Peace Canyon Dam
Moberly Lake
Chainsaw sculptures
Chetwynd
Lone Prairie
J. Hart Peace River Hwy
Groundbirch
Progress
Arras
Farmington
Rolla
Dawson Creek
Walter Wright Pioneer Village
Mile 0 Alaska Highway
Bonanza
Bay Tree
Silver Valley
Blueberry Mountain
Fairview
Spirit River
Rycroft
Dunvegan
Tupper
Tomslake
Demmitt
Valhalla Centre
La Glace
Buffalo Lake
Woking
Saddle R.
Brainard
Hythe
Sexsmith
Clairmont
Beaverlodge
Farming Museum
Wembley
Grande Prairie
Pioneer Museum
Kelly Lake
Elmworth
Grovedale
Nitehawk
Tumbler Ridge
Bearhole Lake Prov. Park
Hart Ranges
BRITISH COLUMBIA
Sentinel Peak
2499
Kinuseo Falls
Ice Mtn.
2286
Monkman Prov. Park
BRITISH COLUMBIA
ALBERTA
Little Mac Ski Hill
Pine Pass
933
Mackenzie
Powder King Ski Area
McLeod Lake
Fort McLeod Historic Site
Carp L.
Heather-Dina L.
Parsnip Reach
Nation R.
Crooked R.
Cariboo Hwy
Fraser Basin
Murray Ridge
Fort St. James
Great Beaver Lake
Salmon R.
Summit Lake
Huble Historic Farm
Nukko Lake
Willow River
Upper Fraser
Sinclair Mills
Vanderhoof
Isle Pierre
Prince George
Bednesti
Stony Creek Ind. Res.
Penny
Dome Creek
Trans Canada Hwy.
Kakwa Prov. Park
Mt. Sir Alexander
3274
Mt. May
2450
Grande Cache
Muskeg River
Willmore Wilderness Park
Mt. De Veber
2577
Big Horn Hwy.
Baldy Hughes
Red Rock
Stoner
Chilako R.
Punchaw
Hixon
Loos
Crescent Spur
Yellowhead Hwy.
McBride
Mt. Chow
3331
Strathnaver
Troll Ski Resort
Cariboo Mts.
Bowron Lake Prov. Park
Moose Heights
Cotton-wood
Bouchie Lake
Nazko
Quesnel
Wingdam
Wells
Barkerville
Cottonwood House Historic Site
Barkerville Hist. Town
1756
Telegraph Range
Gravelle
Kersley
Buck Ridge
Dunster
Croydon Station
Mt. Robson
3954
Mount Robson
The Ranee
2939
Mt. Robson Prov. Park
Red Pass
Tête Jaune Cache
Mt. Sir Wilfrid Laurier
3505
Valemount
Roberts Peak
2700
Cariboo Mountains Prov. Park
3022
Mt. Stevenson
2242
Canoe River
Albreda
Likely
Quesnel Lake
Marguerite
McLeese Lake
Big Lake Ranch
COLUMBIA BRITANNIQUE
Wells Gray Prov. Park
Gosnell
Monashee Mountains
Soda Creek
Horsefly
2548
Hallam Peak
3219
Redstone
Alexis Creek
Mt. Alex Graham
1664
150 Mile House
Williams Lake
Big Timothy Mtn.
2151
Hendrix Lake
Blue River
Mica Dam
Stone Ind. Res.
Hanceville
Riske Creek
Springhouse
Eagle Creek
Lac la Hache
Columbia Mountains
Chezacut
124°W 123°W 122°W 121°W 120°W 119°W
56°N 55°N 54°N 53°N 52°N
1 2 3 4 5 6
A B C D E

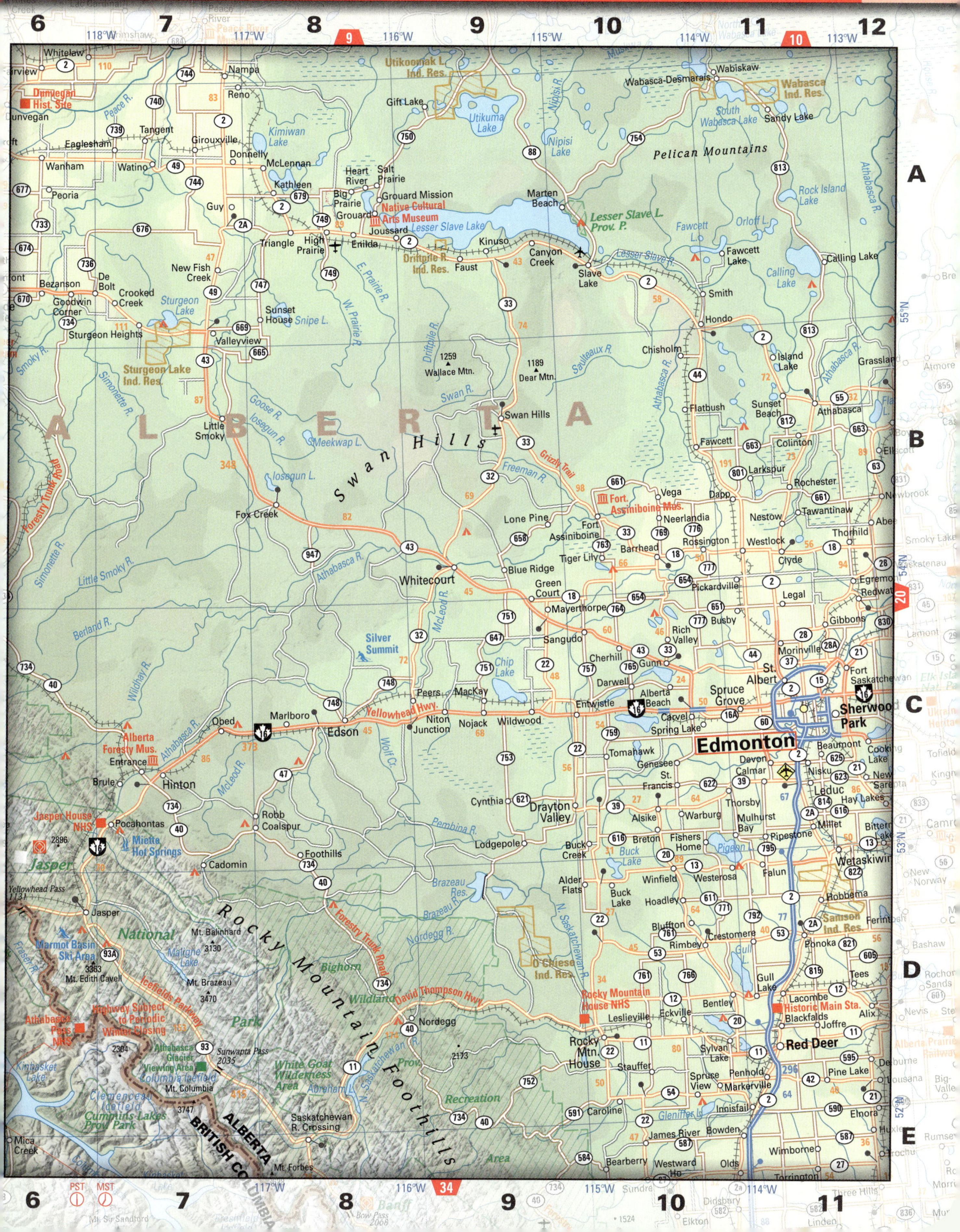
0 30 60 km
0 20 40 Miles
N
6
7
8
9
10
11
12
118°W
117°W
116°W
115°W
114°W
113°W
A
B
C
D
E
ALBERTA
Swan Hills
Pelican Mountains
Rocky Mountain Foothills
Edmonton
Red Deer
Whitecourt
Edson
Hinton
Jasper
Slave Lake
Lesser Slave Lake
Lesser Slave L. Prov. P.
Utikuma Lake
Utikoomak L. Ind. Res.
Wabasca-Desmarais
Wabasca Ind. Res.
North Wabasca Lake
South Wabasca Lake
Sandy Lake
Nipisi Lake
Gift Lake
Marten Beach
Grouard Mission
Native Cultural Arts Museum
Grouard
Joussard
Kinuso
Faust
Canyon Creek
Driftpile R. Ind. Res.
High Prairie
Enilda
Triangle
McLennan
Kathleen
Donnelly
Girouxville
Falher
Nampa
Reno
Whitelaw
Dunvegan
Dunvegan Hist. Site
Tangent
Eaglesham
Wanham
Watino
Peoria
Guy
Heart River
Salt Prairie
Big Prairie
Kimiwan Lake
New Fish Creek
Sunset House
Snipe L.
De Bolt
Crooked Creek
Bezanson
Goodwin Corner
Sturgeon Heights
Sturgeon Lake
Sturgeon Lake Ind. Res.
Valleyview
Little Smoky
Fox Creek
Iosegun L.
Meekwap L.
Swan Hills
Wallace Mtn.
Dear Mtn.
Calling Lake
Fawcett Lake
Fawcett L.
Orloff L.
Rock Island Lake
Smith
Hondo
Chisholm
Island Lake
Flatbush
Fawcett
Sunset Beach
Athabasca
Grassland
Colinton
Larkspur
Rochester
Dapp
Vega
Fort Assiniboine
Fort Assiniboine Mus.
Neerlandia
Nestow
Tawatinaw
Thorhild
Westlock
Clyde
Rossington
Barrhead
Lone Pine
Tiger Lily
Blue Ridge
Green Court
Mayerthorpe
Pickardville
Legal
Busby
Rich Valley
Gibbons
Sangudo
Cherhill
Gunn
Morinville
Fort Saskatchewan
St. Albert
Sherwood Park
Spruce Grove
Stony Plain
Darwell
Alberta Beach
Entwistle
Wildwood
Nojack
Niton Junction
Peers
MacKay
Chip Lake
Silver Summit
Yellowhead Hwy.
Marlboro
Obed
Alberta Forestry Mus.
Entrance
Brule
Pocahontas
Jasper House NHS
Miette Hot Springs
Cadomin
Robb
Coalspur
Foothills
Drayton Valley
Cynthia
Lodgepole
Tomahawk
Genesee
Carvel
Spring Lake
Devon
Calmar
Nisku
Leduc
Beaumont
Cooking Lake
Thorsby
Warburg
Mulhurst Bay
Pipestone
Millet
Wetaskiwin
Alsike
Breton
Fishers Home
Buck Creek
Buck Lake
Pigeon L.
Winfield
Westerose
Falun
Alder Flats
Hoadley
Bluffton
Rimbey
Crestomere
Samson Ind. Res.
Hobbema
Ponoka
O'Chiese Ind. Res.
Rocky Mountain House NHS
Bentley
Gull Lake
Lacombe
Blackfalds
Historic Main Sta.
Joffre
Alix
Leslieville
Eckville
Sylvan Lake
Rocky Mtn. House
Stauffer
Spruce View
Penhold
Markerville
Innisfail
Caroline
Gleniffer L.
James River
Bowden
Bearberry
Westward Ho
Olds
Wimborne
Torrington
Pine Lake
Elnora
Nordegg
David Thompson Hwy.
Bighorn Wildland
Saskatchewan R. Crossing
White Goat Wilderness Area
Abraham L.
Recreation Area
Forestry Trunk Road
Brazeau Res.
Yellowhead Pass
Mt. Edith Cavell
Marmot Basin Ski Area
Mt. Balinhard
Maligne Lake
Mt. Brazeau
Icefields Parkway
Highway Subject to Periodic Winter Closing
Athabasca Pass NHS
Athabasca Glacier Viewing Area
Columbia Icefield
Mt. Columbia
Clemenceau Icefield
Cummins Lakes Prov. Park
Sunwapta Pass
Mt. Forbes
Kinbasket Lake
Mica Creek
ALBERTA
BRITISH COLUMBIA
Jasper National Park
PST
MST

1 : 1.900.000

MapArt.com

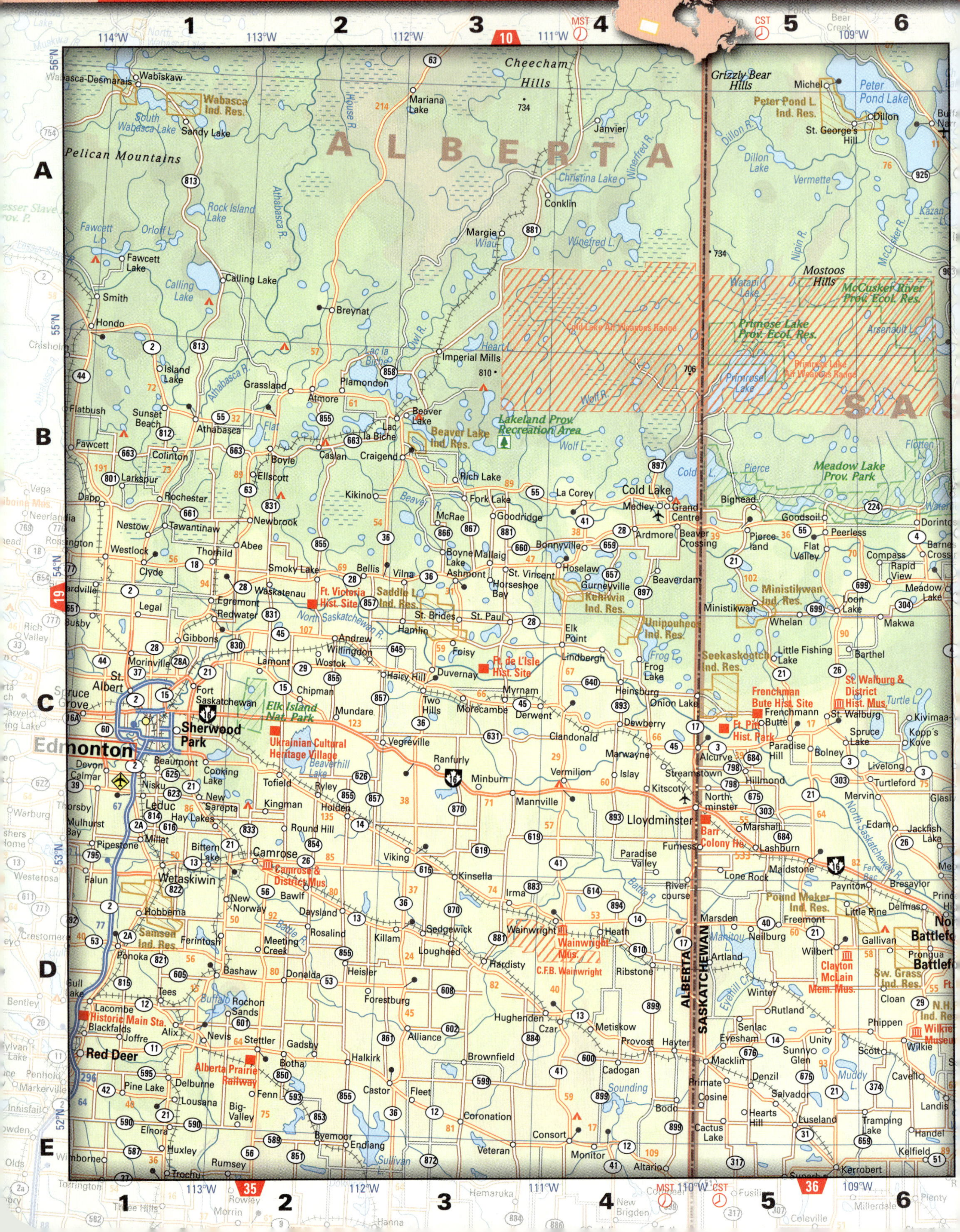

ALBERTA
SASKATCHEWAN
Cheecham Hills
Grizzly Bear Hills
Mostoos Hills
Pelican Mountains
Wabasca-Desmarais
Wabiskaw
Wabasca Ind. Res.
South Wabasca Lake
Sandy Lake
Mariana Lake
Janvier
Christina Lake
Conklin
Margie
Winefred L.
Michel
Peter Pond Lake
Peter Pond L. Ind. Res.
Dillon
St. George's Hill
Dillon Lake
Vermette L.
Rock Island Lake
Athabasca R.
Fawcett L.
Orloff L.
Fawcett Lake
Calling Lake
Smith
Breynat
Hondo
Island Lake
Grassland
Atmore
Plamondon
Lac la Biche
Imperial Mills
Heart L.
Cold Lake Air Weapons Range
Primrose Lake Prov. Ecol. Res.
Primrose Lake Air Weapons Range
McCusker River Prov. Ecol. Res.
Watapi Lake
Primrose Lake
Wolf R.
Flatbush
Sunset Beach
Athabasca
Fawcett
Colinton
Larkspur
Boyle
Caslan
Lac la Biche
Craigend
Beaver Lake
Beaver Lake Ind. Res.
Lakeland Prov. Recreation Area
Wolf L.
Meadow Lake Prov. Park
Flotten
Pierce L.
Cold L.
Cold Lake
Bighead
Ellscott
Rochester
Dapp
Kikino
Rich Lake
Fork Lake
La Corey
Medley
Grand Centre
Goodsoil
Peerless
Dorintosh
Neerlandia
Nestow
Tawatinaw
Newbrook
McRae
Goodridge
Beaver Crossing
Pierceland
Barnes Crossing
Westlock
Thorhild
Abee
Boyne Lake
Mallaig
Bonnyville
Ardmore
Flat Valley
Compass
Rapid View
Clyde
Smoky Lake
Bellis
Vilna
Ashmont
St. Vincent
Horseshoe Bay
Hoselaw
Gurneyville
Beaverdam
Ministikwan Ind. Res.
Meadow Lake
Legal
Egremont
Waskatenau
Redwater
Ft. Victoria Hist. Site
Saddle L. Ind. Res.
St. Brides
St. Paul
Kehiwin Ind. Res.
Ministikwan
Whelan
Loon Lake
Makwa
North Saskatchewan R.
Gibbons
Andrew
Willingdon
Hamlin
Foisy
Elk Point
Unipouheos Ind. Res.
Barthel
Morinville
Lamont
Wostok
Ft. de L'Isle Hist. Site
Lindbergh
Frog L.
Frog Lake
Seekaskootch Ind. Res.
Little Fishing Lake
St. Walburg & District Hist. Mus.
St. Albert
Spruce Grove
Fort Saskatchewan
Chipman
Hairy Hill
Duvernay
Myrnam
Heinsburg
Onion Lake
Frenchman Butte Hist. Site
Frenchman Butte
St. Walburg
Turtle L.
Edmonton
Sherwood Park
Elk Island Nat. Park
Mundare
Two Hills
Morecambe
Derwent
Dewberry
Ft. Pitt Hist. Park
Spruce Lake
Kivimaa-Moonlight Bay
Kopp's Kove
Ukrainian Cultural Heritage Village
Beaverhill Lake
Vegreville
Clandonald
Marwayne
Alcurve
Paradise Hill
Bolney
Devon
Calmar
Beaumont
Cooking Lake
Tofield
Ranfurly
Minburn
Vermilion
Islay
Streamstown
Kitscoty
Hillmond
Livelong
Turtleford
Nisku
Leduc
New Sarepta
Hay Lakes
Kingman
Ryley
Holden
Round Hill
Mannville
North Minster
Lloydminster
Barr Colony Her.
Marshall
Mervin
Thorsby
Mulhurst Bay
Pipestone
Millet
Bittern Lake
Camrose
Camrose & District Mus.
Viking
Kinsella
Paradise Valley
Furness
Lashburn
Edam
Jackfish Lake
Wetaskiwin
Falun
New Norway
Bawlf
Daysland
Irma
Battle R.
Rivercourse
Lone Rock
Maidstone
Paynton
Bresaylor
North Saskatchewan R.
Hobbema
Samson Ind. Res.
Ferintosh
Meeting Creek
Rosalind
Killam
Sedgewick
Lougheed
Wainwright
Wainwright Mus.
C.F.B. Wainwright
Heath
Marsden
Pound Maker Ind. Res.
Freemont
Neilburg
Little Pine
Delmas
Gallivan
Battleford
Ponoka
Bashaw
Donalda
Heisler
Hardisty
Ribstone
Artland
Wilbert
Clayton McLain Mem. Mus.
Sw. Grass Ind. Res.
Gull Lake
Tees
Buffalo Lake
Rochon Sands
Forestburg
Hughenden
Czar
Metiskow
Provost
Hayter
Winter
Rutland
Senlac
Evesham
Unity
Phippen
Lacombe
Historic Main Sta.
Blackfalds
Alix
Joffre
Nevis
Stettler
Gadsby
Halkirk
Alliance
Brownfield
Cadogan
Macklin
Sunny Glen
Scott
Red Deer
Alberta Prairie Railway
Botha
Delburne
Pine Lake
Lousana
Big Valley
Fenn
Castor
Fleet
Sounding
Bodo
Primate
Cosine
Denzil
Salvador
Muddy L.
Cavell
Elnora
Coronation
Byemoor
Endiang
Veteran
Consort
Cactus Lake
Hearts Hill
Luseland
Tramping Lake
Handel
Landis
Wimborne
Huxley
Trochu
Rumsey
Sullivan
Monitor
Altario
Kerrobert
Kelfield
ALBERTA
SASKATCHEWAN
MST
CST
114°W
113°W
112°W
111°W
110°W
109°W
56°N
55°N
54°N
53°N
52°N
B
D
E
2
3
4
5
6
10
35
36

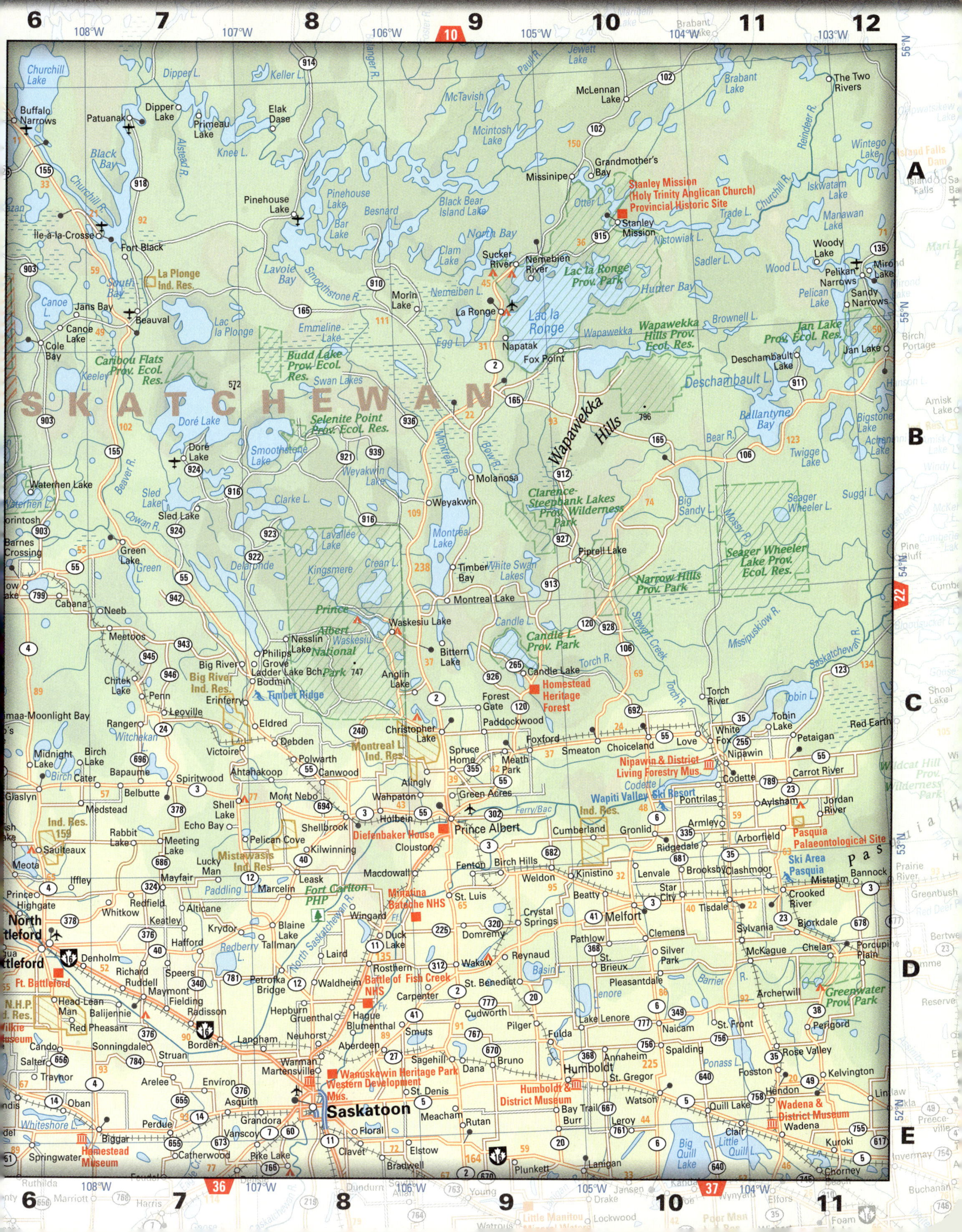
SASKATCHEWAN
Churchill Lake
Buffalo Narrows
Patuanak
Dipper Lake
Primeau Lake
Elak Dase
Keller L.
Black Bay
Île-à-la-Crosse
Fort Black
Pinehouse Lake
La Plonge Ind. Res.
Jans Bay
Beauval
Canoe Lake
Cole Bay
Caribou Flats Prov. Ecol. Res.
Budd Lake Prov. Ecol. Res.
Doré Lake
Smoothstone Lake
Selenite Point Prov. Ecol. Res.
Dore Lake
Waterhen Lake
Sled Lake
Green Lake
Meadow Lake
Cabana
Neeb
Meetoos
Chitek Lake
Big River
Big River Ind. Res.
Timber Ridge
Prince Albert National Park
Waskesiu Lake
Anglin Lake
Christopher Lake
Montreal L. Ind. Res.
McLennan Lake
Missinipe
Grandmother's Bay
Stanley Mission (Holy Trinity Anglican Church) Provincial Historic Site
Stanley Mission
Sucker River
Nemebien River
Lac la Ronge Prov. Park
Lac la Ronge
La Ronge
Napatak
Fox Point
Wapawekka Hills Prov. Ecol. Res.
Wapawekka Hills
Deschambault Lake
Deschambault L.
Jan Lake Prov. Ecol. Res.
Jan Lake
Pelican Narrows
Sandy Narrows
Woody Lake
Mirond Lake
The Two Rivers
Brabant Lake
Molanosa
Weyakwin
Montreal Lake
Timber Bay
Clarence-Steepbank Lakes Prov. Wilderness Park
Piprell Lake
Narrow Hills Prov. Park
Seager Wheeler Lake Prov. Ecol. Res.
Candle L. Prov. Park
Candle Lake
Homestead Heritage Forest
Torch River
Tobin Lake
White Fox
Nipawin
Nipawin & District Living Forestry Mus.
Wapiti Valley Ski Resort
Codette
Carrot River
Red Earth
Pasquia Palaeontological Site
Ski Area Pasquia
Greenwater Prov. Park
Prince Albert
Diefenbaker House
Fort Carlton PHP
Batoche NHS
Battle of Fish Creek NHS
Melfort
Humboldt
Humboldt & District Museum
Wanuskewin Heritage Park
Western Development Mus.
Saskatoon
Wadena & District Museum
Wadena
Kelvington
North Battleford
Battleford
Ft. Battleford N.H.P.
Mistawasis Ind. Res.
Homestead Museum
Biggar
Borden
Langham
Warman
Martensville
Rosthern
Hague
Duck Lake
Shellbrook
Spiritwood
Kinistino
Tisdale
Porcupine Plain
Naicam
Watson
Quill Lake
Big Quill Lake
Little Quill L.
Lanigan
Plunkett
Elstow
Clavet
Vanscoy
Delisle
Asquith
Perdue
Rabbit Lake
Medstead
Glaslyn
Saulteaux
Meota
Denholm
Radisson
Cudworth
Wakaw
St. Brieux
Spalding
Bruno
Annaheim
St. Gregor
Leroy
Kuroki
Fosston
Rose Valley
Archerwill
Bjorkdale
Arborfield
Choiceland
Smeaton
Gronlid
Ridgedale
Star City
Birch Hills
Weldon
St. Louis
Domremy
Crystal Springs
Pathlow
Lake Lenore
Pilger
Fulda
Dana
Aberdeen
Vonda
Wingard
Blaine Lake
Marcelin
Leask
Kilwinning
Canwood
Debden
Victoire
Polwarth
Ahtahakoop
Mont Nebo
Holbein
Clouston
Macdowall
Paddockwood
Foxford
Spruce Home
Meath Park
Albertville
Wahpaton
Green Acres
Cumberland
Love
Aylsham
Jordan River
Pontrilas
Armley
Brooksby
Clashmoor
Mistatim
Bannock
Crooked River
Sylvania
McKague
Chelan
Perigord
Hendon
St. Front
Clemens
Silver Park
Pleasantdale
St. Benedict
Reynaud
Carpenter
Hepburn
Guernsey
Blumenthal
Sagehill
St. Denis
Meacham
Rutan
Bradwell
Floral
Grandora
Pike Lake
Catherwood
Arelee
Struan
Fielding
Maymont
Ruddell
Richard
Speers
Hafford
Krydor
Tallman
Laird
Waldheim
Petrofka Bridge
Springwater
Oban
Traynor
Salter
Cando
Sonningdale
Balijennie
Red Pheasant
Head Lean Man
Highgate
Prince
Mayfair
Lucky Man
Meeting Lake
Keatley
Redfield
Whitkow
Iffley
Belbutte
Bapaume
Birch Lake
Midnight Lake
Leoville
Erinferry
Eldred
Ladder Lake Bch.
Philips Grove
Bodmin
Nesslin Lake
Penn
Rangers
Pelican Cove
Shell Lake
Echo Bay
Bittern Lake
Forest Gate
Tobin L.
Petaigan
Makwa Lake
108°W
107°W
106°W
105°W
104°W
103°W
56°N
55°N
54°N
53°N
52°N
6
7
8
9
10
11
12
A
B
C
D
E

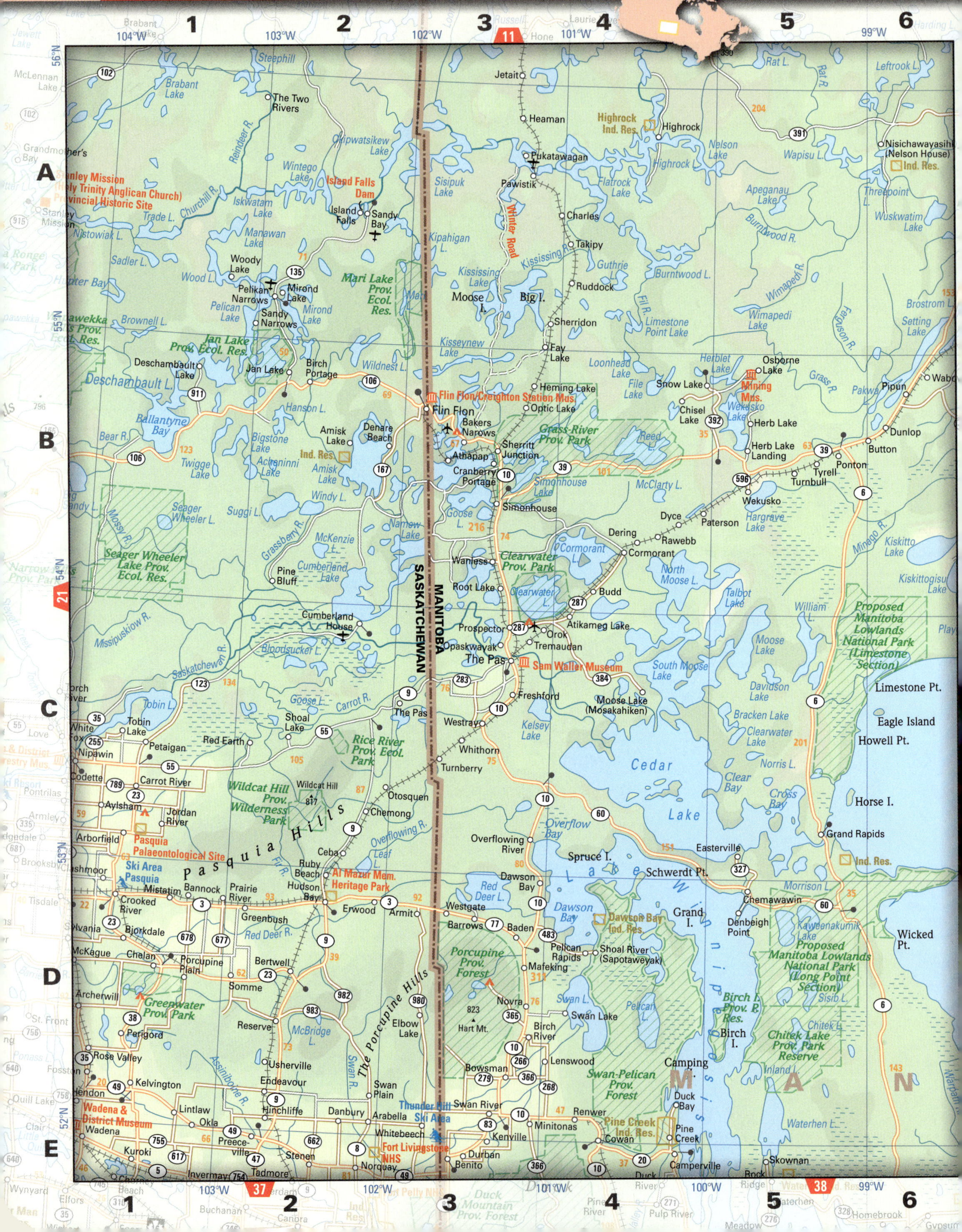
1
2
3
4
5
6
A
B
C
D
E
104°W
103°W
102°W
101°W
100°W
99°W
56°N
55°N
54°N
53°N
52°N
Brabant Lake
The Two Rivers
Steephill
Reindeer R.
Churchill R.
Stanley Mission
(Holy Trinity Anglican Church)
Provincial Historic Site
Stanley Mission
Nistowiak L.
Trade L.
Iskwatam Lake
Wintego Lake
Pakwatsikew Lake
Island Falls Dam
Island Falls
Sandy Bay
Manawan Lake
Sadler L.
Woody Lake
Wood L.
Pelican Narrows
Mirond Lake
Pelican Lake
Sandy Narrows
Mirond Lake
Mari Lake Prov. Ecol. Res.
Hunter Bay
Brownell L.
Wapawekka Hills Prov. Ecol. Res.
Jan Lake Prov. Ecol. Res.
Deschambault Lake
Jan Lake
Birch Portage
Wildnest L.
Deschambault L.
Ballantyne Bay
Hanson L.
Bear R.
Twigge Lake
Bigstone Lake
Amisk Lake
Denare Beach
Ind. Res.
Amisk Lake
Windy L.
Suggi L.
Seager Wheeler L.
Mossy R.
Seager Wheeler Lake Prov. Ecol. Res.
Grassberry R.
McKenzie L.
Pine Bluff
Cumberland Lake
Cumberland House
Missipuskiow R.
Bloodsucker L.
Saskatchewan R.
Torch River
Tobin L.
Tobin Lake
White Fox
Nipawin
Petaigan
Red Earth
Shoal Lake
Goose L.
Carrot R.
Codette
Carrot River
Aylsham
Jordan River
Arborfield
Pasquia Palaeontological Site
Ski Area Pasquia
Wildcat Hill Prov. Wilderness Park
Wildcat Hill
Pasquia Hills
Rice River Prov. Ecol. Park
Otosquen
Chemong
Overflowing R.
Ceba
Ruby Beach
Hudson Bay
Al Mazur Mem. Heritage Park
Erwood
Armit
Prairie River
Bannock
Mistatim
Crooked River
Greenbush
Tisdale
Bjorkdale
Red Deer R.
Chalan
Porcupine Plain
Bertwell
Somme
McKague
Archerwill
Greenwater Prov. Park
Perigord
Reserve
McBride L.
Elbow Lake
The Porcupine Hills
Rose Valley
Usherville
Endeavour
Swan Plain
Swan R.
Kelvington
Hendon
Lintlaw
Okla
Hinchliffe
Danbury
Arabella
Wadena & District Museum
Wadena
Preeceville
Stenen
Whitebeech
Fort Livingstone NHS
Kuroki
Invermay
Tadmore
Norquay
Sisipuk Lake
Kipahigan L.
Kississing Lake
Moose L.
Big L.
Kisseynew Lake
Flin Flon/Creighton Station Mus.
Flin Flon
Bakers Narrows
Athapap
Cranberry Portage
Sherritt Junction
Grass River Prov. Park
Goose L.
Namew Lake
Wanless
Clearwater Prov. Park
Root Lake
SASKATCHEWAN
MANITOBA
Prospector
Opaskwayak
The Pas
Sam Waller Museum
Freshford
Westray
Whithorn
Turnberry
Kelsey Lake
Overflowing River
Red Deer L.
Dawson Bay
Westgate
Barrows
Baden
Porcupine Prov. Forest
Mafeking
Novra
Hart Mt.
Birch River
Bowsman
Swan River
Thunder Hill Ski Area
Kenville
Durban
Benito
Minitonas
Renwer
Cowan
Jetait
Heaman
Pukatawagan
Pawistik
Winter Road
Charles
Takipy
Ruddock
Sherridon
Fay Lake
Heming Lake
Optic Lake
Simonhouse
Cormorant L.
Dering
Cormorant
Clearwater L.
Budd
Orok
Atikameg Lake
Tremaudan
Moose Lake (Mosakahiken)
Highrock Ind. Res.
Highrock
Flatrock Lake
Guthrie L.
Burntwood L.
Limestone Point Lake
Loonhead Lake
File Lake
Reed L.
McClarty L.
Dyce
Rawebb
Paterson
North Moose L.
South Moose Lake
Cedar Lake
Overflow Bay
Spruce I.
Lake Winnipegosis
Dawson Bay Ind. Res.
Pelican Rapids
Shoal River (Sapotaweyak)
Swan L.
Swan Lake
Pelican L.
Lenswood
Swan-Pelican Prov. Forest
Pine Creek Ind. Res.
Camping
Duck Bay
Pine Creek
Camperville
Nelson Lake
Rat L.
Rat R.
Apeganau Lake
Wapisu L.
Burntwood R.
Wimapedi Lake
Herblet Lake
Snow Lake
Chisel Lake
Mining Mus.
Osborne Lake
Wekusko Lake
Herb Lake
Herb Lake Landing
Wekusko
Hargrave Lake
Talbot Lake
Moose Lake
Davidson Lake
Bracken Lake
Clearwater Lake
Norris L.
Clear Bay
Cross Bay
Easterville
Schwerdt Pt.
Chemawawin
Grand I.
Denbeigh Point
Birch I. Prov. P. Res.
Birch I.
Leftrook L.
Nisichawayasihk (Nelson House) Ind. Res.
Threepoint L.
Wuskwatim Lake
Brostrom L.
Setting Lake
Grass R.
Pakwa L.
Pipun
Wabowden
Dunlop
Button
Ponton
Tyrell
Turnbull
Minago R.
Kiskitto L.
Kiskittogisu Lake
William L.
Proposed Manitoba Lowlands National Park (Limestone Section)
Limestone Pt.
Eagle Island
Howell Pt.
Horse I.
Grand Rapids
Ind. Res.
Morrison L.
Kaweenakumik Lake
Proposed Manitoba Lowlands National Park (Long Point Section)
Wicked Pt.
Sisib L.
Chitek L.
Chitek Lake Prov. Park Reserve
Waterhen L.
Skownan
M A N
Lake Winnipeg
Russell
Laurie
Hone
Pine River
Pulp River
Duck Mountain Prov. Forest
Rock Ridge
Waterhen
Homebrook
Meadow
Ethelbert
Canora
Buchanan
Elfros
Wynyard
11
21
37
38

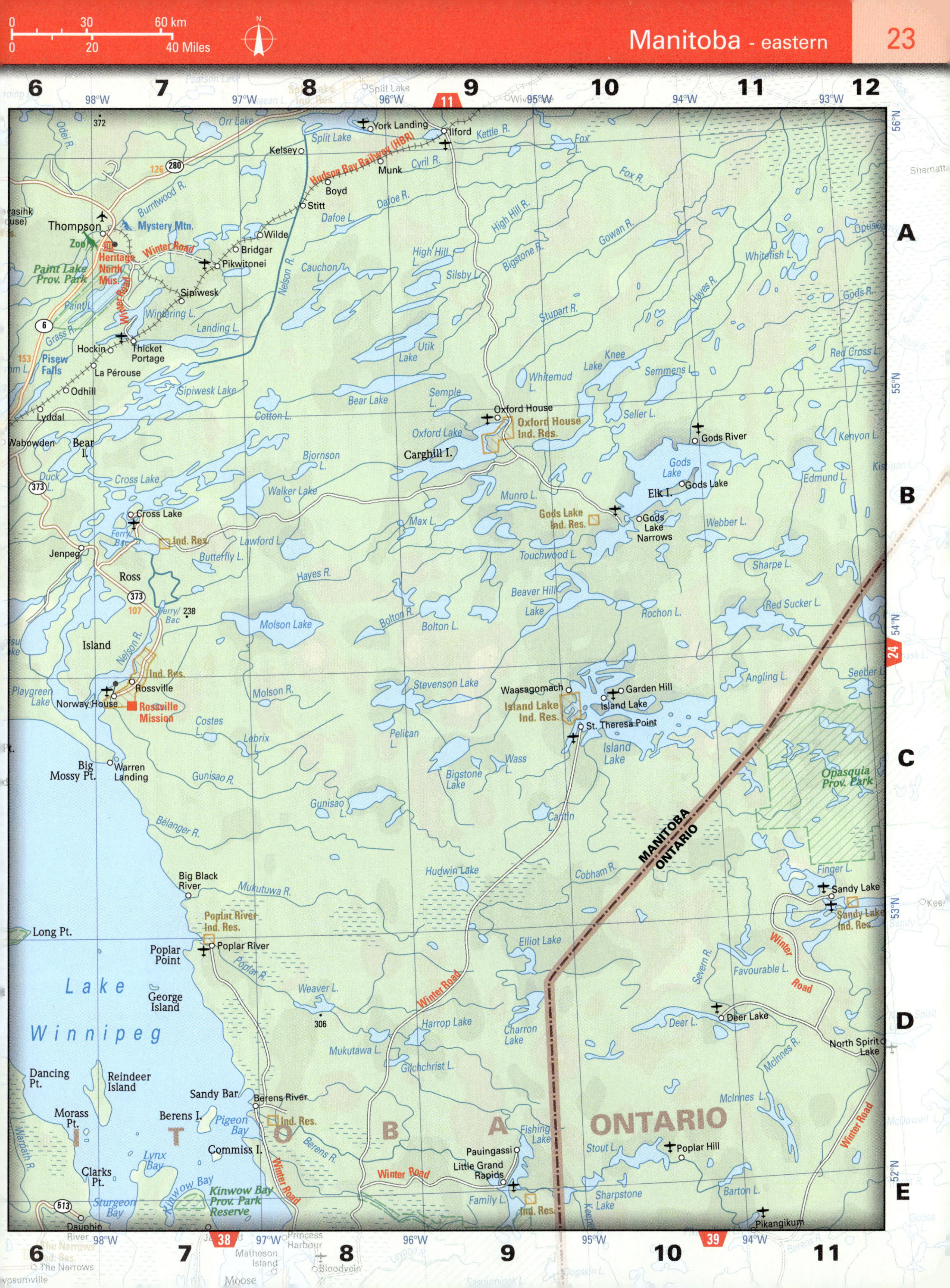
0 30 60 km
0 20 40 Miles
N
6 7 8 9 10 11 12
98°W 97°W 96°W 95°W 94°W 93°W
A B C D E
56°N 55°N 54°N 53°N 52°N
York Landing
Split Lake
Ilford
Kettle R.
Fox L.
Fox R.
Kelsey
Hudson Bay Railway (HBR)
Munk
Cyril R.
Boyd
Stitt
Dafoe R.
Dafoe L.
Thompson
Mystery Mtn.
Burntwood R.
Zoo
Heritage North Mus.
Winter Road
Paint Lake Prov. Park
Wilde
Bridgar
Pikwitonei
Sipiwesk
Wintering L.
Landing L.
Nelson R.
Cauchon L.
High Hill L.
High Hill R.
Silsby L.
Bigstone R.
Gowan R.
Whitefish L.
Gods R.
Hayes R.
Stupart R.
Hockin
Thicket Portage
La Pérouse
Pisew Falls
Grass R.
Odhill
Lyddal
Sipiwesk Lake
Utik Lake
Semple L.
Whitemud L.
Knee Lake
Semmens L.
Red Cross L.
Bear Lake
Cotton L.
Oxford House
Oxford House Ind. Res.
Oxford Lake
Seller L.
Gods River
Kenyon L.
Wabowden
Bear I.
Carghill I.
Bjornson L.
Gods Lake
Elk I.
Edmund L.
Duck L.
Cross Lake
Walker Lake
Munro L.
Gods Lake Ind. Res.
Gods Lake Narrows
Webber L.
Cross Lake
Ferry Bac
Ind. Res.
Lawford L.
Max L.
Touchwood L.
Sharpe L.
Jenpeg
Butterfly L.
Hayes R.
Ross
Beaver Hill Lake
Red Sucker L.
Rochon L.
Ferry/Bac 238
Molson Lake
Bolton R.
Bolton L.
Island
Nelson R.
Ind. Res.
Angling L.
Seeber L.
Playgreen Lake
Rossville
Norway House
Rossville Mission
Molson R.
Stevenson Lake
Waasagomach
Island Lake Ind. Res.
Garden Hill
Island Lake
St. Theresa Point
Costes L.
Lebrix L.
Pelican L.
Wass L.
Island Lake
Big Mossy Pt.
Warren Landing
Gunisao R.
Bigstone Lake
Opasquia Prov. Park
Gunisao L.
Bélanger R.
Cantin L.
MANITOBA
ONTARIO
Big Black River
Mukutuwa R.
Hudwin Lake
Cobham R.
Finger L.
Sandy Lake
Sandy Lake Ind. Res.
Long Pt.
Poplar River Ind. Res.
Poplar Point
Poplar River
Poplar R.
Elliot Lake
Severn R.
Favourable L.
Lake Winnipeg
George Island
Weaver L.
306
Harrop Lake
Charron Lake
Deer L.
Deer Lake
North Spirit Lake
Mukutawa L.
Gilchrist L.
McInnes R.
Dancing Pt.
Reindeer Island
Sandy Bar
Berens River
McInnes L.
Morass Pt.
Berens I.
Pigeon Bay
Ind. Res.
Berens R.
Fishing Lake
ONTARIO
Commiss I.
Pauingassi
Stout L.
Poplar Hill
Lynx Bay
Little Grand Rapids
Clarks Pt.
Kinwow Bay
Kinwow Bay Prov. Park Reserve
Sturgeon Bay
Family L.
Ind. Res.
Sharpstone Lake
Barton L.
Dauphin River
Pikangikum
Matheson Island
Princess Harbour
Bloodvein
The Narrows
372 280 126 6 153 373 107 513 38 39 11 24

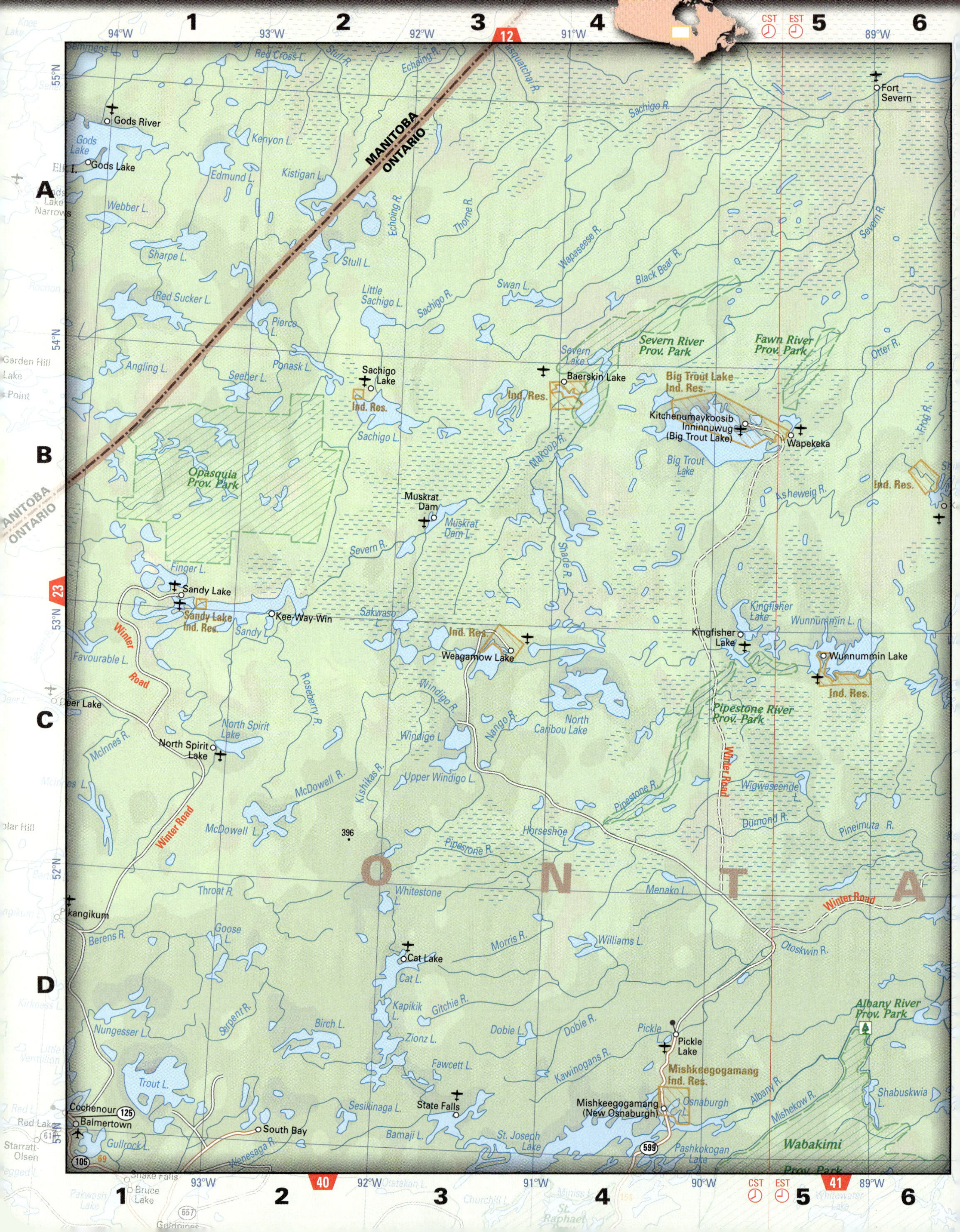

1
2
3
4
5
6
A
B
C
D
94°W
93°W
92°W
91°W
90°W
89°W
55°N
54°N
53°N
52°N
51°N
CST
EST
12
23
40
41
MANITOBA
ONTARIO
Gods River
Gods Lake
Gods Lake
Elk I.
Webber L.
Kenyon L.
Edmund L.
Kistigan L.
Red Cross L.
Stull R.
Echoing R.
Asquatchai R.
Sharpe L.
Red Sucker L.
Stull L.
Echoing R.
Thorne R.
Little Sachigo L.
Sachigo R.
Swan L.
Wapaseese R.
Black Bear R.
Sachigo R.
Fort Severn
Severn R.
Pierce L.
Angling L.
Seeber L.
Ponask L.
Sachigo Lake
Ind. Res.
Sachigo L.
Severn Lake
Severn River Prov. Park
Fawn River Prov. Park
Otter R.
Baerskin Lake
Ind. Res.
Big Trout Lake Ind. Res.
Kitchenuhmaykoosib Inninnuwug (Big Trout Lake)
Wapekeka
Big Trout Lake
Frog R.
Makoop R.
Opasquia Prov. Park
Muskrat Dam
Muskrat Dam L.
Asheweig R.
Ind. Res.
Severn R.
Shade R.
Finger L.
Sandy Lake
Sandy Lake Ind. Res.
Sandy L.
Kee-Way-Win
Sakwaso L.
Winter Road
Favourable L.
Ind. Res.
Weagamow Lake
Kingfisher Lake
Kingfisher Lake
Wunnummin L.
Wunnummin Lake
Ind. Res.
Deer Lake
Roseberry R.
Windigo R.
North Caribou Lake
Pipestone River Prov. Park
North Spirit Lake
North Spirit Lake
Windigo L.
Nango R.
McInnes R.
McInnes L.
Upper Windigo L.
Kishikas R.
McDowell R.
Pipestone R.
Winter Road
Wigwascence L.
Dumond R.
Winter Road
McDowell L.
396
Horseshoe L.
Pipestone R.
Pineimuta R.
O
N
T
A
Throat R.
Whitestone L.
Menako L.
Winter Road
Pikangikum
Berens R.
Goose L.
Williams L.
Morris R.
Otoskwin R.
Cat Lake
Cat L.
Kapikik L.
Gitchie R.
Nungesser L.
Serpent R.
Birch L.
Dobie L.
Dobie R.
Pickle L.
Pickle Lake
Albany River Prov. Park
Zionz L.
Fawcett L.
Kawinogans R.
Mishkeegogamang Ind. Res.
Trout L.
Albany R.
Shabuskwia L.
Cochenour
Balmertown
Red Lake
Sesikinaga L.
State Falls
Mishkeegogamang (New Osnaburgh)
Osnaburgh
Mishkekow R.
South Bay
Wenesaga R.
Bamaji L.
St. Joseph Lake
Pashkokogan Lake
Wabakimi Prov. Park
Gullrock L.
125
105
599
Starratt-Olsen
Snake Falls
Bruce Lake
Pakwash Lake
Churchill L.
St. Raphael
Whitewater Lake
Garden Hill
Point
Goldpines
657

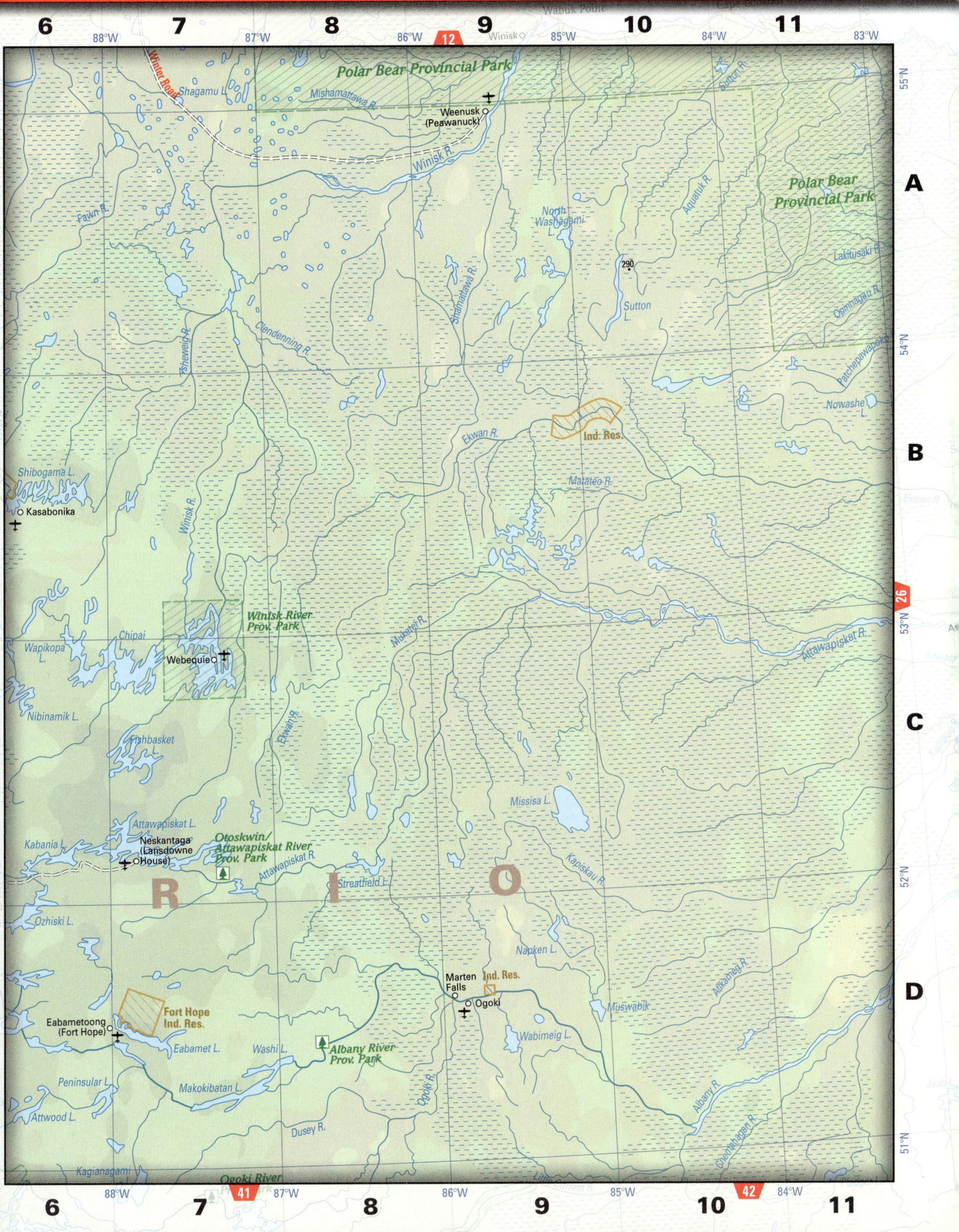
0 30 60 km
0 20 40 Miles
N
Polar Bear Provincial Park
Mishamattawa R.
Winter Road
Shagamu L.
Weenusk (Peawanuck)
Winisk R.
Winisk
Wabuk Point
Polar Bear Provincial Park
Sutton R.
Aquatuk R.
Lakitusaki R.
Opinnagau R.
Patchepawapoko R.
Nowashe L.
North Washagami L.
290
Sutton L.
Fawn R.
Shamattawa R.
Clendenning R.
Shewelg R.
Ekwan R.
Ind. Res.
Mataieo R.
Shibogama L.
Kasabonika
Winisk R.
Winisk River Prov. Park
Chipai
Wapikopa L.
Webequie
Nibinamik L.
Muketei R.
Attawapiskat R.
Ekwan R.
Fishbasket L.
Missisa L.
Attawapiskat L.
Kabania L.
Neskantaga (Lansdowne House)
Otoskwin/ Attawapiskat River Prov. Park
Attawapiskat R.
Kapiskau R.
Streatfield L.
R I O
Ozhiski L.
Napken L.
Marten Falls
Ind. Res.
Ogoki
Attikameg R.
Muswabik
Fort Hope Ind. Res.
Eabametoong (Fort Hope)
Eabamet L.
Washi L.
Albany River Prov. Park
Wabimeig L.
Peninsular L.
Makokibatan L.
Ogoki R.
Albany R.
Attwood L.
Dusey R.
Chemahagan R.
Kagianagami
Ogoki River
Little Current R.
6 7 8 9 10 11
A B C D
88°W 87°W 86°W 85°W 84°W 83°W
55°N 54°N 53°N 52°N 51°N
12 26 41 42

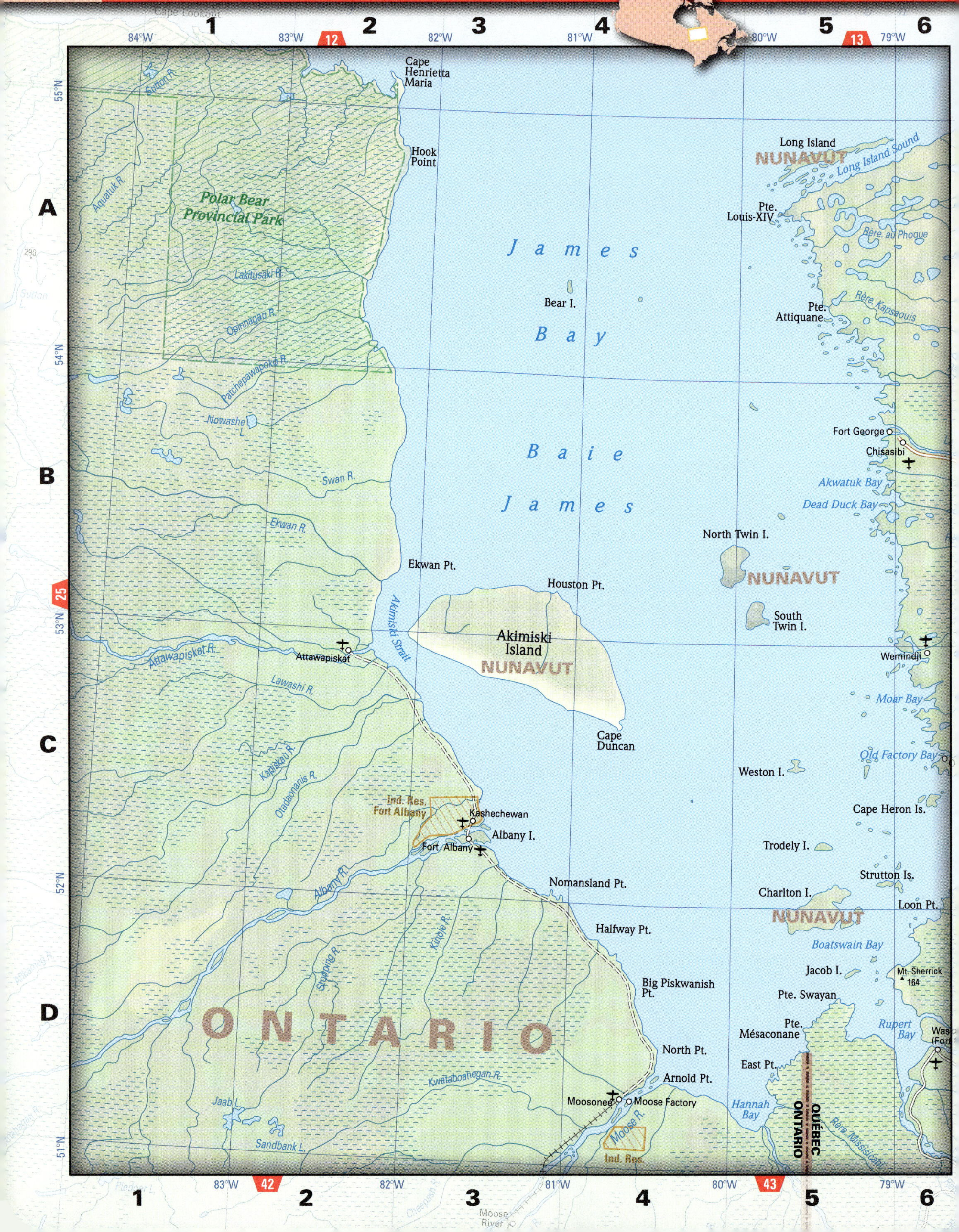
Cape Lookout
84°W
83°W
12
82°W
81°W
80°W
13
79°W
1
2
3
4
5
6
A
B
C
D
55°N
54°N
53°N
52°N
51°N
25
Cape Henrietta Maria
Hook Point
Sutton R.
Polar Bear Provincial Park
Aquatuk R.
Lakitusaki R.
Opinnagau R.
Patchepawapoko R.
Nowashe L.
Swan R.
Ekwan R.
Ekwan Pt.
James Bay
Bear I.
Baie James
Long Island
NUNAVUT
Long Island Sound
Pte. Louis-XIV
Rère. au Phoque
Pte. Attiquane
Rère. Kapsaouis
Fort George
Chisasibi
Akwatuk Bay
Dead Duck Bay
North Twin I.
NUNAVUT
South Twin I.
Wemindji
Moar Bay
Old Factory Bay
Houston Pt.
Akimiski Island
NUNAVUT
Akimiski Strait
Cape Duncan
Attawapiskat
Attawapiskat R.
Lawashi R.
Kapiskau R.
Otadaonanis R.
Ind. Res. Fort Albany
Kashechewan
Albany I.
Fort Albany
Albany R.
Nomansland Pt.
Halfway Pt.
Big Piskwanish Pt.
Kinoje R.
Sopping R.
ONTARIO
Weston I.
Cape Heron Is.
Trodely I.
Strutton Is.
Charlton I.
NUNAVUT
Loon Pt.
Boatswain Bay
Jacob I.
Mt. Sherrick 164
Pte. Swayan
Pte. Mésaconane
Rupert Bay
East Pt.
North Pt.
Arnold Pt.
Kwataboahegan R.
Moosonee
Moose Factory
Moose R.
Ind. Res.
Hannah Bay
QUÉBEC
ONTARIO
Rère. Missisicabi
Jaab L.
Sandbank L.
83°W
42
82°W
81°W
80°W
43
79°W
Moose River

Whapmagoostui
Kuujjuarapik (Poste-de-la-Baleine)
Grande Rère. de la Baleine
Lac Denys
Lac Burton
Lac Kinglet
Rivière Kanaaupscow
Lac Julian
Réservoir de La Grande 4
Rère. Piagochioui
L. de la Montagne du Pin
Lac Tilly
Keyano
Réservoir de La Grande 3
La Grande Rivière (Fort George R.)
Radisson
Réservoir de La Grande 2
Sakami
Lac Duncan
Peninsula
Rère. du Castor
Rère. Sakami
Rère. Corvette
Lac de la Corvette
Lac Frigate
Lac Sakami
Labrador
Lac Goose
Rère. du Peuplier
Lac du Vieux Comptoir
Rère. du Vieux-Comptoir
Lac Boyd
Rère. Opinaca
Lac Rossignol
Lac Désdames
Rés. Opinaca
Old Factory River
Petit Lac Opinaca
Lac Duxbury
109
Lac Lichteneger
Eastmain
Rère. Eastmain
QUÉBEC
Réserve Faunique des Lacs-Albanel-Mistassini-et-Waconichi
615
Nemarska (Némiscau)
Rère. de Pontax
Rère. Némiscau
Waskaganish (Fort Rupert)
Rère. de Rupert
Lac Mesgouez
Lac Woollett
Rère. Broadback
Lac Némiscau
Lac Tésécau
Lac Camousitchouane
Lac Bellinger
Lac du Tast
Mistassini

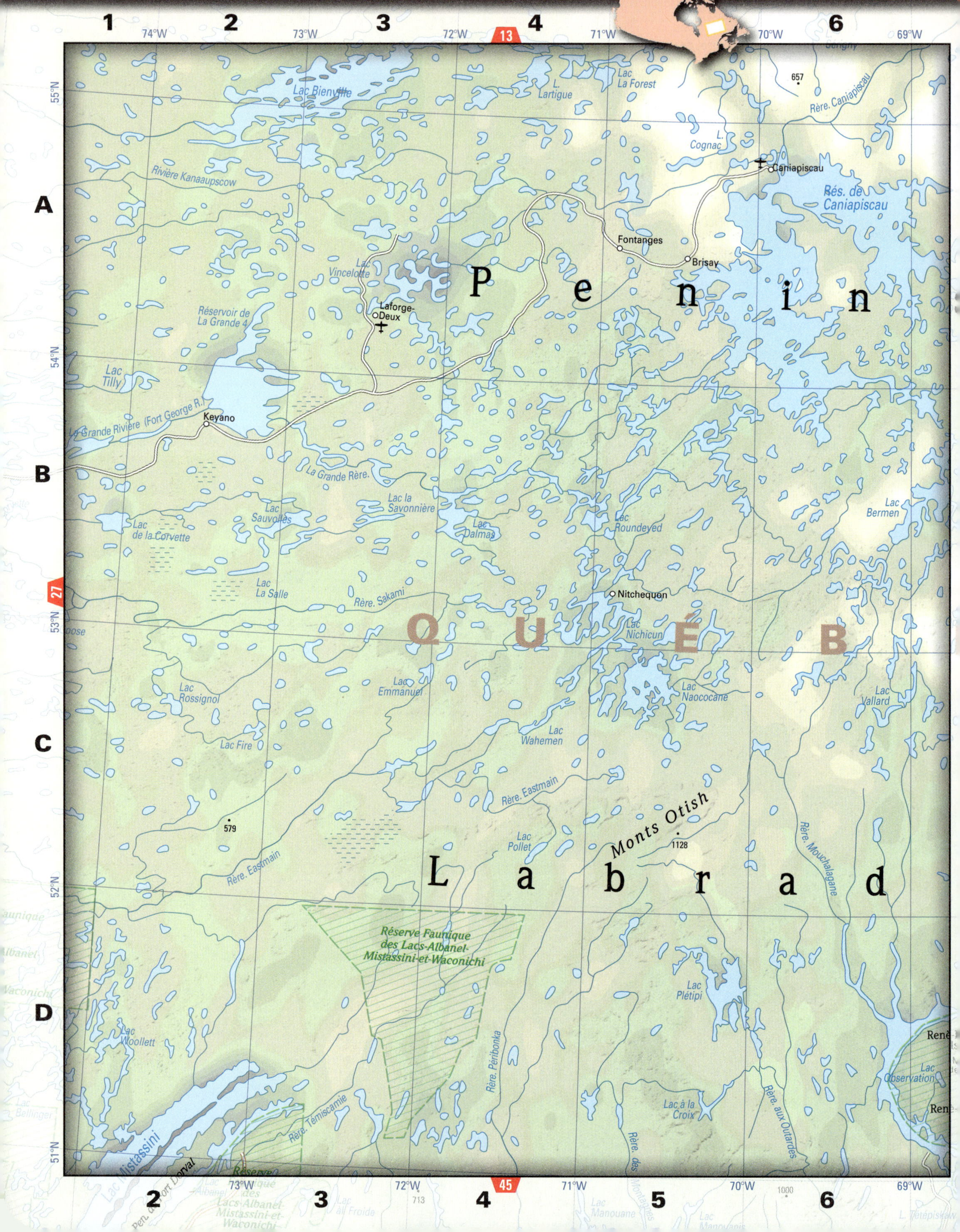
Lac Bienville
L. Lartigue
Lac La Forest
657
Rère. Caniapiscau
L. Cognac
Caniapiscau
Rés. de Caniapiscau
Rivière Kanaaupscow
Fontanges
Brisay
Lac Vincelotte
Laforge-Deux
Réservoir de La Grande 4
Lac Tilly
Keyano
La Grande Rivière (Fort George R.)
La Grande Rère.
Lac la Savonnière
Lac Sauvolles
Lac de la Corvette
Lac Dalmas
Lac Roundeyed
Lac Bermen
Lac La Salle
Rère. Sakami
Nitchequon
Lac Nichicun
Q U É B
Lac Rossignol
Lac Emmanuel
Lac Naococane
Lac Vallard
Lac Wahemen
Lac Fire
Rère. Eastmain
579
Monts Otish
1128
Lac Pollet
Rère. Mouchalagane
P e n i n
L a b r a d
Réserve Faunique des Lacs-Albanel-Mistassini-et-Waconichi
Lac Plétipi
Lac Woollett
Rère. Péribonka
Rère. Témiscamie
Lac à la Croix
Rère. aux Outardes
Lac Observation
Lac Mistassini
Rère. des Montagnes
74°W
73°W
72°W
71°W
70°W
69°W
55°N
54°N
53°N
52°N
51°N
13
27
45
1 2 3 4 5 6
A B C D

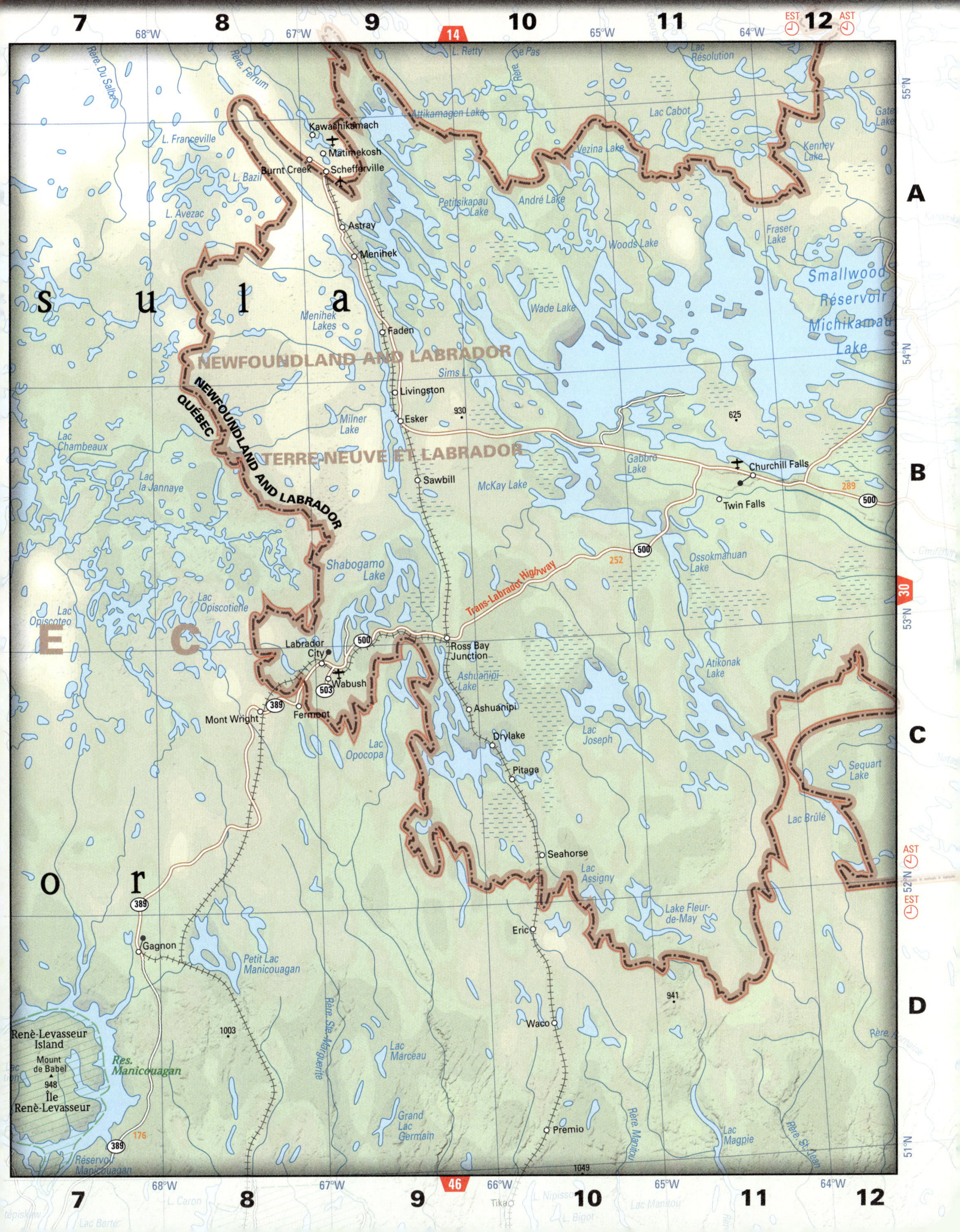
0 30 60 km
0 20 40 Miles
N
7
8
9
10
11
12
68°W
67°W
66°W
65°W
64°W
14
46
30
EST
AST
A
B
C
D
55°N
54°N
53°N
52°N
51°N
L. Retty
De Pas
Lac Résolution
Lac Cabot
Attikamagen Lake
Vezina Lake
Kenney Lake
Gate Lake
Kawachikamach
Matimekosh
Schefferville
Burnt Creek
L. Franceville
L. Bazil
L. Avezac
Astray
Menihek
Petitsikapau Lake
André Lake
Woods Lake
Fraser Lake
Smallwood Réservoir
Michikamau Lake
Wade Lake
Menihek Lakes
Faden
s u l a
NEWFOUNDLAND AND LABRADOR
TERRE-NEUVE ET LABRADOR
Sims L.
Livingston
930
Esker
Milner Lake
625
QUÉBEC
NEWFOUNDLAND AND LABRADOR
Lac Chambeaux
Lac la Jannaye
Sawbill
McKay Lake
Gabbro Lake
Churchill Falls
Twin Falls
289
500
Shabogamo Lake
Trans-Labrador Highway
252
Ossokmanuan Lake
Lac Opiscotéo
Lac Opiscotéo
E C
Labrador City
500
Ross Bay Junction
Wabush
503
Ashuanipi Lake
Atikonak Lake
Mont Wright
389
Fermont
Ashuanipi
Drylake
Lac Opocopa
Lac Joseph
Pitaga
Sequart Lake
Lac Brûlé
Seahorse
Lac Assigny
o r
389
Eric
Lake Fleur-de-May
Gagnon
Petit Lac Manicouagan
941
Waco
1003
Renè-Levasseur Island
Mount de Babel
948
Île Renè-Levasseur
Res. Manicouagan
Lac Marceau
Grand Lac Germain
Premio
Lac Magpie
389
176
Réservoir Manicouagan
1049
Tikao

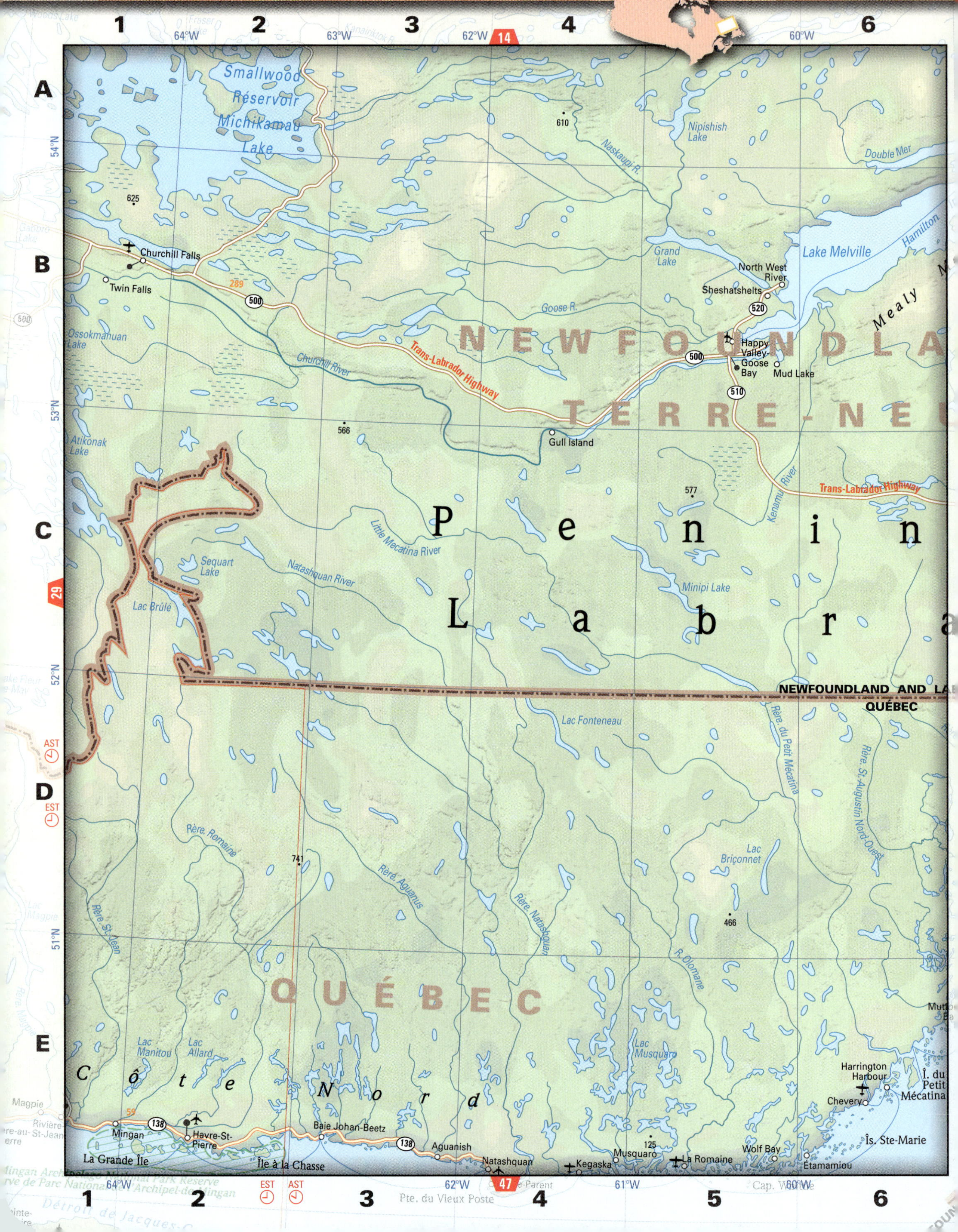
Smallwood Réservoir
Michikamau Lake
Churchill Falls
Twin Falls
Ossokmanuan Lake
Atikonak Lake
Sequart Lake
Lac Brûlé
Churchill River
Trans-Labrador Highway
Goose R.
Naskaupi R.
Nipishish Lake
Grand Lake
North West River
Sheshatshiu
Lake Melville
Hamilton
Double Mer
Mealy
Happy Valley-Goose Bay
Mud Lake
Gull Island
Kenamu River
Little Mecatina River
Natashquan River
Minipi Lake
NEWFOUNDLAND TERRE-NEUVE
Peninsule Labrador
NEWFOUNDLAND AND LABRADOR
QUÉBEC
Lac Fonteneau
Rère. du Petit Mécatina
Rère. St-Augustin Nord-Ouest
Lac Briçonnet
Rère. Romaine
Rère. Aguanus
Rère. Natashquan
Rère. St-Jean
R. Olomane
Lac Manitou
Lac Allard
Lac Musquaro
Côte Nord
Magpie
Mingan
Havre-St-Pierre
La Grande Île
Baie Johan-Beetz
Île à la Chasse
Aguanish
Natashquan
Kegaska
Musquaro
La Romaine
Wolf Bay
Etamamiou
Chevery
Harrington Harbour
Île du Petit Mécatina
Îs. Ste-Marie
Pte. du Vieux Poste
500
510
520
138
14
29
47
AST
EST

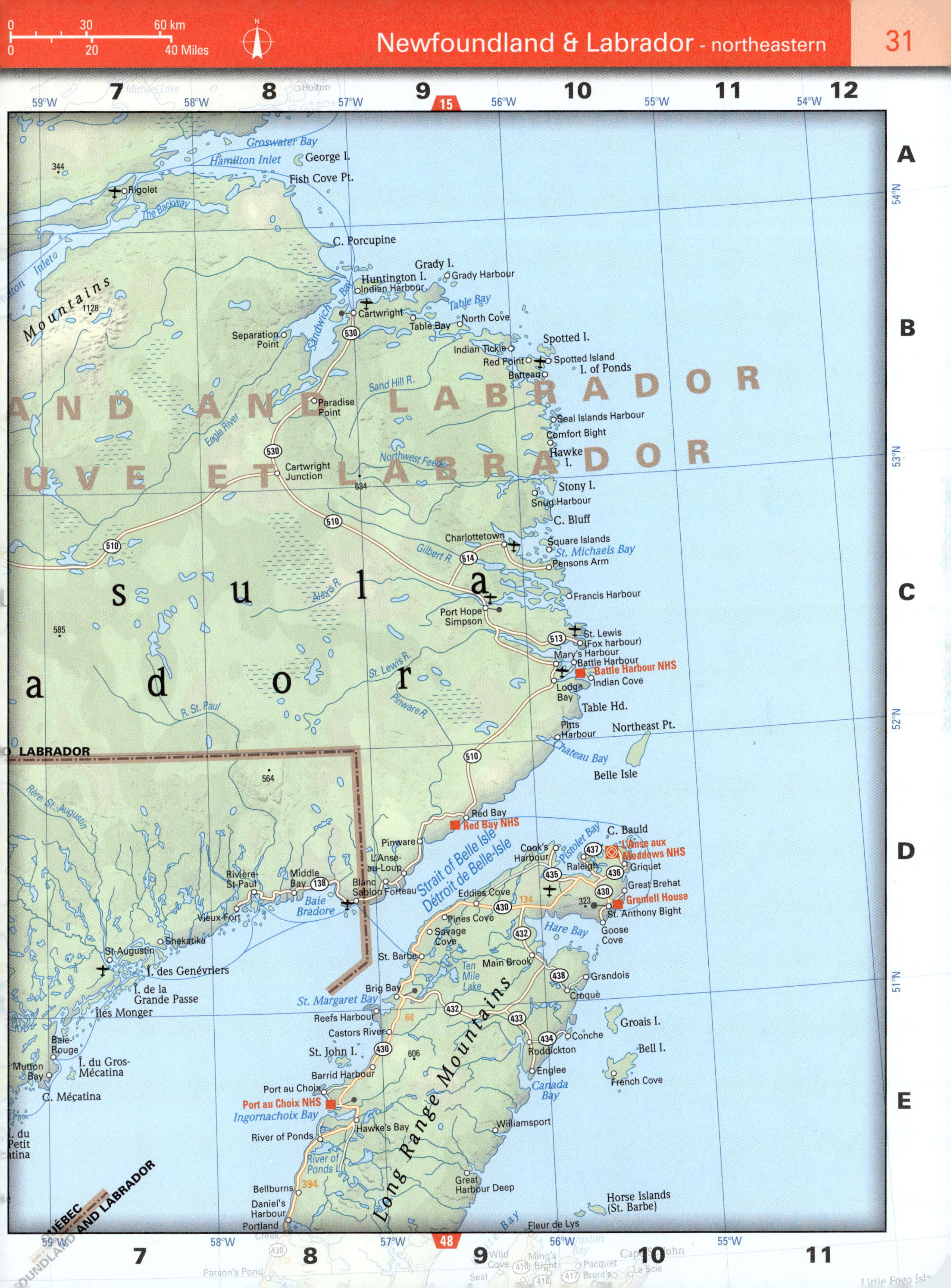
0 30 60 km
0 20 40 Miles
Groswater Bay
Hamilton Inlet
George I.
Fish Cove Pt.
Rigolet
The Backway
C. Porcupine
Mountains
1128
344
Grady I.
Huntington I.
Grady Harbour
Indian Harbour
Cartwright
Table Bay
North Cove
Separation Point
Sandwich Bay
Spotted I.
Indian Tickle
Red Point
Spotted Island
I. of Ponds
Batteau
Sand Hill R.
Paradise Point
Eagle River
Seal Islands Harbour
Comfort Bight
Hawke I.
Cartwright Junction
Northwest Feeder
634
Stony I.
Snug Harbour
C. Bluff
Charlottetown
Square Islands
St. Michaels Bay
Pensons Arm
Gilbert R.
Alexis R.
Francis Harbour
Port Hope Simpson
St. Lewis (Fox harbour)
Mary's Harbour
Battle Harbour
Battle Harbour NHS
Indian Cove
Lodge Bay
Table Hd.
585
St. Lewis R.
Pinware R.
R. St. Paul
Pitts Harbour
Northeast Pt.
Chateau Bay
Belle Isle
LABRADOR
564
Rere. St.-Augustin
Red Bay
Red Bay NHS
C. Bauld
Pinware
L'Anse-au-Loup
Strait of Belle Isle
Détroit de Belle-Isle
Cook's Harbour
Pistolet Bay
L'Anse aux Meadows NHS
Raleigh
Griquet
Great Brehat
Grenfell House
St. Anthony Bight
Rivière-St-Paul
Middle Bay
Blanc Sablon
Forteau
Baie Bradore
Vieux-Fort
Eddies Cove
Pines Cove
Savage Cove
Hare Bay
Goose Cove
323
Shekatika
St-Augustin
Î. des Genévriers
Î. de la Grande Passe
Îles Monger
St. Barbe
Ten Mile Lake
Main Brook
Grandois
Croque
Brig Bay
St. Margaret Bay
Reefs Harbour
Castors River
Groais I.
Conche
Bell I.
Roddickton
Englee
Canada Bay
French Cove
Baie Rouge
Î. du Gros-Mécatina
Mutton Bay
C. Mécatina
St. John I.
606
Barrid Harbour
Port au Choix
Port au Choix NHS
Ingornachoix Bay
Hawke's Bay
Williamsport
Long Range Mountains
River of Ponds
Î. du Petit Mécatina
Bellburns
Daniel's Harbour
Portland
Great Harbour Deep
Horse Islands (St. Barbe)
Fleur de Lys
QUÉBEC
NEWFOUNDLAND AND LABRADOR
Michael Lake
Holton
Parson's Pond
Wild Cove
Ming's Bight
Seal
Pacquet
Brent's Cove
Cape St. John
La Scie
Little Fogo Isl.
59°W
58°W
57°W
56°W
55°W
54°W
54°N
53°N
52°N
51°N
15
48
7 8 9 10 11 12
A B C D E

129°W 128°W 127°W 126°W 125°W
1 2 AKST PST 3 4 5 6

Queen Charlotte Sound
Milbanke Sound
Campbell I.
Bella Bella
Hunter Island
Goose I.
Queens Sound
Hakai Conservancy Area
Hecate I.
Calvert Island
Fitz Hugh Sound
Namu
Ocean Falls
King Island
Bella Coola
Hagensborg
Stuie
South
Nimpo Lake
Charlotte L.
Monarch Mtn. 3533
Kleena Kleene
COLUMBIA
BRITISH
Pacific
Rivers Inlet
Dawsons Landing
Good Hope
Silverthrone Mtn. 2896
Mt. Waddington 4019
Smith Sound
Goose Bay
Queen Charlotte Strait
Hope I.
C. Scott
Nahwitti
Scott Channel
San Josef
Port Hardy
Bear Cove
Holberg
Sointula
Alert Bay
Port McNeill
Winter Harbour
Quatsino
Quatsino Sound
Pt. Alice
Kokish
Sullivan Bay
Kingcome Inlet
Thompson Sound
Echo Bay
Gilford I.
Minstrel Island
Glendale Cove
Phillips Arm
Johnstone Strait
Pt. Neville
Kelsey Bay
Sayward
Blind Channel
Sonora I.
Rock Bay
Big Bay
Stuart Island
Granite Bay
Heriot Bay
Redonda Bay
Mansons Ldg.
Bliss
Vancouver Island
C. Cook
Chamiss Bay
Kyuquot
Kyuquot Sound
Fair Harbour
Zeballos
Tahsis
Woss
Victoria Peak 2163
Bloedel
Campbell River
Kwagiulth Mus.
Black Creek
Savary Island
Lund
Little River
Courtenay
Comox
Cumberland
Hecate
Gold River
Nootka I.
Mowachaht
Nootka
Nootka Sound
Golden Hinde 2201
Strathcona Prov. Park
Hesquiat Pen. Prov. Park
Boat Basin
Matlahaw Pt.
Stewardson Inlet
Flores I.
Ahousat
Flores Island Prov. Park
Clayoquot Sound
Opitsat
Vargas I.
Tofino
Great Central Lake
McLean Lumber Co. Nat. His. Site
Port Alberni
Wickaninnish Centre
Pacific Rim National Park
Port Albion
Ucluelet
Ecoole
Kildonan
Barkley Sound
Bamfield
Whale Centre Mus.
Access Point for West Coast Trail
Cape Flattery
Makah Tribal Cultural Centre
VANCOUVER
Stanley Park
Vancouver Aquarium & Zoo
Malkin Bowl/ Theatre Under The Star
Rose Garden
Lost Lagoon
Vancouver Rowing Club
Royal Vancouver Yacht Club
Devonian Harbour Park
Coal Harbour
HMCS Discovery Naval Training Station
Bayshore West Marina
Westin Bayshore
Coal Harbour Marina
Coal Harbour Quay
Floatplane Terminal
Vancouver Convention Centre West
West End
Robson
Denman St.
W. Georgia
Pender
Cordova
Hastings
Waterfront Terminal
Seabus Terminal
Gastown
Chinatown
Downtown
Yaletown
Granville
Burrard Bridge
Granville Bridge
Granville Island
Public Market
Cambie Bridge
Georgia Viaduct
Dunsmuir Viaduct
Rogers Arena
B.C. Place/ B.C. Sports Hall of Fame Museum
Science World
Olympic Village Square
Main St.
Pacific Central Station
Terminal Ave.
Great Northern
1/2 Mile
250 750 Metres

6
7
8
9
10
11
124°W
123°W
121°W
120°W
122°W
18
106
107
A
B
C
D
E
52°N
51°N
50°N
49°N
Chilanko Forks
Redstone
Alexis Creek
Mt. Alex Graham 1664
Soda Creek
Big Lake Ranch
Horsefly
150 Mile House
Williams Lake
Stone Ind. Res.
Tatla Lake
Hanceville
Riske Creek
Springhouse
Lac la Hache
Big Timothy Mtn. 2151
Hendrix Lake
Eagle Creek
Mahood Falls
Canim Lake
Forest Grove
100 Mile House
Blue River
Avola
Clearwater
Blackpool
Birch Island
Vavenby
Little Fort
Bridge Lake
Lone Butte
Green Lake
Darfield
Barrière
Louis Creek
McLure
Adams Lake
Squilax
Chase
Columbia Mountains
Plateau
BRITANNIQUE
COLUMBIA
Alkali Lake
Big Creek
Dog Creek
Canoe Cr. Ind. Res.
Ts'yl-os Prov. Park
Tatlayoko Lake
Chilko Lake
Nemaiah Valley
Mt. Tatlow 3066
Mt. Queen Bess 3298
Big Creek Prov. Park
Jesmond
70 Mile House
Chasm
Bonaparte Lake
Deadman R.
Big Bar Creek
Clinton
Kelly Lake
Chilcotin Ranges
Mt. Greenville 3108
Monmouth Mtn. 3194
Mt. Gilbert 3109
Lillooet Glacier
Gold Bridge
Bralorne
Pavilion
Cache Creek
Deadman's Cr. Ind. Res.
Heffley Creek
Copper Creek
Kamloops Ind. Res.
Sun Peaks Ski Area
Savona
Kamloops
Knutsford
Monte Creek
Pinantan Lake
Pritchard
Falkland
Westwold
Shalalth
Lillooet
Fountain Valley
Seton Portage
Caydosh 2323
Ashcroft
D'Arcy
Spences Bridge
Logan Lake
Lac Le Jeune
Stump Lake
Nicola Mameet Ind. Res.
Okanagan Ind. Res.
Toba
Birken
Mt. Currie Ind. Res.
Mount Currie
Pemberton
Pemberton Icefield
Nairn Falls
Stein Valley Nlaka'pamux Prov. P.
Lytton
Dot
Merritt
Quilchena
Nicola
Douglas L. Ind. Res.
Wilson Landing
Kamloops Plateau
Whistler
Whistler/Blackcomb Ski Area
Brandywine Falls
Garibaldi
Lillooet Range
Keefers
Aspen Grove
Ranges
Powell River
Saltery Bay
Cheakamus Ind. Res.
Cheakamus
Mt. Garibaldi 2678
Garibaldi Prov. Park
North Bend
Boston Bar
Hells Gate Airtram
Hells Gate Canyon
Peachland
Westbank
Bankeir
Blubber Bay
Stillwater
Earls Cove
Garibaldi Estates
Squamish
Shannon Falls
Britannia Beach
Spuzzum
Coquihalla Hwy.
Summerland
Penticton Ind. Res.
Gillies Bay
Texada I.
Irvines Ldg.
Woodfibre
Madeira Park
Port Mellon
Golden Ears Prov. Park
Yale
Tulameen
Hornby Island
False Bay
Lions Bay
Princeton
Apex Alpine Ski Area
Bowser
Qualicum Beach
Sechelt
Gibsons
West Vancouver
New Brighton
Horseshoe Bay
North Vancouver
Burnaby
Harrison Hot Springs
Hope
Hedley
Keremeos
Parksville
Craig Heritage Park
Lantzville
Vancouver
Downtown
Port Coquitlam
Maple Ridge
Mission
Agassiz
Manning Prov. Park
Kereneos Ranche Ind. Res.
Cawston
Coombs
Gabriola
Richmond
Fort Langley NHP
Surrey
Chilliwack
Skagit Valley Prov. Park
Allison Pass
Manning Park
Cathedral Prov. P.
Nanaimo
South Wellington
Petroglyphs Carvings
Cedar
Delta
Tsawwassen
White Rock
Abbotsford
CANADA
U.S.A.
Nighthawk
Thetis I.
Blaine
Lynden
Sumas
Everson
Okanagan Range
Nitinat
Youbou
Ladysmith
Vesuvius
Gulf Islands Nat. Park Res.
Point Roberts
Birch Bay
Kendall
Glacier
Deming
Mt. Baker 3285
North Cascades
Pasayten Wilderness Area
Cayuse
Crofton
Galiano
Village Bay
Ferndale
Lake Cowichan
Duncan
Fulford
Ruckle Farm 1872
Bellingham
Diablo
Newhalem
Swartz Bay
Eastsound
Shawnigan Lake
Sidney
Lummi I.
Wickersham
Hamilton
Concrete
National
Mazama
Cowichan Valley
Port Renfrew
Galloping Goose Trail
Malahat
Orcas
Friday Harbour
Anacortes
Bow
Sedro Woolley
Rockport
Mt. Logan 2733
Washington Pass
Winthrop
Twisp
Giant Fir Tree
River Jordan
Butchart Gardens
S. Juan NHS
Mt. Vernon
Saanich
Sooke
Colwood
Victoria
Historic City Centre
La Conner
Oak Harbor
McMurray
Stehekin
Strait of Juan de Fuca
Neah Bay
Makah Ind. Res.
Stanwood
Arlington
Hazel
Darrington
Glacier Peak Wilderness
Lake Chelan
Pateros
Port Angeles
Strait of Georgia
Trans-Canada Hwy.
West Coast Hwy.
Cariboo Hwy.
34
Kelowna
Naramata
Salmon Arm
Osoyoos
Oroville
Loomis
Omak
Okanogan
Oliver
Kaleden

1 : 1.900.000

MapArt.com

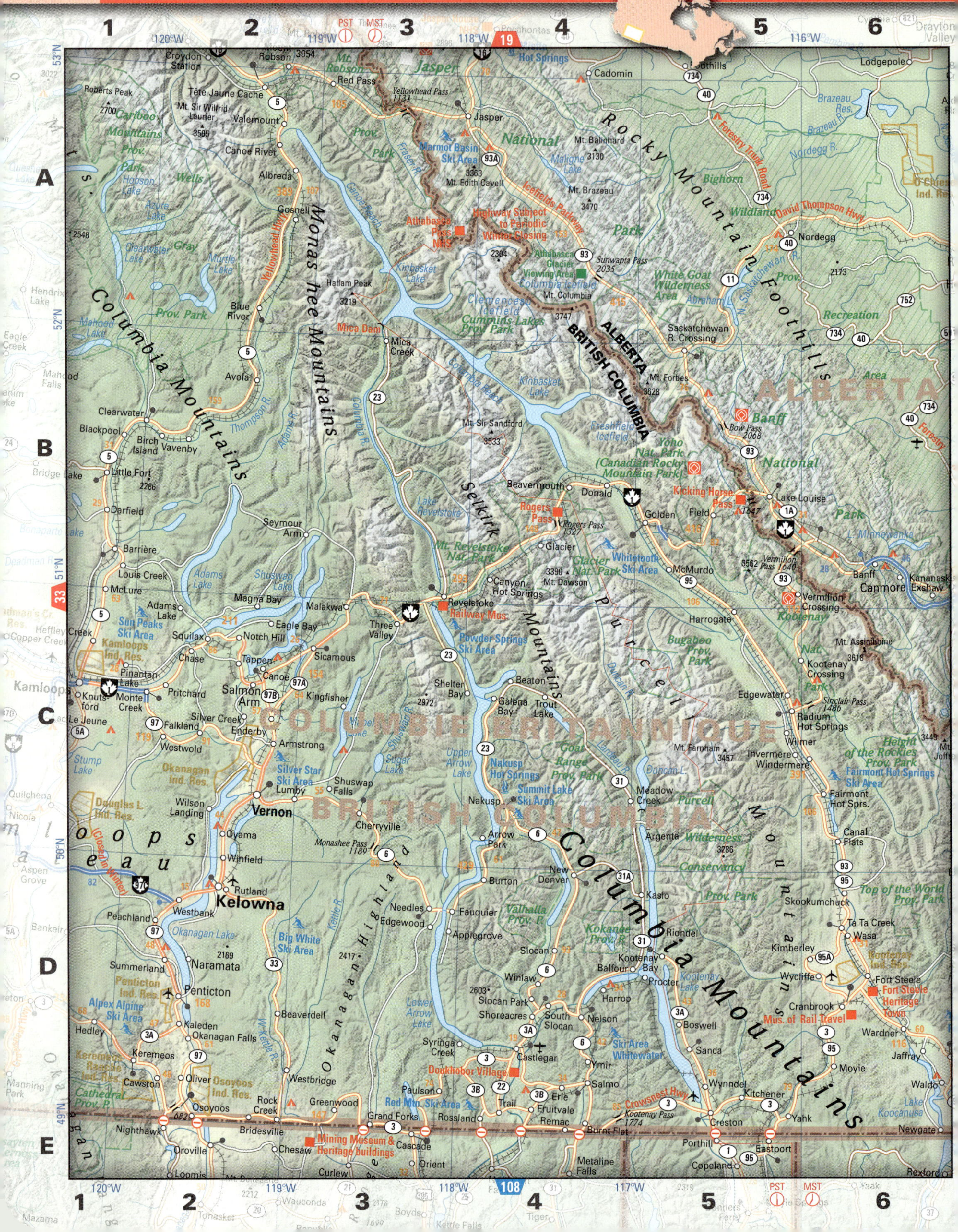

Jasper
Jasper National Park
Rocky Mountain Foothills
Columbia Mountains
Monashee Mountains
Selkirk Mountains
Purcell Mountains
Okanagan Highland
ALBERTA
BRITISH COLUMBIA
COLOMBIE BRITANNIQUE
Banff National Park
Yoho Nat. Park
Glacier Nat. Park
Kootenay
Mt. Revelstoke Nat. Park
Wells Gray Prov. Park
Kelowna
Vernon
Kamloops
Revelstoke
Golden
Penticton
Nelson
Castlegar
Cranbrook
Kimberley
Invermere
Radium Hot Springs
Lake Louise
Banff
Canmore
Valemount
Blue River
Clearwater
Salmon Arm
Nakusp
Trail
Rossland
Creston
Fernie
Osoyoos
Oliver
Summerland
Peachland
Westbank
Enderby
Armstrong
Sicamous
Chase
Mica Creek
Mica Dam
Kinbasket Lake
Arrow Lake
Kootenay Lake
Okanagan Lake
Shuswap Lake
Adams Lake
Athabasca Pass
Rogers Pass
Kicking Horse Pass
Yellowhead Pass
Mt. Robson
Mt. Columbia
Mt. Assiniboine
Mt. Sir Sandford
Icefields Parkway
Yellowhead Hwy
Crowsnest Hwy
David Thompson Hwy
Forestry Trunk Road
Nordegg
Saskatchewan R. Crossing
Cadomin
Lodgepole
Drayton Valley
PST
MST
120°W
119°W
118°W
117°W
116°W
53°N
52°N
51°N
50°N
49°N
2
3
4
5
6
B
D
E

ALBERTA
SASKATCHEWAN
BRITISH COLUMBIA
CANADA
U.S.A.
Red Deer Valley Badlands
The Middle Sand Hills
Calgary
Red Deer
Medicine Hat
Lethbridge
Camrose
Wetaskiwin
Wainwright
Drumheller
Brooks
Cochrane
Airdrie
Okotoks
High River
Nanton
Claresholm
Fort Macleod
Pincher Creek
Cardston
Taber
Bow Island
Redcliff
Hanna
Coronation
Consort
Oyen
Stettler
Lacombe
Ponoka
Olds
Didsbury
Strathmore
Vulcan
Magrath
Raymond
Milk River
Coutts
Waterton Park
Hardisty
Provost
Rocky Mtn. House
Morley
Dinosaur Prov. Park
Royal Tyrrell Mus. Field Station
Atlas Coal Mine Mus.
Alberta Prairie Railway
Head-Smashed-In Buffalo Jump
Bar U Ranch Nat. Hist. Site
Fort Macleod Mus.
Alberta Carriage Museum
Aircraft Museum
Historic Main Sta.
Historic church
Blackfoot Archeol. Site
Rocky Mountain House NHS
Camrose & District Mus.
Wainwright Mus.
C.F.B. Wainwright
Etzikom Museum
Waterton Lakes Nat. Park
Cypress Hills Interprov. Park
Suffield National Wildlife Area
Castle Mtn. Ski Area
Fernie Ski Area
Hidden Valley Ski Area
Sarcee Ind. Res.
Stoney Ind. Res.
Peigan Ind. Res.
Blood Ind. Res.
Blackfoot Ind. Reserve
Samson Ind. Res.
Trans-Canada Hwy.
Crowsnest Pass 1396
Tornado Mtn. 3100
Mt. Cleveland 3194
Bow R.
Red Deer R.
Battle R.
Sullivan L.
Dowling L.
Buffalo L.
Sylvan Lake
Pakowki L.
McGregor L.
Tide L.
Newell
115°W
114°W
113°W
112°W
111°W
110°W
52°N
51°N
50°N
49°N
A
B
C
D
E
6
7
8
9
10
11

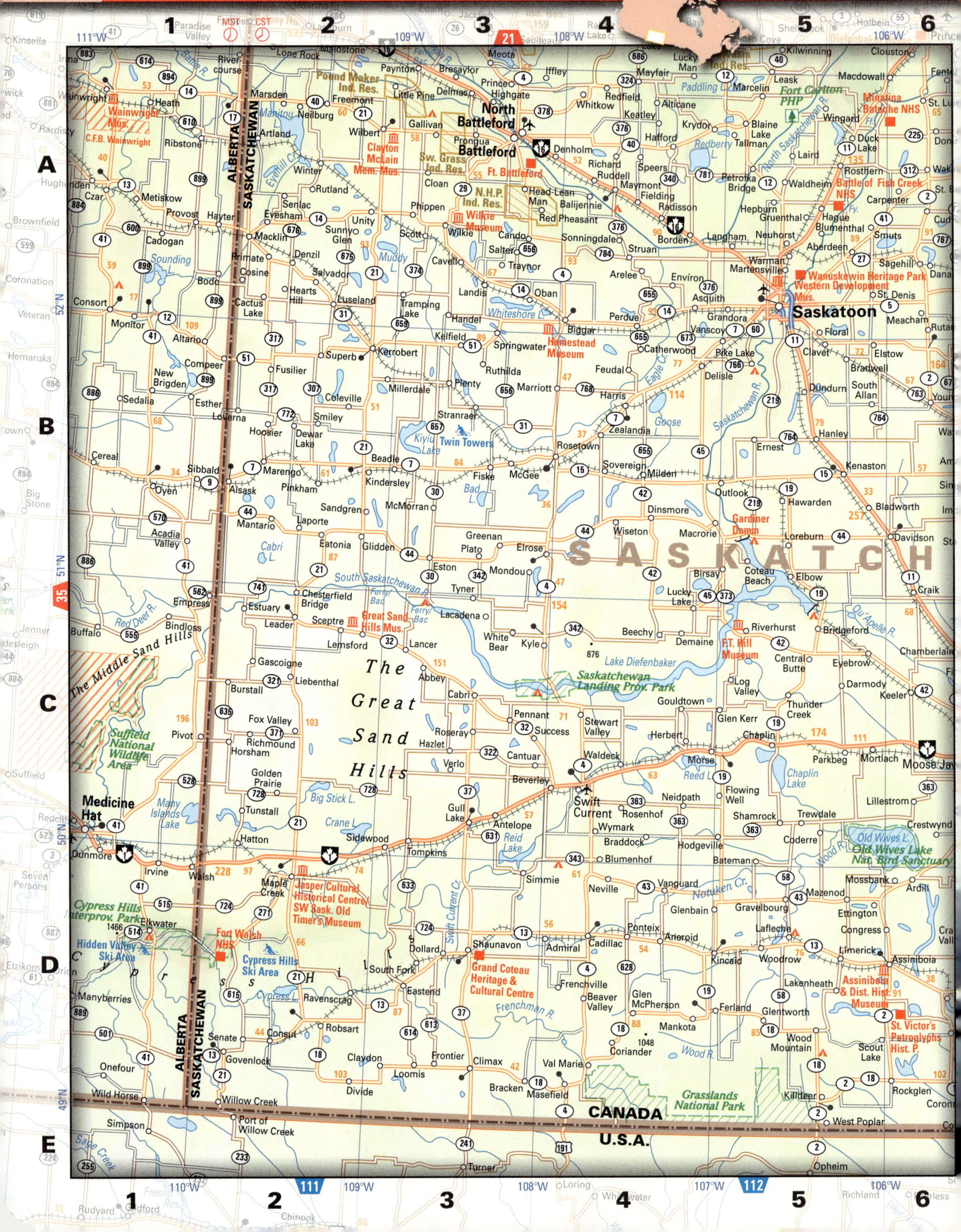
ALBERTA
SASKATCHEWAN
SASKATCH
CANADA
U.S.A.
The Great Sand Hills
The Middle Sand Hills
North Battleford
Battleford
Saskatoon
Medicine Hat
Swift Current
Moose Jaw
Kindersley
Rosetown
Outlook
Unity
Wilkie
Macklin
Luseland
Kerrobert
Biggar
Eston
Leader
Maple Creek
Shaunavon
Gull Lake
Assiniboia
Herbert
Morse
Chaplin
Central Butte
Elbow
Davidson
Hanley
Kenaston
Dundurn
Martensville
Warman
Langham
Borden
Delisle
Vanscoy
Asquith
Wainwright
Provost
Consort
Oyen
Acadia Valley
Alsask
Marengo
Hoosier
Eatonia
Sceptre
Lancer
Abbey
Cabri
Pennant
Success
Stewart Valley
Waldeck
Neidpath
Hodgeville
Vanguard
Ponteix
Cadillac
Admiral
Eastend
Consul
Climax
Frontier
Val Marie
Mankota
Kincaid
Woodrow
Lafleche
Gravelbourg
Mossbank
Limerick
Rockglen
Killdeer
Coronach
Wood Mountain
Grasslands National Park
Cypress Hills Interprov. Park
Cypress Hills Ski Area
Hidden Valley Ski Area
Fort Walsh NHS
Jasper Cultural Historical Centre SW Sask. Old Timer's Museum
Grand Coteau Heritage & Cultural Centre
Assiniboia & Dist. Hist. Museum
St. Victor's Petroglyphs Hist. P.
Great Sand Hills Mus.
Saskatchewan Landing Prov. Park
Lake Diefenbaker
F.T. Hill Museum
Gardiner Dam
Homestead Museum
Wanuskewin Heritage Park
Western Development Mus.
Batoche NHS
Battle of Fish Creek NHS
Fort Carlton PHP
Ft. Battleford
Clayton McLain Mem. Mus.
Wilkie Museum
Twin Towers
Wainwright Mus.
C.F.B. Wainwright
Suffield National Wildlife Area
Old Wives Lake Nat. Bird Sanctuary
Old Wives L.
Chaplin Lake
Reed L.
Many Islands Lake
Big Stick L.
Crane L.
Reid Lake
Cypress L.
Frenchman R.
South Saskatchewan R.
Saskatchewan R.
North Saskatchewan R.
Red Deer R.
Qu'Appelle R.
Notukeu Cr.
Swift Current Cr.
Eagle Cr.
Kiyiu Lake
Muddy L.
Whiteshore L.
Bad L.
Cabri L.
Goose L.
Sounding L.
Redberry L.
111°W
110°W
109°W
108°W
107°W
106°W
52°N
51°N
50°N
49°N
MST
CST

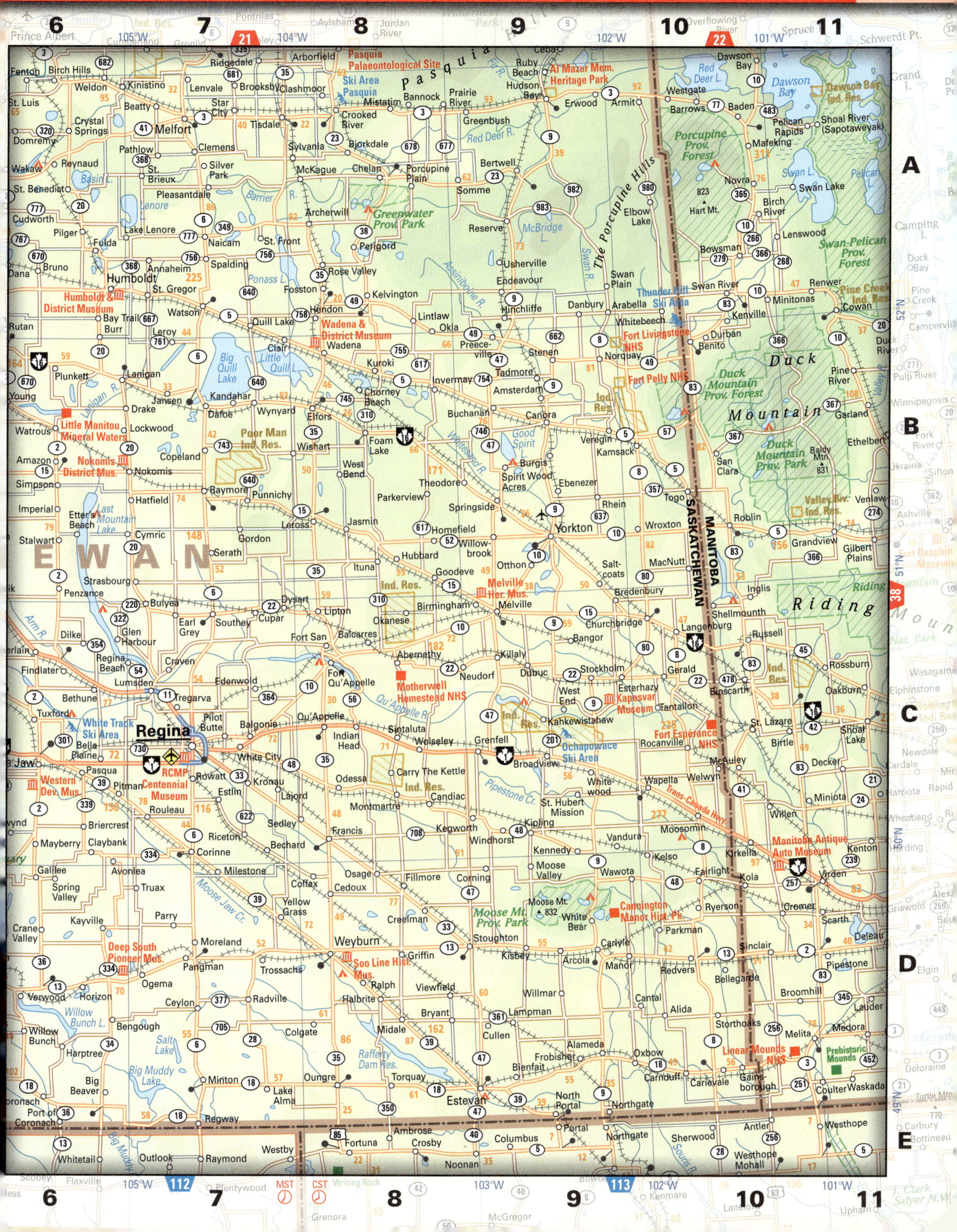
Regina
Yorkton
Melville
Weyburn
Estevan
Humboldt
Melfort
Moose Jaw
Fort Qu'Appelle
Indian Head
Kamsack
Canora
Preeceville
Wadena
Watrous
Lanigan
Nokomis
Strasbourg
Lumsden
Balcarres
Grenfell
Broadview
Whitewood
Moosomin
Esterhazy
Langenburg
Russell
Roblin
Carlyle
Carnduff
Oxbow
Stoughton
Kipling
Wapella
Virden
Melita
Tisdale
Porcupine Plain
Hudson Bay
Swan River
Dauphin
Pasquia Hills
The Porcupine Hills
Duck Mountain
Riding Mountain
Greenwater Prov. Park
Good Spirit
Moose Mt. Prov. Park
Duck Mountain Prov. Park
Porcupine Prov. Forest
Quill Lake
Big Quill Lake
Last Mountain Lake
Rafferty Dam Res.
Big Muddy Lake
Regina Beach
Motherwell Homestead NHS
Fort Pelly NHS
Fort Livingstone NHS
Fort Espérance NHS
Cannington Manor Hist. Pk.
Linear Mounds NHS
Manitoba Antique Auto Museum
Soo Line Hist. Mus.
Western Dev. Mus.
RCMP Centennial Museum
Deep South Pioneer Mus.
Humboldt & District Museum
Wadena & District Museum
Melville Her. Mus.
Kaposvar Museum
Nokomis & District Mus.
Little Manitou Mineral Waters
Pasquia Palaeontological Site
Al Mazur Mem. Heritage Park
Thunder Hill Ski Area
Ochapowace Ski Area
White Track Ski Area
Trans-Canada Hwy
SASKATCHEWAN
MANITOBA
Dawson Bay
Swan L.
Red Deer L.
Lake of the Prairies
MST
CST

1:1.900.000

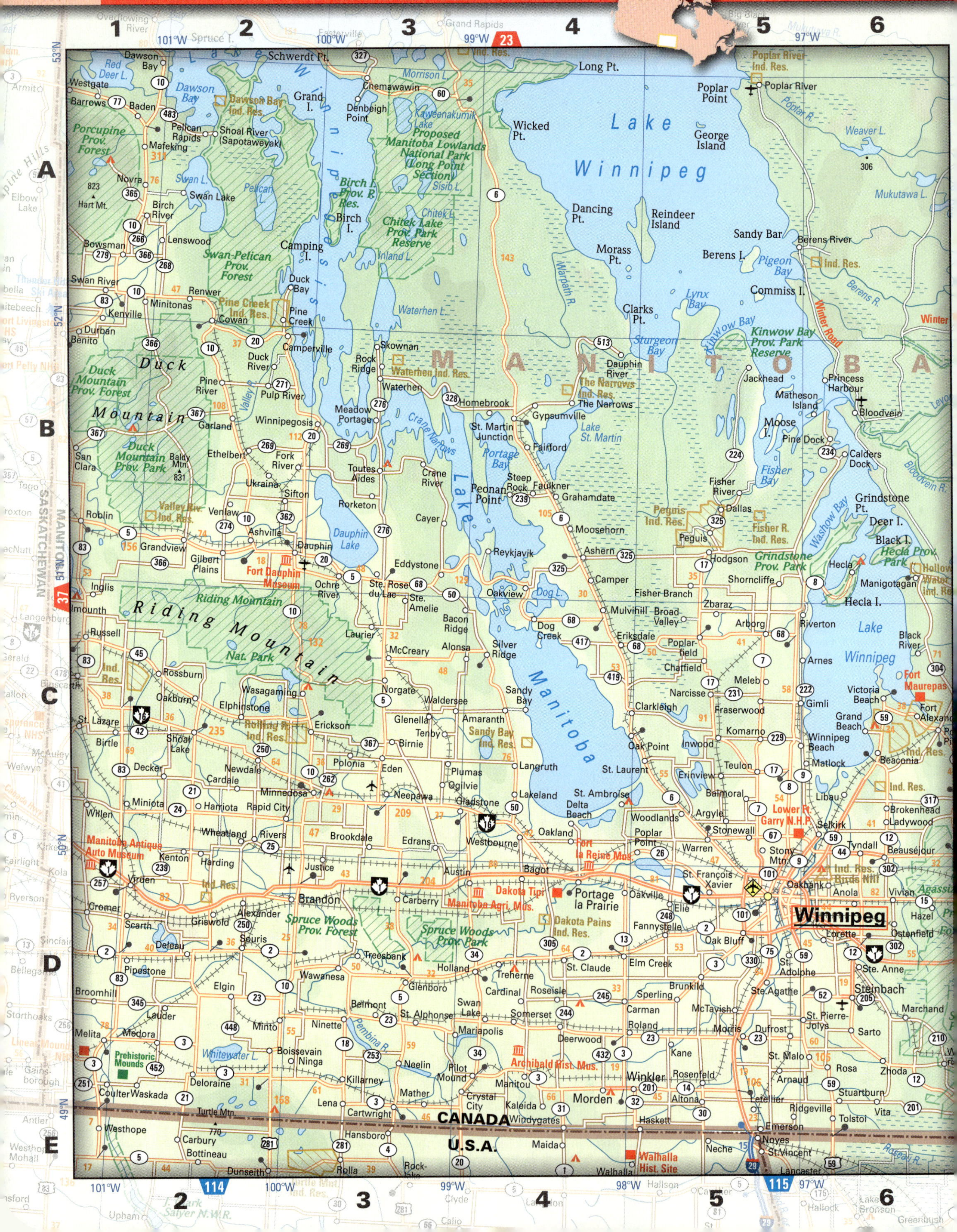

Lake Winnipeg
MANITOBA
Lake Manitoba
Lake Winnipegosis
Duck Mountain
Duck Mountain Prov. Park
Riding Mountain Nat. Park
Porcupine Prov. Forest
Swan-Pelican Prov. Forest
Spruce Woods Prov. Forest
Spruce Woods Prov. Park
Proposed Manitoba Lowlands National Park (Long Point Section)
Chitek Lake Prov. Park Reserve
Kinwow Bay Prov. Park Reserve
Grindstone Prov. Park
Hecla Prov. Park
Lower Ft. Garry N.H.P.
Fort Dauphin Museum
Manitoba Antique Auto Museum
Manitoba Agri. Mus.
Archibald Hist. Mus.
Dakota Tipi
Walhalla Hist. Site
Prehistoric Mounds
Winnipeg
Brandon
Portage la Prairie
Dauphin
Selkirk
Steinbach
Morden
Winkler
Swan River
Roblin
Russell
Minnedosa
Neepawa
Virden
Boissevain
Killarney
Gimli
Riverton
Hecla
Long Pt.
Wicked Pt.
Sandy Bar
Berens I.
Commiss I.
Dancing Pt.
Reindeer Island
Morass Pt.
Clarks Pt.
Fisher Bay
Washow Bay
Sturgeon Bay
Poplar Point
George Island
Pigeon Bay
Lake St. Martin
Dauphin Lake
Whitewater L.
Pelican L.
Swan Lake
Dawson Bay
CANADA
U.S.A.
SASKATCHEWAN
MANITOBA
101°W
100°W
99°W
98°W
97°W
53°N
52°N
51°N
50°N
49°N
1 2 3 4 5 6
A B C D E

0 30 60 km
0 20 40 Miles

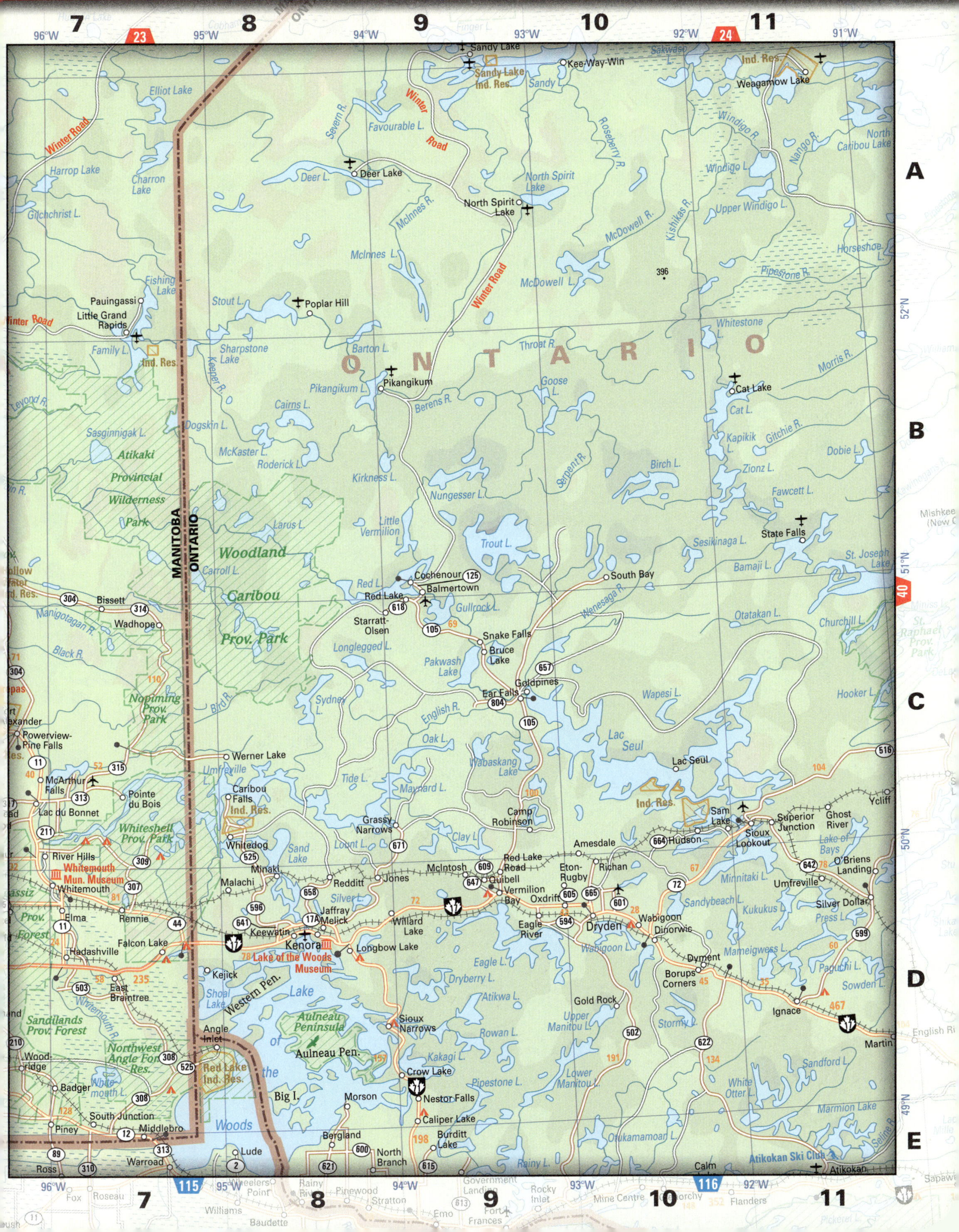

7
8
9
10
11
96°W
95°W
94°W
93°W
92°W
91°W
23
24
A
B
C
D
52°N
51°N
50°N
49°N
115
116
ONTARIO
MANITOBA
ONTARIO
Sandy Lake
Sandy Lake Ind. Res.
Kee-Way-Win
Ind. Res.
Weagamow Lake
Elliot Lake
Winter Road
Favourable L.
Severn R.
Roseberry R.
Windigo R.
Nango R.
North Caribou Lake
Harrop Lake
Charron Lake
Deer L.
Deer Lake
North Spirit Lake
Windigo L.
Gilchrist L.
McInnes R.
Upper Windigo L.
Kishikas R.
McDowell R.
McInnes L.
Horseshoe L.
Pipestone R.
McDowell L.
396
Fishing Lake
Pauingassi
Little Grand Rapids
Stout L.
Poplar Hill
Whitestone L.
Family L.
Ind. Res.
Sharpstone Lake
Barton L.
Throat R.
Morris R.
Keeper R.
Pikangikum
Pikangikum L.
Goose L.
Cat Lake
Cat L.
Leyond R.
Cairns L.
Berens R.
Dogskin L.
Kapikik L.
Gitchie R.
Sasginnigak L.
Atikaki Provincial Wilderness Park
McKaster L.
Roderick L.
Birch L.
Dobie L.
Zionz L.
Serpent R.
Kirkness L.
Nungesser L.
Fawcett L.
Larus L.
Little Vermilion L.
State Falls
Woodland Caribou Prov. Park
Carroll L.
Trout L.
Sesikinaga L.
Bamaji L.
St. Joseph Lake
Red L.
Cochenour
Balmertown
Red Lake
South Bay
Bissett
Wadhope
Gullrock L.
Starratt-Olsen
Wenesaga R.
Otatakan L.
Churchill L.
Manigotagan R.
Snake Falls
Bruce Lake
Longlegged L.
Black R.
Pakwash Lake
Goldpines
Nopiming Prov. Park
Ear Falls
Sydney L.
English R.
Wapesi L.
Hooker L.
Bird R.
Alexander
Powerview-Pine Falls
Oak L.
Lac Seul
Werner Lake
Umfreville
Wabaskang Lake
Lac Seul
McArthur Falls
Pointe du Bois
Caribou Falls
Ind. Res.
Tide L.
Maynard L.
Lac du Bonnet
Whiteshell Prov. Park
Camp Robinson
Ind. Res.
Sam Lake
Superior Junction
Ghost River
Ycliff
Grassy Narrows
Clay L.
Sioux Lookout
Hudson
Lake of Bays
Amesdale
Whitedog
Sand Lake
Lount L.
River Hills
Whitemouth Mun. Museum
Whitemouth
Minaki
Red Lake Road
McIntosh
Eton-Rugby
Richan
Minnitaki L.
O'Briens Landing
Umfreville
Malachi
Reddit
Jones
Quibell
Vermilion Bay
Oxdrift
Sandybeach L.
Kukukus L.
Silver Dollar
Jaffray Melick
Silver L.
Willard Lake
Wabigoon
Dinorwic
Press L.
Elma
Rennie
Keewatin
Kenora
Eagle River
Dryden
Falcon Lake
Longbow Lake
Wabigoon L.
Mameigwess L.
Hadashville
Lake of the Woods Museum
Eagle L.
Dyment
Borups Corners
Paguchi L.
Kejick
Dryberry L.
Sowden L.
East Braintree
Western Pen.
Lake
Gold Rock
Ignace
Shoal Lake
Atikwa L.
Sandilands Prov. Forest
Aulneau Peninsula
Upper Manitou L.
Stormy L.
Angle Inlet
Sioux Narrows
Martin
English R.
Northwest Angle Forest Res.
of
Aulneau Pen.
Rowan L.
Wood-ridge
Red Lake Ind. Res.
the
Kakagi L.
Sandford L.
Crow Lake
Pipestone L.
Lower Manitou L.
Badger
Whitemouth L.
Big I.
Morson
Nestor Falls
White Otter L.
Marmion Lake
South Junction
Woods
Caliper Lake
Piney
Middlebro
Bergland
Burditt Lake
Otukamamoan L.
Seine R.
Lude
North Branch
Rainy L.
Calm
Atikokan Ski Club
Atikokan
Ross
Warroad
Fox
Roseau
Williams
Baudette
Rainy River
Pinewood
Stratton
Government Landing
Rocky Inlet
Emo
Fort Frances
Mine Centre
Flanders
Sapawe
Mishkeegogamang (New Osnaburgh)
St. Raphael Prov. Park
304
314
618
125
105
657
804
105
315
313
211
309
525
307
44
671
664
642
72
658
596
17A
609
647
605
665
601
641
599
503
502
622
308
308
525
600
621
615
313
310
89
12
516
613
17
11

1 : 1.900.000 MapArt.com

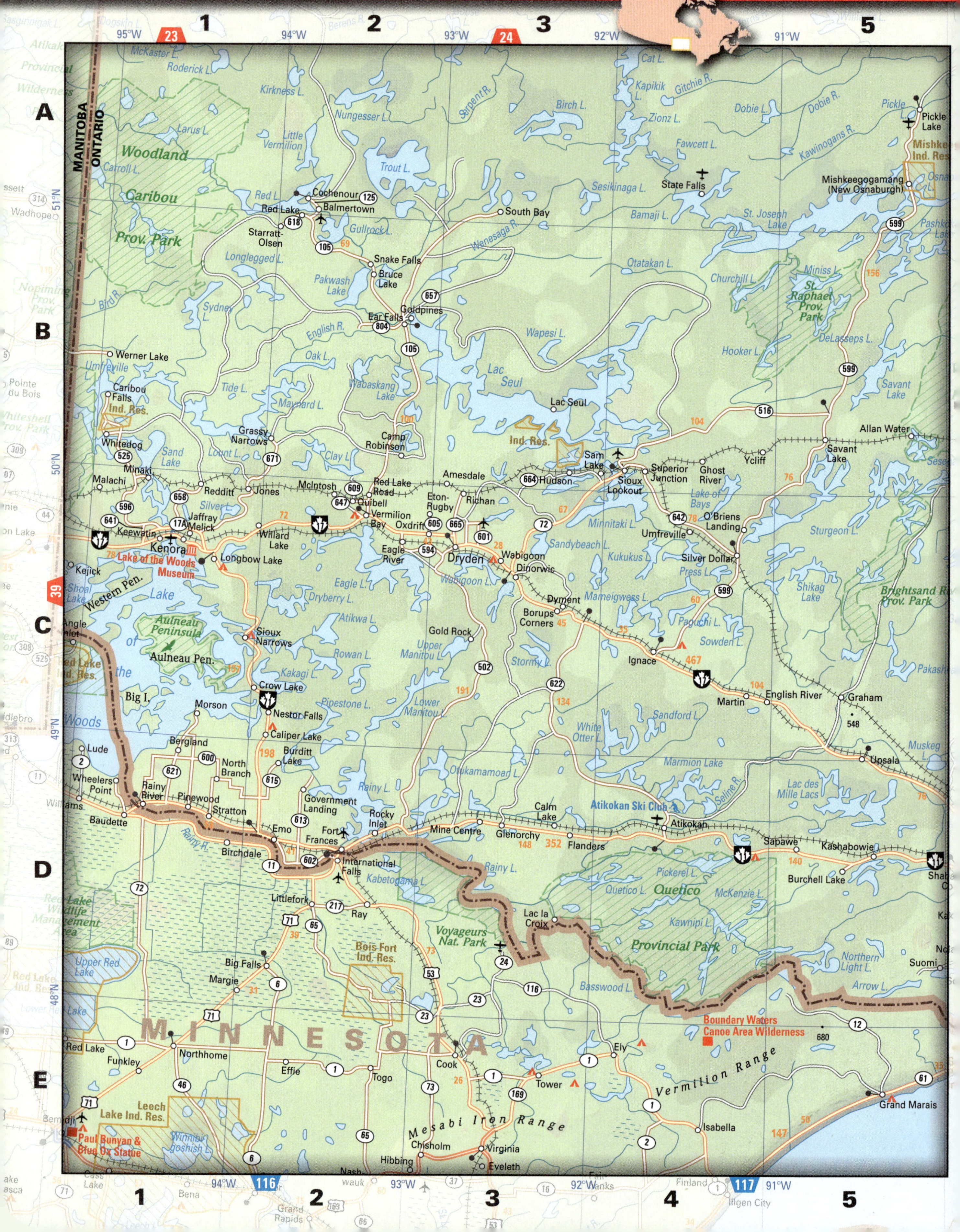

2
3
4
5
B
D
E
95°W
94°W
93°W
92°W
91°W
51°N
50°N
49°N
48°N
MANITOBA
ONTARIO
Woodland
Caribou
Prov. Park
McKaster L.
Roderick L.
Kirkness L.
Nungesser L.
Larus L.
Little Vermilion
Carroll L.
Trout L.
Red L.
Cochenour
Red Lake
Balmertown
Starratt-Olsen
Gullrock L.
South Bay
Longlegged L.
Snake Falls
Bruce Lake
Pakwash Lake
Ear Falls
Goldpines
English R.
Sydney L.
Bird R.
Werner Lake
Umfreville L.
Caribou Falls
Ind. Res.
Oak L.
Tide L.
Wabaskang Lake
Maynard L.
Grassy Narrows
Camp Robinson
Whitedog
Sand Lake
Clay L.
Minaki
Malachi
Reddit
Jones
McIntosh
Red Lake Road
Quibell
Vermilion Bay
Amesdale
Eton-Rugby
Richan
Oxdrift
Keewatin
Kenora
Jaffray Melick
Willard Lake
Lake of the Woods Museum
Longbow Lake
Eagle River
Dryden
Wabigoon
Dinorwic
Wabigoon L.
Kejick
Shoal Lake
Western Pen.
Lake of the Woods
Aulneau Peninsula
Aulneau Pen.
Eagle L.
Dryberry L.
Sioux Narrows
Atikwa L.
Gold Rock
Angle Inlet
Red Lake Ind. Res.
Big I.
Crow Lake
Kakagi L.
Rowan L.
Upper Manitou L.
Stormy L.
Morson
Nestor Falls
Caliper Lake
Pipestone L.
Lower Manitou L.
Lude
Bergland
North Branch
Burditt Lake
Wheelers Point
Rainy River
Pinewood
Stratton
Government Landing
Rainy L.
Baudette
Emo
Fort Frances
Rocky Inlet
Mine Centre
Calm Lake
Glenorchy
Flanders
Birchdale
International Falls
Kabetogama L.
Rainy L.
Littlefork
Ray
Voyageurs Nat. Park
Bois Fort Ind. Res.
Big Falls
Margie
Upper Red Lake
Red Lake
MINNESOTA
Northhome
Funkley
Effie
Togo
Cook
Tower
Ely
Leech Lake Ind. Res.
Bemidji
Paul Bunyan & Blue Ox Statue
Winnibigoshish L.
Mesabi Iron Range
Chisholm
Virginia
Eveleth
Hibbing
Nash
Cass Lake
Bena
Grand Rapids
Vermilion Range
Isabella
Finland
Grand Marais
Boundary Waters Canoe Area Wilderness
Lac la Croix
Basswood L.
Quetico L.
Quetico
Provincial Park
Pickerel L.
Kawnipi L.
McKenzie L.
Northern Light L.
Arrow L.
Suomi
Atikokan Ski Club
Atikokan
Sapawe
Kashabowie
Burchell Lake
Marmion Lake
White Otter L.
Sandford L.
Otukamamoan L.
Lac des Mille Lacs
Seine R.
Martin
English River
Graham
Upsala
Muskeg L.
Ignace
Sowden L.
Papuchi L.
Mameigwess L.
Dyment
Borups Corners
Sandybeach L.
Kukukus L.
Press L.
Minnitaki L.
Umfreville
Silver Dollar
O'Briens Landing
Lake of Bays
Superior Junction
Ghost River
Sioux Lookout
Sam Lake
Hudson
Ycliff
Savant Lake
Sturgeon L.
Shikag Lake
Brightsand R. Prov. Park
Lac Seul
Ind. Res.
Wapesi L.
Hooker L.
St. Raphael Prov. Park
Miniss L.
DeLasseps L.
Savant Lake
Churchill L.
Otatakan L.
St. Joseph Lake
Bamaji L.
Sesikinaga L.
State Falls
Fawcett L.
Kawinogans R.
Mishkeegogamang (New Osnaburgh)
Pickle Lake
Dobie L.
Dobie R.
Zionz L.
Kapikik L.
Gitchie R.
Cat L.
Birch L.
Serpent R.
Wenesaga R.

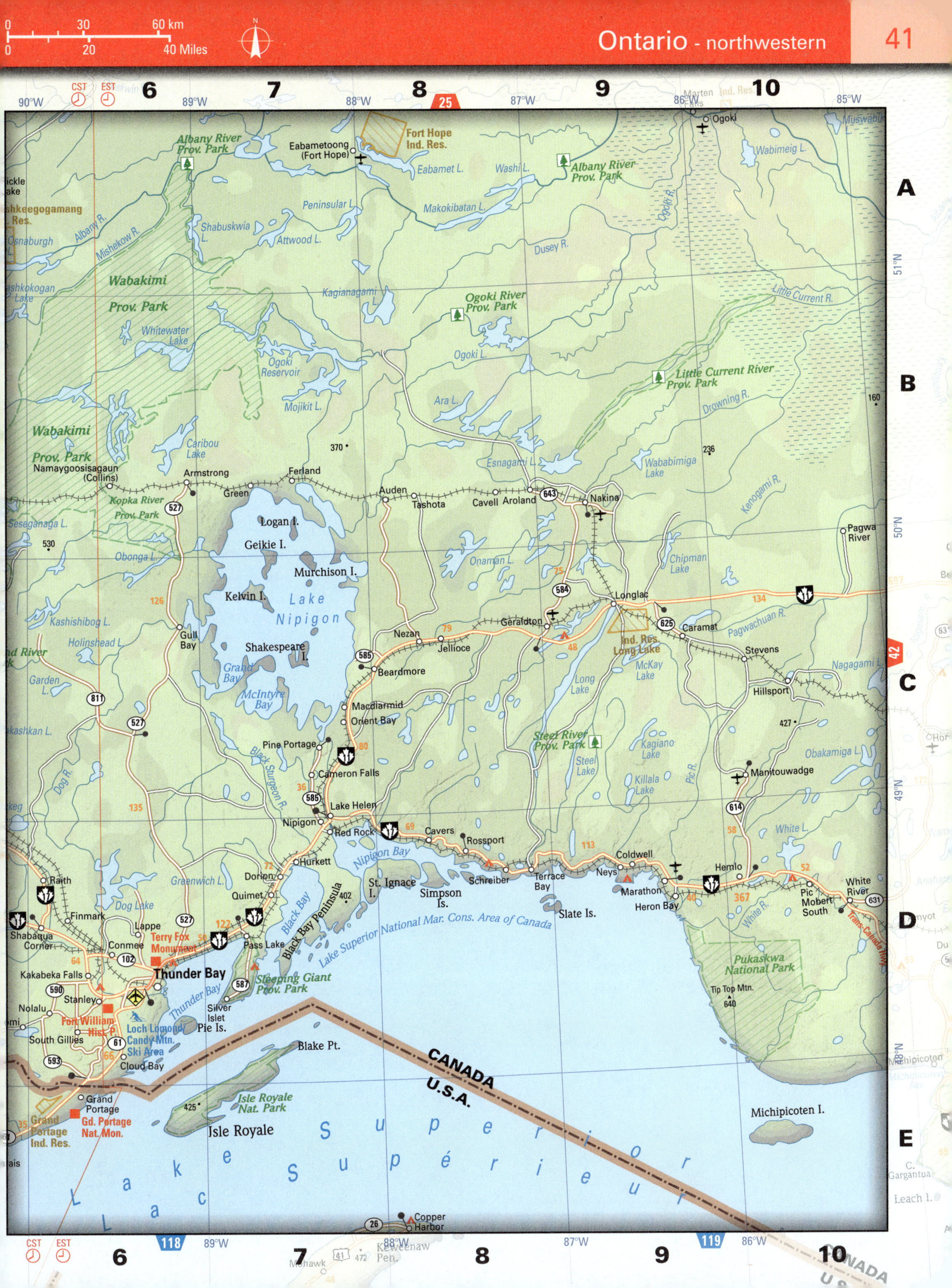
0 30 60 km
0 20 40 Miles
N
CST EST
6 7 8 9 10
90°W 89°W 88°W 87°W 86°W 85°W
25
A B C D E
51°N 50°N 49°N 48°N
Albany River Prov. Park
Eabametoong (Fort Hope)
Fort Hope Ind. Res.
Eabamet L.
Washi L.
Albany River Prov. Park
Ogoki
Wabimeig L.
Muswabik
Ogoki R.
Peninsular L.
Makokibatan L.
Ickle Lake
shkeegogamang Res.
Osnaburgh
Albany R.
Mishekow R.
Shabuskwia L.
Attwood L.
Dusey R.
Wabakimi Prov. Park
ashkokogan Lake
Kagianagami L.
Ogoki River Prov. Park
Little Current R.
Whitewater Lake
Ogoki Reservoir
Ogoki L.
Little Current River Prov. Park
Mojikit L.
Ara L.
Drowning R.
160
Wabakimi Prov. Park
Caribou Lake
370
236
Namaygoosisagaun (Collins)
Armstrong
Ferland
Green
Esnagami L.
Wababimiga Lake
Auden
Tashota
Cavell
Aroland
643
Nakina
Kenogami R.
Pagwa River
Kopka River Prov. Park
527
Logan I.
Sesaganaga L.
530
Geikie I.
Murchison I.
Onaman L.
Chipman Lake
Obonga L.
75
584
Longlac
134
Kelvin I.
Lake Nipigon
126
Geraldton
625
Caramat
Pagwachuan R.
Kashishibog L.
Gull Bay
Nezah
79
Jellicoe
48
Ind. Res. Long Lake
Holinshead L.
Shakespeare I.
585
Stevens
Nagagami L.
nd River
Grand Bay
Beardmore
McKay Lake
Garden L.
McIntyre Bay
Long Lake
Hillsport
811
Macdiarmid
Orient Bay
527
427
akashkan L.
Steel River Prov. Park
Kagiano Lake
Obakamiga L.
Pine Portage
80
Steel Lake
Black Sturgeon R.
Cameron Falls
Killala Lake
Manitouwadge
Pic R.
Dog R.
36
585
135
Lake Helen
614
Nipigon
Red Rock
69
Cavers
Rossport
113
White L.
58
Hurkett
Nipigon Bay
Coldwell
Hemlo
52
Raith
Greenwich L.
72
Dorion
St. Ignace I.
Schreiber
Terrace Bay
Neys
Marathon
White River
Quimet
402
Simpson Is.
Heron Bay
367
Pic Mobert South
631
Dog Lake
Black Bay Peninsula
Slate Is.
Trans-Canada Hwy.
Finmark
Lappe
527
122
Lake Superior National Mar. Cons. Area of Canada
Shabaqua Corner
Conmee
Terry Fox Monument
Pass Lake
Black Bay
White R.
Pukaskwa National Park
64
102
Thunder Bay
Kakabeka Falls
587
Sleeping Giant Prov. Park
590
Tip Top Mtn. 640
Stanley
Thunder Bay
Nolalu
Silver Islet
Fort William Hist. P.
Pie Is.
Loch Lomond/ Candy Mtn. Ski Area
South Gillies
61
Blake Pt.
66
CANADA
U.S.A.
593
Cloud Bay
Grand Portage
Isle Royale Nat. Park
425
Michipicoten I.
Grand Portage Ind. Res.
Gd. Portage Nat. Mon.
Isle Royale
Lake Superior
Lac Supérieur
26
Copper Harbor
118
119
Keweenaw Pen.
Mohawk
41
472
42

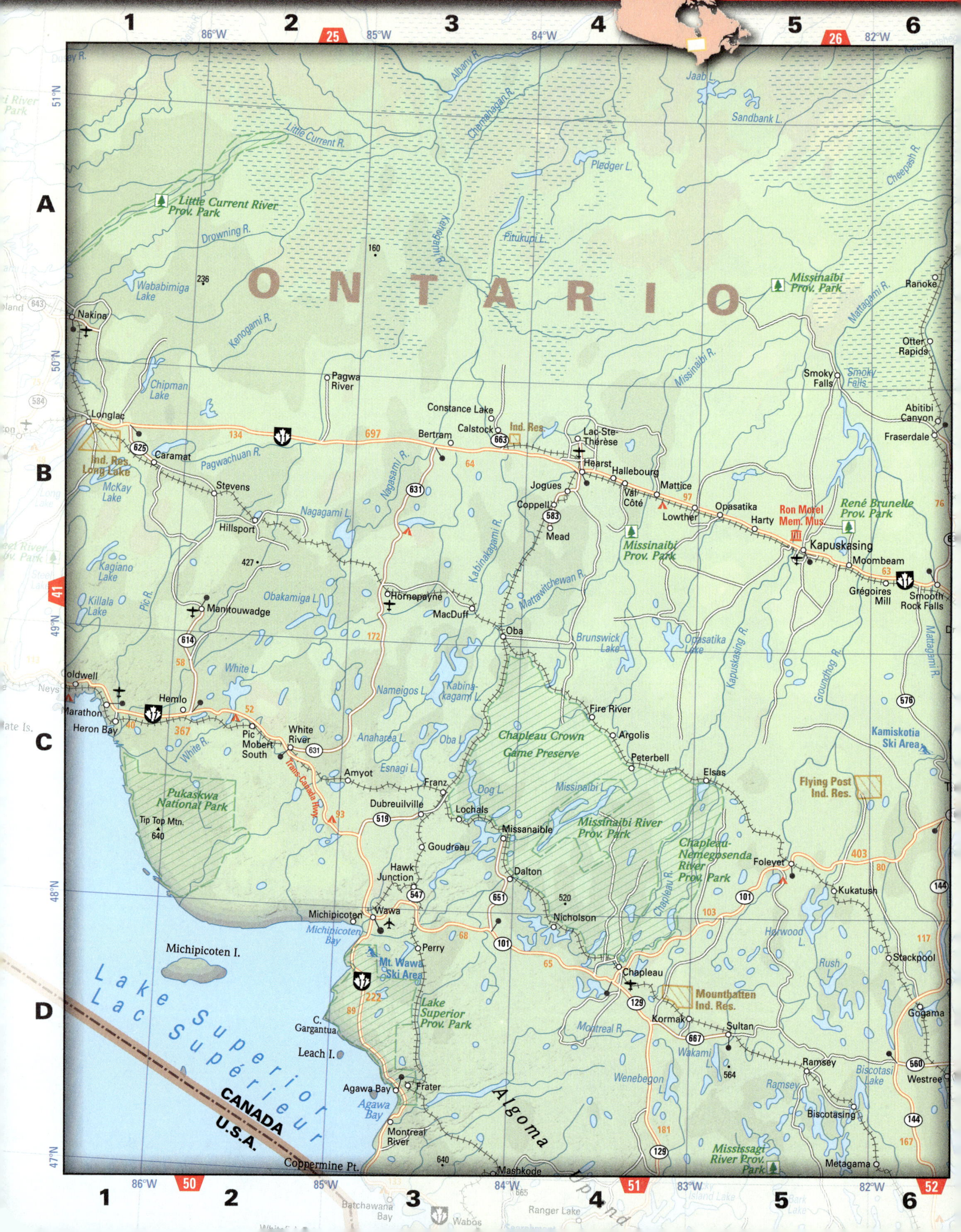

ONTARIO
Little Current River Prov. Park
Little Current R.
Drowning R.
Wababimiga Lake
Kenogami R.
Albany R.
Chamahagan R.
Pledger L.
Pitukupi L.
Jaab L.
Sandbank L.
Cheepash R.
Missinaibi Prov. Park
Mattagami R.
Ranoke
Otter Rapids
Smoky Falls
Abitibi Canyon
Fraserdale
Nakina
Chipman Lake
Pagwa River
Constance Lake
Longlac
Ind. Res. Long Lake
Caramat
Pagwachuan R.
Bertram
Calstock
Ind. Res.
Lac-Ste-Thérèse
Hearst
Hallebourg
Mattice
Val Côté
Lowther
Opasatika
Harty
Ron Morel Mem. Mus.
René Brunelle Prov. Park
Kapuskasing
Moombeam
Grégoires Mill
Smooth Rock Falls
McKay Lake
Stevens
Hillsport
Nagagami L.
Nagagami R.
Jogues
Coppell
Mead
Kabinakagami R.
Kagiano Lake
Killala Lake
Pic R.
Manitouwadge
Obakamiga L.
Hornepayne
MacDuff
Mattawitchewan R.
Oba
Brunswick Lake
Opasatika Lake
Kapuskasing R.
Groundhog R.
Coldwell
Marathon
Heron Bay
Hemlo
White L.
Nameigos L.
Kabinakagami L.
Fire River
Argolis
Peterbell
Elsas
Kamiskotia Ski Area
Flying Post Ind. Res.
Pic Mobert South
White River
White R.
Trans-Canada Hwy.
Anahareo L.
Oba L.
Amyot
Esnagi L.
Franz
Chapleau Crown Game Preserve
Missinaibi L.
Pukaskwa National Park
Tip Top Mtn.
Dubreuilville
Lochals
Dog L.
Missanaible
Missinaibi River Prov. Park
Chapleau-Nemegosenda River Prov. Park
Chapleau R.
Foleyet
Kukatush
Goudreau
Hawk Junction
Dalton
Nicholson
Michipicoten
Wawa
Michipicoten Bay
Perry
Horwood L.
Rush L.
Stackpool
Michipicoten I.
Mt. Wawa Ski Area
Lake Superior Prov. Park
Chapleau
Mountbatten Ind. Res.
Kormak
Sultan
Gogama
Montreal R.
Wakami L.
Lake Superior
Lac Supérieur
C. Gargantua
Leach I.
Agawa Bay
Frater
Algoma
Wenebegon L.
Ramsey
Ramsey L.
Biscotasi Lake
Westree
Biscotasing
CANADA
U.S.A.
Montreal River
Coppermine Pt.
Mashkode
Mississagi River Prov. Park
Metagama
Batchawana Bay
Wabos
Ranger Lake
Upland
86°W
85°W
84°W
83°W
82°W
51°N
50°N
49°N
48°N
47°N
25
26
41
50
51
52

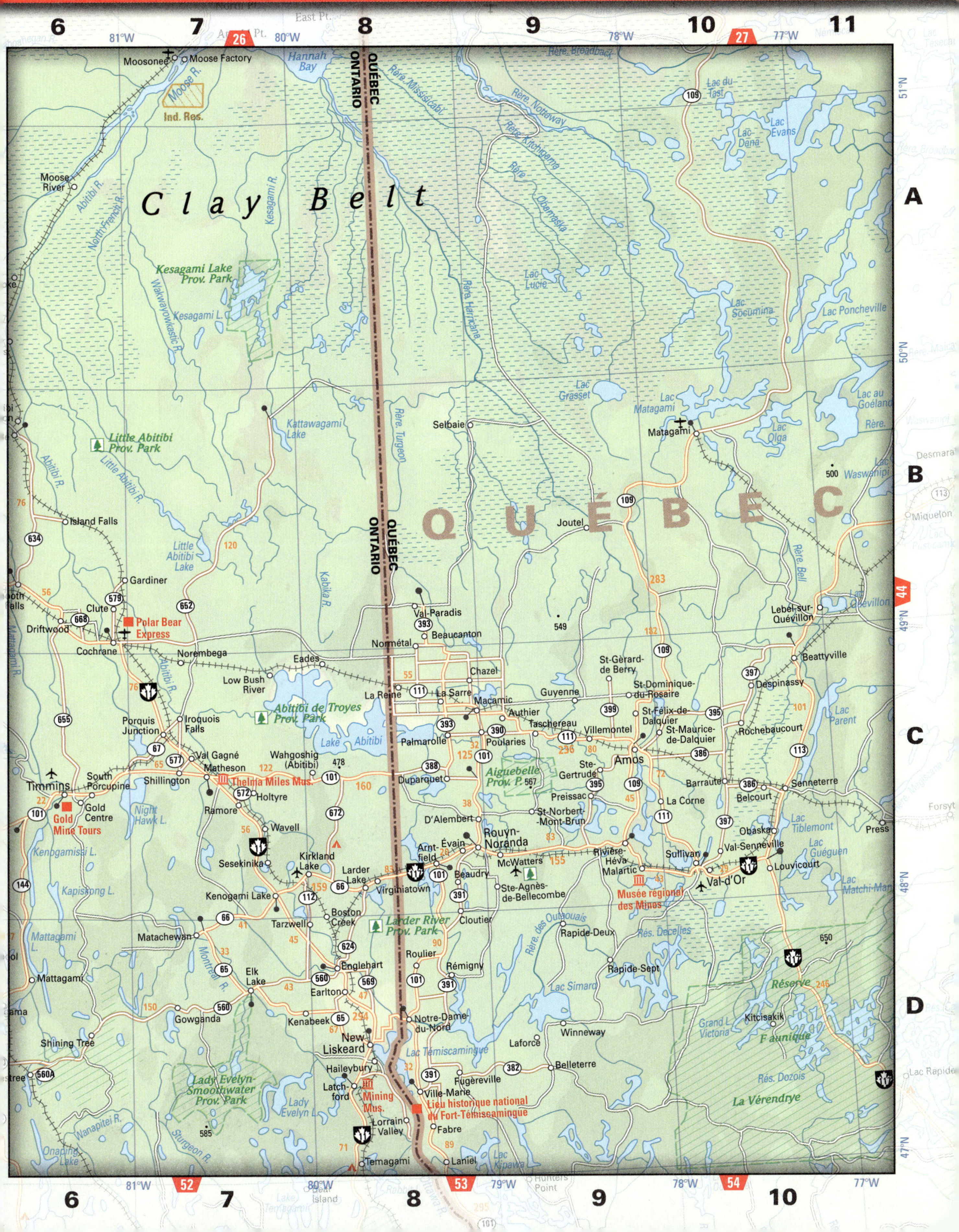
0 30 60 km
0 20 40 Miles
N
6
7
8
9
10
11
A
B
C
D
81°W
80°W
79°W
78°W
77°W
51°N
50°N
49°N
48°N
47°N
26
27
44
52
53
54
Clay Belt
QUÉBEC
QUÉBEC
ONTARIO
Moosonee
Moose Factory
Hannah Bay
Ind. Res.
Moose River
Abitibi R.
North French R.
Kesagami R.
Kesagami Lake Prov. Park
Kesagami L.
Wakwayowkastic R.
Rère Missisicabi
Rère Nottaway
Rère Kitchigama
Rère Obamsca
Lac Lucie
Rère Harricana
Lac Soscumica
Lac Poncheville
Lac du Tast
Lac Dana
Lac Evans
Lac Grasset
Lac Matagami
Matagami
Lac Olga
Lac au Goéland
Rère Waswanipi
Lac Waswanipi
Desmaraisville
Miquelon
Rère Bell
Lebel-sur-Quévillon
Lac Quévillon
Selbaie
Joutel
Rère Turgeon
Kattawagami Lake
Little Abitibi Prov. Park
Little Abitibi R.
Little Abitibi Lake
Island Falls
Gardiner
Clute
Driftwood
Cochrane
Polar Bear Express
Norembega
Eades
Low Bush River
Kabika R.
Val-Paradis
Beaucanton
Normétal
Chazel
La Reine
La Sarre
Macamic
Guyenne
St-Gérard-de Berry
St-Dominique-du-Rosaire
Beattyville
Despinassy
Abitibi de Troyes Prov. Park
Lake Abitibi
Iroquois Falls
Porquis Junction
Authier
Taschereau
Villemontel
St-Félix-de-Dalquier
St-Maurice-de-Dalquier
Rochebaucourt
Lac Parent
Palmarolle
Poularies
Amos
Val Gagné
Matheson
Wahgoshig (Abitibi)
Thelma Miles Mus.
Shillington
South Porcupine
Timmins
Gold Centre
Gold Mine Tours
Holtyre
Ramore
Night Hawk L.
Duparquet
Aiguebelle Prov. P.
Ste-Gertrude
Preissac
Barraute
Belcourt
Senneterre
La Corne
St-Norbert-de-Mont-Brun
D'Alembert
Rouyn-Noranda
Arnt-field
Évain
McWatters
Rivière-Héva
Malartic
Sullivan
Val-Senneville
Obaska
Lac Tiblemont
Lac Guéguen
Press
Louvicourt
Val-d'Or
Musée régional des Mines
Lac Matchi-Manitou
Wavell
Sesekinika
Kirkland Lake
Larder Lake
Virginiatown
Beaudry
Ste-Agnès-de-Bellecombe
Cloutier
Kenogamisis L.
Kapiskong L.
Kenogami Lake
Boston Creek
Tarzwell
Larder River Prov. Park
Rère des Outaouais
Rapide-Deux
Rés. Decelles
Matachewan
Mattagami L.
Mattagami
Montreal R.
Elk Lake
Englehart
Earlton
Roulier
Rémigny
Rapide-Sept
Lac Simard
Réserve Faunique La Vérendrye
Kitcisakik
Grand L. Victoria
Rés. Dozois
Gowganda
Kenabeek
Notre-Dame-du-Nord
Winneway
Laforce
Shining Tree
New Liskeard
Lac Témiscamingue
Haileybury
Fugèreville
Belleterre
Latchford
Mining Mus.
Ville-Marie
Lieu historique national du Fort-Témiscamingue
Lady Evelyn Smoothwater Prov. Park
Lady Evelyn L.
Lorrain Valley
Fabre
Laniel
Lac Kipawa
Nanapitei R.
Sturgeon R.
Temagami
Lac Rapide
Forsyth
Hunters Point
Onaping Lake
Mattagami R.
109
113
634
579
652
668
393
55
76
56
120
283
182
549
500
397
395
386
390
399
393
111
236
80
101
388
125
655
67
577
65
122
478
160
567
38
22
101
572
672
83
155
56
144
159
66
112
101
391
90
41
45
33
624
65
560
569
47
43
150
560
294
67
101
391
382
32
560A
585
89
71
650
246

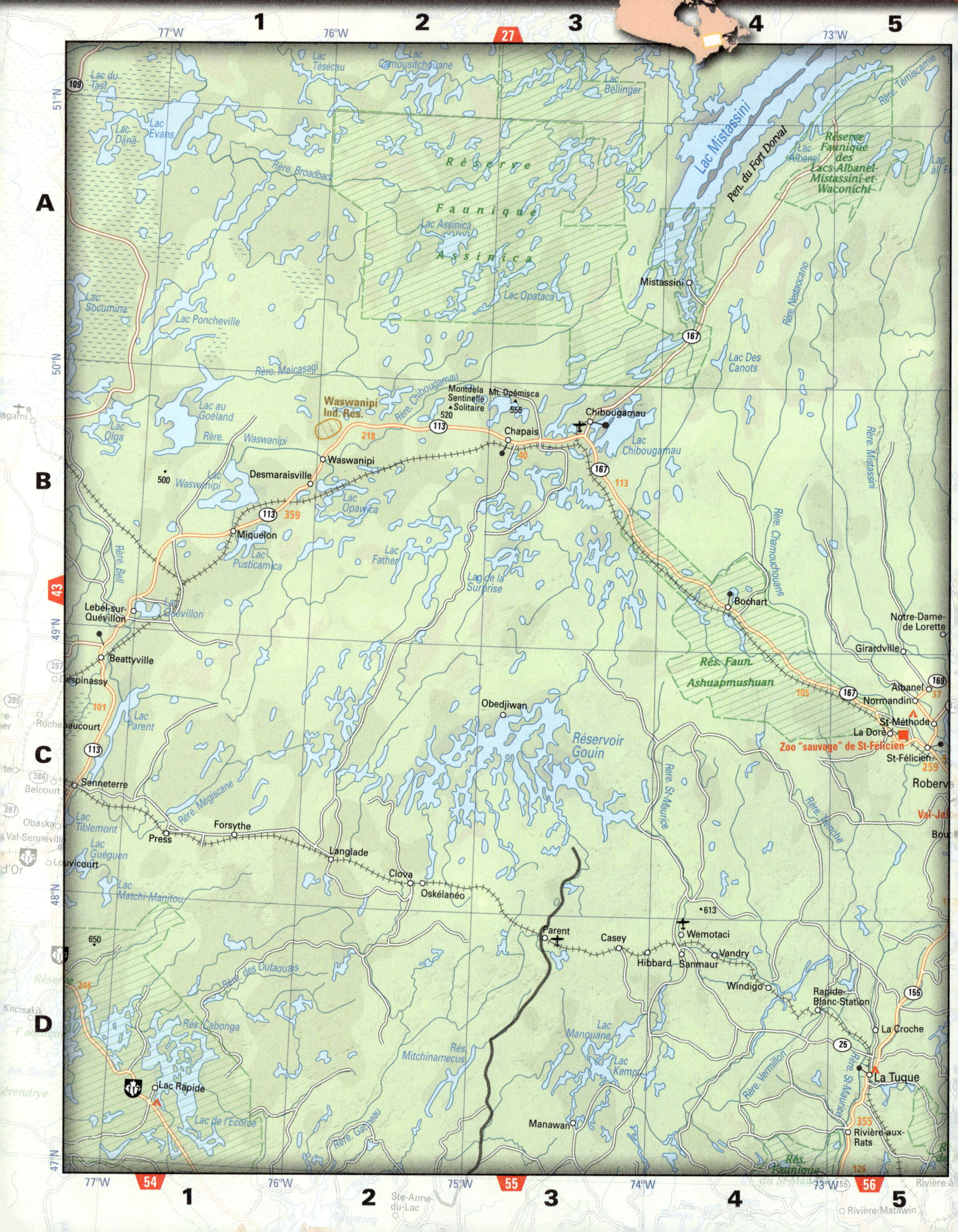
1
2
3
4
5
A
B
C
D
77°W
76°W
75°W
74°W
73°W
51°N
50°N
49°N
48°N
47°N
27
43
54
55
56
Lac du Tast
Lac Dana
Lac Evans
Lac Tésécau
Lac Camousitchouane
Lac Bellinger
Lac Mistassini
Pen. du Fort Dorval
Réserve Faunique des Lacs-Albanel-Mistassini-et-Waconichi
Lac Albanel
Rère. Témiscamie
Rère. Broadback
Réserve Faunique Assinica
Lac Assinica
Lac Opataca
Mistassini
Rère. Nestaocano
Lac Soscumica
Lac Poncheville
Rère. Maicasagi
167
Lac Des Canots
Lac au Goéland
Waswanipi Ind. Res.
Rère. Chibougamau
Montdela Sentinelle
Solitaire
520
Mt. Opémisca
556
Chibougamau
Lac Chibougamau
Chapais
218
113
40
Lac Olga
Rère. Waswanipi
Waswanipi
Desmaraisville
500
Lac Waswanipi
Lac Opawica
359
Miquelon
Lac Pusticamica
Rère. Mistassini
Rère. Chamouchouane
Lac Father
Lac de la Surprise
Rère. Bell
Lebel-sur-Quévillon
Lac Quévillon
Bochart
Notre-Dame-de Lorette
Beattyville
Girardville
Rés. Faun. Ashuapmushuan
Despinassy
Albanel
169
Normandin
105
37
101
Lac Parent
Obedjiwan
Réservoir Gouin
St-Méthode
La Doré
Zoo "sauvage" de St-Félicien
St-Félicien
259
Roberval
Rochebaucourt
Belcourt
Senneterre
Rère. St-Maurice
Rère. Trenche
Rère. Mégiscane
Lac Tiblemont
Press
Forsythe
Langlade
Lac Guéguen
Louvicourt
Clova
Oskélanéo
Lac Matchi-Manitou
613
Wemotaci
650
Parent
Casey
Hibbard
Sanmaur
Vandry
Rère. des Outaouais
Windigo
Rapide-Blanc-Station
155
246
Rés. Cabonga
Lac Manouane
La Croche
25
Rés. Mitchinamecus
Lac Kempt
Rère. Vermillon
Lac Rapide
La Tuque
Lac de l'Écorce
Rère. Gatineau
Manawan
355
Rivière-aux-Rats
Rés. Faunique du St-Maurice
126
Ste-Anne-du-Lac
Rivière-Matawin

0 30 60 km
0 20 40 Miles
N
5
6
7
8
9
10
72°W
71°W
70°W
69°W
68°W
28
Île René-Levasseur
A
B
C
D
51°N
50°N
49°N
48°N
47°N
46
57
58
120
QUÉBEC
Laurentides
Réservoir Manicouagan
L. Caron
L. Tétepiskaw
Lac Berté
Manic-Cinq
Daniel Johnson Dam
L. Mauvais Bois
Lac Ste-Anne
Rés. Manicouagan Trois
Rés. Outardes Quatre
Lac au Froide
Lac Manouane
Lac Manouanis
Lac Onistagane
Lac Maupertuis
Lac Péribonka
Rère. Mistassibi
Rère. des Montagnes Blanches
Rère. Betsiamites
Rère. aux Outardes
Rère. Manicouagan
Rère. Péribonka
Rère. aux Sables
Rère. Portneuf
Chute-des-Passes
Réservoir Pipmuacan
Lac du Bouchet
Labrieville
Labrieville Sud
Hauterive
Baie-Comeau
Pointe-Lebel
Pte de Manicouagan
Ragueneau
Godbout
Betsiamites Ind. Rés.
Betsiamites
Pointe de Betsiamites
P. Prov. de Forestville
Colombier
Forestville
Portneuf-sur-Mer
Fleuve Saint-Laurent
St. Lawrence River
Matane
Baie-des-Sables
St-Vianney
Sayabec
Jardins de Métis
Mont-Joli
St-Luce
Rimouski
Luceville
St-Angèle-de-Merici
St-Gabriel-de-Rimouski
St-Charles-Garnier
Lac Humqui
Le Bic
St-Fabien-sur-Mer
Rés. de Duchénier
Macpès
Trois-Pistoles
Rés. Faun. de Rimouski
Lac-des-Aigles
St-Jean-de-Dieu
Lejeune
Lac Témiscouata
Notre-Dame-du-Lac
Dégelis
Cabano
Lamy
Rivière-du-Loup
St-Arsène
L'Isle-Verte
Île Verte
Havre du Parke
St-Alexandre
St-Pascal
St-Denis
Pohénégamook
Rivière Bleue
Monts Notre-Dame
NEW BRUNSWICK
NOUVEAU-BRUNSWICK
Antique Automobile Mus.
Edmundston
Madawaska
Verret
Clair
Baker Brook
Frenchville
St. Leonard
Grand Falls
Van Buren
Kent
Fort Kent Hist. Site
Allagash
Eagle Lake
Jemtland
St-Pamphile
CANADA
U.S.A.
Kedgwick River
Dolbeau
Mistassini
Péribonka
Ste-Monique
Lac St-Jean
Delisle
Alma
St-Bruno
Roberval
Val-Jalbert
Chambord
Métabetchouan
Lac-Bouchette
Lac-des-Commissaires
Lizotte
Van Bruyssel
Mont-Apica
Mont Lac-Vert Ski Area
Réserve Faunique des Laurentides
Lac Édouard
Linton
Rés. Faun. de Portneuf
Parc de la Jacques-Cartier
Parc des Cons. des Grands Jardins
Notre-Dame-du-Rosaire
St-David-de-Falardeau
Le Valinouet
St-Ambroise
St-Honoré
St-Fulgence
Chicoutimi
Jonquière
La Baie
Bagotville
Laterrière
Mont Bélu
Rivière-Éternité
Boilleau
Parc Marin du Saguenay-Saint-Laurent
Sacré-Coeur
Oldest Christian Mission Site
Tadoussac
Petit-Saguenay
Baie-Ste-Catherine
Mont Édouard
Sagard
Les Escoumins
St-Paul-du-Nord
Île aux Lièvres
St-Siméon
St-Patrice
Mont Grand-Fond
La Malbaie
Les Éboulements
St-Urbain
Baie-St-Paul
Île aux Coudres
La Rocatière
St-Jean-Port-Joli
Tourville
St-Tite-des-Caps
Mont-Ste-Anne
Ste-Anne-de-Beaupré
Québec
Charlesbourg
Rivière-à-Pierre
St-Raymond
St-Marcel
Ste-Lucie-de-Beauregard
1000
713
643
571
701
861
1028
899
1116
975
680

Côte Nord
Sept-Îles
Moisie
Clarke City
Port-Cartier
Rivière-Pentecôte
Pte-aux-Anglais
Les Islets-Caribou
Baie-Trinité
Godbout
Pte-des-Monts
Baie-Comeau
Pointe-Lebel
Pte de Manicouagan
Baie des Sept-Îles
Rivière-Pigou
Rivière-aux-Graines
Sheldrake
Rivière-au-Tonnerre
Magpie
Rivière-St-Jean
Mingan
Havre-St-Pierre
La Grande Île
Mingan Archipelago National Park Reserve
Rèserve de Parc National de l'Archipel-de-Mingan
Détroit de Jacques-Cartier
Baie-Sainte-Claire
Pointe de l'Ouest
Port Menier
Île d'Anticosti
Cap Ottawa
Détroit d'Honguedo
Fleuve Saint-Laurent
Monts Chic-Chocs
Péninsule de Gaspé
QUÉBEC
Matane
Les Méchins
Cap Chat
Ste-Anne-des-Monts
Marsoui
Mont-Louis
Grande-Vallée
Cloridorme
Murdochville
Gaspé
Cap-des-Rosiers
P. Nat. de Forillon
Cap de Gaspé
Baie de Gaspé
Douglastown
Barachois
Bridgeville
Percé
Cap-d'Espoir
Grande-Rivière
Chandler
Newport
Port-Daniel
Paspébiac
Bonaventure
New Richmond
Carleton
Nouvelle
Pointe-à-la-Croix
Matapédia
Causapscal
Amqui
Lac Humqui
Métis
Rimouski
Chaleur Bay
Baie des Chaleurs
Miscou I.
Shippegan
Caraquet
Bathurst
Dalhousie
Campbellton
NOUVEAU BRUNSWICK
NEW BRUNSWICK
QUÉBEC
Mt. Carleton Prov. Park
Saint-Quentin
Kedgwick
Miramichi Bay
Miramichi
Newcastle
Chatham
Neguac
Tracadie
Pt. Escuminac
ÎLE-DU-PRINCE-ÉDOUARD
CANADA
U.S.A.
Grand Falls
St. Leonard
Edmundston

0 30 60 km
0 20 40 Miles
EST
AST
6
7
8
9
10
62°W
61°W
60°W
59°W
58°W
30
51°N
50°N
49°N
48°N
47°N
A
B
C
D
QUÉBEC
Nord
Rère. Aguanus
Rère. Natashquan
R. Olomane
Lac Musquaro
466
I. des Grand Passe
Î. de la Grande Passe
Îles Monger
Baie-Rouge
Mutton Bay
Î. du Gros-Mécatina
C. Mécatina
Harrington Harbour
Î. du Petit Mécatina
Chevery
Îs. Ste-Marie
QUÉBEC
NEWFOUNDLAND AND LABRADOR
Baie Johan-Beetz
138
Aguanish
Natashquan
Pointe-Parent
Kegaska
Musquaro
125
La Romaine
Wolf Bay
Étamamiou
Cap. Whittle
Île à la Chasse
Pte. du Vieux Poste
Atlantic Ocean
Pointe-Carleton
Lac Wichanden
Parc d'Anticosti
Rivière-aux-Saumons
Île d'Anticosti Island
Chicotte
Pointe de l'Est
Trout River
Mt. St. Gregory
Bay of Islands
Lark Harbour
York Harbour
Halfway Point
48
Lewis Hills 814
Long Pt.
Black Duck Brook
Port au Port Bay
Port au Port Peninsula
Lourdes
463
Fox Island River
Stephenville
Mainland
460
Port au Port
Stephenville Crossing
Petit Jardin
Abrahams Cove
490
C. St. George
St. George's
St. George's Bay
Fischells
St. Teresa
Robinsons
404
Highlands
405
Anguille Mts.
262
NEWFOUNDLAND AND LABRADOR
TERRE-NEUVE ET LABRADOR
Cape Anguille
406
South Branch
North Bay
St. Andrew's
Doyles
La Poile
Red Rocks
408
Cape Ray
470
Channel-Port-aux-Basques
Burnt Islands
Rose Blanche
Gulf of St. Lawrence
Golfe du Saint-Laurent
Î. Brion
Reserve nationale de faune de la Pointe-de-l'Est
Pte. de l'Est
Grande-Entrée
199
Îles de la Madelaine
Île du Cap aux Meules
Cap-aux-Meules
Île d'Entrée
Havre-Aubert
Bassin
PRINCE EDWARD ISLAND
NOUVELLE-ÉCOSSE
NOVA SCOTIA
St. Paul I.
Cabot Strait
Détroit de Cabot
Cape St. Lawrence
Cape North
Meat Cove
63°W
62°W
61°W
60°W
59°W
76
77
6
7
8
9
10

1:1.900.000

Atlantic Ocean
Océan Atlantique
QUÉBEC
NEWFOUNDLAND AND LABRADOR
NEWFOUNDLAND AND LABRADOR
TERRE-NEUVE ET LABRADOR
Newfoundland Island
Long Range Mountains
Long Range
Cabot Strait
Détroit de Cabot
NOUVELLE-ÉCOSSE
NOVA SCOTIA
ST.PIERRE ET MIQUELON
CANADA
FRANCE
Burgeo Bank
Wolf Bay
Etamamiou
Cap. Whittle
Îs. Ste-Marie
Bellburns
Daniel's Harbour
Portland Creek
Parson's Pond
Cow Head
St. Pauls
Sally's Cove
Gros Morne Nat. Park
Bear Cove
Rocky Harbour
Gros Morne 806
Norris Point
Trout River
Woody Point
Wiltondale
Mt. St. Gregory
Bay of Islands
Lark Harbour
York Harbour
Halfway Point
Cox's Cove
Meadows
Corner Brook
Pasadena
Deer Lake
Big Falls
Howley
Sandy L.
Sir R. Squires Mem. Prov. P.
Hampden
Jackson's Arm
Westport
Pollards Point
Great Harbour Deep
White Bay
Wild Cove
Seal Cove
Back Cove
Fleur de Lys
Ming's Bight
Baie Verte
Baie Verte Peninsula
Confusion Bay
Pacquet
Brent's Cove
La Scie
Cape St. John
Horse Islands (St. Barbe)
Round Harbour
Nippers Harbour
Burlington
Middle Arm
Harry's Harbour
Rattling Brook
Kings Point
Springdale
Sheppardville
South Brook
Notre Dame Bay
Long I.
Beachside
Beaumont
Pilley's Island
Leading Tickles
Robert's Arm
Point Leamington
Northern Arm
Botwood
Hodges Hill 570
West Brook Prov. Ecolog. Res.
Millertown Junction
Badger
Bishop's Falls
Mary March Museum
Grand Falls-Windsor
Exploits
Buchans
Millertown
Red Indian Lake
Grand Lake
Glover I.
Marble Mtn
Mount Moriah
Lewis Hills 814
Long Pt.
Port au Port Bay
Black Duck Brook
Port au Port Peninsula
Lourdes
Mainland
Petit Jardin
C. St. George
Abrahams Cove
Fox Island River
Stephenville
Port au Port
Stephenville Crossing
St. George's
St. George's Bay
Barachois Pond Prov. P.
Fischells
St. Teresa
Robinsons
Highlands
Anguille Mts.
Cape Anguille
St. Andrew's
Doyles
South Branch
Red Rock
Cape Ray
Channel-Port-aux-Basques
Burnt Islands
Rose Blanche
La Poile
North Bay
Grand Bruit
Blue Hills of Couteau 636
Burgeo
Ramea
Ramea I.
Grey River
François
Victoria Lake
Meelpaeg Lake
Granite Lake
Grey R.
White Bear R.
Middle Ridge Prov. Wildlife Res.
St. Veronica's
St. Alban's
Milltown
Conne River
Pool's Cove
Rencontre East
McCallum
Gaultois
Locks Cove
Hermitage Bay
Hermitage
Belleoram
Pass Island
Harb. Breton
Coomb's Cove
English Harbour West
Brunette I.
Fortune Bay
Grand Bank
Grand Beach
Fortune
Winerand
Burin
Lories
Lawn
Port au Gaul
Lawn Bay
St. Lawrence
Grande Miquelon
Langlade ou Petite Miquelon
St-Pierre
Î. de St-Pierre
Tizzard's
Fortune Harbour

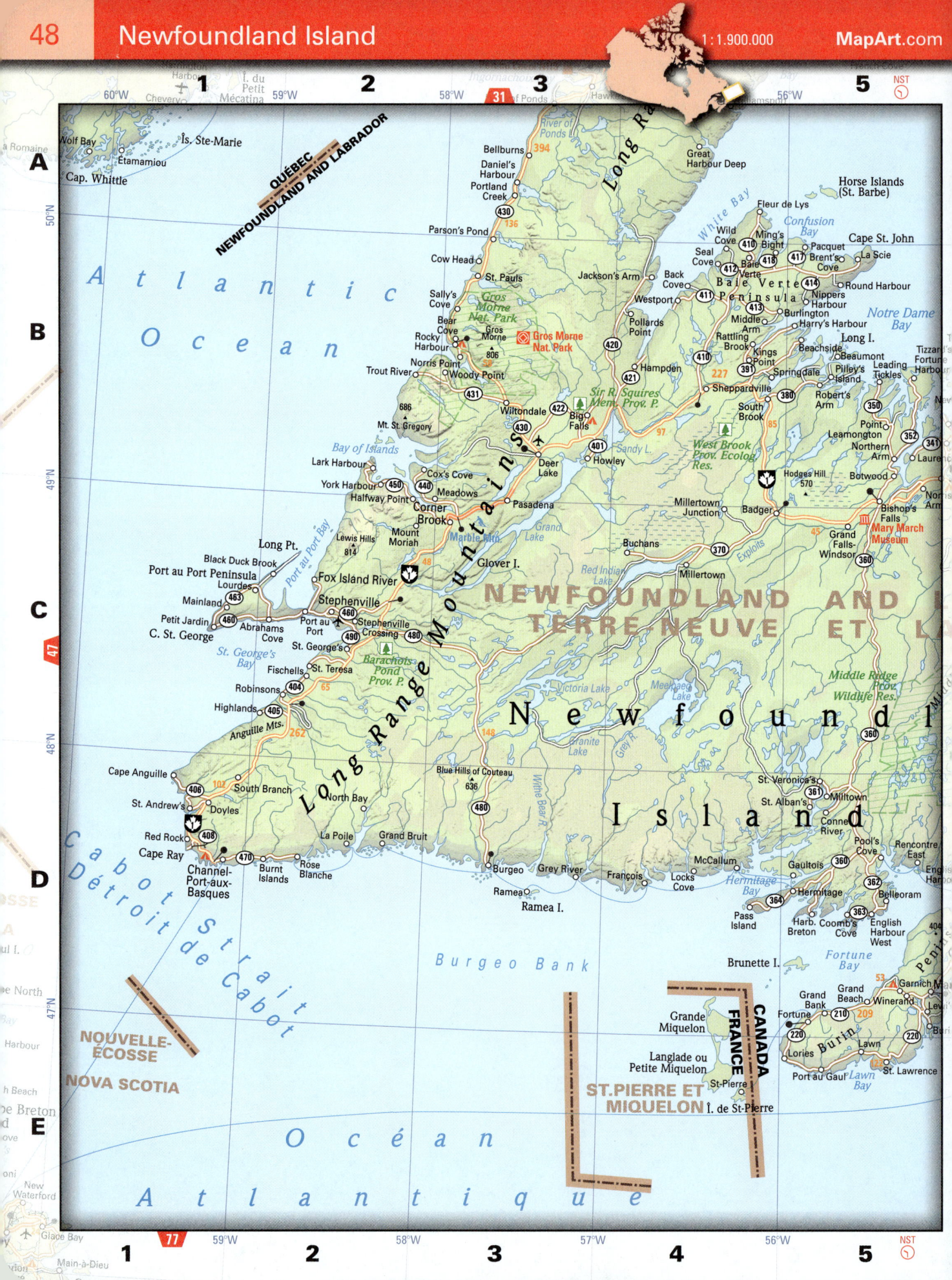

0 30 60 km
0 20 40 Miles
N
55°W
54°W
53°W
52°W
51°W
31
6
7
8
9
10
A
B
C
D
E
50°N
49°N
48°N
47°N
Atlantic Ocean
Océan Atlantique
Little Fogo Islands
Crow Head
Fogo
Joe Batts Arm
Fogo I.
Waldham Islands
Twillingate
Pikes Arm
Tizzard's Harbour
Fortune Harbour
Farewell
Stag Harbour
Village Cove
Hamilton Sound
Musgrave Harbour
Newstead
Deadman's Bay
Carmanville
Embree
Lewisporte
Gander Bay
Cape Freels
Laurenceton
Notre Dame Junction
Westleyville
Norris Arm
Glenwood
Indian Bay
Gander
Gander Lake
St. Brendan's
Silent Witness Memorial
Hare Bay
Gambo
Bonavista Bay
Cape Bonavista
Cape Bonavista Lighthouse
Burnside
Glovertown
Salvage
Bonavista
LABRADOR
Gastport
King's Cove
Terra Nova Nat. P.
Catalina
Terra Nova
Jamestown
Bonavista Peninsula
Musgravetown
Port Rexton
Southern Bay
Trinity
Middle Ridge
Port Blandford
Marleys Siding
New Bonaventure
Monroe
Grates Pt.
Grates Cove
land
Clarenville
Britannia
Within Hant's Harbour
Bay du Nord Wilderness Res.
St. Jones
Old Perlican
Southport
Lower Island Cove
Conception Bay
Goobies
Heart's Content
Goose Cove
Trinity
Cape St. Francis
Pouch Cove
Arnold's Cove
Carbonear
Southern Harbour
Torbay
Grand le Pierre
Little Harbour
Spaniard's Bay
Bell I.
St. John's
English Harbour East
Terrenceville
Long Cove
Conception Bay South
Cape Spear Lighthouse NHS
Monkstown
Long I.
Mount Pearl
St. Bernard's
Fair Haven
Long Harbour
Merasheen Island
Petit Forte
Cape Spear
Mahers
Holyrood
Butter Pot Prov. P.
Peninsula
South East Bight
Ship Harbour
Argentia
Whitbourne
Bay Bulls
Parkers Cove
Colinet
Witless Bay
Red Harbour
Placentia Bay
Placentia
Marystown
Avalon Peninsula
La Manche Valley Prov. P.
Lewis's Cove
Ship Cove
St. Joseph's
Burin
Avalon Wilderness Area
Cape Broyle
Angels's Cove
Fermeuse
Admiral's Beach
Mall Bay
St. Bride's
Branch
St. Mary's
Cape St. Mary's Prov. Ecolog. Res.
St. Mary's Bay
Cape St. Mary's
Point Lance
St. Vincent's
Trepassey
Cape Race
Portugal Cove South
Saint Shott's
Trepassey Bay

Lake Superior
Coppermine Pt.
Montreal River
Canada
U.S.A.
Algoma
Mashkode
Batchawanna Bay
Batchawann I.
Great Lakes Shipwreck Mus.
Whitefish Point
Crisp Pt
Parisienne
Whitefish Bay
Paradise
Taquamenon Falls SP
Lower Falls
Upper Falls
Wabos
Searchmont Ski Area
Searchmont
Ranger Lake
Goulzis Bay
Heyden
Garden River IR 14
Gros Cap
Sault Ste. Marie
Pt. Iroquois Light Station and Museum
Bay Mills
Brimley
Sugar I.
Echo Bay
Ophir
Lake George
Desbarats Lake
Bay Mills Ind. Resort
Desbarats
Rydal Bank
Thessalon River
Bruce Mines
Eckerman
Hulbert
Strongs
Raco
Dafter
McCanon
Homestead
Barbeau
Hiawatha National Forest
Kinross
Kincheloe
Rudyard
Fibre
Trout Lake
Rexton
Ozark
Kelden
Neebish I.
Richards Landing
Hilton Beach
Thessalon
St. Joseph I.
Munuscong Lake
Pickford
Stirlingville
Chippewa
Milford Haven
Ontario (Canada)
Michigan (U.S.A.)
H.H. Joseph N.H.S
Harbor I. NWR
Cedarville
Raber
Goetzville
Epoufette
Mackinac
Brevort
Moran
Allenville
Hessel
Drummond
Drummond I.
De Tour Village
Caribou L.
Dickinson
St.Martin I.
Marquette I.
Les Cheneaux I.
Lake Michigan
Gros Cap
St. Ignace
Ft. Mackinac
Mackinac I.
Meckinack I.SP
St.Helena I.
Hat I.
Shoe I.
Round I.
Bois Blanc I.
Colonial Michilimackinac
Mackinaw City
Lake Huron
Levering
Cheboygan
Alverno
85°W
84°W
47°N
46°N

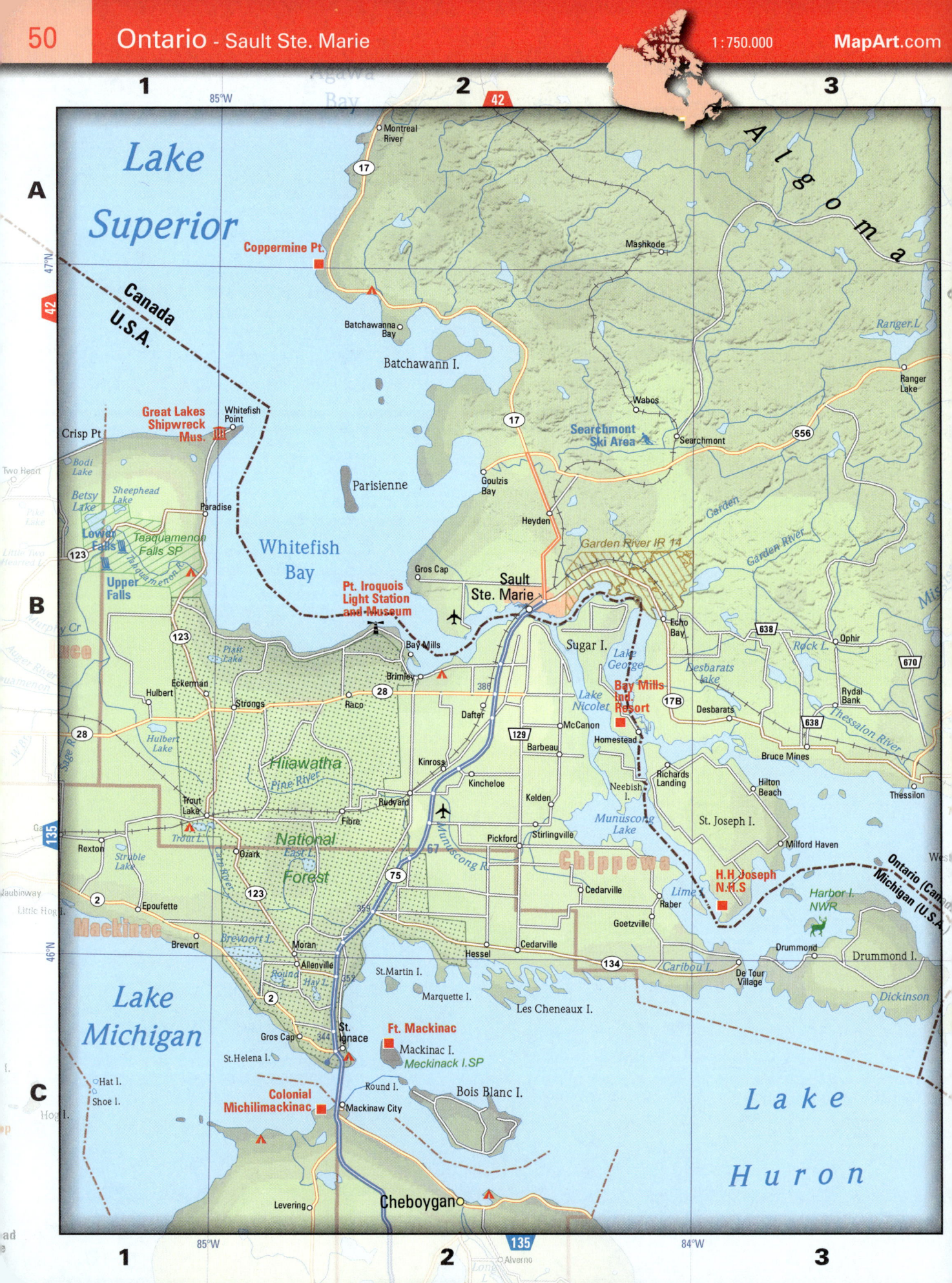

0 10 20 30km
0 5 15 Miles
Upland
Algoma District
Mississagi River Prov. Park
Bark Lake
Metagama
Rocky Island Lake
Mozhabong Lake
Pogamasin Lake
Lac Auxsable
Halfway Lake P.P.
Benny
Mississagi River
Wakoma Lake
White R.
Mining & Nuclear Mus.
Mt. DuFour
Quirke L.
Whiske L.
Spanish River
Wharncliffe
Little Chiblow L.
Elliot L.
Elliot Lake
Matinenda Lake
Basswood Lake
Cameron
Agnew Lke
Nairn Centre
Sowerby
Cataract L.
Emerald L.
Esten L.
McCarth L.
McKerrow
Iron Bridge
Potomac R.
Granary L.
Kecil L.
Chutes P.P.
Webbwood
Espanola
Bright Lake
Lauzon L.
Pronto East
Spragge
Serpent River
Cutler
Spanish
Walford
Massey
Thessalon IR 12
Mississagi River IR 8
Blind River
Serpent River IR 7
Sagamok IR 5
West Grant I.
East Grant I.
Hennepin I.
Sanford I.
John I.
Spanish R. Ind. Res.
Whitefish Falls
Locloche P.P.
Mississagi I.
Darch I.
Birch Island
McGregor
Ontario (Canada)
(U.S.A.)
North Channel
Whitefish River IR 4
Clapperten I
North Channel
Vidal I.
Sucker Creek
Little Current
Cockburn I.
Meldrum Bay
Sheshegwaning
Henry I.
Barrie I.
Gore Bay
Kagawong
Sheguiandah
Bayfield Sound
Ice Lake
Silver Water
Loon L.
Silver L.
Greene I.
Lake Kagawong
M'Chigeeng
Wikwemikong
Evansville
Mindemoya Lake
Lake Manitou
Assiginack Museum
Western Duck I.
Thibault I.
Manitowaning
Buzwah
Middle Duck I.
Spring Bay
Mindemoya
Sandfield
Kaboni
Manitoulin Island
Great Duck I.
Providence Bay
Tehkummah
South Bay
Outer Duck I.
Manitoulin District
South Baymouth
Owen Channel
Hanitowaning Bay
83°W
82°W
47°N
46°N
3 4 5
A B C
42 52 59 135
129 546 639 108 17 810 553 6 540 542 551 144 167 49 29 32 64

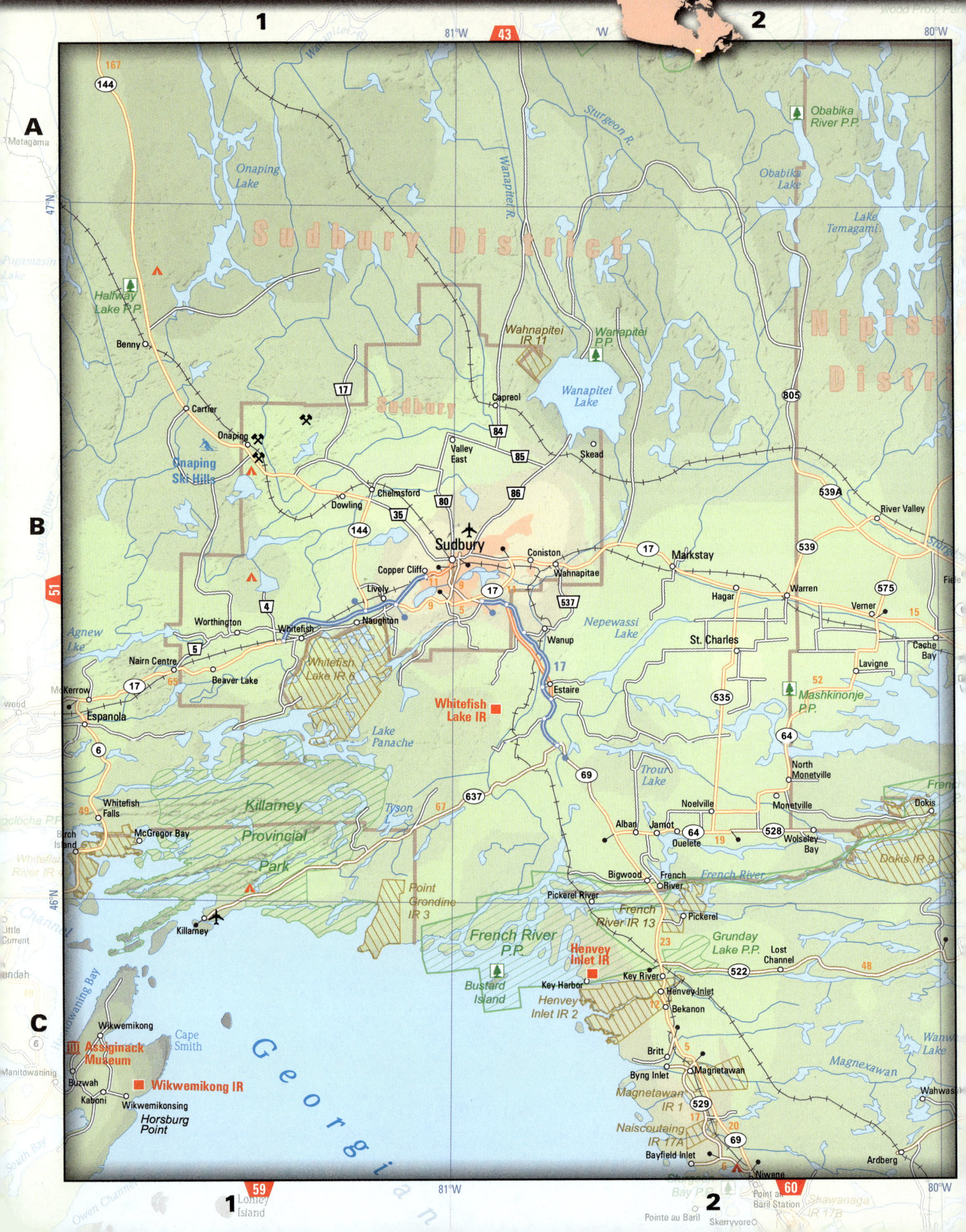
1
2
A
B
C
81°W
80°W
47°N
46°N
43
51
59
60
Sudbury District
Nipissing District
Sudbury
Onaping Lake
Sturgeon R.
Wanapitei R.
Obabika River P.P.
Obabika Lake
Lake Temagami
Halfway Lake P.P.
Benny
Cartier
Onaping
Onaping Ski Hills
Wahnapitei IR 11
Wanapitei P.P.
Wanapitei Lake
Capreol
Valley East
Skead
Chelmsford
Dowling
Coniston
Wahnapitae
Markstay
Copper Cliff
Lively
Naughton
Whitefish
Worthington
Nairn Centre
Beaver Lake
Agnew Lake
McKerrow
Espanola
Whitefish Lake IR 6
Whitefish Lake IR
Lake Panache
Nepewassi Lake
Wanup
Estaire
Hagar
Warren
River Valley
Verner
Cache Bay
St. Charles
Lavigne
Mashkinonje P.P.
North Monetville
Monetville
Trout Lake
Noelville
Alban
Jamot
Ouelete
Wolseley Bay
Dokis
Dokis IR 9
French River
Killarney Provincial Park
Tyson
Whitefish Falls
Birch Island
McGregor Bay
Whitefish River IR
Killarney
Point Grondine IR 3
Bigwood
French River
Pickerel River
French River IR 13
Pickerel
Grundy Lake P.P.
Lost Channel
French River P.P.
Henvey Inlet IR
Bustard Island
Key Harbor
Key River
Henvey Inlet
Henvey Inlet IR 2
Bekanon
Britt
Byng Inlet
Magnetawan
Magnetawan IR 1
Magnetawan
Naiscoutaing IR 17A
Bayfield Inlet
Niwene
Ardberg
Sturgeon Bay P.P.
Point au Baril Station
Pointe au Baril
Skerryvore
Shawanaga IR 17B
Wahwashkesh
Wanwatch Lake
Lonely Island
Georgian
Cape Smith
Wikwemikong
Assiginack Museum
Wikwemikong IR
Buzwah
Kaboni
Wikwemikonsing
Horsburg Point
Manitowaning
Manitowaning Bay
Matagama
Little Current
144
17
84
85
80
86
35
4
5
6
537
539
539A
575
805
535
64
69
637
528
522
529

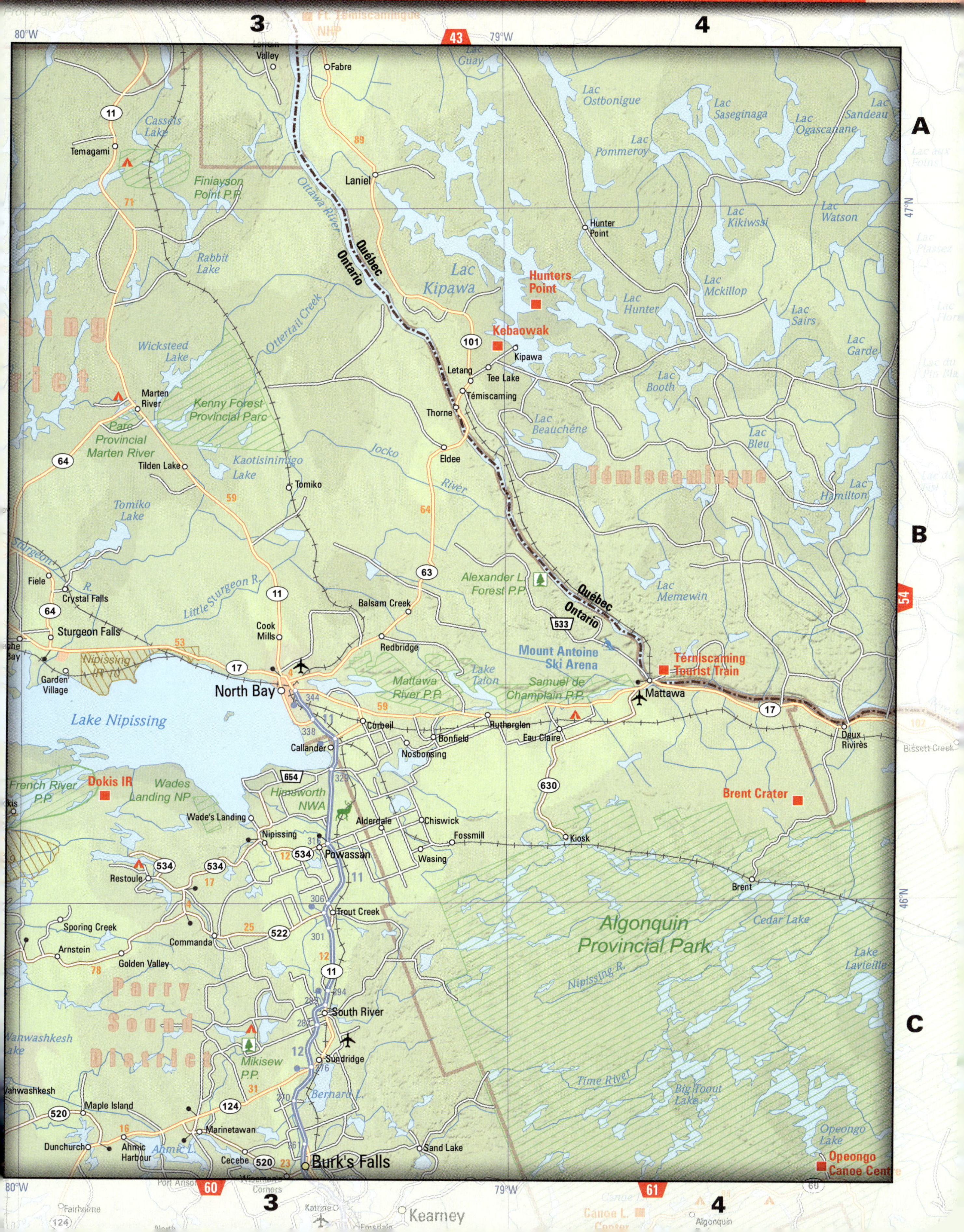
0 10 20 30km
0 5 15 Miles
N
3
4
A
B
C
80°W
79°W
47°N
46°N
43
54
60
61
Ft. Témiscamingue NHP
Fabre
Temagami
Cassels Lake
Finlayson Point P.P.
Laniel
Ottawa River
Québec
Ontario
Lac Kipawa
Hunters Point
Kebaowak
Kipawa
Letang
Tee Lake
Témiscaming
Thorne
Eldee
Rabbit Lake
Wicksteed Lake
Ottertail Creek
Marten River
Kenny Forest Provincial Parc
Parc Provincial Marten River
Tilden Lake
Kaotisinimigo Lake
Tomiko
Tomiko Lake
Jocko River
Lac Ostbonigue
Lac Saseginaga
Lac Ogascanane
Lac Sandeau
Lac Pommeroy
Hunter Point
Lac Kikiwssi
Lac Watson
Lac Mckillop
Lac Hunter
Lac Sairs
Lac Garde
Lac Booth
Lac Beauchêne
Lac Bleu
Témiscamingue
Lac Hamilton
Lac Memewin
Alexander L. Forest P.P.
Fiele
Crystal Falls
Sturgeon Falls
Sturgeon R.
Little Sturgeon R.
Cook Mills
Balsam Creek
Redbridge
North Bay
Garden Village
Nipissing IR 10
Lake Nipissing
Mount Antoine Ski Arena
Témiscaming Tourist Train
Mattawa
Lake Talon
Mattawa River P.P.
Samuel de Champlain P.P.
Corbeil
Bonfield
Rutherglen
Eau Claire
Nosbonsing
Callander
Deux Rivires
Bissett Creek
Brent Crater
French River P.P.
Dokis IR
Wades Landing NP
Wade's Landing
Himsworth NWA
Alderdale
Chiswick
Fossmill
Kiosk
Nipissing
Powassan
Wasing
Restoule
Brent
Trout Creek
Sporing Creek
Commanda
Arnstein
Golden Valley
Algonquin Provincial Park
Cedar Lake
Lake Lavieille
Nipissing R.
Parry Sound District
South River
Sundridge
Mikisew P.P.
Bernard L.
Time River
Big Trout Lake
Maple Island
Marinetawan
Dunchurch
Ahmic Harbour
Ahmic L.
Cecebe
Burk's Falls
Sand Lake
Opeongo Lake
Opeongo Canoe Centre
Kearney
Canoe L. Center
Algonquin
Fairholme
Katrine

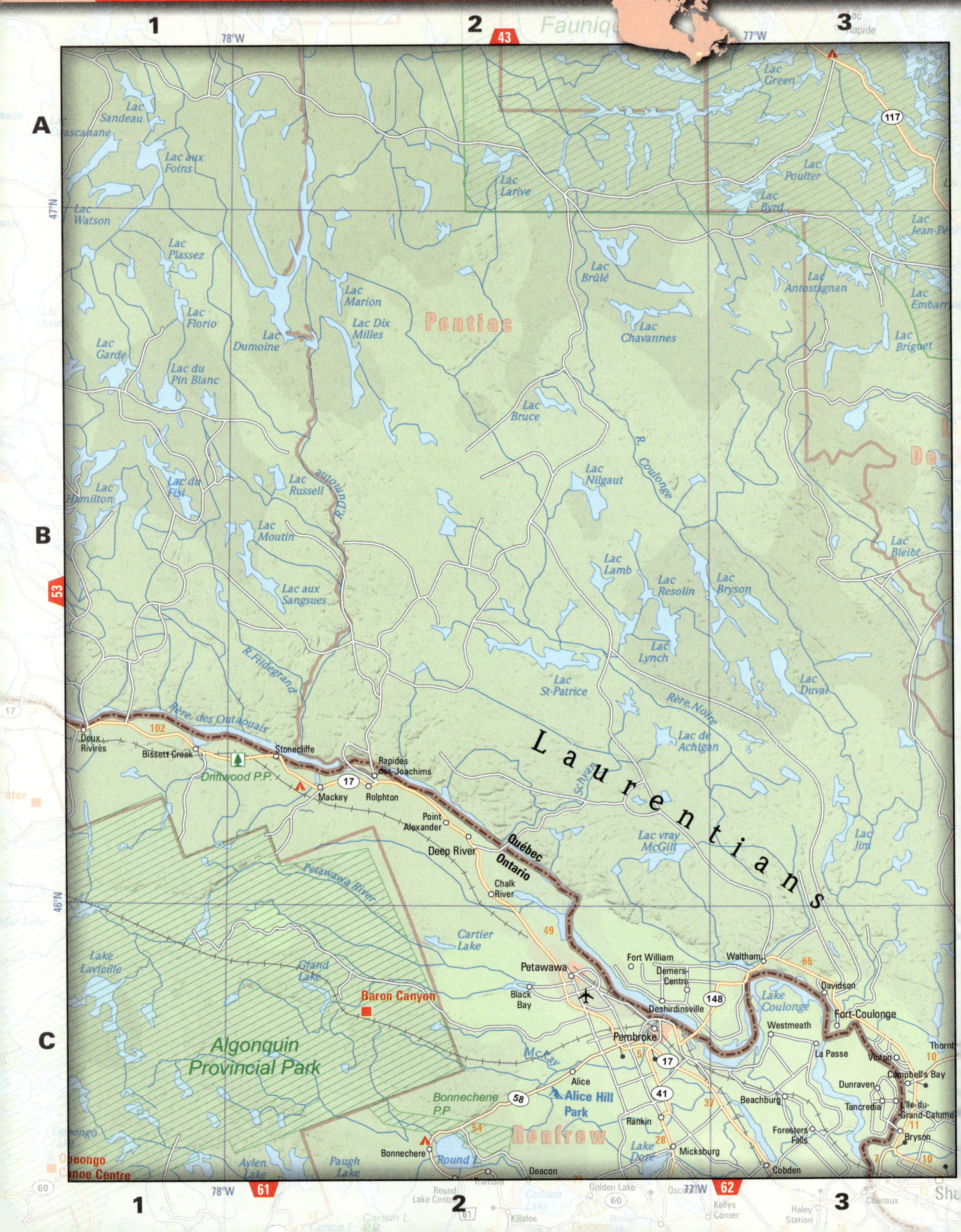

1
2
3
A
B
C
43
53
61
62
78°W
77°W
47°N
46°N
Lac Sandeau
Lac aux Foins
Lac Watson
Lac Plassez
Lac Florio
Lac Garde
Lac du Pin Blanc
Lac Dumoine
Lac Marion
Lac Dix Milles
Pontiac
Lac Larive
Lac Green
117
Lac Poulter
Lac Byrd
Lac Jean-Pé
Lac Brûlé
Lac Antostagnan
Lac Embarr
Lac Chavannes
Lac Briguet
Lac Bruce
R. Coulonge
Lac Nilgaut
Lac Hamilton
Lac du Fisl
Lac Russell
R. Dumoine
Lac Moutin
Lac aux Sangsues
Lac Lamb
Lac Resolin
Lac Bryson
Lac Bleibt
Lac Lynch
R. Fildegrand
Lac St-Patrice
Lac Duval
Rère. Noire
Lac de Achigan
Rère. des Outaouais
Deux Rivières
Bissett Creek
102
Driftwood P.P.
Stonecliffe
Rapides des-Joachims
17
Mackey
Rolphton
Schyan
Laurentians
Point Alexander
Deep River
Québec
Ontario
Chalk River
Lac vray McGill
Lac Jim
Petawawa River
Lake Lavieille
Grand Lake
Baron Canyon
Cartier Lake
49
Petawawa
Fort William
Waltham
65
Demers Centre
Davidson
Black Bay
148
Deshirdinsville
Lake Coulonge
Fort-Coulonge
Westmeath
Pembroke
La Passe
Vinton
Algonquin Provincial Park
McKay
5
Alice
41
Alice Hill Park
Dunraven
Campbell's Bay
Bonnechene P.P.
58
Beachburg
Tancredia
L'Île-du-Grand-Calumet
37
Rankin
Renfrew
54
Foresters Falls
Bryson
Lake Dore
28
Micksburg
Opeongo Canoe Centre
Aylen Lake
Paugh Lake
Bonnechere
Round L.
Deacon
Cobden
Golden Lake
60
Kellys Corner
Haley Station
Chenaux
Round Lake Centre
Killaloe
Carson L.

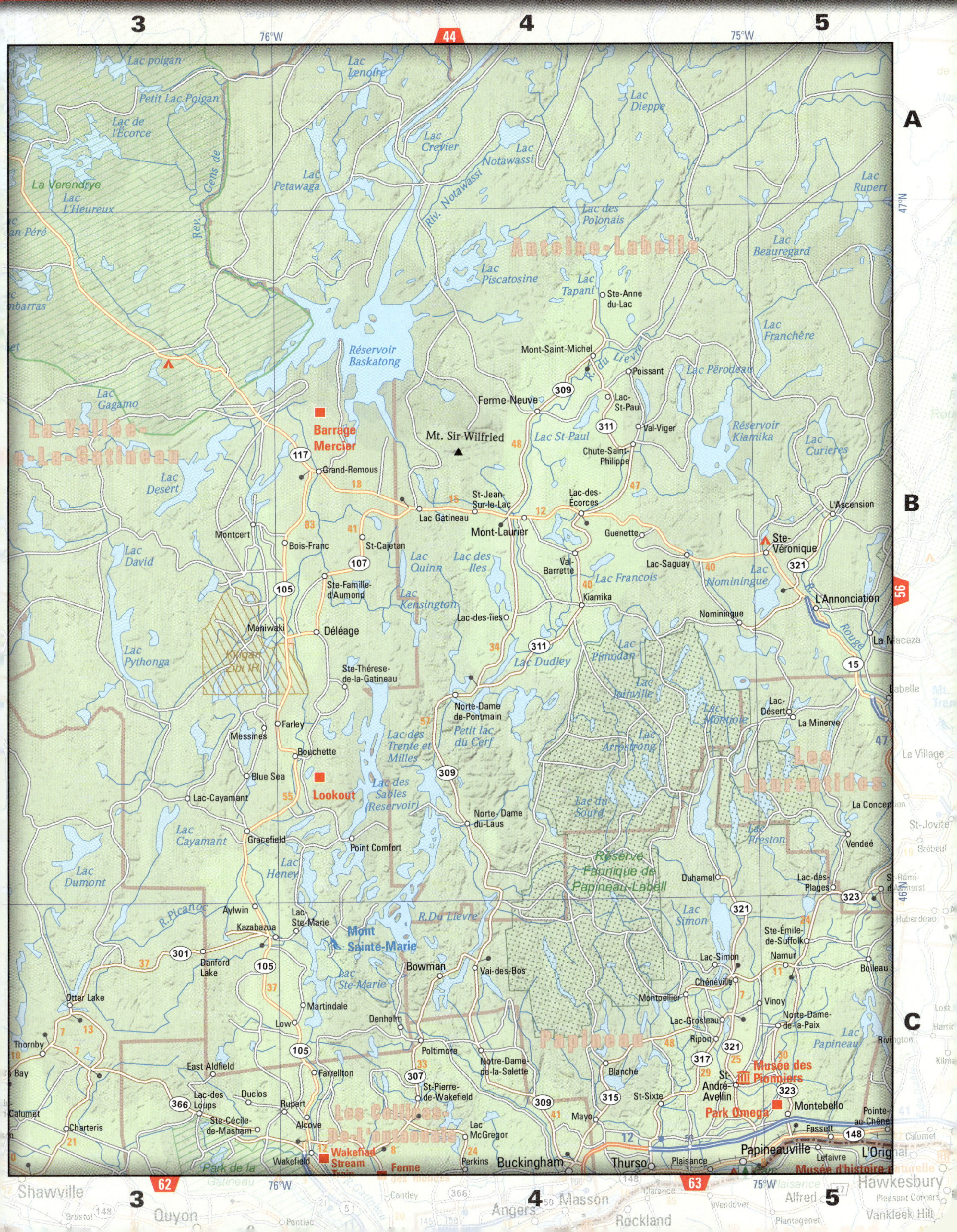
0 10 20 30km
0 5 15 Miles
N
3
4
5
A
B
C
76°W
75°W
47°N
46°N
44
56
62
63
Antoine-Labelle
La Vallée-de-la-Gatineau
Les Laurentides
Papineau
Les Collines-de-l'Outaouais
Réserve Faunique de Papineau-Labell
La Verendrye
Lac poigan
Petit Lac Poigan
Lac de l'Écorce
Lac L'Heureux
Lac Lenoire
Lac Petawaga
Rev. Gens de
Lac Crevier
Lac Notawassi
Riv. Notawassi
Lac Dieppe
Lac Rupert
Lac des Polonais
Lac Beauregard
Lac Piscatosine
Lac Tapani
Ste-Anne du-Lac
Réservoir Baskatong
Lac Franchère
Mont-Saint-Michel
R. du Lièvre
Poissant
Lac Pérodeau
Lac Gagamo
Barrage Mercier
Ferme-Neuve
Lac-St-Paul
Val-Viger
Réservoir Kiamika
Lac Curieres
Mt. Sir-Wilfried
Lac St-Paul
Chute-Saint-Philippe
Grand-Remous
Lac Desert
St-Jean-Sur-le-Lac
Lac-des-Écorces
L'Ascension
Lac Gatineau
Mont-Laurier
Guenette
Montcert
Bois-Franc
St-Cajetan
Ste-Véronique
Lac David
Lac Quinn
Lac des Iles
Val-Barrette
Lac-Saguay
Lac Nominingue
Ste-Famille-d'Aumond
Lac Kensington
Lac Francois
Kiamika
L'Annonciation
Lac-des-Îles
Nominingue
Maniwaki
Déléage
Lac Pythonga
Kitigan Zibi IR
Lac Dudley
Lac Pimodan
Rouge
La Macaza
Ste-Thérese-de-la-Gatineau
Lac Joinville
Notre-Dame de-Pontmain
Lac Montjoie
Lac-Désert
La Minerve
Farley
Messines
Lac des Trente et Milles
Petit lac du Cerf
Lac Armstrong
Bouchette
Blue Sea
Lookout
Lac des Sables (Reservoir)
Lac-Cayamant
Lac du Sourd
Norte-Dame du-Laus
La Conception
Lac Cayamant
Gracefield
Point Comfort
Lac Preston
Vendée
Lac Dumont
Lac Heney
Duhamel
Lac-des-Plages
R. Picanoc
Aylwin
Lac-Ste-Marie
R. Du Lievre
Lac Simon
Kazabazua
Mont Sainte-Marie
Ste-Émile-de-Suffolk
Danford Lake
Bowman
Vai-des-Bos
Namur
Lac Ste-Marie
Lac-Simon
Boileau
Otter Lake
Chénéville
Martindale
Montpellier
Vinoy
Low
Denholm
Norte-Dame-de-la-Paix
Lac-Grosleau
Thornby
Ripon
Lac Papineau
Poltimore
East Aldfield
Notre-Dame-du-la-Salette
Musée des Pionniers
Farrellton
Blanche
St-André-Avellin
Bay
Lac-des-Loups
Duclos
St-Pierre-de-Wakefield
St-Sixte
Montebello
Rupert
Calumet
Charteris
Ste-Cécile-de-Masham
Alcove
Lac McGregor
Mayo
Park Omega
Fassett
Pointe-au-Chêne
Park de la Gatineau
Wakefield
Wakefield Stream Train
Ferme des Monde
Perkins
Buckingham
Thurso
Plaisance
Papineauville
Lefaivre
L'Orignal
Musée d'histoire naturelle
Shawville
Quyon
Angers
Masson
Rockland
Alfred
Hawkesbury
Vankleek Hill
Pleasant Corners
Plantagenet
Wendover
Clarence
Cantley
Pontiac
Brustol
117
309
311
105
107
321
15
323
301
366
307
317
315
148
50

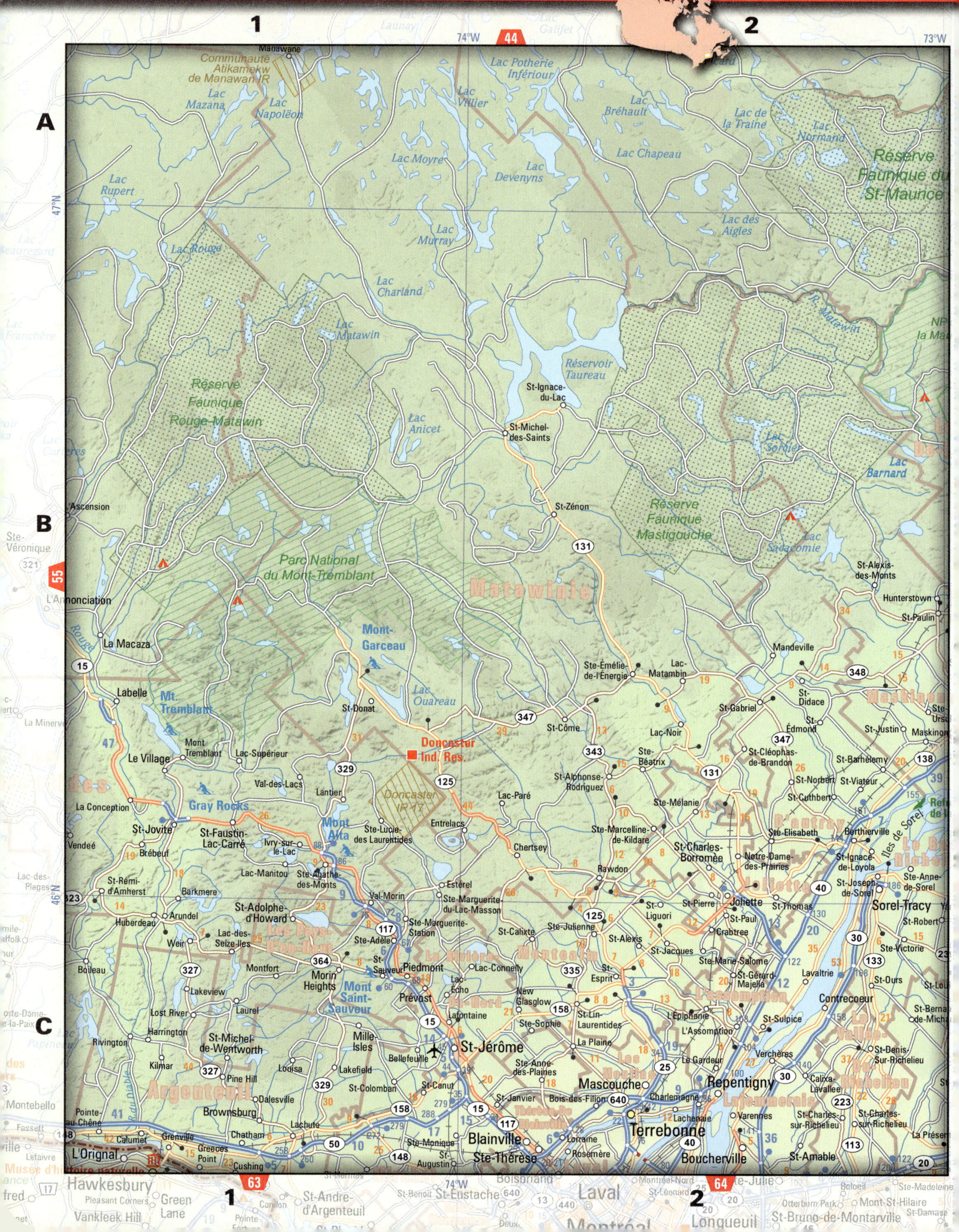
1
2
A
B
C
74°W
73°W
47°N
46°N
44
55
63
64
Manawane
Communauté Atikamekw de Manawan IR
Lac Mazana
Lac Napoléon
Lac Potherie Inférieur
Lac Villier
Lac Bréhault
Lac de la Traine
Lac Normand
Réserve Faunique du St-Maurice
Lac Chapeau
Lac Moyre
Lac Devenyns
Lac Rupert
Lac Murray
Lac des Aigles
Lac Rouge
Lac Charland
Lac Matawin
R. Matawin
Réservoir Taureau
St-Ignace-du-Lac
St-Michel-des-Saints
Réserve Faunique Rouge-Matawin
Lac Anicet
Lac Sorcier
Lac Barnard
St-Zénon
Réserve Faunique Mastigouche
Lac Sadacomie
L'Ascension
Ste-Véronique
Parc National du Mont-Tremblant
Matawinie
L'Annonciation
St-Alexis-des-Monts
Hunterstown
St-Paulin
Mont-Garceau
La Macaza
Rouge
Ste-Émélie-de-l'Énergie
Lac-Matambin
Mandeville
Labelle
Mt. Tremblant
Lac Ouareau
St-Donat
St-Gabriel
St-Didace
St-Edmond
St-Justin
Maskinongé
La Minerve
Mont Tremblant
Le Village
Lac-Supérieur
Doncaster Ind. Res.
St-Côme
Lac-Noir
Ste-Béatrix
St-Cléophas-de-Brandon
St-Barthélemy
Val-des-Lacs
Lantier
Doncaster IR 17
St-Alphonse-Rodriguez
St-Norbert
St-Viateur
St-Cuthbert
La Conception
Gray Rocks
Mont Alta
Lac-Paré
Ste-Mélanie
Ste-Élisabeth
Berthierville
St-Jovite
St-Faustin-Lac-Carré
Ivry-sur-le-Lac
Ste-Lucie-des-Laurentides
Entrelacs
Chertsey
Ste-Marcelline-de-Kildare
St-Charles-Borromée
Notre-Dame-des-Prairies
St-Ignace-de-Loyola
Îles de Sorel
Vendée
Brébeuf
Lac-Manitou
Ste-Agathe-des-Monts
Rawdon
St-Joseph-de-Sorel
Ste-Anne-de-Sorel
Lac-des-Plages
St-Rémi-d'Amherst
Barkmere
Estérel
Joliette
St-Thomas
Sorel-Tracy
Huberdeau
Arundel
St-Adolphe-d'Howard
Val-Morin
Ste-Marguerite-du-Lac-Masson
St-Liguori
St-Pierre
St-Paul
Crabtree
St-Robert
Weir
Lac-des-Seize-Îles
Ste-Marguerite-Station
St-Calixte
Ste-Julienne
St-Alexis
St-Jacques
Ste-Victoire
Ste-Adèle
Montfort
Morin Heights
St-Sauveur
Piedmont
Lac-Connelly
St-Esprit
Ste-Marie-Salomé
St-Gérard-Majella
Lavaltrie
St-Ours
Boileau
Lakeview
Mont Saint-Sauveur
Prévost
Lac-Écho
New Glasglow
Contrecoeur
Lost River
Laurel
Lafontaine
St-Lin-Laurentides
L'Épiphanie
St-Sulpice
Harrington
St-Michel-de-Wentworth
Ste-Sophie
L'Assomption
Rivington
Mille-Isles
St-Jérôme
La Plaine
Le Gardeur
Verchères
St-Denis-sur-Richelieu
Kilmar
Pine Hill
Louisa
Bellefeuille
Lakefield
Ste-Anne-des-Plaines
Repentigny
Calixa-Lavallée
Argenteuil
St-Colomban
St-Canut
Mascouche
Montebello
Dalesville
Brownsburg
St-Janvier
Bois-des-Filion
Charlemagne
Lachenaie
Varennes
St-Charles-sur-Richelieu
Pointe-au-Chêne
Calumet
Grenville
Chatham
Lachute
Blainville
Terrebonne
Lorraine
Rosemère
St-Amable
Fassett
L'Orignal
Greeces Point
Cushing
Ste-Monique
St-Augustin
Ste-Thérèse
Boucherville
La Présentation
Hawkesbury
Pleasant Corners
Green Lane
Vankleek Hill
Carillon
St-André-d'Argenteuil
St-Benoît
St-Eustache
Boisbriand
Laval
Montréal-Nord
St-Léonard
Montréal
Ste-Julie
Longueuil
Beloeil
Otterburn Park
Mont-St-Hilaire
St-Bruno-de-Montarville
Ste-Madeleine
St-Damase

0 10 20 30km
0 5 15 Miles

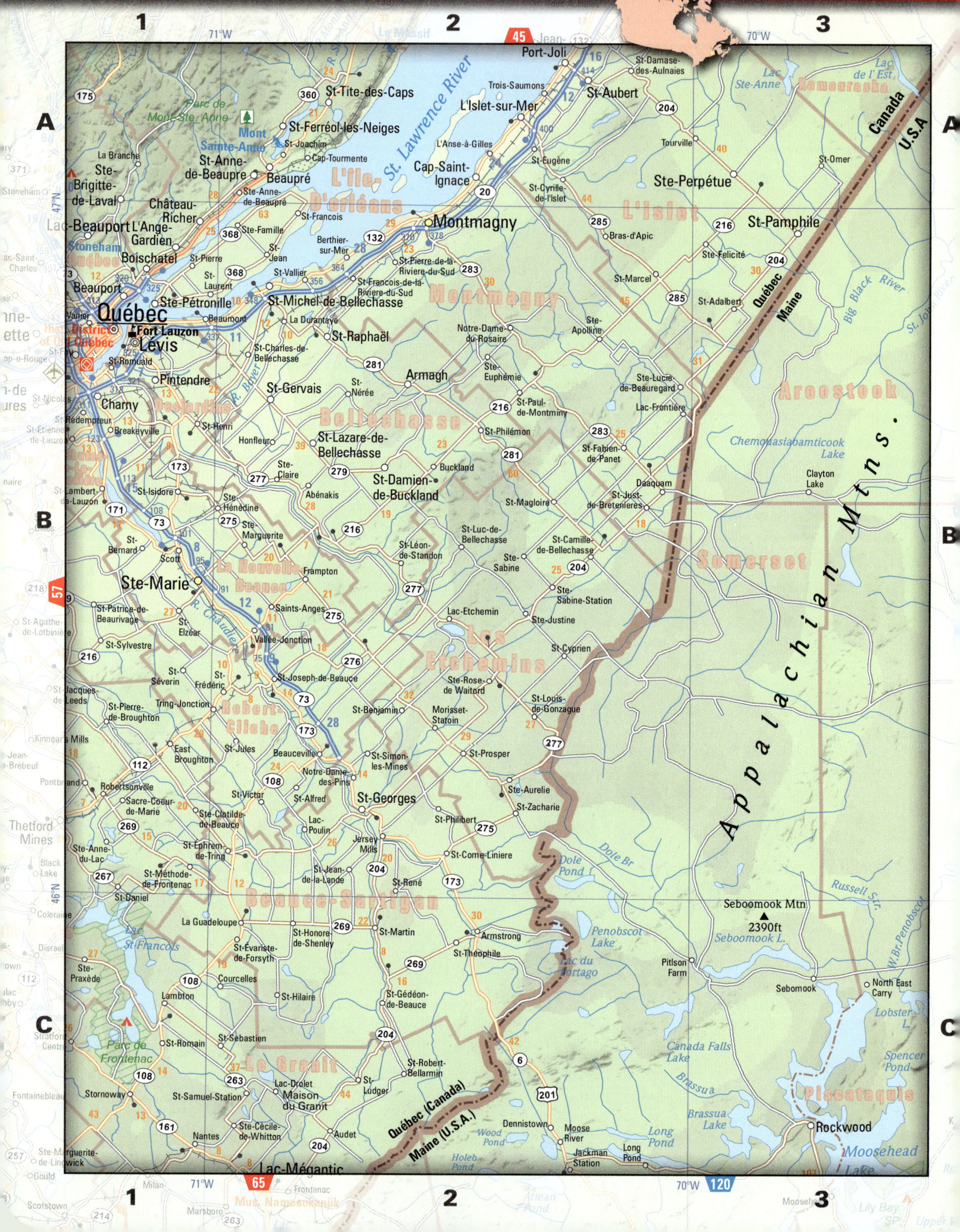
1
2
3
A
B
C
71°W
70°W
47°N
46°N
45
57
65
120
Port-Joli
St-Damase-des-Aulnaies
St-Aubert
Trois-Saumons
L'Islet-sur-Mer
St-Tite-des-Caps
St-Ferréol-les-Neiges
St-Joachim
Cap-Tourmente
St. Lawrence River
Parc de Mont-Ste-Anne
Mont Sainte-Anne
La Branche
Ste-Brigitte-de-Laval
St-Anne-de-Beaupre
Beaupré
L'Île-d'Orléans
L'Anse-à-Gilles
Cap-Saint-Ignace
St-Eugène
St-Cyrille-de-l'Islet
Tourville
Lac Ste-Anne
Lac de l'Est
Kamouraska
Canada
U.S.A
St-Omer
Ste-Perpétue
L'Islet
St-Pamphile
Bras-d'Apic
Ste-Félicité
St-Marcel
St-Adalbert
Québec
Maine
Big Black River
Château-Richer
L'Ange-Gardien
Ste-Anne-de-Beaupré
St-Francois
Ste-Famille
St-Jean
Berthier-sur-Mer
Montmagny
St-Pierre-de-la-Riviere-du-Sud
St-Francois-de-la-Riviere-du-Sud
Montmagny
Lac-Beauport
Stoneham
Boischatel
St-Pierre
St-Laurent
St-Vallier
Beauport
St-Pétronille
St-Michel-de-Bellechasse
Québec
Vanier
Fort Lauzon
Lévis
Beaumont
La Durantaye
St-Raphaël
Notre-Dame-du-Rosaire
Ste-Apolline
St-Charles-de-Bellechasse
St-Romuald
Pintendre
St-Gervais
St-Nérée
Armagh
Ste-Euphémie
St-Paul-de-Montminy
Ste-Lucie-de-Beauregard
Lac-Frontière
Aroostook
Charny
St-Henri
Bellechasse
St-Rédempteur
Breakeyville
Honfleur
St-Lazare-de-Bellechasse
St-Philémon
St-Fabien-de-Panet
Chemquasiabamticook Lake
Clayton Lake
Ste-Claire
Abénakis
St-Damien-de-Buckland
Buckland
Daaquam
St-Isidore
Ste-Hénedine
St-Just-de-Bretenieres
St-Magloire
St-Lambert-de-Lauzon
Ste-Marguerite
St-Léon-de-Standon
St-Luc-de-Bellechasse
St-Camille-de-Bellechasse
St-Bernard
Scott
La Nouvelle Beauce
Frampton
Ste-Sabine
Somerset
Ste-Marie
St-Patrice-de-Beaurivage
St-Elzéar
Saints-Anges
Lac-Etchemin
Ste-Sabine-Station
Ste-Justine
St-Sylvestre
Vallée-Jonction
Les Etchemins
St-Cyprien
St-Séverin
St-Frédéric
St-Joseph-de-Beauce
Ste-Rose-de-Watford
St-Louis-de-Gonzague
Appalachian Mtns.
St-Pierre-de-Broughton
Tring-Jonction
Robert-Cliche
St-Benjamin
Morisset-Station
East Broughton
St-Jules
Beauceville
St-Simon-les-Mines
St-Prosper
Robertsonville
Notre-Dame-des-Pins
Ste-Aurelie
Sacre-Coeur-de-Marie
St-Victor
St-Alfred
St-Georges
St-Zacharie
St-Philibert
Ste-Clotilde-de-Beauce
Lac-Poulin
Thetford Mines
St-Ephrem-de-Tring
Jersey Mills
St-Come-Liniere
Dole Pond
Dole Br
Ste-Anne-du-Lac
St-Méthode-de-Frontenac
St-Jean-de-la-Lande
St-René
Russell Sr.
Seboomook Mtn 2390ft
Seboomook L.
St-Daniel
Beauce-Sartigan
La Guadeloupe
St-Martin
St-Honoré-de-Shenley
Armstrong
Penobscot Lake
Lac St-Francois
St-Évariste-de-Forsyth
St-Théophile
Lac du Portage
Pitlson Farm
Seboomook
North East Carry
Ste-Praxède
Courcelles
St-Gédéon-de-Beauce
Lambton
St-Hilaire
Lobster L.
Parc de Frontenac
St-Romain
St-Sebastien
St-Robert-Bellarmin
Canada Falls Lake
Spencer Pond
Le Granit
Brassua
Stornoway
St-Samuel-Station
Lac-Drolet
Maison du Granit
St-Ludger
Piscataquis
Québec (Canada)
Maine (U.S.A.)
Brassua Lake
Dennistown
Moose River
Rockwood
Nantes
Ste-Cécile-de-Whitton
Audet
Wood Pond
Jackman Station
Long Pond
Long Pond
Moosehead Lake
Holeb Pond
Lac-Mégantic

0 10 20 30km
0 5 15 Miles
Manitoulin District
Lake Huron
Georgian Bay
North Channel
Main Channel
Owen Channel
South Bay
Hanitowaning Bay
Killarney Provincial Park
French River P.P.
Spanish R. Ind. Res.
Sagamok IR 5
Whitefish River IR 4
Point Grondine IR 3
Henvey Inlet IR 2
Wikwemikong IR
Assiginack Museum
Locloche P.P.
Whitefish Falls
Birch Island
McGregor Bay
Killarney
Tyson
Pickerel River
Bustard Island
Key Harbor
Darch I.
Clapperten I
Sucker Creek
Little Current
Gore Bay
Kagawong
Ice Lake
Lake Kagawong
Sheguiandah
M'Chigeeng
Lake Manitou
Mindemoya Lake
Mindemoya
Spring Bay
Providence Bay
Sandfield
Tehkummah
South Baymouth
Manitowaning
Buzwah
Kaboni
Wikwemikong
Wikwemikonsing
Cape Smith
Horsburg Point
Lonley Island
Fitzwilliam Island
Bears Rump I.
Flowerpot I.
Cove Island
Tobermory
Fathom Five Nat'l. Marine Park
Cape Hurd
Bruce Peninsula NP
Cabot Head Light and Heritage Museum
Cabot Head
Saugeen-Ojibway First Nation
Singing Sands
Eagle Pt.
Dyer's Bay
McVicar
Cape Chin
Smokey Head P.P
Johnston Harbour Pine Tree Point Prov. Nat. Reserve
Miller Lake
Miller L.
Clarke's Corners
Black Creek P.P
Stokes Bay
Lion's Head
Hope Bay
Cape Croker Lighthouse
Cape Croker
Lyal Island
Ferndale
Parker Landing
Barrow Bay
Greig's Caves
Neyaashiinigmiing IR 27
Colpoy's Bay
Griffth Island
Pike Bay
Adamsville
Howdenvale
Mar
Purple Valley
Red Bay
Big Bay
South Bruce Peninsula NWA
Oxenden
Wiarton
Kemble
Oliphant
Sauble Falls P.P.
Owen Sound
Chief's Point IR 28
Clavering
Balaclava
Sauble Beach North
Copperkettle
East Linton
Sauble Beach
Hepworth
Leith
Annan
Shallow Lake
Balmy Beach
Bothwell's Corners
Sauble Beach South
Cruikshank
Springmount
Saugeen IR 29
Sydenham R.
Sauble R.
Canada
U.S.A.
82°W
81°W
46°N
45°N

Georgian Bay
Thirty Thousand Island
Georgian Bay Island NP
Parry Sound
Parry Sound District
Muskoka District
Huntsville
Burk's Falls
Kearney
Gravenhurst
Orillia
Midland
Penetanguishene
Bracebridge
South River
Sundridge
Powassan
Trout Creek
Nipissing
Restoule
Dokis IR
Dokis IR 9
French River P.P.
Wades Landing NP
Wade's Landing
Himsworth NWA
Alderdale
Chiswick
Fossmill
Wasing
Callander
Bonfield
Nosbonsing
Noelville
Monetville
Wolseley Bay
Dokis
Alban
Jamot
Ouelette
Bigwood
French River
Pickerel River
Pickerel
French River IR 13
Grunday Lake P.P.
Lost Channel
Henvey Inlet IR
Key Harbor
Key River
Henvey Inlet
Henvey Inlet IR 2
Bekanon
Britt
Byng Inlet
Magnetawan
Magnetawan IR 1
Naiscoutaing IR 17A
Bayfield Inlet
Sturgeon Bay P.P.
Pointe au Baril
Point au Baril Station
Niwene
Skerryvore
Shawanaga
Shawanaga IR 17B
Shawanaga Island
Round Lake P.P.
Sporing Creek
Arnstein
Golden Valley
Commanda
Wanwashkesh Lake
Wahwashkesh
Magnetawan
Maple Island
Dunchurch
Ahmic Harbour
Ahmic L.
Marinetawan
Cecebe
Port Anson
Wiseman's Corners
Mikisew P.P.
Bernard L.
Sand Lake
Katrine
Emsdale
Scotia
Clear Lake
Novar
Melissa
Arrowhead P.P.
Grassmere
Ravenscliffe
Vernon L.
Hidden Valley Highlands
Ardberg
Fairholme
McKellar
Inholmes
North Seguin
Waubamik
Manitouwabing L.
Sprucedale
Bear Lake
Hurdville
Broadbent
Ilfracombe
Carling
Nobel
Badger's Corners
Dillon
Snug Harbour
Killbear P.P.
Mill L.
Haines Lake
Orrville
Swords
Long Lake
Horseshoe Lake
Rosseau Road
Humphrey
Parry Island
Wasauksing IR
Parry I.
Blackstone Lake
Rosseau
Skeleton Lake
Ullswater
Utterson
Port Sydney
Port Cunnington
Lake of Bays
Gordon Bay
Hamer Bay
Lake Joseph
Minett
Windermere
Sans Souci
Massasauga P.P.
Clear Lake
Mac Tier
Foot's Bay
Moon River
Port Sandfield
Ufford
Port Carling
Glen Orchard
Milford Bay
Lake Muskoka
Santa's Village
Baysville
Bigwind Lake P.P.
Gibson IR 31
Bala
Torrance
Potters Landing
Six Mile Lake P.P.
Crooked Bay
Bethune Mem. Hse. NHS
Southwood
Muskoka Falls
Uffington
Vankoughnet
Clear Lake
Barkway
Kahshe Lake
Houseys Rapids
Severn Sound
Hope I.
Beckwith I.
Christian Island
Christian Channel
Sawlog Bay
Honey Harbour
South Bay
Big Chute
Severn Falls
Swift Rapids
Bruce Peninsula NP
Thunder Beach
Cedar Point
Toanche
Paradise Point
Victoria Harbour
Port Severn
Port Stanton
Martyr's Shrine
Port McNicoll
Sturgeon Bay
Waubaushene
Fesserton
Hawkins Corner
Washago
Sadowa
Uphill
Wahnekewaning Beach
Cawaja Beach
Balm Beach
Perkinsfield
Ossossane Beach
Wymbolwood Beach
Wyebridge
Ste-Marie among the Hurons
Vasey
Coldwater
Cumberland Beach
Ardtrea
Longford
Champlain Mon.
Sebright
Lake Dalrymple
Dalrymple
Warminster
Wyevale
Waverley
Wendake Beach
Bluewater Beach
Deanlea Beach
Elmvale
Orr Lake
Jarratt
Atherley
Udney
Uptergrove
Mara
Coulson
Woodland Beach
Allenwood Beach
Wasaga Beach
Cape Rich
United Forces Central Area Training Centre (D.N.D.)
Kiowana Beach
Bayview Escarpment P.P. and Nature Reserve
Georgian Beach
Meaford
Woodford
Thornbury
Craigleith P.P.
Clarksburg
Owen Sound
Christian Island
Cape Croker Lighthouse
Griffith Island
French River P.P.
Mustard Island
Bognor
Rockford
Heathcote
Collingwood
Phelpston
Craighurst
Edgar
Hawkstone
Brechin
Lagoon City
Gamebridge
Bolsover
McRae Pt. P.P.
Forest NWA
Guthrie
Anten Mills
Apto
Blue Mtn.
46°N
44°N
80°W
1
2
A
B
C
52
53
59
67

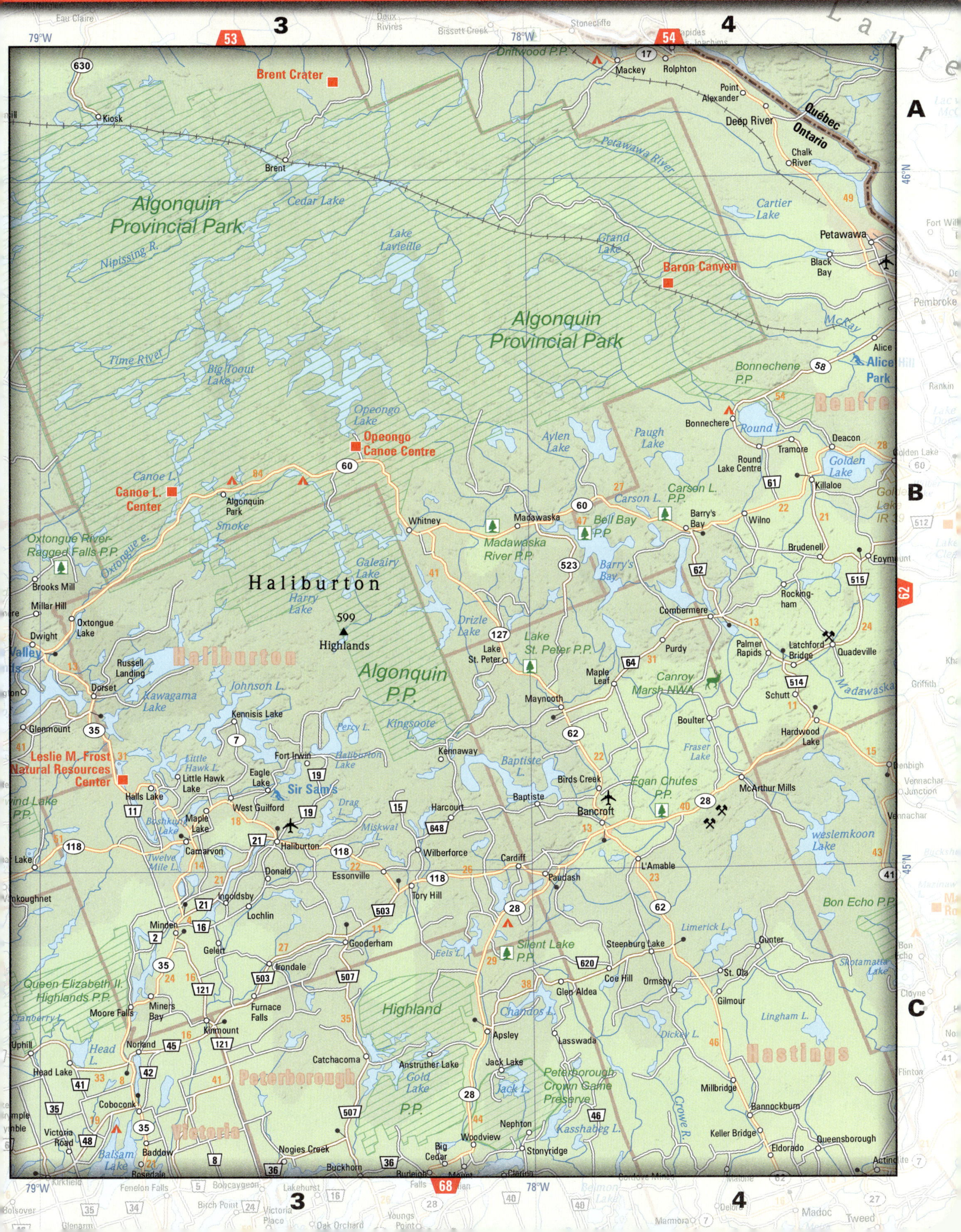

0 10 20 30km
0 5 15 Miles
3
4
A
B
C
79°W
78°W
46°N
45°N
53
54
62
68
Algonquin Provincial Park
Algonquin Provincial Park
Algonquin P.P.
Brent Crater
Baron Canyon
Opeongo Canoe Centre
Canoe L. Center
Kiosk
Brent
Cedar Lake
Nipissing R.
Lake Lavieille
Grand Lake
Petawawa River
Time River
Big Trout Lake
Opeongo Lake
Canoe L.
Algonquin Park
Smoke L.
Oxtongue River-Ragged Falls P.P.
Oxtongue R.
Brooks Mill
Millar Hill
Dwight
Oxtongue Lake
Haliburton
Harry Lake
Galeairy Lake
599
Highlands
Driftwood P.P.
Mackey
Rolphton
Point Alexander
Deep River
Québec
Ontario
Chalk River
Cartier Lake
Petawawa
Black Bay
Pembroke
McKay
Alice
Alice Hill Park
Bonnechere P.P.
Renfrew
Bonnechere
Round L.
Tramore
Deacon
Golden Lake
Round Lake Centre
Killaloe
Aylen Lake
Paugh Lake
Carson L. P.P.
Carson L.
Barry's Bay
Wilno
Whitney
Madawaska
Bell Bay P.P.
Madawaska River P.P.
Barry's Bay
Brudenell
Foymount
Rocking-ham
Combermere
Drizle Lake
Lake St. Peter
Lake St. Peter P.P.
Purdy
Palmer Rapids
Latchford Bridge
Quadeville
Maple Leaf
Canroy Marsh NWA
Madawaska
Schutt
Maynooth
Boulter
Hardwood Lake
Russell Landing
Dorset
Kawagama Lake
Johnson L.
Halliburton
Kennisis Lake
Percy L.
Kingscote L.
Glenmount
Leslie M. Frost Natural Resources Center
Little Hawk L.
Little Hawk Lake
Fort Irwin
Eagle Lake
Haliburton Lake
Sir Sam's
Halls Lake
West Guilford
Drag L.
Kennaway
Baptiste L.
Fraser Lake
Birds Creek
Egan Chutes P.P.
McArthur Mills
Baptiste
Bancroft
Harcourt
Miskwal L.
Maple Lake
Boshkung L.
Carnarvon
Twelve Mile L.
Haliburton
Wilberforce
Cardiff
L'Amable
weslemkoon Lake
Donald
Essonville
Tory Hill
Paudash
Ingoldsby
Lochlin
Minden
Gelert
Gooderham
Eels L.
Silent Lake P.P.
Steenburg Lake
Limerick L.
Gunter
Bon Echo P.P.
Irondale
Coe Hill
Ormsby
St. Ola
Skootamatta Lake
Queen Elizabeth II Highlands P.P.
Glen Aldea
Gilmour
Furnace Falls
Highland
Chandos L.
Lingham L.
Moore Falls
Miners Bay
Kinmount
Apsley
Dickey L.
Lasswade
Norland
Head L.
Head Lake
Catchacoma
Anstruther Lake
Jack Lake
Gold Lake
Jack L.
Peterborough Crown Game Preserve
Hastings
Peterborough
Millbridge
Crowe R.
Coboconk
P.P.
Nephton
Bannockburn
Victoria Road
Balsam Lake
Victoria
Baddow
Rosedale
Nogies Creek
Buckhorn
Woodview
Big Cedar
Kasshabog L.
Stonyridge
Keller Bridge
Eldorado
Queensborough
Burleigh Falls
Mount Julian
Clarina
Actinolite
Hwy 630
Hwy 17
Hwy 60
Hwy 58
Hwy 61
Hwy 62
Hwy 64
Hwy 28
Hwy 35
Hwy 41
Hwy 118
Hwy 121
Hwy 127
Hwy 503
Hwy 507
Hwy 523
Hwy 620
Hwy 648
Hwy 514
Hwy 515

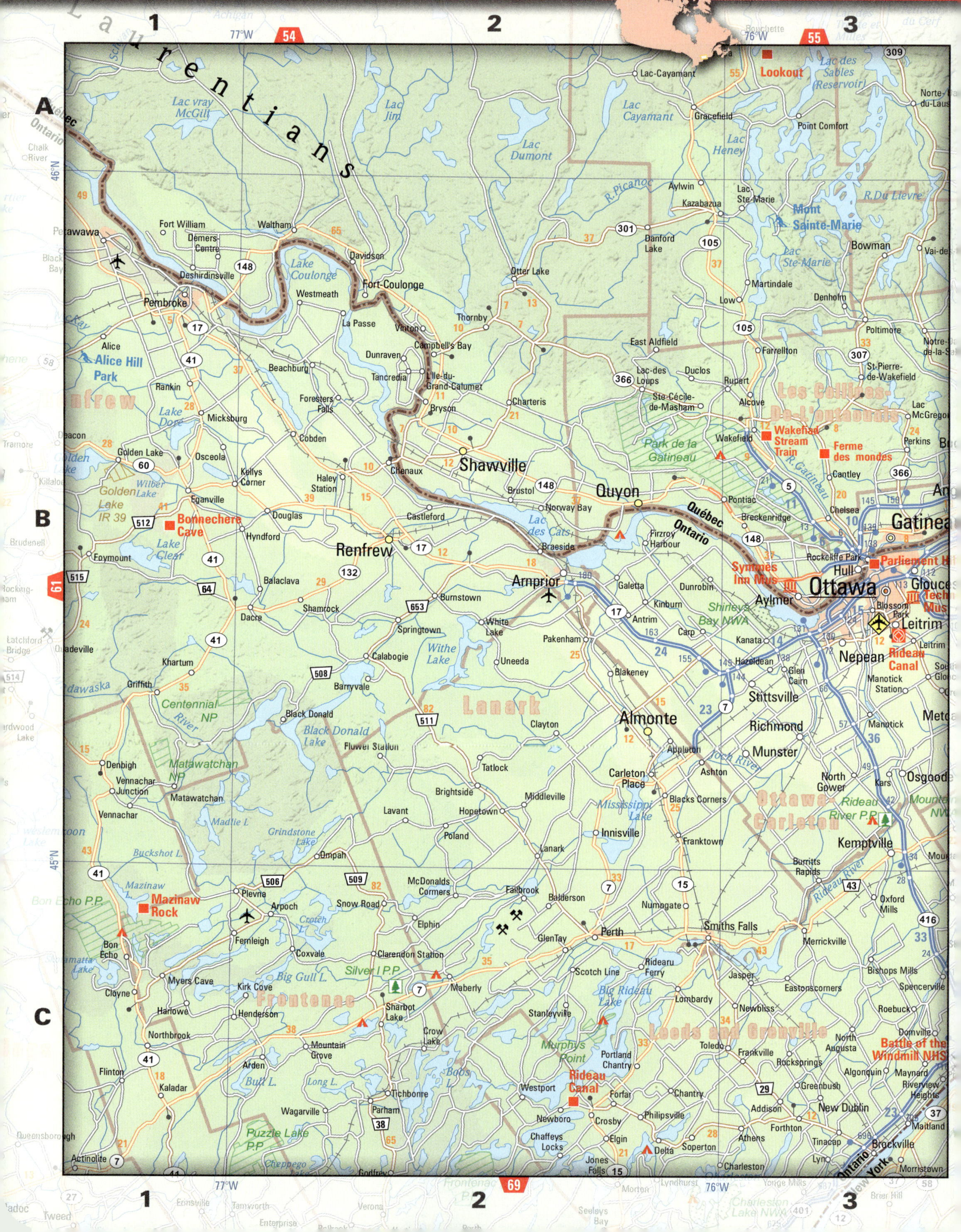
1
2
3
A
B
C
77°W
76°W
54
55
61
69
46°N
45°N
Laurentians
Lac vray McGill
Lac Jim
Lac Dumont
Lac Cayamant
Lac-Cayamant
Gracefield
Lac Heney
Lookout
Lac des Sables (Reservoir)
Point Comfort
Norte-du-Laus
Aylwin
Kazabazua
Lac-Ste-Marie
Mont Sainte-Marie
Lac Ste-Marie
R. Du Lièvre
R. Picanoc
Danford Lake
Bowman
Martindale
Denholm
Low
Otter Lake
Thornby
Fort-Coulonge
Davidson
Waltham
Fort William
Demers-Centre
Deshirdinsville
Lake Coulonge
Westmeath
Petawawa
Pembroke
La Passe
Vinton
Campbell's Bay
Dunraven
Tancredia
L'Isle-du-Grand-Calumet
Bryson
Charteris
Beachburg
Foresters Falls
Cobden
Alice
Alice Hill Park
Rankin
Lake Dore
Micksburg
Renfrew
Golden Lake
Osceola
Kellys Corner
Haley Station
Chenaux
Shawville
Brustol
Norway Bay
Quyon
Lac des Chats
Braeside
Castleford
Renfrew
Eganville
Bonnechere Cave
Douglas
Hyndford
Golden Lake IR 39
Wilber Lake
Lake Clear
Foymount
Balaclava
Shamrock
Dacre
Burnstown
Arnprior
Springtown
White Lake
Pakenham
Calabogie
Withe Lake
Uneeda
Khartum
Griffith
Centennial River NP
Barryvale
Black Donald
Black Donald Lake
Flower Station
Lanark
Clayton
Almonte
Denbigh
Vennachar Junction
Matawatchan
Matawatchan NP
Vennachar
Madile L.
Grindstone Lake
Brightside
Tatlock
Middleville
Lavant
Hopetown
Poland
Lanark
Ompah
Buckshot L.
Mazinaw
Mazinaw Rock
Bon Echo P.P.
Bon Echo
Plevna
Arpoch
Fernleigh
Snow Road
McDonalds Corners
Elphin
Fallbrook
Balderson
Glen Tay
Perth
Clarendon Station
Coxvale
Silver L P.P.
Big Gull L.
Maberly
Kirk Cove
Myers Cave
Cloyne
Harlowe
Henderson
Frontenac
Sharbot Lake
Crow Lake
Northbrook
Mountain Grove
Flinton
Kaladar
Arden
Bull L.
Long L.
Bobs L.
Tichborne
Parham
Wagarville
Puzzle Lake PP
Actinolite
Godfrey
Westport
Rideau Canal
Newboro
Crosby
Chaffeys Locks
Elgin
Jones Falls
Delta
Forfar
Chantry
Philipsville
Portland
Chantry
Murphys Point
Big Rideau Lake
Stanleyville
Scotch Line
Rideau Ferry
Lombardy
Leeds and Grenville
Toledo
Frankville
Newbliss
Jasper
Smiths Falls
Numogate
Franktown
Innisville
Mississippi Lake
Carleton Place
Appleton
Ashton
Blacks Corners
Ottawa-Carleton
Munster
Richmond
Stittsville
Glen Cairn
Hazeldean
Kanata
Carp
Antrim
Kinburn
Galetta
Dunrobin
Shirleys Bay NWA
Fitzroy Harbour
Pontiac
Breckenridge
Québec
Ontario
Park de la Gatineau
Wakefield
Wakefield Stream Train
Ferme des mondes
Les Collines-de-l'Outaouais
Cantley
Chelsea
Gatineau
Hull
Aylmer
Ottawa
Rockcliffe Park
Parliament Hill
Symmes Inn Mus.
Blossom Park
Leitrim
Nepean
Rideau Canal
Manotick Station
Manotick
Metcalfe
North Gower
Kars
Osgoode
Rideau River P.P.
Kemptville
Burritts Rapids
Rideau River
Oxford Mills
Merrickville
Bishops Mills
Spencerville
Eastonscorners
Roebuck
Domville
Battle of the Windmill NHS
North Augusta
Algonquin
Maynard
Riverview Heights
Rocksprings
Greenbush
New Dublin
Addison
Forthton
Athens
Tincap
Lyn
Brockville
Maitland
Morristown
Soperton
Charleston
New York
Ontario
East Aldfield
Lac-des-Loups
Ducios
Rupert
Alcove
Ste-Cécile-de-Masham
Farrellton
Poltimore
St-Pierre-de-Wakefield
Lac McGregor
Perkins
Notre-Dame-de-la-Salette
Vai-des-Monts
Carleton
Mountain NWA
Mountain

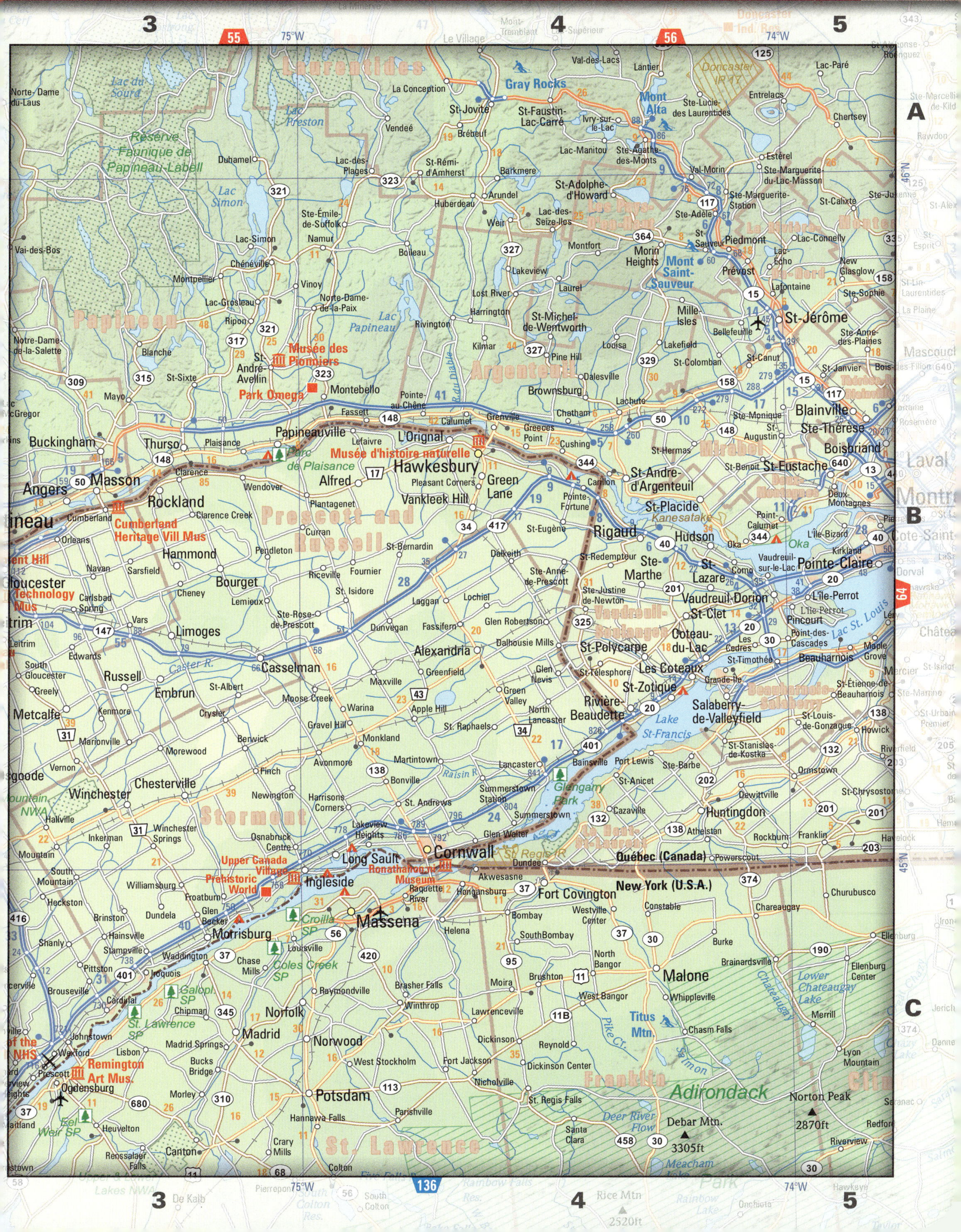
3
4
5
55
56
75°W
74°W
A
B
C
64
Laurentides
Lac du Sourd
Réserve Faunique de Papineau-Labelle
Lac Preston
Lac Simon
Papineau
Lac Papineau
Argenteuil
Gray Rocks
Mont Alta
Mont Saint-Sauveur
St-Jovite
La Conception
St-Faustin-Lac-Carré
Val-des-Lacs
Lantier
Ste-Lucie-des Laurentides
Entrelacs
Lac-Paré
Chertsey
Vendée
Brébeuf
Duhamel
Lac-des-Plages
St-Rémi-d'Amherst
Barkmere
Arundel
Huberdeau
Weir
Lac-Manitou
Ste-Agathe-des-Monts
Val-Morin
Ste-Marguerite-du-Lac-Masson
Estérel
St-Adolphe-d'Howard
Ste-Adèle
Piedmont
St-Sauveur
Morin Heights
Prévost
Lafontaine
St-Jérôme
Bellefeuille
St-Canut
Mirabel
Ste-Sophie
New Glasgow
Ste-Anne-des-Plaines
St-Janvier
Blainville
Ste-Thérèse
Boisbriand
St-Eustache
Laval
Deux-Montagnes
Ste-Émile-de-Suffolk
Namur
Boileau
Montfort
Lakeview
Laurel
Lost River
Harrington
St-Michel-de-Wentworth
Mille-Isles
Lakefield
St-Colomban
Vinoy
Notre-Dame-de-la-Paix
Chénéville
Lac-Simon
Montpellier
Lac-Gosleau
Ripon
Val-des-Bois
Notre-Dame-du-Laus
Notre-Dame-de-la-Salette
Blanche
St-André-Avellin
Musée des Pionniers
Parc Omega
St-Sixte
Montebello
Mayo
Rivington
Kilmar
Pine Hill
Louisa
Dalesville
Brownsburg
Lachute
Chatham
Pointe-au-Chêne
Fassett
Calumet
Grenville
Greece's Point
Cushing
Carillon
St-André-d'Argenteuil
St-Placide
Buckingham
Masson
Angers
Thurso
Plaisance
Papineauville
Parc de Plaisance
Lefaivre
L'Orignal
Musée d'histoire naturelle
Hawkesbury
Alfred
Pleasant Corners
Green Lane
Vankleek Hill
Pointe-Fortune
Rigaud
Hudson
Oka
Kanesatake
Pointe-Calumet
Clarence
Rockland
Wendover
Plantagenet
Cumberland
Cumberland Heritage Vill Mus
Orléans
Clarence Creek
Prescott and Russell
Curran
St-Bernardin
St-Eugène
Dalkeith
Ste-Anne-de-Prescott
Ste-Justine-de-Newton
St-Redempteur
Ste-Marthe
St-Lazare
Vaudreuil-sur-le-Lac
Pointe-Claire
Kirkland
L'Île-Bizard
Vaudreuil-Dorion
L'Île-Perrot
Pincourt
Lac St. Louis
Ile Perrot
Point-des-Cascades
Beauharnois
Maple Grove
Gloucester
Technology Mus
Hammond
Navan
Sarsfield
Bourget
Pendleton
Riceville
Fournier
St. Isidore
Lochiel
Glen Robertson
Dalhousie Mills
Lemieux
Cheney
Carlsbad Springs
Ste-Rose-de-Prescott
Dunvegan
Fassifern
Alexandria
Vaudreuil-Soulanges
St-Polycarpe
Coteau-du-Lac
Les Cèdres
St-Clet
St-Timothée
Vars
Limoges
Edwards
Casselman
Caster R.
St-Albert
Russell
Embrun
South Gloucester
Greely
Metcalfe
Kenmore
Crysler
Moose Creek
Maxville
Greenfield
Apple Hill
Green Valley
Glen Nevis
St-Télesphore
St-Zotique
Les Coteaux
Grande-Île
Salaberry-de-Valleyfield
Beauharnois-Salaberry
Rivière-Beaudette
North Lancaster
St. Raphaels
Lake St-Francis
Marionville
Morewood
Berwick
Warina
Gravel Hill
Monkland
Avonmore
Martintown
Raisin R.
Lancaster
Bainsville
Port Lewis
St-Anicet
Ste-Barbe
St-Stanislas-de-Kostka
St-Louis-de-Gonzague
Howick
Ormstown
Vernon
Winchester
Chesterville
Finch
Newington
Harrisons Corners
Bonville
St. Andrews
Summerstown Station
Summerstown
Glengarry Park
Cazaville
Dewittville
Huntingdon
Athelstan
Rockburn
Franklin
Havelock
Le Haut-St-Laurent
St-Chrysostome
Osgoode
Halville
Winchester Springs
Inkerman
Stormont
Osnabruck Centre
Lakeview Heights
Glen Walter
Cornwall
St Regis IR
Dundee
Québec (Canada)
Powerscourt
New York (U.S.A.)
Upper Canada Village
Long Sault
Akwesasne
Hogansburg
Fort Covington
Churubusco
Prehistoric World
Ingleside
Akwesasne Museum
Raquette River
Massena
Bombay
Westville Center
Constable
Chateaugay
South Bombay
Burke
Mountain
South Mountain
Heckston
Williamsburg
Froatburn
Glen Becker
Morrisburg
Croil SP
Louisville
Coles Creek SP
Helena
North Bangor
Malone
Brainardsville
Brinston
Dundela
Hainsville
Stampville
Waddington
Chase Mills
Raymondville
Brasher Falls
Winthrop
Moira
Brushton
West Bangor
Whippleville
Lower Chateaugay Lake
Merrill
Ellenburg Center
Pittston
Iroquois
Cardinal
Galop SP
Chipman
Norfolk
Lawrenceville
Titus Mtn.
Chasm Falls
Shanly
Brouseville
Johnstown
St. Lawrence SP
Madrid Springs
Madrid
Norwood
Dickinson
Reynold
Lyon Mountain
Wexford
Prescott
Remington Art Mus.
Ogdensburg
Lisbon
Bucks Bridge
West Stockholm
Fort Jackson
Dickinson Center
Nicholville
Franklin
Adirondack
Norton Peak
2870ft
Eel Weir SP
Heuvelton
Morley
Potsdam
Hannawa Falls
Parishville
St. Regis Falls
Santa Clara
Deer River Flow
Debar Mtn.
3305ft
Meacham
Riverview
Redford
Rensselaer Falls
Canton
Crary Mills
Colton
St. Lawrence
Pierrepont
De Kalb
South Colton
Rice Mtn
2520ft

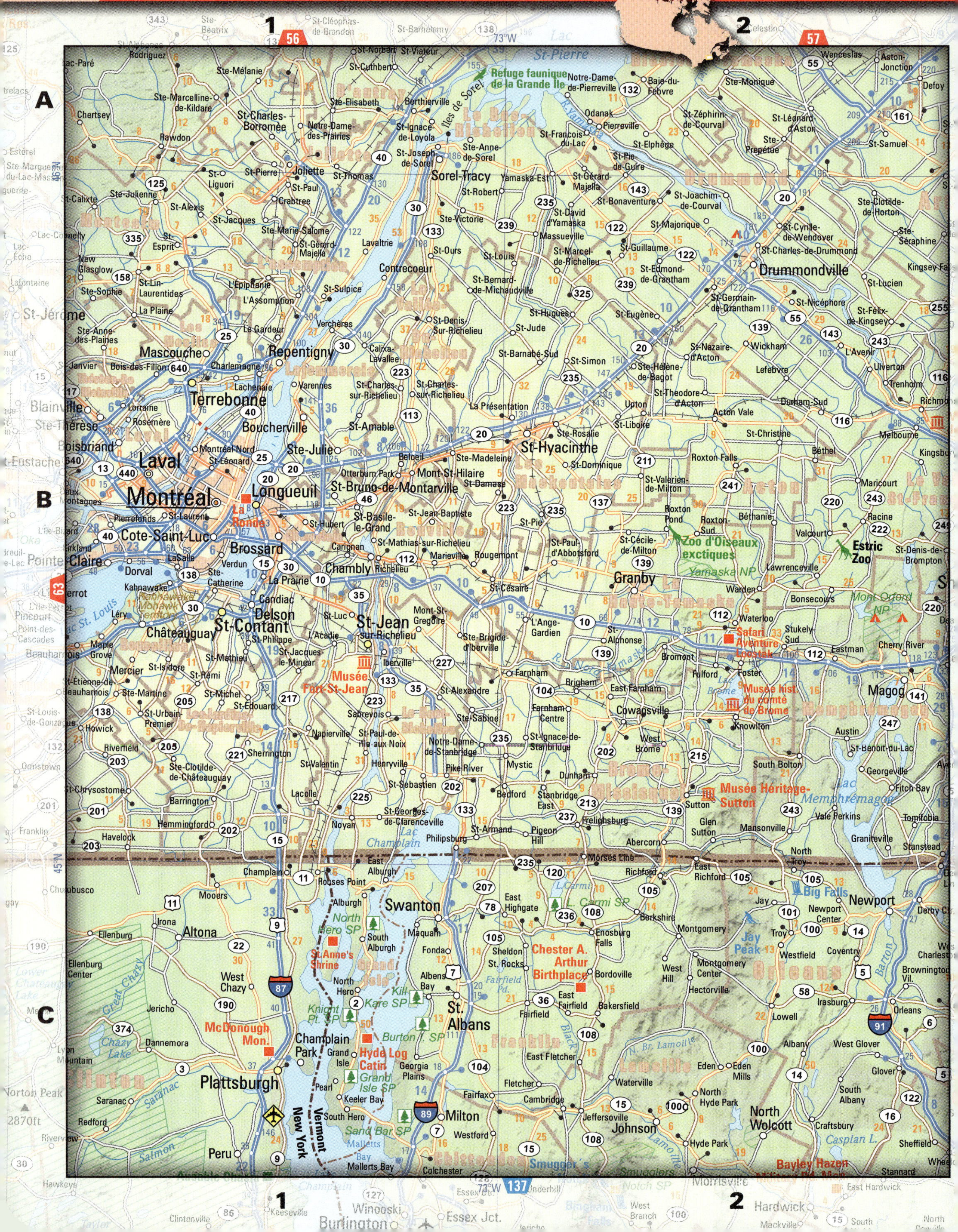
Montréal
Laval
Longueuil
Terrebonne
Repentigny
Mascouche
Boucherville
Brossard
Cote-Saint-Luc
Châteauguay
St-Constant
Delson
La Prairie
Chambly
St-Jean sur-Richelieu
St-Hyacinthe
Sorel-Tracy
Drummondville
Granby
Magog
Cowansville
Beloeil
Mont-St-Hilaire
St-Bruno-de-Montarville
Varennes
Ste-Julie
Blainville
Ste-Thérèse
Boisbriand
St-Jérôme
Pointe Claire
Dorval
Joliette
Acton Vale
Waterloo
Bromont
Sutton
Knowlton
Farnham
Swanton
St. Albans
Plattsburgh
Milton
Johnson
Newport
North Troy
Richford
Champlain
Altona
Jay Peak
Lac Champlain
Lac Memphrémagog
Refuge faunique de la Grande Ile
Zoo d'Oiseaux exotiques
Estric Zoo
Safari Aventure Loowak
Musée Fort-St-Jean
Musée hist. du comté de Brome
Musée Héritage-Sutton
Chester A. Arthur Birthplace
Hyde Log Cabin
McDonough Mon.
St.Anne's Shrine
Yamaska NP
Mont Orford NP
Burlington
Essex Jct.
Winooski
Morrisville
Hardwick
North Wolcott
Vermont
New York
A
B
C
1
2
56
57
63

2
3
4
A
B
C
72°W
71°W
46°N
45°N
57
58
138
Victoriaville
Thetford Mines
St-Georges
Asbestos
Sherbrooke
Lac-Mégantic
Coaticook
Colebrook
Groveton
Newark
Mexico
Rumford
Princeville
Plessisville
Norbertville
St-Rosaire
Defoy
St-Valère
St-Christophe-d'Arthabaska
St-Albert
Ste-Élis-de-War
Warwick
Tingwick
Danville
St-Cyr
Richmond
Mus. de la Comte de Richmond
Kingsbury
Val-Joli
Windsor
Stoke
Bromptonville
Fleurimont
Ascot
Lennoxville
Ascot Corner
Rock Forest
Deauville
Johnville
Omerville
North Hatley
Waterville
Katevale
Compton
Hatley
Massawippi
Ayers Cliff
Kingscroft
Barnston
Ways Mills
Baldwin Mills
Dixville
Stanhope
Norton
Mus. Beaulne
Québec (Canada)
Vermont (U.S.A.)
Derby Line
Holland
Derby Ctr.
Morgan Center
West Charleston
Island Pond
Island Pd.
Westmore
Willoughby
Brighton SP
Burke Mtn.
East Burke
West Burke
Gallup Mills
East Haven
Sutton
Wheelock
Granby
Lyndonville
Guildhall
Maidstone SP
Maidstone Lake
Bloomfield
Sable Mtn 2725ft
Beaver Brook Fall
Balsams Wilderness
Dexville Notch
Mt. Kelsey 3994ft
Errol
Umbagog Lake
Umbagog L.S.P.
Upton
Wilsons Mills
Upper Richardson L.
Lower Richardson L.
Mooselookmeguntic Lake
Rangeley Lake SP
Rangeley
South Arm
Andover
East Andover
Black Mtns. of Maine
Byron
Roxbury
Frye
Weld
Carthage
Dixfield
Madrid
Saddleback
Kennebago Lake
Kennebago Lake Camps
Stratton
Eustis
Flagstaff Lake
Franklin
Aziscohos Pond
Coleman S.P.
Lake Francis S.P.
First Connecticut Lake
Connecticut L.S.F.
Pittsburg
The Glen
Canaan
Wallace Pond
Hereford
East Hereford
St-Herménégilde
Paquette
St-Malo
Ste-Edwidge
East Clifton
Moes River
Martinville
Sawyerville
Randboro
Bulwer
Eaton
Birchton
Cookshire
Château Pope
Island Brook
St-Isidore-d'Auckland
St-Mathias-de-Bonneterre
Chartierville
Canada
U.S.A.
Québec
New Hampshire
Vermont
Maine
Québec (Canada)
Maine (U.S.A.)
West Ditton
La Patrie
Mont-Mégantic
Notre-Dame-des-Bois
Woburn
Coburn Gore
Val-Racine
Piopolis
Marsboro
Milan
Nantes
Mus. Namesokanjik
Frontenac
Lac Mégantic
Lac aux Araignées
Ste-Cécile-de-Whitton
Maison du Granit
Lac-Drolet
Audet
St-Ludger
St-Robert-Bellarmin
St-Samuel-Station
Stornoway
Le Granit
St-Romain
St-Sébastien
Lambton
Courcelles
St-Hilaire
St-Évariste-de-Forsyth
La Guadeloupe
St-Honoré-de-Shenley
St-Martin
St-Théophile
Armstrong
St-Gédéon-de-Beauce
Beauce-Sartigan
St-René
St-Côme-Linière
St-Philibert
Jersey Mills
St-Jean-de-la-Lande
Lac-Poulin
St-Alfred
St-Victor
Notre-Dame-des-Pins
St-Éphrem-de-Tring
Ste-Clotilde-de-Beauce
St-Méthode-de-Frontenac
St-Daniel
Sacré-Cœur-de-Marie
Robertsonville
Pontbriand
Ste-Anne-du-Lac
Black Lake
Vimy Ridge
Coleraine
Disraeli
Ste-Praxède
Lac St-François
Parc de Frontenac
Stratford Centre
Lac Aylmer
Beaulac-Garthby
St-Jacques-le-Majeur-de-Wolfestone
Ham-Nord
St-Julien
L'Amiante
Vianney
St-Ferdinand
Savoie
St-Fortunat
Chesterville
Ste-Hélène-de-Chester
Notre-Dame-de-Ham
St-Rémi-de-Tingwick
St-Adrien
Ham-Sud
St-Gérard
Weedon
Fontainebleau
Wottonville
St-Georges-de-Windsor
St-Camille
St-Claude
Marbleton
St-Adolphe-de-Dudswell
Maison de la Dudswell
Bishopton
Duplin
Ste-Marguerite-de-Lingwick
Gould
Scotstown
Le Haut-St-François
Bury
East Angus
Arthabaska
Asbestos
Val-St-François
Coaticook
Essex
Coos

1
2
3
82°W
81°W
59
70
71
A
B
135
154
44°N
Canada
U.S.A.
Michigan (U.S.A.)
Ontario (Canada)
Lake Huron
Bruce
Huron
Perth
Red Bay
Purple Valley
Big Bay
Oxenden
Wiarton
Kemble
Owen Sound
South Bruce Peninsula NWA
Oliphant
Sauble Falls
Sauble Falls PP
Chief's Point IR 28
Clavering
Balaclava
East Linton
Sauble Beach North
Copperkettle
Sauble Beach
Hepworth
Leith
Annan
Sauble Beach South
Shallow Lake
Cruikshank
Balmy Beach
Bothwell's Corners
Saugeen IR 29
Springmount
Jackson
Allenford
Alvanley
Kilsyth
Rockford
Elsinore
Squire
Southampton
Tara
Arkwright
Massie
Port Elgin
Invermay
Keady
Chatsworth
Saugeen Shores
Burgoyne
MacGregor Point Park
Dobbinton
Desboro
North Bruce
Williamsford
Underwood
Scone
Mooresburg
Dornoch
Inverhuron P.P.
Paisley
Inverhuron
Chesley
Lake Huron Highlands
Tiverton
Kinhurn
Elmwood
Lorne Beach
Pinkerton
Glammis
Hanover
Huron Ridge
Kincardine
Greenoch Swamp
Cargill
Millarton
Chepstow
Allan Park
Durham
Bervie
Walkerton
Greenock
Lurgan Beach
Pine River
Carlsruhe
Point Clark
Kinloss
Neustadt
Ripney
Riversdale
Point Clark
Amberley
Kilough
Formosa
Ayton
Holyrood
Mildmay
Teeswater
Lucknow
Belmore
Lakelet
Clifford
Kintail
Whitechurch
Harriston
Kingsbridge
Wingham
St. Helens
Port Albert
Bluevale
Gorrie
Fordwich
Hutton Heights
Dungannon
Wroxeter
Belgrave
Point Farms P.P.
Nile
Palmerston
Kurtzville
Dunlop
Carlow
Molesworth
Gowanstown
Auburn
Meneset
Blyth
Wallace
Benmiller
Brussels
Trowbridge
Goderich
Cranbrook
Ethel
Listowel
Londesborough
Atwood
Britton
Walton
Holmesville
Newry
Carthage
Donegal
Kinburn
Winthrop
Hullett NWA
Clinton
Monkton
Newton
Vanastra
Harpurhey
Seaforth
Brodhagen
Milverton
Millbank
Bayfield
Varna
Bornholm
Egmondville
St. Columban
Poole
Brucefield
Dublin
Mitchell
Kinkora
Rostock
Brunner
Nithburg
Kippen
Wartburg
Gads Hill
Hensall
Staffa
Lisbon
Zurich
Cromarty
St. Joseph
Fullarton
Sebringville
Stratford Festival
Amulree
Russeldale
Carlingford
Stratford
Avonton
Shakespeare
Dashwood
Grand Bend
Exeter
Elimville
Kirkton
Sebastopol
Tavistock
Grand Bend Beach
Shipka
Crediton
Woodham
St. Pauls Station
Pinery PP
Southcott Pines
Huron Park
Centralia
Whalen Corners
Rannoch
St. Marys
Hickson
Kettle Point Concretions
Ipperwash Beach
Port Franks
Corbett
Mount Carmel
Harrington
Greenway
Clandboye
Uniondale
Kettle Point
Northville
West McGillivray
Lucan
Wellburn
Medina
Lakeside
Thedford
Ravenswood
Harbor Beach
White Rock
Forestville
Richmondville
Forester
Port Sanilac
Applegate
Croswell
Lexington
Lexington Heights
Lakeport S.P.
Lakeport
Jeddo
Blue Point
Sylvan
Nairn
Ailsa Craig
Birr
Elginfield
Bryanston
Kintore
Thorndale
Embro
Woodstock
Griffith Island
Adamsville
Owen Sound

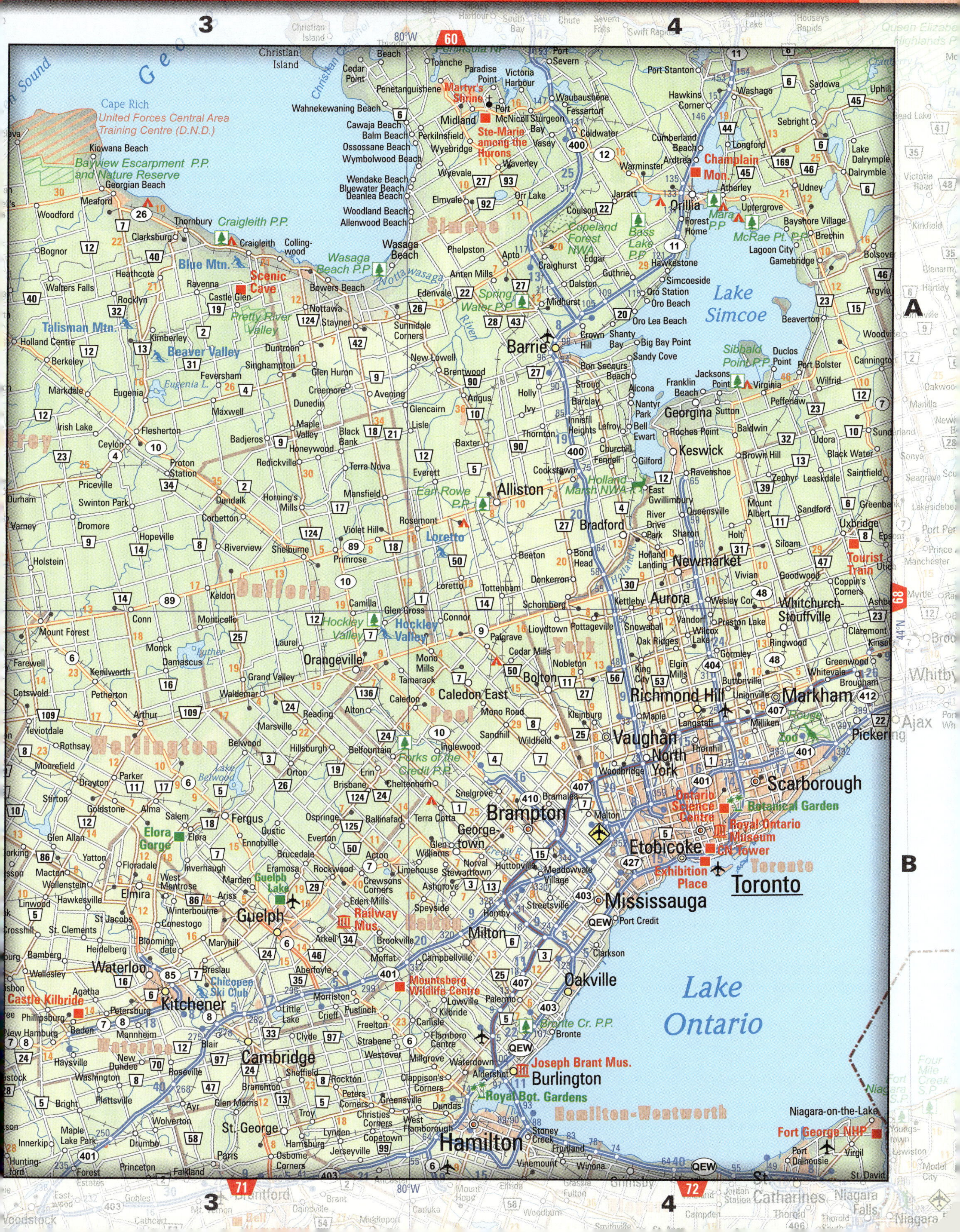
0 10 20 30km
0 5 15 Miles
3
4
A
B
Georgian Bay
Christian Island
Cape Rich
United Forces Central Area Training Centre (D.N.D.)
Bayview Escarpment P.P. and Nature Reserve
Craigleith P.P.
Blue Mtn.
Scenic Caves
Pretty River Valley
Talisman Mtn.
Beaver Valley
Wasaga Beach P.P.
Wasaga Beach
Collingwood
Thornbury
Meaford
Penetanguishene
Midland
Ste-Marie among the Hurons
Martyr's Shrine
Orillia
Champlain Mon.
Mara P.P.
McRae Pt. P.P.
Lake Simcoe
Sibbald Point P.P.
Barrie
Copeland Forest NWA
Bass Lake P.P.
Springwater P.P.
Simcoe
Grey
Dufferin
Wellington
Peel
Halton
York
Waterloo
Hamilton-Wentworth
Alliston
Earl Rowe P.P.
Bradford
Holland Marsh NWA
Keswick
Georgina
Newmarket
Aurora
Tourist Train
Whitchurch-Stouffville
Shelburne
Orangeville
Hockley Valley
Luther Marsh
Caledon East
Bolton
Richmond Hill
Markham
Vaughan
North York
Scarborough
Zoo
Pickering
Ajax
Whitby
Brampton
Etobicoke
Ontario Science Centre
Botanical Garden
Royal Ontario Museum
CN Tower
Exhibition Place
Toronto
Mississauga
Port Credit
Oakville
Lake Ontario
Milton
Mountsberg Wildlife Centre
Bronte Cr. P.P.
Burlington
Joseph Brant Mus.
Royal Bot. Gardens
Hamilton
Stoney Creek
Grimsby
St. Catharines
Niagara-on-the-Lake
Fort George NHP
Niagara Falls
Guelph
Guelph Lake
Elora Gorge
Fergus
Railway Mus.
Forks of the Credit P.P.
Kitchener
Waterloo
Chicopee Ski Club
Castle Kilbride
Cambridge
St. George
Paris
Brantford
Georgetown
Acton
Erin
Mount Forest
Arthur
Harriston
Durham
Markdale
Flesherton
Dundalk
Elmira
New Hamburg
Ayr
Sutton
Uxbridge
Port Perry
Beaverton
Brechin
Gravenhurst
Coldwater
Elmvale
Stayner
Creemore
Angus
Cookstown
Beeton
Tottenham
Schomberg
King City
Kleinburg
Nobleton
Woodbridge
Thornhill
Unionville
Stouffville
Claremont
Queensville
Mount Albert
Sharon
QEW
60
71
72
80°W
44°N

Lake Ontario
Ontario (Canada)
New York (U.S.A.)
Canada
U.S.A
Peterborough
Oshawa
Whitby
Ajax
Pickering
Brooklin
Cobourg
Port Hope
Lindsay
Norwood
Hastings
Campbellford
Trenton
Brighton
Belleville
Markham
Scarborough
Durham
Northumberland
Peterborough
Victoria
Hastings
Niagara
Orleans
Queen Elizabeth II Highlands P.P.
Highland
Silent Lake P.P.
Peterborough Crown Game Preserve
Presqu'ile P.P.
Darlington P.P.
Jungle Cat World
Mosport Race Track
Oshawa Ski Club
Tourist Train
Serpent Mounds P.P.
Ferris P.P.
Warkworth Conservation Area
Brighton PWA
Emily P.P.
Golden Hill S.P.
Thirty Mile Point Lighthouse
Lakeside Beach S.P.
Hamlin Beach S.P.
Wilson-Tuscarora S.P.
Four Mile Creek S.P.
Fort Niagara
Rice L.
L. Scugog
Chandos L.
Jack L.
Belmont Lake
Crowe R.
Bay of Quinte
79°W
78°W
1
2
3
A
B
401
35
115
7
28
62
67
72
73
61

0 10 20 30km
0 5 15 Miles
N
3
4
5
A
B
77°W
76°W
44°N
65
66
73
157
Kingston
Ft. Henry
Barriefield
Amherstview
Simcoe Island
Wolfe Island
Amherst Island
Belleville
Napanee
Deseronto
Picton
Odessa
Collins Bay
Gananoque
Brockville
Watertown
Oswego
Fort Ontario SHS
Sackets Harbour Battlefield SHS
1000 Islands Skydeck
Antique Boat Mus
Rideau Canal
Rock
Frontenac
Leeds and Grenville
Lennox and Addington
Prince Edward
Jefferson
Lewis
Oswego
Oneida
Ontario
New York
St. Lawrence R.
St. Lawrence Islands NP
Bay of Quinte
Prince Edward Bay
Prince Edward Point NWA
Point Petre PWA
Sandbanks P.P.
Lake on the Mountain P.P.
Frontenac P.P.
Puzzle Lake P.P.
Silver L P.P.
Charleston Lake NWA
Murphys Point
Big Rideau Lake
Charleston Lake
Ashland Flats NWA
Perch River NWA
Long Point S.P.
Southwick Beach SP
Lakeview NWA
Selkirk Shores SP
Fair Haven Beach SP
Chimney Bluffs SP
Battle SP
Little John NWA
Dry Hill
Salmon River Res.
Perth
Smiths Falls
Merrickville
Kemptville
Westport
Newboro
Chaffeys Locks
Seeleys Bay
Lyndhurst
Athens
Mallorytown Landing
Rockport
Lansdowne
Tamworth
Tweed
Sydenham
Verona
Harrowsmith
Wellington
Bloomfield
Clayton
Alexandria Bay
Cape Vincent
Chaumont
Dexter
Adams
Pulaski
Mexico
Fulton
Central Square
Hannibal
Fair Haven
Henderson Harbor
Fort Brewerton

1
2
3
A
B
C
83°W
82°W
81°W
43°N
42°N
Lake St. Clair
Lake Erie
Detroit
Windsor
Sarnia
Port Huron
Chatham
Leamington
Pontiac
Warren
Southfield
Livonia
Westland
Dearborn
Sterling Heights
Rochester Hills
Royal Oak
Farmington Hills
Taylor
Wyandotte
Monroe
Oregon
Toledo
Lapeer
St. Clair
Macomb
Oakland
Wayne
Monroe
Lambton
Kent
Essex
Ottawa
Michigan (U.S.A.)
Ontario (Canada)
Tecumseh
La Salle
Amherstburg
Kingsville
Essex
Tilbury
Wallaceburg
Courtright
Corunna
Petrolia
Wyoming
Dresden
Blenheim
Wheatley
Point Pelee
Point Pelee NP
Pelee Island
Pelee Passage Light
Lighthouse Point Prov.N.R
Fish Point Prov.N.R
Canadas Southernmost Point
Point Pelee NP
Glacial Grooves
Kelleys Island
South Bass Island S.P.
Middle Bass I.
N. Bass I.
Put-in-Bay
Cedar Point
Cedar Point NWA
General Custer HS
Sterling S.P.
Lakeport S.P.
Algonac S.P.
Wheatley P.P.
Peche Island SP
St. Clair Flats SWA
Walpole Island
Mitchell's Bay
Kettle Point
Kettle Point Concretions
Kettle Point IR 44
Sarnia IR 45
Oil Springs
Oil Mus.
Pine Knob
Alpine Valley
Inscription Rock

0 10 20 30 km
0 5 15 Miles
Lake
Erie
Ontario (Canada)
Pennsylvania (U.S.A.)
Ontario (Canada)
Ohio (U.S.A.)
London
Museum of Archeology
St. Thomas
Woodstock
Brantford
Bell Homestead
Ingersoll
Tillsonburg
Simcoe
Norwich
Delhi
Paris
Strathroy
Aylmer
Port Stanley
Tourist Railway
Port Bruce
Port Burwell
HMCS Ojibwa Submarine
The Sand Hills
Port Rowan
Long Point Bird Observatory
Long Point P.P.
Long Point Bay
Turkey Point P.P.
Port Dover
Réserve nationale de faune
Pearce P.P.
Fingal NWA
Port Glasgow
Clear Creek NP
Greenview Aviaries Park & Zoo
Rondeau P.P.
Point Aux Pins
Rondeau Park
Middlesex
Oxford
Elgin
Brant
Erie
Crawford
Ashtabula
Lake
Geauga
Conneaut
Ashtabula
Geneva
Geneva-on-the-Lake
Headlands Beach SP
Painesville
Mentor
Mentor-on-the-Lake
Eastlake
Willoughby
Euclid
Fairport Harbor
North Perry
Madison
Austinburg
Rock Creek
Montville
Kingsville
North Springfield
West Spring Field
Lake City
Fairview
Girard
Platea
Avonia
Albion
Cranesville
Springboro
Conneautville
Linesville
Pymatuning Lake
Pymatuning NP
Conneaut Lake Park
Conneaut Lake
Andover
Pierpont
Ohio
Pennsylvania
Kelloggsville
Saybrook
Edgewood
North Kingsville
81°W
43°N
42°N
A
B
C
3
4

Lake Ontario
Lake Erie
Toronto
Mississauga
Etobicoke
Brampton
Oakville
Burlington
Hamilton
Milton
Guelph
Cambridge
Brantford
Grimsby
St. Catharines
Niagara Falls
Niagara-on-the-Lake
Welland
Port Colborne
Dunnville
Simcoe
Port Dover
Buffalo
Tonawanda
North Tonawanda
Amherst
Lockport
Lackawanna
Hamburg
Eden
Dunkirk
Jamestown
Erie
Ontario (Canada)
New York (U.S.A.)
Canada
U.S.A
New York
Pennsylvania
Long Point Bay
Long Point NWA
Hamilton-Wentworth
Haldimand-Norfolk
Chautauqua
Cattaraugus
Royal Bot. Gardens
Joseph Brant Mus.
CN Tower
Fort George NHP
Old Fort Erie
1
2
3
A
B
79°W
80°W

0 10 20 30km
0 5 15 Miles
Lake Ontario
Canada
U.S.A
Ontario (Canada)
New York (U.S.A.)
Thirty MilePoint Lighthouse
Lakeside Beach S.P.
Hamlin Beach S.P.
GoldenHill S.P.
Chimney Bluffs SP
Irondequoit Bay Marine Park
Irondequoit
Rochester
Brighton
Pittsford
Henrietta
Webster
Fairport
Greece
Gates Center
Spencerport
Brockport
Hamlin
Hilton
Kendall
Lakeside
Barker
Lyndonville
Albion
Holley
Medina
Middleport
Orleans
Iroquois NWA
Elba
Oakfield
Pembroke
Batavia
Corfu
Genesee
Bergen
Churchville
Monroe
Scottsville
Le Roy
Caldonia
Frost Ridge
Six Flags Darien Lake
Darien Lake SP
Alden
Darien Centre
Alexander
Attica
Pavilion
Pearl Creek
Wyoming
Genesee Country Vil. & Mus.
Avon
Geneseo
Livonia
Lima
Honeoye Falls
West Bloomfield
Holcomb
Victor
Fishers
Macedon
Palmyra
Momon Hist. Site
Newark
Lyons
Clyde
Marion
Wayne
Williamson
Ontario
Sodus
Sodus Point
Alton
Branting Ski and Snowboard Center
Manchester
Shortsville
Phelps
Geneva
Geneva Hist. Soc. Mus.
Sonnenberg Gardens
Canandaigua
Canandaigua Lake
Ontario
Seneca Point
Gorham
Rushville
Bristol Mtn.
Yates
Middlesex
Dresden
Penn Yan
Honeoye
Hemlock
Hemlock Lake
Honeoye Lake
Canadice Lake
Conesus Lake
Woodville
Widmer`s Wine Cellars
Naples
Hunt Hollow
North Cohocton
Atlanta
Springwater
Wayland
Keuka Lake SP
Keuka Lake
Keuka
Greyton H. Taylor Wine Mus.
Hammondsport
Watkins Glen SP
Schuyler
Montour Falls
Varysburg
Wales Centre
Warsaw
Johnsonburg
Silver Lake SP
Silver Springs
Perry
Leicester
Mount Morris
Sonyea
Wyoming
Livingston
Castile
Portageville
Portageville
Eagle
Nunda
Dansville
Holland
Wales
Arcade
Bliss
Pike
Farmersville Station
Delevan
Filmore
Stony Brook SP
Canaserga
Cohocton
Lime Lake
Machias
Rushford
Houghton
Caneadea
Swain Ski & Snowboard Area
Arkport
Howard
Avoca
Kanona
Bath
Savona
Campbell
Steuben
Allegany
Belfast
Angelica
Almond
Hornell
Canisteo
Birdseye Hollow St. For
Franklinville
Ashford
Ischua
Alfres
Belmont
Mt. Turnpike St. For
Cuba
Friendship
Whitney-Halsey Mansion
Hinsdale
Andover
Greenwood
Jasper
Corning
Gang Mills
Riverside
Addison
Woodhull
Pinnacle SP
Lindley
Big Flats
Elmira Heights
Elmira
Wellsville
Stannards
Richburg
Bolivar
Shongo
Weston Mills
Olean
Allegany
Valley
Limestone
Portville
Rock City Park
Derrick City
Bulls Mills
Shinglehouse
Genesee
Knoxville
Elkland
Lawrenceville
Wellsb
Burdett
Watkins Glen
Millport
Pine Valley
Horseheads
Waterloo
Fayette
Ovid
Lodi
Seneca Lake
Sampson SP
Wolcott
Montezuma NWA
78°W
77°W
43°N
3
4
5
A
B
68
69
156
157

1:1.000.000 MapArt.com

NEW BRUNSWICK
Victoria County
Northumberland County
Gloucester County
Carleton County
New Brunswick
Kent County
Sunbury County
Queens County
York County
Charlotte County
Kings County
Saint John County
CANADA
U.S.A.
Camp Gagetown
Kings Landing Hist. Settlement
St. Andrews Blockhouse NHS
Big Hole Tract Ind. Res. 8
Red Bank Ind. Res. 7
Red Bank Ind. Res. 4
Eel Ground Ind. Res. 2
St. Leonard
Grand Falls
Oxbow
Ortonville
Limestone
Plaster Rock
St. Almo
Fort Fairfield
Perth-Andover
Kincardine
Juniper Station
Bristol
Tracey Mills
Napadogan
McGivney
Boiestown
Doaktown
Stanley
Hartland
Nashwaak Bridge
Woodstock
Millville
Zealand
Nackawic
Fredericton
Sheffield
Oromocto
Graham Corner
Fosterville
Longs Creek
Manners Sutton
Thomaston Corner
Tracy
Danforth
Vanceboro
McAdam
Saint Croix
Topsfield
Baillie
Romeroy
Scotch Ridge
Rollingdam
Princeton
St. Stephen
Calais
Woodland
St. Andrews
St. George
Meddybemps
Blacks Harbour
Dipper Harbour
Pt. Lepreau
Lorneville
Saint John
Loch Alva
Welsford
Grand Bay Westfield
Rothesay
Quispamsis
Hampton
Loch Lomond
St. Martins
Evandale
Norton
Sussex
Berwick
Jemseg
Coles I.
Youngs Cove
The Range
Chipman
Minto
Duffys Corner
Miramichi
Newcastle
Nelson-Miramichi
Red Bank
Renous
McGraw Brook
Blackville
Upper Blackville
Rogersville
Kent Junc
New Canaan
Tobique R.
Miramichi R.
Tuadook Lake
Mckendrick L.
Renous R.
Sw. Miramichi R.
Aroostook R.
Grand Lake
Magaguadavic Lake
Oromocto Lake
Grand L.
St. John R.
Kennebecasis Bay
Big L.
Wood-land L.
Halls L.
Passamaquoddy Bay
701
503
554
67°30'W
67°0'W
66°30'W
66°0'W
65°30'W
47°0'N
46°30'N
46°0'N
45°30'N
45°0'N
B
D
2
3
4
5
46
78
AST
EST
Van Buren
Presque Isle
Houlton
Wesley
West Pembroke
Eastport
Perry
Campobello I.
Largest Whirlpool in Western Hemisphere

Miramichi Bay
Burnt Church Ind. Res. 14
Bartibog
Chatham
Bay du Vin
Pt. Escuminac
Escuminac
Pointe-Sapin
St. Margarets
Kouchibouguac NP
Kouchibouguac
Acadie
Richibucto
Richibucto Ind. Res. 15
Junction
Harcourt
Pine Ridge
Buctouche
McLean Settlement
Coal Branch
Cocagne
Canaan
Shediac
New Canaan
Moncton
Dieppe
Riverview
Meadow Brook
Westmorland County
Port Elgin
Salisbury
Hillsborough
Parkindale
Portage Vale
Caledonia Hills
Albert County
Riverside-Albert
Hopewell Cape
Sackville
Ft. Beauséjour NHF
Joggins Fossil Cliffs
Joggins
Amherst
River Hebert
Springhill
Oxford
Alma
Fundy NP
Chignecto Game Sanctuary
Cumberland County
Chignecto Bay
Apple River
Parrsboro
C. Chignecto
Advocate Harbour
Minas Channel
Minas Basin
Scots Bay
Halls Harbour
Canning
Grand Pré NHS
Port Williams
Harbourville
Victoria Harbour
Cornwallis Square
Kentville
New Minas
Wolfville
Berwick
Kingston
Aylesford
Kings Country Museum
Long Spell Rocks
Gaspereau R.
Walton
Walton R.
Cheverie
Hantsport
Windsor
Noel
Hants County
Upper Rawdon
Stewiacke
Enfield
Brookfield
Truro
Bible Hill
Victoria park
Cobequid Bay
Selma
Glenholme
Five Islands
Debert
Kemptown
Colchester County
Cobequid Mts.
367
Cobequid Pass (Toll)
Wentworth Centre
Tatamagouche
West Branch River John
Pugwash
Port Howe
Oyster I.
Oak I.
Lorneville
Cape Tormentine
Bayfield
Confederation Bridge (Toll)
Northumberland Strait
Détroit de Northumberland
Egmont Bay
West Pt.
West Point
Inverness
Carleton
O'Leary Portage
Alberton
Miminegash
Tignish
Norway
North Point
Casqumpeque Bay
Prince Edward I.
Prince County
Malpeque Bay
St. Eleanors
Summerside
Kensington
Kinkora
Borden-Carleton
Prince Edward Island NP
Brackley Beach
Hunter River
Queens County
Charlottetown
Stratford
Ft. Amherst NHS
Hillsborough Bay
PRINCE EDWARD ISLAND
ÎLE-DU-PRINCE-ÉDOUARD
NEW BRUNSWICK
PRINCE EDWARD ISLAND
ÎLE-DU-PRINCE-ÉDOUARD
65°0'W
64°30'W
64°0'W
63°30'W
63°0'W
47°0'N
46°30'N
46°0'N
45°30'N
45°0'N
A
B
C
D
6
7
8
9
10
46
78
79

1 : 1.000.000

Gulf of St. Lawrence
Golfe du Saint-Laurent
PRINCE EDWARD ISLAND
ÎLE-DU-PRINCE-ÉDOUARD
Prince Edward Island NP
Greenwich, Prince Edward Island NP
Kensington
Brackley Beach
Hunter River
Queens County
Kings County
Prince Edward Island
Morell
St. Margarets
Elmira
East Point
St. Peters
Souris
Dundas
Kinkora
Borden-Carleton
Charlottetown
Stratford
Cardigan
Georgetown
Montague
Ft. Amherst NHS
Hillsborough Bay
Flat River
St. Marys Road
Murray Harbour
Wood Islands
PRINCE EDWARD ISLAND
ÎLE-DU-PRINCE-ÉDOUARD
NOVA SCOTIA
NOUVELLE-ÉCOSSE
Oyster I.
Oak I.
Pugwash
Toney River
Pictou I.
Pictou
C. George
Cape George
Malignant Cove
St. Georges Bay
Havre Boucher
Craigmore
Inverness
Mabou
Inverness County
Port Hastings
Port Hawkesbury
Tatamagouche
Wentworth Centre
Cobequid Mts.
367
West Branch River John
New Glasgow
Trenton
Stellarton
Westville
Antigonish
Salt Springs
Antigonish County
Monastery
Sand Point
Boylston
Chedabucto
Colchester County
Debert
Kemptown
Glenholme
Bible Hill
Truro
Victoria park
Cobequid Bay
Selma
Pictou County
Sunny Brae
Goshen
Guysborough County
Trafalgar
Caledonia
Melrose
Isaacs Harbour North
Larry's River
Hants County
Brookfield
Newton Mills
Upper Musquodoboit
Liscomb Game Sanct.
Stillwater
Fishermans Harbour
Pt. Bickerton
CapeLike
Cape St. Marys
Stewiacke
Halifax County
Liscomb
Liscomb I.
Moser River
Sheet Harbour
Enfield
Elderbank
Dollar Lake Prov. Pk.
63°30'W
63°0'W
62°30'W
62°0'W
61°30'W
47°0'N
46°30'N
46°0'N
45°30'N
45°0'N

0 5 15 30 km
0 5 10 20 Miles
N
St. Paul I.
47
48
Cape St. Lawrence
Meat Cove
Cape North
Aspy Bay
South Harbour
Pleasant Bay
C. Breton Highlands NP
·532
Chéticamp
Ingonish Beach
Cape Breton Island
Margaree Harbour
Cape Breton
Highlands
Breton Cove
St. Ann's Bay
Victoria County
Point Aconi
Margaree Forks
South Haven
Sydney Mines
New Waterford
North Sydney
St. Ann's
Sydney
Glace Bay
Baddeck
A. Graham Bell NHS
NOVA SCOTIA
NOUVELLE-ÉCOSSE
Whycocomagh
Iona
Marion Bridge
Main-à-Dieu
Estmere
Big Pond
Louisbourg
Cape Breton
Bras d'Or Lake
Cape Breton County
Fortress of Louisbourg NHS
Gabarus
Richmond County
St. Peter's
St. Peter's Canal NHS
Grand River
Louisdale
Green I.
Arichat
Lenoir Forge Museum
Strait of Canso
Bay
Canso I.
Canso
Whitman House Museum
Canso Island Fort NHS
Harbour I.
Channel-Port aux Basques
Argentia
NEWFOUNDLAND
TERRE-NEUVE
NOVA SCOTIA
NOUVELLE-ÉCOSSE
Cabot Strait
Détroit de Cabot
Atlantic Ocean
Océan Atlantique
Misaine Bank
61°0'W
60°30'W
60°0'W
59°30'W
59°0'W
47°0'N
46°30'N
46°0'N
45°30'N
45°0'N
6 7 8 9 10 11
A B C D

Saint John
Saint John County
Charlotte County
Rothesay
Quispamsis
Grand Bay Westfield
Loch Alva
Loch Lomond
St. Martins
Romeroy
Rollingdam
St. George
St. Andrews
St. Andrews Blockhouse NHS
Blacks Harbour
Passamaquoddy Bay
Lorneville
Dipper Harbour
Pt. Lepreau
Largest Whirlpool in Western Hemisphere
Campobello I.
Roosevelt Campobello Int'l Park
Eastport
Lubec
North Head
Gd. Manan I.
White Head I.
Grand Manan Ch.
C. Chignecto
Chignecto Bay
Apple River
Advocate Harbour
Minas
Harbourville
Victoria Harbour
Cornwallis Square
Berwick
Kingston
Aylesford
Greenwood
Middleton
Lawrencetown
Kings County
Bay of Fundy
Baie de Fundy
Youngs Cove
Bridgetown
Delaps Cove
Fort Anne NHS
Port Royal NHS
Annapolis Royal
Annapolis Basin
Digby
Albany Cross
Annapolis County
Sherbrooke L.
Sth. Milford
NOVA SCOTIA
NOUVELLE-ÉCOSSE
Barton
Bear River I. R. 6
New Germany
East Ferry
Long I.
Fiverton
Freeport
Westport
Whipple Pt.
St. Bernard
Weymouth
Digby County
Kejimkujik NP
Kejimkujik L.
Colpton
Low Landing
Wildcat Ind. Res. 12
Queens County
Greenfield
Corberrie
Meteghan
Tobeatic Wilderness Area
Tobeatic Wildlife Man. Area
Lake Rossignol
Fishermen's Memorial Hwy
Salmon River
Kemptville
Mersey R.
Mill Village
Milton
Liverpool
Carleton
Shelburne County
Hebron
Tusket
Quinan
Middle Ohio
Roseway R.
Summerville
Port Mouton
Yarmouth
Yarmouth County
Clyde R.
Shelburne
Lockeport
Portland
Pubnico
Great Pubnico L.
Pubnico Point Trail
Charlesville
Clyde River
Barrington
Shag Harbour
Outer I.
Cape Sable I.
Clark's Harbour
Baccaro Pt.
Gulf of Maine
Gulfe du Maine
Calais
Perry
West Pembroke
Whiting
66°30'W
66°0'W
65°30'W
65°0'W
45°0'N
44°30'N
44°0'N
43°30'N
74
75
139

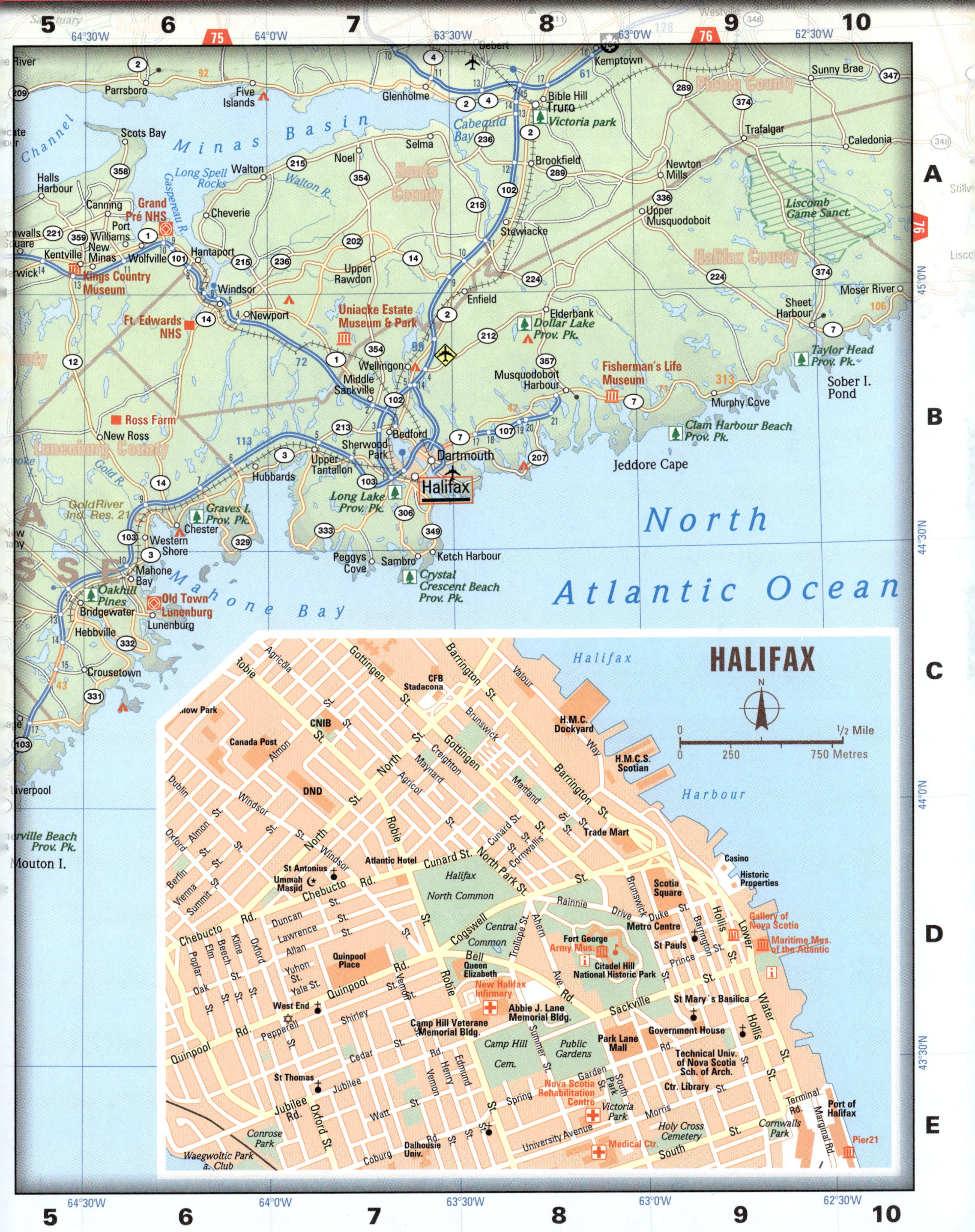
5 6 7 8 9 10
A B C D E
64°30'W 64°0'W 63°30'W 63°0'W 62°30'W
45°0'N 44°30'N 44°0'N 43°30'N
75 76
Parrsboro
Five Islands
Glenholme
Debert
Kemptown
Bible Hill
Truro
Victoria park
Sunny Brae
Pictou County
Trafalgar
Caledonia
Scots Bay
Minas Basin
Channel
Halls Harbour
Canning
Grand Pré NHS
Port Williams
New Minas
Kentville
Wolfville
Kings County Museum
Long Spell Rocks
Gaspereau R.
Walton
Walton R.
Noel
Selma
Cabequid Bay
Hants County
Brookfield
Newton Mills
Upper Musquodoboit
Liscomb Game Sanct.
Cheverie
Hantsport
Windsor
Stewiacke
Upper Rawdon
Halifax County
Moser River
Sheet Harbour
Newport
Ft. Edwards NHS
Uniacke Estate Museum & Park
Enfield
Elderbank
Dollar Lake Prov. Pk.
Taylor Head Prov. Pk.
Sober I. Pond
Wellington
Middle Sackville
Musquodoboit Harbour
Fisherman's Life Museum
Murphy Cove
Ross Farm
New Ross
Lunenburg County
Bedford
Sherwood Park
Dartmouth
Clam Harbour Beach Prov. Pk.
Jeddore Cape
Gold R.
Upper Tantallon
Hubbards
Halifax
Long Lake Prov. Pk.
Gold River Ind. Res. 21
Graves I. Prov. Pk.
Chester
North
Western Shore
Peggys Cove
Sambro
Ketch Harbour
Crystal Crescent Beach Prov. Pk.
Atlantic Ocean
Mahone Bay
Oakhill Pines
Old Town Lunenburg
Bridgewater
Lunenburg
Hebbville
Crousetown
Liverpool
Mouton I.
HALIFAX
Halifax Harbour
0 250 750 Metres
0 1/2 Mile
CFB Stadacona
H.M.C. Dockyard
H.M.C.S. Scotian
Canada Post
CNIB
DND
Trade Mart
Atlantic Hotel
Casino
Historic Properties
St Antonius
Ummah Masjid
Halifax North Common
Scotia Square
Metro Centre
Gallery of Nova Scotia
Maritime Mus. of the Atlantic
Central Common
Fort George Army Mus.
Citadel Hill National Historic Park
St Pauls
Quinpool Place
Queen Elizabeth
New Halifax Infirmary
Abbie J. Lane Memorial Bldg.
St Mary's Basilica
West End
Camp Hill Veterane Memorial Bldg.
Camp Hill Cem.
Public Gardens
Park Lane Mall
Government House
Technical Univ. of Nova Scotia Sch. of Arch.
St Thomas
Ctr. Library
Nova Scotia Rehabilitation Centre
Victoria Park
Holy Cross Cemetery
Terminal Rd.
Port of Halifax
Cornwallis Park
Marginal Rd.
Pier21
Medical Ctr.
University Avenue
Dalhousie Univ.
Conrose Park
Waegwoltic Park a. Club
Barrington St.
Gottingen St.
Robie St.
Quinpool Rd.
Chebucto Rd.
Sackville St.
Spring Garden Rd.
Cogswell St.
Cunard St.
North Park St.
Jubilee Rd.
Oxford St.
South St.
Morris St.
Hollis St.
Water St.
Lower Water St.

SAULT STE. MARIE
STEELTON
St. George's Ave. E.
St Basil School
Former Soo Mill
Catchart St.
Albert St. W.
Queen St. W.
International Bridge
Casino
Bay St.
Power House
Algoma Central Railway Station
Essar Centre
St. Mary's Island
Sault Ste. Marie Canal National Historic Site of Canada
Whitefish Island
Station Mall
Shopping District
Queenstown
St Mary's College
Our Lady of Good
Bruce Hill Park
Wemyss St.
Marine Mus.
Roberta Bondar Park
Tourism Sault Ste. Marie
St Thomas
Old Stone House
Clergue Park
Algoma Art Gallery
Canadian Bushplane Heritage Mus.
Purvis East Dock
CANADA
U.S.A
St. Mary's Rapids
St. Mary's River
North Canal
South Canal
Soo Locks
Sault Locks Park
Soo Locks & Visitor Centre
Brady Park
Coast Guard Station
George Kemp Downtown Marina
Fort Brady Court House
River of History Mus.
Museum Ship Valley Camp
Tower of Hist.
Soo Locks Boat Tour
Pullar Stadium & Community Bld.
The Edison Sault Power House
Memorial Hosp.
City Country Bld.
Soo Theatre
James A. Alford Park
Portage Ave. E.
Kaine's Rink
Easterday Ave.
Van Citters Athletic Field
MICHIGAN
0 250 500 Metres
1/2 Mile

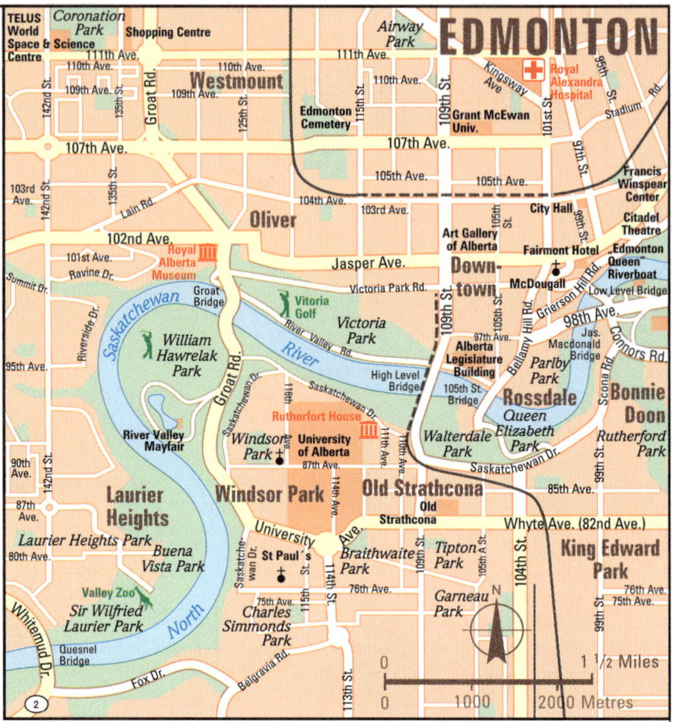
EDMONTON
TELUS World of Science Centre
Coronation Park
Shopping Centre
Westmount
Airway Park
Royal Alexandra Hospital
Edmonton Cemetery
Grant McEwan Univ.
107th Ave.
Francis Winspear Centre
Citadel Theatre
Oliver
City Hall
Art Gallery of Alberta
Fairmont Hotel
Edmonton Queen Riverboat
Royal Alberta Museum
Jasper Ave.
Downtown
McDougall
Low Level Bridge
Groat Bridge
Vitoria Golf
Victoria Park
William Hawrelak Park
Saskatchewan River
High Level Bridge
Alberta Legislature Building
Rossdale
Bonnie Doon
Queen Elizabeth Park
Rutherford Park
Rutherford House
River Valley Mayfair
Windsor Park
University of Alberta
Walterdale Park
Laurier Heights
Windsor Park
Old Strathcona
Whyte Ave. (82nd Ave.)
Laurier Heights Park
Buena Vista Park
University
St Paul's
Braithwaite Park
Tipton Park
King Edward Park
Valley Zoo
Sir Wilfried Laurier Park
Charles Simmonds Park
Garneau Park
North
Quesnel Bridge
Fox Dr.
0 1 1/2 Miles
0 1000 2000 Metres

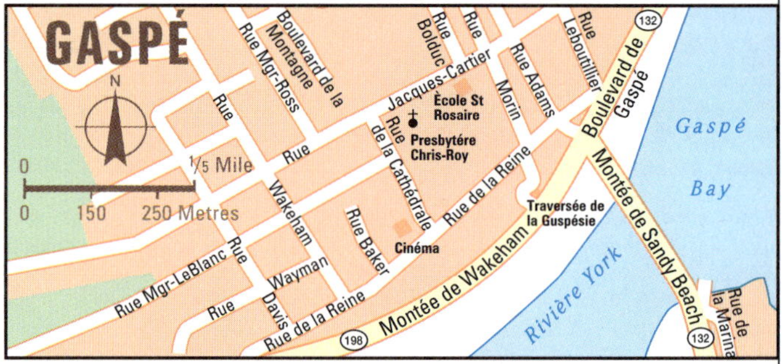
GASPÉ
École St Rosaire
Presbytère Chris-Roy
Jacques-Cartier
Boulevard de Gaspé
Gaspé Bay
Montée de Sandy Beach
Traversée de la Guspésie
Cinéma
Rivière York
Montée de Wakeham
Rue de la Reine
Rue Mgr-LeBlanc
0 1/5 Mile
0 150 250 Metres

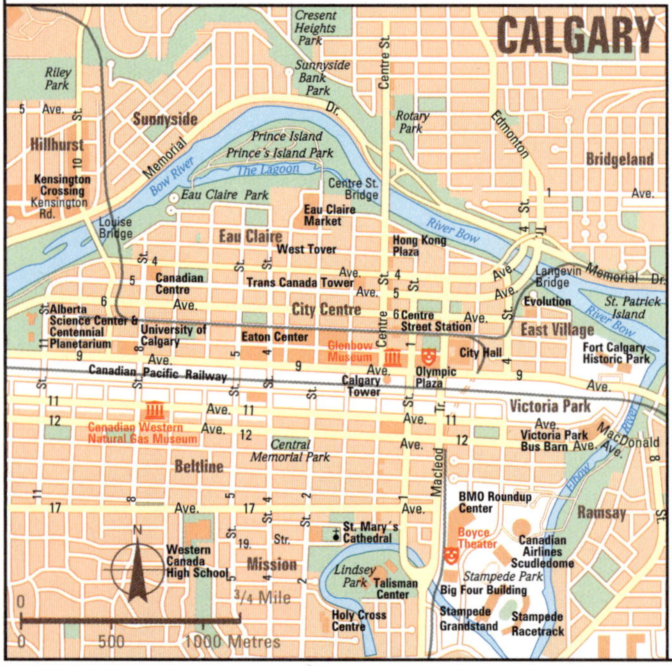
CALGARY
Crescent Heights Park
Riley Park
Sunnyside Bank Park
Sunnyside
Hillhurst
Prince's Island
Prince's Island Park
The Lagoon
Bow River
Rotary Park
Bridgeland
Kensington Crossing
Eau Claire Park
Centre St. Bridge
Eau Claire Market
Louise Bridge
Eau Claire
West Tower
Hong Kong Plaza
Canadian Centre
Trans Canada Tower
Langevin Bridge
Memorial Dr.
Alberta Science Center & Centennial Planetarium
University of Calgary
City Centre
Evolution
St. Patrick Island
Eaton Center
Centre Street Station
East Village
Glenbow Museum
Olympic Plaza
City Hall
Fort Calgary Historic Park
Canadian Pacific Railway
Calgary Tower
Victoria Park
Canadian Western Natural Gas Museum
Victoria Park Bus Barn
Beltline
Central Memorial Park
BMO Roundup Center
Ramsay
St. Mary's Cathedral
Boyce Theater
Western Canada High School
Mission
Canadian Airlines Scudledome
Lindsey Park
Talisman Center
Stampede Park
Big Four Building
Holy Cross Centre
Stampede Grandstand
Stampede Racetrack
0 3/4 Mile
0 500 1000 Metres

WINNIPEG
Health Science Centre
Logan Ave.
Higgins Ave.
Sutherland Ave.
Red River
Jacob Penner Park
Ukrainian Cultural Centre
The Manitoba Museum
City Hall
Whitler Park
Homestead Park
Ross House Museum
Old Market Square
Central Park
Shaw Park
Joseph Royal Park
Université
Portage Ave.
Railway Mus.
St. Boniface
Université
Musée de St-Boniface
Ivey Hse. Int. Hostel
Winnipeg Art Gallery
Fort Garry Gate
Broadway
Manitoba Legislative Buildings
Bonnycastle Park
South Point Park
Gouverment House
Sheraton Winnipeg
Reha. Centre for Children
Univ. Church
Fountain House
Cornish Library
Shaarey Zedek
Masonic Memorial Temple
Assiniboine River
0 3/4 Mile
0 500 1000 Metres

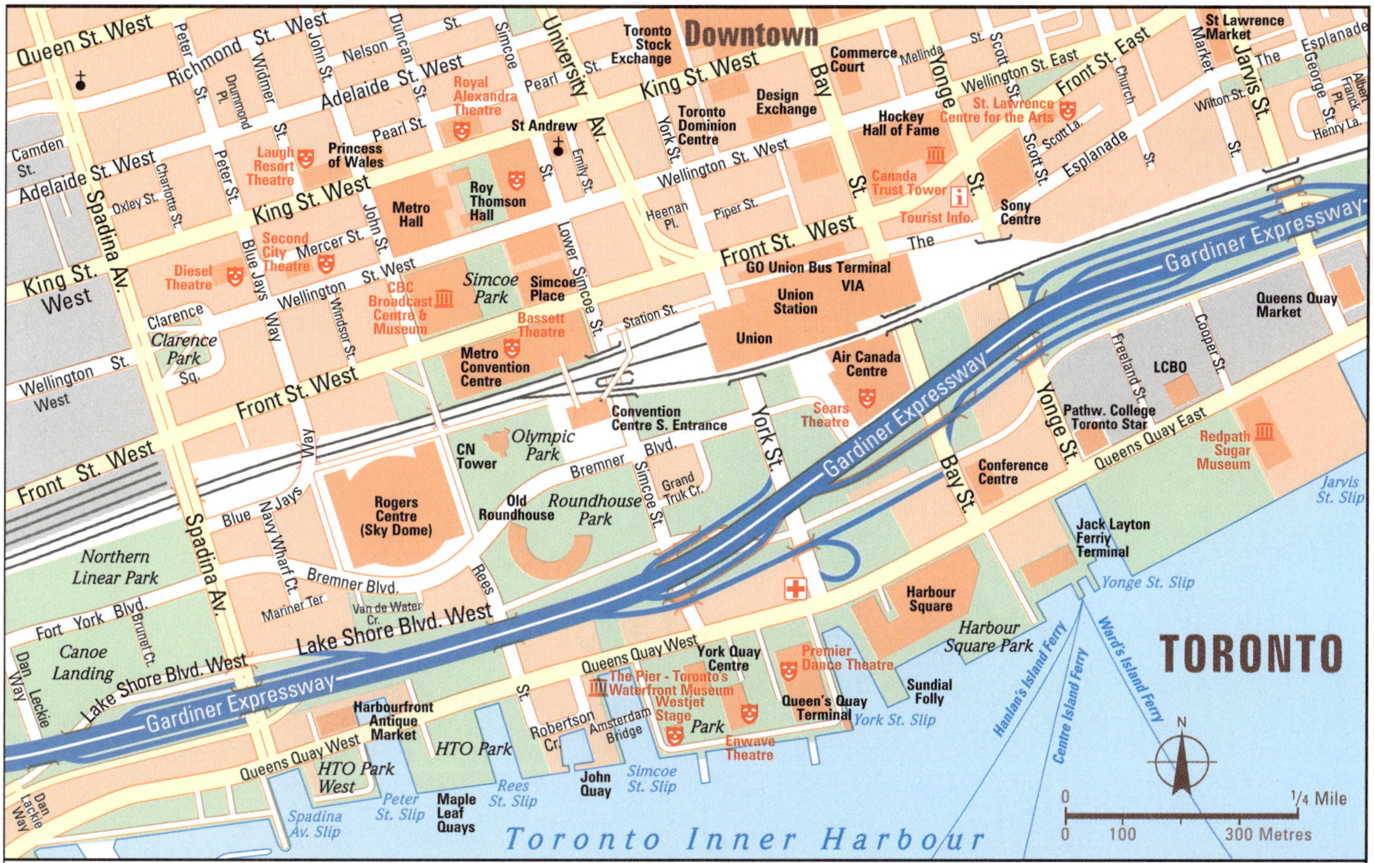
TORONTO
Downtown
Queen St. West
Richmond St. West
Adelaide St. West
King St. West
Wellington St. West
Front St. West
Spadina Av.
University Av.
Bay St.
Yonge St.
Toronto Stock Exchange
Royal Alexandra Theatre
Roy Thomson Hall
Metro Hall
Princess of Wales
Toronto Dominion Centre
Design Exchange
Commerce Court
Hockey Hall of Fame
St. Lawrence Centre for the Arts
St Lawrence Market
Canada Trust Tower
Tourist Info.
Sony Centre
Union Station
GO Union Bus Terminal
VIA
Union
Air Canada Centre
Sears Theatre
Gardiner Expressway
Queens Quay Market
LCBO
Pathw. College Toronto Star
Redpath Sugar Museum
Conference Centre
Jack Layton Ferry Terminal
Yonge St. Slip
Jarvis St. Slip
Harbour Square
Harbour Square Park
CBC Broadcast Centre & Museum
Simcoe Park
Simcoe Place
Bassett Theatre
Metro Convention Centre
Convention Centre S. Entrance
CN Tower
Olympic Park
Rogers Centre (Sky Dome)
Old Roundhouse
Roundhouse Park
Bremner Blvd.
Northern Linear Park
Canoe Landing
Lake Shore Blvd. West
Queens Quay West
York Quay Centre
Premier Dance Theatre
The Pier - Toronto's Waterfront Museum
Westjet Stage
Enwave Theatre
Queen's Quay Terminal
Sundial Folly
York St. Slip
Harbourfront Antique Market
HTO Park
HTO Park West
Spadina Av. Slip
Peter St. Slip
Maple Leaf Quays
Rees St. Slip
John Quay
Simcoe St. Slip
Hanlan's Island Ferry
Centre Island Ferry
Ward's Island Ferry
Laugh Resort Theatre
Second City Theatre
Diesel Theatre
Clarence Park
Toronto Inner Harbour
0 1/4 Mile
0 100 300 Metres

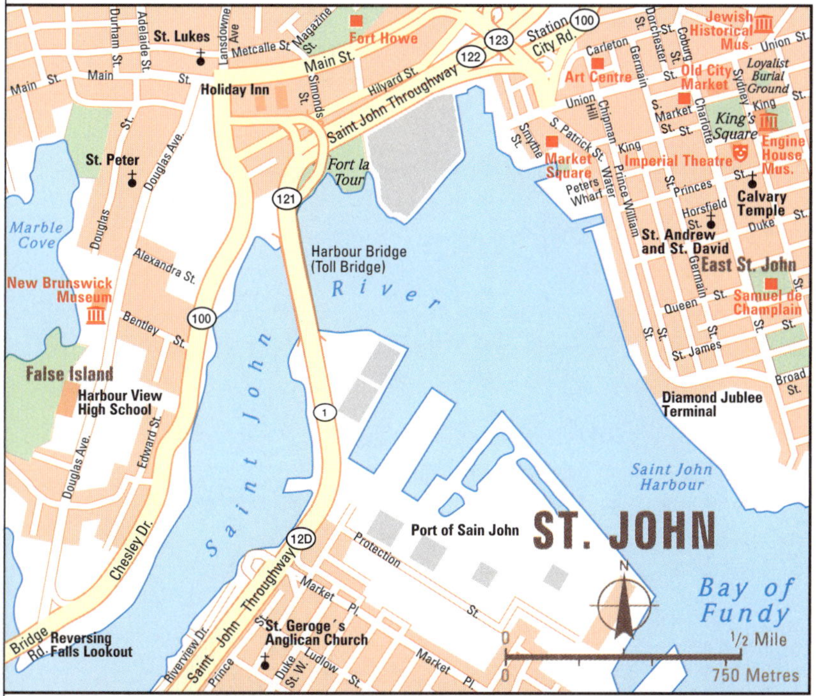
ST. JOHN
St. Lukes
Holiday Inn
Fort Howe
Saint John Throughway
Jewish Historical Mus.
Art Centre
Old City Market
Loyalist Burial Ground
King's Square
Market Square
Imperial Theatre
Engine House Mus.
Calvary Temple
St. Andrew and St. David
East St. John
Samuel de Champlain
St. Peter
Fort la Tour
Harbour Bridge (Toll Bridge)
River Saint John
New Brunswick Museum
Marble Cove
False Island
Harbour View High School
Diamond Jubilee Terminal
Saint John Harbour
Port of Sain John
Bay of Fundy
St. Geroge's Anglican Church
Reversing Falls Lookout
1/2 Mile
750 Metres

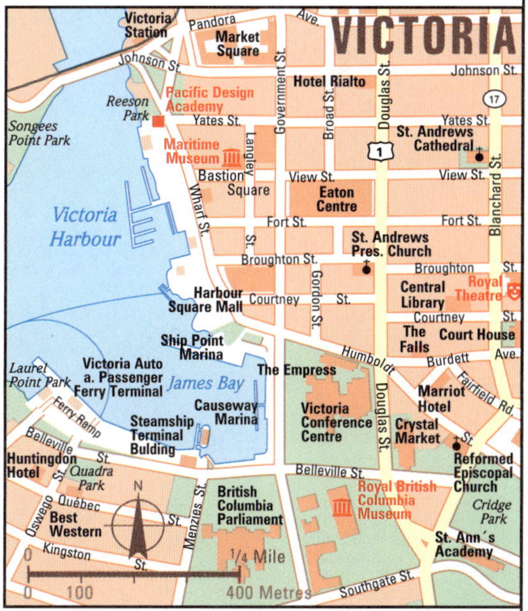
VICTORIA
Victoria Station
Market Square
Hotel Rialto
Reeson Park
Pacific Design Academy
Songees Point Park
Maritime Museum
St. Andrews Cathedral
Bastion Square
Eaton Centre
Victoria Harbour
St. Andrews Pres. Church
Harbour Square Mall
Central Library
Royal Theatre
The Falls
Court House
Ship Point Marina
Laurel Point Park
Victoria Auto a. Passenger Ferry Terminal
James Bay
The Empress
Causeway Marina
Steamship Terminal Bulding
Victoria Conference Centre
Crystal Market
Marriot Hotel
Reformed Episcopal Church
Huntingdon Hotel
Quadra Park
Best Western
British Columbia Parliament
Royal British Columbia Museum
Cridge Park
St. Ann's Academy
1/4 Mile
400 Metres

MapArt
MapArt.com

Toronto & Area
Greater Vancouver Fraser Valley
Montréal & Environs

OTTAWA
HULL-Val-Tétreau
HULL
Parc Jacques Cartier
Musée canadien de l'histoire
Théâtre IMAX Children's Mus.
Tour de Lessvages
Sheraton Hotel
Place du Centre
Palais du Portage
Rivière des Outaouais
Ottawa River
Ile de Hull
Victoria Island
QUÉBEC
ONTARIO
Nepean Point
Statue de Samuel de Champlain
National Gallery of Canada
Royal Canadian Mint
National Research Council
Department of Foreign Affairs a. International Trade Canada
Basilica of Notre-Dame
Canadian Ski Museum
Byward Market
Library of Parliament
Peace Tower
Major's Hill Park
Bytown Museum
Supreme Court of Canada
Library & Archives Canada
Parliament Hill
School of Art
Wellington
St. Andrews
Sparks
Bank of Canada
Royal Bank Centre
Confed. Sq.
Nat. Arts Centre
Rideau Centre
Ottawa Little Theatre
Technical School
Confederation Park
McKenzie King Bridge
Tabaret Hall
Laurier Bridge
Ottawa Public Library
City Hall
Prov. Court House
University of Ottawa
St. Patricks
R.C.M.P.
Lisgar Collegiate
Univ. Library
Minto Park
St.Lukes Park
Canadian Museum of Nature
Rideau Canal
Colonel By Dr.
King Edward Ave.
1/2 Mile
0 250 750 Metres

QUÉBEC
Basse-Ville
Bassin Louise
Vieux-Port
Marina du port de Québec
Gare du Palais
Espace 400e Bell
Musée Naval
L'Agora du View Port
Place Telus
Parc de l'Artillerie
Hôtel Dieu
Musée de la Civilisation
Basilique Notre-Dame-de-Québec
Hôtel de Ville
Jardins de l'Hôtel-de-Ville
Musée de Cire
Musée du Fort
Parc Montmorency
Eglise Notre-Dame-de-Victoires
Haute-Ville
Chapelle de Jesuites
St Andrew's
HolyTrinity Cathedral
Place D'Armes
Quartier Petit Champlain
Ministère des Finances
Fairmont Château Frontenac
Maison Chevalier
Théâtre du Petit-Champlain
Palais Montcalm
Maison Maillou
Jardin des Gouverneurs
Terrasse Dufferin
Parc de l'Esplanade
Boer War Memorial
Notre-Dame-du-Sacré-Cœur
Chalmer's Wesley United Church
Parlement de Québec
Chapelle de la Citadelle
Le Musée Royal 22e Régiment
La Citadelle
Office du tourisme
Musée les Voltigeurs Manège Militaire
Parc des Champs-de-Bataille
Fleuve Saint-Laurent
Québec, QC-Lévis, QC
1/4 Mile
0 100 400 Metres

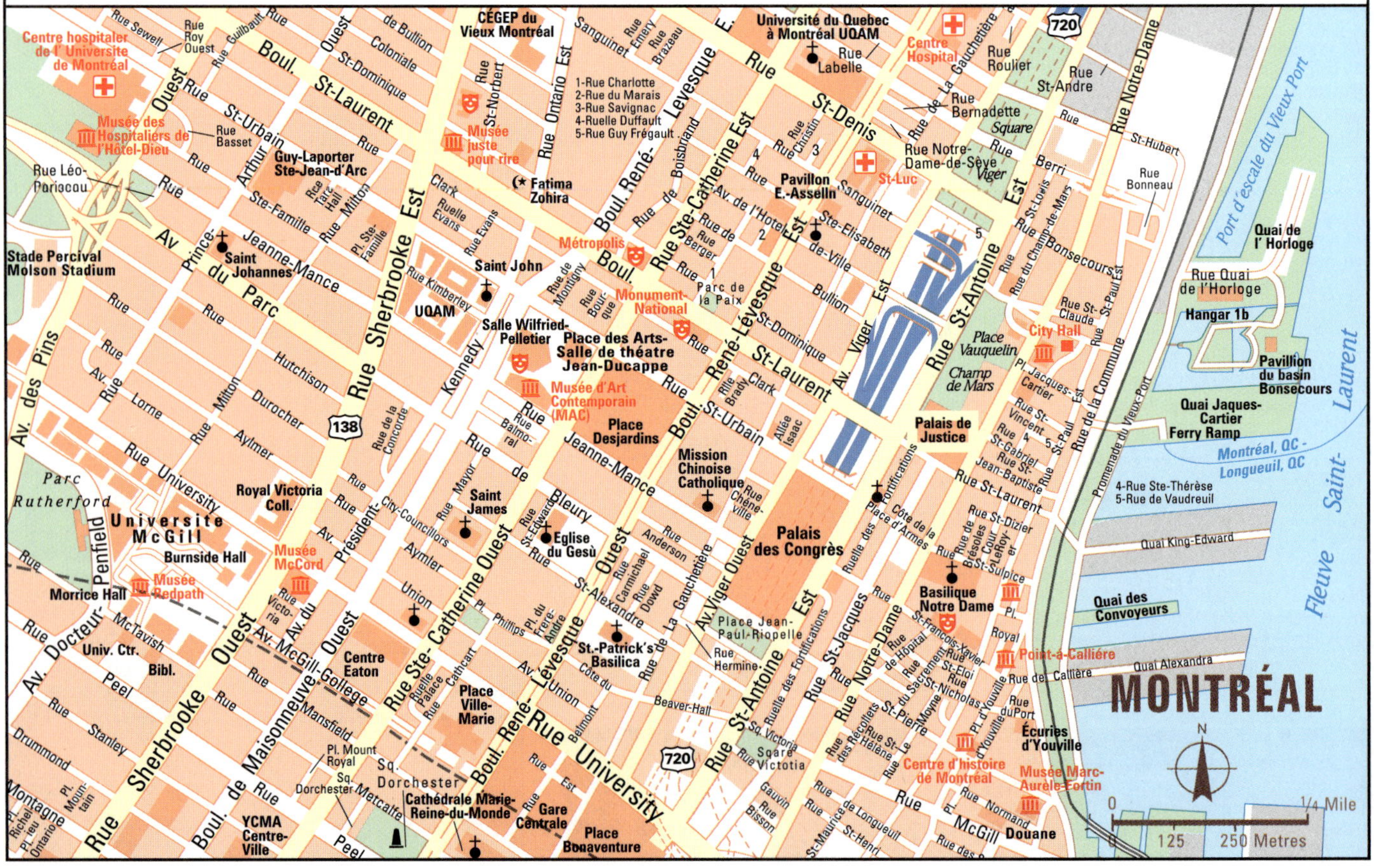
MONTRÉAL
Centre hospitalier de l'Université de Montréal
Musée des Hospitaliers de l'Hôtel-Dieu
CÉGEP du Vieux Montréal
Université du Quebec à Montréal UQAM
Centre Hospital
1-Rue Charlotte
2-Rue du Marais
3-Rue Savignac
4-Ruelle Duffault
5-Rue Guy Frégault
Musée juste pour rire
Fatima Zohira
Guy-Laporter Ste-Jean-d'Arc
Pavillon E.-Asselin
St-Luc
Stade Percival Molson Stadium
Saint Johannes
Saint John
UQAM
Métropolis
Monument-National
Salle Wilfried-Pelletier
Place des Arts-Salle de théatre Jean-Ducappe
Musée d'Art Contemporain (MAC)
Place Desjardins
Mission Chinoise Catholique
Palais des Congrès
Place Vauquelin
Champ de Mars
City Hall
Palais de Justice
Pavillon du basin Bonsecours
Quai de l'Horloge
Hangar 1b
Quai Jacques-Cartier Ferry Ramp
Montréal, QC - Longueuil, QC
4-Rue Ste-Thérèse
5-Rue de Vaudreuil
Parc Rutherford
Université McGill
Royal Victoria Coll.
Burnside Hall
Musée McCord
Musée Redpath
Morrice Hall
Univ. Ctr.
Bibl.
Saint James
Eglise du Gesù
St-Patrick's Basilica
Centre Eaton
Place Ville-Marie
Place Jean-Paul-Riopelle
Square Victoria
Basilique Notre Dame
Pointe-à-Callière
Centre d'histoire de Montréal
Écuries d'Youville
Musée Marc-Aurele-Fortin
Quai des Convoyeurs
Quai King-Edward
Quai Alexandra
Cathédrale Marie-Reine-du-Monde
Gare Centrale
Place Bonaventure
YCMA Centre-Ville
Douane
Fleuve Saint-Laurent
Rue Sherbrooke
Boul. St-Laurent
Rue St-Denis
Rue Notre-Dame
Boul. René-Lévesque
Rue Ste-Catherine
1/4 Mile
0 125 250 Metres

Canada

Calgary (AB) 80
Edmonton (AB) 80
Gaspé (QC) 80
Halifax (NS) 79
Montréal (QC) 82
Ottawa (ON) 82
Québec (QC) 82
Sault Ste. Marie (ON) 80
St. John's (NL) 81
Toronto (ON) 81
Vancouver (BC) 32
Victoria (BC) 81
Winnipeg (MB) 80

U.S.A. / États-Unis

Albuquerque (NM) 259
Anchorage (AK) 97
Atlanta (GA) 261
Baltimore (MD) 255
Boston (MA) 159
Charleston (SC) 261
Chicago (IL) 254
Cleveland (OH) 255
Denver (CO) 259
Duluth (MN) 254
Fort Lauderdale (FL) 251
Honolulu (HI) 252
Houston (TX) 260
Indianapolis (IN) 255
Jacksonville (FL) 245
Las Vegas (NV) 258
Los Angeles (CA) 257
Madison (WI) 255
Miami (FL) 250
Minneapolis (MN) 254
New Orleans (LA) 240
New York City (NY) 179
Oak Bluffs (MA) 259
Oklahoma City (OK) 260
Orlando (FL) 244
Pasadena (CA) 258
Philadelphia (PA) 179
Phoenix (AZ) 258
Pittsburgh (PA) 255
Portland (OR) 121
Salt Lake City (UT) 259
San Diego (CA) 218
San Francisco (CA) 257
Santa Fe (NM) 259
Savannah (GA) 261
Seattle (WA) 106
St. Louis (MO) 256
Washington D.C. 256
Wilmington (NC) 261

Mexico/Mexique

Acapulco (GRO) 275
Cancún (ROO) 278
Merida (YUC) 278
Mexico City (DF)......... 273

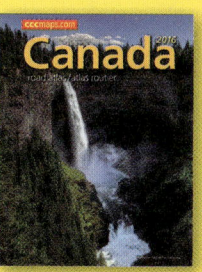

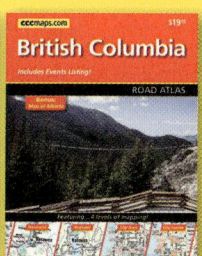

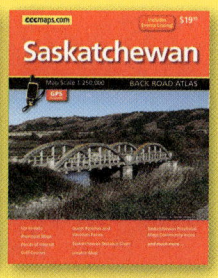

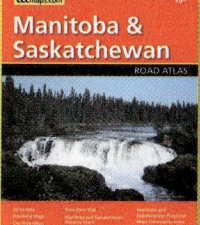

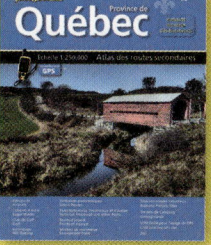

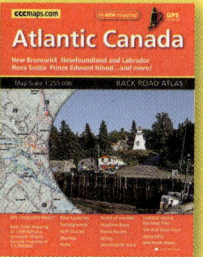

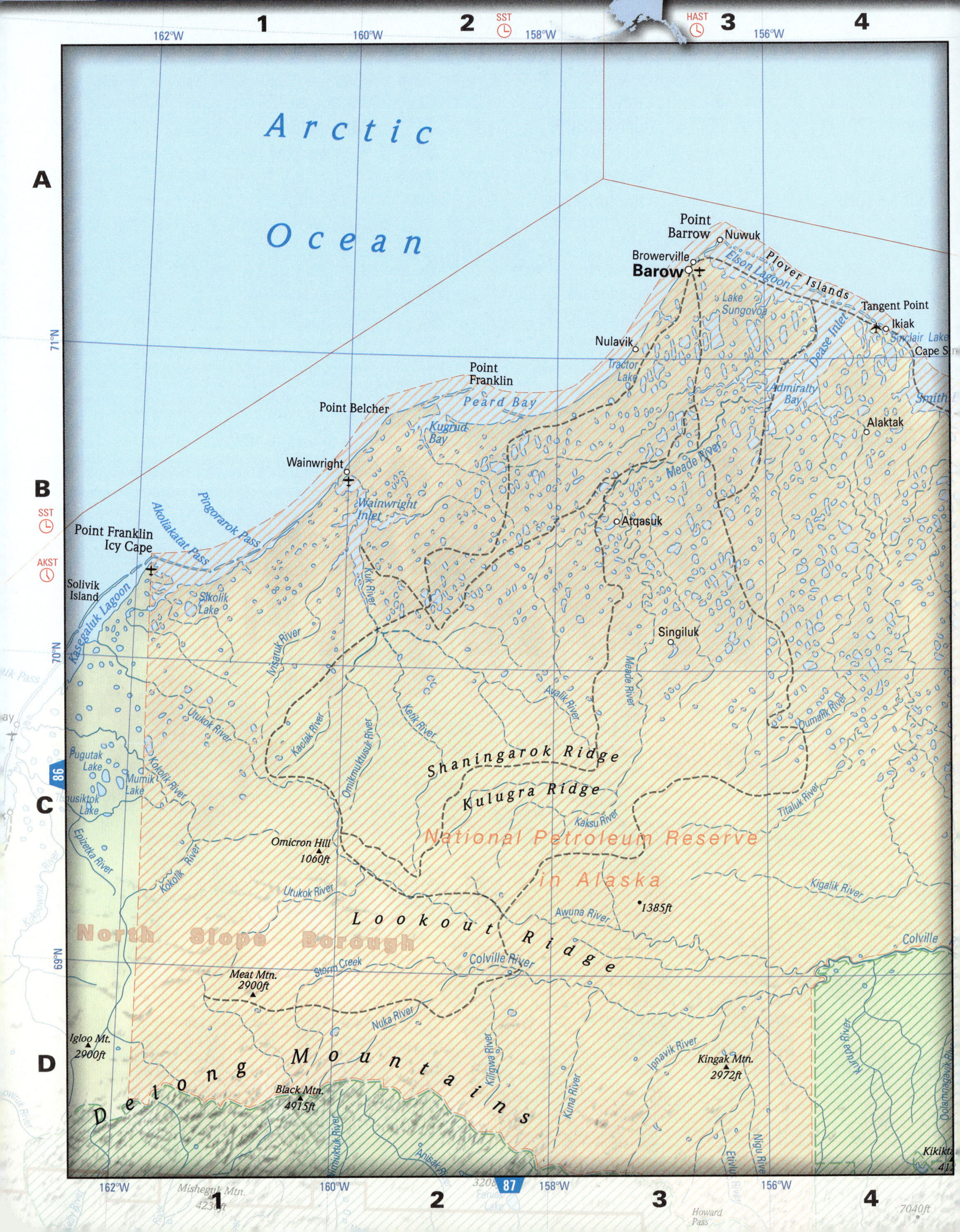
1
2
3
4
A
B
C
D
SST
HAST
AKST
162°W
160°W
158°W
156°W
71°N
70°N
69°N
Arctic Ocean
Point Barrow
Nuwuk
Browerville
Barow
Elson Lagoon
Plover Islands
Tangent Point
Ikiak
Sinclair Lake
Cape Simpson
Lake Sungovoa
Dease Inlet
Nulavik
Tractor Lake
Admiralty Bay
Smith Bay
Point Franklin
Peard Bay
Point Belcher
Kugrua Bay
Alaktak
Meade River
Wainwright
Wainwright Inlet
Atqasuk
Pingorarok Pass
Akoliakatat Pass
Point Franklin
Icy Cape
Solivik Island
Kasegaluk Lagoon
Sikolik Lake
Kuk River
Singiluk
Ivisaruk River
Meade River
Avalik River
Utukok River
Kaolak River
Omikmuktusuk River
Ketik River
Oumalik River
Pugutak Lake
Mumik Lake
Kokolik River
Tunusiktok Lake
Shaningarok Ridge
Kulugra Ridge
Kaksu River
Titaluk River
Epizetka River
National Petroleum Reserve in Alaska
Omicron Hill 1060ft
Kokolik River
Utukok River
Kigalik River
Awuna River
1385ft
North Slope Borough
Lookout Ridge
Colville
Storm Creek
Colville River
Meat Mtn. 2900ft
Nuka River
Ipnavik River
Igloo Mt. 2900ft
Kingak Mtn. 2972ft
Killigwa River
Kurupa River
DeLong Mountains
Kuna River
Black Mtn. 4915ft
Anisak River
Etivluk River
Nigu River
Kikiktak
86
87
Mishegub Mtn. 4230ft
Howard Pass
7040ft

Beaufort Sea
Cape Simpson
Drew Pt.
Pitt Point
Kokruagarok
Pogik Bay
Smith Bay
Anakruak
Cape Halkett
Harrison Bay
Teshekpuk Lake
Atigaru Pt.
North Slope Borough
Nuiqsut
Oliktok Point
Jones Islands
Simpson Lagoon
Beechey Point
Return Islands
Midway Islands
Cross Island
Prudhoe Bay
Deadhorse
No private Transport beyond the Barrier
Point Brower
Foggy Island Bay
Tigvariak I.
Stockton Islands
Maguire Islands
Mikkelsen Bay
Bullen
Colville River
White Hills
Sagavanirktok River
Sagwon
Trans-Alaska Pipeline
Umiat
Outpost Mtn. 1305ft
1730ft
Oksrukuyik
Imnaviat Mtn. 3680ft
Itigaknit Lake
Castle Mtn. 3409ft
3120ft
Kiktat Mtn. 4126ft
3611ft
Anaktuvuk Pass
Highest Roadpass in Alaska
Atigun Pass
Faxman Island
Mt. Salisbury
Little Njoo Mtn. 5568ft
HAST
AKST
154°W
152°W
150°W
148°W
146°W
71°N
70°N
69°N
88
89
0 10 30 60 km
0 10 20 40 Miles

Arctic Ocean
Chukchi Sea
Kotzebue Sound
RUSSIA
U.S.A.
Solivik Island
Kasegaluk Lagoon
Akunik Pass
Point Lay
Kukpowruk Pass
Pugutak Lake
Mumik Lake
Tunusiktok Lake
Kokolik River
Naokak
Epizetka River
Kukpowruk River
North
Cape Beaufort
Cape Sabine
Cape Lisburne
Wevok
Alaska Maritime NW R
Mt. Hamlet 2034ft
Cape Lewis
Cape Dyer
Pitmegea River
Igloo Mt. 2900ft
Ipewik River
Mt. Kelly 3152ft
Kukpowruk River
Point Hope
Aiautak Lagoon
Alaska Maritime NWR
Saklolik Mtn. 701ft
Kukpuk River
Cape Thompson
Chariot
Kivalina River
Deadlock Mtn. 2995ft
Kelly River
Cape Seppings
Wulik River
Mulgrave Hills
Kikmiksot Mtn. 2283ft
Noatak River
3380ft
Kivalina
Imikruk Lagoon
Cape Krusenstern National Monument
Noatak
Kotlik Lagoon
Agashashok River
Squirrel River
Nauyoaruk
Krusenstern Lagoon
Cape Krusenstern
Cape Krusenstern National Monument
Sheshalik
Shesalik Spit
Kotzebue
Ralph Wien Memorial
Nana Museum of the Arctic
Hotham Inlet
Cape Blossom
Espenberg
Kividlo
Singeak
Cape Espenberg
Del
Bai
SST
AKST
MAGT
70°N
69°N
68°N
67°N
168°W
166°W
164°W
162°W

90

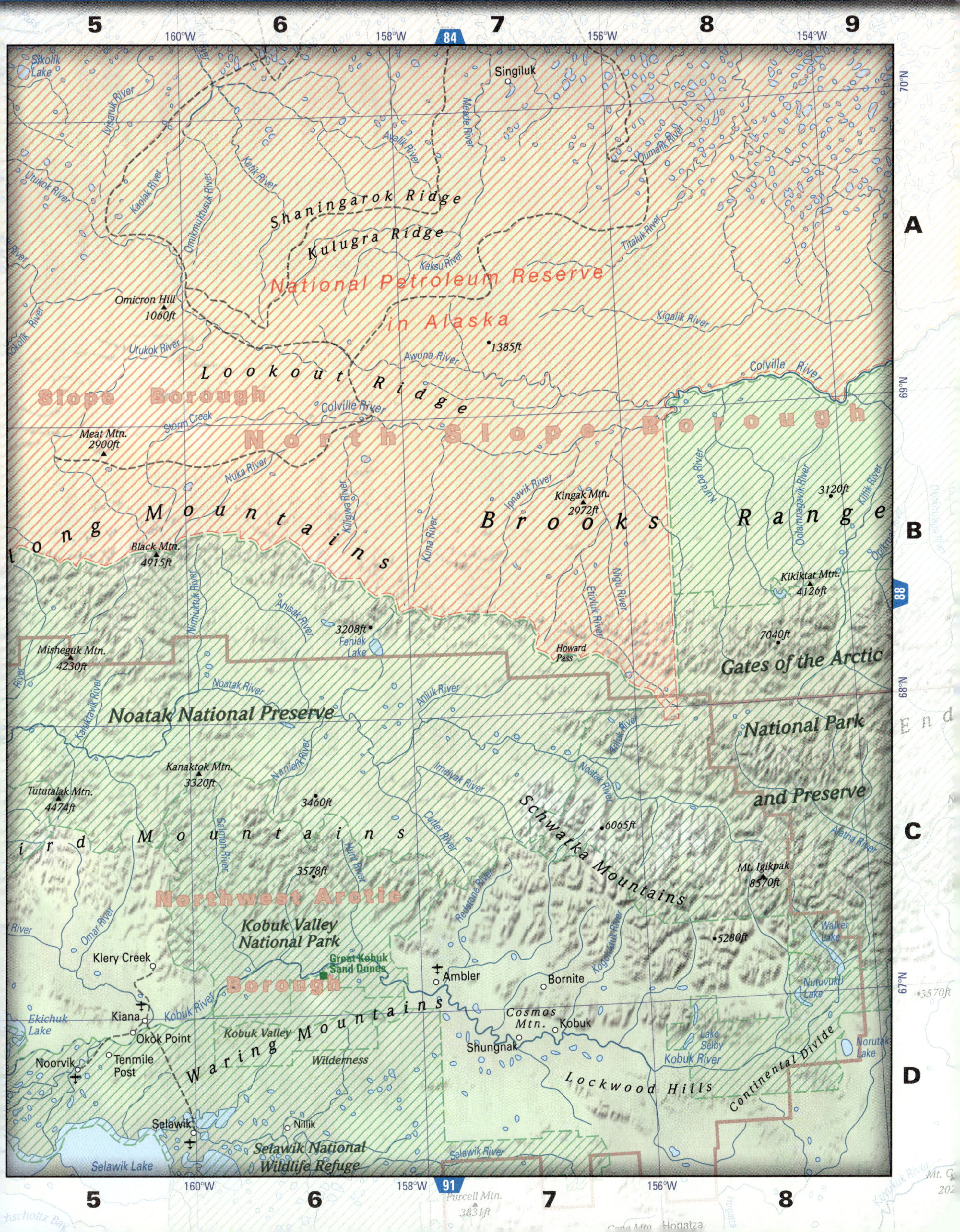
0 10 30 60 km
0 10 20 40 Miles
N
5
6
7
8
9
A
B
C
D
160°W
158°W
156°W
154°W
70°N
69°N
68°N
67°N
84
88
91
Sikolik Lake
Singiluk
Ivisaruk River
Utukok River
Kaolak River
Omikmuktusuk River
Ketik River
Avalik River
Meade River
Oumalik River
Shaningarok Ridge
Kulugra Ridge
Kaksu River
Titaluk River
National Petroleum Reserve in Alaska
Omicron Hill 1060ft
Kigalik River
Utukok River
Awuna River
1385ft
Colville River
Lookout Ridge
Slope Borough
North Slope Borough
Colville River
Storm Creek
Meat Mtn. 2900ft
Nuka River
Killik River
Ipnavik River
Kingak Mtn. 2972ft
Kurupa River
Anaktuvuk River
Oolamnagavik River
3120ft
Brooks Range
De Long Mountains
Black Mtn. 4915ft
Kuna River
Etivluk River
Nigu River
Kikiktat Mtn. 4126ft
Nimiuktuk River
Anisak River
3208ft
Feniak Lake
Howard Pass
7040ft
Misheguk Mtn. 4230ft
Gates of the Arctic National Park and Preserve
Noatak River
Aniuk River
Kaluktavik River
Noatak National Preserve
Kanaktok Mtn. 3320ft
Nanielik River
Imelyak River
Noatak River
Tututalak Mtn. 4474ft
3460ft
Cutler River
Schwatka Mountains
6065ft
Baird Mountains
Salmon River
Hunt River
3578ft
Redstone River
Alatna River
Mt. Igikpak 8570ft
Northwest Arctic Borough
Omar River
Kobuk Valley National Park
Great Kobuk Sand Dunes
5280ft
Walker Lake
Klery Creek
Ambler
Bornite
Kogoluktuk River
Nutuvukti Lake
Kiana
Kobuk River
Cosmos Mtn.
Kobuk
Ekichuk Lake
Okok Point
Kobuk Valley Wilderness
Waring Mountains
Shungnak
Lake Selby
Kobuk River
Noorvik
Tenmile Post
Lockwood Hills
Continental Divide
Norutak Lake
Selawik
Nillik
Selawik National Wildlife Refuge
Selawik River
Selawik Lake
Purcell Mtn. 3831ft
Hogatza
3570ft
End

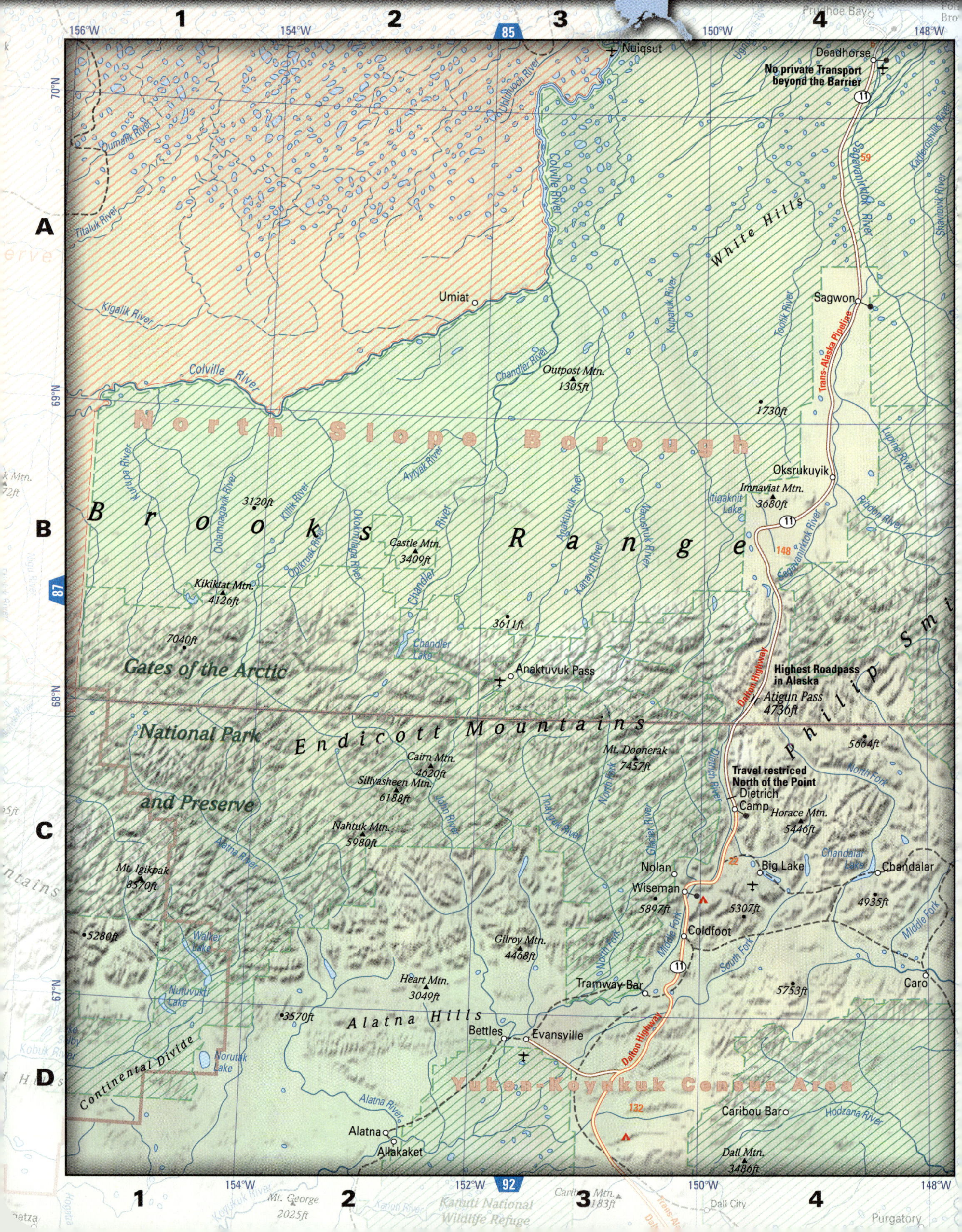

North Slope Borough
Brooks Range
Gates of the Arctic
National Park
and Preserve
Endicott Mountains
Philip Smith
White Hills
Alatna Hills
Continental Divide
Yukon-Koyukuk Census Area
Nuiqsut
Deadhorse
No private Transport beyond the Barrier
Prudhoe Bay
Umiat
Sagwon
Trans-Alaska Pipeline
Outpost Mtn. 1305ft
1730ft
Oksrukuyik
Imnaviat Mtn. 3680ft
Itigaknit Lake
3120ft
Castle Mtn. 3409ft
Kikiktat Mtn. 4126ft
7040ft
3611ft
Chandler Lake
Anaktuvuk Pass
Highest Roadpass in Alaska
Atigun Pass 4736ft
Dalton Highway
5664ft
Mt. Doonerak 7457ft
Cairn Mtn. 4620ft
Sillyasheen Mtn. 6188ft
Nahtuk Mtn. 5980ft
Mt. Igikpak 8570ft
5280ft
Travel restriced North of the Point
Dietrich Camp
Horace Mtn. 5446ft
Nolan
Wiseman
5897ft
Big Lake
Chandalar Lake
Chandalar
4935ft
5307ft
Coldfoot
Gilroy Mtn. 4468ft
Heart Mtn. 3049ft
Tramway Bar
5753ft
Caro
3570ft
Walker Lake
Nutuvukti Lake
Norutak Lake
Bettles
Evansville
Alatna
Allakaket
Caribou Bar
Dall Mtn. 3486ft
Colville River
Colville
Kigalik River
Titaluk River
Oumalik River
Chandler River
Kuparuk River
Toolik River
Sagavanirktok River
Kadleroshilik River
Shaviovik River
Lupine River
Ribdon River
Killik River
Oolamnagavik River
Kurupa River
Anaktuvuk River
Nanushuk River
Itkillik River
Okokmilaga River
Alatna River
John River
Tinayguk River
Glacier River
Dietrich River
North Fork
Middle Fork
South Fork
Hodzana River
Kobuk River
Mt. George 2025ft
Kanuti National Wildlife Refuge
Dall City
Purgatory
156°W
154°W
152°W
150°W
148°W
70°N
69°N
68°N
67°N
85
87
92
11
59
148
22
132
1
2
3
4
A
B
C
D

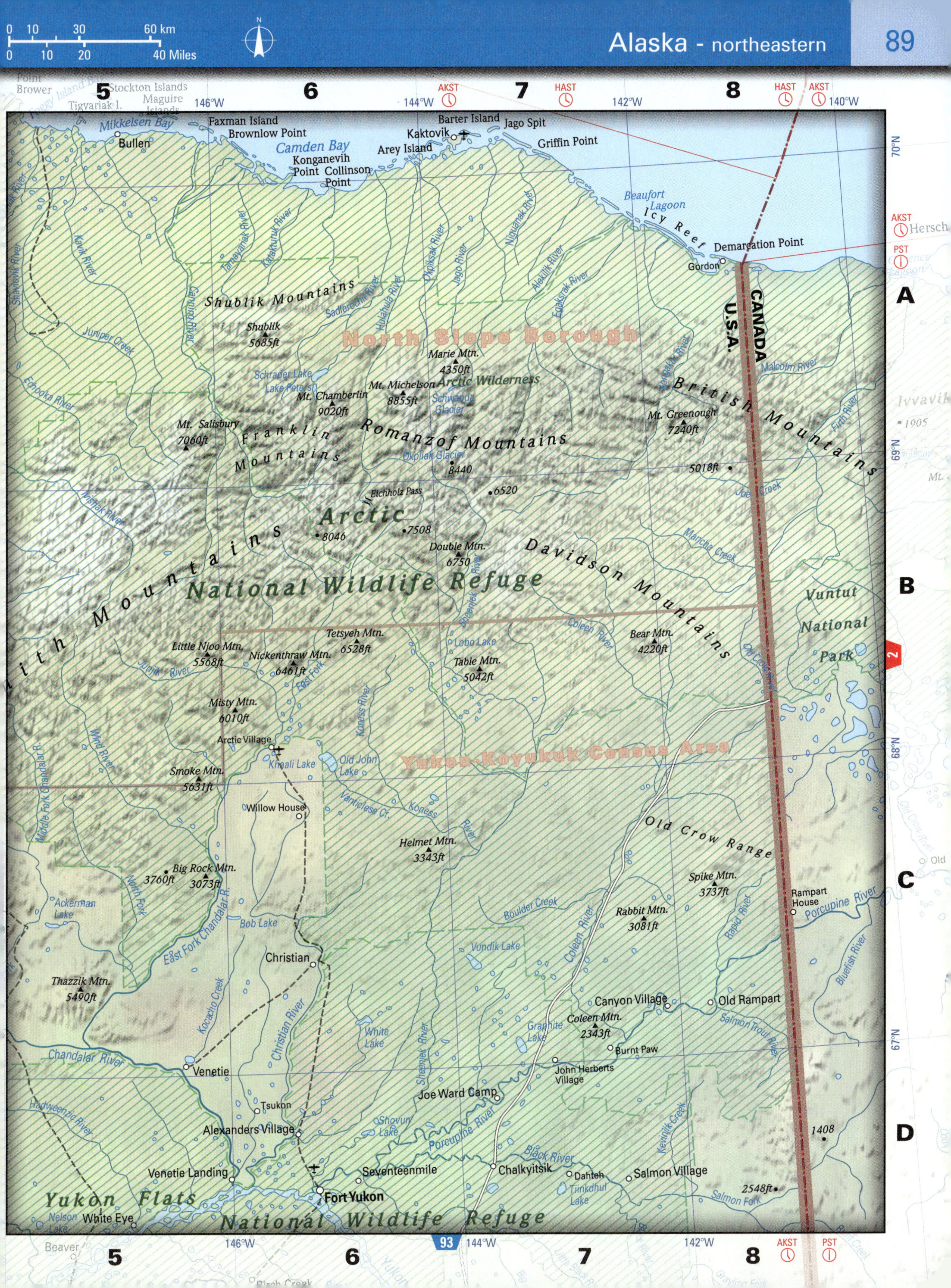
0 10 30 60 km
0 10 20 40 Miles
N
5
6
7
8
146°W
144°W
142°W
140°W
AKST
HAST
PST
70°N
69°N
68°N
67°N
A
B
C
D
Point Brower
Stockton Islands
Maguire Islands
Tigvariak I.
Mikkelsen Bay
Bullen
Faxman Island
Brownlow Point
Camden Bay
Konganevih Point
Collinson Point
Barter Island
Kaktovik
Jago Spit
Arey Island
Griffin Point
Beaufort Lagoon
Icy Reef
Demarcation Point
Gordon
Herschel
CANADA
U.S.A.
North Slope Borough
Shublik Mountains
Shublik 5685ft
Marie Mtn. 4350ft
Arctic Wilderness
Mt. Michelson 8855ft
Mt. Chamberlin 9020ft
Schrader Lake
Lake Peters
Mt. Salisbury 7060ft
Franklin Mountains
Romanzof Mountains
Okpilak Glacier
8440
Mt. Greenough 7240ft
British Mountains
Ivvavik
5018ft
Eichholz Pass
6520
Arctic
8046
7508
Double Mtn. 6750
Davidson Mountains
National Wildlife Refuge
Philip Smith Mountains
Vuntut National Park
Tetsyeh Mtn. 6528ft
Little Njoo Mtn. 5568ft
Nickenthraw Mtn. 6461ft
Bear Mtn. 4220ft
Lobo Lake
Table Mtn. 5042ft
Misty Mtn. 6010ft
Arctic Village
Kinnali Lake
Old John Lake
Yukon-Koyukuk Census Area
Smoke Mtn. 5631ft
Willow House
Helmet Mtn. 3343ft
Old Crow Range
Big Rock Mtn. 3073ft
3760ft
Spike Mtn. 3737ft
Rampart House
Rabbit Mtn. 3081ft
Ackerman Lake
Bob Lake
Vundik Lake
Christian
Thazzik Mtn. 5490ft
Canyon Village
Old Rampart
Coleen Mtn. 2343ft
White Lake
Graphite Lake
Burnt Paw
John Herberts Village
Venetie
Joe Ward Camp
Tsukon
Alexanders Village
Shovun Lake
1408
Venetie Landing
Seventeenmile
Chalkyitsik
Dahteh
Salmon Village
Tiinkdhul Lake
2548ft
Yukon Flats
Fort Yukon
National Wildlife Refuge
Nelson Lake
White Eye
Beaver
Birch Creek
93
Shaviovik River
Kavik River
Canning River
Tamayariak River
Katakturuk River
Sadlerochit River
Hulahula River
Okpilak River
Jago River
Niguanak River
Aichilik River
Egaksrak River
Kongakut River
Malcolm River
Firth River
Juniper Creek
Echooka River
Ivishak River
Junjik River
Sheenjek River
Coleen River
Joe Creek
Mancha Creek
Old Crow River
East Fork
Koness River
Wind River
Middle Fork Chandalar R.
Vanticlese Cr.
North Fork
East Fork Chandalar R.
Boulder Creek
Coleen River
Rapid River
Porcupine River
Bluefish River
Kocacho Creek
Christian River
Sheenjek River
Salmon Trout River
Chandalar River
Hadweenzic River
Porcupine River
Black River
Kevinjik Creek
Salmon Fork
Yukon

Kotzebue Sound
Bering Strait
Bering Land Bridge National Preserve
Seward Peninsula
Norton Sound
St. Lawrence Island
Alaska Maritime National Wildlife Refuge
Yukon Delta Wilderness
RUSSIA
U.S.A.
Nome
Carrie McLain Memorial Museum
Nome-Teller-Highway
Nome-Taylor-Highway
Nome-Council-Highway
Iditarod Nat. Hist. Trail
Shishmaref
Espenberg
Cape Espenberg
Kividlo
Singeak
Devil Mtn. 798ft
Cape Lowenstern
Goodhope Bay
Deering
Cape Deceit
Point Garnet
Ikpek Lagoon
Ikpek
Ear Mtn. 2325ft
Mitletukeruk
Mugisitokiwik
Big Diomede I.
Inalik
Little Diomede I.
Wales
Cape Prince of Wales
Tin City
Lopp Lagoon
York
Lost River
Cape York
York Mountains
Brooks Mtn. 2898ft
Nuluk Shelter
Serpentine Hot Springs
Taylor
Black Dome 2870ft
Black Dome
Aurora
Fink Creek
Chicago Creek
Candle
Cottonwood
Camp 19
Monument Mtn. 2434ft
Igloo
Brevig Mission
Teller
Port Clarence
Point Spencer
Bering
Davidsons Landing
Kougarok
Dahl
Brakes Bottom
Bunker Hill
Mt. Bendeleben 3730ft
Bendeleben Mountains
Camp Haven
Imuruk Basin
New Igloo
Marys Igloo
Pilgrim Springs
Mt. Osborn 4714ft
Iron Creek
Sullivan Camp
Cape Douglas
King I.
Ukivok
Singigyak
Jensens Camp
Oregon
Ruby Roadhouse
Casadepaga
Council
Omilak
Derby Mtn.
3273ft
Cape Rodney
Sinuk
Sunset
Summit
Fort Davis
East Fork
White Mountain
Moses Point
Elim
Walla Walla
Solomon
Topkok
Bluff
Tonok
Dickson
Golovin
Portage Roadhouse
Sledge Island
Cape Nome
Port Safety
Rocky Point
Golovin Mission
Golovin Bay
Cape Darby
Gambell
Northwest Cape
Niyrakpak Lagoon
Savoonga
Kookoolik Cape
Kookoolik
Naskak Camp
Kitnepaluk
Apatiki Camp
Kangee Camp
Ataakas Camp
Powooiliak Camp
Silook Camp
Camp Iveetok
Kintanga Bay
Sevak Camp
Lietnik
Northeast Cape
Sooghmeghat
Siknik Trading Camp
Myghapowit Mtn. 1453
Camp Kulowiye
Southwest Cape
Powooiliak Bay
Koozata Lagoon
Siknik Cape
Cape Apavawook
Punuk Island
Sekinak Lagoon
Southeast Cape
Stuart I.
Hunting Pt.
Stebbins
Cape Stephens
St. Michael
Healy
Stephens Pass
Pikmiktalik
Pt. Romanof
Pastol Bay
Kotlik I.
Yukon Delta
Nunaktuk I.
Nokogamiut
Kwikpak
Kotlik
Pastolik
Agiekiekak
Tuchiak
Emangak
Bill Moores
Naguchik
Hamilton
Emmonak
Kwiguk
Kravaksarak
Akumsuk
New Hamilton
Alakanuk
Lamont
Agcklarok
Trogshako
Kwikpuk
Waklarok
Sheldon Point
Eleutak
Arovirchagk
Fish Village
Tukukpaik
Nome
Elim
168°W 166°W 164°W 162°W 172°W 170°W
66°N 65°N 64°N 63°N
86 94
MAGT AKST

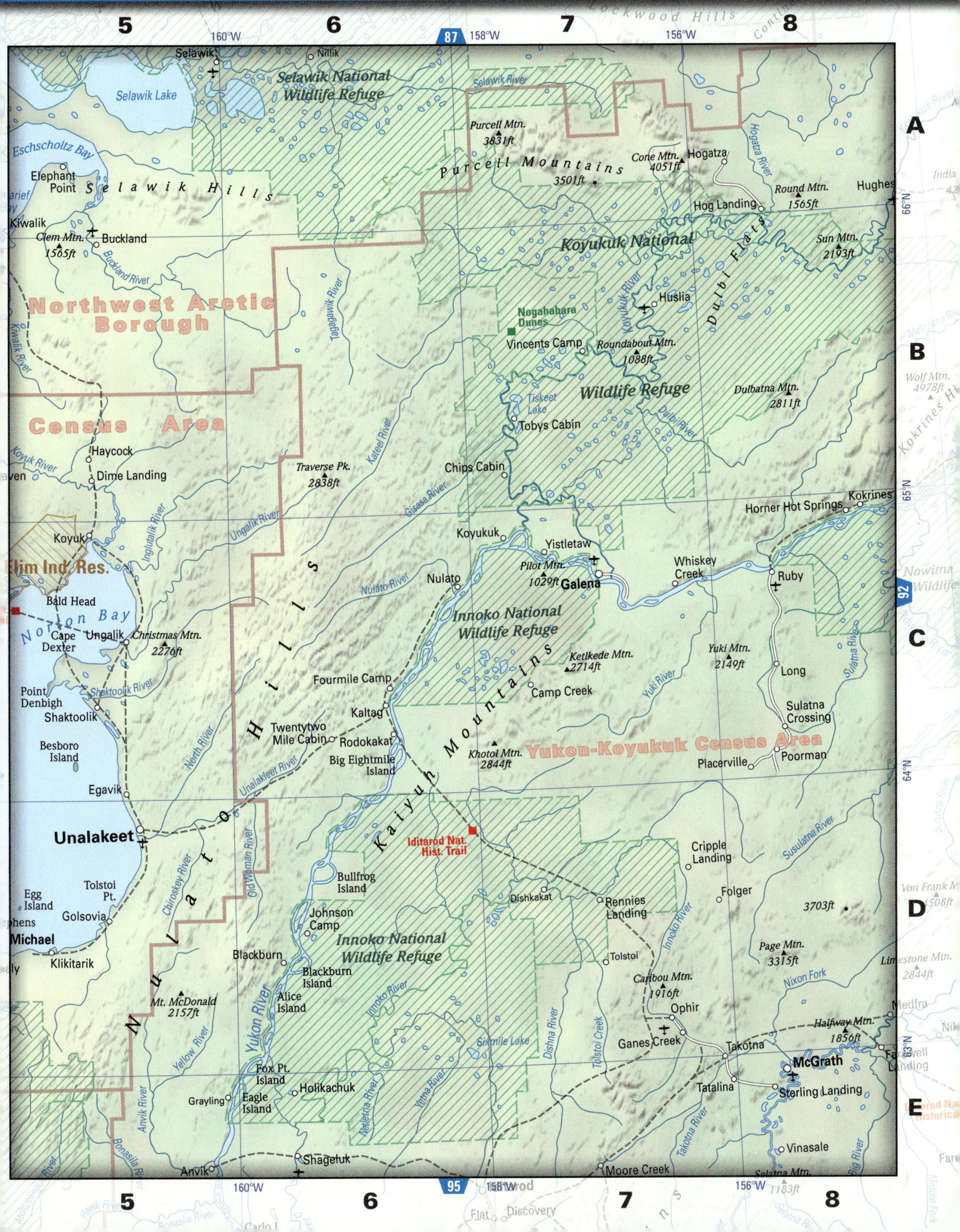
0 10 30 60 km
0 10 20 40 Miles
N
5
6
7
8
A
B
C
D
E
160°W
158°W
156°W
66°N
65°N
64°N
63°N
87
92
95
Lockwood Hills
Selawik
Nillik
Selawik Lake
Selawik National Wildlife Refuge
Selawik River
Purcell Mtn. 3831ft
Purcell Mountains
3501ft
Cone Mtn. 4051ft
Hogatza
Hogatza River
Round Mtn. 1565ft
Hughes
Hog Landing
Eschscholtz Bay
Elephant Point
Selawik Hills
Kiwalik
Clem Mtn. 1565ft
Buckland
Buckland River
Koyukuk National
Sun Mtn. 2193ft
Dulbi Flats
Huslia
Koyukuk River
Northwest Arctic Borough
Tagagawik River
Nogahabara Dunes
Vincents Camp
Roundabout Mtn. 1088ft
Kiwalik River
Tiskeet Lake
Wildlife Refuge
Dulbatna Mtn. 2811ft
Tobys Cabin
Dulbi River
Census Area
Haycock
Koyuk River
Dime Landing
Kateel River
Traverse Pk. 2838ft
Chips Cabin
Gisasa River
Inglutalik River
Ungalik River
Horner Hot Springs
Kokrines
Koyuk
Koyukuk
Yistletaw
Elim Ind. Res.
Pilot Mtn. 1029ft
Galena
Whiskey Creek
Ruby
Nulato
Nulato River
Bald Head
Norton Bay
Cape Dexter
Ungalik
Christmas Mtn. 2276ft
Innoko National Wildlife Refuge
Ketlkede Mtn. 2714ft
Yuki Mtn. 2149ft
Long
Sulatna River
Fourmile Camp
Camp Creek
Yuki River
Point Denbigh
Shaktoolik River
Shaktoolik
Kaltag
Sulatna Crossing
Twentytwo Mile Cabin
Rodokakat
Big Eightmile Island
Khotol Mtn. 2844ft
Yukon-Koyukuk Census Area
Poorman
Placerville
Besboro Island
North River
Unalakleet River
Egavik
Nulato Hills
Kaiyuh Mountains
Unalakleet
Iditarod Nat. Hist. Trail
Cripple Landing
Susulatna River
Old Woman River
Chiroskey River
Bullfrog Island
Tolstoi Pt.
Egg Island
Golsovia
Dishkakat
Rennies Landing
Folger
3703ft
Michael
Johnson Camp
Innoko National Wildlife Refuge
Blackburn
Klikitarik
Tolstoi
Innoko River
Page Mtn. 3315ft
Blackburn Island
Caribou Mtn. 1916ft
Nixon Fork
Alice Island
Mt. McDonald 2157ft
Ophir
Halfway Mtn. 1856ft
Medfra
Yukon River
Yellow River
Sixmile Lake
Dishna River
Tolstoi Creek
Ganes Creek
Takotna
McGrath
Fox Pt. Island
Holikachuk
Tatalina
Sterling Landing
Grayling
Eagle Island
Anvik River
Yetna River
Takotna River
Vinasale
Bonasila River
Shageluk
Anvik
Moore Creek
Big River
Selatna Mtn. 1183ft
Flat
Discovery
Wolf Mtn. 4978ft
Kokrines Hills
Von Frank Mtn. 4508ft
Limestone Mtn. 2844ft
Nowitna Wildlife
Farewell Landing
Iditarod Nat. Historical
Hawk River
Carlo I

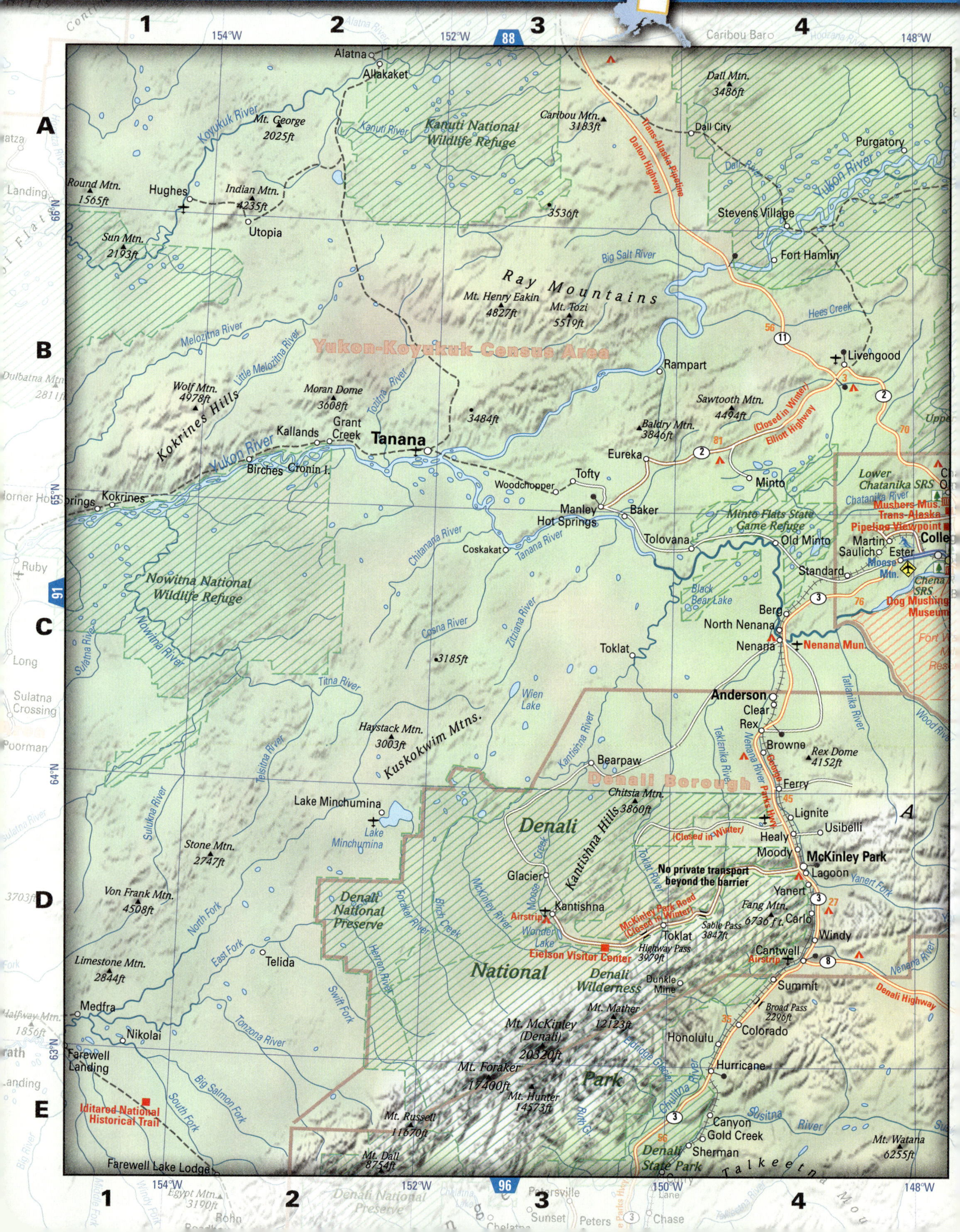

Alatna
Allakaket
Kanuti National Wildlife Refuge
Kanuti River
Koyukuk River
Mt. George 2025ft
Caribou Mtn. 3183ft
Dall Mtn. 3486ft
Dall City
Trans-Alaska Pipeline
Dalton Highway
Purgatory
Round Mtn. 1565ft
Hughes
Indian Mtn. 4235ft
Utopia
3536ft
Stevens Village
Yukon River
Dall River
Sun Mtn. 2103ft
Fort Hamlin
Big Salt River
Ray Mountains
Mt. Henry Eakin 4827ft
Mt. Tozi 5519ft
Hess Creek
Melozitna River
Little Melozitna River
Yukon-Koyukuk Census Area
Livengood
Rampart
Wolf Mtn. 4978ft
Moran Dome 3608ft
Tozitna River
Kokrines Hills
Sawtooth Mtn. 4494ft
3484ft
Baldry Mtn. 3846ft
(Closed in Winter)
Elliott Highway
Kallands
Grant Creek
Tanana
Eureka
Birches
Cronin I.
Woodchopper
Tofty
Minto
Lower Chatanika SRS
Chatanika River
Mushers Mus.
Trans-Alaska Pipeline Viewpoint
Kokrines
Manley Hot Springs
Baker
Minto Flats State Game Refuge
Tolovana
Old Minto
Martin
Saulich
Ester
Moose Mtn.
Coskakat
Tanana River
Chitanana River
Standard
Chena SRS
Dog Mushing Museum
Ruby
Nowitna National Wildlife Refuge
Black Bear Lake
Berg
North Nenana
Nenana
Nenana Mun.
Zitziana River
Cosna River
Toklat
Nowitna River
Sulatna River
3185ft
Titna River
Wien Lake
Anderson
Clear
Rex
Haystack Mtn. 3003ft
Kuskokwim Mtns.
Browne
Rex Dome 4152ft
Tatlanika River
Wood River
Bearpaw
Kantishna River
Toklanika River
Nenana River
Denali Borough
Ferry
Chitsia Mtn. 3860ft
Lake Minchumina
Denali
Kantishna Hills
Lignite
Usibelli
Healy
(Closed in Winter)
Moody
McKinley Park
Stone Mtn. 2747ft
Telsitna River
Sulukna River
Glacier
Lagoon
No private transport beyond the barrier
Yanert
Yanert Fork
Von Frank Mtn. 4508ft
North Fork
Denali National Preserve
Foraker River
Birch Creek
McKinley River
Moose Creek
Kantishna
Airstrip
Wonder Lake
McKinley Park Road (Closed in Winter)
Toklat
Sable Pass 3847ft
Fang Mtn. 6736ft
Carlo
Windy
East Fork
Telida
Eielson Visitor Center
Highway Pass 3979ft
Cantwell
Airstrip
Limestone Mtn. 2844ft
Herron River
National
Denali Wilderness
Dunkle Mine
Nenana River
Summit
Denali Highway
Medfra
Swift Fork
Mt. Mather 12123ft
Broad Pass 2296ft
Nikolai
Tonzona River
Mt. McKinley (Denali) 20320ft
Honolulu
Colorado
Farewell Landing
Big Salmon Fork
Mt. Foraker 17400ft
Park
Eldridge Glacier
Chulitna River
Hurricane
Mt. Hunter 14573ft
Iditarod National Historical Trail
South Fork
Ruth Gl.
Canyon
Susitna River
Mt. Russell 11670ft
Gold Creek
Mt. Dall 8754ft
Denali State Park
Sherman
Mt. Watana 6255ft
Talkeetna Mountains
Farewell Lake Lodge
154°W
152°W
150°W
148°W
65°N
64°N
63°N
1 2 3 4
A B C D E
88
91
96
Petersville
Sunset
Peters
Chase
Lane
Denali National Preserve
Egypt Mtn. 3190ft

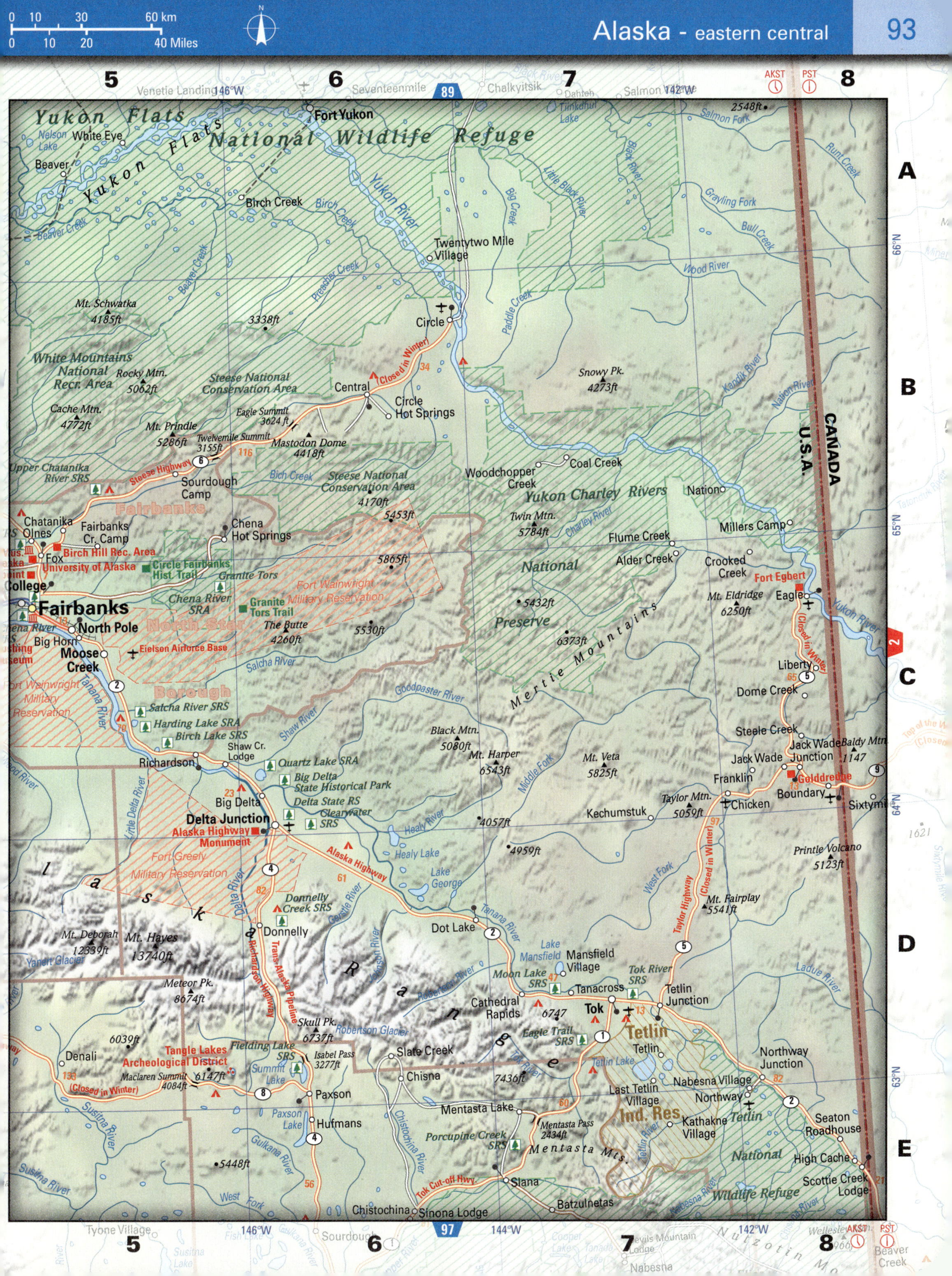
0 10 30 60 km
0 10 20 40 Miles
N
5
6
7
8
A
B
C
D
E
Venetie Landing
146°W
Seventeenmile
89
Chalkyitsik
Salmon
142°W
AKST
PST
Yukon Flats
Yukon Flats National Wildlife Refuge
Fort Yukon
Nelson Lake
White Eye
Beaver
Birch Creek
Beaver Creek
Yukon River
Big Creek
Little Black River
Black River
Salmon Fork
Runt Creek
Grayling Fork
Bull Creek
2548ft
Twentytwo Mile Village
Wood River
Preacher Creek
Mt. Schwatka
4185ft
3338ft
Circle
Paddle Creek
White Mountains National Recr. Area
Rocky Mtn.
5062ft
Steese National Conservation Area
Central
Closed in Winter
Circle Hot Springs
Snowy Pk.
4273ft
Kandik River
Nation River
Cache Mtn.
4772ft
Mt. Prindle
5286ft
Eagle Summit
3624 ft
Twelvemile Summit
3155ft
Mastodon Dome
4418ft
Coal Creek
CANADA
U.S.A.
Upper Chatanika River SRS
Steese Highway
Sourdough Camp
Birch Creek
Woodchopper Creek
Yukon Charley Rivers
Nation
Fairbanks
4170ft
5453ft
Twin Mtn.
5784ft
Charley River
Chatanika
Olnes
Fairbanks Cr. Camp
Chena Hot Springs
Flume Creek
Millers Camp
Fox
Birch Hill Rec. Area
University of Alaska
Circle Fairbanks Hist. Trail
5865ft
Alder Creek
Crooked Creek
National
Fort Egbert
College
Granite Tors
Fort Wainwright Military Reservation
Mt. Eldridge
6250ft
Eagle
Fairbanks
Chena River SRA
Granite Tors Trail
5432ft
Yukon River
North Pole
North Star
The Butte
4260ft
5530ft
Preserve
6373ft
Big Horn
Eielson Airforce Base
Mertie Mountains
Closed in Winter
Moose Creek
Borough
Salcha River
Liberty
Fort Wainwright Military Reservation
Tanana River
Goodpaster River
Dome Creek
Salcha River SRS
Harding Lake SRA
Birch Lake SRS
Shaw River
Black Mtn.
5080ft
Steele Creek
Shaw Cr. Lodge
Mt. Harper
6543ft
Jack Wade Junction
Baldy Mtn.
1147
Richardson
Quartz Lake SRA
Big Delta State Historical Park
Mt. Veta
5825ft
Jack Wade
Franklin
Golddredge
Little Delta River
Big Delta
Delta State RS
Clearwater SRS
Middle Fork
Taylor Mtn.
5059ft
Chicken
Boundary
Sixtymile
Delta Junction
Alaska Highway Monument
Healy River
4057ft
Kechumstuk
Healy Lake
4959ft
Printle Volcano
5123ft
Fort Greely Military Reservation
Alaska Highway
Lake George
West Fork
Taylor Highway
Closed in Winter
Alaska Range
Delta River
Donnelly Creek SRS
Gerstle River
Mt. Fairplay
5541ft
Donnelly
Dot Lake
Tanana River
Mt. Deborah
12339ft
Mt. Hayes
13740ft
Yanert Glacier
Richardson Highway
Trans Alaska Pipeline
Johnson River
Lake Mansfield
Mansfield Village
Moon Lake SRS
Tok River SRS
Tanacross
Ladue River
Meteor Pk.
8674ft
Robertson River
Cathedral Rapids
6747
Tok
Tetlin Junction
Skull Pk.
6737ft
Robertson Glacier
Eagle Trail SRS
Tetlin
Tetlin
6039ft
Tangle Lakes Archeological District
Fielding Lake SRS
Isabel Pass
3277ft
Slate Creek
Tetlin Lake
Northway Junction
Denali
Maclaren Summit
4084ft
6147ft
Summit Lake
Chisna
7436ft
Last Tetlin Village
Nabesna Village
Closed in Winter
Paxson
Mentasta Lake
Northway
Ind. Res
Susitna River
Paxson Lake
Hufmans
Chistochina River
Mentasta Pass
2434ft
Kathakne Village
Tetlin
Seaton Roadhouse
Porcupine Creek SRS
Mentasta Mts.
National
High Cache
5448ft
Gulkana River
Tetlin River
Scottie Creek Lodge
Susitna River
West Fork
Tok Cut-off Hwy.
Slana
Nabesna Road
Wildlife Refuge
Chistochina
Sinona Lodge
Batzulnetas
Tyone Village
146°W
Sourdough
97
144°W
Devils Mountain Lodge
142°W
Nutzotin Mo
Wellesley
AKST
PST
Beaver Creek
Nabesna

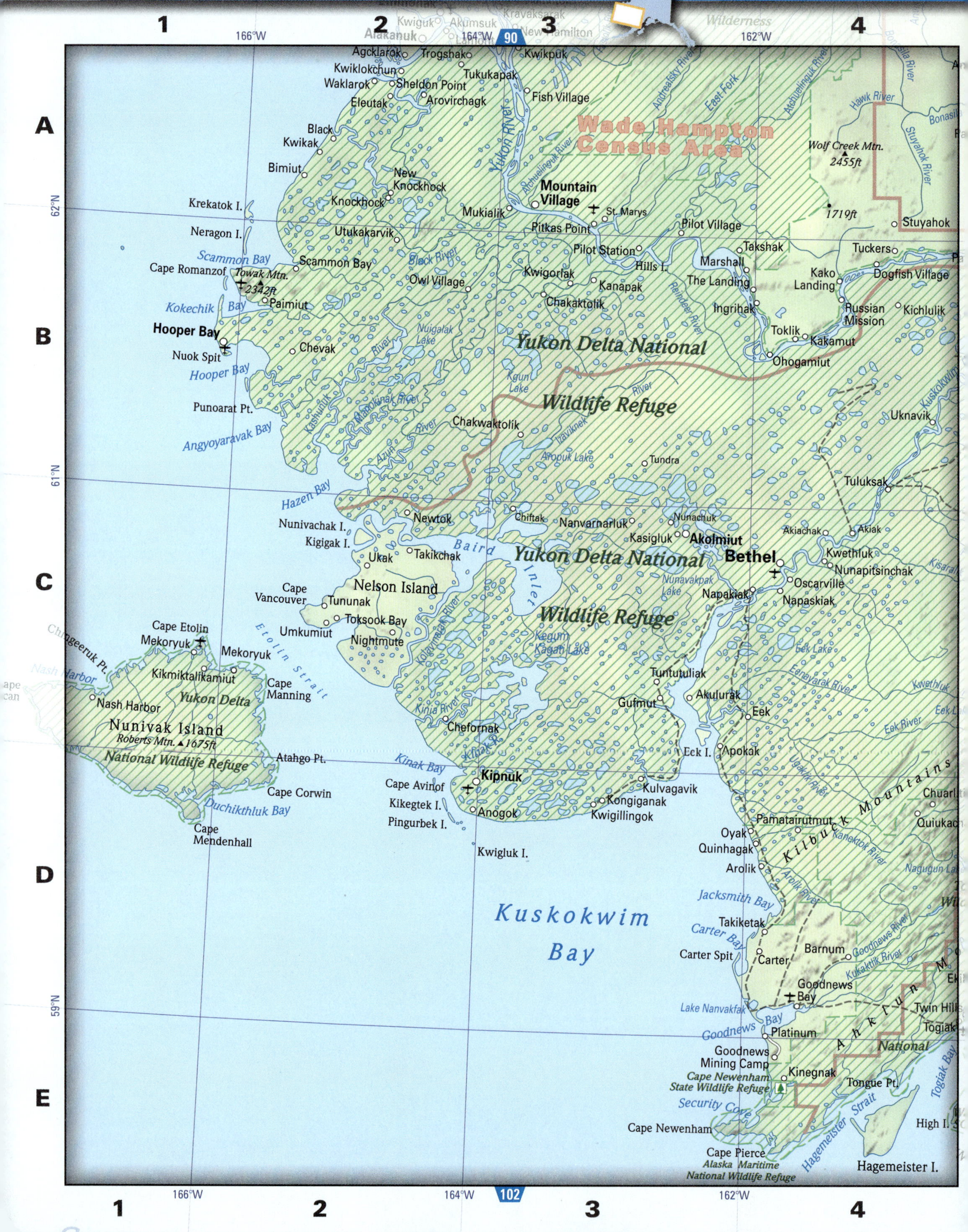
1
2
3
4
A
B
C
D
E
166°W
164°W
162°W
62°N
61°N
59°N
90
102
Agcklarok
Trogshak
Kwikpuk
Kwiklokchun
Tukukapak
Waklarok
Sheldon Point
Eleutak
Arovirchagk
Fish Village
Black
Kwikak
Bimiut
Wade Hampton
Census Area
Wolf Creek Mtn.
2455ft
1719ft
Stuyahok
New
Knockhock
Knockhock
Mountain
Village
St. Marys
Mukialik
Pitkas Point
Pilot Village
Krekatok I.
Neragon I.
Utukakarvik
Pilot Station
Takshak
Tuckers
Scammon Bay
Scammon Bay
Black River
Hills I.
Marshall
Kako
Landing
Dogfish Village
Cape Romanzof
Towak Mtn.
2342ft
Owl Village
Kwigorlak
Kanapak
The Landing
Kokechik Bay
Paimiut
Chakaktolik
Ingrihak
Russian
Mission
Kichlulik
Hooper Bay
Chevak
Toklik
Kakamut
Nuok Spit
Yukon Delta National
Ohogamiut
Hooper Bay
Wildlife Refuge
Punoarat Pt.
Chakwaktolik
Uknavik
Angyoyaravak Bay
Aropuk Lake
Tundra
Tuluksak
Hazen Bay
Newtok
Chiftak
Nanvarnarluk
Nunachuk
Akiachak
Akiak
Nunivachak I.
Kasigluk
Akolmiut
Kigigak I.
Baird Inlet
Yukon Delta National
Bethel
Kwethluk
Ukak
Takikchak
Nunapitsinchak
Oscarville
Nelson Island
Cape
Vancouver
Tununak
Napakiak
Napaskiak
Toksook Bay
Wildlife Refuge
Cape Etolin
Umkumiut
Nightmute
Mekoryuk
Mekoryuk
Etolin Strait
Kagati Lake
Eek Lake
Nash Harbor
Kikmiktalikamiut
Cape
Manning
Tuntutuliak
Nash Harbor
Yukon Delta
Akulurak
Gufmut
Eek
Nunivak Island
Roberts Mtn. 1675ft
Chefornak
National Wildlife Refuge
Eek I.
Apokak
Atahgo Pt.
Kinak Bay
Kipnuk
Kilbuck Mountains
Cape Avinof
Kulvagavik
Cape Corwin
Kikegtek I.
Kongiganak
Kwigillingok
Quiukach
Duchikthluk Bay
Anogok
Pamatairutmut
Cape
Mendenhall
Pingurbek I.
Oyak
Quinhagak
Kwigluk I.
Arolik
Jacksmith Bay
Kuskokwim
Bay
Takiketak
Carter Bay
Barnum
Carter Spit
Carter
Goodnews
Bay
Twin Hills
Togiak
Lake Nanvakfak
Goodnews Bay
Platinum
National
Goodnews
Mining Camp
Ahklun Mountains
Cape Newenham
State Wildlife Refuge
Kinegnak
Tongue Pt.
Security Cove
High I.
Cape Newenham
Hagemeister Strait
Cape Pierce
Alaska Maritime
National Wildlife Refuge
Hagemeister I.

0 10 30 60 km
0 10 20 40 Miles

Iditarod
Aniak
Dillingham
Naknek
Bethel Census Area
Dillinghama Census Area
Lake and Peninsula Borough
Bristol Bay Borough
Kuskokwim Mountains
Kilbuck Mountains
Taylor Mountains
Russian Mountains
Wood - Tikchik State Park
Togiak Wilderness
Togiak Wildlife Refuge
Lake Clark National Preserve
Katmai National Park (Wilderness)
Iliamna Lake
Kuskokwim River
Nushagak River
Mulchatna River
Kvichak Bay
Nushagak Peninsula
Walrus Islands
Sleetmute
Stony River
Lime Village
Nondalton
Iliamna
Port Alsworth
King Salmon
Brooks Falls
Kukak Volcano
Mt. Denison 7606ft
Mt. Hesperus 9828ft

154°W
152°W
150°W
148°W
62°N
61°N
60°N
59°N
1
2
3
A
B
C
D
E
92
95
103
Farewell Lake Lodge
Mt. Dall 8754ft
Egypt Mtn. 3190ft
Rohn Roadhouse
5307ft
Denali National Preserve
Petersville
Sunset
Peters Creek
Chelatna Lodge
Collinsville
Denali State Park
Sherman
Curry
Lane
Chase
Talkeetna Mountains
Mt. Watana 6255ft
Talkeetna
Fish Lake
Sunshine
Matanuska - Susitna Borough
6465ft
Rainy Pass Lodge
Mt. Yenlo 3151ft
Trapper Creek
Montana
Montana Creek SRS
Willow Mountain State Critical Habitat Area
Caswell
Kashwitna
Skwentna
McDougall
Old Skwentna Roadhouse
Mt. Hesperus 9828ft
Alaska Range
Independence Mine State Hist. Park
Independence Mine
Chickaloon
Eska
Glenn Hwy.
Iditarod Trail Sled Dog Race Headquarters
Willow Creek SRA
Willow
Hatcher Pass 3883ft
Moose Creek
Sutton
King Mountain SRS
Matanuska State Rec.
Nancy Lake State Rec. Area
Houston
Finger Lake
Wasilla
Palmer
Kepler Bradley Lakes SRA
Mt. Gerdine 11258ft
Mt. Torbert 11413ft
Mt. Spurr 11069ft
Strandline Lake
Big Lake North SRS
Pittman
Susitna
Cottonwood
Knik
Eklutna
Matanuska
Alexander Creek
Little Susitna SRS
Susitna Flats State Game Refuge
Birchwood
Peters Creek
Chugiak
Eagle River
Chugach State Park
Greater Anchorage Area Borough
Chugach Mountains
10607ft
Fort Richardson
Anchorage
Beluga Lake
Beluga
Tyonek
Ladd
Fire I.
Anchorage Coastal Wildlife Refuge
Heritage Library and Museum
Old Village
Two Lakes
Lake Clark Wilderness
Chakachamna Lake
Old Tyonek
Tobona
Pt. Possession
Turnagain
Potter
Rainbow
Potter Section House SHS
Alyeska Resort and Ski Area
Crow Creek Mine
Girdwood
Kern
Hope
Sunrise
Trading Bay State Game Refuge
Trading Bay
Chickaloon Bay
Captain Cook SRA
Kenai Wilderness
Neacola Mountains
Lake Clark
Chigmit Mountains
Kustatan
Redoubt Bay State CHA
Nikishka
Bernice L. SRS
Kenai NWR
Swetmann Camp
Silvertip
Moraine
Spencer
Tunnel
Grandview
Portage Lake Visitor Center
Whittier
Ziegler Cove SMP
Pottage
Lake Clark National Park
Aleutian Range
Salamatof
Kenai Cultural Center
Kenai
Sterling
Sterling Highway
Soldotna
Cooper Landing
Johnson
Snug Harbor
Hunter
Moose Pass
Lake Clark National Preserve
Redoubt Volcano 10197ft
Kalgin I.
Kalgin Island State CHA
Kalifonsky
Cape Kasilof
Cohoe
Kasilof
Crooked Creek SRS
Skilak Lake
Russian Lakes Trail
Lakeview
Lakeview
Divide
Clam Gulch
Clam Gulch SRA
Kasilof River SRS
Kenai National Wildlife Refuge
Tustumena Lake
Exit Glacier
Woodrow
Alaska SeaLife Center
Seward
Tuxedni Bay
Chisik I.
Ninilchik SRA
Ninilchik
Cook Inlet
Kenai Peninsula Borough
Coastal Trail
Iliamna Volcano 10016ft
Deep Creek SRA
Starisk SRS
Happy Valley
Anchor Point
Anchor River SRA
Anchor River State CHA
Caines Head SRA
Sandspit Pt. SMP
Sunny Cove SMP
Cape Resurrection
Rugged I.
Pedro Bay
Pile Bay Village
Williamsport
Iniskin
Chinitna Bay
Chinitna Point
Oil Point
Dutton
Iliamna Bay
Pratt Mus.
Homer
Kachemak City
Millers Landing
Homer Spit
Kachemak Bay
Kenai Mountains
Blying Sound
Aialik Cape
Ursus Cove
Seldovia
Kachemak Bay State Park
Kenai Fjords National Park
Harris Bay
Granite I.
Contact Point
Burr Pt.
Augustine Island
4025ft
Kamishak Bay
Nordyke I.
English Bay
Port Graham
Indian Village
Kachemak Bay State Wilderness Park
Ragged I.
Outer I.
Nuka I.
Nuka Bay
Akumwarvik Bay
Chrome
Portlock
Elizabeth I.
Gore Point
Port Dick
Kennedy Entrance
Chugach Is.
Gulf of Alaska
Shaw I.
Ushagat I.
Amatuli I.
Alaska Marine Highway
Mt. Douglas 7063ft
Cape Douglas
Barren Islands
Fourpeaked Mtn. 6771ft
Stevenson Entrance
Swikshak
Kaguyak
Dark I.
Shuyak I.
Shuyak Island State Park
Port William
Shuyak Strait
Perenosa Bay
Hallo Bay
Cape Nukshak
Black Cape
Chugach National Forest
Knight I. Passage
Knight
Chenega
Chenega Bay
Port Ashton
Evans I.
Port Crawford
Latouche I.
Horseshoe Bay SMP
Horseshoe
Elrington I.
Elrington Bay
Port Bainbridge
Montague
Cape Cleare
Sargent Icefield
Ptarmigan Creek Trail
Nellie Juan
Port Wells
Golden
Granite Bay
Esther I.
South Esther SMP
Decision Pt. SMP
Surprise Cove SMP
Perry I.
St. M. Park
Port
Lone I.
Bettles Bay SMP
Barry Glacier

0 10 30 60 km
0 10 20 40 Miles
4
5
6
7
A
B
C
D
E
146°W
144°W
142°W
93
104
Tyone Village
Chistochina
Sinona Lodge
Slana
Tok Cut-off Hwy.
Batzulnetas
Scottie Creek Lodge
Sourdough
Gakona Junction
Gakona
Gulkana
Glennallen
Dry Creek SRS
Lake Louise SRA
Tazlina Lodge
Nelchina
Eureka Summit 3323ft
Glenn Highway
Tolsona Lake SPB
Mendeltna
Little Nelchina State Rec. Site
Sheep Mtn. Lodge
Copper Center
Willow Creek
Kenny Lake
Tonsina
Lower Tonsina
Edgerton Hwy.
Squirrel Creek State Rec. Site
Little Tonsina State Recreation Site
Liberty Falls State Rec. Site
Chitina
Taral
Strelna
Chokosna
McCarthy
McCarthy Rd.
Kennicott
Blackburn
May Creek
Chititu Camp
Devils Mountain Lodge
Nabesna
Wellesley Mtn. 4966ft
Beaver Creek
Nutzotin Mountains
Wrangell Saint Elias National Preserve
Mt. Sanford 16237ft
Mt. Drum 12010ft
Mt. Wrangell 14160ft
Wrangell
Saint Elias
Wrangell Mountains
National
Park
Mt. Blackburn 16390ft
Fredertka Mtn. 10366ft
Mt. Bona 16500ft
University Pk. 14470ft
Needle Pk. 7583ft
8558ft
Chisana
Bonanza
U.S.A.
CANADA
Mt. Valhalla 12133ft
Pilot Pk. 8669ft
Chugach Mountains
Valdez
Valdez Museum
Fort Liscum
Tiekel
Worthington Gl. State Rec. Site
Blueberry Lake SRS
Ptarmigan
Thompson Pass 2676ft
Chugach National Forest
Valdez-Cordova Census Area
Shoup Bay SMP
Sawmill Bay State Marine Park
Jack Bay SMP
Ellamar
Tatitlek
Kiniklik
Glacier I.
Bligh I.
Storey I.
Naked I.
Parshas
Port Fidalgo
Port Gravina
Cordova Pk. 7730ft
Hilltop Ski Area
Power Creek Trail
Cordova Museum
Orca
Orca Bay
Cordova
Eyak
Crystal Falls
Canoe Passage SMP
Hawkins I.
Alaganik
Million Dollar Bridge
Miles Glacier
Mt. Tom White 10630ft
Mt. Steller 10617ft
Mt. Miller 8875ft
Yakutat City and Borough
Robinson Mountains
Bagley Icefield
Wrangell Saint Elias Wilderness
Mt. St. Elias 18008ft
Prince William Sound
Nuchek
Egg Is.
Boswell Bay SMP
Castle I.
Copper River Delta State Critical Habitat Area
Hinchinbrook I.
Cape Hinchinbrook
Hinchinbrook Entrance
Green I.
Montague I.
Montague Strait
Crawford
Box Pt.
Patton Bay
Wooded Is.
Katalla
Redwood
Kanak I.
Controller Bay
Wingham I.
Okalee Spit
Kayak I.
Cape Suckling
Kayak Island SMP
Yakataga State Game Refuge
Cape Yakataga
Icy Cape
Icy Bay
Point Riou
Bering Glacier
Bering Lake
Martin River
Kushtaka Lake
Berg Lakes
Steller Glacier
AKST
PST
ANCHORAGE
0 1/2 Mile
0 250 500 750 Metres
Knik Arm (Cook Inlet)
Alaska Railroad Depot
Captain Cook Monument
Resolution Park
Alaska Statehood Monument
Nat'l. Archives Alaska Region
Oscar Anderson Hse., Museum
Historic City Hall
Alaska Experience Theater
Conv. & Vis.Bur.
Performing Arts Ctr.
5th Ave. Mall
Anchorage Museum of Hist. & Art
Westmark Anchorage
Alaska Native Medical Center
Nulbay Park
Anchorage Memorial Pk. Cemetery
Delaney Park
Frontier Land Park
Denali School
Fairbanks Park
Fairview Park
Merrill Field Arpt.
Inlet View School
Chugach School
Central School
Margaret E. Sullivan Park
Westchester Lagoon Park
Bootlegger Cove Dr.
Scenic Way
Gambell
Ingra

1
2
3
174°E
178°E
176°E
54°N
53°N
52°N
51°N
50°N
A
B
C
D
Bering Sea
Pacific Ocean
Alaska Maritime
Attu Island
Attu Mt.
3125ft
Steller Cove
Northeast Bluff
Attu Battlefield Nat. Monument
Cape Wrangell
Casco Cove Coast Guard Station
Attu
Chirikof Pt.
Abraham Bay
Theodore Pt.
Temnac Bay
Massacre Bay
Semichi Pass.
Alaid I.
Nizki I.
Eareckson Air Force Station
Shemya I.
Semichi Islands
Near Islands
Agattu Strait
Armeria Pt.
Krugloi Pt.
Gillon Pt.
2080ft
Otkriti Bay
Aleutian Islands Wilderness
Agattu Island
Buldir Island
Buldir Volcano
2152ft
East Cape
Sirius Pt.
Kiska Volcano
4003ft
Kiska I.
Cape St. Stephen
Little Kiska I.
Vega Bay
Vega Pt.
Krysi Pt.
Aleutian Islands Wilderness
Rat

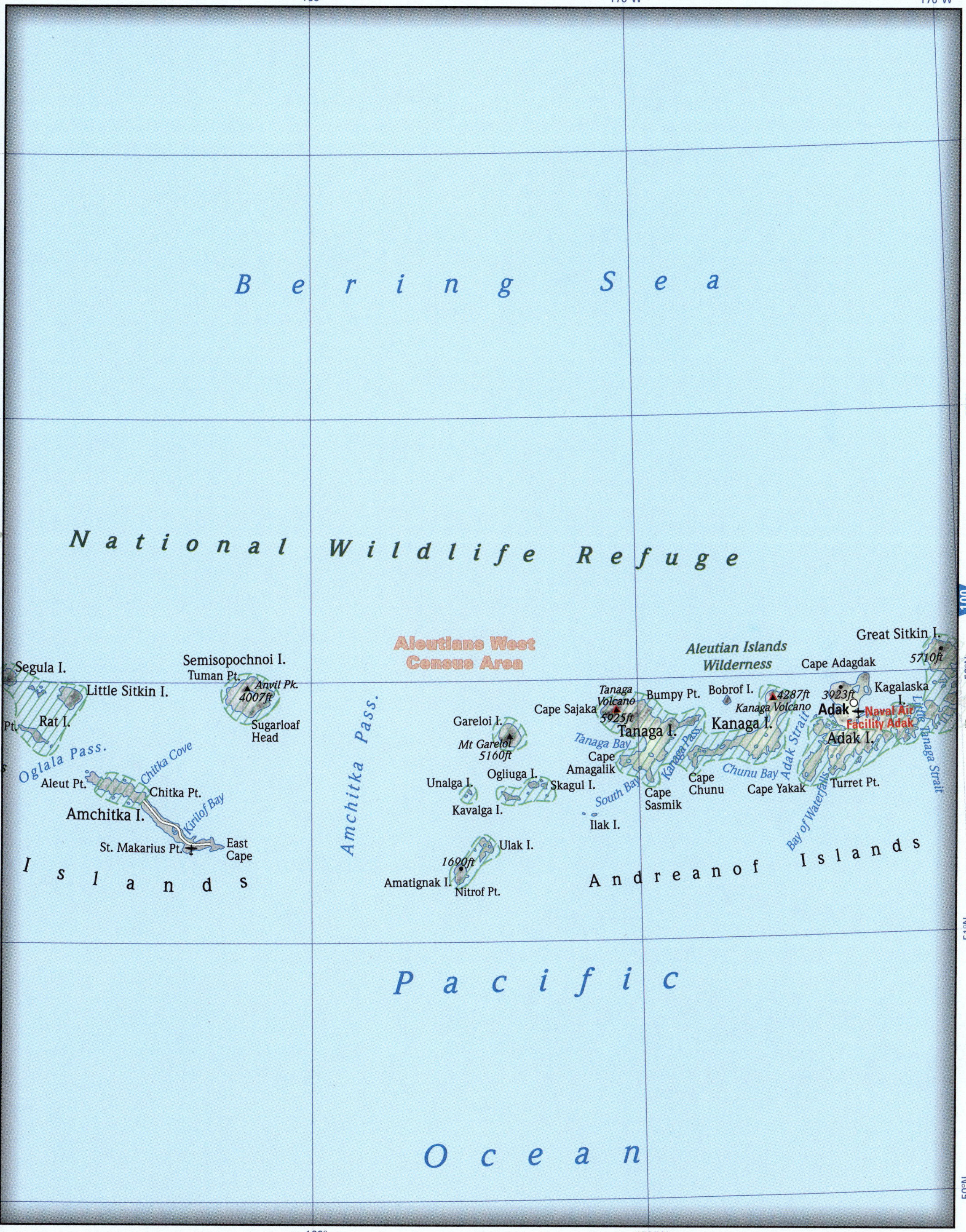
0 10 30 60 km
0 10 20 40 Miles
N
4
5
6
180°
178°W
176°W
54°N
53°N
52°N
51°N
50°N
A
B
C
D
Bering Sea
National Wildlife Refuge
Aleutians West Census Area
Aleutian Islands Wilderness
Segula I.
Little Sitkin I.
Rat I.
Semisopochnoi I.
Tuman Pt.
Anvil Pk. 4007ft
Sugarloaf Head
Oglala Pass.
Chitka Cove
Aleut Pt.
Chitka Pt.
Amchitka I.
Kirilof Bay
St. Makarius Pt.
East Cape
Islands
Amchitka Pass.
Gareloi I.
Mt Gareloi 5160ft
Unalga I.
Ogliuga I.
Skagul I.
Kavalga I.
Ulak I.
1690ft
Amatignak I.
Nitrof Pt.
Cape Sajaka
Tanaga Volcano 5925ft
Tanaga I.
Tanaga Bay
Cape Amagalik
South Bay
Ilak I.
Bumpy Pt.
Bobrof I.
Kanaga Pass
Cape Sasmik
Cape Chunu
Kanaga I.
4287ft
Kanaga Volcano
Chunu Bay
Adak Strait
Cape Yakak
Bay of Waterfalls
Cape Adagdak
3923ft
Adak
Naval Air Facility Adak
Adak I.
Turret Pt.
Great Sitkin I.
5710ft
Kagalaska I.
Little Tanaga Strait
Andreanof Islands
Pacific Ocean
100

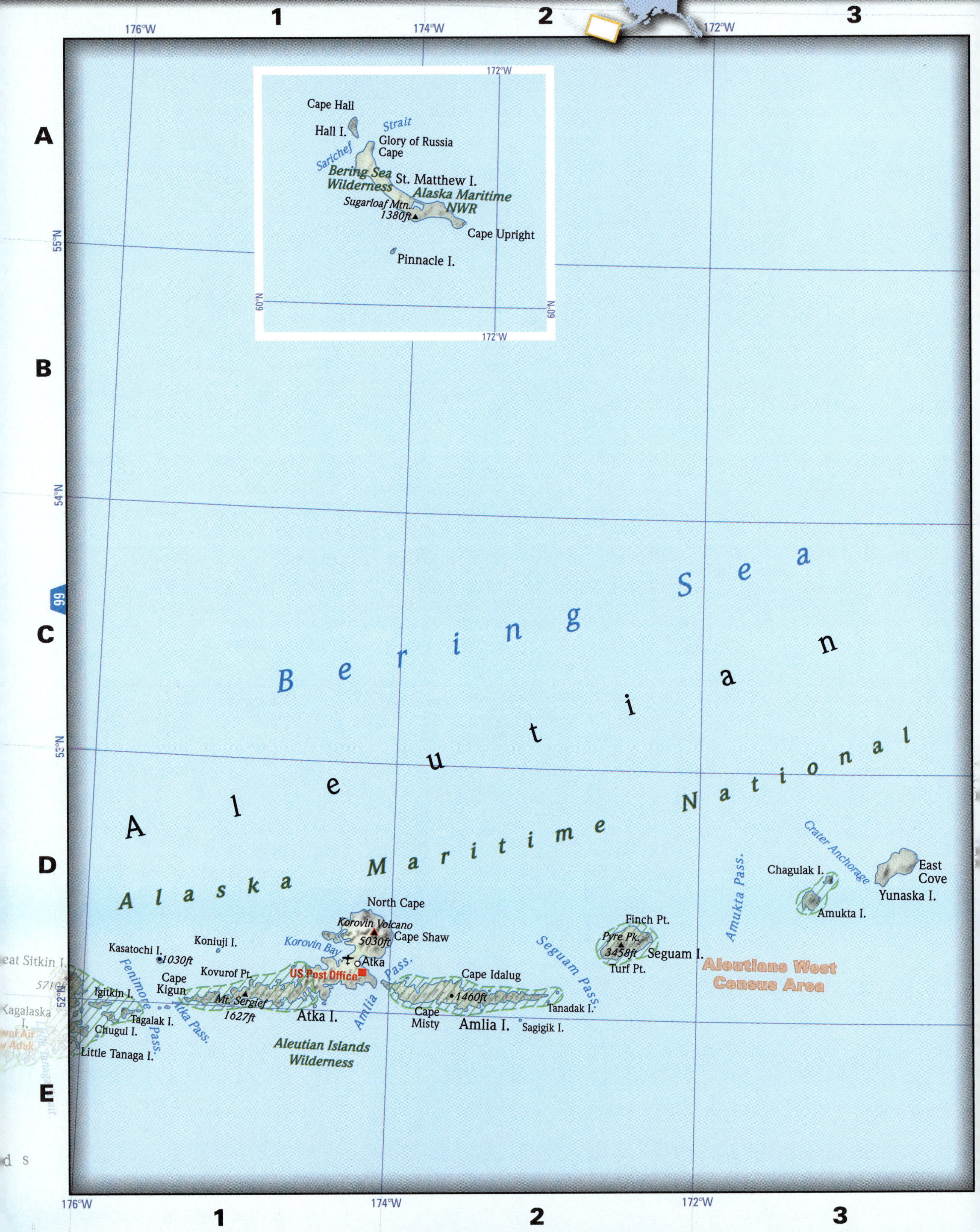
Cape Hall
Hall I.
Strait
Sarichef
Glory of Russia Cape
Bering Sea Wilderness
St. Matthew I.
Alaska Maritime NWR
Sugarloaf Mtn. 1380ft
Cape Upright
Pinnacle I.
Bering Sea
Aleutian National
Alaska Maritime
North Cape
Korovin Volcano 5030ft
Cape Shaw
Koniuji I.
Kasatochi I.
1030ft
Korovin Bay
Atka
US Post Office
Great Sitkin I.
Fenimore Pass.
Cape Kigun
Kovurof Pt.
Igitkin I.
Mt. Sergief 1627ft
Atka I.
Amlia Pass.
Kagalaska I.
Tagalak I.
Atka Pass.
Chugul I.
Little Tanaga I.
Aleutian Islands Wilderness
Cape Idalug
1460ft
Cape Misty
Amlia I.
Sagigik I.
Seguam Pass.
Tanadak I.
Finch Pt.
Pyre Pk. 3458ft
Seguam I.
Turf Pt.
Amukta Pass.
Aleutians West Census Area
Crater Anchorage
Chagulak I.
Amukta I.
East Cove
Yunaska I.
176°W
174°W
172°W
55°N
54°N
53°N
52°N
60°N
99
A
B
C
D
E
1
2
3

0 10 30 60 km
0 10 20 40 Miles
N
4 5 6
A B C D E
170°W 168°W 166°W
56°N 55°N 54°N 53°N 52°N
HAST AKST
St. Paul Island
Northeast Pt.
Bogoslof Hill 590ft
Southwest Pt.
St. Paul
Lukanin Bay
Pribilof Islands
St. George Airport
St. George
Dolnoi Pt.
Tolstoi Pt.
Ulakaia Hill 946ft
Zapadni Bay
Garden Cove
St. George Island
Fox Islands
Aleutian Islands Wildlife Refuge
Cape Mordvinof
Urilia Bay
Cave Pt.
Unimak Wilderness
Dublin Bay
Cape Sarichef
Pogromni Volcano 6568ft
Shishaldin Volcano 9372ft
Unimak
Otter Pt
Cape Lapin
102
Unimak Pass.
Scotch Cap
Akun I.
Mt. Gilbert 2683ft
Akun Bay
Akutan I.
Akutan
4275ft
Seaplane Base
Akutan Strait
Ugamak I.
Tigalda I.
Avatanak
Avatanak I.
Rootok I.
Krenitzen Islands
Aleutian World War II NHA
Unalaska Bay
Unalga I.
Akutan Pass.
Cape Cheerful
Makushin Vol. 6680ft
Dutch Harbor
Egg I.
Bogoslof I.
Unalaska
Beaver Inlet
Biorka
Makushin
Mus. of the Aleutians
Holy Ascension Cathedral
Makushin Bay
Aleutians East Borough
Sedanka I.
Unalaska I.
Pumicestone Bay
3103ft
Kayak Cape
Whalebone Cape
Usof Bay
Kashega
Cape Tanak
Camp
Cape Idak
Aguliuk Pt.
Mt. Vsevidof 7100ft
Fort Glenn
Mt. Kimble
Inanudak Bay
Tulik Volcano 4111ft
Umnak Pass.
North Shore Airport
Canyon Cove
Cape Ilmalianuk
Cape Aiak
Cape Izigan
Surveyor Bay
Islands of Four Mountains
Umnak I.
Mt. Vsevidof 7051ft
Thumb Pt.
Uliaga I.
Kagamil I.
Nikolski Bay
Carlisle I.
Kagamil Pass.
Nikolski
Vsevidof I.
Cape Udak
5675ft
Samalga Pass.
Cape Sagak
Chuginadak I.
Samalga I.
Herbert I.
Chuginadak Pass.
Pacific Ocean

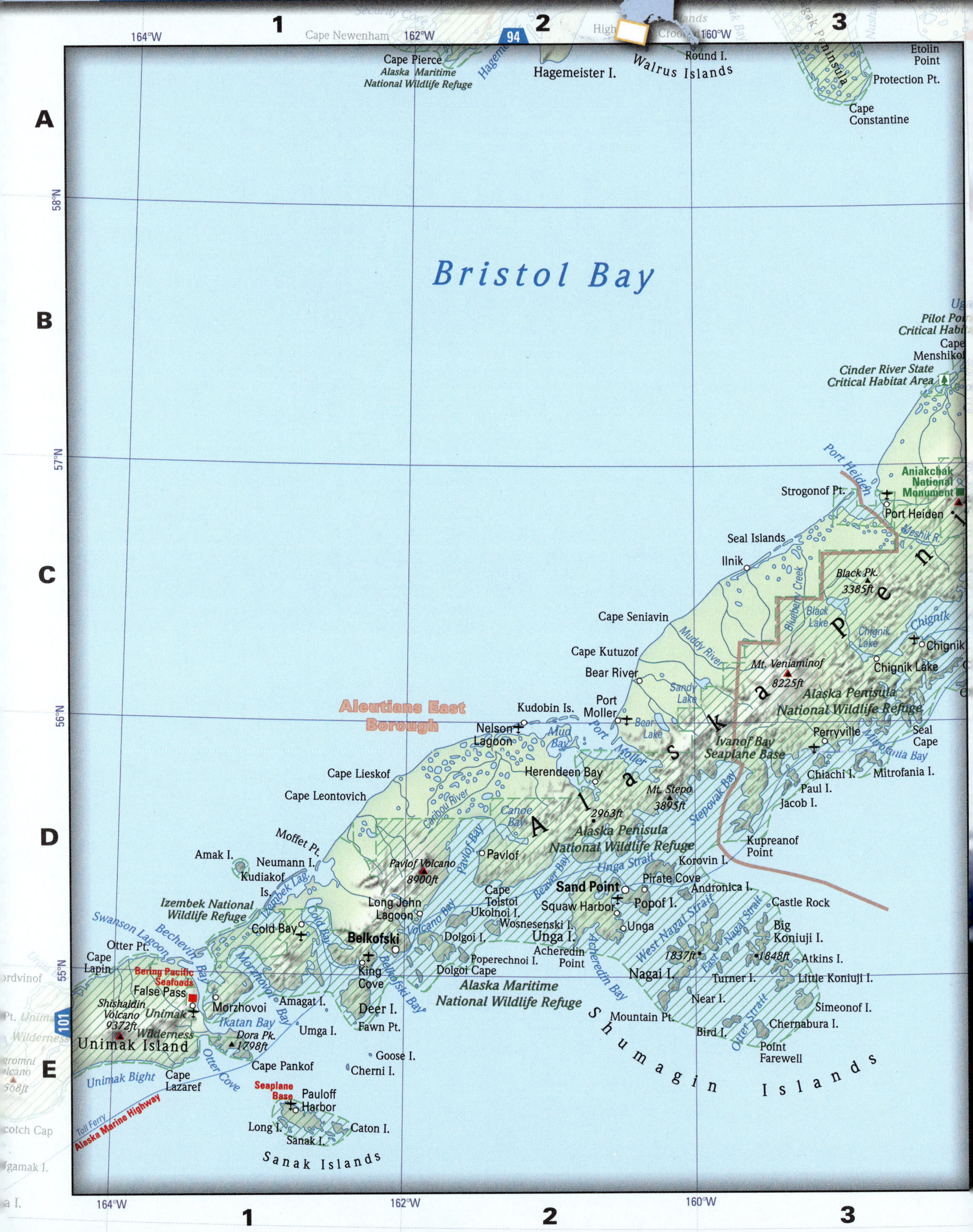

Bristol Bay
Alaska Peninsula
Aleutians East Borough
Cape Newenham
Cape Pierce
Alaska Maritime National Wildlife Refuge
Hagemeister I.
Walrus Islands
Round I.
Etolin Point
Protection Pt.
Cape Constantine
Pilot Point Critical Habitat
Cape Menshikof
Cinder River State Critical Habitat Area
Port Heiden
Aniakchak National Monument
Strogonof Pt.
Seal Islands
Ilnik
Black Pk. 3385ft
Black Lake
Chignik Lake
Chignik
Cape Seniavin
Cape Kutuzof
Bear River
Mt. Veniaminof 8225ft
Alaska Penisula National Wildlife Refuge
Port Moller
Kudobin Is.
Nelson Lagoon
Perryville
Seal Cape
Mitrofania Bay
Mitrofania I.
Ivanof Bay Seaplane Base
Chiachi I.
Paul I.
Jacob I.
Herendeen Bay
Mt. Stepo 3895ft
Stepovak Bay
Cape Lieskof
Cape Leontovich
Moffet Pt.
2963ft
Kupreanof Point
Amak I.
Neumann I.
Kudiakof Is.
Pavlof Volcano 8900ft
Pavlof
Korovin I.
Izembek National Wildlife Refuge
Long John Lagoon
Cape Tolstoi
Sand Point
Pirate Cove
Andronica I.
Castle Rock
Swanson Lagoon
Cold Bay
Belkofski
Ukolnoi I.
Squaw Harbor
Popof I.
Unga
Big Koniuji I.
Otter Pt.
Wosnesenski I.
Unga I.
Dolgoi I.
Cape Lapin
Bering Pacific Seafoods
False Pass
King Cove
Poperechnoi I.
Acheredin Point
1837ft
1848ft
Atkins I.
Dolgoi Cape
Nagai I.
Turner I.
Little Koniuji I.
Shishaldin Volcano 9372ft
Unimak Wilderness
Unimak Island
Morzhovoi
Amagat I.
Deer I.
Near I.
Simeonof I.
Ikatan Bay
Umga I.
Fawn Pt.
Mountain Pt.
Chernabura I.
Bird I.
Dora Pk. 1798ft
Goose I.
Point Farewell
Cape Pankof
Cherni I.
Shumagin Islands
Unimak Bight
Cape Lazaref
Seaplane Base
Pauloff Harbor
Otter Cove
Alaska Marine Highway
Toll Ferry
Long I.
Sanak I.
Caton I.
Sanak Islands
164°W
162°W
160°W
58°N
57°N
56°N
55°N

0 10 30 60 km
0 10 20 40 Miles
N
4
5
6
95
96
158°W
156°W
154°W
152°W
A
B
C
D
E
58°N
57°N
56°N
55°N
Naknek
King Salmon
Savonoski
Swikshak
Port William
Shuyak Island State Park
Kvichak Bay
Brooks Camp
Brooks Falls
Lake Brooks
Iliuk Arm
Three Forks
Kukak Volcano
Mt. Denison 7606ft
Hallo Bay
Cape Nukshak
Black Cape
Tonki Cape
Ban I.
Kodiak NWR
Alaska Maritime National Wildlife Refuge
Marmot I.
Marmot Cape
Afognak Island
2257ft
Cape Chichagof
Bartletts Bristol Bay
Egegik
Bartletts US Post Office
Egegik Bay
Goose Pt.
Egegik State Critical Habitat Area
Egegik River
King Salmon River
Valley of 10 000 Smokes
Mt. Katmai 6715ft
Kukak
Kukak Bay
Malina Bay
Steep Cape
Raspberry I.
Port Vita
Aleut Village
Izhut Bay
Becharof National Wildlife Refuge
Cape Kuliak
Iron Creek
Marmot Bay
Katmai
Atmo Mtn
2660ft
Takli I.
Afognak
Ouzinkie
Spruce I.
Cape Ilktugitak
Katmai Bay
Port Wakefield
Viekoda Bay
Uganik Bay
Uganik I.
Port Lions
Dept of Natural Res.
Kodiak
Becharof Lake
Becharof Wilderness 2253ft
Fort Abercrombie State Hist. Park
Baranof Mus.
Milt. Hist. Mus.
Kodiak Airport
Buskin River SRS
Chiniak Bay
Shelikof Strait
Cape Greig
Smoky Pt.
Mt. Peulik 4835ft
Upper Ugashik Lake
Puale Bay
Cape Kekurnoi
Rocky Pt.
Cape Uyak
Spiridon Bay
Uyak Bay
Uyak
Port O'Brien
Kodiak Island
Cape Greville
Chiniak
Pasagshak State Rec. Site
Ugashik Bay
Pilot Point
Ugashik
Kanatak Creek
Karluk
Cape Grant
Larsen Bay
Kodiak National Wildlife Refuge
Narrow Cape
Ugak Bay
Ugak I.
Lower Ugashik Lake
Portage Bay
Cape Igvak
Middle Cape
Karluk Lake
Red Lake
Kodiak Island
Dangerous Cape
Wide Bay
Hartman I.
Alaska Penisula National Wildlife Refuge
Cape Ikolik
Frazer Lake
Old Harbor
Strait
Kiliuda Bay
Ayakulik
Borough
Port Hobron
McCord
Imuya Bay
Alaska Marine Highway
Olga Bay
Deadman Bay
Sitkalidak I.
Mother Goose L.
Mt. Chiginagak 6955ft
Nunamiut
Sitkalidak
Black Point
Cinder River
David I.
Low Cape
Akhiok
Cape Providence
Twoheaded I.
Surprise Lake
Aniakchak
Aniakchak Crater 4450ft
National Preserve
Chiginagak Bay
Cape Alitak
Alitak Bay
Kaguyak
Lake and Penisula Borough
Cape Trinity
Aiaktalik I.
Geese Is.
Ugaiushak I.
Yantarni Bay
Amber Bay
Sitkinak Strait
Aniakchak Bay
Kumlik I.
Sutwik I.
Sitkinak I.
Cape Sitkinak
Tugidak I.
Cape Kumlik
Kujulik Bay
Foggy Cape
Tugidak Island State Critical Habitat Area
Trinity Islands
Cape Kumliun
Nakchamik I.
Atkulik I.
Castle Cape
Aghik I.
Aghiyuk I.
Semidi Wilderness
Chankluit I.
Chowiet I.
South I.
Semidi Islands
Chirikof I.
West Point
South Cape
Gulf of Alaska
Penisula

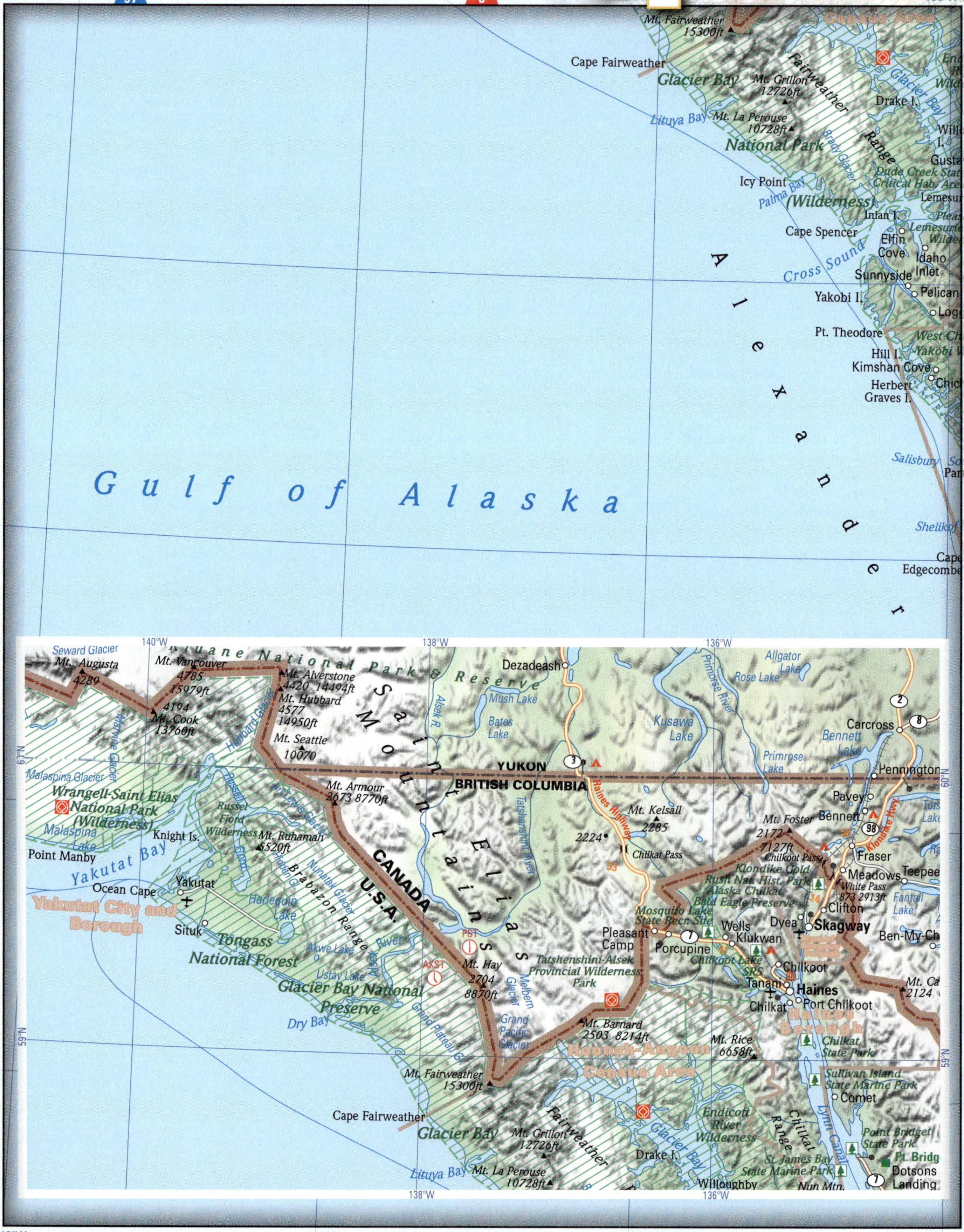

142°W
140°W
138°W
136°W
58°N
57°N
56°N
55°N
A
B
C
D
E
1
2
3
97
8
Gulf of Alaska
Alexander
Mt. Fairweather 15300ft
Cape Fairweather
Glacier Bay National Park (Wilderness)
Mt. Grillon 12726ft
Mt. La Perouse 10728ft
Lituya Bay
Fairweather Range
Drake I.
Icy Point
Palma Bay
Brady Glacier
Dude Creek State Critical Hab. Area
Lemesurier
Inian I.
Cape Spencer
Elfin Cove
Idaho Inlet
Cross Sound
Sunnyside
Pelican
Yakobi I.
Pt. Theodore
West Chichagof-Yakobi
Hill I.
Kimshan Cove
Herbert Graves I.
Salisbury Sound
Shelikof
Cape Edgecombe
Seward Glacier
Mt. Augusta 4289
Mt. Vancouver 4785 15979ft
4194
Mt. Cook 13760ft
Kluane National Park & Reserve
Mt. Alverstone 4420 14494ft
Mt. Hubbard 4577 14950ft
Mt. Seattle 10070
Hubbard Glacier
Malaspina Glacier
Wrangell-Saint Elias National Park (Wilderness)
Malaspina Lake
Knight Is.
Russell Fjord Wilderness
Mt. Ruhamah 5520ft
Point Manby
Yakutat Bay
Yakutat
Ocean Cape
Yakutat City and Borough
Situk
Tongass National Forest
Brabazon Range
Harlequin Lake
Akwe Lake
Ustay Lake
Glacier Bay National Preserve
Dry Bay
Mt. Armour 2673 8770ft
CANADA
U.S.A.
Saint Elias Mountains
Alsek R.
Alsek River
PST
AKST
Mt. Hay 2704 8870ft
Grand Plateau Gl.
Dezadeash
Mush Lake
Bates Lake
YUKON
BRITISH COLUMBIA
Tatshenshini River
Haines Highway
Mt. Kelsall 2285
2224
Chilkat Pass
Tatshenshini-Alsek Provincial Wilderness Park
Melbern Glacier
Grand Pacific Glacier
Mt. Barnard 2503 8214ft
Haines-Angoon Census Area
Mt. Rice 6658ft
Kusawa Lake
Primrose River
Rose Lake
Aligator Lake
Primrose Lake
Carcross
Bennett Lake
Pennington
Pavey
Bennett
Mt. Foster 2172 7127ft
Chilkoot Pass
Klondike Gold Rush Nat. Hist. Park
Alaska Chilkat Bald Eagle Preserve
Mosquito Lake State Recr. Site
Pleasant Camp
Porcupine
Wells
Klukwan
Chilkoot Lake
Dyea
Skagway
Fraser
Meadows
Teepee
White Pass 873 2913ft
Clifton
Fantail Lake
Ben-My-Chree
Chilkoot
Tanani
Haines
Port Chilkoot
Chilkat
Haines Borough
Chilkat State Park
Mt. Ca 2124
Sullivan Island State Marine Park
Comet
Endicott River Wilderness
Chilkat Range
Lynn Canal
St. James Bay State Marine Park
Point Bridget State Park
Pt. Bridget
Dotsons Landing
Willoughby
Nun Mtn.
Klondike Hwy
2
3
7
14
98

0 10 30 60 km
0 10 20 40 Miles
N
CANADA
BRITISH COLUMBIA
Coast Mountains
Stikine Plateau
Hotailuh Range
Spectrum Range
Boundary Ranges
Mt. Nesselrode 2470 8105ft
Devils Paw 2616 8584ft
Mt. Ogden 2281 7484ft
Mt. Sumdum 6666ft
Devils Thumb 2767 9077ft
Mt. Rath 1899
Edziza Pk 2786
Mount Edziza Park
Mount Edziza Recr. Area
Kates Needle 3035 10023ft
Mt. Talbot 1360 4461ft
Mt. Whipple 1751 5745ft
Mt. Cote 1334 4375ft
Mt. Pounder 6514ft 1985
Mt. Willibert 6782ft 2067
Mt. Bayard 6547ft 1996
Tulsequah
Taku Lodge
Dease Lake
Days Ranch
Telegraph Creek
Glenora
Iskut
Bob Quinn Lake
Ningunsaw Prov. Park
Stewart
Hyder
Mountain View
Juneau
Douglas
West Juneau
Dupont
Treadwell
Auke Bay
Tee Harbor
St Terese
Dotsons Landing
Point Bridget State Park
Sullivan Island State Marine Park
Comet
Excursion Inlet
Pleasant I.
Gustavus
Hoonah
Port Frederick
Portage
Funter
Funter Bay St. M. Park
Hawk Inlet
Admiralty I. Nat. Monument
Admiralty Island
Angoon
Killisnoo
Hood Bay
Chatham
Tenakee Springs
Chichagof I.
Chichagof
Cobol
Tongass National Forest
Sitka
Old Sitka
Halleck I.
Kruzof I.
Mt. Edgecumbe
Isabel Miller Museum
Baranof I.
Baranof
Goddard
Biorka I.
Lodge I.
Rakof Is.
Mt. Yanovski 3490ft
Port Herbert
Port Walter
Port Armstrong
Port Alexander
Big Port Walter
New Port Walter
Cape Ommaney
Chatham Strait
Frederick Sound
Kake
Petersburg
Clausen Museum
West Petersburg
Kupreanof Island
Kuiu I.
Mitkof I.
Scow Bay
Wrangell
Wrangell I.
Zarembo I.
Etolin I.
Sumner Strait
Point Baker
Prince of Wales Island
Craig
Klawock
Hollis
Kasaan
Hydaburg
Coffman Cove
Thorne Bay
Sukkwan Island
Dall Island
Long I.
Dolgoi I.
Forrester I.
Kaigani
Cape Muzon
Revillagigedo Island
Ketchikan
Saxman
Ward Cove
Loring
Metlakatla
Annette I.
Gravina I.
Duke I.
Mountain Point
Misty Fiords National Monument Wilderness
Hyder
Camp Pt.
Arrandale
Pearse I.
Wales I.
Somerville I.
Lax Kw'alaams
Georgetown Mills
Zayas I.
Dundas I.
U.S.A.
CANADA
Alexander Archipelago
Christian Sound
Cape Decision
Coronation I.
Warren I.
Hazy I.
Cape Bartolome
Baker I.
Noyes I.
Suemez I.
Cape Chacon
Stikine Strait
Clarence Strait
Prince Rupert
A
B
C
D
E
4
5
6
134°W
132°W
130°W
58°N
57°N
56°N
55°N
AKST
PST
8
16
9

1
2
3
4
A
B
C
125°W
124°W
123°W
49°N
48°N
47°N
Abbotsford
Bellingham
Victoria
Saanich
Seattle
Tacoma
Olympia
Everett
Bremerton
Port Angeles
Aberdeen
Centralia
Chehalis
Lacey
Tumwater
Puyallup
Federal Way
Des Moines
Burien
Shoreline
Edmonds
Lynnwood
Mukilteo
Anacortes
Oak Harbor
Port Townsend
Sequim
Forks
La Push
Neah Bay
Clallam Bay
Sooke
Colwood
Duncan
Ladysmith
Nanaimo
Port Renfrew
Bamfield
Kildonan
Lake Cowichan
Sidney
Friday Harbor
Blaine
Ferndale
Lynden
Mount Vernon
Stanwood
Coupeville
Langley
Kingston
Poulsbo
Port Orchard
Gig Harbor
Shelton
Hoquiam
Westport
Ocean Shores
Raymond
South Bend
Long Beach
Ilwaco
Chinook
Naselle
Grays River
Pe Ell
Toledo
Winlock
Vader
Napavine
Rochester
Tenino
Yelm
Rainier
Eatonville
Morton
Mossyrock
Salkum
Strait of Juan de Fuca
Strait of Georgia
CANADA
U.S.A.
Pacific Ocean
Olympic Mountains
Mt. Olympus 7969ft
Olympic NP
Olympic NF
Olympic Coast National Marine Sanctuary
Makah IR
Quinault IR
Ozette Indian Village SHS
Access Point for West Coast Trail
Cowichan Valley
Giant Fir Tree
Galloping Goose Trail
Buckle Farm 1872
English Camp
American Camp
Butchart Gardens
Whidbey Island Naval Air Station
Forks Timber Museum
Sol Duc Hot Springs
Hurricane Ridge
Marymere Falls
Elephant Rock
Naval Undersea Mus.
Wolf Haven Int'l
Pioneer Farm Mus. & Ohop Indian Village
Willie Keil's Grave
World Kite Mus. and Hall of Fame
Lake Quinault
Lake Cushman
Lake Crescent
Ozette Lake
Grays Harbor
Willapa NWR
Clallam
Jefferson
Grays Harbor
Mason
Pacific
Thurston
Island
San Juan
SEATTLE
Bus Depot
Westlake Center
Monorail Terminal
City Centre
Century Square
Pike Place Market
Benaroya Symphony Hall
Seattle Art Museum
Washington Mutual Tower
Public Library
Seattle Trust Tower
Federal Office Bldgs.
Omnidome
Seattle Aquarium
Pier 59
Waterfront Park
Pier 56
Pier 55
Pier 52
Pier 48
Elliott Bay
Washington State Ferry Building
Pioneer Sq.
Smith Tower
Bill Speidel's Underground Tour
Occidental Pk.
Klondike Gold Rush Nat. Hist. Park
Alaska Square Park
Alaskan Way
1/3 Mile
500 Metres

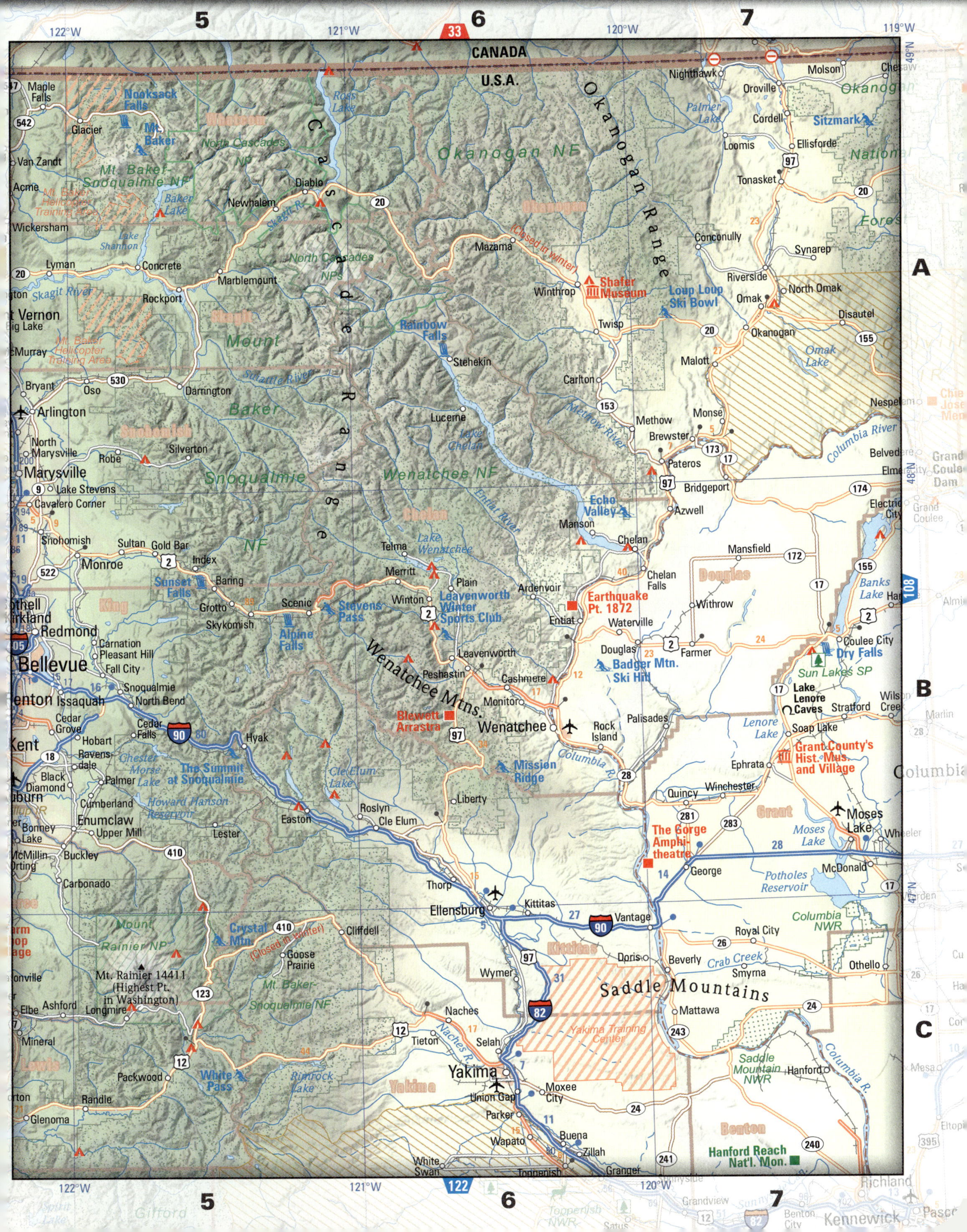
0 20 40 km
0 10 25 Miles
N
5
6
7
A
B
C
122°W
121°W
120°W
119°W
49°N
48°N
47°N
33
122
108
CANADA
U.S.A.
Okanogan Range
Cascade Range
Okanogan NF
Wenatchee NF
Wenatchee Mtns.
Saddle Mountains
Mt. Baker-Snoqualmie NF
North Cascades NP
Mount Rainier NP
Nooksack Falls
Mt. Baker
Maple Falls
Glacier
Van Zandt
Acme
Wickersham
Lyman
Concrete
Rockport
Marblemount
Newhalem
Diablo
Ross Lake
Baker Lake
Lake Shannon
Skagit River
Mt. Vernon
Big Lake
McMurray
Bryant
Oso
Darrington
Arlington
North Marysville
Marysville
Robe
Silverton
Lake Stevens
Cavalero Corner
Snohomish
Sultan
Gold Bar
Index
Monroe
Baring
Sunset Falls
Grotto
Skykomish
Scenic
Stevens Pass
Alpine Falls
Kirkland
Redmond
Carnation
Pleasant Hill
Fall City
Bellevue
Snoqualmie
North Bend
Issaquah
Renton
Cedar Grove
Cedar Falls
Hobart
Ravensdale
Kent
Black Diamond
Palmer
Auburn
Cumberland
Enumclaw
Bonney Lake
Upper Mill
Buckley
Carbonado
Chester Morse Lake
The Summit at Snoqualmie
Howard Hanson Reservoir
Hyak
Easton
Cle Elum Lake
Lester
Roslyn
Cle Elum
Mt. Rainier 14411 (Highest Pt. in Washington)
Ashford
Elbe
Longmire
Mineral
Packwood
Randle
Glenoma
White Pass
Crystal Mtn.
Goose Prairie
Rimrock Lake
Cliffdell
(Closed in winter)
Mazama
Winthrop
Shafer Museum
Loup Loup Ski Bowl
Twisp
Carlton
Methow
Brewster
Pateros
Bridgeport
Rainbow Falls
Stehekin
Lucerne
Lake Chelan
Manson
Chelan
Echo Valley
Azwell
Chelan Falls
Mansfield
Lake Wenatchee
Telma
Merritt
Plain
Winton
Leavenworth Winter Sports Club
Ardenvoir
Earthquake Pt. 1872
Entiat
Waterville
Withrow
Douglas
Farmer
Badger Mtn. Ski Hill
Leavenworth
Peshastin
Cashmere
Monitor
Blewett Arrastra
Wenatchee
Rock Island
Palisades
Mission Ridge
Liberty
Columbia R.
Nighthawk
Oroville
Molson
Chesaw
Cordell
Loomis
Ellisforde
Sitzmark
Tonasket
Conconully
Synarep
Riverside
Omak
North Omak
Disautel
Okanogan
Omak Lake
Malott
Monse
Nespelem
Columbia River
Elmer City
Belvedere
Electric City
Grand Coulee Dam
Banks Lake
Coulee City
Dry Falls
Sun Lakes SP
Lake Lenore Caves
Stratford
Wilson Creek
Lenore Lake
Soap Lake
Grant County's Hist. Mus. and Village
Ephrata
Quincy
Winchester
Moses Lake
Wheeler
The Gorge Amphitheatre
George
Potholes Reservoir
McDonald
Thorp
Ellensburg
Kittitas
Vantage
Royal City
Columbia NWR
Doris
Beverly
Crab Creek
Smyrna
Othello
Wymer
Mattawa
Naches
Tieton
Naches R.
Selah
Yakima
Yakima Training Center
Saddle Mountain NWR
Hanford
Moxee City
Union Gap
Parker
Buena
Wapato
Zillah
Toppenish
White Swan
Granger
Hanford Reach Nat'l. Mon.
Sunnyside
Grandview
Richland
Kennewick
Pasco
Benton City
Okanogan
Chelan
Douglas
Grant
Kittitas
Yakima
Benton
King
Snohomish
Skagit
Whatcom
Lewis

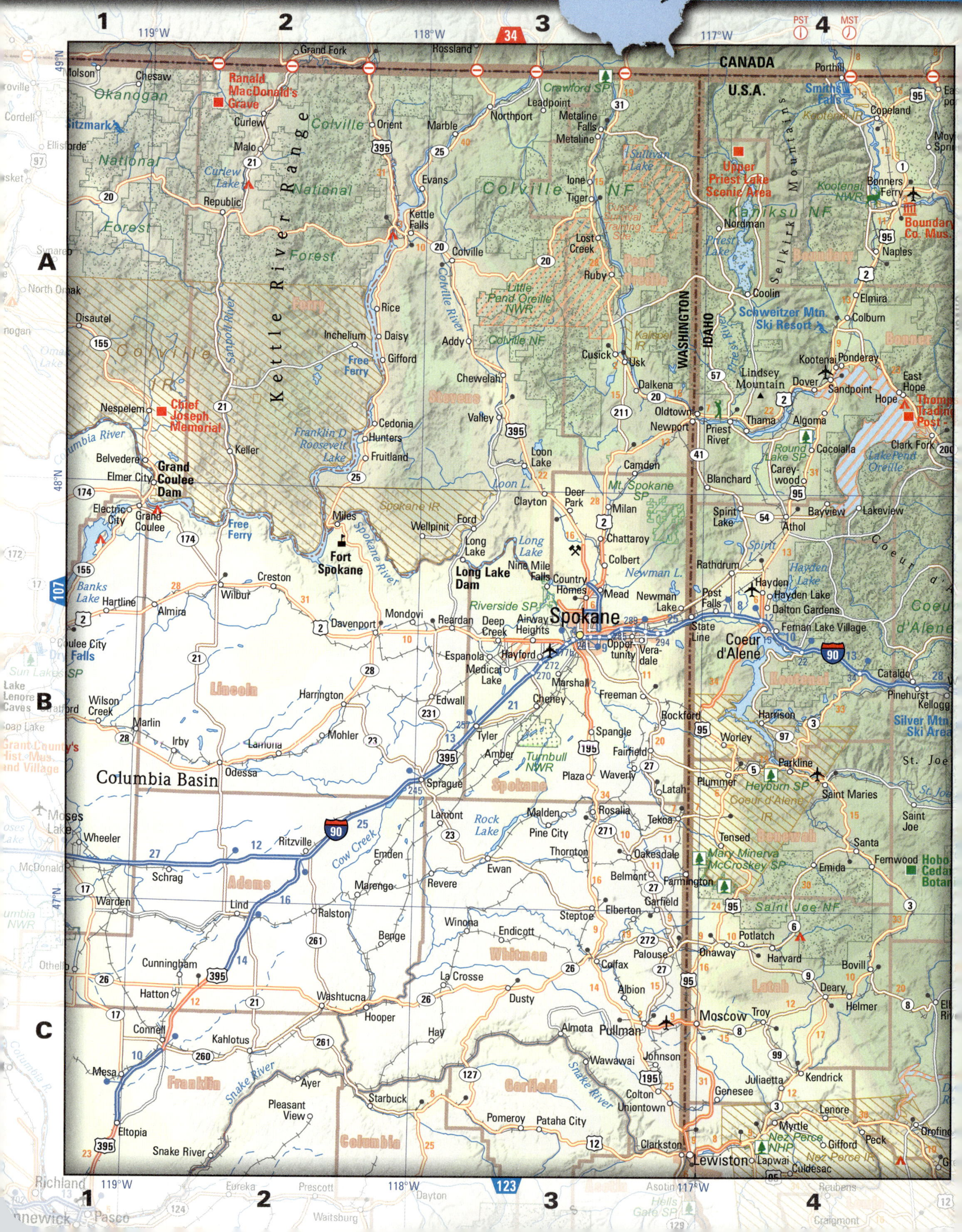
CANADA
U.S.A.
WASHINGTON
IDAHO
Okanogan National Forest
Colville National Forest
Colville NF
Kaniksu NF
Kettle River Range
Selkirk Mountains
Colville IR
Spokane IR
Coeur d'Alene IR
Nez Perce IR
Columbia Basin
Lincoln
Adams
Franklin
Columbia
Garfield
Whitman
Spokane
Stevens
Ferry
Pend Oreille
Bonner
Boundary
Kootenai
Benewah
Latah
Saint Joe NF
Ranald MacDonald's Grave
Chief Joseph Memorial
Upper Priest Lake Scenic Area
Boundary Co. Mus.
Schweitzer Mtn. Ski Resort
Silver Mtn. Ski Area
Thompson Trading Post
Grand Coulee Dam
Fort Spokane
Long Lake Dam
Little Pend Oreille NWR
Kootenai NWR
Turnbull NWR
Crawford SP
Riverside SP
Mt. Spokane SP
Round Lake SP
Heyburn SP
Mary Minerva McCroskey SP
Nez Perce NHP
Franklin D. Roosevelt Lake
Lake Pend Oreille
Coeur d'Alene Lake
Priest Lake
Banks Lake
Long Lake
Loon L.
Newman L.
Hayden Lake
Columbia River
Spokane River
Snake River
Colville River
Sanpoil River
Kettle River
Cow Creek
Free Ferry
Spokane
Coeur d'Alene
Moscow
Pullman
Lewiston
Clarkston
Sandpoint
Bonners Ferry
Colville
Republic
Kettle Falls
Newport
Priest River
Grand Coulee
Electric City
Coulee City
Davenport
Cheney
Ritzville
Odessa
Colfax
Pomeroy
Moses Lake
Othello
Connell
Wilbur
Chewelah
Northport
Orient
Marble
Metaline Falls
Metaline
Ione
Tiger
Cusick
Usk
Dalkena
Oldtown
Nordman
Coolin
Naples
Elmira
Colburn
Kootenai
Ponderay
Dover
Hope
East Hope
Clark Fork
Sagle
Cocolalla
Careywood
Athol
Bayview
Lakeview
Spirit Lake
Rathdrum
Post Falls
Hayden
Hayden Lake
Dalton Gardens
Fernan Lake Village
Cataldo
Pinehurst
Kellogg
Harrison
Worley
Plummer
Saint Maries
Santa
Fernwood
Emida
Tensed
Potlatch
Onaway
Harvard
Deary
Bovill
Helmer
Troy
Kendrick
Juliaetta
Genesee
Lenore
Myrtle
Gifford
Peck
Lapwai
Culdesac
Mead
Newman Lake
Colbert
Chattaroy
Milan
Deer Park
Clayton
Loon Lake
Valley
Ford
Wellpinit
Long Lake
Nine Mile Falls
Country Homes
Airway Heights
Deep Creek
Reardan
Mondovi
Espanola
Hayford
Medical Lake
Marshall
Opportunity
Veradale
State Line
Freeman
Rockford
Spangle
Fairfield
Waverly
Latah
Plaza
Rosalia
Tekoa
Malden
Pine City
Thornton
Oakesdale
Belmont
Farmington
Garfield
Steptoe
Elberton
Palouse
Albion
Johnson
Wawawai
Almota
Colton
Uniontown
Pataha City
La Crosse
Endicott
Winona
Dusty
Hay
Benge
Ewan
Revere
Marengo
Rock Lake
Lamont
Sprague
Tyler
Amber
Edwall
Harrington
Mohler
Lamona
Irby
Marlin
Wilson Creek
Almira
Hartline
Creston
Miles
Keller
Belvedere
Elmer City
Nespelem
Disautel
Inchelium
Rice
Daisy
Gifford
Addy
Cedonia
Hunters
Fruitland
Evans
Curlew
Malo
Chesaw
Molson
Leadpoint
Lost Creek
Ruby
Camden
Blanchard
Thama
Algoma
Lindsey Mountain
Porthill
Copeland
Wheeler
Schrag
Warden
Lind
Ralston
Cunningham
Hatton
Washtucna
Hooper
Kahlotus
Mesa
Eltopia
Ayer
Starbuck
Pleasant View
Snake River
Emden
Richland
Pasco
Eureka
Prescott
Dayton
Waitsburg
Asotin
Reubens
Craigmont
Grand Forks
Rossland
Fruitvale
Wilson Creek
119°W
118°W
117°W
49°N
48°N
47°N
PST
MST
1 2 3 4
A B C
107
34
123

0 20 40 km
0 10 25 Miles

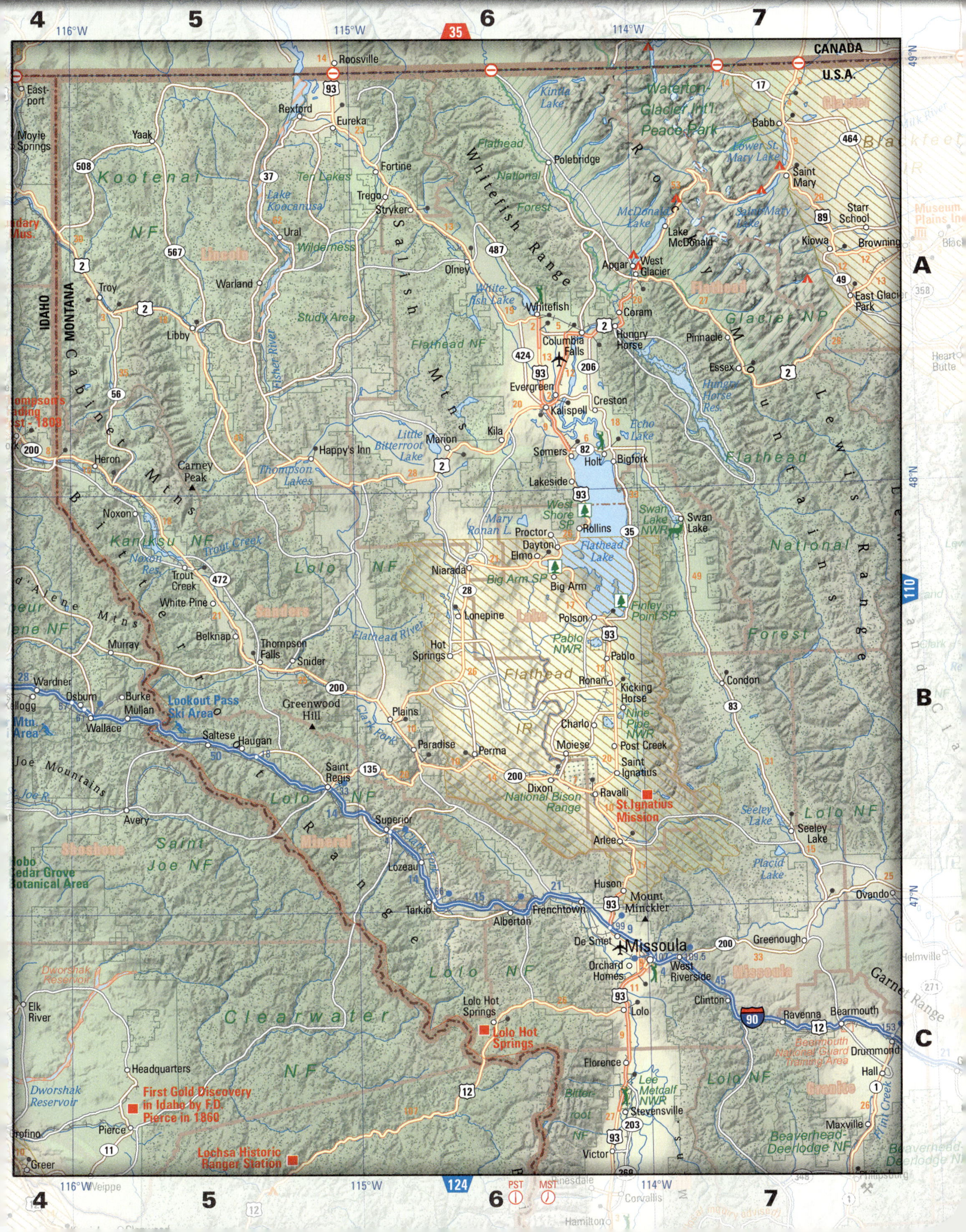

CANADA
U.S.A.
IDAHO
MONTANA
116°W
115°W
114°W
49°N
48°N
47°N
Roosville
Eastport
Moyie Springs
Yaak
Rexford
Eureka
Fortine
Trego
Stryker
Kootenai NF
Lake Koocanusa
Ten Lakes
Ural
Wilderness
Study Area
Lincoln
Troy
Warland
Libby
Cabinet Mtns
Heron
Carney Peak
Noxon
Kaniksu NF
Trout Creek
White Pine
Belknap
Thompson Falls
Snider
Happy's Inn
Thompson Lakes
Lolo NF
Sanders
Whitefish Range
Flathead National Forest
Polebridge
Kintla Lake
Waterton-Glacier Int'l Peace Park
Babb
Saint Mary
Lower St. Mary Lake
Starr School
Browning
Kiowa
Lake McDonald
McDonald Lake
Apgar
West Glacier
Olney
Whitefish Lake
Whitefish
Columbia Falls
Coram
Hungry Horse
Hungry Horse Res.
Pinnacle
Essex
East Glacier Park
Glacier NP
Flathead
Blackfeet
Glacier
Evergreen
Kalispell
Creston
Echo Lake
Kila
Marion
Little Bitterroot Lake
Salish Mtns
Flathead NF
Somers
Holt
Bigfork
Lakeside
Flathead Lake
West Shore SP
Rollins
Proctor
Dayton
Elmo
Swan Lake
Swan Lake NWR
Niarada
Big Arm SP
Big Arm
Finley Point SP
Polson
Lonepine
Lake
Hot Springs
Pablo NWR
Pablo
Flathead IR
Ronan
Kicking Horse
Ninepipe NWR
Charlo
Moiese
Post Creek
Saint Ignatius
St. Ignatius Mission
Ravalli
Dixon
National Bison Range
Arlee
Flathead National Forest
Condon
Seeley Lake
Lewis Range
Mission Range
Wardner
Kellogg
Osburn
Wallace
Burke
Mullan
Lookout Pass Ski Area
Greenwood Hill
Saltese
Haugan
Plains
Paradise
Perma
Clark Fork
Flathead River
Saint Regis
Superior
Lozeau
Tarkio
Alberton
Frenchtown
Huson
Mount Minckler
Missoula
De Smet
Orchard Homes
West Riverside
Greenough
Clinton
Ovando
Placid Lake
Ravenna
Bearmouth
Drummond
Hall
Garnet Range
Missoula
Lolo
Florence
Lee Metcalf NWR
Stevensville
Victor
Bitterroot NF
Lolo Hot Springs
Coeur d'Alene Mtns
Murray
Joe Mountains
Avery
Shoshone
Saint Joe NF
Mineral
Bitterroot Range
Lolo NF
Clearwater NF
Dworshak Reservoir
Elk River
Headquarters
First Gold Discovery in Idaho by F.D. Pierce in 1860
Pierce
Orofino
Greer
Weippe
Lochsa Historic Ranger Station
Beaverhead-Deerlodge NF
Maxville
Granite
Hamilton
Corvallis
PST
MST
6
7
A
B
C
110

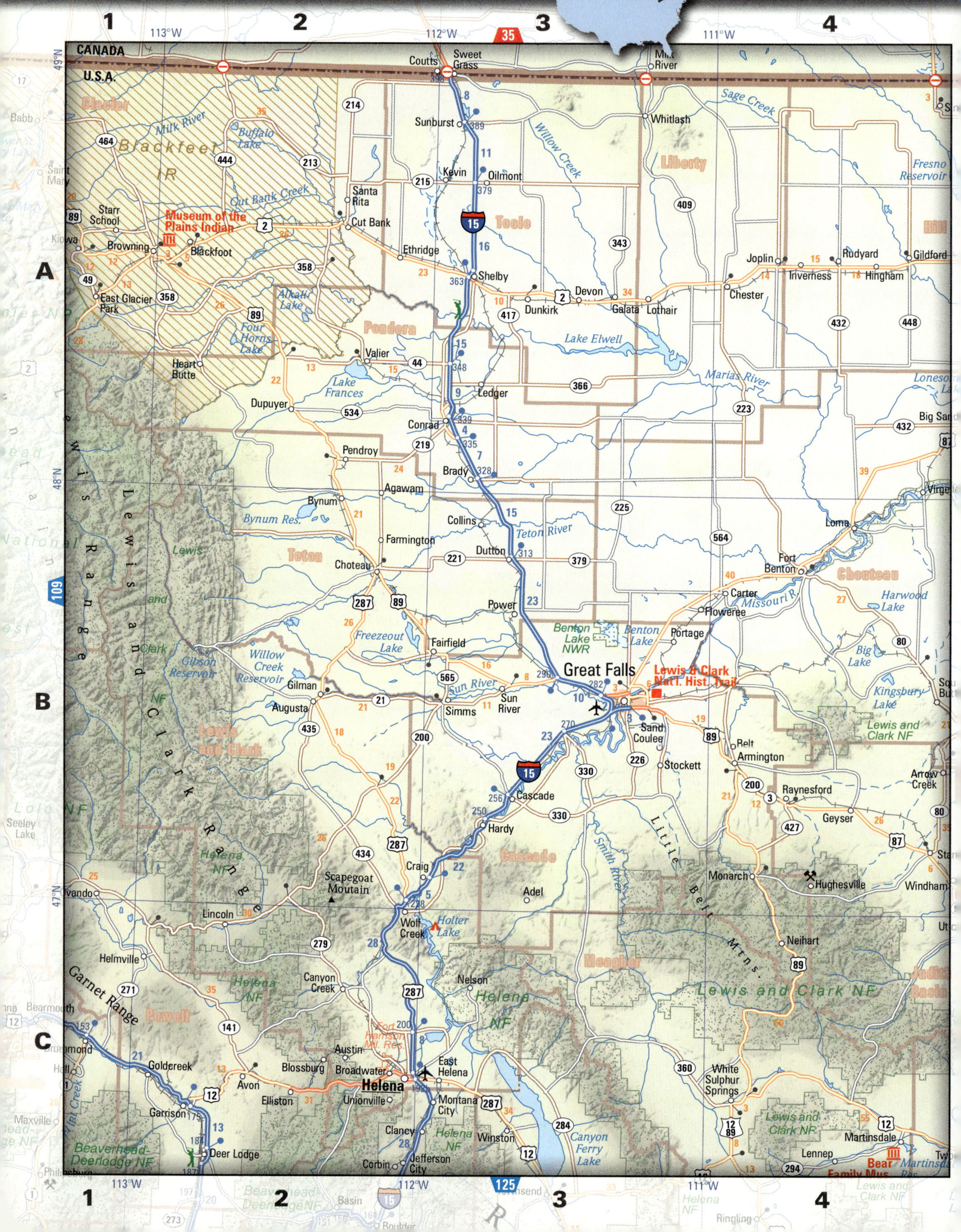

1
2
3
4
A
B
C
113°W
112°W
111°W
49°N
48°N
47°N
CANADA
U.S.A.
Coutts
Sweet Grass
Milk River
Whitlash
Sage Creek
Sunburst
Kevin
Oilmont
Willow Creek
Liberty
Glacier
Blackfeet IR
Milk River
Buffalo Lake
Cut Bank Creek
Santa Rita
Cut Bank
Starr School
Museum of the Plains Indian
Browning
Blackfoot
Kiowa
East Glacier Park
Alkali Lake
Four Horns Lake
Heart Butte
Toole
Ethridge
Shelby
Devon
Dunkirk
Galata
Lothair
Chester
Joplin
Inverness
Rudyard
Hingham
Gildford
Fresno Reservoir
Hill
Pondera
Valier
Lake Frances
Dupuyer
Lake Elwell
Ledger
Marias River
Conrad
Pendroy
Brady
Big Sandy
Bynum
Bynum Res.
Agawam
Collins
Teton River
Farmington
Teton
Choteau
Dutton
Loma
Virgelle
Fort Benton
Chouteau
Carter
Floweree
Missouri R.
Harwood Lake
Power
Freezeout Lake
Fairfield
Benton Lake NWR
Benton Lake
Portage
Big Lake
Willow Creek Reservoir
Gibson Reservoir
Gilman
Augusta
Sun River
Simms
Great Falls
Lewis & Clark Natl. Hist. Trail
Sand Coulee
Stockett
Belt
Armington
Kingsbury Lake
Lewis and Clark NF
Lewis and Clark
Cascade
Raynesford
Geyser
Arrow Creek
Hardy
Smith River
Little Belt Mtns.
Craig
Scapegoat Mountain
Adel
Monarch
Hughesville
Windham
Lincoln
Wolf Creek
Holter Lake
Neihart
Meagher
Helmville
Canyon Creek
Nelson
Helena NF
Lewis and Clark NF
Garnet Range
Powell
Fort Harrison Mil. Res.
Austin
Drummond
Goldcreek
Avon
Elliston
Blossburg
Broadwater
Helena
East Helena
Unionville
Montana City
White Sulphur Springs
Garrison
Clancy
Winston
Canyon Ferry Lake
Martinsdale
Lennep
Deer Lodge
Beaverhead-Deerlodge NF
Corbin
Jefferson City
Bear Family Mus.
Lewis Range
Lewis and Clark Range
Lolo NF
Seeley Lake
Ovando
Bearmouth
Maxville
Philipsburg
Basin
Boulder
Townsend
Ringling
Babb
Saint Mary

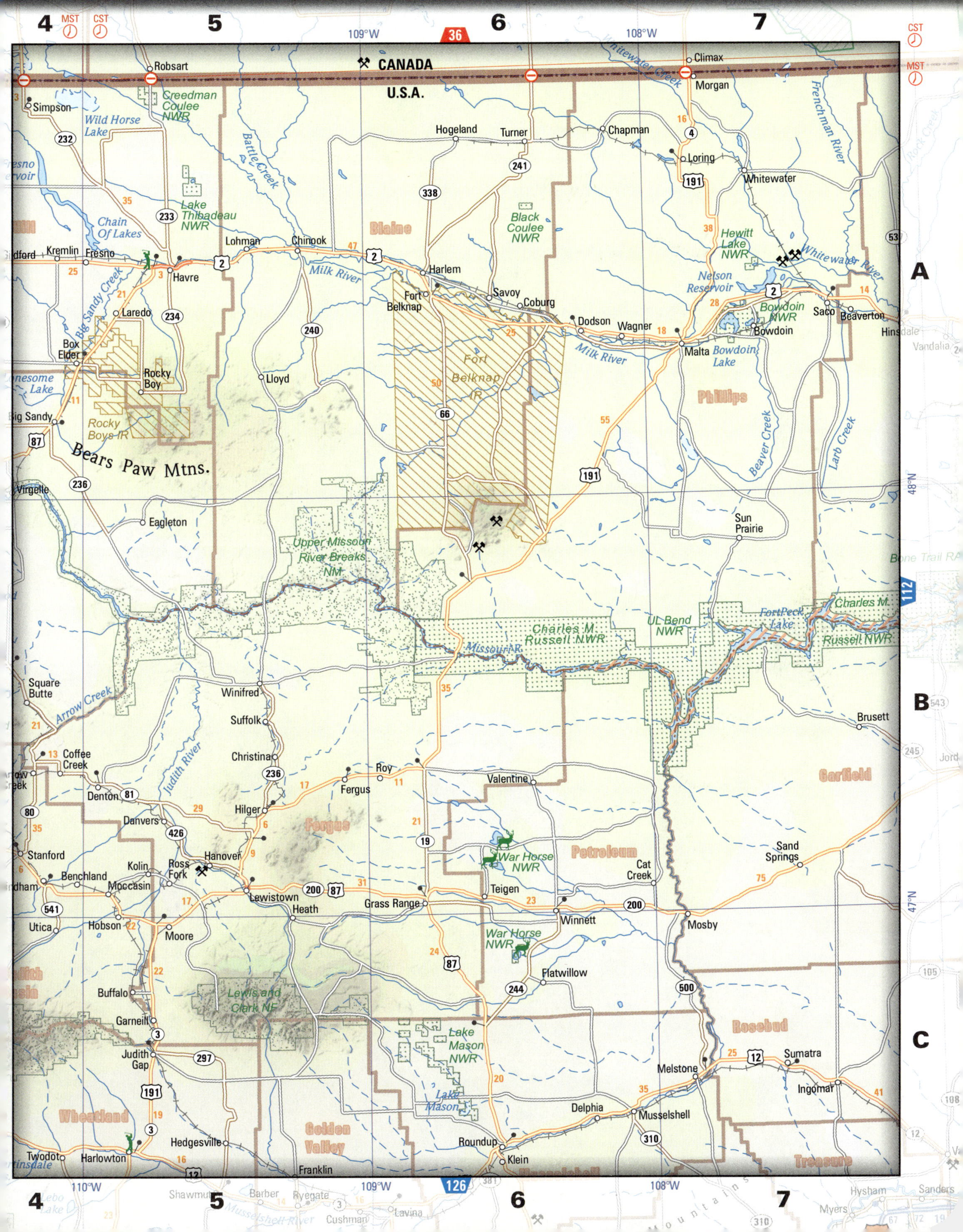
0 20 40 km
0 10 25 Miles
N
4 5 6 7
MST CST
109°W
108°W
110°W
36
126
CANADA
U.S.A.
Robsart
Climax
Morgan
Simpson
Creedman Coulee NWR
Wild Horse Lake
232
Battle Creek
Whitewater Creek
Frenchman River
Hogeland
Turner
Chapman
Loring
241
191
Whitewater
Lake Thibadeau NWR
Chain Of Lakes
233
338
Blaine
Black Coulee NWR
Hewitt Lake NWR
Kremlin
Fresno
Havre
Lohman
Chinook
2
Milk River
Harlem
Fort Belknap
Savoy
Coburg
Nelson Reservoir
Bowdoin NWR
Bowdoin
Saco
Beaverton
Whitewater River
Big Sandy Creek
Laredo
234
240
Dodson
Wagner
Malta
Bowdoin Lake
Box Elder
Rocky Boy
Lloyd
Fort Belknap IR
Phillips
Rocky Boys IR
Big Sandy
87
66
Beaver Creek
Larb Creek
Bears Paw Mtns.
Virgelle
236
Eagleton
Sun Prairie
48°N
Upper Missouri River Breaks NM
Charles M. Russell NWR
UL Bend NWR
Fort Peck Lake
Missouri R.
Square Butte
Arrow Creek
Winifred
Suffolk
Judith River
Christina
Coffee Creek
Denton
81
Roy
Fergus
Valentine
Brusett
Garfield
80
Stanford
Danvers
426
Hilger
Fergus
Hanover
19
War Horse NWR
Petroleum
Cat Creek
Sand Springs
Benchland
Kolin
Moccasin
Ross Fork
Lewistown
200
Teigen
Grass Range
Winnett
Mosby
47°N
541
Utica
Hobson
Moore
Heath
War Horse NWR
Flatwillow
244
500
Buffalo
Lewis and Clark NF
Garneill
3
Rosebud
Judith Gap
297
Lake Mason NWR
12
Sumatra
Melstone
Ingomar
191
Lake Mason
Wheatland
Delphia
Musselshell
310
Golden Valley
Hedgesville
Roundup
Klein
Twodot
Harlowton
Franklin
Treasure
Musselshell
Shawmut
Barber
Ryegate
Lavina
Cushman
Hysham
Sanders
Myers
A
B
C
Hinsdale
Vandalia
Jordan
Bone Trail RA
112

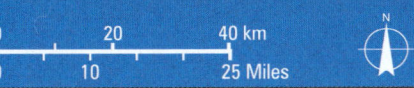

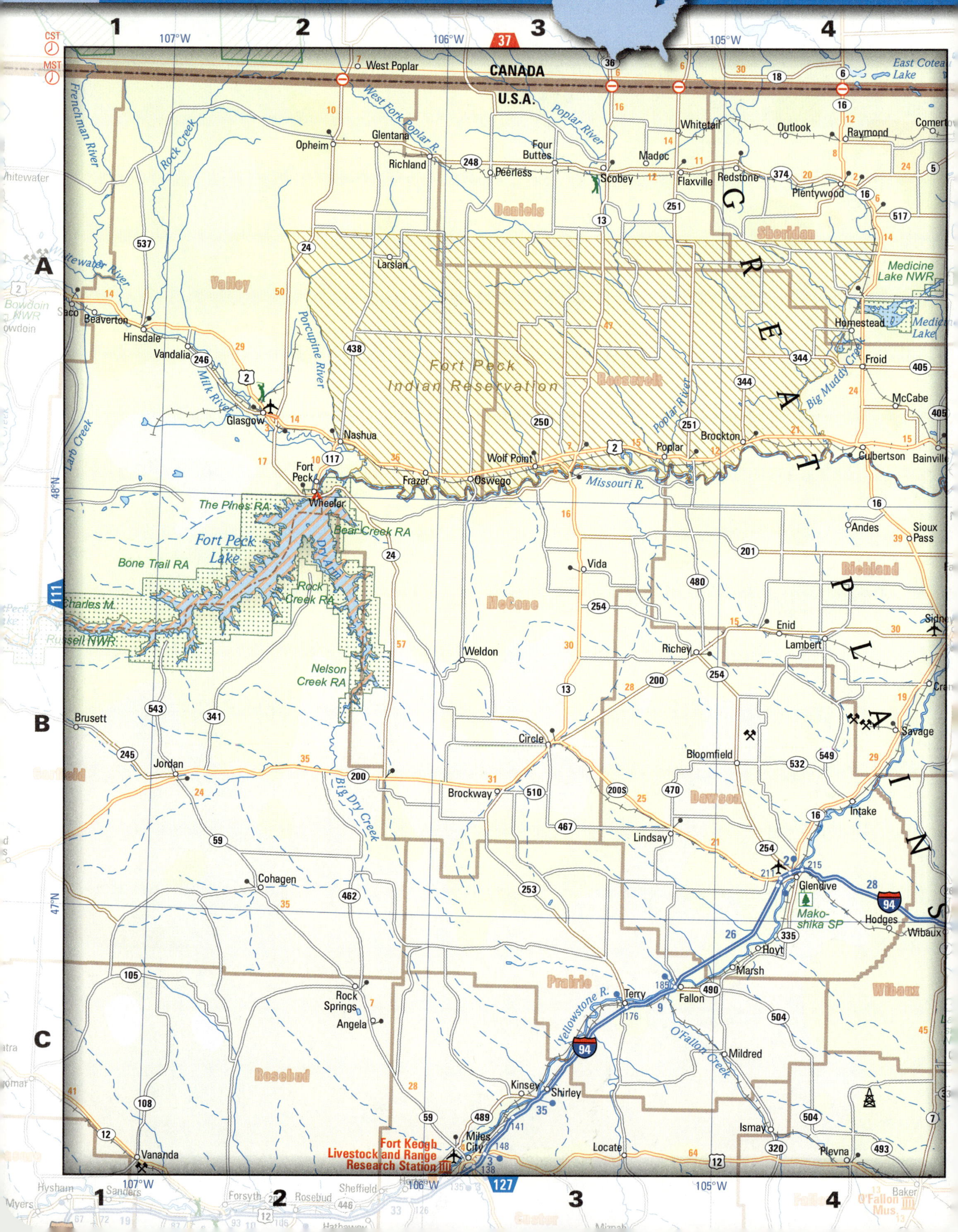
CANADA
U.S.A.
West Poplar
Glentana
Opheim
Richland
Four Buttes
Peerless
Scobey
Whitetail
Madoc
Flaxville
Redstone
Outlook
Raymond
Comertown
Plentywood
Daniels
Sheridan
East Coteau Lake
Medicine Lake NWR
Homestead
Froid
McCabe
Culbertson
Bainville
Larslan
Valley
Saco
Beaverton
Hinsdale
Vandalia
Glasgow
Nashua
Fort Peck
Wheeler
Frazer
Oswego
Wolf Point
Poplar
Brockton
Fort Peck Indian Reservation
Roosevelt
GREAT PLAINS
Frenchman River
Rock Creek
Whitewater River
Milk River
Porcupine River
West Fork Poplar R.
Poplar River
Big Muddy Creek
Missouri R.
Lark Creek
The Pines RA
Bear Creek RA
Fort Peck Lake
Dry Arm
Bone Trail RA
Rock Creek RA
Charles M. Russell NWR
Nelson Creek RA
Andes
Sioux Pass
Vida
Richland
McCone
Weldon
Enid
Lambert
Sidney
Richey
Circle
Brusett
Jordan
Garfield
Brockway
Bloomfield
Savage
Dawson
Intake
Lindsay
Glendive
Makoshika SP
Hodges
Wibaux
Cohagen
Big Dry Creek
Hoyt
Marsh
Prairie
Terry
Fallon
Yellowstone R.
Rock Springs
Angela
Mildred
O'Fallon Creek
Rosebud
Kinsey
Shirley
Ismay
Miles City
Fort Keogh Livestock and Range Research Station
Locate
Plevna
Vananda
Hysham
Sanders
Myers
Forsyth
Rosebud
Sheffield
Hathaway
Baker
O'Fallon Mus.
107°W
106°W
105°W
48°N
47°N
CST
MST

4
5
6
7
104° W
103° W
102° W
A
B
C
MONTANA
NORTH DAKOTA
Divide
Burke
Renville
Williams
Mountrail
Ward
McKenzie
McLean
Mercer
Dunn
Billings
Golden Valley
Stark
Morton
Hettinger
Grant
Slope
Oliver
Coteau du Missouri
Lake Sakakawea
Little Missouri Nat'l. Grassland
Theodore Roosevelt NP (North Unit)
Theodore Roosevelt NP (South Unit)
Fort Berthold IR
Writing Rock SHS
Fort Union NHS
Fort Buford SHS
MonDak Heritage Center
Three Tribes Museum
Killdeer Mtn. Battlefield Hist. Site
Knife River Ind. Villages NHS
Dickinson State University
Dakota Dinosaur Museum
Chateau de Mores SHS
Burning Coal Vein & Columnar Cedars
State Fairgrounds
Minot Air Force Base
Lostwood NWR
Lake Zahl NWR
Des Lacs NWR
Upper Souris NWR
Shell Lake NWR
McLean NWR
Hiddenwood Lake NWR
Lake Ilo NWR
White Lake NWR
Lake Tschida
Garrison Dam
Souris River
White Earth River
Little Missouri River
Knife River
Heart River
Green River
Spring Creek
Shell Creek
Williston
Minot
Dickinson
New Town
Watford City
Stanley
Tioga
Kenmare
Crosby
Beulah
Hazen
Garrison
Killdeer
Medora
Beach
Belfield
Richardton
Hebron
Glen Ullin
New Salem
Mott
Elgin
Carson
Bowman

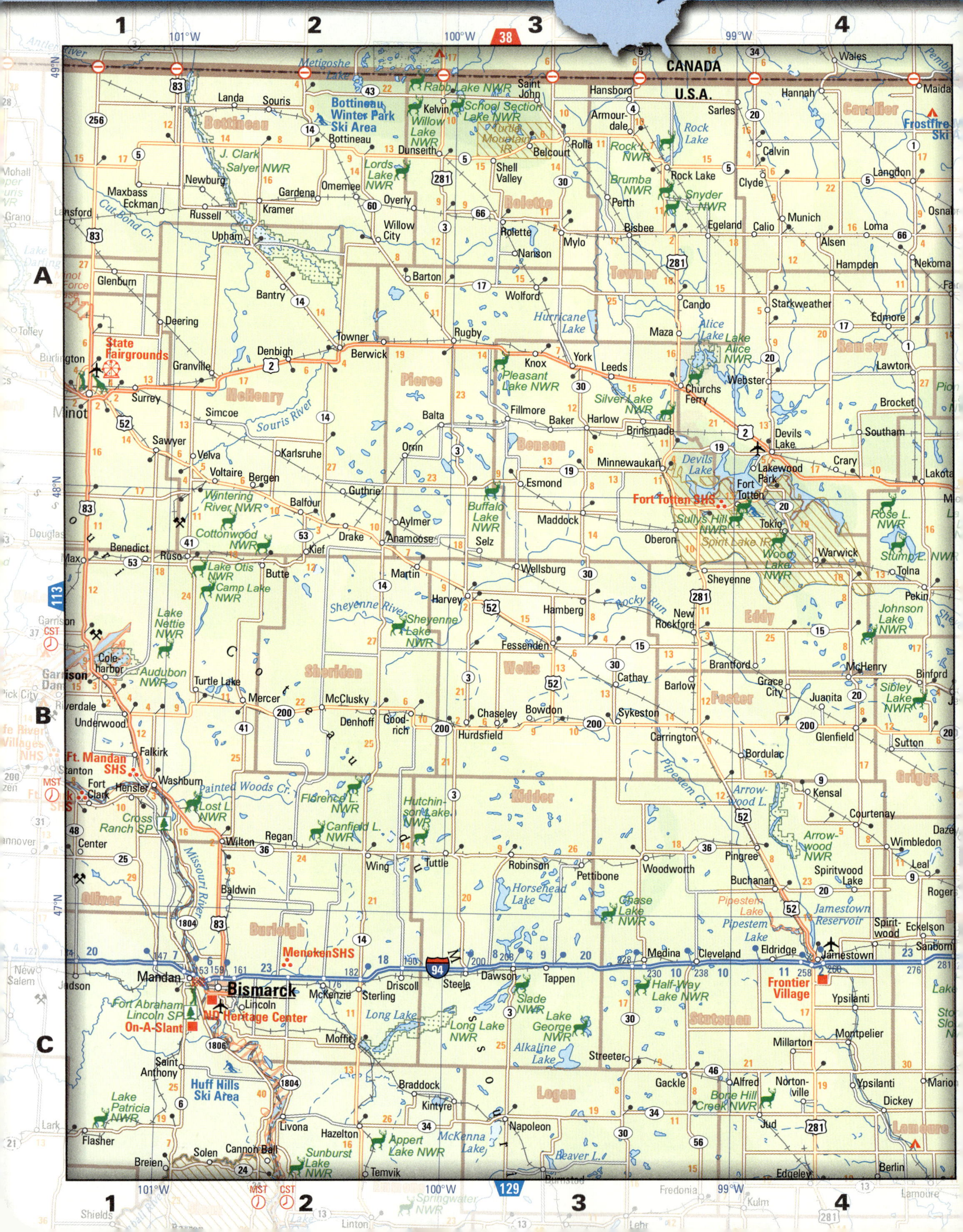

1
2
3
4
A
B
C
101°W
100°W
99°W
49°N
48°N
47°N
CANADA
U.S.A.
Bottineau
McHenry
Pierce
Benson
Rolette
Towner
Ramsey
Cavalier
Eddy
Wells
Sheridan
Foster
Griggs
Kidder
Burleigh
Oliver
Stutsman
Logan
LaMoure
Metigoshe Lake
Rabb Lake NWR
School Section Lake NWR
Willow Lake NWR
Turtle Mountain IR
Bottineau Winter Park Ski Area
J. Clark Salyer NWR
Lords Lake NWR
Rock Lake NWR
Brumba NWR
Snyder NWR
Hurricane Lake
Alice Lake NWR
Pleasant Lake NWR
Silver Lake NWR
Devils Lake
Fort Totten SHS
Sullys Hill NWR
Spirit Lake IR
Wood Lake NWR
Rose L. NWR
Stump L. NWR
Johnson Lake NWR
Sibley Lake NWR
Buffalo Lake NWR
Wintering River NWR
Cottonwood NWR
Lake Otis NWR
Camp Lake NWR
Lake Nettie NWR
Audubon NWR
Sheyenne River
Sheyenne Lake NWR
Rocky Run
Souris River
Cut Bank Cr.
State Fairgrounds
Frostfire Ski
Ft. Mandan SHS
Painted Woods Cr.
Lost L. NWR
Cross Ranch SP
Florence L. NWR
Canfield L. NWR
Hutchinson Lake NWR
Missouri River
Horsehead Lake
Chase Lake NWR
Pipestem Cr.
Pipestem Lake
Arrowwood L.
Arrowwood NWR
Jamestown Reservoir
Spiritwood Lake
Half-Way Lake NWR
Frontier Village
Slade NWR
Lake George NWR
Alkaline Lake
Long Lake
Long Lake NWR
Menoken SHS
ND Heritage Center
Fort Abraham Lincoln SP
On-A-Slant
Huff Hills Ski Area
Lake Patricia NWR
Appert Lake NWR
McKenna Lake
Beaver L.
Sunburst Lake NWR
Bone Hill Creek NWR
Coteau du Missouri
Minot
Bismarck
Mandan
Jamestown
Devils Lake
Rugby
Landa
Souris
Bottineau
Dunseith
Kelvin
Saint John
Belcourt
Shell Valley
Rolla
Hansboro
Armourdale
Sarles
Hannah
Wales
Maida
Calvin
Langdon
Munich
Alsen
Hampden
Loma
Nekoma
Starkweather
Edmore
Lawton
Brocket
Southam
Crary
Lakota
Cando
Maza
Bisbee
Egeland
Calio
Perth
Rock Lake
Clyde
Mylo
Rolette
Nanson
Wolford
Barton
Willow City
Overly
Omemee
Gardena
Kramer
Newburg
Maxbass
Eckman
Russell
Upham
Lansford
Glenburn
Bantry
Deering
Towner
Berwick
Denbigh
Granville
Surrey
Simcoe
Sawyer
Velva
Voltaire
Bergen
Karlsruhe
Balfour
Guthrie
Drake
Kief
Anamoose
Benedict
Ruso
Butte
Max
Knox
York
Leeds
Churchs Ferry
Webster
Harlow
Brinsmade
Baker
Fillmore
Balta
Orrin
Esmond
Minnewaukan
Fort Totten
Lakewood Park
Tokio
Oberon
Maddock
Aylmer
Selz
Martin
Harvey
Wellsburg
Hamberg
Sheyenne
Warwick
Tolna
Pekin
New Rockford
Fessenden
Cathay
Barlow
Brantford
Grace City
Juanita
McHenry
Binford
Sykeston
Bowdon
Chaseley
Hurdsfield
Carrington
Glenfield
Sutton
Bordulac
Kensal
Courtenay
Wimbledon
Leal
Rogers
Pingree
Buchanan
Spiritwood Lake
Eckelson
Sanborn
Ypsilanti
Montpelier
Millarton
Medina
Cleveland
Eldridge
Woodworth
Robinson
Pettibone
Tuttle
Wing
Regan
Wilton
Baldwin
Turtle Lake
Mercer
McClusky
Denhoff
Goodrich
Garrison
Riverdale
Underwood
Coleharbor
Falkirk
Stanton
Washburn
Hensler
Fort Clark
Center
Dawson
Tappen
Steele
Driscoll
Sterling
McKenzie
Moffit
Lincoln
Saint Anthony
Flasher
Breien
Solen
Cannon Ball
Livona
Hazelton
Braddock
Kintyre
Temvik
Napoleon
Streeter
Gackle
Alfred
Norton-ville
Jud
Dickey
Edgeley
Berlin
Marion
Fredonia
Kulm
Lehr
Linton
Shields
Judson
Burlington
Tolley
Douglas

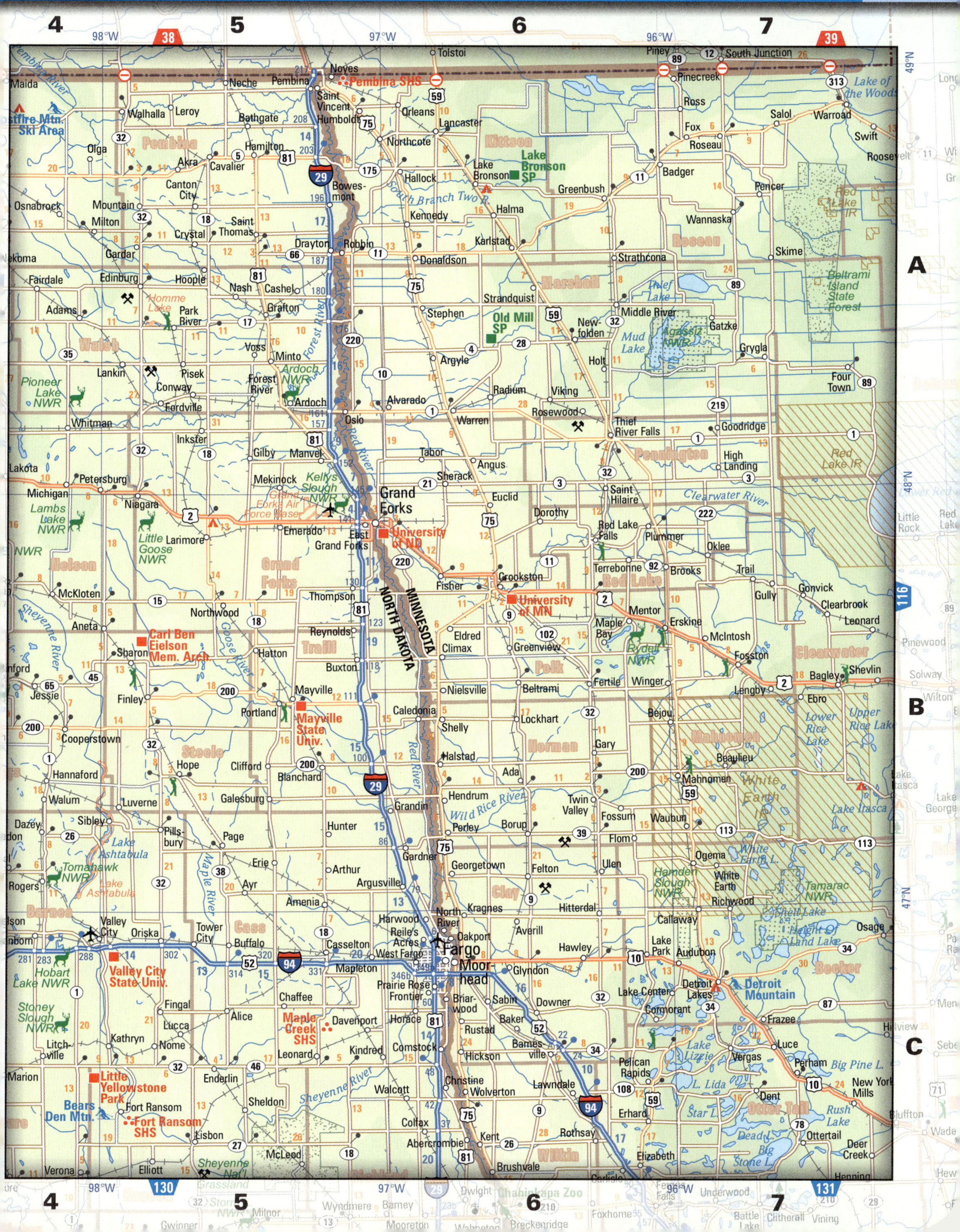
0 20 40 km
0 10 25 Miles
N
4
5
6
7
98°W
97°W
96°W
38
39
130
131
116
A
B
C
49°N
48°N
47°N
Neche
Pembina
Noyes
Pembina SHS
Tolstoi
Piney
South Junction
Pinecreek
Maida
Walhalla
Leroy
Bathgate
Saint Vincent
Humboldt
Orleans
Lancaster
Ross
Lake of the Woods
Salol
Warroad
Fox
Roseau
Swift
Roosevelt
Olga
Pembina
Hamilton
Northcote
Kittson
Lake Bronson SP
Lake Bronson
Badger
Akra
Cavalier
Canton City
Bowesmont
Hallock
Greenbush
Pencer
Osnabrock
Mountain
Milton
Crystal
Saint Thomas
Kennedy
South Branch Two R.
Halma
Wannaska
Red Lake IR
Gardar
Drayton
Robbin
Karlstad
Roseau
Skime
Fairdale
Edinburg
Hoople
Nash
Cashel
Donaldson
Strathcona
Beltrami Island State Forest
Marshall
Adams
Park River
Grafton
Strandquist
Thief Lake
Homme Lake
Stephen
Middle River
Gatzke
Walsh
Old Mill SP
Newfolden
Mud Lake
Agassiz NWR
Grygla
Voss
Minto
Forest River
Argyle
Holt
Lankin
Pisek
Conway
Forest River
Ardoch NWR
Ardoch
Alvarado
Radium
Viking
Four Town
Pioneer Lake NWR
Fordville
Oslo
Warren
Rosewood
Thief River Falls
Goodridge
Whitman
Inkster
Gilby
Manvel
Red River
Tabor
Angus
Pennington
High Landing
Red Lake IR
Lakota
Petersburg
Mekinock
Kellys Slough NWR
Grand Forks
Sherack
Saint Hilaire
Michigan
Niagara
Grand Forks Air Force Base
Euclid
Dorothy
Clearwater River
Lambs Lake NWR
Emerado
East Grand Forks
University of ND
Red Lake Falls
Plummer
Oklee
Little Goose NWR
Larimore
NWR
Nelson
Grand Forks
Terrebonne
Brooks
Trail
Crookston
Fisher
Red Lake
Gully
Gonvick
McKloten
Thompson
NORTH DAKOTA
MINNESOTA
University of MN
Mentor
Clearbrook
Leonard
Aneta
Northwood
Reynolds
Eldred
Climax
Maple Bay
Erskine
McIntosh
Carl Ben Eielson Mem. Arch
Sheyenne River
Goose River
Traill
Greenview
Rydell NWR
Fosston
Clearwater
Sharon
Hatton
Buxton
Polk
Fertile
Winger
Bagley
Shevlin
Jessie
Finley
Mayville
Nielsville
Beltrami
Lengby
Ebro
Portland
Mayville State Univ.
Caledonia
Bejou
Cooperstown
Shelly
Lockhart
Mahnomen
Lower Rice Lake
Upper Rice Lake
Steele
Gary
Hannaford
Hope
Clifford
Blanchard
Halstad
Norman
Beaulieu
Ada
White Earth IR
Walum
Galesburg
Luverne
Hendrum
Twin Valley
Fossum
Waubun
Lake Itasca
Sibley
Grandin
Wild Rice River
Dazey
Lake Ashtabula
Pillsbury
Hunter
Perley
Borup
Flom
Page
Gardner
Georgetown
Felton
Ulen
Ogema
White Earth
Tomahawk NWR
Lake Ashtabula
Erie
Arthur
Hamden Slough NWR
Richwood
Tamarac NWR
Rogers
Ayr
Argusville
Clay
Maple River
Amenia
Kragnes
Hitterdal
Callaway
Barnes
Valley City
Oriska
Tower City
Harwood
North River
Reile's Acres
Oakport
Averill
Shell Lake
Height Of Land Lake
Osage
Cass
Buffalo
Casselton
West Fargo
Fargo
Moorhead
Hawley
Lake Park
Audubon
Valley City State Univ.
Hobart Lake NWR
Mapleton
Glyndon
Becker
Prairie Rose
Frontier
Briarwood
Sabin
Downer
Lake Center
Detroit Lakes
Detroit Mountain
Chaffee
Cormorant
Fingal
Alice
Maple Creek SHS
Davenport
Horace
Baker
Frazee
Stoney Slough NWR
Lucca
Rustad
Kathryn
Nome
Kindred
Comstock
Barnesville
Lake Lizzie
Vergas
Luce
Litchville
Leonard
Hickson
Pelican Rapids
Perham
Big Pine L.
New York Mills
Marion
Enderlin
Christine
Wolverton
Lawndale
L. Lida
Dent
Little Yellowstone Park
Sheldon
Sheyenne River
Walcott
Star L.
Otter Tail
Rush Lake
Bears Den Mtn.
Fort Ransom
Fort Ransom SHS
Colfax
Erhard
Ottertail
Dead L.
Lisbon
Kent
Rothsay
Wilkin
Elizabeth
Big Stone L.
Deer Creek
Abercrombie
McLeod
Sheyenne Nat'l Grassland
Verona
Elliott
Brushvale
Henning
Carlisle
Fergus Falls
Underwood
Dwight
Chahinkapa Zoo
Wyndmere
Barney
Mooreton
Wahpeton
Breckenridge
Foxhome
Milnor
Gwinner
Battle Lake
Clitherall
Vining

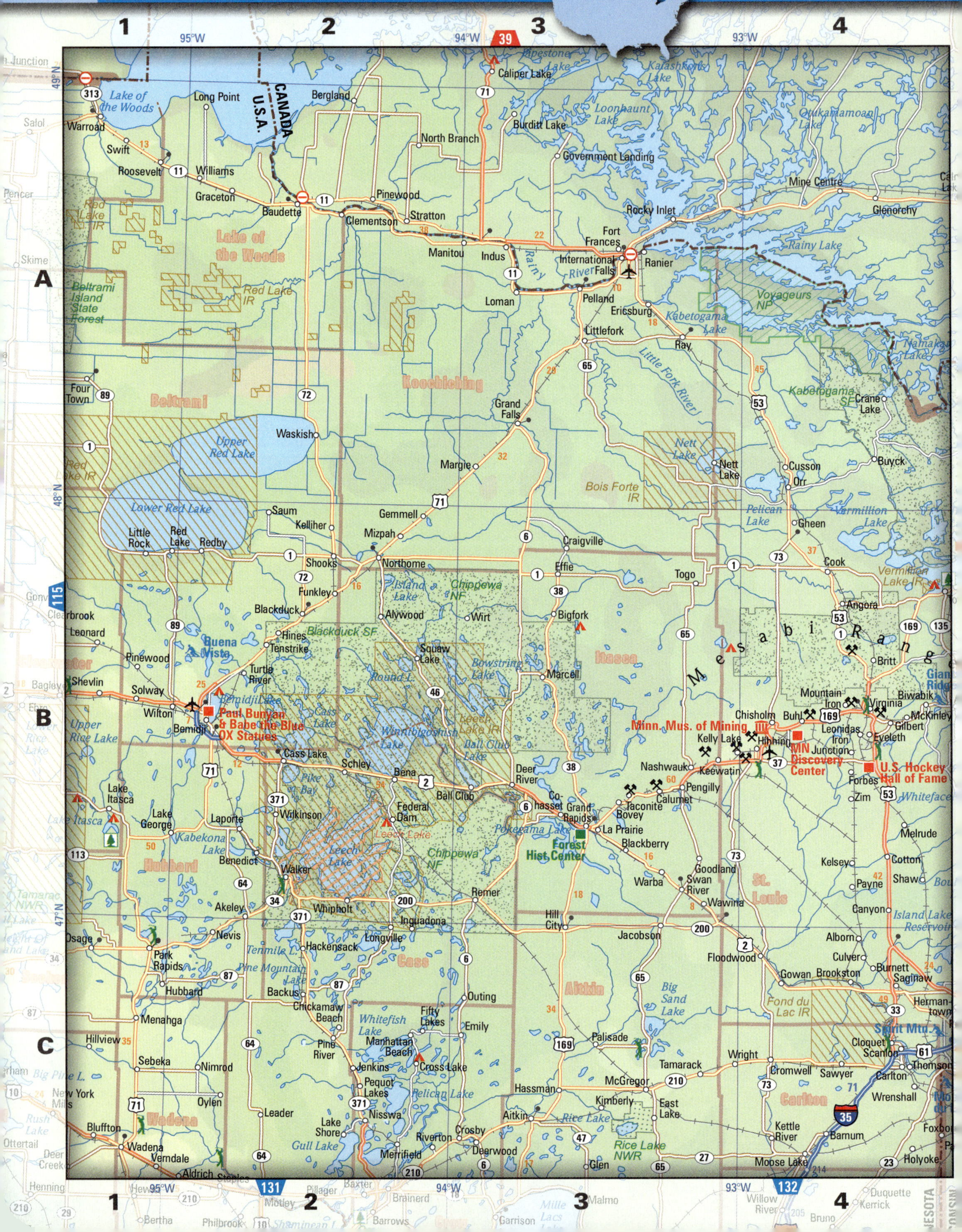

1
2
3
4
A
B
C
95°W
94°W
93°W
49°N
48°N
47°N
CANADA
U.S.A.
Lake of the Woods
Warroad
Swift
Roosevelt
Williams
Long Point
Graceton
Baudette
Bergland
Clementson
Pinewood
North Branch
Stratton
Manitou
Indus
Loman
Burditt Lake
Caliper Lake
Government Landing
Loonhaunt Lake
Kaiashk Lake
Mine Centre
Rocky Inlet
Glenorchy
Fort Frances
International Falls
Ranier
Rainy Lake
Rainy River
Voyageurs NP
Kabetogama Lake
Ericsburg
Pelland
Littlefork
Ray
Little Fork River
Kabetogama SF
Crane Lake
Red Lake IR
Lake of the Woods
Beltrami Island State Forest
Red Lake IR
Koochiching
Beltrami
Four Town
Grand Falls
Waskish
Upper Red Lake
Lower Red Lake
Margie
Nett Lake
Cusson
Orr
Buyck
Bois Forte IR
Pelican Lake
Vermilion Lake
Gheen
Cook
Saum
Kelliher
Gemmell
Mizpah
Little Rock
Red Lake
Redby
Shooks
Northome
Craigville
Effie
Togo
Funkley
Blackduck
Island Lake
Chippewa NF
Alvwood
Wirt
Bigfork
Hines
Tenstrike
Blackduck SF
Squaw Lake
Bowstring Lake
Buena Vista
Turtle River
Marcell
Itasca
Mesabi Range
Angora
Britt
Shevlin
Bagley
Solvay
Wilton
Bemidji
Bemidji Lake
Paul Bunyan & Babe the Blue OX Statues
Cass Lake
Winnibigoshish Lake
Leech Lake IR
Ball Club Lake
Round L.
Upper Rice Lake
Schley
Bena
Deer River
Ball Club
Cohasset
Grand Rapids
La Prairie
Blackberry
Pokegama Lake
Forest Hist. Center
Nashwauk
Keewatin
Taconite
Bovey
Calumet
Pengilly
Chisholm
Buhl
Kinney
Mountain Iron
Virginia
Gilbert
Eveleth
Biwabik
McKinley
Minn. Mus. of Mining
Kelly Lake
Hibbing
MN Discovery Center
Leonidas
Iron Junction
U.S. Hockey Hall of Fame
Forbes
Zim
Whiteface
Melrude
Lake Itasca
Lake George
Laporte
Wilkinson
Pike Bay
Federal Dam
Leech Lake
Kabekona Lake
Hubbard
Benedict
Walker
Chippewa NF
Remer
Goodland
Swan River
Warba
Wawina
St. Louis
Kelsey
Cotton
Payne
Shaw
Canyon
Island Lake Reservoir
Akeley
Whipholt
Inguadona
Hill City
Jacobson
Floodwood
Alborn
Culver
Burnett
Saginaw
Nevis
Hackensack
Longville
Cass
Tenmile Lake
Pine Mountain Lake
Park Rapids
Osage
Hubbard
Backus
Aitkin
Big Sand Lake
Fond du Lac IR
Gowan
Brookston
Hermantown
Menahga
Chickamaw Beach
Whitefish Lake
Fifty Lakes
Emily
Outing
Hillview
Sebeka
Nimrod
Pine River
Manhattan Beach
Jenkins
Cross Lake
Palisade
Tamarack
Wright
Cromwell
Sawyer
Cloquet
Scanlon
Thomson
Carlton
Wrenshall
Big Pine L.
New York Mills
Oylen
Leader
Pequot Lakes
Nisswa
Pelican Lake
Hassman
McGregor
Kimberly
East Lake
Rice Lake
Rice Lake NWR
Kettle River
Barnum
Carlton
Foxboro
Bluffton
Wadena
Verndale
Aldrich
Staples
Wadena
Lake Shore
Gull Lake
Merrifield
Riverton
Crosby
Deerwood
Glen
Moose Lake
Holyoke
Spirit Mtn.
Tamarac NWR
Henning
Hewitt
Bertha
Philbrook
Motley
Pillager
Baxter
Brainerd
Barrows
Garrison
Mille Lacs Lake
Malmo
Willow River
Bruno
Duquette
Kerrick
Clearbrook
Leonard
Pinewood
Gonvick
Salol
Skime
Junction

0 20 40 km
0 10 25 Miles
N
4
5
6
7
92°W
91°W
90°W
CST
EST
40
A
B
C
49°N
48°N
47°N
Upsala
Lac des Milie Lacs
Sandford Lake
White Otter Lake
Calm Lake
Atikokan
Steeprock Lake
Flanders
Nym Lake
Raith
Kashabowie Lake
Kashabowie
Finmark
Lappe
Burchell Lake
Shabaqua Corner
Greenwater Lake
Commee
Terry Fox Mon.
Quetico Provincial Park
Pickerel Lake
Mckenzie Lake
Sturgeon Lake
Kakabeka Falls
Thunder Bay
102
Lac La Croix
Poohbah L.
Stanley
61
Fort Williams Hist. P.
Saganaga Lake
Northern Light Lake
Nolalu
Suomi
South Gillies
Loch Lomond Candy Mtn. Ski Area
Agnes Lake
Iron Lake
Crooked Lake
CANADA
U.S.A.
North Lake
Whitefish Lake
Cloud Bay
Pine Lake
Pigeon River
Boundary Waters Canoe Area
Burntside SF
Trout Lake
Basswood Lake
Grand Portage IR
Grand Portage
Gd. Portage NM
Nat'l. Bear Center
Ely
Winton
Int'l. Wolf Center
Superior NF
Cook
Eagle Mtn. 2301ft Highest Pt. in Minnesota
Hovland
Soudan
Tower
Forest Center
Grand Marais
118
135
Birch Lake
Embarrass
21
Giants Ridge
Superior National Forest
Isabella
Carlton Peak
Lutsen
Tofte
Schroeder
Taconite Harbor
MINNESOTA
WISCONSIN
Aurora
Finland SF
Hoyt Lakes
Seven Beaver Lake
Murphy City
Vermilion Range
Lake
Finland
Little Marais
Norshor Junction
Silver Bay
Lake Superior
Beaver Bay
Wales
Split Rock Lighthouse
Boulder Lake
Castle Danger
Two Harbors
Apostle Islands National Lakeshore
Larsmont
Fish Lake Reservoir
French River
Knife River
Red Cliff IR
Arnold
Hawk Ridge NR
Herbster
Cornucopia
Red Cliff
Ontonagon
Duluth
Superior
Bayfield
Proctor
Mt. Ashwabay
Mt. Ashwabay 1320ft
Port Wing
La Pointe
White Pine
Porcupine Mtns.
Old Fire & Police Mus.
Bayfield
Washburn
Oliver
Chequamegon NF
Ottawa NF
Ontonagon
Superior Village
Wentworth
Blueberry
Barksdale
Odanah
Bergland
South Range
Iron River
Ashland
Big Powder-horn Mtn.
Hines
Poplar
Brule
Thomaston
Hawthorne
Lake Nebagamon
Benoit
Bad River IR
Bessemer
Wakefield
Patzau
Ironwood
Ramsay
Gogebic
Lake Gogebic
Bennett
Mason
Marengo
Montreal
Van Buskirk
132
133
Solon Springs
Drummond
Grand View
Mellen
Upson
Iron Belt
Whitecap Mtns.
Marenisco
MICHIGAN
WISCONSIN

Lake Superior
Lake Helen
Nipigon
Red Rock
Cavers
Rossport
Schreiber
Terrace Bay
Neys
Coldwell
Marathon
Heron Bay
Hurkett
Dorion
Ouimet
Lappe
Terry Fox Mon.
Thunder Bay
Pass Lake
Silver Islet
Loch Lomond / Sandy Mtn. Ski Area
Cloud Bay
CANADA
U.S.A.
Isle Royale NP
Isle Royale
Copper Harbor
Eagle River
Bete Grise
Central
Mohawk
Keweenaw
Laurium
Copper City
Gay
Lake Linden
Hubbell
Freda
Hancock
Houghton
Dollar Bay
South Range
Painesdale
Keweenaw Bay
Ontonagon
Ontonagon Ind. Res.
Winona
Houghton
Greenland
Baraga
Mt. Arvon 1979 ft. Highest Pt. in Michigan
L'Anse
L'Anse IR
Huron Mtns.
Big Bay
Rockland
Ottawa NF
Ewen
Bruce Crossing
Sidnaw
Covington
Nestoria
Baraga
Marquette
Dead River Storage Basin
Al Quaal
Trowbridge Park
Marquette
Harvey
Champion
Ishpeming
Negaunee
Palmer
Republic
Trout Creek
Kenton
Ottawa NF
Bond Falls
Deerton
Au Train
Munising
Munising Falls
Grand Island NRA
Grand Island
Miners Falls
Pictured Rocks National Lakeshore
Melstrand
Shingleton
Wetmore
Princeton
Little Lake
Watersmeet
89°W
88°W
87°W
49°N
48°N
47°N

4
5
6
7
86°W
85°W
84°W
42
49°N
48°N
47°N
A
B
C
50
Hemlo
Pic Mobert South
White River
Trans-Canada-Highway
Amyot
Franz
Dog Lake
Manitowik Lake
Dalten
Goldie Lake
Windermere Lake
Nicholson
Whitefish Lake
Michipicoten
Wawa
101
Lake Como
Wangoon Lake
Chapleau
Nagasin Lake
Michipicoten Bay
Michipicoten Island
CANADA
U.S.A.
Frater
Montreak River
Montreal River
Algoma Upland
Ranger Lake
Ranger Lake
Batchawanna Bay
Searchmont Ski Area
Searchmont
17
Goulais Bay
Great Lakes Shipwreck Mus.
Whitefish Point
Grand Marais
Heyden
Paradise
Grand Sable Dunes
77
Lower Falls
Upper Falls
Whitefish Bay
Sault Ste. Marie
Sault Sainte Marie
Sugar I.
Echo Bay
Ophir
Wharncliffe
Mississagi River
Alger
Luce
123
Pt. Iroquois Light Station and Museum
75
134
135
Newberry
McMillan
Seney
Hiawatha NF
Kinross
Bay Mills Ind. Resort
Desbarats
Bruce Mines

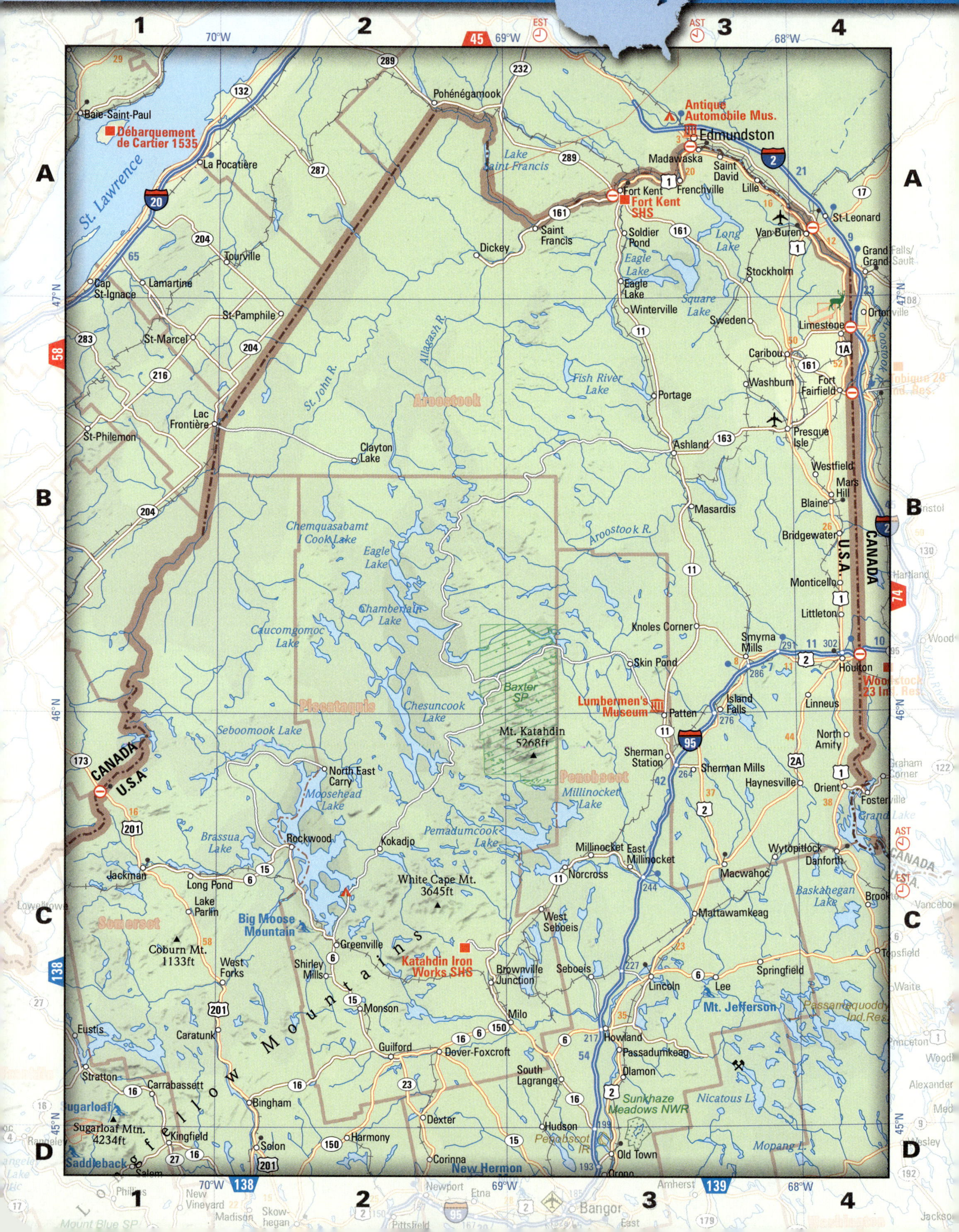

Baie-Saint-Paul
Débarquement de Cartier 1535
La Pocatière
St. Lawrence
Pohénégamook
Lake Saint Francis
Antique Automobile Mus.
Edmundston
Madawaska
Saint David
Frenchville
Lille
Fort Kent
Fort Kent SHS
Saint Francis
Dickey
Soldier Pond
Long Lake
Van Buren
St-Leonard
Grand Falls/ Grand Sault
Eagle Lake
Stockholm
Winterville
Square Lake
Sweden
Limestone
Caribou
Washburn
Fort Fairfield
Fish River Lake
Portage
Tourville
Cap St-Ignace
Lamartine
St-Pamphile
St-Marcel
Lac Frontière
St-Philemon
St. John R.
Allagash R.
Aroostook
Clayton Lake
Ashland
Presque Isle
Westfield
Mars Hill
Blaine
Masardis
Bridgewater
Aroostook R.
Chemquasabamt l Cook Lake
Eagle Lake
Chamberlain Lake
Caucomgomoc Lake
Monticello
Littleton
Knoles Corner
Smyrna Mills
Skin Pond
Houlton
Baxter SP
Lumbermen's Museum
Patten
Island Falls
Linneus
Piscataquis
Chesuncook Lake
Seboomook Lake
Mt. Katahdin 5268ft
North Amity
Sherman Station
Sherman Mills
Haynesville
Orient
CANADA
U.S.A.
North East Carry
Moosehead Lake
Penobscot
Millinocket Lake
Brassua Lake
Rockwood
Kokadjo
Pemadumcook Lake
Jackman
Long Pond
Lake Parlin
Millinocket
East Millinocket
Norcross
Macwahoc
Danforth
Wytopitlock
Baskahegan Lake
Somerset
Big Moose Mountain
White Cape Mt. 3645ft
Coburn Mt. 1133ft
West Forks
Greenville
Shirley Mills
Katahdin Iron Works SHS
West Seboeis
Brownville Junction
Seboeis
Mattawamkeag
Lincoln
Lee
Springfield
Mt. Jefferson
Monson
Milo
Passamaquoddy Ind.Res.
Longfellow Mountains
Eustis
Caratunk
Guilford
Dover-Foxcroft
Howland
Passadumkeag
Olamon
South Lagrange
Stratton
Carrabassett
Bingham
Dexter
Sunkhaze Meadows NWR
Nicatous L.
Sugarloaf
Sugarloaf Mtn. 4234ft
Kingfield
Harmony
Solon
Hudson
Penobscot IR
Old Town
Mopang L.
Saddleback
Corinna
New Hermon
Orono
Bangor
70°W
69°W
68°W
47°N
46°N
45°N

0 20 40 km
0 10 25 Miles

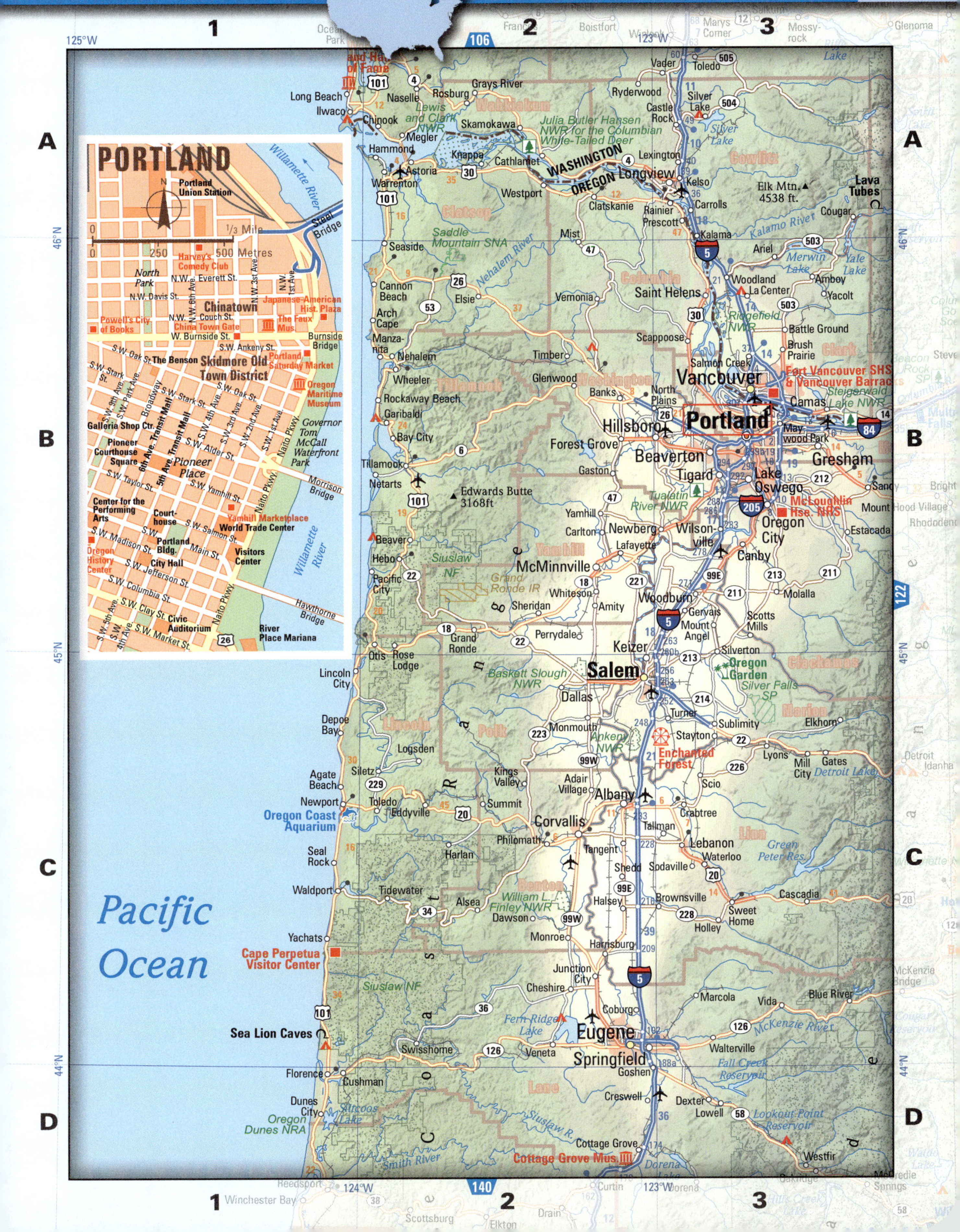

PORTLAND
Portland Union Station
Willamette River
Steel Bridge
1/3 Mile
250 500 Metres
Harvey's Comedy Club
North Park
N.W. Everett St.
N.W. Davis St.
Chinatown
Japanese-American Hist. Plaza
Powell's City of Books
China Town Gate
The Faux Mus.
W. Burnside St.
S.W. Ankeny St.
Burnside Bridge
The Benson
Skidmore Old Town District
Portland Saturday Market
Oregon Maritime Museum
Galleria Shop Ctr.
Pioneer Courthouse Square
Pioneer Place
Governor Tom McCall Waterfront Park
Morrison Bridge
Center for the Performing Arts
Court-house
Yamhill Marketplace
World Trade Center
Portland Bldg.
Oregon History Center
City Hall
Visitors Center
Civic Auditorium
Hawthorne Bridge
River Place Mariana
Pacific Ocean
WASHINGTON
OREGON
Long Beach
Ilwaco
Chinook
Naselle
Rosburg
Grays River
Skamokawa
Megler
Hammond
Astoria
Warrenton
Knappa
Cathlamet
Julia Butler Hansen NWR for the Columbian White-Tailed Deer
Westport
Longview
Kelso
Clatskanie
Rainier
Prescott
Kalama
Castle Rock
Ryderwood
Vader
Toledo
Silver Lake
Lexington
Carrolls
Elk Mtn. 4538 ft.
Lava Tubes
Cougar
Ariel
Merwin Lake
Yale Lake
Amboy
Yacolt
Woodland
La Center
Battle Ground
Brush Prairie
Ridgefield NWR
Seaside
Saddle Mountain SNA
Mist
Nehalem River
Cannon Beach
Arch Cape
Elsie
Vernonia
Saint Helens
Scappoose
Manzanita
Nehalem
Wheeler
Timber
Glenwood
Rockaway Beach
Garibaldi
Bay City
Tillamook
Netarts
Banks
North Plains
Forest Grove
Hillsboro
Portland
Vancouver
Salmon Creek
Fort Vancouver SHS & Vancouver Barracks
Camas
Steigerwald Lake NWR
Maywood Park
Gresham
Beaverton
Tigard
Lake Oswego
Gaston
Edwards Butte 3168ft
Tualatin River NWR
McLoughlin Hse. NHS
Oregon City
Estacada
Yamhill
Carlton
Newberg
Lafayette
Wilsonville
Canby
Beaver
Hebo
Siuslaw NF
McMinnville
Pacific City
Grand Ronde IR
Whiteson
Sheridan
Amity
Woodburn
Gervais
Mount Angel
Scotts Mills
Molalla
Grand Ronde
Perrydale
Keizer
Silverton
Otis
Rose Lodge
Lincoln City
Baskett Slough NWR
Salem
Oregon Garden
Silver Falls SP
Dallas
Turner
Sublimity
Depoe Bay
Monmouth
Ankeny NWR
Stayton
Enchanted Forest
Elkhorn
Lyons
Mill City
Gates
Detroit Lake
Logsden
Siletz
Agate Beach
Kings Valley
Adair Village
Albany
Scio
Newport
Toledo
Oregon Coast Aquarium
Eddyville
Summit
Corvallis
Crabtree
Philomath
Tallman
Lebanon
Tangent
Waterloo
Seal Rock
Harlan
Shedd
Sodaville
Green Peter Res.
Waldport
Tidewater
Alsea
William L. Finley NWR
Halsey
Brownsville
Cascadia
Dawson
Holley
Sweet Home
Yachats
Monroe
Harrisburg
Cape Perpetua Visitor Center
Junction City
Cheshire
Siuslaw NF
Marcola
Vida
Blue River
Fern Ridge Lake
Coburg
McKenzie River
Sea Lion Caves
Eugene
Swisshome
Veneta
Springfield
Walterville
Goshen
Fall Creek Reservoir
Florence
Cushman
Creswell
Dexter
Lowell
Lookout Point Reservoir
Dunes City
Oregon Dunes NRA
Siltcoos Lake
Siuslaw R.
Cottage Grove
Cottage Grove Mus.
Westfir
Smith River
Dorena
Coast Range
Clatsop
Columbia
Tillamook
Washington
Yamhill
Polk
Lincoln
Marion
Clackamas
Benton
Linn
Lane
Multnomah
Wahkiakum
Cowlitz
Clark
125°W
124°W
123°W
46°N
45°N
44°N
Winchester Bay
Reedsport
Scottsburg
Elkton
Drain
Curtin
Oakridge
Oceanside Park
Frances
Boistfort
Marys Corner
Mossyrock
Glenomas
Steve
Mount Hood Village
Rhododendron
Bright
Sandy
Detroit
Idanha
McKenzie Bridge
Westfir
McCredie Springs
106
122
140

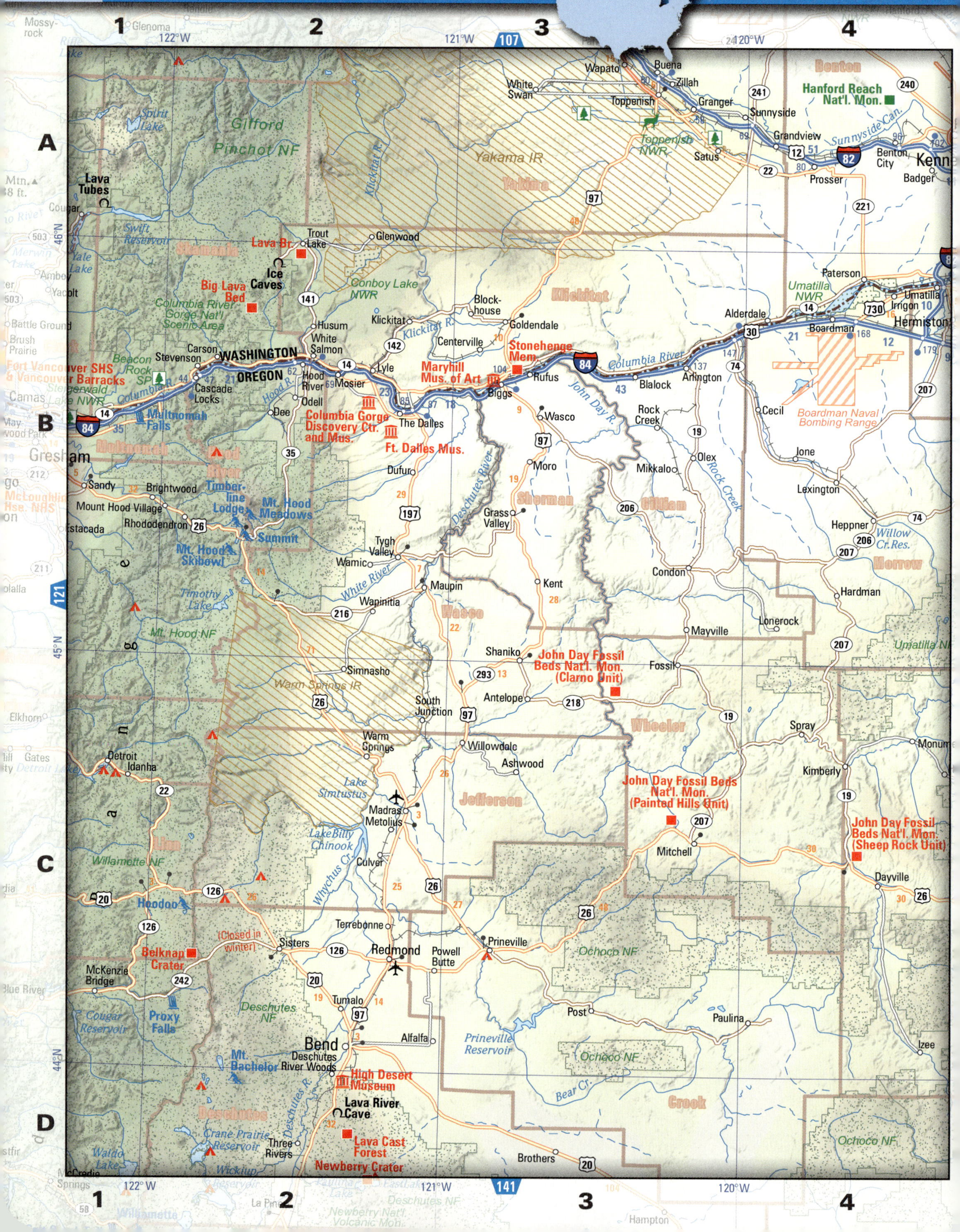
A
B
C
D
1
2
3
4
122° W
121° W
120° W
46° N
45° N
44° N
Gifford Pinchot NF
Yakama IR
Yakima
Hanford Reach Nat'l. Mon.
Benton
Wapato
Buena
Zillah
White Swan
Toppenish
Granger
Sunnyside
Grandview
Toppenish NWR
Satus
Prosser
Benton City
Kenne
Badger
Lava Tubes
Trout Lake
Glenwood
Lava Br.
Ice Caves
Big Lava Bed
Columbia River Gorge Nat'l. Scenic Area
Conboy Lake NWR
Klickitat
Block-house
Goldendale
Centerville
Husum
White Salmon
Lyle
Stonehenge Mem.
Maryhill Mus. of Art
Rufus
Biggs
WASHINGTON
OREGON
Carson
Stevenson
Cascade Locks
Hood River
Mosier
Odell
Dee
Columbia Gorge Discovery Ctr. and Mus.
The Dalles
Ft. Dalles Mus.
Columbia River
Blalock
Arlington
Alderdale
Paterson
Umatilla NWR
Umatilla
Irrigon
Hermiston
Boardman
Boardman Naval Bombing Range
Cecil
Rock Creek
Wasco
John Day R.
Moro
Sherman
Mikkalo
Olex
Gilliam
Ione
Lexington
Heppner
Willow Cr. Res.
Morrow
Hardman
Multnomah Falls
Multnomah
Gresham
Sandy
Brightwood
Mount Hood Village
Rhododendron
Timberline Lodge
Mt. Hood Meadows
Summit
Mt. Hood Skibowl
Dufur
Grass Valley
Tygh Valley
Wamic
White River
Maupin
Wapinitia
Kent
Condon
Lonerock
Mayville
Timothy Lake
Mt. Hood NF
Wasco
Shaniko
John Day Fossil Beds Nat'l. Mon. (Clarno Unit)
Fossil
Simnasho
Warm Springs IR
South Junction
Antelope
Wheeler
Spray
Warm Springs
Willowdale
Ashwood
Kimberly
Detroit
Idanha
Lake Simtustus
Madras
Metolius
Jefferson
John Day Fossil Beds Nat'l. Mon. (Painted Hills Unit)
John Day Fossil Beds Nat'l. Mon. (Sheep Rock Unit)
Mitchell
Dayville
Lake Billy Chinook
Culver
Willamette NF
Hoodoo
Terrebonne
Redmond
Powell Butte
Prineville
Ochoco NF
Sisters
(Closed in winter)
Belknap Crater
McKenzie Bridge
Tumalo
Deschutes NF
Proxy Falls
Cougar Reservoir
Post
Paulina
Bend
Alfalfa
Prineville Reservoir
Mt. Bachelor
Deschutes River Woods
High Desert Museum
Lava River Cave
Crook
Deschutes
Crane Prairie Reservoir
Three Rivers
Lava Cast Forest
Newberry Crater
Brothers
Izee

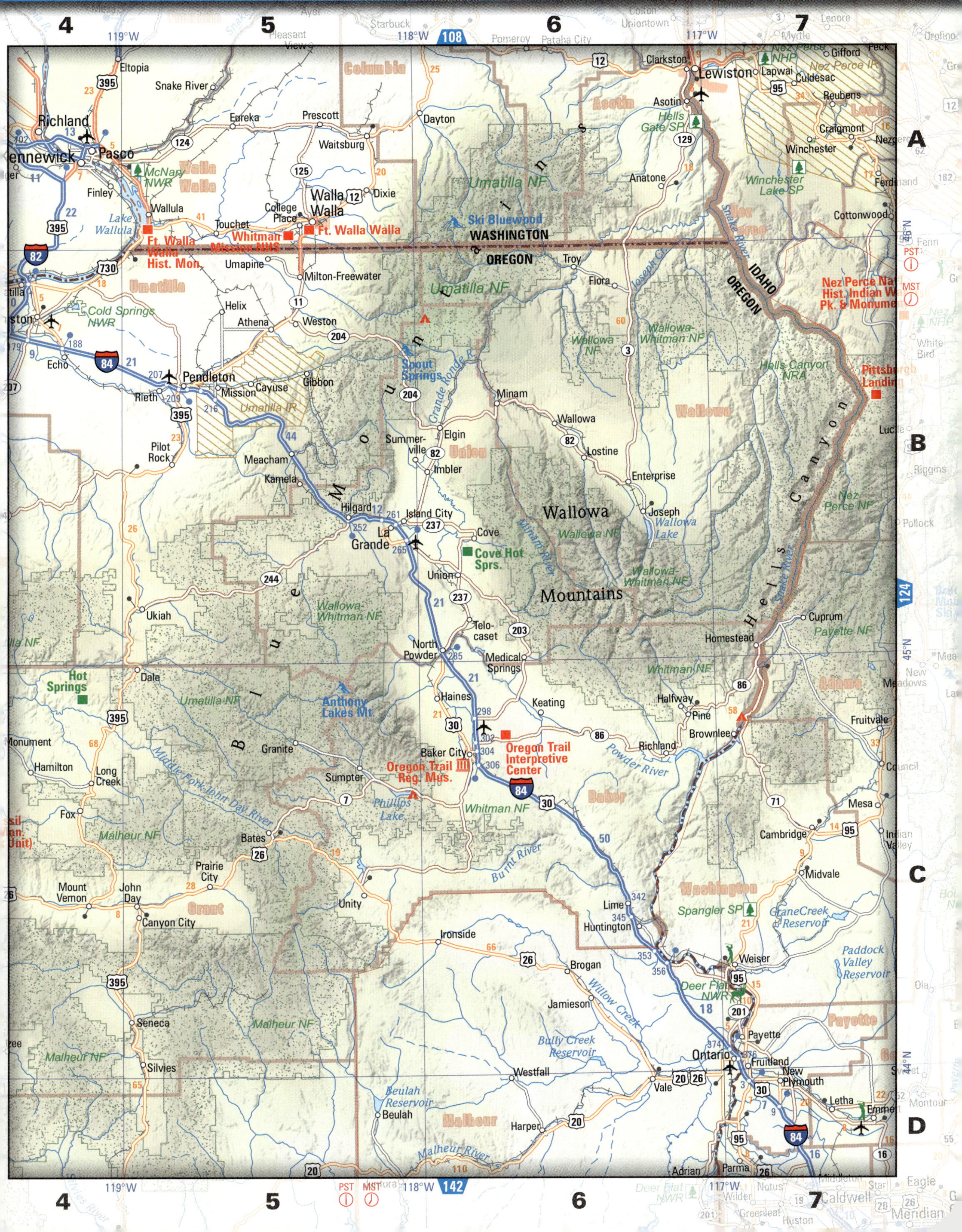
4
5
6
7
119°W
118°W
117°W
108
142
124
A
B
C
D
46°N
45°N
44°N
PST
MST
WASHINGTON
OREGON
IDAHO
OREGON
Richland
Kennewick
Pasco
Eltopia
Snake River
Eureka
Prescott
Waitsburg
Dayton
Columbia
Walla Walla
College Place
Touchet
Dixie
Wallula
Lake Wallula
McNary NWR
Finley
Ft. Walla Walla Hist. Mon.
Whitman Mission NHS
Ft. Walla Walla
Umapine
Milton-Freewater
Umatilla
Cold Springs NWR
Helix
Athena
Weston
Echo
Pendleton
Rieth
Mission
Cayuse
Gibbon
Umatilla IR
Pilot Rock
Meacham
Kamela
Umatilla NF
Ski Bluewood
Troy
Flora
Asotin
Clarkston
Lewiston
Lapwai
Culdesac
Gifford
Reubens
Craigmont
Winchester
Winchester Lake SP
Nez Perce NHP
Nez Perce IR
Hells Gate SP
Anatone
Cottonwood
Ferdinand
Nez Perce Nat. Hist. Indian War Pk. & Monument
Pittsburg Landing
White Bird
Wallowa-Whitman NF
Wallowa NF
Hells Canyon NRA
Spout Springs
Grande Ronde R.
Minam
Wallowa
Lostine
Enterprise
Joseph
Wallowa Lake
Elgin
Summerville
Imbler
Union
Island City
La Grande
Hilgard
Cove
Cove Hot Sprs.
Union
Telocaset
North Powder
Medical Springs
Wallowa Mountains
Blue Mountains
Hells Canyon
Cuprum
Homestead
Payette NF
Whitman NF
Adams
Halfway
Pine
Brownlee
Richland
Keating
Haines
Baker City
Oregon Trail Interpretive Center
Oregon Trail Reg. Mus.
Sumpter
Phillips Lake
Anthony Lakes Mt.
Powder River
Baker
Granite
Ukiah
Dale
Hot Springs
Monument
Hamilton
Long Creek
Fox
Malheur NF
Middle Fork John Day River
Bates
Prairie City
John Day
Mount Vernon
Canyon City
Grant
Unity
Burnt River
Ironside
Brogan
Jamieson
Willow Creek
Bully Creek Reservoir
Lime
Huntington
Washington
Spangler SP
Cambridge
Mesa
Council
Fruitvale
Midvale
Indian Valley
Crane Creek Reservoir
Paddock Valley Reservoir
Weiser
Deer Flat NWR
Payette
Fruitland
New Plymouth
Ontario
Vale
Westfall
Beulah Reservoir
Beulah
Malheur
Harper
Malheur River
Adrian
Parma
Letha
Emmett
Caldwell
Nampa
Meridian
Seneca
Silvies
Starbuck
Pomeroy
Pataha City
Colton
Uniontown
Lenore
Orofino

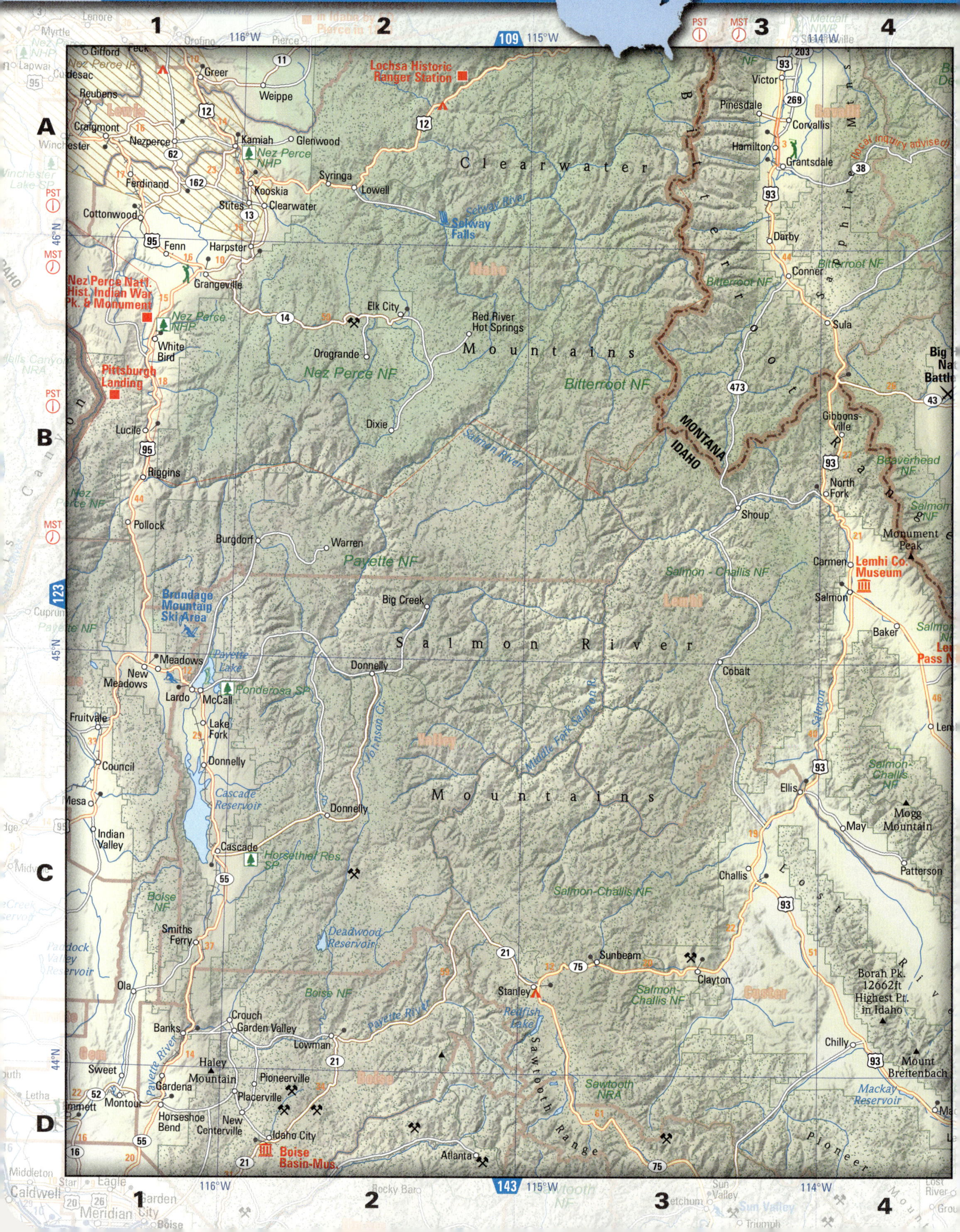
1
2
3
4
A
B
C
D
116°W
115°W
114°W
46°N
45°N
44°N
PST
MST
Gifford
Nez Perce IR
Culdesac
Reubens
Lewis
Craigmont
Winchester
Nezperce
Kamiah
Glenwood
Nez Perce NHP
Ferdinand
Syringa
Lowell
Kooskia
Stites
Clearwater
Cottonwood
Fenn
Harpster
Grangeville
Greer
Weippe
Lochsa Historic Ranger Station
Clearwater
Selway River
Selway Falls
Idaho
Nez Perce Natl. Hist. Indian War Pk. & Monument
White Bird
Pittsburgh Landing
Elk City
Red River Hot Springs
Orogrande
Nez Perce NF
Mountains
Bitterroot NF
Bitterroot NF
Dixie
Lucile
Riggins
Pollock
Salmon River
Burgdorf
Warren
Payette NF
Brundage Mountain Ski Area
Big Creek
Salmon River
Meadows
New Meadows
Payette Lake
Lardo
McCall
Ponderosa SP
Donnelly
Fruitvale
Lake Fork
Donnelly
Council
Cascade Reservoir
Mesa
Indian Valley
Cascade
Horsethief Res. SP
Boise NF
Smiths Ferry
Deadwood Reservoir
Ola
Boise NF
Banks
Crouch
Garden Valley
Lowman
Payette River
Sweet
Haley Mountain
Pioneerville
Gardena
Placerville
Montour
Horseshoe Bend
New Centerville
Idaho City
Boise Basin Mus.
Atlanta
Valley
Mountains
Middle Fork Salmon R.
Johnson Cr.
Salmon-Challis NF
Stanley
Redfish Lake
Sunbeam
Clayton
Salmon-Challis NF
Sawtooth NRA
Sawtooth Range
Custer
Boise
Gem
Victor
Pinesdale
Corvallis
Hamilton
Grantsdale
Darby
Conner
Sula
Bitterroot Range
Bitterroot NF
Big Hole Natl. Battlefield
Gibbonsville
MONTANA
IDAHO
North Fork
Shoup
Beaverhead NF
Salmon NF
Monument Peak
Carmen
Lemhi Co. Museum
Salmon
Salmon - Challis NF
Lemhi
Baker
Lemhi Pass
Cobalt
Salmon
Ellis
Salmon-Challis NF
Mogg Mountain
May
Patterson
Challis
Lost River
Borah Pk. 12662ft Highest Pt. in Idaho
Chilly
Mount Breitenbach
Mackay Reservoir
Pioneer
Emmett
Letha
Middleton
Caldwell
Eagle
Star
Meridian
Garden City
Boise
Rocky Bar
Ketchum
Sun Valley
Triumph
Lost River
Lenore
Myrtle
Lapwai
Orofino
Pierce
Cuprum
Hells Canyon NRA
Nez Perce NF
Payette NF
Paddock Valley Reservoir
Ashton NF

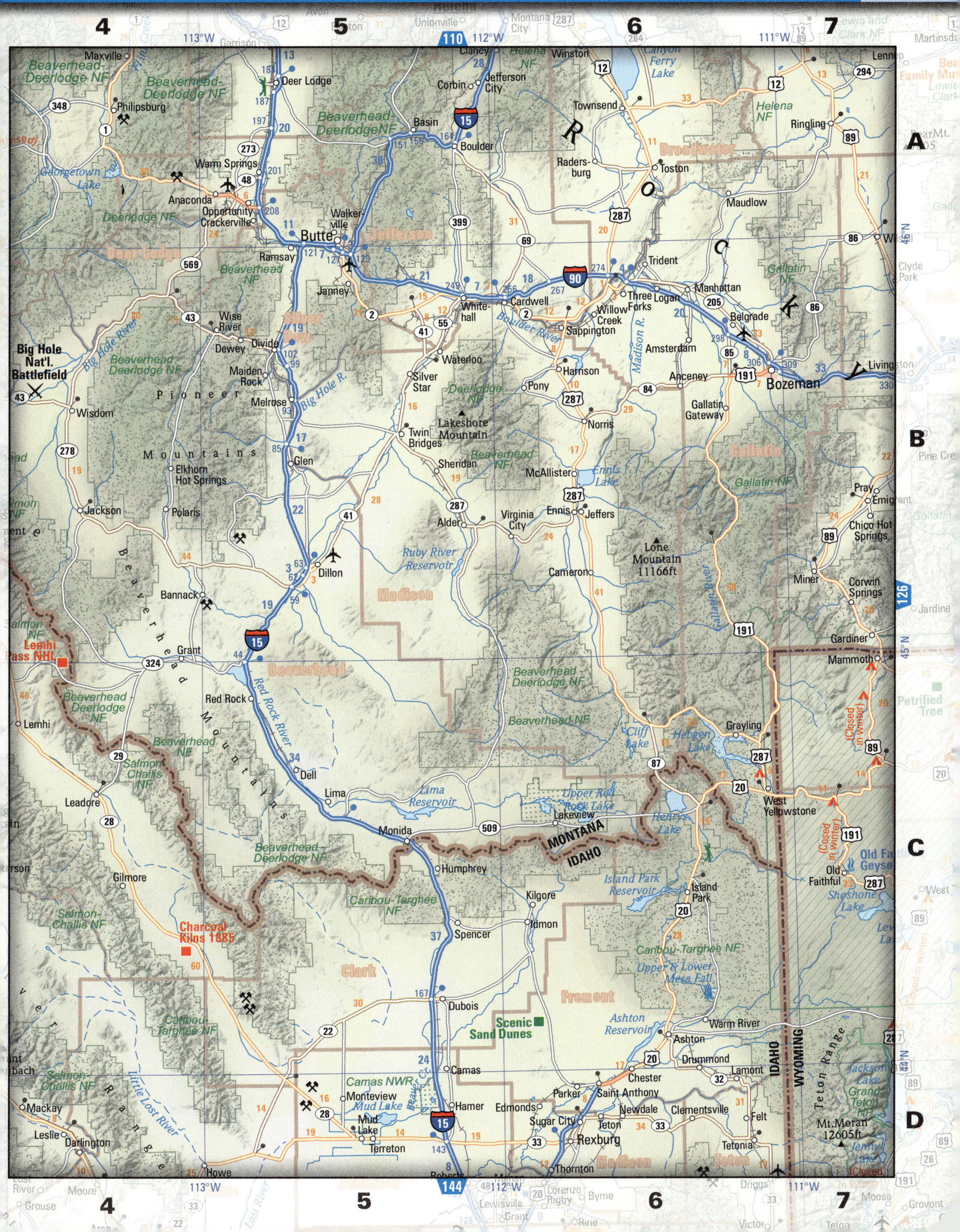
0 20 40 km
0 10 25 Miles
N
4
5
6
7
A
B
C
D
113°W
112°W
111°W
46°N
45°N
44°N
Deer Lodge
Philipsburg
Maxville
Beaverhead-Deerlodge NF
Warm Springs
Anaconda
Opportunity
Crackerville
Georgetown Lake
Deerlodge NF
Butte
Walkerville
Ramsay
Janney
Basin
Boulder
Jefferson City
Corbin
Clancy
Winston
Townsend
Radersburg
Toston
Broadwater
Canyon Ferry Lake
Helena NF
Ringling
Maudlow
Trident
Three Forks
Logan
Manhattan
Belgrade
Bozeman
Livingston
Amsterdam
Anceney
Gallatin Gateway
Willow Creek
Sappington
Cardwell
Whitehall
Jefferson
Silver Bow
Waterloo
Silver Star
Twin Bridges
Lakeshore Mountain
Sheridan
Harrison
Pony
Norris
McAllister
Ennis Lake
Ennis
Jeffers
Virginia City
Alder
Ruby River Reservoir
Madison
Cameron
Lone Mountain 11166ft
Gallatin
Gallatin NF
Gallatin River
Pray
Emigrant
Chico Hot Springs
Miner
Corwin Springs
Gardiner
Mammoth
Wise River
Dewey
Divide
Maiden Rock
Melrose
Big Hole R.
Big Hole River
Big Hole Nat'l. Battlefield
Wisdom
Pioneer Mountains
Elkhorn Hot Springs
Glen
Jackson
Polaris
Dillon
Bannack
Grant
Lemhi Pass NHL
Beaverhead Mountains
Beaverhead
Red Rock
Red Rock River
Dell
Lima
Lima Reservoir
Monida
Lakeview
Upper Red Rock Lake
Henrys Lake
Hebgen Lake
Cliff Lake
Grayling
West Yellowstone
Closed in winter
Old Faithful
Shoshone Lake
Lemhi
Leadore
Salmon-Challis NF
Gilmore
Charcoal Kilns 1885
MONTANA
IDAHO
Humphrey
Caribou-Targhee NF
Kilgore
Spencer
Idmon
Island Park Reservoir
Island Park
Upper & Lower Mesa Fall
Clark
Fremont
Dubois
Scenic Sand Dunes
Ashton Reservoir
Warm River
Ashton
Drummond
Chester
Lamont
Camas
Camas NWR
Mud Lake
Monteview
Hamer
Edmonds
Parker
Saint Anthony
Newdale
Clementsville
Felt
Sugar City
Teton
Rexburg
Tetonia
Thornton
Madison
Terreton
Leslie
Darlington
Mackay
Howe
Little Lost River
Roberts
Teton Range
Mt. Moran 12605ft
Jackson Lake
IDAHO
WYOMING
ROCKY
Driggs
Rigby
Lorenzo
Lewisville
Grant
Menan
Moore
Grouse

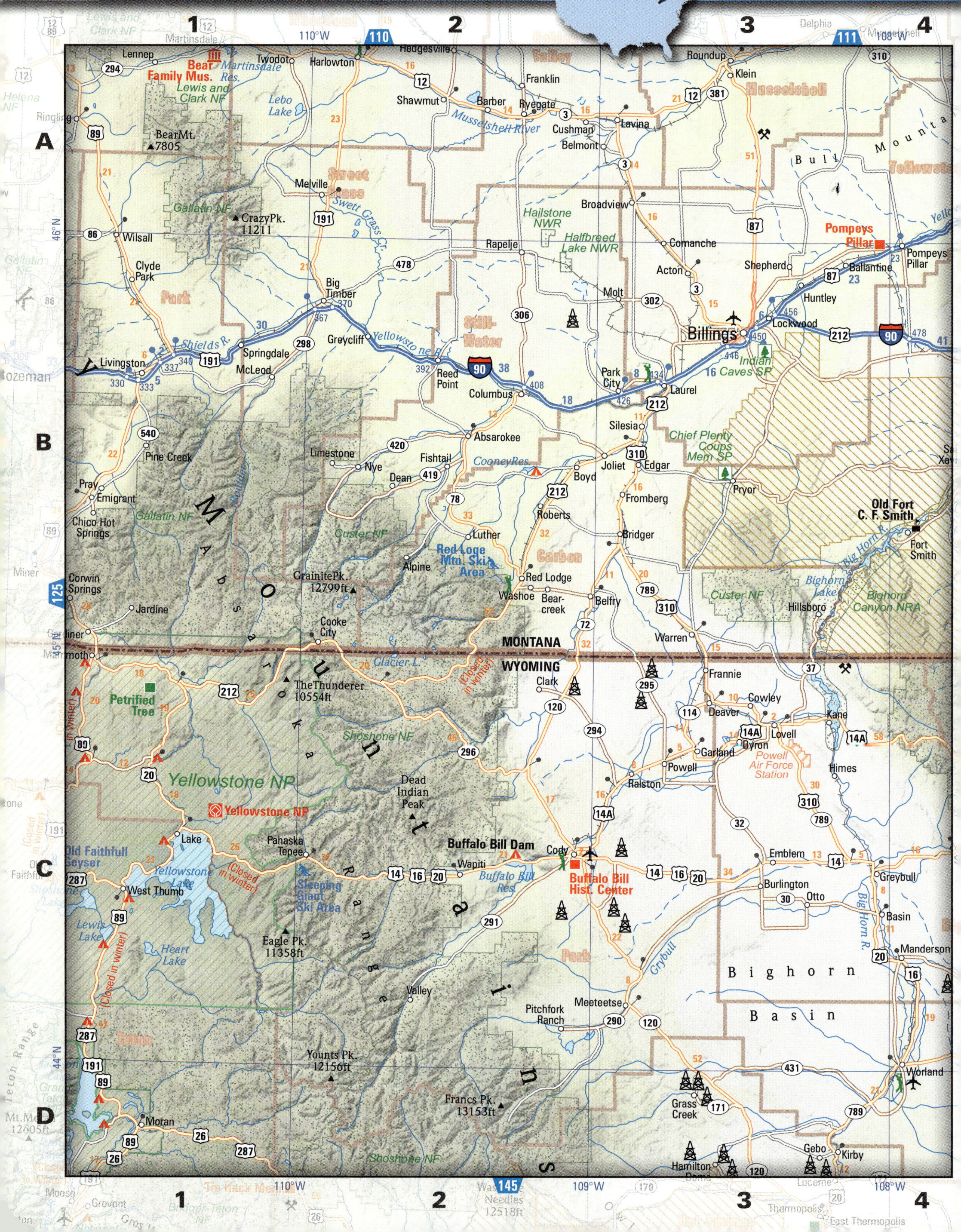
1
2
3
4
A
B
C
D
110°W
108°W
109°W
46°N
45°N
44°N
MONTANA
WYOMING
Lennep
Twodot
Harlowton
Hedgesville
Franklin
Roundup
Klein
Bear Family Mus.
Martinsdale Res.
Lewis and Clark NF
Lebo Lake
Shawmut
Barber
Ryegate
Cushman
Lavina
Belmont
Musselshell River
Musselshell
Ringling
BearMt. 7805
Melville
Sweet Grass
CrazyPk. 11211
Gallatin NF
Wilsall
Clyde Park
Park
Big Timber
Greycliff
Broadview
Hailstone NWR
Halfbreed Lake NWR
Rapelje
Comanche
Acton
Molt
Shepherd
Pompeys Pillar
Ballantine
Huntley
Lockwood
Billings
Still-Water
Bull Mountains
Yellowstone
Livingston
Springdale
McLeod
Reed Point
Columbus
Park City
Laurel
Indian Caves SP
Silesia
Absarokee
Chief Plenty Coups Mem SP
Pine Creek
Limestone
Nye
Dean
Fishtail
Cooney Res.
Joliet
Edgar
Boyd
Fromberg
Pryor
Old Fort C. F. Smith
Fort Smith
Pray
Emigrant
Gallatin NF
Chico Hot Springs
Custer NF
Luther
Roberts
Bridger
Red Lodge Mtn. Ski Area
Carbon
Alpine
GranitePk. 12799ft
Red Lodge
Washoe
Bearcreek
Belfry
Bighorn Lake
Custer NF
Hillsboro
Bighorn Canyon NRA
Corwin Springs
Jardine
Cooke City
Gardiner
Mammoth
Warren
Absaroka Mountains
Glacier L.
Clark
Frannie
Cowley
Deaver
Lovell
Kane
Byron
Garland
Powell
Powell Air Force Station
Himes
Petrified Tree
TheThunderer 10554ft
Shoshone NF
Yellowstone NP
Dead Indian Peak
Ralston
Lake
Old Faithfull Geyser
Pahaska Tepee
Buffalo Bill Dam
Wapiti
Cody
Buffalo Bill Res.
Buffalo Bill Hist. Center
Emblem
Burlington
Otto
Greybull
Basin
Manderson
Yellowstone Lake
West Thumb
Sleeping Giant Ski Area
Lewis Lake
Heart Lake
Eagle Pk. 11358ft
Absaroka Range
Bighorn Basin
Valley
Pitchfork Ranch
Meeteetse
Grybull
Teton
Younts Pk. 12156ft
Francs Pk. 13153ft
Grass Creek
Worland
Moran
Hamilton Dome
Gebo
Kirby
Shoshone NF

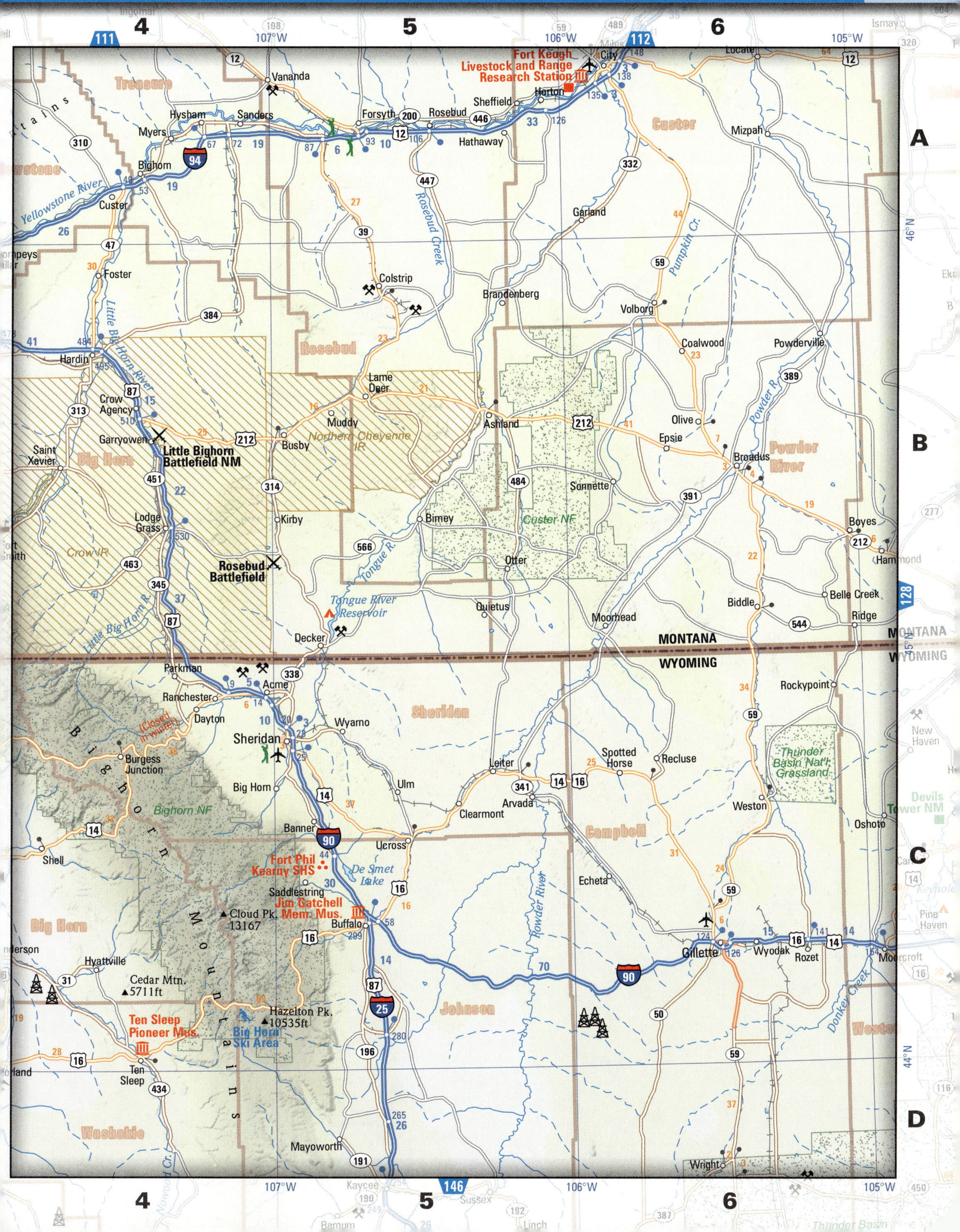
0 20 40 km
0 10 25 Miles
4
5
6
A
B
C
D
107°W
106°W
105°W
46°N
45°N
44°N
Fort Keogh Livestock and Range Research Station
Miles City
Vananda
Treasure
Hysham
Sanders
Myers
Forsyth
Rosebud
Sheffield
Horton
Hathaway
Custer
Mizpah
Bighorn
Yellowstone River
Colstrip
Rosebud Creek
Garland
Brandenberg
Volborg
Pumpkin Cr.
Foster
Little Big Horn River
Hardin
Rosebud
Coalwood
Powderville
Crow Agency
Lame Deer
Muddy
Northern Cheyenne IR
Ashland
Olive
Garryowen
Little Bighorn Battlefield NM
Busby
Epsie
Broadus
Powder River
Saint Xavier
Big Horn
Sonnette
Lodge Grass
Kirby
Birney
Custer NF
Boyes
Crow IR
Rosebud Battlefield
Tongue R.
Otter
Hammond
Tongue River Reservoir
Quietus
Biddle
Belle Creek
Moorhead
Ridge
Decker
MONTANA
WYOMING
Parkman
Acme
Rockypoint
Ranchester
Dayton
Sheridan
Wyarno
Sheridan
(Closed in winter)
Burgess Junction
Bighorn NF
Big Horn
Ulm
Leiter
Spotted Horse
Recluse
Thunder Basin Nat'l Grassland
Arvada
Clearmont
Weston
Banner
Shell
Ucross
Campbell
Oshoto
Fort Phil Kearny SHS
De Smet Lake
Echeta
Saddlestring
Cloud Pk. 13167
Jim Gatchell Mem. Mus.
Buffalo
Big Horn
Powder River
Gillette
Wyodak
Rozet
Moorcroft
Hyattville
Cedar Mtn. 5711ft
Hazelton Pk. 10535ft
Ten Sleep Pioneer Mus.
Big Horn Ski Area
Johnson
Donkey Creek
Ten Sleep
Washakie
Mayoworth
Wright
Kaycee
Sussex
Linch
Barnum
Nowood Cr.
Bighorn Mountains
Devils Tower NM
New Haven
Pine Haven
Keyhole
Ismay
Ingomar
Thunder Basin

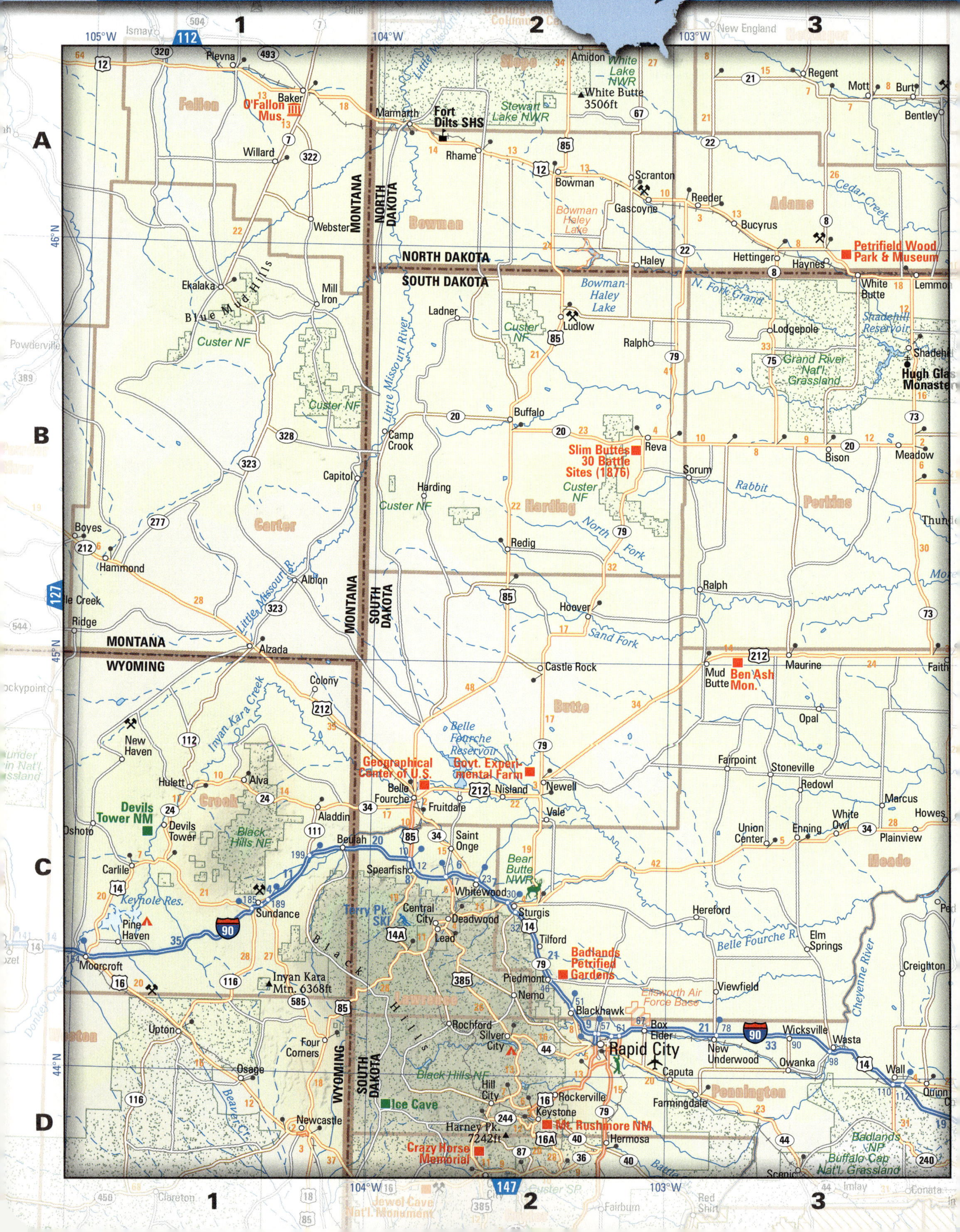

1
2
3
A
B
C
D
105°W
104°W
103°W
46°N
45°N
44°N
MONTANA
NORTH DAKOTA
SOUTH DAKOTA
WYOMING
Fallon
Bowman
Slope
Adams
Carter
Harding
Perkins
Butte
Crook
Lawrence
Meade
Pennington
Plevna
Baker
O'Fallon Mus.
Willard
Webster
Ekalaka
Mill Iron
Blue Mud Hills
Custer NF
Marmarth
Fort Dilts SHS
Rhame
Amidon
White Lake NWR
White Butte 3506ft
Stewart Lake NWR
Bowman
Scranton
Gascoyne
Reeder
Bucyrus
Hettinger
Haynes
Petrified Wood Park & Museum
Lemmon
Regent
Mott
Burt
Bentley
Cedar Creek
Bowman Haley Lake
Haley
Ladner
Ludlow
Ralph
Lodgepole
White Butte
Shadehill Reservoir
Grand River Nat'l Grassland
Hugh Glass Monastery
N. Fork Grand
Buffalo
Camp Crook
Little Missouri River
Capitol
Harding
Reva
Slim Buttes 30 Battle Sites (1876)
Sorum
Bison
Meadow
Rabbit
Redig
North Fork
Boyes
Hammond
Albion
Alzada
Ridge
Hoover
Sand Fork
Castle Rock
Mud Butte
Ben Ash Mon.
Maurine
Faith
Opal
Colony
Belle Fourche Reservoir
Geographical Center of U.S.
Govt. Experimental Farm
Belle Fourche
Fruitdale
Nisland
Newell
Vale
Fairpoint
Stoneville
Redowl
Marcus
Union Center
Enning
White Owl
Howes
Plainview
New Haven
Hulett
Alva
Devils Tower NM
Devils Tower
Aladdin
Beulah
Black Hills NF
Inyan Kara Creek
Oshoto
Carlile
Keyhole Res.
Sundance
Pine Haven
Moorcroft
Inyan Kara Mtn. 6368ft
Spearfish
Saint Onge
Bear Butte NWR
Whitewood
Terry Pk. SKI
Central City
Deadwood
Lead
Sturgis
Tilford
Badlands Petrified Gardens
Piedmont
Nemo
Hereford
Belle Fourche R.
Elm Springs
Cheyenne River
Creighton
Viewfield
Ellsworth Air Force Base
Blackhawk
Box Elder
Rapid City
New Underwood
Wicksville
Wasta
Owanka
Caputa
Wall
Quinn
Farmingdale
Black Hills NF
Rochford
Silver City
Hill City
Rockerville
Keystone
Mt. Rushmore NM
Harney Pk. 7242ft
Crazy Horse Memorial
Hermosa
Ice Cave
Upton
Osage
Four Corners
Newcastle
Beaver Cr.
Badlands NP
Buffalo Gap Nat'l. Grassland
Scenic
Black Hills
Fairburn
Red Shirt
Jewel Cave Nat'l. Monument

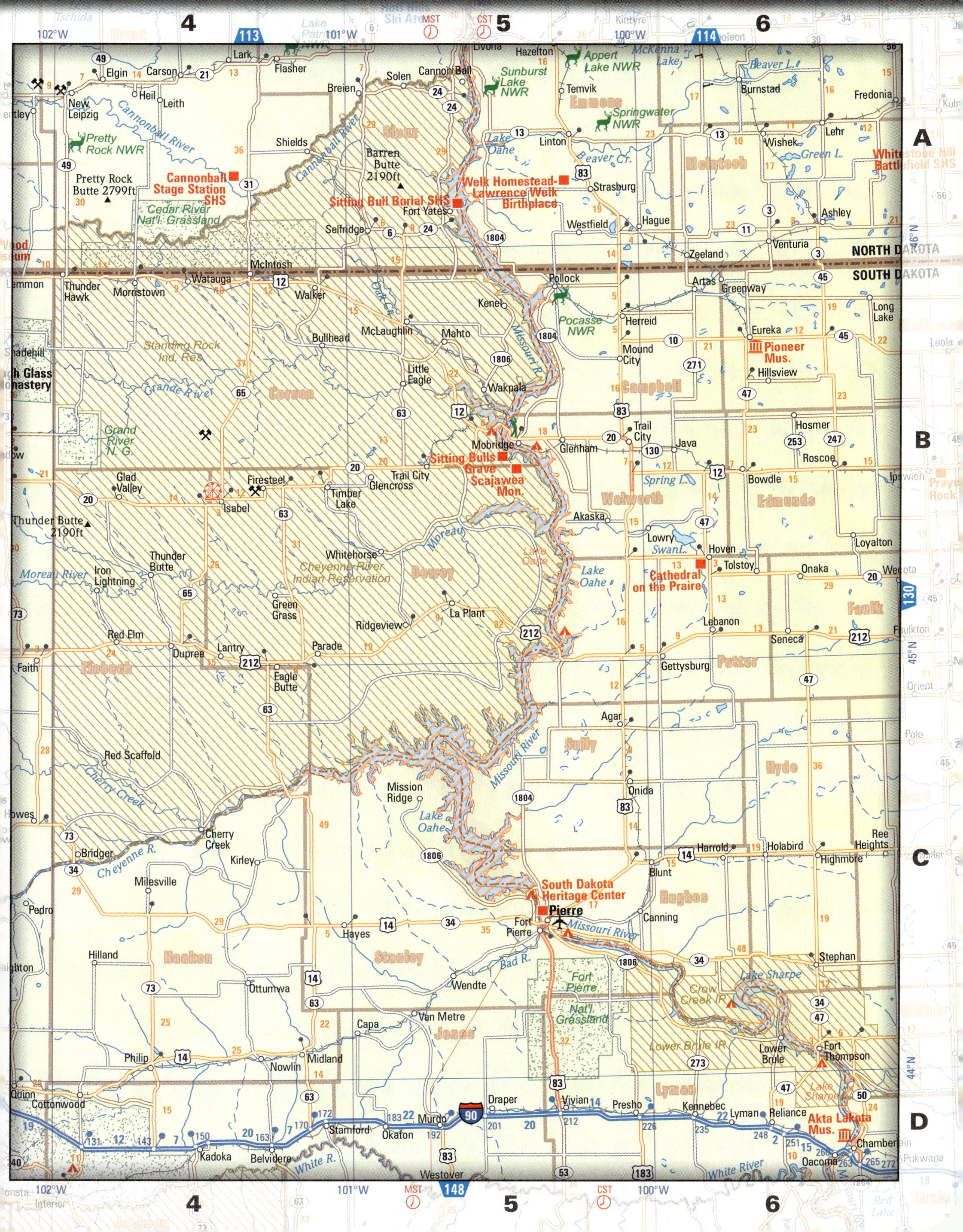

0 20 40 km
0 10 25 Miles
4
5
6
A
B
C
D
102°W
101°W
100°W
MST
CST
NORTH DAKOTA
SOUTH DAKOTA
Elgin
Carson
Lark
Flasher
New Leipzig
Heil
Leith
Cannonball River
Pretty Rock NWR
Pretty Rock Butte 2799ft
Cannonball Stage Station SHS
Cedar River Nat'l Grassland
Shields
Breien
Solen
Cannon Ball
Barren Butte 2190ft
Sioux
Sitting Bull Burial SHS
Fort Yates
Selfridge
Livona
Hazelton
Sunburst Lake NWR
Apple Lake NWR
McKenna Lake
Temvik
Emmons
Springwater NWR
Lake Oahe
Linton
Beaver Cr.
Welk Homestead-Lawrence Welk Birthplace
Strasburg
Westfield
Hague
Zeeland
Burnstad
Beaver L.
Fredonia
Wishek
Lehr
Green L.
McIntosh
Ashley
Venturia
Whitestone Hill Battlefield SHS
Lemmon
Thunder Hawk
Morristown
Watauga
McIntosh
Walker
Oak Cr.
Kenel
Pollock
Pocasse NWR
Herreid
Artas
Greenway
Eureka
Long Lake
Pioneer Mus.
Hillsview
Mound City
Campbell
Shadehill
Standing Rock Ind. Res.
Bullhead
McLaughlin
Mahto
Missouri R.
Little Eagle
Wakpala
Corson
Grande River
Grand River N. G.
Mobridge
Glenham
Trail City
Java
Hosmer
Roscoe
Bowdle
Ipswich
Sitting Bulls Grave
Scajawea Mon.
Glad Valley
Firesteel
Isabel
Timber Lake
Glencross
Trail City
Spring L.
Walworth
Edmunds
Akaska
Thunder Butte 2190ft
Moreau River
Iron Lightning
Thunder Butte
Cheyenne River Indian Reservation
Whitehorse
Moreau
Dewey
Lowry
Swan L.
Hoven
Tolstoy
Onaka
Loyalton
Cathedral on the Praire
Lake Oahe
Faulk
Green Grass
La Plant
Ridgeview
Red Elm
Dupree
Lantry
Parade
Lebanon
Seneca
Faulkton
Faith
Ziebach
Eagle Butte
Gettysburg
Potter
Agar
Sully
Hyde
Red Scaffold
Cherry Creek
Missouri River
Mission Ridge
Onida
Lake Oahe
Howes
Cherry Creek
Bridger
Kirley
Cheyenne R.
Harrold
Holabird
Highmore
Ree Heights
Milesville
Blunt
South Dakota Heritage Center
Pierre
Hughes
Pedro
Hayes
Fort Pierre
Canning
Missouri River
Hilland
Haakon
Stanley
Bad R.
Stephan
Ottumwa
Wendte
Fort Pierre Nat'l Grassland
Lake Sharpe
Crow Creek IR
Van Metre
Capa
Jones
Lower Brule IR
Lower Brule
Fort Thompson
Philip
Midland
Nowlin
Quinn
Cottonwood
Draper
Vivian
Presho
Kennebec
Lyman
Lake Sharpe
Reliance
Akta Lakota Mus.
Stamford
Murdo
Okaton
Kadoka
Belvidere
White R.
Westover
White River
Oacoma
Chamberlain

1:1.250.000

MapArt.com

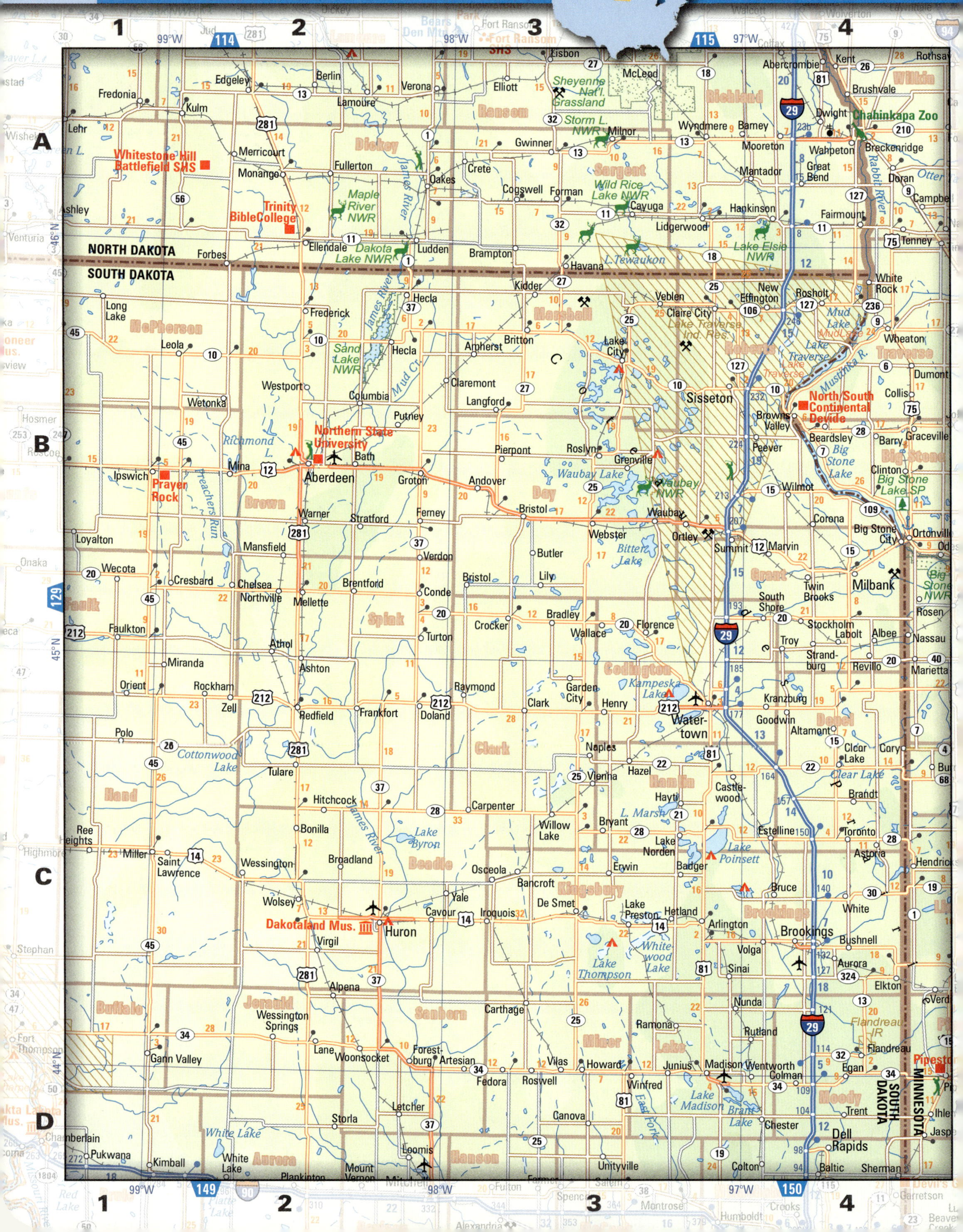

NORTH DAKOTA
SOUTH DAKOTA
SOUTH DAKOTA
MINNESOTA
Whitestone Hill Battlefield SHS
Trinity Bible College
Maple River NWR
Dakota Lake NWR
Sheyenne Nat'l Grassland
Storm L. NWR
Wild Rice Lake NWR
L. Tewaukon
Lake Elsie NWR
Chahinkapa Zoo
Sand Lake NWR
Lake Traverse Ind. Res.
Mud Lake
Lake Traverse
North/South Continental Divide
Northern State University
Prayer Rock
Waubay Lake
Waubay NWR
Big Stone Lake
Big Stone Lake SP
Big Stone NWR
Bitter Lake
Kampeska Lake
Cottonwood Lake
Lake Byron
Lake Poinsett
Clear Lake
Dakotaland Mus.
Lake Thompson
Whitewood Lake
Lake Madison
Brant Lake
Flandreau IR
White Lake
Pipestone
McPherson
Brown
Day
Marshall
Roberts
Grant
Codington
Deuel
Hamlin
Spink
Clark
Faulk
Hand
Beadle
Kingsbury
Brookings
Jerauld
Sanborn
Miner
Lake
Moody
Buffalo
Aurora
Hanson
Dickey
Ransom
Sargent
Richland
Wilkin
Traverse
Big Stone
Aberdeen
Huron
Watertown
Brookings
Sisseton
Milbank
Madison
Dell Rapids
Wahpeton
Breckenridge
Ipswich
Redfield
Mitchell
Chamberlain
99°W
98°W
97°W
46°N
45°N
44°N

4
5
6
7
A
B
C
D
96°W
95°W
94°W
46°N
45°N
44°N
Elizabeth
Fergus Falls
Foxhome
Underwood
Battle Lake
Clitherall
Vining
Henning
Ottertail
Deer Creek
Dead L.
Big Stone L.
Wadena
Verndale
Aldrich
Staples
Hewitt
Bertha
Philbrook
Motley
Pillager
Baxter
Brainerd
Merrifield
Garrison
Mille Lacs Lake
Malmo
Vineland
Father Hennepin SP
Mille Lacs Ind. Mus.
Isle
Wahkon
Onamia
Crow Wing SP
Fort Ripley
Lincoln
Shamineau L.
Lake Alexander
Cushing
Randall
Little Falls
Pierz
Genola
Lastrup
Parkers Prairie
Eagle Bend
Clarissa
Browerville
Dalton
Ashby
Urbank
Christina L.
L. Miltona
Miltona
Evansville
Brandon
L. Carlos SP
Carlos
Nashua
Wendell
Tintah
Elbow Lake
Barrett
Norcross
Herman
Hoffman
Andes Tower Hills
Alexandria
Nelson
Runestone Mus.
Forada
Holmes City
Kensington
Osakis
Osakis Lake
West Union
Little Sauk
Long Prairie
Round Prairie
Swanville
Burtrum
Sobieski
Grey Eagle
Ward Springs
Bowlus
Crane Meadows NWR
Royalton
Buckman
Sinclair Lewis Boyhood Home and Mus.
Sauk Centre
Westport
Villard
Long Beach
Farwell
Lowry
Donnelly
Cyrus
Starbuck
Glenwood
Minnewaska Lake
Melrose
Meire Grove
New Munich
Freeport
Albany
Collegeville
Avon
Saint Stephen
Rice
Sauk Rapids
Saint Cloud
Sartell
Saint Joseph
Waite Park
Stearns Hist. Mus.
Gilman
Foley
Milaca
Foreston
Pease
Bock
Oak Park
Ronneby
Princeton
Santiago
Sherburne NWR
Zimmerman
Johnson
Alberta
Morris
Chokio
Hancock
Sedan
Brooten
Elrosa
Greenwald
Spring Hill
Belgrade
Lake Henry
Richmond
Roscoe
Cold Spring
Pleasant Lake
Rockville
Clear Lake
Becker
Clearwater
Hasty
Elk River
Big Lake
Monticello
Clontarf
Swift Falls
Sunburg
Regal
Hawick
Paynesville
Saint Nicholas
Eden Valley
Watkins
Powder Ridge
Kimball
South Haven
Annandale
Odessa
Correll
Louisburg
Big Stone NWR
Holloway
Danvers
Benson
De Graff
Murdock
Kerkhoven
Norway L.
New London
Spicer
Green Lake
Kandiyohi
Willmar
Pennock
Crow River
Grove City
Manannah
Litchfield
Atwater
Darwin
Dassel
Cokato
Howard Lake
Maple Lake
Buffalo
Montrose
Waverly
Rockford
Albertville
Saint Michael
Hanover
Rogers
Dayton
Ramsey
Anoka
Brooklyn Park
Maple Grove
Plymouth
Minnetonka
Eden Prairie
Hopkins
Edina
Savage
Burnsville
Bellingham
Milan
Big Bend City
Madison
Watson
Lac qui Parle
Clara City
Raymond
Prinsburg
Blomkest
Svea
Kandiyohi Lake
Lake Lillian
Rosendale
Cosmos
Cedar Mills
Hutchinson
Silver Lake
Winsted
Watertown
Mayer
Waconia
New Germany
Lester Prairie
Dawson
Montevideo
Maynard
Boyd
Wegdahl
Clarkfield
Granite Falls
Sacred Heart
Danube
Renville
Olivia
Bird Island
Hector
Buffalo Lake
Brownton
Glencoe
Plato
Norwood
Cologne
Carver
Hamburg
Biscay
Upper Sioux Ind. Res.
Saint Leo
Burr
Canby
Hazel Run
Hanley Falls
Echo
Stewart
New Auburn
Green Isle
Blakeley
Arlington
Belle Plaine
Jordan
Porter
Taunton
Minneota
Cottonwood
Morton
Franklin
Fairfax
Winthrop
Gaylord
Henderson
New Prague
Lonsdale
Montgomery
Le Sueur
Wilno
Ghent
Green Valley
Vesta
Redwood Falls
Lower Sioux Indian Reservation
Gibbon
Lafayette
Norseland
Saint Peter
Ottawa
Le Center
Cleveland
Ivanhoe
Marshall
Milroy
Lucan
Wabasso
Morgan
Evan
Sleepy Eye
New Ulm
Minnesota R.
Klossner
Swan Lake
Courtland
Nicollet
Kasota
Madison Lake
Waterville
Arco
Lynd
Amiret
Walnut Grove
Lamberton
Cobden
Tyler
Russell
Florence
Balaton
Garvin
Tracy
Revere
Sanborn
Springfield
Searles
Judson
North Mankato
Mankato
Elysian
Lake Benton
Ruthton
Holland
Currie
Shetek Lake
Jeffers Petroglyphs
Jeffers
La Salle
Darfur
Hanska L.
Lake Crystal
Madelia
Garden City
Mt. Kato
Eagle Lake
Janesville
Waseca
Pipestone NM
Woodstock
Lake Wilson
Hadley
Dovray
Westbrook
Storden
Saint James
Butterfield
Saint Clair
Pemberton
Otisco
Pipestone
Slayton
Chandler
Avoca
Bingham Lake
Mountain Lake
Odin
Ormsby
Lewisville
Vernon Center
Mapleton
Waldorf
Amboy
Ihlen
Trosky
Jasper
Fulda
Dundee
Heron Lake
Wilder
Windom
Bergen
Trimont
Truman
Minnesota Lake
Hartland
Hardwick
Northrop
Winnebago
Huntley
Delavan
Easton
Wells
Manchester

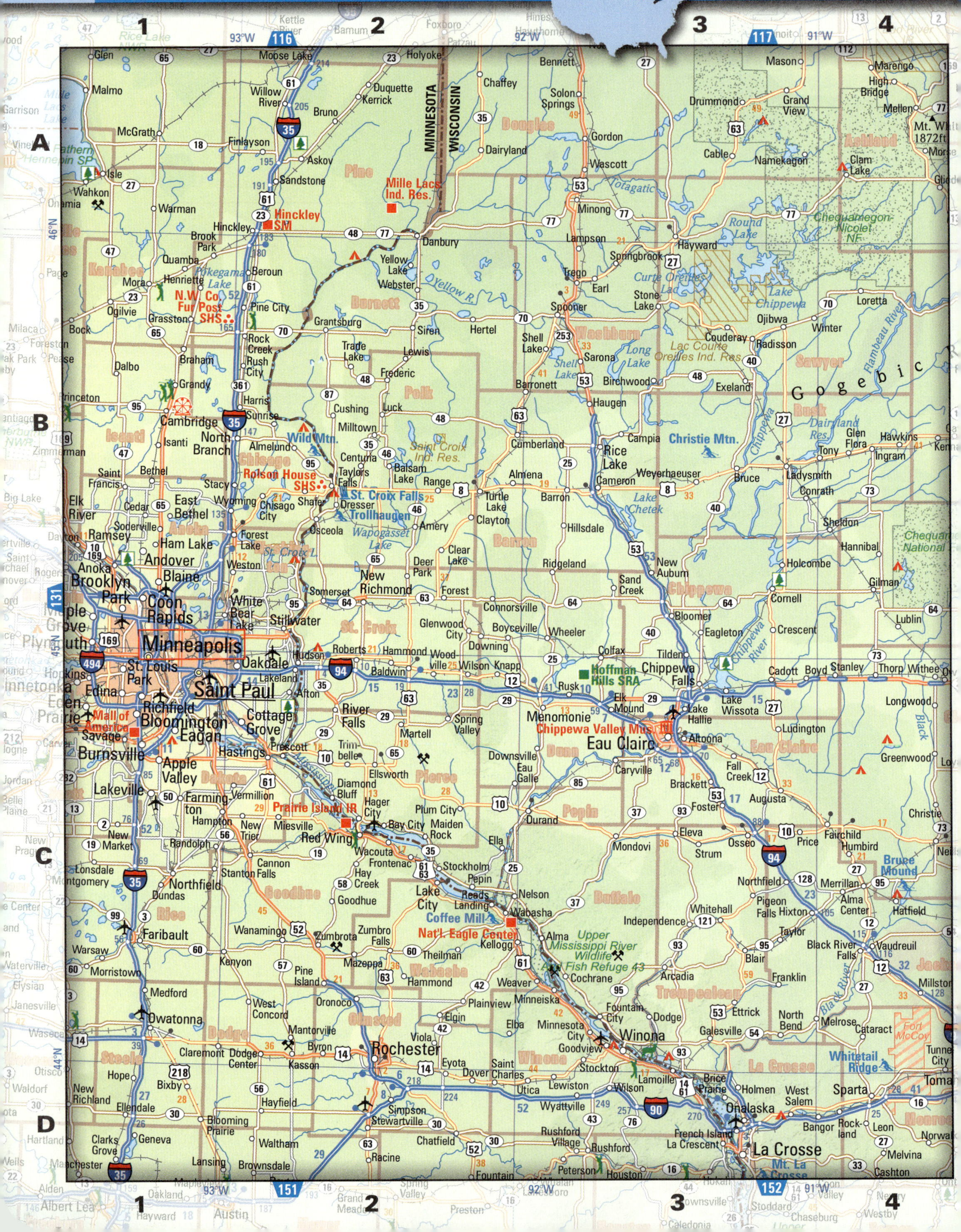

1
2
3
4
A
B
C
D
93°W
92°W
91°W
46°N
45°N
44°N
MINNESOTA
WISCONSIN
Moose Lake
Willow River
Bruno
Duquette
Kerrick
Holyoke
Chaffey
Bennett
Solon Springs
Gordon
Dairyland
Douglas
Mason
Drummond
Grand View
Marengo
High Bridge
Mellen
Mt. Whittlesey 1872ft
Cable
Namekagon
Clam Lake
Ashland
Malmo
McGrath
Finlayson
Askov
Sandstone
Pine
Mille Lacs Ind. Res.
Isle
Wahkon
Warman
Hinckley
Hinckley SM
Danbury
Minong
Wascott
Totagatic
Lampson
Hayward
Round Lake
Chequamegon-Nicolet NF
Brook Park
Quamba
Henriette
Mora
Ogilvie
Kanabec
Pokegama Lake
Beroun
N.W. Co. Fur Post SHS
Pine City
Grasston
Yellow Lake
Webster
Yellow R.
Burnett
Grantsburg
Siren
Hertel
Trego
Earl
Springbrook
Spooner
Stone Lake
Curte Oreilles Lake
Lac Courte Oreilles Ind. Res.
Lake Chippewa
Ojibwa
Loretta
Winter
Radisson
Couderay
Sawyer
Flambeau River
Gogebic
Bock
Dalbo
Braham
Rock Creek
Rush City
Trade Lake
Lewis
Frederic
Shell Lake
Washburn
Sarona
Long Lake
Birchwood
Barronett
Exeland
Princeton
Grandy
Cambridge
Isanti
North Branch
Harris
Sunrise
Cushing
Luck
Polk
Milltown
Wild Mtn.
Almelund
Chisago
Centuria
Balsam Lake
Saint Croix Ind. Res.
Cumberland
Haugen
Rice Lake
Campia
Christie Mtn.
Rusk
Dairyland Res.
Glen Flora
Hawkins
Tony
Ingram
Zimmerman
Saint Francis
Bethel
Stacy
Rolson House SHS
Taylors Falls
St. Croix Falls
Range
Almena
Cameron
Weyerhaeuser
Bruce
Ladysmith
Conrath
Elk River
Cedar
East Bethel
Wyoming
Chisago City
Shafer
Dresser
Trollhaugen
Turtle Lake
Barron
Clayton
Lake Chetek
Sheldon
Ramsey
Soderville
Anoka
Ham Lake
Forest Lake
Osceola
Wapogasset Lake
Amery
Hillsdale
Hannibal
Andover
Brooklyn Park
Blaine
Weston
Deer Park
Clear Lake
Ridgeland
New Auburn
Holcombe
Chippewa
Gilman
Coon Rapids
New Richmond
Forest
Sand Creek
Cornell
White Bear Lake
Somerset
Stillwater
Connorsville
Bloomer
Lublin
Maple Grove
Plymouth
Minneapolis
Glenwood City
Boyceville
Wheeler
Eagleton
Crescent
Chippewa River
St. Croix
Roberts
Hudson
Hammond
Woodville
Downing
Colfax
Tilden
Cadott
Boyd
Stanley
Thorp
Withee
Hopkins
St. Louis Park
Saint Paul
Oakdale
Lakeland
Baldwin
Wilson
Knapp
Hoffman Hills SRA
Chippewa Falls
Rusk
Elk Mound
Lake Hallie
Lake Wissota
Longwood
Minnetonka
Edina
Eden Prairie
Richfield
Mall of America
Bloomington
Savage
Eagan
Cottage Grove
Afton
River Falls
Spring Valley
Menomonie
Chippewa Valley Mus.
Eau Claire
Altoona
Ludington
Burnsville
Apple Valley
Hastings
Prescott
Martell
Trimbelle
Downsville
Eau Galle
Dunn
Eau Claire
Fall Creek
Greenwood
Lakeville
Farmington
Vermillion
Diamond Bluff
Ellsworth
Pierce
Caryville
Brackett
Augusta
Hampton
New Trier
Miesville
Prairie Island IR
Hager City
Bay City
Red Wing
Plum City
Maiden Rock
Durand
Pepin
Foster
Eleva
Osseo
Fairchild
Humbird
Christie
New Market
Randolph
Cannon Falls
Stanton
Wacouta
Frontenac
Stockholm
Ella
Mondovi
Strum
Price
Lonsdale
Montgomery
Northfield
Dundas
Goodhue
Hay Creek
Lake City
Reads Landing
Nelson
Buffalo
Northfield
Merrillan
Alma Center
Hixton
Bruce Mound
Hatfield
Pigeon Falls
Whitehall
Independence
Rice
Faribault
Wanamingo
Zumbrota
Coffee Mill
Nat'l. Eagle Center
Wabasha
Alma
Upper Mississippi River Wildlife & Fish Refuge
Kellogg
Theilman
Taylor
Black River Falls
Vaudreuil
Warsaw
Kenyon
Mazeppa
Pine Island
Wabasha
Hammond
Weaver
Cochrane
Arcadia
Blair
Franklin
Jackson
Millston
Morristown
Medford
Owatonna
West Concord
Oronoco
Olmsted
Plainview
Minneiska
Trempealeau
Fountain City
Dodge
Ettrick
North Bend
Black River
Melrose
Cataract
Fort McCoy
Tunnel City
Waseca
Mantorville
Byron
Kasson
Dodge
Claremont
Dodge Center
Viola
Rochester
Elgin
Elba
Minnesota City
Goodview
Winona
Galesville
Whitetail Ridge
Steele
Hope
Bixby
Ellendale
New Richmond
Eyota
Dover
Saint Charles
Stockton
Lewiston
Lamoille
Brice Prairie
Holmen
West Salem
Sparta
Tomah
Hayfield
Utica
Wyattville
Wilson
Onalaska
Bangor
Rockland
Leon
Monroe
Norwalk
Geneva
Blooming Prairie
Simpson
Stewartville
Rushford Village
Rushford
French Island
La Crescent
La Crosse
Mt. La Crosse
Melvina
Cashton
Clarks Grove
Waltham
Chatfield
Manchester
Lansing
Brownsdale
Racine
Peterson
Fountain
Houston
Austin

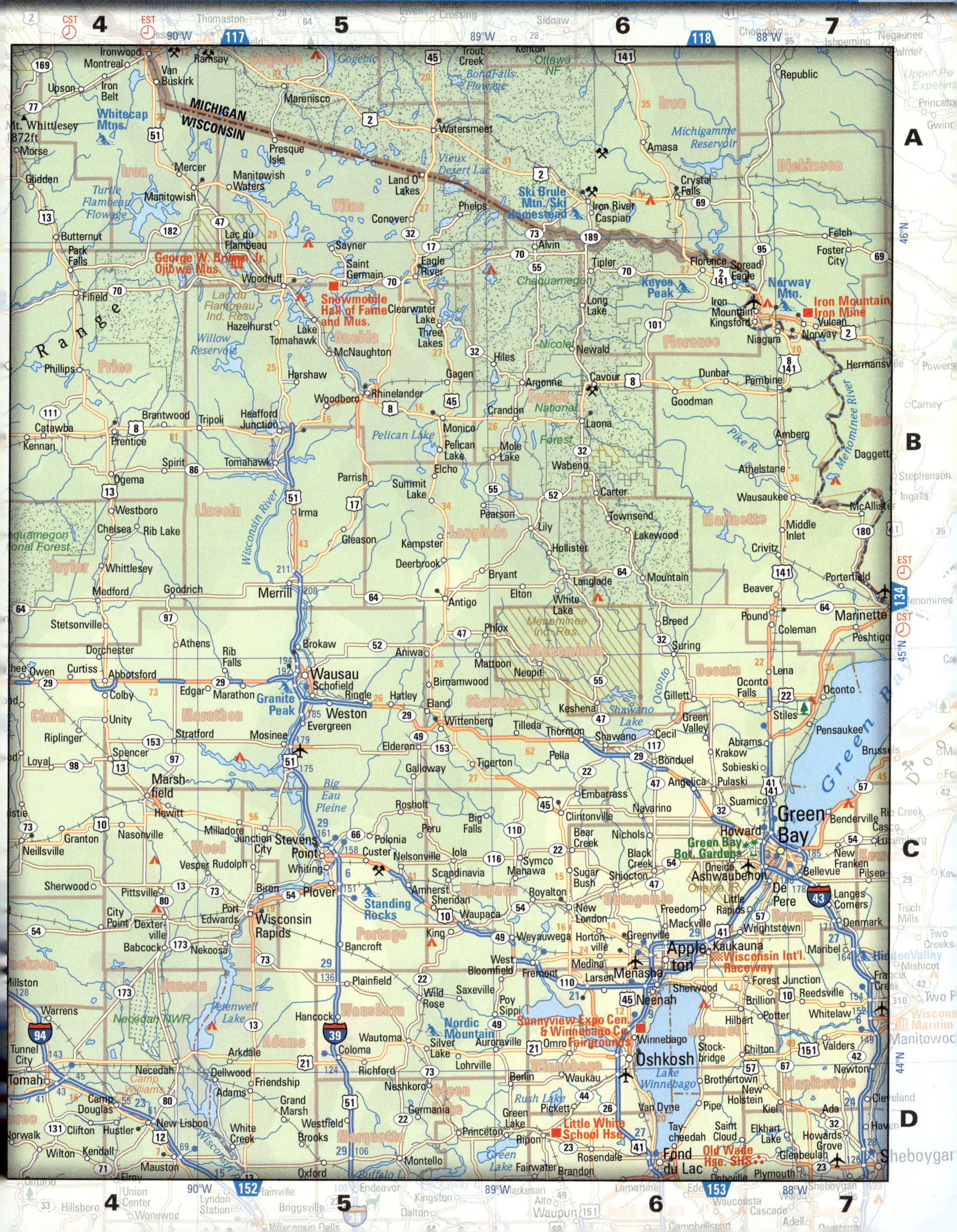
0 20 40 km
0 10 25 Miles
MICHIGAN
WISCONSIN
Ironwood
Montreal
Hurley
Mercer
Manitowish Waters
Lac du Flambeau
Minocqua
Woodruff
Rhinelander
Eagle River
Three Lakes
Tomahawk
Phillips
Prentice
Ogema
Medford
Merrill
Wausau
Schofield
Weston
Antigo
Crandon
Laona
Wabeno
Florence
Iron Mountain
Kingsford
Niagara
Norway
Marinette
Peshtigo
Oconto
Green Bay
De Pere
Shawano
Stevens Point
Plover
Wisconsin Rapids
Marshfield
Abbotsford
Colby
Neillsville
Appleton
Kaukauna
Menasha
Neenah
Oshkosh
Fond du Lac
Mauston
New Lisbon
Necedah
Sheboygan
Chequamegon
Nicolet National Forest
Green Bay Bot. Gardens
Wisconsin Int'l. Raceway
Snowmobile Hall of Fame and Mus.
George W. Brown Jr. Ojibwe Mus.
Iron Mountain Iron Mine
Sunnyview Expo Cen. & Winnebago Co. Fairgrounds
Little White School Hse.
Old Wade Hse. SHS
Lake Winnebago
Green Bay
A
B
C
D
4
5
6
7
90°W
89°W
88°W
46°N
45°N
44°N
CST
EST

1
2
3
4
A
B
C
D
87°W
86°W
85°W
46°N
45°N
44°N
Lake Michigan
Green Bay
Upper Peninsula
Door Peninsula
Lower Peninsula
Big Bay De Noc
Grand Traverse Bay
Washington I.
North Manitou I.
South Manitou I.
Beaver Island
Munising Falls
Tahquamenon Logging Mus.
Hiawatha National Forest
Upper Peninsula Experimental F
Seney NWR
Manistique Lake
South Manistique Lake
Indian Lake
Big Spring
Gladstone Sports Park
Iron Mountain/ Iron Mine
Mormon Print Shop
Beaver Head Lighthouse
Old Mission Lighthouse
The Homestead
Interlochen Center for the Arts
Crystal Mtn.
Caberfae Peaks
Shanty Creek
Boyne Mtn.
Hidden Valley
Wisconsin Maritime Mus.
Pioneer Village
Hamlin Lake
Schoolcraft
Mackinac
Delta
Menominee
Door
Kewaunee
Leelanau
Benzie
Grand Traverse
Kalkaska
Antrim
Charlevoix
Emmet
Manistee
Wexford
Missaukee
Mason
Lake
Osceola
Munising
Au Train
Deerton
Chatham
Wetmore
Shingleton
Seney
McMillan
Newberry
Eckerman
Germfask
Trout Lake
Rexton
Engadine
Gould City
Naubinway
Brevort
Manistique
Steuben
Trenary
Rock
Little Lake
Princeton
Gwinn
Palmer
Negaunee
Ishpeming
Republic
Felch
Foster City
Kipling
Gladstone
Nahma
Garden
Fairport
Escanaba
Schaffer
Bark River
Powers
Hermansville
Vulcan
Norway
Carney
Daggett
Stephenson
Ingalls
McAllister
Cedar River
Porterfield
Menominee
Marinette
Peshtigo
Oconto
Pensaukee
Gills Rock
Ellison Bay
Sister Bay
Ephraim
Fish Creek
Egg Harbor
Baileys Harbor
Jacksonport
Carlsville
Whitefish Bay
Institute
Sturgeon Bay
Brussels
Maplewood
Forestville
Algoma
Benderville
Rio Creek
Casco
Luxemburg
New Franken
Pilsen
Kewaunee
Langes Corners
Denmark
Tisch Mills
Two Creeks
Mishicot
Francis Creek
Two Rivers
Manitowoc
Cleveland
Haven
Sheboygan
Saint James
Good Hart
Bay Shore
Charlevoix
Boyne City
East Jordan
Ellsworth
Eastport
Central Lake
Bellaire
Northport
North Manitou
Leland
Peshawbestown
Suttons Bay
Elk Rapids
Mancelona
Glen Arbor
Empire
Glen Lake
Greilickville
Traverse City
Williamsburg
Kalkaska
Lake Ann
Honor
Frankfort
Elberta
Benzonia
Thompsonville
Copemish
Kingsley
South Boardman
Fife Lake
Buckley
Arcadia
Onekama
Bear Lake
Mesick
Manton
Lake City
Falmouth
Cadillac
McBain
Marion
Tustin
Manistee
Eastlake
Stronach
Wellston
North Epworth
Ludington
Custer
Scottville
Walhalla
Baldwin
Idlewild
Chase
Reed City
Hersey
Evart
Pentwater
Bitely
Barryton
Lake Michigan

0 20 40 km
0 10 25 Miles
Lake Huron
North Channel
CANADA
U.S.A
St. Joseph I.
Drummond I.
Cockburn I.
Manitoulin I.
Bois Blanc I.
Greene I.
Great Duck I.
Barrie I.
Saginaw Bay
Sault Ste. Marie
Sainte Marie
Dafter
Kinross
Rudyard
Pickford
Stalwart
Cedarville
De Tour Village
Moran
Saint Ignace
Mackinac Island
Mackinaw City
Pointe Aux Pins
Cheboygan
Levering
Pellston
Topinabee
Alanson
Indian River
Petoskey
Wolverine
Tower
Onaway
Millersburg
Huron Beach
Rogers City
Presque Isle
Posen
Boyne Falls
Vanderbilt
Elmira
Gaylord
Oak Grove
Otsego Lake
Atlanta
Hillman
Lachine
Alpena
Ossineke
Hubbard Lake
Black River
Harrisville
Frederic
Grayling
Fairview
Mio
Glennie
Roscommon
Rose City
Saint Helen
Hale
Oscoda
Tawas City
East Tawas
Houghton Lake
Prudenville
West Branch
Whittemore
Prescott
Skidway Lake
Alabaster
Turner
Twining
Au Gres
Omer
Sterling
Harrison
Standish
Gladwin
Beaverton
Pinconning
Hope
Clare
Farwell
Coleman
Rosebush
Midland
Kawkawlin
Auburn
Essexville
Port Austin
Grind Stone City
Caseville
Kinde
Port Hope
Harbor Beach
Bay Port
Pigeon
Elkton
Bad Axe
Sebewaing
Unionville
Cass City
Forestville
Ophir
Desbarats
Bruce Mines
Thessalon
Wharncliffe
Blind River
Elliot Lake
Serpent River
Massey
Little Current
Meldrum Bay
Gore Bay
Evansville
St. Baymouth
Light Station and Museum
Bay Mills Ind. Resort
Fort St. Joseph NHS
Ft. Mackinac
Colonial Mackinac
Large Limestone Quarry
Ocqueoc Falls
Treetops
Lumbermen's Mon.
Huron City Museums
Mining & Nuclear Museum
Mt. DuFour
Spanish River Ind. Res.
Camp Grayling Military Reservation
Huron National Forest
Chippewa
Cheboygan
Presque Isle
Otsego
Montmorency
Alpena
Oscoda
Alcona
Crawford
Ogemaw
Iosco
Roscommon
Gladwin
Arenac
Bay
Huron
Clare
Black Lake
Mullett Lake
Burt Lake
Grand Lake
Long Lake
Fletcher Pond
Hubbard Lake
Higgins L.
Houghton Lake
Matinenda Lake
Whiskey Lake
Basswood Lake
Kagawong Lake
Mindemoya Lake
84°W
83°W
82°W
46°N
45°N
44°N
A
B
C
D
4
5
6

1
2
3
A
B
C
D
76°W
75°W
74°W
45°N
44°N
43°N
62
63
69
157
158
Lake Ontario
CANADA
U.S.A.
Carleton Place
Innisville
Mississippi Lake
Lanark
Smiths Falls
Kemptville
Chesterville
Winchester
Upper Canada Vill.
Eisenhower Lock
Cornwall
Hogansburg
Fort Covington
Huntington
Franklin
Chateaugay
Burke
Malone
Brushton
Massena
Helena
Waddington
Norfolk
Norwood
Brasher Falls
Titus Mtn.
Nicholville
Santa Clara
Saint Regis Falls
Potsdam
Hannawa Falls
Colton
South Colton
Canton
Battle of the Windmill NHS
Maynard
Ogdensburg
St. Lawrence
Heuvelton
Rensselaer Falls
Morristown
Brockville
Black Lake
Brier Hill
Hammond
De Kalb
De Kalb Junction
Hermon
Richville
St. Lawrence
Edwards
Gouverneur
Fine
Newton Falls
Cranberry Lake
Carry Falls Reservoir
Franklin
Lake Clear
Saranac Lake
Tupper Lake
John Browne Farm Hist. Site
Veterans Mtn. Camp
Sabattis
Star Lake
Harrisville
Natural Bridge
Antwerp
Philadelphia
Theresa
Redwood
Alexandria Bay
Boldt Castle
Gananoque
Kingston
Old Ft. Henry
Clayton
Antique Boat Mus.
La Fargeville
Cape Vincent
Jefferson
Chaumont
Evans Mills
Calcium
Black River
Brownville
Dexter
Sackets Harbor
Sackets Harbour Battlefield SHS
Watertown
Herrings
Dry Hill
Copenhagen
Croghan
Adams Center
Adams
Lowville
Ellisburg
Mannsville
Sandy Creek
Lacona
Salmon River Reservoir
Lewis
Snow Ridge
Glenfield
Turin
Lyons Falls
Constableville
Port Leyden
Constable Hall
Pulaski
Mexico Bay
Fort Ontario SHS
Oswego
New Haven
Mexico
Altmar
Williamstown
Boonville
Alder Creek
Water Safari Enchanted Forest
Old Forge
Mc Cauley Mtn.
Hamilton
Inlet
Raquette Lake
Blue Mtn. Lake
Adirondack Museum
Long Lake
Newcomb
Brandreth
Indian Lake
Gore Mtn.
Natural Stone Bridge & Caves
Speculator
Lake Pleasant
Piseco Lake
Wells
Oak Mtn.
Warren
Adirondack
Parish
Minetto
Fair Haven
Hannibal
Central Square
Fort Brewerton
Brewerton
Oswego
Oneida
Camden
Cleveland
Sylvan Beach
Oneida Lake
Fort Stanwix NM
Rome
Steuben Mem. SHS
Remsen
Prospect
Barneveld
Woods Valley Ski
Poland
Hinckley Res.
Herkimer
Newport
Middleville
Northville
Great Sacandaga Lake
Wolcott
Victory
Cato
Phoenix
Baldwinsville
Meridian
Liverpool
Bridgeport
Syracuse
Clyde
Port Byron
Jordan
Solvay
Weedsport
Camillus
Canastota
Chittenango
Sherrill
Vernon
Oriskany
Whitesboro
Clinton
Utica
New Hartford
Frankfort
Ft. Herkimer Church
Little Falls
Mohawk
Saint Johnsville
Johnstown
Gloversville
Fulton
Broadalbin
Amsterdam
Fonda
Fort Johnson
Guy Park Mansion
Tekakwitha Shrine
Canajoharie
Fort Plain
Montezuma NWR
Auburn
Marcellus
Nedrow
Manlius
Jamesville
Munnsville
Sauquoit
Waterville
Clayville
Remington Arms Mus.
Cayuga
Melrose Park
Onondaga
Cazenovia
Oriskany Falls
Cedarville
Richfield Springs
Petrified Creatures Mus. of Nat'l. History
Ames
Union Springs
Owasco Lake
Skaneateles Lake
New Woodstock
Morrisville
Bridgewater
Hamilton
West Winfield
Leonardsville
Otsego Lake
Sharon Springs
Esperance
Delanson
Schenectady
Fayette
Aurora
Cayuga Lake
Moravia
Tully
DeRuyter
Preble
Labrador Mtn.
Madison
Earlville
Rogers Environmental Education Cen.
Edmeston
Schuyler Lake
Cooperstown
Cobleskill
Carlisle
Central Bridge
Schoharie
Voorheesville
Middleburgh
Richmondville
Ovid
Lodi
Interlaken
Ludlowville
Cortland
McGraw
Groton
Munsons Corners
Freeville
Sherburne
Hartwick
Milford
Laurens
Worcester
Schenevus
New Berlin
Morris
Trumansburg
Lansing
Dryden
Finger Lakes NF
Ithaca
Cincinnatus
Chenango
Norwich
South New Berlin
Oneonta
Otsego
Davenport
Schoharie
Albany
Alcove Reservoir
Marathon
Slaterville Springs
Connecticut Hill
South Hill
Oxford
Mount Upton
Otego
West End
Stamford
Watkins Glen
Montour Falls
Whitney
Lisle
Unadilla
Sidney
Catskill
Sodus Point
Lyons
Newark
Phelps
Geneva
Waterloo
Adirondack

0 20 40 km
0 10 25 Miles
4
5
6
A
B
C
D
73°W
72°W
CANADA
U.S.A.
NEW HAMPSHIRE
VERMONT
NEW YORK
MASSACHUSETTS
MAINE
Cowansville
Knowlton
Magog
Coaticook
Bedford
Noyan
Pike River
Richford
North Troy
Derby Line
Derby Center
Norton
Beecher Falls
Pittsburg
First Connecticut Lake
Lac Memphremagog
Ormstown
Rouses Point
Champlain
Alburg
Swanton
Highgate Center
Enosburg Falls
Jay Peak
Big Falls
Newport
Orleans
Silvio O. Conte Nat'l. Fish and Wildlife Refuge
Beaver Brook Fall
Colebrook
Island Pond
Balsams Wilderness
Lake Umbagog NWR
Errol
Ellenburg Depot
Mooers
Chazy
West Chazy
Saint Albans
Chester A. Arthur Birthplace
Lowell
Barton
North Stratford
Clinton
McDonough Mon.
Cumberland Head
Plattsburgh
Grand Isle
North Hero
South Hero
Lyon Mountain
Dannemora
Morrisonville
Saranac
Fairfax
Jeffersonville
Cambridge
Johnson
Hyde Park
Morrisville
Milton
West Burke
Burke Mtn.
Lyndonville
Lyndon Outing Club
Lyndon
Bayley Hazen Military Rd. Mon.
Guildhall
Groveton
Lancaster
Berlin
Ausable Chasm
Keeseville
Port Kent
Winooski
Essex Junction
Burlington
South Burlington
Jericho
Smugger's Notch
Wolcott
Hardwick
Caledonia
Stowe
Danville
Saint Johnsbury
Concord
John Wingate Weeks Estate SHS
Whitefield
Gorham
Au Sable Forks
Shelburne Museum
Shelburne
Richmond
Chittenden
Waterbury
Vt. Hist. Soc. Mus.
Montpelier
Marshfield
Plainfield
Barnet
Littleton
Bethlehem
Twin Mountain
Tuckerman Ravine
Glen Ellis
Lake Placid
Essex
Elizabethtown
Mad River Glenn
Washington
Wm. Scott Mon.
Bretton Woods Mtn.
Mt. Washington 6288ft
Lisbon
Wells River
Cannon Mtn.
The Bassin
Mt. Van Hoevenberg Rec. Area
Mt. Marcy 5343ft
Westport
Rokeby Mus.
Vergennes
Bristol
Sugarbush
Northfield
South Barre
West Topsham
Newbury
Arethusa Falls
Silver Cascade
Story Land
Glen
Loon Mtn.
White Mtn.
Lincoln
Conway Scenic Railroad
Port Henry
Crown Point SHS
Henry Sheldon Mus.
Middlebury
Moss Glenn Falls
Chelsea
Bradford
Orange
Grafton
Nat. Forest Purchase Unit
Conway
Fryeburg
T. Roosevelt Monument
Shoreham
East Middlebury
Hancock
Randolph
East Randolph
Justin Smith Morrill Homestead
Fairlee
Warren
Wentworth
Waterville Valley
Schroon Lake
Ticonderoga
Brandon
Bethel
Joseph Smith Mon.
Minerva
Ft. Ticonderoga
Hague
North Creek
Plymouth
Moultonborough
Castle in the Clouds
Mount Cardigan SP
Newfound Lake
Hanover
White River Junction
Enfield
Ashland
Meredith
Lake Winnipesaukee
Libby Mus.
Wolfeboro
Suicide Six
Woodstock
Pico Mtn.
Killington
Killington Peak 4234ft
Rutland
West Rutland
Castleton
Fair Haven
Lebanon
Bristol
New Hampton
Laconia
Gunstock
Belknap
Sanbornville
Alton
The Glen
Whitehall
Poultney
Hartland
Plainfield
St. Gaudens NHS
Windsor
Pres. Coolidge Homestead
Danbury
Ragged Mtn.
Andover
Franklin
Northfield
Belmont
N.H. Int'l. Speedway
Shaker Village
Warrensburg
Lake George
Lake George Battleground
Fort Ann
Granville
Wallingford
Ludlow
Ascutney
Claremont
Grantham
Georges Mills
North Sutton
Boscawen
Pittsfield
Glens Falls
Hudson Falls
Fort Edward
West Pawlet
Dorset
Perkinsville
Springfield
Chester
Vermont Country Store
Newport
Mt. Sunapee
Goshen
Sullivan
Merrimack
Contoocook
Henniker
Concord
Northwood
Pawtuckaway SP
Hadley
Fernwood
Corinth
Gansevoort
Saratoga Springs
Greenwich
Salem
Manchester
Manchester Center
Arlington
Jamaica
Windham
Stratton Mtn. 3936ft
Daniel Webster Mon.
North Westminster
Westminster
Bellows Falls
Walpole
Charlestown
Franklin Pierce Homestead SHS
Pats Peak
Hillsboro
Weare
Suncook
Hooksett
Raymond
Schuylerville
Cambridge
Shaftsbury
Willard Mtn
Bennington Btfld. SHS
North Bennington
Mt. Snow
Newfane
Putney
Keene
Gilsum
Antrim
Bennington
Goffstown
Pinardville
Manchester
The Mall of New Hampshire
Ballston Spa
Round Lake
Stillwater
Mechanicville
Hoosick Falls
West Dover
Wilmington
Marlborough
Peterborough
Hillsborough
Merrimack
East Derry
Derry
Londonderry
Clifton Park
Valley Falls
Rexford Aqueduct SHS
Waterford
Cohoes
Troy
Watervliet
Albany
Delmar
Crailo S.H.S.
Rensselaer
Petersburg
Pownal
Williamstown
West Brattleboro
Brattleboro
West Swanzey
Swanzey
Jaffrey
Cathedral of the Pines
Milford
Hudson
Nashua
Methuen
Lowell
Hinsdale
Winchester
Averill Park
Sand Lake
East Greenbush
Cherryplain
Adams
Mt. Greylock SP
Berkshire East
Shelburne Falls
Turners Falls
Millers Falls
Greenfield
Northfield
Winchendon
Orange
Athol
Gardner
Fitchburg
Townsend
Lunenburg
Groton
Ayer
Shirley
Wachusett Mtn.
Leominster
Still River
Dunstable
Nashoba Val.
Littleton Common
Billerica
Tewksbury
Woburn
Medford
Cambridge
Waltham
Marlborough
Nassau
East Nassau
Dalton
South Deerfield
Franklin
Berkshire
Ravena
Pittsfield
Niverville
Pleasant Valley Wildlife Sanc.
Amherst
Emily Dickinson Homestead
Barre
White Mountains
Green Mountains

1:1.250.000

MapArt.com

CANADA
U.S.A.
VERMONT
NEW HAMPSHIRE
MAINE
Sherbrooke
Magog
Cookshire
Compton
Coaticook
Chartierville
Jackman
Long Pond
Lake Parlin
Big Moose Mountain
Coburn Mt. 1133ft
West Forks
Shirley Mills
Greenville
Monson
Rockwood
North East Carry
Moosehead Lake
Brassua Lake
Kokadjo
Lowelltown
Somerset
Caratunk
Eustis
Stratton
Carrabassett
Bingham
Franklin
Aziscohos Lake
First Connecticut Lake
Pittsburg
Sugarloaf
Sugarloaf Mtn. 4234ft
Kingfield
Solon
Harmony
Saddleback
Salem
Phillips
Rangeley
Rangeley Lake
Quossoc
Wilsons Mills
Mooselookmeguntic Lake
Umbagog Lake
Errol
Elephant Mtn. 3772ft
Byron
Upton
Mount Blue SP
Weld
Farmington
New Vineyard
Madison
Skowhegan
Norridgewock
Eaton Mtn.
Pittsfield
Burnham
Long fellow Mountains
Blue Mountains
White Mountains
Derby Line
Derby Center
Newport
Norton
Beecher Falls
Silvio O. Conte Nat'l. Fish and Wildlife Refuge
Beaver Brook Fall
Colebrook
Island Pond
Balsams Wilderness
Lake Umbagog NWR
Barton
North Stratford
Essex
Coos
West Burke
Burke Mtn.
Guildhall
Groveton
Lyndonville
Lyndon Outing Club
Lyndon
Lancaster
John Wingate Weeks Estate SHS
Berlin
Black Mtns. of Maine
Mexico
Dixfield
Wilton
Chisholm
Mercer
Oakland
Waterville
Fairfield
Clinton
Albion
Sunday
Oxford
Danville
Saint Johnsbury
Concord
Whitefield
Gorham
Gilead
Bethel
Livermore Falls
Belgrade
Kennebec
Augusta
Hallowell
South China
Washington
Gardiner
Randolph
Jefferson
Barnet
Littleton
Twin Mountain
Bethlehem
Bretton Woods Mtn.
Tuckerman Ravine
Glen Ellis Falls
Scenic Area
Mt. Washington 6288ft
Bryant Pond
North Waterford
Paris
South Paris
Norway
Androscoggin
Winthrop
Lisbon
Wells River
Cannon Mtn.
Silver Cascade
Story Land
Black Mtn.
Lovell
Oxford
Lost Valley
Mechanic Falls
Greene
Auburn
Lewiston
Thorncraig Bird Sanc.
Lincoln
Waldoboro
Richmond
Newcastle
Damariscotta
The Bassin
Arethusa Falls
Loon Mtn.
Glen
Cathedral Ledge
North Conway
Conway Scenic Railroad
White Mtn. Nat. Forest
Purchase Unit
Bridgton
Shawnee Peak
Casco
Lisbon Falls
Sagadahoc
Topsham
Wiscasset
Grafton
Bradford
Warren
Fairlee
Wentworth
Waterville Valley
Fryeburg
Songo Lock HS
Sebago Lake
Cumberland
North Windham
Brunswick
Bath
Marine Mus.
Boothbay Harbor
Fort William Henry Mem.
Plymouth
King Pine
Center Ossipee
Moultonborough
Castle in the Clouds
Kezar Falls
Frye Island
Cumberland Center
Freeport
Yarmouth
Eagle Island SHS
Hanover
White River
Enfield
Lebanon
Mount Cardigan SP
Newfound Lake
Ashland
New Hampton
Bristol
Meredith
Lake Winnipesaukee
Libby Mus.
Wolfeboro
Ossipee
Limerick
Little Falls
Westbrook
Gorham
Falmouth Foreside
Portland
Portland Head Light
Scarborough
Cape Elizabeth
Old Orchard Beach
Carroll
York
Laconia
Gunstock
Belknap
Sanbornville
Union
Alton
Springvale
Sanford
Alfred
South Sanford
Saco
Biddeford
Kennebunk
Seashore Trolley Mus.
Kennebunkport
Ragged Mtn.
Danbury
Andover
Franklin
Belmont
Northfield
Canaan
Claremont
Newport
Mt. Sunapee
Sunapee Lake
North Sutton
N.H. Int'l. Speedway
Shaker Village
Farmington
Milton
Goshen
Boscawen
Pittsfield
Strafford
Rochester
North Berwick
Somersworth
Ogunquit
Concord
Atlantic Ocean

0 20 40 km
0 10 25 Miles

3 4 5 6
69°W 68°W 67°W
A B C
45°N 44°N
EST AST

1
2
3
4
A
B
C
124°W
123°W
122°W
43°N
42°N
121
122
160
Reedsport
Winchester Bay
Lakeside
Hauser
North Bend
Coos Lower Umpqua And Siuslaw IR
Allegany
Coos Co. Hist. Society Mus.
Barview
Coos Bay
Coos
Fairview
Coquille
Dora
Bandon
Norway
Oregon Wildlife Fish Hatchery
Myrtle Point
Bridge
Broadbent
Langlois
Powers
Sixes
Oregon Islands NWR
Port Orford
Ophir
Agness
Nesika Beach
Gold Beach
Pistol River
Carpenterville
Brookings
Scottsburg
Elkton
Drain
Yoncalla
Cottage Grove
Cottage Grove Mus.
Curtin
Dorena Lake
Dorena
Smith River
Oakland
Sutherlin
Umpqua
Idleyld Park
Winchester
Glide
Roseburg
Lookingglass
Douglas Co. Mus. of Hist. and Nat'l. History
Wildlife Safari
Douglas
Tenmile
Camas Valley
Myrtle Creek
Riddle
Days Creek
Canyonville
Tiller
Milo
Glendale
Wolf Cr. Inn
Wolf Creek
Leland
Placer
Jackson
Merlin
Rogue River
Gold Hill
Grants Pass
Wilderville
Josephine
Curry
Murphy
Selma
Siskiyou NF
Kerbyville Mus.
Cave Junction
O'Brien
Takilma
Oregon Caves NM
Rogue River NF
Applegate
Jacksonville
Jacksonville Hist. District
Central Point
Medford
Crater Rock Mus.
White City
Eagle Point
Lakecreek
Shady Cove
Butte Falls
Phoenix
Talent
Ashland
Mt. Ashland Ski and Snowboard Area
Howard Prairie Lake
Siskiyou
Cascade-Siskiyou NM
OREGON
CALIFORNIA
Hilt
Westfir
Oakridge
Hills Creek Lake
McCredie Springs
Waldo Lake
Salt Creek Falls
Williamette
Odell Lake
Crescent Lake
Davis Lake
Calapooya Mountains
Umpqua NF
Diamond Lake
Crater Lake NP
Timber Crater
Union Creek
Rogue River NF
The Pinnacles
Prospect
Fort Klamath
Kirk
Klamath Agency
Winema NF
Upper Klamath NWR
Upper Klamath Lake
Aspen Lake
Round Lake
Keno
Bear Valley NWR
Dorris
Copco Lake
Klamath NF
Meiss Lake
Macdoel
Cascade Range
Coast Range
Fort Dick
Earl Lake
Gasquet
Horse Flat
Crescent City
Happy Camp
Klamath River
Hornbrook
Hamburg
Yreka
Montague
Clear Creek
Klamath Mountains
Klamath NF
Grenada
Fort Jones
Siskiyou
Gazelle
Etna
Klamath
Del Norte
Somes Bar
Orleans
Weed
Ash Creek Butte 8378ft
Mt. Shasta
Mount Shasta
Sawyers Bar
Callahan
Forks of Salmon
Salmon Mtn. 6956ft
Cecilville
Dunsmuir
Castella
Orick
Big Lagoon
Redwood NP
Yurok IR
Trinidad
Hoopa
Crannell
Packers Pk. 7828ft
Trinity Center

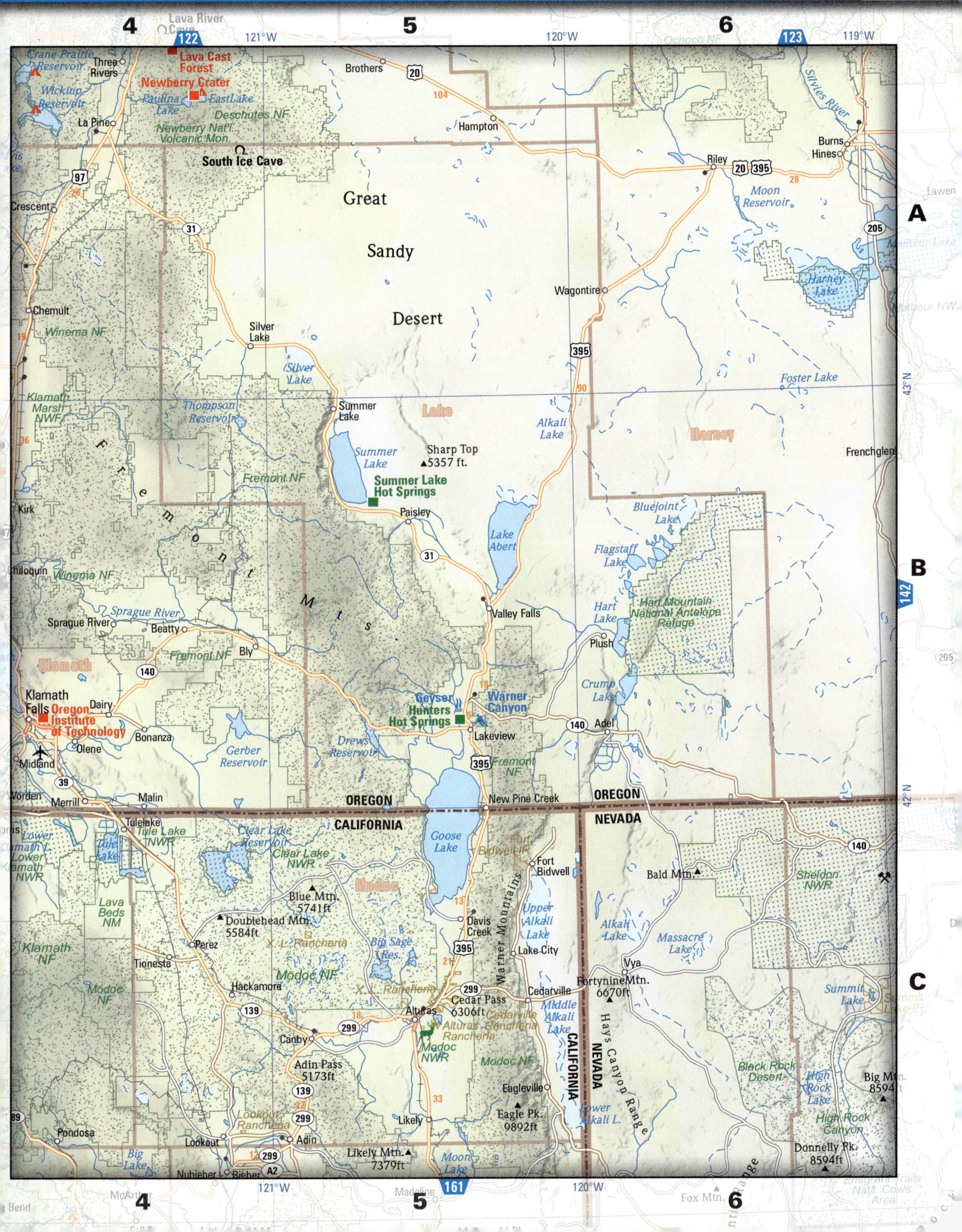
0 20 40 km
0 10 25 Miles
N
4
5
6
121°W
120°W
119°W
122
123
Lava River Cave
Lava Cast Forest
Newberry Crater
Crane Prairie Reservoir
Three Rivers
Wickiup Reservoir
Paulina Lake
East Lake
Deschutes NF
La Pine
Newberry Nat'l Volcanic Mon.
South Ice Cave
Brothers
20
104
Hampton
Silvies River
Burns
Hines
Riley
20
395
28
Moon Reservoir
Lawen
A
205
Malheur Lake
97
Crescent
31
Great
Sandy
Desert
Wagontire
Harney Lake
Malheur NWR
Chemult
Winema NF
Silver Lake
Silver Lake
395
Foster Lake
43°N
Klamath Marsh NWR
Summer Lake
Lake
90
Harney
Thompson Reservoir
Alkali Lake
Summer Lake
Sharp Top 5357 ft.
Frenchglen
Summer Lake Hot Springs
Fremont NF
Fremont Mts
Kirk
Paisley
Bluejoint Lake
Lake Abert
31
Flagstaff Lake
B
Chiloquin
Winema NF
Hart Lake
Hart Mountain National Antelope Refuge
142
Sprague River
Sprague River
Beatty
Valley Falls
Plush
205
Fremont NF
Bly
Klamath
140
18
Crump Lake
Klamath Falls
Oregon Institute of Technology
Dairy
Geyser Hunters Hot Springs
Warner Canyon
140
Adel
Bonanza
Lakeview
Olene
Midland
Gerber Reservoir
Drews Reservoir
395
Fremont NF
39
Worden
Merrill
Malin
OREGON
New Pine Creek
OREGON
42°N
CALIFORNIA
NEVADA
Tulelake
Tule Lake NWR
Clear Lake Reservoir
Clear Lake NWR
Goose Lake
Fort Bidwell IR
Fort Bidwell
140
Lower Klamath L.
Lower Klamath NWR
Tule Lake
Modoc
Bald Mtn.
Sheldon NWR
Lava Beds NM
Blue Mtn. 5741ft
13
Warner Mountains
Upper Alkali Lake
Alkali Lake
Doublehead Mtn. 5584ft
Davis Creek
Massacre Lake
Klamath NF
Perez
X-L Rancheria
Big Sage Res.
395
Lake City
Tionesta
21
Vya
C
Modoc NF
Modoc NF
Hackamore
X-L Rancheria
299
Cedarville
FortynineMtn. 6670ft
Summit Lake
Cedar Pass 6306ft
Cedarville Rancheria
Middle Alkali Lake
139
Alturas
18
Alturas Rancheria
299
Canby
Modoc NWR
Hays Canyon Range
CALIFORNIA
NEVADA
Modoc NF
Black Rock Desert
High Rock Lake
Adin Pass 5173ft
139
Eagleville
Big Mtn. 8594ft
Eagle Pk. 9892ft
33
Lower Alkali L.
High Rock Canyon
Lookout Rancheria
299
Likely
Pondosa
Lookout
Adin
Donnelly Pk. 8594ft
Likely Mtn. 7379ft
299
Big Lake
Moon Lake
Nubieber
Bieber
A2
Madeline
161
121°W
120°W
Fox Mtn.
4
5
6
McArthur
Bend
Emigrant Trails Nat'l. Cows Area

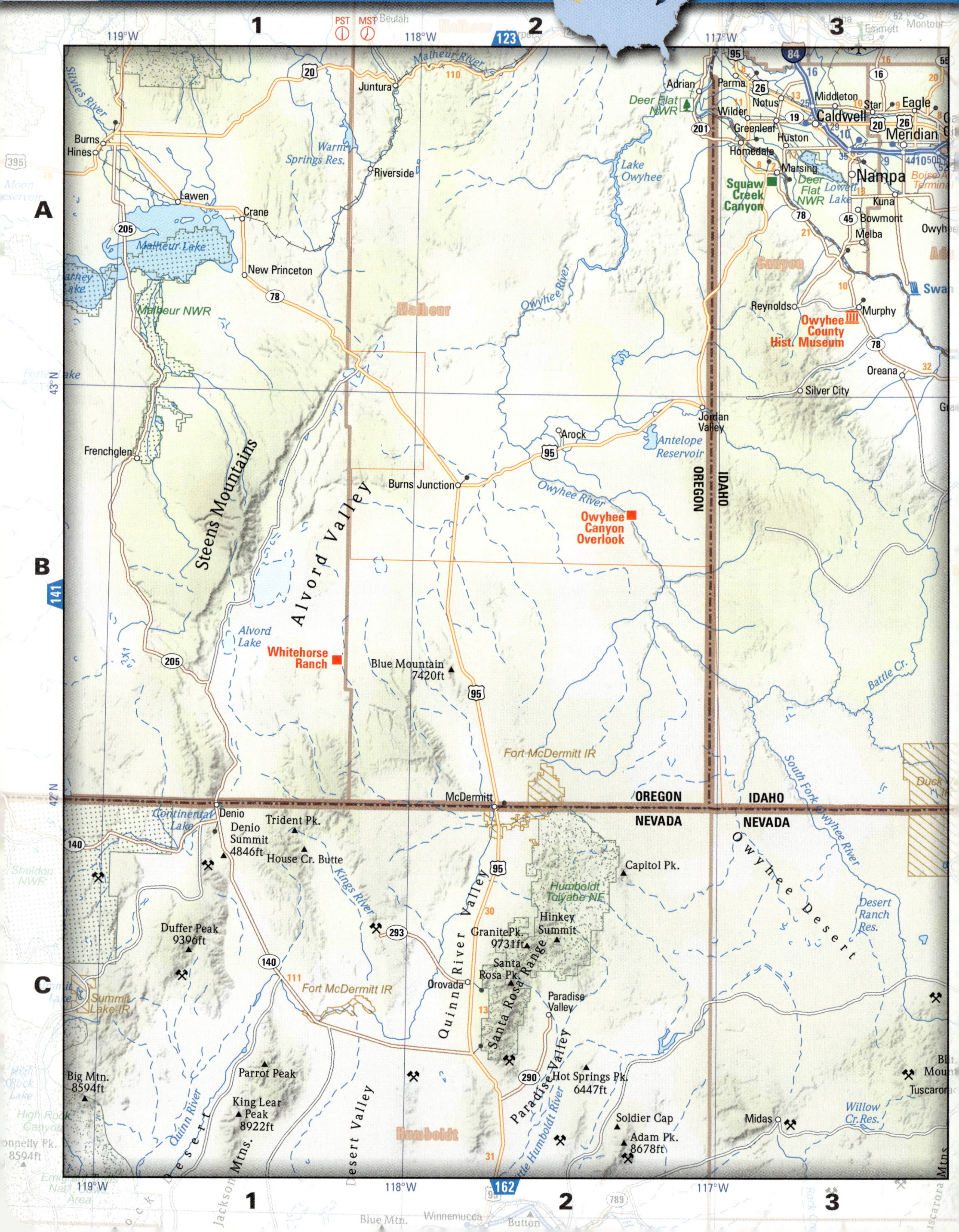

1
2
3
A
B
C
119°W
118°W
117°W
43° N
42° N
Burns
Hines
Lawen
Crane
New Princeton
Malheur Lake
Malheur NWR
Juntura
Riverside
Warm Springs Res.
Malheur
Frenchglen
Steens Mountains
Alvord Valley
Alvord Lake
Whitehorse Ranch
Blue Mountain 7420ft
Burns Junction
Arock
Jordan Valley
Antelope Reservoir
Owyhee River
Owyhee Canyon Overlook
Lake Owyhee
Adrian
Deer Flat NWR
Parma
Notus
Wilder
Greenleaf
Huston
Homedale
Marsing
Caldwell
Middleton
Star
Eagle
Meridian
Nampa
Kuna
Bowmont
Melba
Squaw Creek Canyon
Canyon
Reynolds
Murphy
Owyhee County Hist. Museum
Oreana
Silver City
OREGON
IDAHO
NEVADA
Battle Cr.
South Fork Owyhee River
Fort McDermitt IR
McDermitt
Denio
Denio Summit 4846ft
Continental Lake
Trident Pk.
House Cr. Butte
Kings River
Capitol Pk.
Humboldt Toiyabe NF
Hinkey Summit
Granite Pk. 9731ft
Santa Rosa Pk.
Santa Rosa Range
Quinn River Valley
Orovada
Paradise Valley
Duffer Peak 9396ft
Summit Lake IR
Owyhee Desert
Desert Ranch Res.
Big Mtn. 8594ft
Parrot Peak
King Lear Peak 8922ft
Jackson Mtns.
Desert Valley
Humboldt
Hot Springs Pk. 6447ft
Soldier Cap
Adam Pk. 8678ft
Midas
Tuscarora
Willow Cr. Res.
Little Humboldt River
Quinn River
Winnemucca
Blue Mtn.
Button
Beulah
Emmett
Montour
Sheldon NWR
High Rock Canyon

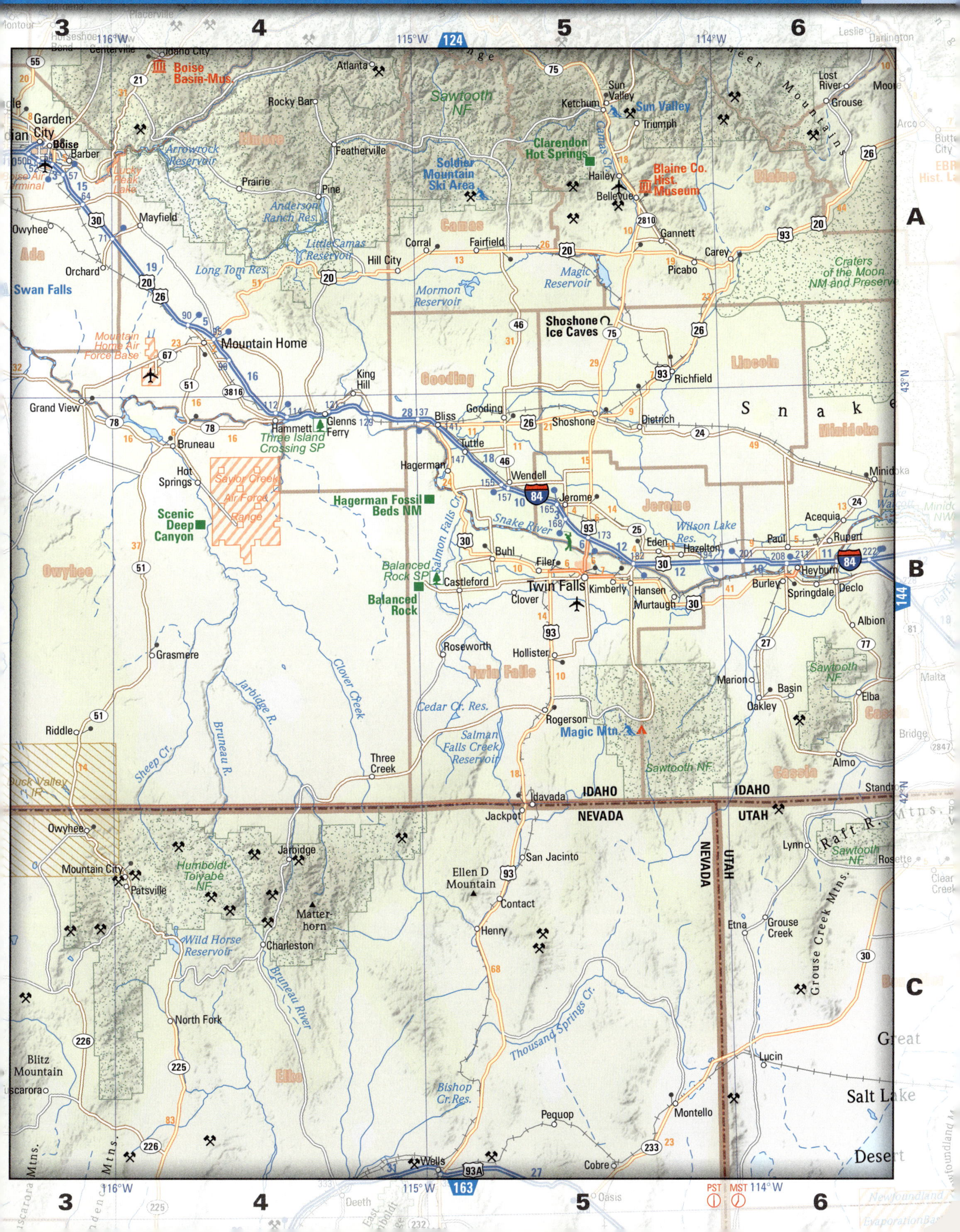
0 20 40 km
0 10 25 Miles
N
3
4
5
6
116°W
115°W
114°W
A
B
C
43°N
42°N
Boise
Garden City
Barber
Mountain Home
Twin Falls
Idaho City
Centerville
Atlanta
Rocky Bar
Featherville
Prairie
Pine
Mayfield
Owyhee
Orchard
Swan Falls
Grand View
Bruneau
Hot Springs
Hammett
Glenns Ferry
King Hill
Bliss
Gooding
Shoshone
Dietrich
Tuttle
Hagerman
Wendell
Jerome
Eden
Hazelton
Paul
Rupert
Acequia
Minidoka
Heyburn
Burley
Springdale
Declo
Albion
Buhl
Filer
Castleford
Clover
Kimberly
Hansen
Murtaugh
Hollister
Roseworth
Rogerson
Three Creek
Grasmere
Riddle
Idavada
Jackpot
San Jacinto
Contact
Henry
Marion
Basin
Oakley
Elba
Almo
Ketchum
Sun Valley
Triumph
Hailey
Bellevue
Gannett
Picabo
Carey
Richfield
Corral
Fairfield
Hill City
Lost River
Grouse
Lynn
Etna
Grouse Creek
Lucin
Montello
Pequop
Cobre
Wells
Owyhee
Mountain City
Patsville
Jarbidge
Charleston
North Fork
Blitz Mountain
Ellen D Mountain
Matterhorn
Boise Basin Mus.
Sun Valley
Clarendon Hot Springs
Soldier Mountain Ski Area
Blaine Co. Hist. Museum
Shoshone Ice Caves
Three Island Crossing SP
Hagerman Fossil Beds NM
Scenic Deep Canyon
Balanced Rock SP
Balanced Rock
Magic Mtn.
Craters of the Moon NM and Preserve
Mountain Home Air Force Base
Saylor Creek Air Force Range
Duck Valley IR
Sawtooth NF
Humboldt-Toiyabe NF
Arrowrock Reservoir
Lucky Peak Lake
Anderson Ranch Res.
Little Camas Reservoir
Long Tom Res.
Mormon Reservoir
Magic Reservoir
Wilson Lake Res.
Lake Walcott
Cedar Cr. Res.
Salmon Falls Creek Reservoir
Wild Horse Reservoir
Bishop Cr. Res.
Snake River
Salmon Falls Cr.
Clover Creek
Jarbidge R.
Bruneau R.
Bruneau River
Sheep Cr.
Thousand Springs Cr.
Raft R.
Camas Cr.
Grouse Creek Mtns.
Ada
Elmore
Camas
Blaine
Gooding
Lincoln
Minidoka
Jerome
Twin Falls
Owyhee
Cassia
Elko
IDAHO
NEVADA
UTAH
Great Salt Lake Desert
PST
MST

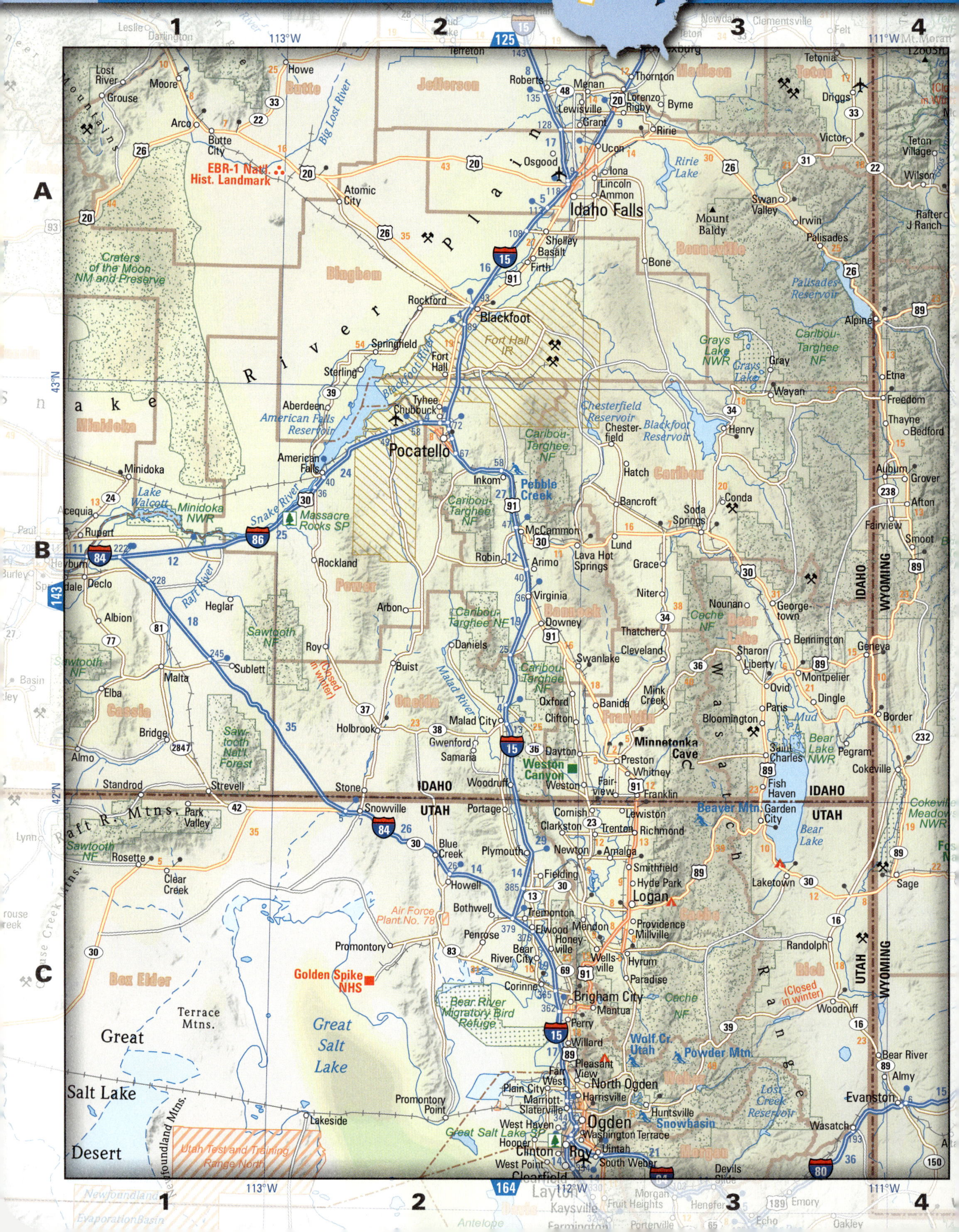

1
2
3
4
A
B
C
113°W
112°W
111°W
43°N
42°N
Jefferson
Madison
Teton
Butte
Bingham
Bonneville
Minidoka
Power
Cassia
Oneida
Bannock
Caribou
Bear Lake
Franklin
Box Elder
Cache
Rich
Weber
Morgan
Snake River Plain
Lost River
Grouse
Moore
Arco
Howe
Butte City
EBR-1 Nat'l. Hist. Landmark
Big Lost River
Atomic City
Craters of the Moon NM and Preserve
Roberts
Menan
Lewisville
Rigby
Thornton
Lorenzo
Byrne
Grant
Rirle
Ucon
Osgood
Iona
Lincoln
Ammon
Idaho Falls
Ririe Lake
Shelley
Basalt
Firth
Bone
Swan Valley
Irwin
Palisades
Palisades Reservoir
Mount Baldy
Tetonia
Driggs
Victor
Teton Village
Wilson
Rafter J Ranch
Alpine
Etna
Freedom
Thayne
Bedford
Auburn
Grover
Afton
Fairview
Smoot
Caribou-Targhee NF
Grays Lake NWR
Gray
Wayan
Henry
Rockford
Blackfoot
Fort Hall IR
Fort Hall
Springfield
Sterling
Aberdeen
American Falls Reservoir
American Falls
Tyhee
Chubbuck
Pocatello
Chesterfield Reservoir
Chesterfield
Blackfoot Reservoir
Hatch
Bancroft
Soda Springs
Conda
Inkom
Pebble Creek
McCammon
Lund
Lava Hot Springs
Grace
Arimo
Robin
Virginia
Downey
Niter
Thatcher
Cleveland
Nounan
Georgetown
Bennington
Geneva
Montpelier
Dingle
Ovid
Paris
Bloomington
Sharon
Liberty
Border
Minidoka
Lake Walcott
Minidoka NWR
Acequia
Rupert
Heyburn
Burley
Declo
Albion
Heglar
Raft River
Massacre Rocks SP
Rockland
Arbon
Sawtooth NF
Roy
Sublett
Malta
Elba
Bridge
Almo
Buist
Daniels
Swanlake
Malad River
Malad City
Holbrook
Gwenford
Samaria
Oxford
Clifton
Banida
Mink Creek
Minnetonka Cave
Dayton
Preston
Whitney
Weston Canyon
Weston
Woodruff
Stone
Fairview
Franklin
Standrod
Strevell
Park Valley
Raft R. Mtns.
Snowville
IDAHO
UTAH
WYOMING
Portage
Cornish
Lewiston
Clarkston
Trenton
Richmond
Newton
Amalga
Smithfield
Hyde Park
Logan
Providence
Millville
Hyrum
Paradise
Wellsville
Mendon
Garden City
Bear Lake
Laketown
Saint Charles
Bear Lake NWR
Pegram
Fish Haven
Beaver Mtn.
Cokeville
Cokeville Meadows NWR
Sage
Randolph
Woodruff
Bear River
Almy
Evanston
Wasatch
Wasatch Range
Rosette
Clear Creek
Blue Creek
Plymouth
Fielding
Howell
Bothwell
Tremonton
Air Force Plant No. 78
Penrose
Elwood
Honeyville
Bear River City
Promontory
Golden Spike NHS
Corinne
Bear River Migratory Bird Refuge
Brigham City
Mantua
Perry
Willard
Wolf Cr. Utah
Powder Mtn.
Pleasant View
North Ogden
Harrisville
Plain City
Farr West
Marriott-Slaterville
Ogden
Huntsville
Snowbasin
Lost Creek Reservoir
Washington Terrace
West Haven
Hooper
Clinton
Roy
Uintah
South Weber
West Point
Clearfield
Layton
Kaysville
Morgan
Henefer
Echo
Devils Slide
Great Salt Lake
Terrace Mtns.
Great Salt Lake Desert
Lakeside
Promontory Point
Utah Test and Training Range North
Newfoundland Mtns.
Cache NF
(Closed in winter)

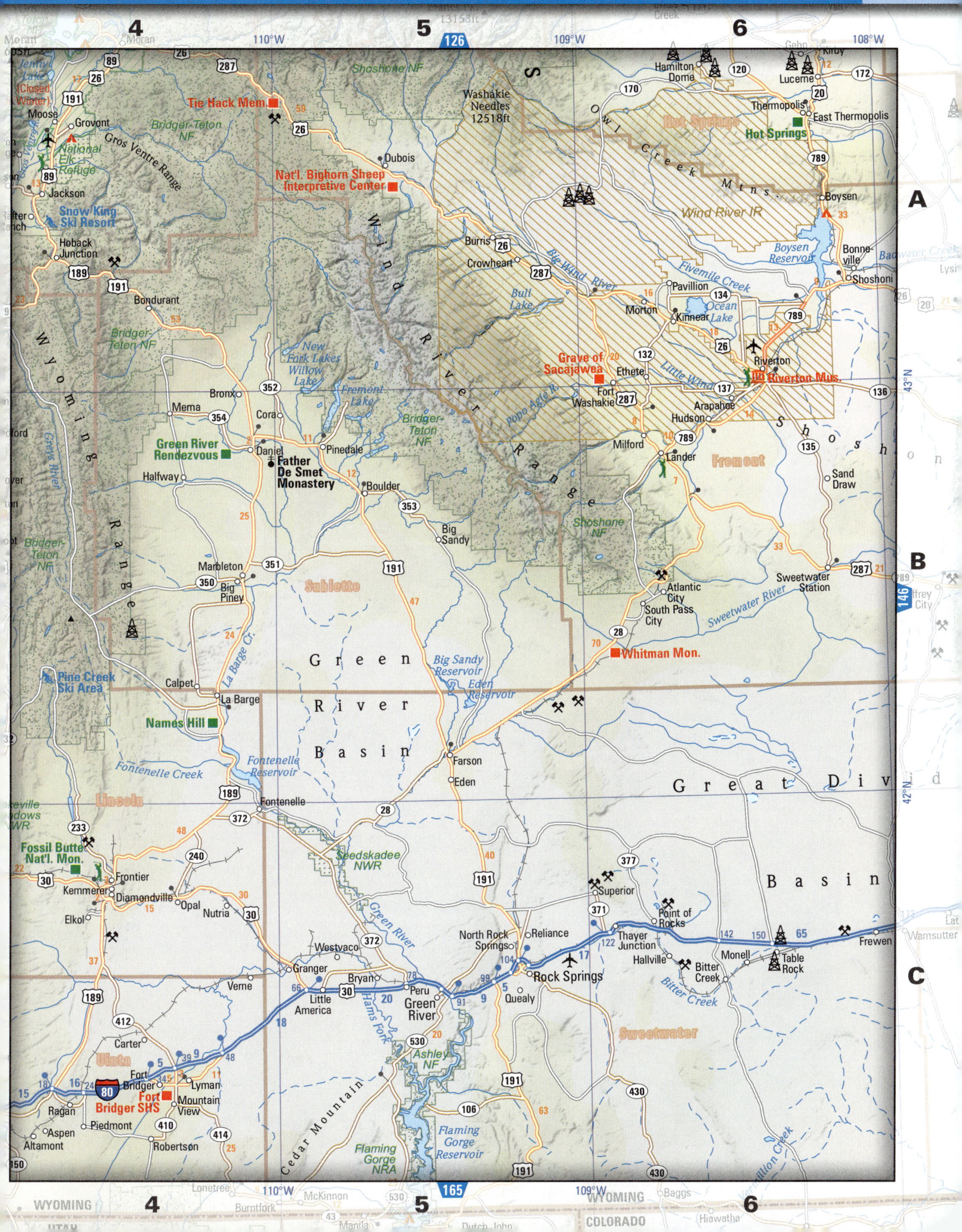
0 20 40 km
0 10 25 Miles
4
5
6
110°W
109°W
108°W
A
B
C
43°N
42°N
Moran
Jenny Lake (Closed Winter)
Moose
Grovont
National Elk Refuge
Jackson
Snow King Ski Resort
Hoback Junction
Bondurant
Bridger-Teton NF
Gros Ventre Range
Tie Hack Mem.
Shoshone NF
Washakie Needles 12518ft
Dubois
Nat'l. Bighorn Sheep Interpretive Center
Wind River Range
Hamilton Dome
Lucerne
Kirby
Thermopolis
East Thermopolis
Hot Springs
Owl Creek Mtns.
Wind River IR
Boysen
Boysen Reservoir
Bonneville
Shoshoni
Burris
Crowheart
Big Wind River
Bull Lake
Fivemile Creek
Pavillion
Morton
Kinnear
Ocean Lake
Riverton
Riverton Mus.
Grave of Sacajawea
Ethete
Fort Washakie
Little Wind
Arapahoe
Hudson
Popo Agie R.
Milford
Lander
Fremont
Sand Draw
New Fork Lakes
Willow Lake
Fremont Lake
Bronx
Cora
Merna
Green River Rendezvous
Daniel
Father De Smet Monastery
Pinedale
Halfway
Boulder
Big Sandy
Wyoming Range
Greys River
Marbleton
Big Piney
Sublette
Sweetwater Station
Sweetwater River
Atlantic City
South Pass City
Whitman Mon.
Green River Basin
Big Sandy Reservoir
Eden Reservoir
Calpet
La Barge
La Barge Cr.
Names Hill
Pine Creek Ski Area
Fontenelle Creek
Fontenelle Reservoir
Fontenelle
Farson
Eden
Great Divide Basin
Lincoln
Fossil Butte Nat'l. Mon.
Frontier
Kemmerer
Diamondville
Opal
Nutria
Elkol
Seedskadee NWR
Green River
Superior
Point of Rocks
Thayer Junction
Hallville
Bitter Creek
Monell
Table Rock
Frewen
Wamsutter
North Rock Springs
Reliance
Rock Springs
Westvaco
Granger
Bryan
Verne
Little America
Peru
Green River
Hams Fork
Quealy
Sweetwater
Carter
Uinta
Fort Bridger
Fort Bridger SHS
Lyman
Mountain View
Ragan
Aspen
Altamont
Piedmont
Robertson
Ashley NF
Cedar Mountain
Flaming Gorge NRA
Flaming Gorge Reservoir
Vermillion Creek
WYOMING
COLORADO
UTAH
Lonetree
Burntfork
McKinnon
Manila
Dutch John
Baggs
Hiawatha
126
165
146

1:1.250.000

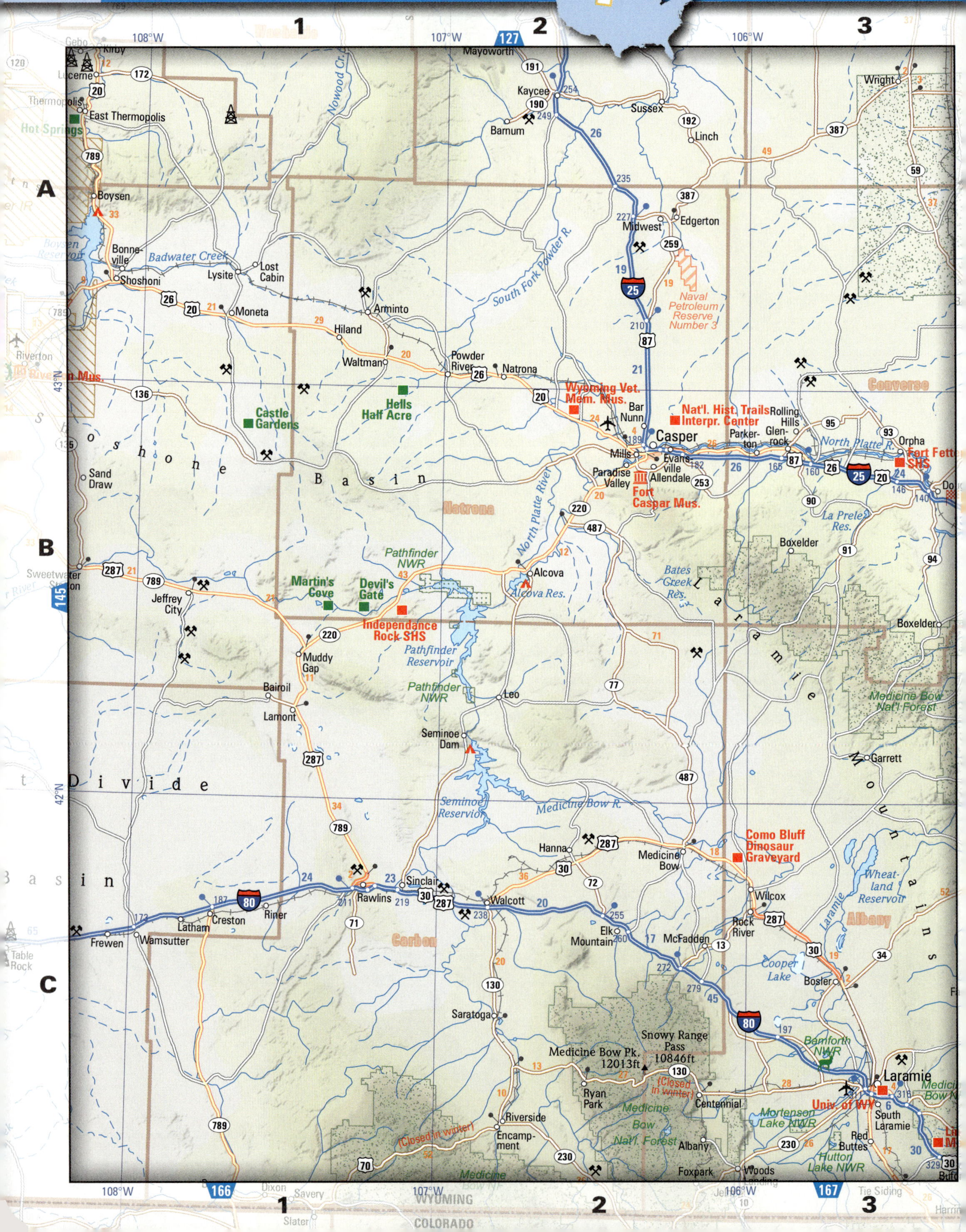

108°W
107°W
106°W
43°N
42°N
1
2
3
A
B
C
Mayoworth
Kaycee
Barnum
Sussex
Linch
Wright
Kirby
Lucerne
Thermopolis
East Thermopolis
Hot Springs
Boysen
Boysen Reservoir
Bonneville
Shoshoni
Badwater Creek
Lysite
Lost Cabin
Moneta
Arminto
Hiland
Waltman
Powder River
Natrona
Midwest
Edgerton
Naval Petroleum Reserve Number 3
South Fork Powder R.
Nowood Cr.
Riverton
Castle Gardens
Hells Half Acre
Wyoming Vet. Mem. Mus.
Bar Nunn
Casper
Nat'l. Hist. Trails Interpr. Center
Rolling Hills
Glenrock
Parkerton
Mills
Evansville
Paradise Valley
Allendale
Fort Caspar Mus.
Orpha
Fort Fetterman SHS
North Platte R.
La Prele Res.
Converse
Sand Draw
Shoshone
Basin
Natrona
North Platte River
Pathfinder NWR
Martin's Cove
Devil's Gate
Independance Rock SHS
Pathfinder Reservoir
Alcova
Alcova Res.
Bates Creek Res.
Boxelder
Sweetwater Station
Jeffrey City
Muddy Gap
Bairoil
Lamont
Leo
Seminoe Dam
Seminoe Reservoir
Medicine Bow R.
Medicine Bow Nat'l Forest
Laramie Mountains
Garrett
Divide
Basin
Hanna
Medicine Bow
Como Bluff Dinosaur Graveyard
Wheatland Reservoir
Wilcox
Rock River
Albany
Rawlins
Sinclair
Walcott
Elk Mountain
McFadden
Cooper Lake
Bosler
Frewen
Wamsutter
Latham
Creston
Riner
Table Rock
Carbon
Saratoga
Medicine Bow Pk. 12013ft
Snowy Range Pass 10846ft
(Closed in winter)
Ryan Park
Centennial
Medicine Bow Nat'l. Forest
Bamforth NWR
Laramie
Univ. of WY
South Laramie
Mortenson Lake NWR
Hutton Lake NWR
Red Buttes
Riverside
Encampment
(Closed in winter)
Albany
Foxpark
Woods Landing
Dixon
Savery
Slater
Jelm
Tie Siding
WYOMING
COLORADO

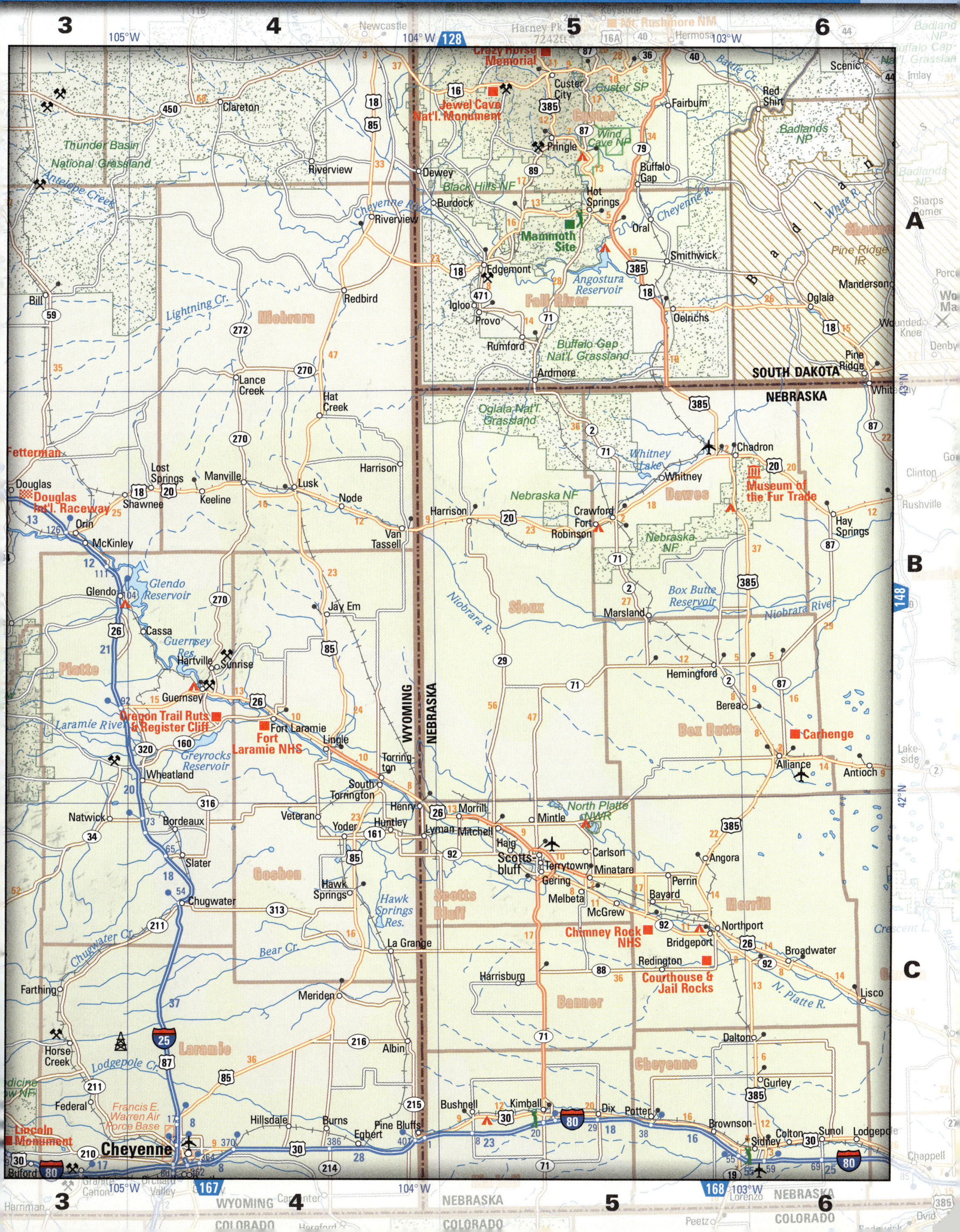
3
4
5
6
A
B
C
105° W
104° W
103° W
43° N
42° N
SOUTH DAKOTA
NEBRASKA
WYOMING
COLORADO
Thunder Basin National Grassland
Antelope Creek
Clareton
Riverview
Cheyenne River
Lightning Cr.
Niobrara
Redbird
Lance Creek
Hat Creek
Harrison
Lost Springs
Manville
Keeline
Lusk
Node
Van Tassell
Douglas
Douglas Int'l. Raceway
Shawnee
Orin
McKinley
Fetterman
Glendo
Glendo Reservoir
Cassa
Guernsey Res.
Hartville
Sunrise
Guernsey
Platte
Laramie River
Oregon Trail Ruts & Register Cliff
Fort Laramie
Fort Laramie NHS
Greyrocks Reservoir
Wheatland
Lingle
Torrington
South Torrington
Henry
Veteran
Yoder
Huntley
Natwick
Bordeaux
Slater
Chugwater
Chugwater Cr.
Goshen
Hawk Springs
Hawk Springs Res.
Bear Cr.
La Grange
Farthing
Meriden
Horse Creek
Lodgepole Cr.
Laramie
Albin
Federal
Francis E. Warren Air Force Base
Hillsdale
Burns
Egbert
Pine Bluffs
Cheyenne
Lincoln Monument
Buford
Granite Canon
Orchard Valley
Carpenter
Harriman
Hereford
Newcastle
Harney Pk. 7242ft
Mt. Rushmore NM
Keystone
Hermosa
Crazy Horse Memorial
Jewel Cave Nat'l. Monument
Custer City
Custer SP
Custer
Wind Cave NP
Pringle
Fairburn
Buffalo Gap
Dewey
Black Hills NF
Burdock
Hot Springs
Mammoth Site
Oral
Cheyenne R.
Smithwick
Edgemont
Angostura Reservoir
Fall River
Igloo
Provo
Rumford
Buffalo Gap Nat'l. Grassland
Ardmore
Oelrichs
Scenic
Red Shirt
Battle Cr.
Badlands NP
Badlands
Shannon
White R.
Pine Ridge IR
Manderson
Oglala
Wounded Knee
Pine Ridge
Whiteclay
Oglala Nat'l. Grassland
Nebraska NF
Whitney Lake
Whitney
Chadron
Museum of the Fur Trade
Dawes
Crawford
Fort Robinson
Hay Springs
Rushville
Clinton
Sioux
Niobrara R.
Box Butte Reservoir
Marsland
Niobrara River
Hemingford
Berea
Box Butte
Carhenge
Alliance
Antioch
Lakeside
Morrill
Mitchell
Lyman
Mintle
North Platte NWR
Haig
Scottsbluff
Terrytown
Gering
Carlson
Minatare
Melbeta
McGrew
Scotts Bluff
Angora
Perrin
Bayard
Morrill
Chimney Rock NHS
Northport
Bridgeport
Redington
Courthouse & Jail Rocks
Broadwater
Harrisburg
Banner
Lisco
N. Platte R.
Dalton
Cheyenne
Gurley
Bushnell
Kimball
Dix
Potter
Brownson
Sidney
Colton
Sunol
Lodgepole
Chappell
Lorenzo
Peetz
Crescent L.

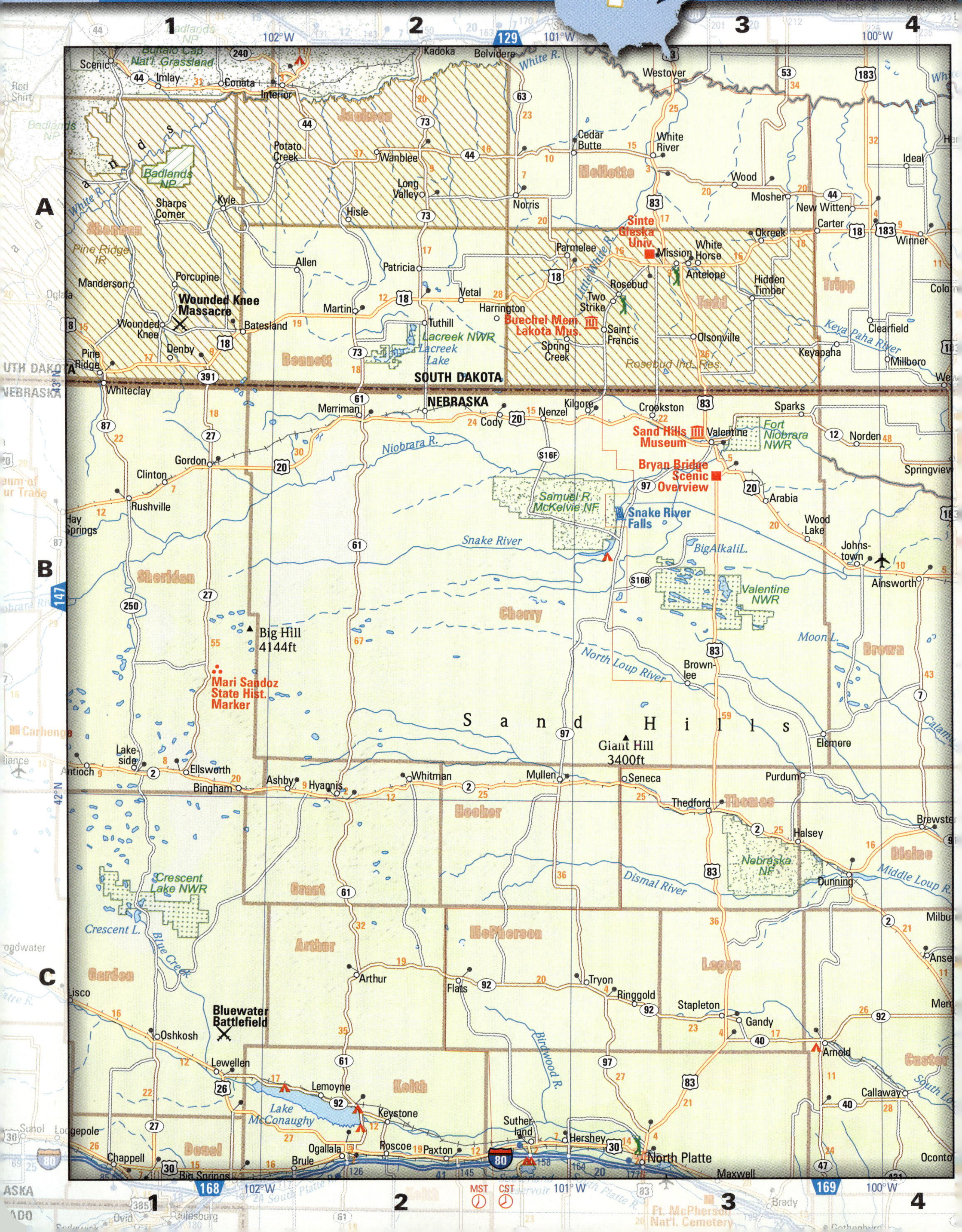
1
2
3
4
A
B
C
102°W
101°W
100°W
43°N
42°N
SOUTH DAKOTA
NEBRASKA
Jackson
Mellette
Shannon
Bennett
Todd
Tripp
Sheridan
Cherry
Brown
Hooker
Thomas
Blaine
Grant
Arthur
McPherson
Logan
Garden
Keith
Deuel
Custer
Sand Hills
Buffalo Gap Nat'l Grassland
Badlands NP
Pine Ridge IR
Rosebud Ind. Res.
Wounded Knee Massacre
Sinte Gleska Univ.
Buechel Mem. Lakota Mus.
Lacreek NWR
Lacreek Lake
Sand Hills Museum
Fort Niobrara NWR
Bryan Bridge Scenic Overview
Samuel R. McKelvie NF
Snake River Falls
Valentine NWR
Nebraska NF
Crescent Lake NWR
Mari Sandoz State Hist. Marker
Big Hill 4144ft
Giant Hill 3400ft
Bluewater Battlefield
Lake McConaughy
Niobrara R.
Snake River
North Loup River
Dismal River
Middle Loup R.
Keya Paha River
White R.
Blue Creek
Birdwood R.
Moon L.
Crescent L.
Big Alkali L.
Scenic
Imlay
Conata
Interior
Kadoka
Belvidere
Westover
Potato Creek
Wanblee
Long Valley
Cedar Butte
White River
Wood
Mosher
New Witten
Ideal
Carter
Winner
Okreek
Norris
Hisle
Kyle
Sharps Corner
Allen
Patricia
Parmelee
Mission
White Horse
Antelope
Hidden Timber
Rosebud
Two Strike
Saint Francis
Olsonville
Clearfield
Keyapaha
Millboro
Vetal
Harrington
Tuthill
Martin
Batesland
Porcupine
Manderson
Wounded Knee
Denby
Pine Ridge
Whiteclay
Merriman
Cody
Nenzel
Kilgore
Crookston
Valentine
Sparks
Norden
Springview
Arabia
Wood Lake
Johnstown
Ainsworth
Gordon
Clinton
Rushville
Hay Springs
Brownlee
Elsmere
Lakeside
Antioch
Ellsworth
Bingham
Ashby
Hyannis
Whitman
Mullen
Seneca
Purdum
Thedford
Halsey
Dunning
Brewster
Arthur
Flats
Tryon
Ringgold
Stapleton
Gandy
Arnold
Callaway
Lisco
Oshkosh
Lewellen
Lemoyne
Keystone
Ogallala
Brule
Roscoe
Paxton
Sutherland
Hershey
North Platte
Maxwell
Lodgepole
Chappell
Big Springs
Julesburg
Ovid
Brady
Ft. McPherson Nat'l. Cemetery
MST
CST

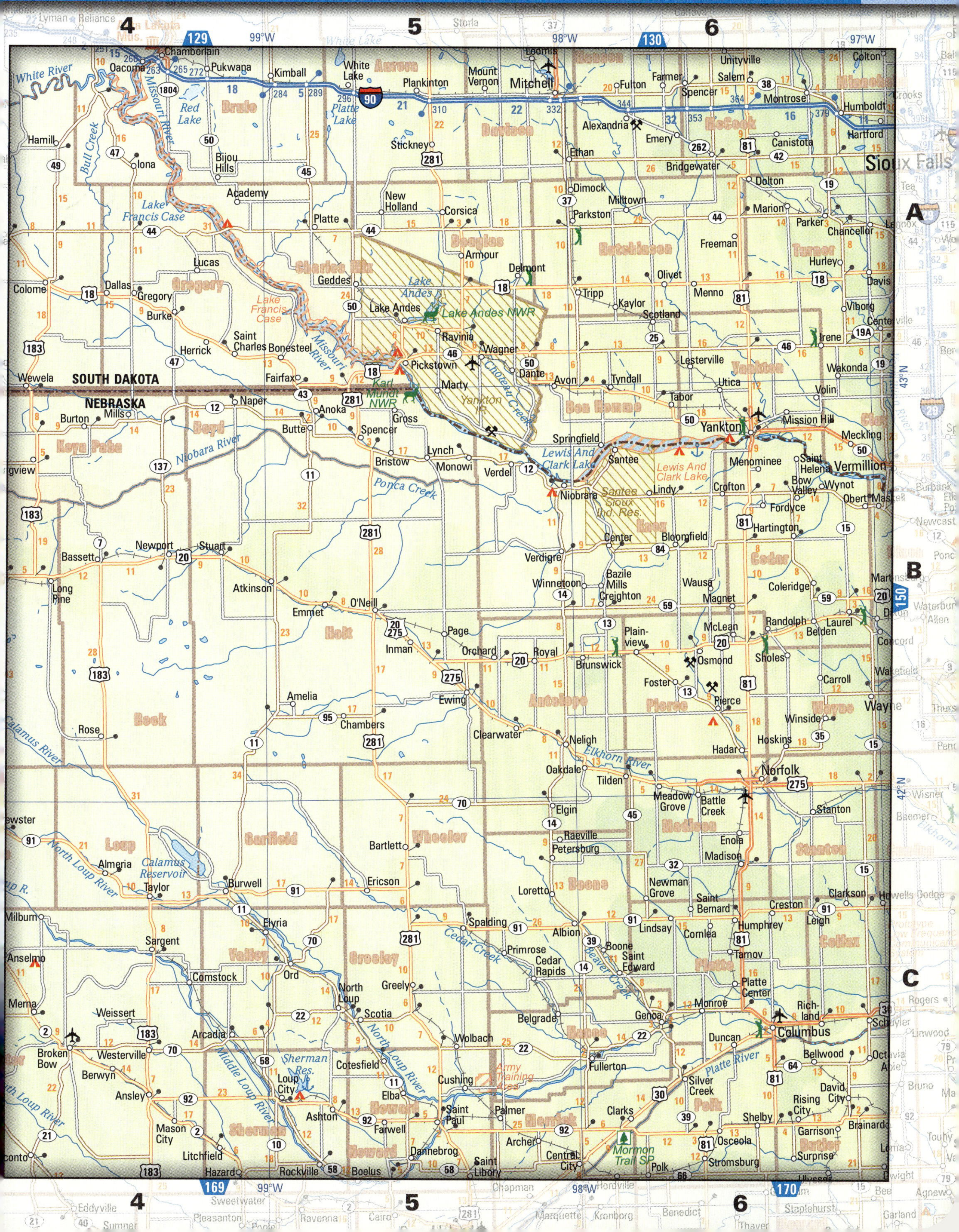
0 20 40 km
0 10 25 Miles
N
4
5
6
A
B
C
99°W
98°W
97°W
43°N
42°N
SOUTH DAKOTA
NEBRASKA
Chamberlain
Oacoma
Pukwana
Kimball
White Lake
Plankinton
Mount Vernon
Mitchell
Fulton
Farmer
Spencer
Salem
Unityville
Montrose
Humboldt
Hartford
Sioux Falls
Alexandria
Emery
Canistota
Ethan
Stickney
Bridgewater
Dolton
Dimock
Parkston
Milltown
Marion
Parker
Chancellor
Freeman
Hurley
Davis
Lennox
New Holland
Corsica
Platte
Academy
Iona
Hamill
Bijou Hills
Lake Francis Case
Lucas
Dallas
Gregory
Colome
Burke
Armour
Geddes
Delmont
Tripp
Kaylor
Olivet
Menno
Scotland
Viborg
Irene
Centerville
Lake Andes
Lake Andes NWR
Ravinia
Wagner
Pickstown
Dante
Avon
Tyndall
Tabor
Lesterville
Utica
Wakonda
Volin
Saint Charles
Bonesteel
Herrick
Fairfax
Wewela
Marty
Karl Mundt NWR
Yankton
Mission Hill
Meckling
Vermillion
Naper
Anoka
Spencer
Butte
Burton
Mills
Gross
Lynch
Bristow
Monowi
Verdel
Springfield
Lewis And Clark Lake
Santee
Niobrara
Lindy
Crofton
Menominee
Saint Helena
Bow Valley
Wynot
Obert
Maskell
Fordyce
Hartington
Santee Sioux Ind. Res.
Center
Bloomfield
Newport
Stuart
Bassett
Long Pine
Atkinson
O'Neill
Emmet
Verdigre
Winnetoon
Bazile Mills
Creighton
Wausa
Magnet
Coleridge
Laurel
Randolph
Belden
McLean
Page
Inman
Orchard
Royal
Plainview
Brunswick
Osmond
Sholes
Foster
Pierce
Carroll
Wayne
Winside
Hoskins
Ewing
Amelia
Chambers
Clearwater
Neligh
Oakdale
Tilden
Hadar
Norfolk
Rose
Meadow Grove
Battle Creek
Stanton
Elgin
Enola
Madison
Bartlett
Raeville
Petersburg
Loup
Almeria
Calamus Reservoir
Taylor
Burwell
Ericson
Loretto
Newman Grove
Saint Bernard
Creston
Clarkson
Leigh
Elyria
Spalding
Albion
Lindsay
Cornlea
Humphrey
Sargent
Primrose
Cedar Rapids
Boone
Saint Edward
Tarnov
Anselmo
Comstock
Ord
North Loup
Greeley
Platte Center
Monroe
Mema
Weissert
Scotia
Belgrade
Genoa
Rich-land
Columbus
Broken Bow
Westerville
Arcadia
Wolbach
Duncan
Berwyn
Sherman Res.
Cotesfield
Fullerton
Silver Creek
Bellwood
Loup City
Elba
Cushing
Army Training Area
David City
Ansley
Ashton
Saint Paul
Palmer
Clarks
Rising City
Shelby
Mason City
Farwell
Archer
Osceola
Garrison
Brainard
Litchfield
Dannebrog
Central City
Mormon Trail SP
Polk
Stromsburg
Surprise
Hazard
Rockville
Boelus
Saint Libory
Missouri River
Niobrara River
Ponca Creek
Elkhorn River
Cedar Creek
Beaver Creek
Platte River
North Loup River
Middle Loup River
Calamus River
Bull Creek
White River
Choteau Creek
Charles Mix
Douglas
Hutchinson
Turner
Yankton
Bon Homme
Clay
Brule
Aurora
Davison
Hanson
McCook
Minnehaha
Gregory
Keya Paha
Boyd
Knox
Cedar
Holt
Antelope
Pierce
Wayne
Rock
Loup
Garfield
Wheeler
Boone
Madison
Stanton
Valley
Greeley
Platte
Colfax
Nance
Sherman
Howard
Merrick
Polk
Butler
90
129
130
169
170
18
81
281
183
275
20
150

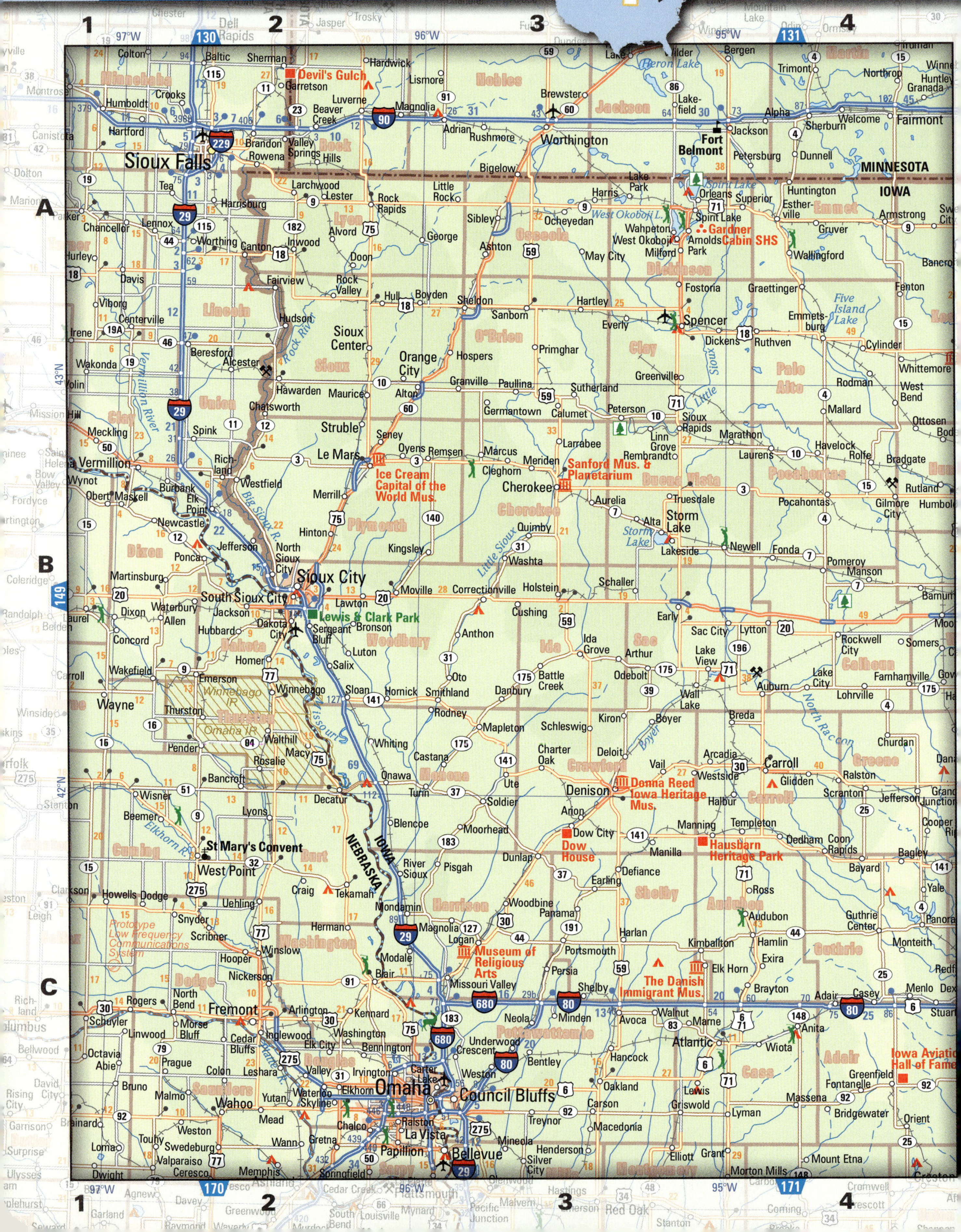

MINNESOTA
IOWA
NEBRASKA
Sioux Falls
Worthington
Fort Belmont
Jackson
Fairmont
Spirit Lake
Spencer
Sheldon
Orange City
Le Mars
Sioux City
South Sioux City
Cherokee
Storm Lake
Sac City
Denison
Carroll
Vermillion
Wayne
West Point
Fremont
Omaha
Council Bluffs
Bellevue
Atlantic
Harlan
Devil's Gulch
Gardner Cabin SHS
Ice Cream Capital of the World Mus.
Sanford Mus. & Planetarium
Lewis & Clark Park
Donna Reed Iowa Heritage Mus.
Dow City
Dow House
Hausbarn Heritage Park
Museum of Religious Arts
The Danish Immigrant Mus.
Iowa Aviation Hall of Fame
St Mary's Convent
Prototype Low Frequency Communications System
Winnebago IR
Omaha IR
Nobles
Jackson
Osceola
Dickinson
Emmet
Lyon
Sioux
O'Brien
Clay
Palo Alto
Plymouth
Cherokee
Buena Vista
Pocahontas
Woodbury
Ida
Sac
Calhoun
Monona
Crawford
Carroll
Greene
Harrison
Shelby
Audubon
Guthrie
Pottawattamie
Cass
Adair
Montgomery
Dakota
Dixon
Thurston
Cuming
Burt
Dodge
Washington
Douglas
Saunders
Sarpy
Lincoln
Union
Clay
Rock
Minnehaha
Big Sioux R.
Missouri R.
Little Sioux R.
Rock River
Vermillion River
Elkhorn R.
Boyer R.
North Raccoon R.
Spirit Lake
West Okoboji L.
Storm Lake
Five Island Lake
97°W
96°W
95°W
43°N
42°N
1
2
3
4
A
B
C

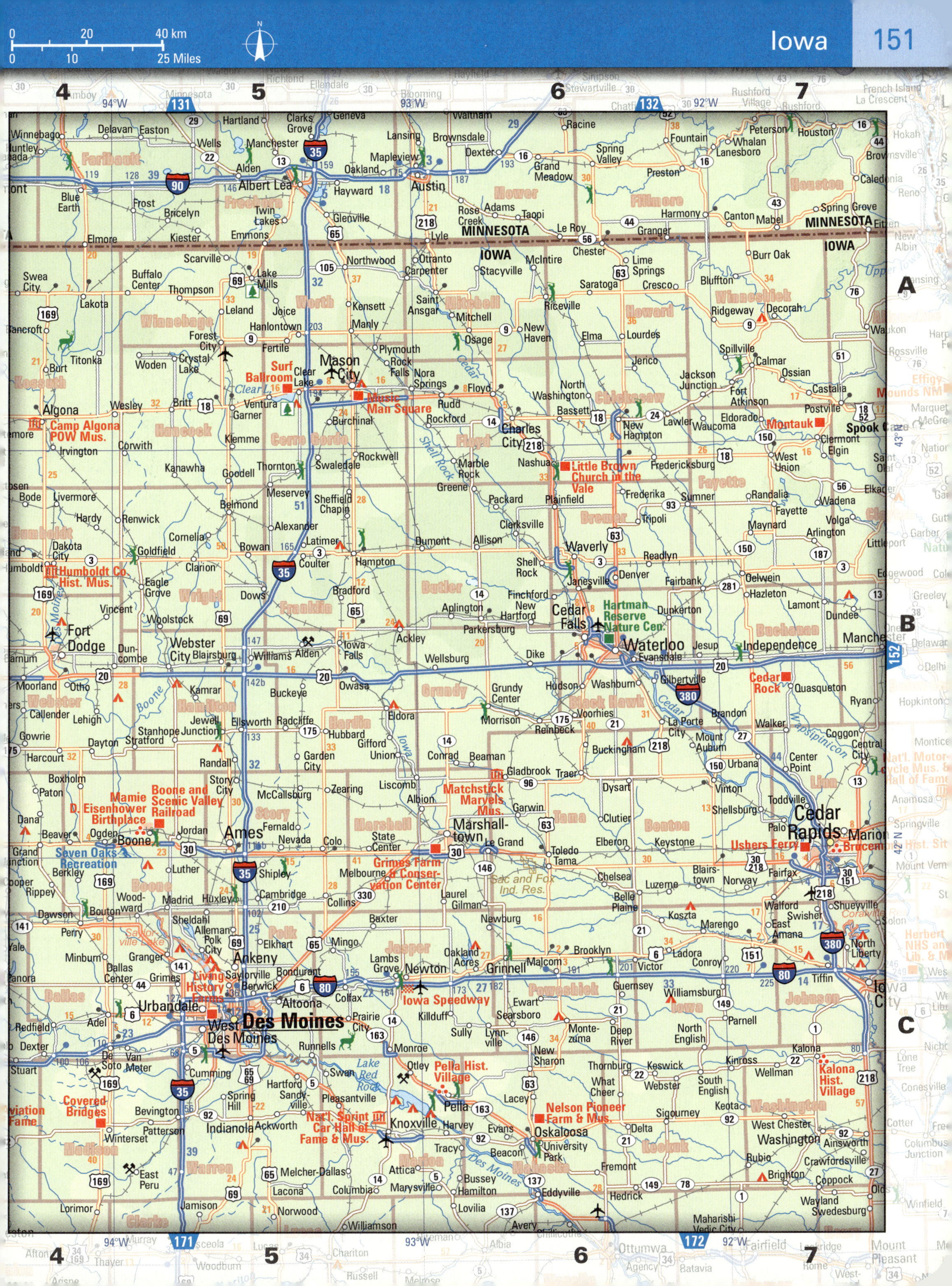
0 20 40 km
0 10 25 Miles
MINNESOTA
IOWA
Des Moines
West Des Moines
Ames
Ankeny
Cedar Rapids
Waterloo
Cedar Falls
Mason City
Fort Dodge
Marshalltown
Iowa City
Newton
Oskaloosa
Knoxville
Pella
Grinnell
Austin
Albert Lea
Algona
Charles City
Waverly
Independence
Washington
Indianola
Boone
Webster City
Iowa Falls
Clear Lake
Decorah
Surf Ballroom
Music Man Square
Camp Algona POW Mus.
Humboldt Co. Hist. Mus.
Little Brown Church in the Vale
Hartman Reserve Nature Cen.
Cedar Rock
Matchstick Marvels Mus.
Mamie D. Eisenhower Birthplace
Boone and Scenic Valley Railroad
Seven Oaks Recreation
Grimes Farm & Conservation Center
Living History Farms
Iowa Speedway
Pella Hist. Village
Nat'l. Sprint Car Hall of Fame & Mus.
Nelson Pioneer Farm & Mus.
Covered Bridges
Kalona Hist. Village
Usher's Ferry
Montauk
Sac and Fox Ind. Res.

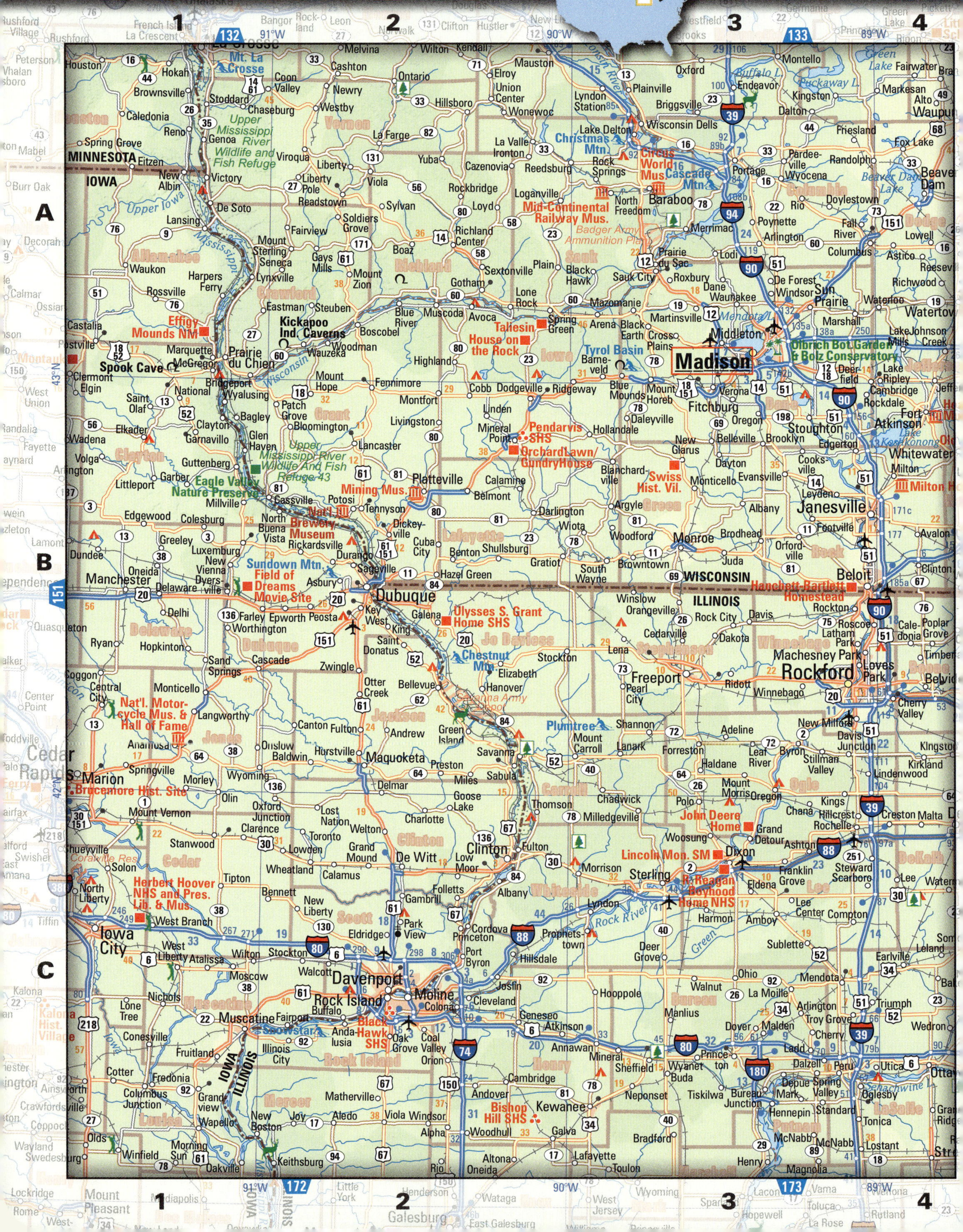

MINNESOTA
IOWA
WISCONSIN
ILLINOIS
Madison
Rockford
Janesville
Beloit
Dubuque
Davenport
Rock Island
Moline
Iowa City
Cedar Rapids
Muscatine
Clinton
Freeport
Dixon
Sterling
Kewanee
La Crosse
Prairie du Chien
Baraboo
Portage
Platteville
Monroe
Wisconsin Dells
Upper Mississippi River Wildlife and Fish Refuge
Effigy Mounds NM
Field of Dreams Movie Site
Herbert Hoover NHS and Pres. Lib. & Mus.
Black Hawk SHS
John Deere Home
Lincoln Mon. SM
R.Reagan Boyhood Home NHS
Ulysses S. Grant Home SHS
Taliesin
House on the Rock
Circus World Mus.
Mid-Continental Railway Mus.
Kickapoo Ind. Caverns
Spook Cave
Olbrich Bot. Garden & Bolz Conservatory
Swiss Hist. Vil.
Pendarvis SHS
Bishop Hill SHS
Nat'l. Motor-cycle Mus. & Hall of Fame
Eagle Valley Nature Preserve
Mining Mus.
Nat'l. Brewery Museum
Hauberg-Bartlett Homestead
Milton Ho.

4
5
6
A
B
C
88°W
87°W
86°W
CST
EST
42°N
43°N
133
134
154
173
174
Lake Michigan
Sheboygan
Fond du Lac
Old Wade Hse. SHS
Plymouth
Sheboygan Falls
Oostburg
Cedar Grove
Belgium
West Bend
Port Washington
Grafton
Cedarburg
Mequon
Germantown
Menomonee Falls
Brown Deer
Glendale
Whitefish Bay
Shorewood
Brookfield
Milwaukee
West Allis
Waukesha
New Berlin
Greenfield
Cudahy
South Milwaukee
Oak Creek
Franklin
Muskego
Oconomowoc
Hartford
Hoard Hist. Mus.
Old World Wis.
Wind Point
North Bay
Wustum Mus. of Fine Arts
Racine
Caledonia
Sturtevant
Elmwood Park
Somers
Kenosha
Pleasant Prairie
Burlington
Elkhorn
Delavan
Lake Geneva
Alpine Valley
Walworth
Darien
Williams Bay
Wilmot Mtn.
Winthrop Harbor
Zion
Beach Park
Gurnee
Gurnee Mills
Waukegan
North Chicago
Lake Forest
Libertyville
Mundelein
Grayslake
Antioch
Lindenhurst
Fox Lake
McHenry
Woodstock
Crystal Lake
Marengo
Belvidere
Harvard
Lake Zurich
Buffalo Grove
Highland Park
Algonquin
Lake in the Hills
Barrington
Palatine
Arlington Hts.
Mount Prospect
Des Plaines
Skokie
Evanston
Bahá'i Temple
Elgin
Schaumburg
Streamwood
Sycamore
DeKalb
Saint Charles
Geneva
Bloomingdale
Lombard
Wheaton
Naperville
Oak Park
Cicero
Berwyn
Chicago
Mus. of Science & Industry
Lyons
Burbank
Oak Lawn
Aurora
Bolingbrook
Naper Settlement
Oswego
Plainfield
Orland Park
Tinley Park
Joliet
Crest Hill
Lockport
New Lenox
Frankfort
Chicago Heights
Chicagoland Speedway
Balmoral Park Race Track
Hammond
Whiting
East Chicago
Gary
Merrillville
Hobart
Crown Point
Dyer
Griffith
Schererville
Valparaiso
Portage
Chesterton
Michigan City
La Porte
Morris
Coal City
Braidwood
Wilmington
Manteno
Kankakee
Bradley
Momence
Streator
Ottawa
Dwight
ILLINOIS
INDIANA
MICHIGAN
Pentwater
Hart
Shelby
Stony Lake
New Era
Rothbury
Whitehall
Muskegon
North Muskegon
Muskegon Heights
Roosevelt Park
Norton Shores
Fruitport
Ferrysburg
Grand Haven
Allendale
Dutch Village
Zeeland
Holland
Saugatuck
Hamilton
Fennville
Glenn
South Haven
Bangor
Covert
Lake Michigan Beach
Hartford
Benton Harbor
Fair Plain
Watervliet
Sister Lakes
Stevensville
Bridgman
Berrien Springs
Sawyer
Harbert
Three Oaks
Galien
Niles
New Buffalo
Michiana Shores
South Bend
Mishawaka
Chief Menominee Memorial
Round Barn Mus.
Rochester
Plymouth
Knox
Argos
Bourbon
Medaryville

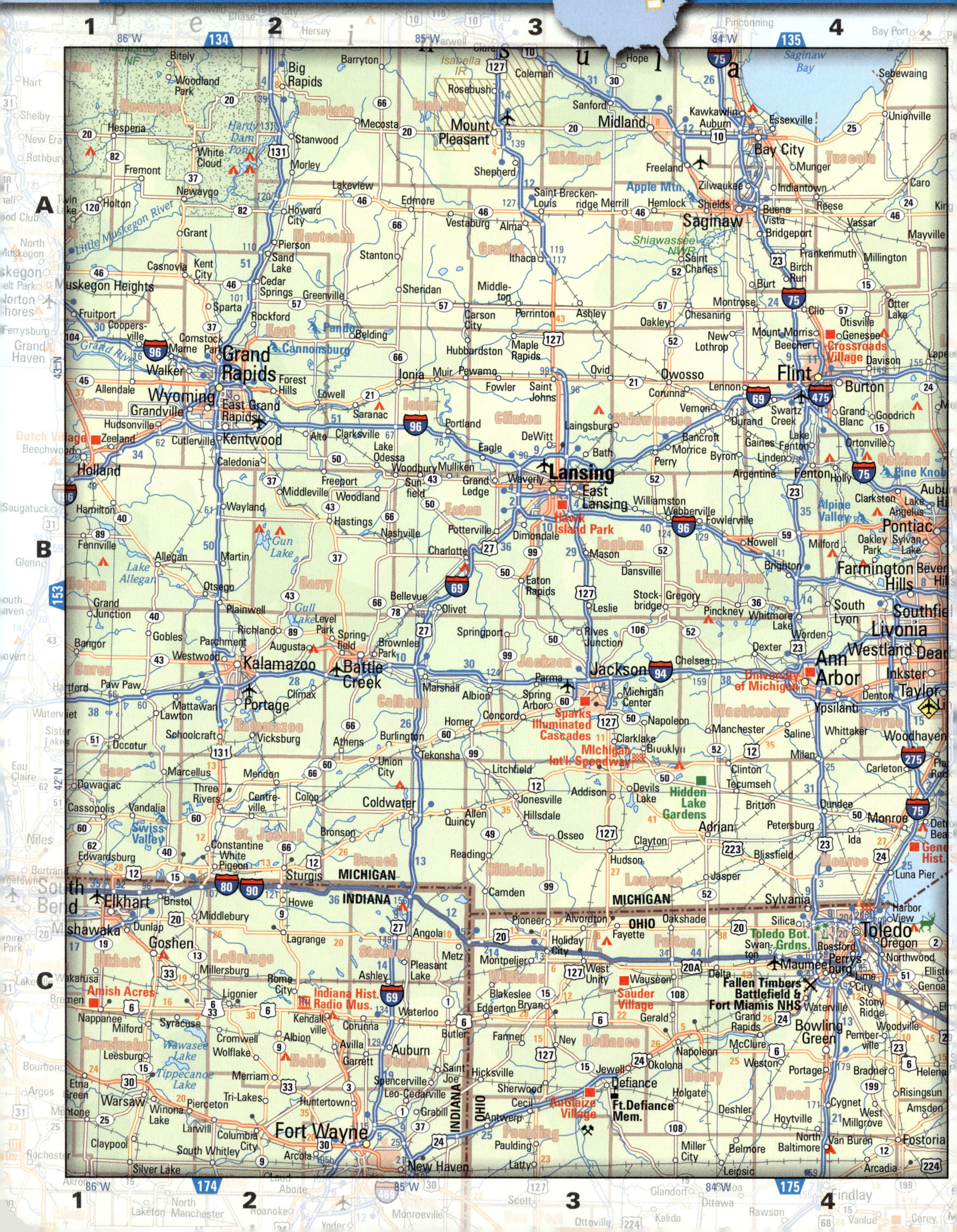
1
2
3
4
A
B
C
86°W
85°W
84°W
42°N
43°N
Saginaw Bay
Big Rapids
Mount Pleasant
Midland
Bay City
Saginaw
Flint
Muskegon Heights
Grand Rapids
Wyoming
Kentwood
Holland
Lansing
East Lansing
Owosso
Burton
Pontiac
Farmington Hills
Livonia
Westland
Ann Arbor
Taylor
Kalamazoo
Portage
Battle Creek
Jackson
Coldwater
Adrian
Monroe
Toledo
Bowling Green
Elkhart
South Bend
Mishawaka
Goshen
Fort Wayne
Defiance
Findlay
MICHIGAN
INDIANA
OHIO
Hawk Island Park
University of Michigan
Sparks Illuminated Cascades
Michigan Int'l Speedway
Hidden Lake Gardens
Crossroads Village
Dutch Village
Amish Acres
Indiana Hist. Radio Mus.
Sauder Village
Fallen Timbers Battlefield & Fort Miamis NHS
AuGlaize Village
Ft.Defiance Mem.
Toledo Bot. Grdns.
Shiawassee NWR
Apple Mtn.
Alpine Valley

0 20 40 km
0 10 25 Miles
N
4
5
6
7
A
B
C
83°W
82°W
81°W
42°N
43°N
135
66
156
175
176
Lake Huron
Lake St. Clair
Lake Erie
U.S.A.
CANADA
Goderich
Blyth
Listowel
Elora Gorge
Guelph
Clinton
Monkton
Waterloo
Canadian Clay & Glass Galery
Kitchener
Mitchell
Russeldale
Stratford
Exeter
Grand Bend
Woodstock
Sweaburg
Thamesford
London
Strathroy
Mus. of Archaeology
Delaware
St. Thomas
Tillsonburg
Simcoe
Walsingham
Port Burwell
Port Stanley
Long Point
Forest
Parkhill
Elginfield
Sarnia
Port Huron
Petrolia
Oil City
Oil Mus.
Alvinston
Glencoe
Rutherford
Dresden
Thamesville
West Lorne
Ridgetown
Chatham
Blenheim
Rondeau Prov. Park
Port Alma
Wallaceburg
Tecumseh
Windsor
Detroit
Essex
Amherstburg
Jack Miner Bird Sanc.
Kingsville
Leamington
Point Pelee NP
Pelee Island
Elkton
Ubly
Cass City
Forestville
Sanilac
Port Sanilac
Carsonville
Snover
Kingston
Sandusky
Marlette
Clifford
Croswell
Lexington
Lexington Heights
North Branch
Brown City
Peck
Yale
Lakeport
Lapeer
Imlay City
Capac
Emmett
Sparlingville
Marysville
Memphis
St. Clair
Metamora
Almont
Oxford
Lake Orion
Romeo
Richmond
New Haven
Macomb
Marine City
Algonac
Auburn Hills
Rochester Hills
Sterling Heights
Utica
Troy
Royal Oak
Fraser
Saint Clair Shores
Warren
Oak Park
Hamtramck
Dearborn
Lincoln Park
Wyandotte
Trenton
Flat Rock
Milleville Beach
Estral Beach
Detroit Beach
General Custer Hist. Site
Ottawa NWR
Put-in-Bay
Perry´s Victory and Int'l. Peace Mem.
Kelleys Island
Marblehead
Port Clinton
Rocky Ridge
Elmore
Oak Harbor
Genoa
Sandusky
Huron
Vermilion
Lorain
Avon Lake
Sheffield Lake
Rocky River
Cleveland
Lakewood
Cleveland Heights
Shaker Heights
North Olmsted
Parma
Fairview Park
Seven Hills
Maple Heights
Solon
Euclid
Eastlake
Mentor
Mentor-on-the-Lake
Willoughby
Wickliffe
Chardon
Fairport Harbor
Geneva-on-the-Lake
North Perry
Geneva
Madison
Ashtabula
North Kingsville
Conneaut
Kingsville
Austinburg
Rock Creek
Pierpont
Montville
Andover
Orwell
North Bloomfield
Mecca
Cortland
Champion
Warren
Sharon
Girard
Mineral Ridge
Youngstown
Craig Beach
Lordstown
Leavittsburg
Mantua
Ravenna
Kent
Stow
Hudson
Aurora
Twinsburg
Cuyahoga Falls
Akron
Tallmadge
Medina
Brunswick
North Royalton
Brecksville
Brentwood Lake
Lagrange
Wellington
Litchfield
Elyria
Amherst
South Amherst
Oberlin
Berlin Heights
Milan
Norwalk
Wakeman
Clarksfield
Rochester
Fremont
Clyde
Bellevue
Parkertown
Lindsey
Stony Prairie
Old Fort
Tiffin
Seneca
Monroeville
Huron
Olena
Fitchville
Willard
Greenwich
Nova
Wadsworth
Barberton
Kinsman
Jamestown
Orangeville
Hermitage
West Middlesex
Campbell
Struthers

Lake Ontario
Lake Erie
CANADA
U.S.A.
NEW YORK
PENNSYLVANIA
Brampton
Etobicoke
Mississauga
North York
Pickering
Georgetown
Guelph
Waterloo
Kitchener
Cambridge
Oakville
Burlington
Hamilton
Joseph Brant Mus.
Royal Bot. Gardens
Dundas Hist. Mus.
Brantford
Bell Homestead
Woodstock
Simcoe
Port Dover
Long Point
St. Catharines
Fort George NHP
Niagara Falls
Welland
Port Colborne
Dunnville
Port Maitland
Lockport
Niagara Co. Hist. Mus.
North Tonawanda
Buffalo
Lackawanna
Cheektowaga
Depew
Lancaster
Amherst
Kenmore
Hamburg
East Aurora
Batavia
Six Flags Darien Lake
Genesee Country Vil. & Mus.
Iroquois NWR
Hamlin Beach
Medina
Albion
Brockport
Warsaw
Perry
Letchworth SP
Arcade
Springville
Cattaraugus I.R.
Silver Creek
Dunkirk
Fredonia
Westfield
McClurg Museum
Chautauqua Lake
Mayville
Jamestown
Fenton Hist. Center
Ellicottville
Holimont & Holiday Valley
Salamanca
Allegany SP
Allegany IR
Olean
Rock City Park
Bradford
Wellsville
Belmont
Whitney-Halsey Mansion
Swain Ski Snowboard Area
Erie
Fort LeBoeuf Judson Hse.
Mountain View at Edinboro
Edinboro
Corry
Warren
Allegheny Reservoir
Allegheny Plateau
Allegheny NRA
Allegheny Forest
Titusville
Drake Well Mem. Park
Pithole City Site
Oil City
Franklin
Meadville
Conneaut Lake
Sharon
Hermitage
Grove City
Clarion
Brookville
Ridgway
Saint Marys
Emporium
Kane
Smethport
Port Allegany
Coudersport
Pennsylvania Lumber Mus.
Ski Denton
East Branch Clarion River Lake
Cook Forest SP
Tionesta Lake
Johnston Tavern
Dubois
Punxsutawney
Elk
Cameron
Potter
McKean
Warren
Forest
Venango
Mercer
Crawford
Erie
Chautauqua
Cattaraugus
Allegany
Wyoming
Genesee
Orleans
Niagara
Clarion
Jefferson
Clearfield

0 20 40 km
0 10 25 Miles
N
4
5
6
77°W
76°W
75°W
A
B
C
Lake Ontario
CANADA
U.S.A.
NEW YORK
PENNSYLVANIA
Rochester
Syracuse
Utica
Rome
Binghamton
Ithaca
Elmira
Corning
Scranton
Wilkes-Barre
Williamsport
Oswego
Auburn
Cortland
Oneonta
Geneva
Canandaigua
Oneida
Norwich
Fort Ontario SHS
Irondequoit Bay St. Marine Pk.
Beach SP
Sodus Point
Mexico Bay
Salmon River Reservoir
Snow Ridge
Constable Hall
Water Safari Enchanted Forest
Fort Stanwix NM
Steuben Mem. SHS
Woods Valley Ski
Oneida Lake
Brantling Ski & Snowboard Center
Mormon Hist. Site
Sonnenberg Gardens
Geneva Hist. Soc. Mus.
Montezuma NWR
Finger Lakes NF
Seneca Lake
Cayuga Lake
Owasco Lake
Skaneateles Lakes
Keuka Lake
Canandaigua Lake
Bristol Mtn.
Hunt Hollow
Widmer's Wine Cellars
Greyton H. Taylor Wine Mus.
Watkins Glen
Chequaga Falls
Labrador Mtn.
Rogers Environmental Education Cen.
Greek Peak Mtn.
Whitney Point Lake
Remington Arms Mus.
Tioga Scenic Railroad
Newtown Battlefield Sullivan's Mon.
Kopernik Observatory
Old Mill & Vil. Mus.
Elk Mtn.
Hist. Fort Delaware
French Azilum
Grand Canyon of Pennsylvania
Ski Sawmill Mtn. Resort
Crystal Lake
Rickets Glen SP
Montage Mtn.
Jack Frost
Big Pine Hill 2289ft
Connecticut Hill 2096ft
Pocono Mountains
Denton

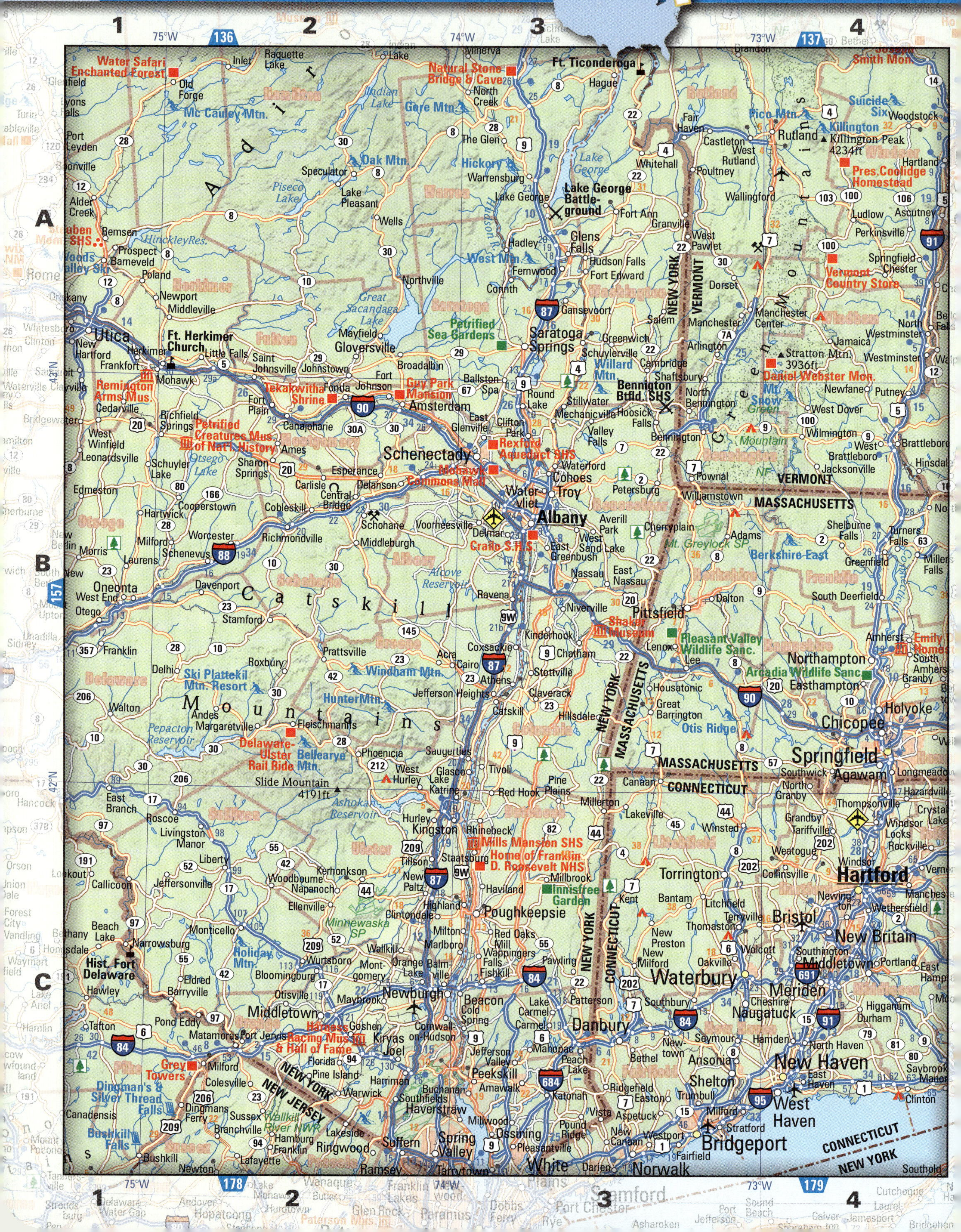

1
2
3
4
A
B
C
75°W
74°W
73°W
136
137
157
178
179
Utica
Albany
Schenectady
Troy
Cohoes
Amsterdam
Saratoga Springs
Glens Falls
Gloversville
Johnstown
Oneonta
Kingston
Poughkeepsie
Newburgh
Middletown
Peekskill
White Plains
Stamford
Norwalk
Bridgeport
New Haven
West Haven
Waterbury
Danbury
Meriden
Middletown
New Britain
Bristol
Hartford
Springfield
Chicopee
Holyoke
Northampton
Pittsfield
Bennington
Rutland
Torrington
Naugatuck
Shelton
Ansonia
Adirondack
Catskill Mountains
Green Mountains
Ft. Ticonderoga
Lake George
Lake George Battle-ground
Fort Ann
Fort Edward
Hudson Falls
Ft. Herkimer Church
Remington Arms Mus.
Tekakwitha Shrine
Guy Park Mansion
Rexford Aqueduct SHS
Mohawk Commons Mall
Crailo S.H.S.
Bennington Btld. SHS
Petrified Sea Gardens
Petrified Creatures Mus of Nat'l History
Natural Stone Bridge & Cave
Water Safari Enchanted Forest
Shaker Museum
Pleasant Valley Wildlife Sanc.
Arcadia Wildlife Sanc.
Mills Mansion SHS
Home of Franklin D. Roosevelt NHS
Innisfree Garden
Delaware-Ulster Rail Ride
Slide Mountain 4191ft
Killington Peak 4234ft
Stratton Mtn. 3936ft
Pres. Coolidge Homestead
Vermont Country Store
Daniel Webster Mon.
Emily Dickinson Homest.
Hist. Fort Delaware
Grey Towers
Racing Mus. & Hall of Fame
Dingman's & Silver Thread Falls
Bushkill Falls
Minnewaska SP
Wallkill River NWR
Mt. Greylock SP
Berkshire East
Otis Ridge
Ski Plattekill Mtn. Resort
Windham Mtn.
Hunter Mtn.
Belleayre Mtn.
Gore Mtn.
West Mtn.
Oak Mtn.
Mc Cauley Mtn.
Willard Mtn.
Catamount
Suicide Six
Killington
Ashokan Reservoir
Pepacton Reservoir
Alcove Reservoir
Great Sacandaga Lake
NEW YORK
VERMONT
MASSACHUSETTS
CONNECTICUT
NEW JERSEY

4
5
6
7
A
B
C
138
179
72°W
71°W
70°W
43°N
42°N
Atlantic Ocean
Cap Cod Bay
Nantucket Sound
NEW HAMPSHIRE
MAINE
MASSACHUSETTS
CONNECTICUT
RHODE ISLAND
Portland
Portland Head Light
Eagle Island SHS
Cape Elizabeth
Old Orchard Beach
Saco
Biddeford
Kennebunk
Kennebunkport
Seashore Trolley Mus.
Ogunquit
York Harbor
Kittery
Portsmouth
Fort Constitution
Rye Beach
Hampton
Westbrook
Gorham
Scarborough
Limerick
Sanford
Springvale
Alfred
Rochester
Somersworth
Dover
Durham
Exeter
Castle in the Clouds
Libby Mus.
Wolfeboro
Ossipee
Meredith
Laconia
Gunstock
Belmont
Alton
N.H. Int'l Speedway
Shaker Village
Concord
Pittsfield
Manchester
The Mall of New Hampshire
Hooksett
Derry
Nashua
Hudson
Milford
Cathedral of the Pines
Peterborough
Keene
Hanover
White River Junction
Lebanon
Enfield
Plainfield
St. Gaudens NHS
Windsor
Claremont
Newport
Mt. Sunapee
Charlestown
Franklin Pierce Homestead SHS
Walpole
Winchester
Jaffrey
Mount Cardigan SP
Newfound Lake
Plymouth
Ragged Mtn.
Pats Peak
Henniker
Hillsboro
Goffstown
Salisbury
Newburyport
Parker River NWR
Haverhill
Lawrence
Methuen
Lowell
Fitchburg
Gardner
Leominster
Worcester
Eco Tarium
Clara Barton Birthplace
Sturbridge
Marlborough
Framingham
Waltham
Cambridge
Boston
Medford
Malden
Newton
Quincy
Salem
Salem Maritime NHS
Lynn
Beverly
Gloucester
Rockport
Pier House
Ipswich
Rowley
Andover
Peabody
Woburn
Brockton
Plymouth
Plymouth Plantation
John Alden House
Duxbury
Scituate
Attleboro
Taunton
Pawtucket
Providence
East Providence
Cranston
Warwick
Fall River
New Bedford
Newport
Kingston
Wakefield
Westerly
Mystic
Groton
New London
Norwich
Stonington
Fishers I.
Block Island
New Shoreham
Wareham
Bourne
Falmouth
Woods Hole
Mashpee NWR
Sandwich
Barnstable
Fire and Hist. Mus.
Hyannis
Brewster
Orleans
Chatham
Nickerson SP
Monomoy Wilderness
Provincetown
North Truro
Wellfleet
Eastham
Martha's Vineyard
Vineyard Mus.
Vineyard Haven
Oak Bluffs
Edgartown
Chilmark
Nantucket Island
Nantucket
Nantucket Whaling Mus.
Siasconset
Tuckernuck I.
Nomans I. NWR
Naushon I.
Cuttyhunk
BOSTON
Boston Inner Harbor
Charlestown Bridge
U.S. Coast Guard Station
North Station
Old North Church
Paul Revere House
John Fitzgerald Expressway
Holocaust Mem.Pk.
City Hall
Faneuil Hall
J.F.K. Fed. Bldg.
Gov. Ctr.
State House
Suffolk Univ.
King's Chapel
Old State House
Custom Hse.
Old South Meeting House
Financial District
New England Aquarium & IMAX
Long Wharf
Christopher Columbus Park
Boston Tea Party Ship and Museum
Children's Museum
South Station
Opera Hse.
1/4 Mile
500 Metres

1
2
3
A
B
C
D
124°W
122°W
123°W
41°N
40°N
39°N
Pacific
Ocean
Lagoon
Redwood NP
Trinidad
Crannell
McKinleyville
Arcata
Eureka
Arcata Bay
Humboldt Bay NWR
Fields Landing
Fortuna
Ferndale
Hydesville
Rio Dell
Kneeland
Blue Lake
Hoopa
Hoopa Valley IR
Six Rivers NF
Willow Creek
Salyer
Salmon Mtn. 6956ft
Cecilville
Packers Pk. 7828ft
Trinity Center
Clair Engle Lake
Shasta-Trinity NF
Mt. Hilton 8964ft
Helena
Big Bar
Sims Mtn. 4478ft
Weaverville
Trinity
Lewiston
French Gulch
Douglas City
Whiskeytown L.
Hyampom
Hayfork
Mad River
Humboldt
Shively
Petrolia
Weott
Eel River
Honeydew
Miranda
Redway
Whitethorn
Alderpoint
Blocksburg
Ruth Lake
Neafus Pk. 3980ft
Island Mountain
Dubakella Mtn. 5881ft
Platina
S. Kelsey Pk. 5288ft
Sims Mtn. 4478ft
Ono
Igo
Shasta
Redding
Anderson
Cottonwood
Dunsmuir
Castella
Lamoine
Sacramento R.
L. Shasta Caverns
Shasta Lake
Big
Ingot
Bella Vista
Shingletown
Paynes Creek
Red Bluff
Las Flores
Tehama
Corning
Vina
Paskenta
Ball Mtn. 6557ft
Newville
Black Butte L.
Orland
Hamilton City
Nord
Glenn
Elk Creek
Stony Gorge Res.
Artois
Willows
Glenn
Princeton
Sacramento River NWR
Stonyford
East Park Res.
Delevan
Lodoga
Maxwell
Colusa
Delevan NWR
Williams
Colusa NWR
Arbuckle
Grimes
Meridian
Dunnigan
Guinda
Esparto
Woodland
Woodland Opera Hse.
Winters
Sacramento Valley
Piercy
Leggett
Rockport
Westport
Iron Pk. 4485ft
Round Valley IR
Covelo
Dos Rios
Laytonville
Mendocino NF
Fort Bragg
Caspar
Willits
Foster Mtn. 3104ft
Pillsbury L.
St. John Mtn. 6746ft
Potter Valley
Redwood Valley
Little River
Albion
Comptche
Calpella
Mendocino Lake
Upper Lake
Mendocino
Ukiah
Nice
Lucerne
Clear Lake
Lakeport
Clearlake Oaks
Lake
Elk
Philo
Boonville
Manchester
Hopland
Kelseyville
Clearlake
Lower Lake
Point Arena
Cobb
Middletown
Gualala
Cloverdale
Geyserville
Lytton
Healdsburg
Calistoga
Old Faithful Geyser of California
Angwin
Lake Berryessa
Saint Helena
Windsor
Petrified For.
Monte Rio
Forestville
Santa Rosa
Sebastopol
Rohnert
Yountville
Vacaville
Sonoma
Coast Ranges
Tehama
Glenn
Colusa
Mount Shasta
Orick
101
299
96
3
36
5
20
128
175
29
16
44
99
32
45
1
140
180
505
80

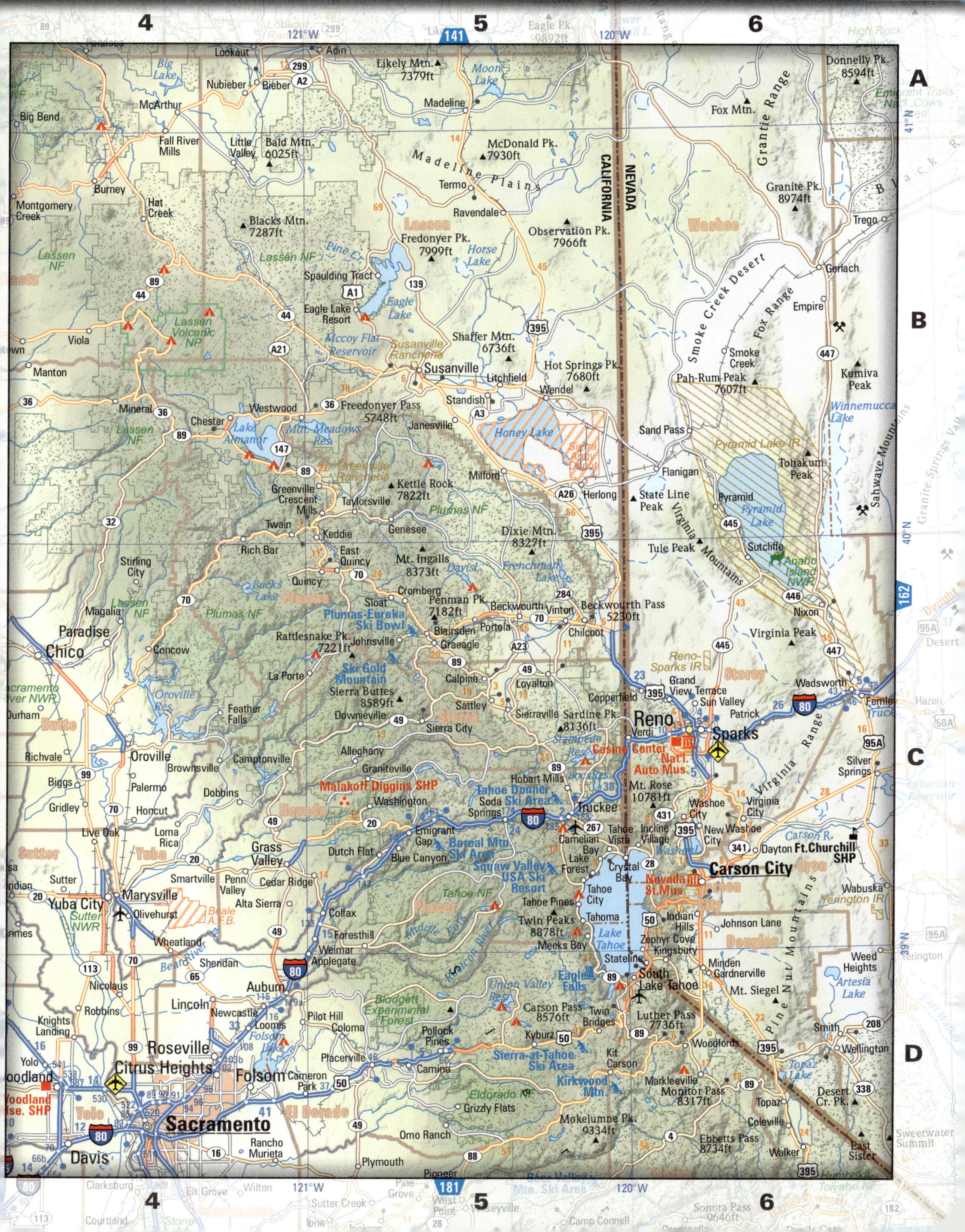
4
5
6
A
B
C
D
121°W
120°W
41°N
40°N
39°N
CALIFORNIA
NEVADA
Adin
Lookout
Bieber
Nubieber
Big Lake
McArthur
Big Bend
Fall River Mills
Little Valley
Bald Mtn. 6025ft
Likely Mtn. 7379ft
Moon Lake
Madeline
McDonald Pk. 7930ft
Madeline Plains
Termo
Ravendale
Burney
Montgomery Creek
Hat Creek
Blacks Mtn. 7287ft
Lassen NF
Lassen
Fredonyer Pk. 7999ft
Horse Lake
Observation Pk. 7966ft
Pine Cr.
Spaulding Tract
Eagle Lake
Eagle Lake Resort
Lassen Volcanic NP
Viola
Manton
Mccoy Flat Reservoir
Susanville Rancheria
Susanville
Shaffer Mtn. 6736ft
Litchfield
Hot Springs Pk. 7680ft
Wendel
Standish
Mineral
Chester
Westwood
Lake Almanor
Mtn. Meadows Res.
Freedonyer Pass 5748ft
Janesville
Honey Lake
Sierra Army Depot
Greenville Rancheria
Greenville
Crescent Mills
Taylorsville
Kettle Rock 7822ft
Milford
Herlong
Plumas NF
Twain
Keddie
Genesee
Dixie Mtn. 8327ft
Rich Bar
East Quincy
Quincy
Mt. Ingalls 8373ft
Davis L.
Frenchman Lake
Stirling City
Bucks Lake
Plumas
Sloat
Cromberg
Penman Pk. 7182ft
Beckwourth
Vinton
Beckwourth Pass 5230ft
Chilcoot
Portola
Blairsden
Graeagle
Plumas-Eureka Ski Bowl
Magalia
Paradise
Chico
Concow
Rattlesnake Pk. 7221ft
Johnsville
Ski Gold Mountain
Calpine
Loyalton
La Porte
Sierra Buttes 8589ft
Sattley
Sierraville
Sardine Pk. 8136ft
Oroville Res.
Feather Falls
Downieville
Sierra City
Sierra
Oroville
Butte
Durham
Richvale
Brownsville
Camptonville
Alleghany
Graniteville
Biggs
Palermo
Gridley
Honcut
Dobbins
Malakoff Diggins SHP
Washington
Hobart Mills
Tahoe Donner Ski Area
Soda Springs
Truckee
Live Oak
Loma Rica
Yuba
Nevada
Grass Valley
Dutch Flat
Emigrant Gap
Boreal Mtn. Ski Area
Blue Canyon
Squaw Valley USA Ski Resort
Tahoe NF
Sutter
Smartville
Penn Valley
Cedar Ridge
Marysville
Yuba City
Olivehurst
Sutter NWR
Beale A.F.B.
Alta Sierra
Colfax
Placer
Foresthill
Middle Fork
Rubicon River
Wheatland
Weimar
Applegate
Bear River
Sheridan
Nicolaus
Auburn
Lincoln
Newcastle
Loomis
Pilot Hill
Coloma
Robbins
Knights Landing
Roseville
Citrus Heights
Folsom
Folsom Lake
Cameron Park
Placerville
Pollock Pines
Camino
Blodgett Experimental Forest
Union Valley Res.
Sierra-at-Tahoe Ski Area
Eldorado NF
Grizzly Flats
El Dorado
Yolo
Woodland
Woodland Ose. SHP
Sacramento
Davis
Rancho Murieta
Omo Ranch
Plymouth
Pioneer
Carson Pass 8576ft
Kyburz
Twin Bridges
Kirkwood Mtn.
Kit Carson
Mokelumne Pk. 9334ft
Markleeville
Monitor Pass 8317ft
Ebbetts Pass 8734ft
Luther Pass 7736ft
Woodfords
Twin Peaks 8878ft
Meeks Bay
Eagle Falls
Tahoe Pines
Tahoe City
Tahoma
Lake Tahoe
Carnelian Bay
Lake Forest
Tahoe Vista
Incline Village
Crystal Bay
Zephyr Cove
Kingsbury
Stateline
South Lake Tahoe
Mt. Rose 10781ft
Verdi
Reno
Sparks
Casino Center
Nat'l. Auto Mus.
Stampede Res.
Boca Res.
Copperfield
Grand View Terrace
Sun Valley
Patrick
Washoe City
Washoe
New Washoe City
Virginia City
Virginia Range
Carson City
Nevada St. Mus.
Indian Hills
Johnson Lane
Douglas
Minden
Gardnerville
Mt. Siegel
Pine Nut Mountains
Dayton
Ft. Churchill SHP
Carson R.
Lyon
Storey
Reno-Sparks IR
Wabuska
Yerington IR
Weed Heights
Artesia Lake
Smith
Wellington
Topaz Lake
Topaz
Coleville
Walker
Desert Cr. Pk.
East Sister
Silver Springs
Lahontan Reservoir
Fernley
Wadsworth
Virginia Peak
Nixon
Sutcliffe
Anaho Island NWR
Pyramid Lake
Pyramid
Pyramid Lake IR
Tohakum Peak
Flanigan
Sand Pass
State Line Peak
Tule Peak
Virginia Mountains
Pah-Rum Peak 7607ft
Smoke Creek
Smoke Creek Desert
Fox Range
Empire
Gerlach
Washoe
Granite Pk. 8974ft
Granite Range
Fox Mtn.
Donnelly Pk. 8594ft
Trego
Kumiva Peak
Winnemucca Lake
Sahwave Mountains
Black Rock

1
2
3
4
A
B
C
D
119°W
118°W
117°W
41°N
40°N
39°N
142
161
181
182
Donnelly Pk.
8594ft
Emigrant Trails
Nat'l. Cons.
Area
Black Rock Desert
Jackson Mtns.
Desert Valley
Blue Mtn.
Winnemucca
Button Point
Golconda
Golconda Summit
5139ft
Sonoma Pk.
9395ft
Sonoma Range
Adam Pk.
8678ft
Soldier Cap
Midas
Little Humboldt R.
Rock Creek
Sheep Creek Range
Boulder Valley
Valmy
Battle Mountain
North Peak
Te-Moak IR
Antler Peak
Beowawe
Dunphy
Sulphur
Jungo
Pronto
Rosebud Peak
Trego
Gerlach
Empire
Cosgrave
Imlay
Mill City
Rye Patch Reservoir
Humboldt
Star Peak
Grass Valley
East Range
Tobin Range
Buffalo Valley
Rye Patch Dam
Pershing
Unionville
Oreana
Indian Pk.
Woolsey
Trinity Peak
Trinity Range
Lumiva Peak
Winnemucca Lake
Sahwave Mountains
Granite Springs Valley
W. Humboldt Range
Buena Vista Valley
Buffalo Mtn.
8202ft
Granite Mtn.
8339ft
Mt. Tobin
9774ft
9680ft
Mt. Lewis
Shoshone Range
Gold Acres
Mt. Moses
McKinney Pass
Lovelock
Toulon
Toulon L.
Toy
Cain Mtn.
Elephant Head
Reese River
Antelope Valley
Grass Valley
Lander
Humboldt Sink
W. Humboldt Range
Stillwater Range
Dixie Valley
Dwight D. Eisenhower Highway
Parran
Desert Peak
Fallon Naval Air Station
Fallon NWR
Carson Sink
Stillwater NWR
Humboldt Salt Marsh
Dixie Valley
Healy Peak
Ravenswood Pk.
Mt. Callaghan
10187ft
Simpson Park Mountains
Fagin
Fernley
Hazen
Truckee Canal
Carson River
Stillwater
Job Peak
Clan Alpine Mtns.
Mt. Augusta
New Pass Summit
6339ft
Bates Mtn.
8944ft.
Austin
Austin Summit
Bob Scotts Summit
Loneliest Road
Hickison Summit
6593ft
Fallon
Silver Springs
Lahontan Reservoir
Salt Wells
Fallon Naval AS
Carson Lake
Churchill
Sand Mountain
Cold Springs
Pony Express Station Site
Desatoya Mountains
Desatoya Pk.
9974ft
Railroad Pass
Geographic Center of Nevada
Frenchman
Eastgate
Bunker Hill
Kingston
Fallon Naval Target Range
North Shoshone Pk.
10312ft
Petes Summit
Toiyabe Range
Churchill SHP
Wabuska
Yerington IR
Walker River IR
Yerington
Yomba IR
Alkali Flat
Sherman Pk.
8652ft
Ione
Shoshone Mountains
Wildcat Peak
Toquima Range
Smokey Valley
Schurz
Walker R.
Gabbs Valley Range
Gabbs
Humboldt-Toiyabe NF
Berlin Ichthyosaur SP
Arc Dome
Ione Valley
Nye
East Walker River
Walker Lake
Thorne Branch
Gillis Range
Round Mountain
Mt. Jefferson
Humboldt-Toiyabe NF
Bald Mtn.
9275ft
Moray Peak
Petrified Summit
Calavada Summit
Mt. Grant
Babbitt
Thorne
Hawthorne
Hawthorne Army Depot
Luning
Sweetwater Summit
El Corey Peak
10522ft
Wassuk Range
Belmont Courthouse SHS
Belmont
Manhattan
Mina
Pilot Peak
Lucky Boy Pass
80
95
95A
50
50A
789
305
306
400
399
397
121
722
839
361
844
376
338
208

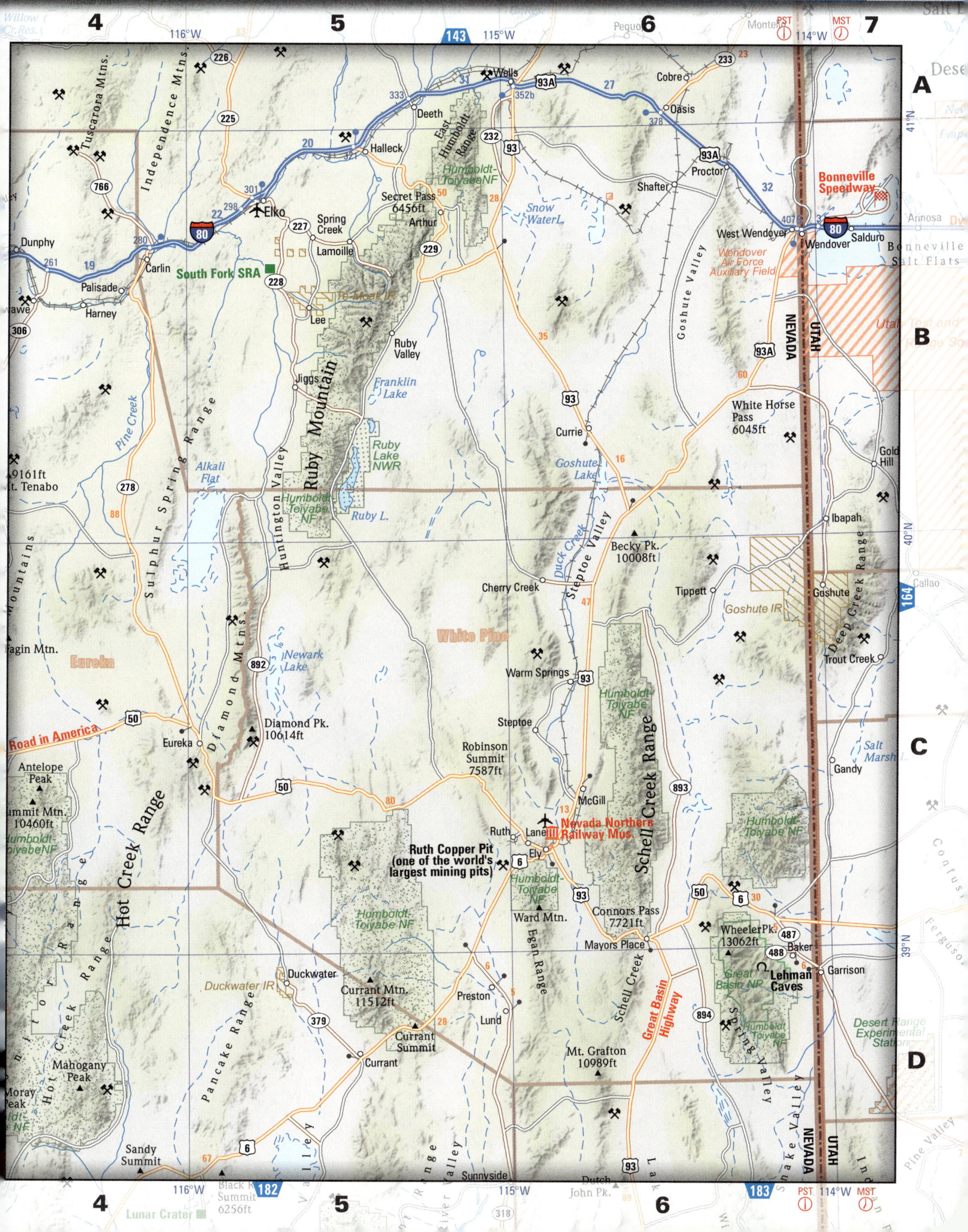
0 20 40 km
0 10 25 Miles
N
Elko
Wells
Deeth
Halleck
Spring Creek
Lamoille
Carlin
Palisade
Harney
Dunphy
South Fork SRA
Te-Moak IR
Lee
Jiggs
Ruby Valley
Franklin Lake
Ruby Lake NWR
Ruby L.
Ruby Mountain
East Humboldt Range
Humboldt-Toiyabe NF
Secret Pass 6456ft
Arthur
Snow Water L.
Oasis
Cobre
Proctor
Shafter
Goshute Valley
West Wendover
Wendover
Salduro
Wendover Air Force Auxiliary Field
Bonneville Speedway
Bonneville Salt Flats
NEVADA
UTAH
White Horse Pass 6045ft
Gold Hill
Currie
Goshute Lake
Ibapah
Becky Pk. 10008ft
Tippett
Goshute IR
Goshute
Deep Creek Range
Trout Creek
Cherry Creek
Duck Creek
Steptoe Valley
White Pine
Warm Springs
Steptoe
Robinson Summit 7587ft
McGill
Nevada Northern Railway Mus.
Ruth
Lane
Ely
Ruth Copper Pit (one of the world's largest mining pits)
Schell Creek Range
Ward Mtn.
Egan Range
Connors Pass 7721ft
Mayors Place
Wheeler Pk. 13062ft
Baker
Garrison
Lehman Caves
Great Basin NP
Spring Valley
Snake Valley
Gandy
Salt Marsh L.
Desert Range Experimental Station
Great Basin Highway
Mt. Grafton 10989ft
Schell Creek
Preston
Lund
Currant Mtn. 11512ft
Currant Summit
Currant
Duckwater
Duckwater IR
Pancake Range
Hot Creek Range
Mahogany Peak
Moray Peak
Sandy Summit
Black Rock Summit 6256ft
Lunar Crater
Sunnyside
Dutch John Pk.
Diamond Pk. 10614ft
Diamond Mtns.
Newark Lake
Eureka
Road in America
Antelope Peak
Summit Mtn. 10460ft
Fagin Mtn.
Mt. Tenabo 9161ft
Sulphur Spring Range
Alkali Flat
Pine Creek
Huntington Valley
Independence Mtns.
Tuscarora Mtns.
Callao
Salt Lake
4 5 6 7
A B C D
116°W 115°W 114°W
41°N 40°N 39°N
PST MST

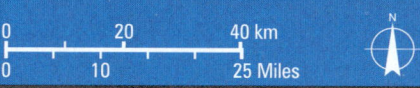

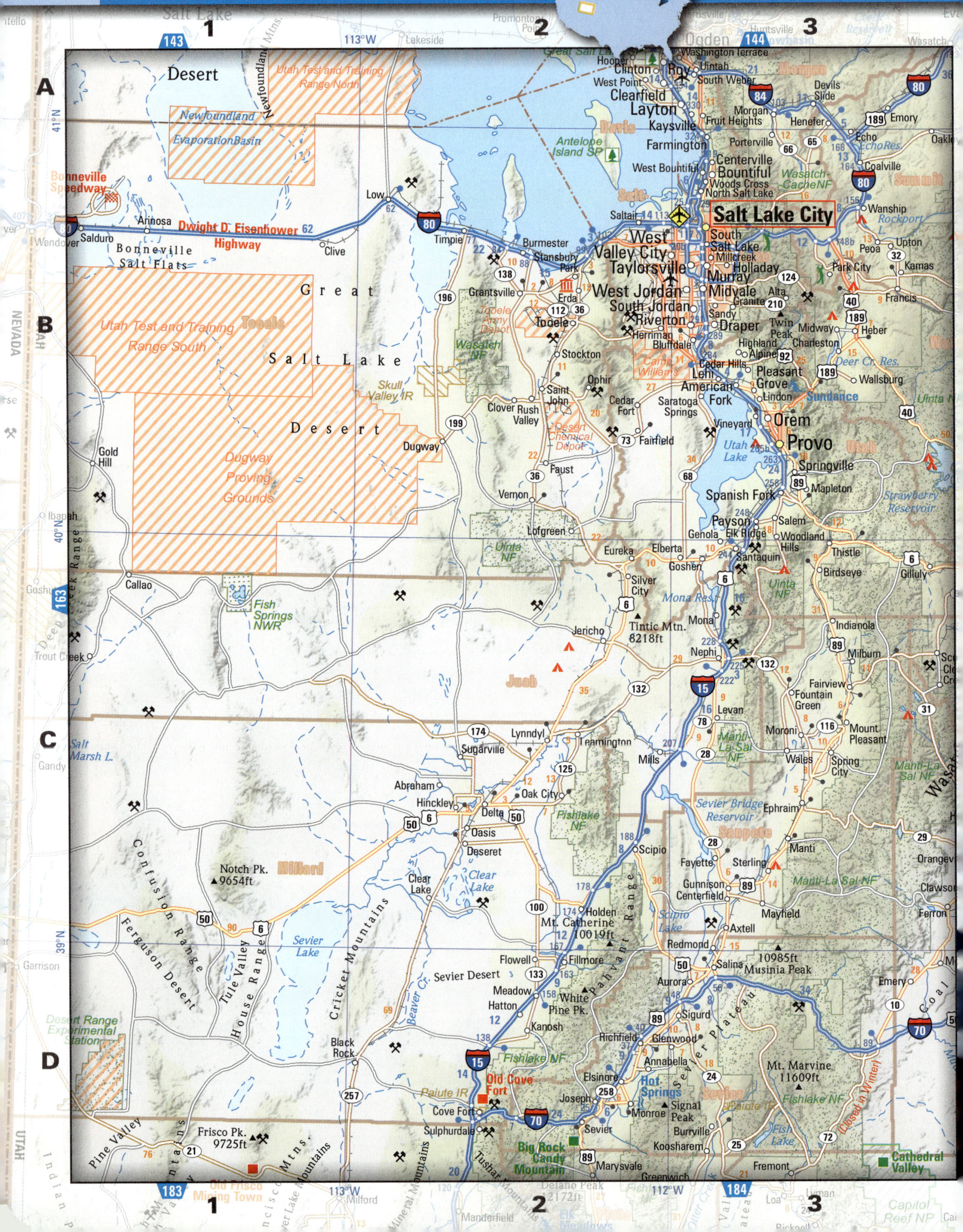
Salt Lake City
West Valley City
Taylorsville
West Jordan
South Jordan
Riverton
Murray
Midvale
Draper
Sandy
Layton
Clearfield
Kaysville
Farmington
Bountiful
Centerville
Roy
Clinton
Orem
Provo
Springville
Spanish Fork
Payson
Lehi
American Fork
Pleasant Grove
Tooele
Grantsville
Stansbury Park
Erda
Stockton
Heber
Park City
Nephi
Levan
Delta
Hinckley
Oak City
Fillmore
Kanosh
Holden
Scipio
Salina
Richfield
Sigurd
Aurora
Monroe
Elsinore
Joseph
Sevier
Manti
Ephraim
Mount Pleasant
Moroni
Fountain Green
Wendover
Salduro
Arinosa
Clive
Dugway
Callao
Great Salt Lake Desert
Bonneville Salt Flats
Bonneville Speedway
Dwight D. Eisenhower Highway
Dugway Proving Grounds
Utah Test and Training Range North
Utah Test and Training Range South
Newfoundland Evaporation Basin
Fish Springs NWR
Sevier Lake
Sevier Desert
Utah Lake
Mona Res.
Sevier Bridge Reservoir
Clear Lake
Notch Pk. 9654ft
Frisco Pk. 9725ft
Tintic Mtn. 8218ft
Mt. Catherine 10019ft
Musinia Peak 10985ft
Mt. Marvine 11609ft
Confusion Range
House Range
Cricket Mountains
Pahvant Range
Sevier Plateau
Fishlake NF
Manti-La Sal NF
Uinta NF
Wasatch NF
Old Cove Fort
Big Rock Candy Mountain
Cathedral Valley
Tooele
Juab
Millard
Sanpete
Sevier
Utah
Davis
Salt
Morgan
Summit
Wasatch
NEVADA
113°W
112°W
41°N
40°N
39°N

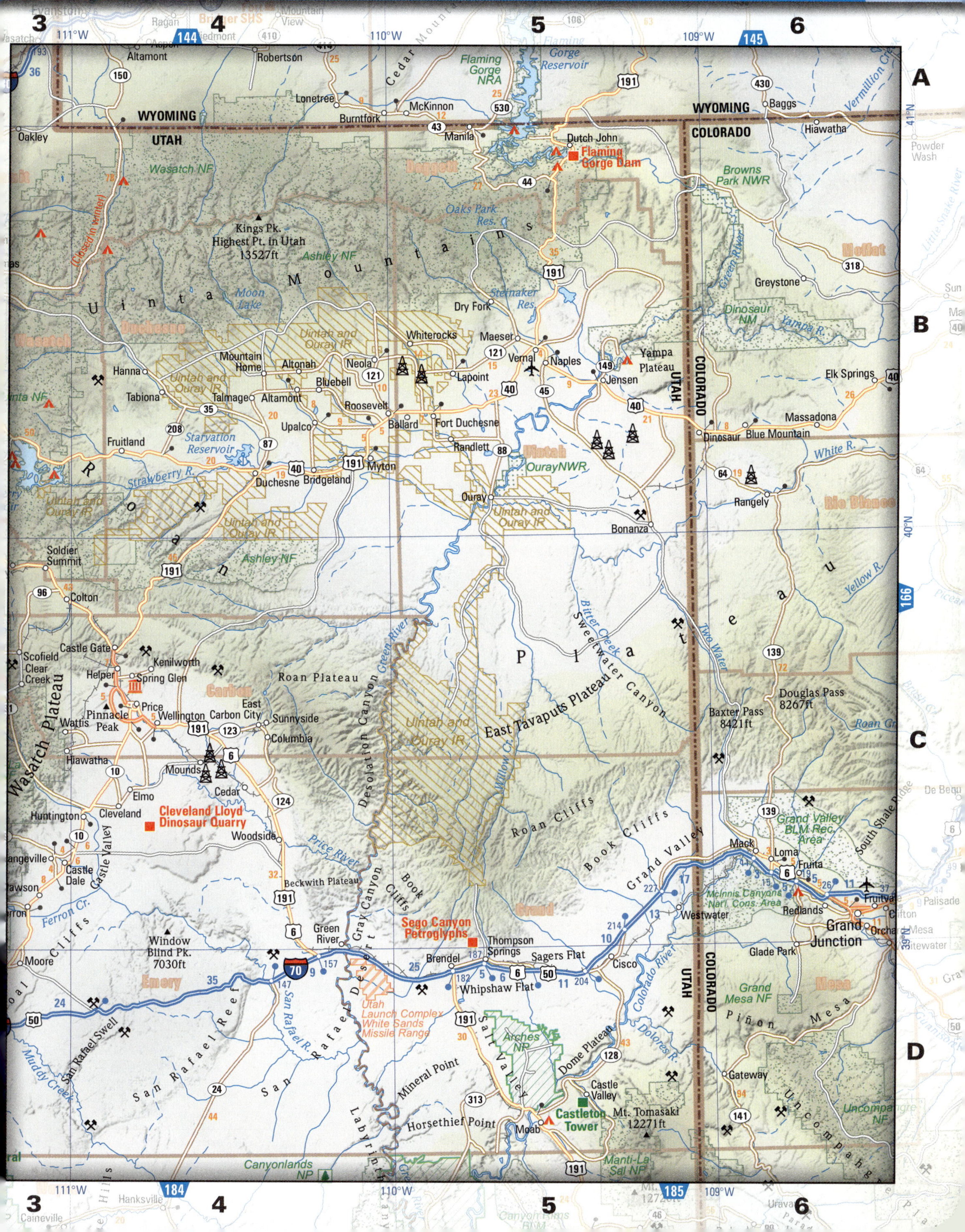
0 20 40 km
0 10 25 Miles
3
4
5
6
A
B
C
D
111°W
110°W
109°W
41°N
40°N
39°N
144
145
166
184
185
Altamont
Robertson
Lonetree
Burntfork
McKinnon
Manila
Flaming Gorge NRA
Flaming Gorge Reservoir
Dutch John
Flaming Gorge Dam
Baggs
Hiawatha
WYOMING
UTAH
COLORADO
Oakley
Wasatch NF
Kings Pk.
Highest Pt. in Utah
13527ft
Ashley NF
Oaks Park Res.
Browns Park NWR
Uinta Mountains
Moon Lake
Steinaker Res.
Dry Fork
Greystone
Dinosaur NM
Yampa R.
Whiterocks
Maeser
Vernal
Naples
Jensen
Yampa Plateau
Elk Springs
Massadona
Dinosaur
Blue Mountain
Mountain Home
Altonah
Neola
Lapoint
Hanna
Tabiona
Bluebell
Talmage
Altamont
Roosevelt
Ballard
Fort Duchesne
Upalco
Randlett
Fruitland
Starvation Reservoir
Duchesne
Bridgeland
Myton
Ouray
Ouray NWR
Strawberry R.
Uintah and Ouray IR
White R.
Rangely
Bonanza
Soldier Summit
Colton
Castle Gate
Scofield
Clear Creek
Kenilworth
Helper
Spring Glen
Price
Wellington
Carbon City
East Carbon City
Sunnyside
Columbia
Roan Plateau
Pinnacle Peak
Wattis
Hiawatha
Mounds
Cedar
Elmo
Wasatch Plateau
Huntington
Cleveland
Cleveland Lloyd Dinosaur Quarry
Woodside
Castle Dale
Castle Valley
Ferron Cr.
Desolation Canyon
Green River
East Tavaputs Plateau
Bitter Creek
Sweetwater Canyon
Two Water
Douglas Pass
8267ft
Baxter Pass
8421ft
Roan Cliffs
Book Cliffs
Grand Valley
Price River
Beckwith Plateau
Gray Canyon
Sego Canyon Petroglyphs
Thompson Springs
Sagers Flat
Brendel
Whipshaw Flat
Cisco
Westwater
Mack
Loma
Fruita
Grand Valley BLM Rec. Area
McInnis Canyons Natl. Cons. Area
Redlands
Grand Junction
Glade Park
Grand Mesa NF
Window Blind Pk.
7030ft
Moore
San Rafael Swell
San Rafael Reef
San Rafael R.
San Rafael Desert
Utah Launch Complex White Sands Missile Range
Salt Valley
Arches NP
Dome Plateau
Colorado River
Dolores R.
Castle Valley
Castleton Tower
Mt. Tomasaki
12271ft
Mineral Point
Horsethief Point
Moab
Labyrinth Canyon
Canyonlands NP
Manti-La Sal NF
Gateway
Piñon Mesa
Uncompahgre
Muddy Creek
Hanksville

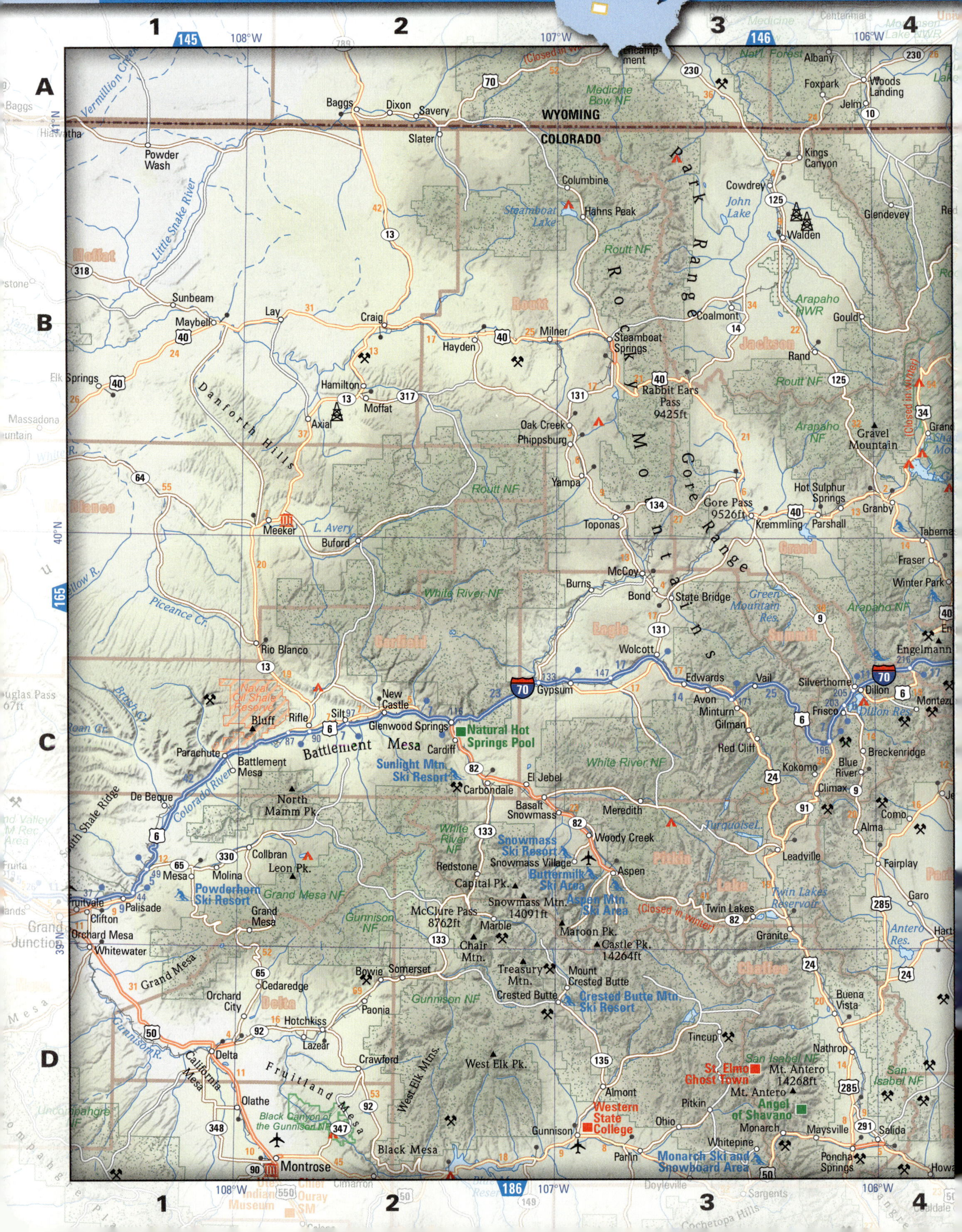

WYOMING
COLORADO
Baggs
Dixon
Savery
Slater
Powder Wash
Hiawatha
Vermillion Creek
Little Snake River
Moffat
Sunbeam
Maybell
Lay
Craig
Hayden
Milner
Steamboat Springs
Columbine
Hahns Peak
Steamboat Lake
Routt NF
Routt
Park Range
Rocky Mountains
Gore Range
Coalmont
Cowdrey
John Lake
Walden
Kings Canyon
Albany
Foxpark
Woods Landing
Jelm
Glendevey
Gould
Arapaho NWR
Jackson
Rand
Rabbit Ears Pass 9425ft
Gravel Mountain
Hot Sulphur Springs
Granby
Kremmling
Parshall
Gore Pass 9526ft
Toponas
Yampa
Oak Creek
Phippsburg
Hamilton
Moffat
Axial
Danforth Hills
Elk Springs
Meeker
L. Avery
Buford
Rio Blanco
Picance Cr.
White River NF
Naval Oil Shale Reserve
Bluff
Rifle
Silt
New Castle
Glenwood Springs
Natural Hot Springs Pool
Parachute
Battlement Mesa
Battlement Mesa
Cardiff
Sunlight Mtn. Ski Resort
Carbondale
El Jebel
Basalt
Snowmass
Meredith
Woody Creek
Aspen
Snowmass Village
Snowmass Ski Resort
Buttermilk Ski Area
Aspen Mtn. Ski Area
Redstone
Capital Pk.
Snowmass Mtn. 14091ft
McClure Pass 8762ft
Marble
Chair Mtn.
Maroon Pk.
Castle Pk. 14264ft
Treasury Mtn.
Mount Crested Butte
Crested Butte
Crested Butte Mtn. Ski Resort
Gunnison NF
Somerset
Bowie
Paonia
Hotchkiss
Lazear
Crawford
West Elk Mtns.
West Elk Pk.
Almont
Gunnison
Western State College
Parlin
Ohio
Pitkin
Black Mesa
Montrose
Black Canyon of the Gunnison NP
Olathe
Fruitland Mesa
Delta
California Mesa
Gunnison R.
Cedaredge
Orchard City
Grand Mesa
Grand Mesa NF
Powderhorn Ski Resort
Collbran
Leon Pk.
Molina
Mesa
De Beque
North Mamm Pk.
South Shale Ridge
Colorado River
Palisade
Clifton
Grand Junction
Orchard Mesa
Whitewater
Gypsum
Burns
McCoy
Bond
State Bridge
Wolcott
Eagle
Edwards
Avon
Minturn
Vail
Gilman
Red Cliff
Silverthorne
Dillon
Frisco
Breckenridge
Blue River
Kokomo
Climax
Alma
Como
Fairplay
Leadville
Twin Lakes
Twin Lakes Reservoir
Granite
Buena Vista
Tincup
Nathrop
St. Elmo Ghost Town
Mt. Antero 14268ft
Angel of Shavano
Monarch
Whitepine
Maysville
Salida
Poncha Springs
Monarch Ski and Snowboard Area
San Isabel NF
Green Mountain Res.
Arapaho NF
Winter Park
Fraser
Tabernash
Engelmann
Turquoise L.
Medicine Bow NF
Summit
Pitkin
Lake
Chaffee
Garfield
Grand
Rio Blanco
Delta
(Closed in winter)
108°W
107°W
106°W
41°N
40°N
39°N
1
2
3
4
A
B
C
D

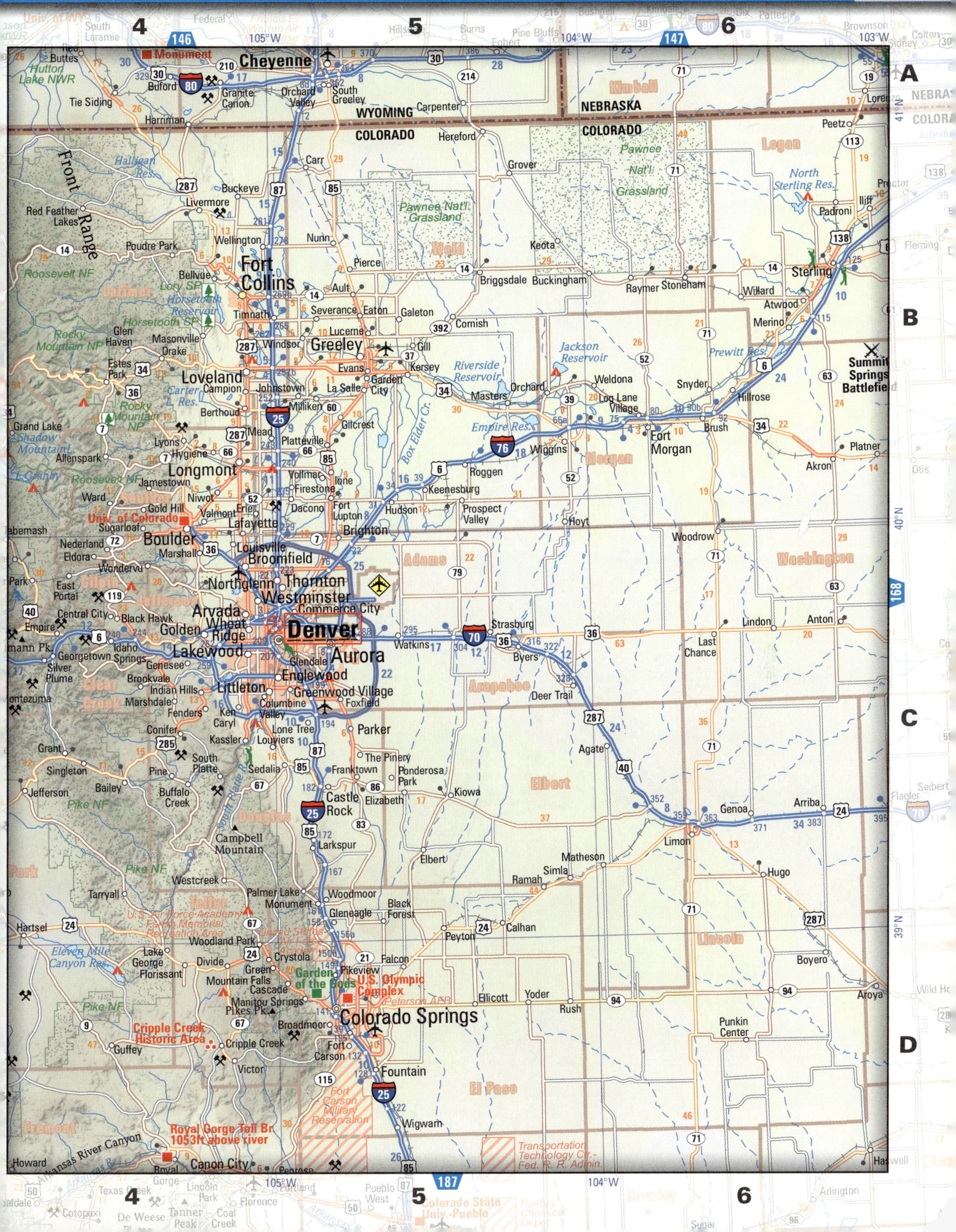
0 20 40 km
0 10 25 Miles
N
4
5
6
A
B
C
D
105°W
104°W
103°W
41°N
40°N
39°N
WYOMING
COLORADO
NEBRASKA
Cheyenne
Fort Collins
Greeley
Loveland
Longmont
Boulder
Denver
Aurora
Lakewood
Arvada
Westminster
Thornton
Broomfield
Northglenn
Commerce City
Wheat Ridge
Golden
Englewood
Littleton
Greenwood Village
Glendale
Louisville
Lafayette
Brighton
Castle Rock
Parker
Colorado Springs
Fountain
Canon City
Fort Morgan
Sterling
Brush
Limon
Estes Park
Pueblo West
Monument
Pikes Pk.
Manitou Springs
Woodland Park
Cripple Creek
Victor
Fort Carson
Front Range
Pawnee Nat'l. Grassland
Roosevelt NF
Pike NF
Rocky Mountain NP
Weld
Larimer
Logan
Morgan
Washington
Adams
Arapahoe
Elbert
Lincoln
El Paso
Douglas
Jackson Reservoir
Riverside Reservoir
Empire Res.
Prewitt Res.
North Sterling Res.
Summit Springs Battlefield
Garden of the Gods
U.S. Olympic Complex
Cripple Creek Historic Area
Royal Gorge Toll Br. 1053ft above river
U.S. Air Force Academy
Fort Carson Military Reservation
Transportation Technology Ctr.- Fed. R. R. Admin.
Univ. of Colorado
Arkansas River Canyon
Strasburg
Byers
Deer Trail
Agate
Genoa
Arriba
Hugo
Calhan
Simla
Matheson
Ramah
Peyton
Falcon
Ellicott
Yoder
Rush
Punkin Center
Kiowa
Elizabeth
Wiggins
Keenesburg
Hudson
Roggen
Akron
Anton
Lindon
Last Chance
Woodrow
Otis
Hoyt
146
147
168
187
25
70
76
80

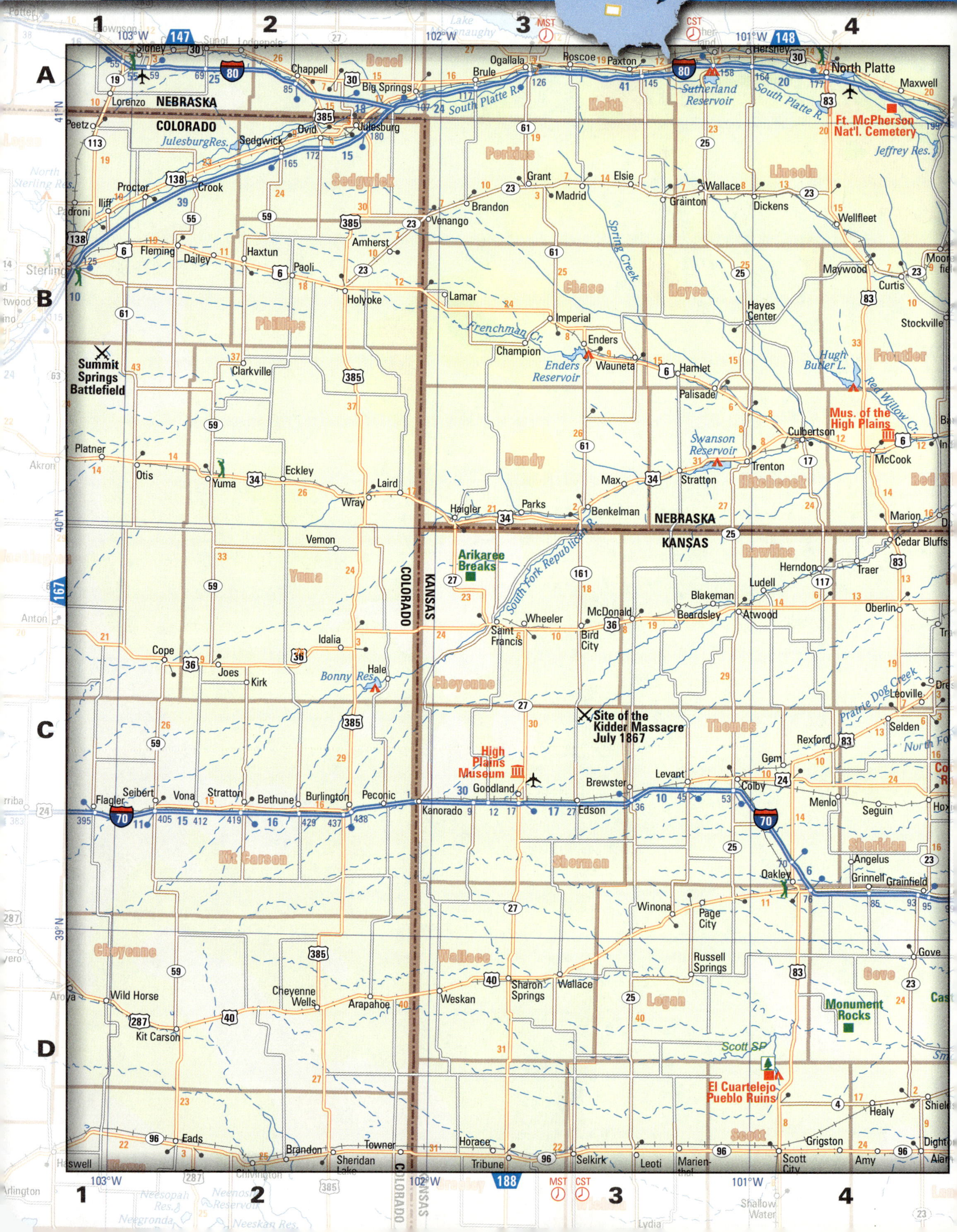
1 2 3 4
A B C D
103°W
102°W
101°W
41°N
40°N
39°N
MST
CST
147
148
167
188
NEBRASKA
COLORADO
KANSAS
Sidney
Sunol
Lodgepole
Chappell
Deuel
Big Springs
Ogallala
Brule
Roscoe
Paxton
Keith
Sutherland Reservoir
Hershey
North Platte
Maxwell
South Platte R.
Ft. McPherson Nat'l. Cemetery
Jeffrey Res.
Lorenzo
Peetz
Julesburg Res.
Sedgwick
Ovid
Julesburg
Perkins
Lincoln
Grant
Elsie
Madrid
Wallace
Grainton
Dickens
Wellfleet
Proctor
Crook
Iliff
Padroni
Sterling
Brandon
Venango
Amherst
Haxtun
Fleming
Dailey
Paoli
Holyoke
Phillips
Lamar
Imperial
Chase
Hayes
Hayes Center
Maywood
Curtis
Stockville
Frontier
Hugh Butler L.
Spring Creek
Frenchman Cr.
Champion
Enders
Enders Reservoir
Wauneta
Hamlet
Palisade
Summit Springs Battlefield
Clarkville
Red Willow Cr.
Mus. of the High Plains
Culbertson
Swanson Reservoir
Trenton
McCook
Hitchcock
Platner
Otis
Yuma
Eckley
Laird
Wray
Haigler
Parks
Max
Stratton
Benkelman
Dundy
Marion
Cedar Bluffs
Vernon
Arikaree Breaks
South Fork Republican R.
Rawlins
Herndon
Traer
Ludell
Blakeman
Beardsley
Atwood
Oberlin
McDonald
Wheeler
Saint Francis
Bird City
Cope
Joes
Kirk
Idalia
Bonny Res.
Hale
Cheyenne
Site of the Kidder Massacre July 1867
Thomas
Prairie Dog Creek
Leoville
Selden
Rexford
High Plains Museum
Goodland
Brewster
Levant
Gem
Colby
Flagler
Seibert
Vona
Stratton
Bethune
Burlington
Peconic
Kanorado
Edson
Menlo
Seguin
Kit Carson
Sherman
Sheridan
Oakley
Angelus
Grinnell
Grainfield
Winona
Page City
Russell Springs
Gove
Wallace
Sharon Springs
Weskan
Wild Horse
Cheyenne Wells
Arapahoe
Logan
Monument Rocks
Scott SP
El Cuartelejo Pueblo Ruins
Eads
Brandon
Towner
Sheridan Lake
Horace
Tribune
Selkirk
Leoti
Marienthal
Scott
Scott City
Grigston
Healy
Amy
Kiowa
Greeley
Haswell
Chivington
Neesopah Res.
Neenoshe Reservoir
Neegronda
Neeskah Res.
Wichita
Lydia
Shallow Water
COLORADO
KANSAS

0 20 40 km
0 10 25 Miles

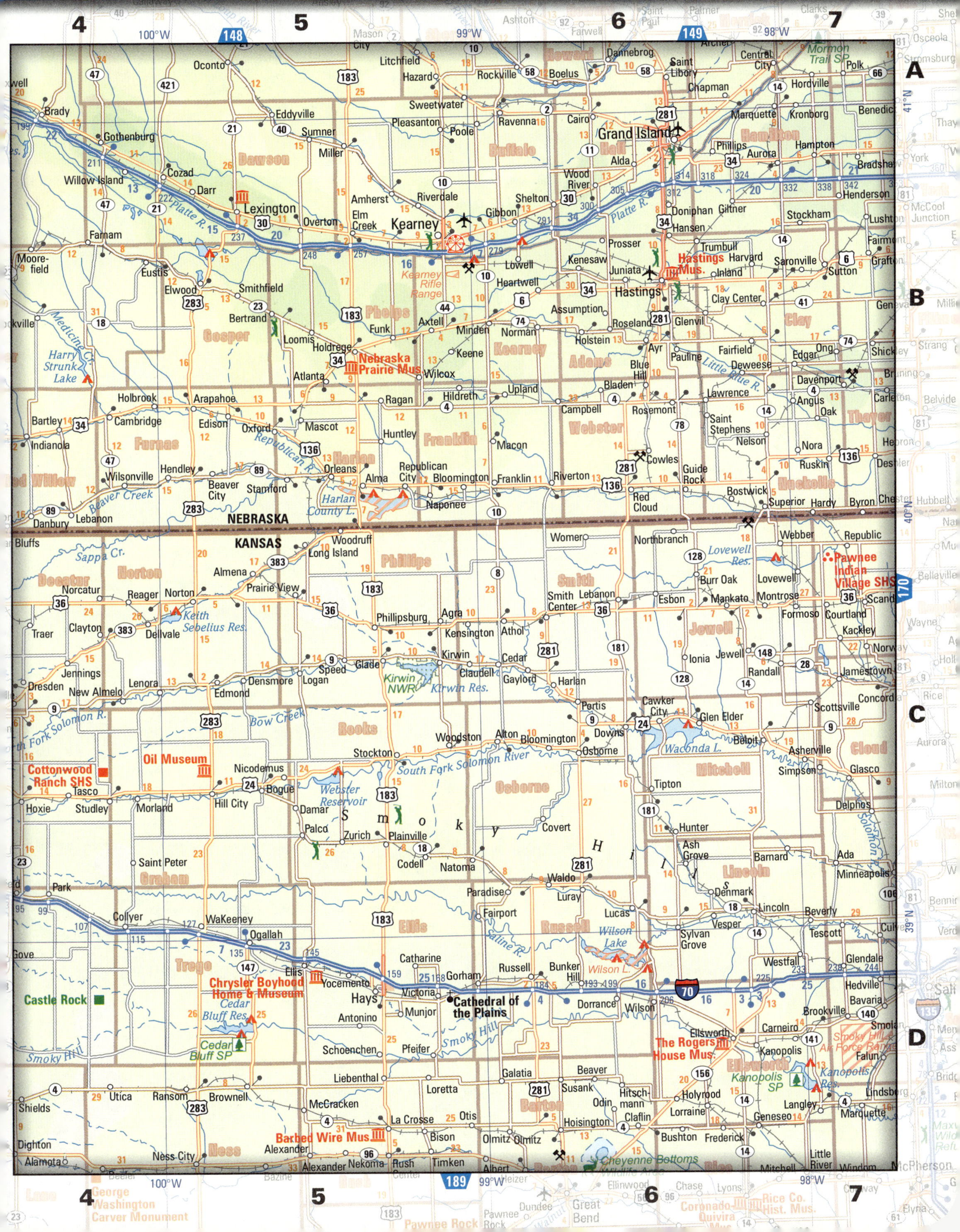

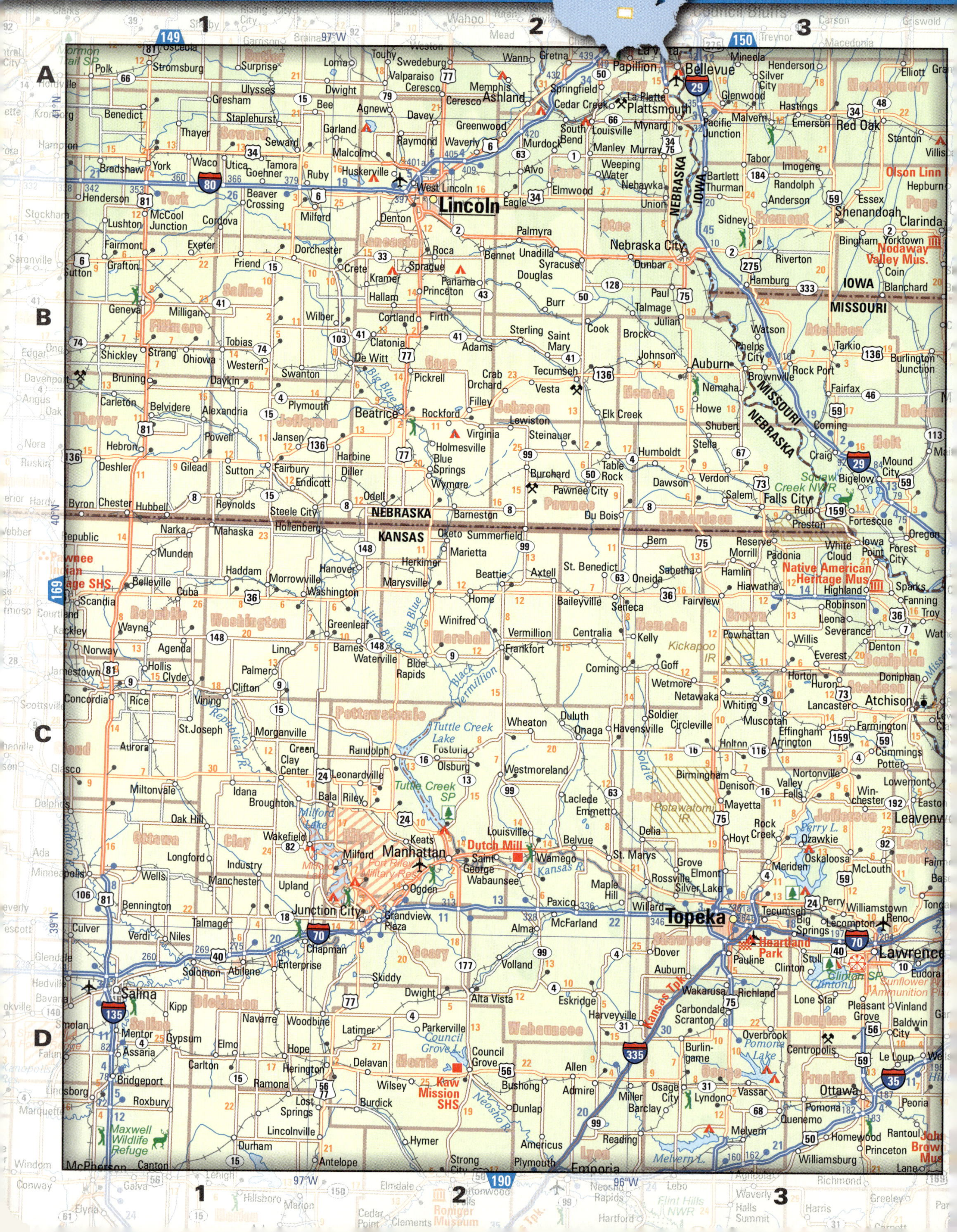
1
2
3
A
B
C
D
Osceola
Polk
Stromsburg
Surprise
Loma
Touhy
Swedeburg
Valparaiso
Ceresco
Wahoo
Memphis
Ashland
Wann
Gretna
Springfield
Papillion
Bellevue
Mineola
Silver City
Henderson
Elliott
Benedict
Gresham
Ulysses
Dwight
Agnew
Davey
Greenwood
Cedar Creek
La Platte
Plattsmouth
Glenwood
Hastings
Red Oak
Stanton
Thayer
Staplehurst
Seward
Garland
Raymond
Waverly
Murdock
South Bend
Louisville
Mynard
Pacific Junction
Malvern
Emerson
Bradshaw
York
Waco
Utica
Tamora
Goehner
Ruby
Malcolm
Huskerville
West Lincoln
Lincoln
Alvo
Manley
Murray
Weeping Water
Nehawka
Union
Elmwood
Eagle
Tabor
Imogene
Bartlett
Thurman
Randolph
Anderson
Essex
Shenandoah
Clarinda
Henderson
Beaver Crossing
McCool Junction
Lushton
Cordova
Milford
Denton
Palmyra
Nebraska City
Sidney
Fremont
Riverton
Bingham
Yorktown
Nodaway Valley Mus.
Coin
Blanchard
Fairmont
Grafton
Exeter
Friend
Dorchester
Roca
Bennet
Unadilla
Syracuse
Dunbar
Hamburg
IOWA
MISSOURI
NEBRASKA
Sutton
Geneva
Milligan
Crete
Kramer
Sprague
Panama
Hallam
Princeton
Douglas
Talmage
Paul
Julian
Burr
Wilber
Cortland
Firth
Cook
Brock
Watson
Tarkio
Burlington Junction
Shickley
Strang
Ohiowa
Tobias
Western
Clatonia
De Witt
Adams
Sterling
Saint Mary
Johnson
Auburn
Phelps City
Rock Port
Bruning
Daykin
Swanton
Pickrell
Crab Orchard
Tecumseh
Vesta
Nemaha
Brownville
Fairfax
Carleton
Belvidere
Alexandria
Plymouth
Beatrice
Filley
Rockford
Lewiston
Elk Creek
Howe
Corning
Hebron
Powell
Jansen
Harbine
Diller
Virginia
Holmesville
Blue Springs
Steinauer
Humboldt
Shubert
Stella
Craig
Mound City
Deshler
Gilead
Sutton
Fairbury
Endicott
Wymore
Burchard
Table Rock
Pawnee City
Dawson
Verdon
Salem
Falls City
Bigelow
Byron
Chester
Hubbell
Reynolds
Steele City
Odell
Barneston
Du Bois
Rulo
Fortescue
Preston
Republic
Narka
Mahaska
Hollenberg
KANSAS
Oketo
Summerfield
Marietta
Bern
Reserve
Morrill
Padonia
White Cloud
Iowa Point
Forest City
Oregon
Munden
Haddam
Morrowville
Hanover
Herkimer
Marysville
Beattie
Axtell
St. Benedict
Oneida
Sabetha
Hamlin
Hiawatha
Native American Heritage Mus
Highland
Sparks
Fanning
Troy
Belleville
Cuba
Scandia
Washington
Home
Baileyville
Seneca
Fairview
Robinson
Leona
Severance
Wayne
Greenleaf
Winifred
Vermillion
Centralia
Kelly
Powhattan
Willis
Denton
Norway
Agenda
Barnes
Waterville
Blue Rapids
Frankfort
Kickapoo IR
Everest
Doniphan
Jamestown
Hollis
Clyde
Linn
Palmer
Goff
Corning
Wetmore
Netawaka
Horton
Huron
Atchison
Concordia
Rice
Vining
Clifton
Whiting
Lancaster
Muscotah
St.Joseph
Morganville
Tuttle Creek Lake
Wheaton
Duluth
Onaga
Havensville
Soldier
Circleville
Effingham
Arrington
Farmington
Cummings
Potter
Aurora
Green
Clay Center
Randolph
Fostoria
Olsburg
Westmoreland
Holton
Birmingham
Denison
Nortonville
Valley Falls
Winchester
Lowemont
Easton
Leavenworth
Glasco
Miltonvale
Idana
Broughton
Leonardville
Bala
Riley
Tuttle Creek SP
Laclede
Emmett
Mayetta
Potawatomi IR
Delia
Hoyt
Rock Creek
Perry L.
Ozawkie
Oak Hill
Longford
Industry
Manchester
Wakefield
Milford Lake
Keats
Manhattan
Dutch Mill
Louisville
Wamego
Belvue
St. Marys
Grove
Elmont
Rossville
Silver Lake
Meriden
Oskaloosa
McLouth
Wells
Bennington
Upland
Milford
Saint George
Wabaunsee
Ogden
Fort Riley Military Res.
Maple Hill
Paxico
Willard
Topeka
Tecumseh
Big Springs
Perry
Williamstown
Lecompton
Reno
Lawrence
Culver
Verdi
Niles
Talmage
Junction City
Grandview Plaza
McFarland
Alma
Chapman
Heartland Park
Pauline
Dover
Auburn
Still
Clinton
Clinton SP
Eudora
Sunflower Ammunition Pl.
Solomon
Abilene
Enterprise
Skiddy
Volland
Salina
Kipp
Dwight
Alta Vista
Eskridge
Harveyville
Wakarusa
Richland
Carbondale
Scranton
Lone Star
Pleasant Grove
Vinland
Baldwin City
Navarre
Woodbine
Latimer
Parkerville
Council Grove L.
Mentor
Assaria
Gypsum
Elmo
Hope
Council Grove
Overbrook
Pomona Lake
Centropolis
Le Loup
Herington
Delavan
Allen
Admire
Burlingame
Bridgeport
Carlton
Ramona
Wilsey
Kaw Mission SHS
Bushong
Osage City
Lyndon
Vassar
Ottawa
Lindsborg
Roxbury
Lost Springs
Burdick
Dunlap
Miller
Barclay
Quenemo
Pomona
Peoria
Maxwell Wildlife Refuge
Lincolnville
Durham
Hymer
Americus
Reading
Melvern
Homewood
Rantoul
Princeton
Williamsburg
Antelope
Strong City
Emporia
Melvern L.
McPherson
Canton
Lane
NEBRASKA IOWA
MISSOURI NEBRASKA
Squaw Creek NWR
Kansas R.
Kansas Tpk
Big Blue R.
Little Blue R.
Black Vermillion
Republican R.
Delaware R.
Neosho R.

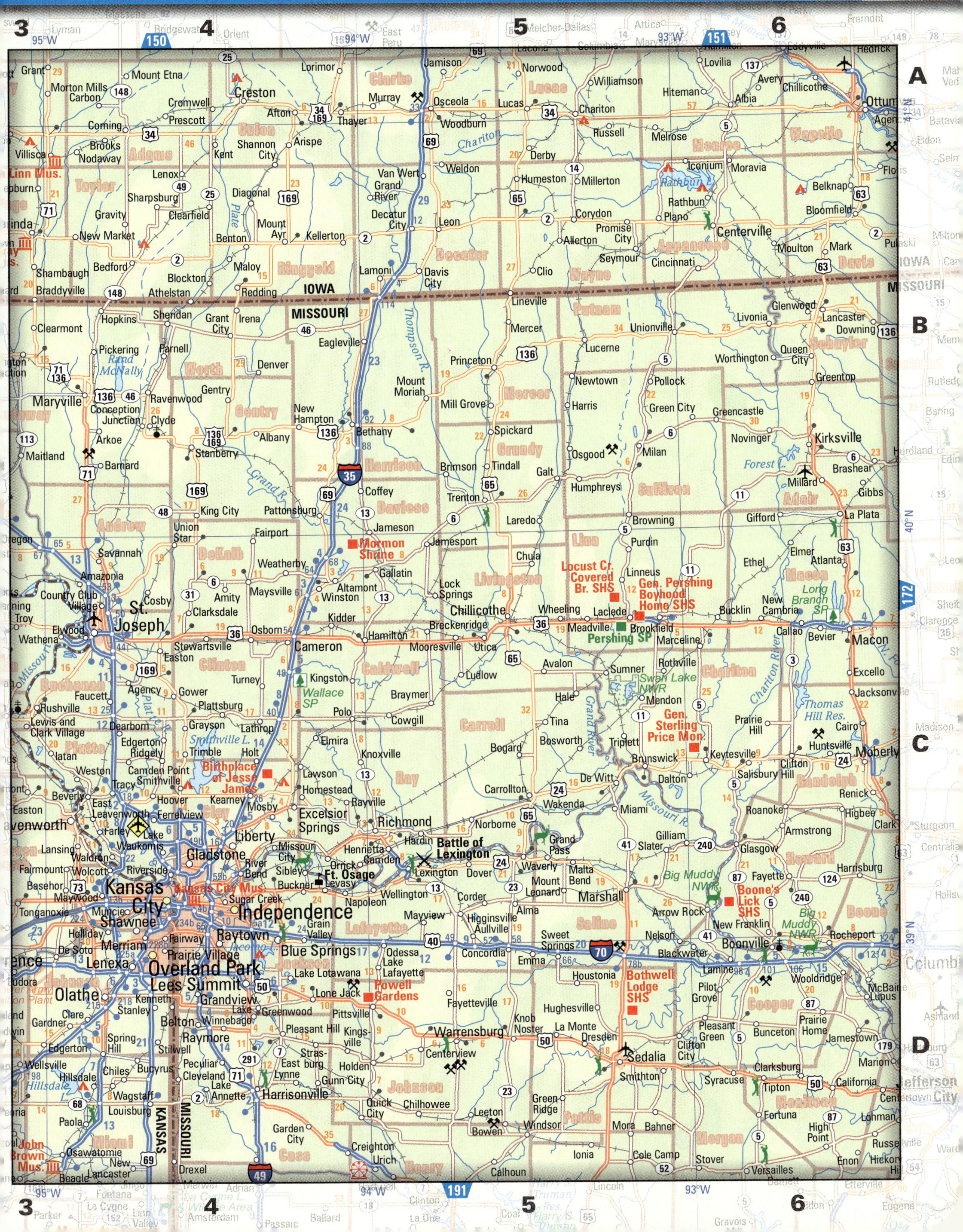
3
4
5
6
A
B
C
D
IOWA
MISSOURI
KANSAS
Creston
Afton
Lorimor
Murray
Osceola
Woodburn
Lucas
Chariton
Norwood
Williamson
Russell
Lovilia
Albia
Hiteman
Melrose
Avery
Chillicothe
Ottumwa
Corning
Prescott
Cromwell
Mount Etna
Villisca
Nodaway
Brooks
Lenox
Sharpsburg
Gravity
Clearfield
Diagonal
Kent
Arispe
Shannon City
Thayer
Van Wert
Grand River
Decatur City
Leon
Weldon
Derby
Humeston
Millerton
Corydon
Allerton
Promise City
Seymour
Cincinnati
Iconium
Moravia
Rathbun
Plano
Centerville
Moulton
Mark
Belknap
Bloomfield
New Market
Bedford
Benton
Mount Ayr
Kellerton
Maloy
Blockton
Redding
Athelstan
Shambaugh
Braddyville
Lamoni
Davis City
Clio
Lineville
Mercer
Unionville
Livonia
Glenwood
Lancaster
Downing
Queen City
Greentop
Worthington
Hopkins
Sheridan
Grant City
Irena
Eagleville
Clearmont
Pickering
Denver
Princeton
Mount Moriah
Lucerne
Newtown
Pollock
Green City
Greencastle
Novinger
Kirksville
Brashear
Maryville
Conception Junction
Ravenwood
Clyde
Gentry
New Hampton
Bethany
Albany
Stanberry
Arkoe
Barnard
Maitland
Mill Grove
Spickard
Harris
Osgood
Milan
Humphreys
Brimson
Tindall
Galt
Trenton
Coffey
King City
Pattonsburg
Jameson
Laredo
Browning
Gifford
La Plata
Millard
Gibbs
Union Star
Fairport
Savannah
Amazonia
Jamesport
Purdin
Chula
Linneus
Ethel
Elmer
Atlanta
Mormon Shrine
Gallatin
Weatherby
Maysville
Amity
Cosby
Clarksdale
Altamont
Winston
Lock Springs
Chillicothe
Wheeling
Laclede
Brookfield
Meadville
Locust Cr. Covered Br. SHS
Gen. Pershing Boyhood Home SHS
Pershing SP
Bucklin
New Cambria
Long Branch SP
Callao
Bevier
Macon
St. Joseph
Elwood
Wathena
Troy
Country Club Village
Kidder
Hamilton
Breckenridge
Mooresville
Utica
Osborn
Stewartsville
Easton
Cameron
Turney
Kingston
Wallace SP
Braymer
Ludlow
Avalon
Sumner
Swan Lake NWR
Marceline
Rothville
Mendon
Excello
Jacksonville
Thomas Hill Res.
Faucett
Agency
Gower
Plattsburg
Rushville
Lewis and Clark Village
Dearborn
Edgerton
Ridgely
Grayson
Trimble
Lathrop
Holt
Polo
Cowgill
Hale
Tina
Bosworth
Triplett
Gen. Sterling Price Mon.
Keytesville
Prairie Hill
Cairo
Huntsville
Moberly
Weston
Camden Point
Tracy
Smithville
Birthplace of Jesse James
Kearney
Lawson
Elmira
Knoxville
Homestead
Bogard
Carrollton
De Witt
Brunswick
Dalton
Salisbury
Clifton Hill
Renick
Leavenworth
Beverly
Farley
Ferrelview
Hoover
Mosby
Excelsior Springs
Rayville
Richmond
Norborne
Wakenda
Miami
Roanoke
Higbee
Armstrong
Lansing
Waldron
Waukomis
Gladstone
Liberty
Missouri City
Henrietta
Orrick
Camden
Hardin
Battle of Lexington
Lexington
Dover
Waverly
Grand Pass
Malta Bend
Gilliam
Slater
Glasgow
Fayette
Harrisburg
Riverside
Kansas City
Kansas City Mus.
River Bend
Sibley
Buckner
Ft. Osage
Levasy
Wellington
Napoleon
Corder
Mount Leonard
Marshall
Big Muddy NWR
Boone's Lick SHS
Arrow Rock
New Franklin
Rocheport
Shawnee
Muncie
Sugar Creek
Independence
Grain Valley
Mayview
Higginsville
Aullville
Alma
Sweet Springs
Nelson
Blackwater
Boonville
Merriam
Raytown
Fairway
Prairie Village
Blue Springs
Odessa
Lake Lafayette
Concordia
Emma
Houstonia
Bothwell Lodge SHS
Lamine
Pilot Grove
Wooldridge
Lenexa
Overland Park
Lees Summit
Lake Lotawana
Lone Jack
Powell Gardens
Fayetteville
Hughesville
Olathe
Kenneth
Stanley
Grandview
Greenwood
Belton
Winnebago
Pleasant Hill
Kingsville
Pittsville
Warrensburg
Centerview
Knob Noster
La Monte
Dresden
Sedalia
Clifton City
Pleasant Green
Bunceton
Prairie Home
Jamestown
Gardner
Spring Hill
Raymore
Peculiar
Cleveland
Lake Annette
Harrisonville
East Lynne
Holden
Gunn City
Strasburg
Chilhowee
Quick City
Smithton
Syracuse
Tipton
Clarksburg
California
Marion
Wellsville
Hillsdale
Louisburg
Paola
Osawatomie
Garden City
Creighton
Urich
Leeton
Bowen
Windsor
Green Ridge
Mora
Bahner
Cole Camp
Ionia
Calhoun
Stover
Versailles
Fortuna
High Point
Lohman
Enon
Drexel
New Lancaster
Beagle
John Brown Mus.
Clarke
Lucas
Monroe
Wapello
Union
Adams
Taylor
Ringgold
Decatur
Wayne
Appanoose
Davis
Putnam
Schuyler
Worth
Gentry
Harrison
Mercer
Grundy
Sullivan
Adair
Nodaway
Andrew
DeKalb
Daviess
Livingston
Linn
Macon
Buchanan
Clinton
Caldwell
Chariton
Platte
Clay
Ray
Carroll
Randolph
Howard
Jackson
Lafayette
Saline
Boone
Cooper
Johnson
Pettis
Cass
Henry
Morgan
Moniteau
Miami
95°W
94°W
93°W
40°N
39°N
41°N

IOWA
MISSOURI
ILLINOIS
Ottumwa
Fairfield
Mount Pleasant
Burlington
Fort Madison
Keokuk
Galesburg
Monmouth
Macomb
Quincy
Hannibal
Canton
Springfield
Jacksonville
Columbia
Jefferson City
Fulton
Mexico
Bowling Green
Saint Charles
Saint Peters
O'Fallon
Florissant
Hazelwood
Saint Louis
East Saint Louis
Granite City
Alton
Belleville
Chesterfield
Ballwin
Kirkwood
Washington
Warrenton
Carthage Jail
Quincy Nat'l. Cem.
Mark Twain Birthplace SHS
Union Covered Br. SHS
Wyatt Earp Birthplace
Carl Sandburg Birthplace SHS
Lincoln's New Salem SHS
Dickson Mounds Mus.
Rockwell Mound
Lincoln Courtroom & Black Mus.
Deutschheim SHS
Daniel Boone's Grave & Mon.
Fort Zumwalt
Cahokia SHS
Passionist Fathers Seminary
Wheels O'Time Mus.
Mississippi R.
Illinois
Des Moines
North River
Macoupin
Mark Twain NF
Emiquon NWR
Mark Twain NWR (Gardner Division)
92°W
91°W
90°W
41°N
40°N
39°N

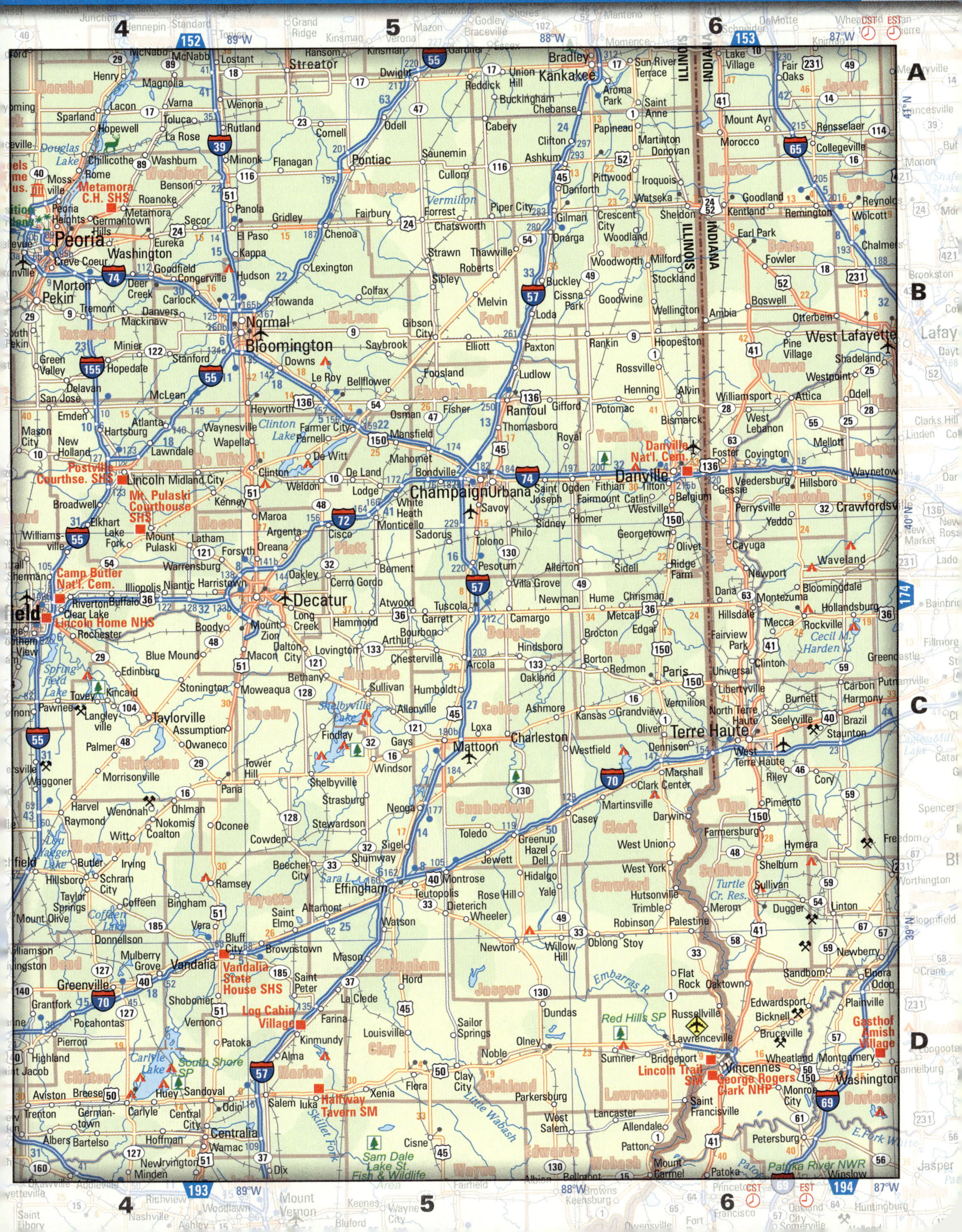
4
5
6
A
B
C
D
89°W
88°W
87°W
Peoria
Washington
Pekin
Morton
Normal
Bloomington
Streator
Pontiac
Kankakee
Bradley
Dwight
Champaign
Urbana
Rantoul
Danville
Decatur
Lincoln
Clinton
Taylorville
Mattoon
Charleston
Effingham
Vandalia
Greenville
Centralia
Olney
Vincennes
Terre Haute
West Lafayette
Crawfordsville
Washington
Paris
Robinson
Lawrenceville
ILLINOIS
INDIANA
Metamora C.H. SHS
Postville Courthse. SHS
Mt. Pulaski Courthouse SHS
Camp Butler Nat'l. Cem.
Lincoln Home NHS
Danville Nat'l. Cem.
Vandalia State House SHS
Log Cabin Village
Halfway Tavern SM
Lincoln Trail SM
George Rogers Clark NHP
Red Hills SP
South Shore SP
Sam Dale Lake St. Fish & Wildlife Area
Patoka River NWR
Gasthof Amish Village
Marshall
Livingston
McLean
Champaign
Vermilion
Macon
Piatt
Douglas
Coles
Shelby
Moultrie
Christian
Effingham
Fayette
Montgomery
Bond
Clinton
Marion
Clay
Jasper
Crawford
Clark
Edgar
Cumberland
Lawrence
Richland
Wayne
Edwards
Wabash
Tazewell
Woodford
Logan
De Witt
Ford
Iroquois
Kankakee
Newton
Benton
Warren
Fountain
Parke
Vigo
Sullivan
Knox
Daviess
Greene
Clay
CST
EST

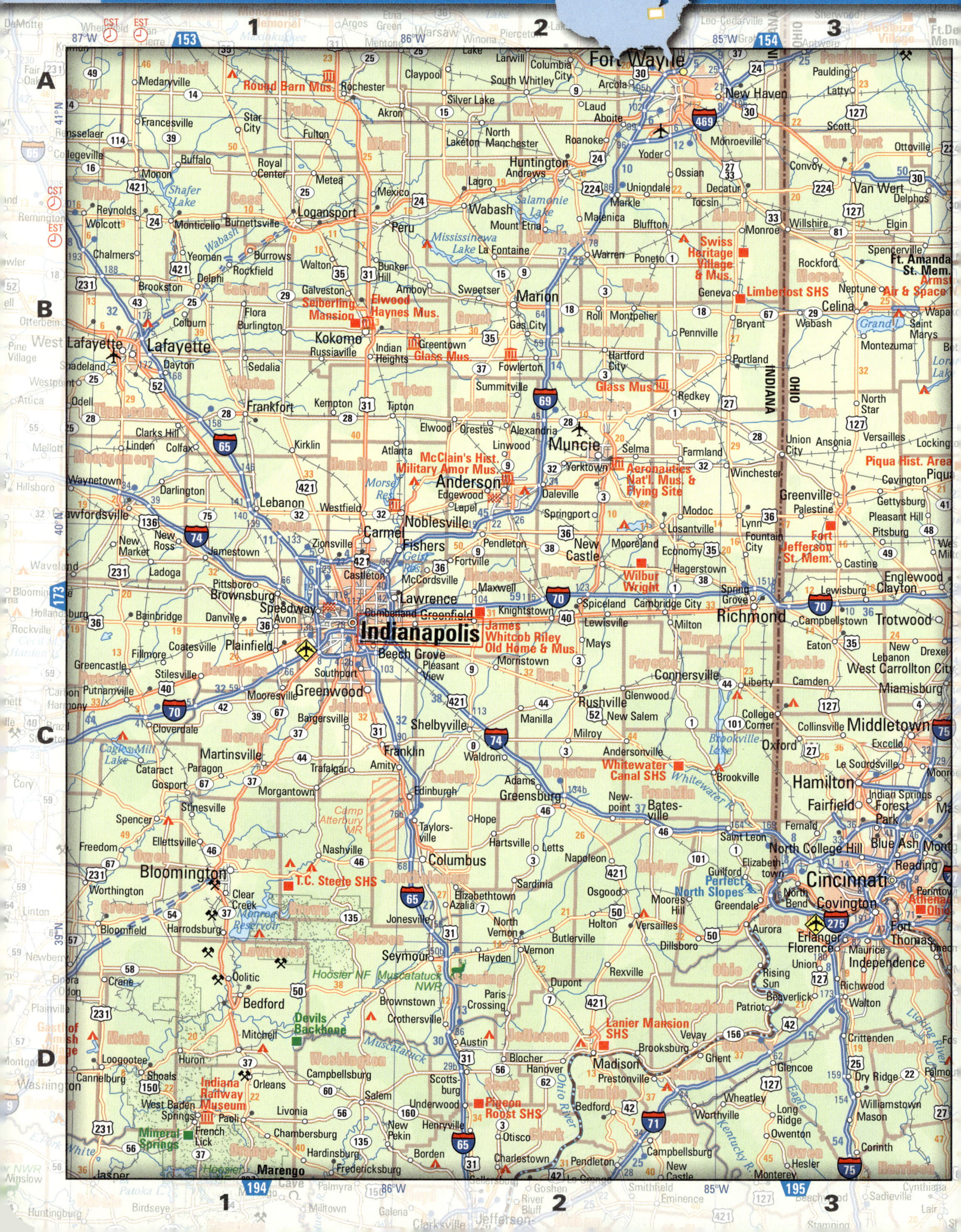
Fort Wayne
New Haven
Huntington
Wabash
Peru
Logansport
Rochester
Marion
Kokomo
Lafayette
Frankfort
Muncie
Anderson
Noblesville
Carmel
Fishers
Lebanon
Indianapolis
Greenwood
Shelbyville
Franklin
Martinsville
Bloomington
Columbus
Greensburg
Seymour
Bedford
Madison
Richmond
New Castle
Connersville
Rushville
Decatur
Bluffton
Portland
Greenville
Celina
Van Wert
Middletown
Hamilton
Cincinnati
Covington
Oxford
Crawfordsville
INDIANA
OHIO

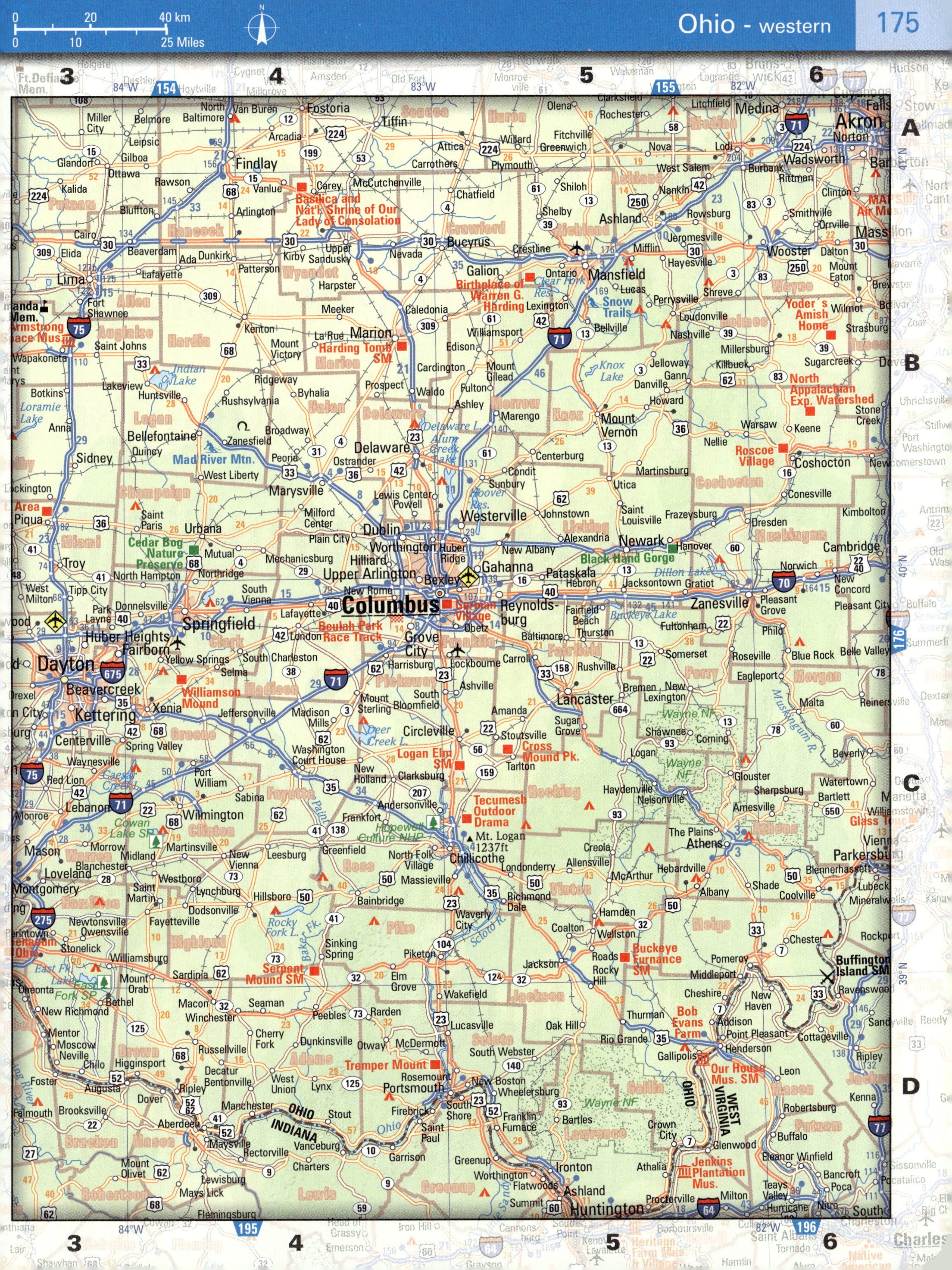
0 20 40 km
0 10 25 Miles
N
3
4
5
6
A
B
C
D
84°W
83°W
82°W
40°N
39°N
Findlay
Fostoria
Tiffin
Lima
Bucyrus
Mansfield
Ashland
Medina
Akron
Wadsworth
Wooster
Massillon
Marion
Delaware
Mount Vernon
Sidney
Bellefontaine
Marysville
Piqua
Troy
Urbana
Springfield
Dayton
Kettering
Xenia
Columbus
Newark
Zanesville
Cambridge
Lancaster
Circleville
Chillicothe
Athens
Marietta
Parkersburg
Wilmington
Lebanon
Portsmouth
Ironton
Ashland
Huntington
Gallipolis
Point Pleasant
OHIO
INDIANA
WEST VIRGINIA
Ohio
Wayne NF

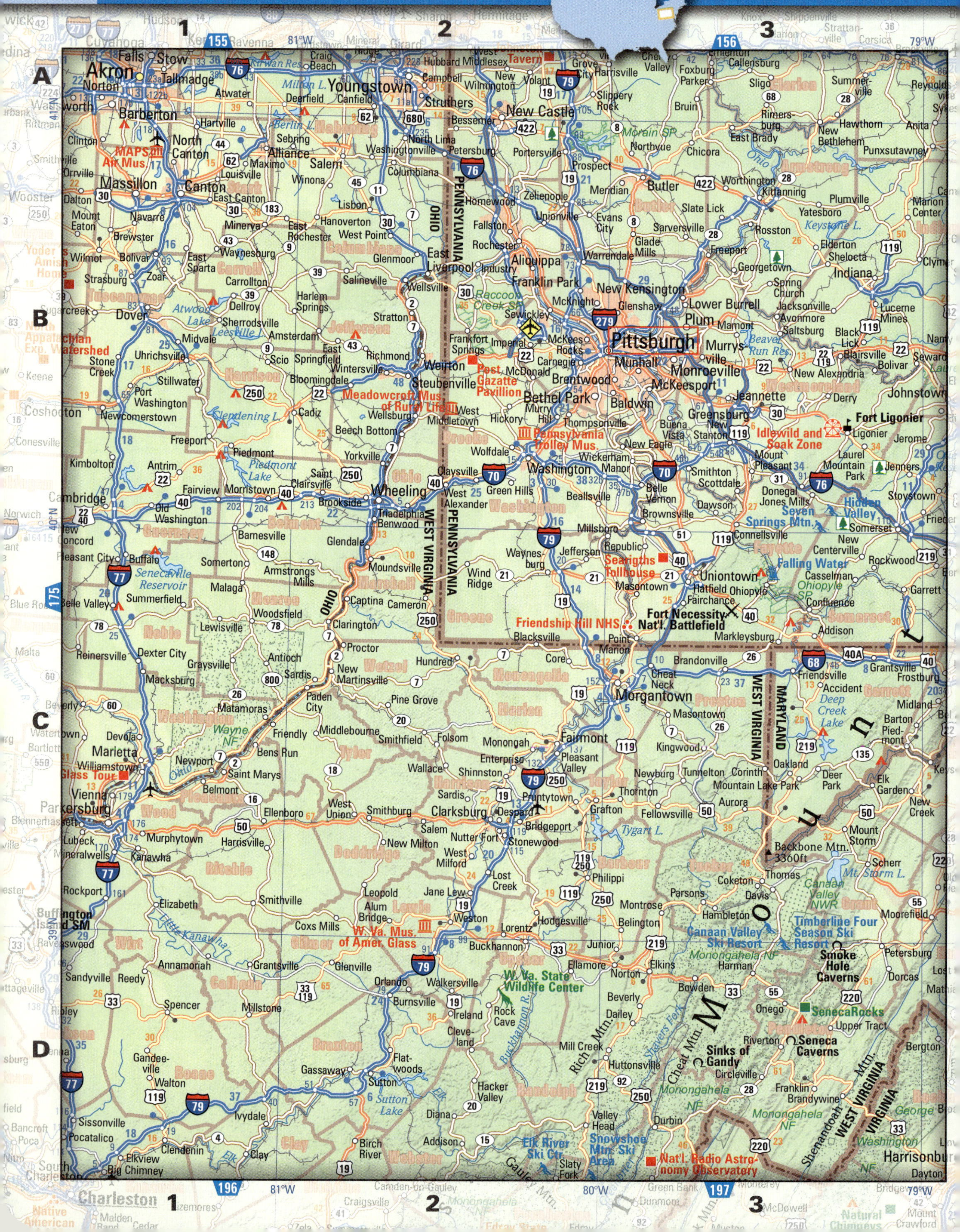
Akron
Youngstown
New Castle
Butler
Canton
Massillon
Alliance
Salem
Steubenville
Weirton
Pittsburgh
Monroeville
McKeesport
Greensburg
Washington
Wheeling
Cambridge
Uniontown
Morgantown
Fairmont
Clarksburg
Parkersburg
Marietta
Vienna
Buckhannon
Elkins
Charleston
Indiana
Kittanning
Dover
Coshocton
Zanesville
Belle Valley
Harrisonburg
Meadowcroft Mus. of Rural Life
Pennsylvania Trolley Mus.
Idlewild and Soak Zone
Fort Ligonier
Searights Tollhouse
Friendship Hill NHS
Fort Necessity Nat'l. Battlefield
Falling Water
W. Va. Mus. of Amer. Glass
W. Va. State Wildlife Center
Canaan Valley Ski Resort
Timberline Four Season Ski Resort
Smoke Hole Caverns
Seneca Rocks
Seneca Caverns
Sinks of Gandy
Elk River Ski Ctr.
Snowshoe Mtn. Ski Area
Nat'l. Radio Astronomy Observatory
Post Gazette Pavillion
MAPS Air Mus.
Backbone Mtn. 3360ft
OHIO
PENNSYLVANIA
WEST VIRGINIA
MARYLAND
VIRGINIA
A
B
C
D
1
2
3
81°W
80°W
79°W
40°N
39°N

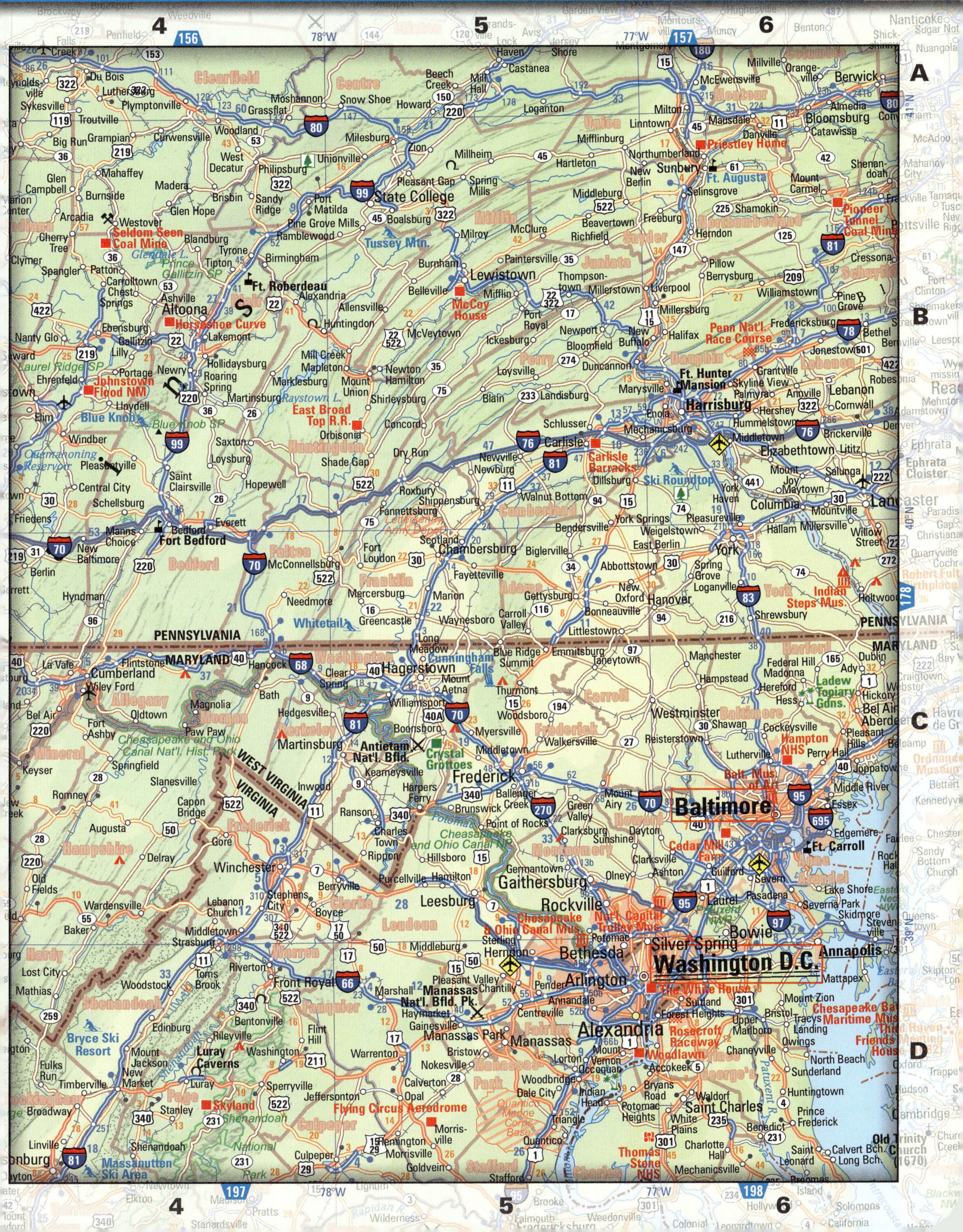
4
5
6
A
B
C
D
156
157
197
198
78°W
77°W
PENNSYLVANIA
MARYLAND
WEST VIRGINIA
VIRGINIA
State College
Altoona
Harrisburg
Lancaster
York
Hagerstown
Frederick
Baltimore
Washington D.C.
Annapolis
Alexandria
Arlington
Bethesda
Rockville
Gaithersburg
Silver Spring
Bowie
Manassas
Winchester
Martinsburg
Cumberland
Chambersburg
Gettysburg
Carlisle
Lewistown
Huntingdon
Sunbury
Bloomsburg
Lebanon
Hanover
Westminster
Leesburg
Front Royal
Saint Charles
Seldom Seen Coal Mine
Horseshoe Curve
Johnstown Flood NM
Ft. Roberdeau
East Broad Top R.R.
McCoy House
Priestley Home
Ft. Augusta
Pioneer Tunnel Coal Mine
Penn Nat'l. Race Course
Ft. Hunter Mansion
Carlisle Barracks
Ski Roundtop
Indian Steps Mus.
Fort Bedford
Antietam Nat'l. Bfld.
Crystal Grottoes
Cunningham Falls
Ladew Topiary Gdns.
Hampton NHS
Balt. Mus. of Art
Ft. Carroll
Cedar Mill Farm
Chesapeake & Ohio Canal Mus.
Nat'l. Capital Trolley Mus.
The White House
Manassas Nat'l. Bfld. Pk.
Rosecroft Raceway
Woodlawn
Luray Caverns
Skyland
Flying Circus Aerodrome
Chesapeake Bay Maritime Mus.
Thomas Stone NHS
Massanutten Ski Area
Bryce Ski Resort
Chesapeake and Ohio Canal Nat'l. Hist. Park
Tussey Mtn.
Blue Knob
Whitetail
40° N
39° N

1
2
3
4
A
B
C
D
76°W
75°W
74°W
39°N
40°N
PENNSYLVANIA
MARYLAND
NEW JERSEY
DELAWARE
New York
Philadelphia
Trenton
Wilmington
Allentown
Bethlehem
Reading
Lancaster
Camden
Newark
Jersey City
Paterson
Yonkers
Elizabeth
Atlantic City
Vineland
Dover
Easton
Hazleton
Pottsville
Norristown
Chester
Pottstown
Princeton
New Brunswick
Perth Amboy
Long Branch
Asbury Park
Cape May
Millville
Bridgeton
Salem
Glassboro
Elkton
Newark
Cambridge
Easton
Lewes
Milford
Seaford
Berwick
Stroudsburg
Phillipsburg
Flemington
Somerville
Morristown
Hackettstown
Ocean City
Toms River
Lakewood
Freehold
Brandywine Btfl. SHS
Valley Forge
Delaware Water Gap
Delaware Bay
Intracoastal Wwy.
Cape May Lighthouse
Absecon Lighthouse
Barnegat Lighthouse
Twin Lights Lighthouse St.
Cape May Point
Fenwick Is.

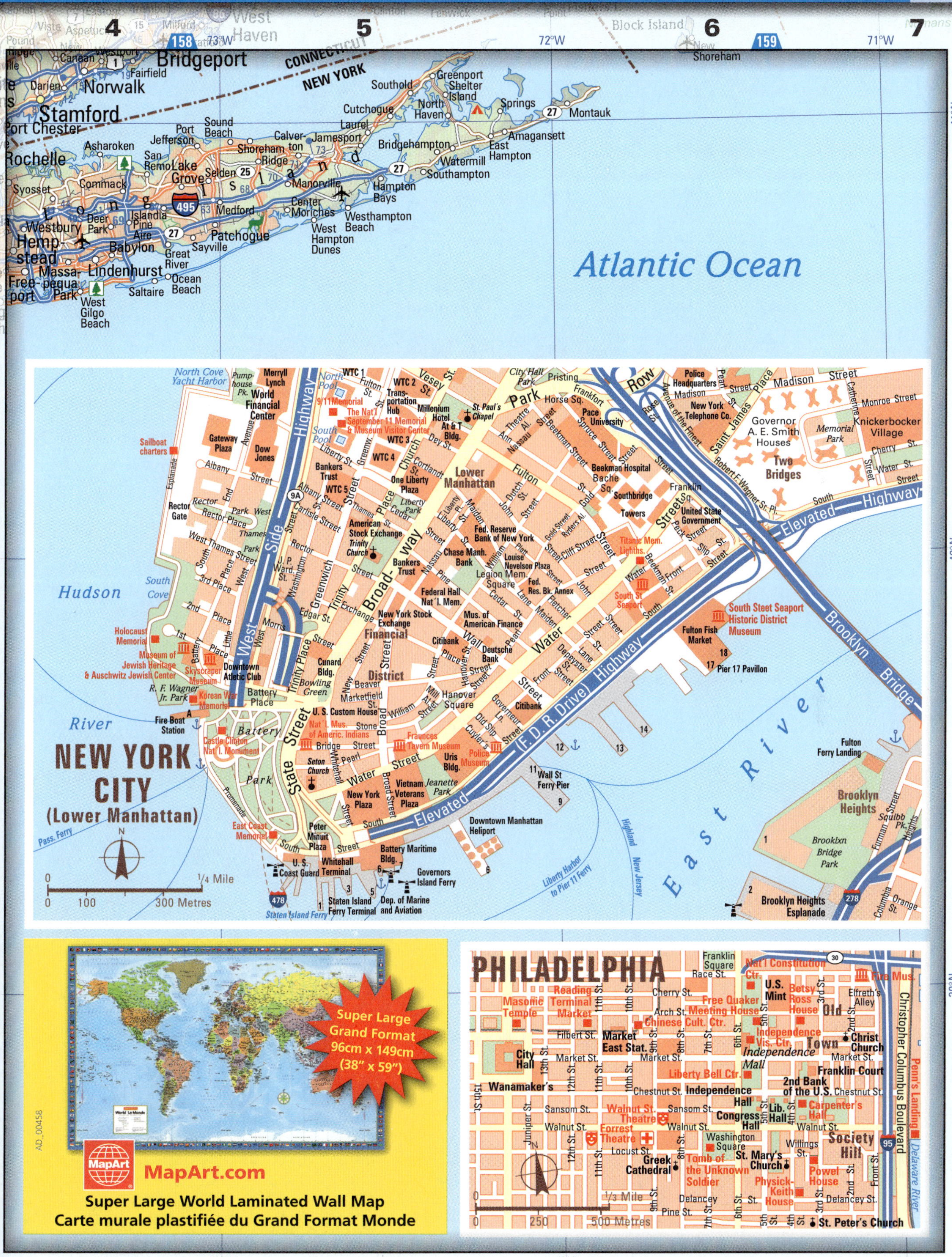
0 20 40 km
0 10 25 Miles
4
5
6
7
A
B
C
D
73°W
72°W
71°W
41°N
40°N
39°N
CONNECTICUT
NEW YORK
Bridgeport
Norwalk
Stamford
Port Chester
Rochelle
Fairfield
Darien
Canaan
Westport
Block Island
New Shoreham
Southold
Greenport
Shelter Island
Cutchogue
North Haven
Springs
Montauk
Amagansett
East Hampton
Bridgehampton
Watermill
Southampton
Hampton Bays
Westhampton Beach
West Hampton Dunes
Laurel
Jamesport
Calverton
Riverhead
Shoreham
Ridge
Manorville
Center Moriches
Medford
Patchogue
Sayville
Great River
Ocean Beach
Saltaire
Babylon
Lindenhurst
Massapequa Park
Freeport
Hempstead
Westbury
Deer Park
Islandia
Commack
Selden
Lake Grove
Port Jefferson
Sound Beach
San Remo
Asharoken
Syosset
West Gilgo Beach
Long Island
Atlantic Ocean
NEW YORK CITY (Lower Manhattan)
Hudson River
East River
Brooklyn Bridge
Brooklyn Heights
Brooklyn Heights Esplanade
Brooklyn Bridge Park
Financial District
Lower Manhattan
Battery Park
Broadway
West Side Highway
Elevated Highway
F.D.R. Drive
South Street Seaport Historic District Museum
Fulton Fish Market
Pier 17 Pavilion
Wall St Ferry Pier
Downtown Manhattan Heliport
Battery Maritime Bldg.
Governors Island Ferry
Staten Island Ferry Terminal
Whitehall Terminal
U.S. Coast Guard
Castle Clinton Nat'l. Monument
Fire Boat Station
Holocaust Memorial
Museum of Jewish Heritage & Auschwitz Jewish Center
Skyscraper Museum
Korean War Memorial
East Coast Memorial
9/11 Memorial
The Nat'l September 11 Memorial & Museum Visitor Center
World Financial Center
Merrill Lynch
Dow Jones
Gateway Plaza
WTC 1
WTC 2
WTC 3
WTC 4
WTC 5
Millenium Hotel
St. Paul's Chapel
City Hall Park
Pace University
Beekman Hospital
Southbridge Towers
Police Headquarters
Two Bridges
Governor A. E. Smith Houses
Knickerbocker Village
Memorial Park
American Stock Exchange
Trinity Church
New York Stock Exchange
Federal Hall Nat'l. Mem.
Chase Manh. Bank
Fed. Reserve Bank of New York
Citibank
Deutsche Bank
Hanover Square
Fraunces Tavern Museum
Police Museum
U.S. Custom House
Nat'l. Mus. of Americ. Indians
Vietnam Veterans Plaza
Jeanette Park
New York Plaza
Peter Minuit Plaza
Downtown Athletic Club
Battery Place
Bowling Green
Cunard Bldg.
Titanic Mem. Lights
South St Seaport
Fulton Ferry Landing
Highland New Jersey
Liberty Harbor to Pier 11 Ferry
Pass. Ferry
0 1/4 Mile
0 100 300 Metres
PHILADELPHIA
Nat'l Constitution Ctr.
U.S. Mint
Betsy Ross House
Fire Mus.
Elfreth's Alley
Old City
Christ Church
Reading Terminal Market
Masonic Temple
Free Quaker Meeting House
Chinese Cult. Ctr.
Market East Stat.
City Hall
Independence Vis. Ctr.
Independence Mall
Liberty Bell Ctr.
Wanamaker's
Independence Hall
Congress Hall
2nd Bank of the U.S.
Carpenter's Hall
Franklin Court
Walnut St. Theatre
Forrest Theatre
Washington Square
Tomb of the Unknown Soldier
St. Mary's Church
Greek Cathedral
Physick-Keith House
Powel House
Society Hill
St. Peter's Church
Christopher Columbus Boulevard
Penn's Landing
Delaware River
1/3 Mile
0 250 500 Metres
Super Large Grand Format 96cm x 149cm (38" x 59")
MapArt
MapArt.com
Super Large World Laminated Wall Map
Carte murale plastifiée du Grand Format Monde
AD_00458

1
2
3
A
B
C
D
123°W
122°W
121°W
38°N
37°N
36°N
Pacific
Ocean
Gulf of the Farallones
Drakes Bay
Pt. Reyes
Monterey Bay
San Francisco
Alcatraz Island
Sacramento
Stockton
Oakland
San Jose
Santa Rosa
Healdsburg
Calistoga
Petrified For.
Saint Helena
Berryessa
Windsor
Forestville
Monte Rio
Jenner
Graton
Sebastopol
Rohnert Park
Bodega Bay
Dillon Beach
Petaluma
Sonoma
Napa
Yountville
Vacaville
Fairfield
Suisun City
Davis
Clarksburg
Rancho Murieta
Elk Grove
Wilton
Courtland
Walnut Grove
Galt
Thornton
Lodi
Lockeford
Isleton
Rio Vista
Terminous
Linden
Stone Lakes NWR
Inverness
Point Reyes Station
Novato
Vallejo
Benicia
San Pablo Bay NWR
Martinez
Concord
Pittsburg
Antioch
Brentwood
San Pablo
Richmond
San Rafael
Mill Valley
Berkeley
Walnut Creek
Danville
Contra Costa
Solano
Marin
Napa
Sacramento
San Joaquin
Farmington
French Camp
Manteca
Escalon
Tracy
Ripon
Salida
Modesto
Daly City
Alameda
San Leandro
Hayward
Livermore
Pleasanton
South San Francisco
San Mateo
Union City
Fremont
Burlingame
Belmont
Redwood City
Palo Alto
Mountain View
Santa Clara
Sunnyvale
Cupertino
Saratoga
Campbell
Los Gatos
Don Edwards San Francisco Bay NWR
Alameda
San Joaquin River NWR
Westley
Patterson
Stanislaus
Newman
Lick Observatory
Santa Clara
Anderson Lake
San Mateo
Santa Cruz
San Gregorio
Lexington Hills
Boulder Creek
Ben Lomond
Scotts Valley
Felton
Morgan Hill
San Martin
San Luis Res.
Davenport
Capitola
Aptos
Gilroy
Santa Cruz
Rio del Mar
Watsonville
Mission San Juan Bautista
Aromas
Hollister
Moss Landing
Prunedale
San Juan Bautista
Tres Pinos
Ortigalita
Castroville
Paicines
Marina
Salinas
San Benito
Monterey Bay Aquarium
Seaside
Monterey
Carmel-by-the-Sea
Chualar
Coast Ranges
Diablo
Gonzales
Soledad
San Benito
Mission Nuestra Senora de la Soledad Ruins
Salinas River
Greenfield
Big Sur
Santa Lucia Range
King City
Monterey
Los Padres NF
Mission San Antonio de Padua
Lockwood
Hunter-Liggett Military Reservation
Limekiln SP
San Antonio Lake
Hearst San Simeon SHM
Nacimiento Lake

0 20 40 km
0 10 25 Miles

6
A
B
C
D
121°W
120°W
119°W
38°N
37°N
36°N
NEVADA
CALIFORNIA
Plymouth
Pioneer
Pine Grove
Sutter Creek
West Point
Wilseyville
Ione
Jackson
Pardee Reservoir
Mokelumne Hill
Mountain Ranch
Valley Springs
San Andreas
Murphys
New Hogan Lake
Altaville
Angels Camp
Columbia
Columbia SHP
Sonora
Jamestown
Railtown 1897SHP
Quartz Mtn.
Tuolumne
Soulsbyville
Twain Harte
Mi-Wuk Village
Cedar Ridge
Douglas Flat
White Pines
Arnold
Dorrington
Camp Connell
Bear Valley Mtn. Ski Area
Dodge Ridge Ski Area
Ebbetts Pass 8734ft
Sonora Pass 9646ft
Dardanelle
Leavitt Peak 11572ft
Walker
East Sister
Sweetwater Summit
Devils Gate 7519ft
Eagle Peak 11845ft
Bridgeport
Bridgeport Reservoir
Bodie SHP
Humboldt-Toiyabe NF
Twin Peaks 12326ft
Conway Summit 8143ft
El Corey Peak 10522ft
Hawthorne
Hawthorne Army Depot
Lucky Boy Pass
Powell Mtn. 9531ft
Anchorite Pass
Excelsior Mountains
Petit Peak 10788ft
Paoha Island
Mono Lake
Lee Vining
South Tufa
Tioga Pass 9945ft
Yosemite NP
Smith Peak 7753ft
Tuolumne Grove of Giant Sequoias
Tuolumne Meadows
Cathedral Range
Montgomery Pass 7119ft
Boundary Pk.
Benton
Deadman Summit 8038ft
Glass Mtn. 11129ft
Inyo NF
June Lake
June Mtn. Ski Area
Crestview
Mammoth Lakes
Mammoth Mtn. Ski Area
Devils Postpile NM
Ritter Range
Lake Crowley
Toms Place
Chalfant Valley
White Mountains
Groveland
Buck Meadows
Moccasin
Big Oak Flat
El Capitan 7566ft
Yosemite Village
Half Dome 8842ft
Nevada Falls
El Portal
Merced Grove of Giant Sequoias
Coulterville
Escalon
Oakdale
Riverbank
Modesto
Waterford
La Grange
Don Pedro Reservoir
Ceres
Turlock Lake
Lake McClure
New Exchequer Dam
Cal. State Mining & Mineral Mus.
Badger Pass Ski Area
Merced Peak 11729ft
Midpines
Wawona
Mariposa Grove of Giant Sequoias
Sierra NF
Turlock
Snelling
Hornitos
Mount Bullion
Mariposa
Bootjack
Catheys Valley
Mormon Bar
Delhi
Livingston
Irwin
Atwater
Merced
Planada
Le Grand
Yosemite Forks
Shuteye Pk. 8353ft
Ahwahnee
Oakhurst
Bass Lake
Wishon
North Fork
Sierra-Mono Museum
Coarsegold
Raymond
Yosemite Lakes
O'Neals
Mammoth Pool Reservoir
Kaiser Peak 10322ft
Mono Hot Springs
Lake Thomas A. Edison
Florence L.
Lakeshore
Big Creek
Sierra Summit Ski Mtn.
Shaver Lake
Courtright Reservoir
Wishon Reservoir
Red Slate Mtn. 13166ft
Rovana
Scheelite
Laws
West Bishop
Bishop
Mt. Darwin 13832ft
Mt. Woodworth 12218ft
North Palisade 14245ft
Big Pine
Gustine
San Luis NWR
Merced NWR
El Nido
Chowchilla
Volta
Los Banos
Berenda
Madera Acres
Madera
Parksdale
Parkwood
Dos Palos
Millerton Lake
Auberry
Pineridge
Tollhouse
Friant
Trimmer
Pino Flat Lake
Pine Flat Dam
Firebaugh
Ripperdan
Herndon
Pinedale
Clovis
Fresno
Fresno Art Museum
Fresno Metropolitan Museum
Biola
Rolinda
Kerman
Mendota
Tranquillity
San Joaquin
Calwa
Malaga
Centerville
Squaw Valley
Dunlap
Pinehurst
Badger
Cedar Grove
Wilsonia
Sanger
Del Rey
Orange Cove
Reedley
Raisin City
Easton
Fowler
Selma
Caruthers
Conejo
Kingsburg
Sultana
Orosi
Cutler
Helm
Burrel
Camden
Five Points
Cantua Creek
Traver
Elderwood
Woodlake
Three Rivers
Ivanhoe
Lemon Cove
Lake Kaweah
Lind Cove
Visalia
Goshen
Hanford
Lemoore
Lemoore Naval Air Station
Lanare
Farmersville
Exeter
Tulare
Lindsay
Strathmore
Springville
East Porterville
Porterville
Lake Success
Poplar
Cotton Center
Tipton
Woodville
Terra Bella
Ducor
Tule River IR
Johnsondale
Sherman Pk. 9910ft
Giant Forest Big Trees
Muir Grove Big Trees
Crystal Cave
Sequoia NP
Great Western Divide
Mineral King
Mt. Florence 12434ft
Garfield Grove Big Trees
Blue Ridge NWR
Mount Tyndall 14022ft
Mount Whitney
Santa Rosa Rancheria
Stratford
Huron
Coalinga
Corcoran
Kettleman City
Kettleman Hills
Avenal
Angiola
Pixley
Pixley NWR
Alpaugh
Allensworth
Colonel Allensworth SHP
Richgrove
Balance Rock
Parkfield
Bradley
San Ardo
San Lucas
Camp Roberts Military Res.
Idria
Benito
Diablo Range
San Joaquin
California Aqueduct
Santa Rita Peak 3304 ft.
Calaveras
Tuolumne
Mariposa
Merced
Madera
Fresno
Tulare
Kings
Mono
Alpine
Amador
Stanislaus NF
Delano
San Miguel
Cholame
Devils Den
Orchard Pk. 3125ft
Mission San Miguel Arcángel
Lake Isabella
Weldon
Kernville
Wofford Heights
Woody
Onyx
Mokelumne Hill
Coleville
Topaz
Thorne
Mina
Mt. Grant
Mono Mtn.
Highest Pt. in Nevada
White Mtn. Pk. 14249ft
Fish
Laws Railroad Museum
Inyo NF
Eastern California Museum
Whitney Portal
Fairview
Shirley Meadows Ski Area
Kern NWR
(Closed in winter)

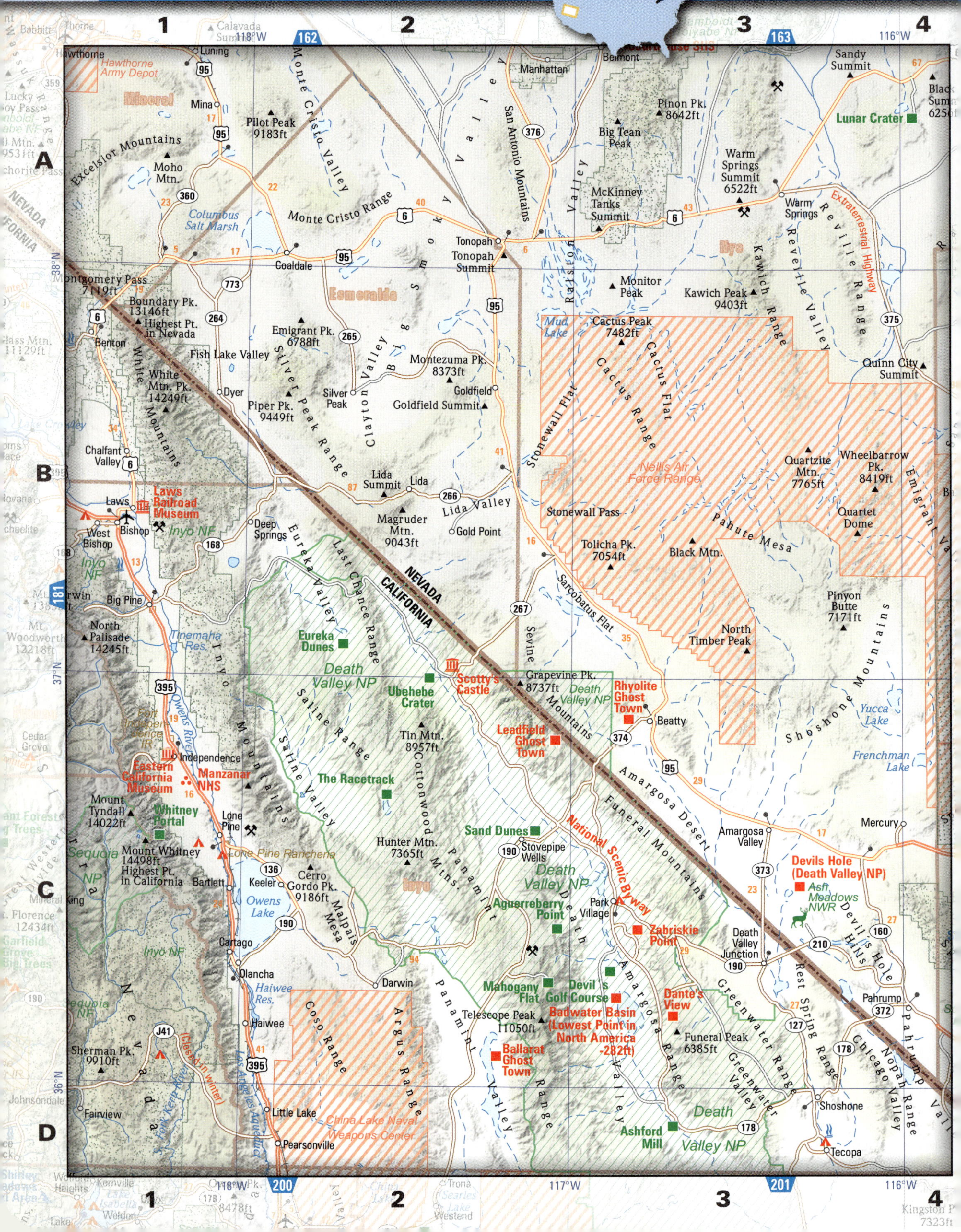
1
2
3
4
A
B
C
D
118°W
117°W
116°W
38°N
37°N
36°N
162
163
181
200
201
Hawthorne
Hawthorne Army Depot
Mineral
Luning
Mina
Pilot Peak 9183ft
Excelsior Mountains
Moho Mtn.
Columbus Salt Marsh
Monte Cristo Valley
Monte Cristo Range
Coaldale
Montgomery Pass 7119ft
Boundary Pk. 13146ft
Highest Pt. in Nevada
Benton
White Mountains
White Mtn. Pk. 14249ft
Esmeralda
Emigrant Pk. 6788ft
Fish Lake Valley
Dyer
Silver Peak Range
Piper Pk. 9449ft
Silver Peak
Clayton Valley
Big Smoky Valley
Montezuma Pk. 8373ft
Goldfield
Goldfield Summit
Tonopah
Tonopah Summit
San Antonio Mountains
Manhattan
Ralston Valley
Belmont
Big Tean Peak
Pinon Pk. 8642ft
McKinney Tanks Summit
Warm Springs Summit 6522ft
Warm Springs
Sandy Summit
Lunar Crater
Nye
Monitor Peak
Kawich Peak 9403ft
Kawich Range
Reveille Valley
Reveille Range
Extraterrestrial Highway
Quinn City Summit
Mud Lake
Cactus Peak 7482ft
Cactus Range
Cactus Flat
Stonewall Flat
Nellis Air Force Range
Stonewall Pass
Tolicha Pk. 7054ft
Black Mtn.
Pahute Mesa
Quartzite Mtn. 7765ft
Wheelbarrow Pk. 8419ft
Quartet Dome
Emigrant Valley
Pinyon Butte 7171ft
North Timber Peak
Shoshone Mountains
Yucca Lake
Frenchman Lake
Sarcobatus Flat
Chalfant Valley
Laws
Laws Railroad Museum
Bishop
West Bishop
Inyo NF
Deep Springs
Lida Summit
Lida
Lida Valley
Magruder Mtn. 9043ft
Gold Point
Eureka Valley
Last Chance Range
NEVADA
CALIFORNIA
Big Pine
North Palisade 14245ft
Tinemaha Res.
Inyo Mountains
Eureka Dunes
Death Valley NP
Ubehebe Crater
Scotty's Castle
Grapevine Pk. 8737ft
Grapevine Mountains
Sevine
Rhyolite Ghost Town
Beatty
Leadfield Ghost Town
Tin Mtn. 8957ft
Saline Range
Saline Valley
Cottonwood Mtns.
Independence
Eastern California Museum
Manzanar NHS
The Racetrack
Amargosa Desert
Funeral Mountains
Mount Tyndall 14022ft
Whitney Portal
Mount Whitney 14498ft Highest Pt. in California
Lone Pine
Lone Pine Rancheria
Sequoia NP
Sand Dunes
Stovepipe Wells
National Scenic Byway
Hunter Mtn. 7365ft
Panamint Mtns.
Amargosa Valley
Mercury
Devils Hole (Death Valley NP)
Ash Meadows NWR
Devils Hole Hills
Keeler
Cerro Gordo Pk. 9186ft
Bartlett
Owens Lake
Inyo
Malpais Mesa
Aguerreberry Point
Park Village
Zabriskie Point
Death Valley Junction
Cartago
Olancha
Darwin
Haiwee Res.
Haiwee
Mahogany Flat
Devil's Golf Course
Dante's View
Telescope Peak 11050ft
Badwater Basin (Lowest Point in North America -282ft)
Funeral Peak 6385ft
Greenwater Range
Greenwater Valley
Resting Spring Range
Pahrump
Pahrump Valley
Coso Range
Argus Range
Panamint Valley
Ballarat Ghost Town
Amargosa Range
Sherman Pk. 9910ft
Closed in winter
Fairview
Little Lake
Los Angeles Aqueduct
China Lake Naval Weapons Center
Pearsonville
Ashford Mill
Shoshone
Tecopa
Chicago Valley
Nopah Range

0 20 40 km
0 10 25 Miles
N
4
5
6
A
B
C
D
163
164
115°W
114°W
PST
MST
NEVADA
UTAH
ARIZONA
Black Rock Summit 6256ft
Troy Peak 11297ft
Humboldt-Toiyabe NF
Railroad Valley
Grant Range
White River Valley
White River
Sunnyside
Dutch John Pk.
Lake Valley
Mt. Wilson
Wilson Creek Range
Parsnip Peak
White Rock Pk. 9145ft
Government Peak
Snake Valley
Indian Peak Range
Hamlin Valley
Wah Wah Mountains
Wah Wah Valley
Pine Valley
Frisco Pk. 9725ft
Old Frisco Mining Town
San Francisco Mts.
Beaver
Latimer
Lund
Escalante
Beryl
Zane
Iron
Beryl Junction
Iron Springs
Newcastle
Modena
Uvada
Panaca Summit
Panaca
Pioche
Caselton
Prince
Ursine
Spring Valley SP
Roe Peak
Cathedral Gorge SP
North Pahroc Range
Seaman Range
Coal Valley
Golden Gate Range
Spring Valley
Sand Spring Valley
Tempiute
Coyote Summit 5604ft
Pahroc Summit
Hiko
Hancock Summit
Bald Mountain 9347ft
Tikaboo Valley
Pahranagat Range
Ash Springs BLM Rec. Site
Alamo
Lincoln
Pahranagat NWR
Groom Lake
Caliente
Oak Springs Summit
Kershaw-Ryan SP
Rainbow Canyon
Islen
Beaver Dam SP
Mosey Mountain
Crestline
Acoma
Clover Mountains
Ella Mtn.
Elgin
Jacks Mountain
Enterprise
Mountain Meadow Massacre Site
Dixie NF
Central
Pine Valley
Old Iron Town Ruins
New Harmony
Pintura
Veyo
Gunlock
Old Silver Reef Mining Town
Washington
Brigham Young Winter Home
Leeds
Toquerville
La Verkin
Shivwits
Ivins
Santa Clara
Paiute IR
Hurricane
Saint George
Beaver Dam Mountains
Delamar Mountains
Meadow Valley Mountains
Carp
Desert NWR
Desert Lake
Nellis Air Force Range
Pintwater Range
Desert Range
Desert Valley
Sheep Range
Spotted Range
Indian Spring Valley
Desert NWR
Hayford Peak
Mormon Well
Sheep Peak
Indian Springs
Indian Springs Air Force Auxiliary Field
Las Vegas Range
Mormon Peak 7413ft
Mormon Mtns.
Rox
Meadow Valley Wash
Arrow Canyon Range
Dry Lake Valley
Littlefield
Mt.Bangs 8011ft
Mesquite
Bunkerville
Virgin Valley
Virgin River
Virgin Mountains
Virgin Pk. 8077ft
Black Rock Mountains
Hurricane Cliffs
Diamond Butte 6324ft
Main Street Valley
Glendale
Moapa
Moapa Valley
Moapa River IR
Logandale
Overton
Lost City Mus. of Archeology
Valley of Fire SP
Muddy Mtns.
Dry Lake
Muddy Pk.
Clark
Las Vegas Ski and Snowboard Resort
Las Vegas Colony IR
Nellis Air Force Base
Las Vegas Motor Speedway
Las Vegas Valley
Spring Mountains
Charleston Pk. 11919ft
Spring Mnts. NRA
North Las Vegas
Sunrise Manor
Nevada State Mus
Casino Center
Las Vegas
Winchester
East Las Vegas
Paradise
Spring Valley
Blue Diamond
Enterprise
Henderson
Hoover Dam
Boulder City
Arden
Sloan
Willow Beach
Lake Mead
Lake Mead NRA
Temple Bar Marina
Meadview
Senator Mtn.
Grand Canyon-Parashant NM
Shivwits Plateau
Pigeon Canyon
Sanup Plateau
Colorado River
Grand Canyon Skywalk
Grand Canyon
Grand Canyon NP
Mohave
Poverty Mtn. 6790ft
Grassy Mtn.
Yellow John Mtn.
Dellenbaugh 7071ft
Mount Trumbull
Good-springs
Sandy Valley
McCullough Range
Eldorado Valley
Detrital Valley
White Hills
Music Mountains
201
202
Nelson
Table Mtn. 5174ft
Dolan
Diamond Creek

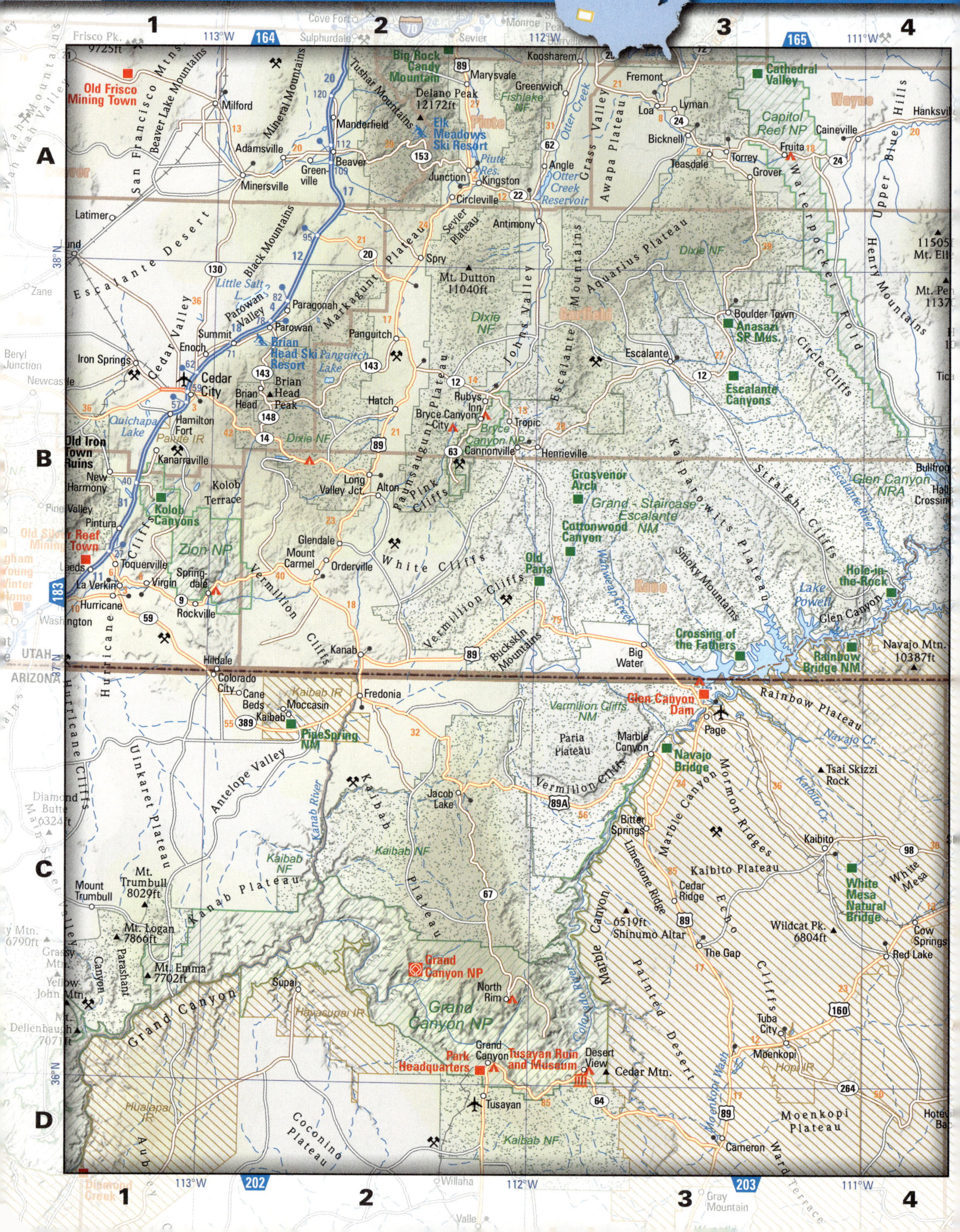

Old Frisco Mining Town
Frisco Pk. 9725ft
San Francisco Mtns
Beaver Lake Mountains
Milford
Mineral Mountains
Tushar Mountains
Big Rock Candy Mountain
Marysvale
Koosharem
Fremont
Cathedral Valley
Delano Peak 12172ft
Greenwich
Fishlake NF
Loa
Lyman
Capitol Reef NP
Wayne
Hanksville
Manderfield
Elk Meadows Ski Resort
Piute
Otter Creek
Grass Valley
Awapa Plateau
Bicknell
Caineville
Adamsville
Beaver
Green-ville
Minersville
Junction
Piute Res.
Kingston
Angle
Otter Creek Reservoir
Teasdale
Torrey
Grover
Fruita
Waterpocket Fold
Upper Blue Hills
Circleville
Antimony
Latimer
Escalante Desert
Black Mountains
Sevier Plateau
Aquarius Plateau
Dixie NF
Henry Mountains
11505ft Mt. Ellen
Mt. Pennell 11371ft
Zane
Little Salt
Spry
Mt. Dutton 11040ft
Johns Valley
Parowan Valley
Paragonah
Markagunt
Dixie NF
Boulder Town
Anasazi SP Mus.
Circle Cliffs
Garfield
Beryl Junction
Summit
Parowan
Brian Head Ski Resort
Panguitch
Panguitch Lake
Iron Springs
Cedar Valley
Enoch
Cedar City
Brian Head
Brian Head Peak
Hatch
Escalante Mountains
Escalante
Escalante Canyons
Newcastle
Rubys Inn
Bryce Canyon City
Bryce Canyon NP
Tropic
Quichapa Lake
Hamilton Fort
Paiute IR
Dixie NF
Cannonville
Henrieville
Kaiparowits Plateau
Straight Cliffs
Glen Canyon NRA
Old Iron Town Ruins
Kanarraville
Long Valley Jct
Alton
Paunsaugunt Plateau
Pink Cliffs
Grosvenor Arch
Grand Staircase Escalante NM
New Harmony
Kolob Terrace
Kolob Canyons
Pine Valley
Pintura
Cottonwood Canyon
Smoky Mountains
Escalante River
Bullfrog
Halls Crossing
Old Silver Reef Mining Town
Zion NP
Glendale
Mount Carmel
Orderville
White Cliffs
Old Paria
Kane
Leeds
Toquerville
Spring-dale
Virgin
La Verkin
Hurricane
Rockville
Vermillion Cliffs
Vermillion Cliffs
Buckskin Mountains
Wahweap Creek
Hole-in-the-Rock
Lake Powell
Glen Canyon
Washington
Crossing of the Fathers
Rainbow Bridge NM
Navajo Mtn. 10387ft
Hildale
Kanab
Big Water
UTAH
ARIZONA
Colorado City
Cane Beds
Kaibab IR
Moccasin
Kaibab
Fredonia
Glen Canyon Dam
Page
Rainbow Plateau
Navajo Cr.
Hurricane Cliffs
Pipe Spring NM
Vermilion Cliffs NM
Paria Plateau
Marble Canyon
Navajo Bridge
Tsai Skizzi Rock
Uinkaret Plateau
Antelope Valley
Kanab River
Kaibab
Jacob Lake
Vermilion Cliffs
Mormon Ridges
Kaibito Cr.
Diamond Butte 6324ft
Kaibab NF
Bitter Springs
Marble Canyon
Kaibito
White Mesa
Kaibab NF
Kaibab Plateau
Limestone Ridge
Kaibito Plateau
Mount Trumbull
Mt. Trumbull 8029ft
Kanab Plateau
Cedar Ridge
Echo Cliffs
White Mesa Natural Bridge
Marble Canyon
6519ft Shinumo Altar
Wildcat Pk. 6804ft
Mt. Logan 7866ft
Cow Springs
Red Lake
Grassy Mtn.
Mt. Emma 7702ft
The Gap
Parashant Canyon
Yellow John Mtn.
Grand Canyon NP
Supai
North Rim
Painted Desert
Grand Canyon
Havasupai IR
Grand Canyon NP
Colorado River
Mt. Dellenbaugh 7071ft
Tuba City
Grand Canyon
Park Headquarters
Tusayan Ruin and Museum
Desert View
Cedar Mtn.
Moenkopi
Hopi IR
Moenkopi Wash
Tusayan
Hualapai IR
Coconino Plateau
Kaibab NF
Moenkopi Plateau
Cameron
Ward Terrace
Aubrey Cliffs
Diamond Creek
Willaha
Valle
Gray Mountain
Hotevilla-Bacavi
113°W
112°W
111°W
38°N
37°N
36°N
1
2
3
4
A
B
C
D

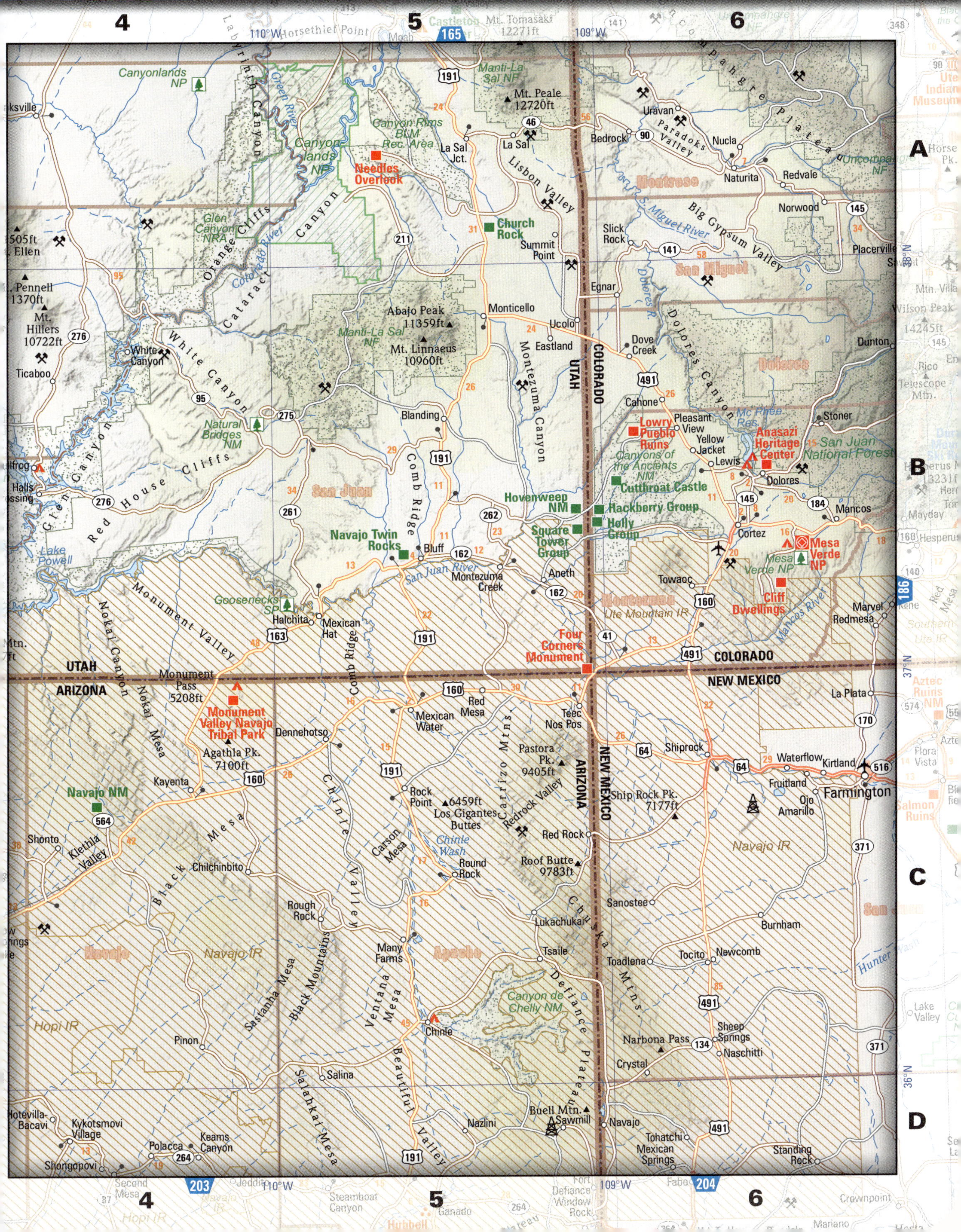
0 20 40 km
0 10 25 Miles
N
4
5
6
A
B
C
D
110° W
109° W
Canyonlands NP
Manti-La Sal NF
Mt. Peale 12720ft
Canyon Rims BLM Rec. Area
La Sal Jct.
La Sal
Needles Overlook
Canyonlands NP
Glen Canyon NRA
Orange Cliffs
Labyrinth Canyon
Green River
Colorado River
Cataract Canyon
Church Rock
Summit Point
Lisbon Valley
Uravan
Paradox Valley
Bedrock
Nucla
Naturita
Redvale
Uncompahgre NF
Uncompahgre Plateau
Montrose
Norwood
Slick Rock
Big Gypsum Valley
San Miguel River
San Miguel
Placerville
Egnar
Dolores R.
Dolores Canyon
Dolores
Dove Creek
Dunton
Monticello
Abajo Peak 11359ft
Mt. Linnaeus 10960ft
Manti-La Sal NF
Ucolo
Eastland
Montezuma Canyon
UTAH
COLORADO
Cahone
Pleasant View
Yellow Jacket
Lowry Pueblo Ruins
Canyons of the Ancients NM
Anasazi Heritage Center
McPhee Res.
Stoner
San Juan National Forest
Lewis
Dolores
Cutthroat Castle
Hovenweep NM
Hackberry Group
Holly Group
Square Tower Group
Mancos
Cortez
Mesa Verde NP
Towaoc
Cliff Dwellings
Montezuma
Ute Mountain IR
Mancos River
Marvel
Redmesa
Mt. Pennell 11370ft
Mt. Hillers 10722ft
Mt. Ellen
Ticaboo
White Canyon
Natural Bridges NM
Blanding
Comb Ridge
Red House Cliffs
Glen Canyon
Halls Crossing
Lake Powell
San Juan
Navajo Twin Rocks
Bluff
Montezuma Creek
San Juan River
Aneth
Goosenecks SP
Mexican Hat
Halchita
Monument Valley
Nokai Canyon
UTAH
ARIZONA
Monument Pass 5208ft
Monument Valley Navajo Tribal Park
Four Corners Monument
COLORADO
NEW MEXICO
La Plata
Teec Nos Pos
Red Mesa
Mexican Water
Dennehotso
Agathla Pk. 7100ft
Kayenta
Nokai Mesa
Navajo NM
Shonto
Klethla Valley
Black Mesa
Chilchinbito
Chinle Valley
Rock Point
6459ft Los Gigantes Buttes
Carrizo Mtns.
Pastora Pk. 9405ft
Redrock Valley
Red Rock
ARIZONA
NEW MEXICO
Shiprock
Ship Rock Pk. 7177ft
Waterflow
Kirtland
Fruitland
Farmington
Ojo Amarillo
Navajo IR
Carson Mesa
Chinle Wash
Round Rock
Roof Butte 9783ft
Chuska Mtns.
Sanostee
Burnham
Rough Rock
Black Mountains
Many Farms
Apache
Lukachukai
Tsaile
Toadlena
Tocito
Newcomb
Navajo
Navajo IR
Canyon de Chelly NM
Defiance Plateau
Chinle
Ventana Mesa
Beautiful Valley
Sastanha Mesa
Pinon
Hopi IR
Narbona Pass
Sheep Springs
Naschitti
Crystal
Salina
Salahkai Mesa
Nazlini
Buell Mtn.
Sawmill
Navajo
Tohatchi
Mexican Springs
Standing Rock
Hotevilla-Bacavi
Kykotsmovi Village
Polacca
Keams Canyon
Shongopovi
Castleton
Mt. Tomasaki 12271ft
Horsethief Point
Moab
Second Mesa
Steamboat Canyon
Ganado
Hubbell
Fort Defiance
Window Rock
Crownpoint
Mariano
Flora Vista
Aztec Ruins NM
Salmon Ruins
Lake Valley
Hunter Wash
Mayday
Hesperus
Wilson Peak 14245ft
Telescope Mtn.
Rico
Ute Indian Museum
165
186
203
204

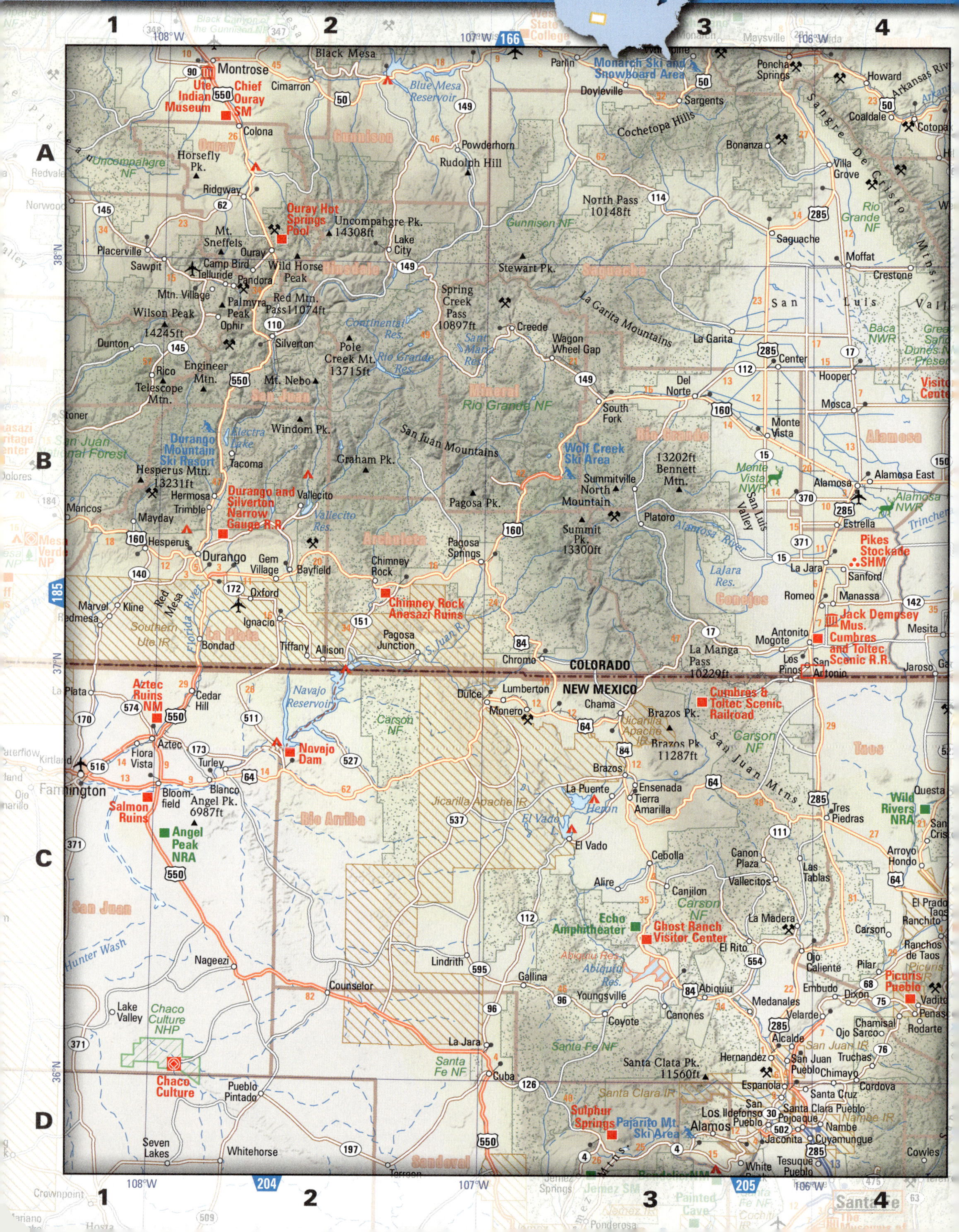
Montrose
Black Mesa
Blue Mesa Reservoir
Cimarron
Ute Indian Museum
Chief Ouray SM
Colona
Gunnison
Powderhorn
Rudolph Hill
Parlin
Doyleville
Monarch Ski and Snowboard Area
Sargents
Cochetopa Hills
Poncha Springs
Howard
Coaldale
Cotopaxi
Bonanza
Villa Grove
Sangre De Cristo Mtns
Uncompahgre NF
Horsefly Pk.
Ouray
Ridgway
North Pass 10148ft
Ouray Hot Springs Pool
Uncompahgre Pk. 14308ft
Lake City
Gunnison NF
Mt. Sneffels
Placerville
Sawpit
Telluride
Camp Bird
Pandora
Wild Horse Peak
Stewart Pk.
Saguache
Moffat
Crestone
Rio Grande NF
San Luis Valley
Mtn. Village
Palmyra Peak
Red Mtn. Pass 11074ft
Ophir
Wilson Peak 14245ft
Spring Creek Pass 10897ft
Creede
La Garita Mountains
La Garita
Continental Res.
Dunton
Silverton
Pole Creek Mt. 13715ft
Rio Grande Res.
Santa Maria Res.
Wagon Wheel Gap
Center
Hooper
Baca NWR
Rico
Engineer Mtn.
Mt. Nebo
Telescope Mtn.
Mineral
Del Norte
Mosca
Rio Grande NF
South Fork
Monte Vista
Alamosa
San Juan
Electra Lake
Windom Pk.
San Juan Mountains
Wolf Creek Ski Area
Rio Grande
Durango Mountain Ski Resort
Tacoma
Graham Pk.
Summitville
North Mountain
Bennett Mtn. 13202ft
Hesperus Mtn. 13231ft
Hermosa
Trimble
Durango and Silverton Narrow Gauge R.R.
Vallecito
Vallecito Res.
Pagosa Pk.
Monte Vista NWR
Alamosa East
Alamosa NWR
Mancos
Mayday
Hesperus
Platoro
Summit Pk. 13300ft
Estrella
Durango
Gem Village
Bayfield
Archuleta
Chimney Rock
Pagosa Springs
Alamosa River
Pikes Stockade SHM
La Jara
Sanford
La Jara Res.
Conejos
Romeo
Manassa
Marvel
Kline
Red Mesa
Oxford
Ignacio
La Plata
Chimney Rock Anasazi Ruins
Jack Dempsey Mus.
Southern Ute IR
Bondad
Tiffany
Allison
Pagosa Junction
Cumbres and Toltec Scenic R.R.
Antonito
Mogote
La Manga Pass 10229ft
Chromo
COLORADO
NEW MEXICO
Los Pinos
San Antonio
Jaroso
La Plata
Aztec Ruins NM
Cedar Hill
Navajo Reservoir
Carson NF
Dulce
Lumberton
Monero
Chama
Cumbres & Toltec Scenic Railroad
Brazos Pk.
Jicarilla Apache IR
Brazos Pk. 11287ft
Kirtland
Farmington
Flora Vista
Aztec
Turley
Blanco
Navajo Dam
Brazos
Taos
Salmon Ruins
Bloomfield
Angel Pk. 6987ft
Angel Peak NRA
Rio Arriba
Jicarilla Apache IR
La Puente
Ensenada
Tierra Amarilla
Heron
El Vado
Tres Piedras
Wild Rivers NRA
Questa
San Juan
Cebolla
Canon Plaza
Vallecitos
Las Tablas
Arroyo Hondo
Alire
Canjilon
Carson NF
Echo Amphitheater
Ghost Ranch Visitor Center
La Madera
El Prado
Ranchito
Carson
Ranchos de Taos
Hunter Wash
Nageezi
El Rito
Ojo Caliente
Pilar
Picuris Pueblo
Lindrith
Gallina
Abiquiu Res.
Abiquiu
Youngsville
Counselor
Canones
Medanales
Embudo
Dixon
Vadito
Penasco
Lake Valley
Chaco Culture NHP
Coyote
Velarde
Chamisal
Ojo Sarco
Rodarte
La Jara
Alcalde
San Juan Pueblo
Truchas
Chimayo
Cordova
Santa Fe NF
Santa Fe NF
Hernandez
Santa Clara Pk. 11560ft
Chaco Culture
Cuba
Espanola
Santa Cruz
Santa Clara Pueblo
Pueblo Pintado
Santa Clara IR
Sulphur Springs
Pajarito Mt. Ski Area
Los Alamos
San Ildefonso Pueblo
Pojoaque
Nambe
Jaconita
Cuyamungue
Seven Lakes
Whitehorse
Sandoval
White Rock
Tesuque Pueblo
Cowles
Torreon
108°W
107°W
106°W
38°N
37°N
36°N
1
2
3
4
A
B
C
D

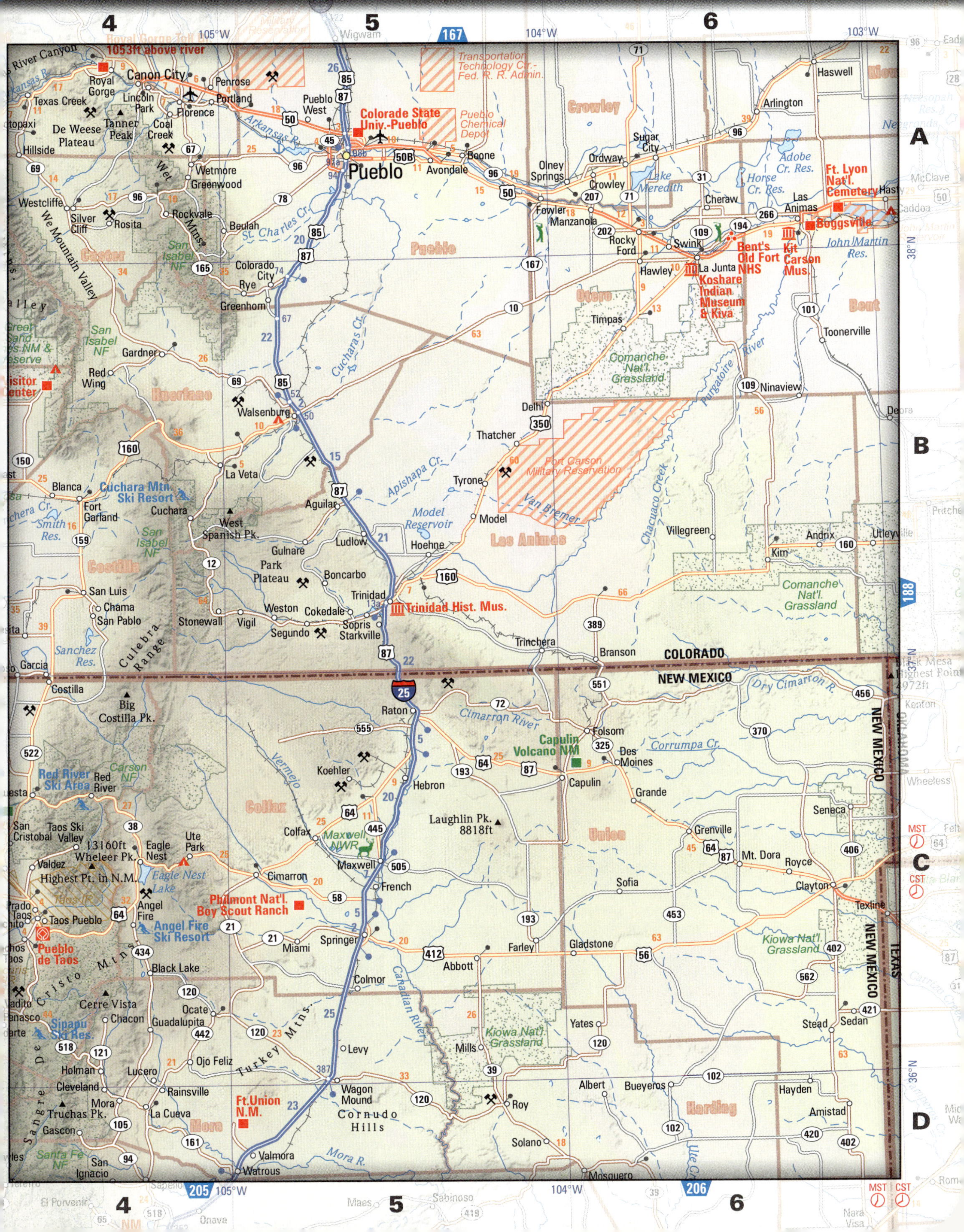
4
5
6
105°W
104°W
103°W
Wigwam
167
A
B
C
D
188
Royal Gorge 1053ft above river
Canon City
Royal Gorge
Texas Creek
Lincoln Park
Florence
Penrose
Portland
Tanner Peak
Coal Creek
De Weese Plateau
Hillside
Wetmore
Greenwood
Westcliffe
Silver Cliff
Rosita
Rockvale
Wet Mountain Valley
Wet Mtns.
Custer
San Isabel NF
Beulah
St. Charles Cr.
Colorado City
Rye
Greenhorn
Pueblo West
Pueblo
Colorado State Univ.-Pueblo
Pueblo Chemical Depot
Transportation Technology Ctr. - Fed. R. R. Admin.
Arkansas R.
Avondale
Boone
Olney Springs
Crowley
Ordway
Sugar City
Lake Meredith
Fowler
Manzanola
Rocky Ford
Swink
La Junta
Hawley
Cheraw
Haswell
Arlington
Kiowa
Adobe Cr. Res.
Horse Cr. Res.
Las Animas
Ft. Lyon Nat'l. Cemetery
Boggsville
Bent's Old Fort NHS
Kit Carson Mus.
Koshare Indian Museum & Kiva
John Martin Res.
Hasty
Caddoa
McClave
Bent
Toonerville
Otero
Timpas
Comanche Nat'l. Grassland
Purgatoire River
Ninaview
Delhi
Thatcher
Tyrone
Fort Carson Military Reservation
Van Bremer
Apishapa Cr.
Model Reservoir
Model
Hoehne
Las Animas
Chacuaco Creek
Villegreen
Andrix
Kim
Utleyville
Comanche Nat'l. Grassland
Pueblo
Cucharas Cr.
Huerfano
Gardner
Red Wing
Walsenburg
La Veta
Cuchara Mtn. Ski Resort
Cuchara
Blanca
Fort Garland
Smith Res.
West Spanish Pk.
Aguilar
Ludlow
Gulnare
Park Plateau
Boncarbo
Trinidad
Trinidad Hist. Mus.
Costilla
San Luis
Chama
San Pablo
Culebra Range
Stonewall
Weston
Cokedale
Vigil
Segundo
Sopris
Starkville
Trinchera
Branson
Sanchez Res.
Garcia
Great Sand Dunes NM & Preserve
Visitor Center
COLORADO
NEW MEXICO
Dry Cimarron R.
Costilla
Big Costilla Pk.
Raton
Cimarron River
Folsom
Capulin Volcano NM
Capulin
Des Moines
Corrumpa Cr.
Grande
Kenton
Wheeless
Seneca
Red River Ski Area
Red River
Carson NF
Vermejo
Koehler
Hebron
Colfax
Laughlin Pk. 8818ft
Colfax
Maxwell NWR
Maxwell
French
Union
Grenville
Mt. Dora
Royce
Clayton
Texline
San Cristobal
Taos Ski Valley
13160ft Wheeler Pk.
Highest Pt. in N.M.
Valdez
Eagle Nest
Eagle Nest Lake
Ute Park
Cimarron
Philmont Nat'l. Boy Scout Ranch
Angel Fire
Angel Fire Ski Resort
Taos Pueblo
Pueblo de Taos
Miami
Springer
Sofia
Farley
Gladstone
Abbott
Kiowa Nat'l. Grassland
Black Lake
Sangre de Cristo Mtns.
Cerro Vista
Chacon
Ocate
Guadalupita
Sipapu Ski Res.
Colmor
Canadian River
Yates
Stead
Sedan
Holman
Cleveland
Truchas Pk.
Mora
Lucero
Ojo Feliz
Turkey Mtns.
Levy
Mills
Kiowa Nat'l. Grassland
Rainsville
La Cueva
Mora
Ft.Union N.M.
Wagon Mound
Cornudo Hills
Roy
Albert
Bueyeros
Harding
Hayden
Amistad
Gascon
Santa Fe NF
San Ignacio
Valmora
Watrous
Mora R.
Solano
Ute C.
Mosquero
Black Mesa Highest Point 4972ft
NEW MEXICO
OKLAHOMA
NEW MEXICO
TEXAS
MST
CST
38°N
37°N
36°N
El Porvenir
Onava
Maes
Sabinoso
205
206

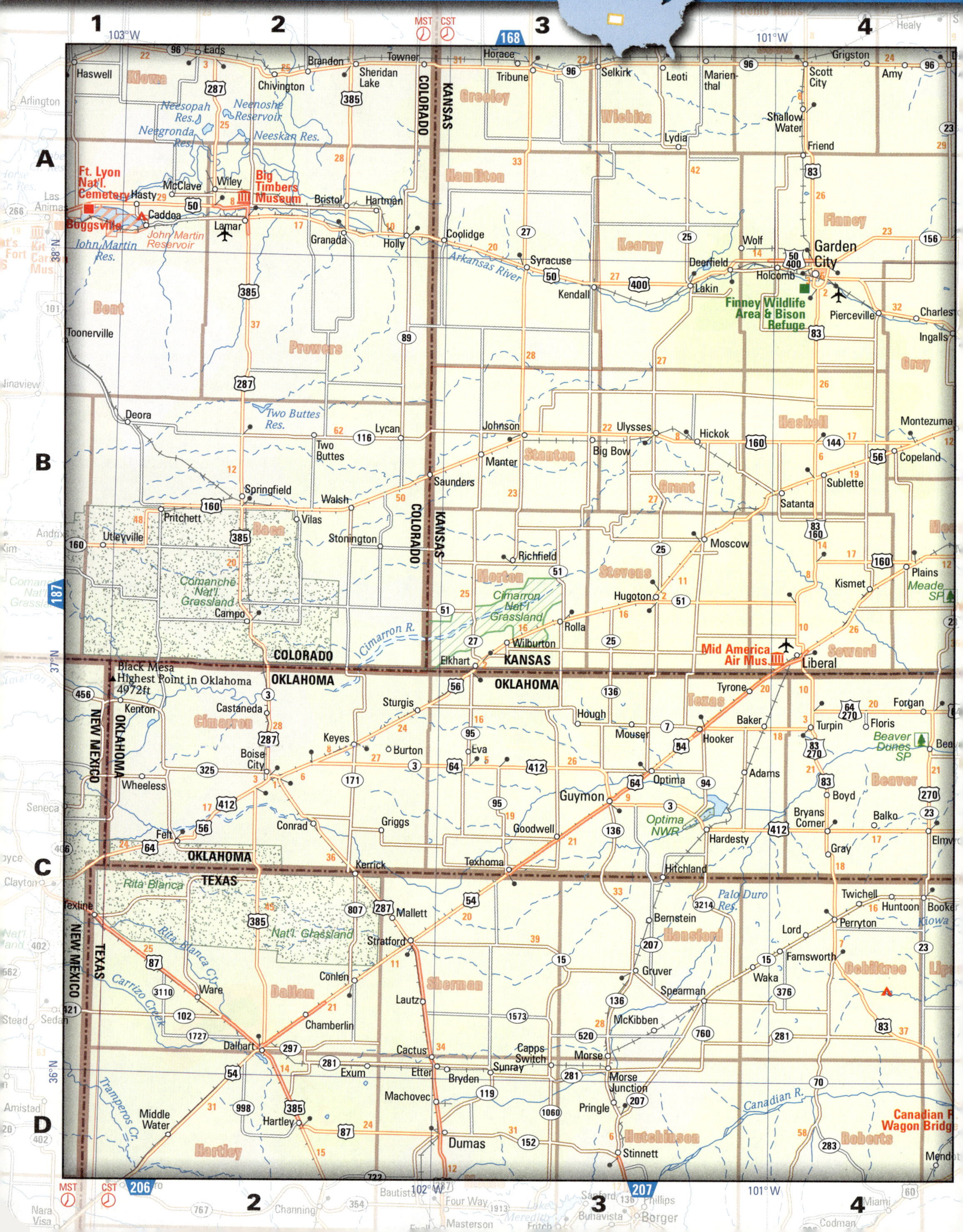
1
2
3
4
103°W
101°W
MST
CST
168
A
B
C
D
Haswell
Kiowa
Eads
Brandon
Towner
Sheridan Lake
Chivington
Neesopah Res.
Neenoshe Reservoir
Neegronda Res.
Neeskah Res.
Horace
Tribune
Greeley
Selkirk
Leoti
Marienthal
Wichita
Scott City
Grigston
Amy
Shallow Water
Lydia
Friend
COLORADO
KANSAS
Ft. Lyon Nat'l. Cemetery
McClave
Wiley
Big Timbers Museum
Hasty
Caddoa
Boggsville
John Martin Reservoir
Lamar
Bristol
Hartman
Granada
Holly
Hamilton
Coolidge
Arkansas River
Syracuse
Kendall
Kearny
Deerfield
Lakin
Wolf
Holcomb
Garden City
Finney
Finney Wildlife Area & Bison Refuge
Pierceville
Charleston
Ingalls
Gray
Bent
Toonerville
Prowers
Deora
Two Buttes Res.
Lycan
Two Buttes
Johnson
Ulysses
Hickok
Montezuma
Copeland
Stanton
Manter
Big Bow
Grant
Haskell
Sublette
Satanta
Saunders
Springfield
Walsh
Pritchett
Vilas
Utleyville
Stonington
Baca
Moscow
Richfield
Morton
Stevens
Kismet
Plains
Meade SP
Comanche Nat'l Grassland
Campo
Cimarron Nat'l Grassland
Hugoton
Rolla
Wilburton
Elkhart
Mid America Air Mus.
Liberal
Seward
Cimarron R.
Black Mesa Highest Point in Oklahoma 4972ft
OKLAHOMA
Kenton
Castaneda
Cimarron
Sturgis
Keyes
Burton
Boise City
Wheeless
Eva
Hough
Mouser
Tyrone
Texas
Baker
Hooker
Turpin
Forgan
Floris
Beaver Dunes SP
Beaver
Adams
Optima
Guymon
Optima NWR
Hardesty
Bryans Corner
Boyd
Balko
Gray
Conrad
Griggs
Goodwell
Felt
Kerrick
Texhoma
Hitchland
NEW MEXICO
TEXAS
Rita Blanca
Nat'l Grassland
Texline
Mallett
Stratford
Bernstein
Palo Duro Res.
Hansford
Twichell
Huntoon
Perryton
Lord
Farnsworth
Ochiltree
Gruver
Spearman
Waka
Sherman
Conlen
Lautz
Ware
Carrizo Creek
Dallam
Chamberlin
McKibben
Dalhart
Cactus
Capps Switch
Morse
Exum
Etter
Bryden
Sunray
Morse Junction
Pringle
Machovec
Middle Water
Hartley
Dumas
Moore
Hutchinson
Stinnett
Canadian R.
Canadian River Wagon Bridge
Roberts
Tramperos Cr.
206
207
Channing
Bautista
Four Way
Sanford
Phillips
Borger
Masterson
Miami
Codman
102°W
101°W

0 20 40 km
0 10 25 Miles

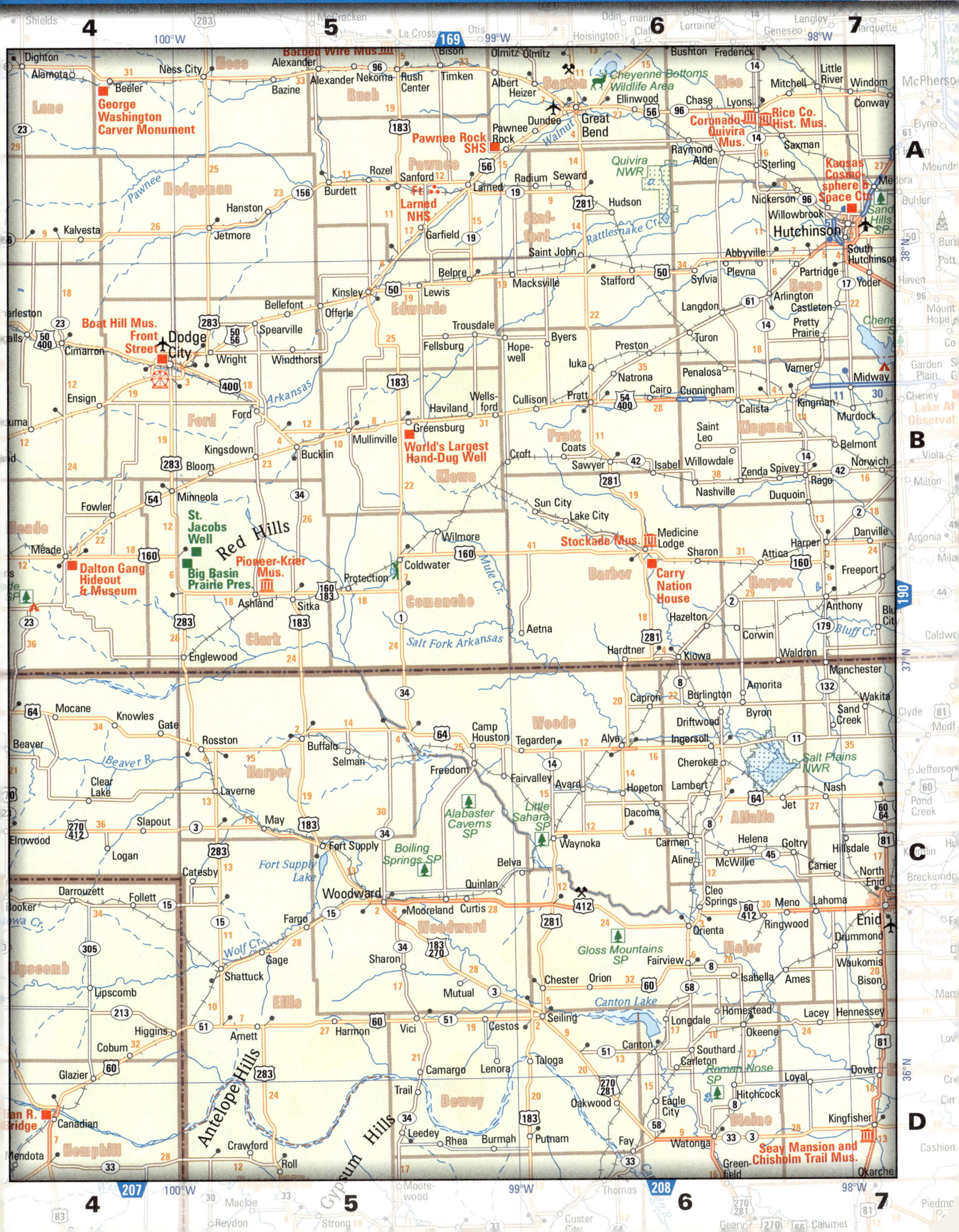

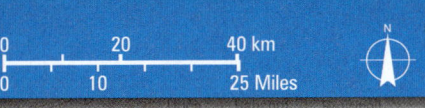

6
7
A
B
C
D
100°W
99°W
98°W
38°N
37°N
36°N
Dighton
Alamota
Ness City
Ness
Lane
Beeler
George Washington Carver Monument
Hodgeman
Hanston
Jetmore
Kalvesta
Alexander
Bazine
Barbed Wire Mus.
Nekoma
Rush Center
Rush
Timken
Bison
Olmitz
Albert
Heizer
Barton
Great Bend
Dundee
Pawnee Rock
Pawnee Rock SHS
Cheyenne Bottoms Wildlife Area
Ellinwood
Bushton
Frederick
Chase
Rice
Lyons
Coronado-Quivira Mus.
Rice Co. Hist. Mus.
Little River
Mitchell
Windom
Conway
McPherson
Raymond
Alden
Sterling
Saxman
Kansas Cosmosphere & Space Ctr.
Nickerson
Willowbrook
Hutchinson
South Hutchinson
Sand Hills SP
Quivira NWR
Hudson
Radium
Seward
Rozel
Burdett
Sanford
Pawnee
Larned
Ft. Larned NHS
Garfield
Stafford
Saint John
Rattlesnake Cr.
Abbyville
Plevna
Partridge
Reno
Sylvia
Yoder
Arlington
Castleton
Pretty Prairie
Langdon
Turon
Belpre
Kinsley
Lewis
Edwards
Offerle
Macksville
Trousdale
Fellsburg
Hopewell
Byers
Preston
Natrona
Penalosa
Iuka
Pratt
Cairo
Cunningham
Varner
Kingman
Midway
Murdock
Calista
Cheney
Belmont
Saint Leo
Kingman
Isabel
Willowdale
Zenda
Spivey
Rago
Norwich
Nashville
Duquoin
Harper
Danville
Attica
Freeport
Anthony
Corwin
Waldron
Bluff Cr.
Medicine Lodge
Stockade Mus.
Sharon
Carry Nation House
Barber
Hazelton
Hardtner
Kiowa
Aetna
Sun City
Lake City
Sawyer
Coats
Croft
Cullison
Haviland
Wellsford
Greensburg
World's Largest Hand-Dug Well
Kiowa
Mullinville
Bucklin
Wilmore
Coldwater
Comanche
Protection
Mule Cr.
Salt Fork Arkansas
Bellefont
Spearville
Dodge City
Boot Hill Mus.
Front Street
Wright
Windthorst
Cimarron
Arkansas
Ensign
Ford
Kingsdown
Bloom
Minneola
Fowler
Meade
Dalton Gang Hideout & Museum
St. Jacobs Well
Red Hills
Big Basin Prairie Pres.
Pioneer-Krier Mus.
Ashland
Sitka
Clark
Englewood
Mocane
Knowles
Gate
Beaver
Beaver R.
Rosston
Clear Lake
Laverne
Harper
Slapout
May
Elmwood
Logan
Buffalo
Selman
Camp Houston
Woods
Tegarden
Alva
Freedom
Fairvalley
Avard
Hopeton
Little Sahara SP
Alabaster Caverns SP
Waynoka
Dacoma
Capron
Burlington
Amorita
Byron
Driftwood
Ingersoll
Cherokee
Lambert
Salt Plains NWR
Jet
Nash
Manchester
Wakita
Sand Creek
Alfalfa
Helena
Goltry
Carmen
Aline
McWillie
Carrier
Hillsdale
North Enid
Enid
Cleo Springs
Meno
Ringwood
Lahoma
Drummond
Fort Supply
Fort Supply Lake
Boiling Springs SP
Woodward
Quinlan
Belva
Mooreland
Curtis
Woodward
Catesby
Darrouzett
Follett
Booker
Lipscomb
Fargo
Wolf Cr.
Gage
Shattuck
Ellis
Sharon
Mutual
Orienta
Major
Gloss Mountains SP
Fairview
Isabella
Ames
Waukomis
Bison
Chester
Orion
Canton Lake
Seiling
Longdale
Homestead
Okeene
Lacey
Hennessey
Harmon
Vici
Cestos
Higgins
Arnett
Coburn
Glazier
Canadian
Antelope Hills
Camargo
Lenora
Taloga
Canton
Southard
Carleton
Roman Nose SP
Hitchcock
Loyal
Dover
Dewey
Trail
Oakwood
Eagle City
Blaine
Kingfisher
Hemphill
Mendota
Crawford
Roll
Leedey
Rhea
Burmah
Putnam
Gypsum Hills
Fay
Watonga
Greenfield
Seay Mansion and Chisholm Trail Mus.
Okarche

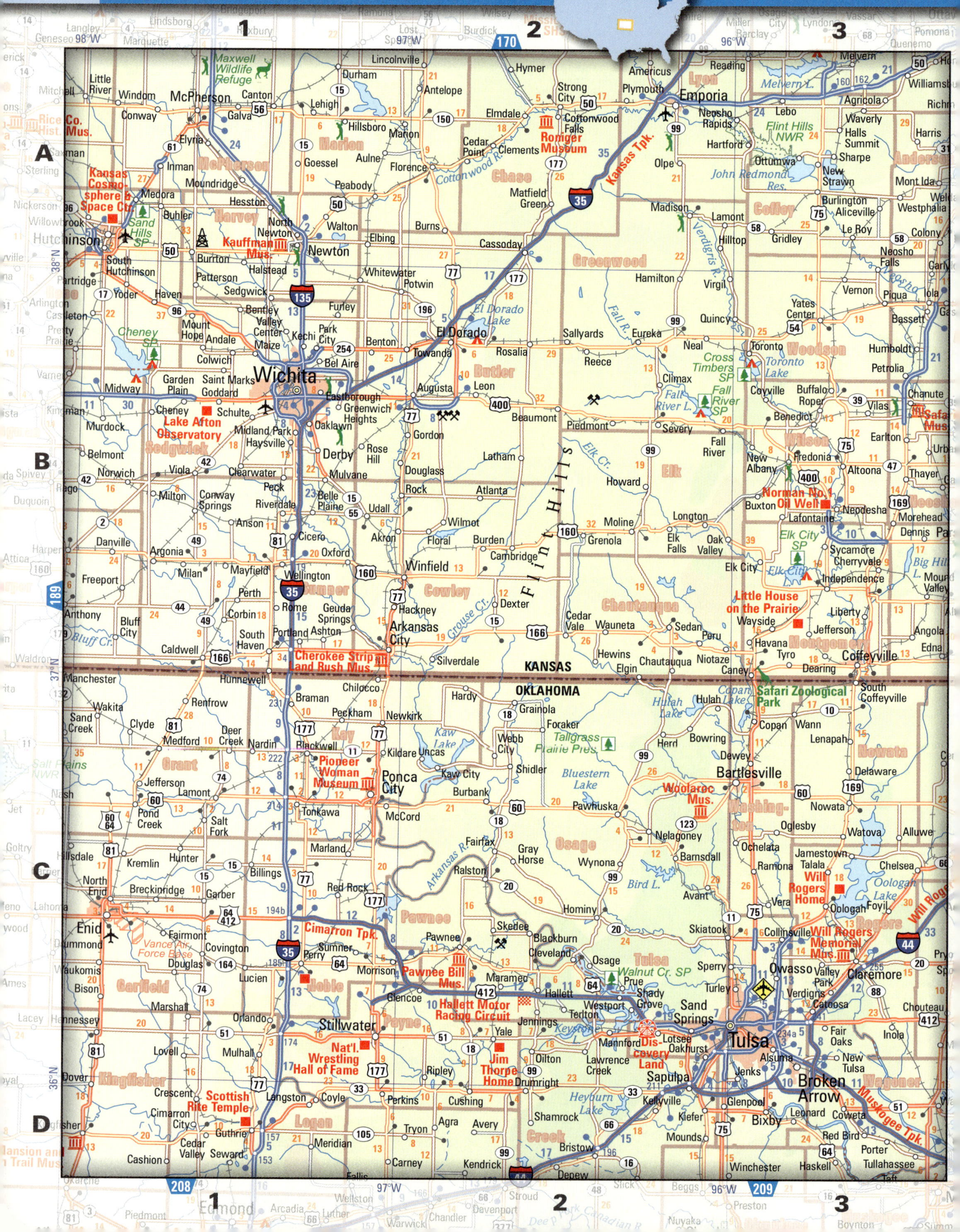

1
2
3
A
B
C
D
98°W
97°W
96°W
38°N
37°N
36°N
KANSAS
OKLAHOMA
Flint Hills
Wichita
Emporia
Hutchinson
McPherson
Newton
El Dorado
Augusta
Derby
Wellington
Winfield
Arkansas City
Independence
Coffeyville
Chanute
Bartlesville
Ponca City
Enid
Stillwater
Tulsa
Broken Arrow
Sapulpa
Sand Springs
Owasso
Claremore
Pawhuska
Perry
Guthrie
Blackwell
Tonkawa
Fredonia
Neodesha
Eureka
Hillsboro
Marion
Lyon
Marion
McPherson
Harvey
Butler
Greenwood
Coffey
Woodson
Wilson
Elk
Chautauqua
Montgomery
Cowley
Sumner
Sedgwick
Chase
Kay
Grant
Garfield
Noble
Osage
Pawnee
Payne
Logan
Kingfisher
Creek
Tulsa
Rogers
Washington
Nowata
Wagoner
Kansas Tpk.
Cimarron Tpk.
Muskogee Tpk.
Will Rogers
Maxwell Wildlife Refuge
Kansas Cosmosphere & Space Ctr.
Kauffman Mus.
Roniger Museum
Lake Afton Observatory
Cherokee Strip Land Rush Mus.
Little House on the Prairie
Norman No. 1 Oil Well
Safari Zoological Park
Woolaroc Mus.
Pioneer Woman Museum
Pawnee Bill Mus.
Hallett Motor Racing Circuit
Nat'l. Wrestling Hall of Fame
Jim Thorpe Home
Scottish Rite Temple
Discovery Land
Will Rogers Memorial Mus.
Will Rogers Home
Tallgrass Prairie Pres.
Flint Hills NWR
John Redmond Res.
El Dorado Lake
Cheney SP
Sand Hills SP
Cross Timbers SP
Fall River SP
Toronto Lake
Elk City SP
Kaw Lake
Hulah Lake
Copan Lake
Oologah Lake
Bluestem Lake
Keystone Lake
Heyburn Lake
Walnut Cr. SP
Arkansas R.
Cottonwood R.
Verdigris R.
Neosho R.
Fall R.
Elk Cr.
Grouse Cr.
Bluff Cr.
Vance Air Force Base

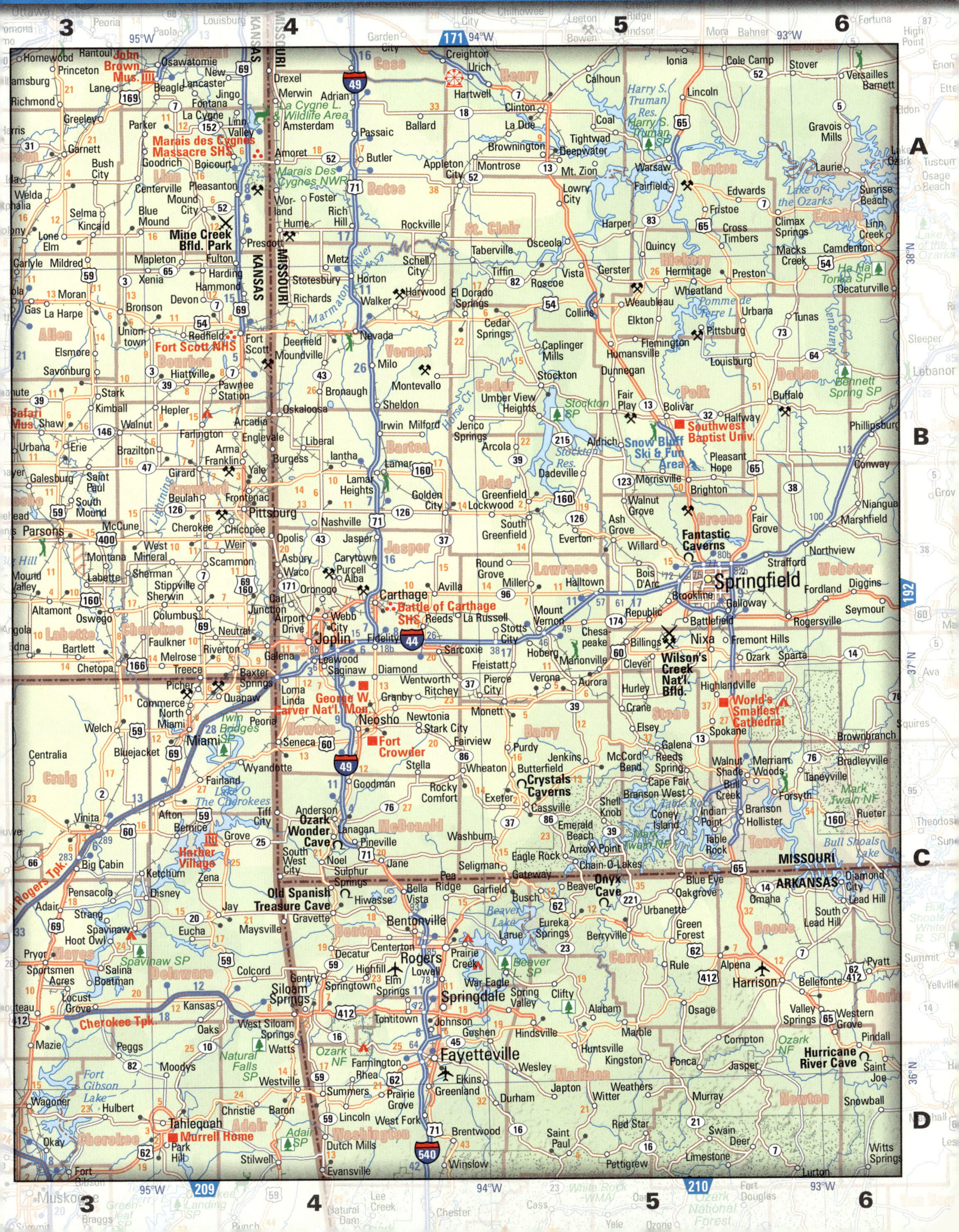
3
4
5
6
A
B
C
D
95°W
94°W
93°W
38°N
37°N
36°N
192
KANSAS
MISSOURI
ARKANSAS
Cass
Henry
Bates
St. Clair
Benton
Camden
Hickory
Vernon
Cedar
Polk
Dallas
Barton
Dade
Greene
Webster
Jasper
Lawrence
Newton
Barry
Christian
Stone
Taney
McDonald
Benton
Carroll
Boone
Madison
Newton
Washington
Adair
Cherokee
Delaware
Mayes
Craig
Linn
Bourbon
Crawford
Cherokee
Labette
Allen
Springfield
Joplin
Carthage
Neosho
Nevada
Fayetteville
Springdale
Rogers
Bentonville
Harrison
Branson
Tahlequah
Miami
Pittsburg
Parsons
Fort Scott NHS
Battle of Carthage SHS
George W. Carver Nat'l. Mon.
Wilson's Creek Nat'l. Bfld.
Fantastic Caverns
Harry S. Truman Res.
Stockton Res.
Table Rock Lake
Bull Shoals Lake
Beaver Lake
Ozark NF
Mark Twain NF
Marais des Cygnes Massacre SHS
Mine Creek Bfld. Park
Southwest Baptist Univ.
World's Smallest Cathedral
Old Spanish Treasure Cave
Ozark Wonder Cave
Onyx Cave
Crystal Caverns
Hurricane River Cave
Murrell Home
Harber Village
Fort Crowder
Cherokee Tpk.
Will Rogers Tpk.
Lake of the Ozarks
Grand Lake O' The Cherokees
Fort Gibson Lake
209
210

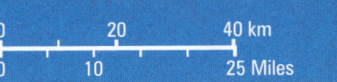

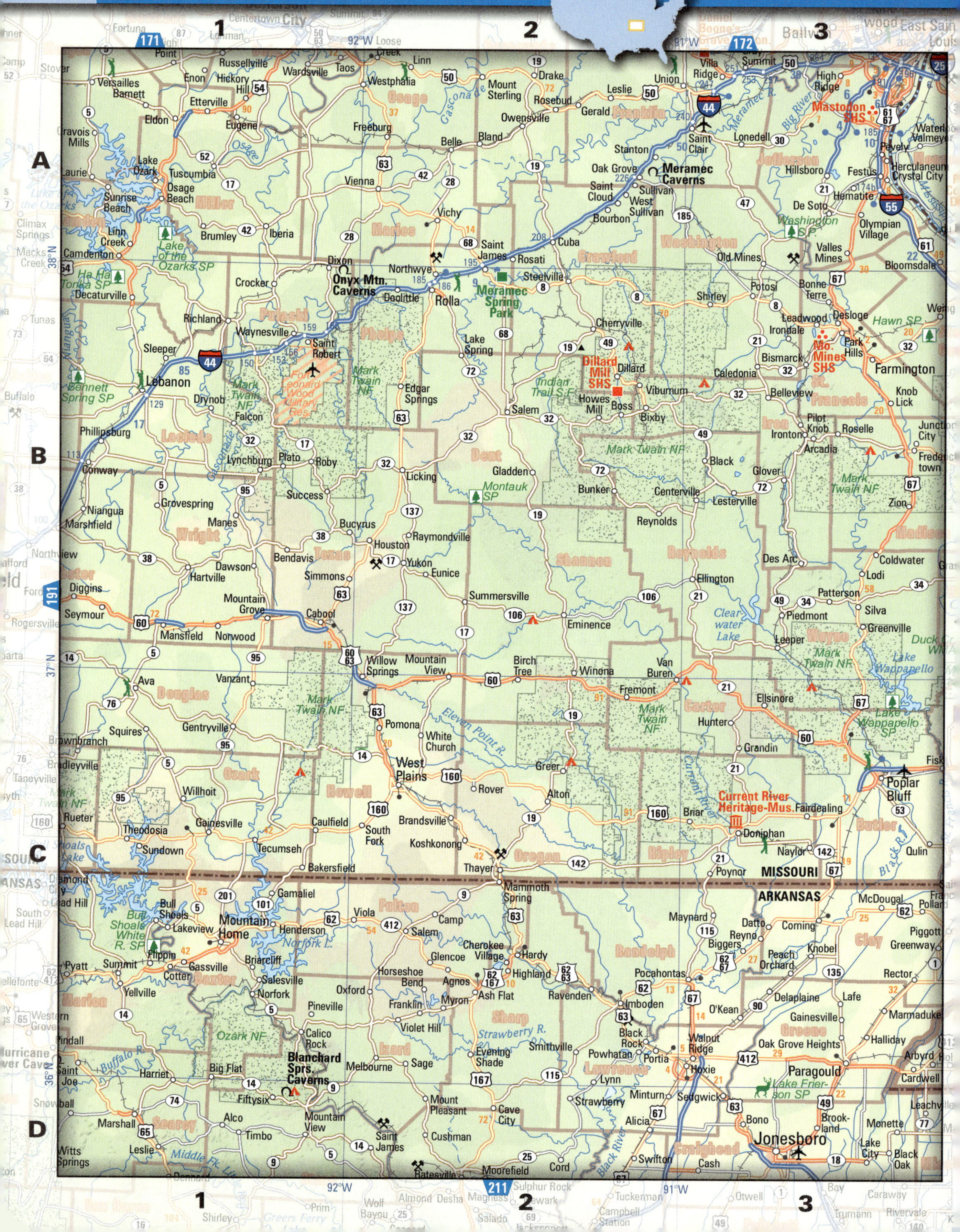
1
2
3
A
B
C
D
92°W
91°W
38°N
37°N
36°N
Versailles
Barnett
Eldon
Gravois Mills
Laurie
Sunrise Beach
Lake Ozark
Osage Beach
Tuscumbia
Camdenton
Linn Creek
Climax Springs
Macks Creek
Ha Ha Tonka SP
Lake of the Ozarks SP
Decaturville
Russellville
Enon
Hickory Hill
Etterville
Eugene
Wardsville
Taos
Linn
Westphalia
Freeburg
Vienna
Brumley
Iberia
Vichy
Dixon
Onyx Mtn. Caverns
Crocker
Richland
Waynesville
Saint Robert
Fort Leonard Wood Military Res.
Lebanon
Sleeper
Bennett Spring SP
Drynob
Falcon
Phillipsburg
Conway
Lynchburg
Plato
Roby
Success
Niangua
Marshfield
Grovespring
Manes
Wright
Hartville
Dawson
Diggins
Seymour
Mansfield
Norwood
Mountain Grove
Cabool
Ava
Vanzant
Douglas
Squires
Gentryville
Brownbranch
Bradleyville
Taneyville
Willhoit
Theodosia
Gainesville
Sundown
Tecumseh
Ozark
Howell
West Plains
Pomona
White Church
Willow Springs
Mountain View
Caulfield
South Fork
Brandsville
Koshkonong
Thayer
Mammoth Spring
Bakersfield
Gamaliel
Bull Shoals
Lakeview
Mountain Home
Henderson
Viola
Salem
Camp
Glencoe
Cherokee Village
Hardy
Highland
Horseshoe Bend
Agnos
Ash Flat
Myron
Franklin
Oxford
Pineville
Norfork
Salesville
Gassville
Cotter
Flippin
Summit
Pyatt
Yellville
Marion
Baxter
Fulton
Izard
Sharp
Calico Rock
Blanchard Sprs. Caverns
Melbourne
Sage
Violet Hill
Evening Shade
Strawberry R.
Smithville
Mount Pleasant
Cave City
Cushman
Saint James
Mountain View
Fiftysix
Big Flat
Harriet
Saint Joe
Marshall
Searcy
Alco
Timbo
Leslie
Witts Springs
Snowball
Buffalo R.
Ozark NF
Batesville
Moorefield
Cord
Drake
Mount Sterling
Rosebud
Owensville
Gerald
Bland
Belle
Franklin
Leslie
Union
Villa Ridge
Saint Clair
Stanton
Oak Grove
Meramec Caverns
Saint Cloud
Sullivan
West Sullivan
Bourbon
Cuba
Saint James
Rosati
Steelville
Crawford
Northwye
Doolittle
Rolla
Meramec Spring Park
Maries
Phelps
Pulaski
Mark Twain NF
Edgar Springs
Lake Spring
Cherryville
Salem
Dillard Mill SHS
Dillard
Howes Mill
Boss
Viburnum
Bixby
Indian Trail S.F.
Licking
Gladden
Montauk SP
Dent
Bunker
Centerville
Black
Lesterville
Reynolds
Houston
Raymondville
Bucyrus
Bendavis
Yukon
Texas
Eunice
Simmons
Summersville
Shannon
Eminence
Birch Tree
Winona
Van Buren
Fremont
Carter
Hunter
Grandin
Ellsinore
Greer
Alton
Rover
Oregon
Current River Heritage-Mus.
Fairdealing
Briar
Doniphan
Naylor
Ripley
Poynor
MISSOURI
ARKANSAS
Maynard
Datto
Corning
Reyno
Biggers
Peach Orchard
Knobel
Pocahontas
Randolph
Imboden
Ravenden
Black Rock
Powhatan
Portia
Lawrence
Hoxie
Walnut Ridge
O'Kean
Delaplaine
Lafe
Gainesville
Greene
Oak Grove Heights
Paragould
Lake Frierson SP
Lynn
Strawberry
Minturn
Sedgwick
Alicia
Swifton
Bono
Brookland
Jonesboro
Cash
Craighead
Black River
Clay
Piggott
Greenway
McDougal
Pollard
Rector
Marmaduke
Halliday
Arbyrd
Cardwell
Leachville
Monette
Lake City
Black Oak
Poplar Bluff
Butler
Qulin
Fisk
Wappapello
Lake Wappapello SP
Duck Creek WA
Greenville
Silva
Patterson
Wayne
Piedmont
Clearwater Lake
Leeper
Coldwater
Lodi
Des Arc
Ellington
Glover
Ironton
Pilot Knob
Arcadia
Iron
Roselle
Fredericktown
Zion
Madison
Junction City
Knob Lick
Farmington
Park Hills
Mo Mines SHS
St. Francois
Bismarck
Irondale
Belleview
Caledonia
Leadwood
Desloge
Bonne Terre
Hawn SP
Shirley
Potosi
Old Mines
Washington
Valles Mines
Bloomsdale
Olympian Village
De Soto
Hematite
Festus
Crystal City
Herculaneum
Pevely
Hillsboro
Jefferson
Lonedell
Washington SP
Mastodon SHS
High Ridge
Gray Summit
Waterloo
Valmeyer
Osage
Miller
Camden
Laclede
Webster
Gasconade R.
Big River
Meramec R.
Eleven Point R.
Current River
Norfork L.
Bull Shoals White R. SP
Middle Fk. Little Red R.
MapArt.com

3
4
5
6
A
B
C
D
90°W
89°W
88°W
37°N
36°N
CST
EST
Belleville
Mascoutah
New Athens
Marissa
Nashville
Mount Vernon
Fairfield
Albion
Mount Carmel
Evansville
Henderson
Sparta
Chester
Steeleville
Pinckneyville
Du Quoin
Benton
West Frankfort
Harrisburg
Carmi
Shawneetown
Murphysboro
Carbondale
Marion
Herrin
Jonesboro
Anna
Vienna
Metropolis
Paducah
Cape Girardeau
Jackson
Sikeston
Cairo
Wickliffe
Mayfield
Murray
Princeton
Fredonia
Marion
Eddyville
Kuttawa
Grand Rivers
Cadiz
Dover
Union City
Martin
Paris
Dresden
Dyersburg
Blytheville
Kennett
Caruthersville
New Madrid
Hickman
Fulton
Huntingdon
Camden
Milan
Trenton
Humboldt
Alamo
French Colonial District
Kaskaskia SHS
Pierre Menard Home SHS
Fort Kaskaskia
Ste. Genevieve
Shawnee NF
Crab Orchard NWR
Fort Massac SP
Wickliffe Mnds. SHS
Ft. Donelson Nat'l. Bfld.
Land between the Lakes
Kentucky Lake
Lake Barkley
Reelfoot L. SP
Reelfoot Lake
Dixie Gun Works Mus.
Crockett Cabin
Casino Aztar
Ellis Park Race Track
Port of Indiana-Mt. Vernon
Shawneetown Bank SHS
Bollinger Mill SHS
Columbus Belmont SP
Lake Isom NWR
Big Lake NWR
Chickasaw NWR
Cross Creeks NWR
Tennessee NWR
ILLINOIS
MISSOURI
KENTUCKY
TENNESSEE
Mississippi R.
Ohio R.
Wabash River
Tennessee River

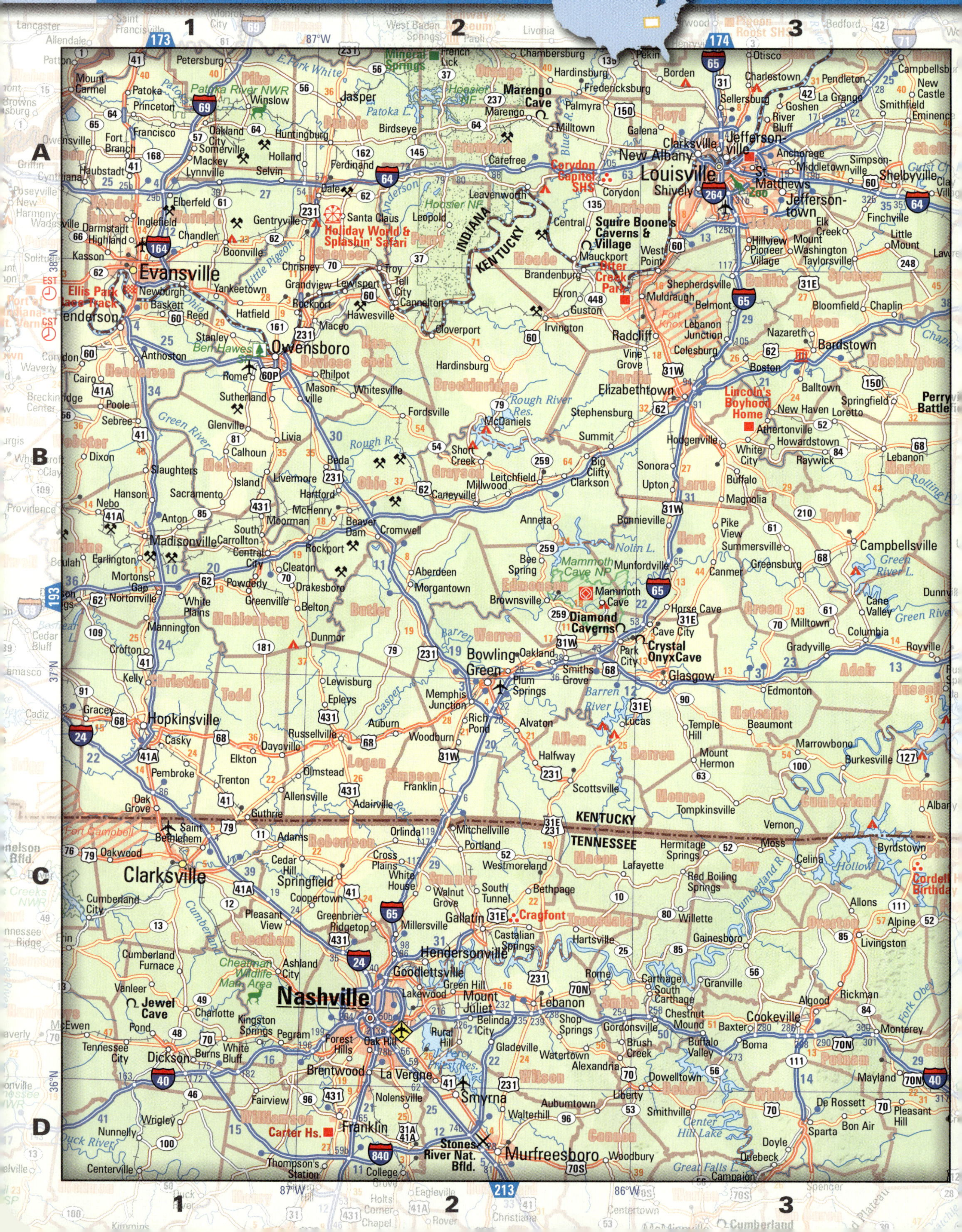
1
2
3
A
B
C
D
87°W
86°W
38°N
37°N
36°N
Louisville
Jefferson-ville
New Albany
Clarksville
Shively
St. Matthews
Jeffersontown
Shelbyville
Evansville
Henderson
Owensboro
Elizabethtown
Bardstown
Radcliff
Bowling Green
Glasgow
Hopkinsville
Madisonville
Campbellsville
Columbia
Clarksville
Nashville
Hendersonville
Gallatin
Lebanon
Murfreesboro
Franklin
Brentwood
Smyrna
La Vergne
Mount Juliet
Dickson
Cookeville
Goodlettsville
Springfield
KENTUCKY
TENNESSEE
INDIANA
KENTUCKY
Mammoth Cave NP
Holiday World & Splashin' Safari
Squire Boone's Caverns & Village
Lincoln's Boyhood Home
Diamond Caverns
Crystal Onyx Cave
Cragfont
Carter Hs.
Stones River Nat. Bfld.
Corydon Capitol SHS
Ellis Park Race Track
EST
CST

0 20 40 km
0 10 25 Miles
N
3
4
5
6
A
B
C
85°W
84°W
83°W
38°N
37°N
36°N
Frankfort
Georgetown
Lexington
Winchester
Nicholasville
Richmond
Danville
Harrodsburg
Versailles
Paris
Cynthiana
Carlisle
Flemingsburg
Owingsville
Morehead
Grayson
Ashland
Huntington
Kenova
Louisa
Paintsville
Prestonsburg
Pikeville
Hazard
Hindman
Whitesburg
Jenkins
Harlan
Cumberland
Middlesborough
Pineville
Barbourville
Corbin
London
Manchester
Somerset
Monticello
Jamestown
Stanford
Lancaster
Berea
Beattyville
Jackson
Booneville
McKee
Mount Vernon
Campton
Stanton
Frenchburg
Salyersville
West Liberty
Williamsburg
Jellico
Oneida
Huntsville
La Follette
Jacksboro
Tazewell
Sneedville
Rogersville
Morristown
Greeneville
Kingsport
Jonesborough
Newport
Dandridge
Sevierville
Knoxville
Maryville
Oak Ridge
Clinton
Kingston
Harriman
Wartburg
Jamestown
Crossville
Crab Orchard
KENTUCKY
TENNESSEE
VIRGINIA
WEST VIRGINIA
NORTH CAROLINA
Cumberland plateau
Daniel Boone National Forest
Red River Gorge
Ky. Horse Pk.
Duncan Tavern Hist. Shrine
Waveland SHS
Whitehall SHS
Shakertown
Isaac Shelby SHS
Camp Wildcat Battle Mon.
Dr. Thomas Walker SHS
Cumberland Gap Nat'l Hist. Park
Alvin York's Farm & Grist Mill
Frozen Hd. St. Natural Area
Catoosa Wildlife Man. Area
Amer. Mus. of Science & Energy
Dollywood
Jefferson NF
S.W. Virginia Museum
Lake Cumberland
Laurel River Lake
Cave Run Lake
Dewey Lake
Yatesville Lake
Paintsville Lake
Herrington L.
Pine Mtn.
Clinch Mountain
Cumberland Mtn.
Crab Orchard Mtns.
Bald Mtns.
Big Bald
Mt. Guyot 5888 ft.
Mt. Sterling 5835 ft.
Gatlinburg Ski Area
CST EST

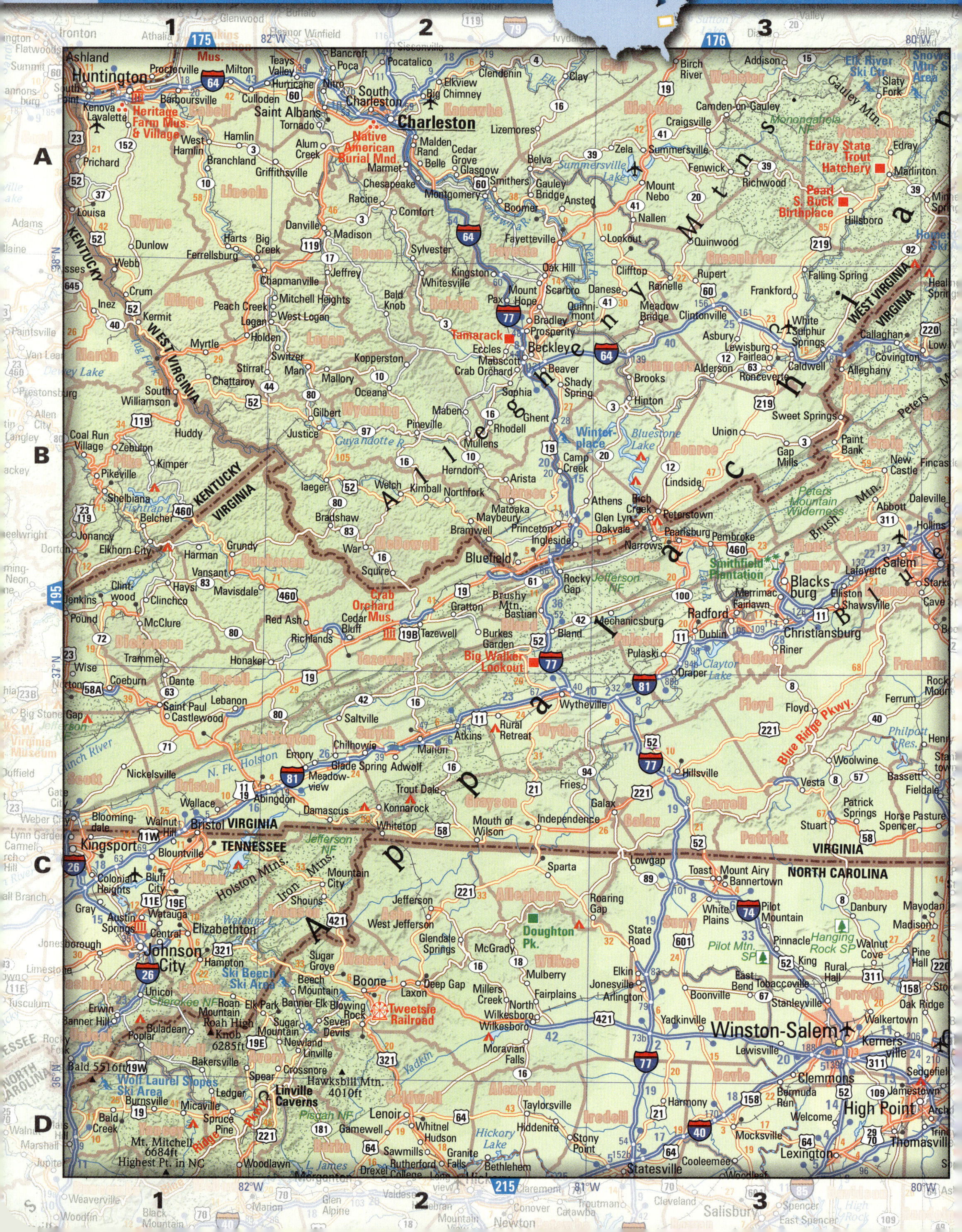
1
2
3
A
B
C
D
Huntington
Charleston
Beckley
Bluefield
Blacksburg
Salem
Christiansburg
Radford
Pulaski
Wytheville
Marion
Abingdon
Bristol VIRGINIA
Kingsport
Johnson City
Elizabethton
Boone
Winston-Salem
High Point
Lexington
Statesville
Mount Airy
Galax
Lewisburg
Princeton
Tazewell
Richlands
Grundy
Welch
Williamson
Logan
Pikeville
Norton
Wise
WEST VIRGINIA
VIRGINIA
KENTUCKY
TENNESSEE
NORTH CAROLINA
Allegheny Mtns.
Appalachian
Blue Ridge Pkwy.
Tamarack
Big Walker Lookout
Crab Orchard Mus.
Tweetsie Railroad
Linville Caverns
Doughton Pk.
Pilot Mtn. SP
Hanging Rock SP
Mt. Mitchell 6684ft Highest Pt. in NC
Roan High Knob 6285ft
Hawksbill Mtn. 4010ft
Bald 5516ft
Wolf Laurel Slopes Ski Area
Ski Beech Ski Area
Snowshoe Mtn.
Smithfield Plantation
Pearl S. Buck Birthplace
Edray State Trout Hatchery
Native American Burial Mnd.
Heritage Farm Mus. & Village
Jefferson NF
Pisgah NF
Monongahela NF
82°W
81°W
80°W
38°N
37°N
36°N

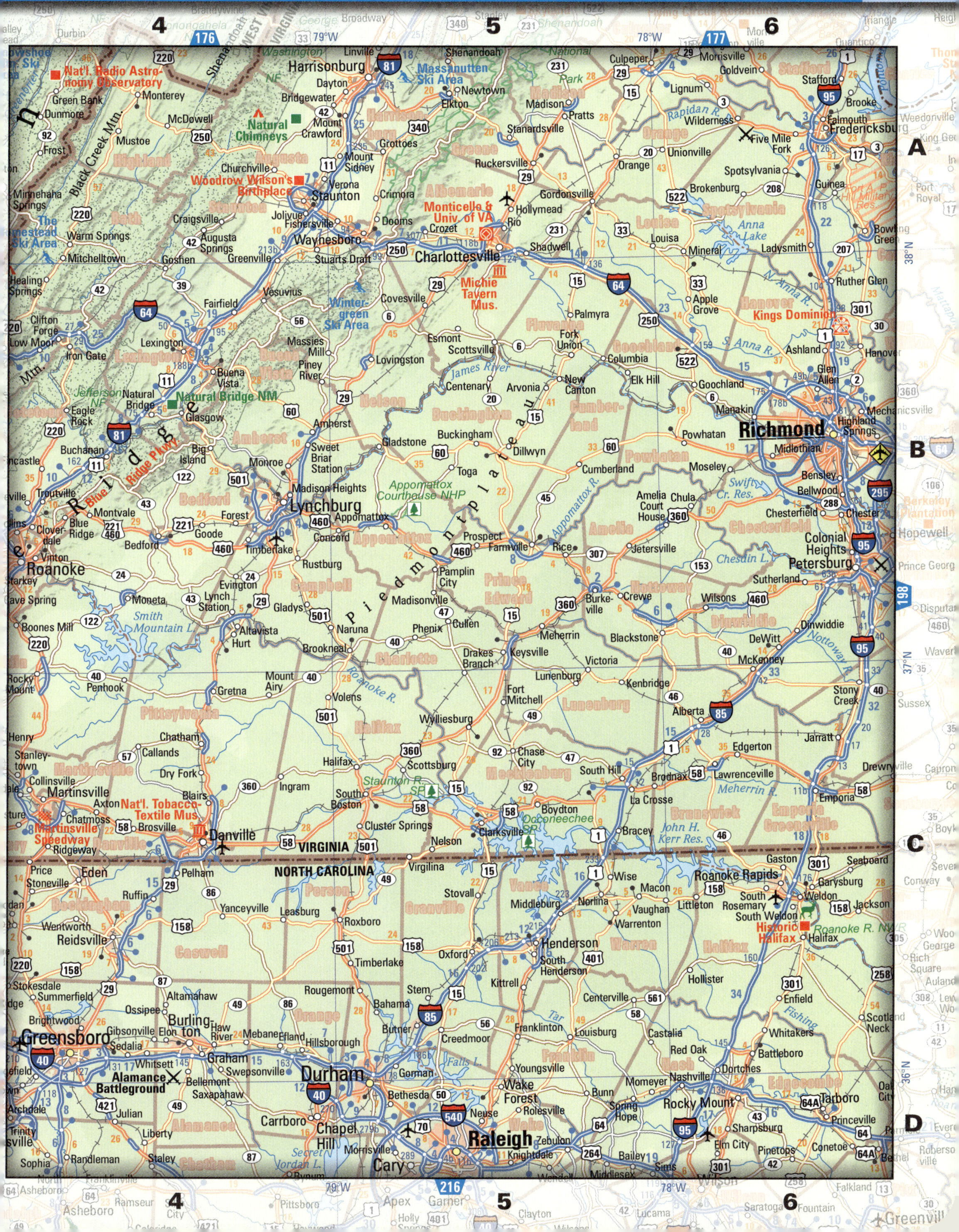
4
5
6
A
B
C
D
79°W
78°W
38°N
37°N
36°N
Nat'l. Radio Astronomy Observatory
Harrisonburg
Massanutten Ski Area
Shenandoah
Natural Chimneys
Woodrow Wilson's Birthplace
Staunton
Waynesboro
Charlottesville
Monticello & Univ. of VA
Michie Tavern Mus.
Culpeper
Fredericksburg
Stafford
Spotsylvania
Orange
Gordonsville
Louisa
Kings Dominion
Ashland
Richmond
Midlothian
Petersburg
Colonial Heights
Hopewell
Chester
Chesterfield
Powhatan
Goochland
Lexington
Natural Bridge NM
Buena Vista
Blue Ridge Pkwy
Roanoke
Vinton
Salem
Bedford
Lynchburg
Appomattox
Appomattox Courthouse NHP
Piedmont plateau
James River
Farmville
Prospect
Amelia Court House
Burkeville
Crewe
Blackstone
Dinwiddie
Keysville
Victoria
Kenbridge
Lunenburg
South Hill
Lawrenceville
Emporia
Smith Mountain L.
Rocky Mount
Gretna
Chatham
Martinsville
Nat'l. Tobacco-Textile Mus.
Martinsville Speedway
Danville
South Boston
Halifax
Clarksville
John H. Kerr Res.
VIRGINIA
NORTH CAROLINA
Eden
Reidsville
Roxboro
Oxford
Henderson
Warrenton
Roanoke Rapids
Weldon
Historic Halifax
Greensboro
Burlington
Graham
Hillsborough
Durham
Chapel Hill
Carrboro
Cary
Raleigh
Wake Forest
Louisburg
Rocky Mount
Nashville
Tarboro
Wilson
Alamance Battleground
Asheboro

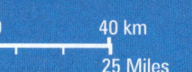

Atlantic Ocean
Chesapeake Bay
Albemarle Sound
DELAWARE
MARYLAND
VIRGINIA
NORTH CAROLINA
Richmond
Hampton
Newport News
Portsmouth
Virginia Beach
Chesapeake
Suffolk
Williamsburg
Fredericksburg
Petersburg
Elizabeth City
Salisbury
Ocean City
Fenwick Is.
Dixon Mon.
Selbyville
Frankford
Willards
Berlin
West Ocean City
Snow Hill
Pocomoke City
Princess Anne
Crisfield
Chincoteague
Assateague Island
Assateague Island Nat'l. Shores
Chincoteague NWR
NASA Wallops Flight Ctr.
NASA Aeronautics and Space Admin.
Wallops I.
Wallops I. NWR
Assawoman I.
Metompkin I.
Cedar I.
Parramore I.
Hog I.
Cobb I.
Wreck I.
Ship Shoal I.
Myrtle I.
Smith I.
Cape Charles Lighthouse
Cape Charles
Fort Story Mil. Res.
Oceana Naval Air Station
Back Bay NWR
Mackay Island NWR
Currituck NWR
Currituck Beach Lighthouse
Currituck S.
Kitty Hawk
Kill Devil Hills
Nags Head
Ft. Raleigh NHS
Manteo
Wanchese
Bodie Island Lighthouse
Croatan S.
Alligator River NWR
Great Dismal Swamp NWR
Drummond L.
Old Trinity Church (1670)
Blackwater NWR
Glenn Martin NWR
Smith I.
Tangier
Pocomoke Sound
Onancock
Accomac
Exmore
Nassawadox
Eastville
Cape Charles
Eastern Shore of Virginia NWR
Mabjack Bay
Plum Tree Island NWR
New Pt. Comfort
Windmill Pt.
Smith Pt.
Pt. Lookout
First Capitol of Maryland
Saint Marys City
George Washington Birthplace Nat'l. Mon.
Robert E. Lee's Birthplace
Thomas Stone NHS
Kings Dominion
Berkeley Plantation
James R. NWR
Colonial Nat'l. Hist. Park
Bacon's Castle
Jamestown
Yorktown
Gloucester
Tappahannock
West Point
Hopewell
Emporia
Franklin
Smithfield
Windsor
Edenton
Hertford
Plymouth
Williamston
Roanoke R. NWR
Roanoke River NWR
Tarboro
Halifax
Jackson
Murfreesboro
Ahoskie
Windsor
Columbia
Intracoastal Waterway
Potomac
Rappahannock
Chowan R.
Mattaponi R.
Nottoway R.
Isle of Wight
Southampton
Sussex
Surry
Northampton
Accomack
Gates
Camden
Pasquotank
Perquimans
Chowan
Bertie
Hertford
Washington
Tyrrell
Currituck
Dorchester
Wicomico
Worcester
Somerset
St. Mary's
Charles
King George
Westmoreland
Caroline
Essex
Richmond
King William
King and Queen
New Kent
Charles City
James City
Prince George
Middlesex
Mathews
Gloucester
York
Lancaster
Northumberland
77°W
76°W
75°W
38°N
37°N
36°N
1
2
3
A
B
C
D

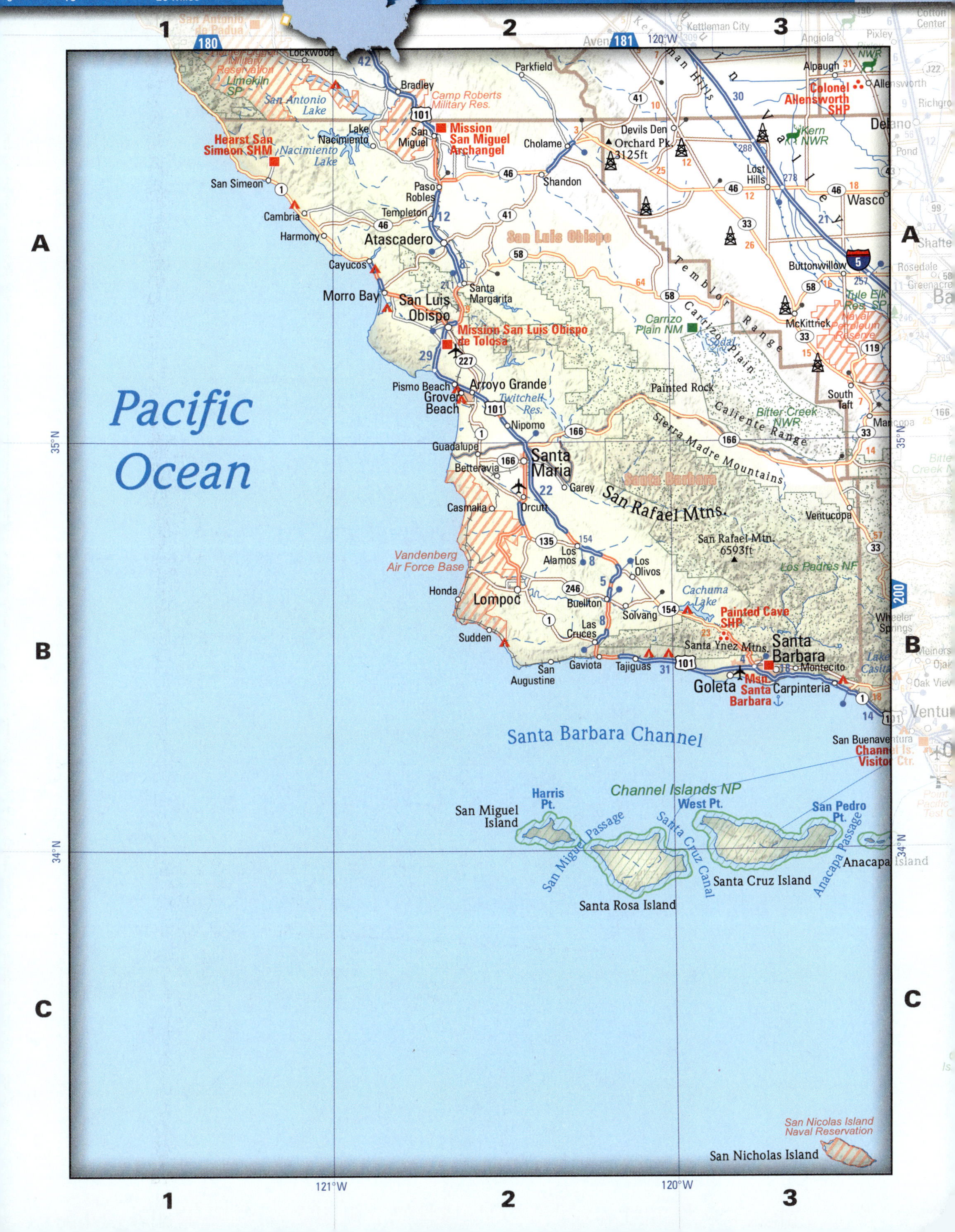

0 20 40 km
0 10 25 Miles
1 2 3
A B C
Pacific Ocean
Santa Barbara Channel
San Luis Obispo
Santa Barbara
San Rafael Mtns.
Sierra Madre Mountains
Temblor Range
Caliente Range
Carrizo Plain
Santa Ynez Mtns.
Channel Islands NP
San Miguel Island
Santa Rosa Island
Santa Cruz Island
Anacapa Island
San Nicholas Island
San Nicolas Island Naval Reservation
Harris Pt.
West Pt.
San Pedro Pt.
San Miguel Passage
Santa Cruz Canal
Anacapa Passage
Atascadero
Morro Bay
Paso Robles
Templeton
Cambria
Cayucos
Harmony
San Simeon
Hearst San Simeon SHM
Mission San Miguel Archangel
Mission San Luis Obispo de Tolosa
Camp Roberts Military Res.
Vandenberg Air Force Base
Santa Maria
Lompoc
Goleta
Carpinteria
Arroyo Grande
Pismo Beach
Grover Beach
Nipomo
Guadalupe
Betteravia
Orcutt
Casmalia
Garey
Los Alamos
Los Olivos
Buellton
Solvang
Las Cruces
Gaviota
Tajiguas
San Augustine
Honda
Sudden
Cachuma Lake
Painted Cave SHP
Montecito
Msn. Santa Barbara
San Rafael Mtn. 6593ft
Los Padres NF
Ventucopa
Painted Rock
Carrizo Plain NM
Soda Lake
Bitter Creek NWR
South Taft
Maricopa
McKittrick
Buttonwillow
Tule Elk Res. SP
Naval Petroleum Reserve
Wasco
Lost Hills
Devils Den
Orchard Pk. 3125ft
Cholame
Shandon
Parkfield
Bradley
Lockwood
San Antonio Lake
Nacimiento Lake
Lake Nacimiento
San Miguel
Limekiln SP
Alpaugh
Colonel Allensworth SHP
Kern NWR
Kettleman Hills
San Joaquin Valley
Santa Margarita
Twitchell Res.
Wheeler Springs
San Buenaventura
Channel Is. Visitor Ctr.
121°W
120°W
35°N
34°N

Bakersfield
Delano
Wasco
Shafter
Oildale
Bakersfield Speedway
Colonel Allensworth SHP
Kern NWR
Tule Elk Res. SP
Naval Petroleum Reserve
McKittrick
Buttonwillow
Taft
Maricopa
Arvin
Lamont
Di Giorgio
Edison
Kern
Greenhorn Mtns.
Shirley Meadows Ski Area
Lake Isabella
Kernville
Wofford Heights
Weldon
Onyx
Bodfish
Miracle Hot Springs
Mountain Mesa
South Lake
Sequoia NF
Owens Pk. 8478ft
Pine Mtn. 3920ft
Caliente
Keene
Tehachapi
Golden Hills
Monolith
Techachapi Loop Viewpoint
Tehachapi Wind Generators
Tehachapi Mountains
Sierra Nevada
El Paso Mountains
Indian Wells Valley
Inyokern
Ridgecrest
China Lake Naval Weapons Center
China Lake
Trona
Searles Lake
Westend
Trona Pinnacles
Little Lake
Pearsonville
Searles
Garlock
Randsburg Ghost Town
Johannesburg
Randsburg Museum
Saltdale
Cantil
Red Mountain
Atolia
Cuddeback L.
Cuddeback Lake Air Force Range
Galileo Hill
Mojave
California City
North Edwards
Kramer Junction
Boron
Twenty Mule Team Museum
Rogers Lake
Edwards Air Force Base
Harper L.
Hinkley
Mojave R.
Rosamond
Rosamond L.
Lancaster
Antelope Valley Indian Museum
Quartz Hill
Palmdale
Antelope Val. California Poppy Pres.
Lake Hughes
Elizabeth Lake
Desert View Highlands
Funland USA
Littlerock
Pearblossom
El Mirage Lake
Adelanto
Helendale
Oro Grande
Historic Route 66
Victorville
Phelan
Mountain View Acres
Saint Andrews Abbey
Ski Sunrise
Wrightwood
Mtn. High Ski Area
Mt. Baldy Ski Area
Mount Baldy
Cajon Junction
Summit
Silverwood
Cedarpines Pk.
Crestline
Devore
Scotland
Rancho Cucamonga
Fontana
Ontario
Chino
Chino Hills
Riverside
Norco
Corona
Woodcrest
El Cerrito
Perris
Mathews L.
Lake Elsinore
Alberhill
Lakeland Village
Wildomar
Murrieta
Temecula
Cleveland NF
Camp Pendleton Marine Corps Base
Fallbrook
Bonsall
San Luis Rey
Naval Weapons Station (Fallbrook Annex)
Oceanside
Legoland California
Carlsbad
Vista
Buena Vista Lagoon
Wheeler Ridge
Fort Tejon SHP
Lebec
Gorman
Frazier Park
Bitter Creek NWR
Los Angeles Aqueduct
Pyramid Lake
Castaic Lake
Angeles NF
Bouquet Res.
Six Flags Magic Mtn.
Santa Clarita
Saugus
Newhall
Val Verde
Piru
Fillmore
Acton
San Gabriel Mtns.
Los Angeles
San Fernando
La Crescenta
Montrose
La Canada Flintridge
Pasadena
Burbank
Glendale
Los Angeles
El Monte
W. Covina
Pomona
West Hollywood
Culver City
Santa Monica
Malibu
Inglewood
Hawthorne
Manhattan Beach
Redondo Beach
Torrance
Carson
Downey
Norwalk
Whittier
La Habra
Fullerton
Artesia
Anaheim
Disneyland
Orange
Santa Ana
Garden Grove
Lomita
Long Beach
Huntington Beach
Costa Mesa
Irvine
Lake Forrest
Aliso Viejo
Mission Viejo
Laguna Beach
Laguna Niguel
San Juan Capistrano
Dana Point
San Clemente
Rancho Palos Verdes
Pt. Vicente Lighthouse
Pt. Fermin Hist. Lighthouse
Santa Monica Bay
San Pedro Channel
Arrow Pt.
Santa Catalina Island
Avalon
Lover's Cove Undersea Gdns.
Wrigley Memorial & Botanical Garden
Santa Barbara Island
Channel Islands NP
San Nicolas Island Naval Reservation
San Nicholas Island
Santa Cruz Island
Anacapa Island
Anacapa Passage
San Pedro Pt.
Point Mugu Pacific Missile Test Center
Camarillo
Oxnard
Channel Is. Visitor Ctr.
San Buenaventura
Ventura
Santa Paula
Moorpark
Simi Valley
Santa Susana
Thousand Oaks
Casa Conejo
Westlake Village
Agoura Hills
Cornell
Sespe
Ojai
Meiners Oaks
Oak View
Lake Casitas
Carpinteria
Montecito
Santa Barbara
Msn. Santa Barbara
Goleta
Painted Cave
Wheeler Springs
Pine Mtn. 7510ft
Alamo Mountain 7369ft
Hopper Mountain NWR
Ventura
Los Padres NF
San Rafael Mtn. 6593ft
Ventucopa
Caliente Range
Carrizo Plain
Temblor Range
San Joaquin Valley
South Taft
Lost Hills
Pond
Richgrove
Alpaugh
Allensworth
Balance Rock
Fairview
Greenacres
Rosedale
Woody
119°W
118°W
35°N
34°N

0 20 40 km
0 10 25 Miles
N
PST MST
117°W
116°W
115°W
Death Valley NP
Ashford Mill
Tecopa
Kingston Peak 7323ft
Sandy Valley
Goodsprings
Jean
McCullough Range
McCullough Mtn.
Eldorado Valley
Nelson
Searchlight
Mesquite Valley
Mesquite Lake
Clark Mtn. 7904ft
Ivanpah Lake
Roach
Nipton
Moutain Pass 4731ft
Shadow Valley
Ivanpah Valley
Ivanpah
NEVADA
CALIFORNIA
Piute Valley
Piute Range
Eldorado Mountains
Newberry Mtns.
Davis Dam
Laughlin
Dead Mtns.
Cima Dome
Mojave National Preserve
Cima
New York Mtns.
Lanfair Valley
Avawatz Mtns.
Granite Mountains
China Lake Naval Weapons Center
Fort Irwin National Training Center
Tiefort Mountains
Mojave Desert
Baker
Soda Mtns.
Soda L.
Devils Playground
Kelso
Providence Mtns.
Mitchell Caverns Natural Preserve
Kelso Dunes
Granite Peak 6762ft
Afton
Crucero
Cady Mtns.
Bristol Mountains
Afton Canyon Natural Area
Coyote L.
Calico Ghost Town
Hinkley
Barstow
Yermo
R. Val. Mus.
Lenwood
Daggett
Newberry Springs
Barstow Marine Corps Logistics Base
Hodge
Ludlow
Goffs
South Pass 2602ft
Fenner
Mountain Springs 3786ft
Needles
Sacramento Mountains
Clipper Mtns.
Fenner Valley
Historic Route 66
Essex
Chemehuevi Valley
San Bernardino
Bagdad
Amboy
Cadiz
Old Woman Mountains
Bullion Mountains
Marine Corps Air Ground Combat Center
Bristol Lake
Cadiz Valley
Chubbuck
Turtle Mountains
Victorville
Apple Valley
Route 66 Mus.
Hesperia
Lucerne Valley
Landers
Giant Rock
San Bernardino Mtns.
Arrowhead
Cedar Glen
Big Bear L.
Big Bear City
Green Val. L.
Crestline
Rimforest
Smiley Pk.
Del Rosa
Bear Mtn. Ski Resort
Onyx Summit 9121ft
Yucca Valley
Twentynine Palms Marine Corps Base
Twentynine Palms
Joshua Tree
High Desert Nature Mus.
Oasis Visitor Ctr.
Twentynine Palms IR
Cadiz Lake
Danby Lake
Sheep Hole Mtns.
Rice
Granite Mtns.
San Bernardino
Redlands
Yucaipa
Morongo Valley
San Bernardino NF
Grand Terrace
El Casco
E. Dean Mus.
Morongo IR
Cherry Val.
Malki Mus.
Beaumont
Desert Hot Springs
Hidden Valley
Keys View
Little San Bernardino Mountains
Joshua Tree NP
Eagle Mountain
Palen Lake
Palen Mtns.
Midland
Big Maria Mountains
Moreno Valley
Banning
Cabazon
Agua Caliente IR
Thousand Palms
Coachella Val. NWR
Lakeview
San Jacinto
Nuevo
Palm Springs
Cathedral City
Hemet
Pine Cove
Idyllwild
Rancho Mirage
Palm Desert
Bermuda Dunes
Indio
General Patton Mus.
Desert Center
McCoy Mtns.
Romoland
Sun City
Winchester
Mountain Ctr.
Living Desert
La Quinta
Coachella
Thermal
Blythe
Sedco Hills
Diamont Valley L.
San Bernardino NF
Ramona IR
Augustine IR
Orocopia Mtns.
Ripley
Murrieta Hot Springs
Anza
Santa Rosa IR
Mecca
North Shore
Cahuilla IR
Torres-Martinez IR
Palo Verde
Aguanga
Riverside
Oasis
Rainbow
Pala
Palomar Mtn. 6142ft
Cleveland NF
Borrego Palm Canyon
Salton City
Salton Sea
Bombay Beach
Imperial NWR
Chocolate Mountain Naval Aerial Gunnery Range
Salvation Mountain
Chocolate Mtns.
Cibola NWR
Pala IR
Mission IR
Los Coyotes IR
Henshaw Lake
Warner Springs
Borrego Springs
La Jolla IR
Valley
Jesmond
Niland
Mt. Barrow
Escondido
CALIFORNIA
ARIZONA
35°N
34°N
3 4 5 6
A B C
182 183 202 219

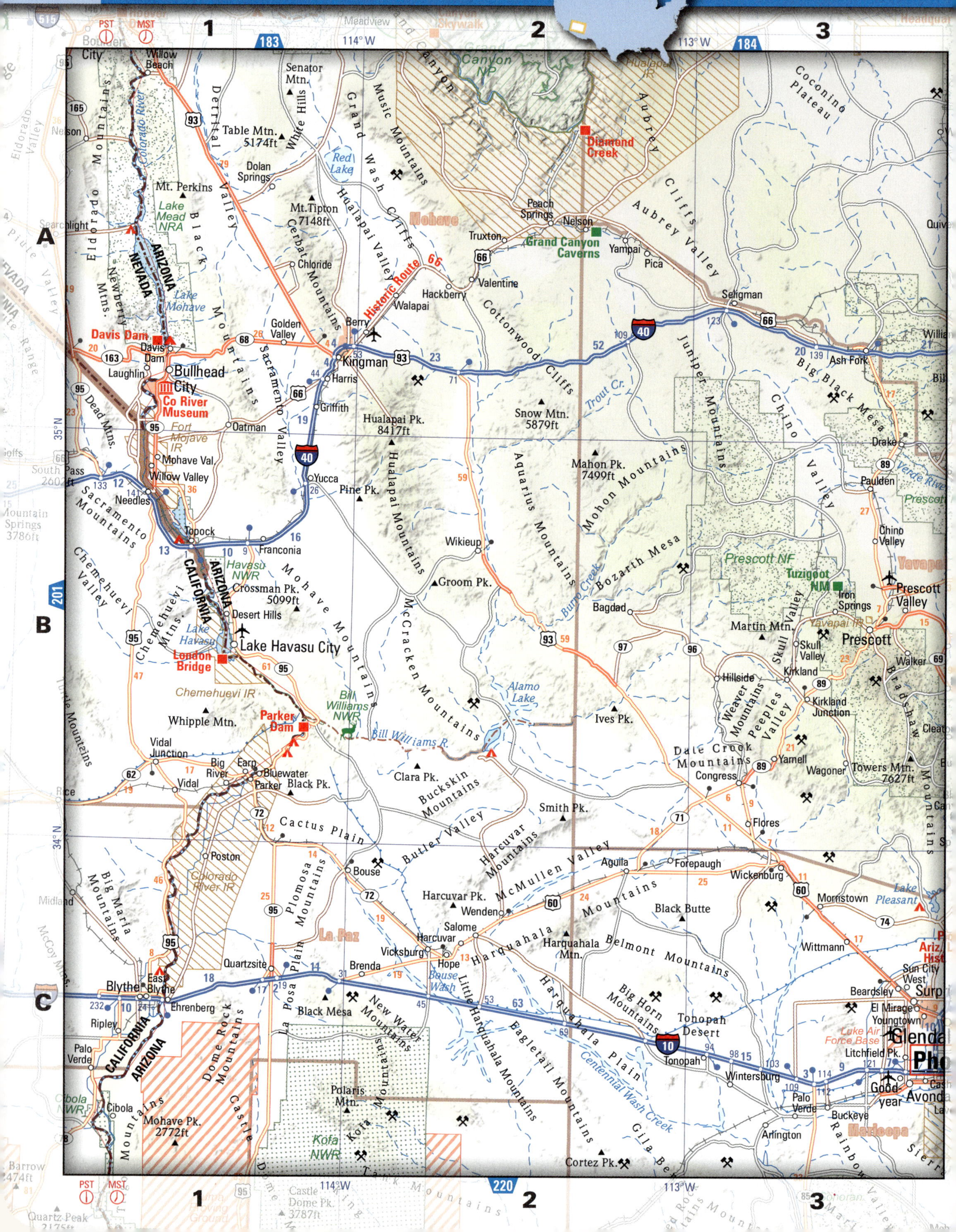
1
2
3
A
B
C
114° W
113° W
35° N
34° N
PST
MST
183
184
201
220
Grand Canyon NP
Hualapai IR
Diamond Creek
Coconino Plateau
Aubrey Cliffs
Aubrey Valley
Senator Mtn.
Table Mtn. 5174ft
White Hills
Detrital Valley
Dolan Springs
Red Lake
Grand Wash Cliffs
Music Mountains
Mohave
Peach Springs
Nelson
Truxton
Grand Canyon Caverns
Yampai
Pica
Seligman
Mt. Perkins
Mt. Tipton 7148ft
Cerbat Mountains
Chloride
Hualapai Valley
Historic Route 66
Hackberry
Valentine
Walapai
Cottonwood Cliffs
Juniper Mountains
Big Black Mesa
Chino Valley
Ash Fork
Drake
Paulden
Verde River
Prescott NF
Searchlight
Eldorado Mountains
Lake Mead NRA
Black Mountains
ARIZONA
NEVADA
Newberry Mtns.
Lake Mohave
Golden Valley
Berry
Kingman
Harris
Griffith
Davis Dam
Laughlin
Bullhead City
Co River Museum
Oatman
Sacramento Valley
Hualapai Pk. 8417ft
Hualapai Mountains
Snow Mtn. 5879ft
Trout Cr.
Mahon Pk. 7499ft
Mohon Mountains
Aquarius Mountains
Dead Mtns.
Fort Mojave IR
Mohave Val.
Willow Valley
Needles
Yucca
Pine Pk.
Wikieup
Topock
Franconia
Sacramento Mountains
Chemehuevi Valley
Havasu NWR
Crossman Pk. 5099ft
Desert Hills
Mohave Mountains
Groom Pk.
Burro Creek
Bozarth Mesa
Bagdad
Tuzigoot NM
Iron Springs
Prescott Valley
Yavapai IR
Martin Mtn.
Skull Valley
Prescott
Walker
Chemehuevi Mtns.
Lake Havasu
Lake Havasu City
London Bridge
Chemehuevi IR
Bill Williams NWR
McCracken Mountains
Alamo Lake
Hillside
Weaver Mountains
Peeples Valley
Kirkland
Kirkland Junction
Bradshaw Mountains
Whipple Mtn.
Parker Dam
Bill Williams R.
Ives Pk.
Dale Creek Mountains
Yarnell
Wagoner
Towers Mtn. 7627ft
Turtle Mountains
Vidal Junction
Big River
Earp
Bluewater
Parker
Black Pk.
Vidal
Clara Pk.
Buckskin Mountains
Smith Pk.
Congress
Flores
Cactus Plain
Butler Valley
Harcuvar Mountains
Poston
Colorado River IR
Bouse
McMullen Valley
Aguila
Forepaugh
Wickenburg
Morristown
Lake Pleasant
Big Maria Mountains
Plomosa Mountains
Harcuvar Pk.
Wenden
Salome
Harquahala Mountains
Black Butte
La Paz
Harcuvar
Vicksburg
Hope
Harquahala Mtn.
Belmont Mountains
Wittmann
Quartzsite
Brenda
Bouse Wash
Sun City West
Surprise
Blythe
East Blythe
Ehrenberg
La Posa Plain
Black Mesa
New Water Mountains
Little Harquahala Mountains
Big Horn Mountains
Tonopah Desert
Beardsley
El Mirage
Youngtown
Luke Air Force Base
Glendale
Ripley
Palo Verde
CALIFORNIA
Dome Rock Mountains
Polaris Mtn.
Kofa Mountains
Eagletail Mountains
Harquahala Plain
Centennial Wash Creek
Tonopah
Wintersburg
Litchfield Pk.
Goodyear
Avondale
Cibola NWR
Cibola
Mohave Pk. 2772ft
Castle Dome Mountains
Kofa NWR
Cortez Pk.
Gila Bend
Arlington
Buckeye
Maricopa
Rainbow Valley
South Pass 2602ft
Mountain Springs 3786ft
Barrow 2474ft
Castle Dome Pk. 3787ft
Quartz Peak
Tank Mountains
Meadview
Skywalk

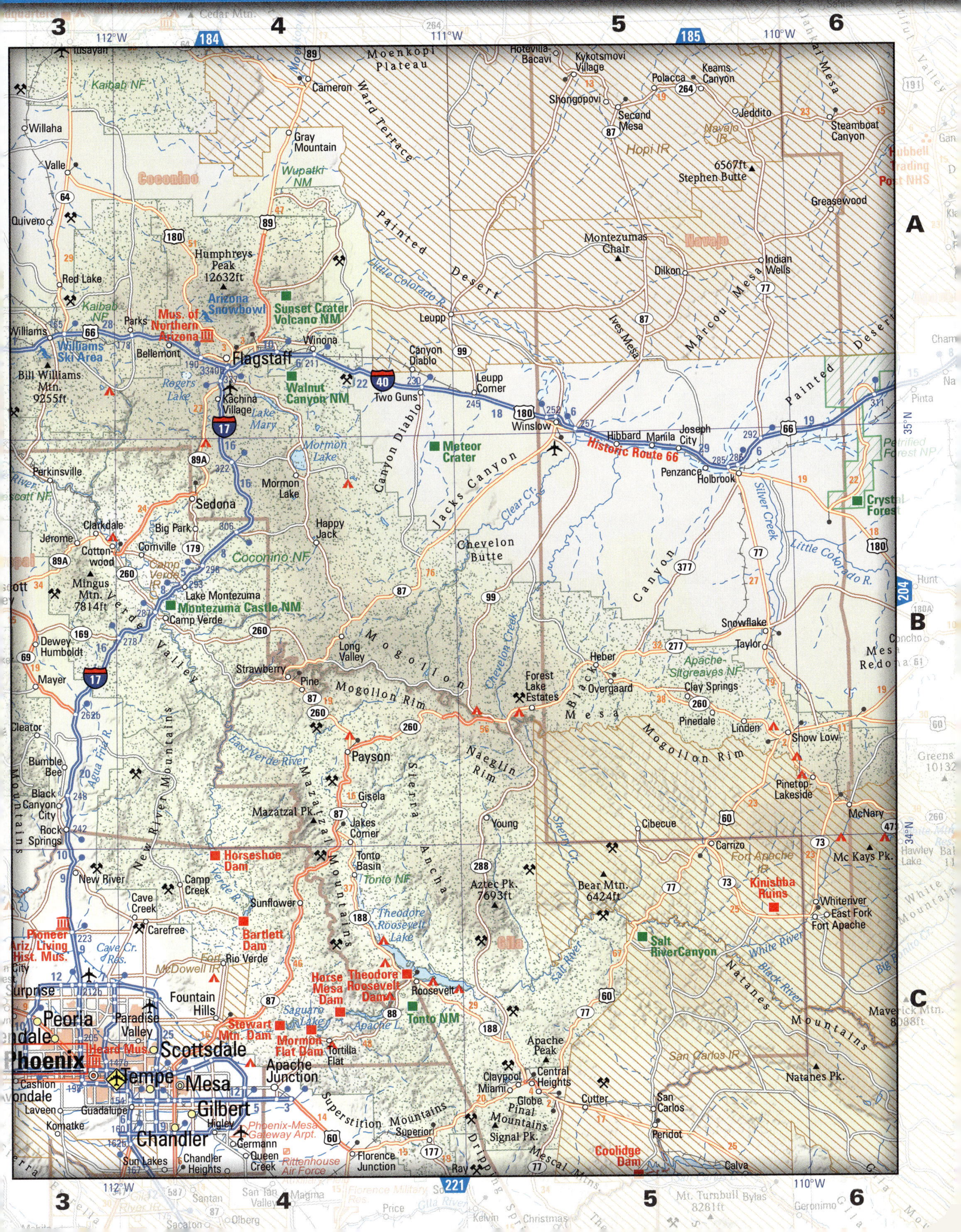
0 20 40 km
0 10 25 Miles
N
3
4
5
6
112°W
111°W
110°W
184
185
Moenkopi Plateau
Hotevilla-Bacavi
Kykotsmovi Village
Shongopovi
Second Mesa
Polacca
Keams Canyon
Jeddito
Steamboat Canyon
Hopi IR
Navajo IR
6567ft
Stephen Butte
Greasewood
Hubbell Trading Post NHS
Tusayan
Kaibab NF
Cameron
Ward Terrace
Willaha
Gray Mountain
Valle
Wupatki NM
Coconino
Quivero
Painted Desert
Little Colorado R.
Montezumas Chair
Navajo
Dilkon
Indian Wells
Marcou Mesa
Humphreys Peak 12632ft
Red Lake
Arizona Snowbowl
Sunset Crater Volcano NM
Mus. of Northern Arizona
Parks
Williams
Williams Ski Area
Bellemont
Flagstaff
Winona
Leupp
Ives Mesa
Canyon Diablo
Bill Williams Mtn. 9255ft
Rogers Lake
Kachina Village
Walnut Canyon NM
Two Guns
Leupp Corner
Winslow
Hibbard
Manila
Joseph City
Historic Route 66
Penzance
Holbrook
Lake Mary
Mormon Lake
Meteor Crater
Jacks Canyon
Petrified Forest NP
Crystal Forest
Perkinsville
Sedona
Mormon Lake
Happy Jack
Clear Cr.
Chevelon Butte
Silver Creek
Little Colorado R.
Clarkdale
Jerome
Big Park
Cornville
Cottonwood
Coconino NF
Mingus Mtn. 7814ft
Verde
Lake Montezuma
Montezuma Castle NM
Camp Verde
Canyon
Snowflake
Taylor
Hunt
Concho
Dewey
Humboldt
Mayer
Long Valley
Mogollon Rim
Chevelon Creek
Forest Lake Estates
Heber
Overgaard
Black Mesa
Apache-Sitgreaves NF
Clay Springs
Pinedale
Linden
Show Low
Mesa Redonda
Strawberry
Pine
Payson
Cleator
Bumble Bee
Black Canyon City
Rock Springs
New River
Agua Fria R.
New River Mountains
East Verde River
Mazatzal Mountains
Mazatzal Pk.
Gisela
Jakes Corner
Sierra Ancha
Naeglin Rim
Young
Cibecue
Pinetop-Lakeside
McNary
Carrizo
Fort Apache IR
Mc Kays Pk.
Kinishba Ruins
Whiteriver
East Fork
Fort Apache
Horseshoe Dam
Tonto Basin
Tonto NF
Aztec Pk. 7693ft
Bear Mtn. 6424ft
Camp Creek
Cave Creek
Sunflower
Carefree
Bartlett Dam
Theodore Roosevelt Lake
Salt River Canyon
Salt River
White River
Black River
Natanes Mountains
Pioneer Ariz. Living Hist. Mus.
Cave Cr. Res.
McDowell IR
Rio Verde
Horse Mesa Dam
Theodore Roosevelt Dam
Roosevelt
Tonto NM
Surprise
Peoria
Fountain Hills
Paradise Valley
Saguaro Lake
Stewart Mtn. Dam
Apache L.
Heard Mus.
Phoenix
Scottsdale
Tempe
Mesa
Mormon Flat Dam
Tortilla Flat
Apache Junction
Apache Peak
San Carlos IR
Maverick Mtn. 8088ft
Natanes Pk.
Cashion
Laveen
Guadalupe
Gilbert
Higley
Komatke
Chandler
Phoenix-Mesa Gateway Arpt.
Superstition Mountains
Superior
Claypool
Miami
Central Heights
Globe
Pinal Mountains
Signal Pk.
Cutter
San Carlos
Peridot
Germann
Queen Creek
Rittenhouse Air Force
Sun Lakes
Chandler Heights
Florence Junction
Mescal Mts.
Ray
Coolidge Dam
Calva
221
Mt. Turnbull 8281ft
Bylas
Geronimo
A
B
C

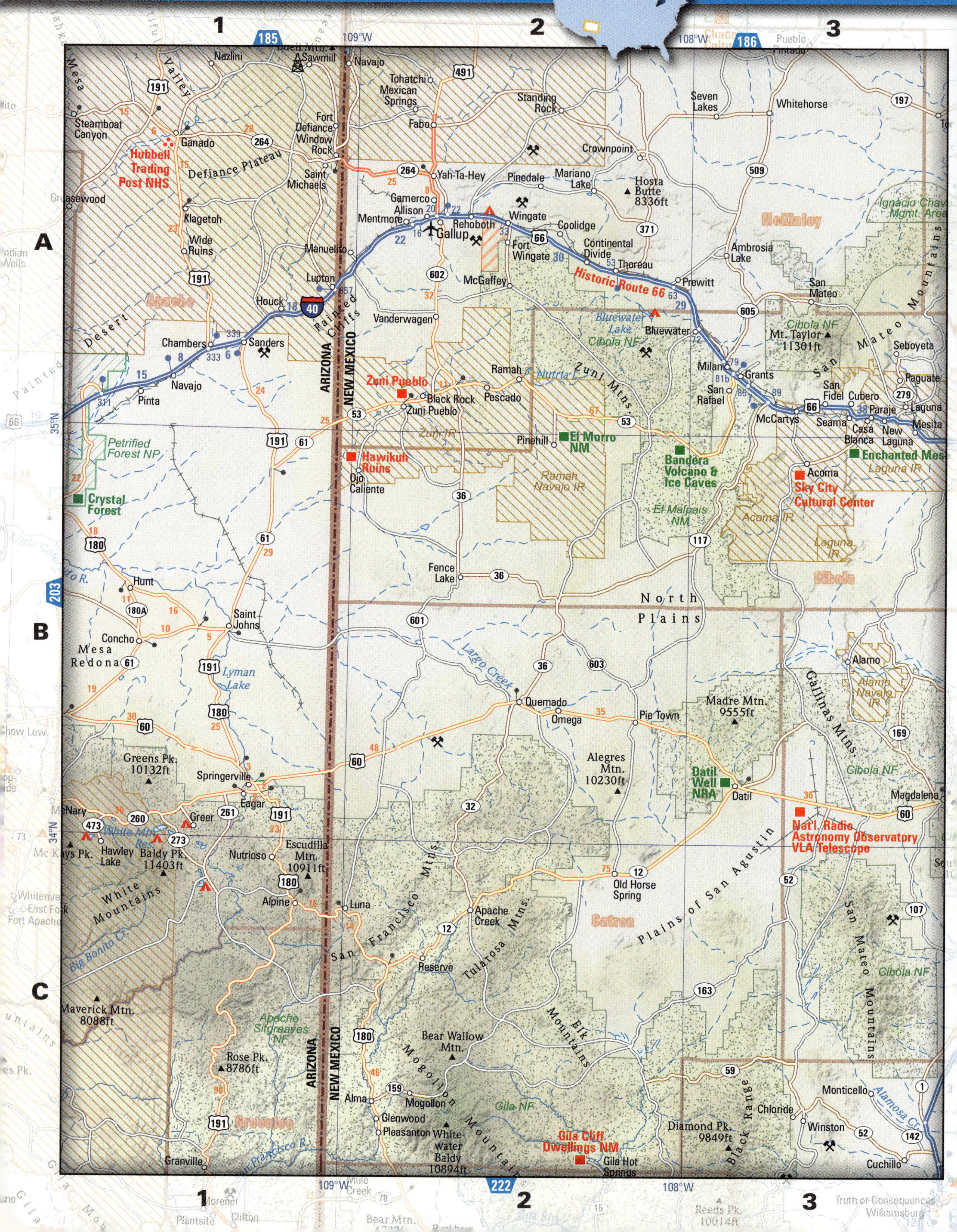

1
2
3
A
B
C
109°W
108°W
35°N
34°N
Nazlini
Sawmill
Navajo
Tohatchi
Mexican Springs
Standing Rock
Seven Lakes
Whitehorse
Steamboat Canyon
Ganado
Hubbell Trading Post NHS
Defiance Plateau
Fort Defiance
Window Rock
Saint Michaels
Fabo
Crownpoint
Yah-Ta-Hey
Pinedale
Mariano Lake
Hosta Butte 8336ft
Ganado
Klagetoh
Wide Ruins
Gamerco
Allison
Mentmore
Rehoboth
Gallup
Wingate
Coolidge
Fort Wingate
Continental Divide
Thoreau
Manuelito
Lupton
McGaffey
Historic Route 66
Prewitt
Ambrosia Lake
McKinley
Ignacio Chavez Mgmt. Area
San Mateo
Houck
Apache
Painted Cliffs
Vanderwagen
Bluewater Lake
Cibola NF
Bluewater
Mt. Taylor 11301ft
Seboyeta
Chambers
Sanders
Navajo
Pinta
Painted Desert
ARIZONA
NEW MEXICO
Zuni Pueblo
Black Rock
Zuni Pueblo
Ramah
Pescado
Nutria
Zuni Mtns.
Milan
Grants
San Rafael
San Fidel
Cubero
Paguate
Paraje
Laguna
Mesita
McCartys
Seama
Casa Blanca
New Laguna
San Mateo Mountains
Petrified Forest NP
Zuni IR
Pinehill
El Morro NM
Bandera Volcano & Ice Caves
Enchanted Mesa
Laguna IR
Hawikuh Ruins
Ojo Caliente
Ramah Navajo IR
Acoma
Sky City Cultural Center
Crystal Forest
El Malpais NM
Acoma IR
Laguna IR
Cibola
Hunt
Fence Lake
North Plains
Saint Johns
Concho
Mesa Redona
Lyman Lake
Largo Creek
Alamo
Alamo Navajo IR
Quemado
Omega
Pie Town
Madre Mtn. 9555ft
Gallinas Mts.
Greens Pk. 10132ft
Springerville
Eagar
Alegres Mtn. 10230ft
Datil Well NRA
Datil
Cibola NF
Magdalena
McNary
Greer
White Mtn Res.
Hawley Lake
Baldy Pk. 11403ft
Nutrioso
Escudilla Mtn. 10911ft
Nat'l. Radio Astronomy Observatory VLA Telescope
Mc Kays Pk.
White Mountains
Alpine
Luna
San Francisco Mts.
Apache Creek
Tularosa Mts.
Old Horse Spring
Plains of San Agustin
Catron
San Mateo Mountains
Cibola NF
Big Bonito Cr.
Reserve
Maverick Mtn. 8088ft
Apache Sitgreaves NF
Bear Wallow Mtn.
Elk Mountains
Rose Pk. 8786ft
Mogollon Mountains
Alma
Mogollon
Gila NF
Monticello
Alamosa Cr.
Chloride
Black Range
Glenwood
Pleasanton
Whitewater Baldy 10894ft
Gila Cliff Dwellings NM
Diamond Pk. 9849ft
Winston
Greenlee
Granville
San Francisco R.
Gila Hot Springs
Cuchillo

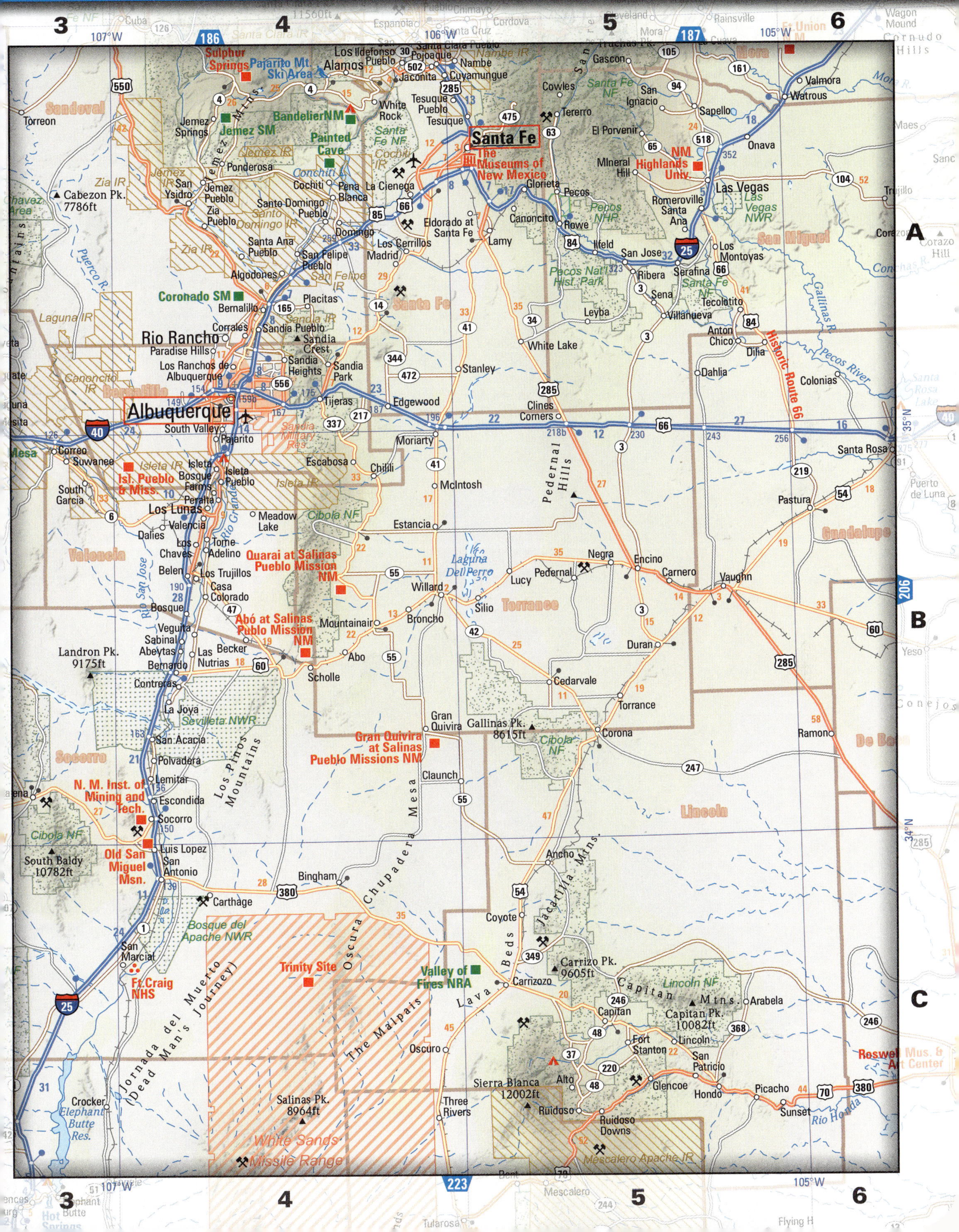
0 20 40 km
0 10 25 Miles
N
3
4
5
6
107°W
106°W
105°W
A
B
C
35°N
34°N
Sulphur Springs
Pajarito Mt. Ski Area
Los Alamos
Jemez Springs
Jemez SM
Bandelier NM
Painted Cave
White Rock
Tesuque Pueblo
Tesuque
Santa Fe
The Museums of New Mexico
Santa Fe NF
Cochiti IR
Nambe
Cuyamungue
Pojoaque
Jacona
Santa Clara Pueblo
Los Ildefonso Pueblo
Torreon
Sandoval
Ponderosa
Cabezon Pk. 7786ft
Zia IR
Jemez IR
San Ysidro
Jemez Pueblo
Zia Pueblo
Santo Domingo Pueblo
Santo Domingo IR
Cochiti
Pena Blanca
La Cienega
Domingo
Santa Ana Pueblo
San Felipe Pueblo
San Felipe IR
Algodones
Los Cerrillos
Madrid
Eldorado at Santa Fe
Lamy
Glorieta
Pecos
Canoncito
Rowe
Pecos NHP
Ilfeld
Pecos Nat'l Hist. Park
Cowles
Tererro
El Porvenir
Mineral Hill
Gascon
San Ignacio
Sapello
Onava
Highlands Univ.
Las Vegas
Las Vegas NWR
Romeroville
Santa Ana
Los Montoyas
San Jose
Ribera
Serafina
Sena
Villanueva
Tecolotito
Leyba
Anton Chico
Dilia
Dahlia
Colonias
Pecos River
Historic Route 66
Valmora
Watrous
Trujillo
San Miguel
Gallinas R.
Coronado SM
Bernalillo
Placitas
Sandia IR
Corrales
Sandia Pueblo
Sandia Crest
Rio Rancho
Paradise Hills
Los Ranchos de Albuquerque
Sandia Heights
Sandia Park
Laguna IR
Canoncito IR
Bernalillo
Albuquerque
Tijeras
Edgewood
Stanley
White Lake
Clines Corners
Moriarty
South Valley
Pajarito
Sandia Military Res.
Correo
Suwanee
Isleta IR
Isleta
Isleta Pueblo
Isl. Pueblo & Miss.
Bosque Farms
Peralta
Los Lunas
Valencia
South Garcia
Dalies
Los Chaves
Tome
Adelino
Meadow Lake
Escabosa
Chilili
McIntosh
Estancia
Cibola NF
Quarai at Salinas Pueblo Mission NM
Belen
Los Trujillos
Casa Colorado
Valencia
Rio Grande
Rio San Jose
Bosque
Veguita
Sabinal
Abeytas
Bernardo
Las Nutrias
Becker
Abó at Salinas Pueblo Mission NM
Mountainair
Abo
Scholle
Broncho
Willard
Laguna Del Perro
Lucy
Pedernal
Negra
Encino
Carnero
Vaughn
Silio
Torrance
Duran
Pedernal Hills
Santa Rosa
Pastura
Puerto de Luna
Guadalupe
Landron Pk. 9175ft
Contreras
La Joya
Sevilleta NWR
San Acacia
Polvadera
Lemitar
Escondida
Socorro
N. M. Inst. of Mining and Tech.
Cibola NF
South Baldy 10782ft
Old San Miguel Msn.
Luis Lopez
San Antonio
Los Pinos Mountains
Gran Quivira
Gran Quivira at Salinas Pueblo Missions NM
Gallinas Pk. 8615ft
Cedarvale
Torrance
Corona
Ramon
De Baca
Lincoln
Claunch
Chupadera Mesa
Bingham
Carthage
Bosque del Apache NWR
San Marcial
Ft.Craig NHS
Trinity Site
Oscura
The Malpais
Valley of Fires NRA
Lava Beds
Carrizozo
Coyote
Ancho
Jicarilla Mts.
Carrizo Pk. 9605ft
Capitan Mts.
Lincoln NF
Capitan
Capitan Pk. 10082ft
Arabela
Fort Stanton
Lincoln
San Patricio
Oscuro
Alto
Glencoe
Hondo
Picacho
Sunset
Rio Hondo
Roswell Mus. & Art Center
Sierra Blanca 12002ft
Ruidoso
Ruidoso Downs
Three Rivers
Mescalero Apache IR
Salinas Pk. 8964ft
White Sands Missile Range
Jornada del Muerto (Dead Man's Journey)
Crocker
Elephant Butte Res.
Socorro
Mescalero
Tularosa
Rainsville
Mora
Ft Union
Cuba
Espanola
Cordova
Truchas Pk.
Hot Springs

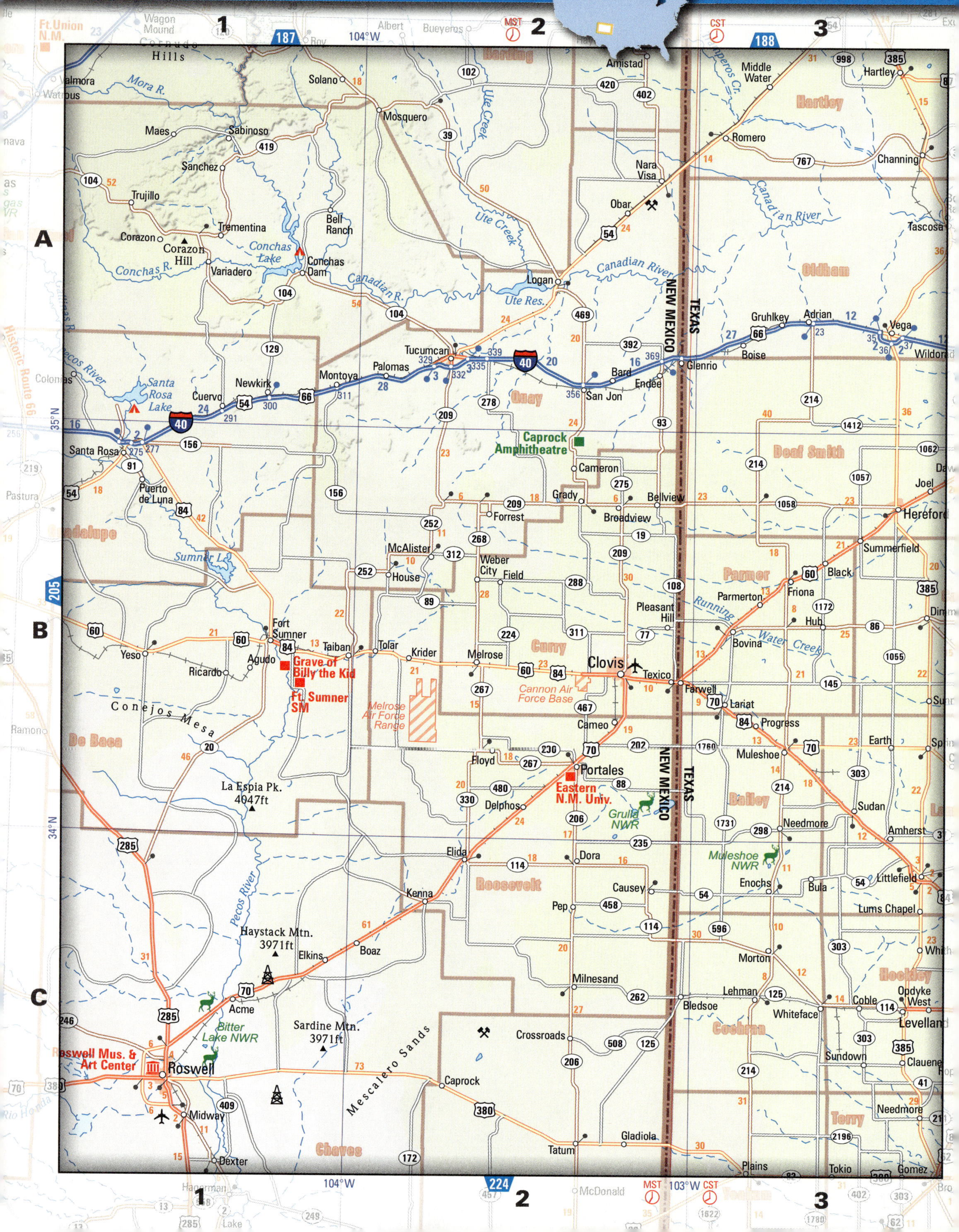
1
2
3
A
B
C
MST
CST
104°W
103°W
35°N
34°N
NEW MEXICO
TEXAS
Harding
Hartley
Oldham
Quay
Deaf Smith
Guadalupe
Curry
Parmer
De Baca
Roosevelt
Bailey
Hockley
Cochran
Chaves
Terry
Wagon Mound
Ft.Union N.M.
Roy
Albert
Bueyeros
Amistad
Middle Water
Hartley
Romero
Channing
Tascosa
Solano
Mosquero
Valmora
Watrous
Mora R.
Maes
Sabinoso
Sanchez
Trujillo
Trementina
Corazon
Corazon Hill
Variadero
Bell Ranch
Conchas Lake
Conchas Dam
Conchas R.
Canadian R.
Canadian River
Ute Creek
Ute Res.
Logan
Nara Visa
Obar
Gruhlkey
Adrian
Vega
Boise
Wildorado
Glenrio
Endee
Bard
San Jon
Tucumcari
Palomas
Montoya
Newkirk
Cuervo
Santa Rosa Lake
Santa Rosa
Colonias
Pecos River
Puerto de Luna
Pastura
Sumner L.
Caprock Amphitheatre
Cameron
Grady
Broadview
Bellview
Forrest
McAlister
House
Weber City
Field
Pleasant Hill
Hereford
Summerfield
Black
Friona
Parmerton
Hub
Bovina
Running Water Creek
Fort Sumner
Taiban
Tolar
Krider
Melrose
Clovis
Texico
Farwell
Lariat
Progress
Yeso
Agudo
Ricardo
Grave of Billy the Kid
Ft. Sumner SM
Melrose Air Force Range
Cannon Air Force Base
Cameo
Conejos Mesa
Ramon
Floyd
Portales
Eastern N.M. Univ.
Delphos
Muleshoe
Earth
Sudan
Amherst
Needmore
La Espia Pk. 4047ft
Grulla NWR
Muleshoe NWR
Elida
Dora
Causey
Enochs
Bula
Littlefield
Lums Chapel
Kenna
Pep
Haystack Mtn. 3971ft
Elkins
Boaz
Morton
Milnesand
Lehman
Bledsoe
Whiteface
Coble
Opdyke West
Levelland
Acme
Bitter Lake NWR
Sardine Mtn. 3971ft
Crossroads
Sundown
Roswell Mus. & Art Center
Roswell
Mescalero Sands
Caprock
Midway
Dexter
Hagerman
Gladiola
Tatum
Plains
Tokio
Gomez
McDonald
Pecos River
Rio Hondo

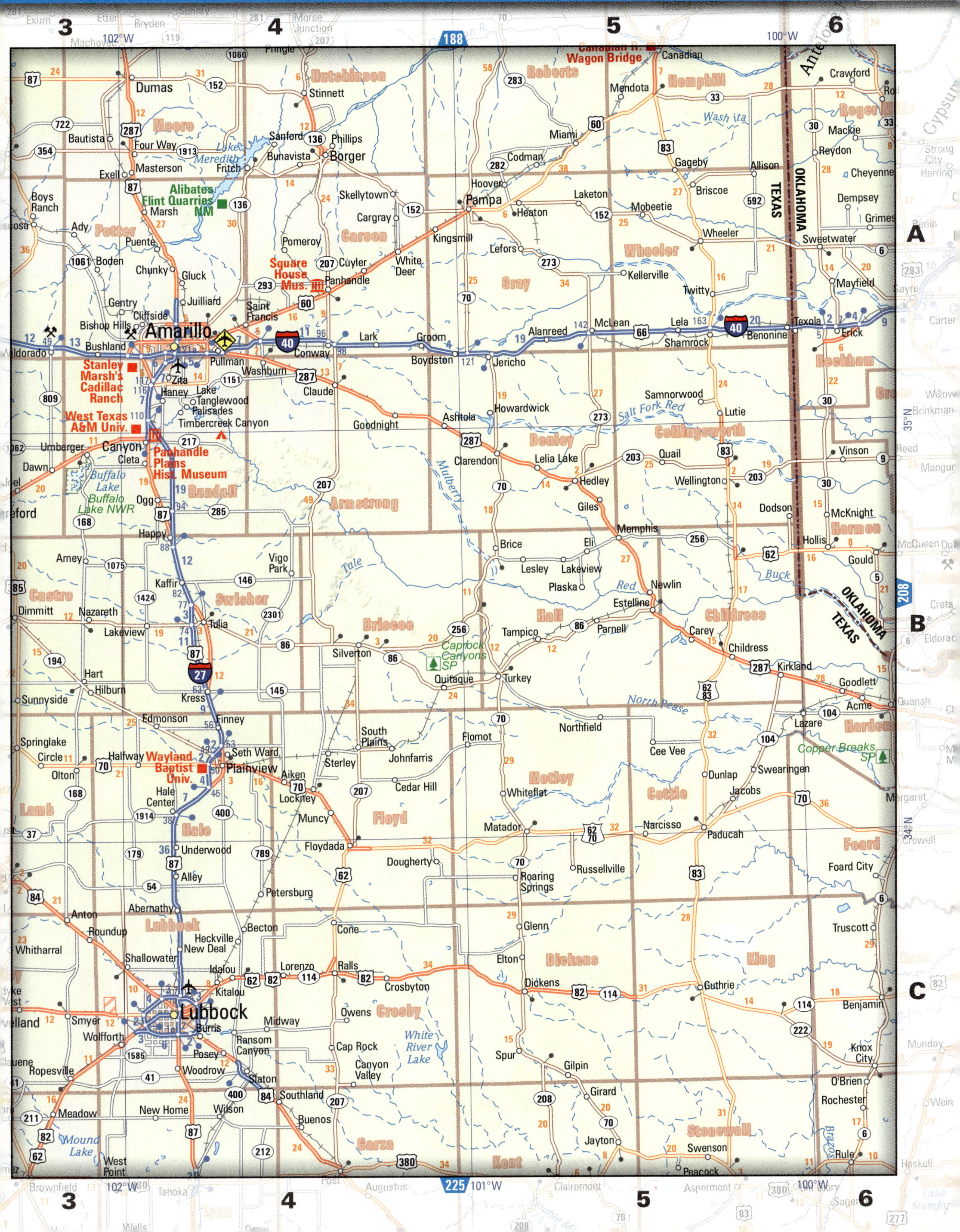
0 20 40 km
0 10 25 Miles
N
3
4
5
6
A
B
C
102° W
100° W
101° W
Hutchinson
Roberts
Hemphill
Moore
Potter
Carson
Gray
Wheeler
Roger Mills
Beckham
Donley
Collingsworth
Harmon
Randall
Armstrong
Castro
Swisher
Briscoe
Hall
Childress
Hardeman
Lamb
Hale
Floyd
Motley
Cottle
Foard
Lubbock
Crosby
Dickens
King
Garza
Kent
Stonewall
Amarillo
Lubbock
Dumas
Borger
Pampa
Canadian
Canadian R. Wagon Bridge
Mendota
Miami
Stinnett
Phillips
Sanford
Fritch
Bunavista
Lake Meredith
Alibates Flint Quarries NM
Square House Mus.
Panhandle
White Deer
Skellytown
Cargray
Pomeroy
Kingsmill
Lefors
Heaton
Hoover
Codman
Laketon
Mobeetie
Wheeler
Briscoe
Gageby
Allison
Kellerville
Twitty
McLean
Alanreed
Lela
Shamrock
Benonine
Texola
Erick
Sweetwater
Mayfield
Reydon
Mackie
Cheyenne
Dempsey
Crawford
Wash ita
OKLAHOMA
TEXAS
Bautista
Four Way
Masterson
Exell
Boys Ranch
Ady
Marsh
Puente
Boden
Chunky
Gluck
Gentry
Juilliard
Cliffside
Bishop Hills
Bushland
Saint Francis
Lark
Groom
Conway
Boydston
Jericho
Pullman
Washburn
Claude
Stanley Marsh's Cadillac Ranch
Zita
Haney
Lake Tanglewood
Palisades
Timbercreek Canyon
West Texas A&M Univ.
Canyon
Umbarger
Dawn
Cleta
Panhandle Plains Hist. Museum
Buffalo Lake
Buffalo Lake NWR
Ogg
Happy
Goodnight
Ashtola
Clarendon
Howardwick
Lelia Lake
Hedley
Giles
Samnorwood
Lutie
Salt Fork Red
Quail
Wellington
Dodson
Vinson
McKnight
Hollis
Gould
Memphis
Brice
Eli
Lesley
Lakeview
Plaska
Newlin
Estelline
Red
Buck
Mulberry
Tule
Vigo Park
Arney
Kaffir
Dimmitt
Nazareth
Tulia
Silverton
Caprock Canyons SP
Quitaque
Turkey
Tampico
Parnell
Carey
Childress
Kirkland
Goodlett
Acme
Lazare
Copper Breaks SP
North Pease
Northfield
Cee Vee
Flomot
Hart
Hilburn
Sunnyside
Kress
Edmonson
Finney
Springlake
Circle
Halfway
Wayland Baptist Univ.
Seth Ward
Plainview
Olton
Sterley
South Plains
Johnfarris
Aiken
Lockney
Cedar Hill
Whiteflat
Dunlap
Swearingen
Jacobs
Hale Center
Muncy
Matador
Narcisso
Paducah
Floydada
Dougherty
Roaring Springs
Russellville
Foard City
Underwood
Abernathy
Petersburg
Anton
Roundup
Whitharral
Shallowater
Heckville
New Deal
Becton
Cone
Glenn
Truscott
Idalou
Lorenzo
Ralls
Crosbyton
Elton
Dickens
Guthrie
Benjamin
Kitalou
Smyer
Wolfforth
Ransom Canyon
Owens
Midway
Burris
Cap Rock
White River Lake
Canyon Valley
Spur
Gilpin
Knox City
Ropesville
Posey
Woodrow
Slaton
O'Brien
Rochester
Meadow
New Home
Wilson
Southland
Buenos
Girard
Jayton
Swenson
Peacock
Rule
Mound Lake
West Point
Brazos

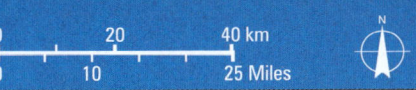

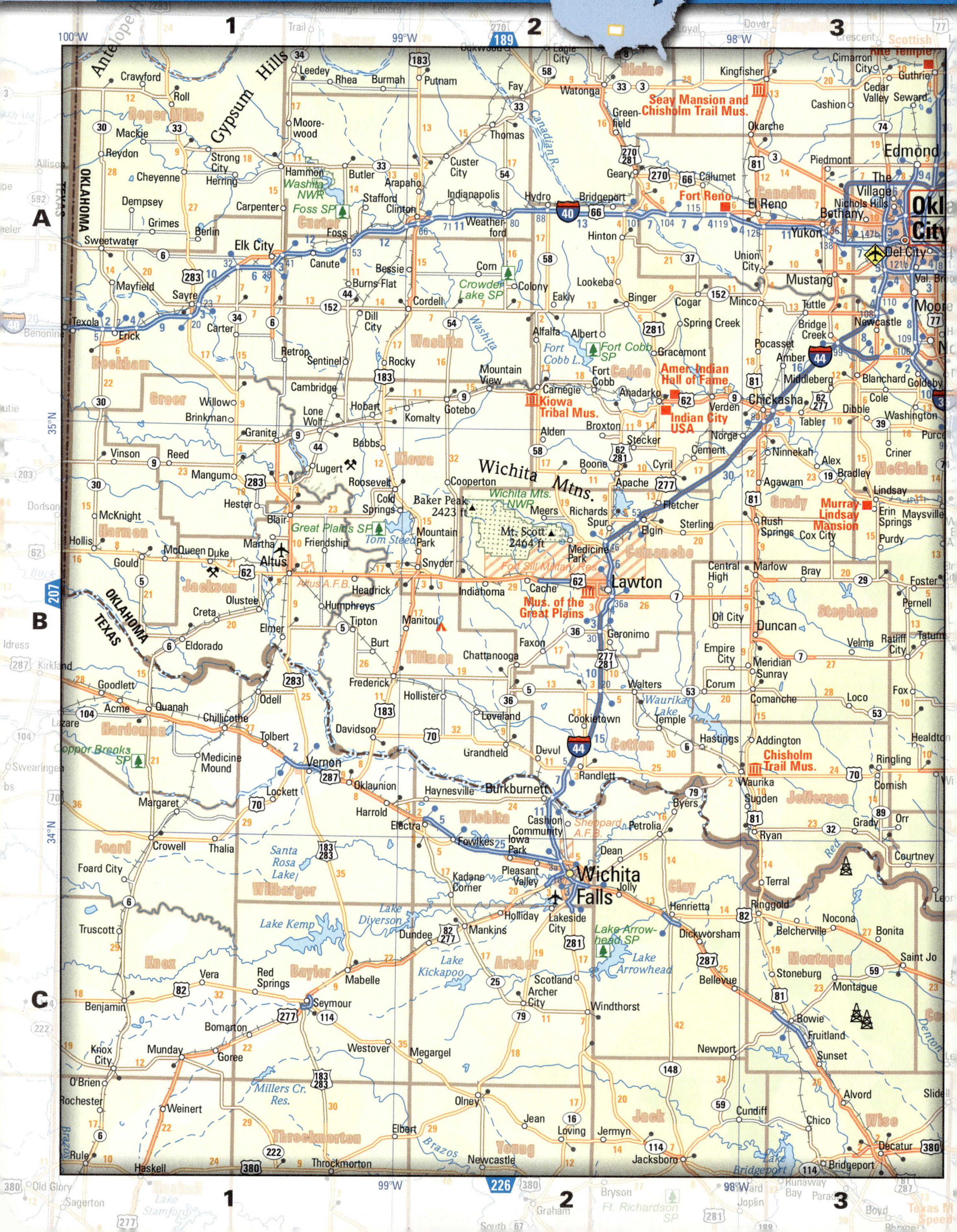
1
2
3
A
B
C
100°W
99°W
98°W
35°N
34°N
OKLAHOMA
TEXAS
Gypsum Hills
Wichita Mtns.
Antelope Hills
Oklahoma City
Edmond
The Village
Nichols Hills
Bethany
Del City
Moore
Norman
Yukon
Mustang
El Reno
Fort Reno
Seay Mansion and Chisholm Trail Mus.
Kingfisher
Guthrie
Okarche
Piedmont
Calumet
Geary
Bridgeport
Hinton
Hydro
Weatherford
Clinton
Arapaho
Custer City
Thomas
Watonga
Greenfield
Blaine
Canadian
Custer
Foss SP
Washita NWR
Hammon
Strong City
Butler
Stafford
Elk City
Canute
Sayre
Erick
Texola
Cheyenne
Reydon
Roger Mills
Crawford
Roll
Leedey
Moorewood
Beckham
Carter
Burns Flat
Dill City
Cordell
Corn
Colony
Crowder Lake SP
Lookeba
Binger
Cogar
Union City
Minco
Tuttle
Bridge Creek
Newcastle
Blanchard
Amber
Pocasset
Chickasha
Grady
Anadarko
Caddo
Amer. Indian Hall of Fame
Indian City USA
Fort Cobb SP
Fort Cobb L.
Gracemont
Carnegie
Kiowa Tribal Mus.
Mountain View
Gotebo
Hobart
Washita
Sentinel
Rocky
Lone Wolf
Kiowa
Greer
Mangum
Granite
Willow
Harmon
Hollis
Gould
Jackson
Altus
Altus A.F.B.
Blair
Great Plains SP
Tom Steed Res.
Snyder
Mountain Park
Cold Springs
Roosevelt
Lugert
Cooperton
Baker Peak 2423 ft
Mt. Scott 2464 ft
Wichita Mts. NWR
Meers
Fort Sill Military Res.
Medicine Park
Lawton
Mus. of the Great Plains
Cache
Indiahoma
Comanche
Elgin
Fletcher
Apache
Sterling
Marlow
Duncan
Stephens
Geronimo
Faxon
Chattanooga
Tillman
Frederick
Manitou
Tipton
Headrick
Olustee
Eldorado
Hollister
Walters
Cotton
Randlett
Devol
Grandfield
Waurika
Waurika Lake
Temple
Jefferson
Ringling
Chisholm Trail Mus.
Murray Lindsay Mansion
Lindsay
McClain
Purcell
Hardeman
Quanah
Chillicothe
Copper Breaks SP
Vernon
Wilbarger
Burkburnett
Wichita
Electra
Sheppard A.F.B.
Wichita Falls
Iowa Park
Holliday
Lakeside City
Henrietta
Clay
Lake Arrowhead SP
Lake Arrowhead
Petrolia
Byers
Nocona
Montague
Bowie
Sunset
Alvord
Chico
Decatur
Wise
Bridgeport
Lake Bridgeport
Jacksboro
Jack
Young
Olney
Newcastle
Archer
Archer City
Scotland
Windthorst
Lake Kickapoo
Lake Diversion
Lake Kemp
Santa Rosa Lake
Seymour
Baylor
Knox
Munday
Knox City
Benjamin
Foard
Crowell
Foard City
Thalia
Throckmorton
Haskell
Millers Cr. Res.
Red River
Canadian R.
Washita
Brazos

0 20 40 km
0 10 25 Miles
3
4
5
A
B
C
97°W
96°W
95°W
35°N
34°N
Oklahoma City
Midwest City
Norman
Shawnee
Muskogee
Okmulgee
McAlester
Ada
Ardmore
Durant
Sherman
Denison
Gainesville
Denton
McKinney
Paris
Hugo
Atoka
Seminole
Henryetta
Eufaula
Tecumseh
Sulphur
Davis
Marietta
Bonham
Sulphur Springs
Mount Vernon
Clarksville
Sans Bois Mountains
Kiamichi Mountains
Winding Stair
Jack Fork Mtns.
Pine Mtns.
Choctaw Council Hs.
OKLAHOMA
TEXAS
Turner Tpk.
Canadian
Deep Fork Canadian R.
Eufaula Lake
Sardis Lake
Lake Texoma
Hugo Lake
Pat Mayse Lake
Lake Thunderbird
Lake Murray St. Resort Pk.
Ray Roberts Lake SP
Clayton Lake SP
McGee Creek SP
Arrowhead SP
Sequoyah NWR
Hagerman NWR
Tishomingo NWR
Turner Falls Pk.
Price Falls
U.S. Army Ammunition Depot
Blue Mtn. 1018 ft
Sam B. Maxey Hs. SHP
Honey Springs Bfld.

1:1.250.000

MapArt.com

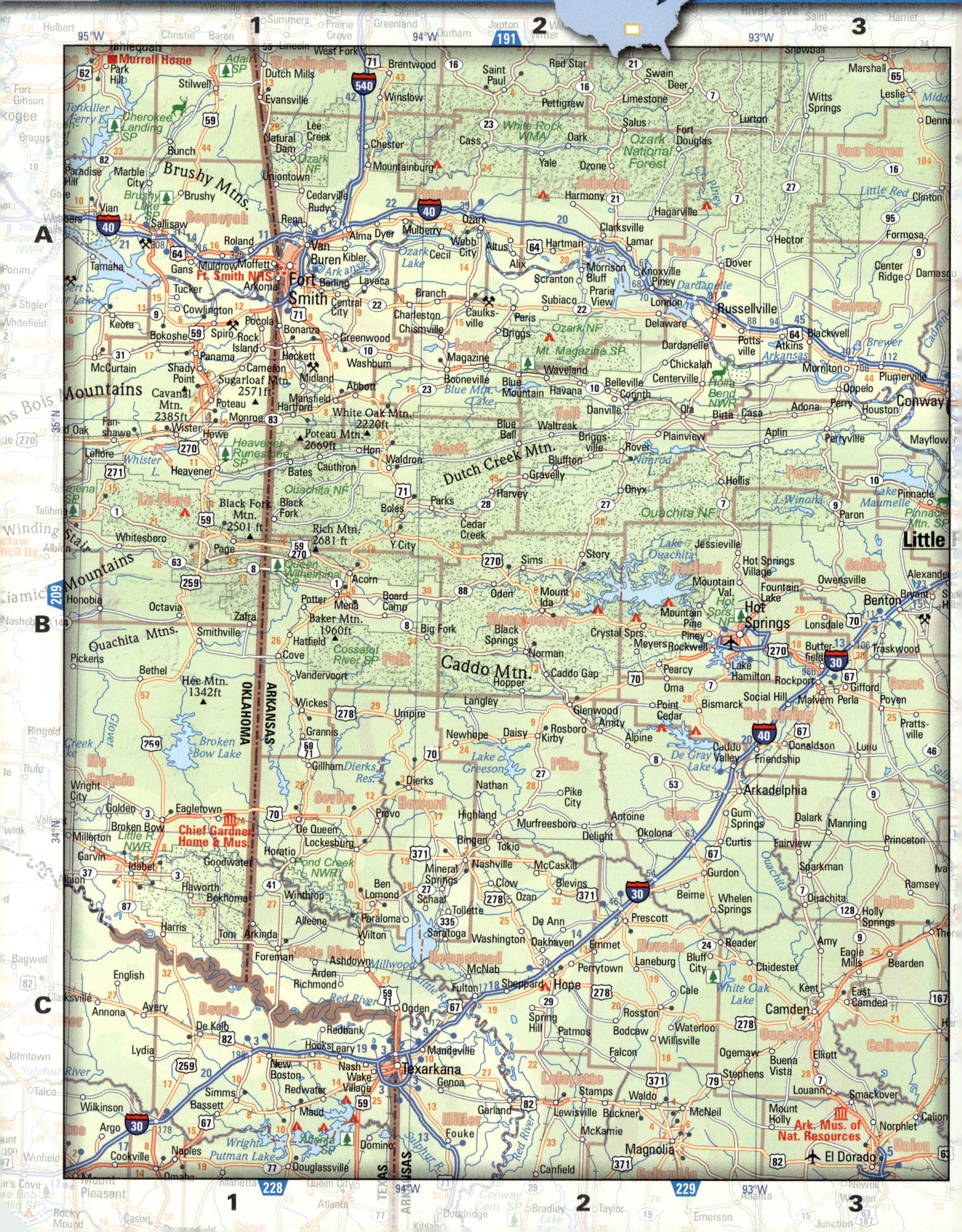

Fort Smith
Van Buren
Alma
Ozark
Clarksville
Russellville
Dardanelle
Conway
Little
Hot Springs
Benton
Bryant
Arkadelphia
Malvern
Mena
Waldron
Booneville
Paris
Charleston
Greenwood
Poteau
Heavener
Talihina
Sallisaw
Muldrow
Idabel
Broken Bow
De Queen
Nashville
Hope
Texarkana
Magnolia
El Dorado
Camden
Prescott
Ashdown
Foreman
Lockesburg
Glenwood
Mount Ida
Dutch Creek Mtn.
Caddo Mtn.
Ouachita Mtns.
Ouachita NF
Ozark National Forest
Brushy Mtns.
Sugarloaf Mtn. 2571ft
Cavanal Mtn. 2385ft
Rich Mtn. 2681 ft
Black Fork Mtn. 2501 ft
Poteau Mtn. 2669ft
White Oak Mtn. 2220ft
Baker Mtn. 1960ft
Hee Mtn. 1342ft
Lake Ouachita
Lake Hamilton
De Gray Lake
Broken Bow Lake
Lake Greeson
Dierks Res.
Millwood
Red River
Arkansas
Murrell Home
Ft. Smith NHS
Chief Gardner Home & Mus.
Ark. Mus. of Nat. Resources
OKLAHOMA
ARKANSAS
TEXAS
95°W
94°W
93°W
35°N
34°N
B
3

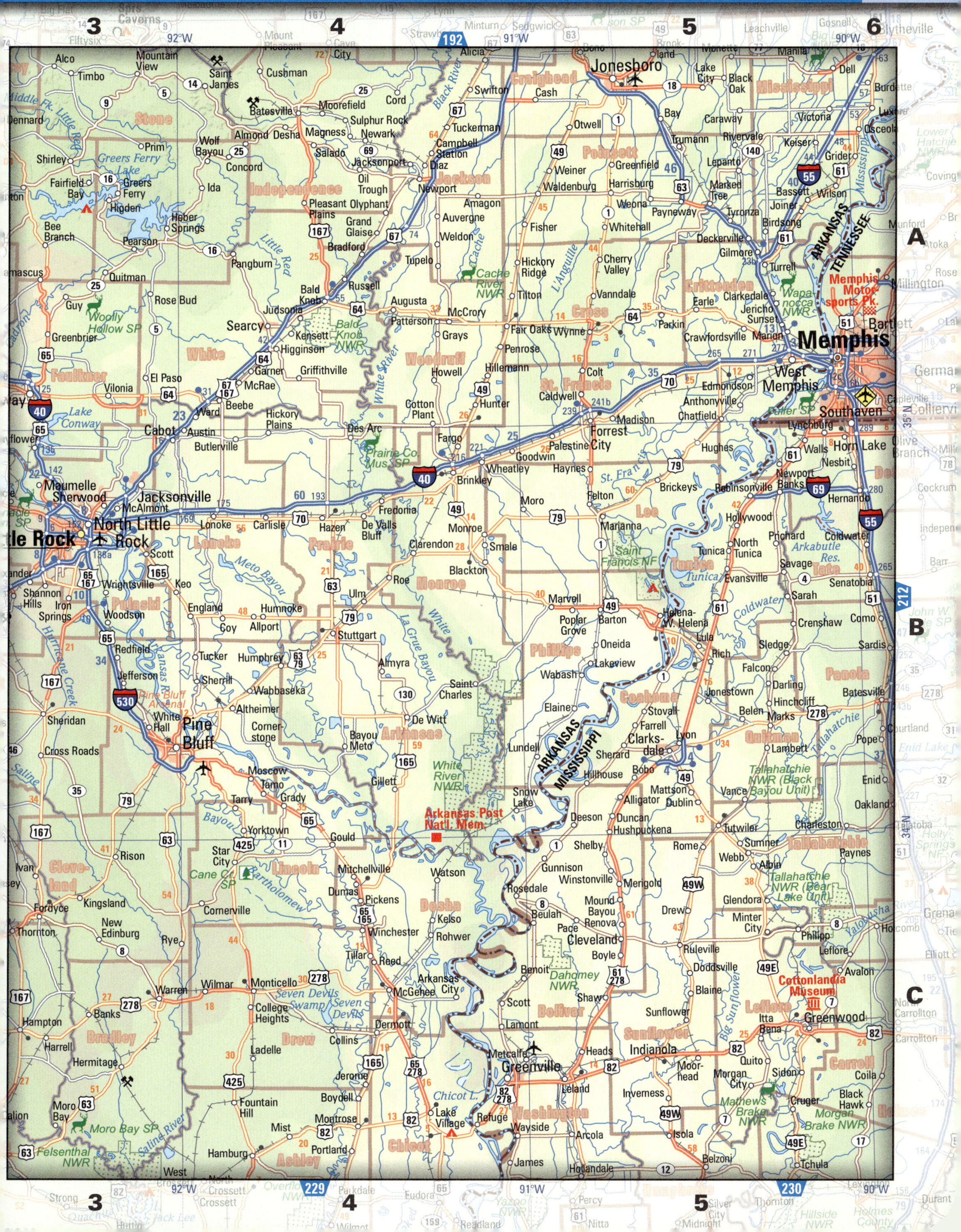
3
4
5
6
A
B
C
92°W
91°W
90°W
35°N
34°N
Jonesboro
Memphis
West Memphis
Southaven
Horn Lake
North Little Rock
Little Rock
Jacksonville
Sherwood
Maumelle
Cabot
Searcy
Batesville
Newport
Pine Bluff
White Hall
Stuttgart
Forrest City
Helena-W. Helena
Greenville
Cleveland
Indianola
Greenwood
Clarksdale
Tunica
Marianna
Brinkley
Monticello
Warren
Dumas
McGehee
Lake Village
Arkansas City
Wynne
Harrisburg
Trumann
Blytheville
Osceola
Marked Tree
Augusta
Des Arc
Lonoke
Carlisle
Hazen
De Valls Bluff
Clarendon
England
Sheridan
Rison
Fordyce
Hamburg
Crossett
Dermott
Star City
Gould
Grady
De Witt
Gillett
Marvell
Elaine
Batesville
Sardis
Charleston
Ruleville
Drew
Leland
Belzoni
Rolling Fork
Craighead
Poinsett
Mississippi
Jackson
Independence
Stone
White
Woodruff
Cross
Crittenden
St. Francis
Lee
Monroe
Prairie
Lonoke
Pulaski
Faulkner
Jefferson
Arkansas
Phillips
Lincoln
Desha
Cleveland
Drew
Bradley
Ashley
Chicot
Tunica
Coahoma
Quitman
Panola
Tate
Tallahatchie
Bolivar
Sunflower
Leflore
Washington
Carroll
ARKANSAS
TENNESSEE
MISSISSIPPI
Memphis Motorsports Pk.
Cottonlandia Museum
Arkansas Post Nat'l. Mem.
Cache River NWR
Bald Knob NWR
White River NWR
Wapanocca NWR
Felsenthal NWR
Dahomey NWR
Tallahatchie NWR (Black Bayou Unit)
Tallahatchie NWR (Bear Lake Unit)
Mathews Brake NWR
Morgan Brake NWR
St. Francis NF
Woolly Hollow SP
Moro Bay SP
Cane Cr. SP
Prairie Co. Mus SP
Greers Ferry Lake
Lake Conway
Arkabutla Res.
Chicot L.
Mississippi River
White River
Arkansas River
Saline River
Black River
Cache River
Little Red
L'Anguille
La Grue Bayou
Bayou Bartholomew
Big Sunflower
Tallahatchie
Coldwater
Yazoo
192
229
230
212

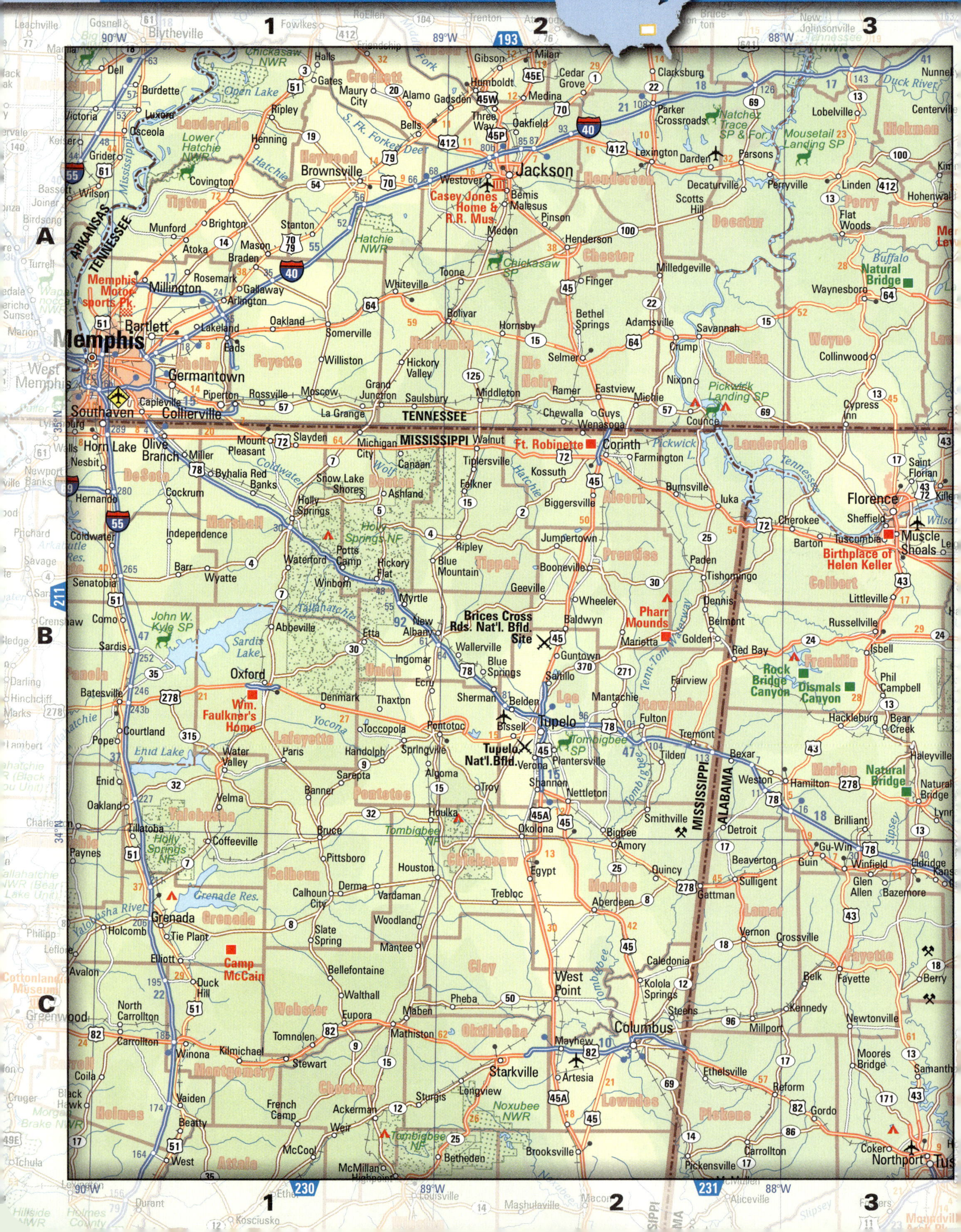

1
2
3
A
B
C
90°W
89°W
88°W
35°N
34°N
TENNESSEE
MISSISSIPPI
ARKANSAS
ALABAMA
Memphis
West Memphis
Germantown
Collierville
Bartlett
Millington
Southaven
Horn Lake
Olive Branch
Hernando
Jackson
Brownsville
Covington
Somerville
Bolivar
Henderson
Selmer
Savannah
Lexington
Parsons
Decaturville
Linden
Waynesboro
Collinwood
Humboldt
Milan
Trenton
Corinth
Iuka
Florence
Sheffield
Tuscumbia
Muscle Shoals
Russellville
Red Bay
Hamilton
Winfield
Fayette
Vernon
Columbus
Starkville
West Point
Aberdeen
Amory
Tupelo
Pontotoc
New Albany
Ripley
Booneville
Fulton
Oxford
Holly Springs
Batesville
Grenada
Winona
Carrollton
Kosciusko
Ackerman
Louisville
Macon
Houston
Okolona
Northport
Tuscaloosa
Sardis Lake
Enid Lake
Grenada Res.
Pickwick Landing SP
Ft. Robinette
Brices Cross Rds. Nat'l. Bfld. Site
Tupelo Nat'l. Bfld.
Wm. Faulkner's Home
Birthplace of Helen Keller
Casey Jones Home & R.R. Mus.
Memphis Motor sports Pk.
Pharr Mounds
Camp McCain
Natchez Trace SP & For.
Mousetail Landing SP
Chickasaw SP
Hatchie NWR
Holly Springs NF
Tombigbee NF
Noxubee NWR
Dismals Canyon
Rock Bridge Canyon
Natural Bridge

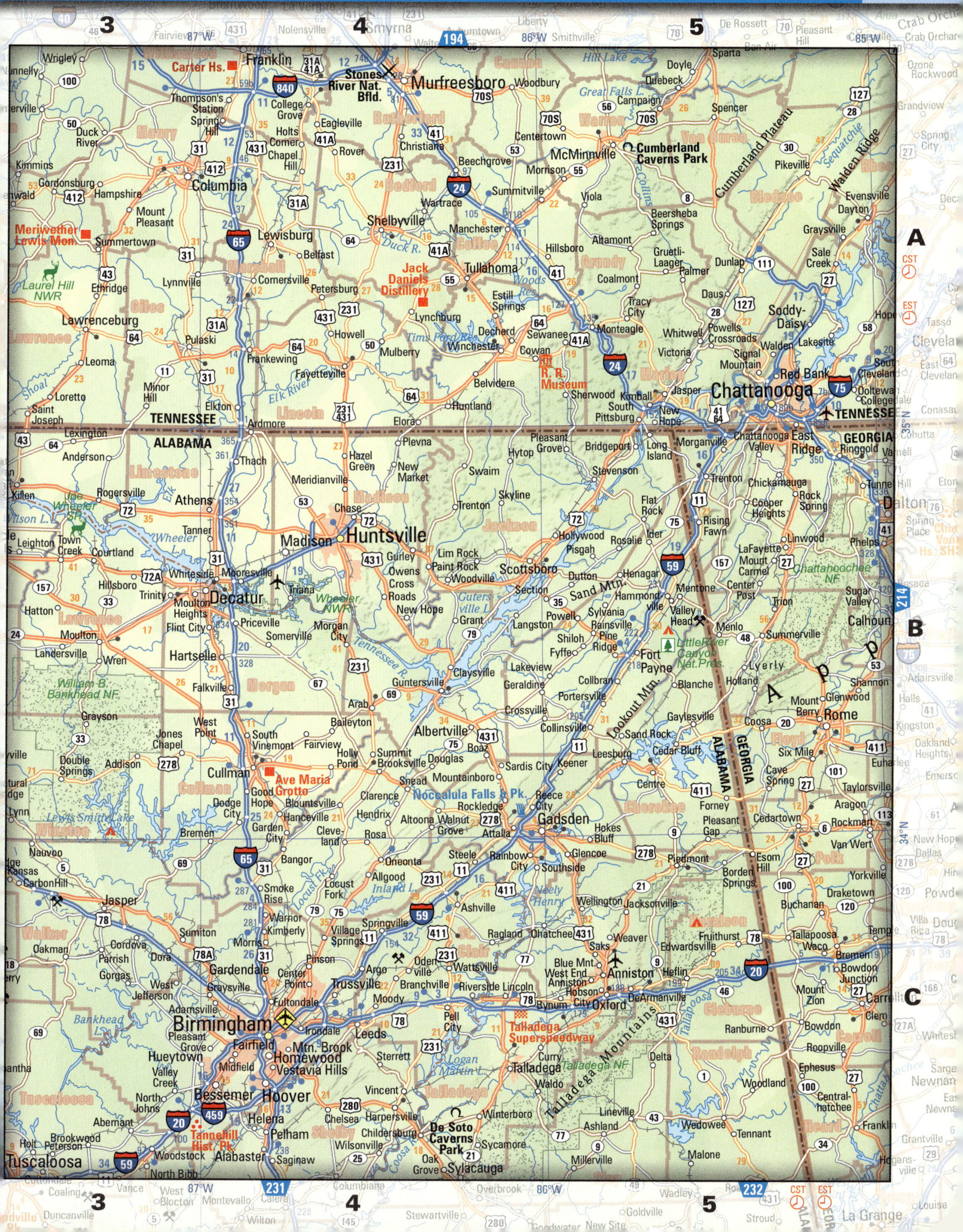
0 20 40 km
0 10 25 Miles
N
Franklin
Murfreesboro
Columbia
Lewisburg
Shelbyville
McMinnville
Cumberland Caverns Park
Tullahoma
Jack Daniels Distillery
Manchester
Lawrenceburg
Pulaski
Fayetteville
Winchester
Chattanooga
TENNESSEE
ALABAMA
GEORGIA
Athens
Huntsville
Madison
Decatur
Scottsboro
Hartselle
Cullman
Ave Maria Grotto
Guntersville
Albertville
Fort Payne
Gadsden
Noccalula Falls Pk.
Anniston
Oxford
Talladega
Talladega Superspeedway
Talladega NF
Birmingham
Bessemer
Hoover
Homewood
Vestavia Hills
Tuscaloosa
Jasper
Rome
Dalton
Sylacauga
De Soto Caverns Park
Tannehill Hist. Pk
William B. Bankhead NF
Wheeler NWR
Little River Canyon Nat.Pres.
Lookout Mtn.
Sand Mtn.
Cumberland Plateau
Walden Ridge
Meriwether Lewis Mon.
Carter Hs.
Stones River Nat. Bfld.
Laurel Hill NWR
Chattahoochee NF
Lewis Smith Lake
R. R. Museum
CST
EST
A
B
C
3
4
5
87°W
86°W
85°W
35°N
34°N
194
214
231
232

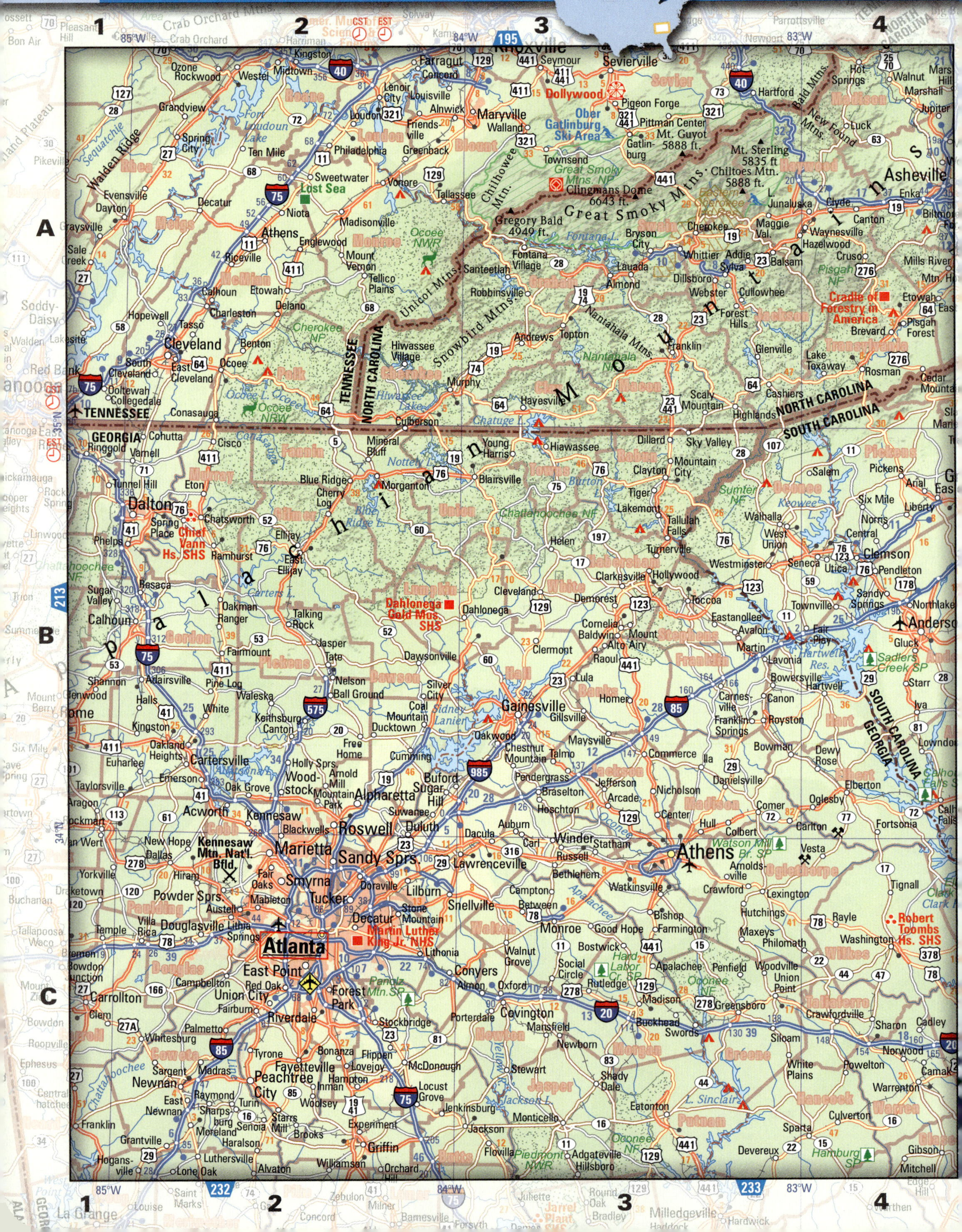

TENNESSEE
GEORGIA
NORTH CAROLINA
SOUTH CAROLINA
Appalachian Mountains
Great Smoky Mtns.
Unicoi Mtns.
Snowbird Mtns.
Nantahala Mtns.
Chilhowee Mtn.
Bald Mtns.
New Found Mtns.
Knoxville
Sevierville
Dollywood
Pigeon Forge
Gatlinburg
Ober Gatlinburg Ski Area
Maryville
Clingmans Dome 6643 ft.
Mt. Guyot 5888 ft.
Mt. Sterling 5835 ft.
Chiltoes Mtn. 5888 ft.
Gregory Bald 4949 ft.
Asheville
Lost Sea
Athens
Cleveland
Chattanooga
Dalton
Chief Vann Hs. SHS
Dahlonega Gold Mus. SHS
Gainesville
Cradle of Forestry in America
Clemson
Anderson
Rome
Cartersville
Kennesaw Mtn. Nat'l. Bfld.
Marietta
Roswell
Alpharetta
Sandy Sprs.
Smyrna
Tucker
Decatur
Atlanta
Martin Luther King Jr. NHS
East Point
Forest Park
Panola Mtn. SP
Conyers
Covington
Monroe
Athens
Watson Mill Br. SP
Robert Toombs Hs. SHS
Washington
Hartwell Res.
Sadlers Creek SP
Newnan
Peachtree City
Fayetteville
Griffin
Hamburg SP
Piedmont NWR
Milledgeville
La Grange
85°W
84°W
83°W
35°N
34°N
1 2 3 4
A B C

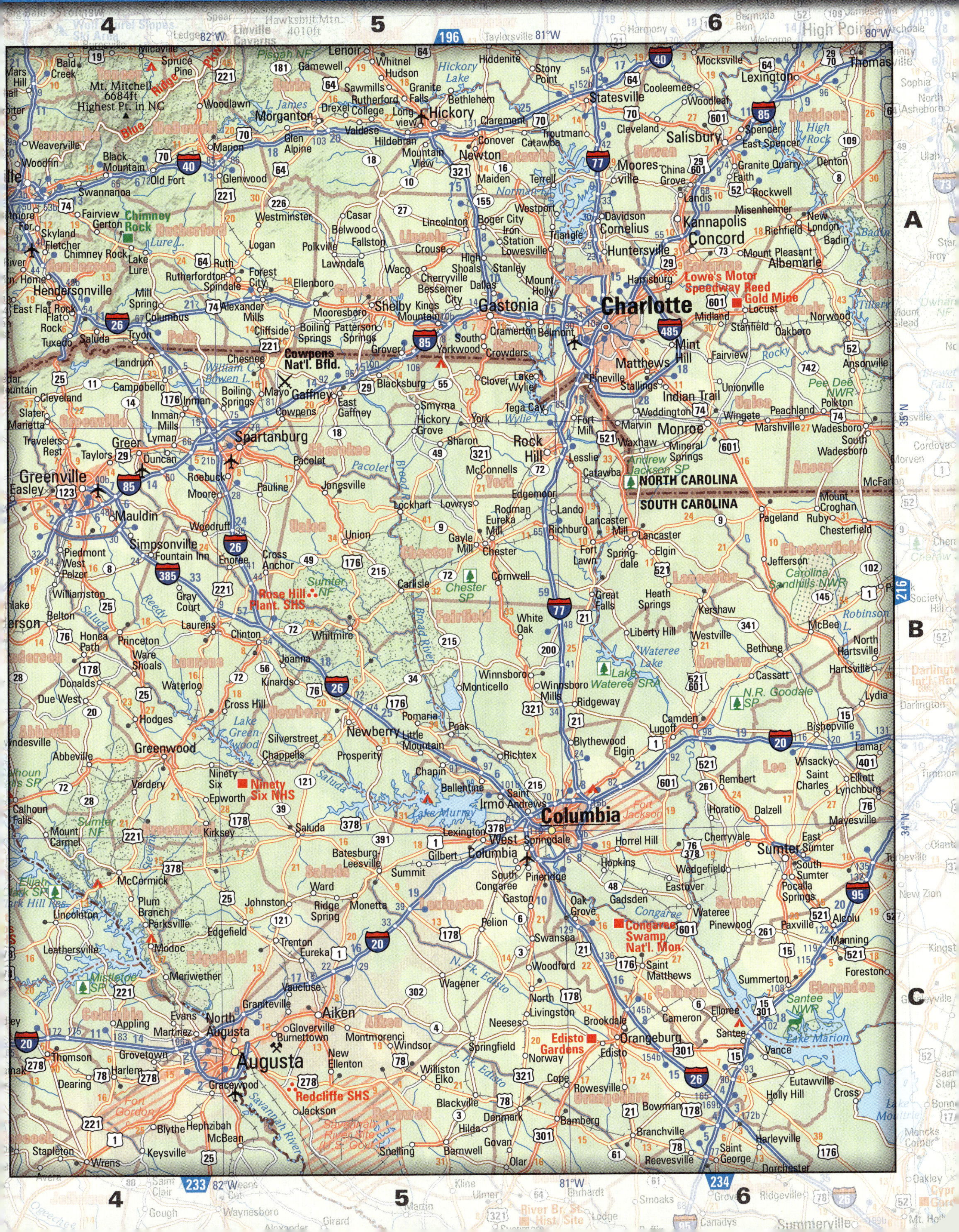
0 20 40 km
0 10 25 Miles
N
4
5
6
A
B
C
Charlotte
Columbia
Augusta
Greenville
Spartanburg
Gastonia
Rock Hill
Hickory
Morganton
Statesville
Salisbury
Concord
Kannapolis
Monroe
Sumter
Orangeburg
Aiken
North Augusta
Hendersonville
Lexington
Lancaster
Camden
Newberry
Greenwood
Abbeville
Laurens
Union
Chester
Gaffney
Anderson
Easley
Mauldin
Simpsonville
Bishopville
Manning
NORTH CAROLINA
SOUTH CAROLINA
Lake Murray
Lake Marion
Lake Wateree
Cowpens Nat'l. Bfld.
Congaree Swamp Nat'l. Mon.
Mt. Mitchell 6684ft Highest Pt. in NC
Lowe's Motor Speedway
Reed Gold Mine
Ninety Six NHS
Rose Hill Plant. SHS
Redcliffe SHS
Edisto Gardens
Sumter NF
Carolina Sandhills NWR
Santee NWR
Pee Dee NWR
82°W
81°W
80°W
35°N
34°N
196
216
233
234

1 : 1.250.000

MapArt.com

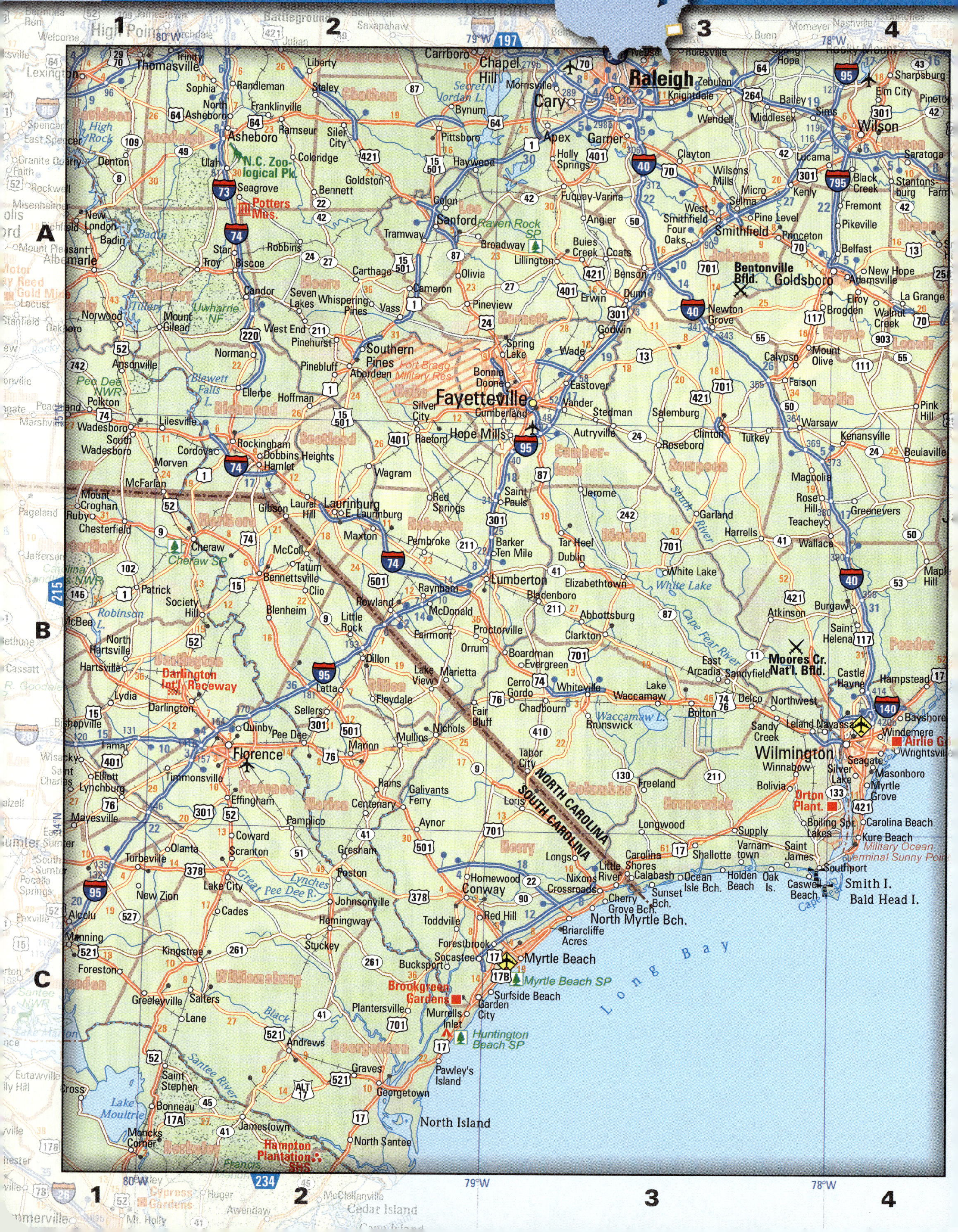

3
4
B
80°W
79°W
78°W
34°N
35°N
Raleigh
Cary
Chapel Hill
Carrboro
Apex
Garner
Wilson
Goldsboro
Smithfield
Fayetteville
Hope Mills
Spring Lake
Sanford
Southern Pines
Aberdeen
Pinehurst
Asheboro
Thomasville
Lexington
Albemarle
Rockingham
Laurinburg
Lumberton
Wilmington
Florence
Darlington
Myrtle Beach
North Myrtle Bch.
Conway
Georgetown
Whiteville
Clinton
Jacksonville
NORTH CAROLINA
SOUTH CAROLINA
Long Bay
Fort Bragg Military Res.
N.C. Zoological Pk.
Potters Mus.
Raven Rock SP
Cheraw SP
Myrtle Beach SP
Huntington Beach SP
Brookgreen Gardens
Hampton Plantation SHS
Darlington Int'l. Raceway
Bentonville Bfld.
Moores Cr. Nat'l. Bfld.
Orton Plant.
Military Ocean Terminal Sunny Point
Airlie Gardens
Lake Moultrie
Waccamaw L.
White Lake
Cape Fear River
Great Pee Dee R.
Lynches River
Black River
Santee River
Uwharrie NF
Pee Dee NWR
North Island
Smith I.
Bald Head I.
Cedar Island
Chatham
Harnett
Johnston
Wayne
Sampson
Duplin
Pender
Bladen
Robeson
Columbus
Brunswick
Horry
Marion
Dillon
Florence
Williamsburg
Georgetown
Marlboro
Darlington
Scotland
Hoke
Richmond
Moore
Montgomery
Randolph
Lee
Wilson
Greene
Lenoir
Cumberland

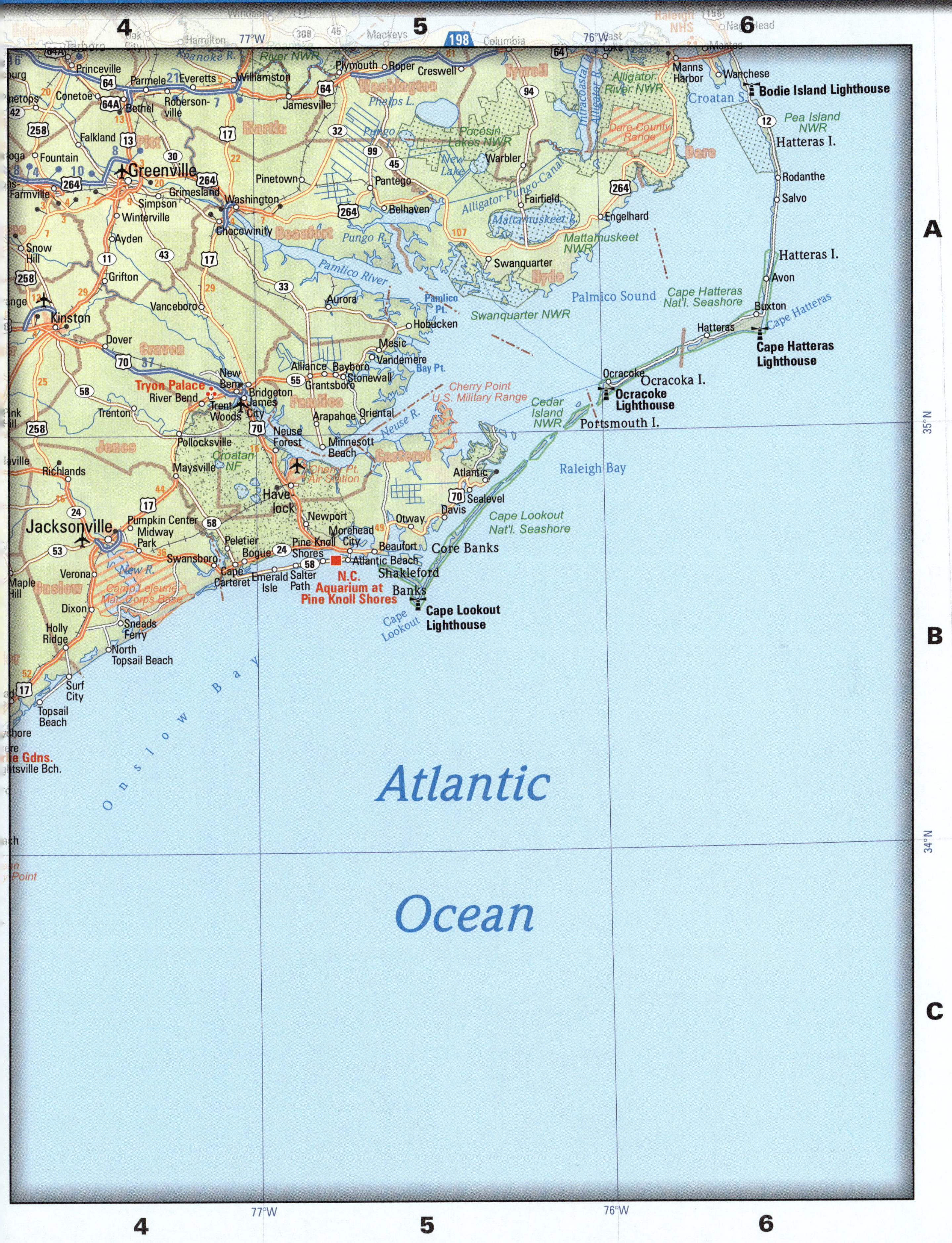
0 20 40 km
0 10 25 Miles
N
4
5
6
A
B
C
77°W
76°W
35°N
34°N
Atlantic
Ocean
Onslow Bay
Raleigh Bay
Pamlico Sound
Croatan S.
Pamlico River
Pungo R.
Neuse R.
Bodie Island Lighthouse
Pea Island NWR
Hatteras I.
Rodanthe
Salvo
Avon
Buxton
Cape Hatteras
Cape Hatteras Lighthouse
Cape Hatteras Nat'l. Seashore
Hatteras
Ocracoke
Ocracoka I.
Ocracoke Lighthouse
Portsmouth I.
Cedar Island NWR
Cape Lookout Nat'l. Seashore
Core Banks
Shakleford Banks
Cape Lookout
Cape Lookout Lighthouse
N.C. Aquarium at Pine Knoll Shores
Atlantic Beach
Beaufort
Morehead City
Newport
Havelock
Cherry Pt. Air Station
Cherry Point U.S. Military Range
New Bern
Tryon Palace
River Bend
Trent Woods
Bridgeton
James City
Croatan NF
Jacksonville
Camp Lejeune Mar. Corps Base
Swansboro
Cape Carteret
Emerald Isle
Salter Path
North Topsail Beach
Surf City
Topsail Beach
Sneads Ferry
Holly Ridge
Kinston
Greenville
Washington
Chocowinity
Williamston
Plymouth
Roper
Creswell
Columbia
Manns Harbor
Wanchese
Alligator River NWR
Dare County Range
Pocosin Lakes NWR
Mattamuskeet NWR
Swanquarter NWR
Swanquarter
Engelhard
Fairfield
Belhaven
Pantego
Aurora
Hobucken
Oriental
Minnesott Beach
Arapahoe
Grantsboro
Bayboro
Stonewall
Vandemere
Mesic
Atlantic
Sealevel
Davis
Otway
Beaufort
Craven
Pamlico
Carteret
Jones
Onslow
Hyde
Dare
Tyrrell
Washington
Martin
Pitt
Beaufort

Rancho Palos Verdes
Pt. Vicente Lighthouse
Pt. Fermin Hist. Lighthouse
Long Beach
Garden Grove
Orange
Santa Ana
Irvine
Huntington Beach
Costa Mesa
Aliso Viejo
Lake Forrest
Mission Viejo
Laguna Beach
Laguna Niguel
Dana Point
San Juan Capistrano
San Clemente
Santa Barbara Island
Channel Islands NP
San Pedro Channel
Arrow Pt.
Santa Catalina Island
Avalon
Lover's Cove Undersea Gdns.
Wrigley Memorial & Botanical Garden
Perris
Hemet
Lake Elsinore
Sun City
Romoland
Winchester
Lakeland Village
Wildomar
Sedco Hills
Diamond Valley L.
Murrieta
Murrieta Hot Springs
Temecula
Pechanga IR
Camp Pendleton Marine Corps Base
Fallbrook
Rainbow
Pala
Pala IR
Palomar Mtn. 6142ft
Aguanga
Anza
Cahuilla IR
Mountain Ctr.
San Bernardino
Idyllwild
Naval Weapons Station (Fallbrook Annex)
Bonsall
San Luis Rey
Oceanside
Legoland California
Carlsbad
Buena Vista Lagoon
Vista
Jesmond Dene
Valley Center
San Marcos
Escondido
San Pasqual Bfld. SHP
Leucadia
Encinitas
Cardiff-by-the-Sea
Solana Beach
Del Mar
Rancho Santa Fe
Poway
Ramona
Santee
Lakeside
Flinn Springs
Alpine
El Cajon
La Mesa
Lemon Grove
Sea World
Mission Bay
San Diego
National City
Chula Vista
San Diego NWR
Imperial Beach
Tijuana Slough NWR
Tijuana
Presa Rodriguez
Rosarito
Primo Tapia
Valle Las Palmas
San José de la Zorra
La Mision
Ejido la Mision
El Sauzal de Rodriguez
Bahia Todos Santos
Cabo Punta Banda
La Bufadora
Pta. Sto. Tomás
Punta Rif
Los Pinos Mtn. 4806ft
San Clemente Island Naval Reservation
Eel Point
San Clemente Island
Pyramid Head
China Point
Gulf of Santa Catalina
33° N
32° N
119° W
118° W
117° W
A
B
C
1
2
3
SAN DIEGO
North San Diego Bay
Maritime Museum of San Diego
Cruise Ship Terminal
B St. Pier
Port Pavillion
S.D. Harbor Excursion
Broadway Pier
Navy Pier
U.S.S. Midway Museum
Tuna Harbor Park
G St. Pier
Dead Mans Point
Tuna Harbor
Ruocco Park
Commercial Fishing Pier
Fish Harbor Pier
Seaport Village
South San Diego Bay
Embarcadero Marina Park North
Embarcadero Marina Park South
Country Admin. Building
Firehouse Mus.
Gipedo Larisas 3
State Office Bldg.
Gas&El. Bldg.
CENTRE CITY
Shopping Center
San Diego Concourse
Civic Theatre
Visitors Bureau
Symphony Hall
Int'l Vis. Info Ctr.
America Plaza Trolley Station
Hall of Justice
Court-houses
City Hall
City Admin. Building
C. of C.
Law. Lib.
The Transit Store
Museum of Contemporary Art San Diego
Greyhound Bus Depot
Farmers Market
Library-Main
Horton Plaza Centre
City Park
Pantoja Park
Federal Buildings
Gaslamp Quarter
U.S. Naval Res.
Pacific Hwy.
Harbor Dr.
Market St.
Dr. Martin Luther King Jr. Way
Childrens Museum of San Diego
Seaport Station
Marriott Hotel
Childrens Park
San Diego Trolley Line
Convention Center
Omni Hotel
Petco Park
Imperial
Metropolitan Transit System
Commercial
5th Av Pier
Hilton Sun
San Diego High School
Balboa Stadium
Education Technology
San Diego Middle College
Russ Blvd.
Broadway
Island Ave.
J.J. Montgomery Frwy.
San Diego Frwy.
1/8 Mile
250 Metres

0 20 40 km
0 10 25 Miles
N
3
4
5
A
B
C
116°W
115°W
33°N
32°N
PST
MST
Joshua Tree NP
Thousand Palms
Cathedral City
Rancho Mirage
Palm Desert
Bermuda Dunes
Indio
Coachella
La Quinta
Thermal
Living Desert
Augustine IR
Santa Rosa IR
Torres-Martinez IR
Riverside
Mecca
Oasis
North Shore
Orocopia Mtns.
General Patton Mus.
Desert Center
Salton City
Salton Sea
Bombay Beach
Imperial NWR
Niland
Salvation Mountain
Chocolate Mountain Naval Aerial Gunnery Range
Chocolate Mtns.
Salton Sea Naval Test Range (Closed)
Sonny Bono Salton S. NWR
Imperial NWR
Calipatria
Imperial
Mt. Barrow 2474ft
Borrego Palm Canyon
Borrego Springs
Los Coyotes IR
Warner Springs
Santa Ysabel IR
Julian
San Diego
Vallecito Mountains
Capitan Grande IR
Cosmit IR
Laguna IR
Mount Laguna
Descanso
Pine Valley
Cuyapaipe IR
Manzanita IR
La Posta IR
Cleveland NF
Live Oak Springs
Boulevard
Campo IR
Campo
Jacumba
U.S.A.
MEXICO
Tecate
La Rumorosa
El Centro Naval Auxiliary Air Station
Plaster City
Coyote Wells
Westmorland
Brawley
Seeley
El Centro
Holtville
Heber
Calexico
Mexicali
Glamis
East Mesa
Pascualitos
Ejido Yucatán
Monterrey
Blythe
East Blythe
Ehrenberg
Quartzsite
Ripley
Palo Verde
McCoy Mtns.
Palen Mtns.
Midland
CALIFORNIA
ARIZONA
Cibola NWR
Cibola
Trigo Mountains
Mohave Pk. 2772ft
Dome Rock Mountains
Castle Dome Mountains
La Posa Plain
Black Mesa
Brenda
Yuma Proving Ground
Quartz Peak 2175ft
Imperial NWR
Imperial Res.
Martinez Lake
Imperial Dam
Castle Dome Pk. 3787ft
Fort Yuma IR
Bard
Ogilby
Andrade
Yuma
Kinter
Dome
Blaisdell
Klothos Temple
Wellton
Ligurta
The Foothills
Gila Mts.
Morelos
Somerton
Yuma Marine Corps Air Station
Gadsden
San Luis
San Luis Río Colorado
Yuma Desert
Sheep Mtn.
Raven Butte
Cocopah IR
Luis Echeverría
Sierra de Juárez
Sra. Cucapas
Laguna Salada
Cerro Prieto
Nuevo León
1060
Alberto Oviedo Mota
Coahuila
Colonia la Mariana
Guardianes de la Patria
El Mayor
Río Colorado
Desierto de Áltar
Jesayo
1829
Parque Nacional Constitución de 1857
José Zorra
Francisco Zarco
Provenir
Rosa de Castillo
Ojos Negros
La Huerta
Ensenada
1433
Rodolfo Sánchez Taboada
Agua Flores
José Saldaña
El Oasis
SONORA
BAJA CALIFORNIA NORTE
Golfo de Santa Clara
R. de la B. Alto Golfo de California y Delta d. Río Colorado
La Ventana
Jamau
El Chinero
Ejido Uruapan
El Alamo
Ejido Héroes de la Independencia
Santo Tómas
Cerro Colorado 1980
Lázaro Cárdenas
Golfo de California
San Vincente
1402
1280
Punta Cabras
Ejido Eréndira
Río San Rafael
Parque Nacional Sierra de San Pedro Mártir
Picacho del Diablo 3078
Punta Colonet
San Felipe

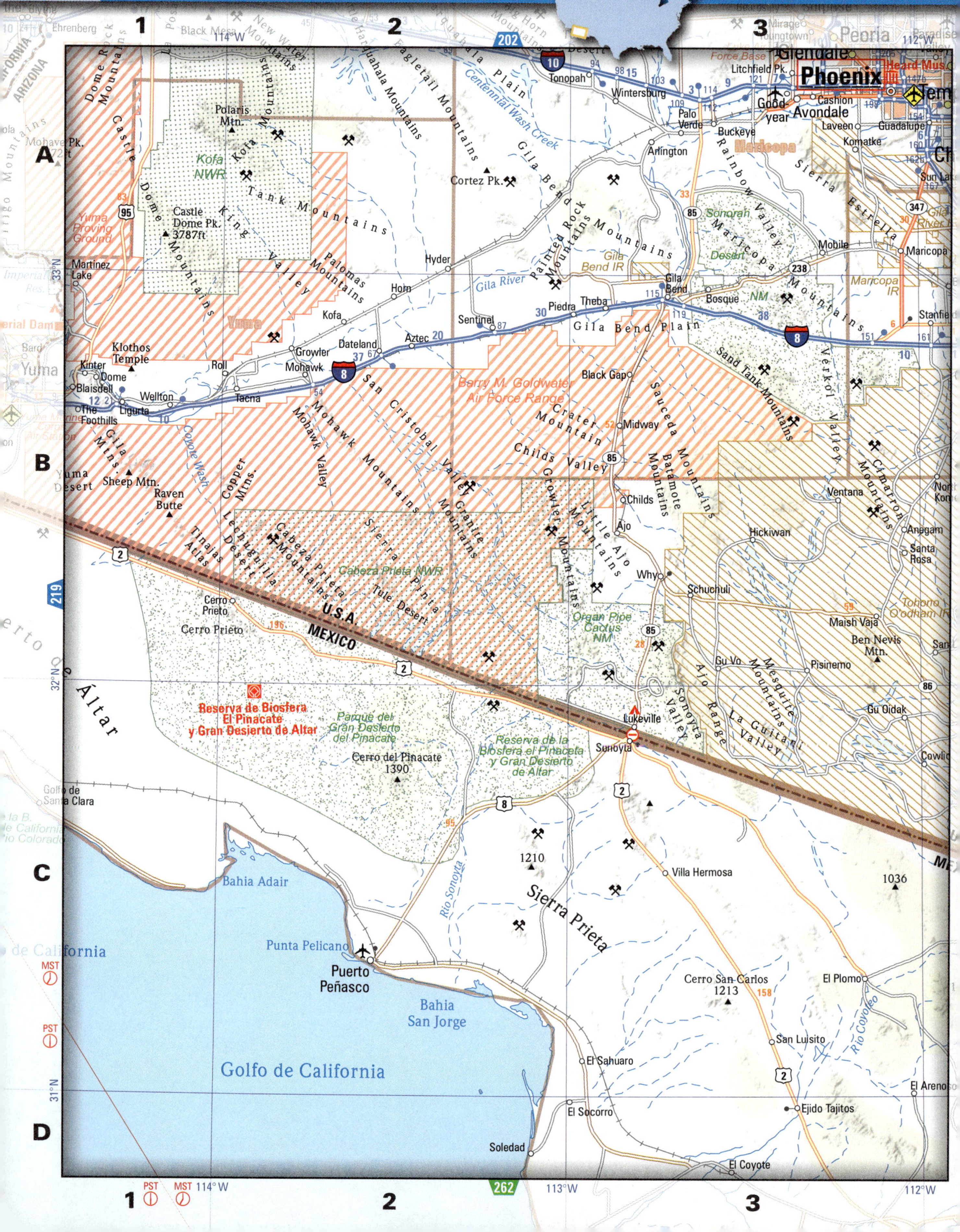
1
2
3
A
B
C
D
114°W
113°W
112°W
33°N
32°N
31°N
Ehrenberg
Black Mesa
New Water Mountains
Dome Rock Mountains
Castle Dome Mountains
Polaris Mtn.
Kofa Mountains
Kofa NWR
Tank Mountains
Castle Dome Pk. 3787ft
King Valley
Yuma Proving Ground
Martinez Lake
Palomas Mountains
Yuma
Hyder
Horn
Kofa
Klothos Temple
Kinter
Dome
Blaisdell
Roll
Growler
Mohawk
Dateland
Aztec
Sentinel
Wellton
Tacna
Ligurta
The Foothills
Gila Mtns.
Yuma Desert
Sheep Mtn.
Raven Butte
Coyote Wash
Copper Mtns.
Mohawk Mountains
Mohawk Valley
San Cristobal Valley
Barry M. Goldwater Air Force Range
Tinajas Atlas
Lechuguilla Desert
Cabeza Prieta Mountains
Cabeza Prieta NWR
Sierra Pinta
Tule Desert
Granite Mountains
Growler Mountains
Crater Mountain
Childs Valley
Little Ajo Mountains
Black Gap
Midway
Childs
Ajo
Why
Saucedo Mountains
Batamote Mountains
Organ Pipe Cactus NM
Lukeville
Sonoyta
Sonoyta Valley
Ajo Range
Eagletail Mountains
Gila Bend Mountains
Painted Rock Mountains
Cortez Pk.
Gila River
Gila Bend IR
Gila Bend
Piedra
Theba
Gila Bend Plain
Centennial Wash Creek
Tonopah
Wintersburg
Palo Verde
Arlington
Buckeye
Rainbow Valley
Sonoran Desert NM
Maricopa Mountains
Bosque
Sand Tank Mountains
Vekol Valley
Sierra Estrella
Mobile
Maricopa
Maricopa IR
Stanfield
Glendale
Litchfield Pk.
Goodyear
Avondale
Phoenix
Cashion
Laveen
Guadalupe
Komatke
Peoria
Ventana
Hickiwan
Schuchuli
Anegam
Santa Rosa
Cimarron Mountains
Tohono O'odham IR
Maish Vaja
Ben Nevis Mtn.
Pisinemo
Gu Vo
Gu Oidak
Mesquite Mountains
La Guitarra Valley
U.S.A.
MEXICO
Cerro Prieto
Reserva de Biosfera El Pinacate y Gran Desierto de Altar
Parque del Gran Desierto del Pinacate
Reserva de la Biosfera el Pinaceta y Gran Desierto de Altar
Cerro del Pinacate 1390
Golfo de Santa Clara
Bahia Adair
Punta Pelicano
Puerto Peñasco
Bahia San Jorge
Golfo de California
Rio Sonoyta
1210
Sierra Prieta
Villa Hermosa
1036
Cerro San Carlos 1213
El Plomo
San Luisito
Rio Coyote
El Sahuaro
El Socorro
Soledad
Ejido Tajitos
El Arenoso
El Coyote
MST
PST
202
219
262

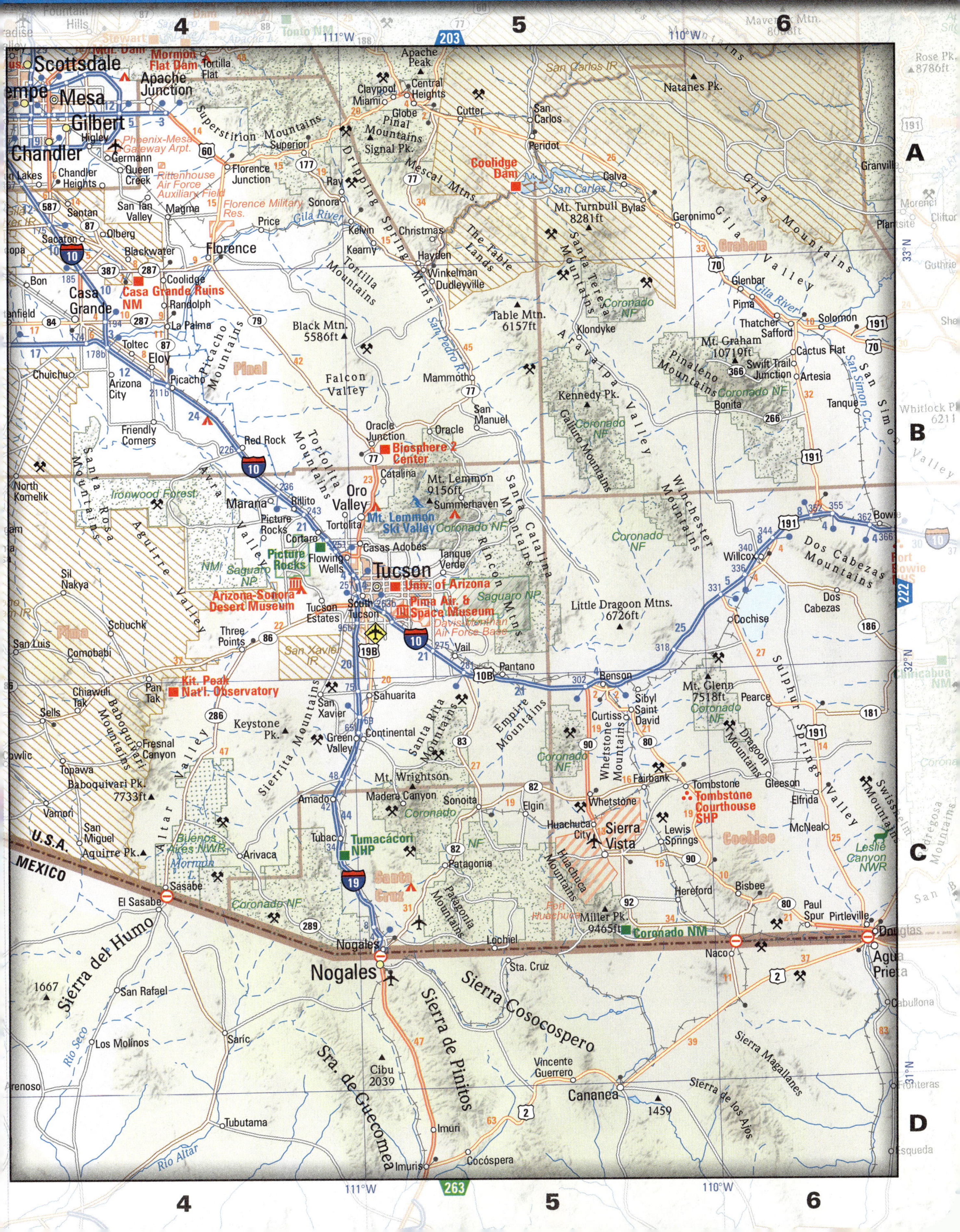
4
5
6
A
B
C
D
111°W
110°W
33°N
32°N
31°N
Scottsdale
Mesa
Gilbert
Chandler
Apache Junction
Superstition Mountains
Superior
Florence Junction
Florence
Coolidge
Casa Grande
Casa Grande Ruins NM
Eloy
Picacho
Picacho Mountains
Pinal
Arizona City
Red Rock
Marana
Oro Valley
Tucson
Univ. of Arizona
Pima Air & Space Museum
Davis-Monthan Air Force Base
Saguaro NP
Arizona-Sonora Desert Museum
Biosphere 2 Center
Mt. Lemmon Ski Valley
Mt. Lemmon 9156ft
Santa Catalina Mountains
Rincon Mtns.
Tortolita Mountains
Tucson Mountains
Picture Rocks
Ironwood Forest
Avra Valley
Altar Valley
Santa Rosa Mountains
Baboquivari Mountains
Baboquivari Pk. 7733ft
Kitt Peak Nat'l. Observatory
Sells
Pima
Three Points
San Xavier IR
Green Valley
Sahuarita
Continental
Santa Rita Mountains
Mt. Wrightson
Madera Canyon
Amado
Tubac
Tumacácori NHP
Arivaca
Buenos Aires NWR
Sasabe
El Sasabe
Nogales
Patagonia
Patagonia Mountains
Sonoita
Elgin
Empire Mountains
Whetstone Mountains
Vail
Pantano
Benson
St. David
Huachuca City
Sierra Vista
Huachuca Mountains
Miller Pk. 9465ft
Coronado NM
Tombstone
Tombstone Courthouse SHP
Cochise
Bisbee
Naco
Douglas
Agua Prieta
Willcox
Bowie
Fort Bowie NHS
Dos Cabezas Mountains
Dragoon Mountains
Winchester Mountains
Little Dragoon Mtns. 6726ft
Sulphur Springs Valley
Chiricahua NM
Safford
Thatcher
Pima
Mt. Graham 10719ft
Pinaleno Mountains
Graham
Gila Mountains
Gila Valley
Gila River
San Carlos IR
San Carlos L.
Coolidge Dam
Globe
Miami
Pinal Mountains
Mt. Turnbull 8281ft
Santa Teresa Mountains
Galiuro Mountains
Aravaipa Valley
Mammoth
San Manuel
Oracle
Winkelman
Hayden
Kearny
Dripping Spring Mtns.
Tortilla Mountains
Black Mtn. 5586ft
Table Mtn. 6157ft
Coronado NF
U.S.A.
MEXICO
Sierra del Humo
Sierra Cocospera
Sierra de Pinitos
Sra. de Guecomea
Sierra Magallanes
Sierra de los Ajos
Cananea
Imuris
Cocóspera
Sáric
Tubutama
Rio Altar
Rio Seco
San Rafael
Los Molinos

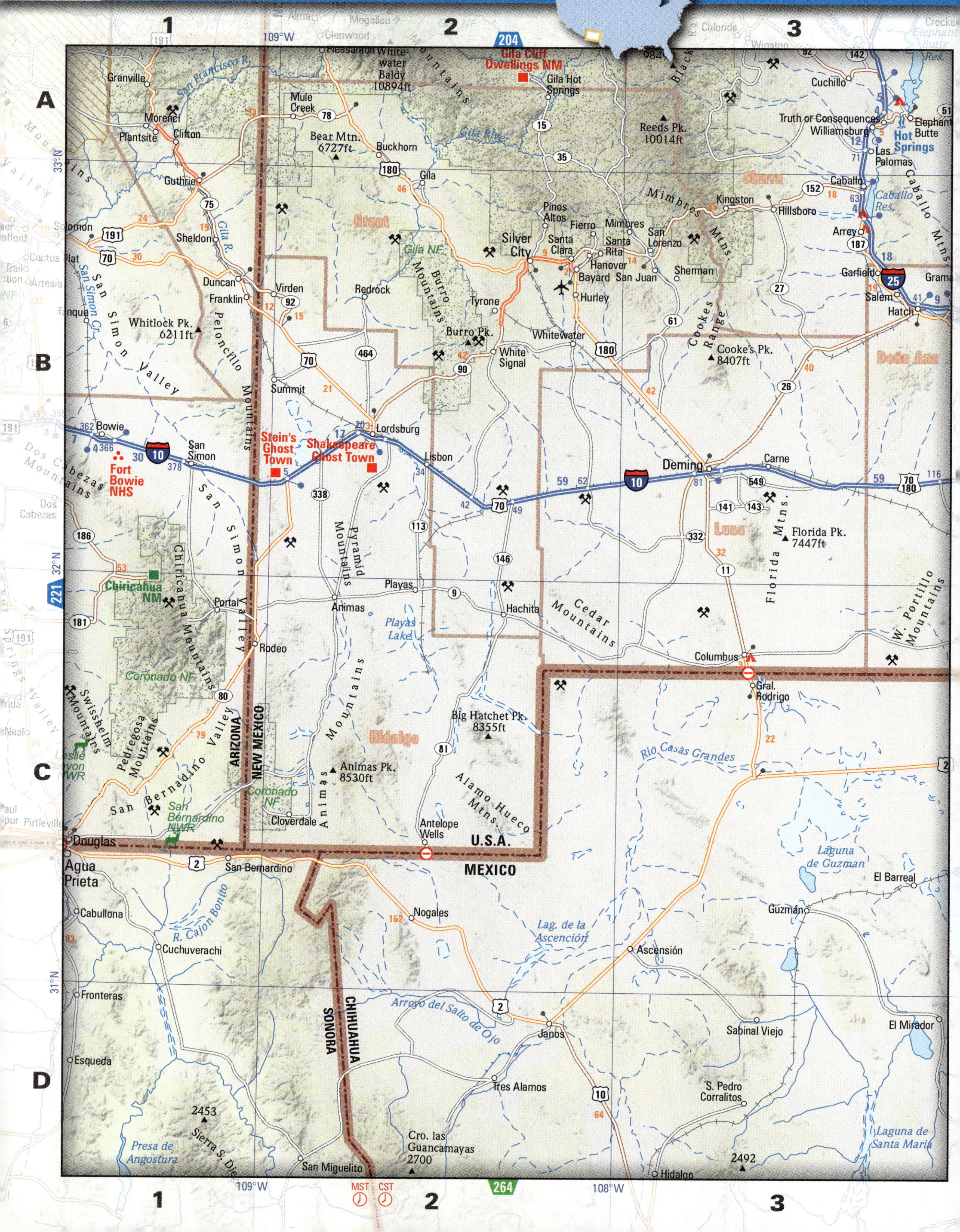
1
2
3
A
B
C
D
109°W
108°W
33°N
32°N
31°N
Gila Cliff Dwellings NM
Gila Hot Springs
White-water Baldy 10894ft
Mogollon Mountains
Pleasanton
Glenwood
Alma
Granville
Morenci
Clifton
Plantsite
San Francisco R.
Mule Creek
Bear Mtn. 6727ft
Buckhorn
Gila
Gila River
Guthrie
Solomon
Sheldon
Gila R.
Duncan
Franklin
Virden
Redrock
Whitlock Pk. 6211ft
Tanque
San Simon Cr.
San Simon Valley
Peloncillo Mountains
Summit
Lordsburg
Stein's Ghost Town
Shakespeare Ghost Town
Bowie
Fort Bowie NHS
San Simon
Dos Cabezas Mountains
Dos Cabezas
Grant
Gila NF
Burro Mountains
Tyrone
Burro Pk.
White Signal
Silver City
Pinos Altos
Fierro
Santa Clara
Santa Rita
Mimbres
San Lorenzo
Hanover
Bayard
San Juan
Hurley
Whitewater
Mimbres Mtns.
Kingston
Hillsboro
Sherman
Cookes Range
Cooke's Pk. 8407ft
Reeds Pk. 10014ft
Black Range
Sierra
Truth or Consequences
Williamsburg
Elephant Butte
Hot Springs
Las Palomas
Caballo
Caballo Res.
Caballo Mtns.
Cuchillo
Winston
Chloride
Arrey
Garfield
Salem
Hatch
Doña Ana
Deming
Carne
Luna
Florida Mtns.
Florida Pk. 7447ft
Lisbon
Pyramid Mountains
Animas
Playas
Playas Lake
Hachita
Cedar Mountains
Columbus
W. Portillo Mountains
Chiricahua NM
Chiricahua Mountains
Coronado NF
Portal
Rodeo
San Simon Valley
Swisshelm Mountains
Pedregosa Mountains
San Bernardino Valley
Leslie Canyon NWR
San Bernardino NWR
ARIZONA
NEW MEXICO
Hidalgo
Animas Mountains
Animas Pk. 8530ft
Big Hatchet Pk. 8355ft
Alamo Hueco Mtns.
Cloverdale
Antelope Wells
U.S.A.
MEXICO
Douglas
Agua Prieta
San Bernardino
Gral. Rodrigo
Río Casas Grandes
Laguna de Guzmán
El Barreal
Guzmán
Nogales
Cabullona
R. Cajón Bonito
Cuchuverachi
Fronteras
Esqueda
Lag. de la Ascención
Ascensión
Arroyo del Salto de Ojo
Janos
Sabinal Viejo
El Mirador
Tres Alamos
S. Pedro Corralitos
Laguna de Santa María
SONORA
CHIHUAHUA
Presa de Angostura
Sierra S. Die
San Miguelito
Cro. las Guancamayas 2700
2453
2492
Hidalgo
MST
CST

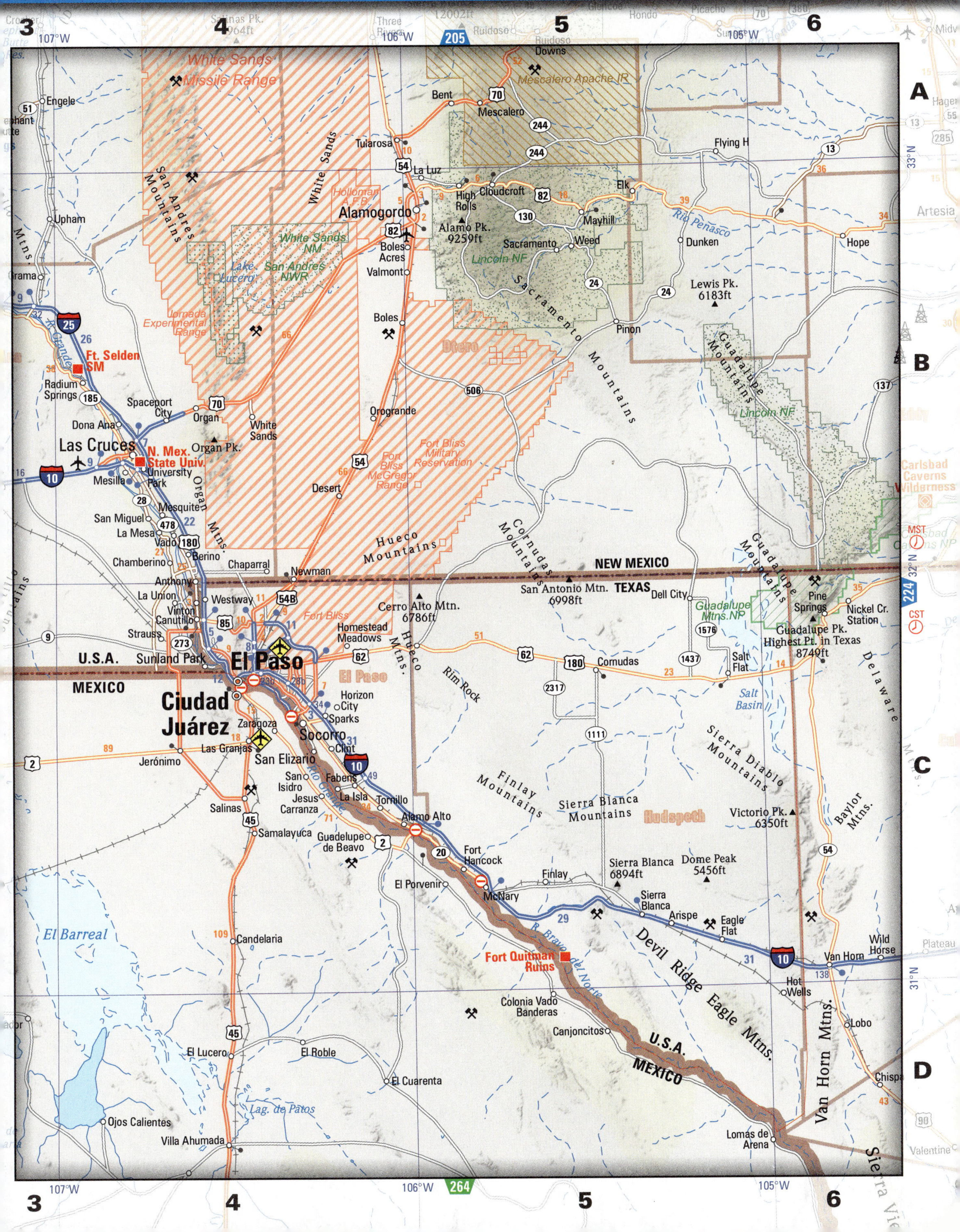
0 20 40 km
0 10 25 Miles
N
3
4
5
6
A
B
C
D
107°W
106°W
105°W
32°N
31°N
33°N
White Sands Missile Range
San Andres Mountains
White Sands
Holloman A.F.B.
Alamogordo
White Sands NM
Lake Lucero
San Andres NWR
Jornada Experimental Range
Ft. Selden SM
Radium Springs
Spaceport City
Organ
Dona Ana
Las Cruces
N. Mex. State Univ.
University Park
Mesilla
Organ Pk.
Organ Mtns.
White Sands
San Miguel
Mesquite
La Mesa
Vado
Chamberino
Berino
Chaparral
Anthony
La Union
Westway
Vinton
Canutillo
Strauss
Sunland Park
U.S.A.
MEXICO
El Paso
Ciudad Juárez
Horizon City
Sparks
Socorro
Zaragoza
Las Granjas
San Elizario
Clint
Jerónimo
San Isidro
Jesus Carranza
Fabens
La Isla
Tornillo
Salinas
Samalayuca
Guadelupe de Beavo
Alamo Alto
Fort Hancock
El Porvenir
McNary
Candelaria
El Barreal
Fort Quitman Ruins
R. Bravo del Norte
Colonia Vado Banderas
Canjoncitos
El Lucero
El Roble
El Cuarenta
Lag. de Patos
Ojos Calientes
Villa Ahumada
Engele
Upham
Tularosa
La Luz
Bent
Mescalero
Mescalero Apache IR
Ruidoso Downs
Ruidoso
High Rolls
Cloudcroft
Alamo Pk. 9259ft
Boles Acres
Valmonto
Boles
Sacramento
Weed
Mayhill
Lincoln NF
Sacramento Mountains
Elk
Rio Peñasco
Dunken
Hope
Flying H
Artesia
Lewis Pk. 6183ft
Pinon
Otero
Orogrande
Fort Bliss Military Reservation
Fort Bliss McGregor Range
Desert
Hueco Mountains
Newman
Fort Bliss
Homestead Meadows
Cerro Alto Mtn. 6786ft
Hueco Mtns.
Cornudas Mountains
San Antonio Mtn. 6998ft
NEW MEXICO
TEXAS
Dell City
Guadalupe Mtns. NP
Guadalupe Mountains
Lincoln NF
Pine Springs
Nickel Cr. Station
Guadalupe Pk. Highest Pt. in Texas 8749ft
Carlsbad Caverns Wilderness
MST
CST
Salt Flat
Salt Basin
Cornudas
Rim Rock
Delaware
Sierra Diablo Mountains
Finlay Mountains
Sierra Blanca Mountains
Hudspeth
Victorio Pk. 6350ft
Baylor Mtns.
Sierra Blanca 6894ft
Dome Peak 5456ft
Finlay
Sierra Blanca
Arispe
Eagle Flat
Devil Ridge Eagle Mtns.
Van Horn
Wild Horse
Hot Wells
Lobo
Van Horn Mtns.
Chispa
Lomas de Arena
Valentine
Plateau
El Paso
Three Rivers
Salinas Pk. 964ft
Hondo
Picacho
Sierra Vie

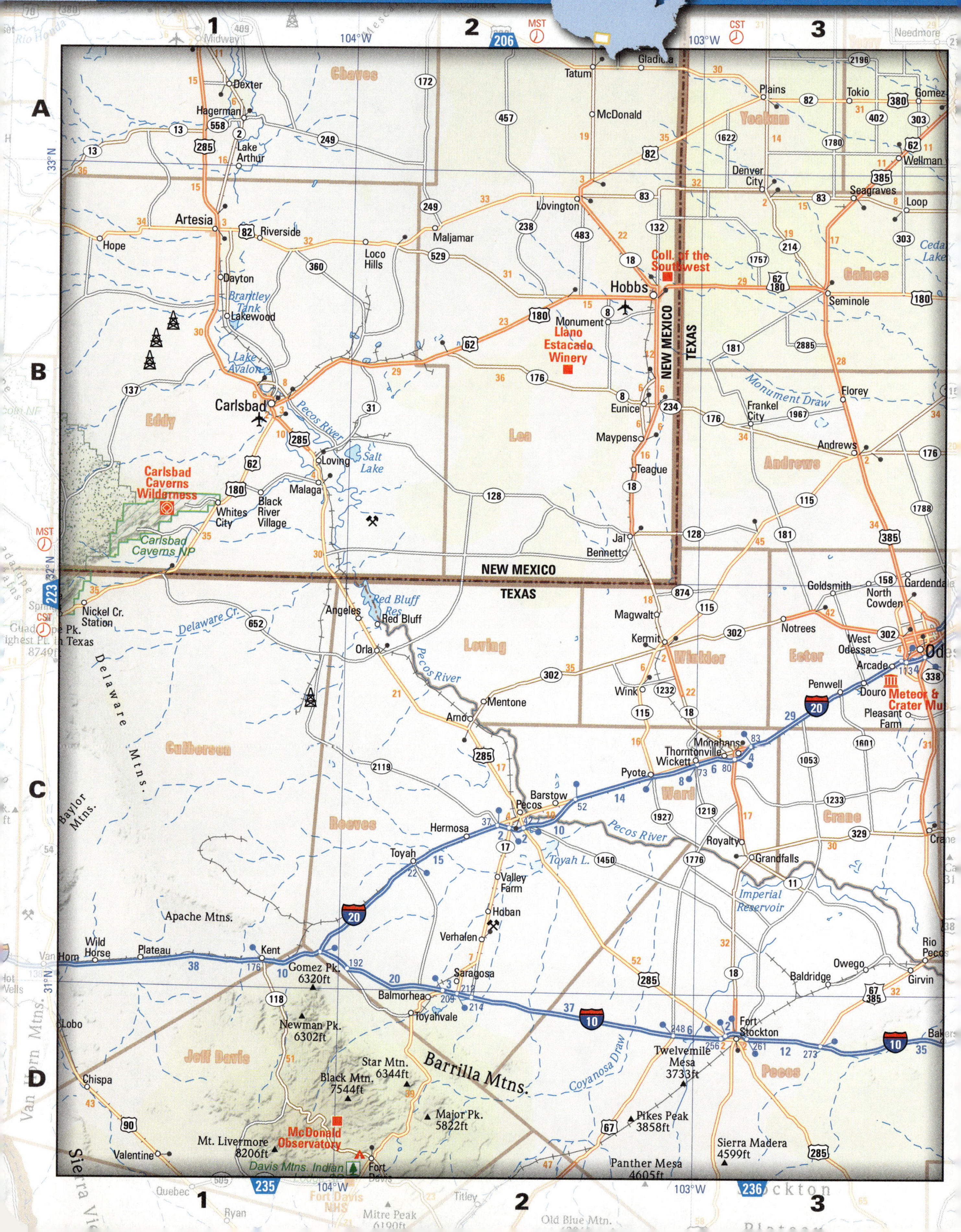
1
2
3
A
B
C
D
104°W
103°W
33°N
32°N
31°N
MST
CST
Chaves
Eddy
Lea
Yoakum
Gaines
Andrews
Loving
Winkler
Ector
Culberson
Reeves
Ward
Crane
Jeff Davis
Pecos
NEW MEXICO
TEXAS
Midway
Dexter
Hagerman
Lake Arthur
Artesia
Riverside
Hope
Dayton
Lakewood
Brantley Tank
Lake Avalon
Carlsbad
Loco Hills
Maljamar
Tatum
McDonald
Gladiola
Lovington
Hobbs
Coll. of the Southwest
Monument
Llano Estacado Winery
Eunice
Maypens
Teague
Jal
Bennett
Loving
Malaga
Salt Lake
Pecos River
Carlsbad Caverns Wilderness
Carlsbad Caverns NP
Whites City
Black River Village
Plains
Tokio
Gomez
Denver City
Wellman
Seagraves
Loop
Seminole
Cedar Lake
Florey
Frankel City
Monument Draw
Andrews
Goldsmith
North Cowden
Gardendale
Notrees
West Odessa
Odessa
Arcade
Penwell
Douro
Meteor Crater Mu
Pleasant Farm
Kermit
Magwalt
Wink
Nickel Cr. Station
Guadalupe Pk. Highest Pt. in Texas 8749ft
Delaware Cr.
Delaware Mtns.
Red Bluff Res.
Red Bluff
Angeles
Orla
Mentone
Arno
Monahans
Thorntonville
Wickett
Pyote
Barstow
Pecos
Hermosa
Toyah
Toyah L.
Valley Farm
Hoban
Verhalen
Saragosa
Balmorhea
Toyahvale
Royalty
Grandfalls
Imperial Reservoir
Baylor Mtns.
Apache Mtns.
Wild Horse
Plateau
Kent
Van Horn
Gomez Pk. 6320ft
Newman Pk. 6302ft
Star Mtn. 6344ft
Black Mtn. 7544ft
Barrilla Mtns.
Major Pk. 5822ft
Mt. Livermore 8206ft
McDonald Observatory
Davis Mtns. Indian Lodge
Fort Davis
Fort Davis NHS
Lobo
Chispa
Valentine
Coyanosa Draw
Twelvemile Mesa 3733ft
Pikes Peak 3858ft
Panther Mesa 4605ft
Sierra Madera 4599ft
Fort Stockton
Baldridge
Owego
Girvin
Rio Pecos
Crane
Quebec
Ryan
Titley
Mitre Peak 6190ft
Old Blue Mtn.
Needmore
Sierra Vieja
Stockton Plateau

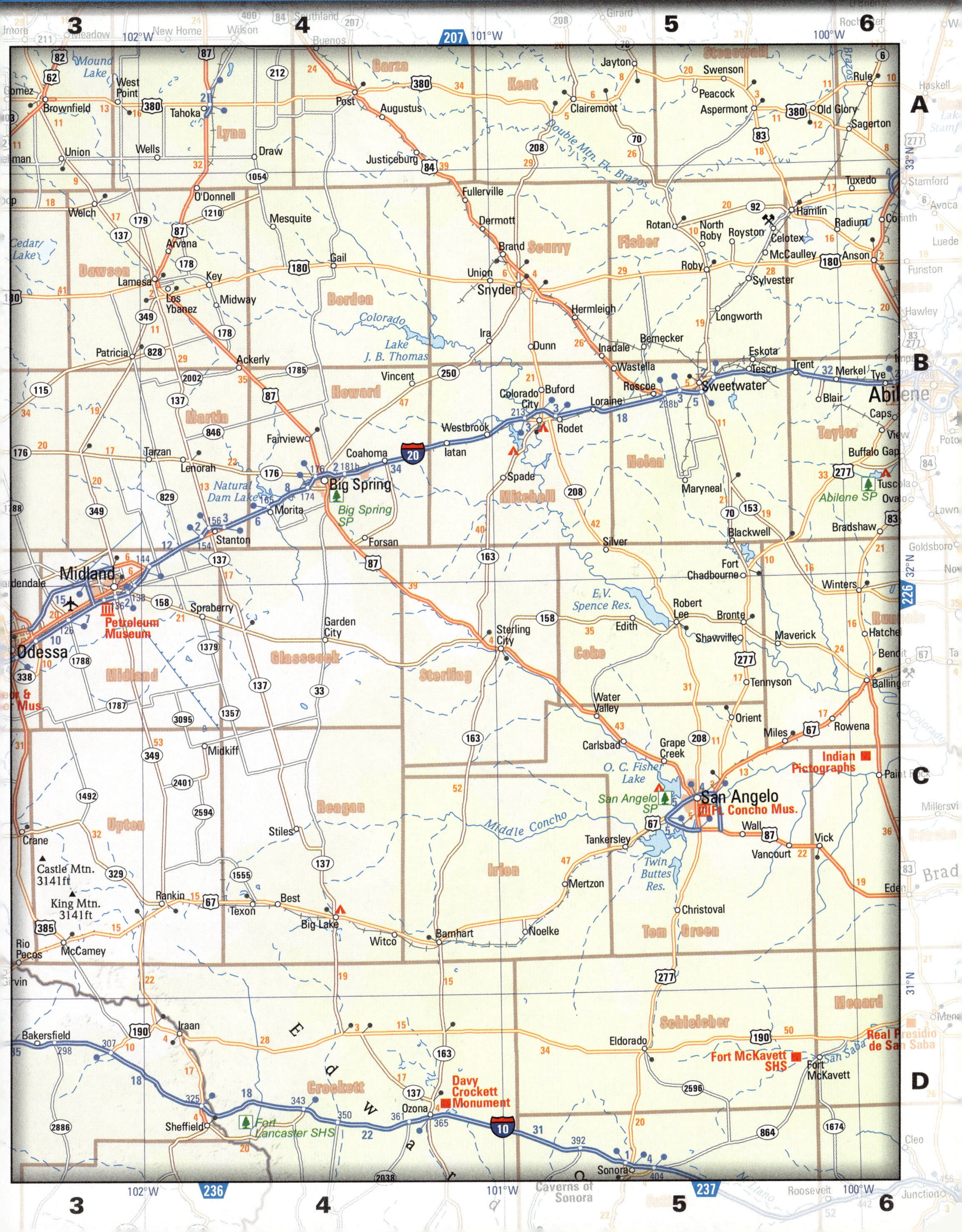
3
4
5
6
A
B
C
D
102°W
101°W
100°W
33°N
32°N
31°N
Brownfield
West Point
Tahoka
Post
Augustus
Justiceburg
Clairemont
Jayton
Swenson
Peacock
Aspermont
Old Glory
Sagerton
Rule
Union
Wells
Draw
O'Donnell
Welch
Mesquite
Gail
Lamesa
Los Ybanez
Key
Midway
Patricia
Ackerly
Fairview
Vincent
Big Spring
Coahoma
Iatan
Westbrook
Colorado City
Buford
Rodet
Loraine
Sweetwater
Roscoe
Wastella
Inadale
Bemecker
Hermleigh
Snyder
Union
Ira
Dunn
Fullerville
Dermott
Brand
Rotan
North Roby
Royston
Roby
Hamlin
Radium
Anson
McCaulley
Celotex
Sylvester
Longworth
Eskota
Tesco
Trent
Merkel
Tye
Abilene
Blair
Caps
Buffalo Gap
Tuxedo
Stamford
Tarzan
Lenorah
Natural Dam Lake
Morita
Stanton
Forsan
Big Spring SP
Spade
Maryneal
Blackwell
Bradshaw
Abilene SP
Silver
Fort Chadbourne
Winters
Robert Lee
Bronte
Edith
E.V. Spence Res.
Shawville
Maverick
Tennyson
Ballinger
Midland
Odessa
Petroleum Museum
Spraberry
Garden City
Sterling City
Water Valley
Carlsbad
Orient
Miles
Rowena
Grape Creek
O. C. Fisher Lake
San Angelo
San Angelo SP
Ft. Concho Mus.
Indian Pictographs
Wall
Vancourt
Vick
Eden
Tankersley
Twin Buttes Res.
Mertzon
Christoval
Midkiff
Stiles
Crane
Castle Mtn. 3141ft
King Mtn. 3141ft
Rankin
Texon
Best
Big Lake
Witco
Barnhart
Noelke
Rio Pecos
McCamey
Iraan
Bakersfield
Sheffield
Fort Lancaster SHS
Ozona
Davy Crockett Monument
Eldorado
Fort McKavett SHS
Fort McKavett
Real Presidio de San Saba
Sonora
Caverns of Sonora
Middle Concho
Colorado
Lake J. B. Thomas
Double Mtn. Fk. Brazos
Garza
Kent
Stonewall
Lynn
Dawson
Borden
Scurry
Fisher
Howard
Martin
Mitchell
Nolan
Taylor
Midland
Glasscock
Sterling
Coke
Reagan
Upton
Irion
Tom Green
Crockett
Schleicher
Menard
Edwards
Jones

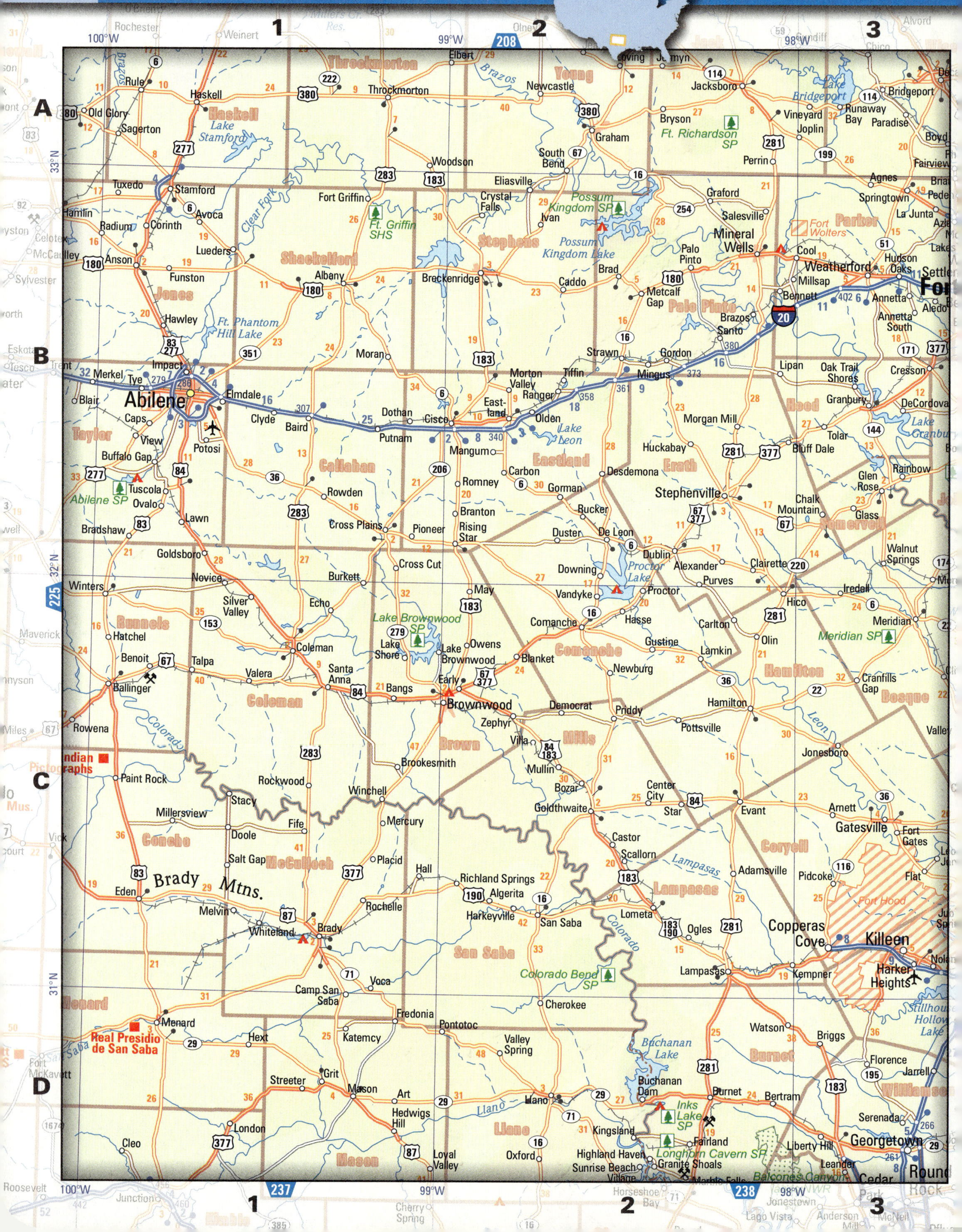
Throckmorton
Young
Haskell
Stephens
Shackelford
Jones
Palo Pinto
Parker
Taylor
Callahan
Eastland
Erath
Hood
Somervell
Runnels
Coleman
Brown
Comanche
Hamilton
Bosque
Mills
Concho
McCulloch
San Saba
Lampasas
Coryell
Menard
Mason
Llano
Burnet
Williamson
Abilene
Brownwood
Stephenville
Weatherford
Mineral Wells
Killeen
Copperas Cove
Gatesville
Georgetown
Brady
Brady Mtns.
Breckenridge
Graham
Jacksboro
Throckmorton
Haskell
Stamford
Anson
Albany
Cisco
Eastland
Ranger
Comanche
Hamilton
Goldthwaite
San Saba
Lampasas
Burnet
Llano
Mason
Menard
Ballinger
Coleman
Winters
Eden
Lake Stamford
Ft. Phantom Hill Lake
Possum Kingdom Lake
Possum Kingdom SP
Lake Brownwood
Lake Brownwood SP
Proctor Lake
Lake Leon
Buchanan Lake
Inks Lake SP
Longhorn Cavern SP
Colorado Bend SP
Meridian SP
Abilene SP
Ft. Richardson SP
Ft. Griffin SHS
Fort Hood
Real Presidio de San Saba
Paint Rock
Pictographs
Brazos
Colorado
Clear Fork
Leon
Lampasas
Llano
Elm Fk.
Valley Spring
Cherokee
Harker Heights
Kingsland
Highland Haven
Granite Shoals
Marble Falls
Balcones Canyonlands NWR
Round Rock
Cedar Park
100°W
99°W
98°W
33°N
32°N
31°N
1
2
3
A
B
C
D
20
208
225
237
238

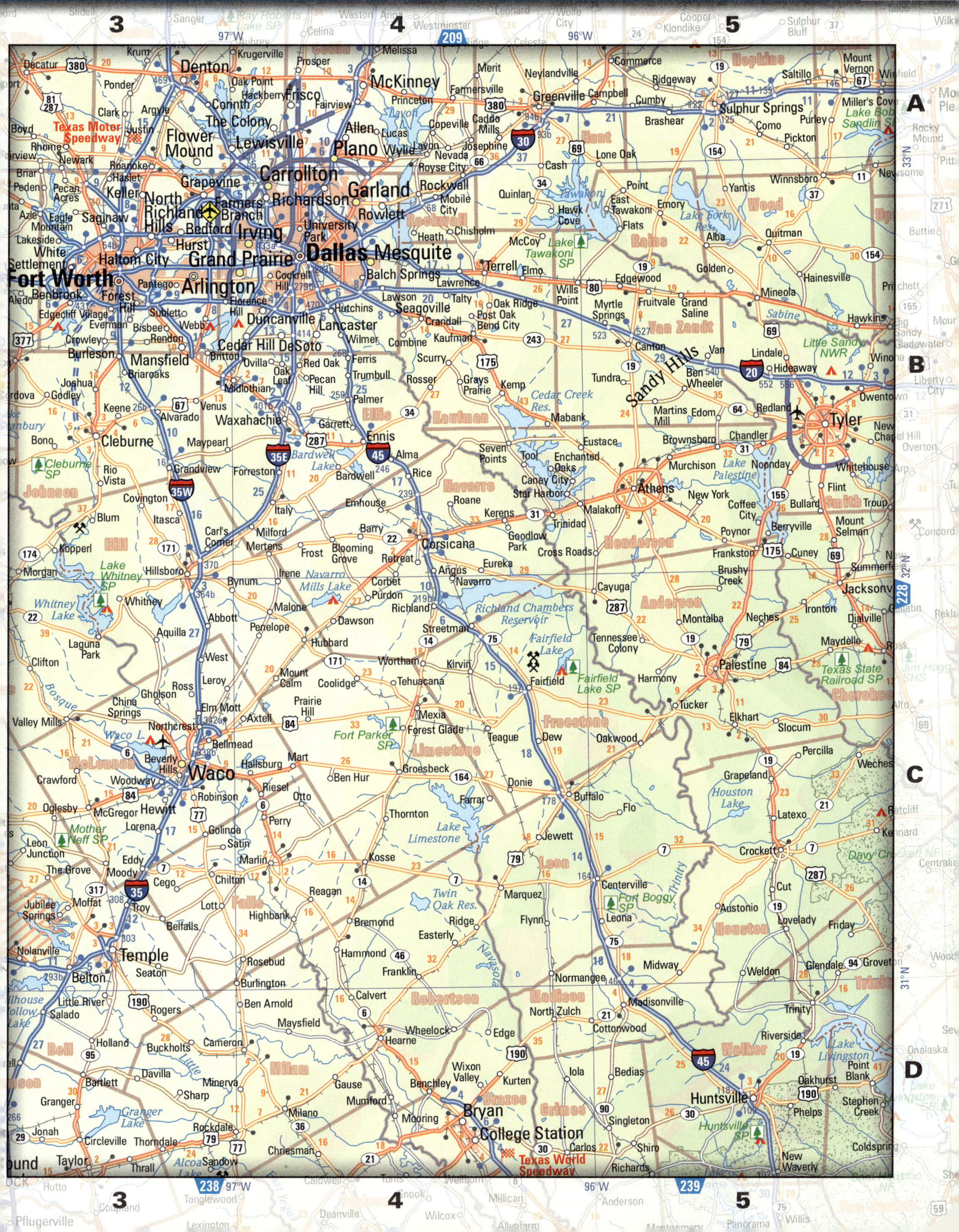

0 20 40 km
0 10 25 Miles
N
3
4
5
A
B
C
D
97°W
96°W
33°N
32°N
31°N
Denton
McKinney
Greenville
Sulphur Springs
Frisco
Lewisville
Flower Mound
Plano
Allen
Carrollton
Garland
Richardson
Rockwall
Irving
Grand Prairie
Dallas
Mesquite
Fort Worth
Arlington
Haltom City
North Richland Hills
Grapevine
Keller
Duncanville
Lancaster
Cedar Hill
DeSoto
Mansfield
Burleson
Cleburne
Waxahachie
Ennis
Terrell
Kaufman
Seagoville
Forney
Canton
Mineola
Van Zandt
Wood
Rains
Hopkins
Hunt
Kaufman
Ellis
Johnson
Hill
Navarro
Henderson
Anderson
Freestone
Limestone
McLennan
Falls
Robertson
Leon
Madison
Houston
Walker
Brazos
Grimes
Milam
Bell
Trinity
Smith
Cherokee
Tyler
Athens
Corsicana
Palestine
Jacksonville
Fairfield
Mexia
Hillsboro
Waco
Temple
Belton
Killeen
Bryan
College Station
Huntsville
Crockett
Centerville
Texas Motor Speedway
Texas World Speedway
Cedar Creek Res.
Richland Chambers Reservoir
Lake Whitney
Lake Limestone
Lake Livingston
Houston County Lake
Lake Palestine
Lake Tawakoni
Lake Fork Res.
Navarro Mills Lake
Bardwell Lake
Granger Lake
Cleburne SP
Lake Tawakoni SP
Fairfield Lake SP
Fort Parker SP
Mother Neff SP
Texas State Railroad SP
Huntsville SP
Fort Boggy SP
Whitney SP
Little Sandy NWR
Sandy Hills
Davy Crockett NF
Trinity
Navasota
Brazos
Bosque
Little
228

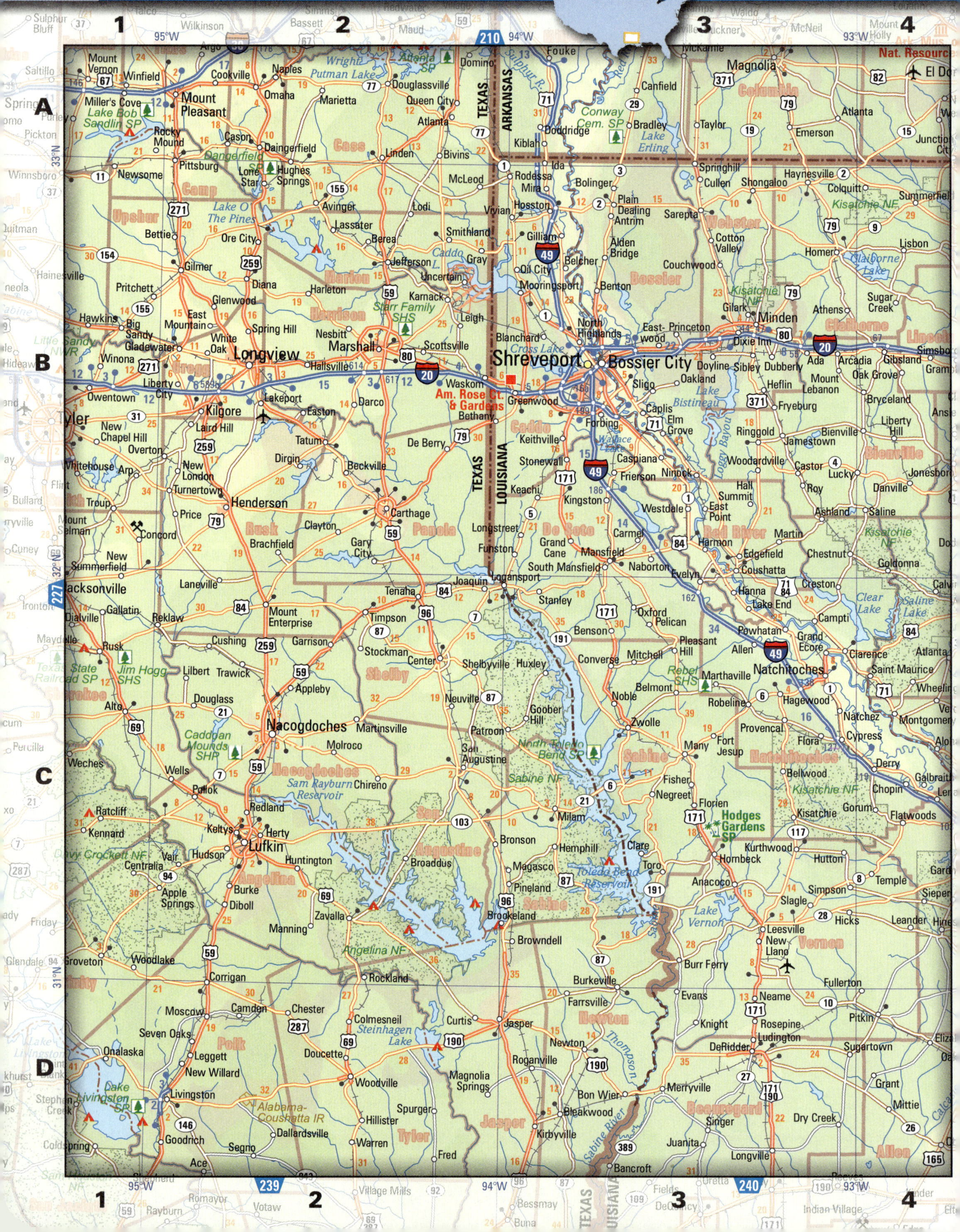
1
2
3
4
A
B
C
D
95°W
94°W
93°W
33°N
32°N
31°N
TEXAS
ARKANSAS
LOUISIANA
Nat. Resource
Mount Vernon
Winfield
Mount Pleasant
Naples
Omaha
Cookville
Douglassville
Queen City
Atlanta
Domino
Fouke
Magnolia
Canfield
Texarkana
Conway Cem. SP
Bradley
Lake Erling
Taylor
Emerson
Atlanta
Junction City
El Dorado
Columbia
Cass
Camp
Upshur
Marion
Harrison
Gregg
Rusk
Panola
Shelby
Nacogdoches
Cherokee
Angelina
San Augustine
Sabine
Jasper
Tyler
Polk
Newton
Caddo
Bossier
Webster
Claiborne
Lincoln
Bienville
De Soto
Red River
Natchitoches
Vernon
Beauregard
Allen
Pittsburg
Daingerfield
Hughes Springs
Linden
Bivins
McLeod
Rodessa
Ida
Kiblah
Doddridge
Springhill
Cullen
Shongaloo
Haynesville
Lake O' The Pines
Ore City
Avinger
Lassater
Berea
Jefferson
Caddo Lake
Gilmer
Diana
Pritchett
Glenwood
Big Sandy
Gladewater
Longview
Marshall
Hallsville
Karnack
Uncertain
Leigh
Vivian
Hosston
Gilliam
Oil City
Mooringsport
Belcher
Benton
Plain Dealing
Antrim
Alden Bridge
Sarepta
Cotton Valley
Couchwood
Homer
Claiborne Lake
Athens
Sugar Creek
Minden
Dixie Inn
Sibley
Dubberly
Ada
Arcadia
Gibsland
Simsboro
Grambling
Shreveport
Bossier City
North Highlands
Blanchard
Cross Lake
Greenwood
Waskom
Am. Rose Ctr. & Gardens
Bethany
Keithville
Stonewall
Keachi
Kingston
Frierson
Wallace Lake
Caspiana
Forbing
Caplis
Elm Grove
Ninock
Lake Bistineau
Loggy Bayou
Doyline
Oakland
Heflin
Mount Lebanon
Bryceland
Liberty Hill
Fryeburg
Ringgold
Bienville
Jamestown
Castor
Lucky
Jonesboro
Woodardville
Hall Summit
East Point
Roy
Danville
Ashland
Saline
Martin
Kisatchie NF
Winona
Liberty City
Kilgore
Lakeport
Easton
Darco
Tyler
Owentown
New Chapel Hill
Overton
Laird Hill
Tatum
Dirgin
Beckville
De Berry
Whitehouse
Arp
New London
Turnertown
Troup
Henderson
Carthage
Price
Concord
Clayton
Gary City
Brachfield
Longstreet
Funston
Grand Cane
Mansfield
South Mansfield
Westdale
Carmel
Naborton
Harmon
Edgefield
Coushatta
Chestnut
Goldonna
Jacksonville
New Summerfield
Laneville
Tenaha
Joaquin
Logansport
Stanley
Oxford
Pelican
Evelyn
Hanna
Lake End
Creston
Clear Lake
Saline Lake
Campti
Powhatan
Grand Ecore
Clarence
Natchitoches
Saint Maurice
Gallatin
Reklaw
Mount Enterprise
Timpson
Benson
Pleasant Hill
Allen
Converse
Mitchell
Rusk
Jim Hogg SHS
Cushing
Garrison
Stockman
Center
Shelbyville
Huxley
Belmont
Marthaville
Robeline
Hagewood
Natchez
Montgomery
Texas State Railroad SP
Lilbert
Trawick
Appleby
Douglass
Nacogdoches
Martinsville
Neuville
Noble
Zwolle
Provencal
Flora
Cypress
Alto
Caddoan Mounds SHP
Wells
Melrose
Patroon
North Toledo Bend SP
San Augustine
Many
Fort Jesup
Derry
Chopin
Weches
Pollok
Redland
Sam Rayburn Reservoir
Chireno
Sabine NF
Fisher
Negreet
Florien
Hodges Gardens SP
Kisatchie
Gorum
Flatwoods
Ratcliff
Kennard
Davy Crockett NF
Keltys
Herty
Lufkin
Huntington
Broaddus
Milam
Bronson
Hemphill
Clare
Toro
Kurthwood
Hornbeck
Hutton
Centralia
Apple Springs
Hudson
Burke
Diboll
Zavalla
Magasco
Pineland
Toledo Bend Reservoir
Anacoco
Simpson
Temple
Slagle
Hicks
Leander
Lake Vernon
Leesville
New Llano
Groveton
Woodlake
Manning
Angelina NF
Brookeland
Browndell
Burr Ferry
Fullerton
Corrigan
Rockland
Burkeville
Evans
Neame
Moscow
Camden
Chester
Colmesneil
Steinhagen Lake
Curtis
Jasper
Farrsville
Knight
Rosepine
Pitkin
Seven Oaks
Leggett
New Willard
Doucette
Roganville
Newton
Thomson
DeRidder
Sugartown
Onalaska
Livingston
Lake Livingston SP
Woodville
Magnolia Springs
Merryville
Bon Wier
Bleakwood
Grant
Mittie
Dry Creek
Singer
Alabama-Coushatta IR
Hillister
Spurger
Dallardsville
Goodrich
Warren
Kirbyville
Sabine River
Juanita
Longville
Segno
Ace
Fred
Bancroft

0 20 40 km
0 10 25 Miles

6
A
B
C
D
92°W
91°W
33°N
32°N
31°N
ARKANSAS
LOUISIANA
MISSISSIPPI
LOUISIANA
El Dorado
Felsenthal NWR
Hamburg
Ashley
Crossett
Overflow NWR
Portland
Parkdale
Chicot
Eudora
Lake Village
Arcola
Isola
Belzoni
Humphreys
Silver City
Yazoo NWR
Hollandale
Percy
Nitta Yuma
Midnight
Louise
Yazoo City
Huttig
Strong
Junction City
Wilmot
Kilbourne
Readland
Grace
Anguilla
Rolling Fork
Mayersville
Sharkey
Panther Swamp NWR
Delta NF
Union
Oakland
Upper Ouachita NWR
Marion
Lillie
Bernice
Bayou d'Arbonne L.
Farmerville
Dubach
d'Arbonne NWR
Vienna
Ruston
Grambling
Choudrant
Calhoun
Cheniere Brake
West Monroe
Monroe
Sicard
Swartz
Black Bayou Lake NWR
Bastrop
Morehouse
Mer Rouge
Galion
Bonita
Jones
Beekman
Haile
Spencer
Sterlington
Perryville
Fairbanks
Oak Ridge
Jonesburg
Rayville
West Carroll
Forest
Pioneer
Darnell
Poverty Point SHS
Epps
Oak Grove
Terry
Millikin
Shelburn
Providence Lake
Cotton Museum
East Carroll
Transylvania
Alsatia
Sondheimer
Lake Providence
Fitler
Onward
Cary
Valley Park
Issaquena
Eagle Lake
Redwood
Warren
Vicksburg
Delta
Vicksburg National Military Park
Tallulah
Richmond
Mound
Madison
Tensas River NWR
Somerset
Newellton
Tensas
Delhi
Dunn
Warden
Start
Richwood
Alto
Archibald
Mangham
Baskin
Richland
Franklin
Winnsboro
Chase
Jigger
Gilbert
Wisner
Turkey Creek
Enterprise
Sicily Island
Catahoula
Harrisonburg
Ouachita
Eros
Vernon
Chatham
Bosco
Caldwell
Riverton
Columbia
Clarks
Grayson
Kelly
Jackson
Hodge
Weston
Wyatt
Dodson
Sikes
Hudson
Tannehill
Calvin
Winnfield
Joyce
Winn
Olla
Urania
Tullos
La Salle
Georgetown
Kisatchie NF
Grant
Searcy
Jena
Midway
Manifest
Whitehall
Archie
Dry Prong
Nebo
Catahoula NWR
Catahoula Lake
Walters
Antonia
Bentley
Pollock
Colfax
Ball
Tioga
Zimmerman
Boyce
Alexandria
Pineville
Rapides
Libuse
Kolin
Saline Lake
Center Point
Effie
Willow Glen
Chambers
Lamourie
Woodworth
Hineston
Melder
Kisatchie NF
McNary
Glenmora
Forest Hill
Cocodrie Lake
Lecompte
Cheneyville
Echo
Hessmer
Mansura
Marksville
Avoyelles
Lake Ophelia NWR
Moreauville
Hamburg
Bunkie
Cottonport
Evergreen
Simmesport
Black Hawk
Red River
New Era
Acme
Larto
Larto Lake
Mayna
Serena
Eva
Monterey
Jonesville
Concordia
Frogmore
Ferriday
Ridgecrest
Vidalia
Bayou Cocodrie NWR
Clayton
Lee Bayou
Waterproof
Goldman
Saint Joseph
Natchez
Stanton
St. Catherine Creek NWR
Adams
Sibley
Emerald Mound
Mt. Locust
Church Hill
Fayette
Jefferson
Union Church
McNair
Lorman
Port Gibson
Grand Gulf
Claiborne
Hermanville
Carlisle
Utica
Carpenter
Bayou Pierre
Crystal Springs
Glancy
Hazlehurst
Copiah
Wesson
Brookhaven
Lincoln
Bogue Chitto
McCall Creek
Franklin
Meadville
Roxie
Eddiceton
Bude
Hamburg
White Apple
Garden City
Homochitto NF
Rosetta
Crosby
Coles
Gloster
Amite
Liberty
Centreville
Wilkinson
Woodville
Clark Creek Natural Area
Summit
McComb
Pike
Magnolia
Fernwood
Chatawa
Osyka
Auburn
Jackson
Clinton
Bolton
Edwards
Raymond
Oakley
Learned
Byram
Terry
Forest Hill
Petrified Forest NP
Brownsville
Hinds
Benton
Satartia
Bentonia
Norwood
Wilson
Clinton
Darlington
Tangipahoa
Kentwood
Greensburg
St. Helena
Fluker
Roseland
Amite
Gullett
Tickfaw
Natalbany
Hammond
Independence
Montpelier
Pine Grove
East Feliciana
Thompson
Gurley
Jackson
McManus
Ethel
Slaughter
Lindsay
Saint Francisville
West Feliciana
Laurel Hill
Wakefield
Bains
Antebellum Homes
Batchelor
Innis
Lettsworth
Woodside
Elba
Morganza
Pointe Coupee
New Roads
Port Hudson
Zachary
Baker
Baton Rouge
Watson
Erwinville
Livonia
Fordoche
Melville
Palmetto
St. Landry
Le Moyen
Lebeau
Morrow
Washington
Ville Platte
Evangeline
Chataignier
Opelousas
Mamou
Reddell
Point Blue
Vidrine
Easton
Pine Prairie
Bayou Chicot
Turkey Creek
Oakdale
Elizabeth
Oberlin
Eunice
Basile
Port Barre
Leonville
Grand Coteau
Port Allen
Denham Springs
Springfield
Ponchatoula
Rosedale
Maringouin

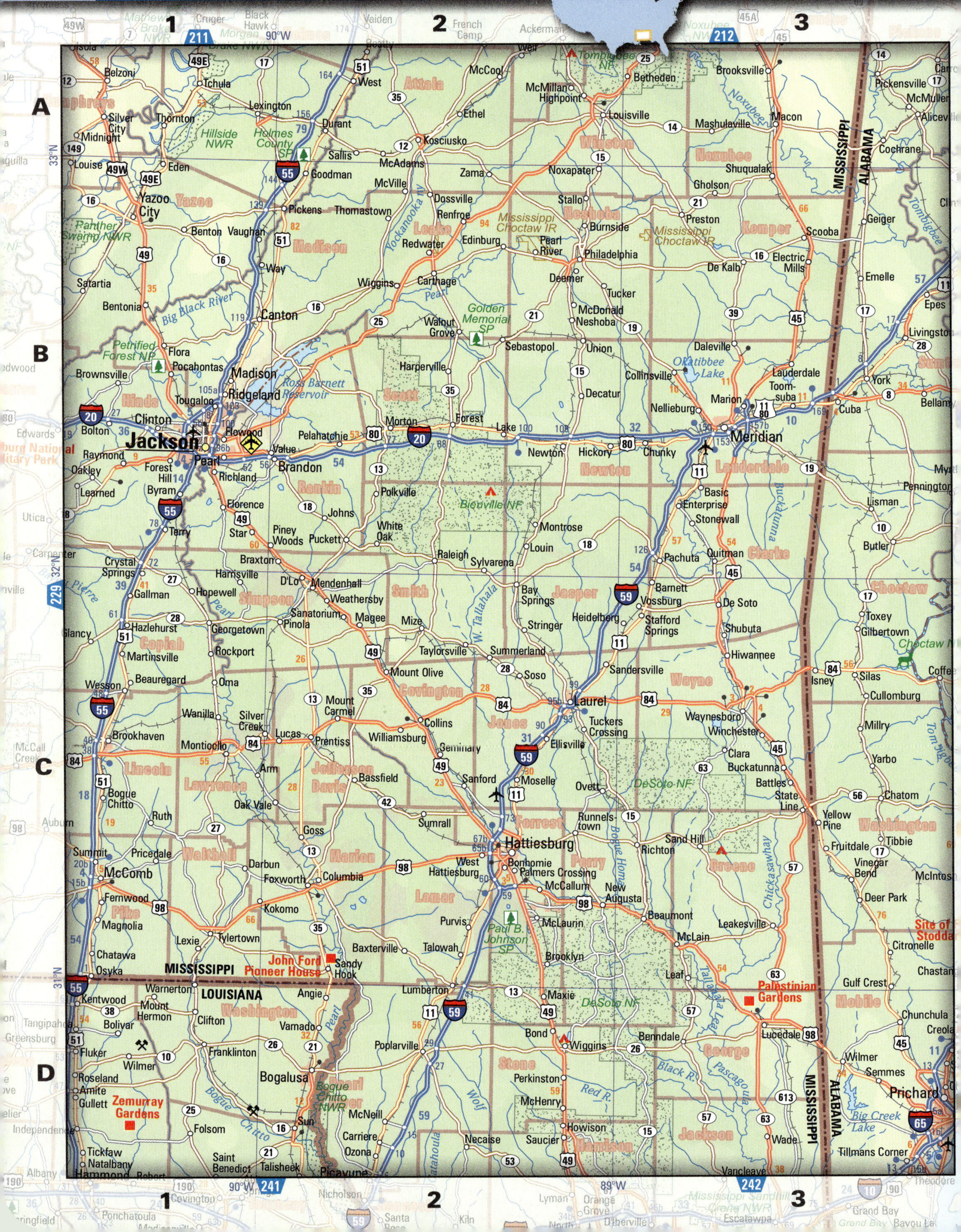
1
2
3
A
B
C
D
Jackson
Meridian
Hattiesburg
Laurel
McComb
Bogalusa
Prichard
Philadelphia
Kosciusko
Canton
Madison
Ridgeland
Clinton
Pearl
Brandon
Forest
Morton
Newton
Louisville
Macon
Brooksville
Yazoo City
Lexington
Durant
Goodman
Carthage
Collinsville
Decatur
Union
Quitman
Waynesboro
Columbia
Tylertown
Magnolia
Brookhaven
Monticello
Prentiss
Collins
Mendenhall
Magee
Mize
Raleigh
Bay Springs
Heidelberg
Ellisville
Purvis
Lumberton
Poplarville
Picayune
Wiggins
Leakesville
Lucedale
Citronelle
Chatom
Butler
Livingston
De Kalb
Scooba
Louisiana
Mississippi
Alabama
Ross Barnett Reservoir
Okatibbee Lake
Bienville NF
DeSoto NF
Tombigbee NF
Palestinian Gardens
John Ford Pioneer House
Zemurray Gardens
Mississippi Choctaw IR
Golden Memorial SP
Paul B. Johnson SP
Big Black River
Pearl River
Hinds
Rankin
Madison
Leake
Neshoba
Kemper
Noxubee
Winston
Attala
Scott
Newton
Lauderdale
Smith
Jasper
Clarke
Simpson
Copiah
Covington
Jones
Wayne
Lincoln
Lawrence
Jefferson Davis
Forrest
Perry
Greene
Marion
Lamar
Walthall
Pike
Stone
George
Jackson
Harrison
Washington
Choctaw
Mobile
90°W
89°W
32°N
31°N
33°N

0 20 40 km
0 10 25 Miles

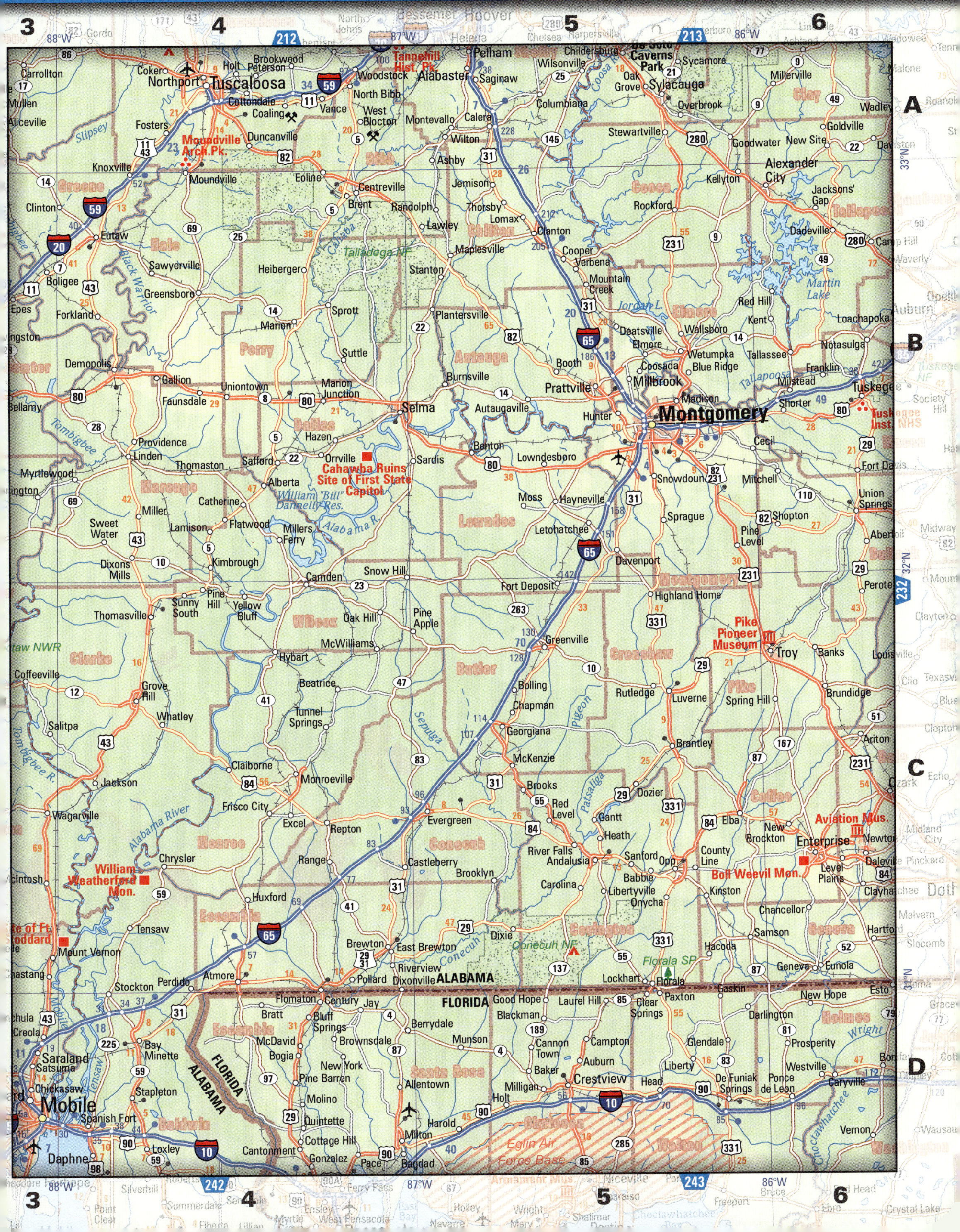

Tuscaloosa
Northport
Alabaster
Pelham
Sylacauga
Alexander City
Moundville Arch.Pk.
Talladega NF
Tannehill Hist. Pk.
De Soto Caverns Park
Greensboro
Demopolis
Marion
Selma
Prattville
Millbrook
Montgomery
Tuskegee
Tuskegee Inst. NHS
Cahawba Ruins Site of First State Capitol
William "Bill" Dannelly Res.
Camden
Thomasville
Greenville
Troy
Pike Pioneer Museum
Monroeville
Evergreen
Andalusia
Enterprise
Aviation Mus.
Boll Weevil Mon.
William Weatherford Mon.
Atmore
Brewton
Conecuh NF
Florala SP
Florala
ALABAMA
FLORIDA
Crestview
Mobile
Daphne
Saraland
Chickasaw
Milton
Pace
Eglin Air Force Base
DeFuniak Springs
Dothan
Autauga
Lowndes
Butler
Crenshaw
Pike
Coffee
Covington
Geneva
Escambia
Monroe
Conecuh
Clarke
Wilcox
Dallas
Perry
Hale
Greene
Marengo
Sumter
Chilton
Coosa
Elmore
Bibb
Baldwin
Okaloosa
Santa Rosa
Walton
Holmes
Montgomery
3
6
A
B
C
D
88°W
87°W
86°W
33°N
32°N
31°N

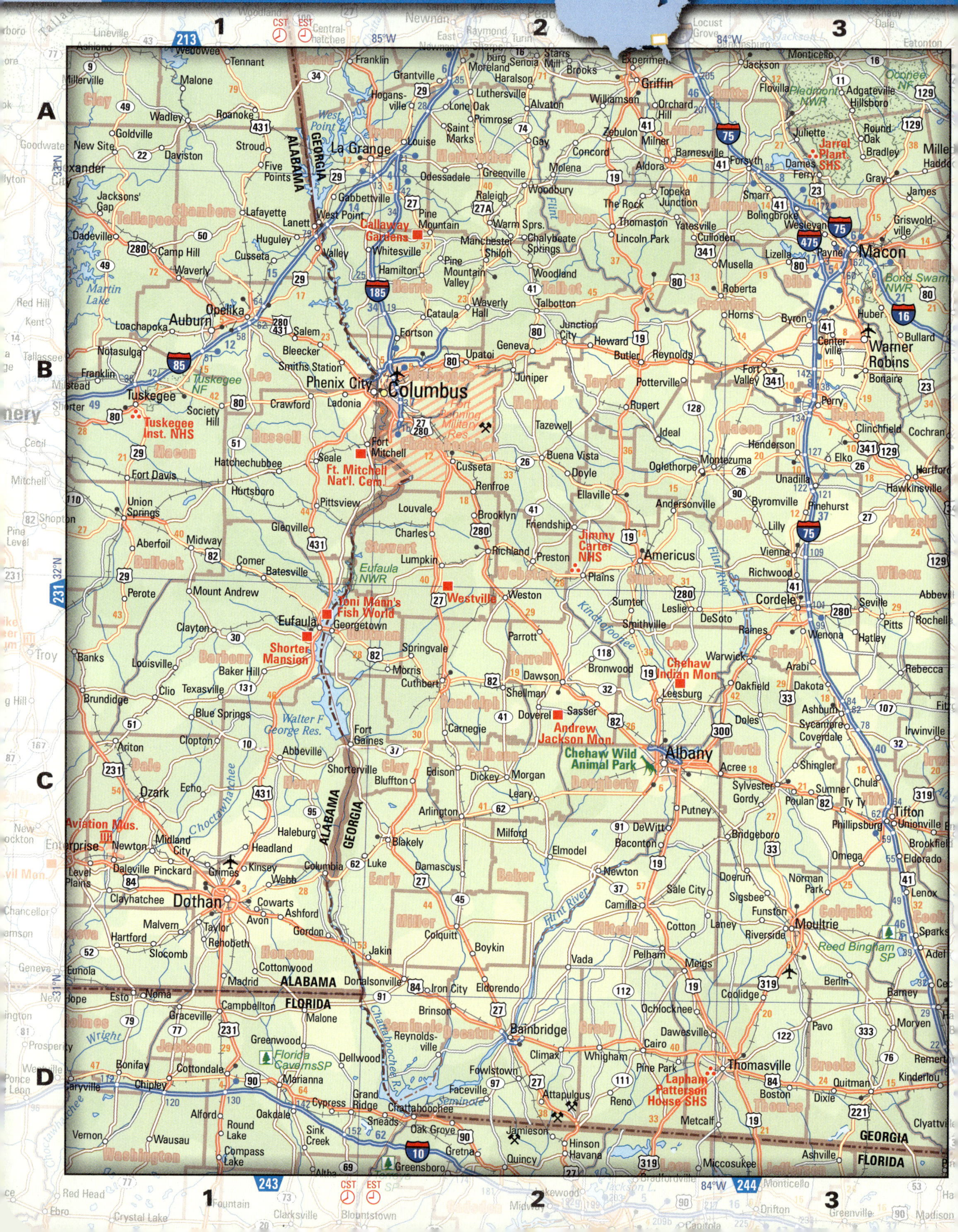

1
2
3
A
B
C
D
ALABAMA
GEORGIA
FLORIDA
La Grange
Columbus
Phenix City
Auburn
Opelika
Tuskegee
Tuskegee Inst. NHS
Tuskegee NF
Callaway Gardens
Ft. Mitchell Nat'l. Cem.
Fort Benning Military Res.
Eufaula
Eufaula NWR
Toni Mann's Fish World
Shorter Mansion
Westville
Jimmy Carter NHS
Americus
Plains
Chehaw Indian Mon.
Chehaw Wild Animal Park
Andrew Jackson Mon.
Albany
Dothan
Aviation Mus.
Enterprise
Ozark
Walter F. George Res.
Bainbridge
Thomasville
Lapham Patterson House SHS
Moultrie
Reed Bingham SP
Tifton
Cordele
Macon
Warner Robins
Griffin
Jarrell Plant SHS
Piedmont NWR
Oconee NF
Bond Swamp NWR
Florida Caverns SP
Marianna
Chipley
Chattahoochee
Flint River
Kinchafoonee
Choctawhatchee
Greenville
Manchester
Thomaston
Barnesville
Forsyth
Fort Valley
Perry
Hawkinsville
Cuthbert
Dawson
Leesburg
Sylvester
Camilla
Pelham
Cairo
Quitman
Abbeville
Clayton
Abbeville
Headland
Blakely
Colquitt
Donalsonville
Fort Gaines
Georgetown
Lumpkin
Butler
Montezuma
Oglethorpe
Ellaville
Vienna
Ashburn
Sycamore
Adel
Sparks
Grand Ridge
Sneads
Greensboro
Quincy
Havana
Gretna
Jamieson
Attapulgus
Miccosukee
Metcalf
Boston
Pavo
Ochlocknee
Meigs
Vada
Newton
Baconton
Putney
Doerun
Funston
Norman Park
Omega
Lenox
Sumner
Poulan
Warwick
Oakfield
Arabi
Dakota
Rebecca
Pitts
Seville
Rochelle
Warwick
Leslie
Smithville
DeSoto
Sumter
Preston
Weston
Richland
Parrott
Shellman
Doverel
Sasser
Bronwood
Morgan
Leary
Arlington
Edison
Bluffton
Shorterville
Abbeville
Clopton
Blue Springs
Clio
Louisville
Texasville
Baker Hill
Banks
Brundidge
Ariton
Echo
Newton
Daleville
Midland City
Pinckard
Level Plains
Kinsey
Grimes
Webb
Cowarts
Ashford
Avon
Gordon
Columbia
Taylor
Rehobeth
Malvern
Hartford
Slocomb
Cottonwood
Madrid
Geneva
Campbellton
Graceville
Malone
Greenwood
Cottondale
Bonifay
Alford
Round Lake
Compass Lake
Sink Creek
Oak Grove
Wausau
Vernon
Caryville
Cypress
Dellwood
Jakin
Iron City
Eldorendo
Brinson
Reynoldsville
Climax
Whigham
Fowlstown
Faceville
Hinson
Reno
Pine Park
Dawesville
Coolidge
Berlin
Barney
Morven
Kinderlou
Dixie
Remerton
Clyattville
Ashville
Ty Ty
Chula
Phillipsburg
Unionville
Brookfield
Eldorado
Irwinville
Coverdale
Shingler
Acree
Gordy
Bridgeboro
Sigsbee
Riverside
Laney
Cotton
Sale City
DeWitt
Elmodel
Milford
Damascus
Luke
Dickey
Carnegie
Morris
Springvale
Cuthbert
Pittsview
Glenville
Hurtsboro
Union Springs
Midway
Aberfoil
Comer
Batesville
Mount Andrew
Perote
Fort Davis
Hatchechubbee
Seale
Fort Mitchell
Cusseta
Renfroe
Louvale
Charles
Brooklyn
Friendship
Doyle
Buena Vista
Tazewell
Juniper
Upatoi
Geneva
Junction City
Howard
Reynolds
Potterville
Rupert
Ideal
Andersonville
Byromville
Lilly
Unadilla
Pinehurst
Henderson
Elko
Clinchfield
Bonaire
Byron
Centerville
Huber
Bullard
Lizella
Payne
Musella
Roberta
Culloden
Yatesville
Lincoln Park
Topeka Junction
The Rock
Zebulon
Concord
Molena
Woodbury
Warm Sprs.
Chalybeate Springs
Shiloh
Pine Mountain
Pine Mountain Valley
Hamilton
Whitesville
Cataula
Fortson
Waverly Hall
Talbotton
Woodland
Salem
Bleecker
Smiths Station
Crawford
Ladonia
Society Hill
Notasulga
Loachapoka
Waverly
Camp Hill
Dadeville
Jacksons' Gap
Lafayette
Lanett
West Point
Gabbettville
Huguley
Valley
Cusseta
Five Points
Stroud
Roanoke
Wadley
Daviston
New Site
Goldville
Malone
Wedowee
Tennant
Franklin
Hogansville
Grantville
Luthersville
Lone Oak
Primrose
Alvaton
Saint Marks
Gay
Odessadale
Raleigh
Moreland
Haralson
Senoia
Brooks
Williamson
Orchard Hill
Milner
Aldora
Experiment
Jackson
Flovilla
Juliette
Dames Ferry
Smarr
Bolingbroke
Wesleyan
Adgateville
Hillsboro
Round Oak
Bradley
Gray
James
Griswoldville
Monticello
Eatonton

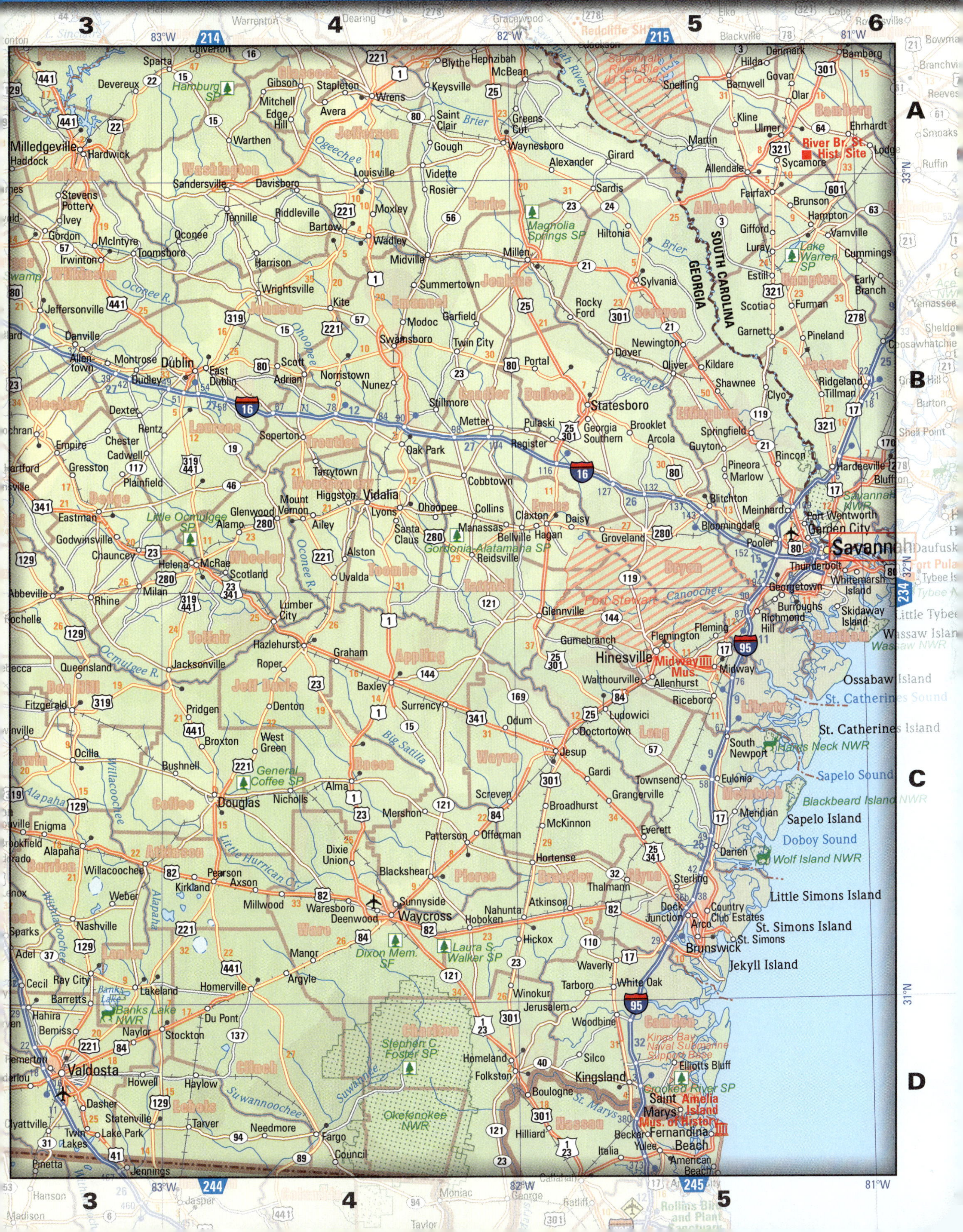
3
4
5
6
A
B
C
D
83°W
82°W
81°W
33°N
32°N
31°N
214
215
234
244
245
Milledgeville
Hardwick
Sparta
Gibson
Stapleton
Wrens
Keysville
Blythe
Hephzibah
McBean
Waynesboro
Louisville
Sandersville
Davisboro
Wadley
Midville
Millen
Swainsboro
Twin City
Dublin
East Dublin
Soperton
Statesboro
Georgia Southern
Metter
Vidalia
Lyons
Hazlehurst
Baxley
Jesup
Hinesville
Savannah
Garden City
Thunderbolt
Richmond Hill
Douglas
Alma
Waycross
Blackshear
Brunswick
Jekyll Island
St. Simons
Kingsland
Folkston
Homerville
Valdosta
Fernandina Beach
Saint Marys
Allendale
Sycamore
Hampton
Estill
Ridgeland
Hardeeville
Bluffton
SOUTH CAROLINA
GEORGIA
Ogeechee R.
Oconee R.
Ocmulgee R.
Savannah River
Little Satilla
Suwannoochee
Alapaha
Okefenokee NWR
Stephen C. Foster SP
Magnolia Springs SP
Gordonia-Alatamaha SP
General Coffee SP
Laura S. Walker SP
Crooked River SP
Fort Stewart
Midway Mus.
River Br. St. Hist. Site
Amelia Island Mus. of History
Kings Bay Naval Submarine Support Base
Ossabaw Island
St. Catherines Island
Sapelo Island
Sapelo Sound
Doboy Sound
Little Simons Island
St. Simons Island
Blackbeard Island NWR
Wolf Island NWR
Harris Neck NWR
Banks Lake NWR

Atlantic Ocean
Charleston
North Charleston
Savannah
Summerville
Goose Cr.
Hanahan
Mt. Pleasant
Isle of Palms
Sullivan's Island
Folly Island
Folly Beach
Kiawah Island
Edisto Island
Edisto Beach
Beaufort
Port Royal
St. Helena Sound
Hunting Island
Fripp Island
Pritchards Island
Port Royal Sound
Hilton Head Island
Daufuskie Island
Fort Pulaski NM
Tybee Island
Little Tybee Island
Wassaw Island
Ossabaw Island
St. Catherines Sound
St. Catherines Island
Sapelo Sound
Sapelo Island
Doboy Sound
Little Simons Island
St. Simons Island
Brunswick
Jekyll Island
Walterboro
Hampton
Allendale
Barnwell
Bamberg
Ridgeland
Hardeeville
Bluffton
Garden City
Pooler
Thunderbolt
Richmond Hill
Midway
Darien
Kiawah Island
Cape Romain NWR
Bull Bay
Bull I.
Boone Hall Plantation
Magnolia Plant. & Gardens
Cypress Gardens
Hampton Plantation SHS
Francis Marion NF
Ace Basin NWR
Edisto Beach SP
Hunting Island SP
Pinckney Island NWR
Savannah NWR
Tybee NWR
Wassaw NWR
Harris Neck NWR
Blackbeard Island NWR
Wolf Island NWR
SOUTH CAROLINA
GEORGIA
McClellanville
Cedar Island
Cape Island
Jamestown
North Santee
Moncks Corner
Bonneau
Lake Moultrie
33°N
32°N
31°N
81°W
80°W
A
B
C
D
1
2
3

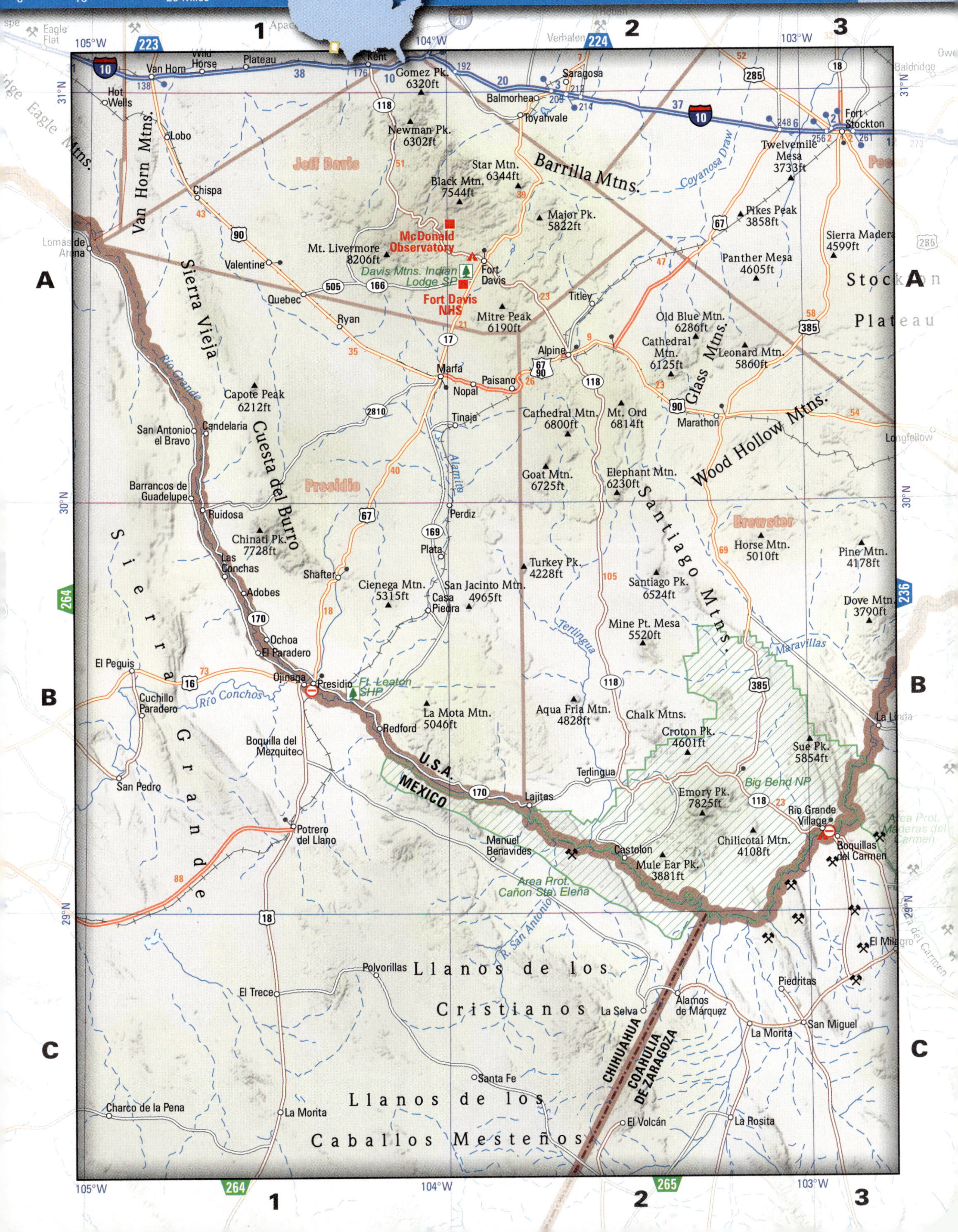
0 20 40 km
0 10 25 Miles
Van Horn
Wild Horse
Plateau
Kent
Gomez Pk. 6320ft
Saragosa
Balmorhea
Toyahvale
Hot Wells
Lobo
Van Horn Mtns.
Eagle Mtns.
Newman Pk. 6302ft
Jeff Davis
Star Mtn. 6344ft
Black Mtn. 7544ft
Barrilla Mtns.
Coyanosa Draw
Twelvemile Mesa 3733ft
Fort Stockton
Pikes Peak 3858ft
Major Pk. 5822ft
Chispa
McDonald Observatory
Mt. Livermore 8206ft
Davis Mtns. Indian Lodge SP
Fort Davis
Fort Davis NHS
Sierra Madera 4599ft
Panther Mesa 4605ft
Lomas de Arena
Valentine
Quebec
Ryan
Sierra Vieja
Mitre Peak 6190ft
Titley
Stockton Plateau
Old Blue Mtn. 6286ft
Cathedral Mtn. 6125ft
Glass Mtns.
Leonard Mtn. 5860ft
Alpine
Marfa
Paisano
Nopal
Rio Grande
Capote Peak 6212ft
Tinaja
Cathedral Mtn. 6800ft
Mt. Ord 6814ft
Marathon
Wood Hollow Mtns.
Longfellow
San Antonio el Bravo
Candelaria
Cuesta del Burro
Alamito
Goat Mtn. 6725ft
Elephant Mtn. 6230ft
Presidio
Barrancos de Guadelupe
Ruidosa
Perdiz
Santiago Mtns.
Brewster
Sierra Grande
Chinati Pk. 7728ft
Plata
Turkey Pk. 4228ft
Horse Mtn. 5010ft
Pine Mtn. 4178ft
Las Conchas
Shafter
Cienega Mtn. 5315ft
San Jacinto Mtn. 4965ft
Casa Piedra
Santiago Pk. 6524ft
Dove Mtn. 3790ft
Adobes
Terlingua
Mine Pt. Mesa 5520ft
Ochoa
El Paradero
Maravillas
El Peguis
Ojinaga
Presidio
Ft. Leaton SHP
Río Conchos
Cuchillo Paradero
La Mota Mtn. 5046ft
Aqua Fria Mtn. 4828ft
Chalk Mtns.
La Linda
Redford
Croton Pk. 4601ft
Sue Pk. 5854ft
Boquilla del Mezquite
U.S.A.
MEXICO
Terlingua
Big Bend NP
San Pedro
Lajitas
Emory Pk. 7825ft
Rio Grande Village
Potrero del Llano
Manuel Benavides
Castolon
Chilicotal Mtn. 4108ft
Area Prot. Maderas del Carmen
Boquillas del Carmen
Mule Ear Pk. 3881ft
Area Prot. Cañon Sta. Elena
R. San Antonio
El Milagro
Polvorillas
Llanos de los Cristianos
El Trece
Piedritas
La Selva
Alamos de Márquez
San Miguel
La Morita
CHIHUAHUA
COAHUILA DE ZARAGOZA
Santa Fe
Llanos de los Caballos Mesteños
Charco de la Pena
La Morita
El Volcán
La Rosita
105°W
104°W
103°W
31°N
30°N
29°N
1
2
3
A
B
C
264
265
236
223
224

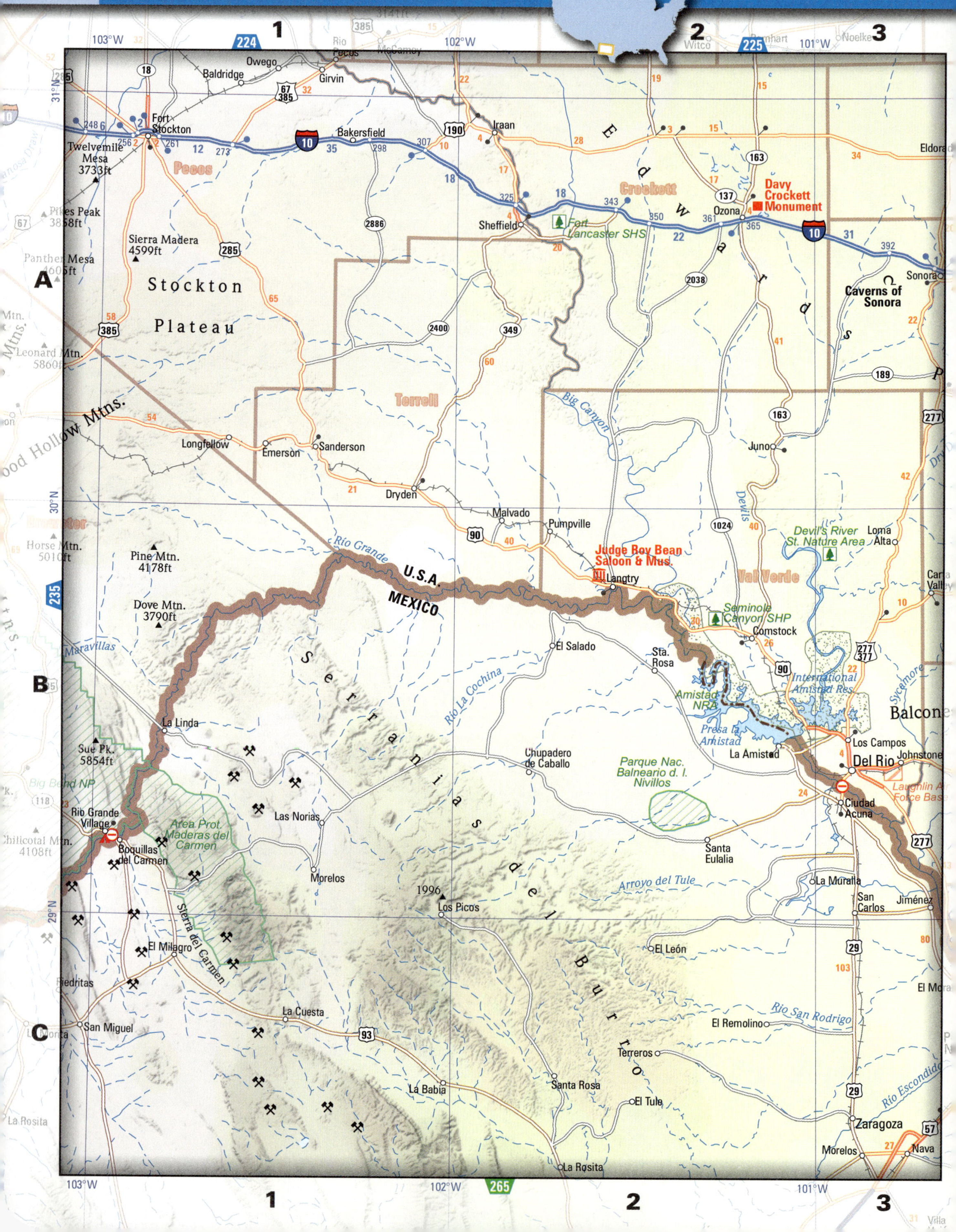

1
2
3
A
B
C
103°W
102°W
101°W
31°N
30°N
29°N
Fort Stockton
Baldridge
Owego
Girvin
Bakersfield
Iraan
Sheffield
Ozona
Sonora
Eldorado
Davy Crockett Monument
Fort Lancaster SHS
Caverns of Sonora
Twelvemile Mesa 3733ft
Pikes Peak 3858ft
Sierra Madera 4599ft
Panther Mesa 4605ft
Leonard Mtn. 5860ft
Pecos
Crockett
Terrell
Val Verde
Stockton Plateau
Edwards Plateau
Longfellow
Emerson
Sanderson
Dryden
Malvado
Pumpville
Juno
Loma Alta
Judge Roy Bean Saloon & Mus.
Langtry
Devil's River St. Nature Area
Seminole Canyon SHP
Comstock
Big Canyon
Rio Grande
U.S.A.
MEXICO
Horse Mtn. 5010ft
Pine Mtn. 4178ft
Dove Mtn. 3790ft
Maravillas
Big Bend NP
Sue Pk. 5854ft
La Linda
Rio Grande Village
Boquillas del Carmen
Area Prot. Maderas del Carmen
Sierra del Carmen
Chilicotal Mtn. 4108ft
Las Norias
Morelos
El Milagro
Piedritas
San Miguel
La Cuesta
La Babia
La Rosita
Serranías del Burro
Río La Cochina
El Salado
Sta. Rosa
Amistad NRA
International Amistad Res.
Presa la Amistad
La Amistad
Chupadero de Caballo
Parque Nac. Balneario d. l. Nivillos
Los Campos
Del Rio
Johnstone
Ciudad Acuna
Laughlin Air Force Base
Balcones
Santa Eulalia
Arroyo del Tule
1996
Los Picos
La Muralla
San Carlos
Jiménez
El León
Río San Rodrigo
El Remolino
Terreros
Santa Rosa
El Tule
Zaragoza
Morelos
Nava
Río Escondido

Menard
Schleicher
Sutton
Kimble
Mason
Llano
Gillespie
Blanco
Kerr
Kendall
Edwards
Real
Bandera
Bexar
Kinney
Uvalde
Medina
Maverick
Zavala
Frio
Atascosa
Dimmit
La Salle
McMullen
Eldorado
Fort McKavett SHS
Real Presidio de San Saba
Junction
Fredericksburg
Kerrville
Rocksprings
Leakey
Bandera
Boerne
Uvalde
Hondo
Castroville
San Antonio
Eagle Pass
Piedras Negras
Crystal City
Carrizo Springs
Pearsall
Dilley
Cotulla
Pleasanton
Jourdanton
Devine
Llano
Johnson City
Blanco
Comfort
Sea World of Texas
Cascade Caverns
Frontier Times Mus.
Garner SP
Lost Maples SP
Kickapoo Cavern SP
Balcones Escarpment
Anacacho Mtns.
Plateau
U.S.A.
MEXICO
100°W
99°W
30°N
29°N
31°N

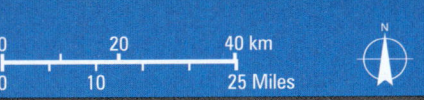

1:1.250.000

MapArt.com

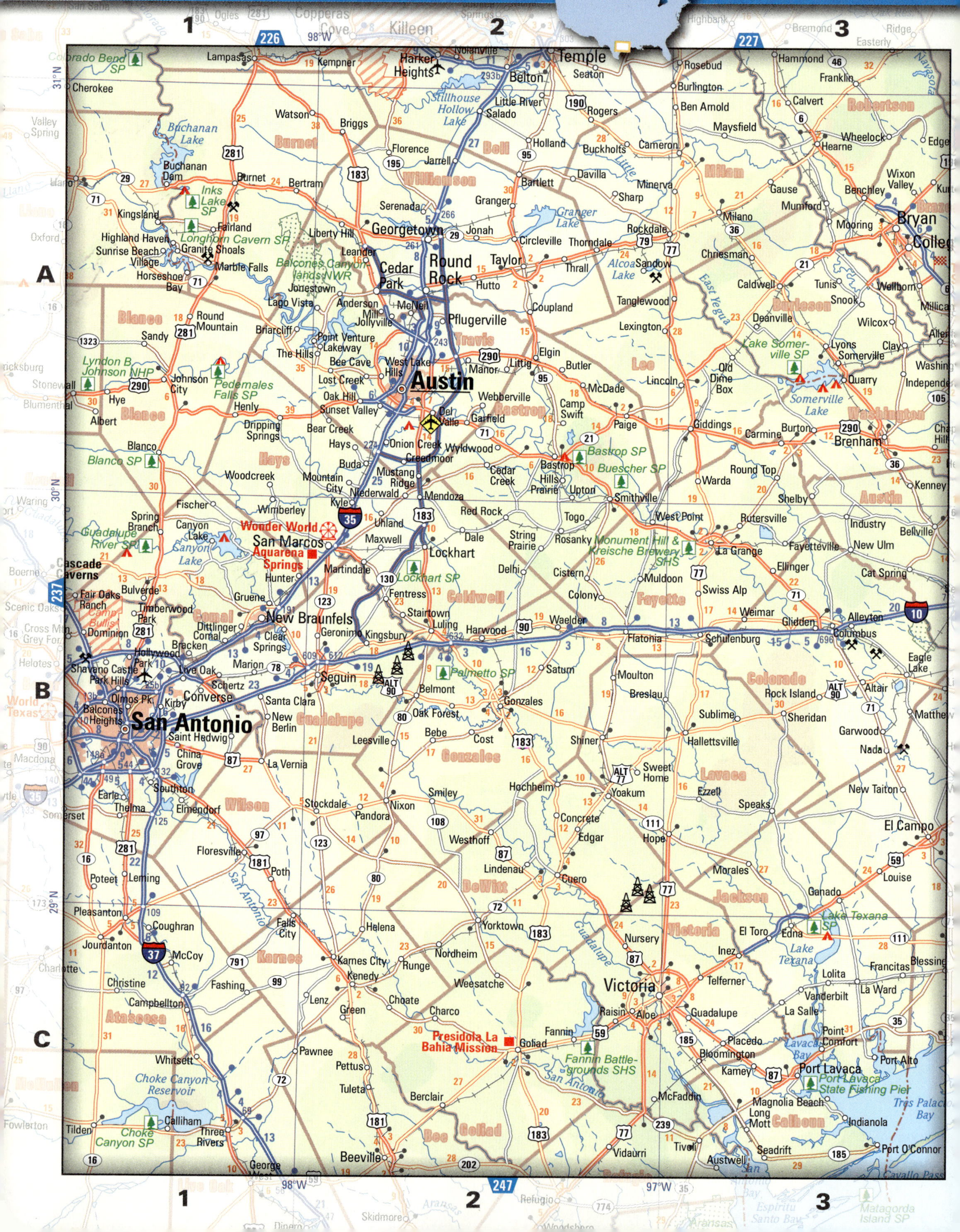

3
B
31°N
30°N
29°N
98°W
97°W
Temple
Belton
Killeen
Harker Heights
Lampasas
Kempner
Copperas Cove
Salado
Little River
Rogers
Holland
Cameron
Buckholts
Rosebud
Burlington
Ben Arnold
Mayfield
Hammond
Franklin
Calvert
Robertson
Wheelock
Hearne
Edge
Bryan
College
Wixon Valley
Benchley
Kurten
Mumford
Gause
Milano
Minerva
Sharp
Davilla
Bartlett
Granger
Granger Lake
Georgetown
Jonah
Circleville
Thorndale
Rockdale
Milam
Jarrell
Florence
Briggs
Watson
Burnet
Bertram
Buchanan Lake
Buchanan Dam
Inks Lake SP
Kingsland
Fairland
Longhorn Cavern SP
Highland Haven
Sunrise Beach Village
Granite Shoals
Marble Falls
Horseshoe Bay
Balcones Canyonlands NWR
Liberty Hill
Leander
Cedar Park
Round Rock
Taylor
Hutto
Thrall
Alcoa Lake
Sandow
Tanglewood
Lexington
Caldwell
Chriesman
Deanville
Burleson
Tunis
Snook
Wellborn
Millican
Wilcox
Lake Somerville SP
Lyons
Somerville
Clay
Somerville Lake
Quarry
Washington
Brenham
Burton
Carmine
Giddings
Old Dime Box
Lincoln
Lee
Paige
McDade
Butler
Elgin
Coupland
Pflugerville
Travis
Jonestown
Lago Vista
Anderson Mill
Jollyville
McNeil
Round Mountain
Blanco
Sandy
Briarcliff
Point Venture
Lakeway
The Hills
Bee Cave
West Lake Hills
Lost Creek
Manor
Littig
Austin
Webberville
Oak Hill
Sunset Valley
Del Valle
Garfield
Bastrop
Camp Swift
Lyndon B. Johnson NHP
Johnson City
Pedernales Falls SP
Stonewall
Hye
Henly
Dripping Springs
Bear Creek
Hays
Onion Creek
Creedmoor
Wyldwood
Cedar Creek
Bastrop SP
Buescher SP
Bastrop Hills Prairie
Upton
Smithville
Round Top
Warda
Albert
Blanco
Blanco SP
Woodcreek
Buda
Mountain City
Mustang Ridge
Niederwald
Mendoza
Kyle
Wimberley
Fischer
Spring Branch
Canyon Lake
Guadalupe River SP
Wonder World
San Marcos
Aquarena Springs
Uhland
Maxwell
Red Rock
Dale
String Prairie
Rosanky
Togo
Monument Hill & Kreische Brewery SHS
West Point
La Grange
Rutersville
Shelby
Industry
Bellville
Fayetteville
New Ulm
Ellinger
Cat Spring
Kenney
Austin
Lockhart
Lockhart SP
Martindale
Hunter
Fentress
Caldwell
Delhi
Cistern
Muldoon
Colony
Fayette
Swiss Alp
Weimar
Glidden
Alleyton
Columbus
Eagle Lake
Schulenburg
Flatonia
Waelder
Harwood
Luling
Stairtown
Kingsbury
Geronimo
New Braunfels
Gruene
Comal
Bulverde
Timberwood Park
Fair Oaks Ranch
Cascade Caverns
Dominion
Bracken
Dittlinger
Clear Springs
Hollywood Park
Shavano Park
Castle Hills
Live Oak
Schertz
Converse
Marion
Seguin
Santa Clara
Olmos Pk
Kirby
Balcones Heights
San Antonio
Saint Hedwig
New Berlin
Guadalupe
Belmont
Palmetto SP
Saturn
Oak Forest
Gonzales
Moulton
Breslau
Sublime
Rock Island
Sheridan
Altair
Garwood
Nada
Hallettsville
Shiner
Cost
Bebe
Leesville
Gonzales
China Grove
La Vernia
Southton
Earle
Thelma
Elmendorf
Wilson
Stockdale
Pandora
Nixon
Smiley
Hochheim
Yoakum
Sweet Home
Lavaca
Ezzell
Speaks
New Taiton
El Campo
Concrete
Edgar
Hope
Westhoff
Lindenau
DeWitt
Cuero
Morales
Jackson
Ganado
Louise
Somerset
Floresville
Poth
Potect
Leming
Pleasanton
Coughran
Jourdanton
McCoy
Falls City
Helena
Karnes
Kenedy
Karnes City
Runge
Nordheim
Yorktown
Nursery
Victoria
Inez
El Toro
Edna
Lake Texana SP
Lake Texana
Telferner
Lolita
Francitas
Blessing
Vanderbilt
La Ward
La Salle
Point Comfort
Port Alto
Lavaca Bay
Port Lavaca
Port Lavaca State Fishing Pier
Tres Palacios Bay
Indianola
Magnolia Beach
Long Mott
Calhoun
Seadrift
Port O'Connor
Austwell
Guadalupe
Placedo
Bloomington
Kamey
Raisin
Aloe
McFaddin
Vidaurri
Tivoli
Fannin
Goliad
Fannin Battleground SHS
Presidio La Bahia Mission
Charco
Weesatche
Choate
Green
Lenz
Fashing
Christine
Campbellton
Atascosa
Whitsett
Pawnee
Pettus
Tuleta
Berclair
Bee
Goliad
Beeville
Choke Canyon Reservoir
Choke Canyon SP
Calliham
Tilden
Three Rivers
George West
Refugio
Skidmore
Fowlerton
Charlotte
Cherokee
Colorado Bend SP
Valley Spring
Llano
Oxford
Kingsbury
Waring
Boerne
Scenic Oaks
Helotes
Macdona
Colorado
Stillhouse Hollow Lake
Matagorda Island SP
Espiritu Santo Bay

0 20 40 km
0 10 25 Miles
N
3
4
5
6
A
B
C
96°W
95°W
94°W
31°N
30°N
29°N
Gulf of Mexico
Houston
Pasadena
Beaumont
Port Arthur
Baytown
Galveston
Texas City
La Marque
League City
Dickinson
Missouri City
Sugar Land
Conroe
Huntsville
Livingston
Cleveland
Humble
Spring
Tomball
Katy
Richmond
Rosenberg
Pearland
Friendswood
Alvin
Angleton
Lake Jackson
Freeport
Clute
Bay City
Wharton
Liberty
Dayton
Anahuac
Winnie
Vidor
Nederland
Port Neches
Groves
Orange
Silsbee
Kountze
Woodville
Jasper
Livingston
Onalaska
Coldspring
Shepherd
Willis
Montgomery
Navasota
College Station
Bellaire
Deer Park
La Porte
Seabrook
Webster
Kemah
NASA (LBJ) Space Center
Texas World Speedway
Sam Houston NF
Lake Livingston
Lake Conroe
Huntsville SP
Trinity River NWR
Village Creek SP
Stephen F. Austin SP
Brazos Bend SP
Galveston Island SP
Christmas Bay SP
San Bernard NWR
Big Boggy NWR
Brazoria NWR
Anahuac NWR
Moody NWR
Mc Faddin NWR
Texas Point NWR
Sea Rim SP
Alabama-Coushatta IR
Steinhagen Lake
Trinity Bay
Galveston Bay
East Bay
West Bay
Matagorda Bay
Palacios Bay
Intracoastal Waterway
Coastal Plain
High Island
Gilchrist
Port Bolivar
S. Louis Pass
Madison
Walker
Grimes
Polk
Tyler
Jasper
Trinity
San Jacinto
Montgomery
Liberty
Hardin
Orange
Waller
Harris
Chambers
Jefferson
Fort Bend
Brazoria
Galveston
Wharton
Matagorda
TEXAS
LOUISIANA
227
228
240

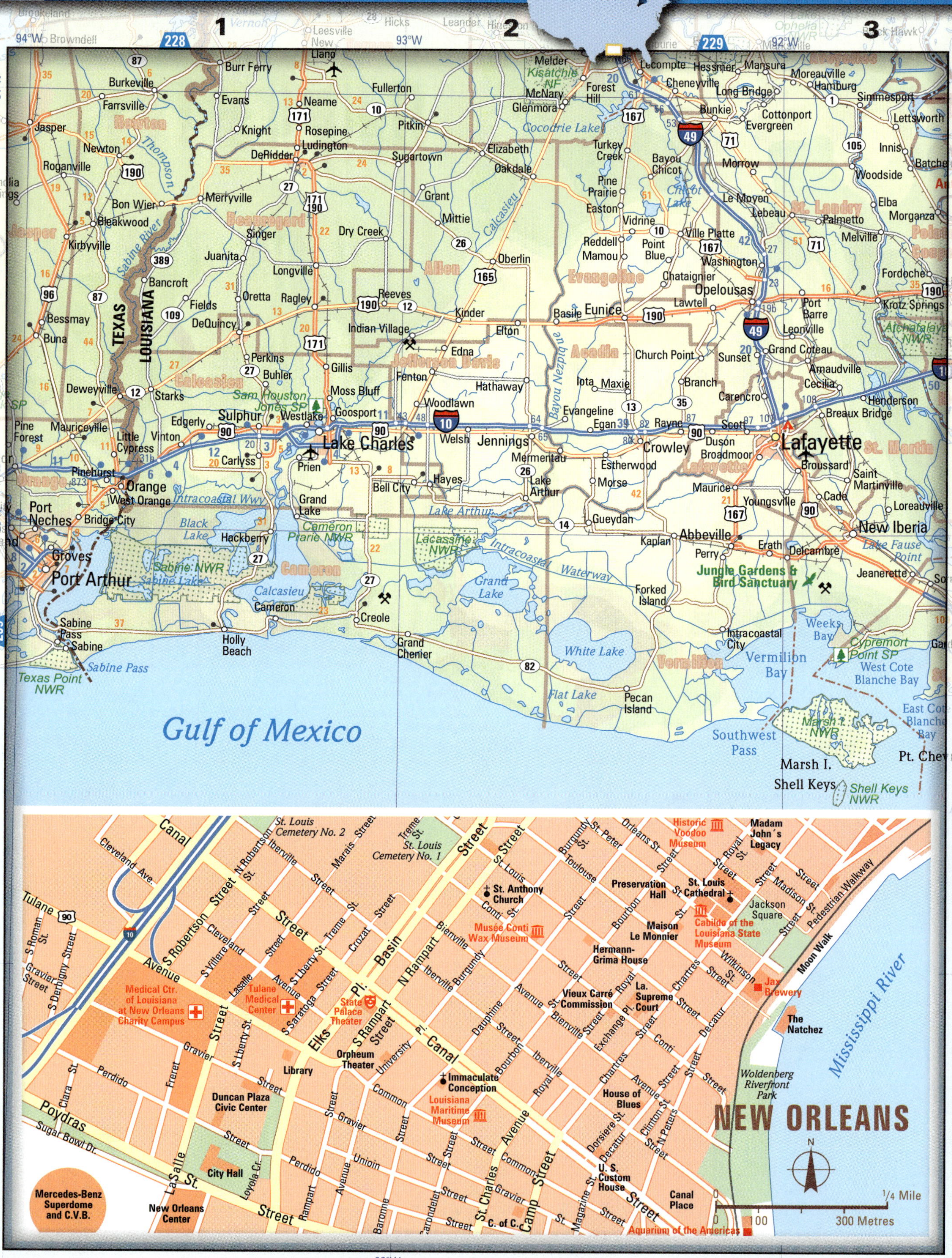

1
2
3
A
B
C
94°W
93°W
92°W
31°N
30°N
29°N
TEXAS
LOUISIANA
Gulf of Mexico
Lake Charles
Lafayette
Port Arthur
Orange
Sulphur
Jennings
Crowley
Opelousas
Eunice
New Iberia
Abbeville
Jasper
Newton
DeRidder
Oakdale
Elizabeth
Glenmora
Oberlin
Kinder
Welsh
Mermentau
Hayes
Bell City
Grand Lake
Hackberry
Cameron
Creole
Grand Chenier
Holly Beach
Sabine Pass
Sabine
Groves
Port Neches
Nederland
Bridge City
West Orange
Vinton
Carlyss
Moss Bluff
Westlake
Iowa
Lake Arthur
Gueydan
Kaplan
Erath
Delcambre
Jeanerette
Breaux Bridge
Henderson
Broussard
Youngsville
Maurice
Duson
Scott
Carencro
Rayne
Church Point
Sunset
Grand Coteau
Leonville
Arnaudville
Cecilia
Port Barre
Krotz Springs
Washington
Ville Platte
Mamou
Basile
Elton
Reeves
Ragley
DeQuincy
Starks
Pine Forest
Mauriceville
Vidor
Pinehurst
Kirbyville
Bon Wier
Merryville
Singer
Longville
Dry Creek
Sugartown
Rosepine
Leesville
Pitkin
Fullerton
Pine Prairie
Turkey Creek
Bunkie
Cheneyville
Lecompte
Melder
Forest Hill
Evergreen
Cottonport
Hamburg
Moreauville
Mansura
Hessmer
Simmesport
Palmetto
Melville
Elba
Morganza
Lebeau
Le Moyen
Morrow
Chataignier
Evangeline
Egan
Estherwood
Morse
Perry
Forked Island
Intracoastal City
Pecan Island
White Lake
Grand Lake
Calcasieu Lake
Sabine Lake
Black Lake
Vermilion Bay
Weeks Bay
West Cote Blanche Bay
East Cote Blanche Bay
Marsh I.
Shell Keys
Southwest Pass
Sabine NWR
Cameron Prairie NWR
Lacassine NWR
Marsh I. NWB
Shell Keys NWR
Texas Point NWR
Sam Houston Jones SP
Cypremort Point SP
Jungle Gardens & Bird Sanctuary
Intracoastal Waterway
Beauregard
Allen
Evangeline
Calcasieu
Jefferson Davis
Acadia
Lafayette
Cameron
Vermilion
St. Landry
St. Martin
Newton
Jasper
Orange
NEW ORLEANS
Canal Street
Tulane Avenue
Poydras Street
Mississippi River
Moon Walk
Jackson Square
St. Louis Cathedral
Cabildo of the Louisiana State Museum
Preservation Hall
Historic Voodoo Museum
Madam John's Legacy
Musée Conti Wax Museum
St. Anthony Church
St. Louis Cemetery No. 1
St. Louis Cemetery No. 2
Hermann-Grima House
Maison Le Monnier
La. Supreme Court
Vieux Carré Commission
House of Blues
U. S. Custom House
Canal Place
Aquarium of the Americas
Woldenberg Riverfront Park
The Natchez
Jax Brewery
Louisiana Maritime Museum
Immaculate Conception
Orpheum Theater
State Palace Theater
Library
Duncan Plaza Civic Center
City Hall
New Orleans Center
Mercedes-Benz Superdome and C.V.B.
Medical Ctr. of Louisiana at New Orleans Charity Campus
Tulane Medical Center
1/4 Mile
300 Metres

1 2 3
93°W 92°W

0 20 40 km
0 10 25 Miles
N
3
4
5
A
B
C
91°W
90°W
31°N
30°N
29°N
MISSISSIPPI
LOUISIANA
Gulf of Mexico
Baton Rouge
New Orleans
Metairie
Kenner
Lake Pontchartrain
Lake Maurepas
Clark Creek Natural Area
Antebellum Homes
Zemurray Gardens
John Ford Pioneer House
E.D. White Hist. Site
Jean Lafitte Nat'l Hist. Park and Preserve
Tickfaw SP
Big Branch Marsh NWR
Bogue Chitto NWR
Bayou Sauvage NWR
Mandalay NWR
Breton NWR
West Feliciana
East Feliciana
St. Helena
Tangipahoa
Washington
St. Tammany
Livingston
Ascension
Iberville
Iberia
Assumption
St. James
St. John the Baptist
St. Charles
St. Bernard
Jefferson
Lafourche
Terrebonne
St. Mary
Plaquemines
Stone
Hancock
Woodville
Centreville
Liberty
Magnolia
Tylertown
Chatawa
Osyka
Kentwood
Norwood
Wilson
Clinton
Jackson
Wakefield
Laurel Hill
Bains
Gurley
McManus
Ethel
Slaughter
Lindsay
Saint Francisville
New Roads
Zachary
Port Hudson
Baker
Livonia
Erwinville
Maringouin
Rosedale
Grosse Tete
Addis
Brusly
Port Allen
Plaquemine
Seymourville
Bayou Goula
White Castle
Geismar
Gonzales
Prairieville
Sorrento
Burnside
Donaldsonville
Smoke Bend
Belle Terre
Paincourtville
Pierre Part
Napoleonville
Labadieville
Thibodaux
Houma
Morgan City
Patterson
Berwick
Amelia
Gibson
Donner
Schriever
Raceland
Lockport
Larose
Cut Off
Galliano
Golden Meadow
Leeville
Port Fourchon
Grand Isle
Chauvin
Cocodrie
Dulac
Theriot
Chevreuil
Atchafalaya Bay
Point au Fer
Caillou Bay
Terrebonne Bay
Timbalier Bay
Barataria Bay
Bastian Bay
West Bay
Breton Sound
Black Bay
Bay Crabe
California Bay
Elor Bay
Mississippi River Delta
Venice
Pilottown
Boothville
Triumph
Buras
Empire
Port Sulphur
Happy Jack
Magnolia
Pointe a la Hache
Davant
Phoenix
Carlisle
Belle Chasse
Dalcour
Bertrandville
Alluvial City
Delacroix
Meraux
Arabi
Chalmette
Gretna
Harahan
Westwego
Marrero
Estelle
Crown Point
Jean Lafitte
Barataria
Lafitte
Myrtle Grove
Ironton
Luling
Paradis
Hahnville
Norco
Edgard
Reserve
La Place
Garyville
Gramercy
Lutcher
Vacherie
South Vacherie
Saint James
Welcome
Union
Frenier
Akers
Ponchatoula
Hammond
Natalbany
Tickfaw
Independence
Amite
Roseland
Fluker
Wilmer
Franklinton
Bogalusa
Varnado
Angie
Sun
Folsom
Covington
Abita Springs
Madisonville
Mandeville
Lewisburg
Lacombe
Slidell
Eden Isle
Pearl River
Picayune
Nicholson
Carriere
McNeill
Poplarville
Lumberton
Kiln
Diamondhead
Bay Saint Louis
Waveland
Lakeshore
Ansley
Pearlington
Long Beach
Pass Christian
Gulfport
Halfmoon I.
Malheureux Pt.
Cat I.
Isle au Pitre
Chandeleur Sound
Nairn
California Pt.
Gulf of Mexico

1
2
3
A
B
C
89°W
88°W
87°W
31°N
30°N
29°N
Gulf of Mexico
Mobile
Pensacola
Gulfport
Biloxi
Pascagoula
Long Beach
Ocean Springs
Gautier
Moss Point
Escatawpa
Prichard
Saraland
Satsuma
Chickasaw
Daphne
Fairhope
Spanish Fort
Theodore
Tillmans Corner
Grand Bay
Bayou La Batre
Alabama Port
Dauphin Island
Dauphin I.
Ft. Gaines
Fort Morgan
Ft. Morgan
Gulf Shores
Orange Beach
Perdido B.
Ft. Pickens
Pensacola Bay
Pensacola Beach
Gulf Breeze
Warrington
West Pensacola
Ensley
Myrtle Grove
Ferry Pass
Gonzalez
Cantonment
Pace
Milton
Bagdad
East Bay
Cottage Hill
Quintette
Molino
Pine Barren
New York
Brownsdale
Bogia
McDavid
Bluff Springs
Bratt
Flomaton
Century
Jay
Pollard
Atmore
Perdido
Stockton
Bay Minette
Stapleton
Loxley
Silverhill
Robertsdale
Summerdale
Seminole
Elberta
Lillian
Foley
Paradise Beach
Point Clear
Mobile Bay
Bon Secour NWR
Bon Secour Bay
Gasque
Creola
Chunchula
Chastang
Gulf Crest
Wilmer
Semmes
Big Creek Lake
Citronelle
Mobile
Baldwin
Escambia
FLORIDA
ALABAMA
MISSISSIPPI
Palestinian Gardens
Lucedale
Leaf
McLain
Leakesville
George
Jackson
Stone
Harrison
Wiggins
Bond
Maxie
Brooklyn
Perkinston
McHenry
Howison
Saucier
Necaise
Lyman
Orange Grove
D'Iberville
Vancleave
Wade
Benndale
De Soto NF
Black R.
Red R.
Pascagoula
Wolf
Mississippi Sandhill Crane NWR
Grand Bay NWR
Old Spanish Fort & Mus.
Gulf Islands National Seashore
Fort Massachusetts
Ship I.
Horn I.
Petit Bois I.
Cat I.
Pass Christian
Bay Saint Louis
Waveland
Lakeshore
Kiln
Diamondhead
Pearlington
Ansley
Malheureux Pt.
Halfmoon I.
Isle au Pitre
Bay Bordeaux
Chandeleur Sound
Chandeleur Islands
Breton NWR
Drum Bay
North I.
Morgan Harbor
Freemason I.
Elor Bay
Curlew I.
Breton Sound
Grand Gosier I.
Breton I.
California Bay
Grand Bay
Boothville
Main Pass
Delta NWR
Venice
North Pass
Pilottown
Blind Bay
West Bay
Triumph
Mississippi River Delta
Brewton
Riverview
Dixonville
Talowah
Lumberton
Purvis
McLaurin
Site of Stoddard
10
65
90
98
49
59
231
230
241

0 20 40 km
0 10 25 Miles

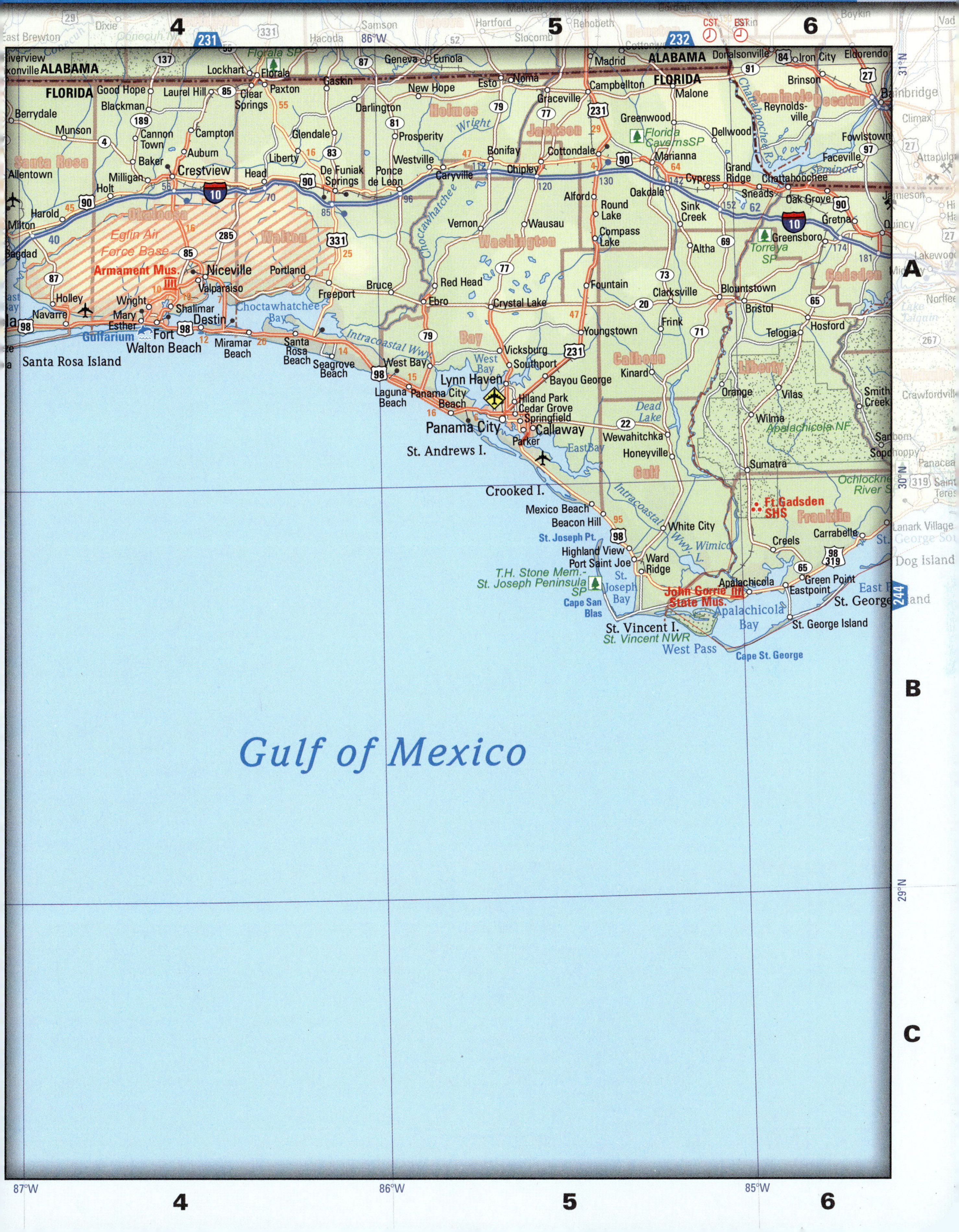

1
2
3
A
B
C
85°W
84°W
83°W
30°N
29°N
ALABAMA
FLORIDA
GEORGIA
FLORIDA
Tallahassee
Thomasville
Valdosta
Bainbridge
Quincy
Monticello
Madison
Perry
Live Oak
Lake City
Jasper
Crawfordville
Apalachicola
Carrabelle
Eastpoint
St. George Island
Dog Island
Piney I.
St. George Sound
East Pass
Cape St. George
Apalachicola NF
Saint Marks NWR
Lower Suwannee NWR
Cedar Keys NWR
Chassahowitzka NWR
Gulf of Mexico
Deadmen Bay
Horseshoe Beach
Steinhatchee
Cross City
Old Town
Fanning Springs
Chiefland
Cedar Key
Waccasassa Bay
Yankeetown
Inglis
Crystal River
Crystal Bay
Homosassa Bay
Homosassa Springs
Chassahowitzka
Chassahowitzka Bay
Bayport
Weeki Wachee Spring
Spring Hill
Hudson
New Port Richey
Bayonet Point
St. Clair Whitman Mus.
Ft. Gadsden SHS
Lapham Patterson House SHS
Forest Capital Museum SP
Edward Ball Wakulla Sprs. SP
Manatee Springs SP
Crystal River Arch. SP
Torreya SP
Liberty
Gadsden
Leon
Jefferson
Madison
Taylor
Wakulla
Franklin
Lafayette
Dixie
Levy
Gilchrist
Suwannee
Hamilton
Columbia
Brooks
Thomas
Grady
Decatur
Seminole
Lowndes
Echols
Clinch
ORLANDO
Orlando International Airport
Orlando Executive Airport
Universal Orlando Resort
Sea World Orlando Discovery Cove
Lake Conway
Lake Butler
Gotha
Windermere
Isleworth
Williamsburg
Magic Kingdom
2 Miles
3 Kilometres

0 20 40 km
0 10 25 Miles
3
4
5
A
B
C
82°W
81°W
31°N
30°N
29°N
233
234
248
249
JACKSONVILLE
Beaver Street
Union Street
State Street
Church Street
Monroe Street
Adams Street
Duval Street
Houston Street
Forsyth Street
Bay St.
Water St.
Independent Drive
Matthews Expressway
Haines Street
Fairgrounds
J. Veterans Memorial Area
Ball Park
Hart Bridge Expressway
The J. Fire Museum
Metropolitan Park
St. Johns River
Riverside Ave.
McCoy Creek
Acosta Bridge
Main Street Bridge
Times-Union Ctr. of the Performing Arts
Jacksonville Landing
Bus Station
Mus. of Contemporary Art
Bank of America Tower
City Hall
First Baptist Church
Florida Theater
City Hse.
Duval Courthouse
Hyatt Regency
Coastline Drive
South Bank
Riverwalk
Museum of Science & History
River Place
Wyndham J. Riverwalk
Treaty Oak Park
Prudential Drive
Fuller Warren Bridge
1/4 Mile
250
500 Metres
Jacksonville
Atlantic Ocean
Atlantic Beach
Neptune Beach
Jacksonville Beach
American Lighthouse Mus.
Ponte Vedra Beach
Palm Valley
Sawgrass
South Ponte Vedra Beach
Vilano Beach
Saint Augustine
Lightner Museum
Saint Augustine Beach
Saint Augustine Shores
Butler Beach
Crescent Beach
Summer Haven
Marineland
Palm Coast
Beverly Beach
Flagler Beach
Ormond-By-The-Sea
Ormond Beach
Holly Hill
Daytona Beach
Daytona Beach Shores
Port Orange
South Daytona
Allandale
Ponce Inlet
New Smyrna Beach
Edgewater
Turtle Mound State Archeological Site
Mosquito Lagoon
John F. Kennedy Space Center
Merritt Island NWR
Shuttle Landing Facility
Titusville
J.F.K. Space Center
NASA Visitor Center
Cape Canaveral Air Force Station
Cape Canaveral
Cocoa
Cocoa Beach
Orlando
Winter Park
Maitland
Altamonte Springs
Apopka
Sanford
Deltona
DeBary
Orange City
DeLand
Eustis
Leesburg
Lady Lake
The Villages
Ocala
Ocala National Forest
Gainesville
Palatka
Interlachen
Fernandina Beach
Amelia Island
Saint Marys
Kingsland
Okefenokee NWR
Stephen C. Foster SP
Osceola NF
Baldwin
Macclenny
Orange Park
Middleburg
Green Cove Springs
Starke
Lake City
Oldest House in U.S.A.
Rollins Bird and Plant Sanctuary
Timucuan Ecological and Hist. Preserve
Kings Bay Naval Submarine Support Base
Crooked River SP
Mike Roess Gold Head Branch SP
Aviation Mus.
Walt Disney World
Kissimmee
Buena Ventura Lakes
Lake Buena Vista
Winter Garden
Ocoee
Clermont
Dade City
Zephyrhills
Lake Louisa SP
Crescent Lake
Lake George
Bunnell
Seville
Pierson
Astor
De Leon Springs
Lake Monroe
Oviedo
Longwood
Casselberry
Chuluota
Bithlo
Conway
Inverness
Hernando
Floral City
Brooksville
Bushnell
Wildwood
Tavares
Mount Dora
Umatilla
Altoona
Weirsdale
Belleview
Silver Springs
Dunnellon
Williston
Micanopy
Archer
Alachua
Waldo
Hawthorne
Keystone Heights
Melrose
Orange Heights
Campville
Putnam Hall
Florahome
Bostwick
Hastings
East Palatka
San Mateo
Satsuma
Welaka
Crescent City
Pomona Park
Kingsley
Lawtey
Raiford
Lake Butler
Worthington Springs
Hilliard
Callahan
Yulee
Bryceville
Folkston
Homeland
Fargo
Waycross
Moniac
Glen Saint Mary
Sanderson
Olustee
Saint Simons
Jekyll Island
Brunswick
White Oak
Woodbine
Tarboro
Winokur
Jerusalem
Silco
Boulogne
Italia
Nassau
Baker
Duval
Clay
St. Johns
Putnam
Flagler
Volusia
Marion
Lake
Sumter
Orange
Alachua
Union
Bradford
Citrus
Pasco
Seminole

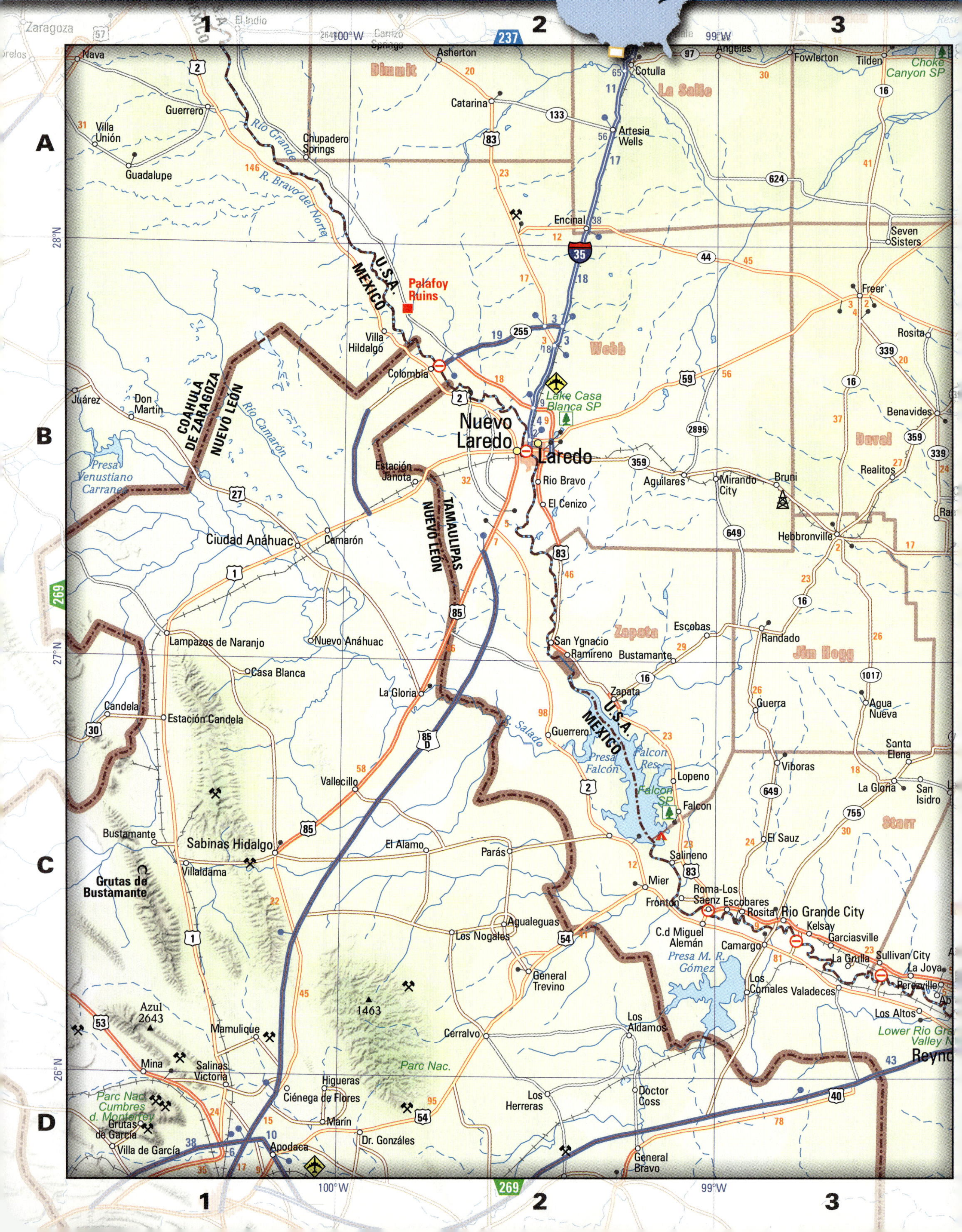
1
2
3
A
B
C
D
100°W
99°W
28°N
27°N
26°N
Zaragoza
El Indio
Nava
Carrizo Springs
Asherton
Dimmit
Cotulla
La Salle
Fowlerton
Tilden
Choke Canyon SP
Guerrero
Villa Unión
Guadalupe
Chupadero Springs
Rio Grande
R. Bravo del Norte
Catarina
Artesia Wells
Encinal
Seven Sisters
Freer
Rosita
Palafox Ruins
U.S.A.
MEXICO
Villa Hidalgo
Colombia
Webb
Lake Casa Blanca SP
Nuevo Laredo
Laredo
Rio Bravo
El Cenizo
Aguilares
Mirando City
Bruni
Hebbronville
Benavides
Duval
Realitos
Juárez
Don Martin
COAHUILA DE ZARAGOZA
NUEVO LEÓN
Rio Camarón
Presa Venustiano Carranza
Estación Jarita
TAMAULIPAS
NUEVO LEÓN
Ciudad Anáhuac
Camarón
Lampazos de Naranjo
Nuevo Anáhuac
Casa Blanca
La Gloria
Candela
Estación Candela
San Ygnacio
Ramireno
Bustamante
Zapata
Escobas
Randado
Jim Hogg
Guerra
Agua Nueva
Santa Elena
Guerrero
R. Salado
Presa Falcón
Falcon Res.
Falcon SP
Lopeno
Falcon
Viboras
La Gloria
San Isidro
Starr
Vallecillo
El Sauz
Bustamante
Sabinas Hidalgo
Villaldama
El Alamo
Parás
Salineno
Mier
Grutas de Bustamante
Roma-Los Saenz
Frontón
Escobares
Rosita
Rio Grande City
Kelsay
Garciasville
Agualeguas
Los Nogales
C.d Miguel Alemán
Camargo
Presa M. R. Gómez
La Grulla
Sullivan City
La Joya
General Trevino
Los Comales
Valadeces
Peñitas
Los Altos
Lower Rio Grande Valley
Azul 2643
1463
Mamulique
Cerralvo
Los Aldamos
Reyn
Mina
Salinas Victoria
Parc Nac.
Parc Nac. Cumbres d. Monterrey
Higueras
Ciénega de Flores
Los Herreras
Doctor Coss
Grutas de García
Villa de García
Marín
Dr. Gonzáles
Apodaca
General Bravo

0 20 40 km
0 10 25 Miles
N
3
4
5
A
B
C
D
98°W
97°W
28°N
27°N
26°N
Gulf of Mexico
Corpus Christi
Corpus Christi Bay
Brownsville
Matamoros
McAllen
Harlingen
Weslaco
Kingsville
King Ranch
Kingsville Naval Air Station
Corpus Christi Naval Air Station
Beeville
Refugio
Alice
Robstown
Portland
Rockport
Fulton
Port Aransas
Aransas Pass
Ingleside
Mustang Island SP
Padre Island National Seashore
Waterway Intracoastal
Laguna Madre
Laguna Largo
Baffin Bay
Alazan Bay
Port Mansfield
Laguna Atascosa NWR
Port Isabel Lighthouse SHS
South Padre Island
Brazos Santiago Pass
Lower Rio Grande Valley NWR
Santa Ana NWR
Rio Grande
Port O'Connor
Cavallo Pass
Matagorda Island SP
Espiritu Santo Bay
San Antonio Bay
Aransas NWR
Goose Island SP
Copano Bay State Fishing Pier
Copano Bay
Aransas Bay
Lake Corpus Christi
Mathis
Sinton
Taft
Gregory
Odem
Edroy
Woodsboro
Bayside
Tivoli
Austwell
Seadrift
Vidauri
Skidmore
Tynan
Papalote
Cranell
Saint Paul
San Patricio
Orange Grove
Sandia
Pernitas
Lakewood
Lake City
George West
Three Rivers
Dinero
San Diego
Agua Dulce
Banquete
Driscoll
Petronila
Bishop
Chapman Ranch
Ben Bolt
Palito Blanco
Premont
Ricardo
Riviera
Sarita
Falfurrias
Encino
Rachal
Armstrong
Norias
Rudolph
Linn
Raymondville
Lyford
Sebastian
San Perlita
Edinburg
Mission
Pharr
San Juan
Donna
Mercedes
San Benito
Rio Hondo
Combes
Palm Valley
Los Fresnos
Laguna Vista
Laguna Heights
Port Isabel
Rio Bravo
Reynosa
Hidalgo
Santo Domingo
El Refugio
Playa Lauro Villar
Live Oak
Bee
Refugio
San Patricio
Aransas
Nueces
Jim Wells
Kleberg
Kenedy
Brooks
Hidalgo
Willacy
Cameron
37
77
281
59
238
270

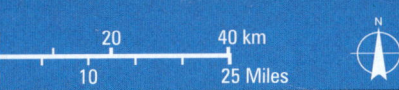

1
2
3
A
B
C
244
245
250
83°W
82°W
28°N
27°N
CST
EST
Gulf of Mexico
Inglis
Crystal River Arch. SP
Crystal River
Crystal Bay
Homosassa Bay
Homosassa Springs
Beverly Hills
Lecanto
Hernando
Inverness
Floral City
Citrus
Chassahowitzka
Chassahowitzka NWR
Chassahowitzka Bay
Bayport
Weeki Wachee Spring
Weeki Wachee
Spring Hill
Brooksville
Powell
Masaryktown
Hudson
Bayonet Point
New Port Richey
Pasco
Odessa
Land O' Lakes
Zephyrhills
San Antonio
Dade City
Lacoochee
Ridge Manor
Trilby
Lumberton
Tarpon Springs
Sponge Docks
Palm Harbor
Lake Tarpon
Dunedin
Oldsmar
Lutz
Temple Terrace
Thonotosassa
Clearwater
Largo
Tampa
Pinellas
Pinellas Park
Seminole
Saint Petersburg
Gulfport
Saint Pete Beach
Tampa Bay
Gibsonton
Riverview
Brandon
Mango
Dover
Plant City
Knights
Crystal Springs
Boyette
Ruskin
Sun City
Wimauma
Hillsborough
Piney Point
Rubonia
Parrish
Anna Maria
Palmetto
Bradenton
Bradenton Beach
Manatee
Longboat Key
Tallevast
Sarasota
Sarasota Beach
Fruitville
Lake Sarasota
Vamo
Osprey
Laurel
Venice
South Venice
Warm Mineral Springs
North Port
Myakka City
Verna
Parmalee
Duette
Englewood
Englewood Beach
Grove City
Placida
Rotonda
Boca Grande
Port Charlotte
Murdock
Punta Gorda
Charlotte
Pirate Harbor
Cleveland
South Punta Gorda Heights
Harbour Heights
Bokeelia
Pineland
Matlacha
North Fort Myers
Fort Myers
Cape Coral
Captiva
Saint James City
Punta Rassa
Iona
Sanibel
Fort Myers Beach
Sanibel I.
J.N. "Ding" Darling NWR
San Carlos Park
Estero
Coconut
Bonita Springs
Everglades Wonder Gardens
Naples Park
North Naples
Golden Gate
Lee
Bayshore
Tice
Fort Myers Shores
Alva
Lehigh Acres
Summerfield
Dallas
The Villages
Wildwood
Lady Lake
Weirsdale
Altoona
Grand Island
Umatilla
Eustis
Silver Lake
Leesburg
Tavares
Mount Dora
Zellwood
Coleman
Sumterville
Lake Panasoffkee
Sumter
Bushnell
Center Hill
Webster
Saint Catherine
Rerdell
Mascotte
Groveland
Howey in the Hills
Astatula
Clermont
Oakland
Winter Garden
Apopka
Windermere
Lake Louisa SP
Lake Buena Vista
Walt Disney World
Eva
Fantasy of Flight
Polk City
Providence
Kathleen
Auburndale
Lake Alfred
Haines City
Lakeland
Winter Haven
Highland City
Willow Oak
Mulberry
Bartow
Alturas
Eloise
Crooked Lake Park
Wahneta
Bradley Junction
Pembroke
Fort Meade
Polk
West Frostproof
Bereah
Fort Green
Bowling Green
Wauchula
Ona
Lemon Grove
Zolfo Springs
Hardee
Limestone
Gardner
Peace River
Arcadia
DeSoto
Nocatee
Hull
Fort Ogden
Keysville
Hillsborough R.
Hawthorne
Plymouth

0 20 40 km
0 10 25 Miles
N
3
4
5
A
B
C
81°W
80°W
29°N
28°N
27°N
Atlantic
Ocean
New Smyrna Beach
Edgewater
Turtle Mound State Archeological Site
Mosquito Lagoon
Oak Hill
John F. Kennedy Space Center
Shiloh
Scottsmoor
Merritt Island NWR
Turnbull
Mims
Wilson
Shuttle Landing Facility
Titusville
Indian River City
J.F.K. Space Center
Aviation Mus.
NASA Visitor Center
Port Saint John
Frontenac
Bellwood
Courtenay
Sharpes
Cape Canaveral Air Force Station
Cape Canaveral
Cocoa
Rockledge
Merritt Island
Cocoa Beach
South Patrick Shores
Viera
Pineda
Satellite Beach
Palm Shores
Indian Harbour Beach
Eau Gallie
Melbourne
Palm Bay
Malabar
Valkaria
Grant
Micco
Roseland
Sebastian
Pelican Island NWR
Fellsmere
Wabasso
Orchid
Indian River Shores
Gifford
Vero Beach
South Beach
Oslo
Lakewood Park
Saint Lucie
St. Lucie County Hist. Mus.
Fort Pierce
White City
Ankona
Walton
Port Saint Lucie
Jensen Beach
Elliott Mus. / Hse. of Refuge
North River Shores
Stuart
Sewall's Point
Port Salerno
Palm City
Hobe Sound NWR
Gomez
Jupiter Island
Indiantown
Tequesta
Jupiter
Juno Beach
Palm Beach Gardens
North Palm Beach
Riviera Beach
Flagler Mus.
Royal Palm Beach
West Palm Beach
Lion Country Safari
Palm Springs
Lake Worth
Lantana
Boynton Beach
Gulf Stream
Villages of Oriole
Delray Beach
Arthur R. Marshall Loxahatchee NWR
Highland Beach
Whisper Walk
Mission Bay
Boca Raton
Deerfield Beach
Coral Springs
Margate
Tamarac
Pompano Beach
Sea Ranch Lakes
Lighthouse Point
Sawgrass Recreation Park
Deltona
DeBary
Enterprise
Osteen
Lake Helen
Cassadaga
Orange City
Paisley
Crows Bluff
Lake Monroe
Mount Plymouth
Sanford
Lake Mary
Geneva
L. Harney
Altamonte Springs
Longwood
Oviedo
Casselberry
Apopka
Maitland
Chuluota
Winter Park
Ocoee
Pine Hills
Bithlo
Orlando
Conway
Saint Johns NWR
Orange
Buena Ventura Lakes
Kissimmee
Narcoossee
Campbell
Saint Cloud
Lake Tohopekaliga
Holopaw
Loughman
Davenport
Haines City
Deer Park
Osceola
Waverly
Hist. Bok Sanctuary
Lake Wales
Lake Kissimmee
Kenansville
Lake Marian
Highland Park
Hillcrest Heights
Indian Lake Estates
Frostproof
Lake Arbuckle
Avon Park Air Force Bombing Range
Yeehaw Junction
Indian River
Avon Park
Lake Wales Ridge NWR
Sebring
Fort Drum
Okeechobee
De Soto City
Lorida
Kissimmee R.
Basinger
St. Lucie
Kuhlman
Plains
Lake Istokpoga
Fort Basinger
Lake Placid
Highlands
Brighton
Buckhead Ridge
Taylor Creek
Zana
Martin
Venus
Brighton IR
Lake Okeechobee
St. Lucie C.
Glades
Palmdale
Gatorama
Port Mayaca
Hall City
Moore Haven
Canal Point
Pahokee
La Belle
Ortona Lock
Denaud
Port La Belle
Goodno
Clewiston
Lake Harbor
South Bay
Belle Glade
Palm Beach
Hillsborough Canal
Miami Canal
Lehigh Acres
Felda
Hendry
Corkscrew Swamp Sanctuary
Immokalee
Sunniland
Florida Panther NWR
Ah-Tah-Thi-Ki Mus.
Ponce Inlet
De Leon Springs
De Land
West De Land
Samsula
Lake Woodruff NWR

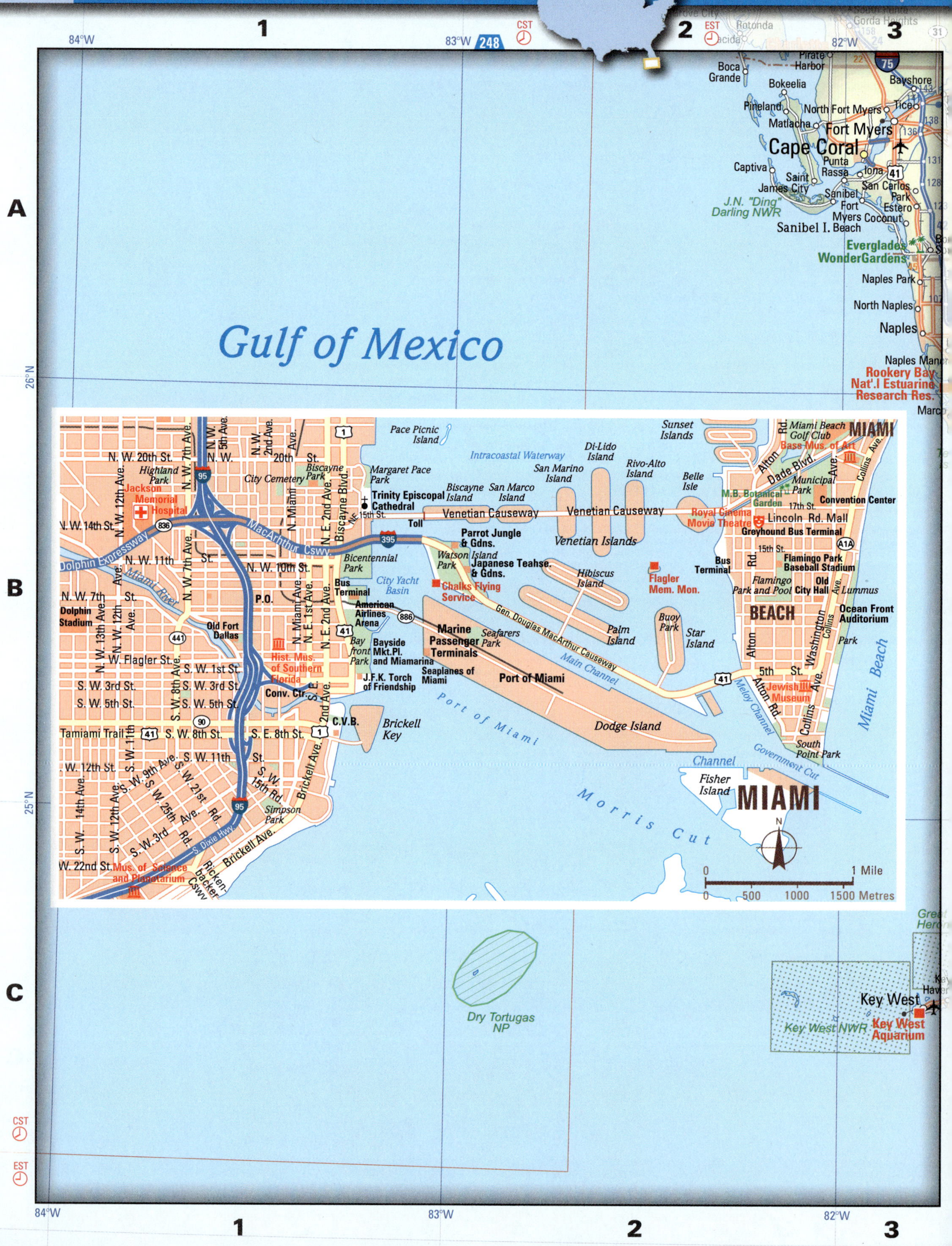
Gulf of Mexico
84°W
83°W
82°W
26°N
25°N
248
CST
EST
A
B
C
1
2
3
Boca Grande
Pirate Harbor
Bokeelia
Bayshore
Pineland
North Fort Myers
Tice
Matlacha
Fort Myers
Cape Coral
Captiva
Punta Rassa
Iona
Saint James City
San Carlos Park
Sanibel
J.N. "Ding" Darling NWR
Fort Myers
Estero
Coconut
Sanibel I. Beach
Everglades WonderGardens
Naples Park
North Naples
Naples
Rookery Bay Nat'l Estuarine Research Res.
Dry Tortugas NP
Key West
Key West NWR
Key West Aquarium
MIAMI
MIAMI BEACH
Miami Beach
Gulf of Mexico
N. W. 20th St.
Highland Park
Jackson Memorial Hospital
City Cemetery
Biscayne Park
Margaret Pace Park
Pace Picnic Island
Intracoastal Waterway
Trinity Episcopal Cathedral
Biscayne Island
San Marco Island
San Marino Island
Di-Lido Island
Rivo-Alto Island
Belle Isle
Sunset Islands
Venetian Causeway
Venetian Islands
MacArthur Cswy
Dolphin Expressway
Miami River
Dolphin Stadium
Parrot Jungle & Gdns.
Watson Island
Japanese Teahse. & Gdns.
Bicentennial Park
City Yacht Basin
Chalks Flying Service
Bus Terminal
American Airlines Arena
Old Fort Dallas
Hist. Mus. of Southern Florida
Bayside Mkt.Pl. and Miamarina
Bay front Park
J.F.K. Torch of Friendship
Seaplanes of Miami
Marine Passenger Terminals
Seafarers Park
Port of Miami
Conv. Ctr.
C.V.B.
Brickell Key
Port of Miami
Dodge Island
Hibiscus Island
Palm Island
Gen. Douglas MacArthur Causeway
Main Channel
Flagler Mem. Mon.
Buoy Park
Star Island
Tamiami Trail
Simpson Park
Mus. of Science and Planetarium
Rickenbacker Cswy
Brickell Ave.
Fisher Island
Morris Cut
Government Cut
Meloy Channel
Miami Beach Golf Club
Bass Mus. of Art
M.B. Botanical Garden
Municipal Park
Convention Center
Royal Cinema Movie Theatre
Lincoln Rd. Mall
Greyhound Bus Terminal
Flamingo Park Baseball Stadium
Flamingo Park and Pool
City Hall
Lummus Park
Ocean Front Auditorium
Jewish Museum
South Point Park
0 1 Mile
0 500 1000 1500 Metres

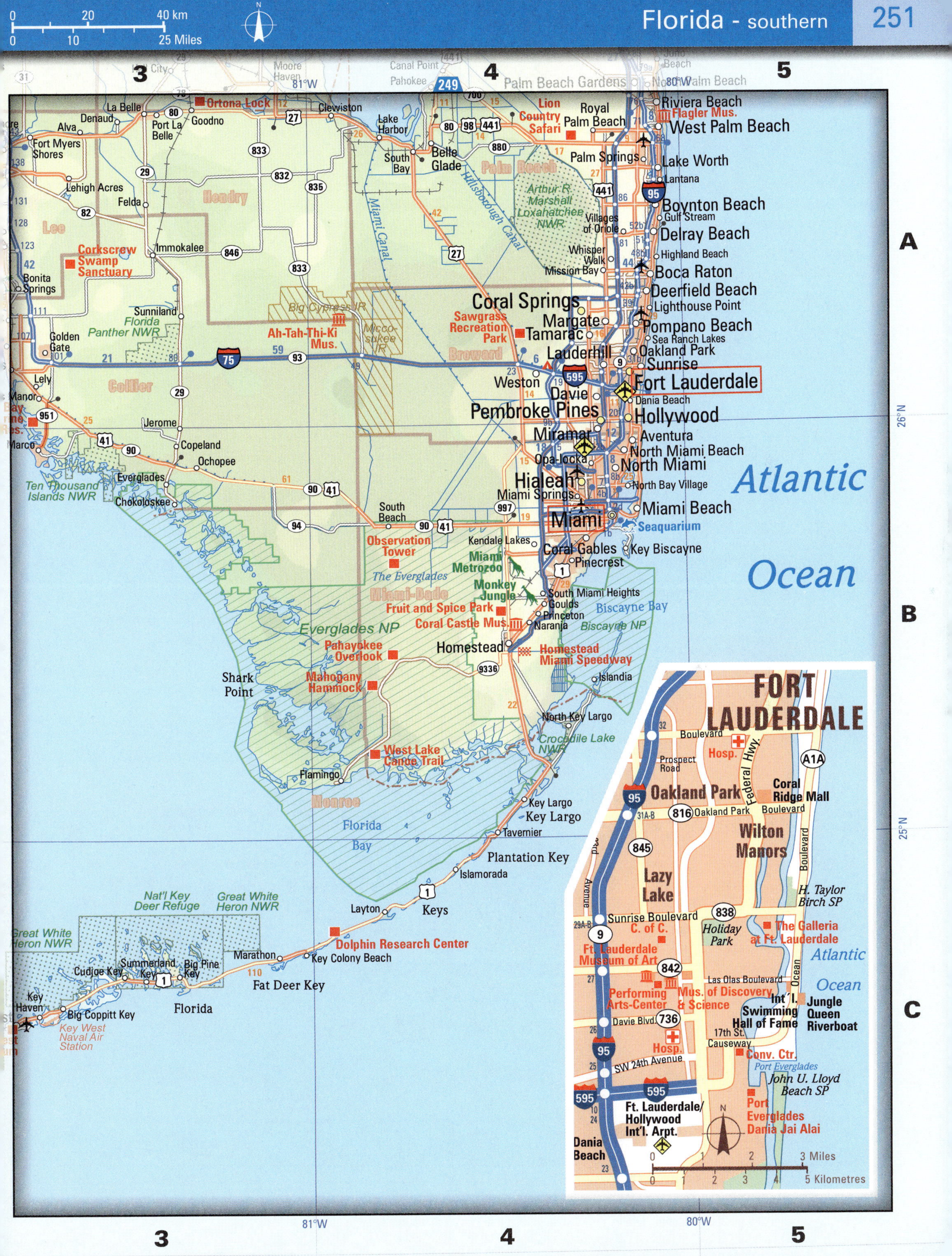
0 20 40 km
0 10 25 Miles
3
4
5
A
B
C
81°W
80°W
26°N
25°N
Clewiston
La Belle
Denaud
Alva
Fort Myers Shores
Lehigh Acres
Felda
Goodno
Port La Belle
Ortona Lock
Lee
Hendry
Collier
Broward
Miami-Dade
Monroe
Palm Beach
Corkscrew Swamp Sanctuary
Immokalee
Bonita Springs
Sunniland
Florida Panther NWR
Golden Gate
Lely
Big Cypress IR
Ah-Tah-Thi-Ki Mus.
Miccosukee IR
Jerome
Copeland
Ochopee
Everglades
Chokoloskee
Ten Thousand Islands NWR
Marco
Lake Harbor
South Bay
Belle Glade
Miami Canal
Hillsborough Canal
Lion Country Safari
Royal Palm Beach
Arthur R. Marshall Loxahatchee NWR
Palm Springs
Riviera Beach
Flagler Mus.
West Palm Beach
Lake Worth
Lantana
Boynton Beach
Gulf Stream
Villages of Oriole
Delray Beach
Whisper Walk
Highland Beach
Mission Bay
Boca Raton
Deerfield Beach
Lighthouse Point
Coral Springs
Margate
Sawgrass Recreation Park
Tamarac
Pompano Beach
Sea Ranch Lakes
Lauderhill
Oakland Park
Sunrise
Weston
Davie
Fort Lauderdale
Dania Beach
Pembroke Pines
Hollywood
Miramar
Aventura
North Miami Beach
Opa-locka
North Miami
Hialeah
North Bay Village
Miami Springs
Miami
Miami Beach
Seaquarium
Coral Gables
Key Biscayne
Pinecrest
Kendale Lakes
Miami Metrozoo
Monkey Jungle
South Miami Heights
Goulds
Princeton
Naranja
Biscayne Bay
Biscayne NP
South Beach
Observation Tower
The Everglades
Fruit and Spice Park
Coral Castle Mus.
Everglades NP
Pahayokee Overlook
Homestead
Homestead Miami Speedway
Islandia
Shark Point
Mahogany Hammock
North Key Largo
Crocodile Lake NWR
West Lake Canoe Trail
Flamingo
Key Largo
Tavernier
Florida Bay
Plantation Key
Islamorada
Keys
Layton
Dolphin Research Center
Marathon
Key Colony Beach
Fat Deer Key
Nat'l Key Deer Refuge
Great White Heron NWR
Cudjoe Key
Summerland Key
Big Pine Key
Key Haven
Big Coppitt Key
Florida
Key West Naval Air Station
Atlantic Ocean
FORT LAUDERDALE
Boulevard
Hosp.
Prospect Road
Federal Hwy.
Coral Ridge Mall
Oakland Park
Oakland Park Boulevard
Wilton Manors
Lazy Lake
H. Taylor Birch SP
Sunrise Boulevard
Holiday Park
The Galleria at Ft. Lauderdale
C. of C.
Ft. Lauderdale Museum of Art
Performing Arts Center
Mus. of Discovery & Science
Las Olas Boulevard
Int'l. Swimming Hall of Fame
Jungle Queen Riverboat
Davie Blvd.
17th St. Causeway
Conv. Ctr.
SW 24th Avenue
Port Everglades
John U. Lloyd Beach SP
Ft. Lauderdale/ Hollywood Int'l. Arpt.
Dania Jai Alai
Dania Beach
3 Miles
5 Kilometres

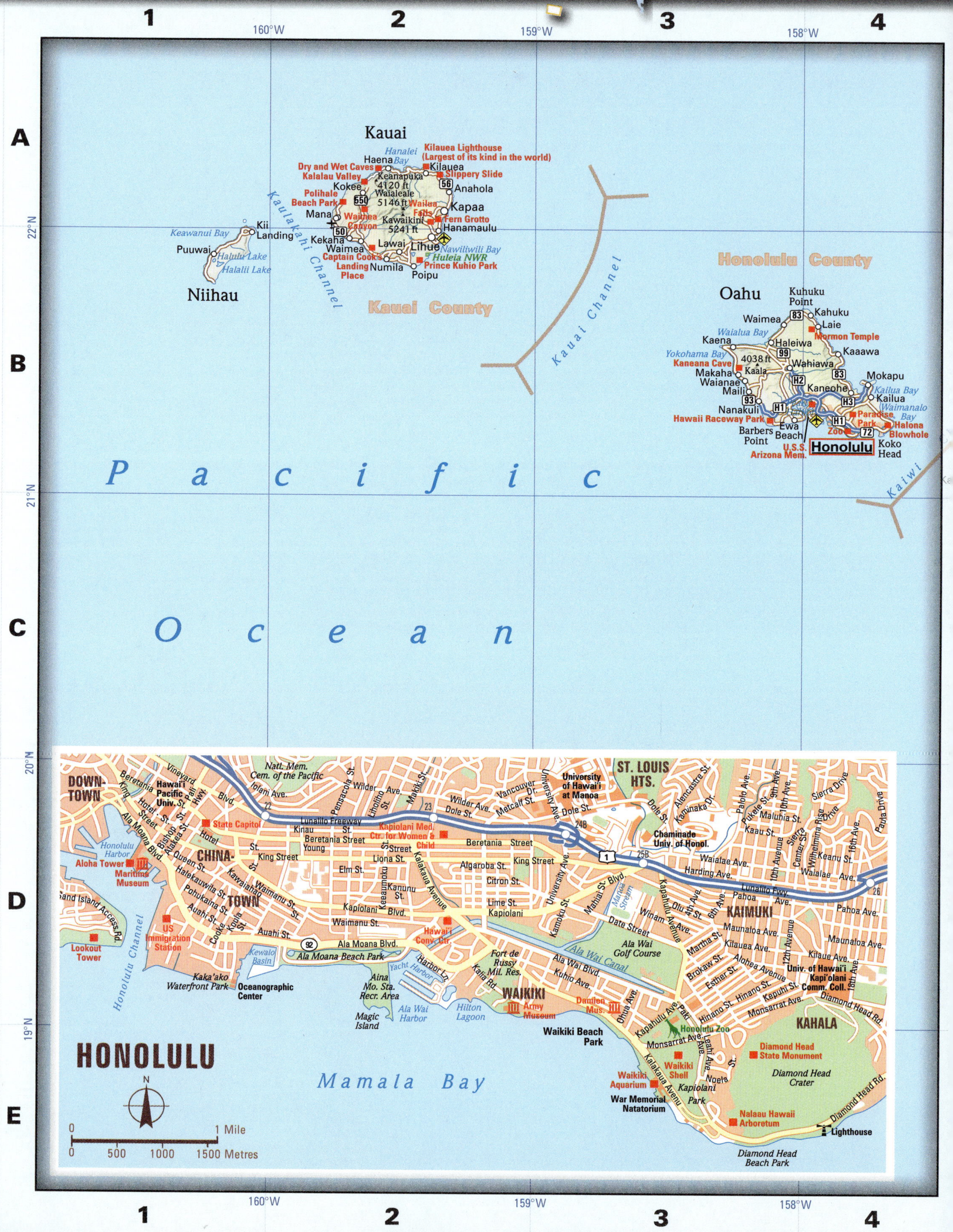

1
2
3
4
A
B
C
D
E
160°W
159°W
158°W
22°N
21°N
20°N
19°N
Kauai
Hanalei Bay
Haena
Kilauea Lighthouse (Largest of its kind in the world)
Kilauea
Dry and Wet Caves
Kalalau Valley
Keanapuka
Slippery Slide
4120 ft
Kokee
Waialeale
Anahola
Polihale Beach Park
5146 ft
Wailua Falls
Kapaa
Mana
Waimea Canyon
Kawaikini
5241 ft
Fern Grotto
Hanamaulu
Kii Landing
Kekaha
Lawai
Lihue
Nawiliwili Bay
Waimea
Captain Cook's Landing Place
Huleia NWR
Numila
Prince Kuhio Park
Poipu
Kauai County
Keawanui Bay
Puuwai
Halulu Lake
Halalii Lake
Niihau
Kaulakahi Channel
Kauai Channel
Honolulu County
Oahu
Kuhuku Point
Kahuku
Waimea
Laie
Mormon Temple
Waialua Bay
Kaena
Haleiwa
Kaaawa
Yokohama Bay
4038 ft
Kaneana Cave
Kaala
Wahiawa
Makaha
Mokapu
Waianae
Kaneohe
Kailua Bay
Maili
Kailua
Waimanalo Bay
Nanakuli
Paradise Park
Halona Blowhole
Hawaii Raceway Park
Ewa Beach
Zoo
Barbers Point
U.S.S. Arizona Mem.
Honolulu
Koko Head
Kaiwi
Pacific Ocean
HONOLULU
DOWN-TOWN
Hawai'i Pacific Univ.
Natl. Mem. Cem. of the Pacific
State Capitol
CHINA-TOWN
Honolulu Harbor
Aloha Tower
Maritime Museum
Sand Island Access Rd.
Lookout Tower
US Immigration Station
Honolulu Channel
Kewalo Basin
Kaka'ako Waterfront Park
Oceanographic Center
Lunalilo Freeway
Kapiolani Med. Ctr. for Women & Child
Beretania Street
King Street
Kapiolani Blvd.
Ala Moana Blvd.
Ala Moana Beach Park
Hawai'i Conv. Ctr.
Aina Moana Sta. Recr. Area
Magic Island
Ala Wai Harbor
Hilton Lagoon
Fort de Russy Mil. Res.
WAIKIKI
Army Museum
Damien Mus.
Waikiki Beach Park
Ala Wai Canal
Ala Wai Golf Course
University of Hawai'i at Manoa
ST. LOUIS HTS.
Chaminade Univ. of Honol.
KAIMUKI
Univ. of Hawai'i Kapi'olani Comm. Coll.
KAHALA
Honolulu Zoo
Waikiki Aquarium
Waikiki Shell
Kapiolani Park
War Memorial Natatorium
Diamond Head State Monument
Diamond Head Crater
Nalaau Hawaii Arboretum
Lighthouse
Diamond Head Beach Park
Diamond Head Rd.
Mamala Bay
1 Mile
0 500 1000 1500 Metres

0 10 30 60 km
0 10 20 40 Miles
N
4
5
6
7
157°W
156°W
155°W
A
B
C
D
E
22°N
21°N
20°N
19°N
Pacific
Ocean
Molokai
Kalaupapa Peninsula
Kalaupapa NHP
Kalaupapa
Kahiwa Falls
Halawa
Moaula Falls
Kepuhi
Maunaloa
460
Kalae
Kamakou
4969 ft
Kamakaipo
Kaunakakai
450
Kamalo
Pukoo
Maui County
Pailolo Channel
Kalohi Channel
Honokohau
Kahakuloa
Maui
Honokahua
Lower Paia
36
Kailua
Kaena Heiau
Lapaiki
Kaanapali
Wailuku
340
Kahului
360
Wailua
Lanai
Lanai City
Lahaina
'Iao Valley St. Mon.
Pukalani
Kaeleku
Waianapanapa State Park
Kaumalapau Harbor
440
Heiau
Naha
Mopua
30
Waiakoa
Kula
Kihei
31
Haleakala Nat. Park
Hana
Kaunolu
Auau Channel
Wailea
Puu Ulaula 10020ft
31
Makena
Kanaio
Seven Sacred Pools of 'Ohe'o
Kipahulu
Kaupo
Kealaikahiki Channel
Last Lava Flow on Maui
Nuu Bay
Lua Makua 1483 ft
Kahoolawe
Alalakeiki Channel
Alenuihaha Channel
Channel
Upolu Point
King Kamehameha I. Statue
Kohala Hist. S. State Mon.
Makapala
Hawi
Hamakua Coast
Hawaii County
Mahukona
250
Waimanu Bay
Kukuihaele
270
Waimea (Kamuela)
Honokaa
Kawaihae
19
Kukaiau
Puukohola Heiau National Historical Site
Parker Ranch
19
Papaaloa
Hapuna Beach SRA
19
Hanaipoe
Anaehoomalu
Akaka Falls State Park
Honomu
Kiholo Bay
Kiholo
190
Waikii
Mauna Kea 13792 ft
Dr. D. Douglas Hist. Mon.
Papaikou
Kaupulehu
Kekaha (Kona Coast)
Puuanahulu
Mauna Kea SRA
Hilo
Huehue Ranch
Kaupulehu Forest Reserve
200
Rainbow Falls
Onekahakaha Beach Park
Hawaii (Big Island)
Honokohau
Mauna Loa Forest and Game Reserve
Univ. of Hawai'i
Bowling Pots
Kailua-Kona
Holualo
Mauna Loa Observatory
Kulani
Hawaii Volcanoes Nat. Park
Keaau
11
Hawaiian Paradise Park
Kahaluu
130
Cape Kumukahi
Kealakekua
Lava Tree St. Mon.
Captain Cook's Monument
Napoopoo
Mauna Loa (Volcano) 13678ft
Pahoa
Isaac Hale Beach Park
MacKenzie SRA
Kona
Puuhonua o Honaunau NHP
Keokea
Kilauea Crater 4091 ft
Volcano
Thurstone Craters Road
137
Opihikao
Hookena
Sulphur Cone 11326 ft
Kau
Hawaii Volcanoes National Park
Kalapana
Kauluoa Point
11
Kamoamoa Village
Road Closed due to recent lava activity
11
Aqua Point
Coast
Papa
Umi Caverns
Forest
Pahala
Milolii
Kuee Ruins
Okoe Bay
Reserve
Punaluu Black sand Beach Co. Park
Niuou Coconut Grove
Kahuku
Naalehu
Petroglyphs
Waikapuna Bay
Pohue Bay
Kaalualu Bay
Kalae (South Cape)

CHICAGO
Lake Michigan
Erie Park
Merchandise Mart
Marina City
IBM Bldg.
Trump Tower
Wrigley Bldg.
Tribune Tower
NBC Tower
St. James Cathedral
Driehouse Mus.
Northwestern Memorial Hospital
CBS Studios
Museum of Contemporary Art
Time Life Bldg.
Chicago Maritim Mus.
Ohio Street Beach
Milton Lee Olive Park
Jardine Water Filtration Plant
Navy Pier Park
Lake Point Towers
Navy Pier
Chicago Children's Museum
Chicago Shakespeare Theater
Dusable Park
Centennial Fountain
Chicago River
Lock
Dusable Harbor
Harbor Point
Lake Shore East Park
North Harbor Tower
Amoco Tower
Grant Park Music Festival
Easterly Breakwater
Ogilvie Transportation Center
James R. Thompson Center
City Hall & County Bldg.
Richard J. Daley Center
Chicago Theater
Marshall Field's
Chicago Cultural Center
Randolph Street Station
Millennium Park
Maggie Daley Park
Northwestern Station & Atrium Center
Civic Opera House
Presidential Tower
Mallers Bldg.
One Plaza
The Palmer House Hilton
Old St. Patrick's Church
Chicago Union Station
Sears Tower
Chicago Board of Trade
Chicago Architecture Found.
Fountain of the Great Lakes
Art Institute of Chicago
Grant Park
Petrillo Music Shell
Lincoln Statue
Van Buren Station
Monroe Harbor
Old Post Office
La Salle St. Station
Buckingham Fountain
Art & Architecture Building
Douglas Hall
Jane Addams Hull House Mus.
Univ. of Illinois at Chicago (UCI)
River City
Dearborn Station
Dearborn Park
Merle Reskin Theater
Logan Monument
Southern Breakwater
Eisenhower Expwy.
Dwight D. Eisenhower Expwy.
J.F. Kennedy Expwy.
N. Branch Chicago River
S. Branch Chicago River
N
0 1/4 Mile
0 250 500 Metres

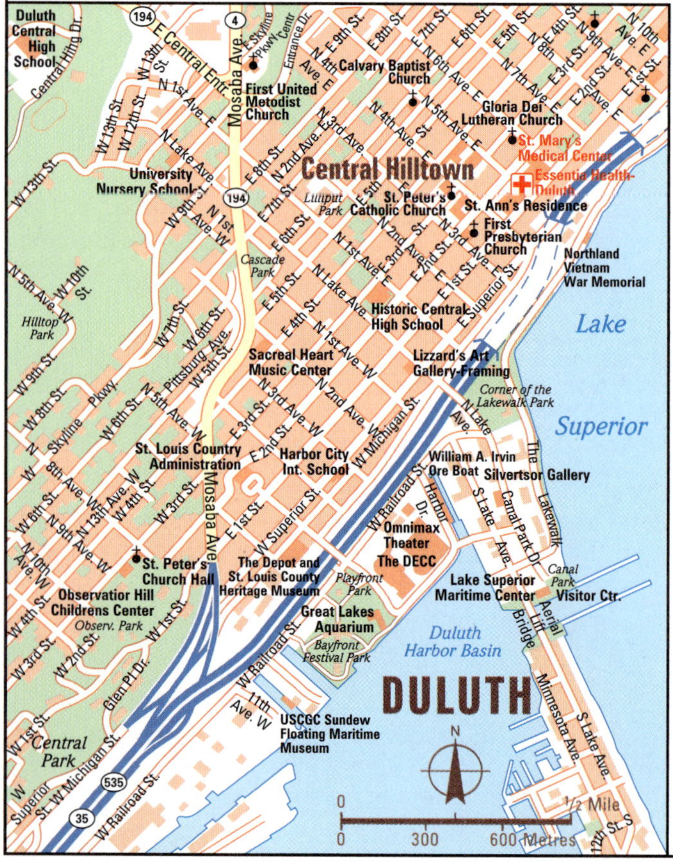
DULUTH
Lake Superior
Duluth Central High School
First United Metodist Church
Calvary Baptist Church
Gloria Dei Lutheran Church
St. Mary's Medical Center
Essentia Health-Duluth
Central Hilltown
St. Peter's Catholic Church
St. Ann's Residence
First Presbyterian Church
Northland Vietnam War Memorial
University Nursery School
Lilliput Park
Cascade Park
Hilltop Park
Historic Central High School
Sacreal Heart Music Center
Lizzard's Art Gallery-Framing
Corner of the Lakewalk Park
St. Louis Country Administration
Harbor City Int. School
William A. Irvin Ore Boat
Silvertsor Gallery
Omnimax Theater
The DECC
St. Peter's Church Hall
The Depot and St. Louis County Heritage Museum
Playfront Park
Lake Superior Maritime Center
Canal Park
Visitor Ctr.
Observation Hill Childrens Center
Observ. Park
Great Lakes Aquarium
Bayfront Festival Park
Duluth Harbor Basin
USCGC Sundew Floating Maritime Museum
Central Park
Aerial Lift Bridge
N
0 1/2 Mile
0 300 600 Metres

MINNEAPOLIS
Warehouse District
Mississippi River
St. Anthony Falls Stone Arch Br.
Olson Mem. Hwy.
Target Field
Target Center
Library
Hennepin Center of the Arts
Glenwood Ave.
Northwest Center
Dain Tower
Bus Depot
Historic State Theater
Nicollet Mall
IDS Center
Foshay Tower
Hennepin Co. Med. Ctr.
Metrodome
University of St. Thomas
Orchestra Hall
Loring Park
Convention Center
Elliot Park
North Central Univ.
Stevens Sq.
N
0 1/3 Mile
0 200 400 Meters

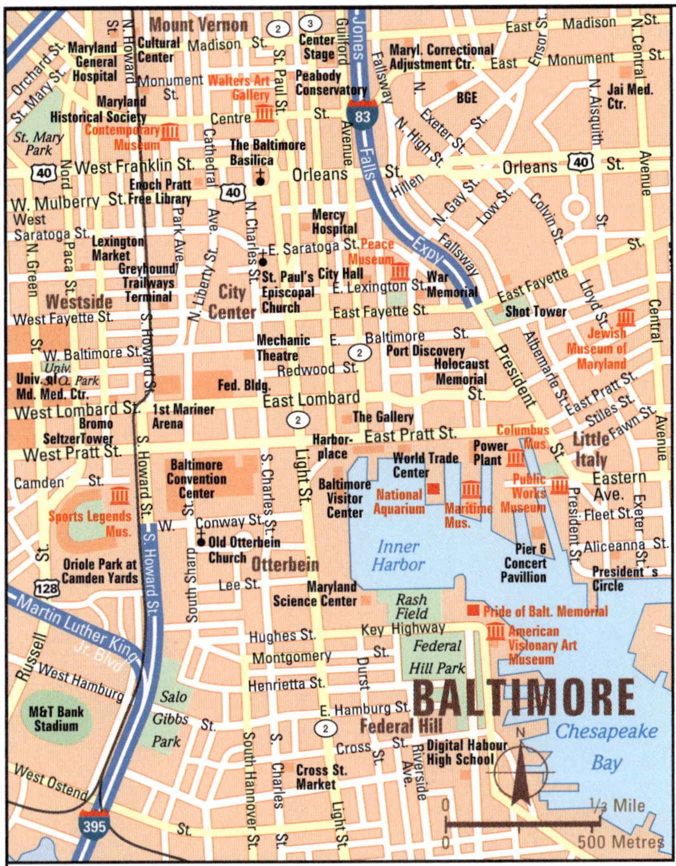
BALTIMORE
Mount Vernon
Cultural Center
Maryland General Hospital
Maryland Historical Society
Contemporary Museum
Walters Art Gallery
Peabody Conservatory
Center Stage
Maryl. Correctional Adjustment Ctr.
BGE
Jai Med. Ctr.
The Baltimore Basilica
Enoch Pratt Free Library
Mercy Hospital
Lexington Market
Greyhound Trailways Terminal
Westside
City Center
St. Paul's Episcopal Church
City Hall
Peace Museum
War Memorial
Shot Tower
Jewish Museum of Maryland
Univ. of Md. Med. Ctr.
Univ. Park
Mechanic Theatre
Port Discovery
Holocaust Memorial
Fed. Bldg.
1st Mariner Arena
Bromo Seltzer Tower
The Gallery
Harborplace
World Trade Center
Columbus Mus.
Power Plant
Little Italy
Baltimore Convention Center
Baltimore Visitor Center
National Aquarium
Maritime Mus.
Public Works Museum
Sports Legends Mus.
Old Otterbein Church
Otterbein
Inner Harbor
Pier 6 Concert Pavillion
President's Circle
Oriole Park at Camden Yards
Maryland Science Center
Rash Field
Pride of Balt. Memorial
American Visionary Art Museum
Federal Hill Park
Federal Hill
M&T Bank Stadium
Digital Habour High School
Cross St. Market
Chesapeake Bay
Martin Luther King Jr. Blvd.
0 1/4 Mile
0 500 Metres

INDIANAPOLIS
Benjamin Harrison House
Crispus Attucks Museum
0 1/4 Mile
0 200 400 Metres
Nat'l. Art Mus. of Sport
Madame Walker Urban Life Center
Public Library
Scottish Rite Cathedral
Murat Shrine Theater
Veterans Mem. Park
Indiana World War Mem.
Athenaeum
University Park
Indianapolis Sports Center
Military Park
Indiana State Library
Eiteljorg Mus. of American Indian & Western Art
White River State Park
Indianapolis Zoo
NCAA Hall of Champions
State Capitol
Christ Church Cathedral
Circle Center Mall
Soldiers' & Sailors' Monument
City Market
Indiana State Museum
Market Square Arena
Hyatt Regency
St. John's
Victory Field
Indians Baseball Park
Indiana Convention Center
RCA Dome
Pan Am Plaza
Holiday Inn Crowne Plaza
Union Station

MADISON
Lake Mendota
James Madison Park
0 1/4 Mile
0 200 400 Metres
First United Methodist Church
Madison College
Elizabeth Link Peace Park
Memorial Union
Wisconsin Veterans Museum
Children's Museum
State Historical Society
Library Mall
Madison Museum of Contemporary Art/ Overture Center for the Arts
Chazen Museum of Art
State Capitol
Wisconsin Historical Museum
Federal Courthouse
City-County Building
Monona Terrace Convention Center

CLEVELAND
Lake Erie
East Basin
West Basin
0 1/4 Mile
0 400 Metres
North Coast Harbor
Steamship William G. Mather Mus.
Burke Lakefront Airport
Port of Cleveland
Great Lakes Science Center
Omnimax Theater
Rock'n' Roll Hall of Fame & Museum
U.S. Coast Guard
U.S.S. Cod (Submarine)
Int'l Women's Air & Space Mus.
First Energy Stadium
Cuyahoga County Courthouse
City Hall
North Point Building
Fed. Bldg.
Nautica Queen Cruise Boat
Nautica Stage
Powerhouse
Warehouse District
Justice Ctr.
Convention Center
Sheraton Center
The Galleria & Tower at Erieview
One Cleveland Center
Rockefeller Building
Federal Courthouse
Public Library
Eaton Center
State Office Bldg.
Terminal Tower
BP America Building
Greyhound Bus Terminal
Tower City District
Landmark Office Towers
Colonial Arcade
Euclid Arcade
Theater District
Ohio Theater
State Theater
Palace Theater
Quicken Loans Arena
Gray's Armory
Cleveland State University
Progressive Field
Erie St. Cemetery
CSU Convention Center
Cuyahoga River
Lorain Carnegie (Hope Memorial) Bridge

PITTSBURGH
West Park
Children's Mus.
East Park
South Commons
The Strip District
Carnegie Science Center
Three Rivers Stadium
Andy Warhol Mus.
Allegheny R.
Heinz Hist. Mus.
Heinz Field
Roberto Clemente Mem. Park
D. Lawrence Conv. Center
Submarine U.S.S. Requim
Ohio R.
Point State Park
Byham Theater
Heinz Hall
Gateway Center
Penn Sta.
Gulf Tower
USX Tower
Civic Arena
Fort Pitt Block House & Museum
5th Ave. Place
PPG Place
ALCOA Bldg.
Duquesne Incline
Tri Total Media Amphitheater
County Court House
Gateway Clipper Fleet
Station Square
Grand Concourse Restaurant
Monongahela Incline
Monongahela R.
Penn Lincoln Parkway
Fort Pitt Bridge
0 1/8 Mile
0 100 200 Meters

ST. LOUIS
Forest Park
History Mus.
Art Museum
Zoo
Kingshighway
St. Louis Science Ctr.
Missouri Botanical Gardens
Tower Grove Park
St. Louis University
Fox Theatre
Harris Stowe State Univ.
Vashon Playground
St. Louis Union Station
Amtrak/Greyhound Station
City Museum
Scott Joplin House
De Soto Park
Edward Jones Dome
Convention Cen. Plaza
Library
Soldiers Mem. Bldg.
City Hall
Fed. Bldg.
Eagleton Fed. Ct. Hse.
Old Courthouse
Busch Memorial Stadium
Old Cathedral
Gateway Arch Riverboats
Jefferson Nat. Expansion Memorial Park
Laclede's Landing
Biddle St. Presidents Casino
E. Field House & Toy Mus.
Eads Bridge
MacArthur Mun. Bridge
Mississippi River
Lafayette Park
Compton Hill Res. Park
Soulard
Soulard Playground
Anheuser-Busch Brewery
Shaw Blvd.
Grand Blvd.
Tucker Blvd.
Broadway
Manchester Ave.
Chouteau Ave.
Lafayette Ave.
Gravois Ave.
Jefferson Ave.
Market St.
Forest Park Pkwy.
Lindell Blvd.
Clayton Ave.
Arsenal St.
Russell Blvd.
Cass Ave.
Delmar Blvd.
Martin Luther King Blvd.
Washington Ave.
64
44
55
1 Mile
0 500 1500 Metres

WASHINGTON D.C.
Watergate Complex
George Washington University
Smith Center
Grant School
Textile Museum
International Monetary Fund
U.S. Info. Agency
World Bank
Science Foundation
Renwick Gallery
Blair House
Lafayette Square
Lafayette Statue
Rochambeau Statue
The White House
Treasury Department
U.S. Claims Court
Executive Offices
Chases Theater
White House Visitor Ctr.
John F. Kennedy Center for the Performing Arts
American Red Cross-D.C. Chapter
General Services Administration Building
Octagon Museum
FDIC Building
Corcoran Gallery of Arts
First Division Memorial
General Sherman Statue
National Theater
Warner Theater
Pershing Park
Freedom Plaza
Rawling Park
U.S. Navy Bureau of Medicine & Surgery
State Department
Edw. J. Kelly Park
Office of Personal Management
Department of Interior
American Red Cross-Nat'l Hdqtrs.
Constitution Hall
Continental Hall
Zero Milestone
The Ellipse
Boy Scout Memorial
Second Division Memorial
Haupt Fountains
National Aquarium
District Building
Visitor Center
Oscar Straus Fountain
Ronald Reagan Building & Int'l. Trade Ctr.
Commerce Department
Customs Service
Interstate Commerce Commission I.C.C.
American Pharmaceutical Association
National Academy of Sciences and Engineering
Albert Einstein Statue
Reserve Annex
Federal Reserve Building
Department of the Interior South
Organization of American States
Constitution Avenue
Virginia Av.
Pennsylvania Avenue
New York Av.
Executive Road
Memorial for the 56 Signers of the Declaration of Independence
Vietnam Veterans Memorial
Thomas Jefferson Memorial
Women in Vietnam Memorial
German-American Friendship Garden
National Museum of American History
Constitution Gardens
Reflecting Pool
Lincoln Memorial
National World War II Memorial
Washington Monument
National Mall
West Potomac Park
Korean War Veterans Memorial
D.C. War Memorial
John Paul Jones Statue
Smithsonian Discovery Theatre
Department of Agriculture
U.S. Holocaust Memorial Museum
Bureau of Engraving & Printing
Independence Av.
Independence Ave.
Kutz Memorial Bridge
Tidal Basin
Martin Luther King Jr. Memorial
Arlington Memorial Bridge
Potomac River
Rock Cr. and Potomac Pkwy.
Henry Bacon Drive
Daniel French Dr.
Lincoln Memorial Circle
Madison Dr.
Jefferson Dr.
66
50
1
1/4 Mile
0 100 300 Metres

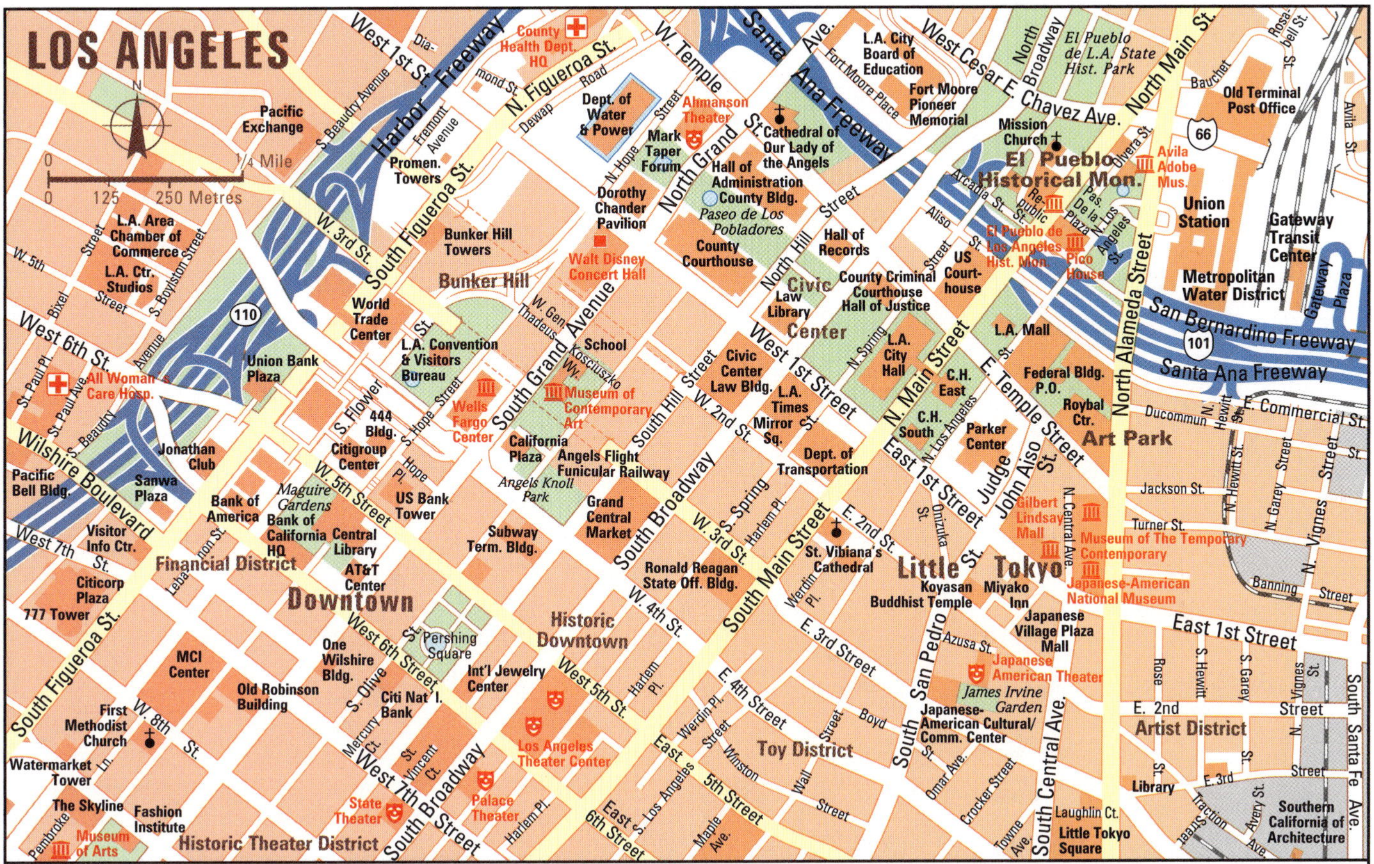
LOS ANGELES
N
0 1/4 Mile
0 125 250 Metres
West 1st St.
Harbor Freeway
N. Figueroa St.
County Health Dept. HQ
W. Temple
Santa Ana Freeway
L.A. City Board of Education
West Cesar E. Chavez Ave.
North Broadway
El Pueblo de L.A. State Hist. Park
North Main St.
Old Terminal Post Office
Pacific Exchange
Dept. of Water & Power
Ahmanson Theater
Mark Taper Forum
Cathedral of Our Lady of the Angels
Fort Moore Pioneer Memorial
Mission Church
El Pueblo Historical Mon.
Avila Adobe Mus.
Union Station
Gateway Transit Center
Promen. Towers
South Figueroa St.
Dorothy Chandler Pavilion
Hall of Administration
County Bldg.
Paseo de Los Pobladores
County Courthouse
Hall of Records
El Pueblo de Los Angeles Hist. Mon.
Pico House
Metropolitan Water District
L.A. Area Chamber of Commerce
L.A. Ctr. Studios
W. 3rd St.
Bunker Hill Towers
Bunker Hill
Walt Disney Concert Hall
Civic Center
Law Library
County Criminal Courthouse
Hall of Justice
US Court-house
San Bernardino Freeway
Santa Ana Freeway
West 6th St.
World Trade Center
L.A. Convention & Visitors Bureau
South Grand Avenue
School
L.A. City Hall
L.A. Mall
North Alameda Street
All Woman's Care Hosp.
Union Bank Plaza
Wells Fargo Center
Museum of Contemporary Art
Civic Center Law Bldg.
L.A. Times Mirror Sq.
West 1st Street
C.H. East
C.H. South
Federal Bldg. P.O.
Roybal Ctr.
Art Park
E. Commercial St.
Wilshire Boulevard
Jonathan Club
444 Bldg.
Citigroup Center
California Plaza
Angels Flight Funicular Railway
Angels Knoll Park
South Hill Street
W. 2nd St.
Dept. of Transportation
N. Main Street
Parker Center
E. Temple Street
Jackson St.
Pacific Bell Bldg.
Sanwa Plaza
Bank of America
Maguire Gardens
Bank of California HQ
Central Library
W. 5th Street
US Bank Tower
Grand Central Market
South Broadway
East 1st Street
Gilbert Lindsay Mall
Museum of The Temporary Contemporary
Turner St.
Visitor Info Ctr.
West 7th St.
Financial District
AT&T Center
Subway Term. Bldg.
Ronald Reagan State Off. Bldg.
W. 3rd St.
St. Vibiana's Cathedral
Little Tokyo
Japanese-American National Museum
Banning Street
Citicorp Plaza
777 Tower
Downtown
Pershing Square
Historic Downtown
South Main Street
Koyasan Buddhist Temple
Miyako Inn
Japanese Village Plaza Mall
East 1st Street
South Figueroa St.
MCI Center
One Wilshire Bldg.
Old Robinson Building
Int'l Jewelry Center
West 5th St.
E. 3rd Street
Japanese American Theater
James Irvine Garden
Japanese-American Cultural/Comm. Center
E. 2nd Street
Artist District
First Methodist Church
Citi Nat'l Bank
West 6th Street
W. 4th St.
E. 4th Street
Toy District
San Pedro
Los Angeles Theater Center
Watermarket Tower
The Skyline
Fashion Institute
West 7th Street
South Broadway
Palace Theater
State Theater
5th Street
6th Street
Library
E. 3rd
Southern California of Architecture
Museum of Arts
Historic Theater District
Laughlin Ct.
Little Tokyo Square
South Central Ave.
South Santa Fe Ave.

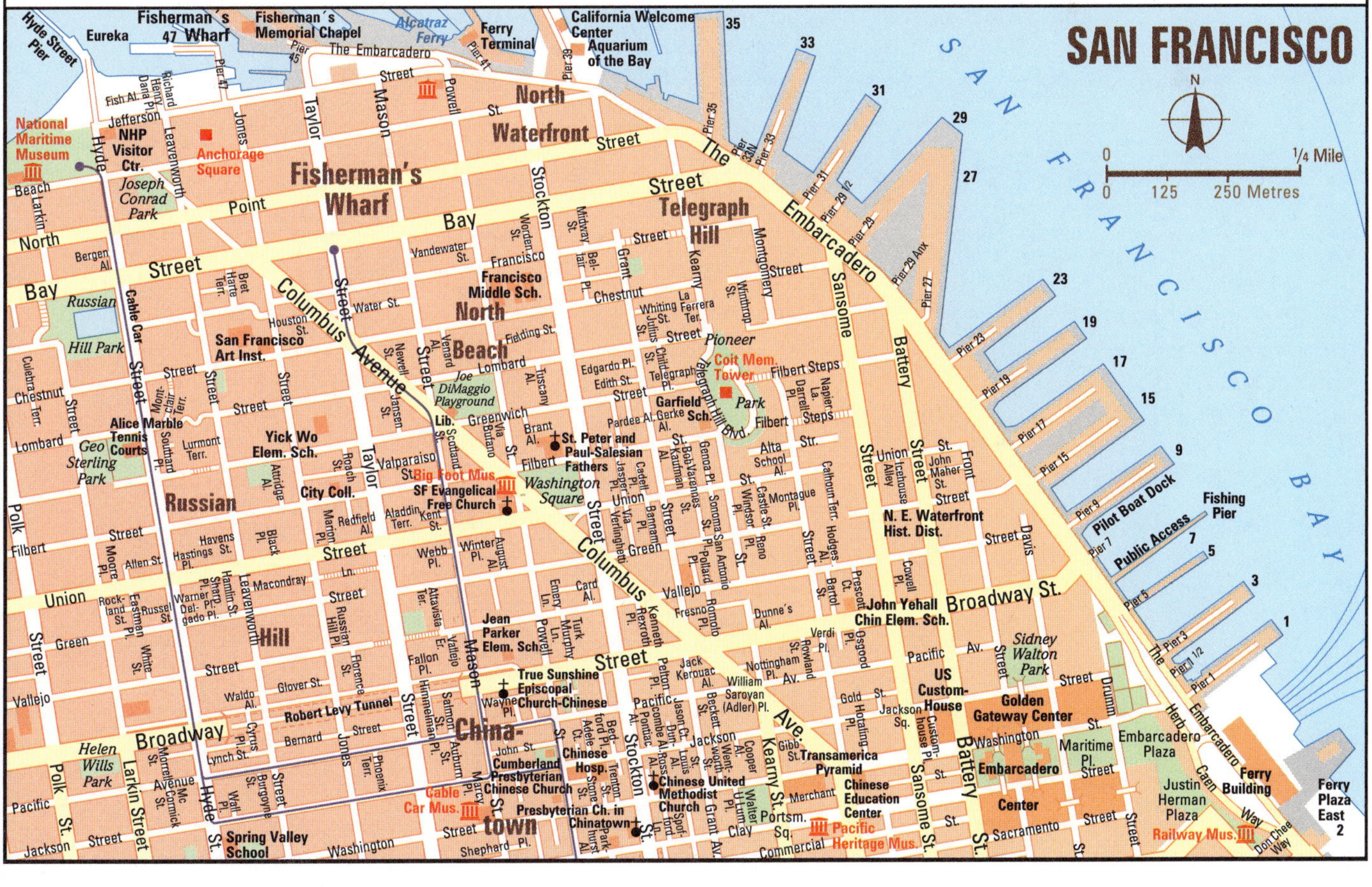
SAN FRANCISCO
N
0 1/4 Mile
0 125 250 Metres
SAN FRANCISCO BAY
Hyde Street Pier
Eureka
Fisherman's Wharf
Fisherman's Memorial Chapel
Alcatraz Ferry
Ferry Terminal
California Welcome Center
Aquarium of the Bay
The Embarcadero
35
33
31
29
27
23
19
17
15
9
7
5
3
1
National Maritime Museum
NHP Visitor Ctr.
Anchorage Square
North Waterfront
Street
Joseph Conrad Park
Beach
Point
Fisherman's Wharf
Bay
Telegraph Hill
The Embarcadero
North
Street
Francisco
Francisco Middle Sch.
North Beach
Bay
Russian Hill Park
Cable Car
Columbus Avenue
San Francisco Art Inst.
Chestnut
Joe DiMaggio Playground
Coit Mem. Tower
Pioneer Park
Filbert Steps
Garfield Sch.
Lombard
Alice Marble Tennis Courts
Geo Sterling Park
Yick Wo Elem. Sch.
St. Peter and Paul-Salesian Fathers
Washington Square
Big Foot Mus.
SF Evangelical Free Church
City Coll.
Russian Hill
Union
Green
Filbert
Polk
Fishing Pier
Pilot Boat Dock
Public Access
N. E. Waterfront Hist. Dist.
Broadway St.
John Yehall Chin Elem. Sch.
Jean Parker Elem. Sch.
Vallejo
Sidney Walton Park
True Sunshine Episcopal Church-Chinese
Robert Levy Tunnel
China-town
Cumberland Presbyterian Chinese Church
Chinese Hosp.
Cable Car Mus.
Presbyterian Ch. in Chinatown
Chinese United Methodist Church
Transamerica Pyramid
Chinese Education Center
Pacific Heritage Mus.
Portsm. Sq.
US Custom-House
Golden Gateway Center
Embarcadero Center
Maritime Pl.
Embarcadero Plaza
Justin Herman Plaza
Ferry Building
Ferry Plaza East 2
Railway Mus.
Helen Wills Park
Broadway
Pacific
Jackson
Washington
Spring Valley School
Sacramento
Battery
Sansome St.
Stockton
Kearny St.
Montgomery
Mason
Taylor
Jones
Leavenworth
Hyde St.
Larkin Street
Polk St.

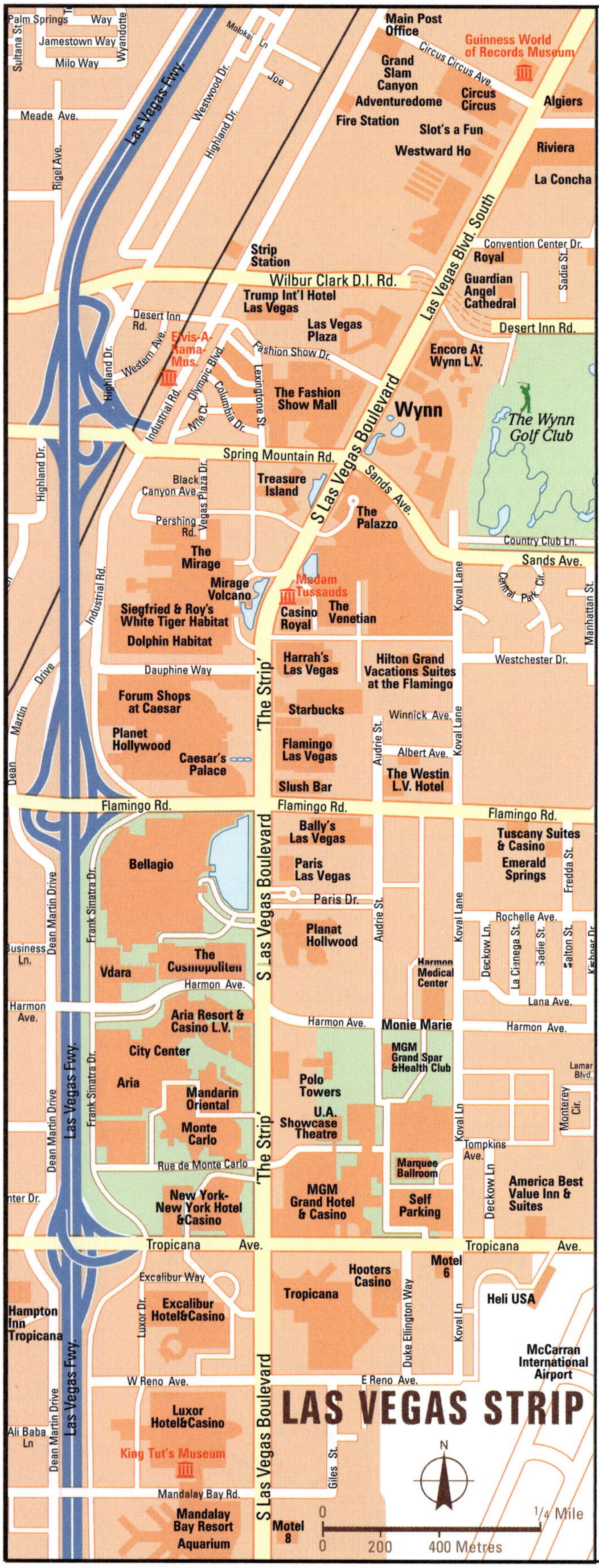
LAS VEGAS STRIP
Las Vegas Fwy.
Main Post Office
Guinness World of Records Museum
Circus Circus Ave.
Grand Slam Canyon
Adventuredome
Circus Circus
Algiers
Fire Station
Slot's a Fun
Westward Ho
Riviera
La Concha
Convention Center Dr.
Royal
Strip Station
Wilbur Clark D.I. Rd.
Trump Int'l Hotel Las Vegas
Guardian Angel Cathedral
Las Vegas Blvd. South
Desert Inn Rd.
Las Vegas Plaza
Elvis-A-Rama Mus.
Fashion Show Dr.
Encore At Wynn L.V.
The Fashion Show Mall
Wynn
The Wynn Golf Club
Spring Mountain Rd.
Treasure Island
S Las Vegas Boulevard
Sands Ave.
The Palazzo
Country Club Ln.
Sands Ave.
The Mirage
Mirage Volcano
Madam Tussauds
Casino Royal
The Venetian
Siegfried & Roy's White Tiger Habitat
Dolphin Habitat
Koval Lane
Manhattan St.
Dauphine Way
Harrah's Las Vegas
Hilton Grand Vacations Suites at the Flamingo
Westchester Dr.
Forum Shops at Caesar
Starbucks
Winnick Ave.
Planet Hollywood
Caesar's Palace
Flamingo Las Vegas
Albert Ave.
The Westin L.V. Hotel
Slush Bar
'The Strip'
Flamingo Rd.
Bally's Las Vegas
Tuscany Suites & Casino
Bellagio
Paris Las Vegas
Emerald Springs
Paris Dr.
Rochelle Ave.
Planat Hollwood
Harmon Medical Center
Vdara
The Cosmopolitan
Harmon Ave.
Lana Ave.
Aria Resort & Casino L.V.
Monie Marie
City Center
MGM Grand Spar &Health Club
Aria
Polo Towers
Mandarin Oriental
U.A. Showcase Theatre
Monte Carlo
Tompkins Ave.
Rue de Monte Carlo
Marquee Ballroom
America Best Value Inn & Suites
New York-New York Hotel &Casino
MGM Grand Hotel & Casino
Self Parking
Tropicana Ave.
Excalibur Way
Hooters Casino
Motel 6
Hampton Inn Tropicana
Excalibur Hotel&Casino
Tropicana
Heli USA
McCarran International Airport
W Reno Ave.
E Reno Ave.
Luxor Hotel&Casino
King Tut's Museum
Mandalay Bay Rd.
Mandalay Bay Resort Aquarium
Motel 8
0 1/4 Mile
0 200 400 Metres

PASADENA
210
Mountain St.
Painter St.
Orange Grove Blvd.
Parke St.
Memorial Park
Earlham St.
Villa St.
Gamble House
Corson St.
Chestnut St.
Walnut St.
City Hall
Pasadena Museum of History
Norton Simon Museum of Art
Union St.
Pacific Asia Museum
Pasadena Mus. of California Art
Old Town
Colorado Blvd.
Green St.
Castle Green
710
Central Park
Pasadena Santa fe Depot
Cordova
Del Mar Blvd.
Grant Park
California Institute of Technology
Bellevue Dr.
California Blvd.
Huntington Hospital
Pico St.
Fillmore St.
Tournament Park
Bellefontaine St.
Arden Rd.
Alpine St.
Glenarm
Canon Dr.
Oak Grove Ave.
Madeline Dr.
Allendale Park
Columbia St.
South Pasadena
Arroyo Seco Pkwy.
0 3/4 Mile
0 500 1000 Metres
Lacy Park

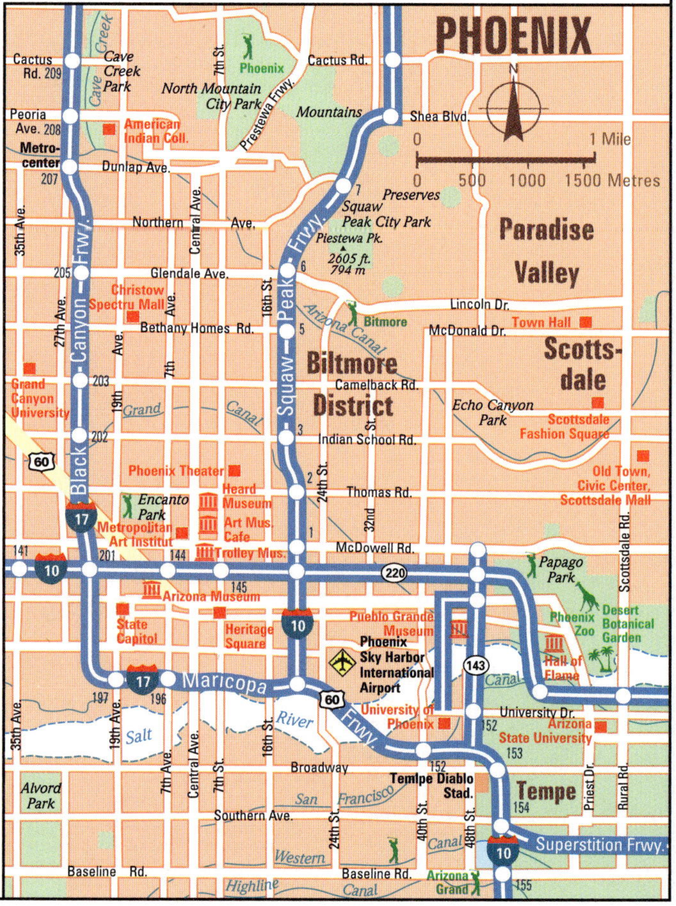
PHOENIX
Cave Creek Park
Phoenix Mountains
Cactus Rd.
North Mountain City Park
Piestewa Frwy.
Shea Blvd.
American Indian Coll.
Metrocenter
Dunlap Ave.
0 1 Mile
0 500 1000 1500 Metres
Preserves
Squaw Peak City Park
Piestewa Pk. 2605 ft. 794 m
Paradise Valley
Northern Ave.
Glendale Ave.
Christown Spectru Mall
Lincoln Dr.
Bethany Homes Rd.
Biltmore
McDonald Dr.
Town Hall
Scottsdale
Arizona Canal
Biltmore District
Camelback Rd.
Grand Canyon University
Black Canyon Frwy.
Squaw Peak Frwy.
Echo Canyon Park
Scottsdale Fashion Square
Indian School Rd.
Phoenix Theater
Heard Museum
Encanto Park
Art Mus. Cafe
Metropolitan Art Institut
Trolley Mus.
Thomas Rd.
Old Town, Civic Center, Scottsdale Mall
McDowell Rd.
Papago Park
Arizona Museum
Pueblo Grande Museum
Phoenix Zoo
Desert Botanical Garden
State Capitol
Heritage Square
Phoenix Sky Harbor International Airport
Hall of Flame
Maricopa Frwy.
Salt River
University of Phoenix
University Dr.
Arizona State University
Broadway
Tempe Diablo Stad.
Tempe
Alvord Park
Southern Ave.
Baseline Rd.
Western Canal
Highline Canal
Superstition Frwy.
Arizona Grand

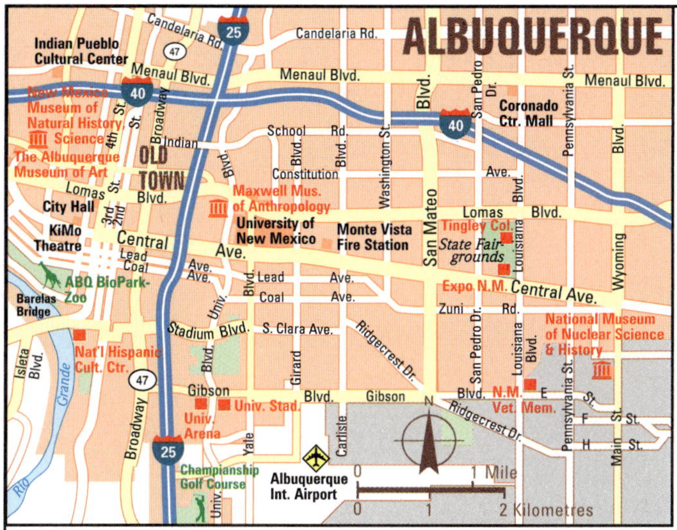
ALBUQUERQUE
Indian Pueblo Cultural Center
Candelaria Rd.
Menaul Blvd.
New Mexico Museum of Natural History & Science
The Albuquerque Museum of Art
OLD TOWN
City Hall
KiMo Theatre
ABQ BioPark-Zoo
Barelas Bridge
Nat'l Hispanic Cult. Ctr.
Isleta Blvd.
Rio Grande
Broadway
Central Ave.
Lomas Blvd.
Coal Ave.
Lead Ave.
School Rd.
Indian
Constitution
Maxwell Mus. of Anthropology
University of New Mexico
Monte Vista Fire Station
Stadium Blvd.
S. Clara Ave.
Gibson Blvd.
Univ. Arena
Univ. Stad.
Championship Golf Course
Albuquerque Int. Airport
Yale
Girard
Carlisle
Ridgecrest Dr.
Washington St.
San Mateo Blvd.
San Pedro Dr.
Coronado Ctr. Mall
Pennsylvania St.
Louisiana Blvd.
Wyoming Blvd.
Tingley Col.
State Fair-grounds
Expo N.M.
Zuni Rd.
National Museum of Nuclear Science & History
N.M. Vet. Mem.
Main St.
1 Mile
2 Kilometres

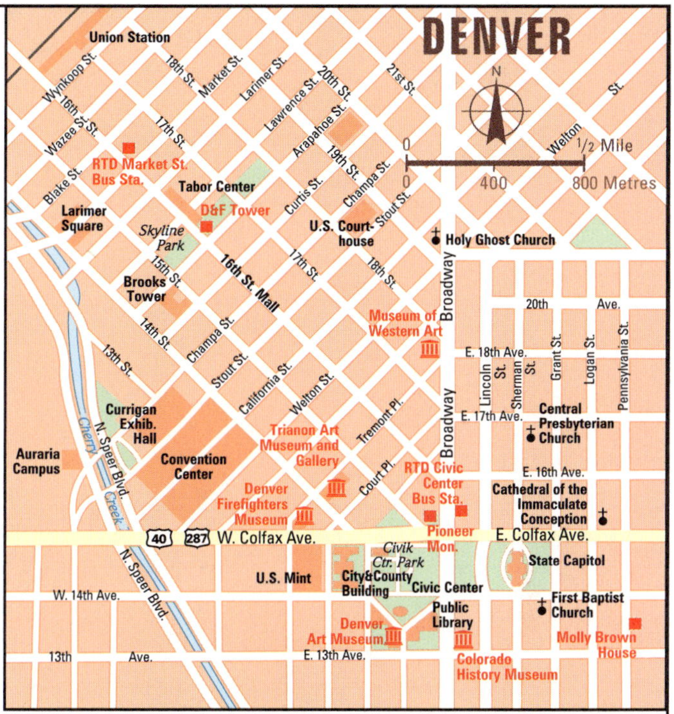
DENVER
Union Station
Wynkoop St.
Wazee St.
Blake St.
16th St.
17th St.
18th St.
Market St.
Larimer St.
Lawrence St.
Arapahoe St.
Curtis St.
Champa St.
Stout St.
California St.
Welton St.
Tremont Pl.
Court Pl.
20th St.
21st St.
19th St.
RTD Market St. Bus Sta.
Tabor Center
D&F Tower
Larimer Square
Skyline Park
Brooks Tower
16th St. Mall
U.S. Court-house
Holy Ghost Church
Museum of Western Art
Broadway
20th Ave.
E. 18th Ave.
E. 17th Ave.
E. 16th Ave.
Lincoln St.
Sherman St.
Grant St.
Logan St.
Pennsylvania St.
Central Presbyterian Church
Cathedral of the Immaculate Conception
Curragan Exhib. Hall
Convention Center
Auraria Campus
Cherry Creek
N. Speer Blvd.
Trianon Art Museum and Gallery
Denver Firefighters Museum
RTD Civic Center Bus Sta.
Pioneer Mon.
W. Colfax Ave.
E. Colfax Ave.
State Capitol
U.S. Mint
Civik Ctr. Park
City&County Building
Civic Center
Public Library
Denver Art Museum
First Baptist Church
Molly Brown House
Colorado History Museum
W. 14th Ave.
13th Ave.
E. 13th Ave.
1/2 Mile
400
800 Metres

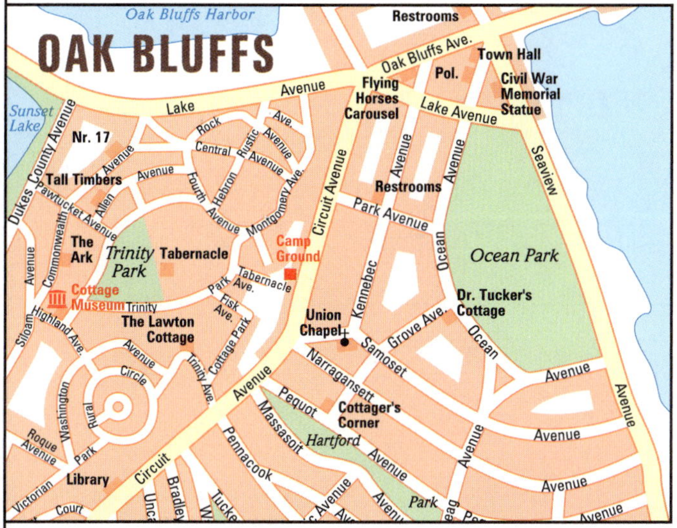
OAK BLUFFS
Oak Bluffs Harbor
Restrooms
Town Hall
Pol.
Civil War Memorial Statue
Oak Bluffs Ave.
Lake Avenue
Flying Horses Carousel
Seaview
Sunset Lake
Nr. 17
Tall Timbers
Dukes County Avenue
Pawtucket Avenue
The Ark
Trinity Park
Tabernacle
Camp Ground
Circuit Avenue
Park Avenue
Restrooms
Ocean Park
Dr. Tucker's Cottage
Cottage Museum
The Lawton Cottage
Union Chapel
Kennebec
Samoset
Grove Ave.
Narragansett
Cottager's Corner
Hartford
Pequot
Massasoit
Pennacook
Library
Washington
Circle
Ocean Avenue

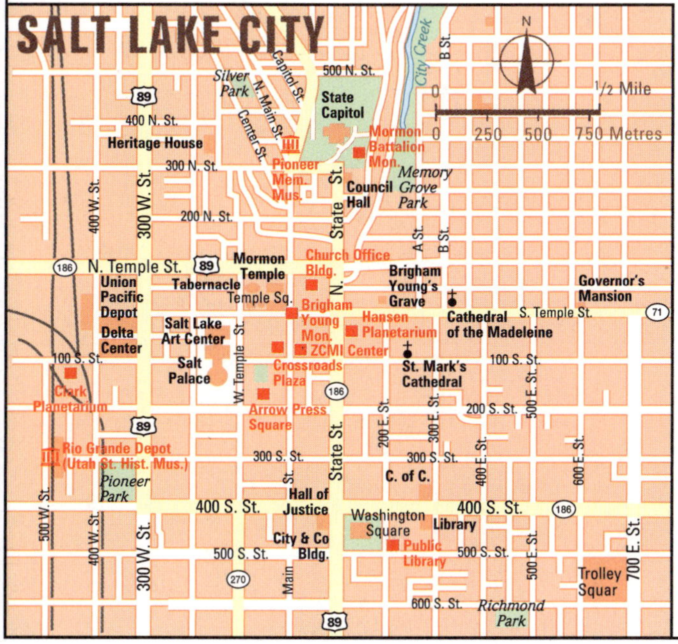
SALT LAKE CITY
City Creek
Silver Park
500 N. St.
State Capitol
400 N. St.
Heritage House
300 N. St.
Pioneer Mem. Mus.
Mormon Battalion Mon.
Memory Grove Park
Council Hall
200 N. St.
N. Temple St.
Union Pacific Depot
Delta Center
Tabernacle
Mormon Temple
Temple Sq.
Church Office Bldg.
Brigham Young Mon.
Brigham Young's Grave
Governor's Mansion
Cathedral of the Madeleine
S. Temple St.
Salt Lake Art Center
Salt Palace
Hansen Planetarium
ZCMI Center
Crossroads Plaza
St. Mark's Cathedral
100 S. St.
Clark Planetarium
Arrow Press Square
200 S. St.
Rio Grande Depot (Utah St. Hist. Mus.)
Pioneer Park
300 S. St.
Hall of Justice
C. of C.
400 S. St.
Washington Square
Library
City & Co Bldg.
Public Library
500 S. St.
600 S. St.
Richmond Park
Trolley Squar
State St.
300 W. St.
400 W. St.
500 W. St.
700 E. St.
1/2 Mile
250
500
750 Metres

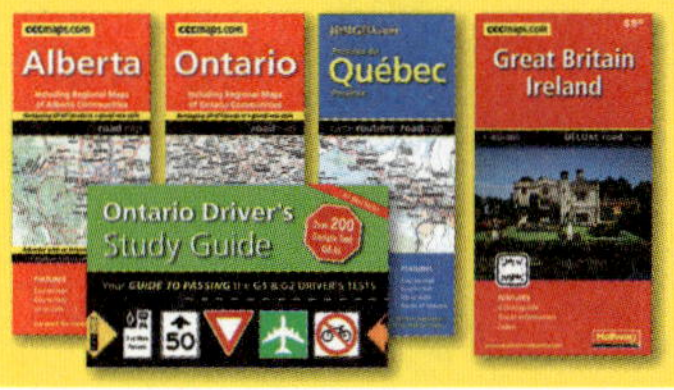
MapArt.com

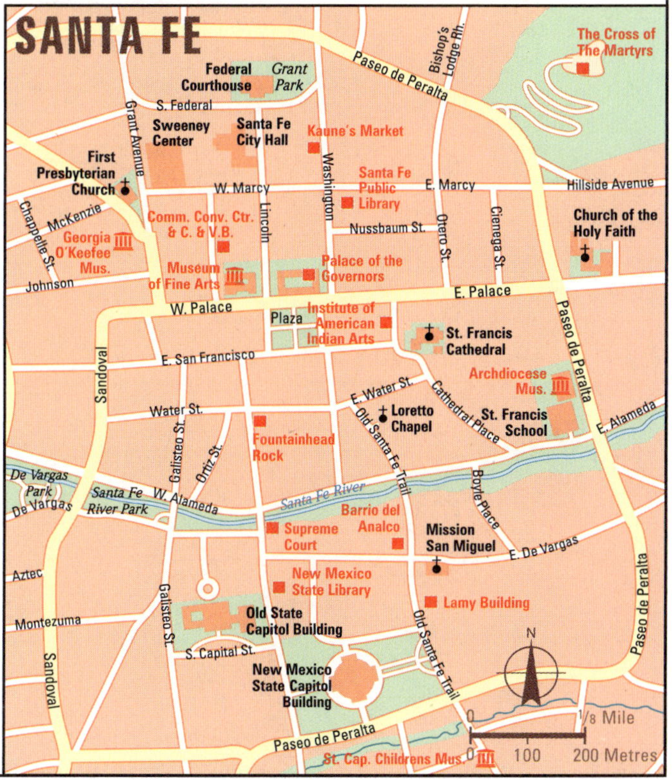
SANTA FE
The Cross of The Martyrs
Paseo de Peralta
Bishop's Lodge Rd.
Federal Courthouse
Grant Park
S. Federal
Grant Avenue
Sweeney Center
Santa Fe City Hall
Kaune's Market
First Presbyterian Church
Santa Fe Public Library
E. Marcy
Hillside Avenue
W. Marcy
McKenzie
Chapelle St.
Johnson
Comm. Conv. Ctr. & C. & V.B.
Georgia O'Keefee Mus.
Lincoln
Washington
Nussbaum St.
Otero St.
Cienega St.
Church of the Holy Faith
Museum of Fine Arts
Palace of the Governors
E. Palace
W. Palace
Plaza
Institute of American Indian Arts
St. Francis Cathedral
E. San Francisco
Sandoval
Water St.
Archdiocese Mus.
Loretto Chapel
St. Francis School
Cathedral Place
E. Alameda
Old Santa Fe Trail
Galisteo St.
Ortiz St.
Fountainhead Rock
De Vargas Park
Santa Fe River Park
W. Alameda
Santa Fe River
Barrio del Analco
Supreme Court
Mission San Miguel
E. De Vargas
Boyle Place
Aztec
Montezuma
New Mexico State Library
Lamy Building
Old State Capitol Building
S. Capitol St.
New Mexico State Capitol Building
Paseo de Peralta
St. Cap. Childrens Mus.
1/8 Mile
100
200 Metres

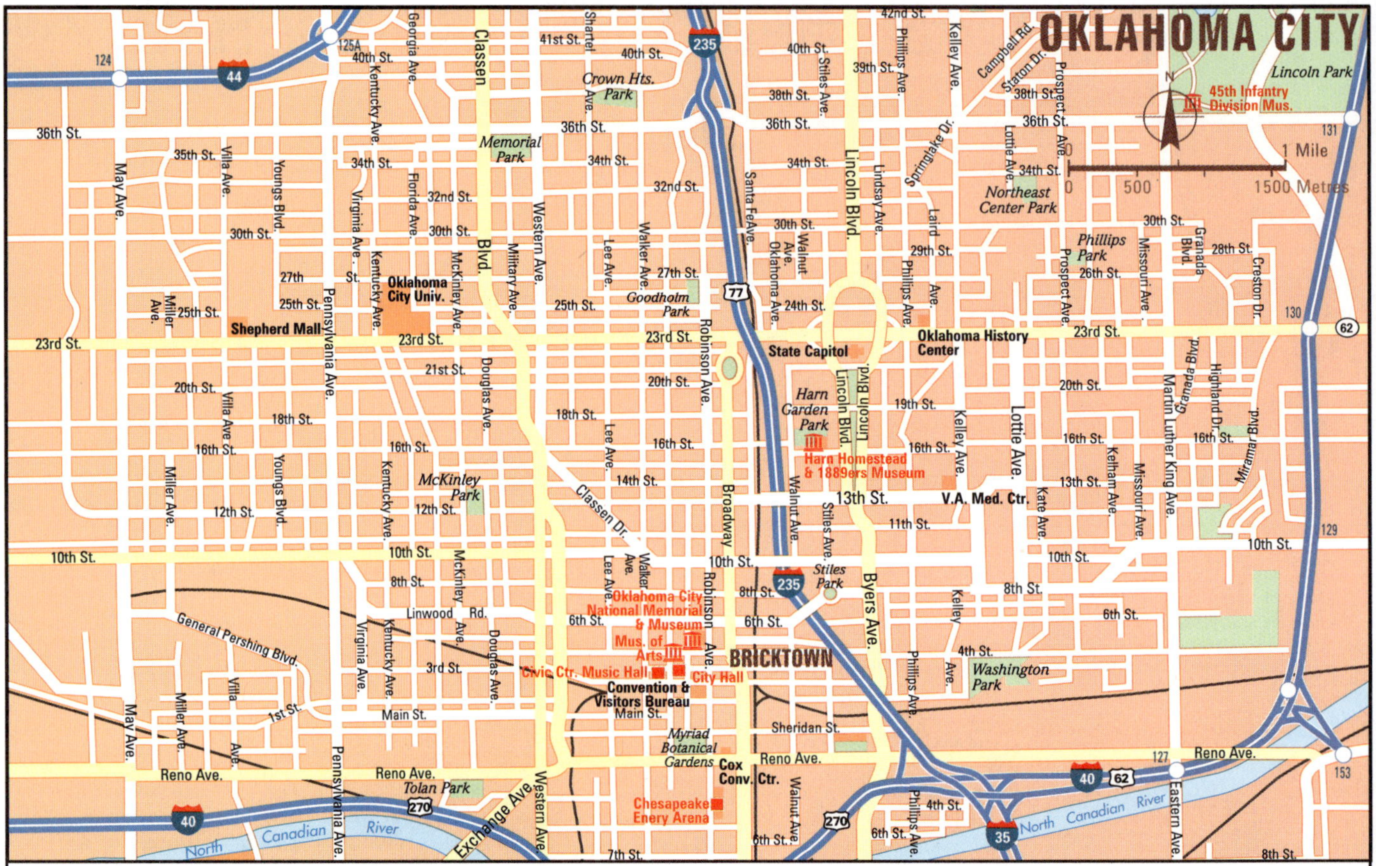
OKLAHOMA CITY
Lincoln Park
45th Infantry Division Mus.
1 Mile
0 500 1500 Metres
Northeast Center Park
Phillips Park
Crown Hts. Park
Memorial Park
Goodholm Park
Oklahoma City Univ.
Shepherd Mall
State Capitol
Oklahoma History Center
Harn Garden Park
Harn Homestead & 1889ers Museum
V.A. Med. Ctr.
McKinley Park
Stiles Park
Oklahoma City National Memorial & Museum
Mus. of Arts
Civic Ctr. Music Hall
City Hall
BRICKTOWN
Convention & Visitors Bureau
Myriad Botanical Gardens
Cox Conv. Ctr.
Chesapeake Enery Arena
Washington Park
Tolan Park
North Canadian River
36th St.
23rd St.
10th St.
Reno Ave.
May Ave.
Pennsylvania Ave.
Classen Blvd.
Western Ave.
Robinson Ave.
Broadway
Lincoln Blvd.
Eastern Ave.
General Pershing Blvd.
Exchange Ave
Main St.
Sheridan St.
13th St.
Martin Luther King Ave.

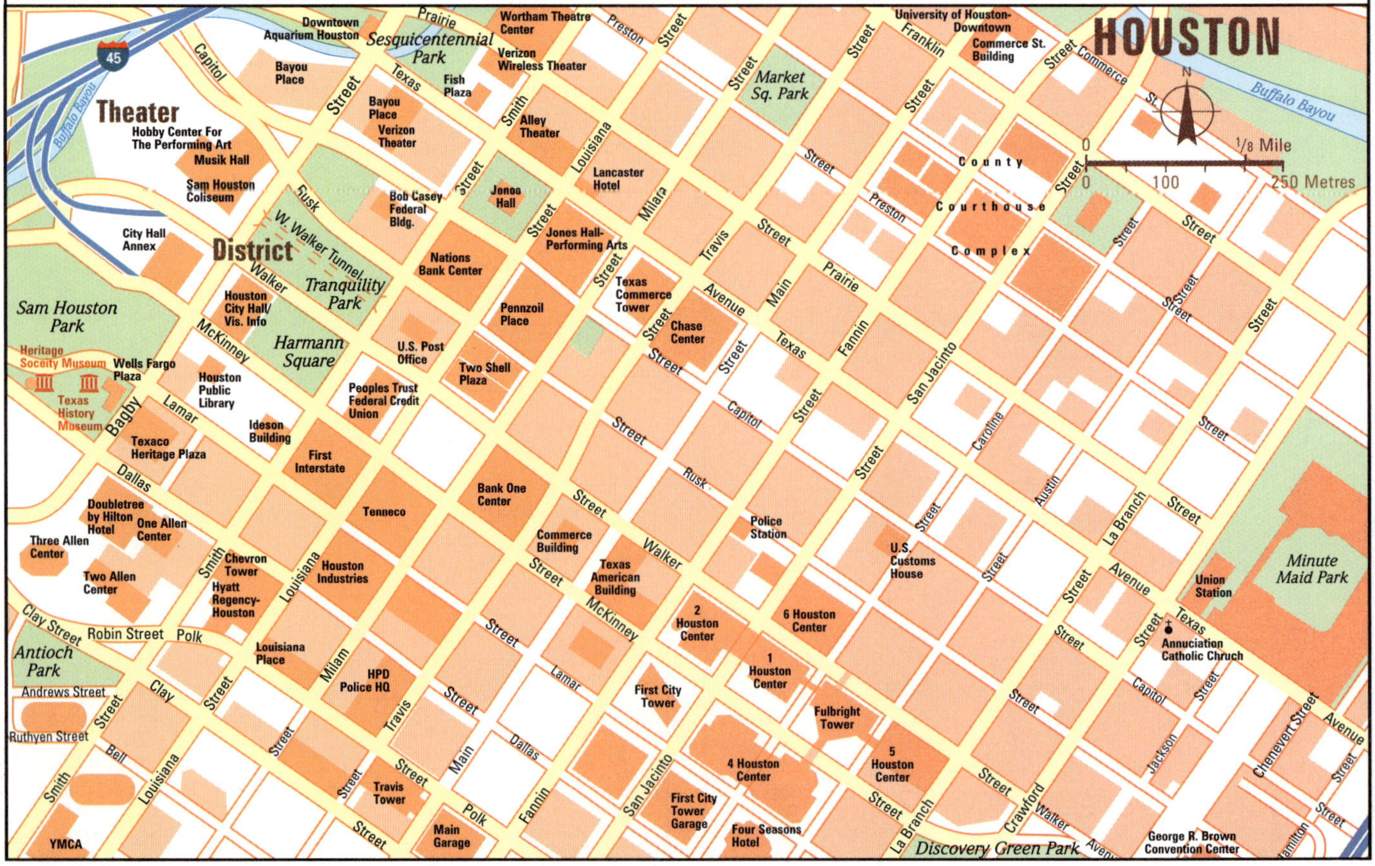
HOUSTON
1/8 Mile
0 100 250 Metres
Buffalo Bayou
Theater District
Hobby Center For The Performing Art
Musik Hall
Sam Houston Coliseum
City Hall Annex
Sam Houston Park
Heritage Society Museum
Texas History Museum
Wells Fargo Plaza
Houston Public Library
Harmann Square
Tranquility Park
Downtown Aquarium Houston
Bayou Place
Sesquicentennial Park
Wortham Theatre Center
Verizon Wireless Theater
Alley Theater
Jones Hall
Jones Hall-Performing Arts
Lancaster Hotel
Market Sq. Park
University of Houston-Downtown
Commerce St. Building
County Courthouse Complex
Bob Casey Federal Bldg.
Nations Bank Center
Pennzoil Place
Texas Commerce Tower
Chase Center
U.S. Post Office
Two Shell Plaza
Peoples Trust Federal Credit Union
First Interstate
Tenneco
Bank One Center
Texaco Heritage Plaza
Doubletree by Hilton Hotel
One Allen Center
Three Allen Center
Two Allen Center
Chevron Tower
Hyatt Regency-Houston
Houston Industries
Commerce Building
Texas American Building
Police Station
U.S. Customs House
2 Houston Center
6 Houston Center
1 Houston Center
First City Tower
Fulbright Tower
4 Houston Center
5 Houston Center
First City Tower Garage
Four Seasons Hotel
Union Station
Minute Maid Park
Annuciation Catholic Chruch
George R. Brown Convention Center
Discovery Green Park
Antioch Park
Louisiana Place
HPD Police HQ
Travis Tower
Main Garage
YMCA
Robin Street
Andrews Street
Ruthven Street

ATLANTA
Bobby Dodd Stadium
The Coca Cola Company
Bedford-Pine Park
Emory Univ. Hosp. Midtown
Civic Center Park
St. Lukes Church
Bois Feuillet Jones Civic Ctr.
Bauder College
Georgia Aquarium
The World of Coca Cola
Children's Mus.
Centennial Olympic Park
Atlanta Med. Ctr.
Georgia World Congress Center
Vis. Ctr.
Nat'l Coll. Football Hall of Fame
Americasmart
Peachtree Center
Omni Conv. Ctr.
Georgia Dome
CNN Center
Philips Arena
Fed. Res. Bank
Five Points
Woodruff Park
Grandy Mem. Hosp.
Butler Park
Ebenezer Baptist Church
M. Luther King Jr. Nat. Hist. Site
Underground Atlanta
Georgia State University
Federal Bldg.
Fulton Co. Ct. Hse.
City Hall
St. Cap. & Mus.
State Office Bldgs.
Oakland Cemetery
Rawson Washington Park
Fulton Co. Juvenile Court
Rosa Burney Park
Turner Field
Fulton County Stadium
Grant Park
1 Mile
1000 Metres

CHARLESTON
Medical University of S.C. Complex
IMAX and S.C. Aquarium
Aquarium Wharf
Marion Square Park
Charleston County Library
Cannon Park
College of Charleston
Philip Simmons Garden
Anson-borough Field
Fort Sumter Tour Boats
Gaillard Auditorium
Maritime Center
Colonial Lake
Confederate Museum
S.C. State Ports Authority
Old Powder Magazine
City Market
US Customs House
St John's
St Phillip's
County Courthouse
City Hall
Cruise Ship Terminal
St Michael's
Waterfront Park
Charleston Harbor
Hist. Charleston Foundation
Charleston Branch Pilots Association
Hazel Park Playground
Calhoun Mansion
Charleston Yacht Delivery
White Point Gardens
Ashley River
Oyster Point
1/2 Mile
250 500 750 Metres

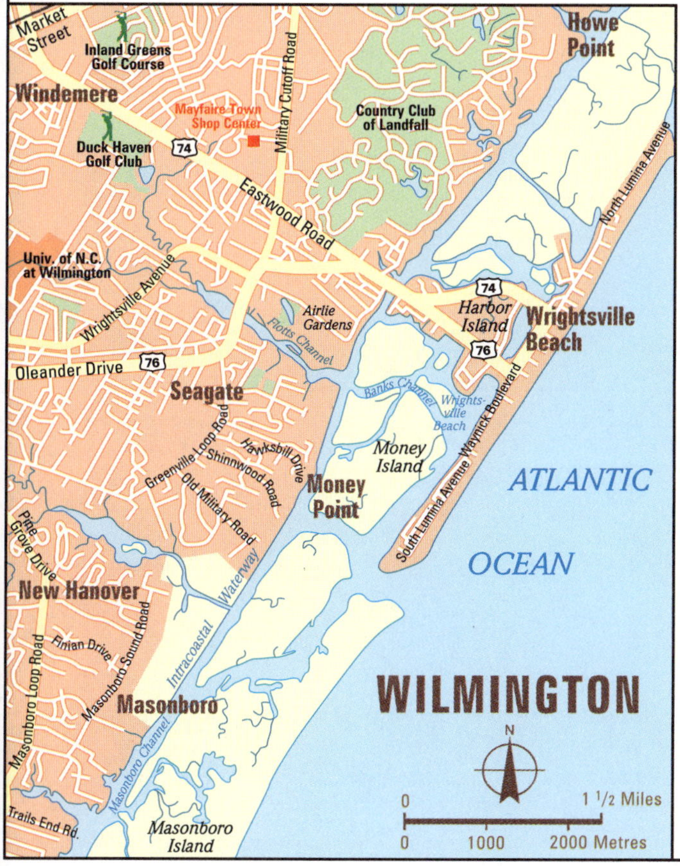
Market Street
Inland Greens Golf Course
Windemere
Mayfaire Town Shop Center
Duck Haven Golf Club
Country Club of Landfall
Howe Point
Eastwood Road
Military Cutoff Road
North Lumina Avenue
Univ. of N.C. at Wilmington
Wrightsville Avenue
Airlie Gardens
Harbor Island
Wrightsville Beach
Oleander Drive
Seagate
Money Island
Money Point
ATLANTIC OCEAN
New Hanover
Masonboro
WILMINGTON
Masonboro Island
1 1/2 Miles
1000 2000 Metres

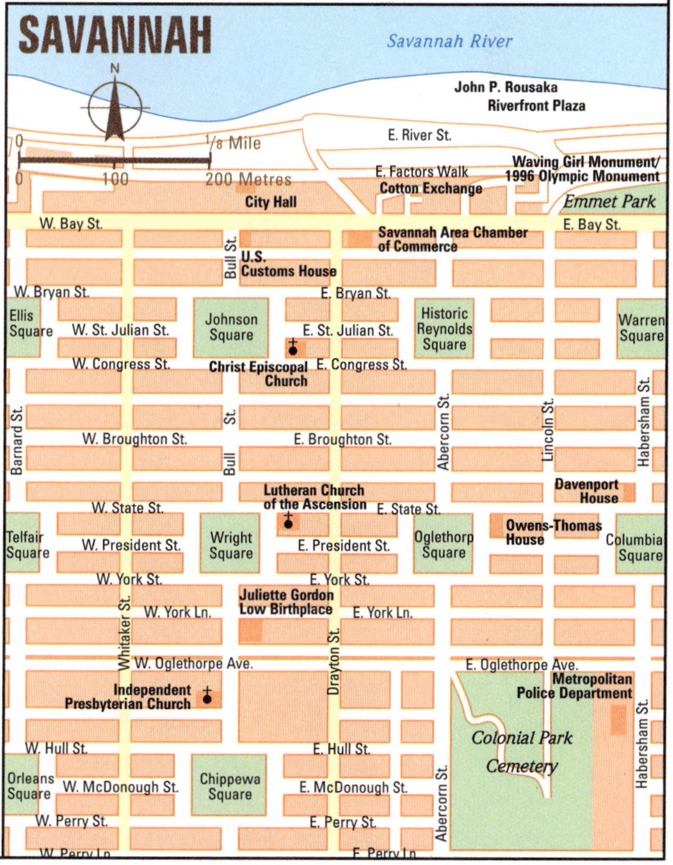
SAVANNAH
Savannah River
John P. Rousaka Riverfront Plaza
E. River St.
1/8 Mile
100 200 Metres
E. Factors Walk
Cotton Exchange
Waving Girl Monument/ 1996 Olympic Monument
City Hall
Emmet Park
Savannah Area Chamber of Commerce
U.S. Customs House
Ellis Square
Johnson Square
Historic Reynolds Square
Warren Square
Christ Episcopal Church
Lutheran Church of the Ascension
Davenport House
Telfair Square
Wright Square
Oglethorp Square
Owens-Thomas House
Columbia Square
Juliette Gordon Low Birthplace
Independent Presbyterian Church
Metropolitan Police Department
Colonial Park Cemetery
Orleans Square
Chippewa Square

1 : 2.250.000

Tijuana
Tecate
Mexicali
Calexico
Yuma
San Luis Río Colorado
U.S.A.
MEXICO
Ensenada
Desierto de Altar
Golfo de Santa Clara
Puerto Peñasco
Sonoyta
San Felipe
San Quintín
Golfo de California
Pacific Ocean
Océano Pacífico
BAJA CALIFORNIA NORTE
Sierra de Juárez
Sierra de San Pedro Mártir
Sierra de San Borja
Isla Ángel de la Guarda
Isla Cedros
Islas San Benito
Bahía de Sebastián Vizcaíno
Guerrero Negro
Bahía de los Ángeles
Santa Rosalíta
Cataviña
Cataviña Boulder Field
Observatorio de S. Pedro
Parque Nat. Sierra de San Pedro Mártir
Parque Nacional Constitución de 1857
La Bufadora
Barry M. Goldwater Air Force Range
Cabeza Prieta National Wildlife Refuge
Organ Pipe Cactus Nat. Mon.
Parque Nat. del Gran Desierto
Cerro del Pinacate
R. de la B. Alto Golfo de California y Delta d. Río Colorado
Río Colorado
Laguna Salada
Bahía de Adair
Bahía San Jorge
El Desemboque
Puertecitos
San Juan del Mar
Bahía San Luis Gonzaga
El Rosario de Abajo
Misión de S. Fernando
San Vicente
Camalú
Vicente Guerrero
Rosarito
Punta Prieta
El Arco
Villa Jesús María
117°W
116°W
115°W
114°W
113°W
32°N
31°N
30°N
29°N
A
B
C
D
E
1
2
3
4
PST
MST
266

0 10 40 60 80 km
0 5 25 50 Miles
N
5
6
7
8
9
A
B
C
D
E
112°W
111°W
110°W
109°W
32°N
31°N
30°N
29°N
28°N
ARIZONA
U.S.A.
MEXICO
SONORA
Papago Indian Reservation
Ironwood Forest Nat. Mon.
Saguaro Nat. Mon.
Tucson
Marana
Cortaro
Oracle Jct.
Oracle
Biosphere II
San Manuel
Mammouth
Kennedy Pk. 7539ft
Galiuro Mountains
Redington
9156ft Mt. Lemmon
Tanque Verde
South Tucson
Little Dragoon Mtn. 6726ft
Mountain View
Pomerene
Benson
St. David
Dragoon
Mt. Glenn 7518ft
Willcox
Cochise
Dos Cabezas
Dos Cabezas Pk. 8369ft
Ft. Bowie NHS
Bowie
San Simon
Steins
Steins Ghost Town
Shakespeare Ghost Town
Lordsburg
Pyramids Mtns.
6001ft
5909ft
Animas
Rodeo
Chiricahua Nat. Mon.
Chiricahua Pk. 9797ft
Apache
Big Hatchet Pk.
8481ft Animas Pk.
Pearce
Gleeson
Tombstone
Elfrida
Limestone Pk. 7185ft
McNeal
Pedregosa Mts.
Sierra Vista Mun.-Libby Army Airfield
Huachuca City
Sierra Vista
Coronado Nat. Mon.
Miller Pk. 9465ft
7500ft
Bisbee
Pirtleville
Douglas
6385ft
Paul Spur
Naco
Agua Prieta
Cabullona
San Bernardino
Swift Trail Jctn.
Turkey Flat
Mt. Graham 10719ft
San Simon River
Whitelock Mts.
Duncan
Franklin
Verden
5165ft
Kitt Peak Nat. Observatory
Robles Jn.
San Xavier Ind. Res.
Sahuarita
Green Valley
Continental
6207ft
9452ft Mt. Wrightson
Sonoita
Canelo
Tubac
Tumacacori Nat. Mon.
Patagonia
Duquesne
Lochiel
Arivaca
Oro Blanco
Ruby
6440ft
Nogales
Sasabe
El Sásabe
Baboquivari Peak 4879ft
7864ft
San Miguel
Vamori
Topawa
Fresnal Canyon
Sells
Big Field
Kupk
Sta. Cruz
Menegers Dam
Cowlic
Lukeville
Gunsight
Why
Ajo
Hickiwan
Kaka
Ventana
North Komelik
Gu Achi
Vaya Chin
Covered Wells
Tracy
Quijotoa
Sil Nakya
Ben Nevis 4409ft
San Luis
Gu Vo
4085ft
4373ft
3560ft
4301ft
5586ft
4678ft
7651ft
7684ft
1366 Cerro Cubabi
1036
El Plomo
Sierra del Humo
San Rafael
1667
1213 Cerro San Carlos
San Luisito
Rio Coyote
Rio Seco
Los Molinos
Saric
Ejido Tajitos
El Arenoso
Tubutama
El Coyote
Caborca
948
Ejido Josefa Ortiz de Domínguez
Pitiquito
Altar
Oquitoa
Rio Altar
Alamo
Magdalena de Kino
Imuris
Cibuta
2039
Sierra de Pinitos
Sta. de Guecomea
Sta. Cruz
Sierra Coscospero
Vincente Guerrero
Cananea
1459
Cocóspera
Cro. Azul 2450
El Nopal
Sierra Magallanes
Sierra de los Ajos
Fronteras
Esqueda
Turicachi
San Miguelito
2453
Sierra S. Diego
Presa de Angostura
La Angostura
Bavispe
Bacerac
1477
San Juan
El Molino
Sierra de San Francisco
Bámuri
R. Magdalena
Elocuca
Santa Ana
Trincheras
Est. Llano
Bacanuchi
Bacoachi
R. Sonora
Nacozari de García
Sierra de Nacozari
Arizpe
Cucurpé
Pinturas Rupestres
Los Janos
Sinoquipe
Sierra de S. Antonio
Sierra de Sta. Margarita
Los Hoyos
Cumpás
625
Villa Hidalgo
Huachinera
Aribabi
Puerto Lobos
1640
Sierra del Viejo
La Ciénega
Sierra Sta. Rosa
Benjamin Hill
Querobabi
Meresichic
Banámichi
Opodepe
Huépac
Aconchi
2180
Baviácora
Moctezuma
Huasabas
Granados
Bacadehuachi
Nacori Chico
Divisaderos
R. Moctezuma
Inmaculadita
El Carrizo
Milpillas
Puerto Libertad
El Burro
Sierra Cameto
Casa Vieja
El Oasis
Carbó
R. San Miguel
Noria
Mazocahui
Napopa
Llanura Costera del Pacifico
682
Pozo Coyote
Rio San Igna
Arivaipa
Desemboque
Bahía Tepopo
Cabo Tepoca
Rio Bocavachi
Sierrita de López
Pesqueira
Guadalupe
Ures
San Pedro de la Cueva
Presa Plutarco Elías Calles
Bahía Sargento
Punta Perla
Pico de Johnson
1063
Casas Grandes
Topahue
Rio Sonora
571
Pueblo de Alamos
Santa Rosalía
Villa Pesquera
Sahuaripa
La Tasajera
Nátora
Isla Tiburón
Parque Natural
Sierra Kunkaak
Laguna Playa Noriega
El Nacori
La Manga
Hermosillo
Mazatán
Bacanora
Arivechi
Bahía Vaporeta
1218
Isla Tiburón
Punta Willard
Bahía de Kino Nuevo
Bahía Kino
Bahía de Kino Viejo
Los Pinitos
Sta. María
Costa Rica
El Triunfo
San Pedro
La Paloma
Gorguz
Torres
La Colorado
Cobachi
Rebelco
Soyopa
San José Dimas
Tecoripa
Onuisa
Tonichi
El Encial
Sierra el Encinal
Guisamopa
Mulatos
Maycoba
Ánimas
540
Isla S. Esteban
Pta. Hueso de Ballena
La Palma
1194 Cerro Otatal
San José de Moradillas
La Pocitos de Aguirre
Isla S. Lorenzo
Cholay
Onavas
La Dura
Santa Rosa
Yécora
San Nicolás
Pta. S. Francisquito
San Francisquito
El Barril
Punta Baja
Emiliano Zapata
Rosario
Tastiota
Estero Tastiota
Sahuaral
La Misa
Suaqui Grande
Rio Yaqui
R. Chico
Sahuaya-cancito
Ortiz
Los Arrieros
Sierra del Bacatete
Cumuripa
Movas
Presa Alvaro Obregón
Nurí
880
Maytorena
Morelos
Los Corrales
Punta San Carlos
Playa Algodones
San Carlos
Isla San Pedro Nolasco
Cruz de Piedro
Empalme
Guaymas
Silver City
Hachita
Tres Alas
Cebadilla de Dolores
Ocampo
264
267
220
221
MST
CST

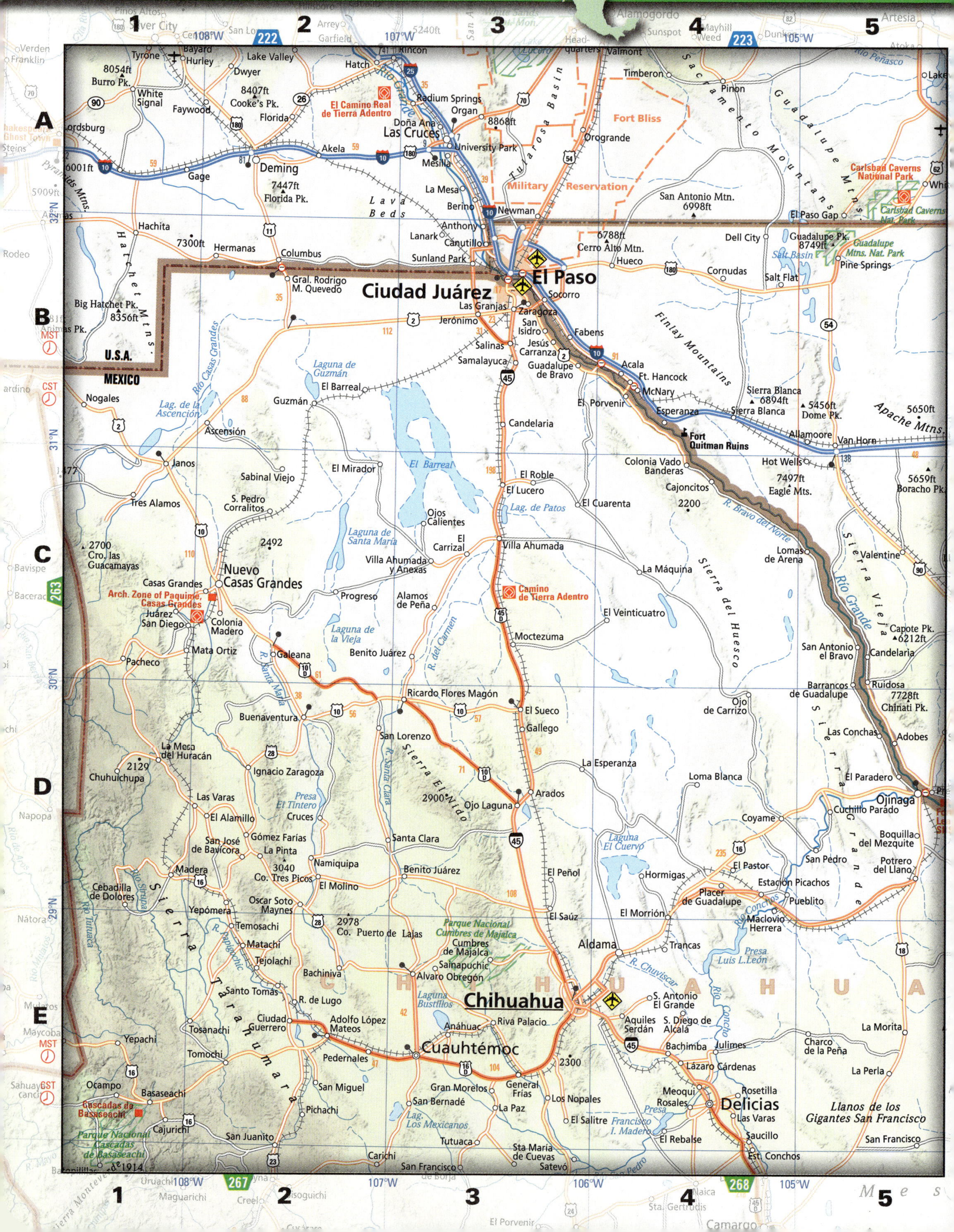

1
2
3
4
5
A
B
C
D
E
108°W
107°W
106°W
105°W
32°N
31°N
30°N
29°N
MST
CST
222
223
267
268
263
Silver City
Tyrone
Bayard
Hurley
Lake Valley
Dwyer
Hatch
Rincon
8054ft
Burro Pk.
White Signal
Faywood
8407ft
Cooke's Pk.
Florida
El Camino Real de Tierra Adentro
Radium Springs
Organ
Doña Ana
Las Cruces
8868ft
Tularosa Basin
Fort Bliss
Orogrande
Timberon
Pinon
Sacramento Mountains
Guadalupe Mtns.
Carlsbad Caverns National Park
Lordsburg
Akela
Deming
Gage
6001ft
University Park
Mesilla
7447ft
Florida Pk.
Lava Beds
La Mesa
Berino
Military Reservation
Newman
San Antonio Mtn.
6998ft
El Paso Gap
Pyramid Mtns.
5909ft
Hachita
7300ft
Hermanas
Columbus
Anthony
Lanark
Canutillo
Sunland Park
6788ft
Cerro Alto Mtn.
Hueco
Dell City
Guadalupe Pk.
8749ft
Guadalupe Mtns. Nat. Park
Salt Basin
Pine Springs
Cornudas
Salt Flat
Hatchet Mtns.
Gral. Rodrigo M. Quevedo
Ciudad Juárez
El Paso
Socorro
Big Hatchet Pk.
8356ft
Las Granjas
Zaragoza
Jerónimo
San Isidro
Fabens
Finlay Mountains
U.S.A.
MEXICO
Salinas
Jesús Carranza
Samalayuca
Guadalupe de Bravo
Acala
Ft. Hancock
McNary
Laguna de Guzmán
El Barreal
Nogales
Lag. de la Ascención
Guzmán
Rio Casas Grandes
El Porvenir
Esperanza
Sierra Blanca
6894ft
5456ft
Dome Pk.
5650ft
Apache Mtns.
Fort Quitman Ruins
Allamoore
Van Horn
Ascensión
Candelaria
Janos
El Mirador
El Barreal
El Roble
Colonia Vado Banderas
Hot Wells
7497ft
Eagle Mts.
5659ft
Boracho Pk.
Sabinal Viejo
El Lucero
Lag. de Patos
El Cuarenta
Cajoncitos
2200
Tres Alamos
S. Pedro Corralitos
Ojos Calientes
R. Bravo del Norte
2700
Cro. las Guacamayas
2492
Laguna de Santa María
El Carrizal
Villa Ahumada
Villa Ahumada y Anexas
La Máquina
Sierra del Hueso
Lomas de Arena
Sierra Vieja
Valentine
Casas Grandes
Nuevo Casas Grandes
Arch. Zone of Paquimé, Casas Grandes
Camino de Tierra Adentro
Juárez
San Diego
Colonia Madero
Progreso
Alamos de Peña
El Veinticuatro
Río Grande
Capote Pk.
6212ft
Mata Ortiz
Laguna de la Vieja
R. del Carmen
Moctezuma
San Antonio el Bravo
Candelaria
Pacheco
Galeana
R. Santa María
Benito Juárez
Barrancos de Guadalupe
Ruidosa
7728ft
Chinati Pk.
Ricardo Flores Magón
El Sueco
Ojo de Carrizo
Buenaventura
Gallego
Las Conchas
Adobes
La Mesa del Huracán
San Lorenzo
Sierra El Nido
R. Santa Clara
La Esperanza
2129
Chuhuichupa
Ignacio Zaragoza
El Paradero
Loma Blanca
Ojinaga
Arados
2900
Ojo Laguna
Las Varas
Presa El Tintero
Cruces
El Alamillo
Cuchillo Parado
Coyame
Gómez Farías
San José de Bavícora
La Pinta
Santa Clara
Laguna El Cuervo
Boquilla del Mezquite
3040
Co. Tres Picos
Namiquipa
El Peñol
El Pastor
San Pedro
Potrero del Llano
Madera
Benito Juárez
Hormigas
Estación Picachos
Cebadilla de Dolores
El Molino
Placer de Guadalupe
Pueblito
Río Tutuaca
Sierra Tarahumara
Oscar Soto Maynes
Yepómera
El Saúz
El Morrión
Maclovio Herrera
Temosachi
2978
Co. Puerto de Lajas
Parque Nacional Cumbres de Majalca
Cumbres de Majalca
Aldama
Trancas
Matachi
Presa Luis L.León
Tejolachi
Sainapuchic
Bachiniva
Alvaro Obregón
R. Chuviscar
Santo Tomás
Laguna Bustillos
Chihuahua
S. Antonio El Grande
R. de Lugo
Río Conchos
C H I H U A H U A
Ciudad Guerrero
Adolfo López Mateos
Anáhuac
Riva Palacio
Aquiles Serdán
S. Diego de Alcalá
La Morita
Tosanachi
Yepachi
Cuauhtémoc
Bachimba
Julimes
Charco de la Peña
Tomochi
Pedernales
2300
Lázaro Cárdenas
Ocampo
Basaseachi
San Miguel
Gran Morelos
General Frías
Los Nopales
Meoqui
Rosetilla
La Perla
Cascadas de Basaseachi
San Bernadé
Rosales
Delicias
Llanos de los Gigantes San Francisco
Parque Nacional Cascadas de Basaseachi
Cajurichi
Pichachi
La Paz
El Salitre
Presa Francisco I. Madero
Las Varas
Lag. Los Mexicanos
El Rebalse
Saucillo
San Juanito
Tutuaca
Sta María de Cuevas
Satevó
San Francisco
Carichi
San Francisco
Est. Conchos
1914
Alamogordo
Sunspot
Mayhill
Weed
Dunken
Artesia
Verden
Franklin
Steins
Rodeo
Bavispe
Bacerac
Napopa
Nátora
Maycoba
Sahuaripa
Uruachi
Maguarichi
Creel
Bisoguichi
El Porvenir
Sta. Gertrudis
Camargo
MapArt.com

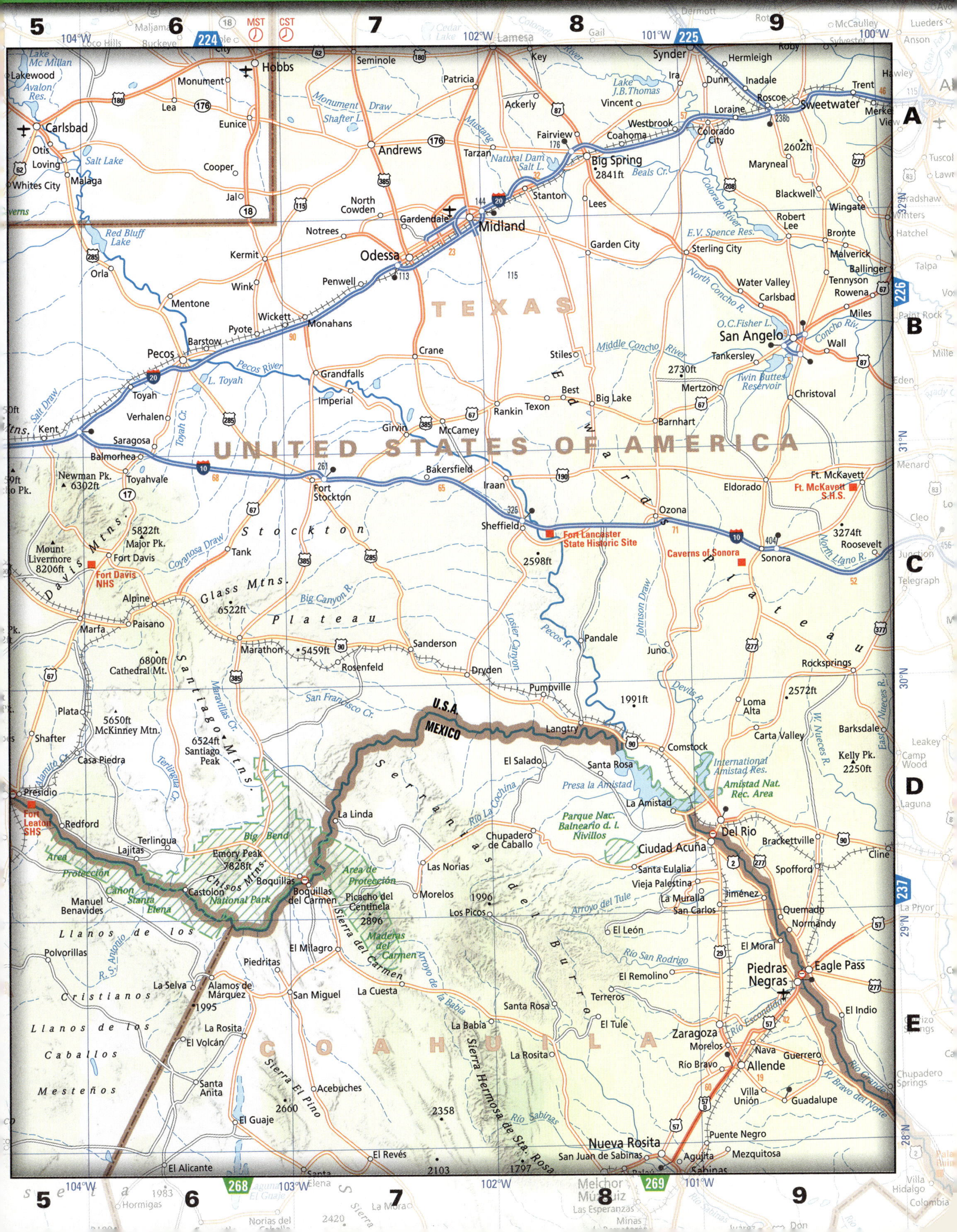
5
6
7
8
9
104°W
103°W
102°W
101°W
100°W
224
225
226
237
268
269
MST
CST
A
B
C
D
E
32°N
31°N
30°N
29°N
28°N
Lake Mc Millan
Lakewood
Avalon Res.
Carlsbad
Otis
Loving
Malaga
Whites City
Salt Lake
Hobbs
Monument
Lea
Eunice
Cooper
Jal
Red Bluff Lake
Orla
Mentone
Kermit
Wink
Wickett
Pyote
Barstow
Pecos
Toyah
L. Toyah
Verhalen
Saragosa
Balmorhea
Toyahvale
Kent
Salt Draw
Pecos River
Seminole
Patricia
Andrews
Monument Draw
Shafter L.
Notrees
North Cowden
Gardendale
Odessa
Penwell
Monahans
Midland
Mustang
Tarzan
Natural Dam Salt L.
Stanton
Lees
Ackerly
Fairview
Big Spring
2841ft
Beals Cr.
Coahoma
Westbrook
Key
Lamesa
Synder
Ira
Hermleigh
Dunn
Inadale
Roscoe
Sweetwater
Trent
Hawley
Merkel
View
Loraine
Colorado City
Lake J.B.Thomas
Vincent
2602ft
Maryneal
Blackwell
Wingate
Robert Lee
Bronte
Malverick
Ballinger
Tennyson
Rowena
Miles
E.V. Spence Res.
Colorado River
Sterling City
Garden City
Water Valley
Carlsbad
North Concho R.
O.C.Fisher L.
San Angelo
Concho Riv.
Wall
Tankersley
Twin Buttes Reservoir
Christoval
Mertzon
2730ft
Barnhart
Middle Concho River
TEXAS
Crane
Stiles
Grandfalls
Imperial
Girvin
McCamey
Rankin
Texon
Best
Big Lake
UNITED STATES OF AMERICA
Newman Pk. 6302ft
Fort Stockton
Bakersfield
Iraan
Sheffield
Fort Lancaster State Historic Site
Ozona
Eldorado
Ft. McKavett
Ft. McKavett S.H.S.
3274ft
Roosevelt
Sonora
Caverns of Sonora
North Llano R.
Edwards Plateau
Stockton Plateau
Mount Livermore 8206ft
Davis Mtns.
5822ft
Major Pk.
Fort Davis
Fort Davis NHS
Coyanosa Draw
Tank
2598ft
Alpine
Paisano
Marfa
Glass Mtns.
6522ft
Big Canyon R.
Marathon
5459ft
Rosenfeld
Sanderson
Dryden
Pumpville
Pandale
Juno
Johnson Draw
Lozier Canyon
Pecos R.
Rocksprings
6800ft Cathedral Mt.
Santiago Mtns.
Maravillas Cr.
San Francisco Cr.
Plata
5650ft McKinney Mtn.
6524ft Santiago Peak
Shafter
Casa Piedra
Presidio
Fort Leaton SHS
Redford
Terlingua
Terlingua Cr.
Lajitas
U.S.A.
MEXICO
Langtry
1991ft
Devils R.
Loma Alta
2572ft
Carta Valley
Barksdale
Kelly Pk. 2250ft
Comstock
International Amistad Res.
Amistad Nat. Rec. Area
El Salado
Santa Rosa
Presa la Amistad
La Amistad
Del Rio
Brackettville
Cline
Spofford
Ciudad Acuña
Parque Nac. Balneario d. l. Nivillos
Chupadero de Caballo
Rio La Cochina
La Linda
Serranías del Burro
Big Bend National Park
Emory Peak 7828ft
Chisos Mtns.
Boquillas
Boquillas del Carmen
Castolon
Área de Protección
Cañon Santa Elena
Manuel Benavides
Las Norias
Morelos
Picacho del Centinela 2896
1996
Los Picos
Santa Eulalia
Vieja Palestina
La Muralla
San Carlos
Jiménez
Quemado
Normandy
Arroyo del Tule
El León
El Moral
Eagle Pass
Piedras Negras
Rio San Rodrigo
El Remolino
Terreros
El Indio
Llanos de los Cristianos
Polvorillas
R. S. Antonio
El Milagro
Sierra del Carmen
Maderas del Carmen
Arroyo de la Babia
Piedritas
La Selva
Alamos de Márquez
1995
San Miguel
La Cuesta
Santa Rosa
El Tule
Zaragoza
Morelos
Rio Escondido
Nava
Guerrero
Allende
Rio Bravo
Llanos de los Caballos Mesteños
La Rosita
El Volcán
La Babia
La Rosita
Sierra Hermosa de Sta. Rosa
COAHUILA
Santa Anita
Sierra El Pino
Acebuches
2660
El Guaje
2358
Rio Sabinas
Villa Unión
Guadalupe
Rio Bravo del Norte
Rio Grande
Puente Negro
Nueva Rosita
San Juan de Sabinas
Agujita
Mezquitosa
Sabinas
El Alicante
El Revés
2103
1797
Melchor Múzquiz
Las Esperanzas
Hormigas
1983
Norias del
2420
La Mora
Villa Hidalgo
Colombia
McCaulley
Lueders
Anson
Tuscola
Bradshaw
Winters
Hatchel
Talpa
Paint Rock
Mille
Eden
Menard
Cleo
Junction
Telegraph
Leakey
Camp Wood
Laguna
La Pryor
Chupadero Springs

PST
MST
1 2 3 4
A B C D E
115°W 114°W 113°W 112°W
27°N 26°N 25°N 24°N
262
263
Puerto Morro Redondo
Canal de Kellet
Isla Natividad
Punta Eugenia
Canal de Dewey
El Chevo
Malarrimo
Guerrero Negro
Parque Natural de la Ballena Gris
Laguna Ojo de Liebre
Playa Malarrimo
Whale Sanctuary of El Vizcaíno
Whale Watching Site
Peninsula de Vizcaíno
Bahía de Tortugas
Bahía Tortuga
Punta Clambey
Puerto Escondido
Sierra Pintada
935 Pico Lowty
Fosa de Cedros
Bahía de San Cristóbal
Punto San Pablo
San Roque
Bahía Asunción
San Rafael
Bahía Asunción
Punta Prieta
San Hipólito
Pta. S. Hipólito
Bahía San Hipólito
La Bocana
Punta Abreojos
Bahía Ballenas
Rosa Bank
El Arco
Benito Juarez
Buenavista
Las Palomas
Gustavo Díaz Ordaz
Los Gavilanes
Emiliano Zapata
Desierto de Vizcaíno
San Esteban
Sierra de Cerro Cardón
935
Santa Clara
Laguna San Ignacio
Campo René
Laguna de San Ignacio
Whale Watching Site
Isla Arena
Los Corrales
Punta San Carlos
Bahía Santa Ana
Sierra San Francisco
Rock Paintings of the Sierra de San Francisco
San Francisco de la Sierra
Islands and Protected Area of the Gulf of California
1996 Volcán de las Tres Vírgenes
Cabo Vírgenes
Isla Tortuga
Sierra de Santa Lucía
San Ignacio
Santa Rosalía
I. San Marcos
San Bruno
Llano de San Bruno
Sierra Agua Verde
Isla Santa Inés
Bahía Santa Inés
1586
Pta. Concepción
Mulegé
Parque Nac. Marino
742
Bahía Concepción
2012 Cerro del Águila
San Benito
San José de Gracia
BAJA
San Ignacio
Punta Santa Teresa
S. Buenaventura
San Nicolás
Pta. Concepción
La Venada
El Rosarito
Cadejé
S. José de Guajademi
San Juanico
Punta Mercenarios
San Juanico
Punta Pequena
Bahía San Juanico
San Isidro
1776
La Purísima
Co. Giganta
Bahía de Loreto
Isla Coronados
Loreto
CALIFORNIA
479
Las Barrancas
San Josde Comondú
Nopoló
Isla El Carmen
Misión San Javier
1455
Puerto Escondido
La Poza Grande
Poza Teresa
Sierra de la Giganta
Santo Domingo
San Javier
Santo Domingo
Isla Santo Domingo
Ciudad Insurgentes
Santa Cruz
1455
Co. Guille
Boca La Soledad
SUR
Puerto Adolfo López Mateos
Benito Juárez
La Florida
Ciudad Constitución
San Luis Gonzaga
Isla Magdalena
Cabo San Lázaro
Puerto San Carlos
El Refugio
Llano de Magdalena
Bahía Sta. María
Bahía Magdalena
Puerto Magdalena
Puerto Cancún
Santa Rita
Puerto Cortés
Bahía las Almejas
El Médano
Puerto Chale
Isla Santa Margarita
Isla Creciente
Santa Fé
Playa Algodones
San Carlos
Guaymas
Isla San Pedro Nolasco
Pacific Ocean
Océano Pacífico

111°W
110°W
109°W
108°W
107°W
28°N
27°N
26°N
25°N
24°N
23°N
5
6
7
8
A
B
C
D
E
263
264
268
MST
CST
Guaymas
Empalme
Cabo Haro
Bahía Guásimas
Cruz de Piedra
Morelos
972
Orozo
Huirivis
Potam
Vícam
Vícam Pueblo
San José de Bácum
Bácum
Boca del Yaqui
Boca de las Piedras
Isla Lobos
Pueblo Yaqui
Esperanza
1275
Ciudad Obregón
Hornos
Buenavista
Rosario
Nuri
Cedros
Quiriego
Presa Alvaro Obregón
Etchonuaquilla
R. Mayo
Conicarit
Presa Macúzari
Tanques
San Bernardo
Navojoa
Villa Juarez
Isla Huivulai
Isla Siari
Huivulai
Estero Tobari
Bacobampo
Mocorúa
Huatabampo
Etchojoa
Bacabachi
Aduana
Alamos
La Higuera
Los Muertos
Etchoropo
Punta Santa Lugarda
Bahía Yávaros
Yávaros
Las Bocas
Bahía de Agiabampo
Agiabampo
Jitzamuri
Chihuahuita
Higuera de Zaragoza
San Miguel Zapotitlán
San José
Villa de Ahome
El Colorado
Los Mochis
Juan José Ríos
Topolobampo
Bahía de Topolobampo
San Ignacio
I. de San Ignacio
Charay
Dos de Abril
San Blas
Presa G. Blake Aguilar (El Sabinal)
SINALOA
El Fuerte
Presa Josefa Ortiz de Domínguez
Presa Miguel Hidalgo
Chinobampo
Yecorato
San Simon
San José de Gracia
Baca
Tasajera
Choix
Presa L. D. Mungeta
R. Reforma
Parque Nacional Cascadas de Basaseachi
Batopilillas
Sierra Monteverde
1914
Uruachi
Maguarichi
Bocoyna
Creel
Sisoguichi
San Juanito
Carichi
Cusárare
2591
Monterde
Areponapuchi
Chínipas
Témoris
Ferrocarril Chihuahua al Pacífico
Copper Canyon (Barranca del Cobre)
Parque Natural Barranca del Cobre
Samachique
Norógachi
La Bufa
Batopilas
Yoquivo
Rochéachi
Milpillas
Santa Matilde
Guachochi
Barranca Sinforosa
Baborigame
San Juan Nepomuceno
Guadalupe y Calvo
Ocoroni
La Pila
Sinaloa de Leyva
Naranjo
Tetanmeche
Ruiz Cortines
Est. León Fonseca
Bacubirito
Surutato
Soyatita
2192
Santiago de Los Caballeros
Los Frailes
Huitussi
Guasave
Guamúchil
Ciénega de Casal
Mocorito
Tamazula
La Brecha
Las Glorias
I. Macapule
Angostura
Buenavista
Baturi
I. Saliaca
Tepantita
Badiraguato
La Soledad
Presa Adolfo López Mateos
Apoma
Potrero de Los Sánchez
El Varejonal
Pericos
I. Altamura
Isla Talchichilte
Estero del Tule
Culiacancito
Aguaruto
Presa Sanalona
Imala
Navolato
Culiacán
Altata
Costa Rica
Los Puentes
Tabala
Quila
El Dorado
Abuya
Constancia
Golfo de California
Isla El Carmen
Isla Monserrat
Isla Santa Catalina
Punta Pasquel
San José de la Noria
Guillermo 875
Isla Stanta Cruz
San Evaristo
633
Isla San José
El Ciruelo
1524
I. S. Francisco
Pta. Cabeza Mechuda
Punta Coyote
Bahía Coyote
I. Partida
576
Pta. Tarabillas
Isla Espíritu Santo
El Tecolote
Pichilingue
Punta Norte
762
Isla Cerralvo
San Juan de la Costa
Bahía la Paz
El Cajete
Las Cruces
La Paz
El Conejo
El Centenario
1250
El Sargento
Punta Arena de la Ventana
Llano de La Paz
San Pedro
Los Planes
Ensenada de los Muertos
Boca del Alamo
El Triunfo
San Antonio
El Carrizal
Los Inocentes
Valle Perdido
San Bartolo
Los Barriles
Buenavista
La Ribera
Picacho de la Laguna
2164
Sierra de la Laguna
Las Cuevas
Las Lagunas
Todos Santos
Santiago
La Trinidad
Cabo Pulmo
Parque Nacional Cabo Pulmo
El Pescadero
Miraflores
La Escopeta
Boca de la Vinarrama
San José Viejo
San José del Cabo
Trinidad
La Escopeta
San José
San Lucas

Meseta del Norte
Bolsón de Mapimí
Altiplanicie Mexicana
Sierra Madre Occidental
DURANGO
Sierra de los Frailes
Sierra de Durango
Zona del Silencio
Camino de Tierra Adentro
Barranca Sinforosa
P. N. La Ciudad
Presa de la Boquilla
Presa Lázaro Cárdenas
Laguna de Santiaguillo
Laguna Guatimape
Laguna El Guaje
Lag. de Palomas
Lag. del Rey
Lag. de los Frailes
Lag. de La Leche
Presa L. Portillo
Presa A. Benassini
Res. Eco. Isla d. Venados
Río Florido
Río Parral
Río Nonoava
Río Balleza
R. San Juan
R. El Porvenir
Río Verde
Río Turuachi
Río Los Loera
R. Tepehuanes
Río de Ramos
R. del Oro
Río Nazas
Arroyo de la Cadena
R. Aguanaval
Río Santiago Papasquiaro
Río Piaxtla
R. Elota
Río Presidio
Río Baluarte
Río Mezquital
Arroyo de Mazapil
Río de Santiago
R. San Alto
Quebrada Topia
Quebrada S. Juan
Quebrada de Guasapan
Quebrada S. Lorenzo
Ríos los Remedios
R. San Pedro
Delicias
Llanos de los Gigantes
San Francisco
El Rebalse
Saucillo
Est. Conchos
La Cruz
Naica
Sta. Gertrudis
Camargo
La Laguna
La Boquilla del Conchos
Búfalo
Agua Fría
Jiménez
El Dorado
Pueblito de Allende
Villa López
Hidalgo del Parral
San Francisco del Oro
Salaices
Valle de Allende
Villa Coronado
Villa Matamoros
Sta. Bárbara
Guadalupe de Bahues
Tutuaca
Carichí
San Francisco de Borja
Sta María de Cuevas
Satevó
El Porvenir
Valerio
Nonoava
Boquilla de Abajo
Humariza
Valle de Zaragoza
Valle del Rosario
San Felipe de Jesús
San Javier
Gral. Carlos Pacheco
El Tule
Huejotitán
San Pablo Balleza
Guachochi
El Ojito
Aserradero San Rafael
La Estancia
El Caldillo
Est. Pereyra
C. Agua Caliente
Cerro Prieto
La Catedral
Villa Ocampo
Las Nieves
Torreón de Cañas
Villa Hidalgo
San Fermín
Yerbitas
Bajíos de Agua Blanca
Guanaceví
El Salitre
San Bernardo
Santa María del Oro
Indé
El Zape
Los Frailes
La Zarca
San Rafael
La Recholera
Morelos
El Palmito
General Galeana
Ciénega de Escobar
El Casco
El Huacal
Tepehuanes
San José de la Boca
Presidio de Arriba
Emiliano Martínez
Topia
Los Herrera
Abasolo
Rodeo
Peras-2
Mesa de Guadalupe
Tamazula de Victoria
La Templadera del Derrumbe
Santiago Papasquiaro
San Nicolás de Arriba
Nuevo Ideal
Tejamen
La Soledad
La Alameda
Los Remedios
Huajuapan
Santa Cruz
Cosalá
Guadalupe de los Reyes
Conitaca
Santa Rosa
Elota
La Cruz
San Ignacio
Tayoltita
Rayo
S. Diego de Alcalá
I. Zaragoza
Canatlán
Donato Guerra
Otinapa
Morcillo
Durango
Hidalgo
El Arenal
Tuitán
Dimas
Pta. Piaxtla
Coyotitán
Los Bateos
El Quelite
La Noria
Tepuxtla
El Recodo
Siqueiros
El Verde
Copala
Villa Unión
Concordia
Agua Caliente de Garate
Mazatlán
El Walamo
El Salto
La Ciudad
Guadalupe
Palo Gordo
Calabazas
Regocijo
Santa Bárbara
Bayas
Tajicaringa
Aserradero
Mezquital
La Peña
Nombre de Dios
San José de la Parrilla
Suchil
Vicente Guerrero
Sombrerete
Chalchihuites
Jiménez de Teul
Villa Unión
La Ochoa
Ramón Corona
Antonio Amaro
Abraham González
Francisco I. Madero
Guadalupe Victoria
Venustiano Carranza
Cuauhtémoc
Luis Moya
Yerbanis
La Concha
San Juan del Río
S. José Avino
Peñón Blanco
V. M. Sánchez
Pedriceña
Paso Nacional
Nazas
La Perla
San Luis del Cordero
San Pedro del Gallo
Gómez Palacio
Ciudad Lerdo
León Guzmán
Villa Juárez
Torreón
Matamoros
La Unión
La Flor de Jimulco
Mapimí
Bermejillo
Tlahualilo de Zaragoza
San Francisco de Horizonte
El Cantabro
Lequeifio
Francisco I. Madero
Tacubaya
El Vergel
Ceballos
Yermo
Escalón
Rellano
División del Norte
Carrillo
Mohovano
Guimbalete
Salinas del Rey
Laguna del Rey
El Oro
Sierra Mojada
Maravillas
Hormigas
El Alicante
Cenzontle
Norias del Caballo
Santa Elena
Cuencamé
General Simón Bolívar
Santa Clara
Benito Juárez
Est. Darías
Juan Aldama
Miguel Auza
Nieves
Río Grande
Flores García
Sain Alto
Monte Mariana
Las Palmas
Buenavista
Platero
1 2 3 4
A B C D E
107°W 106°W 105°W 104°W 103°W
28°N 27°N 26°N 25°N 24°N
264 265 267 271
CST MST

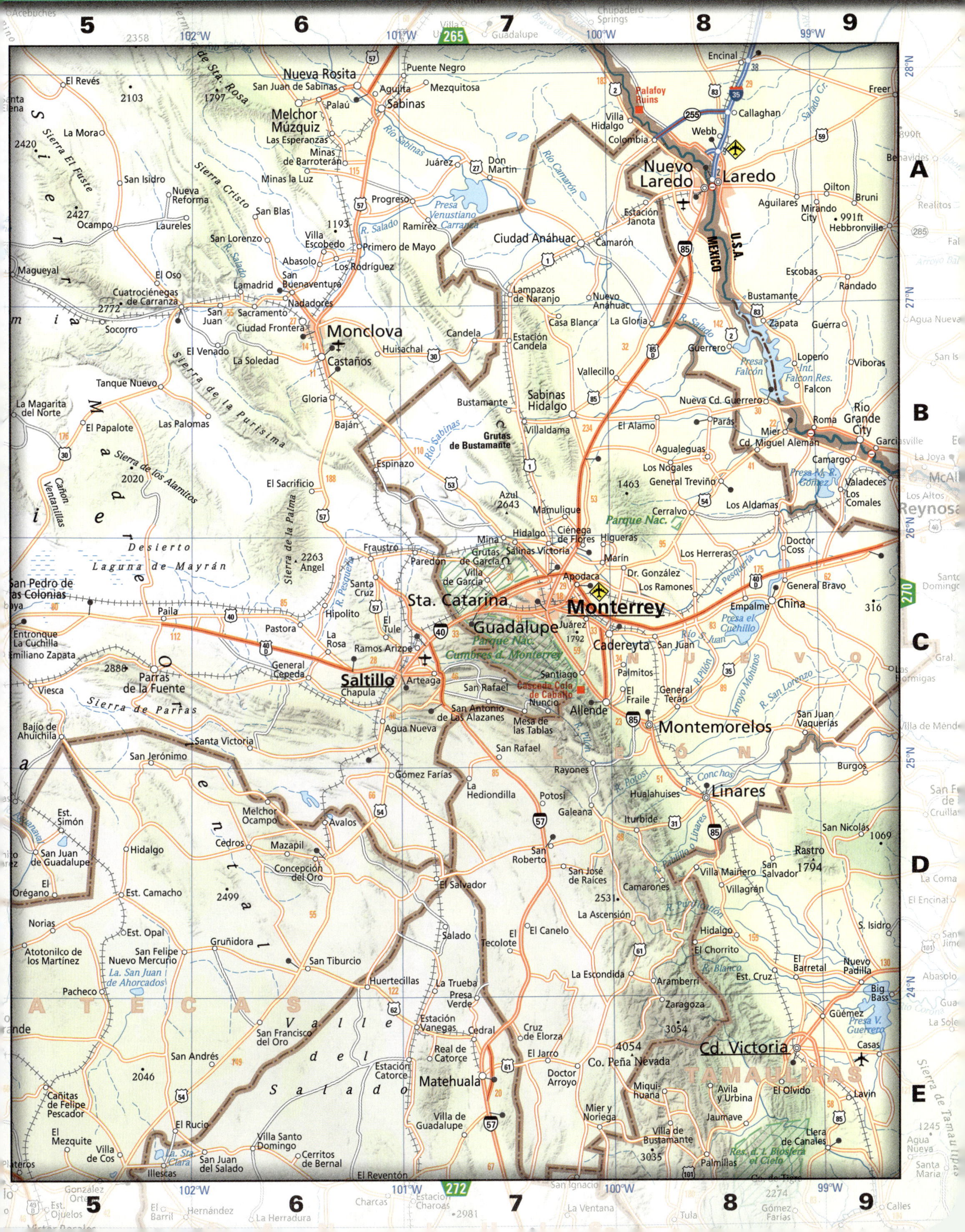
5
6
7
8
9
102°W
101°W
100°W
99°W
265
272
270
28°N
27°N
26°N
25°N
24°N
A
B
C
D
E
Nueva Rosita
San Juan de Sabinas
Melchor Múzquiz
Las Esperanzas
Minas de Barroterán
Minas la Luz
Sabinas
Agujita
Palaú
Puente Negro
Mezquitosa
Juárez
Don Martín
Progreso
Presa Venustiano Carranza
Ramírez
Primero de Mayo
Los Rodríguez
Ciudad Anáhuac
Camarón
Nuevo Laredo
Laredo
Webb
Callahan
Encinal
Freer
Villa Hidalgo
Colombia
Palafox Ruins
Estación Janota
Aguilares
Mirando City
Oilton
Bruni
991ft
Hebbronville
Escobas
Randado
Bustamante
Zapata
Guerra
Lopeno
Presa Falcón
Int. Falcon Res.
Falcon
Viboras
Nueva Cd. Guerrero
Guerrero
Rio Grande City
Roma
Mier
Cd. Miguel Alemán
Camargo
Presa M. R. Gómez
Valadeces
Los Comales
Reynosa
McAllen
Lampazos de Naranjo
Nuevo Anáhuac
Casa Blanca
La Gloria
Estación Candela
Candela
Vallecillo
Sabinas Hidalgo
Bustamante
Grutas de Bustamante
Villaldama
El Álamo
Paras
Agualeguas
Los Nogales
General Treviño
Los Aldamas
1463
Azul 2643
Mamulique
Cerralvo
Parque Nac.
Doctor Coss
Los Herreras
General Bravo
China
Presa el Cuchillo
Empalme
316
Monclova
Castaños
Huisachal
Frontera
Ciudad Frontera
Sacramento
Nadadores
San Buenaventura
Lamadrid
Abasolo
Villa Escobedo
San Blas
San Lorenzo
Sierra Cristo
1193
Cuatrociénegas de Carranza
2772
Socorro
San Juan
El Oso
El Venado
La Soledad
Tanque Nuevo
Gloria
Baján
Las Palomas
El Papalote
La Magarita del Norte
Sierra de la Purísima
Sierra de los Alamitos
2020
El Sacrificio
Sierra de la Palma
2263 Angel
Desierto
Laguna de Mayrán
San Pedro de las Colonias
Espinazo
Frastro
Paredón
Mina
Hidalgo
Ciénega de Flores
Higueras
Grutas de García
Salinas Victoria
Villa de García
Marín
Apodaca
Dr. González
Los Ramones
Sta. Catarina
Monterrey
Guadalupe
Juárez
1792
Cadereyta
San Juan
Parque Nac. Cumbres d. Monterrey
Santa Cruz
Hipolito
El Tule
La Rosa
Ramos Arizpe
Pastora
Paila
Entronque La Cuchilla
Emiliano Zapata
2880
Parras de la Fuente
Viesca
General Cepeda
Saltillo
Chapula
Arteaga
San Rafael
Cascada Cola de Caballo
Santiago
Nuncio
Allende
Palmitos
El Fraile
General Terán
Montemorelos
San Juan Vaquerías
Sierra de Parras
Bajío de Ahuichila
Santa Victoria
San Jerónimo
San Antonio de Las Alazanes
Agua Nueva
Mesa de las Tablas
San Rafael
Rayones
Gómez Farías
La Hediondilla
Potosí
Galeana
Hualahuises
Linares
Iturbide
Burgos
Est. Simón
San Juan de Guadalupe
El Orégano
Hidalgo
Melchor Ocampo
Ávalos
Cedros
Mazapil
Concepción del Oro
2499
Est. Camacho
Norias
Est. Opal
Atotonilco de los Martínez
San Felipe
Nuevo Mercurio
La. San Juan de Ahorcados
Gruñidora
San Tiburcio
El Salvador
San Roberto
San José de Raíces
Camarones
2531
La Ascensión
San Nicolás
1069
Rastro
1794
Villa Mainero
San Salvador
Villagrán
Hidalgo
El Chorrito
Salado
El Tecolote
El Canelo
La Escondida
Aramberri
Zaragoza
El Barretal
Est. Cruz
Nuevo Padilla
S. Isidro
Big Bass
Güemez
Presa V. Guerrero
Casas
Cd. Victoria
3054
4054
Co. Peña Nevada
Huertecillas
La Trueba
Presa Verde
Estación Vanegas
Cedral
Cruz de Elorza
El Jarro
Real de Catorce
Estación Catorce
Matehuala
Doctor Arroyo
Miquihuana
Avila y Urbina
El Olivdo
Lavin
Jaumave
Mier y Noriega
Villa de Bustamante
3035
Palmillas
Res. d. l. Biosfera el Cielo
Llera de Canales
Villa de Guadalupe
TAMAULIPAS
ZACATECAS
NUEVO LEÓN
Valle del Salado
Pacheco
San Francisco del Oro
San Andrés
2046
Cañitas de Felipe Pescador
El Mezquite
Villa de Cos
El Rucio
Villa Santo Domingo
San Juan del Salado
Cerritos de Bernal
Illescas
El Reventón
Sierra Madre Oriental
Sierra El Fuste
La Mora
2420
2103
1797
El Revés
San Isidro
Nueva Reforma
2427
Ocampo
Laureles
Magueyal
Cañón Ventanillas
Sierra de Sta. Rosa
Sierra Madre Occidental

1
2
3
4
A
B
C
D
E
98°W
97°W
96°W
95°W
28°N
27°N
26°N
25°N
24°N
237
238
269
273
Golfo de México
Gulf of Mexico
Corpus Christi
Robstown
Portland
Odem
Sinton
Taft
Rockport
Aransas Pass
Ingleside
Corpus Christi Bay
Mustang I.
San Jose Island
Orange Grove
Agua Dulce
San Diego
Alice
Driscoll
Ben Bolt
Benavides
Bishop
Chapman Ranch
Kingsville
Ricardo
Premont
Riviera
Riviera Beach
Baffin Bay
Realitos
Hebbronville
Falfurrias
Sarita
Arroyo Baluarte
Laguna Larga
Padre Island
Padre Island National Seashore
Laguna Madre
Encino
Rachal
Armstrong
Agua Nueva
Norias
San Isidro
Port Mansfield
Linn
Lasara
Raymondville
Edinburg
Edcouch
La Joya
McAllen
Weslaco
Harlingen
Pharr
Mercedes
San Benito
Los Fresnos
Port Isabel
Pt. Isabel Lighthouse S.H.S.
Los Altos
Reynosa
Río Bravo d. Norte
Olmito
Brownsville
El Refugio
Playa Lauro Villar
Río Bravo
Matamoros
Santo Domingo
Dieciocho de Marzo
Valle Hermoso
La. El Barril
Santa Apolonia
Cándido Aguilar
El Horcón
Gral. Fco. González Villarreal
Las Hormigas
Isla Larga
Santa Teresa
Isla La Mula
Mezquital
Villa de Méndez
Corral
Guadalupe Victoria
Ampliación La Loma
Boca Sta. María
Las Adjuntas
R. S. Fernando
San Fernando de Presas
Isla El Carrizal
Cruillas
Barra los Americanos
Carboneras
Carbajal
La Coma
Laguna Madre
El Temascal
El Encinal
Los Morales
Santander Jiménez
Sta. Rosa
Abasolo
El Carrizo
Barra Soto la Marina
Guadalupe
El Chamal
Río Corona
La. Almagre
La Soledad
Soto la Marina
La Pesca
Sierra de Tamaulipas
San José de las Rusias
Los Lavaderos
Tepehuajes
Agua Nueva
Los Pericos
Río S. Rafael
Santa María
1245
1311
899ft
Freer
Cleagg
Skidmore
Papalote
Woodsboro
Bayside
Mathis
Garciasville
Grande City
Valadeces
Los Comales
Burgos
Nuevo Padilla
Casas
Calles
Barra el Tordo

0 10 40 60 80 km
0 5 25 50 Miles
N
268
274
272
1
2
3
4
A
B
C
D
E
106°W
105°W
104°W
103°W
23°N
22°N
21°N
20°N
19°N
MST
CST
Sierra Regocijo de Durango
Aserradero
Bayas
Palo Gordo
Calabazas
Tajicaringa
Mezquital
2530
La Peña
Súchil
Sombrerete
Chalchihuites
Sain Alto
2129
Camino de Tierra Adentro
2911
3078
Monte Mariana
Las Palmas
Plateros
Buenavista
Fresnillo
Jiménez de Teul
Refugio de Abrego
San Fco. de Cabrales
Guanajuato
Zacatecas
Jeréz de García Salinas
Ermita de los Correas
Lobatos
San Mateo
2895
2753
Valparaíso
Potrero de Gallegos
Huejuquilla El Alto
Mezquitic
Monte Escobedo
Huejúcar
Tepetongo
Villanueva
Santa María de los Angeles
Colotlán
Tayahua
Villa Guerrero
Momax
Tabasco
Tlaltenango
Huanusco
Chimaltitán
Atolinga
Tepechitlán
S. Martín de Bolaños
Jalpa
Tlachichila
Teúl de González Ortega
2652
Juchipila
Nochistlán
Moyahua de Estrada
Mexticacán
Las Cañaditas
García de la Cadena
Yahualica
San Cristóbal de la Barranca
Sto. Domingo
Ixtlahuacán del Río
Cuquío
Acatic
Tepatitlán de Morelos
Zapopan
Guadalajara
Hospicio Cabañas
Tonalá
S. Augustín
Zapotlanejo
Tlaquepaque
Tototlán
Tala
Santa Anita
Teuchitlán
Amatitán
Tesistán
Tequila
Magdalena
Agave Landscape and Ancient Industrial Facilities of Tequila
Hostotipaquillo
Ixtlán del Río
Ixtlán
Ahuacatlán
Amatlán de Cañas
Barranca del Oro
San Marcos
Etzatlán
Ahualulco
Arenal
Guachinango
Ameca
Ahuisculco
Villa Corona
San Martín Hidalgo
Cocula
Acatlán
Tlajomulco
Juanacatlán
Atequiza
2960
Ajijic
Poncitlán
Ocotlán
Jocotepec
Chapala
Laguna de Chapala
Zacoalco de Torres
Chiquilistlán
Techaluta
Amacueca
Tizapán El Alto
Teocuitlán de Corona
Sahuayo
Concepción de Buenos Aires
Valle de Juárez
Jiquilpan de Juárez
Mazamitla
Quitupan
Gómez Farías
Contla
Cotija de la Paz
Sayula
Venustiano Carranza
Tapalpa
Ciudad Guzmán
Tamazula de Gordiano
Zapotiltic
Tuxpan
Tecalitlán
Jilotlán de los Dolores
Pihuamo
Tepalcatepec
Ahuijullo
2560
Co. Laurel
2896
Trojes
4330
Nevado de Colima
P. N. Volcán Nev. d. Col.
Res. d. l. Biosfera Sierra d. Manantlán
Tolimán
Suchitlán
Tonila
Cuauhtémoc
Colima
Comalá
Minatitlán
Coquimatlán
Tepames
Ixtlahuacan
Tecomán
Armería
Boca de Pascuales
La de Cuyutlán
Manzanillo
Santiago
Sta. Rita
Juárez
Camotlán de Miraflores
1844
800
Co. el Centinela
Barra de Navidad
Bahía de Manzanillo
Bahía de Tenacatita
Tenacatita
Cihuatlán
Chandiablo
La Huerta
Cuautitlán
Ayotitlán
2896
Manatlán
Casimiro Castillo
El Grullo
El Limón
Tonaya
Ejutla
Unión de Tula
2611
Cerro de Varón
Autlán de Navarro
Purificación
Pabelo
Juchitlán
Ayutla
Cuautla
2460
Tenamaxtlán
Los Volcanes
Atenquillo
Mixtlán
Talpa de Allende
Malpaso
Mascota
El Atajo
Sierra de Mascota
San Sebastián
San Felipe del Hijar
2740
El Tuito
El Tule
Tomatlán
La Cruz de Loreto
La Gloria
Punta Chiquita
Chamela
Res. d. l. Biosfera Chamela Cuitzmala
Punta Etiopia
Aquiles Serdán
El Tecuán
Cabo Corrientes
Puerto Vallarta
Ixtapa
Bahía de Banderas
P. N. Marino Arcos de Vallarta
Islas Las Tres Marietas
Punta de Mita
Punta Mita
Valle de Banderas
Los Ayala
Océano Pacífico
Las Varas
Zapotán
Compostela
Chapalilla
Vol. Ceboruco
2164
Sta. María del Oro
San Pedro Lagunillas
Vol. S. Juan
2103
Jalcocotán
Tepic
Mecatán
Bellavista
Stgo. de Pochotitlán
2120
Ixtapan de la Concepción
San Blas
Navarrete
Santiago Ixcuintla
Aguamilpa
El Venado
Peñitas
Ruiz
Tuxpan
Sentispac
Mexcaltitán
Bocas de Camichín
Playa Los Corchos
Guadalupe Victoria
Pimientillo
Pericos
Chilapa
El Naranjo
Sierra del Nayarit
Rosamorada
La Palma
Palmar de Cuautla
Laguna Agua Brava
Jesús María
San Felipe Aztatan
Quimichis
Arrayán
Novillero
Pajaritos
Tecuala
Acaponeta
Teacapan
Santa Teresa
Chimaltita
2652
2590
2073
La Guajolota
Escuinapa de Hidalgo
Chametla
Caimanero
Agua Verde
El Rosario
Cacalotán
El Walamo
Laguna del Caimanero
Mazatlán
Res. Eco. Isla d. Venados
Villa Unión
Concordia
Agua Caliente de Garate
Copala
El Verde
Siqueiros
El Recodo
Tepuxtla
La Noria
El Quelite
Guadalupe
Pacific Ocean
P. N. Isla Isabella
Isla Isabella
Isla San Juanito
Venustiano Carranza
Balleto
J. Ma. Morelos
Isla María Madre
Isla María Magdalena
Isla María Cleofas
Islas Marías
NAYARIT
JALISCO
COLIMA
Río Mezquital
Río Acaponeta
Río San Pedro
Río Grande de Santiago
Río Bolaños
Río Huaynamota
Río Juchipila
Río Ameca
Río Tomatlán
Río San Nicolás
Río Purificación
Río Cuitzmala
Río Armería
Río Coahuayana
Río Tepalcatepec

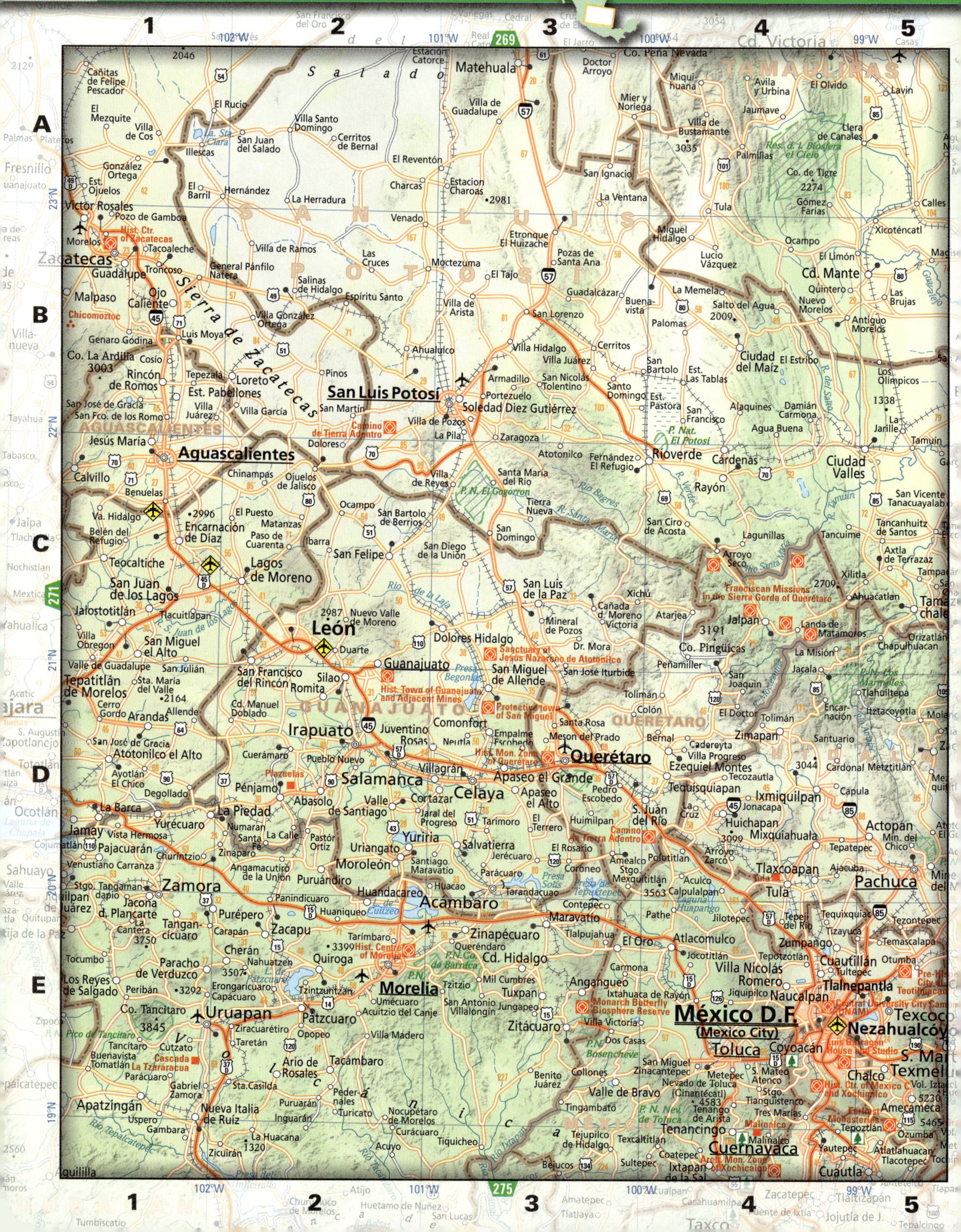
1
2
3
4
5
A
B
C
D
E
102°W
101°W
100°W
99°W
Zacatecas
Aguascalientes
San Luis Potosí
León
Guanajuato
Querétaro
Irapuato
Salamanca
Celaya
Morelia
Uruapan
Zamora
Pachuca
Toluca
México D.F.
(Mexico City)
Cuernavaca
Nezahualcóyotl
Tlalnepantla
Texcoco
Ciudad Valles
Cd. Mante
Rioverde
Matehuala
Lagos de Moreno
San Miguel de Allende
Dolores Hidalgo
Acámbaro
Apatzingán
Pátzcuaro
Sierra de Zacatecas
S a l a d o
SAN LUIS POTOSÍ
AGUASCALIENTES
GUANAJUATO
QUERÉTARO
MICHOACÁN
MÉXICO
TAMAULIPAS
Hist. Ctr. of Zacatecas
Hist. Town of Guanajuato and Adjacent Mines
Protective town of San Miguel
Franciscan Missions in the Sierra Gorda of Querétaro
Monarch Butterfly Biosphere Reserve
Camino de Tierra Adentro
Hist. Centre of Morelia
269
275

0 10 40 60 80 km
0 5 25 50 Miles
MEXICO CITY
0 125 250 Metres
1/4 Mile
Paseo de la Reforma Norte
Alameda Central
Av. Juárez
Francisco I. Madero
5 de Mayo
Centro
Catedral Metropolitana
Plaza de la Constitución (Zócalo)
Palacio Nacional
Palacio de Bellas Artes
Museo Nacional de las Culturas
Lázaro Cárdenas
San Juan de Letrán
20 de Noviembre
Pino Suárez
José María Izazaga
J. M. Izazaga
Fray Servando Teresa de Mier
República de El Salvador
República de Uruguay
Monte de Piedad
Lázaro Cárdenas (San Juan de Letrán)
Ciudad Madero
Tampico
Ebano
Pánuco
El Higo
Tempoal de Sánchez
Tantoyuca
Cerro Azul
Alamo
Tuxpam
Poza Rica
Papantla
Gutiérrez Zamora
Tecolutla
Nautla
Martínez de la Torre
Misantla
Teziutlán
Zacatlán
Huauchinango
Tulancingo
Altotonga
Xalapa
Perote
Coatepec
Veracruz
Boca del Río
Huatusco
Córdoba
Orizaba
Puebla
Tlaxcala
Cholula
Atlixco
Tehuacán
Apizaco
Huamantla
VERACRUZ
Laguna de Tamiahua
Isla de Lobos
Arrecife de Tanguijo
Arrecife de Tuxpam
Sierra de Tamaulipas
Pico de Orizaba 5760
Cofre de Perote 4282
Palma Sola
Antón Lizardo
Alvarado
La Antigua
Soledad de Doblado
Paso del Macho
98°W
97°W
96°W
95°W
23°N
22°N
21°N
20°N
19°N
270
276
278
5
6
7
8
A
B
C
D
E

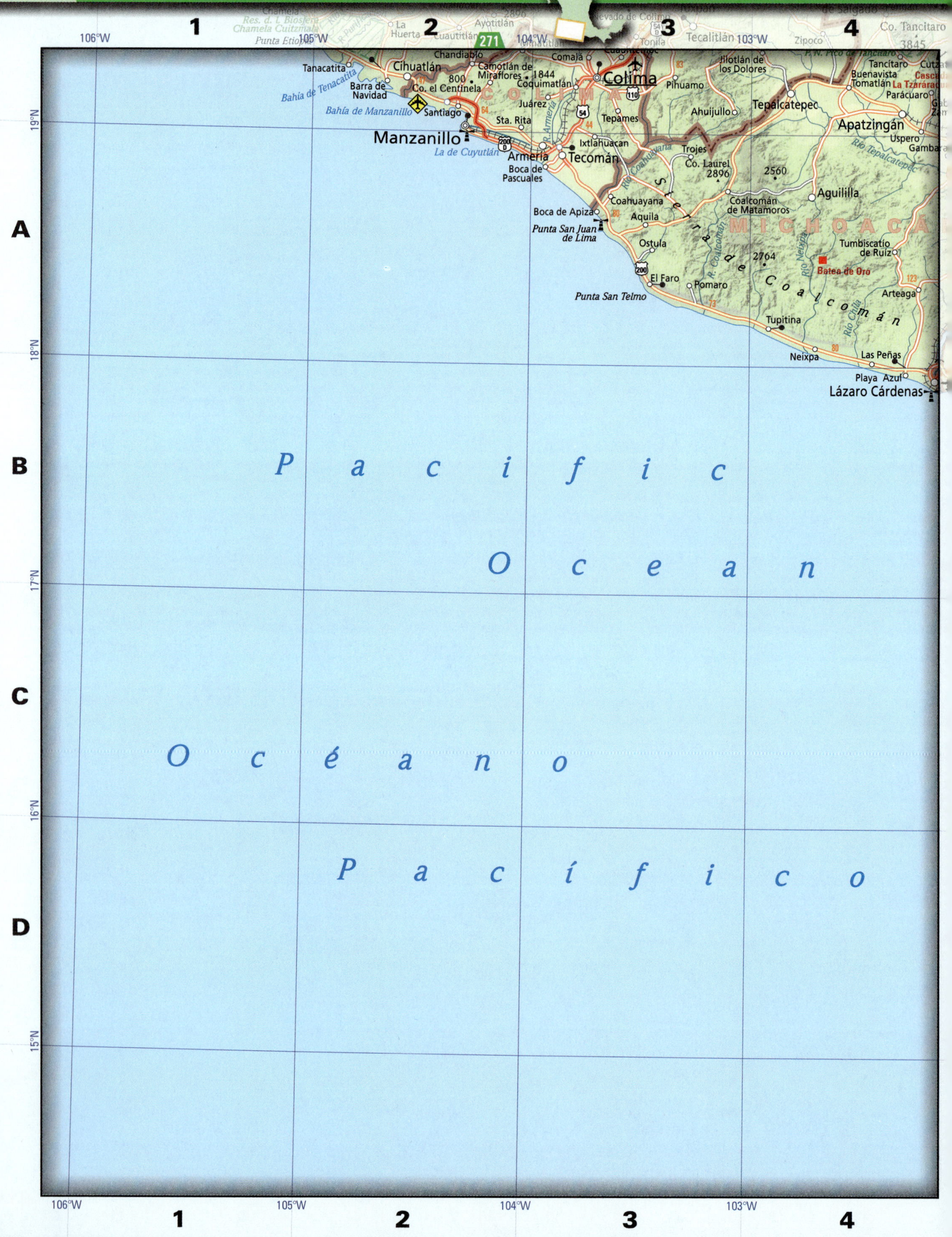
106°W
105°W
104°W
103°W
19°N
18°N
17°N
16°N
15°N
1
2
3
4
A
B
C
D
Tanacatita
Cihuatlán
Chandiablo
Camotlán de Miraflores
1844
Comalá
Colima
Jiotlán de los Dolores
Tancítaro
Buenavista Tomatlán
Parácuaro
Bahía de Tenacatita
Barra de Navidad
Co. el Centinela
800
Coquimatlán
Pihuamo
Juárez
Tepalcatepec
Ahuijullo
Bahía de Manzanillo
Santiago
Tepames
Apatzingán
Sta. Rita
Manzanillo
Ixtlahuacan
Uspero
La de Cuyutlán
Armería
Tecomán
Trojes
Boca de Pascuales
Co. Laurel 2896
2560
Aguililla
Boca de Apiza
Coahuayana
Coalcomán de Matamoros
Aquila
Punta San Juan de Lima
M I C H O A C A
Ostula
Tumbiscatío de Ruíz
2764
Batea de Oro
El Faro
Pomaro
Arteaga
Punta San Telmo
Sierra de Coalcomán
Tupitina
Neixpa
Las Peñas
Playa Azul
Lázaro Cárdenas
Pacific Ocean
Océano Pacífico

Guerrero
Sierra Madre del Sur
Oceano Pacífico
Acapulco
Chilpancingo
Cuernavaca
Taxco
Iguala
Zihuatanejo
Ixtapa
Cd. Altamirano
Toluca
Texmelucan
Puebla
Cholula
Atlixco
Cuautla
Izúcar de Matamoros
Tlaxcala
Nezahualcóyotl
México D.F. (Mexico City)
Uruapan
Tixtla de Guerrero
Chilapa
Tecpan de Galeana
Atoyac de Álvarez
Coyuca de Benítez
San Marcos
Ometepec
Teloloapan
Huitzuco
Tlapa de Comonfort
Pta. Maldonado
Bahía de Petacalco
Bahía Potosí
Laguna Mitla
Laguna Tres Palos
Costa Chica
Pacific Ocean
Bahía de Acapulco
ACAPULCO
Parque Nacional El Veladero
La Quebrada
Catedral
Fuerte de San Diego, Museo Histórico
Costera Miguel Alemán
Playa Condesa
Playa Icacos
Playa Caleta
Playa Caletilla
Isla La Yerbabuena
Isla Roqueta
Puerto Marqués
Playa La Poma
Punta Guitarrón
Base Naval de Icacos
Mercado de Artesanías
CICI
Casa de la Cultura
Club de Golf Acapulco
Mágico Mundo Marino
Virgen de Guadalupe
0 1 Mile
0 500 1000 1500 Metres
5 6 7 8
A B C D
102°W 101°W 100°W 99°W
19°N 18°N 17°N 16°N 15°N

1
2
3
4
5
A
B
C
D
E
98°W
97°W
96°W
95°W
18°N
17°N
16°N
15°N
Puebla
Tlaxcala
Cholula
Atlixco
Tepeaca
Tecali
Acatzingo
Cd. Serdán
Orizaba
Pico de Orizaba
5760
Cd. Mendoza
Córdoba
Fortin
Huatusco
Veracruz
Boca del Río
Soledad de Doblado
Paso del Macho
Cotaxtla
Alvarado
Laguna de Alvarado
Tlacotalpan
Piedras Negras
Lerdo de Tejada
Tierra Blanca
Cosamaloapan
Tres Valles
Carlos A. Carrillo
S. Andrés Tuxtla
Catemaco
Laguna de Catemaco
Coatzacoalcos
Minatitlán
Acayucan
Sayula de Alemán
Jáltipan de Morelos
Tuxtepec
Loma Bonita
Villa Azueta
J. Rodríguez Clara
Villa Juanita
Tehuacán
Zinacatepec
Coxcatlán
Teotitlán de Flores Magón
Huajuapan de León
Tlaxiaco
Oaxaca
Zaachila
Tlacolula de Matamoros
Mitla
Ocotlán
Ejutla
Miahuatlán
Pto. Escondido
Pta. Escondida
Huatulco
Santa Cruz
Puerto Angel
Pinotepa Nacional
Salina Cruz
Sto. Domingo Tehuantepec
Juchitán de Zaragoza
Matías Romero
Jesús Carranza
Chalchijapan
Region de los Chimalapas
Sierra de los Tuxtla
Sierra Madre del Sur
Sierra de Miahuatlán
Sierra de Villa Alta
Golfo de Tehuantepec
Pacific Ocean

6
7
8
9
278
279
94°W
93°W
92°W
91°W
19°N
18°N
17°N
16°N
15°N
A
B
C
D
E
Bahía de Campeche
Océano Pacífico
CAMPECHE
TABASCO
CHIAPAS
GUATEMALA
MEXICO
GUATEMALA
Ciudad del Carmen
Villahermosa
Tuxtla Gutiérrez
S. Cristóbal de las Casas
Comitán de Domínguez
Tapachula
Quezaltenango
Guatemala
Antigua
Huehuetenango
Cobán
Frontera
Palenque
Tenosique
Ocosingo
Cárdenas
Comalcalco
Cunduacán
Paraíso
Macuspana
Teapa
Arriaga
Tonalá
Pijijiapan
Escuintla
Huixtla
Ciudad Hidalgo
Puerto Madero
Ocozocoautla
Cintalapa de Figueroa
Chiapa de Corzo
Venustiano Carranza
Villa Flores
Frontera Comalapa
Motozintla de Mendoza
Las Choapas
Agua Dulce
Huimanguillo
Reforma
Emiliano Zapata
Balancán
Escárcega
Francisco Escárcega
Candelaria
Champotón
Sierra Madre de Chiapas
Sierra del Lacandón
Mñas. del Norte de Chiapas
Sierra de los Cuchumatanes
Laguna de Términos
Pre-Hispanic City and NP of Palenque
Cascada de Misol-Ha
Agua Azul Cascades
Parque Nac. de Palenque
Parque Nacional el Tigre
Montes Azules
P.N. Lagunas de Montebello
Cañón del Sumidero
Res. Esp. d. l. Biosfera Selva de Ocote
Res. d. l. Biosfera Pantanos de Centla
Presa Nezahualcóyotl
Presa de la Angostura
Presa Chicoasén
Laguna La Joya
Res. Est. la Encrucijada
Bonampak
Yaxchilán
Toniná
Chinkultic
Piedras Negras
El Tigre
Pomoná
Comalcalco
Izapa
Zaculeu
Iximché
Utatlán
Lagartero
Chacula
El Mirador

1
2
3
4
A
B
C
D
94°W
93°W
92°W
91°W
22°N
21°N
20°N
19°N
18°N
MERIDA
0
1/4 Mile
0
250
500 Metres
Calle 47
Calle 49
Calle 51
Calle 53
Calle 55
Calle 57
Calle 59
Calle 61
Calle 63
Calle 65
Calle 67
Calle 72
Calle 70
Calle 66
Calle 64
Calle 62
Calle 60
Calle 58
Calle 54
Calle 50
Parque El Remate
Museo Numismatico
Iglesia Santa Lucia
El Castellano
Parque de Santiago
Iglesia Parroquial
Universidad de Yucatán
Pinacoteca
Calinda Panamericana
Catedral del Jesus
Plaza Hidalgo
Palacio Municipal
Museo de la Ciudad
Zócalo
Catedral San Ildefonso
Ex Convento de las Monjas
Maria del Carmen
Museo de Arte Contemporáneo Atenode Yucatán
Casa Montejo
Mercado Garcia Rejón
CANCÚN
0
1/6 Mile
0
100
200 Metres
Marañon
Gladiolas
Chiabal
Maria de Lourdes
Orquidias
Coco
Avenida Yaxchilán
Alcatraces
Rio Margaritas
Ruta 2
Ruta 3
Tulipanes
Hotel Antillano
Claveles
Huachinango
Ki-Huic Market
Crisantemo
Avenida Tulum
Avenida Nader
Mojarras
Red Cross
Avenida Cobá
Soberanis
Hospital
Medical Service
State Tourism Office
Federal Tourism Office
US Consulate
North-South Dialogue Monument
Avenida X-Caret
Airport Bus Station
Cayo Arenas
Bahía de Campeche
Campeche
Lerma
Seybaplaya
Punta Morro
Haltunchén
Champotón
Chencán
Sta. Cruz
CAMPECHE
San Pablo Pixtun
Península El Palmar
Sabancuy
Xbacáb
Isla del Carmen
Isla Aguada
Chekubul
Chicbul
Ciudad del Carmen
Pta. Xicalango
Atasta
Pto. Real
Dieciocho de Marzo
Francisco Escárcega
Laguna de Términos
Zacatal
A. d. P. Laguna d. Términos
Mamantel
División del Norte
El Tigre
Nuevo Campechito
TABASCO
Frontera
Laguna Mecoacán
Chiltepec
Tupilco
El Alacrán
Paraíso
Sánchez Magallanes
El Golpe
Laguna Machona
Hidalgo
Los Idolos
Tecolutilla
Comalcalco
La. del Carmen
Sta. Ana
Tonalá
Cuauhtemoctzin
Alemán
Comalcalco
Jalpa de Méndez
El Espino
Nacajuca
Cunduacán
Res. d. l. Biosfera Pantanos d. Centla
Jonuta
Palizada
San Joaquín
Plan del Carmen
El Vapor
La. del Este
Buenavista
Candelaria
Allende
Agua Dulce
La Venta
Nanchital
El Limón
Parque Museo de la Venta
Villahermosa
Colonia la Hulería
Monclova
Nueva Coahuila
Minatitlán
Las Choapas
La. del Rosario
Huimanguillo
Cárdenas
José Colomo
Ciudad Pemex
Benito Juárez
Tepetitlán
El Triunfo
Balancán
Chablé
Emiliano Zapata
Francisco Rueda
Reforma
Filisola
Hidalgotitlán
Tlacuilolapa
Astapa
Macuspana
San Pedro
Chichón
Chontalpa
Mezcalapa
Jalapa
Tacotalpa
Teapa
Juárez
Salto de Agua
Parque Nac. de Palenque
Catazajá
La Libertad
Tulijá
El Aguila
La Revancha
Tenosique
MEXICO
GUATEMALA
273
277

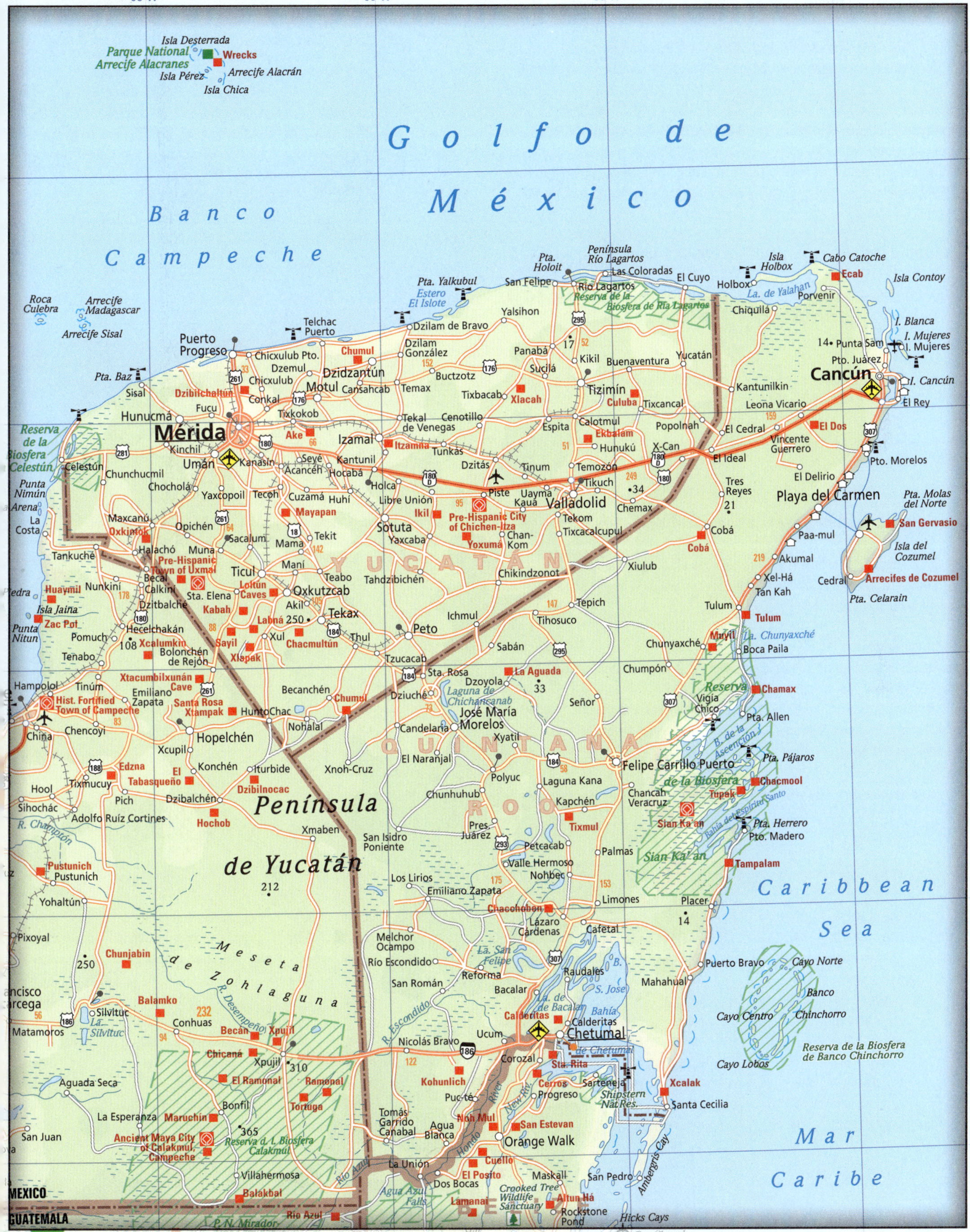
4
5
6
7
8
90°W
89°W
88°W
87°W
22°N
21°N
20°N
19°N
18°N
A
B
C
D
Golfo de México
Banco Campeche
Caribbean Sea
Mar Caribe
Isla Desterrada
Parque National Arrecife Alacranes
Wrecks
Arrecife Alacrán
Isla Pérez
Isla Chica
Roca Culebra
Arrecife Madagascar
Arrecife Sisal
Pta. Baz
Sisal
Puerto Progreso
Telchac Puerto
Chicxulub Pto.
Dzemul
Chicxulub
Chumul
Dzibilchaltún
Conkal
Motul
Dzidzantún
Cansahcab
Temax
Dzilam González
Dzilam de Bravo
Pta. Yalkubul
Estero El Islote
Yalsihon
San Felipe
Pta. Holoit
Península Río Lagartos
Las Coloradas
Río Lagartos
Reserva de la Biosfera de Ría Lagartos
El Cuyo
Isla Holbox
Holbox
Cabo Catoche
Ecab
Isla Contoy
La. de Yalahau
Porvenir
Chiquilá
I. Blanca
I. Mujeres
Punta Sam
Pto. Juárez
Cancún
I. Cancún
El Rey
Kantunilkin
Leona Vicario
El Dos
Vicente Guerrero
Pto. Morelos
El Delirio
Pta. Molas del Norte
Playa del Carmen
San Gervasio
Isla del Cozumel
Arrecifes de Cozumel
Pta. Celarain
Cedral
Paa-mul
Akumal
Xel-Há
Tan Kah
Tulum
Cobá
Tres Reyes
El Ideal
El Cedral
Popolnah
X-Can
Yucatán
Buenaventura
Tizimín
Culuba
Tixcancal
Panabá
Sucilá
Kikil
Buctzotz
Tixbacab
Xlacah
Espita
Calotmul
Ekbalam
Hunukú
Temozón
Tikuch
Valladolid
Chemax
Tekom
Tixcacalcupul
Xiulub
Uayma
Kauá
Chan-Kom
Dzitás
Tinum
Piste
Pre-Hispanic City of Chichen-Itza
Yoxumá
Ikil
Libre Unión
Holca
Sotuta
Yaxcaba
Tunkás
Itzamna
Izamal
Tekal de Venegas
Cenotillo
Kantunil
Hocabá
Seyé
Acanceh
Mérida
Kinchil
Umán
Kanasín
Hunucmá
Fucu
Tixkokob
Ake
Celestún
Reserva de la Biosfera Celestún
Punta Nimún
Arena
La Costa
Chunchucmil
Chocholá
Maxcanú
Oxkintok
Yaxcopoil
Tecoh
Cuzamá
Huhí
Mayapan
Opichén
Sacalum
Mama
Tekit
Tankuché
Halachó
Muna
Pre-Hispanic Town of Uxmal
Ticul
Maní
Teabo
Tahdzibichén
Yucatán
Becal
Calkiní
Sta. Elena
Loltún Caves
Oxkutzcab
Akil
Tekax
Kabah
Labná
Xul
Chacmultún
Thul
Peto
Tzucacab
Ichmul
Chikindzonot
Tepich
Tihosuco
Sabán
Chunyaxché
Muyil
La. Chunyaxché
Boca Paila
Chumpón
Huaymil
Nunkiní
Dzitbalché
Isla Jaina
Zac Pol
Punta Nitun
Pomuch
Hecelchakán
Tenabo
Xcalumkín
Bolonchén de Rejón
Sayil
Xlapak
Hampolol
Tinúm
Xtacumbilxunán Cave
Emiliano Zapata
Hist. Fortified Town of Campeche
Santa Rosa Xtampak
Huntochac
Becanchén
Chumul
Nohalal
Hopelchén
China
Chencoyi
Xcupil
Edzna
El Tabasqueño
Konchén
Iturbide
Dzibilnocac
Xnoh-Cruz
Tixmucuy
Hool
Pich
Sihochác
Dzibalchén
Adolfo Ruíz Cortines
R. Champotón
Hochob
Península de Yucatán
Xmaben
Pustunich
Yohaltún
Pixoyal
Chunjabín
Meseta de Zohlaguna
R. Desempeño
Balamko
Silvituc
La. Silvituc
Matamoros
Conhuas
Becán
Xpujil
Chicaná
El Ramonal
Ramonal
Tortuga
Bonfil
Aguada Seca
La Esperanza
Maruchin
Ancient Maya City of Calakmul, Campeche
Reserva d. l. Biosfera Calakmul
San Juan
Villahermosa
Balakbal
Río Azul
P. N. Mirador
MEXICO
GUATEMALA
277
Sta. Rosa
Dzoyola
La Aguada
Dziuché
Laguna de Chichancanab
José María Morelos
Señor
Candelaria
Xyatil
Quintana Roo
El Naranjal
Polyuc
Laguna Kana
Felipe Carrillo Puerto
Chunhuhub
Kapchén
Chancah Veracruz
Sian Ka'an
Tupak
Chacmool
Reserva de la Biosfera Sian Ka'an
Bahía de la Ascensión
Bahía del Espíritu Santo
Vigía Chico
Pta. Allen
Pta. Pájaros
Pta. Herrero
Pto. Madero
Chamax
Tampalam
Pres. Juárez
Tixmul
San Isidro Poniente
Petcacab
Valle Hermoso
Nohbec
Palmas
Los Lirios
Emiliano Zapata
Limones
Placer
Chacchoben
Lázaro Cárdenas
Cafetal
Melchor Ocampo
Río Escondido
La. San Felipe
Reforma
Raudales
Mahahual
Puerto Bravo
Cayo Norte
Banco Chinchorro
Cayo Centro
Cayo Lobos
Reserva de la Biosfera de Banco Chinchorro
San Román
Bacalar
B. San José
La. de Bacalar
Calderitas
Bahía de Chetumal
Chetumal
Ucum
Nicolás Bravo
R. Escondido
Kohunlich
Corozal
Sta. Rita
Cerros
Progreso
Sarteneja
Shipstern Nat. Res.
Xcalak
Santa Cecilia
Ambergris Cay
Puc-té
Tomás Garrido Canabal
Nohmul
San Estevan
Orange Walk
Agua Blanca
Hondo River
New River
Cuello
La Unión
El Posito
Dos Bocas
Maskall
San Pedro
Lamanai
Crooked Tree Wildlife Sanctuary
Altun Há
Rockstone Pond
Hicks Cays
Río Azul
Agua Azul Falls
Belize City

Using Instruction for the Place Name Index

In the Place Name Index the information is presented in the following order:
Place Name - state/province abbreviation in brackets - page number - grid reference

Grid reference

A combination of letters and numbers, e.g. ***A 6***, tells you exactly where to find the place you are searching for.
To use the grid reference in the map you have to search vertically within the corresponding column for the ***A*** and horizontally within the corresponding row for the ***6***.

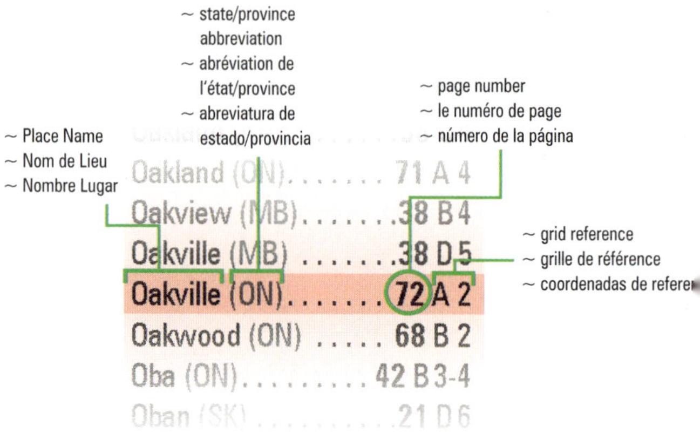

Utilisation d'instructions pour l'index des noms de Lieu

Dans l'index des noms de Lieu l'information est présentée dans l'ordre suivant:
Nom de Lieu - abréviation de l'état / province - le numéro de page - grille de référence

Grille de référence

Une combinaison de lettres et de chiffres, par exemple A 6, vous indique exactement où trouver l'endroit que vous recherchez.
Pour utiliser la grille de référence dans la carte que vous avez à la recherche verticalement dans la colonne correspondante pour le A et horizontalement dans la ligne correspondante pour le 6.

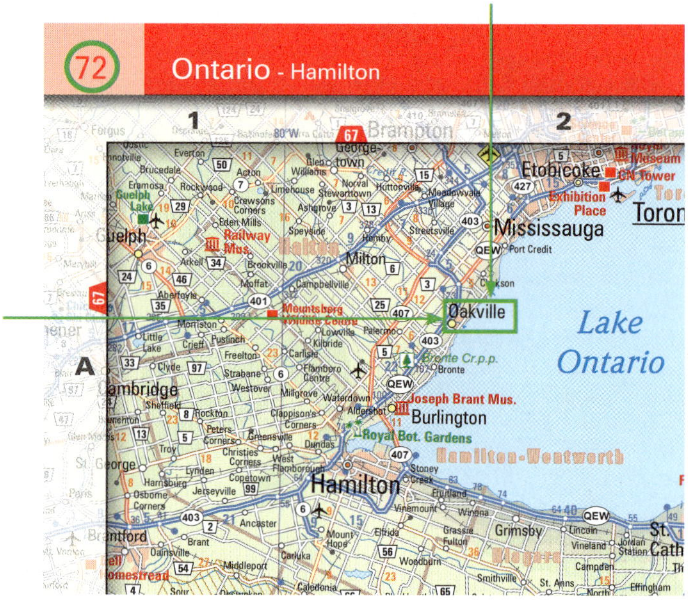

Uso de instrucciones para el Índice de Topónimos

En el Índice de Topónimos la información se presenta en el siguiente orden:
Nombre Lugar - abreviatura de estado / provincia - número de la página - coordenadas de referencia

Sistema de referncia

Una combinación de letras y números, por ejemplo, A 6, le dice exactamente dónde encontrar el lugar que está buscando.
Para utilizar la cuadrícula de referencia en el mapa tienes que buscar verticalmente dentro de la columna correspondiente a la A y horizontalmente dentro de la fila correspondiente a la 6.

Province/State abbreviation • Abréviation du nom de la province/état • Abreviatura del nombre de la provincia/estado

Canada

AB	Alberta
BC	British Columbia
MB	Manitoba
NB	New Brunswick
NL	Newfoundland and Labrador
NT	Northwest Territories
NS	Nova Scotia
NU	Nunavut
ON	Ontario
PE	Prince Edward Island
QC	Québec
SK	Saskatchewan
YT	Yukon

U.S.A./États-Unis

AL	Alabama	LA	Louisiana	OH	Ohio
AK	Alaska	ME	Maine	OK	Oklahoma
AZ	Arizona	MD	Maryland	OR	Oregon
AR	Arkansas	MA	Massachusetts	PA	Pennsylvania
CA	California	MI	Michigan	RI	Rhode Island
CO	Colorado	MN	Minnesota	SC	South Carolina
CT	Connecticut	MS	Mississippi	SD	South Dakota
DE	Delaware	MO	Missouri	TN	Tennessee
FL	Florida	MT	Montana	TX	Texas
GA	Georgia	NE	Nebraska	UT	Utah
HI	Hawaii	NV	Nevada	VT	Vermont
ID	Idaho	NH	New Hampshire	VA	Virginia
IL	Illinois	NJ	New Jersey	WA	Washington
IN	Indiana	NM	New Mexico	WV	West Virginia
IA	Iowa	NY	New York	WI	Wisconsin
KS	Kansas	NC	North Carolina	WY	Wyoming
KY	Kentucky	ND	North Dakota		

Mexico/Mexique

AGU	Aguascalientes	MEX	México
BCN	Baja California	NAY	Nayarit
BCS	Baja California Sur	NLE	Nuevo León
COA	Coahuila	OAX	Oaxaca
CHH	Chihuahua	PUE	Puebla
COL	Colima	QUE	Querétaro
CAM	Campeche	ROO	Quintana Roo
CHP	Chiapas	SIN	Sinaloa
DF	Distrito Federal	SLP	San Luis Potosí
DUR	Durango	SON	Sonora
GUA	Guanajuato	TAB	Tabasco
GRO	Guerrero	TAM	Tamaulipas
HID	Hidalgo	TLA	Tlaxcala
JAL	Jalisco	VER	Veracruz
MIC	Michoacán	YUC	Yucatán
MOR	Morelos	ZAC	Zacatecas

A

100 Mile House (BC) **33** B9
150 Mile House (BC) **18** D3
78 Mile House (BC) **33** B9
Aappilattoq (GL) **15** A13
Abbey (SK) **36** C3
Abbotsford (BC) **33** D8-9
Abee (AB) **20** B2
Abénakis (QC) **58** B2
Abercorn (QC) **64** B2
Aberdeen (SK) **21** D8
Aberfoyle (ON) **67** C3
Abernethy (SK) **37** C8
Abitibi Canyon (ON) **42** A6
Abrahams Cove (NL) **47** C9-10
Acadia Valley (AB) **35** B11
Acme (AB) **35** B8
Actinolite (ON) **62** C1
Acton (ON) **67** C3
Acton Vale (QC) **64** B2
Adams Lake (BC) **34** C2
Adamsville (ON) **59** C2
Addison (ON) **62** C3
Adelaide (ON) **71** A3
Aden (AB) **35** D10
Admiral (SK) **36** D4
Admiral's Beach (NL) **49** E7
Adolphustown (ON) **69** B3-4
Advocate Harbour (NS) **75** D7
Aetna (AB) **35** D8
Agassiz (BC) **33** D9
Agatha (ON) **67** C3
Agawa Bay (ON) **42** D3
Agawa Bay (ON) **50** A2
Aguanish (QC) **47** A6-7
Ahmic Harbour (ON) **60** B2
Ahousat (BC) **32** D4-5
Ahtahakoop (SK) **21** C7-8
Aillik (NL) **14** D6
Ailsa Craig (ON) **71** A3
Airdrie (AB) **35** B7
Aishihik (YT) **8** B3
Ajax (ON) **68** C1-2
Aklavik (NT) **2** B6
Akulivik (QC) **13** A8
Alameda (SK) **37** D9
Alban (ON) **52** B2
Albanel (QC) **44** C5
Albany Cross (NS) **78** B4-5
Alberta Beach (AB) **19** C10
Alberton (PE) **75** A8
Albreda (BC) **18** D5
Albury (ON) **68** B3
Alcona (ON) **67** B4
Alcove (QC) **62** B3
Alcurve (SK) **10** E4
Alder Flats (AB) **19** D9-10
Alderdale (ON) **53** B3
Aldershot (ON) **72** A2
Aldersyde (AB) **35** C7-8
Alderville (ON) **68** B2-3
Alert Bay (BC) **32** C4
Alexander (MB) **38** D2
Alexandria (ON) **63** B4
Alexis Creek (BC) **17** D11
Alfred (ON) **63** B4
Algonquin (ON) **62** C3
Algonquin Park (ON) **61** B3
Alice (ON) **62** B1
Alice Arm (BC) **8** E7
Alida (SK) **37** D10
Alingly (SK) **10** E5-6
Alix (AB) **35** A8
Alkali Lake (BC) **33** B8
Allan Park (ON) **66** B3
Allan Water (ON) **40** B5
Allanburg (ON) **72** A2
Allardville (NB) **46** D3
Allenford (ON) **66** B2
Allenwood Beach (ON) **67** A3-4
Alliance (AB) **35** A10
Alliford Bay (BC) **16** C2-3
Alliston (ON) **67** B4
Alma (NB) **75** C6-7
Alma (ON) **67** C3
Alma (QC) **45** C6
Almonte (ON) **62** B2
Alonsa (MB) **38** C3-4
Alsask (SK) **36** B2
Alsike (AB) **10** E1
Altario (AB) **35** B11
Alticane (SK) **21** D7
Alton (ON) **67** C3
Altona (MB) **38** D5
Alvanley (ON) **66** B2
Alvinston (ON) **70/71** B3
Amaranth (MB) **38** C3-4
Amazon (SK) **36/37** B6
Amberley (ON) **66** B2
Ameliasburg (ON) **68/69** B3
Amesdale (ON) **40** B3
Amherst (NS) **75** C8
Amherstburg (ON) **70** B1-2
Amherstview (ON) **69** B4
Amisk Lake (SK) **22** B2
Ammassivik/Sietten (GL) **15** A12-13
Amos (QC) **43** C9
Amqui (QC) **46** C1
Amsterdam (SK) **37** B9
Amulree (ON) **66** C3
Amyot (ON) **42** C3
Anahim Lake (BC) **17** D9
Ancaster (ON) **72** A1
Andrew (AB) **10** E2
Andy's Corners (ON) **71** B4
Aneroid (SK) **36** D4
Angels's Cove (NL) **49** D6
Angers (QC) **62/63** B3
Angisoq/Loranstation (GL) **15** B13
Angle Inlet (ON) **39** D7
Anglin Lake (SK) **21** C8-9
Angus (ON) **67** B4
Annaheim (SK) **21** D10
Annan (ON) **59** C3
Annapolis Royal (NS) **78** B3-4
Anola (MB) **38** D6
Anstruther Lake (ON) **61** C3
Antelope (SK) **36** C3
Anten Mills (ON) **67** B4
Antigonish (NS) **76** C5
Antrim (ON) **62** B2
Anzac (AB) **10** C3
Appin (ON) **71** B3
Apple Hill (ON) **63** B4
Apple River (NS) **75** D7
Applegrove (BC) **34** D3-4
Appleton (ON) **62** B2
Apsley (ON) **61** C3
Apto (ON) **67** B4
Arabella (SK) **22** D2-3
Arborfield (SK) **22** C1
Arborg (MB) **38** C5
Archerwill (SK) **37** A8
Arcola (SK) **37** D9
Ardberg (ON) **60** B1
Arden (ON) **62** C2
Ardenode (AB) **35** B8
Ardill (SK) **36** D6
Ardmore (AB) **20** B4
Ardtrea (ON) **60** C2
Arelee (SK) **21** D7
Argenta (BC) **34** C5
Argentia (NL) **49** D6-7
Argolis (ON) **42** C4
Argyle (MB) **38** C5
Argyle (ON) **68** B1
Arichat (NS) **77** C6-7
Ariss (ON) **67** C3
Arkell (ON) **67** C3
Arkona (ON) **70/71** A3
Arkwright (ON) **66** B2
Armagh (QC) **58** B2
Armit (SK) **22** D3
Armley (SK) **10** E6
Armstrong (BC) **34** C2-3
Armstrong (ON) **41** B6-7
Armstrong (QC) **65** B4
Arnaud (MB) **38** D5-6
Arnes (MB) **38** C6
Arnold's Cove (NL) **49** D6
Arnprior (ON) **62** B2
Arnstein (ON) **60** B2
Arntfield (QC) **43** C8
Aroland (ON) **41** B8
Arpoch (ON) **62** C2
Arrandale (BC) **8** E7
Arras (BC) **9** E11
Arrow Park (BC) **34** C4
Arrowwood (AB) **35** C8-9
Arthur (ON) **67** C3
Artland (SK) **20** D5
Arundel (QC) **63** B4
Arva (ON) **71** A3
Arviat (NU) **11** A11-12
Asbestos (QC) **65** B3
Ascot (QC) **65** B3
Ascot Corner (QC) **65** B3
Ashburn (ON) **67** BC4
Ashcroft (BC) **33** C9
Ashern (MB) **38** B4
Ashgrove (ON) **72** A2
Ashmont (AB) **10** D3
Ashton (ON) **62** B2-3
Ashuanipi (NL) **29** C9-10
Ashville (MB) **38** B2
Aspen Grove (BC) **33** D10
Asquith (SK) **21** D7
Assiniboia (SK) **36** D6
Assumption (ON) **68** B2
Aston-Jonction (QC) **57** B3
Astray (NL) **14** D2
Athabasca (AB) **10** D2
Athapap (MB) **11** D7-8
Athelstan (QC) **63** B4
Athens (ON) **62** C3
Atherley (ON) **60** C2
Atikameg Lake (MB) **11** E8
Atikokan (ON) **40** D4
Atlin (BC) **8** C5
Atmore (AB) **10** D2
Attawapiskat (ON) **12** E6
Attercliffe (ON) **72** B2
Atwood (ON) **66** C2
Auburn (ON) **66** C2
Auden (ON) **41** B8
Audet (QC) **65** B4
Aupaluk (QC) **13** B13
Aurora (ON) **67** B4
Austin (MB) **38** D3-4
Austin (QC) **64** B2
Authier (QC) **43** C9
Avening (ON) **67** B3
Avola (BC) **34** B2
Avon (ON) **71** B4
Avonlea (SK) **37** D6-7
Avonmore (ON) **63** B4
Avonton (ON) **66** C2
Ayer's Cliff (QC) **65** B2
Aylesford (NS) **78** AB5
Aylmer (ON) **71** B4
Aylmer (QC) **62** B3
Aylsham (SK) **22** C1
Aylwin (QC) **62** B2
Ayr (ON) **67** C3
Ayton (ON) **66** B3

B

Back Cove (NL) **48** B4
Bacon Ridge (MB) **38** C3
Baddeck (NS) **77** B7
Baddow (ON) **61** C3
Baden (MB) **22** D3
Baden (ON) **67** C3
Badger (MB) **39** D7
Badger (NL) **48** BC4
Badger's Corners (ON) **60** B1-2
Badjeros (ON) **67** B3
Baerskin Lake (ON) **24** B4
Bagot (MB) **38** D4
Baie Johan-Beetz (QC) **47** A6
Baie Verte (NL) **48** B4
Baie-Comeau (QC) **45** B9
Baie-de-Shawinigan (QC) **57** B3
Baie-des-Sables (QC) **46** C1
Baie-du-Febvre (QC) **57** B3
Baie-Rouge (QC) **47** A9
Baie-Sainte-Catherine (QC) **45** C8
Baie-Sainte-Claire (QC) **46** B4
Baie-Saint-Paul (QC) **45** D7
Baie-Trinité (QC) **46** B1
Bailieboro (ON) **68** B2
Baillie (NB) **74** D2
Bainsville (ON) **63** B4
Baker Lake/Qamani'tuaq (NT) **5** C13
Bakers Narows (MB) **22** B3
Bala (ON) **60** B2
Balaclava (ON) **59** C3
Balaclava (ON) **62** B2
Balcarres (SK) **37** C8
Balderson (ON) **62** C2
Baldwin (ON) **67** B4
Baldwin Mills (QC) **65** B3
Baldy Hughes (BC) **18** C2
Balfour (BC) **34** D4
Balgonie (SK) **37** C7
Balijennie (SK) **21** D6-7
Ballinafad (ON) **67** C3
Ballymote (ON) **71** A3
Balm Beach (ON) **60** C1
Balmertown (ON) **39** B9
Balmoral (MB) **38** C5
Balmoral (NB) **46** D2
Balmy Beach (ON) **59** C3
Balsam Creek (ON) **53** B3
Baltimore (ON) **68** B2
Balzac (AB) **35** B7
Bamberg (ON) **67** C3
Bamfield (BC) **32** E5-6
Bancroft (ON) **61** B4
Banff (AB) **34** B6
Bangor (SK) **37** C9
Bankeir (BC) **33** D10
Banner (ON) **71** A3-4
Bannock (SK) **37** A8
Bannockburn (ON) **61** C4
Bapaume (SK) **21** C7
Baptiste (ON) **61** B3-4
Barachois (QC) **46** C4
Barclay (ON) **67** B4
Barkerville (BC) **18** C3
Barkmere (QC) **56** B1
Barkway (ON) **60** C2
Barnes Crossing (SK) **20/21** B6
Barnston (QC) **65** B3
Barnwell (AB) **35** D9
Barons (AB) **35** C8-9
Barraute (QC) **43** C10
Barrhead (AB) **10** D1
Barrid Harbour (NL) **31** E8
Barrie (ON) **67** B4
Barriefield (ON) **69** B4
Barrière (BC) **34** B1-2
Barrington (NS) **78** D3-4
Barrington (QC) **64** B1
Barrow Bay (ON) **59** C2
Barrows (MB) **22** D3
Barry's Bay (ON) **61** B4
Barryvale (ON) **62** B2
Barthel (SK) **20** C5-6
Bartibog (NB) **46** D3
Barton (NS) **78** B3
Bashaw (AB) **10** E2
Bassano (AB) **35** C9
Bassin (QC) **47** D6-7
Batawa (ON) **68** B3
Batchawanna Bay (ON) **50** B2
Bateman (SK) **36** C5
Bath (ON) **69** B4
Bathurst (NB) **46** D3
Bathurst Inlet/Kingaok (NU) **4** B7
Batiscan (QC) **57** B3
Batteau (NL) **15** E7-8
Battersea (ON) **69** B4
Battle Harbour (NL) **31** C10
Battleford (SK) **10** E4
Battleford (SK) **10** E4
Bawlf (AB) **35** A9
Baxter (ON) **67** B4
Bay (AB) **20** B3
Bay Bulls (NL) **49** D8
Bay du Vin (NB) **75** A6-7
Bay Trail (SK) **21** D9-10
Bay Tree (AB) **9** E12
Bayfield (NB) **75** B9
Bayfield (ON) **66** C2
Bayfield Inlet (ON) **60** B1
Bayshore Village (ON) **67** B4
Bayside (ON) **68** B3
Baysville (ON) **60** B2
Beachburg (ON) **62** B2
Beachside (NL) **48** B5
Beachville (ON) **71** A4
Beaconia (MB) **38** C6
Beadle (SK) **36** B2-3
Bealton (ON) **71** A4
Bear Cove (BC) **32** C3
Bear Cove (NL) **48** B2-3
Bear Lake (ON) **60** B2
Bearberry (AB) **35** B7
Beardmore (ON) **41** C8
Béarn (QC) **53** A3
Beaton (BC) **34** C4
Beatton River (BC) **9** D11
Beatty (SK) **10** E6
Beattyville (QC) **43** B10
Beaucanton (QC) **43** B8
Beauceville (QC) **58** B2
Beaudry (QC) **43** C8
Beauharnois (QC) **63** B5
Beaulac Garthby (QC) **65** B3
Beaumont (AB) **20** C1
Beaumont (NL) **48** B5
Beaumont (QC) **58** B1-2
Beauport (QC) **58** B1
Beaupré (QC) **58** A2
Beauséjour (MB) **38** C6
Beauval (SK) **10** D5
Beaver Cove (BC) **32** C4
Beaver Creek (YT) **8** A1
Beaver Crossing (AB) **20** B4-5
Beaver Lake (AB) **20** B3
Beaver Lake (ON) **52** B1
Beaver Mines (AB) **35** D7
Beaver Valley (SK) **36** D4
Beaverdam (AB) **20** B4
Beaverdell (BC) **34** C2-3
Beaverlodge (AB) **9** E12
Beavermouth (BC) **34** B4
Beaverton (ON) **67** B4
Beazer (AB) **35** D8
Bécancour (QC) **57** B3
Bechard (SK) **37** C7-8
Becher (ON) **70** B2
Bedford (NS) **79** B7
Bedford (QC) **64** B1-2
Bednesti (BC) **17** C11
Beechy (SK) **36** C4
Beeton (ON) **67** B4
Behchoko/Rae-Edzo (NT) **4** D2
Beiseker (AB) **35** B8
Bekanon (ON) **60** B1
Belbutte (SK) **21** C7
Belcher Islands (NU) **13** C8
Belcourt (QC) **43** C10
Belfountain (ON) **67** C3
Belgrave (ON) **66** C2
Bell Ewart (ON) **67** B4
Bella Coola (BC) **17** D8
Bellburns (NL) **48** A3
Belle Plaine (SK) **37** C6
Belle River (ON) **70** B2
Bellefeuille (QC) **63** B4
Bellegarde (SK) **37** D10
Belleoram (NL) **48** D5
Belleterre (QC) **43** D9
Belleville (ON) **68/69** B3
Bellis (AB) **20** B2
Bellrock (ON) **69** B4
Belmont (MB) **38** D3
Belmont (ON) **71** B3
Belmore (ON) **66** C2
Beloeil (QC) **64** B1
Belwood (ON) **67** C3
Bengough (SK) **37** D6-7
Benito (MB) **37** B10
Benmiller (ON) **66** C2
Bennett (BC) **8** C4
Benny (ON) **52** B1
Bentley (AB) **10** E1
Berens River (MB) **23** D7-8
Beresford (NB) **46** D3
Bergland (ON) **39** DE8
Berkeley (ON) **67** B3
Berthier-sur-Mer (QC) **58** B2
Berthierville (QC) **56** B2
Bertram (ON) **42** B3
Bertrand (NB) **46** D3
Bertwell (SK) **22** D2
Bervie (ON) **66** B2
Berwick (NB) **74** C5
Berwick (NS) **75** D7
Berwick (ON) **63** B3
Béthanie (QC) **64** B2
Bethany (ON) **68** B2
Béthel (QC) **64** B2
Bethune (SK) **37** C6
Betsiamites (QC) **45** C9
Beverley (SK) **36** C3-4
Bewdley (ON) **68** B2
Bezanson (AB) **19** A6
Bible Hill (NS) **75** D10
Bienfait (SK) **37** D9
Big Bar Creek (BC) **33** B8
Big Bay (BC) **32** C5-6
Big Bay (ON) **59** C3
Big Bay Point (ON) **67** B4
Big Beaver (SK) **37** D6
Big Black River (MB) **23** C7
Big Cedar (ON) **61** C3
Big Chute (ON) **60** C2
Big Creek (BC) **33** C7
Big Falls (NL) **48** B3
Big Lake Ranch (BC) **18** D3
Big Pond (NS) **77** C7-8
Big Prairie (AB) **19** A8
Big River (SK) **10** E5
Big Stone (AB) **35** B10
Big Trout Lake (ON) **12** E3
Biggar (SK) **21** D7
Bighead (SK) **20** B5
Big-Valley (AB) **35** A9
Bigwood (ON) **52** B2
Bindloss (AB) **36** C1
Binscarth (MB) **37** C10
Birch Hills (SK) **10** E6
Birch Island (BC) **34** B1-2
Birch Island (ON) **51/52** B5
Birch Lake (SK) **21** C6-7
Birch Point (ON) **68** B2
Birch Portage (SK) **22** B2
Birch River (MB) **22** D3-4
Birchton (QC) **65** B3
Birds Creek (ON) **61** B4
Birken (BC) **33** C8
Birmingham (SK) **37** C8
Birnie (MB) **38** C3
Birr (ON) **71** A3
Birsay (SK) **36** B4
Birtle (MB) **37** C10
Biscotasing (ON) **42** D5
Biscotasing (ON) **51** A4
Bishop's Falls (NL) **48** BC4
Bishops Mills (ON) **62** C3
Bishopton (QC) **65** B3
Bismarck (ON) **72** A2
Bissett (MB) **39** B7
Bissett Creek (ON) **54** B1
Bittern Lake (AB) **20** C1
Bittern Lake (SK) **21** C9
Bitumount (AB) **10** C2-3
Bjorkdale (SK) **37** A8
Black Bank (ON) **67** B3
Black Bay (ON) **61** B4
Black Creek (BC) **32** D5
Black Creek (ON) **69** C3-4
Black Diamond (AB) **35** C7
Black Donald (ON) **62** B2
Black Duck Brook (NL) **47** C9-10
Black Lake (QC) **57** B4
Black Lake (SK) **10** B6
Black River (MB) **38** C6
Black Water (ON) **68** B1
Blackfalds (AB) **35** A8
Blackheath (ON) **72** A2
Blackie (AB) **35** C8
Blackpool (BC) **33** B10
Blacks Corners (ON) **62** B2-3
Blacks Harbour (NB) **74** D3
Blackstock (ON) **68** B2
Blackville (NB) **74** A5
Bladworth (SK) **36** B5-6
Blaine Lake (SK) **10** E5
Blainville (QC) **63** B5
Blair (ON) **67** C3
Blairmore (AB) **35** D7
Blairton (ON) **68** B3
Blakeney (ON) **62** B2
Blanc Sablon (QC) **31** D8-9
Blanche (QC) **63** B3
Blenheim (ON) **70** B2
Blind Channel (BC) **32** C5
Blind River (ON) **51** B4
Bliss Landing (BC) **32/33** C6
Blockstone Lake (ON) **60** B2
Bloedel (BC) **32** C5
Bloodvein (MB) **38** B6
Bloomfield (ON) **69** C3
Bloomingdate (ON) **67** C3
Blossom Park (ON) **62** B3
Blubber Bay (BC) **33** D6
Blue Point (ON) **70** A2
Blue Ridge (AB) **19** B9
Blue River (BC) **18** D5
Blue Sea (QC) **55** B3-4
Blueberry Mountain (AB) **18** A5-6
Bluevale (ON) **66** C2
Bluewater Beach (ON) **60** C1
Bluffton (AB) **19** D10
Blumenhof (SK) **36** C4
Blumenthal (SK) **21** D8
Blyth (ON) **66** C2
Blytheswood (ON) **70** B2
Boat Basin (BC) **32** D4
Bob Quinn Lake (BC) **8** D6
Bobcaygeon (ON) **68** B2
Bochart (QC) **44** B4
Bodmin (SK) **10** E5
Bodo (AB) **20** D4
Bognor (ON) **67** B3
Boiestown (NB) **74** B4
Boileau (QC) **63** B4
Boilleau (QC) **45** C6-7
Boisbriand (QC) **63** B5
Boischatel (QC) **58** B1
Bois-des-Filion (QC) **63/64** B5
Bois-Franc (QC) **55** B4
Boissevain (MB) **38** D2-3

Bolney (SK) 20 C 5
Bolsover (ON) 68 B 1
Bolton (ON) 67 C 4
Bon Echo (ON) 62 C 1
Bon Secours Beach (ON) 67 B 4
Bonanza (AB) 18 A 5
Bonarlaw (ON) 68 B 3
Bonaventure (QC) 46 C 3
Bonavista (NL) 49 C 7-8
Bond Head (ON) 67 B 4
Bond Head (ON) 68 C 2
Bonfield (ON) 53 B 3
Bonnechere (ON) 61 B 4
Bonnie Doone (ON) 70 A 2
Bonnyville (AB) 10 D 3
Bonsecours (QC) 64 B 2
Bonville (ON) 63 B 4
Borden (SK) 21 D 7
Borden-Carleton (PE) 76 B 1
Bornholm (ON) 66 C 2
Borups Corners (ON) 40 C 3
Boston (ON) 71 B 4
Boston Bar (BC) 33 D 9
Boston Creek (ON) 43 C 8
Boswell (BC) 34 D 5
Botha (AB) 35 A 9
Bothwell (ON) 71 B 3
Bothwell's Corners (ON) 59 C 3
Bottrel (AB) 35 B 7
Botwood (NL) 48 B 5
Boucherville (QC) 64 B 1
Bouchette (QC) 55 B 4
Bouchie Lake (BC) 18 C 2
Boulter (ON) 61 B 4
Bourget (ON) 63 B 3
Bow Island (AB) 35 D 10
Bowden (AB) 35 B 7
Bowers Beach (ON) 67 B 3
Bowman (QC) 62 B 3
Bowmanville (ON) 68 C 2
Bowser (BC) 33 D 6
Bowsman (MB) 22 D 3
Boyd (MB) 11 D 10
Boyle (AB) 10 D 2
Boylston (NS) 76 D 5-6
Boyne (AB) 20 B 3
Bracebridge (ON) 60 B 2
Bracken (SK) 36 D 3
Brackley Beach (PE) 75 B 10
Braddock (SK) 36 C 4
Bradford (ON) 67 B 4
Bradwell (SK) 36 B 5
Braeside (QC) 62 B 2
Bragg Creek (AB) 35 C 7
Brainard (AB) 9 E 11-12
Bralorne (BC) 33 C 8
Bramalea (ON) 67 C 4
Brampton (ON) 67 C 4
Branch (NL) 49 E 6-7
Branchton (ON) 67 C 3
Brandon (MB) 38 D 3
Brant (AB) 35 C 8
Brant (ON) 72 A 1
Brantford (ON) 71 A 4
Bras-d'Apic (QC) 58 B 2
Breakeyville (QC) 58 B 1
Brébeuf (QC) 56 B 1
Brechin (ON) 67 B 4
Breckenridge (QC) 62 B 3
Bredenbury (SK) 37 BC 9-10
Brent (ON) 53 B 4
Brent's Cove (NL) 48 B 5
Brentwood (ON) 67 B 4
Bresaylor (SK) 20 CD 6
Breslau (ON) 67 C 3
Breton (AB) 19 C 10
Breton Cove (NS) 77 AB 8
Breynat (AB) 10 D 2
Brickley (ON) 68 B 3
Bridesville (BC) 34 E 2-3
Bridgar (MB) 23 A 8
Bridge Lake (BC) 33 B 10
Bridgeford (SK) 36 C 5
Bridgenorth (ON) 68 B 2
Bridgetown (NS) 78 B 4
Bridgeville (QC) 46 C 4
Bridgewater (NS) 79 C 6
Briercrest (SK) 37 C 6
Brig Bay (NL) 31 D 8-9
Brigden (ON) 70 B 2
Brigham (QC) 64 B 2
Bright (ON) 67 C 3
Brighton (ON) 68 B 3
Brights Grove (ON) 70 A 2
Brightside (ON) 62 B 2
Brinston (ON) 63 C 3
Brisay (QC) 13 D 12
Brisbane (ON) 67 C 3
Bristol (NB) 74 B 1
Britannia (NL) 49 C 7
Britannia Beach (BC) 33 D 7
Britt (ON) 60 B 1
Britton (ON) 66 C 3
Broad Valley (MB) 38 C 5
Broadbent (ON) 60 B 2
Broadview (SK) 37 C 9
Brochet (MB) 11 C 8
Brockville (ON) 62 C 3
Brodhagen (ON) 66 C 2
Brokenhead (MB) 38 C 6
Bromont (QC) 64 B 2
Bromptonville (QC) 65 B 3
Bronte (ON) 72 A 2
Brookdale (MB) 38 C 3
Brookfield (NS) 75 D 10
Brooklin (ON) 68 C 2
Brooks (AB) 35 C 9-10
Brooks Mill (ON) 60/61 B 2-3
Brooksby (SK) 10 E 6
Brookville (ON) 67 C 3-4
Broomhill (MB) 37 D 10
Brossard (QC) 64 B 1
Brougham (ON) 68 C 1
Brouseville (ON) 63 C 3
Brown Hill (ON) 67 B 4
Brownfield (AB) 35 A 10
Brownsburg (QC) 63 B 4
Brownsville (ON) 71 B 4
Bruce Lake (ON) 39 C 9
Bruce Mines (ON) 50 B 3
Brucedale (ON) 67 C 3
Brucefield (ON) 66 C 2
Brudenell (ON) 61 B 4
Brule (AB) 19 C 6-7
Brunkild (MB) 38 D 5
Brunner (ON) 66 C 3
Bruno (SK) 21 D 9
Brussels (ON) 66 C 2
Brustol (QC) 62 B 2
Bryanston (ON) 71 A 3
Bryant (SK) 37 D 8
Bryson (QC) 62 B 2
Buchanan (SK) 37 B 8-9
Buchans (NL) 48 C 4
Buck Creek (AB) 19 C 9-10
Buck Lake (AB) 19 D 10
Buck Ridge (BC) 18 D 2
Buckhorn (ON) 61 C 3
Buckingham (QC) 63 B 3
Buckland (QC) 58 B 2
Buctouche (NB) 75 A 7
Budd (MB) 22 B 4
Buffalo (AB) 35 C 11
Buffalo Head Prairie (AB) 9 C 13-14
Buffalo Lake (AB) 18 A 6
Buffalo Narrows (SK) 10 D 4
Buick (BC) 9 D 11
Bulwer (QC) 65 B 3
Bulyea (SK) 37 BC 7
Burchell Lake (ON) 40 D 5
Burdett (AB) 35 D 10
Burditt Lake (ON) 40 D 2
Burford (ON) 71 A 4
Burgeo (NL) 48 D 3
Burgessville (ON) 71 A 4
Burgis (SK) 37 B 9
Burgoyne (ON) 66 B 2
Burin (NL) 49 D 5
Burketon (ON) 68 B 2
Burk's Falls (ON) 60 B 2
Burleigh Falls (ON) 61 C 3
Burlington (NL) 48 B 4-5
Burlington (ON) 72 A 2
Burmis (AB) 35 D 7
Burnaby (BC) 33 D 8
Burnady (ON) 72 B 2
Burns Lake (BC) 17 B 9
Burnside (NL) 49 C 7
Burnstown (ON) 62 B 2
Burnt Creek (QC) 29 A 8-9
Burnt Flat (BC) 34 D 4-5
Burnt Islands (NL) 48 D 2
Burr (SK) 21 D 9
Burritts Rapids (ON) 62 BC 3
Burstall (SK) 36 C 2
Burtch (ON) 71 A 4
Burton (BC) 34 D 4
Burwash Landing (YT) 8 B 2
Bury (QC) 65 B 3
Busby (AB) 10 E 1-2
Bushell (SK) 10 B 4
Butedale (BC) 16 C 6
Button (MB) 22 B 5-6
Buttonville (ON) 67 C 4
Buzwah (ON) 59 B 2
Byemoor (AB) 35 AB 9
Byng (ON) 72 B 2
Byng Inlet (ON) 60 B 1

C

Cabana (SK) 21 B 6
Cabano (QC) 45 D 9
Cabri (SK) 36 C 3
Cache Bay (ON) 52 B 2
Cache Creek (BC) 33 C 9
Cactus Lake (SK) 20 D 5
Cadillac (SK) 36 D 4
Cadogan (AB) 20 D 4
Cadomin (AB) 19 C 7
Caesarea (ON) 68 B 2
Cairngorm (ON) 71 B 3
Cairo (ON) 70/71 B 3
Caistor Centre (ON) 72 A 2
Caistorville (ON) 72 A 2
Calabogie (ON) 62 B 2
Calders Dock (MB) 38 B 6
Caledon (ON) 67 C 3-4
Caledon East (ON) 67 C 4
Caledonia (NS) 76 D 4
Caledonia (ON) 72 A 2
Calgary (AB) 35 BC 8
City Map 81
Caliper Lake (ON) 39 D 9
Calixa-Lavallee (QC) 64 B 1
Callander (ON) 53 B 3
Calling Lake (AB) 10 D 2
Calm Lake (ON) 40 D 3
Calmar (AB) 10 E 1-2
Calstock (ON) 42 B 3
Calton (ON) 71 B 4
Calumet (QC) 63 B 4
Camborne (ON) 68 B 2
Cambray (ON) 68 B 2
Cambridge (ON) 67 C 3
Camden East (ON) 69 B 4
Cameron (ON) 68 B 2
Cameron Falls (ON) 41 C 7
Camilla (ON) 67 B 3
Camlachie (ON) 70 A 2
Camp Robinson (ON) 39 C 9
Campbell River (BC) 32 C 5
Campbellcroft (ON) 68 B 2
Campbellford (ON) 68 B 3
Campbell's Bay (QC) 62 B 2
Camp-bellton (NB) 46 D 2
Campbellville (ON) 72 A 2
Campden (ON) 72 A 2
Camper (MB) 38 B 4
Camperville (MB) 38 B 2
Camrose (AB) 10 E 2
Canaan (NB) 75 B 6
Canal Flats (BC) 34 C 6
Canborough (ON) 72 A 2
Candiac (QC) 64 B 1
Candiac (SK) 37 C 8
Candle Lake (SK) 10 E 6
Cando (SK) 21 D 6
Canfield (ON) 72 B 2
Caniapiscan (QC) 13 D 12-13
Caniapiscau (QC) 28 A 6
Canim Lake (BC) 33 B 10
Canmore (AB) 34 B 6
Cannifton (ON) 68/69 B 3
Canning (NS) 75 D 8
Cannington (ON) 68 B 1
Canoe (BC) 34 C 2
Canoe Lake (SK) 21 A 6-7
Canoe River (BC) 18 D 5
Canora (SK) 37 B 9
Canos Narrows (SK) 10 D 4
Canso (NS) 77 D 7
Cantal (SK) 37 D 9-10
Cantley (QC) 62 B 3
Cantuar (SK) 36 C 3
Canwood (SK) 21 C 8
Canyon Creek (AB) 19 A 9
Canyon Hot Springs (BC) 34 B 4
Cap Chat (QC) 46 B 2
Cap Seize (QC) 46 C 2
Cap-aux-Meules (QC) 47 D 7
Cap-de-la-Madeleine (QC) 57 B 3
Cap-des-Rosiers (QC) 46 BC 4
Cape Anguille (NL) 47 D 9
Cape Broyle (NL) 49 D 8
Cape George (NS) 76 C 5
Cape Race (NL) 49 E 7-8
Cape Spear (NL) 49 B 8
Cape Tormentine (NB) 75 B 9
Caplan (QC) 46 C 3
Cap-o-Rouge (QC) 57 B 4
Capreol (ON) 52 B 2
Cap-Saint-Ignace (QC) 58 A 2
Cap-Tourmente (QC) 58 A 2
Caramat (ON) 41 C 9-10
Caraquet (NB) 46 D 4
Carberry (MB) 38 D 3
Carbon (AB) 35 B 8
Carbonear (NL) 49 D 7
Carcross (YT) 8 B 4
Cardale (MB) 38 C 2
Cardiff (ON) 61 B 3
Cardigan (PE) 76 B 3
Cardinal (MB) 38 D 4
Cardinal (ON) 63 C 3
Cardston (AB) 35 D 8
Cargill (ON) 66 B 2
Caribou (MB) 11 B 10
Caribou Falls (ON) 39 C 8
Carievale (SK) 37 D 10
Carignan (QC) 64 B 1
Carignan (QC) 57 A 3
Carillon (QC) 63 B 4
Carleton (NS) 78 C 3
Carleton (PE) 75 A 8
Carleton (QC) 46 C 2-3
Carleton Place (ON) 62 B 2
Carling (ON) 60 B 1
Carlingford (ON) 66 C 2
Carlisle (ON) 71 A 3
Carlisle (ON) 72 A 2
Carlow (ON) 66 C 2
Carlsbad Spring (ON) 63 B 3
Carlsruhe (ON) 66 B 2
Carluka (ON) 72 A 2
Carlyle (SK) 37 D 9
Carmacks (YT) 8 A 3
Carman (MB) 38 D 4-5
Carmangay (AB) 35 C 8-9
Carmanville (NL) 49 B 6
Carnarvon (ON) 61 B 3
Carnduff (SK) 37 D 9-10
Caroline (AB) 19 D 10
Carolside (AB) 35 B 10
Caron Brook (NB) 45 D 9
Carp (ON) 62 B 2
Carpenter (SK) 21 D 8-9
Carrot River (SK) 10 E 7
Carry The Kettle (SK) 37 C 8
Carrying Place (ON) 68 B 3
Carseland (AB) 35 C 8
Carstairs (AB) 35 B 7
Carthage (ON) 66 C 3
Cartier (ON) 52 B 1
Cartwright (MB) 38 D 3
Cartwright (NL) 15 E 7
Cartwright Junction (NL) 31 B 8
Carvel (AB) 10 E 1
Carway (AB) 35 D 8
Cascade (BC) 34 E 3
Casey (QC) 44 D 3
Caslan (AB) 20 B 2
Casselman (ON) 63 B 3-4
Cassiar (BC) 8 C 6-7
Castle Glen (ON) 67 B 3
Castleford (ON) 62 B 2
Castlegar (BC) 34 D 4
Castleton (ON) 68 B 3
Castor (AB) 35 A 9-10
Castors River (NL) 31 E 8
Cat Lake (ON) 24 D 3
Catalina (NL) 49 C 7-8
Catchacoma (ON) 61 C 3
Cater (SK) 21 C 6-7
Cathcart (ON) 71 A 4
Catherwood (SK) 36 B 4
Causapscal (QC) 46 C 1-2
Cavan (ON) 68 B 2
Cavell (ON) 41 B 8
Cavell (SK) 20 D 6
Cavers (ON) 41 D 8
Cawaja Beach (ON) 60 C 1
Cawston (BC) 34 D 2
Caydosh Creek (BC) 33 C 9
Cayer (MB) 38 B 3
Cayuga (ON) 72 B 2
Cayuse (BC) 33 E 6
Cazaville (QC) 63 B 4
Ceba (SK) 22 C 2
Cecebe (ON) 60 B 2
Cedar (BC) 33 D 7
Cedar Beach (ON) 70 C 2
Cedar Mills (ON) 67 C 4
Cedar Point (ON) 60 C 1
Cedar Springs (ON) 70 B 2
Cedar Valley (ON) 68 B 2
Cedarhurst Park (ON) 70 B 2
Cedarvale (BC) 16 A 6
Cedoux (SK) 37 D 8
Central Butte (SK) 36 C 5
Central La Grande (QC) 13 E 11
Centralia (ON) 66 C 2
Centre Dummer (ON) 68 B 2-3
Centreton (ON) 68 B 2
Centreville (ON) 69 B 4
Centreville (ON) 71 A 4
Cereal (AB) 35 B 11
Cessford (AB) 35 C 10
Ceylon (ON) 67 B 3
Ceylon (SK) 37 D 7
Chaffeys Locks (ON) 62 C 2
Chalk River (ON) 54 B 2
Chamberlain (SK) 36/37 C 6
Chambers Corners (ON) 72 B 2
Chambly (QC) 64 B 1
Chambord (QC) 45 C 5-6
Chamiss Bay (BC) 32 C 3
Champagne (YT) 8 B 3-4
Champion (AB) 35 C 8
Champlain (QC) 57 B 3
Chandler (QC) 46 C 4
Channel-Port-aux-Basques (NL) 47 D 9-10
Chantry (ON) 62 C 2
Chapais (QC) 44 B 3
Chapleau (ON) 42 D 4
Chaplin (SK) 36 C 5
Charette (QC) 57 B 3
Charing Cross (ON) 70 B 2
Charlemagne (QC) 64 B 1
Charles (MB) 11 D 8
Charleston (ON) 62 C 3
Charlesville (NS) 78 D 3
Charlo (NB) 46 D 2
Charlottetown (NL) 15 E 7
Charlottetown (PE) 75 B 10
Charny (QC) 58 B 1
Charteris (QC) 62 B 2
Chartierville (QC) 65 B 3
Chase (BC) 34 C 2
Chasm (BC) 33 B 9
Châteauguay (QC) 64 B 1
Château-Richer (QC) 58 AB 1
Chatfield (MB) 38 C 5
Chatham (NB) 74/75 A 6
Chatham (ON) 70 B 2
Chatham (QC) 63 B 4
Chatsworth (ON) 66 B 3
Chazel (QC) 43 C 8-9
Cheakamus (BC) 33 D 7
Cheapside (ON) 72 B 1-2
Chelan (SK) 37 A 8
Chelmsford (ON) 52 B 1
Chelsea (QC) 62 B 3
Cheltenham (ON) 67 C 3-4
Chemawawin (MB) 22 D 5
Chemong (SK) 11 E 7-8
Chenaux (ON) 62 B 2
Chénéville (QC) 63 B 3
Cheney (ON) 63 B 3
Chepstow (ON) 66 B 2
Cherhill (AB) 10 E 1
Cherry River (QC) 64 B 2
Cherry Valley (ON) 69 C 3
Cherryville (BC) 34 C 3
Chertsey (QC) 56 B 2
Chesley (ON) 66 B 2
Chester (NS) 79 B 6
Chesterfield Bridge (SK) 36 C 2
Chesterfield Inlet (NU) 5 D 15-16
Chestermere (AB) 35 B 8
Chesterville (ON) 63 B 3
Chesterville (QC) 65 B 3
Chéticamp (NS) 77 A 6-7
Chetwynd (BC) 9 E 11
Cheverie (NS) 75 D 8
Chevery (QC) 47 A 9
Chezacut (BC) 17 D 10
Chibougamau (QC) 44 B 3
Chicotte (QC) 46/47 B 5
Chicoutimi (QC) 45 C 6-7
Chilanko Forks (BC) 17 D 10
Chilco Lake (BC) 33 B 6
Chilliwack (BC) 33 D 9
Chipman (AB) 10 E 2
Chipman (NB) 74 B 5
Chippawa (ON) 72 A 2-3
Chisasibi (QC) 13 E 8
Chisel Lake (MB) 22 B 4
Chisholm (AB) 19 B 10
Chiswick (ON) 53 B 3
Chitek Lake (SK) 10 E 4-5
Choiceland (SK) 10 E 6
Chorney Beach (SK) 37 B 8
Christian Island (ON) 60 C 1
Christies Corners (ON) 67 C 3
Christopher Lake (SK) 21 C 8-9
Churchbridge (SK) 37 C 9-10
Churchill (MB) 11 B 11-12
Churchill (ON) 67 B 4
Churchill Falls (NL) 14 E 3-4
Chute-des-Passes (QC) 5 B 6
Chute-Saint-Philippe (QC) 55 B 4
Chutine Landing (BC) 8 D 6
City (AB) 35 D 9
Clair (NB) 45 D 9
Clair (SK) 37 B 7
Clairmont (AB) 18 A 6
Clandboye (ON) 71 A 3
Clandonald (AB) 20 C 4
Clappison's Corners (ON) 67 C 3-4
Claremont (ON) 68 C 1
Clarence (ON) 63 B 3
Clarence Creek (ON) 63 B 3
Clarendon Station (ON) 62 C 2
Clarenville (NL) 49 C 6
Claresholm (AB) 35 C 8
Clarina (ON) 68 B 2
Clark's Harbour (NS) 78 E 3
Clarke City (QC) 46 A 2
Clarke's Corners (ON) 59 B 2
Clarkleigh (MB) 38 C 5
Clarksburg (ON) 67 B 3
Clarkson (ON) 72 A 2
Clashmoor (SK) 37 A 7-8
Clavering (ON) 59 C 2
Clavet (SK) 36 B 5
Claybank (SK) 37 C 6
Claydon (SK) 36 D 2-3
Clayton (ON) 62 B 2
Clear Creek (ON) 71 B 4
Clear Lake (ON) 60 B 2
Clear Prairie (AB) 9 D 12
Cleardale (AB) 9 D 12
Clearwater (BC) 33 B 10
Clemens (SK) 21 D 10
Clifford (ON) 66 C 3
Climax (SK) 36 D 3
Clinton (BC) 33 B 9
Clinton (ON) 66 C 2
Cloan (SK) 20 D 6
Cloridorme (QC) 46 B 4
Cloud Bay (ON) 41 D 6
Clouston (SK) 21 C 8-9
Cloutier (QC) 43 D 8
Clova (QC) 44 C 2
Cloyne (ON) 62 C 1
Cluff Lake Mine (SK) 10 B 4
Cluny (AB) 35 C 9
Cluto (ON) 43 B 6
Clyde (AB) 10 D 2
Clyde (ON) 67 C 3
Clyde River (NS) 78 D 4
Coal Branch (NB) 75 B 6
Coal River (BC) 9 C 8
Coaldale (AB) 35 D 9
Coalhurst (AB) 35 D 8-9
Coalspur (AB) 19 C 8
Coaticook (QC) 65 B 3
Coatsworth (ON) 70 B 2
Cobden (ON) 62 B 2
Coboconk (ON) 61 C 3
Cobourg (ON) 68 C 2
Cocagne (NB) 75 B 7
Cochenour (ON) 39 B 9
Cochrane (AB) 35 B 7
Cochrane (ON) 43 B 6
Coderre (SK) 36 C 5
Codes Corner (ON) 69 B 4
Codette (SK) 21 C 10-11
Codrington (ON) 68 B 3
Coe Hill (ON) 61 C 4
Coffee Creek (YT) 8 A 2
Colborne (ON) 68 B 3
Colchester (ON) 70 C 1-2
Cold Lake (AB) 10 D 3-4
Cold Springs (ON) 68 B 2
Coldstream (ON) 71 A 3
Coldwater (ON) 60 C 2
Coldwell (ON) 41 D 9
Cole Bay (SK) 10 D 4
Colebrook (ON) 69 B 4

Coleman (AB) 35 D7
Coleraine (QC) .... 65 B 3
Coles Island (NB) 74 C5
Coleville (SK) 36 B2
Colfax (SK) 37 D7-8
Colgate (SK) 37 D7-8
Colinet (NL) 49 D7
Colinton (AB) 20 B1
Collingwood (ON) .... 67 B 3
Collins Bay (ON) .... 69 B 4
Colombier (QC) 45 C8-9
Colpton (NS) 78 C5
Columbus (ON) .... 68 C 2
Colville Lake (NT) 3 C11
Colwood (BC) 33 E7
Comber (ON) .... 70 B 2
Combermere (ON) .... 61 B 4
Comet (ON) 70 B1
Comfort Bight (NL) 15 E8
Commanda (ON) .... 60 B 2
Como (QC) .... 63 B 4
Comox (BC) 32 D6
Compass (SK) 20 B6
Compeer (AB) 35 B11
Compton (QC) .... 65 B 3
Conception Bay South (NL) 49 D7-8
Conche (NL) 31 E10
Conestogo (ON) .... 67 C 3
Congress (SK) 36 D5
Coniston (ON) .... 52 B 2
Conklin (AB) 10 D3
Conmee (ON) 41 D6
Conn (ON) .... 67 C 3
Conne River (NL) 48 D5
Connor (ON) .... 67 C 4
Consecon (ON) .... 68 C 3
Consort (AB) 20 D4
Constance Lake (ON) .42 B3
Consul (SK) 36 D2
Contrecoeur (QC) .... 64 B 1
Conway (ON) .... 69 B 4
Cook Mills (ON) .... 53 B 3
Cook's Harbour (NL) 31 D9-10
Cooking Lake (AB) 10 E2
Cookshire (QC) .... 65 B 3
Cookstown (ON) .... 67 B 4
Coomb's Cove (NL) 48 D5
Coombs (BC) 33 D6
Copeland (SK) 37 B7
Copenhagen (ON) .... 71 B 4
Copetown (ON) .... 67 C 3
Coppell (ON) 42 B3-4
Copper Cliff (ON) 52 B1
Copper Creek (BC) 33 C10
Copperkettle (ON) .... 59 C 2
Coppin's Corners (ON) 68 B1
Coral Harbour (NU) 6 C6
Corbeil (ON) .... 53 B 3
Corberrie (NS) 78 C3
Corbett (ON) .... 66 C 2
Corbetton (ON) .... 67 B 3
Corbin (BC) 35 D7
Cordove Mines (ON) . 68 B 3
Coriander (SK) 36 D4
Corinne (SK) 37 C7
Corinth (ON) .... 71 B 4
Cormorant (MB) 11 D8-9
Corner Brook (NL) 48 C2-3
Corning (SK) 37 D8-9
Cornwall (ON) .... 63 B 4
Cornwalls Square (NS) 75 D7-8
Coronach (SK) 36/37 D6
Coronation (AB) 35 A10
Corunna (ON) .... 70 B 2
Cosine (SK) 20 D5
Coteau Beach (SK) 36 B5
Coteau-du-Lac (QC) .... 63 B 4
Cote-Saint-Luc (QC) . 64 B1
Cotswold (ON) .... 66/67 C 3
Cottam (ON) .... 70 B 2
Cottonwood (BC) 18 C2
Coulson (ON) .... 60 C 2
Coulter (MB) 38 D1-2
Courcelles (QC) .... 65 B 4
Courtenay (BC) 32 D5
Courtice (ON) .... 68 C 2
Courtland (ON) .... 71 B 4
Courtright (ON) .... 70 B 2
Coutts (AB) 35 D9
Cove Beach (ON) .... 69 C 3
Cow Head (NL) 48 B2-3
Cowan (MB) 22 D4
Cowansville (QC) .... 64 B 2
Cox's Cove (NL) 48 B2-3
Coxvale (ON) .... 62 C 2
Crabtree (QC) .... 64 B 1
Craigend (AB) 10 D2
Craighurst (ON) .... 67 B 4
Craigleith (ON) .... 67 B 3
Craigmore (NS) 76 C5-6
Craigmyle (AB) 35 B9
Craik (SK) 37 B6
Cranberry Junction (BC) 8 E7
Cranberry Portage (MB) 11 D8
Cranbrook (BC) 34 D5-6
Cranbrook (ON) .... 66 C 2
Crane River (MB) 38 B3
Crane Valley (SK) .. 36/37 D6
Cranford (AB) 35 D9
Craven (SK) 37 C7
Crediton (ON) .... 66 C 2
Creelman (SK) 37 D8
Creemore (ON) .... 67 B 3
Cremona (AB) 35 B7
Crescent Spur (BC) 18 C4
Cressy (ON) .... 69 B 4
Crestomere (AB) . 19 D10-11
Creston (BC) 34 D5
Crestwynd (SK) 36/37 C6
Crewsons Corners (ON) .... 67 C 3
Crieff (ON) .... 67 C 3
Crofton (BC) 33 E7
Crofton (ON) .... 69 B 3
Cromarty (ON) .... 66 C 2
Cromarty (MB) 11 B11
Cromer (MB) 37 D10
Crooked Bay (ON) .... 60 C 2
Crooked Creek (AB) 19 A7
Crooked River (SK) 37 A8
Crookston (ON) .... 68/69 B 3
Croquè (NL) 31 D10
Crosby (ON) .... 62 C 2
Cross Lake (MB) 11 D10
Crossfield (AB) 35 B7-8
Crosshill (ON) .... 66/67 C 3
Croton (ON) .... 70 B 2
Crousetown (NS) 79 C5
Crow Head (NL) 49 B6
Crow Lake (ON) 39 D9
Crow Lake (ON) .... 62 C 2
Crown Hill (ON) .... 67 B 4
Croydon Station (BC) .18 C5
Cruikshank (ON) .... 59 C 2-3
Crumlin (ON) .... 71 A 3
Crysler (ON) .... 63 B 3
Crystal Beach (ON) .. 72 B 2
Crystal City (MB) 38 D4
Crystal Falls (ON) .... 53 B 3
Crystal Springs (ON) . 68 B 2
Crystal Springs (SK) ..21 D9
Cudworth (SK) 21 D9
Cullen (SK) 37 D9
Culloden (ON) .... 71 B 4
Cultus (ON) .... 71 B 4
Cumberland (BC) 32 D5-6
Cumberland (ON) .... 63 B 3
Cumberland (SK) 21 C10
Cumberland Beach (ON) .... 60 C 2
Cumberland House (SK) 11 DE7
Cupar (SK) 37 C7
Curran (ON) .... 63 B 4
Cushing (QC) .... 63 B 4
Cute-Panet (QC) .... 57 B 4
Cutler (ON) .... 51 B 4
Cymric (SK) 37 B7
Cynthia (AB) 19 C9
Czar (AB) 20 D4

D

D'Alembert (QC) 43 C8
D'Arcy (BC) 33 C8
Daaquam (QC) .... 58 B 2
Dacre (ON) .... 62 B 2
Dafoe (SK) 37 B7
Dain City (ON) .... 72 B 2
Dale (ON) .... 68 BC 2
Dalesville (QC) .... 63 B 4
Dalhousie (NB) 46 C2
Dalhousie Mills (ON) . 63 B 4
Dalkeith (ON) .... 63 B 4
Dallas (MB) 38 B5
Dalroy (AB) 35 B8
Dalrymble (ON) .... 60 C 2
Dalston (ON) .... 67 B 4
Dalton (ON) 42 C4
Dalum (AB) 35 B9
Damascus (ON) .... 67 C 3
Dana (SK) 21 D9
Danbury (SK) 22 D2
Danford Lake (QC) .... 62 B 2
Daniel's Harbour (NL) .48 A3
Danville (QC) .... 65 B 2
Dapp (AB) 19 B10-11
Darfield (BC) 34 B1-2
Darmody (SK) 36 C5
Dartford (ON) .... 68 B 3
Dartmouth (NS) 79 B7-8
Darwell (AB) 19 C10
Dashwood (ON) .... 66 C 2
Dauphin (MB) 38 B2-3
Dauphin River (MB) 38 B4
Davidson (QC) .... 62 B 2
Davidson (SK) 36 B6
Davis Intet (NL) 14 D5
Dawson Bay (MB) 22 CD3
Dawson City (YT) 2 D4
Dawson Creek (BC) 9 E11-12
Dawsons Landing (BC) 32 B3
Daysland (AB) 10 E2
De Bolt (AB) 19 A7
De Winton (AB) 35 C7
Deacon (ON) .... 61/62 B 4
Deadman's Bay (NL) 49 B7
Dealtown (ON) .... 70 B 2
Deanlea Beach (ON) .. 60 C1
Dease Lake (BC) 8 C7
Deauville (QC) .... 65 B 2
Debden (SK) 10 E5
Debert (NS) 75 D10
Debolt (AB) 9 E13
Déception (QC) 7 D10
Decewsville (ON) .... 72 B 2
Decker (MB) 38 C2
Decker Lake (BC) 17 B9
Deep River (ON) .... 54 B 2
Deer Lake (NL) 48 B3
Deer Lake (ON) .. 23 D10-11
Deerbrook (ON) .... 70 B 2
Deerwood (MB) 38 D4
Defoy (QC) .... 57 B 3
Dégelis (QC) 45 D9
Del Bonita (AB) 35 D9
Delacour (AB) 35 B8
Delaps Cove (NS) 78 B3
Delaware (ON) .... 71 B 3
Delburne (AB) 35 A8-9
Déléage (QC) .... 55 B 4
Deleau (MB) 38 D2
Delhi (ON) .... 71 B 4
Déline (NT) 3 D12
Delisle (QC) 45 C6
Delisle (SK) 36 B4-5
Delmas (SK) 20 D6
Delmer (ON) .... 71 B 4
Deloraine (MB) 38 D2
Deloro (ON) .... 68 B 3
Delson (QC) 64 B1
Delta (BC) 33 D7
Delta (ON) .... 62 C 2
Delta Beach (MB) 38 C4
Demaine (SK) 36 C4
Demers-Centre (QC) . 62 B1
Demmitt (AB) 18 A5
Denare Beach (SK) 22 B2
Denbeigh Point (MB) . 22 D5
Denbigh (ON) 62 B1
Denholm (QC) .... 62 B 3
Denholm (SK) 21 D6-7
Denman Island (BC) 32/33 D6
Denzil (SK) 20 D5
Dering (MB) 22 B4
Derwent (AB) 10 E3
Desbarats (ON) .... 50 B 3
Desboro (ON) .... 66 B 2
Deschaillons-Sur-St.-Laurent (QC) ....57 B 3-4
Deschambault (QC) 57 B 3-4
Deschambault Lake (SK) 10 D7
Descharme Lake (SK) .10 C4
Deseronto (ON) .... 69 B 3-4
Deshirdinsville (QC) .. 62 B1
Desmaraisville (QC) 44 B1
Despinassy (QC) 43 C10
Destruction Bay (YT) 8 B2
Dettah (NT) 4 D3-4
Deux Rivirès (ON) 54 B1
Deux-Montagnes (QC) 63 B 5
Devon (AB) 20 C1
Dewar Lake (SK) 36 B2
Dewberry (AB) 20 C4
Dewittville (QC) .... 63 B 4
Dezadeash (YT) 8 B3
Diamond (AB) 35 D9
Diavik Mine (NT) 4 C6
Didsbury (AB) 35 B7
Dieppe (NB) 75 B7
Digby (NS) 78 B3
Digges (MB) 11 B11
Dilke (SK) 37 C6
Dillon (ON) 60 B1
Dillon (SK) 20 A6
Dinorwic (ON) 40 C3
Dinsmore (SK) 36 B4
Dipper Harbour (NB) ..74 D4
Dipper Lake (SK) 21 A7
Disraeli (QC) .... 65 B 3
Divide (SK) 36 D2-3
Dixonville (AB) 9 D13
Dixville (QC) .... 65 B 3
Doaktown (NB) 74 A4
Dobbinton (ON) .... 66 B 2
Dodge Cove (BC) 16 B4
Dog Creek (BC) 33 B8
Dog Creek (MB) 38 C4
Dokis (ON) .... 52 B 2
Dolbeau (QC) 45 C5
Dollard (SK) 36 D3
Dome Creek (BC) 18 C4
Domorestville (ON) .. 69 B 3
Domremy (SK) 21 D9
Domville (ON) .... 62 C 3
Donald (BC) 34 B4
Donald (ON) .... 61 BC 3
Donald Landing (BC) ..17 B9
Donalda (AB) 35 A9
Donegal (ON) .... 66 C 3
Donkerron (ON) .... 67 B 4
Donnacona (QC) .... 57 B 4
Donnelly (AB) 9 E13
Donwood (ON) .... 68 B 2
Dorchester (ON) .... 71 AB 3
Doré Lake (SK) 10 D5
Dorintosh (SK) 10 D4
Dorion (ON) 41 D7
Dorking (ON) .... 66/67 C 3
Dorland (ON) .... 69 B 3-4
Dornoch (ON) .... 66 B 3
Dorothy (AB) 35 B9
Dorreen (BC) 8 E7
Dorset (ON) .... 61 B 3
Dorval (QC) .... 64 B 1
Dosquet (QC) .... 57 B 4
Dot (BC) 33 C9
Douglas (ON) .... 62 B 2
Douglastown (QC) 46 C4
Douro (ON) .... 68 B 2
Dover Centre (ON) .... 70 B 2
Dowling (ON) .... 52 B 1
Downtown (BC) 33 D7-8
Doyles (NL) 48 D1
Drake (SK) 37 B7
Drayton (ON) .... 67 C 3
Drayton Valley (AB) 19 C9
Dresden (ON) .... 70 B 2
Driftwood (BC) 9 E8
Driftwood (ON) 43 B6
Dromore (ON) .... 67 B 3
Drumbo (ON) .... 67 C 3
Drumheller (AB) 35 B9
Drummondville (QC) . 64 B 2
Drybrough (MB) 11 C8
Dryden (ON) 40 C3
Drylake (NL) 29 C10
Duart (ON) .... 71 B 3
Dublin (ON) .... 66 C 2
Dubreuilville (ON) 42 C3
Dubuc (SK) 37 C9
Duchesnay (QC) .... 57 B 4
Duchess (AB) 35 C10
Duck Bay (MB) 22 D4
Duck Lake (SK) 21 D8
Duck River (MB) 38 B2
Duclos (QC) .... 62 B 2
Duclos Point (ON) .... 67 B 4
Duffys Corner (NB) 74 B4
Dufrost (MB) 38 D5
Duhamel (QC) .... 55 B 4
Duncan (BC) 33 E7
Dunchurch (ON) .... 60 B 2
Dundalk (ON) .... 67 B 3
Dundas (ON) .... 72 A 2
Dundas (PE) 76 B4
Dundee (QC) .... 63 B 4
Dundela (ON) .... 63 C 3
Dundonald (ON) .... 68 B 3
Dundurn (SK) 36 B5
Dunedin (ON) .... 67 B 3
Dungannon (ON) .... 66 C 2
Dunham (QC) .... 64 B 2
Dunlop (MB) 22 B6
Dunlop (ON) .... 66 C 2
Dunmore (AB) 35 D11
Dunnville (ON) .... 72 B 2
Dunraven (ON) .... 62 B 2
Dunrobin (ON) .... 62 B 2
Dunsford (ON) .... 68 B 2
Dunster (BC) 18 C4-5
Duntroon (ON) .... 67 B 3
Dunvegan (AB) 9 E12
Dunvegan (ON) .... 63 B 4
Duparquet (QC) 43 C8
Duplin (QC) .... 65 B 3
Durban (MB) 37 B10
Durham (ON) .... 66/67 B 3
Durham-Sud (QC) .... 64 B 2
Dutton (ON) .... 71 B 3
Duttona Beach (ON) . 71 B 3
Duvernay (AB) 20 C3
Dwight (ON) .... 60/61 B 2-3
Dyce (MB) 22 B4
Dyer's Bay (ON) .... 59 B 2
Dyment (ON) 40 C3
Dysart (SK) 37 BC7-8

E

Eabametoong/Fort Hope (ON) 25 D6-7
Eades (ON) 43 C7-8
Eagle (ON) .... 71 B 3
Eagle Bay (BC) 34 C2-3
Eagle Creek (BC) 33 B10
Eagle Lake (ON) .... 61 B 3
Eagle Plains (YT) 2 C5
Eagle River (ON) 39 D9
Eaglesham (AB) 19 A6-7
Ear Falls (ON) 39 C9
Earl Grey (SK) 37 C7
Earls Cove (BC) 33 D7
Earlton (ON) 43 D8
East Aldfield (QC) .... 62 B 2
East Angus (QC) .... 65 B 3
East Braintree (MB) ..39 D7
East Broughton (QC) ....58 B 1-2
East Clifton (QC) .... 65 B 3
East Farnham (QC) .. 64 B 2
East Ferry (NS) 78 C2
East Gwillimbury (ON) 67 B 4
East Hereford (QC) .. 65 B 3
East Linton (ON) .... 59 C 3
East Richford (QC) .. 64 BC 2
Eastend (SK) 36 D3
Easterville (MB) 11 E9
Eastmain (QC) 27 C6
Eastman (QC) .... 64 B 2
Eastonscorners (ON) . 62 C 3
Eastport (BC) 34 E5
Eastwood (ON) .... 71 A 4
Eaton (QC) .... 65 B 3
Eatonia (SK) 36 B2
Eatonville (ON) ....70/71 B 3
Eau Claire (ON) .... 53 B 4
Ebenezer (SK) 37 B9
Eberts (ON) .... 70 B 2
Echo Bay (BC) 32 C4
Echo Bay (ON) .... 50 B 2
Echo Bay (SK) 21 C7
Eckville (AB) 19 D10
Ecoole (BC) 32 DE5
Edam (SK) 20 C6
Eddies Cove (NL) 31 D9
Eddystone (MB) 38 B3
Eden (MB) 38 C3
Eden (ON) .... 71 B 4
Eden Mills (ON) .... 67 C 3
Edenvale (ON) .... 67 B 4
Edenwold (SK) 37 C7
Edgar (ON) .... 67 B 4
Edgewater (BC) 34 C5
Edgewood (BC) 34 D3
Edmonton (AB) 10 E1-2
City Map 81
Edmundston (NB) 45 D9
Edrans (MB) 38 C3
Edson (AB) 19 C8
Edwards (ON) .... 63 B 3
Edys Mills (ON) .... 70 B 2
Effingham (ON) .... 72 A 2
Eganville (ON) 62 B1
Egmondville (ON) .... 66 C 2
Egremont (AB) 20 B1-2
Ekati Mine (NT) 4 C5
Elak Dase (SK) 21 A8
Elbow (SK) 36 B5
Elbow Lake (SK) 22 D3
Eldee (ON) .... 53 B 3
Elderbank (NS) 79 B8
Eldorado (ON) .... 61 C 4
Eldred (SK) 21 C8
Elfors (SK) 37 B8
Elfrida (ON) .... 72 A 2
Elgin (MB) 38 D2
Elgin (ON) .... 62 C 2
Elgin Mills (ON) .... 67 C 4
Elginburg (ON) .... 69 B 4
Elginfield (ON) .... 71 A 3
Elie (MB) 38 D5
Elimville (ON) .... 66 C 2
Elizabethville (ON) .... 68 B 2
Elk Lake (ON) 43 D7
Elk Point (AB) 10 E3
Elkford (BC) 35 C6-7
Elko (BC) 35 D6
Elkton (AB) 35 B7
Elkwater (AB) 36 D1
Elliot Lake (ON) .... 51 B 4
Ellscott (AB) 20 B2
Elm Creek (MB) 38 D5
Elma (MB) 39 D7
Elmira (ON) .... 67 C 3
Elmira (PE) 76 B4
Elmstead (ON) .... 70 B 2
Elmvale (ON) .... 60 C 2
Elmwood (ON) .... 66 B 2-3
Elmworth (AB) 18 A5
Elnora (AB) 35 AB8
Elora (ON) .... 67 C 3
Elphin (ON) .... 62 C 2
Elphinstone (MB) 38 C2
Elrose (SK) 36 B3
Elsa (YT) 2 E6
Elsas (ON) 42 C5
Elsinore (ON) .... 66 B 2
Elstow (SK) 36 B5-6
Embree (NL) 49 B5-6
Embro (ON) .... 71 A 4
Embrun (ON) .... 63 B 3
Emerald (ON) .... 69 B 4
Emerson (MB) 38 D5-6
Emo (ON) 40 D2
Empire (ON) .... 72 A 2
Empress (AB) 36 C1
Emsdale (ON) .... 60 B 2
Enchant (AB) 35 C9
Endako (BC) 17 B9
Endeavour (SK) 22 D2
Enderby (BC) 34 C2
Endiang (AB) 35 B9-10
Enfield (NS) 79 B8
Engen (BC) 17 B10
Enginee (BC) 8 C4
Englee (NL) 31 E9-10
Englehart (ON) 43 D8
English Harbour East (NL) 48/49 D5-6
English Harbour West (NL) 48 D5
English River (ON) .. 40 C4-5
Enilda (AB) 19 A8
Ennadai (NT) 11 A8
Ennett Turnerville (ON) .... 70 B 2
Enniskillen (ON) .... 68 B 2
Ennismore (ON) .... 68 B 2
Ennotville (ON) .... 67 C 3
Enterprise (NT) 9 B13
Enterprise (ON) .... 69 B 4
Entrance (AB) 19 C7
Entrelacs (QC) .... 56 B 1-2
Entwistle (AB) 10 E1
Environ (SK) 21 D7
Epsom (ON) 68 B1
Eramosa (ON) .... 67 C 3
Eric (QC) 29 D10
Erickson (MB) 38 C3
Erie (BC) 34 D4
Erie Beach (ON) .... 70 B 2-3
Erieau (ON) .... 70 B 3
Eriksdale (MB) 38 C4-5
Erin (ON) .... 67 C 3
Erinferry (SK) 21 C7
Erinsville (ON) .... 69 B 3
Erinview (MB) 38 C5
Ernest (SK) 36 B5
Ernestown (ON) .... 69 B 4
Erwood (SK) 22 D2
Escott (ON) .... 69 B 5
Escuminac (NB) 75 A7
Esker (NL) 14 E2
Espanola (ON) 52 B1
Essex (ON) .... 70 B 2
Essonville (ON) .... 61 C 3
Estaire (ON) .... 52 B 2
Estérel (QC) ....56 B 1-2
Esterhazy (SK) 37 C9-10
Estevan (SK) 37 D8-9

Esther (AB) 35 B 11
Estlin (SK) 37 C 7
Estmere (NS) 77 C 6-7
Eston (SK) 36 B 3
Estuary (SK) 36 C 1-2
Étamamiou (QC) 47 A 9
Ethel (ON) 66 C 2
Ethelbert (MB) 38 B 2
Etobicoke (ON) 72 A 2
Eton Rugby (ON) 39 D 9-10
Etter's Beach (SK) 37 B 6
Ettington (SK) 36 D 5
Etzikom (AB) 35 D 10-11
Eugenia (ON) 67 B 3
Évain (QC) 43 C 8
Evandale (NB) 74 C 4
Evansville (ON) 51 C 4
Everett (ON) 67 B 4
Everton (ON) 67 C 3
Evesham (SK) 20 D 5
Exeter (ON) 66 C 2
Exshaw (AB) 34/35 B 6
Exstew (BC) 16 B 5
Eyebrow (SK) 36 C 5

F

Fabre (QC) 43 D 8
Fabre (QC) 53 A 3
Faden (NL) 14 D 2
Fair Harbour (BC) 32 C 3-4
Fair Haven (NL) 49 D 6-7
Fairford (MB) 38 B 4
Fairground (ON) 71 B 4
Fairholme (ON) 60 B 2
Fairisle (NB) 46 D 3
Fairlight (SK) 37 D 10
Fairmont Hot Springs (BC) 34 C 6
Fairview (AB) 9 D 12
Falcon Lake (MB) 39 D 7
Falher (AB) 9 E 13
Falkland (BC) 34 C 2
Falkland (ON) 71 A 4
Fallbrook (ON) 62 C 2
False Bay (BC) 33 D 6
Falun (AB) 35 A 8
Fannystelle (MB) 38 D 5
Farewell (NL) 49 B 6
Farewell (ON) 66/67 C 3
Farley (QC) 55 B 4
Farmington (BC) 18 A 4
Farnham (QC) 64 B 2
Farnham Centre (QC) 64 B 2
Faro (YT) 8 A 5
Farrellton (QC) 62 B 3
Fassett (QC) 63 B 4
Fassifern (ON) 63 B 4
Faulkner (MB) 38 B 4
Fauquier (BC) 34 D 4
Faust (AB) 19 A 9
Fawcett (AB) 10 D 1-2
Fawcett Lake (AB) 20 A 1
Fawcettville (ON) 69 B 3
Fay Lake (MB) 22 AB 3-4
Featherstone Point (ON) 72 B 2
Fenella (ON) 68 B 2
Fenelon Falls (ON) 68 B 2
Fenn (AB) 35 A 9
Fennell (ON) 67 B 4
Fenton (SK) 21 C 9
Fenwick (ON) 72 A 2
Fergus (ON) 67 C 3
Ferintosh (AB) 35 A 8
Ferland (ON) 41 B 7
Ferland (SK) 36 D 5
Ferme-Neuve (QC) 55 B 4
Fermeuse (NL) 49 E 8
Fermont (QC) 29 C 8-9
Ferndale (ON) 59 C 2
Fernie (BC) 35 D 6-7
Fernleigh (ON) 62 C 2
Fesserton (ON) 60 C 2
Feudal (SK) 36 B 4
Feversham (ON) 67 B 3
Field (BC) 34 B 5
Fielding (SK) 21 D 7
Fiele (ON) 53 B 3
Fillmore (SK) 37 D 8
Finch (ON) 63 B 3
Findlater (SK) 37 C 6
Fingal (ON) 71 B 3
Finlay Forks (BC) 9 E 9-10
Finmark (ON) 41 D 6
Finnegan (AB) 35 B 9
Fire River (ON) 42 C 4
Firvale (BC) 17 D 8
Firzroy Harbour (ON) 62 B 2
Fischells (NL) 48 C 2
Fisher Branch (MB) 38 B 5
Fisher River (MB) 38 B 5
Fishermans Harbour (NS) 76 D 5-6
Fishers Home (AB) 19 C 10
Fisherville (ON) 72 B 2
Fiske (SK) 36 B 3
Fitch Bay (QC) 64 B 2
Five Islands (NS) 75 D 8-9
Fiverton (NS) 78 C 2
Flamboro Centre (ON) 72 A 2
Flanders (ON) 40 D 3-5
Flat River (PE) 76 B 3
Flat Valley (SK) 20 B 5
Flatbush (AB) 19 B 10-11
Flathead (BC) 35 D 7
Fleet (AB) 35 A 10
Flesherton (ON) 67 B 3
Fletcher (ON) 70 B 2
Fleur de Lys (NL) 48 A 4-5
Fleurimont (QC) 65 B 3
Flin Flon (MB) 11 D 8
Flinton (ON) 62 C 1
Floradale (ON) 67 C 3
Floral (SK) 21 D 8
Florence (ON) 70 B 2
Flower Station (ON) 62 B 2
Flowing Well (SK) 36 C 5
Foam Lake (SK) 37 B 8
Fogo (NL) 49 B 6
Foisy (AB) 20 C 3
Foldens (ON) 71 A 4
Foleyet (ON) 42 C 5
Fond-du-Lac (SK) 10 B 5
Fontainebleau (QC) 65 B 3
Fontanges (QC) 13 D 12
Fontanges (QC) 28 A 5
Fontas (BC) 9 C 11
Fonthill (ON) 72 A 2
Foothills (AB) 19 C 8
Foot's Bay (ON) 60 B 2
Fordwich (ON) 66 C 2-3
Foremost (AB) 35 D 10
Forest (ON) 70 A 3
Forest Estates (ON) 71 A 4
Forest Gate (SK) 21 C 9
Forest Grove (BC) 33 B 9
Forest Home (ON) 67 B 4
Forest Mills (ON) 69 B 3
Forestburg (AB) 35 A 9-10
Foresters Falls (ON) 62 B 2
Forestville (ON) 71 B 4
Forestville (QC) 45 C 8-9
Forfar (ON) 62 C 2
Fork Lake (AB) 10 D 3
Fork River (MB) 38 B 2
Formosa (ON) 66 B 2
Forsythe (QC) 44 C 1
Fort Albany (ON) 26 C 3
Fort Alexander (MB) 38/39 C 6-7
Fort Assiniboine (AB) 10 D 1
Fort Babine (BC) 17 A 8
Fort Black (SK) 10 D 5
Fort Chipenwyan (AB) 10 B 3
Fort Churchill (MB) 11 B 12
Fort Collinson (NT) 3 A 15
Fort Erie (ON) 72 B 3
Fort Frances (ON) 40 D 2
Fort Fraser (BC) 17 B 10
Fort George (QC) 13 E 8
Fort Good Hope (NT) 2 C 9
Fort Hall (MB) 11 B 8
Fort Irwin (ON) 61 B 3
Fort Liard (NT) 9 B 10
Fort Macleod (AB) 35 D 8
Fort McKay (AB) 10 C 3
Fort McMurray (AB) 10 C 3
Fort McPherson/ Tetl'it Zheh (NT) 2 C 6-7
Fort Nelson (BC) 9 C 10
Fort Providence (NT) 9 B 12-13
Fort Qu'Appelle (SK) 37 C 8
Fort Resolution (NT) 9 B 14-15
Fort Saint James (BC) 17 A 10-11
Fort Saint John (BC) 9 D 11
Fort San (SK) 37 C 7-8
Fort Saskatchewan (AB) 10 E 1-2
Fort Severn (ON) 12 C 3-4
Fort Simpson (NT) 9 B 11
Fort Smith (NT) 10 A 3
Fort Steele (BC) 34 D 6
Fort Vermilion (AB) 9 C 13
Fort Ware (BC) 9 D 9
Fort William (QC) 62 B 1
Fort-Coulonge (QC) 62 B 2
Forteau (NL) 31 D 9
Forthton (ON) 62 C 3
Fortierville (QC) 57 B 4
Fortune (NL) 48 D 5
Fortune Harbour (NL) 48/49 B 5-6
Fossmill (ON) 53 B 3
Fosston (SK) 37 A 7-8
Foster (QC) 64 B 2
Fosterville (NB) 74 C 1
Fountain Valley (BC) 33 C 9
Fournier (ON) 63 B 4
Fowlers Corners (ON) 68 B 2
Fox Creek (AB) 19 B 7-8
Fox Island River (NL) 48 C 2
Fox Lake (AB) 10 B 1-2
Fox Mine (MB) 11 C 8
Fox Point (SK) 21 B 9-10
Fox Valley (SK) 36 C 2
Foxboro (ON) 68 B 3
Foxford (SK) 21 C 9
Fox's Corners (ON) 68 B 2
Foymount (ON) 62 B 1
Frampton (QC) 58 B 2
Francis (SK) 37 C 8
Francis Harbour (NL) 31 C 10
François (NL) 48 D 3-4
François Lake (BC) 17 B 9
Franklin (QC) 63 B 5
Franklin Beach (ON) 67 B 4
Franktown (ON) 62 B 2-3
Frankville (ON) 62 C 3
Franz (ON) 42 C 3
Fraser Lake (BC) 17 B 10
Fraserdale (ON) 42 B 6
Fraserwood (MB) 38 C 5
Frater (ON) 42 D 3
Frater (ON) 50 A 2
Fredericton (NB) 74 C 3-4
Freelton (ON) 67 C 3
Freemont (SK) 20 D 5
Freeport (NS) 78 C 2
Frelighsburg (QC) 64 B 2
French Cove (NL) 31 E 10
French River (ON) 52 B 2
Frenchmann Butte (SK) 20 C 5
Frenchville (SK) 36 D 4
Freshford (MB) 22 C 3-4
Froatburn (ON) 63 C 3
Frobisher (SK) 37 D 9
Frog Lake (AB) 20 C 4
Frogmore (ON) 71 B 4
Frome (ON) 71 B 3
Frontenac (QC) 65 B 4
Frontier (SK) 36 D 3
Froomfield (ON) 70 B 2
Fruitland (ON) 72 A 2
Fruitvale (BC) 34 D 4
Fugèreville (QC) 43 D 8-9
Fulda (SK) 21 D 9
Fulford (BC) 33 E 7
Fulford (QC) 64 B 2
Fullarton (ON) 66 C 2
Furnace Falls (ON) 61 C 3
Furness (AB) 20 C 4
Fusilier (SK) 36 B 2

G

Gabarus (NS) 77 C 8
Gabriola (BC) 33 D 7
Gads Hill (ON) 66 C 3
Gadsby (AB) 35 A 9
Gagnon (QC) 29 D 7-8
Gainsborough (SK) 37 D 10
Galbraith (BC) 8 C 5-6
Galena Bay (BC) 34 C 4
Galetta (ON) 62 B 2
Galiano (BC) 33 E 7
Galilee (SK) 36/37 D 6
Gallivan (SK) 20 D 6
Gambo (NL) 49 C 6
Gamebridge (ON) 67 B 4
Gameti/Rae Lakes (NT) 3 D 15
Gananoque (ON) 69 B 4
Gander (NL) 49 C 6
Gander Bay (NL) 49 B 6
Garden Hill (MB) 23 C 10
Garden Hill (ON) 68 B 2
Garden Village (ON) 53 B 3
Gardenville (ON) 68 B 3
Gardiner (ON) 43 B 7
Garibaldi (BC) 33 D 7-8
Garibaldi Estates (BC) 33 D 7-8
Garland (MB) 38 B 2
Garnich (NL) 48 D 5
Gascoigne (SK) 36 C 2
Gasline (ON) 72 B 2
Gaspé (QC) 46 C 4
City Map 81
Gastpart (NL) 49 C 7
Gatineau (QC) 62/63 B 3
Gaultois (NL) 48 D 5
Gelert (ON) 61 C 3
Gem (AB) 35 C 9
Genesee (AB) 19 C 10
Gentilly (QC) 57 B 3
Georgetown (ON) 67 C 4
Georgetown (PE) 76 B 3-4
Georgeville (QC) 64 B 2
Georgian Beach (ON) 60 C 1
Georgina (ON) 67 B 4
Gerald (SK) 37 C 10
Geraldton (ON) 41 C 8
Germansen Landing (BC) 9 E 9
Gesto (ON) 70 B 2
Ghost River (ON) 40 B 4
Gibbons (AB) 10 E 2
Gibsons (BC) 33 D 7
Gift Lake (AB) 9 E 13-14
Gilbert Plains (MB) 38 B 2
Gilford (ON) 67 B 4
Gillam (MB) 11 C 11
Gillies Bay (BC) 33 D 6
Gilmour (ON) 61 C 4
Gimli (MB) 38 C 6
Gingolx (BC) 8 E 7
Gingolx/Kincolith (BC) 16 A 5
Girardville (QC) 44 B 5
Girouxville (AB) 19 A 7
Gitwinksihlkw (BC) 16 D 5
Gjoa Haven/Uqsuqtunq (NU) 5 A 12-13
Glace Bay (NS) 77 B 9
Glacier (BC) 34 B 4
Gladstone (MB) 38 C 3-4
Gladstone (ON) 71 B 3
Glammis (ON) 66 B 2
Glanworth (ON) 71 B 3
Glaslyn (SK) 10 E 4-5
Gleichen (AB) 35 C 8
Glen Aldea (ON) 61 C 4
Glen Allan (ON) 67 C 3
Glen Becker (ON) 63 C 3
Glen Cairn (ON) 62 B 3
Glen Cross (ON) 67 BC 3-4
Glen Harbour (SK) 37 C 6-7
Glen Huron (ON) 67 B 3
Glen Kerr (SK) 36 C 4-5
Glen McPherson (SK) 36 D 4
Glen Meyer (ON) 71 B 4
Glen Miller (ON) 68 B 3
Glen Morris (ON) 67 C 3
Glen Nevis (ON) 63 B 4
Glen Orchard (ON) 60 B 2
Glen Robertson (ON) 63 B 4
Glen Ross (ON) 68 B 3
Glen Sutton (QC) 64 B 2
Glen Walter (ON) 63 B 4
Glen Williams (ON) 72 A 2
Glenarm (ON) 68 B 2
Glenbain (SK) 36 D 4
Glenboro (MB) 38 D 3
Glenboyle (YT) 2 E 4
Glencairn (ON) 67 B 4
Glencoe (ON) 71 B 3
Glendale Cove (BC) 32 C 5
Glenella (MB) 38 C 3
Glenholme (NS) 75 D 9
Glenmount (ON) 60/61 B 2-3
Glenora (BC) 8 D 6
Glenora (ON) 69 B 3
Glenorchy (ON) 40 D 3
GlenTay (ON) 62 C 2
Glentworth (SK) 36 D 5
Glenwood (NL) 49 B 6
Glidden (SK) 36 B 2-3
Gloucester (ON) 62/63 B 3
Glovertown (NL) 49 C 6
Gobles (ON) 71 A 4
Godbout (QC) 46 B 1
Goderich (ON) 66 C 2
Godfrey (ON) 62 C 2
Gods Lake (MB) 23 B 10-11
Gods Lake Narrows (MB) 11 D 11-12
Gods River (MB) 23 B 11
Gogama (ON) 42/43 D 6
Gold Bar (BC) 9 D 10
Gold Bridge (BC) 33 C 7-8
Gold Centre (ON) 43 C 6
Gold River (BC) 32 D 4
Gold Rock (ON) 40 C 3
Golden (BC) 34 B 5
Golden Lake (ON) 62 B 1
Golden Prairie (SK) 36 C 2
Golden Valley (ON) 60 B 2
Goldpines (ON) 39 C 9
Goldstone (ON) 67 C 3
Golspie (ON) 71 A 4
Goobies (NL) 49 D 6
Good Hope (BC) 32 B 3
Good Hope Lake (BC) 8 C 7
Gooderham (ON) 61 C 3
Goodeve (SK) 37 B 8-9
Goodridge (AB) 20 B 3
Goodsoil (SK) 10 D 4
Goodwin (AB) 9 E 12-13
Goodwin Corner (AB) 19 A 6
Goodwood (ON) 67 B 4
Goose Bay (BC) 32 B 3
Goose Cove (NL) 31 D 10
Goose Cove (NL) 49 D 6-7
Gordon (SK) 37 B 7
Gordon Bay (ON) 60 B 2
Gore Bay (ON) 51 C 4
Gores Landing (ON) 68 B 2
Gormley (ON) 67 C 4
Gorrie (ON) 66 C 2
Goshen (NS) 76 D 5
Gosnell (BC) 18 D 5
Gosport (ON) 69 B 3-4
Goudreau (ON) 42 C 3
Gould (QC) 65 B 3
Gouldtown (SK) 36 C 4
Goulzis Bay (ON) 50 B 2
Govenlock (SK) 36 D 2
Government Landing (ON) 40 D 2
Gowanstown (ON) 66 C 2-3
Gowganda (ON) 43 D 7
Gracefield (QC) 55 B 3-4
Grady Harbour (NL) 15 E 7
Grafton (ON) 68 C 2-3
Graham (ON) 40 C 5
Graham Corner (NB) 74 C 1
Grahamdate (MB) 38 B 4
Granby (QC) 64 B 2
Grand Bank (NL) 48 D 5
Grand Bay Westfield (NB) 74 D 4
Grand Beach (MB) 38 C 6
Grand Beach (NL) 48 D 5
Grand Bend (ON) 66 C 2
Grand Bruit (NL) 48 D 2
Grand Centre (AB) 20 B 4
Grand Falls (NB) 46 D 1
Grand Falls-Windsor (NL) 48 C 5
Grand Forks (BC) 34 D 3
Grand le Pierre (NL) 49 D 6
Grand Rapids (MB) 11 E 9
Grand River (NS) 77 C 7
Grand Valley (ON) 67 C 3
Grande Cache (AB) 18 C 5
Grande Pointe (ON) 70 B 2
Grande Prairie (AB) 9 E 12
Grande-Anse (QC) 57 A 3
Grande-Entrée (QC) 47 D 7
Grande-Île (QC) 63 B 4
Grande-Rivière (QC) 46 C 4
Grandes-Piles (QC) 57 B 3
Grande-Vallée (QC) 46 B 3
Grand-Lac-Victoria (QC) 54 A 2
Grand-Mère (QC) 57 B 3
Grandmother's Bay (SK) 21 A 10
Grandois (NL) 31 D 10
Grandora (SK) 21 D 7-8
Grand-Remous (QC) 55 B 4
Grandview (MB) 38 B 2
Granisle (BC) 9 E 8
Granite Bay (BC) 32 C 5
Graniteville (QC) 64 B 2
Granum (AB) 35 D 8
Grasmere (BC) 35 D 6-7
Grassie Fulton (ON) 72 A 2
Grassland (AB) 10 D 2
Grassmere (ON) 60 B 2
Grassy Lake (AB) 35 D 10
Grassy Narrows (ON) 39 C 8-9
Grassy Plains (BC) 17 C 9
Grates Cove (NL) 49 C 8
Gravel Hill (ON) 63 B 4
Gravelbourg (SK) 36 D 5
Gravelle (BC) 18 D 2
Gravenhurst (ON) 60 C 2
Great Brehat (NL) 31 D 10
Great Harbour Deep (NL) 48 A 4
Greeces Point (QC) 63 B 4
Greely (ON) 63 B 3
Green (ON) 41 B 7
Green Acres (SK) 21 C 9
Green Court (AB) 19 B 9
Green Lake (SK) 10 D 5
Green Lane (ON) 63 B 4
Green Valley (ON) 63 B 4
Greenan (SK) 36 B 3
Greenbank (ON) 68 B 1
Greenbush (ON) 62 C 3
Greenbush (SK) 22 D 2
Greenfield (NS) 78 C 5
Greenfield (ON) 63 B 4
Greenock (ON) 66 B 2
Greens Corner (ON) 71 B 4
Greensville (ON) 67 C 3-4
Greenway (ON) 71 A 3
Greenwood (BC) 34 D 3
Greenwood (NS) 78 B 5
Greenwood (ON) 67 C 4-5
Grégoires Mill (ON) 42 B 5
Grenfell (SK) 37 C 9
Grenville (QC) 63 B 4
Grey River (NL) 48 D 3
Griffin (SK) 37 D 8
Griffith (ON) 62 B 1
Grimsby (ON) 72 A 2
Grimshaw (AB) 9 D 13
Griquet (NL) 31 D 10
Griswold (MB) 38 D 2
Grondines (QC) 57 B 3
Gronlid (SK) 10 E 6
Gros Cap (ON) 50 B 2
Grouard (AB) 9 E 13-14
Grouard Mission (AB) 19 A 8-9
Groundbirch (BC) 9 E 11
Grovedale (AB) 18 A 5-6
Gruenthal (SK) 21 D 8
Guelph (ON) 67 C 3
Guenette (QC) 55 B 4
Guilds (ON) 70 B 3
Gull Bay (ON) 41 C 6
Gull Island (NL) 30 C 4
Gull Lake (AB) 35 A 8
Gull Lake (SK) 36 C 3
Gunn (AB) 10 E 1
Gunter (ON) 61 C 4
Gurneyville (AB) 20 B 4
Gutah (BC) 9 D 11
Guthrie (ON) 67 B 4
Guy (AB) 9 E 13
Guyenne (QC) 43 C 9
Gypsumville (MB) 38 B 4

H

Hadashville (MB) 39 D 7
Hafford (SK) 21 D 7
Hagar (ON) 52 B 2
Hagensborg (BC) 17 D 8
Hagersville (ON) 72 B 1
Hague (SK) 21 D 8
Haida (BC) 16 B 2
Haig (BC) 33 D 9
Haileybury (ON) 43 D 8
Haines Junction (YT) 8 B 3
Haines Lake (ON) 60 B 2
Hainsville (ON) 63 C 3
Hairy Hill (AB) 20 C 3
Halbrite (SK) 37 D 8
Haley Station (ON) 62 B 2
Halfway Point (NL) 48 BC 2
Haliburton (ON) 61 B 3
Halifax (NS) 79 B 7-8
City Map 79
Halkirk (AB) 35 A 9-10
Hall Beach/Sanirajak (NU) 6 A 7
Hallebourg (ON) 42 B 4
Halls Harbour (NS) 75 D 7
Halls Lake (ON) 61 B 3
Hallville (ON) 63 B 3
Hamer Bay (ON) 60 B 2
Hamilton (ON) 72 A 2
Hamlin (AB) 20 C 3
Hammond (ON) 63 B 3
Ham-Nord (QC) 65 B 3
Hampden (NL) 48 B 4
Hampton (NB) 74 C 5
Hampton (ON) 68 C 2
Ham-Sud (QC) 65 B 3
Hanceville (BC) 33 B 7
Handel (SK) 20 D 6
Hanley (SK) 36 B 5
Hanna (AB) 35 B 10
Hanover (ON) 66 A 2
Hantaport (NS) 75 D 8

Happy Valley Goose Bay (NL) **14** E5
Harbour Breton (NL) **48** D5
Harbourville (NS) **75** D7
Harcourt (NB) **75** B6
Harcourt (ON) **61** B3
Harding (MB) **38** D2
Hardisty (AB) **10** E3
Hardwood Lake (ON) **61** B4
Hare Bay (NL) **49** C6-7
Harley (ON) **71** A4
Harlowe (ON) **62** C1
Harptree (SK) **37** D6
Harpurhey (ON) **66** C2
Harriets-ville (ON) **71** B3
Harrington (ON) **66** C3
Harrington (QC) **63** B4
Harrington Harbour (QC) **47** A9
Harriota (MB) **38** C2
Harris (SK) **36** B4
Harrisburg (ON) **67** C3
Harrison Hot Springs (BC) **33** D8-9
Harrisons Corners (ON) **63** B4
Harriston (ON) **66** C3
Harrogate (BC) **34** C5
Harrop (BC) **34** D4
Harrow (ON) **70** B2
Harrowsmith (ON) **69** B4
Harry's Harbour (NL) **48** B5
Hartington (ON) **69** B4
Hartland (NB) **74** B1-2
Hartley (ON) **68** B2
Harty (ON) **42** B5
Harwood (ON) **68** B2
Haskett (MB) **38** D5
Hastings (ON) **68** B3
Hatfield (SK) **37** B7
Hatley (QC) **65** B3
Hatton (SK) **36** C2
Hauterive (QC) **45** B9
Havelock (ON) **68** B3
Havelock (QC) **63/64** B5
Havre Boucher (NS) **76** C5
Havre-Aubert (QC) **47** D7
Havre-Saint-Pierre (QC) **46** A5
Hawarden (SK) **36** B5
Hawk Junction (ON) **42** C3
Hawke's Bay (NL) **31** E8-9
Hawkesbury (ON) **63** B4
Hawkestone (ON) **67** B4
Hawkesville (ON) **67** C3
Hawkins Corner (ON) **60** C2
Hawtrey (ON) **71** B4
Hay Lakes (AB) **10** E2
Hay River (NT) **9** B14
Haydon (ON) **68** B2
Hays (AB) **35** C10
Haysville (ON) **67** C3
Hayter (AB) **20** D4
Hazel (MB) **38** D6
Hazeldean (ON) **62** B3
Hazelton (BC) **8** E7-8
Hazlet (SK) **36** C3
Head Lake (ON) **61** C2-3
Head-Lean Man (SK) **21** D6
Heaman (MB) **22** A3
Hearst (ON) **42** B4
Heart River (AB) **19** A8
Heart's Content (NL) **49** D7
Hearts Hill (SK) **20** D5
Heath (AB) **20** D4
Heath Steele (NB) **46** D2-3
Heathcote (ON) **67** B3
Hebbville (NS) **79** C5-6
Hebron (NL) **14** B4
Hebron (NS) **78** D2
Hecate (BC) **32** D4
Heckston (ON) **63** C3
Hecla (MB) **38** B6
Hedley (BC) **33** D10
Heffley Creek (BC) **33** C10
Heidelberg (ON) **67** C3
Heinsburg (AB) **10** E3
Heisler (AB) **35** A9
Hemaruka (AB) **35** B10
Heming Lake (MB) **22** B3
Hemlo (ON) **41** D9-10
Hemmingford (QC) **64** B1
Henderson (ON) **62** C2
Hendon (SK) **37** A8
Hendrix Lake (BC) **18** D4
Henley Harbour (NL) **31** C10
Henley Harbour (NL) **31** CD10
Henryville (QC) **64** B1
Hensall (ON) **66** C2
Henvey Inlet (ON) **60** B1
Hepburn (SK) **21** D8
Hepworth (ON) **59** C2
Herb Lake (MB) **22** B5
Herb Lake Landing (MB) **22** B5
Herbert (SK) **36** C4
Herchmer (MB) **11** C11
Hereford (QC) **65** B3
Heriot Bay (BC) **32** C5-6
Hermitage (NL) **48** D5
Herning Lake (MB) **11** D8
Heroes (ON) **68** C2
Heron Bay (ON) **41** D9
Herschel (YT) **2** B4
Hervey-Junction (QC) **57** B3
Hesson (ON) **66/67** C3
Heyden (ON) **50** B2
Hibbard (QC) **44** D3-4
Hickory Corner (ON) **71** A3
Hickson (ON) **66/67** C3
High Level (AB) **9** C13
High Prairie (AB) **9** E13
High River (AB) **35** C8
Highgate (ON) **70/71** B3
Highgate (SK) **21** D6
Highlands (NL) **47** C9
Highrock (MB) **22** A4
Hill Spring (AB) **35** D8
Hillier (ON) **68** C3
Hillmond (SK) **20** C5
Hillsborough (NB) **75** C7
Hillsburgh (ON) **67** C3
Hillsport (ON) **42** B2
Hilton (ON) **68** B3
Hilton Beach (ON) **50** B3
Hinchliffe (SK) **22** D2
Hines Creek (AB) **9** D12
Hinton (AB) **19** C7
Hixon (BC) **18** C2
Hoadley (AB) **19** D10
Hoards (ON) **68** B3
Hobbema (AB) **35** A8
Hockin (MB) **11** D10
Hodgeville (SK) **36** C4-5
Hodgson (MB) **38** B5
Holbein (SK) **21** C8-9
Holberg (BC) **32** C3
Holbrook (ON) **71** A4
Holden (AB) **10** E2-3
Holland (MB) **38** D3-4
Holland Centre (ON) **66/67** B3
Holland Landing (ON) **67** B4
Holly (ON) **67** B4
Holman (NT) **3** A14
Holmesville (ON) **66** C2
Holstein (ON) **67** B3
Holt (ON) **67** B4
Holton (NL) **14** D7
Holtyre (ON) **43** C7
Holyrood (NL) **49** D7
Holyrood (ON) **66** B2
Homby (ON) **72** A2
Homebrook (MB) **38** B3-4
Homefield (SK) **37** B8-9
Hondo (AB) **20** A1
Hone (MB) **11** C8
Honey Harbour (ON) **60** C2
Honeywell Corners (ON) **69** B3
Honeywood (ON) **67** B3
Honfleur (QC) **58** B2
Hoosier (SK) **36** B2
Hope (BC) **33** D9
Hope Bay (ON) **59** C2
Hopedale (NL) **14** D5
Hopetown (ON) **62** B2
Hopeville (ON) **67** B3
Hopewell Cape (NB) **75** C7
Horizon (SK) **37** D6
Hornby Island (BC) **33** D6
Hornepayne (ON) **42** B2-3
Horning's Mills (ON) **67** B3
Horsefly (BC) **18** D3
Horseshoe (AB) **20** B3
Horseshoe Bay (BC) **33** D7
Horseshoe Lake (ON) **60** B2
Horsham (SK) **36** C2
Hoselaw (AB) **10** D3
Hosmer (BC) **35** D6
Hotchkiss (AB) **9** D13
Houghton Centre (ON) **71** B4
Houseys Rapids (ON) **60** C2
Houston (BC) **17** B8
Howdenvale (ON) **59** C2
Howick (QC) **63/64** B5
Howley (NL) **48** B3-4
Hubbard (SK) **37** B8
Hubbards (NS) **79** B6-7
Huberdeau (QC) **63** B4
Hudson (ON) **40** B3
Hudson (QC) **63** B4
Hudson Bay (SK) **11** E7
Hudson's Hope (BC) **9** E11
Hughenden (AB) **35** A10-11
Hull (QC) **62** B3
Humboldt (SK) **21** D9-10
Humphrey (ON) **60** B2
Hunter Point (QC) **53** B4
Hunter River (PE) **75** B10
Hunterstown (QC) **56** B2
Huntingdon (QC) **63** B4
Huntingford (ON) **71** A4
Huntsville (ON) **60** B2
Hurdville (ON) **60** B2
Hurkett (ON) **41** D7
Huron Heights (ON) **70** A2
Huron Park (ON) **66** C2
Huron Ridge (ON) **66** B2
Hussar (AB) **35** B9
Hutton Heights (ON) **66** C2
Huttonville (ON) **72** A2
Huxley (AB) **35** B8
Hyde Park (ON) **71** A3
Hyder (BC) **16** A4
Hyndford (ON) **62** B2
Hythe (AB) **9** E12

I

Iberville (QC) **64** B1
Ice Lake (ON) **51** C4
Iddesleigh (AB) **35** C10
Iffley (SK) **21** CD6
Igloolik (NU) **6** A6-7
Ignace (ON) **40** C4
Ilderton (ON) **71** A3
Ikaluktutiak Cambridge Bay (NU) **4** A8-9
Île d'Entrée (QC) **47** D7
Île-à-la-Crosse (SK) **10** D5
Ilford (MB) **11** C11
Ilfracombe (ON) **60** B2
Imperial (SK) **37** B6
Imperial Mills (AB) **10** D3
Indian Bay (NL) **49** B6-7
Indian Cabins (AB) **9** C13
Indian Cove (NL) **31** C10
Indian Harbour (NL) **31** B9
Indian Head (SK) **37** C8
Indian Tickle (NL) **15** E7
Ingersoll (ON) **71** A4
Ingleside (ON) **63** C4
Inglewood (ON) **67** C4
Inglis (MB) **37** C10
Ingoldsby (ON) **61** C3
Ingonish Beach (NS) **77** A8
Inholmes (ON) **60** B2
Inkerman (ON) **63** B3
Innerkip (ON) **66/67** C3
Innisfail (AB) **19** D10
Innisfil Heights (ON) **67** B4
Innisville (ON) **62** B2
Inukjuak/Port Harrison (QC) **13** B8-9
Inuvik (NT) **2** B6-7
Inverhaugh (ON) **67** C3
Inverhuron (ON) **66** B2
Invermay (ON) **66** B2
Invermay (SK) **37** B8-9
Invermere (BC) **34** C5
Inverness (NS) **76** B6
Inverness (PE) **75** A8
Inverness (QC) **57** B4
Inwood (MB) **38** C5
Inwood (ON) **70** B3
Iona (NS) **77** BC7
Iona (ON) **71** B3
Iona Station (ON) **71** B3
Ipperwash Beach (ON) **66** C2
Iqaluit (NT) **7** D13
Irish Lake (ON) **67** B3
Irma (AB) **10** E3
Iron Bridge (ON) **51** B3
Irondale (ON) **61** C3
Iroquois (ON) **63** C3
Iroquois Falls (ON) **43** C7
Irricana (AB) **35** B8
Irvine (AB) **36** D1
Irvines Landing (BC) **33** D6-7
Isaacs Harbour North (NS) **76** D5-6
Island Brook (QC) **65** B3
Island Falls (ON) **43** B6
Island Falls (SK) **22** A2
Island Lake (AB) **20** B1
Island Lake (MB) **23** C10
Islay (AB) **20** C4
Isle Pierre (BC) **17** BC11
Issoudun (QC) **57** B4
Ituna (SK) **37** B8
Ivanhoe (ON) **68** B3
Ivry-sur-le-Lac (QC) **56** B1
Ivujivik (QC) **6** D9
Ivy (ON) **67** B4

J

Jack Lake (ON) **61** C3
Jackfish Lake (SK) **20** C6
Jackhead (MB) **38** B5
Jackson (ON) **66** B2-3
Jackson's Arm (NL) **48** B3-4
Jacksons Point (ON) **67** B4
Jacquet River (NB) **46** D2-3
Jaffray (BC) **34** D6
Jaffray Melick (ON) **39** D8
Jakes Corner (YT) **8** B5
James River (AB) **35** B7
Jamestown (NL) **49** C7
Jamot (ON) **52** B2
Jan Lake (SK) **10** D7
Janetville (ON) **68** B2
Janeville (NB) **46** D3
Jans Bay (SK) **21** A6-7
Jansen (SK) **37** B7
Janvier (AB) **20** A4
Jarratt (ON) **60** C2
Jarvis (ON) **72** B1
Jasmin (SK) **37** B8
Jasper (AB) **19** D6-7
Jasper (ON) **62** C3
Jeanne-Mance (NB) **46** D3
Jeannettes Creek (ON) **70** B2
Jellicoe (ON) **41** C8
Jemseg (NS) **74** C4
Jenner (AB) **35** C10
Jenpeg (MB) **11** D9
Jenpeg (MB) **23** B6
Jericho Mine (NT) **4** D18
Jersey Mills (QC) **58** B2
Jerseyville (ON) **67** C3
Jesmond (BC) **33** B8-9
Joe Batts Arm (NL) **49** B6-7
Joffre (AB) **35** A8
Joggins (NS) **75** C7-8
Jogues (ON) **42** B4
John D'Or Prairie (AB) **10** B1
Johnsons Crossing (YT) **8** B5
Johnstown (ON) **63** C3
Johnville (QC) **65** B3
Joliette (QC) **64** AB1
Joly (QC) **57** B4
Jones (ON) **39** D8-9
Jones Falls (ON) **62** C2
Jonquière (QC) **45** C6
Jordan River (SK) **22** C1
Jordan Station (ON) **72** A2
Joussard (AB) **19** A8-9
Joutel (QC) **43** B9
Joyceville (ON) **69** B4
Juniper Station (NB) **74** A2
Juskatla (BC) **16** C2
Justice (MB) **38** D3

K

Kaboni (ON) **59** B2
Kagawong (ON) **51** C4
Kahkewistahaw (SK) **37** C9
Kahnawake (QC) **64** B1
Kahshe Lake (ON) **60** C2
Kakabeka Falls (ON) **41** D6
Kakisa (NT) **9** B13
Kaladar (ON) **62** C1
Kaleden (BC) **34** D2
Kaleida (MB) **38** D4
Kamarsuk (NL) **14** C5
Kamloops (BC) **33** C10
Kamsack (SK) **37** B9-10
Kananaskis (AB) **34/35** B6
Kanata (ON) **62** B3
Kandahar (SK) **37** B7
Kane (MB) **38** D5
Kangiqsualujjuaq (QC) **14** B3
Kangiqsujuaq (QC) **7** E12
Kangirsuk (QC) **13** A13
Kantah (BC) **9** C11
Kapuskasing (ON) **42** B5
Kars (ON) **62** B3
Kasabonika (ON) **12** E3-4
Kashabowie (ON) **40** D5
Kashechewan (ON) **26** C3
Kaslo (BC) **34** D5
Katevale (QC) **65** B2-3
Kathleen (AB) **19** A8
Kathryn (AB) **35** B8
Katrine (ON) **60** B2
Katting (QC) **7** E11E
Kawachikamach (QC) **29** A9
Kayville (SK) **37** D6
Kazabazua (QC) **62** B2
Keady (ON) **66** B2
Kearney (ON) **60** B2
Keatley (SK) **21** D7
Kedgwick (NB) **46** D1
Kedgwick River (NB) **46** D1
Keefers (BC) **33** C9
Keeler (SK) **36** C5-6
Keene (ON) **68** B2
Keewatin (ON) **39** D8
Kee-Way-Win (ON) **24** BC2
Keg River (AB) **9** D13
Kegaska (QC) **47** A7
Kegworth (SK) **37** C8-9
Kejick (ON) **39** D7-8
Keldon (ON) **67** B3
Kelfield (SK) **36** B3
Keller Bridge (ON) **61** C4
Kellet (MB) **11** C11
Kelly Lake (BC) **18** A4
Kellys Corner (ON) **62** B2
Kelowna (BC) **34** D2
Kelsey (MB) **11** D10
Kelsey Bay (BC) **32** C4
Kelso (SK) **37** D10
Kelvin (ON) **71** B4
Kelvington (SK) **37** A8
Kemano (BC) **17** C7
Kemble (ON) **59** C3
Kemptown (NS) **76** D2-3
Kemptville (NS) **78** C3
Kemptville (ON) **62** B3
Kenabeek (ON) **43** C7-8
Kenaston (SK) **36** B5
Kendal (ON) **68** B2
Kenilworth (ON) **67** C3
Kenmore (ON) **63** B3
Kennaway (ON) **61** B3
Kennedy (SK) **37** C9
Kennisis Lake (ON) **61** B3
Keno Hill (YT) **2** E6
Kenogami Lake (ON) **43** C7
Kenora (ON) **39** D8
Kensington (PE) **75** B9-10
Kent Bridge (ON) **70** B2
Kent Junction (NB) **74/75** A6
Kenton (MB) **38** D2
Kentville (NS) **75** D7-8
Kenville (MB) **22** D3
Keremeos (BC) **34** D2
Kerrobert (SK) **36** B2-3
Kersley (BC) **18** D2
Kerwood (ON) **71** B3
Keswick (ON) **67** B4
Ketch Harbour (NS) **79** C7-8
Kettle Point (ON) **70** A2
Kettleby (ON) **67** B4
Key Harbor (ON) **60** B1
Key Lake Mine (SK) **10** C6
Key River (ON) **60** B1
Keyser (ON) **71** A3
Khartum (ON) **62** B1
Kiamika (QC) **55** B4
Kikino (AB) **20** B2
Kilbride (ON) **72** A2
Kildonan (BC) **32** E6
Killaloe (ON) **61** B4
Killaly (SK) **37** C9
Killam (AB) **10** E2-3
Killarney (MB) **38** D3
Killarney (ON) **59** B2
Killdeer (SK) **36** D5
Killiniq (QC) **14** A3
Kilmar (QC) **63** B4
Kilough (ON) **66** B2
Kilsyth (ON) **66** B2
Kilwinning (SK) **21** C8
Kimberley (BC) **34** D5-6
Kimberley (ON) **67** B3
Kimmirut/Lake Harbour (NU) **7** D13
Kimsquit (BC) **17** D8
Kinburn (ON) **66** C2
Kinburn (ON) **62** B2
Kincaid (SK) **36** D4-5
Kincardine (NB) **74** A1
Kincardine (ON) **66** B2
Kindersley (SK) **36** B2-3
King City (ON) **67** C4
King's Cove (NL) **49** C7
Kingfisher (BC) **34** C3
Kingfisher Lake (ON) **24** BC4-5
Kingman (AB) **20** C2
Kings Point (NL) **48** B4
Kingsbridge (ON) **66** C2
Kingsbury (QC) **64/65** B2
Kingscroft (QC) **65** B3
Kingsey Falls (QC) **64/65** B2
Kingston (NS) **75** D7
Kingston (ON) **69** B4
Kingsville (ON) **70** B2
Kinhuron (ON) **66** B2
Kinistino (SK) **21** D10
Kinkora (ON) **66** C2
Kinkora (PE) **75** B9
Kinloss (ON) **66** B2
Kinmount (ON) **61** C3
Kinnear's Mills (QC) **57/58** B4
Kinnqair/Cape Dorset (NU) **6** C9
Kinoosao (MB) **11** C8
Kinsale (ON) **68** C1
Kinsella (AB) **35** A10
Kintail (ON) **66** C2
Kintore (ON) **71** A3
Kinuso (AB) **9** E14
Kiosk (ON) **53** B4
Kiowana Beach (ON) **60** C1
Kipawa (QC) **53** B4
Kipisa (NU) **7** C14
Kipling (SK) **37** C9
Kippen (ON) **66** C2
Kirk Cove (ON) **62** C2
Kirkcaldy (AB) **35** C8
Kirkella (MB) **37** D10
Kirkfield (ON) **68** B2
Kirkland (QC) **63** B5
Kirkland Lake (ON) **49** C7-8
Kirkton (ON) **66** C2
Kisbey (SK) **37** D9
Kispiox (BC) **17** A7
Kitchener (BC) **34** D5
Kitchener (ON) **67** C3
Kitchenumaykoosib Inninnuwug/Big Trout Lake (ON) **24** B4-5
Kitcisakik (QC) **43** D10
Kitcisakik (QC) **54** A2
Kitimat (BC) **16** B6
Kitimat Village (BC) **16** C6
Kitkatla (BC) **16** C4
Kitscoty (AB) **20** C4
Kitseguecla (BC) **17** A7
Kitwancool (BC) **16/17** A6
Kitwanga (BC) **8** E7-8
Kivimaa-Moonlight Bay (SK) **20/21** C6
Kleena Kleene (BC) **32** B6
Kleinburg (ON) **67** C4
Klemut (BC) **16** D6
Klukshu (YT) **8** B3
Knowlton (QC) **64** B2
Knutsford (BC) **33** C10
Koidem (YT) **8** B1
Kokish (BC) **32** C4
Kola (MB) **37** D10
Komarno (MB) **38** C5
Komoka (ON) **71** B3
Kootenay Bay (BC) **34** D5
Kootenay Crossing (BC) **34** C6
Kopp's Cove (SK) **20** C6
Kormak (ON) **42** D4
Kouchibouguac (NB) **75** A6
Kronau (SK) **37** C7
Krydor (SK) **21** D7
Kugaaruk (Pelly Bay) (NU) **5** A16/**6** A3
Kugluktuk/Coppermine (NU) **3** C15-16
Kukatush (ON) **42** C5-6
Kuroki (SK) **37** B8
Kurtzville (ON) **66** C2-3
Kuujjuarapik (QC) **13** D8-9
Kyle (SK) **36** C3
Kyuquot (BC) **32** C3

L

L'Anse-à-la-Croix (QC) **46** C1
L'Anse-au-Loup (NL) **31** D9
L'Anse-Pleureuse (QC) **46** B3

L'Isle-Verte (QC) 45 C 8
La Baie (QC) 45 C 7
La Branche (QC) 58 A 1
La Conception (QC) 56 B 1
La Corey (AB) 10 D 3
La Corne (QC) 43 C 10
La Croche (QC) 44 D 5
La Doré (QC) 44 C 5
La Durantaye (QC) 58 B 2
La Glace (AB) 9 E 12
La Guadeloupe (QC) 65 B 3-4
La Loche (SK) 10 C 4
La Macaza (QC) 56 B 1
La Malbaie (QC) 45 D 7-8
La Minerve (QC) 55 B 5
La Passe (ON) 62 B 2
La Patrie (QC) 65 B 3
La Pérouse (MB) 23 A 7
La Plaine (QC) 64 B 1
La Pocatière (QC) 58 A 2-3
La Poile (NL) 48 D 2
La Prairie (QC) 64 B 1
La Présentation (QC) 64 B 1-2
La Reine (QC) 43 C 8
La Rocatière (QC) 45 D 8
La Romaine (QC) 47 A 8
La Ronge (SK) 10 D 6
La Salle (ON) 70 B 1
La Sarre (QC) 43 C 8
La Scie (NL) 48 B 5
La Tuque (QC) 44 D 5
Labelle (QC) 56 B 1
Labrador City (NL) 14 E 2
Labrieville (QC) 45 B 8
Labrieville Sud (QC) 45 B 8
Lac Brochet (MB) 11 B 8
Lac Cardinal (AB) 9 D 13
Lac du Bonnet (MB) 39 C 6-7
Lac Édouard (QC) 45 D 5-6
Lac Gatineau (QC) 55 B 4
Lac Humqui (QC) 46 C 1
Lac la Biche (AB) 10 D 2
Lac la Croix (ON) 40 D 3
Lac la Hache (BC) 33 B 9
Lac Le Jeune (BC) 33 C 10
Lac McGregor (QC) 62/63 B 3
Lac Rapide (QC) 44 D 1
Lac Rapide (QC) 54 A 3
Lac Seul (ON) 40 B 3
Lac-à-Beauce (QC) 57 A 3
Lacadena (SK) 36 C 3
L'Acadie (QC) 64 B 1
Lac-à-la-Tortue (QC) 57 B 3
Lac-Beauport (QC) 57/58 B 4
Lac-Bouchette (QC) 44/45 C 5
Lac-Cayamant (QC) 55 B 3
Lac-Connelly (QC) 63 B 5
Lac-des-Aigles (QC) 45 C 9
Lac-des-Commissaires (QC) 45 C 5-6
Lac-des-Écorces (QC) 55 B 4
Lac-Désert (QC) 55 B 5
Lac-des-Îles (QC) 55 B 4
Lac-des-Loups (QC) 62 B 2
Lac-des-Plages (QC) 55 B 5
Lac-des-Seize-Iles (QC) 63 B 4
Lac-Drolet (QC) 65 B 4
Lac-Écho (QC) 63 B 4-5
Lac-Etchemin (QC) 58 B 2
Lac-Frontière (QC) 58 B 2
Lac-Grosleau (QC) 63 B 3
Lachenaie (QC) 64 B 1
Lachute (QC) 63 B 4
Lac-Manitou (QC) 56 B 1
Lac-Matambin (QC) 56 B 2
Lac-Mégantic (QC) 65 B 4
Lac-Noir (QC) 56 B 2
Lacolle (QC) 64 B 1
Lacombe (AB) 35 A 8
Lac-Paré (QC) 56 B 2
Lac-Poulin (QC) 58 B 2
Lac-Saguay (QC) 55 B 4
Lac-Saint-Charles (QC) 57 B 4
Lac-Sainte-Thérèse (ON) 42 B 4
Lac-Sergent (QC) 57 B 4
Lac-Simon (QC) 63 B 3
Lac-Ste-Marie (QC) 62 B 3
Lac-St-Paul (QC) 55 B 4
Lac-Supérieur (QC) 56 B 1
Ladder Lake Beach (SK) 21 C 8
Ladysmith (BC) 33 E 6-7
Ladywood (MB) 38 C 6
Lafleche (SK) 36 D 5
Lafontaine (QC) 63 B 4-5
Laforce (QC) 43 D 9
Laforge Deux (QC) 13 D 12
Laforge-Deux (QC) 28 A 3
Laggan (ON) 63 B 4
Lagoon City (ON) 67 B 4
Laird (SK) 21 D 8
Lajord (SK) 37 C 7-8
Lake (AB) 20 B 3
Lake Alma (SK) 37 D 7
Lake Cowichan (BC) 33 E 6
Lake Dalrymple (ON) 60 C 2
Lake Helen (ON) 41 C 7
Lake Huron Highland (ON) 66 B 2
Lake Lenore (SK) 21 D 10
Lake Louise (AB) 34 B 5-6
Lake St. Peter (ON) 61 B 3
Lakefield (ON) 68 B 2
Lakefield (QC) 63 B 4
Lakehurst (ON) 68 B 2
Lakeland (MB) 38 C 4
Lakelet (ON) 66 C 2
Lakelse Lake (BC) 16 B 6
Lakenheath (SK) 36 D 5
Lakeport (ON) 68 C 3
Lakeside (ON) 71 A 3-4
Lakesidebeach (ON) 68 B 2
Lakeview (QC) 63 B 4
Lakeview Heights (ON) 63 B 4
L'Amable (ON) 61 BC 4
Lambeth (ON) 71 B 3
Lambton (QC) 65 B 3
Lamèque (NB) 46 D 4
Lamont (AB) 10 E 2
Lampman (SK) 37 D 9
Lamprey (MB) 11 B 11
Lamy (QC) 45 D 8
Lanark (ON) 62 B 2
Lancaster (ON) 63 B 4
Lancer (SK) 36 C 3
L'Ancienne-Lorette (QC) 57 B 4
Landis (SK) 20/21 D 6
Lang (ON) 68 B 2
L'Ange-Gardien (QC) 64 B 2
L'Ange-Gardien (QC) 58 B 1
Langenburg (SK) 37 C 10
Langham (SK) 21 D 7-8
Langlade (QC) 44 C 2
Langruth (MB) 38 C 4
Langstaff (ON) 67 C 4
Langton (ON) 71 B 4
Laniel (QC) 53 A 3
Lanigan (SK) 37 B 7
L'Annonciation (QC) 55/56 B 5
Lansdowne (ON) 69 B 4
L'Anse-à-Gilles (QC) 58 A 2
Lantier (QC) 56 B 1
Lantzville (BC) 33 D 6-7
Laporte (SK) 36 B 2
Lappe (ON) 41 D 6
Larder Lake (ON) 43 C 8
Lark Harbour (NL) 48 B 2
Larkspur (AB) 20 B 1
Larry's River (NS) 76 D 6
LaSalle (QC) 64 B 1
L'Ascension (QC) 55/56 B 5
Lashburn (SK) 10 E 4
L'Assomption (QC) 64 B 1
Lasswada (ON) 61 C 4
Latchford (ON) 43 D 8
Latchford Bridge (ON) 61 B 4
Latchlord (ON) 53 A 3
Laterrière (QC) 45 C 6-7
Lauder (MB) 38 D 2
Laurel (ON) 67 C 3
Laurel (QC) 63 B 4
Laurenceton (NL) 48/49 B 5-6
Laurie River (MB) 11 C 8
Laurier (MB) 38 C 3
Laurier-Station (QC) 57 B 4
Laurierville (QC) 57 B 4
Laval (QC) 64 B 1
Lavaltrie (QC) 64 B 1
Lavant (ON) 62 B 2
L'Avenir (QC) 64 B 2
Lavigne (ON) 52 B 2
Lawn (NL) 48 E 5
Lawrencetown (NS) 78 B 4
Lawrenceville (QC) 64 B 2
Lax Kw'alaams (BC) 16 B 4
Laxgalts'ap/Greenville (BC) 16 AB 5
Le Bic (QC) 45 C 9
Le Gardeur (QC) 64 B 1
Le Precieux-Sang (QC) 57 B 3
Le Village (QC) 56 B 1
Leader (SK) 36 C 2
Leading Tickles (NL) 48/49 B 5
Leaf Rapids (MB) 11 C 9
Leamington (ON) 70 B 2
Leask (SK) 21 CD 8
Leaskdale (ON) 67 B 4
Leavitt (AB) 35 D 8
Lebel-sur-Quévillon (QC) 43 B 10
Leclercville (QC) 57 B 4
Leduc (AB) 10 E 2
Lefaivre (ON) 63 B 4
Lefebvre (QC) 64 B 2
Lefroy (ON) 67 B 4
Legal (AB) 20 C 1
Leith (ON) 59 C 3
Leitrim (ON) 62/63 B 3
Lejeune (QC) 45 D 9
Lemieux (BC) 8 C 5
Lemieux (ON) 63 B 3
Lemieux (QC) 57 B 3
Lemsford (SK) 36 C 2
Lena (MB) 38 D 3
Lennoxville (QC) 65 B 3
Lenswood (MB) 22 D 4
Lenvale (SK) 21 D 10
Leo Creek (BC) 17 A 9
Leoville (SK) 21 C 7
L'Épiphanie (QC) 64 B 1
Leross (SK) 37 B 7-8
Leroy (SK) 21 D 10
Léry (QC) 63/64 B 5
Les Cedres (QC) 63 B 4
Les Coteaux (QC) 63 B 4
Les Éboulements (QC) 45 D 7
Les Escoumins (QC) 45 C 8
Les Islets-Caribou (QC) 46 B 1-2
Les Méchins (QC) 46 C 1-2
Leslieville (AB) 19 D 10
Letang (QC) 53 B 3
Letellier (MB) 38 D 5
Lethbridge (AB) 35 D 9
Lévis (QC) 58 B 1
Lewi's Cove (NL) 49 D 5-6
Lewisporte (NL) 49 B 5-6
Liard River (BC) 9 C 8-9
Libau (MB) 38 C 6
Liebenthal (SK) 36 C 2
Lighthouse Cove (ON) 70 B 2
Likely (BC) 18 D 3
L'Île-Bizard (QC) 63 B 5
L'Île-Perrot (QC) 63 B 5
Lillestrom (SK) 36 C 5-6
Lillooet (BC) 33 C 8-9
Limehouse (ON) 67 C 3-4
Limerick (SK) 36 D 5
Limestone (NB) 74 A 1
Limoges (ON) 63 B 3
Lincoln (ON) 72 A 2
Lindbergh (AB) 20 C 4
Linden (AB) 35 B 8
Linden Beach (ON) 70 B 2
Lindsay (ON) 68 B 2
Lintlaw (SK) 37 A 8
Linton (QC) 45 D 5
Linton (QC) 57 A 3
Linwood (ON) 67 C 3
Lions Bay (BC) 33 D 7-8
Lion's Head (ON) 59 C 2
Lloydtown (ON) 67 C 4
Lipton (SK) 37 C 8
Lisbon (ON) 66/67 C 3
Liscomb (NS) 76 D 4
Lisle (ON) 67 B 4
L'Islet-sur-Mer (QC) 58 A 2
Listowel (ON) 66 C 3
Little Chicago (NT) 2 C 8-9
Little Current (ON) 59 B 2
Little Fishing Lake (SK) 20 C 5
Little Fort (BC) 34 B 1-2
Little Grand Rapids (MB) 23 D 9
Little Harbour (NL) 49 D 6-7
Little Hawk Lake (ON) 61 B 3
Little Lake (ON) 67 C 3
Little Pine (SK) 20 D 5-6
Little River (BC) 32 D 6
Little Smoky (AB) 19 B 7
Livelong (SK) 20 C 6
Lively (ON) 52 B 1
Liverpool (NS) 78/79 C 5
Livingston (NL) 29 B 9
Lizotte (QC) 45 C 5
L'Île-du-Grand-Calumet (ON) 62 B 2
Lloydminster (AB) 10 E 3
l'Isle-aux-Coudres (QC) 58 A 2
Lobo (ON) 71 A 3
Loch Lomond (NB) 74 D 5
Lochals (ON) 42 C 3
Lochiel (ON) 63 B 4
Lochlin (ON) 61 C 3
Lockeport (NS) 78 D 4
Locks Cove (NL) 48 D 5
Lockwood (SK) 37 B 7
Lodge Bay (NL) 31 C 10
Lodgepole (AB) 19 C 9
Log Valley (SK) 36 C 5
Logan Lake (BC) 33 C 10
Lombardy (ON) 62 C 2
Lomond (AB) 35 C 9
Londesborough (ON) 66 C 2
London (ON) 71 AB 3
Lone Butte (BC) 33 B 9
Lone Pine (AB) 19 B 9
Lone Prairie (BC) 18 A 3
Lone Rock (SK) 20 C 5
Long Beach (ON) 72 B 2
Long Beach (ON) 68 B 2
Long Cove (NL) 49 D 7
Long Harbour (NL) 49 D 7
Long Point (ON) 71 B 4
Long Sault (ON) 63 BC 4
Longbow Lake (ON) 39 D 8
Longford (ON) 60 C 2
Longlac (ON) 41 C 9
Longs Creek (NB) 74 C 3
Longueuil (QC) 64 B 1
Longview (AB) 35 C 7
Loomis (SK) 36 D 3
Loon Lake (SK) 10 D 4
Loos (BC) 18 C 4
Loreburn (SK) 36 B 5
Lorette (MB) 38 D 6
Loretto (ON) 67 B 4
Lories (NL) 48 E 5
L'Orignal (ON) 63 B 4
Lorne Beach (ON) 66 B 2
Lorneville (NB) 74 D 4
Lorneville (NS) 75 C 9
Lorneville (ON) 68 B 2
Lorrain Valley (ON) 43 D 8
Lorrain Valley (ON) 53 A 3
Lorraine (QC) 64 B 1
Lost Channel (ON) 60 B 1
Lost River (QC) 63 B 4
Lotbinière (QC) 57 B 4
Lougheed (AB) 35 A 10
Louis Creek (BC) 34 B 1-2
Louisa (QC) 63 B 4
Louisbourg (NS) 77 C 9
Louisdale (NS) 77 C 6-7
Louiseville (QC) 57 B 3
Louisville (ON) 70 B 2
Lourdes (NL) 48 C 1
Lousana (AB) 35 A 8-9
Louvicourt (QC) 43 C 10
Love (SK) 10 E 6-7
Loverna (SK) 36 B 2
Low (QC) 62 B 2-3
Low Bush River (ON) 43 C 7
Low Landing (NS) 78 C 4
Lowbanks (ON) 72 B 2
Lower Island Cove (NL) 49 D 8
Lower Post (BC) 8 C 7-8
Lowther (ON) 42 B 4
Lowville (ON) 72 A 2
Lucan (ON) 71 A 3
Lucasville (ON) 70 B 2
Luceville (QC) 45 C 9
Lucknow (ON) 66 C 2
Lucky Lake (SK) 36 B 4
Lucky Man (SK) 21 C 7
Lumby (BC) 34 C 2-3
Lumsden (SK) 37 C 6-7
Lund (BC) 32 D 6
Lunenburg (NS) 79 C 6
Lurgan Beach (ON) 66 B 2
Luseland (SK) 20 D 5
Lutan (ON) 71 B 4
Lutselk'e (NT) 4 D 5
Lvy Lea (ON) 69 B 4-5
Lyddal (MB) 11 D 9
Lyn (ON) 62 C 3
Lynden (ON) 67 C 3
Lyndhurst (ON) 69 B 4
Lynhurst (ON) 71 B 3
Lynn Lake (MB) 11 C 8
Lynnwood (ON) 70 B 2
Lyons (ON) 71 B 4
Lyster (QC) 57 B 4
Lytton (BC) 33 C 9

M

M'Clintock (MB) 11 C 11
Mabee's Corners (ON) 71 B 4
Maberly (ON) 62 C 2
Mabou (NS) 76 B 6
Mac Tier (ON) 60 B 2
Macamic (QC) 43 C 8-9
Macdiarmid (ON) 41 C 7-8
Macdowall (SK) 21 CD 8
MacDuff (ON) 42 B 3
MacKay (AB) 19 C 9
Mackenzie (BC) 9 E 10
Mackey (ON) 54 B 2
Macklin (SK) 20 D 5
MacNutt (SK) 37 B 10
Macpès (QC) 45 C 9
Macrorie (SK) 36 B 4
Macton (ON) 67 C 3
Madawaska (ON) 61 B 3-4
Madden (AB) 35 B 7
Madeira Park (BC) 33 D 7
Madeleine-Centre (QC) 46 B 3
Madoc (ON) 68/69 B 3
Mafeking (MB) 22 D 3-4
Magna Bay (BC) 34 BC 2
Magnetawan (ON) 60 B 1
Magog (QC) 64 B 2
Magpie (QC) 46 A 4
Magrath (AB) 35 D 9
Maguse River (NU) 11 A 11-12
Mahers (NL) 49 D 7
Mahone Bay (NS) 79 C 6
Mahood Falls (BC) 33 B 10
Maidstone (ON) 70 B 2
Maidstone (SK) 10 E 4
Main Brook (NL) 31 D 9
Main-à-Dieu (NS) 77 B 9
Mainland (NL) 47 C 9
Maisonnette (NB) 46 D 4
Makkovik (NL) 14 D 6
Makwa (SK) 20 C 6
Malachi (ON) 39 D 8
Malahat (BC) 33 E 7
Malakwa (BC) 37 BC 3
Malartic (QC) 43 C 9
Malden Centre (ON) 70 B 1
Maleb (AB) 35 D 10
Malignant Cove (NS) 76 C 4
Mall Bay (NL) 49 E 7
Mallaig (AB) 20 B 3
Mallorytown Landing (ON) 69 B 5
Malone (ON) 68 B 3
Malton (ON) 67 C 4
Ma-Me-O-Beach (AB) 10 E 1-2
Manawan (QC) 44 D 3
Manawane (QC) 56 A 1
Manchester (ON) 68 B 1-2
Mandaumin (ON) 70 B 2
Mandeville (QC) 56 B 2
Manic-Cinq (QC) 45 A 9
Manigotagan (MB) 38 B 6
Manilla (ON) 68 B 2
Manitou (MB) 38 D 4
Manitouwadge (ON) 42 B 2
Manitowaninig (ON) 59 B 2
Maniwaki (QC) 55 B 3-4
Mankota (SK) 36 D 4
Manners Sutton (NB) 74 C 2-3
Mannheim (ON) 67 C 3
Manning (AB) 9 D 13
Manning Park (BC) 33 D 10
Mannville (AB) 10 E 3
Manor (SK) 37 D 9
Manotick (ON) 62 B 3
Manotick Station (ON) 62 B 3
Mansfield (ON) 67 B 3
Manson Creek (BC) 9 E 9
Mansons Landing (BC) 32 C 5-6
Mansonville (QC) 64 B 2
Mantario (SK) 36 B 2
Manvers (ON) 68 B 2
Manyberries (AB) 35 D 11
Maple (ON) 67 C 4
Maple Creek (SK) 36 D 2
Maple Grove (QC) 63 B 5
Maple Island (ON) 60 B 2
Maple Lake (ON) 61 B 3
Maple Lake Park (ON) 67 C 3
Maple Leaf (ON) 61 B 4
Maple Ridge (BC) 33 D 8
Maple Valley (ON) 67 B 3
Mapleton (ON) 71 B 3
Mar (ON) 59 C 2
Marathon (ON) 41 D 9
Marbleton (QC) 65 B 3
Marcelin (SK) 21 D 8
Marchand (MB) 38 D 6
Marden (ON) 67 C 3
Marengo (SK) 36 B 2
Margaree Forks (NS) 77 B 6-7
Margaree Harbour (NS) 76/77 B 6
Margie (AB) 10 D 3
Marguerite (BC) 18 D 2
Mariana Lake (AB) 10 C 3
Mariapolis (MB) 38 D 4
Maricourt (QC) 64 B 2
Marieville (QC) 64 B 1
Marinetawan (ON) 60 B 2
Marion Bridge (NS) 77 B 8
Marionville (ON) 63 B 3
Markdale (ON) 67 B 3
Markerville (AB) 19 D 10
Markham (ON) 67 C 4-5
Markstay (ON) 52 B 2
Marlbank (ON) 69 B 3
Marlboro (AB) 19 C 8
Marleys Siding (NL) 49 C 7
Marmora (ON) 68 B 3
Marriott (SK) 36 B 3
Marsboro (QC) 65 B 3-4
Marsden (SK) 20 D 5
Marshall (SK) 20 C 5
Marsoui (QC) 46 B 2
Marsville (ON) 67 C 3
Marten Beach (AB) 19 A 9-10
Marten Falls (ON) 25 D 9
Marten River (ON) 53 B 3
Martensville (SK) 21 D 8
Martin (ON) 40 C 4
Martin House (NT) 2 C 7
Martindale (QC) 62 B 3
Martintown (ON) 63 B 4
Martinville (QC) 65 B 3
Marwayne (AB) 10 E 3
Mary's Harbour (NL) 31 C 10
Maryhill (ON) 67 C 3
Marystown (NL) 49 D 5-6
Marysville (ON) 69 B 4
Marysville (ON) 69 B 3
Mascouche (QC) 64 B 1
Masefield (SK) 36 D 3-4
Mashkode (ON) 50 A 2
Maskinongé (QC) 56/57 B 2-3
Massawippi (QC) 65 B 3
Masset (BC) 16 C 2
Massey (ON) 51 B 4
Massie (ON) 66 B 3
Masson (QC) 63 B 3
Massueville (QC) 64 B 2
Matachewan (ON) 43 D 7
Matagami (QC) 43 B 10
Matane (QC) 46 C 1
Matapédia (QC) 46 D 1
Matawatchan (ON) 62 B 1
Mather (MB) 38 D 3
Mathers Corners (ON) 68 B 2
Matheson (ON) 43 C 7
Matheson Island (MB) 38 B 5-6
Matimekosh (QC) 29 A 9
Matlock (MB) 38 C 6
Mattagami (ON) 43 D 6
Mattawa (ON) 53 B 4
Mattice (ON) 42 B 4
Maxville (ON) 63 B 4
Maxwell (ON) 67 B 3
Mayberry (SK) 37 C 6
Mayerthorpe (AB) 19 C 9-10
Mayfair (SK) 10 E 5
Maymont (SK) 21 D 7
Maynard (ON) 62 C 3
Maynooth (ON) 61 B 3-4
Mayo (QC) 63 B 3
Mayo (YT) 2 E 6

Mazenod (SK) 36 D5
McAdam (NB) 74 C2
McArthur Falls (MB) 39 C6-7
McArthur Mills (ON) 61 B4
McAuley (MB) 37 C10
McBride (BC) 18 C4-5
McCallum (NL) 48 D4
McCreary (MB) 38 C3
McDonalds Corners (ON) 62 C2
McGee (SK) 36 B3
McGivney (NB) 74 B3
McGraw Brook (NB) 74 A4
McGregor (ON) 70 B2
McGregor Bay (ON) 52 B1
M'Chigeeng (ON) 51 C4
McIntosh (ON) 39 D9
McKague (SK) 37 A8
Mckays Corners (ON) 70 B3
McKellar (ON) 60 B2
McKerrow (ON) 51/52 B5
McLean Settlement (NB) 75 B7
McLeese Lake (BC) 18 D2
McLennan (AB) 19 A8
McLennan Lake (SK) 10 CD6
McLeod Lake (BC) 9 E10
McLure (BC) 34 BC1-2
McMorran (SK) 36 B2-3
McMurdo (BC) 34 B5
McRae (AB) 20 B3
McTavish (MB) 38 D5
McVicar (ON) 59 B2
McWatters (QC) 43 C9
Meacham (SK) 21 D9
Mead (ON) 42 B4
Meadow Brook (NB) 75 B7-8
Meadow Creek (BC) 34 C5
Meadow Lake (SK) 10 D4
Meadow Portage (MB) 38 B3
Meadows (NL) 48 B3
Meadowvale Village (ON) 72 A2
Meaford (ON) 60 C1
Meander River (AB) 9 C12-13
Meat Cove (NS) 77 A7
Meath Park (SK) 10 E6
Medicine Hat (AB) 35 C11
Medina (ON) 71 A3
Medley (AB) 10 D3
Medora (MB) 38 D2
Medstead (SK) 21 C6-7
Meeting Creek (AB) 35 A9
Meeting Lake (SK) 21 C7
Meetoos (SK) 21 C7
Melbourne (ON) 71 B3
Melbourne (QC) 64 B2
Meldrum Bay (ON) 51 C3
Meleb (MB) 38 C5
Melfort (SK) 21 D10
Melissa (ON) 60 B2
Melita (MB) 37 D10
Melrose (NS) 76 D4-5
Melville (ON) 68/69 B3
Melville (SK) 37 C9
Meneset (ON) 66 C2
Menihek (NL) 29 A9
Menneval (NB) 46 D1-2
Meota (SK) 10 E4
Mercier (QC) 63/64 B5
Merlin (ON) 70 B2
Merrickville (ON) 62 C3
Merritt (BC) 33 C10
Mervin (SK) 20 C5-6
Messines (QC) 55 B3
Métabetchouan (QC) 45 C6
Metagama (ON) 51 A5
Metcalfe (ON) 62/63 B3
Meteghan (NS) 78 C2
Metiskow (AB) 20 D4
Meyersburg (ON) 68 B3
Mica Creek (BC) 34 AB3
Michel (SK) 10 C4
Michipicoten (ON) 42 D2-3
Micksburg (ON) 62 B1-2
Mid Baffin (NT) 7 A12
Midale (SK) 37 D8
Middle Arm (NL) 48 B4
Middle Bay (QC) 31 D8
Middle Ohio (NS) 78 D4
Middle Sackville (NS) 79 B7
Middlebro (MB) 39 D7
Middlemiss (ON) 71 B3
Middleport (ON) 72 A1
Middleton (NS) 78 B4-5
Middleville (ON) 62 B2
Midhurst (ON) 67 B4
Midland (ON) 60 C2
Midnight Lake (SK) 21 C6
Milan (QC) 65 B3
Milden (SK) 36 B4
Mildmay (ON) 66 B2
Milestone (SK) 37 D7
Milford (ON) 69 C3
Milford Bay (ON) 60 B2
Milford Haven (ON) 50 B3
Milk River (AB) 35 D9-10
Mill Village (NS) 78 C5
Millar Hill (ON) 61 B2-3
Millarton (ON) 66 B2
Millbank (ON) 66 C3
Millbridge (ON) 61 C4
Millbrook (ON) 68 B2
Milldale (ON) 71 B4
Mille-Isles (QC) 63 B4
Miller Lake (ON) 59 B2
Millerdale (SK) 36 B2-3
Millertown (NL) 48 C4
Millertown Junction (NL) 48 B4
Millet (AB) 20 C1
Millgrove (ON) 67 C3-4
Millhave (ON) 69 B4
Milliken (ON) 67 C4
Milltown (NL) 48 D5
Millville (NB) 74 B2
Milo (AB) 35 C9
Milton (NS) 78 C5
Milton (ON) 72 A2
Milverton (ON) 66 C3
Minegash (PE) 75 A8
Minaki (ON) 39 CD8
Minburn (AB) 20 C3
Mindemoya (ON) 51 C4
Minden (ON) 61 C3
Mine Centre (ON) 40 D3
Miners Bay (ON) 61 C3
Minett (ON) 60 B2
Ming's Bight (NL) 48 A4-5
Mingan (QC) 46 A4-5
Miniota (MB) 38 C2
Ministikwan (SK) 20 B5
Minitonas (MB) 22 D3-4
Minnedosa (MB) 38 C2-3
Minstrel Island (BC) 32 D4
Minto (MB) 38 D2
Minto (NB) 74 B4
Minto (ON) 68 B3
Minton (SK) 37 D7
Miquelon (QC) 44 B1
Miramichi (NB) 74 A5
Mirond Lake (SK) 22 A2
Miscou Centre (NB) 46 D4
Mishkeegogamang/New Osnaburgh (ON) 24 D4
Missanaible (ON) 42 C3-4
Missinipe (SK) 10 D6
Mission (BC) 33 D8
Mississauga (ON) 72 A2
Mistassini (QC) 44 A3-4
Mistassini (QC) 45 C5-6
Mistatim (SK) 37 A8
Mitchell (ON) 66 C2
Mitchell's Bay (ON) 70 B2
Moberly Lake (BC) 18 A3
Moes River (QC) 65 B3
Moffat (ON) 67 C3
Moira (ON) 68/69 B3
Moisie (QC) 46 A2-3
Molanosa (SK) 21 B9
Molesworth (ON) 66 C2
Monarch (AB) 35 D8
Monastery (NS) 76 C5-6
Monck (ON) 67 C3
Moncton (NB) 75 B7
Mondou (SK) 36 B3
Monetville (ON) 52 B2
Monitor (AB) 35 B11
Monkland (ON) 63 B4
Monkstown (NL) 49 D6
Monkton (ON) 66 C2
Mono Mills (ON) 67 C4
Mono Road (ON) 67 C4
Monroe (NL) 49 C7
Mont Nebo (SK) 21 C8
Mont Wright (QC) 29 C8
Montague (PE) 76 B3
Mont-Apica (QC) 45 D6
Montauban (QC) 57 B3
Montcert (QC) 55 B3
Monte Creek (BC) 34 C1-2
Montebello (QC) 63 B4
Montfort (QC) 63 B4
Monticello (ON) 67 C3
Mont-Joli (QC) 45 C9
Mont-Laurier (QC) 55 B4
Mont-Louis (QC) 46 B3
Montmagny (QC) 58 B2
Montmartre (SK) 37 C8
Montpellier (QC) 63 B3
Montréal (QC) 64 B1
City Map 80
Montreal Lake (SK) 10 D6
Montreal River (ON) 42 D3
Montreal River (ON) 50 A2
Montréal-Nord (QC) 64 B1
Mont-Saint-Michel (QC) 55 B4
Mont-St-Gregoire (QC) 64 B1
Mont-St-Hilaire (QC) 64 B1
Mont-Tremblant (QC) 56 B1
Moombeam (ON) 42 B5-6
Moore Falls (ON) 61 C3
Moorefield (ON) 67 C3
Mooresburg (ON) 66 B3
Mooretown (ON) 70 B2
Moose Creek (ON) 63 B3-4
Moose Factory (ON) 26 D4
Moose Heights (BC) 18 C2
Moose Jaw (SK) 36/37 C6
Moose Lake (MB) 11 E8-9
Moose Lake/Mosakahiken (MB) 22 C4
Moose River (ON) 43 A6
Moose Valley (SK) 37 D9
Moosehorn (MB) 38 B4
Moosomin (SK) 37 C10
Moosonee (ON) 26 D4
Moraviantown (ON) 70/71 B3
Morden (MB) 38 D4
Morecambe (AB) 10 E3
Moreland (SK) 37 D7
Morell (PE) 76 B3
Moresby Camp (BC) 16 C2
Morewood (ON) 63 B3
Morganston (ON) 68 B3
Moricetown (BC) 8 E8
Morin Heights (QC) 63 B4
Morin Lake (SK) 21 A8-9
Morinville (AB) 10 E1-2
Morisset-Statoin (QC) 58 B2
Morley (AB) 35 B6-7
Morpeth (ON) 71 B3
Morrin (AB) 35 B9
Morris (MB) 38 D5
Morrisburg (ON) 63 C3
Morrish (ON) 68 C2
Morriston (ON) 67 C3
Morse (SK) 36 C4
Morses Line (QC) 64 B2
Morson (ON) 39 D8
Mortlach (SK) 36 C5-6
Morton (ON) 69 B4
Morven (ON) 69 B4
Moscow (ON) 69 B4
Moser River (NS) 76 D4
Mossbank (SK) 36 D5
Mossleigh (AB) 35 C8
Mossley (ON) 71 B4
Mount Albert (ON) 67 B4
Mount Brydeges (ON) 71 B3
Mount Carmel (ON) 66 C2
Mount Currie (BC) 33 C8
Mount Elgin (ON) 71 B4
Mount Forest (ON) 67 C3
Mount Hope (ON) 72 A2
Mount Julian (ON) 68 B2
Mount Moriah (NL) 48 C2
Mount Pearl (NL) 49 D8
Mount Pleasant (ON) 68 B2
Mount Robson (BC) 18 C5
Mount Slalem (ON) 71 B4
Mount Vernon (ON) 71 A4
Mountain (ON) 62/63 B3
Mountain Grove (ON) 62 C2
Mowachath (BC) 32 D4
Moyie (BC) 34 D6
Mud Lake (NL) 30 B5-6
Muirkirk (ON) 71 B3
Mulhurst Bay (AB) 20 C1
Mulvihill (MB) 38 C4-5
Muncey (ON) 71 B3
Muncho Lake (BC) 9 C9
Mundare (AB) 10 E2-3
Munk (MB) 23 A8-9
Munson (AB) 35 B9
Munster (ON) 62 B3
Murdochville (QC) 46 C3
Murphy Cove (NS) 79 B9
Murray Harbour (PE) 76 C4
Musgrave Harbour (NL) 49 B7
Musgravetown (NL) 49 C7
Muskeg River (AB) 18 C6
Muskoka Falls (ON) 60 BC2
Muskrat Dam (ON) 24 B3
Muskwa (BC) 9 C10
Musquaro (QC) 47 A7-8
Musquodoboit Harbour (NS) 79 B8
Mutton Bay (QC) 47 A9
Myers Cave (ON) 62 C1
Myrnam (AB) 20 C3
Myrtle (ON) 68 B2
Mystic (QC) 64 B2

N

Nackawic (NB) 74 BC2
Nacmine (AB) 35 B8-9
Nadina River (BC) 17 C8
Nahanni Butte (NT) 9 B10
Nahlin (BC) 8 C6
Nahwitti (BC) 32 C2-3
Naicam (SK) 21 D10
Nain (NL) 14 C4-5
Nairn (ON) 71 A3
Nairn Centre (ON) 52 B1
Nakina (ON) 41 B9
Nakusp (BC) 34 C4
Namaygoosisagaun/Collins (ON) 41 B6
Namu (BC) 32 B3
Namur (QC) 63 B4
Nanaimo (BC) 33 D6
Nanortalik (GL) 15 A13
Nantes (QC) 65 B3-4
Nanticoke (ON) 72 B1
Nanton (AB) 35 C8
Nantyr Park (ON) 67 B4
Napadogan (NB) 74 B2-3
Napanee (ON) 69 B4
Napatak (SK) 21 B9
Napier (ON) 71 B3
Napierville (QC) 64 B1
Naramata (BC) 34 D2
Narcisse (MB) 38 C5
Narsaq Kujalleq/Frederiksdal (GL) 15 A13
Nashwaak Bridge (NB) 74 B3-4
Nass Camp (BC) 16 A6
Natal (BC) 35 D7
Natashquan (QC) 47 A7
Natuashish (NL) 14 D5
Naughton (ON) 52 B1
Navan (ON) 63 B3
Nazko (BC) 17 C11
Neeb (SK) 21 B7
Needles (BC) 34 D3
Neelin (MB) 38 D3
Neepawa (MB) 38 C3
Neerlandia (AB) 19 B10
Neguac (NB) 46 D3-4
Neidpath (SK) 36 C4
Neilburg (SK) 10 E4
Nelles Corners (ON) 72 B1-2
Nelson (BC) 34 D4
Nelson Forks (BC) 9 C9
Nelson House (MB) 11 D9
Nelson-Miramchi (NB) 74/75 A5-6
Nemaiah Valley (BC) 33 B7
Nemarska/Nèmiscau (QC) 27 D8
Nemebien River (SK) 21 A9-10
Nepean (ON) 62 B3
Nephton (ON) 61 C3
Neskantaga/Lansdowne House (ON) 25 C7
Nesslin Lake (SK) 21 C8
Nestleton Station (ON) 68 B2
Nestor Falls (ON) 39 D9
Nestow (AB) 20 B1
Neudorf (SK) 37 C8-9
Neuhorst (SK) 21 D8
Neustadt (ON) 66 B3
Neuville (QC) 57 B4
Neville (SK) 36 D4
Nevis (AB) 35 A8-9
New (AB) 35 A9
New Aiyansh (BC) 8 E7
New Bella Bella (BC) 17 D6-7
New Bonaventure (NL) 49 C7
New Brigden (AB) 35 B11
New Brighton (BC) 33 D7
New Canaan (NB) 74/75 B6
New Credit (ON) 72 A1
New Dayton (AB) 35 D9
New Denver (BC) 34 CD4
New Dublin (ON) 62 C3
New Dundee (ON) 67 C3
New Durham (ON) 71 A4
New Fish Creek (AB) 19 A7
New Germany (NS) 78/79 C5
New Glasglow (QC) 63 B5
New Glasgow (NS) 76 C3
New Glasgow (ON) 71 B3
New Hamburg (ON) 66/67 C3
New Hazelton (BC) 8 E8
New Liskeard (ON) 43 D8
New Lowell (ON) 67 B4
New Minas (NS) 75 D8
New Park (ON) 68 B2
New Richmond (QC) 46 C3
New Ross (NS) 79 B6
New Sarepta (AB) 20 C1
New Sarum (ON) 71 B3
New Waterford (NS) 77 B8-9
Newbliss (ON) 62 C3
Newboro (ON) 62 C2
Newbrook (AB) 10 D2
Newburgh (ON) 69 B4
Newbury (ON) 71 B3
Newcastle (NB) 74 A5-6
Newcastle (ON) 68 C2
Newdale (MB) 38 C2
Newgate (BC) 34 D6
Newington (ON) 63 B3
Newmans Beach (ON) 68 B2
Newmarket (ON) 67 B4
Newport (NS) 79 B6-7
Newport (QC) 46 C4
Newry (ON) 66 C2
Newstead (NL) 49 B5-6
Newton (ON) 66 C3
Newton Mills (NS) 76 D3
Newtonville (ON) 68 C2
Neys (ON) 41 D9
Nezan (ON) 41 C8
Niagara Falls (ON) 72 A2
Niagara-on-the-Lake (ON) 72 A2
Nicholson (ON) 42 CD4
Nicman (QC) 46 A3
Nicola (BC) 33 C10
Nicolet (QC) 57 B3
Nictau (NB) 46 D1
Nile (ON) 66 C2
Nilestown (ON) 71 B3
Nimpo Lake (BC) 17 D9-10
Ninette (MB) 38 D3
Ninga (MB) 38 D3
Nipawin (SK) 10 E7
Nipigon (ON) 41 CD7
Nipissing (ON) 53 B3
Nippers Harbour (NL) 48 B5
Nisichawayasihk/Nelson House (MB) 22/23 A6
Nisku (AB) 20 C1
Nitchequon (QC) 13 E12
Nithburg (ON) 66/67 C3
Nitinat (BC) 33 E6
Niton Junction (AB) 19 C9
Niwene (ON) 60 B1
Nixon (ON) 71 B4
Nobel (ON) 60 B1
Nobleford (AB) 35 D8
Nobleton (ON) 67 C4
Noel (NS) 75 D9
Noelville (ON) 52 B2
Nogies Creek (ON) 61 C3
Nojack (AB) 19 C9
Nokomis (SK) 37 B7
Nolalu (ON) 41 D5-6
Nominingue (QC) 55 B4
Nootka (BC) 32 D4
Noralee (BC) 17 B8
Norbertville (QC) 57 B4
Nordegg (AB) 19 D8-9
Norembega (ON) 43 BC7
Norgate (MB) 38 C3
Norham (ON) 68 B3
Norland (ON) 61 C3
Norman (ON) 71 B3
Norman Wells (NT) 2 D10
Normandale (ON) 71 B4
Normandin (QC) 44 C5
Normétal (QC) 43 B8
Norquay (SK) 37 B9-10
Norris Arm (NL) 49 B5
Norris Point (NL) 48 B2-3
Norte- Dame-du-Laus (QC) 55 B4
Norte-Dame-de-la-Paix (QC) 63 B4
Norte-Dame-de-Pontmain (QC) 55 B4
North Augusta (ON) 62 C3
North Battleford (SK) 10 E4
North Bay (NL) 48 D2
North Bay (ON) 53 B3
North Bend (BC) 33 D9
North Branch (ON) 40 D1
North Bruce (ON) 66 B2
North Buxton (ON) 70 B2
North Cove (NL) 31 B9
North Gower (ON) 62 B3
North Hatley (QC) 65 B3
North Head (NB) 78 B1
North Lancaster (ON) 63 B4
North Monetville (ON) 52 B2
North Pelham (ON) 72 A2
North Port (ON) 69 B3
North Portal (SK) 37 D9
North Ridge (ON) 70 B2
North River (MB) 11 B11
North Seguin (ON) 60 B2
North Spirit Lake (ON) 39 A9
North Star (AB) 9 D13
North Sydney (NS) 77 B8
North Troy (QC) 64 B2
North Vancouver (BC) 33 D7-8
North West River (NL) 14 E5
North Woodslee (ON) 70 B2
North York (ON) 67 C4
Northbrook (ON) 62 C1
Northern Arm (NL) 48 B5
Northgate (SK) 37 D9
Northminster (SK) 20 C5
Northville (ON) 66 C2
Northwood (ON) 70 B2
Norton (NB) 74 C5
Norton (QC) 65 B3
Norval (ON) 72 A2
Norway (AB) 35 A9
Norway (PE) 75 A8
Norway Bay (QC) 62 B2
Norway House (MB) 11 E9-10
Norwich (ON) 71 B4
Norwood (ON) 68 B3
Nosbonsing (ON) 53 B3
Notch Hill (BC) 34 C2
Notre Dame Junction (NL) 49 B5-6
Notre Dame-du-Lac (QC) 45 D9
Notre-Dame de Lorette (QC) 44 C5
Notre-Dame-de-Ham (QC) 65 B3
Notre-Dame-de-la-Salette (QC) 62/63 B3
Notre-Dame-de-Lourdes (QC) 57 B4
Notre-Dame-de-Pierreville (QC) 57 B3
Notre-Dame-des-Anges (QC) 57 B3
Notre-Dame-des-Bois (QC) 65 B3-4
Notre-Dame-des-Pins (QC) 58 B2
Notre-Dame-des-Prairies (QC) 56 B2
Notre-Dame-de-Stanbridge (QC) 64 B1
Notre-Dame-du-Mont-Carmel (QC) 57 B3
Notre-Dame-du-Nord (QC) 43 D8
Notre-Dame-du-Rosaire (QC) 45 C6
Notre-Dame-du-Rosaire (QC) 58 B2
Nottawa (ON) 67 B3
Nouvelle (QC) 46 C2
Novar (ON) 60 B2

Novra (MB) 22 D3
Noyan (QC) 64 B1
Nukko Lake (BC) 18 B2
Numogate (ON) 62 C2
Nunalla (MB) 11 B11
Nutak (NL) 14 C5

O

O'Briens Landing (ON) 40 C4-5
O'Leary Portage (PE) 75 A8
Oainsville (ON) 72 A1
Oak Bluff (MB) 38 D5
Oak Orchard (ON) 68 B2
Oak Point (MB) 38 C4-5
Oak Ridges (ON) 67 C4
Oakbank (MB) 38 D5-6
Oakburn (MB) 38 C2
Oakdale (ON) 70 B2
Oakland (MB) 38 C4
Oakland (ON) 71 A4
Oakview (MB) 38 B4
Oakville (MB) 38 D5
Oakville (ON) 72 A2
Oakwood (ON) 68 B2
Oba (ON) 42 B3-4
Oban (SK) 21 D6
Obaska (QC) 43 C10
Obed (AB) 19 C7
Obedjiwan (QC) 44 C3
Ocean Falls (BC) 17 D7
Ocean Falls Waterdom (BC) 17 D17
Ocean Falls Waterdom (BC) 17 D7
Ochre River (MB) 38 BC3
Odanak (QC) 57 B3
Odessa (ON) 69 B4
Odessa (SK) 37 C8
Odhill (MB) 23 A6
Ogema (SK) 37 D7
Ogilvie (MB) 38 C3-4
Ogilvie (YT) 2 D4
Ogoki (ON) 25 D9
Ohsweken (ON) 72 A1
Oil City (ON) 70 B2
Oil Springs (ON) 70 B2
Oka (QC) 63 B4
Okanagan Falls (BC) 34 D2
Okanese (SK) 37 C8
Okla (SK) 37 A8-9
Okotoks (AB) 35 C7 8
Old Crow (YT) 2 C4
Old Factory River (QC) 27 C6
Old Perlican (NL) 49 C8
Olds (AB) 35 B7
Oliphant (ON) 59 C2
Oliver (BC) 34 D2
Omemee (ON) 68 B2
Omerville (QC) 65 B2
Ompah (ON) 62 B2
Onaping (ON) 52 B1
Onefour (AB) 36 D1
Onion Lake (AB) 10 E3
Oona River (BC) 16 C4
Ootsa Lake (BC) 17 C8-9
Opasatika (ON) 42 B5
Opaskwayak (MB) 22 C3
Ophir (ON) 50 B3
Opitsat (BC) 32 D5
Optic Lake (MB) 11 D8
Orangeville (ON) 67 C3
Orient Bay (ON) 41 C7-8
Orillia (ON) 60 C2
Orion (AB) 35 D11
Orleans (ON) 63 B3
Ormsby (ON) 61 C4
Ormstown (QC) 63 B5
Oro Beach (ON) 67 B4
Oro Lea Beach (ON) 67 B4
Oro Station (ON) 67 B4
Orok (MB) 22 C3-4
Oromocto (NB) 74 C4
Orono (ON) 68 C2
Orr Lake (ON) 60 C2
Orrville (ON) 60 B2
Orton (ON) 67 C3
Ortonville (NB) 74 A1
Orwell (ON) 71 B3
Osaca (ON) 68 B2
Osage (SK) 37 D8
Osborne Corners (ON) 71 A4
Osborne Lake (MB) 22 B5
Osceola (ON) 62 B1
Osgoode (ON) 62/63 B3
Oshawa (ON) 68 C2
Oskélanéo (QC) 44 C2
Osnabruck Centre (ON) 63 B3
Osoyoos (BC) 34 D2
Ospringe (ON) 67 C3
Ossossane Beach (ON) 67 A3-4
Ostenfield (MB) 38 D6
Ostrander (ON) 71 B4
Ostryhon Corners (ON) 72 B2
Otosquen (SK) 22 C2-3
Ottawa (ON) 62 B3
City Map 80
Otter (QC) 46 B5
Otter Lake (QC) 62 B2
Otter Rapids (ON) 43 A6
Otterburn Park (QC) 64 B1
Otterville (ON) 71 B4
Otthon (SK) 37 B9
Ouelete (ON) 52 B2
Oungre (SK) 37 D8
Oustic (ON) 67 C3
Outlet (ON) 69 B4-5
Outlook (SK) 36 B4-5
Overflowing River (MB) 22 C3
Owen Sound (ON) 66 B3
Oxbow (NB) 74 A2
Oxbow (SK) 37 D9-10
Oxdrift (ON) 39 D9
Oxenden (ON) 59 C2
Oxford (NS) 75 C9
Oxford Centre (ON) 71 A4
Oxford House (MB) 11 D11
Oxford Mills (ON) 62 C3
Oxley (ON) 70 C2
Oxtongue Lake (ON) 61 B3
Oyama (BC) 34 C2
Oyen (AB) 35 B11

P

Pacquet (NL) 48 AB5
Paddockwood (SK) 21 C9
Padlei (NT) 5 E12
Pagwa River (ON) 42 A2-3
Pain Court (ON) 70 B2
Paisley (ON) 66 B2
Pakenham (ON) 62 B2
Palermo (ON) 72 A2
Palgrave (ON) 67 C4
Palmarolle (QC) 43 C8
Palmer Rapids (ON) 61 B4
Palmerston (ON) 66 C3
Palmyra (ON) 71 B3
Pangman (SK) 37 D7
Pangnirtung/Panniqtung (NU) 7 B14-15
Papineauville (QC) 63 B3-4
Paquette (QC) 65 B3
Paquetville (NB) 46 D3
Paradise Hill (SK) 20 C5
Paradise Point (NL) 31 B8
Paradise Point (ON) 60 C2
Paradise Valley (AB) 20 C4
Parent (QC) 44 D3
Parham (ON) 62 C2
Paris (ON) 71 A4
Parkbeg (SK) 36 C5
Parker (ON) 67 C3
Parker Landing (ON) 59 C2
Parkers Cove (NL) 49 D6
Parkerview (SK) 37 B8
Parkhill (ON) 71 A3
Parkindale (NB) 75 C7
Parkman (SK) 37 D10
Parksville (BC) 33 D6
Parrsboro (NS) 75 D8
Parry (SK) 37 D7
Parry Island (ON) 60 B1
Parry Sound (ON) 60 B1
Parson's Pond (NL) 48 A3
Pasadena (NL) 48 BC3
Paspébiac (NB) 46 CD3
Pasqua (SK) 37 C6
Pass Island (NL) 48 D4
Pass Lake (ON) 41 D7
Paterson (MB) 22 B4-5
Pathlow (SK) 21 D9-10
Patricia (AB) 35 C10
Patuanak (SK) 10 D5
Paudash (ON) 61 C4
Pauingassi (MB) 23 D9
Paulatuk (NT) 3 B11
Paulson (BC) 34 D3
Pavilion (BC) 33 C8-9
Pawistik (MB) 22 A3
Paynton (SK) 20 D5-6
Peace Point (AB) 10 B2-3
Peace River (AB) 9 D13
Peachland (BC) 34 D1-2
Peacock Point (ON) 72 B1-2
Peerless (SK) 10 D4
Peers (AB) 19 C9
Pefferlaw (ON) 67 B4
Peggys Cove (NS) 79 C7
Peguis (MB) 38 B5
Pelee Island (ON) 70 C2
Pelican Cove (SK) 21 C7-8
Pelican Narrows (SK) 11 D7
Pelican Rapids (MB) 22 D4
Pelikan Narrows (SK) 22 A1-2
Pelly Crossing (YT) 8 A3
Pemberton (BC) 33 C7-8
Pembroke (ON) 62 B1
Pendleton (ON) 63 B3
Penetanguishene (ON) 67 A3-4
Penhold (AB) 19 D10-11
Penn (SK) 21 C7
Pennant (SK) 36 C3
Penny (BC) 18 C3
Pensons Arm (NL) 31 C10
Penticton (BC) 34 D2
Penzance (SK) 37 B6
Peoria (AB) 19 A6
Percé (QC) 46 C4
Perdue (SK) 21 D7
Péribonka (QC) 45 C5-6
Perigord (SK) 37 A8
Perkinsfield (ON) 60 C2
Perkins (QC) 62 B3
Perow (BC) 17 B8
Perry (ON) 42 D3
Perth (ON) 62 C2
Perth Road (ON) 69 B4
Perth-Andover (NB) 74 A1
Petaigan (SK) 22 C1
Petawawa (ON) 61/62 B4
Peterbell (ON) 42 C4
Peterborough (ON) 68 B2
Peters Corners (ON) 67 C3
Petersburg (ON) 67 C3
Pethericks Corners (ON) 68 B3
Petherton (ON) 67 C3
Petit Forte (NL) 49 D6
Petit Jardin (NL) 47 C9
Petite-Rivière (QC) 58 A2
Petit-Rocher (NB) 46 D3
Petit-Saguenay (QC) 45 C7-8
Petrofka Bridge (SK) 21 D8
Petrolia (ON) 70 B2
Phelpston (ON) 67 B4
Philips Grove (SK) 21 C8
Philipsburg (QC) 64 B1
Philipsville (ON) 62 C2
Phillips Arm (BC) 32 C5
Phillipsburg (ON) 67 C3
Phippen (SK) 20 D6
Pic Mobert South (ON) 42 C2
Pickardville (AB) 19 B10-11
Pickerel (ON) 60 B1
Pickerel River (ON) 52 B2
Pickering (ON) 68 C1
Pickle Lake (ON) 24 D4
Picton (ON) 69 B3
Pictou (NS) 76 C3
Picture Butte (AB) 35 D9
Piedmont (QC) 63 B4
Pierceland (SK) 10 D4
Pierrefonds (QC) 63/64 B5
Pierreville (QC) 57 B3
Pigeon Hill (NB) 46 D4
Pigeon Hill (QC) 64 B2
Pikangikum (ON) 39 B9
Pike Bay (ON) 59 C2
Pike Lake (SK) 36 B4-5
Pike River (QC) 64 B1
Pikes Arm (NL) 49 B6
Pikwitonei (MB) 23 A7-8
Pilger (SK) 21 D9
Pilley's Island (NL) 48 B5
Pilot Butte (SK) 37 C7
Pilot Mound (MB) 38 D4
Pinantan Lake (BC) 34 C1-2
Pincher (AB) 35 D7-8
Pincher Creek (AB) 35 D8
Pincourt (QC) 63 B4-5
Pine Bluff (SK) 22 B2
Pine Creek (MB) 22 D4
Pine Dock (MB) 38 B5-6
Pine Grove (ON) 71 B4
Pine Hill (QC) 63 B4
Pine Lake (AB) 35 A8
Pine Point (NT) 10 A1-2
Pine Portage (ON) 41 C7
Pine Ridge (NB) 75 B6-7
Pine River (MB) 38 B2
Pine River (ON) 66 B2
Pinehouse Lake (SK) 10 D5
Pines Cove (NL) 31 D9
Pinewood (ON) 40 D1
Piney (MB) 39 D6
Pink Mountain (BC) 9 D10
Pinkerton (ON) 66 B2
Pinkham (SK) 36 B2
Pinsent's Arm (NL) 31 C10
Pinsent's Arm (NL) 31 C10
Pintendre (QC) 58 B1
Pinware (NL) 31 D9
Piopolis (QC) 65 B4
Pipestone (AB) 20 C1
Pipestone (MB) 38 D2
Piprell Lake (SK) 21 B10
Pipun (MB) 22 B6
Pitaga (NL) 14 E3
Pitman (SK) 37 C6-7
Pitts Ferry (ON) 69 B4
Pitts Harbour (NL) 31 C10
Pittston (ON) 63 C3
Pivot (AB) 36 C1
Placentia (NL) 49 D6
Plainfield (ON) 68/69 B3
Plaisance (QC) 63 B3
Plamondon (AB) 20 B2
Plantagenet (ON) 63 B4
Plaster Rock (NB) 74 A2
Plato (SK) 36 B3
Plattsville (ON) 67 C3
Pleasant Bay (NS) 77 A7
Pleasant Corners (ON) 63 B4
Pleasant Point (ON) 68 B2
Pleasantdale (SK) 21 D10
Plenty (SK) 36 B3
Plessisville (QC) 57 B4
Plevna (ON) 62 C2
Plumas (MB) 38 C3-4
Plunkett (SK) 37 B6
Plympton-Wyoming (ON) 70 B2
Pocahontas (AB) 19 C7
Pohénégamook (QC) 45 D8
Point Aconi (NS) 77 B8
Point Alexander (ON) 54 B2
Point Alice (BC) 32 C3
Point Anne (ON) 69 B3
Point au Baril Station (ON) 60 B1
Point Bickerton (NS) 76 D5
Point Clark (ON) 66 B2
Point Comfort (QC) 55 B4
Point Edward (ON) 70 A2
Point Lance (NL) 49 E6
Point Leamington (NL) 48 B5
Point Neville (BC) 32 C5
Point Roberts (BC) 33 E7
Point-Calumet (QC) 63 B4
Point-des-Cascades (QC) 63 B5
Pointe au Baril (ON) 60 B1
Pointe du Bois (MB) 39 C7
Pointe-à-la-Croix (QC) 46 C2
Pointe-au-Chêne (QC) 63 B4
Pointe-Carleton (QC) 47 B6
Pointe-Claire (QC) 63 B5
Pointe-du-Lac (QC) 57 B3
Pointe-Fortune (ON) 63 B4
Pointe-Jaune (QC) 46 B4
Pointe-Lebel (QC) 45 B9
Pointe-Parent (QC) 47 A7
Pointe-Sapin (NB) 75 A7
Poissant (QC) 55 B4
Pokemouche (NB) 46 D4
Pokeshaw (NB) 46 D3
Poland (ON) 62 B2
Pollards Point (NL) 48 B4
Polonia (MB) 38 C3
Poltimore (QC) 62 B3
Polwarth (SK) 21 C8
Ponoka (AB) 10 E1-2
Pontbriand (QC) 57/58 B4
Ponteix (SK) 36 D4
Pontiac (QC) 62 B3
Ponton (MB) 11 D9
Pontrilas (SK) 21 C10
Pont-Rouge (QC) 57 B4
Pontypool (ON) 68 B2
Pool's Cove (NL) 48 D5
Poole (ON) 66 C3
Poplar Hill (ON) 23 D10
Poplar Hill (ON) 71 B3
Poplar Point (MB) 38 C5
Poplar River (MB) 23 D7-8
Poplarfield (MB) 38 C5
Porcupine Plain (SK) 37 A8
Porquis Junction (ON) 43 C6-7
Port Alberni (BC) 32 D6
Port Albert (ON) 66 C2
Port Albion (BC) 32 E5
Port Alexandria (ON) 69 B4
Port Alma (ON) 70 B2
Port Anson (ON) 60 B2
Port au Choix (NL) 31 E8
Port au Gaul (NL) 48 E5
Port au Port (NL) 48 C2
Port Blandford (NL) 49 C6
Port Bolster (ON) 67 B4
Port Britain (ON) 68 C2
Port Bruce (ON) 71 B3
Port Burwell (ON) 71 B4
Port Carling (ON) 60 B2
Port Clements (BC) 16 C2-3
Port Colborne (ON) 72 B2
Port Coquitlam (BC) 33 D8
Port Credit (ON) 72 A2
Port Cunnington (ON) 60 B2
Port Dalhousie (ON) 72 A2
Port Darlington (ON) 68 C2
Port Dover (ON) 71 B4
Port Edward (BC) 16 B4
Port Elgin (NB) 75 B8-9
Port Elgin (ON) 66 B2
Port Essington (BC) 16 B4-5
Port Franks (ON) 66 C2
Port Glasgow (ON) 71 B3
Port Grandby (ON) 68 C2
Port Hardy (BC) 32 C3
Port Hastings (NS) 76 C6
Port Hawkesbury (NS) 76/77 C6
Port Hope (ON) 68 C2
Port Hope Simpson (NL) 31 C9
Port Howe (NS) 75 C9
Port Lambton (ON) 70 B2
Port Lewis (QC) 63 B4
Port Maitland (ON) 72 B2
Port McNeill (BC) 32 C3
Port McNicoll (ON) 60 C2
Port Mellon (BC) 33 D7
Port Menier (QC) 46 B4
Port Mouton (NS) 78 D5
Port Nelson (MB) 11 C12
Port of Coronach (SK) 36/37 D6
Port of Del Bonita (AB) 35 E9
Port of Willow Creek (SK) 36 E2
Port Perry (ON) 68 B2
Port Radium (NT) 3 C15
Port Renfrew (BC) 33 E6
Port Rexton (NL) 49 C7
Port Rowan (ON) 71 B4
Port Royal (ON) 71 B4
Port Ryerse (ON) 71 B4
Port Sandfield (ON) 60 B2
Port Severn (ON) 60 C2
Port Simpson (BC) 16 B4
Port Stanley (ON) 71 B3
Port Stanton (ON) 60 C2
Port Sydney (ON) 60 B2
Port Whitby (ON) 68 C2
Port Williams (NS) 75 D8
Portage la Prairie (MB) 38 D4
Portage Vale (NB) 75 C6
Port-Cartier (QC) 46 AB2
Port-Daniel (QC) 46 C3-4
Porthill (BC) 34 E5
Portland Chantry (ON) 62 C2
Portland Creek (NL) 48 A3
Portneuf (QC) 57 B4
Portneuf-sur-Mer (QC) 45 C8-9
Portugal Cove South (NL) 49 E7
Postville (NL) 14 D5-6
Pottageville (ON) 67 C4
Potters Landing (ON) 60 C2
Pouch Cove (NL) 49 D8
Poularies (QC) 43 C9
Powassan (ON) 53 B3
Powell River (BC) 33 D6
Powerscout (QC) 63 B4
Powerview Pine Falls (MB) 39 C6-7
Prairie River (SK) 10 E7
Prairine Siding (ON) 70 B2
Preeceville (SK) 37 B9
Preissac (QC) 43 C9
Premio (QC) 29 D10
Prescott (ON) 63 C3
Presqu'ile Point (ON) 68 C3
Press (QC) 44 C1
Preston Lake (ON) 67 C4
Prévost (QC) 63 B4
Priceville (ON) 67 B3
Priddis (AB) 35 C7
Primate (SK) 20 D4-5
Primeau Lake (SK) 21 A7
Primrose (ON) 67 B3
Prince (SK) 20/21 D6
Prince Albert (ON) 68 B2
Prince Albert (SK) 10 E6
Prince George (BC) 18 C2
Prince Rupert (BC) 16 B4
Princess Harbour (MB) 38 B6
Princeton (BC) 33 D10
Princeton (ON) 71 A4
Princeville (QC) 57 B4
Pritchard (BC) 34 C2
Procter (BC) 34 D5
Progress (BC) 18 A4
Prongua (SK) 20/21 D6
Pronto East (ON) 51 B4
Prophet River (BC) 9 C10
Prospector (MB) 11 E8
Proton Station (ON) 67 B3
Providence Bay (ON) 51 C4
Provost (AB) 20 D4
Pte-aux-Anglais (QC) 46 B1-2
Pte-des-Monts (QC) 46 B1
Pubnico Point Trail (NS) 78 D3
Puce (ON) 70 B2
Pugwash (NS) 75 C9
Pukatawagan (MB) 11 D8
Pulp River (MB) 38 B2
Punchaw (BC) 17 C11
Punnichy (SK) 37 B7
Purdy (ON) 61 B4
Purple Springs (AB) 35 D10
Purple Valley (ON) 59 C2
Purtuniq (QC) 7 E10-11
Puslinch (ON) 67 C3
Putnam (ON) 71 B4
Puvirnituq (QC) 13 A9

Q

Qagdlumiut (GL) 15 A13
Qaqortoq/Julianehåb (GL) 15 A12
Qikiqtarjuaq/Broughton Island (NU) 7 B16
Qu'Appelle (SK) 37 C8
Quadeville (ON) 61/62 B4
Qualicum Beach (BC) 33 D6
Quaqtaq (QC) 13 A13
Quatsino (BC) 32 C3
Québec (QC) 58 B1
City Map 80
Queen Charlotte City (BC) 16 C2
Queensborough (ON) 61 C4
Queensville (ON) 67 B4
Quesnel (BC) 18 D2
Quibell (ON) 39 D9
Quilchena (BC) 33 C10
Quill Lake (SK) 21 D10
Quimet (ON) 41 D7
Quinan (NS) 78 D3
Quinte West (ON) 68 B3
Quispamsis (NB) 74 D5
Quyon (QC) 62 B2

R

Rabbit Lake (SK) 21 C7
Rabbit Lake Mine (SK) 10 B7
Racine (QC) 64 B2
Radisson (QC) 13 E9
Radisson (SK) 21 D7
Radium Hot Springs (BC) 34 C5-6
Radville (SK) 37 D7
Raglan (ON) 68 B2
Ragueneau (QC) 45 B9
Rainbow Lake (AB) 9 C12
Rainham Centre (ON) 72 B2
Rainy River (ON) 40 D1
Raith (ON) 41 D6
Raleigh (NL) 31 D10
Ralph (SK) 37 D8
Ramea (NL) 48 D3
Ramore (ON) 43 C7
Ramsey (ON) 42 D5

Randboro (QC) 65 B 3
Ranfurly (AB) 10 E 3
Ranger (SK) 21 C 7
Ranger Lake (ON) 50 B 3
Rankin (ON) 62 B 1
Rankin Inlet/Igluligaarjuk (NU) 5 D 14-15
Rannoch (ON) 66 C 2
Ranoke (ON) 42 A 6
Rapid City (MB) 38 C 2
Rapid View (SK) 20 B 6
Rapide-Blanc-Station (QC) 44 D 4-5
Rapide-Deux (QC) 43 D 9
Rapides-des-Joachims (ON) 54 B 2
Rapide-Sept (QC) 43 D 9
Rattling Brook (NL) 48 B 4
Ravenna (ON) 67 B 3
Ravenscliffe (ON) 60 B 2
Ravenscrag (SK) 36 D 2
Ravenshoe (ON) 67 B 4
Ravenswood (ON) 70 A 3
Rawdon (QC) 56 B 2
Rawebb (MB) 22 B 4
Raymond (AB) 35 D 9
Raymore (SK) 37 B 7
Reaboro (ON) 68 B 2
Reading (ON) 67 C 3
Red Bank (NB) 74 A 5
Red Bay (NL) 31 D 9
Red Bay (ON) 59 C 2
Red Deer (AB) 35 A 8
Red Earth (SK) 10 E 7
Red Harbour (NL) 49 D 5-6
Red Lake (ON) 38 B 8-9
Red Lake Road (ON) 39 CD 9
Red Pass (BC) 18 D 6
Red Pheasant (SK) 21 D 6-7
Red Point (NL) 31 B 9-10
Red Rock (BC) 18 C 2
Red Rock (NL) 47 D 9
Red Rock (ON) 41 D 7
Red Sucker Lake (MB) 11 D 12
Redbridge (ON) 53 B 3
Redcliff (AB) 35 C 11
Redditt (ON) 39 D 8
Redfield (SK) 10 E 4-5
Redickville (ON) 67 B 3
Rednersville (ON) 68/69 B 3
Redonda Bay (BC) 32 C 6
Redstone (BC) 17 D 11
Redvers (SK) 37 D 10
Redwater (AB) 10 E 2
Reeces Corners (ON) 70 B 2
Reefs Harbour (NL) 31 E 8
Regina (SK) 37 C 7
Regina Beach (SK) 37 C 7
Regway (SK) 37 D 7
Reindeer Depot (NT) 2 B 7
Reliance (NT) 4 D 6
Remac (BC) 34 D 4
Rémigny (QC) 43 D 8
Rencontre East (NL) 48/49 D 5-6
Renfrew (ON) 62 B 2
Rennie (MB) 39 D 7
Reno (AB) 19 A 7-8
Renous (NB) 74 A 5
Renton (ON) 72 B 1
Renwer (MB) 22 D 4
Repentigny (QC) 64 B 1
Repulse Bay/Naujaat (NU) 6 B 4
Reserve (SK) 22 D 2
Restoule (ON) 53 B 3
Revelstoke (BC) 34 B 3-4
Reykjavik (MB) 38 B 4
Reynaud (SK) 21 D 9
Rhein (SK) 37 B 9
Ribstone (AB) 20 D 4
Riceton (SK) 37 C 7
Riceville (ON) 63 B 4
Rich Lake (AB) 20 B 3
Rich Valley (AB) 19 C 10
Richan (ON) 40 C 3
Richard (SK) 21 D 7
Richards Landing (ON) 50 B 2
Richdale (AB) 35 B 10
Richelieu (QC) 64 B 1
Richibucto (NB) 75 A 7
Richmond (BC) 33 D 7
Richmond (ON) 71 B 4
Richmond (ON) 62 B 3
Richmond (QC) 64/65 B 2
Richmond Hill (ON) 67 C 4
Richmound (SK) 36 C 2
Rideau Ferry (ON) 62 C 2
Ridgedale (SK) 21 C 10
Ridgetown (ON) 70/71 B 3
Ridgeville (MB) 38 D 5-6
Ridgeville (ON) 72 A 2
Ridgeway (ON) 72 B 2-3
Rigaud (QC) 63 B 4
Rigolet (NL) 14 D 6
Rimbey (AB) 10 E 1
Rimouski (QC) 45 C 9
Ringwood (ON) 67 C 4
Riondel (BC) 34 D 5
Ripney (ON) 66 B 2
Ripon (QC) 63 B 3
Riske Creek (BC) 33 B 8
River Drive Park (ON) 67 B 4
River Hebert (NS) 75 C 8
River Hills (MB) 39 C 7
River Jordan (BC) 33 E 6
River of Ponds (NL) 31 E 8
River Valley (ON) 52 B 2
Rivercourse (AB) 20 D 4
Riverfield (QC) 63/64 B 5
Riverhurst (SK) 36 C 5
Rivers (MB) 38 C 2
Rivers Inlet (BC) 32 B 3
Riversdale (ON) 66 B 2
Riverside-Albert (NB) 75 C 7
Riverton (MB) 38 C 5-6
Riverview (NB) 75 B 7
Riverview (ON) 67 B 3
Riverview Heights (ON) 62/63 C 3
Rivière Bleue (QC) 45 D 8-9
Riviére du Loup (QC) 45 D 8
Rivière-à-Pierre (QC) 57 AB 3
Rivière-au-Renard (QC) 46 BC 4
Rivière-au-Tonnerre (QC) 46 A 4
Rivière-aux-Graines (QC) 46 A 3-4
Rivière-aux-Rats (QC) 44 D 5
Rivière-aux-Rats (QC) 57 A 3
Rivière-aux-Saumons (QC) 47 B 6-7
Rivière-Beaudette (QC) 63 B 4
Rivière-du-Portage (NB) 46 D 4
Riviére-Éternité (QC) 45 C 7
Rivière-Héva (QC) 43 C 9
Rivière-Matawin (QC) 57 B 3
Rivière-Pentecôte (QC) 46 B 1-2
Rivière-Pigou (QC) 46 A 3
Rivière-Saint-Jean (QC) 46 A 4
Rivière-Saint-Paul (QC) 31 D 8
Rivington (QC) 63 B 4
Robb (AB) 19 C 8
Robert's Arm (NL) 48 B 5
Robertsonville (QC) 58 B 1
Roberval (QC) 44/45 C 5
Robinson (ON) 72 A 2
Robinsons (NL) 47 C 9-10
Roblin (MB) 37 B 10
Roblin (ON) 69 B 3
Robsart (SK) 36 D 2
Rocanville (SK) 37 C 10
Rochebaucourt (QC) 43 C 10
Rocher River (NT) 10 A 2-3
Roches Point (ON) 67 B 4
Rochester (AB) 20 B 1
Rochon Sands (AB) 35 A 9
Rock Bay (BC) 32 C 5
Rock Creek (BC) 34 C 2
Rock Forest (QC) 65 B 2-3
Rock Ridge (MB) 38 B 3
Rockburn (QC) 63 B 4
Rockcliffe Park (QC) 62 B 3
Rockford (ON) 66 B 3
Rockglen (SK) 36 D 6
Rockingham (ON) 61 B 4
Rockland (ON) 63 B 3
Rocklyn (ON) 67 B 3
Rockport (ON) 69 B 5
Rocksprings (ON) 62 C 3
Rockton (ON) 67 C 3
Rockwood (ON) 67 C 3
Rocky Harbour (NL) 48 B 2-3
Rocky Inlet (ON) 40 D 2
Rocky Mountain House (AB) 19 D 9-10
Rockyford (AB) 35 B 8-9
Roddickton (NL) 31 E 9-10
Rodney (ON) 71 B 3
Roebuck (ON) 62 C 3
Rogersville (NB) 74 A 5-6
Roland (MB) 38 D 5
Rolla (BC) 18 A 4
Rolling Hills (AB) 35 C 10
Rollingdam (NB) 74 D 2-3
Rolphton (ON) 54 B 2
Romeroy (NB) 74 D 3
Rondeau Park (ON) 71 B 3
Roosville (BC) 35 D 6-7
Root Lake (MB) 22 B 3
Rorketon (MB) 38 B 3
Rosa (MB) 38 D 6
Rosalind (AB) 35 A 9
Rose Blanche (NL) 48 D 2
Rose Harbour (BC) 16 D 3-4
Rose Lake (BC) 17 B 9
Rose Prairie (BC) 9 D 11
Rose Valley (SK) 37 A 8
Rosedale (AB) 35 B 9
Rosedale (ON) 69 B 4
Rosedale (ON) 68 B 2
Rosehall (ON) 68/69 C 3
Roseisle (MB) 38 D 4
Rosemary (AB) 35 C 9-10
Rosemère (QC) 64 B 1
Rosemont (ON) 67 B 3-4
Roseneath (ON) 68 B 2-3
Rosenfeld (MB) 38 D 5
Rosenhof (SK) 36 C 4
Roseray (SK) 36 C 3
Rosetown (SK) 36 B 4
Roseville (ON) 67 C 3
Roslin (ON) 69 B 3
Ross Bay Junction (NL) 14 E 2-3
Ross River (YT) 8 B 5-6
Rossburn (MB) 38 C 2
Rosseau (ON) 60 B 2
Rosseau Road (ON) 60 B 2
Rossington (AB) 19 B 10
Rossland (BC) 34 D 3-4
Rossmore (ON) 69 B 3
Rossport (ON) 41 D 8
Rossville (MB) 23 C 7
Rosswood (BC) 8 E 7
Rosthern (SK) 21 D 8
Rostock (ON) 66 C 2-3
Rothesay (NB) 74 D 4
Rothsay (ON) 67 C 3
Rougemont (QC) 64 B 1-2
Rouleau (SK) 37 C 7
Roulier (QC) 43 D 8
Round Harbour (NL) 48 B 5
Round Hill (AB) 10 E 2
Round Lake Centre (ON) 61 B 4
Rouyn Noranda (QC) 43 C 8-9
Rowatt (SK) 37 C 7
Rowley (AB) 35 B 9
Roxton Falls (QC) 64 B 2
Roxton Pond (QC) 64 B 2
Roxton-Sud (QC) 64 B 2
Ruby Beach (SK) 22 CD 2
Ruddell (SK) 21 D 7
Ruddock (MB) 11 D 8
Ruddock (MB) 22 A 4
Rumsey (AB) 35 B 9
Rupert (QC) 62 B 3
Ruscom Station (ON) 70 B 2
Russell (MB) 37 C 10
Russell (ON) 63 B 3
Russell Landing (ON) 61 B 3
Russelldalle (ON) 66 C 2
Rutan (SK) 21 D 9
Rutherford (ON) 70 B 2
Rutherglen (ON) 53 B 3-4
Ruthilda (SK) 36 B 3
Ruthven (ON) 70 B 2
Rutland (BC) 34 D 2
Rutland (SK) 20 D 5
Rycroft (AB) 18 A 6
Rydal Bank (ON) 50 B 3
Ryerson (SK) 37 D 10
Ryley (AB) 20 C 2

S

Saanich (BC) 33 E 7
Saarloq (GL) 15 A 12
Sabrevois (QC) 64 B 1
Sachigo Lake (ON) 11 E 12-13
Sachs Harbour (NT) 3 A 11
Sackville (NB) 75 C 7-8
Sacré-Coeur (QC) 45 C 8
Sacre-Coeur-de-Marie (QC) 58 B 1
Sadowa (ON) 60 C 2
Sagard (QC) 45 CD 7
Sagehill (SK) 21 D 8-9
Saint Adolphe (MB) 38 D 5
Saint Alban's (NL) 48 D 4-5
Saint Albert (AB) 10 E 2
Saint Almo (NB) 74 A 2
Saint Alphonse (MB) 38 D 3
Saint Ambroise (MB) 38 C 4
Saint Andrew's (NL) 47 D 9
Saint Andrews (NB) 74 D 2
Saint Ann's (NS) 77 B 7
Saint Anthony Bight (NL) 31 D 10
Saint Barbe (NL) 31 D 9
Saint Benedict (SK) 21 D 9
Saint Bernard (NS) 78 C 2
Saint Bernard's (NL) 49 D 6
Saint Brendan's (NL) 49 C 7
Saint Bride's (NL) 49 E 6
Saint Brides (AB) 20 BC 3
Saint Brieux (SK) 21 D 10
Saint Claude (MB) 38 D 4
Saint Croix (NB) 74 C 2
Saint Denis (SK) 21 D 8-9
Saint Eleanors (PE) 75 B 9
Saint Francis (AB) 10 E 1
Saint François Xavier (MB) 38 D 5
Saint Front (SK) 37 A 7-8
Saint George (NB) 74 D 3
Saint George's (NL) 48 C 2
Saint George's Hill (SK) 20 A 5-6
Saint Gregor (SK) 21 D 10
Saint Hubert Mission (SK) 37 C 9
Saint John (NB) 74 D 4-5
Saint Laurent (MB) 38 C 5
Saint Lazare (MB) 37 C 10
Saint Leonard (NB) 46 D 1
Saint Luce (QC) 45 C 9
Saint Luis (SK) 10 E 6
Saint Malo (MB) 38 D 5
Saint Margarets (NB) 75 A 6
Saint Margarets (PE) 76 B 4
Saint Martin Junction (MB) 38 B 4
Saint Martins (NB) 74 D 5-6
Saint Marys Road (PE) 76 B 3-4
Saint Paul (AB) 10 E 3
Saint Pauls (NL) 48 B 3
Saint Peter's (NS) 77 C 7
Saint Peters (PE) 76 B 3-4
Saint Pierre-Jolys (MB) 38 D 6
Saint Shott's (NL) 49 E 7
Saint Stephen (NB) 74 D 2
Saint Teresa (NL) 48 C 2
Saint Theresa Point (MB) 11 E 11
Saint Veronica's (NL) 48 D 4-5
Saint Vincent (AB) 20 B 3
Saint Vincent's (NL) 49 E 7
Saint Walburg (SK) 10 E 4
Saint-Alexandre (QC) 45 D 8
Saint-Ambroise (QC) 45 C 6
Saint-Arsène (QC) 45 D 8
Saint-Augustin (QC) 31 D 7
Saint-Bruno (QC) 45 C 6
Saint-Charles-Garnier (QC) 45 C 9-10
Saint-David-de-Falardeau (QC) 45 C 6-7
Saint-Denis (QC) 45 D 7-8
Saint-Dominique-du-Rosaire (QC) 43 C 9-10
Sainte Agathe (MB) 38 D 5
Sainte Amelie (MB) 38 C 3
Sainte Anne (MB) 38 D 6
Sainte Gertrude (QC) 43 C 9
Sainte Rose du Lac (MB) 38 B 3
Sainte-Agnès-de-Bellecombe (QC) 43 C 9
Sainte-Angèle-de-Merici (QC) 45 C 9-10
Sainte-Anne-des-Monts (QC) 46 B 2
Saint-Elzéar (QC) 46 C 3
Sainte-Monique (QC) 45 C 6
Saint-Fabien-sur-Mer (QC) 45 C 8-9
Saint-Félicien (QC) 44 C 5
Saint-Félix-de-Dalquier (QC) 43 C 9-10
Saintfield (ON) 68 B 1
Saint-Fulgence (QC) 45 C 7
Saint-Gabriel-de-Rimouski (QC) 45 C 9-10
Saint-Gèrard-de Berry (QC) 43 C 9
Saint-Honoré (QC) 45 C 6-7
Saint-Jean-de-Dieu (QC) 45 D 8-9
Saint-Jean-Port-Joli (QC) 45 D 7
SaintJoseph's (NL) 49 D 7
Saint-Maurice-de-Dalquier (QC) 43 C 10
Saint-Méthode (QC) 44 C 5
Saint-Norbert-Mont-Brun (QC) 43 C 9
Saint-Omer (QC) 46 C 2
Saint-Pascal (QC) 45 D 8
Saint-Patrice (QC) 45 D 8
Saint-Paul-du-Nord (QC) 45 C 8
Saint-Pierre (NL) 48 E 4
Saint-Quentin (NB) 46 D 1
Saints-Anges (QC) 58 B 2
Saint-Siméon (QC) 45 D 7-8
Saint-Tite-des-Caps (QC) 45 D 7
Saint-Urbain (QC) 45 D 7
Saint-Vianney (QC) 46 C 1
Sakami (QC) 13 E 10
Salaberry-de-Valleyfield (QC) 63 B 4
Salem (ON) 68 B 3
Salem (ON) 67 C 3
Salford (ON) 71 B 4
Salisbury (NB) 75 B 6-7
Salluit (QC) 7 D 10
Sally's Cove (NL) 48 B 2-3
Salmo (BC) 34 D 4
Salmon Arm (BC) 34 C 2
Salmon Beach (NB) 46 D 3
Salmon Point (ON) 69 C 3
Salmon River (NS) 78 C 2
Salt Prairie (AB) 19 A 8-9
Salt River (NT) 10 A 2
Salt Springs (NS) 76 C 4
Salt-coats (SK) 37 B 9
Salter (SK) 21 D 6
Saltery Bay (BC) 33 D 6
Salvador (SK) 20 D 5
Salvage (NL) 49 C 7
Sam Lake (ON) 40 B 3-4
Sambro (NS) 79 C 7
San Clara (MB) 37 B 10
San Josef (BC) 32 C 2
Sanca (BC) 34 D 5
Sand Lake (ON) 60 B 2
Sand Point (NS) 76 C 6
Sandfield (ON) 59 B 2
Sandford (ON) 67 B 4
Sandgren (SK) 36 B 2
Sandhill (ON) 67 C 4
Sandhurst (ON) 69 B 4
Sandspit (BC) 16 C 3
Sandy Bay (MB) 38 C 4
Sandy Bay (SK) 11 D 7
Sandy Cove (ON) 67 B 4
Sandy Lake (AB) 10 D 2
Sandy Lake (ON) 11 E 12
Sandy Narrows (SK) 22 A 2
Sangudo (AB) 19 C 9-10
Sanikiluaq (NU) 13 C 8
Sanmaur (QC) 44 D 4
Sans Souci (ON) 60 B 1
Sapawe (ON) 40 D 4-5
Sarnia (ON) 70 B 2
Sarsfield (ON) 63 B 3
Sarto (MB) 38 D 6
Saskatchewan River Crossing (AB) 19 D 8
Saskatoon (SK) 21 D 8
Sauble Beach (ON) 59 C 2
Sauble Beach North (ON) 59 C 2
Sauble Beach South (ON) 59 C 2
Sauble Falls (ON) 59 C 2
Saugeen Shores (ON) 66 B 2
Sault Ste. Marie (ON) 50 B 2
City Map 81
Saulteaux (SK) 21 C 6
Savage Cove (NL) 31 D 9
Savant Lake (ON) 40 B 5
Savary Island (BC) 33 D 6
Savoie (QC) 57 B 4
Savona (BC) 33 C 9-10
Sawbill (NL) 14 E 2-3
Sawlog Bay (ON) 60 C 2
Sawmill Bay (NT) 3 D 14
Sawyerville (QC) 65 B 3
Sayabec (QC) 46 C 1
Sayward (BC) 32 C 5
Scandia (AB) 35 C 9
Scarborough (ON) 67 C 4-5
Scarth (MB) 38 D 2
Sceptre (SK) 36 C 2
Schefferville (QC) 14 D 2
Schomberg (ON) 67 BC 4
Schreiber (ON) 41 D 8
Schutt (ON) 61 B 4
Scone (ON) 66 B 2
Scotch Line (ON) 62 C 2
Scotch Ridge (NB) 74 D 2
Scotia (ON) 60 B 2
Scotia Bay (BC) 8 C 4-5
Scotland (ON) 71 A 4
Scots Bay (NS) 75 D 8
Scotstown (QC) 65 B 3
Scott (QC) 58 B 1
Scott (SK) 20 D 6
Scottsville (ON) 71 B 3
Scout Lake (SK) 36 D 5
Scudder (ON) 70 C 2
Scugog (ON) 68 B 2
Seacliffe (ON) 70 B 2
Seaforth (ON) 66 C 2
Seagrave (ON) 68 B 2
Seahorse (NL) 29 C 10
Seal Cove (NL) 48 B 4
Seal Islands Harbour (NL) 31 B 10
Searchmont (ON) 50 B 2-3
Sebastopo (ON) 66 C 3
Sebright (ON) 60 C 2
Sebringville (ON) 66 C 2
Sechelt (BC) 33 D 7
Sedalia (AB) 35 B 11
Sedgewick (AB) 35 A 10
Sedley (SK) 37 C 7
Seeleys Bay (ON) 69 B 4
Selbaie (QC) 43 B 8
Selby (ON) 69 B 3-4
Selkirk (MB) 38 C 6
Selkirk (ON) 72 B 2
Selma (NS) 75 D 9
Selton (ON) 69 B 4-5
Selwyn (ON) 68 B 2
Senate (SK) 36 D 2
Senlac (SK) 20 D 5
Senneterre (QC) 43 C 10
Separation Point (NL) 14 E 7
Sept-Îles (QC) 46 A 2
Serath (SK) 37 B 7
Serpent River (ON) 51 B 4
Sesekinika (ON) 43 C 7
Seton Portage (BC) 33 C 8
Seven Persons (AB) 35 D 11
Severn Falls (ON) 60 C 2
Sewell Inlet (BC) 16 D 2
Sexsmith (AB) 9 E 12
Seymour Arm (BC) 34 B 2
Shabaqua Corner (ON) 40/41 D 5-6
Shaerer Dale (AB) 9 D 12
Shag Harbour (NS) 78 DE 3
Shakespeare (ON) 66 C 3
Shalalth (BC) 33 C 8
Shallow Lake (ON) 59 C 2
Shamattawa (MB) 11 D 12-13
Shamrock (ON) 62 B 2
Shamrock (SK) 36 C 5
Shanly (ON) 63 C 3
Shannon (QC) 57 B 4
Shannonville (ON) 69 B 3
Shanty Bay (ON) 67 B 4
Sharbot Lake (ON) 62 C 2
Sharon (ON) 67 B 4
Shaunavon (SK) 36 D 3
Shawanaga (ON) 60 B 1
Shawinigan (QC) 57 B 3
Shawinigan-Sud (QC) 57 B 3
Shawnigan Lake (BC) 33 E 7
Shawville (QC) 62 B 2
Shedden (ON) 71 B 3
Shediac (NB) 75 B 7-8
Sheerness (AB) 35 B 10
Sheet Harbour (NS) 76 D 3
Sheffield (NB) 74 C 4
Sheffield (ON) 67 C 3
Sheguiandah (ON) 59 B 2

Shekatika (QC) 31 D7
Shelburne (NS) 78 D4
Shelburne (ON) 67 B3
Sheldrake (QC) 46 A3-4
Shell Lake (SK) 10 E5
Shellbrook (SK) 10 E5
Shellmouth (MB) 37 C10
Shelter Bay (BC) 34 C3-4
Sheppardville (NL) 48 B4
Sherbrooke (QC) 65 B2-3
Sherkstone (ON) 72 B2
Sherridon (MB) 11 D8
Sherrington (QC) 64 B1
Sherritt Junction (MB) 22 B3
Sherwood Park (AB) 10 E2
Sherwood Park (NS) 79 B7
Sheshatshelts (NL) 30 B5
Sheshegwaning (ON) 51 C4
Shetland (ON) 70 B3
Shillington (ON) 43 C7
Shining Tree (ON) 43 D6
Ship Cove (NL) 49 D6
Ship Harbour (NL) 49 D6-7
Shipka (ON) 66 C2
Shippegan (NB) 46 D4
Shoal Lake (MB) 38 C2
Shoal Lake (SK) 22 C2
Shoal River/ Sapotaweyak (MB) 22 D4
Shoreacres (BC) 34 D4
Shorncliffe (MB) 38 B5
Shrewsbury (ON) 70 B3
Shuswap Falls (BC) 34 C3
Sibbald (AB) 35 B11
Sicamous (BC) 34 C3
Sidewood (SK) 36 C2-3
Sidney (BC) 33 E7
Sifton (MB) 38 B2
Silcox (MB) 11 C11
Siloam (ON) 67 B4
Silver Creek (BC) 34 C2
Silver Dollar (ON) 40 C4-5
Silver Islet (ON) 41 D7
Silver Park (SK) 21 D10
Silver Ridge (MB) 38 C4
Silver Valley (AB) 18 A5
Silver Water (ON) 51 C4
Simcoe (ON) 71 B4
Simcoe Island (ON) 69 B4
Simcoeside (ON) 67 B4
Simmie (SK) 36 D3-4
Simonhouse (MB) 11 D8
Simpson (SK) 36/37 B6
Sinclair (MB) 37 D10
Sinclair Mills (BC) 18 B3
Singhampton (ON) 67 B3
Sintaluta (SK) 37 C8
Sioux Lookout (ON) 40 B4
Sioux Narrows (ON) 39 D8-9
Sipiwesk (MB) 11 D10
Skead (ON) 52 B2
Skeena (BC) 16 B5
Skerryvore (ON) 60 B1
Skidegate (BC) 16 C2-3
Skiff (AB) 35 D10
Skookumchuck (BC) 34 D6
Skownan (MB) 38 B3
Slave Lake (AB) 10 D1
Sled Lake (SK) 21 B7
Slocan (BC) 34 D4
Slocan Park (BC) 34 D4
Smeaton (SK) 10 E6
Smiley (SK) 36 B2
Smith (AB) 10 D2
Smith River (BC) 9 C8-9
Smithers (BC) 17 B7
Smithers Landing (BC) 17 A8
Smithfield (ON) 68 B3
Smiths Falls (ON) 62 C2-3
Smithville (ON) 72 A2
Smoky Falls (ON) 42 A5
Smoky Lake (AB) 10 D2
Smooth Rock Falls (ON) 42/43 A6
Smuts (SK) 21 D8-9
Snake Falls (ON) 39 C9
Snelgrove (ON) 67 C4
Snow Lake (MB) 11 D8-9
Snow Road (ON) 62 C2
Snowaball (ON) 67 C4
Snug Harbour (NL) 15 E7-8
Snug Harbour (ON) 60 B1
Snug Harbour (ON) 68 B2
Snyder (ON) 72 B2
Soda Creek (BC) 18 D2
Sointula (BC) 32 C3-4
Solina (ON) 68 C2
Solmesville (ON) 69 B3
Sombra (ON) 70 B2
Somerset (MB) 38 D4
Somme (SK) 22 D2
Sonningdale (SK) 21 D7
Sonya (ON) 68 B1-2
Sooke (BC) 33 E7
Soperton (ON) 62 C2
Sorel-Tracy (QC) 64 AB1
Sour Spring (ON) 72 A1
Souris (MB) 38 D2
Souris (PE) 76 B4
South Allan (SK) 36 B5
South Bay (ON) 24 D2
South Bay (ON) 60 C2
South Bay (ON) 69 C3-4
South Baymouth (ON) 59 B1
South Beach (ON) 68 B2
South Bolton (QC) 64 B2
South Branch (NL) 47 D9-10
South Brook (NL) 48 B4-5
South Buxton (ON) 70 B2
South Cayuga (ON) 72 B2
South East Bight (NL) 49 D6
South Fork (SK) 36 D3
South Gillies (ON) 41 D6
South Gloucester (ON) 63 B3
South Harbour (NS) 77 A8
South Haven (NS) 77 B7
South Hazelton (BC) 17 A7
South Indian Lake (MB) 11 C9-10
South Junction (MB) 39 D7
South Middleton (ON) 71 B4
South Milford (NS) 78 B4
South Monaghan (ON) 68 B2
South Mountain (ON) 63 BC3
South Porcupine (ON) 43 C6
South River (ON) 60 B2
South Slocan (BC) 34 D4
South Wellington (BC) 33 D6
Southampton (ON) 66 B2
Southcott Pines (ON) 66 C2
Southend (SK) 10 C7
Southern Bay (NL) 49 C7
Southern Harbour (NL) 49 D6-7
Southey (SK) 37 C7
Southport (NL) 49 C7
Southwood (ON) 60 C2
Sovereign (SK) 36 B4
Sowerby (ON) 51 B3
Spaffordtor (ON) 69 B4
Spalding (SK) 21 D10
Spaniard's Bay (NL) 49 D7
Spanish (ON) 51 B4
Sparta (ON) 71 B3
Sparwood (BC) 35 D6-7
Speers (SK) 21 D7
Spencerville (ON) 62/63 C3
Spences Bridge (BC) 33 C9
Sperling (MB) 38 D5
Speyside (ON) 72 A2
Spirit River (AB) 9 E12
Spirit Wood Acres (SK) 37 B9
Spiritwood (SK) 10 E5
Split Lake (MB) 11 C10-11
Sporing Creek (ON) 60 B2
Spotted Island (NL) 15 E8
Spragge (ON) 51 B4
Spring Bay (ON) 51 C4
Spring Brook (ON) 68 B3
Spring Coulee (AB) 35 D8-9
Spring Lake (AB) 19 C10
Spring Valley (SK) 37 D6
Springdale (NL) 48 B4-5
Springfield (ON) 71 B4
Springford (ON) 71 B4
Springhill (NS) 75 C8
Springhouse (BC) 33 B8-9
Springmount (ON) 59 C2-3
Springside (SK) 37 B8-9
Springtown (ON) 62 B2
Springvale (ON) 72 B1
Springville (ON) 68 B2
Springwater (SK) 36 B3
Spruce Grove (AB) 10 E1-2
Spruce Home (SK) 10 E6
Spruce Lake (SK) 20 C5-6
Spruce View (AB) 19 D10
Sprucedale (ON) 60 B2
Spuzzum (BC) 33 D9
Squamish (BC) 33 D7-8
Square Islands (NL) 15 E8
Squilax (BC) 34 C2
Squire (ON) 66 B3
St. Andrews (ON) 63 B4
St. Anns (ON) 72 A2
St. Catharines (ON) 72 A2
St. Charles (ON) 52 B2
St. Clements (ON) 67 C3
St. Columban (ON) 66 C2
St. David (ON) 72 A2
St. George (ON) 67 C3
St. Helens (ON) 66 C2
St. Isidore (ON) 63 B4
St. Jacobs (ON) 67 C3
St. Joachim (ON) 70 B2
St. John's (NL) 49 D8
City Map 82
St. Jones (NL) 49 C7
St. Joseph (ON) 66 C2
St. Lawrence (NL) 48 E5
St. Lewis (Fox Harbour) (NL) 31 C10
St. Mary's (NL) 49 E7
St. Marys (ON) 66 C2
St. Ola (ON) 61 C4
St. Pauls Station (ON) 66 C2
St. Raphaels (ON) 63 B4
St. Thomas (ON) 71 B3
Stackpool (ON) 42 D6
St-Adalbert (QC) 58 B3
St-Adelphe (QC) 57 B3
St-Adolphe-de-Dudswell (QC) 65 B3
St-Adolphe-d'Howard (QC) 63 B4
St-Adrien (QC) 65 B3
Staffa (ON) 66 C2
Stag Harbour (NL) 49 B6
St-Agapit (QC) 57 B4
St-Agathe-de-Lotbinière (QC) 57/58 B4
St-Alban (QC) 57 B3
St-Albert (ON) 63 B3
St-Albert (QC) 65 B2
St-Alexandre (QC) 64 B1
St-Alexis (QC) 64 B1
St-Alexis-des-Monts (QC) 56 B2
St-Alfred (QC) 58 B2
St-Alphonse (QC) 64 B2
St-Alphonse-Rodriguez (QC) 56 B2
Stalwart (SK) 37 B6
St-Amable (QC) 64 B1
Stampville (ON) 63 C3
Stanbridge East (QC) 64 B2
Stand Off (AB) 35 D8
Standard (AB) 35 B9
St-André-Avellin (QC) 63 B3
St-Andre-d'Argenteuil (QC) 63 B4
Stanhope (QC) 65 B3
St-Anicet (QC) 63 B4
Stanley (NB) 74 B3
Stanley (ON) 41 D6
Stanley Mission (SK) 10 D6
Stanleyville (ON) 62 C2
St-Anne-de-Beaupre (QC) 58 B1-2
Stanstead (QC) 64/65 B2
St-Antoine-de-Tilly (QC) 57 B4
Staples (ON) 70 B2
St-Apollinaire (QC) 57 B4
Star City (SK) 21 D10
St-Armand (QC) 64 B1-2
Starratt Olsen (ON) 39 C8-9
State Falls (ON) 24 D3
St-Aubert (QC) 58 A2
Stauffer (AB) 19 D10
St-Augustin (QC) 63 B4
St-Augustin-de-Desmaures (QC) 57 B4
Stayner (ON) 67 B3
St-Barhélemy (QC) 56 B2
St-Barnabé-Sud (QC) 64 B1-2
St-Barnarbé-Nord (QC) 57 B3
St-Basile (QC) 57 B4
St-Basile-le-Grand (QC) 64 B1
St-Benjamin (QC) 58 B2
St-Benoit (QC) 63 B4
St-Benoit-du-Lac (QC) 64 B2
St-Bernard (QC) 58 B1
St-Bernard-de-Michaudville (QC) 64 B1-2
St-Bernardin (ON) 63 B4
St-Bonaventure (QC) 64 B2
St-Bruno-de-Montarville (QC) 64 B1
St-Cajetan (QC) 55 B4
St-Calixte (QC) 63 B5
St-Camille (QC) 65 B3
St-Camille-de-Bellechasse (QC) 58 B2
St-Canut (QC) 63 B4
St-Casimir (QC) 57 B3
St-Cassien-des-Caps (QC) 58 A2
St-Cécile-de-Milton (QC) 64 B2
St-Celestin (QC) 57 B3
St-Césaire (QC) 64 B1-2
St-Charles-Borromée (QC) 56 B2
St-Charles-de-Bellechasse (QC) 58 B2
St-Charles-de-Drummond (QC) 64 B2
St-Charles-sur-Richelieu (QC) 64 B1
St-Christine (QC) 64 B2
St-Christophe-d'Arthabaska (QC) 57 B3-4
St-Chrysostome (QC) 63/64 B5
St-Claude (QC) 65 B3
St-Cléophas-de-Brandon (QC) 56 B2
St-Clet (QC) 63 B4
St-Colomban (QC) 63 B4
St-Côme (QC) 56 B2
St-Come-Liniere (QC) 58 B2
St-Contant (QC) 64 B1
St-Cuthbert (QC) 56 B2
St-Cyprien (QC) 58 B2
St-Cyr (QC) 65 B2
St-Cyrille-de-l'Islet (QC) 58 A2
St-Cyrille-de-Wendover (QC) 64 B2
St-Damase (QC) 64 B1-2
St-Damase-des-Aulnaies (QC) 58 A2
St-Damien-de-Buckland (QC) 58 B2
St-Daniel (QC) 65 B3
St-David d'Yamaska (QC) 64 B2
St-Denis-de-Brompton (QC) 64/65 B2
St-Denis-Sur-Richelieu (QC) 64 B1
St-Didace (QC) 56 B2
St-Dominique (QC) 64 B2
St-Donat (QC) 56 B1
Ste-Adèle (QC) 63 B4
Ste-Agathe-des-Monts (QC) 56 B1
Ste-Anastasie (QC) 57 B4
Ste-Angele-de-Laval (QC) 57 B3
Ste-Anne-de-Beaupré (QC) 58 AB2
Ste-Anne-de-Prescott (ON) 63 B4
Ste-Anne-de-Sorel (QC) 56 B2
Ste-Anne-des-Plaines (QC) 63 B5
Ste-Anne-du-Lac (QC) 58 B1
Ste-Anne-du-Lac (QC) 55 B4
Ste-Anne-la-Pérade (QC) 57 B3
Ste-Apolline (QC) 58 B2
Ste-Aurelie (QC) 58 B2
Ste-Barbe (QC) 63 B4
Ste-Béatrix (QC) 56 B2
Ste-Brigide-d'Iberville (QC) 64 B1-2
Ste-Brigitte-de-Laval (QC) 58 AB1
Ste-Catherine (QC) 64 B1
Ste-Catherine-de-la-Jacques-Cartier (QC) 57 B4
Ste-Cécile-de-Masham (QC) 62 B2
Ste-Cècile-de-Whitton (QC) 65 B4
Ste-Christine-d'Auvergne (QC) 6 B2-3
Ste-Christine-d'Auvergne (QC) 57 B3-4
Ste-Claire (QC) 58 B2
Ste-Clotilde-de-Beauce (QC) 58 B1-2
Ste-Clotilde-de-Châteauguay (QC) 64 B1
Ste-Clotilde-de-Horton (QC) 64 B2
Ste-Croix (QC) 57 B4
St-Édmond (QC) 56 B2
St-Edmond-de-Grantham (QC) 64 B2
St-Édouard (QC) 64 B1
St-Edouard-de-Lotbiniere (QC) 57 B4
Ste-Edwidge- (QC) 65 B3
Ste-Elisabeth (QC) 56 B2
Ste-Elis-de-War (QC) 65 B2
Ste-Émélie-de-l'Énergie (QC) 56 B2
Ste-Émile-de-Suffolk (QC) 63 B4
Steen River (AB) 9 C13
Steenburg Lake (ON) 61 C4
Steep Rock (MB) 38 B4
Ste-Euphémie (QC) 58 B2
Ste-Famille (QC) 58 B2
Ste-Famille-d'Aumond (QC) 55 B4
Ste-Felicité (QC) 58 B3
Ste-Françoise (QC) 57 B4
Ste-Gertrude (QC) 57 B3
Ste-Hélène-de-Bagot (QC) 64 B2
Ste-Hélène-de-Chester (QC) 57 B4
Ste-Hénédine (QC) 58 B2
Steinbach (MB) 38 D6
Ste-Julie (QC) 57 B4
Ste-Julie (QC) 64 B1
Ste-Julienne (QC) 63/64 B5
Ste-Justine (QC) 58 B2
Ste-Justine-de-Newton (QC) 63 B4
St-Élie (QC) 57 B3
Stella (ON) 69 B4
Stellarton (NS) 76 C3
Ste-Louise (QC) 58 A2
Ste-Elphège (QC) 57 B3
Ste-Lucie-de-Beauregard (QC) 58 B2
Ste-Lucie-des Laurentides (QC) 56 B1
St-Elzéar (QC) 58 B1
Ste-Madeleine (QC) 64 B1-2
Ste-Marcelline-de-Kildare (QC) 56 B2
Ste-Marguerite (QC) 58 B2
Ste-Marguerite-de-Lingwick (QC) 65 B3
Ste-Marguerite-du-Lac-Masson (QC) 56 BC1-2
Ste-Marguerite-Station (QC) 63 B4-5
Ste-Marie (QC) 58 B1
Ste-Marie-Salome (QC) 64 B1
Ste-Marthe (QC) 63 B4
Ste-Marthe-du-Cap (QC) 57 B3
Ste-Martine (QC) 64 B1
Ste-Mélanie (QC) 56 B2
Ste-Monique (QC) 57 B3
Ste-Monique (QC) 63 B4
Stenen (SK) 37 B9
Ste-Perpétue (QC) 58 B2-3
Ste-Pétronille (QC) 58 B1-2
Stephenville (NL) 48 C2
Stephenville Crossing (NL) 48 C2-3
St-Éphrem-de-Tring (QC) 58 B1-2
Ste-Praxède (QC) 65 B3
Ste-Prepétue (QC) 57 B3
Ste-Rosalie (QC) 64 B2
Ste-Rose-de Waitord (QC) 58 B2
Ste-Rose-de-Prescott (ON) 63 B3-4
Ste-Sabine (QC) 58 B2
Ste-Sabine (QC) 64 B1
Ste-Sabine-Station (QC) 58 B2
Ste-Séraphine (QC) 64/65 B2
Ste-Sophie (QC) 63 B5
Ste-Sophie-de-Lévrard (QC) 57 B3
St-Esprit (QC) 64 B1
Ste-Thècle (QC) 57 B3
Ste-Thérèse (QC) 63 B5
Ste-Thérese-de-la-Gatineau (QC) 55 B4
St-Étienne-de-Beauharnois (QC) 63/64 B5
St-Étienne-de-Lauzon (QC) 57 B4
St-Étienne-des-Grès (QC) 57 B3
Stettler (AB) 35 A9
St-Eugène (ON) 63 B4
St-Eugène (QC) 64 B2
St-Eugène (QC) 58 A2
Ste-Ursule (QC) 56/57 B2-3
St-Eustache (QC) 63 B5
St-Évariste-de-Forsyth (QC) 65 B4
Stevens (ON) 42 B2
Stevensville (ON) 72 B2
Ste-Véronique (QC) 55 B5
Ste-Victorie (QC) 64 B1
Stewardson Inlet (BC) 32 D4
Stewart (BC) 16 A5
Stewart Crossing (YT) 2 E5
Stewart Hyder (BC) 7 E6
Stewart Valley (SK) 36 C4
Stewarttown (ON) 72 A2
Stewiacke (NS) 75 D10
St-Fabien-de-Panet (QC) 58 B2
St-Faustin-Lac-Carré (QC) 56 B1
St-Félix-de-Kingsey (QC) 64 B2
St-Ferdinand (QC) 57 B4
St-Ferréol-les-Neiges (QC) 58 A2
St-Flavien (QC) 57 B4
St-Fortunat (QC) 65 B3
St-Foy (QC) 57/58 B4
St-Francois (QC) 58 B2
St-Francois-de-la-Riviere-du-Sud (QC) 58 B2
St-Francois-du-Lac (QC) 57 B3
St-Frédéric (QC) 58 B1-2
St-Gabriel (QC) 56 B2
St-Gabriel-de-Valcartier (QC) 57 B4
St-Gédéon-de-Beauce (QC) 65 B4
St-Geneviéve-de-Batiscan (QC) 57 B3
St-Georges (QC) 57 B3
St-Georges (QC) 58 B2
St-Georges-de-Clarenceville (QC) 64 B1
St-Georges-de-Windsor (QC) 65 B3
St-Gérard (QC) 65 B3
St-Gérard-des-Laurentides (QC) 57 B3
St-Gérard-Majella (QC) 64 B1
St-Gérard-Majella (QC) 64 A2
St-Germain-de-Grantham (QC) 64 B2
St-Gervais (QC) 58 B2
St-Gilbert (QC) 57 B4
St-Gilles (QC) 57 B4
St-Gregoire (QC) 57 B3
St-Guillaume (QC) 64 B2
St-Henri (QC) 58 B1-2
St-Hermas (QC) 63 B4
St-Herménégilde (QC) 65 B3
St-Hilaire (QC) 65 B4
St-Honore-de-Shenley (QC) 65 B4
St-Hubert (QC) 64 B1
St-Hugues (QC) 64 B2
St-Hyacinthe (QC) 64 B2
St-Ignace-du-Lac (QC) 56 B2
Stikine (BC) 8 D6
Stillwater (BC) 33 D6
Stillwater (NS) 76 D4
Stirling (ON) 68 B3
Stirton (ON) 67 C3
St-Isidore (QC) 64 B1
St-Isidore-d'Auckland (QC) 65 B3
Stitt (MB) 23 A8
Stittsville (ON) 62 B3

St-Jacques (QC) 64 B 1
St-Jacques-de-Leeds (QC) 57/58 B 4
St-Jacques-le-Majeur-de-Wolfestown (QC) 65 B 3
St-Jacques-le-Mineur (QC) 64 B 1
St-Janvier (QC) 63 B 5
St-Jean (QC) 58 B 2
St-Jean-Baptiste (QC) 64 B 1
St-Jean-de-Brébeuf (QC) 57 B 4
St-Jean-de-la-Lande (QC) 58 B 2
St-Jean-des-Piles (QC) 57 B 3
St-Jean-Port-Joli (QC) 58 A 2
St-Jean-Sur-le-Lac (QC) 55 B 4
St-Jean-sur-Richelieu (QC) 64 B 1
St-Jérôme (QC) 63 B 5
St-Joachim (QC) 58 A 2
St-Joachim-de-Courval (QC) 64 B 2
St-Joseph-de-Beauce (QC) 58 B 2
St-Joseph-de-Mékinac (QC) 57 B 3
St-Joseph-de-Sorel (QC) 56 B 2
St-Jovite (QC) 56 B 1
St-Jude (QC) 64 B 2
St-Jules (QC) 58 B 2
St-Julien (QC) 65 B 3
St-Just-de-Bretenieres (QC) 58 B 2
St-Justin (QC) 56 B 2
St-Lambert-de-Lauzon (QC) 57/58 B 4
St-Laurent (QC) 64 B 1
St-Laurent (QC) 58 B 1-2
St-Lazare (QC) 63 B 4
St-Lazare-de-Bellechasse (QC) 58 B 2
St-Leonard (QC) 57 B 3-4
St-Léonard (QC) 64 B 1
St-Léonard-d'Aston (QC) 57 B 3
St-Léon-de-Standon (QC) 58 B 2
St-Léon-le-Grand (QC) 57 B 3
St-Ignace-de-Loyola (QC) 56 B 2
St-Ignace-de-Stanbridge (QC) 64 B 2
St-Liboire (QC) 64 B 2
St-Liguori (QC) 64 AB 1
St-Lin-Laurentides (QC) 64 B 1
St-Louis (QC) 64 B 1-2
St-Louis-de-Blandford (QC) 57 B 4
St-Louis-de-France (QC) 57 B 3
St-Louis-de-Gonzague (QC) 58 B 2
St-Louis-de-Gonzague (QC) 63 B 5
St-Isidore (QC) 58 B 1
St-Luc (QC) 64 B 1
St-Luc-de-Bellechasse (QC) 58 B 2
St-Lucien (QC) 64 B 2
St-Ludger (QC) 65 B 4
St-Magloire (QC) 58 B 2
St-Majorique (QC) 64 B 2
St-Malo (QC) 65 B 3
St-Marc-des-Carrières (QC) 57 B 3-4
St-Marcel (QC) 58 B 2
St-Marcel-de-Richelieu (QC) 64 B 2
St-Martin (QC) 65 B 4
St-Mathias-de-Bonneterre (QC) 65 B 3
St-Mathias-sur-Richelieu (QC) 64 B 1
St-Mathieu (QC) 64 B 1
St-Mathieu-du-Parc (QC) 57 B 3
St-Maurice (QC) 57 B 3
St-Méthode-de-Frontenac (QC) 58 B 1
St-Michel (QC) 64 B 1
St-Michel-de-Bellechasse (QC) 58 B 2
St-Michel-des-Saints (QC) 56 B 2
St-Michel-de-Wentworth (QC) 63 B 4
St-Narcisse (QC) 57 B 3
St-Nazaire-d'Acton (QC) 64 B 2
St-Nérée (QC) 58 B 2
St-Nicéphore (QC) 64 B 2
St-Nicolas (QC) 57/58 B 4
St-Norbert (QC) 56 B 2
Stockdale (ON) 68 B 3
Stockholm (SK) 37 C 9
Stoco (ON) 69 B 3
Stoke (QC) 65 B 3
Stokes Bay (ON) 59 C 2
St-Omer (QC) 58 A 3
Stonecliffe (QC) 54 B 2
Stoneham (QC) 57 A 4
Stoner (BC) 18 C 2
St-Onésime (QC) 58 A 3
Stonewall (MB) 38 C 5
Stoney Creek (ON) 72 A 2
Stoney Point (ON) 70 B 2
Stony Mountain (MB) 38 C 5
Stony Rapids (SK) 10 B 6
Stonyridge (ON) 61 C 3-4
Stornoway (QC) 65 B 3
Storthoaks (SK) 37 D 10
Stoughton (SK) 37 D 9
St-Ours (QC) 64 B 1
St-Pamphile (QC) 58 B 3
St-Patrice-de-Beaurivage (QC) 58 B 1
St-Paul (QC) 64 B 1
St-Paul-d'Abbotsford (QC) 64 B 2
St-Paul-de-i'lle-aux-Noix (QC) 64 B 1
St-Paul-de-Montminy (QC) 58 B 2
St-Paulin (QC) 56 B 2
St-Philémon (QC) 58 B 2
St-Philibert (QC) 58 B 2
St-Philippe (QC) 64 B 1
St-Pie (QC) 64 B 2
St-Pie-de-Guire (QC) 57 B 3
St-Pierre (QC) 58 B 1-2
St-Pierre (QC) 64 AB 1
St-Pierre-Baptiste (QC) 57 B 4
St-Pierre-de-Broughton (QC) 58 B 1
St-Pierre-de-la-Riviere-du-Sud (QC) 58 B 2
St-Pierre-de-Wakefield (QC) 62 B 3
St-Pierre-les-Becquets (QC) 57 B 3
St-Placide (QC) 63 B 4
St-Polycarpe (QC) 63 B 4
St-Prosper (QC) 58 B 2
Strabane (ON) 67 C 3
Straffordville (ON) 71 B 4
Stranraer (SK) 36 B 3
St-Raphaël (QC) 58 B 2
Strasbourg (SK) 37 B 6
Stratford (ON) 66 C 2-3
Stratford (PE) 75 B 10
Stratford Centre (QC) 65 B 3
Strathburn (ON) 71 B 3
Strathcona (ON) 69 B 4
Strathmore (AB) 35 B 8
Strathnaver (BC) 18 C 2
Strathroy (ON) 71 B 3
Stratton (ON) 40 D 1
St-Raymond (QC) 57 B 4
Streamstown (AB) 20 C 4
St-Redempteur (QC) 63 B 4
St-Rédempteur (QC) 57/58 B 4
Streetsville (ON) 72 A 2
St-Rémi (QC) 64 B 1
St-Rémi-d'Amherst (QC) 56 B 1
St-Rémi-de-Tingwick (QC) 65 B 3
St-René (QC) 58 B 2
St-Robert (QC) 64 B 1
St-Robert-Bellarmin (QC) 65 B 4
St-Roch-de-Mékinac (QC) 57 B 3
St-Roch-des-Aulnaies (QC) 58 A 2
St-Romain (QC) 65 B 3
St-Romuald (QC) 58 B 1
St-Rosaire (QC) 57 B 3-4
Stroud (ON) 67 B 4
Struan (SK) 21 D 7
St-Samuel (QC) 57 B 3
St-Samuel-Station (QC) 65 B 3-4
St-Sauveur (QC) 63 B 4
St-Sebastien (QC) 65 B 4
St-Sebastien (QC) 64 B 1
St-Sévère (QC) 57 B 3
St-Séverin (QC) 58 B 1
St-Séverin (QC) 57 B 3
St-Simon (QC) 64 B 2
St-Simon-les-Mines (QC) 58 B 2
St-Sixte (QC) 63 B 3
St-Stanislas (QC) 57 B 3
St-Stanislas-de-Kostka (QC) 63 B 4
St-Sulpice (QC) 64 B 1
St-Sylvère (QC) 57 B 3
St-Sylvestre (QC) 58 B 1
St-Télesphore (QC) 63 B 4
St-Theodore-d'Acton (QC) 64 B 2
St-Théophile (QC) 65 B 4
St-Thomas (QC) 64 AB 1
St-Thomas-de-Caxton (QC) 57 B 3
St-Thuribe (QC) 57 B 3
St-Timothée (QC) 63 B 4
St-Tite (QC) 57 B 3
St-Tite-des-Caps (QC) 58 A 2
Stuart Island (BC) 32 C 5-6
Stuartburn (MB) 38 D 6
St-Ubalde (QC) 57 B 3
Stuie (BC) 17 D 8
Stukely-Sud (QC) 64 B 2
St-Urbain-Premier (QC) 64 B 1
Sturgeon Bay (ON) 60 C 2
Sturgeon Falls (ON) 53 B 3
Sturgeon Heights (AB) 19 A 6-7
Sturgeon Point (ON) 68 B 2
St-Valentin (QC) 64 B 1
St-Valère (QC) 57 B 3
St-Valerien-de-Milton (QC) 64 B 2
St-Vallier (QC) 58 B 2
St-Viateur (QC) 56 B 2
St-Victor (QC) 58 B 2
St-Wenceslas (QC) 57 B 3
St-Zacharie (QC) 58 B 2
St-Zénon (QC) 56 B 2
St-Zéphirin-de-Courval (QC) 57 B 3
St-Zotique (QC) 63 B 4
Success (SK) 36 C 3-4
Sucker Creek (ON) 51 C 4
Sucker River (SK) 21 A 9
Sudbury (ON) 52 B 1-2
Suffield (AB) 35 C 9-11
Sullivan (QC) 43 C 10
Sullivan Bay (BC) 32 C 4
Sultan (ON) 42 D 5
Summerland (BC) 34 D 1-2
Summers Corners (ON) 71 B 4
Summerside (PE) 75 B 8-9
Summerstown (ON) 63 B 4
Summerstown Station (ON) 63 B 4
Summit Lake (BC) 9 C 9
Sunbury (ON) 69 B 4
Sundance (MB) 11 C 11-12
Sunderland (ON) 68 B 1-2
Sundre (AB) 35 B 7
Sundridge (ON) 60 B 2
Sunnidale Corners (ON) 67 B 3-4
Sunny Brae (NS) 76 D 4
Sunny Glen (SK) 20 D 5
Sunnynook (AB) 35 B 10
Sunset Beach (AB) 20 B 1
Sunset House (AB) 19 A 8
Suomi (ON) 40 D 5
Superb (SK) 36 B 2
Superior Junction (ON) 40 B 4
Surrey (BC) 33 D 8
Sussex (NB) 74/75 C 6
Sutton (ON) 67 B 4
Sutton (QC) 64 B 2
Swan Hills (AB) 9 E 14
Swan Lake (MB) 22 D 4
Swan Plain (SK) 22 D 2-3
Swan River (MB) 22 D 3
Swartz Bay (BC) 33 E 7
Sweaburg (ON) 71 A 4
Sweetgrass (AB) 35 DE 9
Swift Current (SK) 36 C 4
Swift Rapids (ON) 60 C 2
Swinton Park (ON) 67 B 3
Swords (ON) 60 B 2
Sydenham (ON) 69 B 4
Sydney (NS) 77 B 8
Sylvan (ON) 71 A 3
Sylvan Lake (AB) 19 D 10
Sylvania (SK) 37 A 8
Syringa Creek (BC) 34 D 3-4

T

Ta Ta Creek (BC) 34 D 6
Taber (AB) 35 D 9-10
Table Bay (NL) 31 B 9
Tabusintac (NB) 46 D 3-4
Tachie (BC) 17 B 10
Tadmore (SK) 37 B 9
Tadoule Lake (MB) 11 B 9
Tadoussac (QC) 45 C 8
Tahsis (BC) 32 D 4
Takhini Hot Springs (YT) 8 B 4
Takipy (MB) 22 A 4
Takla Landing (BC) 9 E 8
Talbotville (ON) 71 B 3
Tallman (SK) 21 D 8
Taloyoak (NU) 5 A 13-14
Tamarack (ON) 67 C 3-4
Tamworth (ON) 69 B 4
Tancredia (ON) 62 B 2
Tangent (AB) 19 A 7
Tantallon (SK) 37 C 10
Tappen (BC) 34 C 2
Tara (ON) 66 B 2
Tarzwell (ON) 43 D 7
Taschereau (QC) 43 C 9
Tashota (ON) 41 B 8
Tasiujaq (QC) 13 B 12-13
Tatalrose (BC) 17 C 8-9
Tatamagouche (NS) 75 C 10
Tatla Lake (BC) 33 B 6
Tatlayoko Lake (BC) 33 B 6
Tatlock (ON) 62 B 2
Taunton (ON) 68 C 2
Tavistock (ON) 66/67 C 3
Tawantinaw (AB) 20 B 1
Taylor (BC) 9 D 11
Taylor (ON) 69 B 4
Taylor Corners (ON) 68 B 2
Tchesinkut Lake (BC) 17 B 8-9
Tecumseh (ON) 70 B 2
Tee Lake (QC) 53 B 3-4
Teepee (BC) 8 C 4
Tees (AB) 10 E 2
Teeswater (ON) 66 B 2
Teeterville (ON) 71 B 4
Tehkummah (ON) 51 C 4
Telegraph Creek (BC) 8 D 6
Telkwa (BC) 17 B 7
Temagami (ON) 53 A 3
Témiscaming (QC) 53 B 3-4
Tenby (MB) 38 C 3
Terra Cotta (ON) 67 C 4
Terra Nova (NL) 49 C 6
Terra Nova (ON) 67 B 3
Terrace (BC) 16 B 6
Terrace Bay (ON) 41 D 8-9
Terrebonne (QC) 64 B 1
Terrenceville (NL) 49 D 6
Teslin (YT) 8 B 5
Tesseralik (NU) 7 C 14-15
Tête Jaune Cache (BC) 18 D 5
Teulon (MB) 38 C 5
Teviotdale (ON) 67 C 3
Tewkesbury (QC) 57 A 4
Thamesford (ON) 71 A 3
Thamesville (ON) 70/71 B 3
The Narrows (MB) 38 B 4
The Pas (MB) 11 E 8
The Pas (SK) 22 C 3
The Range (NB) 74 B 5
The Two Rivers (SK) 22 A 2
Thedford (ON) 71 A 3
Theodore (SK) 37 B 8
Thessilon (ON) 50 B 3
Thetford Mines (QC) 57 B 4
Thetis Island (BC) 33 D 7
Thicket Portage (MB) 23 A 7
Thomasburg (ON) 69 B 3
Thomaston Corner (NB) 74 C 2-3
Thompson (MB) 11 D 9
Thompson Sound (BC) 32 C 5
Thorhild (AB) 20 B 1
Thornbury (ON) 67 A 1
Thornby (QC) 62 B 2
Thorndale (ON) 71 A 3
Thorne (ON) 53 B 3
Thornhill (ON) 67 C 4
Thornton (ON) 67 B 4
Thorold (ON) 72 A 2
Thorold South (ON) 72 A 2
Thorsby (AB) 10 E 1-2
Three Hills (AB) 35 B 8
Three Valley (BC) 34 C 3
Thunder Bay (ON) 41 D 6-7
Thunder Beach (ON) 60 C 1-2
Thunder Creek (SK) 36 C 5
Thurso (QC) 63 B 3
Tichbonre (ON) 62 C 2
Tiger Lily (AB) 19 B 9-10
Tignish (PE) 75 A 8-9
Tika (QC) 46 A 2-3
Tilbury (ON) 70 B 2
Tilden Lake (ON) 53 B 3
Tilley (AB) 35 C 10
Tillsonburg (ON) 71 B 4
Timber Bay (SK) 21 B 9
Timmins (ON) 42/43 C 6
Tinacap (ON) 62 C 3
Tingwick (QC) 65 B 3
Tisdale (SK) 21 D 10
Tiverton (ON) 66 B 2
Tizzard's Harbour (NL) 48/49 B 5-6
Tlell (BC) 16 C 3
Toad River (BC) 9 C 9
Toanche (ON) 60 C 2
Toba (BC) 33 C 6-7
Tobermory (ON) 59 B 2
Tobin Lake (SK) 10 E 7
Tofield (AB) 20 C 2
Tofino (BC) 32 D 4
Togo (SK) 37 B 10
Toledo (ON) 62 C 2-3
Tolstoi (MB) 38 D 6
Tomahawk (AB) 19 C 10
Tomifobia (QC) 64/65 B 2
Tomiko (ON) 53 B 3
Tompkins (SK) 36 C 3
Tomslake (BC) 18 A 4-5
Toney River (NS) 76 C 3
Topley (BC) 17 B 8
Topley Landing (BC) 17 B 8
Torbay (NL) 49 D 8
Torch River (SK) 21 C 10
Toronto (ON) 72 A 2
City Map 82
Torquay (SK) 37 D 8
Torrance (ON) 60 C 2
Torrington (AB) 35 B 8
Tory Hill (ON) 61 C 3
Tottenham (ON) 67 B 4
Tourville (QC) 45 D 7
Tourville (QC) 58 A 2
Toutes Aides (MB) 38 B 3
Townsend (ON) 72 B 1
Tracadie (NB) 46 D 4
Tracey Mills (NB) 74 B 1
Tracy (NB) 74 C 3
Trafalgar (NS) 76 D 3
Trail (BC) 34 D 4
Tramore (ON) 61 B 4
Tramping Lake (SK) 20 D 6
Traynor (SK) 21 D 6
Treesbank (MB) 38 D 3
Tregarva (SK) 37 C 7
Treherne (MB) 38 D 4
Tremaudan (MB) 22 C 3-4
Trenholm (QC) 64 B 2
Trent River (ON) 68 B 3
Trenton (NS) 76 C 3
Trenton (ON) 68 B 3
Trepassey (NL) 49 E 7
Trewdale (SK) 36 C 5
Triangle (AB) 9 E 13
Tring-Jonction (QC) 58 B 1
Trinity (NL) 49 C 7
Trochu (AB) 35 B 8
Trois-Pistoles (QC) 45 C 8-9
Trois-Rivières (QC) 57 B 3
Trois-Riviéres-Quest (QC) 57 B 3
Trois-Saumons (QC) 58 A 2
Trossachs (SK) 37 D 7
Trout Creek (ON) 60 B 2
Trout Lake (BC) 34 C 4
Trout Lake (NT) 9 B 11
Trout River (NL) 48 B 2
Trowbridge (ON) 66 C 2-3
Troy (ON) 67 C 3
Truax (SK) 37 D 7
Truro (NS) 75 D 10
Trutch (BC) 9 D 10
Tsawwassen (BC) 33 D 7
Tsiigehtchik/Arctic Red River (NT) 2 C 7
Tuchitua (YT) 8 B 7
Tuktoyaktuk (NT) 2 B 7
Tulameen (BC) 33 D 10
Tulita (NT) 3 D 11
Tulsequah (BC) 8 C 5
Tumbler Ridge (BC) 9 E 11
Tungsten (NT) 8 B 8
Tunstall (SK) 36 C 2
Tununuk (NT) 2 B 6-7
Tupper (BC) 9 E 11
Tupperville (ON) 70 B 2
Turin (AB) 35 D 9
Turkey Point (ON) 71 B 4
Turnberry (MB) 22 C 3
Turnbull (MB) 22 B 5
Turtleford (SK) 10 E 4
Tusket (NS) 78 D 2-3
Tuxford (SK) 37 C 6
Tweed (ON) 69 B 3
Twillingate (NL) 49 B 5-6
Twin Butte (AB) 35 D 8
Twin Falls (NL) 30 B 1
Twin Lakes (AB) 9 D 12-13
Two Hills (AB) 10 E 3
Tyndall (MB) 38 C 6
Tyner (SK) 36 B 3
Tyrconnell (ON) 71 B 3
Tyrell (MB) 22 B 5
Tyrone (ON) 68 B 2

U

Ucluelet (BC) 32 E 5
Udney (ON) 60 C 2
Udora (ON) 67 B 4
Uffington (ON) 60 C 2
Ufford (ON) 60 B 2
Ukraina (MB) 38 B 2
Ullswater (ON) 60 B 2
Ulverton (QC) 64 B 2
Umfreville (ON) 40 C 4
Umingmatok (NT) 4 B 7
Umiujaq (QC) 13 C 9
Underwood (ON) 66 B 2
Uneeda (ON) 62 B 2
Union (ON) 71 B 3
Uniondale (ON) 71 A 3
Unionville (ON) 67 C 4
Unity (SK) 20 D 5
Uphill (ON) 60 C 2
Upper Blackville (NB) 74 A 4-5
Upper Fraser (BC) 18 B 2-3
Upper Liard (YT) 8 B 7
Upper Musquodoboit (NS) 76 D 3
Upper Rawdon (NS) 75 D 9
Upper Tantallon (NS) 79 B 7
Upsala (ON) 40 CD 5
Uptergrove (ON) 60 C 2
Upton (QC) 64 B 2
Uranium City (SK) 10 B 4-5
Usherville (SK) 22 D 2
Usk (BC) 16 B 6
Usualuk (NU) 7 B 14
Utica (ON) 68 B 1
Utterson (ON) 60 B 2
Uxbridge (ON) 68 B 1

V

Vai-des-Bos (QC) 62/63 B 3
Val Côté (ON) 42 B 4
Val Gagné (ON) 43 C 7
Val Marie (SK) 36 D 4
Val-Alain (QC) 57 B 4
Val-Barrette (QC) 55 B 4
Val-Bélair (QC) 57 B 4
Valcourt (QC) 64 B 2
Val-d'Or (QC) 43 C 10
Val-des-Lacs (QC) 56 B 1
Vale Perkins (QC) 64 B 2
Valemount (BC) 18 D 5
Valentia (ON) 68 B 2
Valetta (ON) 70 B 2
Valhalla Centre (AB) 18 A 5
Val-Joli (QC) 65 B 3

Vallée-Jonction (QC) 58 B 2
Valley East (ON) 52 B 1-2
Valleyview (AB) 9 E 13
Val-Morin (QC) 56 B 1
Val-Paradis (QC) 43 B 8
Val-Racine (QC) 65 B 3
Val-Senneville (QC) 43 C 10
Val-Viger (QC) 55 B 4
Van Bruyssel (QC) 45 D 5-6
Vanastra (ON) 66 C 2
Vancouver (BC) 33 D 7
City Map 32
Vanderhoof (BC) 17 B 10-11
Vandorf (ON) 67 C 4
Vandry (QC) 44 D 4
Vandura (SK) 37 C 9
Vanessa (ON) 71 B 4
Vanguard (SK) 36 D 4
Vanier (QC) 57/58 B 4
Vankleek Hill (ON) 63 B 4
Vankoughnet (ON) 60/61 C 2-3
Vanscoy (SK) 21 D 7
Varennes (QC) 64 B 1
Varna (ON) 66 C 2
Varney (ON) 66/67 B 3
Vars (ON) 63 B 3
Vasey (ON) 60 C 2
Vaudreuil-Dorion (QC) 63 B 4
Vaudreuil-sur-le-Lac (QC) 63 B 4-5
Vaughan (ON) 67 C 4
Vauxhall (AB) 35 C 9-10
Vavenby (BC) 34 B 2
Vega (AB) 19 B 10
Vegreville (AB) 10 E 3
Vendeé (QC) 55/56 B 5
Venlaw (MB) 38 B 2
Vennachar (ON) 62 B 1
Vennachar Junction (ON) 62 B 1
Verchères (QC) 64 B 1
Verdun (QC) 64 B 1
Veregin (SK) 37 B 9
Verlo (SK) 36 C 3
Vermilion (AB) 10 E 3
Vermilion Bay (ON) 39 D 9
Vermilion Crossing (BC) 34 B 6
Verner (ON) 52 B 2
Vernon (BC) 34 C 2
Vernon (ON) 63 B 3
Vernonville (ON) 68 B 2-3
Verona (ON) 69 B 4
Verret (NB) 45 D 9
Verschoyle (ON) 71 B 4
Verwood (SK) 37 D 6
Vesuvius (BC) 33 E 7
Veteran (AB) 35 B 10
Vianney (QC) 57 B 4
Victoire (SK) 21 C 7
Victoria (BC) 33 E 7
City Map 82
Victoria Beach (MB) 38 C 6
Victoria Harbour (NS) 78 B 4-5
Victoria Harbour (ON) 60 C 2
Victoria Place (ON) 68 B 2
Victoria Road (ON) 61 C 3
Victoriaville (QC) 57 B 4
Vienna (ON) 71 B 4
Vieux-Fort (QC) 31 D 7-8
Viewfield (SK) 37 D 8
Viking (AB) 10 E 3
Village Bay (BC) 33 E 7
Village Cove (NL) 49 B 5-6
Village-des-Aulnaies (QC) 58 A 2
Ville Nova (ON) 71 B 4
Ville-Marie (QC) 43 D 8
Ville-Marie (QC) 53 A 3
Villemontel (QC) 43 C 9
Villeroy (QC) 57 B 4
Villiers (ON) 68 B 2
Vilna (AB) 20 B 3
Vimy-Ridge (QC) 57 B 4
Vineland (ON) 72 A 2
Vinemount (ON) 72 A 2
Vinoy (QC) 63 B 4
Vinton (QC) 62 B 2
Violet Hill (ON) 67 B 3
Virden (MB) 38 D 2
Virgil (ON) 72 A 2
Virginia (ON) 67 B 4
Virginiatown (ON) 43 C 8
Vita (MB) 38 D 6
Vittoria (ON) 71 B 4
Vivian (MB) 38 D 6
Vivian (ON) 67 B 4
Vlukhaktok (NT) 3 A 14-15
Vulcan (AB) 35 C 8

W

Waasagomach (MB) 23 C 9
Wabasca-Desmarais (AB) 10 CD 1-2
Wabasca-Desmarais (AB) 19 A 10-11
Wabash (ON) 70 B 2
Wabigoon (ON) 40 C 3
Wabiskaw (AB) 20 A 1
Wabos (ON) 50 B 2
Wabowden (MB) 11 D 9
Wabush (NL) 14 E 2
Waco (QC) 29 D 10
Wadena (SK) 37 B 8
Wade's Landing (ON) 53 B 3
Wadhope (MB) 39 C 7
Wagarville (ON) 62 C 2
Waglisla-McLoughlin Bay (BC) 16/17 D 6
Wahgoshig/Abitibi (ON) 49 C 7-8
Wahnapitae (ON) 52 B 2
Wahnekewaning Beach (ON) 60 C 1
Wahpaton (SK) 21 C 8-9
Wahwashkesh (ON) 60 B 1-2
Wainfleet (ON) 72 B 2
Wainwright (AB) 10 E 3
Waiparous (AB) 35 B 7
Wakaw (SK) 21 D 9
Wakefield (QC) 62 B 2-3
Walcott (BC) 17 B 7-8
Waldeck (SK) 36 C 4
Waldemar (ON) 67 C 3
Waldersee (MB) 38 C 3
Waldheim (SK) 21 D 8
Waldo (BC) 34 D 6
Walford (ON) 51 B 4
Walkerton (ON) 66 A 2
Wallace (ON) 66 C 3
Wallace Pond (QC) 65 B 3
Wallaceburg (ON) 70 B 2
Wallenstein (ON) 67 C 3
Walpole (ON) 70 B 2
Walsh (AB) 36 D 1
Walsh (ON) 71 B 4
Walsingham (ON) 71 B 4
Walters Falls (ON) 67 B 3
Waltham (QC) 62 B 2
Walton (NS) 75 D 8
Walton (ON) 66 C 2
Wandering River (AB) 10 D 2-3
Wanham (AB) 9 E 12
Wanless (MB) 11 D 8
Wanup (ON) 52 B 2
Wapekeka (ON) 24 B 5
Wapella (SK) 37 C 10
Warburg (AB) 10 E 1
Warburton (ON) 69 B 4
Warden (QC) 64 B 2
Wardner (BC) 34 D 6
Wardsville (ON) 71 B 3
Warina (ON) 63 B 4
Warkworth (ON) 68 B 3
Warman (SK) 21 D 8
Warminster (ON) 60 C 2
Warner (AB) 35 D 9
Warren (MB) 38 C 5
Warren (ON) 52 B 2
Warren Landing (MB) 11 E 10
Warsaw (ON) 68 B 2
Wartburg (ON) 66 C 2
Warwick (ON) 70/71 A 3
Warwick (QC) 65 B 3
Wasa (BC) 34 D 6
Wasaga Beach (ON) 67 B 3-4
Wasagaming (MB) 38 C 2
Washago (ON) 60 C 2
Washington (ON) 67 C 3
Wasing (ON) 53 B 3
Waskada (MB) 38 D 2
Waskaganish/ Fort Rupert (QC) 26/27 D 6
Waskatenau (AB) 20 B 2
Waskesiu Lake (SK) 10 E 5-6
Waswanipi (QC) 44 B 2
Water Valley (AB) 35 B 7
Waterdown (ON) 72 A 2
Waterford (ON) 71 B 4
Waterhen (MB) 38 B 3
Waterhen Lake (SK) 21 B 6
Waterloo (ON) 67 C 3
Waterloo (QC) 64 B 2
Waterton Park (AB) 35 D 8
Waterville (QC) 65 B 3
Watford (ON) 71 B 3
Watino (AB) 9 E 13
Watrous (SK) 36/37 B 6
Watson (SK) 21 D 10
Watson Lake (YT) 8 B 7-8
Waubamik (ON) 60 B 1-2
Waubaushene (ON) 60 C 2
Waupoos (ON) 69 B 3-4
Wavell (ON) 43 C 7
Waverley (ON) 60 C 2
Wawa (ON) 42 CD 3
Wawanesa (MB) 38 D 3
Wawota (SK) 37 D 9
Ways Mills (QC) 65 B 3
Weagamow Lake (ON) 12 E 2
Webbwood (ON) 51 B 5
Webequie (ON) 12 E 4
Weedon (QC) 65 B 3
Weenusk/Peawanuck (ON) 12 D 4-5
Weir (QC) 63 B 4
Weir River (MB) 11 C 11
Wekusko (MB) 11 D 9
Wekweeti (NT) 3 D 16
Welcome (ON) 68 C 2
Weldon (SK) 21 D 9
Welland (ON) 72 AB 2
Wellandport (ON) 72 AB 2
Wellburn (ON) 71 A 3
Wellesley (ON) 67 C 3
Welling (AB) 35 D 9
Wellingon (NS) 79 B 7
Wellington (ON) 69 C 3
Wellman (ON) 68 B 3
Wells (BC) 18 C 3
Welsford (NB) 74 D 4
Welwyn (SK) 37 C 10
Wembley (AB) 9 E 12
Wemindji (QC) 13 E 8
Wemotaci (QC) 44 D 4
Wendake Beach (ON) 67 A 3-4
Wendover (ON) 63 B 3
Wentworth Centre (NS) 75 C 9-10
Werner Lake (ON) 39 C 8
Wesley Corner (ON) 67 B 4
Wesleyville (ON) 68 C 2
West Bend (SK) 37 B 8
West Branch River John (NS) 76 C 2-3
West Brome (QC) 64 B 2
West Ditton (QC) 65 B 3
West End (SK) 37 C 9
West Flamborough (ON) 67 C 3-4
West Guilford (ON) 61 B 3
West Lake (ON) 69 C 3
West Lorne (ON) 71 B 3
West McGillevray (ON) 71 A 3
West Montrose (ON) 67 C 3
West Point (PE) 75 A 8
West Poplar (SK) 36 D 5
West Vancouver (BC) 33 D 7-8
Westbank (BC) 34 D 2
Westbourne (MB) 38 C 4
Westbridge (BC) 34 D 3
Western Shore (NS) 79 B 6
Westerosa (AB) 19 D 10
Westgate (MB) 22 D 3
Westleyville (NL) 49 B 7
Westlock (AB) 10 D 2
Westmeath (ON) 62 B 2
Westover (ON) 67 C 3
Westport (NL) 48 B 4
Westport (NS) 78 C 2
Westport (ON) 62 C 2
Westray (MB) 11 E 8
Westree (ON) 42 D 6
Westville (NS) 76 C 3
Westward Ho (AB) 35 B 7
Westwold (BC) 34 C 2
Westwood (ON) 68 B 2
Wetaskiwin (AB) 10 E 2
Wexford (ON) 63 C 3
Weyakwin (SK) 10 D 6
Weyburn (SK) 37 D 8
Weymouth (NS) 78 C 3
Whale Cove/Tikirarjuaq (NU) 5 D 14-15
Whalen Corners (ON) 66 C 2
Whapmagoostui (QC) 13 D 9
Wharncliffe (ON) 51 B 3
Whati (NT) 9 A 13
Wheatland (MB) 38 C 2
Wheatley (ON) 70 B 2
Whelan (SK) 20 BC 5
Whistler (BC) 33 C 7
Whitbourne (NL) 49 D 7
Whitby (ON) 68 C 2
Whitchurch-Stouffville (ON) 67 BC 4
White Bear (SK) 36 C 3
White City (SK) 37 C 7
White Fox (SK) 21 C 10-11
White Lake (ON) 62 B 2
White River (ON) 42 C 2
White Rock (BC) 33 D 8
Whitebeech (SK) 22 D 2-3
Whitechurch (ON) 66 C 2
Whitecourt (AB) 19 B 8-9
Whitedog (ON) 39 C 8
Whitefish (ON) 52 B 1
Whitefish Falls (ON) 52 B 1
Whitehorse (YT) 8 B 4
Whitelaw (AB) 9 D 12
Whitemouth (MB) 39 D 7
Whites Brook (NB) 46 D 1
Whitevale (ON) 67 C 4-5
Whitewood (SK) 37 C 9
Whithorn (MB) 22 C 3
Whitkow (SK) 21 D 7
Whitney (ON) 61 B 3
Whycocomagh (NS) 77 B 6
Wiarton (ON) 59 C 2
Wickham (QC) 64 B 2
Wikwemikong (ON) 59 B 2
Wikwemikonsing (ON) 59 B 2
Wilberforce (ON) 61 B 3
Wilbert (SK) 20 D 5
Wilcox Lake (ON) 67 C 4
Wild Cove (NL) 48 A 4
Wild Horse (AB) 36 D 1
Wilde (MB) 11 D 10
Wildfield (ON) 67 C 4
Wildwood (AB) 19 C 9
Wilfrid (ON) 67 B 4
Wilkesport (ON) 70 B 2
Wilkie (SK) 20 D 6
Willard Lake (ON) 39 D 9
Willen (MB) 37 C 10
Williams Lake (BC) 18 D 2-3
Williamsburg (ON) 63 C 3
Williamsford (ON) 66 B 3
Williamsport (NL) 31 E 9
Willingdon (AB) 20 C 2
Willmar (SK) 37 D 9
Willow Beach (ON) 70 B 1
Willow Bunch (SK) 37 D 6
Willow Creek (SK) 36 D 2
Willow Grove (ON) 72 A 2
Willow River (BC) 18 B 2
Willowbrook (SK) 37 B 9
Wilmer (BC) 34 C 5-6
Wilno (ON) 61 B 4
Wilson Landing (BC) 34 C 2
Wilsonville (ON) 71 B 4
Wilstead (ON) 69 B 4
Wilton (ON) 69 B 4
Wiltondale (NL) 48 B 3
Wimborne (AB) 35 B 8
Winchester (ON) 63 B 3
Winchester Springs (ON) 63 B 3
Windermere (BC) 34 C 5-6
Windermere (ON) 60 B 2
Windham Centre (ON) 71 B 4
Windhorst (SK) 37 C 8-9
Windigo (QC) 44 D 4
Windsor (NS) 79 AB 6
Windsor (ON) 70 B 1-2
Windsor (QC) 65 B 2-3
Windward Sands (ON) 68 B 2
Windygates (MB) 38 D 4
Winerand (NL) 48 D 5
Winfield (AB) 10 E 1
Winfield (BC) 34 CD 2
Wingard (SK) 21 D 8
Wingdam (BC) 18 C 3
Winger (ON) 72 B 2
Wingham (ON) 66 C 2
Winisk (ON) 12 D 5
Winkler (MB) 38 D 5
Winlaw (BC) 34 D 4
Winneway (QC) 43 D 9
Winnipeg (MB) 38 D 5-6
City Map 81
Winnipeg Beach (MB) 38 C 6
Winnipegosis (MB) 38 B 2
Winona (ON) 72 A 2
Winter (SK) 20 D 5
Winter Harbour (BC) 32 C 2
Winterbourne (ON) 67 C 3
Winthrop (ON) 66 C 2
Wiseman's Corners (ON) 60 B 2
Wiseton (SK) 36 B 4
Wishart (SK) 37 B 8
Within Hant's Harbour (NL) 49 C 7
Witless Bay (NL) 49 D 8
Woburn (QC) 65 B 4
Woking (AB) 18 A 6
Wolf Bay (QC) 47 A 8
Wolfville (NS) 75 D 8
Wolinak (QC) 57 B 3
Wollaston Lake (SK) 11 B 7
Wolseley (SK) 37 C 8
Wolseley Bay (ON) 52 B 2
Wolverton (ON) 67 C 3
Wonowon (BC) 9 D 11
Wood Islands (PE) 76 C 3
Wood Mountain (SK) 36 D 5
Woodbridge (ON) 67 C 4
Woodburn (ON) 72 A 2
Woodfibre (BC) 33 D 7
Woodford (ON) 60 C 1
Woodham (ON) 66 C 2
Woodland Beach (ON) 67 A 3-4
Woodlands (MB) 38 C 5
Woodridge (MB) 39 D 6-7
Woodrow (SK) 36 D 5
Woodstock (NB) 74 B 1-2
Woodstock (ON) 71 A 4
Woodview (ON) 61 C 3
Woodville (ON) 68 B 1
Woody Lake (SK) 22 A 1
Woody Point (NL) 48 B 3
Wooler (ON) 68 B 3
Worthington (ON) 52 B 1
Woss (BC) 32 C 4
Wostok (AB) 20 C 2
Wottonville (QC) 65 B 3
Wrentham (AB) 35 D 9-10
Wrigley (NT) 9 A 9-10
Wroxeter (ON) 66 C 2
Wroxton (SK) 37 B 10
Wunnummin Lake (ON) 12 E 3
Wycliffe (BC) 34 D 5-6
Wyebridge (ON) 60 C 2
Wyevale (ON) 60 C 2
Wymark (SK) 36 C 4
Wymbolwood Beach (ON) 67 A 3-4
Wynndel (BC) 34 D 5
Wynyard (SK) 37 B 7

Y

Yahk (BC) 34 D 5-6
Yale (BC) 33 D 9
Yamachiche (QC) 57 B 3
Yamaska-Est (QC) 64 AB 1-2
Yarker (ON) 69 B 4
Yarmouth (NS) 78 D 2
Yatton (ON) 67 C 3
Ycliff (ON) 40 B 4
Yellow Grass (SK) 37 D 7-8
Yellowknife (NT) 4 D 3
Ymir (BC) 34 D 4
Yonge Mills (ON) 69 B 5
York (ON) 72 A 2
York Factory (MB) 11 C 12-13
York Harbour (NL) 48 B 2
York Landing (MB) 11 CD 10-11
Yorkton (SK) 37 B 9
Youbou (BC) 33 E 6
Young (SK) 36/37 B 6
Youngs Cove (NB) 74 C 5
Youngs Cove (NS) 78 B 3-4
Youngs Point (ON) 68 B 2
Youngstown (AB) 35 B 10
Youngstown (ON) 68 B 2

Z

Zbaraz (MB) 38 BC 5
Zealand (NB) 74 B 2-3
Zealandia (SK) 36 B 4
Zeballos (BC) 32 D 4
Zephyr (ON) 67 B 4
Zhoda (MB) 38 D 6
Zurich (ON) 66 C 2

A

Abbeville (AL) 232 C1
Abbeville (GA) 232/233 BC3
Abbeville (LA) 240 AB2
Abbeville (MS) 212 B1
Abbeville (SC) 215 B4
Abbotsford (WI) 133 C4
Abbott (AR) 210 A1
Abbott (NM) 187 C5
Abbott (TX) 227 C3-4
Abbott (VA) 196 B3
Abbottsburg (NC) 216 B3
Abbottstown (PA) 177 C5-6
Abbyville (KS) 189 AB6
Abercrombie (ND) 130 A4
Aberdeen (ID) 144 B2
Aberdeen (KY) 194 B2
Aberdeen (MD) 177 C6
Aberdeen (MS) 212 C2
Aberdeen (NC) 216 A2
Aberdeen (OH) 175 D4
Aberdeen (SD) 130 B2
Aberdeen (WA) 106 C3
Aberfoil (AL) 232 B1
Abernant (AL) 213 C3
Abernathy (TX) 207 C4
Abeytas (NM) 205 B4
Abie (NE) 150 C2
Abilene (KS) 170 D1
Abilene (TX) 226 B1
Abingdon (VA) 196 C1-2
Abiquiu (NM) 186 C3
Abita Springs (LA) 241 A4-5
Abo (NM) 205 B4
Aboite (IN) 174 A2
Abraham (UT) 164 C2
Abram (TX) 247 C3
Abrams (WI) 133 C6
Absarokee (MT) 126 B2
Absecon (NJ) 178 C3
Academy (SD) 149 A4-5
Accident (MD) 176 C3
Accokeek (MD) 177 D5-6
Accomac (VA) 198 B3
Ace (TX) 239 A5
Acequia (ID) 143 B6
Achille (OK) 209 C4
Achilles (VA) 198 B2
Ackerly (TX) 225 B4
Ackerman (MS) 212 C1
Ackley (IA) 151 B5-6
Ackworth (IA) 151 C5
Acme (LA) 229 C5
Acme (NM) 206 C1
Acme (TX) 208 B1
Acme (WA) 106/107 A4
Acme (WY) 127 C4-5
Acoma (NM) 204 B3
Acoma (NV) 183 B5
Acorn (AR) 210 B1
Acorn (VA) 198 A2
Acra (NY) 158 B2-3
Acree (GA) 232 C3
Acton (CA) 200 B2
Acton (MT) 126 B3
Acworth (GA) 214 B2
Acy (LA) 241 A4
Ada (KS) 169 C7
Ada (LA) 228 B3
Ada (MN) 115 B6
Ada (OH) 175 B4
Ada (OK) 209 B4
Ada (WI) 133 D7
Adair (IA) 150 C4
Adair (IL) 172 B3
Adair (OK) 191 C3
Adair Village (OR) 121 C2
Adairsville (GA) 214 B2
Adairville (KY) 194 C2
Adak (AK) 99 C6
Adams (IN) 174 C2
Adams (KY) 195 A6
Adams (MA) 158 B3
Adams (MN) 151 A6
Adams (ND) 115 A4
Adams (NE) 170 B2
Adams (NY) 136 C1-2
Adams (OK) 188 C3-4
Adams (TN) 194 C1-2
Adams (WI) 133 D5
Adams Center (NY) 136 C2
Adamstown (PA) 178 B1
Adamsville (AL) 213 C3-4
Adamsville (NC) 216 A4
Adamsville (TN) 212 A2
Adamsville (TX) 226 C2
Adamsville (UT) 184 A2
Addicks (TX) 239 B4
Addie (NC) 214 A3
Addieville (IL) 193 A4
Addington (OK) 208 B3
Addis (LA) 241 A3
Addison (AL) 213 B3
Addison (MI) 154 BC3
Addison (NY) 157 B4
Addison (OH) 175 D5
Addison (PA) 176 C3
Addison (WV) 196 A3
Addy (WA) 108 A3
Adel (GA) 232/233 C3
Adel (IA) 151 C4
Adel (MT) 110 B3
Adel (OR) 141 B6
Adelanto (CA) 200 B3
Adeline (IL) 152 B3
Adelino (NM) 205 B4
Adell (WI) 153 A4-5
Adelphia (NJ) 178 B3
Adgateville (GA) 214 C3
Adin (CA) 141 C5
Admire (KS) 170 D2
Adna (WA) 106 C3
Adobes (TX) 235 B1
Adona (AR) 210 A3
Adrian (GA) 233 B4
Adrian (MI) 154 C3-4
Adrian (MN) 150 A3
Adrian (MO) 191 A4
Adrian (OR) 142 A2
Adrian (TX) 206 A3
Advance (MO) 193 B4
Adwolf (VA) 196 C2
Ady (MD) 177 C6
Ady (TX) 207 A3
Aetna (KS) 189 B6
Afognak (AK) 103 AB6
Afton (CA) 201 A4
Afton (IA) 171 A4
Afton (MN) 132 C2
Afton (NY) 157 B6
Afton (OK) 191 C4
Afton (WY) 144 B4
Agar (SD) 129 C5
Agate (CO) 171 C5-6
Agate Beach (OR) 121 C1
Agawam (MA) 158 B4
Agawam (MT) 110 AB2
Agawam (OK) 208 B3
Agcklarok (AK) 90 E3
Ageklekak (AK) 90 DE3
Agency (IA) 172 B1
Agency (MO) 171 C4
Agenda (KS) 170 C1
Agnes (TX) 226 AB3
Agness (OR) 140 B1
Agnew (NE) 170 A2
Agnos (AR) 192 C2
Agoura Hills (CA) 200 B2
Agra (KS) 169 C5
Agra (OK) 190 D2
Agricola (KS) 190 A3
Agua Dulce (TX) 247 B4
Agua Nueva (TX) 246 C3
Aguanga (CA) 201 C4
Agudo (NM) 206 B1
Aguila (AZ) 202 C2
Aguilar (CO) 187 B5
Aguilares (TX) 246 B2
Ahloso (OK) 209 B4
Ahoskie (NC) 198 C2
Ahwahnee (CA) 181 B5
Aiken (SC) 215 C5
Aiken (TX) 207 B4
Ailey (GA) 233 B4
Ainsworth (IA) 151 C7
Ainsworth (NE) 148 B3-4
Airport Drive (MO) 191 B4
Airway Heights (WA) 108 B3
Aitkin (MN) 116 C3
Ajo (AZ) 220 B3
Akaska (SD) 129 B5
Akeley (MN) 116 B2
Akers (LA) 241 A4
Akhiok (AK) 103 BC5
Akiachak (AK) 94 C4
Akiak (AK) 94 C4
Akolmiut (AK) 94 C3
Akra (ND) 115 A6
Akron (CO) 171 B6
Akron (IN) 174 A1
Akron (KS) 190 B1
Akron (OH) 176 A1
Akulurak (AK) 94 C3
Akumsuk (AK) 90 E3
Akutan (AK) 101 B6
Alabam (AR) 191 C5
Alabama Port (AL) 242 A2
Alabaster (AL) 213 C4
Alabaster (MI) 135 C5
Alachua (FL) 245 B3
Aladdin (WY) 128 C1
Alaganik (AK) 97 C5
Alakanuk (AK) 90 E3
Alaktak (AK) 84 B4
Alameda (CA) 180 B2
Alamo (GA) 233 B4
Alamo (ND) 113 A5
Alamo (NM) 204 B3
Alamo (NV) 183 B4
Alamo (TN) 193 D4
Alamo Alto (TX) 223 C4-5
Alamogordo (NM) 223 B4-5
Alamosa (CO) 186 B4
Alamosa East (CO) 186 B4
Alamota (KS) 189 A4
Alanreed (TX) 207 A5
Alanson (MI) 134/135 B4
Alapaha (GA) 233 C3
Alatna (AK) 88 D2
Alba (MI) 134/135 BC4
Alba (MO) 191 B4
Alba (PA) 157 C5
Alba (TX) 227 B5
Albany (GA) 232 C2
Albany (IL) 152 C2
Albany (KY) 194/196 C3
Albany (LA) 241 A4
Albany (MN) 131 B6
Albany (MO) 171 B4
Albany (NY) 158 B3
Albany (OH) 175 C5
Albany (OK) 209 C4
Albany (OR) 121 C2
Albany (TX) 226 B1
Albany (WI) 152 B3
Albany (WY) 170 A3
Albee (SD) 130 B4
Albemarle (NC) 215 A6
Alberhill (CA) 200 C3
Albers (IL) 193 A4
Albert (KS) 189 A5-6
Albert (NM) 187 D6
Albert (OK) 208 A2
Albert (TX) 238 A1
Albert Lea (MN) 151 A5
Alberta (AL) 231 B4
Alberta (MN) 131 B4-5
Alberta (VA) 197 C6
Alberton (MT) 109 C6
Albertville (AL) 213 B4
Albertville (MN) 131 B7
Albia (IA) 171 A6
Albin (MS) 211 C5
Albin (WY) 147 C4
Albion (CA) 160 C2
Albion (IA) 151 B5-6
Albion (ID) 144 B1
Albion (IL) 193 A5
Albion (IN) 154 C2
Albion (ME) 138 B3
Albion (MI) 154 B3
Albion (MT) 128 B1
Albion (NE) 149 C5-6
Albion (NY) 156 A3
Albion (OK) 209 B5
Albion (PA) 156 C1
Albion (TX) 209 C5-6
Albion (WA) 108 C3
Alborn (MN) 116 C4
Albuquerque (NM) 205 A4
City Map 259
Alburg (VT) 137 B4
Alcalde (NM) 186 C3
Alcester (SD) 150 A2
Alco (AR) 192 D1
Alcolu (SC) 216 C1
Alcova (WY) 146 B2
Alda (NE) 169 B6
Alden (IA) 151 B5
Alden (KS) 189 A6
Alden (MN) 151 A5
Alden (NY) 156 B3
Alden (OK) 208 AB2
Alden Bridge (LA) 228 B3
Alder (MT) 125 B5
Alder (WA) 106 C4
Alder Creek (AK) 93 C7
Alder Creek (NY) 136 C2
Alderdale (WA) 122 B3-4
Alderpoint (CA) 160 B2
Alderson (OK) 209 B5
Alderson (WV) 196 B3
Aldine (TX) 239 B4
Aldora (GA) 232 A2
Aldrich (MN) 131 A6
Aldrich (MO) 191 B5
Aledo (IL) 152 C2
Aledo (TX) 226/227 B3
Aleknagik (AK) 95 D5
Aleut Village (AK) 103 A6
Alex (OK) 208 B3
Alexander (AR) 210/211 B3
Alexander (GA) 233 A5
Alexander (IA) 151 B5
Alexander (KS) 189 A5
Alexander (ME) 139 A5
Alexander (ND) 113 B5
Alexander (NY) 156 B3
Alexander (TX) 226 B2
Alexander City (AL) 231 AB6
Alexander Creek (AK) 96 B2
Alexander Mills (NC) 215 A5
Alexanders Village (AK) 89 D5-6
Alexandria (IN) 174 B2
Alexandria (LA) 229 C4
Alexandria (MD) 177 D5-6
Alexandria (MN) 131 B5
Alexandria (MO) 172 B2
Alexandria (NE) 170 B1
Alexandria (NY) 65 C9
Alexandria (OH) 175 B5
Alexandria (PA) 177 B4-5
Alexandria (SD) 149 A6
Alexandria (TN) 194 C2
Alexandria Bay (NY) 136 B2
Alfalfa (OK) 208 A2
Alfalfa (OR) 122 C2
Alford (FL) 243 A5
Alfred (ME) 159 A6
Alfred (ND) 114 C4
Alfred (TX) 247 B4
Algerita (TX) 226 C2
Algoa (TX) 239 B4
Algodones (NM) 205 A4
Algoma (ID) 108 A4
Algoma (MS) 212 B1-2
Algoma (WI) 134 C1
Algona (IA) 151 A4
Algonac (MI) 155 B5
Algonquin (IL) 153 B4
Algood (TN) 194 C3
Alice (ND) 115 C5
Alice (TX) 247 B3-4
Aliceville (AL) 230/231 A3
Aliceville (KS) 190 A3
Alicia (AR) 192 D2
Aline (OK) 189 C6
Aliquippa (PA) 176 B2
Alire (NM) 186 C3
Aliso Viejo (CA) 200 C3
Alix (AR) 210 A2
Alkabo (ND) 113 A5
Allagash (ME) 45 D8
Allakaket (AK) 88 D2
Allandale (FL) 245 B5
Allardt (TN) 195 C4
Alleene (AR) 210 C1
Allegan (MI) 154 B2
Allegany (NY) 156 B3
Allegany (OR) 140 A1-2
Alleghany (CA) 161 C5
Alleghany (VA) 196 B3
Alleman (IA) 151 C5
Allen (KS) 170 D2
Allen (LA) 228 C3
Allen (MI) 154 C3
Allen (NE) 150 B2
Allen (OK) 209 B4
Allen (SD) 148 A2
Allen (TX) 227 A4
Allen City (KY) 195 B6
Allentown (GA) 233 B3
Allendale (IL) 173 D6
Allendale (MI) 153 B6
Allendale (SC) 233 A5
Allendale (WY) 146 B2
Allenfarm (TX) 238/239 A3
Allenhurst (GA) 233 C5
Allenspark (CO) 171 B4
Allensville (KY) 194 C1-2
Allensville (OH) 175 C5
Allensville (PA) 177 B5
Allensworth (CA) 181 D5
Allenton (WI) 153 A4
Allentown (FL) 242/243 A3-4
Allentown (PA) 178 B2
Allenville (IL) 173 C5
Allerton (IA) 171 B5
Allerton (IL) 173 C5-6
Alley (TX) 207 C4
Alleyton (TX) 238 B3
Allgood (AL) 213 C4
Alliance (NC) 217 A5
Alliance (NE) 147 B6
Alliance (OH) 176 B1-2
Alligator (MS) 211 B5
Allison (CO) 186 B2
Allison (IA) 151 B6
Allison (NM) 204 A2
Allison (TX) 207 A5
Allons (TN) 194 C3
Allport (AR) 211 B4
Alluvial Village (LA) 241 B5
Alluwe (OK) 190 C3
Allyn (WA) 106 B4
Alma (AR) 210 A1
Alma (CO) 170 C3-4
Alma (GA) 233 C4
Alma (IL) 173 D5
Alma (KS) 170 C2
Alma (MI) 154 A3
Alma (MO) 171 C5
Alma (NE) 169 B5
Alma (NM) 204 C2
Alma (TX) 227 B4
Alma (WI) 132 C3
Alma Center (WI) 132 C4
Almedia (PA) 177 B6
Almelund (MN) 132 B2
Almena (KS) 169 C5
Almena (WI) 132 B2-3
Almeria (NE) 149 C4
Almira (WA) 108 B2
Almo (ID) 143 B6
Almon (GA) 214 C3
Almond (AR) 211 A4
Almond (NC) 214 A3
Almond (NY) 156/157 B4
Almont (CO) 170 D3
Almont (MI) 155 B4
Almont (ND) 113 C7
Almota (WA) 108 C3
Almy (WY) 144 C4
Almyra (AR) 211 B4
Alnwick (TN) 214 A2-3
Aloe (TX) 238 C2
Aloha (LA) 228/229 C4
Alpaugh (CA) 181 D5
Alpena (AR) 191 C5
Alpena (MI) 135 B5
Alpena (SD) 130 C2
Alpha (IL) 152 C2
Alpha (MN) 150 A4
Alpha (NJ) 178 B2
Alpharetta (GA) 214 B2
Alpine (AR) 210 B2
Alpine (AZ) 204 C1
Alpine (CA) 218 B3
Alpine (ID) 144 A3
Alpine (MT) 126 B2
Alpine (TN) 194 C3
Alpine (TX) 235 A2
Alpine (UT) 164 B3
Alsatia (LA) 229 B5
Alsea (OR) 121 C2
Alsen (ND) 114 A4
Alsey (IL) 172 C3
Alston (GA) 233 B4
Alsuma (OK) 190 C3
Alta (IA) 150 B3
Alta (UT) 164 B3
Alta Loma (TX) 239 B4
Alta Sierra (CA) 161 C4
Alta Vista (KS) 170 D2
Altair (TX) 238 B3
Altamahaw (NC) 197 C4
Altamont (IL) 173 C5
Altamont (KS) 191 B3
Altamont (MO) 171 C4-5
Altamont (SD) 130 C4
Altamont (TN) 213 A5
Altamont (UT) 165 B4
Altamont (WY) 165 A4
Altamonte Springs (FL) 249 A3
Altaville (CA) 181 A4
Altavista (VA) 197 B4
Altha (FL) 243 A5
Altheimer (AR) 211 B4
Altmar (NY) 136 C2
Alto (GA) 214 B3
Alto (LA) 229 B5
Alto (MI) 154 B2
Alto (NM) 205 C5
Alto (TX) 228 C1
Alto (WI) 152 A4
Alton (FL) 244 A2
Alton (IA) 150 B2
Alton (IL) 172 D3
Alton (KS) 169 C6
Alton (KY) 195 A3-4
Alton (LA) 241 A5
Alton (MO) 192 C2
Alton (NH) 159 A5
Alton (TX) 247 C3
Alton (UT) 184 B2
Altona (IL) 172 A3
Altonah (UT) 165 B4
Altoona (AL) 213 B4
Altoona (FL) 248 A3
Altoona (IA) 151 C5
Altoona (KS) 190 B3
Altoona (PA) 177 B4
Altoona (WI) 132 C3
Alturas (CA) 141 C5
Alturas (FL) 248 B3
Altus (AR) 210 A2
Altus (OK) 208 B1
Alum Bridge (WV) 176 C2
Alum Creek (WV) 196 A2
Alva (FL) 251 A3
Alva (OK) 189 C6
Alva (WY) 128 C1
Alvarado (MN) 115 A6
Alvarado (TX) 227 B3
Alvaton (GA) 214 C2
Alvaton (KY) 194 C2
Alvin (IL) 173 B6
Alvin (TX) 239 B4
Alvin (WI) 133 AB6
Alvo (NE) 170 B2
Alvord (IA) 150 A2
Alvord (TX) 208 C3
Alvordton (OH) 154 C3
Alvwood (MN) 116 B2
Alzada (MT) 128 B1
Amado (AZ) 221 C4
Amador (MI) 68 B2-3
Amagansett (NY) 179 B5-6
Amagon (AR) 211 A4
Amalga (UT) 144 C3
Amanda (OH) 175 C5
Amanda Park (WA) 106 B2-3
Amargosa Valley (NV) 182 C3
Amarillo (TX) 207 A4
Amasa (MI) 133 A6
Amawalk (NY) 158 C3
Amazonia (MO) 171 C4
Amber (OK) 208 A3
Amber (WA) 108 B3
Amberg (WI) 133 B6-7
Ambia (IN) 173 B6
Ambler (AK) 87 C7
Amboy (CA) 201 B5
Amboy (IL) 152 C3
Amboy (IN) 174 B1-2
Amboy (MN) 131 D6
Amboy (WA) 121 B3
Ambrose (ND) 113 A5
Ambrosia Lake (NM) 204 A3
Amelia (LA) 241 B3
Amelia (NE) 149 B5
Amelia City (FL) 245 A4
Amelia Court House (VA) 197 B5-6
Amenia (ND) 115 B5
American Beach (FL) 245 A4
American Falls (ID) 144 B1-2
American Fork (UT) 164 B3
Americus (GA) 232 B2
Americus (KS) 190 A2
Amery (WI) 132 B2
Ames (IA) 151 B5
Ames (NY) 158 B2
Ames (OK) 189 C6
Ames (TX) 239 A5
Amesbury (MA) 159 B5-6
Amesville (OH) 175 C5-6
Amherst (CO) 168 B2
Amherst (MA) 158 B4
Amherst (ME) 139 B4
Amherst (NE) 169 B5
Amherst (NY) 156 AB3
Amherst (OH) 155 C5
Amherst (SD) 130 B3
Amherst (TX) 206 B3
Amherst (VA) 197 B4-5
Amherst (WI) 133 C5
Amidon (ND) 128 A2
Amiret (MN) 131 C5
Amistad (NM) 187 D6
Amite (LA) 241 A4
Amity (AR) 210 B2
Amity (IN) 174 C1
Amity (MO) 171 C4
Amity (OR) 121 B2
Ammon (ID) 144 A3
Amoret (MO) 191 A4
Amorita (OK) 189 C6
Amory (MS) 212 C2
Amsden (OH) 154/155 C4
Amsterdam (MO) 191 A4
Amsterdam (MT) 125 B6
Amsterdam (NY) 158 B2-3
Amsterdam (OH) 176 B1-2
Amy (AR) 210 C3
Amy (KS) 188 A4
Anacoco (LA) 228 C3
Anaconda (MT) 125 A4-5
Anacortes (WA) 106 A4
Anadarko (OK) 208 A2
Anaehoomalu (HI) 253 D5-6
Anaheim (CA) 200 C3
Anahola (HI) 252 A2
Anahuac (TX) 239 B5
Anakruak (AK) 85 B5
Anaktuvuk Pass (AK) 88 B3
Anamoose (ND) 114 B2
Anamosa (IA) 152 B1
Anandale (LA) 229 C4
Anatone (WA) 123 A6
Anceney (MT) 125 B6
Ancho (NM) 205 C5
Anchor Point (AK) 96 D1-2
Anchorage (AK) 96 B2
City Map 97
Anchorage (KY) 194 C3
Anchorville (MI) 155 B5
Andalusia (IL) 152 C2
Andale (KS) 190 B1
Andalusia (AL) 231 C5
Anderson (AK) 92 C4
Anderson (AL) 213 B3
Anderson (CA) 160 B3
Anderson (IA) 170 B3
Anderson (IN) 174 B2
Anderson (MO) 191 C4
Anderson (SC) 214/215 B4
Anderson (TX) 239 A4
Anderson Mill (TX) 238 A2
Andersonville (GA) 232 B2
Andersonville (IN) 174 C2
Andersonville (OH) 175 C4
Andes (MT) 112 B4
Andes (NY) 158 B2
Andover (IL) 152 C2
Andover (MA) 159 B5
Andover (MN) 132 B1
Andover (NH) 159 A5
Andover (NJ) 178 B3

Andover (NY) 157 B4
Andover (OH) 155 C7
Andover (SD) 130 B3
Andrade (CA) 219 B5
Andrew (IA) 152 B2
Andrews (IN) 174 B2
Andrews (NC) 214 A3
Andrews (SC) 216 C2
Andrews (TX) 224 B3
Andrix (CO) 187 B6
Anegam (AZ) 220 B3-4
Aneta (ND) 115 B4
Aneth (UT) 185 B5
Angel Fire (NM) 187 C4
Angela (MT) 112 C2
Angeles (TX) 224 C1-2
Angelica (NY) 156 B3-4
Angelica (WI) 133 C6
Angels Camp (CA) 181 A4
Angelus (KS) 168 C4
Angie (LA) 241 A5
Angier (NC) 216 A3
Angiola (CA) 181 D5
Angle (UT) 184 A3
Angleton (TX) 239 B4
Angola (IN) 154 C3
Angola (KS) 190/191 B3
Angoon (AK) 105 B4
Angora (MN) 116 B4
Angora (NE) 147 C5
Anguilla (MS) 229 B6
Angus (MN) 115 A6
Angus (NE) 169 B7
Angus (TX) 227 B4
Angwin (CA) 160 D3
Aniak (AK) 95 B5
Animas (NM) 222 C2
Anita (IA) 150 C4
Anita (PA) 176 AB3-4
Aniwa (WI) 133 B5
Ankeny (IA) 151 C5
Ankona (FL) 249 B4
Ann Arbor (MI) 154 B4
Anna (IL) 193 B4
Anna (OH) 175 B3
Anna (TX) 209 C4
Anna Maria (FL) 248 B2
Annabella (UT) 164 D2-3
Annada (MO) 172 C3
Annamoriah (WV) 176 D1
Annandale (MN) 131 B6-7
Annandale (VA) 177 D5
Annapolis (MD) 177 D6
Annawan (IL) 152 C2-3
Anneta (KY) 194 B2
Annetta (TX) 226 B3
Annetta South (TX) 226 B3
Anniston (AL) 213 C5
Annona (TX) 210 C1
Annville (KY) 195 B5
Annville (PA) 177 B6
Anogok (AK) 94 D3
Anoka (MN) 132 B1
Anoka (NE) 149 B5
Anselmo (NE) 148/149 C4
Ansley (LA) 228/229 B4
Ansley (MS) 241 A5
Ansley (NE) 149 C4
Anson (KS) 190 B1
Anson (TX) 226 B1
Ansonia (CT) 158 C3
Ansonia (OH) 174 B3
Ansonville (NC) 216 A1
Ansted (WV) 196 A2
Antelope (KS) 190 A2
Antelope (OR) 122 C3
Antelope (SD) 148 A3
Antelope Wells (NM) 222 C2
Anthon (IA) 150 B3
Anthony (FL) 245 B3-4
Anthony (KS) 189 B6-7
Anthony (NM) 223 BC4
Anthonyville (AR) 211 A5
Anthoston (KY) 194 B1
Antigo (WI) 133 B5
Antimony (UT) 184 A2
Antioch (CA) 180 B3
Antioch (IL) 153 B4
Antioch (NE) 148 B1
Antioch (OH) 176 C1-2
Antioch (OK) 209 B3
Antler (ND) 37 E10
Antlers (OK) 209 B5
Antoine (AR) 210 B2
Anton (CO) 171 C6
Anton (KY) 194 B1
Anton (TX) 207 C3
Anton Chico (NM) 205 A5
Antonia (LA) 229 C4
Antonino (KS) 169 D5
Antonito (CO) 186 B3
Antrim (LA) 228 B3
Antrim (NH) 137 C5-6
Antrim (OH) 176 B1
Antrim (PA) 157 C4
Antwerp (NY) 136 B2
Antwerp (OH) 174 A3
Anvik (AK) 91 E5
Anza (CA) 218 A3
Apache (OK) 208 B2
Apache Creek (NM) 204 C2
Apache Junction (AZ) 203 C4
Apalachee (GA) 214 C3
Apalachicola (FL) 243 B5-6
Apalachin (NY) 157 B5
Apatiki Camp (AK) 90 D2
Apex (NC) 216 A3
Apgar (MT) 109 A6
Aplin (AR) 210 AB3
Aplington (IA) 151 B6
Apokak (AK) 94 C3-4
Apopka (FL) 248/249 A3
Appalachia (VA) 195 C6
Apple Grove (VA) 197 B6
Apple Springs (TX) 228 C2
Apple Valley (CA) 201 B3-4
Apple Valley (MN) 132 C1
Appleby (TX) 228 C2
Applegate (CA) 161 D5
Applegate (OR) 140 B2
Appleton (MO) 193 B4
Appleton (WI) 133 C6
Appleton City (MO) 191 A4
Appling (GA) 215 C4
Appomattox (VA) 197 B5
Aptos (CA) 180 BC3
Aquilla (TX) 227 C3
Arab (AL) 213 B4
Arabela (NM) 205 C5
Arabi (GA) 232 C3
Arabi (LA) 241 B4-5
Arabia (NE) 148 B3
Aragon (GA) 213 B5
Aransas Pass (TX) 247 B4
Arapaho (OK) 208 A1-2
Arapahoe (CO) 168 D2
Arapahoe (NC) 217 A5
Arapahoe (NE) 169 B5
Arapahoe (WY) 145 B6
Arbela (MO) 172 B1
Arbon (ID) 144 B2
Arbuckle (CA) 160 C3
Arbyrd (MO) 192/193 C3
Arcade (GA) 214 B3
Arcade (NY) 156 B3
Arcade (TX) 224 C3
Arcadia (FL) 248 B3
Arcadia (IA) 150 B3-4
Arcadia (KS) 191 B4
Arcadia (LA) 228 B4
Arcadia (MI) 134 C2
Arcadia (MO) 192 B3
Arcadia (NE) 149 C4
Arcadia (OH) 175 A4
Arcadia (OK) 209 A3
Arcadia (PA) 177 B4
Arcadia (WI) 132 C3
Arcata (CA) 160 B1
Arch Cape (OR) 121 B2
Archdale (NC) 196/197 D4
Archer (FL) 245 B3
Archer (NE) 149 C5
Archer City (TX) 208 C2
Archibald (LA) 229 B5
Archie (LA) 229 C4-5
Archie (MO) 191 A4
Arco (GA) 233 C5
Arco (ID) 144 A1
Arco (MN) 131 C4
Arcola (GA) 233 B5
Arcola (IL) 173 C5
Arcola (IN) 174 A2
Arcola (MO) 191 B5
Arcola (MS) 211 C5
Arcola (TX) 239 B4
Arctic Village (AK) 89 B5-6
Arden (AR) 210 C1
Arden (NV) 183 CD4
Ardenvoir (WA) 107 B6
Ardmore (OK) 209 B3
Ardmore (SD) 147 A5
Ardmore (TN) 213 A4
Ardoch (ND) 115 A5
Arena (WI) 152 A3
Arenzville (IL) 172 C3
Argenta (IL) 173 BC5
Argentine (MI) 154 B4
Argo (AL) 213 C4
Argo (TX) 210 C1
Argonia (KS) 190 B1
Argonne (WI) 133 B6
Argos (IN) 153 C6
Argusville (ND) 115 B5-6
Argyle (GA) 233 C4
Argyle (MN) 115 A6
Argyle (TX) 227 A3
Argyle (WI) 152 B3
Arial (SC) 214 B4
Ariel (FL) 249 A4
Ariel (WA) 121 B3
Arimo (ID) 144 B2
Arinosa (UT) 164 B1
Arion (IA) 150 C3
Arispe (IA) 171 B4
Arispe (TX) 223 C5
Arista (WV) 196 B2
Ariton (AL) 232 C1
Arivaca (AZ) 221 C4
Arizona City (AZ) 221 B4
Arkadelphia (AR) 210 B2-3
Arkansas City (AR) 211 C4
Arkansas City (KS) 190 B1-2
Arkdale (WI) 133 C5
Arkinda (AR) 210 C1
Arkoe (MO) 171 B4
Arkoma (OK) 210 A1
Arkport (NY) 157 B4
Arlee (MT) 109 B6
Arlington (AZ) 202 C3
Arlington (CO) 187 A6
Arlington (GA) 232 C2
Arlington (IA) 151 B7
Arlington (IL) 152 C3
Arlington (KS) 189 B6
Arlington (KY) 193 C4-5
Arlington (MN) 131 C6-7
Arlington (NC) 196 C3
Arlington (NE) 150 C2
Arlington (OH) 175 B4
Arlington (OR) 122 D3
Arlington (SD) 130 C3-4
Arlington (TN) 212 A1
Arlington (TX) 227 B3-4
Arlington (VA) 177 D5
Arlington (VT) 137 C4
Arlington (WA) 107 A4-5
Arlington (WI) 152 A3
Arlington Heights (IL) 153 B4-5
Arm (MS) 230 C1-2
Arma (KS) 191 B4
Armington (MT) 110 B4
Arminto (WY) 146 A1
Armour (SD) 149 A5
Armourdale (ND) 114 A3
Armstrong (FL) 245 B4
Armstrong (IA) 150 A4
Armstrong (MO) 171 C6
Armstrong (OK) 209 B4
Armstrong (TX) 247 C4
Armstrongs Mills (OH) 176 C1-2
Arnaudville (LA) 240 A3
Arnegard (ND) 113 B5
Arnett (OK) 189 C5
Arnett (TX) 226 C3
Arney (TX) 207 B3
Arno (TX) 224 C2
Arnold (CA) 181 A4
Arnold (MN) 117 C4
Arnold (NE) 148 C3
Arnold Mill (GA) 214 B2
Arnolds Park (IA) 150 A3
Arnoldsville (GA) 214 C3
Arock (OR) 142 B2
Arolik (AK) 94 D3-4
Aroma Park (IL) 173 A6
Aromas (CA) 180 C3
Arovirchagk (AK) 94 A2
Aroya (CO) 171 D6
Arp (TX) 228 B1
Arredondo (FL) 245 B3
Arrey (NM) 222 B3
Arriba (CO) 171 C6
Arrington (KS) 170 C2-3
Arrow Creek (MT) 110/111 B4
Arrow Point (MO) 191 C5
Arrow Rock (MO) 171 C5-6
Arroyo Grande (CA) 199 A2
Arroyo Hondo (NM) 186 C4
Art (TX) 237 A4
Artas (SD) 129 B6
Artesia (AZ) 221 B6
Artesia (CA) 200 C2-3
Artesia (MS) 212 C2
Artesia (NM) 224 B1
Artesia Wells (TX) 246 A2
Artesian (SD) 130 C2-3
Arthur (IA) 150 B3
Arthur (IL) 173 C5
Arthur (ND) 115 B5
Arthur (NE) 148 C2
Arthur (NV) 163 B5
Arthur (TN) 195 C5
Arthur City (TX) 209 C5
Artois (CA) 160 C3
Arvada (CO) 171 C4
Arvada (WY) 127 C5
Arvana (TX) 225 B4
Arvin (CA) 200 A2
Arvonia (VA) 197 B5
Asbury (IA) 152 B2
Asbury (MO) 191 B4
Asbury (WV) 196 B3
Asbury Park (NJ) 178 B4
Ascutney (VT) 137 C5
Ash Flat (AR) 192 C2
Ash Fork (AZ) 202 A3
Ash Grove (KS) 169 C6
Ash Grove (MO) 191 B5
Asharoken (NY) 179 B4
Ashaway (RI) 159 C5
Ashburn (GA) 232 C3
Ashburn (MO) 172 C2
Ashby (AL) 231 A5
Ashby (MN) 131 A5
Ashby (NE) 148 B1-2
Ashdown (AR) 210 C1
Asheboro (NC) 216 A2
Asher (OK) 209 AB4
Asherton (TX) 246 A2
Asherville (KS) 169 C6-7
Asheville (NC) 214/215 A4
Ashford (AL) 232 C1
Ashford (WA) 107 C4-5
Ashippun (WI) 153 A4
Ashkum (IL) 173 B5-6
Ashland (AL) 213 C5
Ashland (IL) 172 C3
Ashland (KS) 189 B5
Ashland (LA) 228 B3
Ashland (MA) 159 B5
Ashland (ME) 120 B3
Ashland (MO) 172 D1
Ashland (MS) 212 B1
Ashland (MT) 127 B5
Ashland (NE) 170 A2
Ashland (NH) 159 A5
Ashland (OH) 196 A1
Ashland (OH) 175 B5
Ashland (OK) 209 B4-5
Ashland (OR) 140 B3
Ashland (VA) 197 B6
Ashland (WI) 117 C6
Ashland City (TN) 194 C1-2
Ashley (IL) 193 A4
Ashley (IN) 154 C2
Ashley (MI) 154 A3
Ashley (MO) 172 C2
Ashley (ND) 129 A6
Ashley (OH) 175 B5
Ashmore (IL) 173 C5-6
Ashtabula (OH) 155 C7
Ashtola (TX) 207 A4-5
Ashton (IA) 150 A3
Ashton (ID) 125 C6
Ashton (IL) 152 C3
Ashton (KS) 190 B1
Ashton (MD) 177 C5-6
Ashton (NE) 149 C5
Ashton (SD) 130 C2
Ashville (AL) 213 C4
Ashville (FL) 244 A2
Ashville (ME) 139 B4
Ashville (OH) 175 C5
Ashville (PA) 177 B4
Ashwaubenon (WI) 133 C6
Ashwood (OR) 122 C3
Askewville (NC) 198 C2
Askov (MN) 132 A2
Asotin (WA) 123 A6
Aspen (CO) 170 C3
Aspen (WY) 145 C4
Aspermont (TX) 225 A5
Aspetuck (CT) 158 C3
Assaria (KS) 170 D1
Assinippi (MA) 159 B6
Assumption (IL) 173 C4
Assumption (NE) 169 B6
Astatula (FL) 248 A3
Astico (WI) 152 A4
Astor (FL) 245 B4
Astor Park (FL) 245 B4
Astoria (IL) 172 B3
Astoria (OR) 121 A2
Astoria (SD) 130 C4
Ataakas Camp (AK) 90 D2-3
Atalissa (IA) 152 C1
Atascadero (CA) 199 A2
Atchison (KS) 170 C3
Athalia (OH) 175 D5
Athelstan (IA) 171 B4
Athelstane (WI) 133 B6-7
Athena (FL) 244 B2
Athena (OR) 123 B5
Athens (AL) 213 B3-4
Athens (GA) 214 C3
Athens (IL) 172 C4
Athens (LA) 228 B3
Athens (MI) 154 B2
Athens (NY) 158 B3
Athens (OH) 175 C5
Athens (PA) 157 C5
Athens (TN) 214 A2
Athens (TX) 227 B5
Athens (WI) 133 B4-5
Athens (WV) 196 B2-3
Athertonville (KY) 194 B3
Athol (ID) 108 B4
Athol (KS) 169 C6
Athol (MA) 159 B4
Athol (SD) 130 B2
Athol Springs (NY) 156 B2-3
Atka (AK) 100 D1
Atkins (AR) 210 A3
Atkins (VA) 196 C2
Atkinson (GA) 233 C5
Atkinson (IL) 152 C2-3
Atkinson (NC) 216 B3
Atkinson (NE) 149 B4-5
Atlanta (AR) 228 A3-4
Atlanta (GA) 214 C2
City Map 261
Atlanta (ID) 143 A4
Atlanta (IL) 173 B4
Atlanta (IN) 174 B1-2
Atlanta (KS) 190 B2
Atlanta (LA) 228/229 C4
Atlanta (MI) 135 B4
Atlanta (MO) 171 C6
Atlanta (NE) 169 B5
Atlanta (NY) 157 B4
Atlanta (TX) 228 A2
Atlantic (IA) 150 C3
Atlantic (ME) 139 B4
Atlantic (NC) 217 B5
Atlantic Beach (FL) 245 A4
Atlantic Beach (NC) 217 B5
Atlantic City (NJ) 178 C3
Atlantic City (WY) 145 B6
Atmore (AL) 231 C4
Atoka (OK) 209 B4
Atoka (TN) 212 A1
Atolia (CA) 200 A3
Atomic City (ID) 144 A2
Atqasuk (AK) 84 B3
Atsion (NJ) 178 C3
Attalla (AL) 213 B4
Attapulgus (GA) 244 A1
Attica (IA) 151 C5
Attica (IN) 173 B6
Attica (KS) 189 B6
Attica (NY) 156 B3
Attica (OH) 175 A5
Attleboro (MA) 159 C5
Attu (AK) 98 B1
Atwater (CA) 181 B4
Atwater (MN) 131 B6
Atwater (OH) 176 A1
Atwood (CO) 171 B6
Atwood (IL) 173 C5
Atwood (KS) 168 C3-4
Atwood (OK) 209 B4
Atwood (TN) 193 CD5
Au Gres (MI) 135 C5
Au Sable Forks (NY) 137 B4
Au Train (MI) 118 C4
Auberry (CA) 181 B5
Aubrey (TX) 209 C4
Auburn (AL) 232 B1
Auburn (CA) 161 D4
Auburn (FL) 243 A4
Auburn (GA) 214 B3
Auburn (IA) 150 B4
Auburn (IL) 172 C4
Auburn (IN) 154 C2-3
Auburn (KS) 170 D3
Auburn (KY) 194 C2
Auburn (MA) 159 B5
Auburn (ME) 138 B2
Auburn (MI) 154 A3-4
Auburn (MS) 229 C6
Auburn (NE) 170 B3
Auburn (NY) 157 B5
Auburn (WA) 106/107 B4
Auburn (WY) 144 B3-4
Auburn Hills (MI) 154/155 B4
Auburndale (FL) 248 A3
Auburntown (TN) 194 D2
Audubon (IA) 150 C4
Audubon (MN) 115 C7
Augusta (AR) 211 A4
Augusta (GA) 215 C5
Augusta (IL) 172 B2-3
Augusta (KS) 190 B2
Augusta (KY) 175 D3
Augusta (ME) 138 B3
Augusta (MI) 154 B2
Augusta (MT) 110 B2
Augusta (WI) 132 C3
Augusta (WV) 177 C4
Augusta Springs (VA) 197 A4
Augustus (TX) 225 A4
Auke Bay (AK) 106 A4
Aulander (NC) 198 C1
Aullville (MO) 171 C5
Aulne (KS) 190 A1
Ault (CO) 171 B5
Aurelia (IA) 150 B3
Aurora (AK) 90 B3
Aurora (CO) 171 C5
Aurora (IL) 153 C4
Aurora (KS) 170 C1
Aurora (KY) 193 C5
Aurora (KY) 174 C3
Aurora (MN) 117 B4
Aurora (MO) 191 C5
Aurora (NC) 217 A5
Aurora (NE) 169 B6
Aurora (NY) 157 B5
Aurora (OH) 155 C6
Aurora (SD) 130 C4
Aurora (UT) 164 D2-3
Aurora (WV) 176 C3
Auroraville (WI) 133 C5-6
Austell (GA) 214 C2
Austin (AR) 211 AB4
Austin (IN) 174 D2
Austin (MN) 151 A6
Austin (MT) 110 C2
Austin (NV) 162 C3
Austin (TX) 238 A2
Austin Springs (TN) 196 C1
Austinburg (OH) 155 C7
Austonio (TX) 227 C5
Austwell (TX) 247 A5
Autaugaville (AL) 231 B5
Autryville (NC) 216 B3
Auvergne (AR) 211 A4
Auxvasse (MO) 172 C2
Ava (IL) 193 B4
Ava (MO) 192 C1
Avalon (CA) 200 C2
Avalon (GA) 214 B3
Avalon (MO) 171 C5
Avalon (MS) 211 C5-6
Avalon (NJ) 178 C3
Avalon (WI) 152/153 B4
Avant (OK) 190 C2
Avard (OK) 189 C6
Avawam (KY) 195 B5
Avenal (CA) 181 D4
Aventura (FL) 251 B4-5
Avenue (MD) 198 A2
Avera (GA) 233 A4
Averill (MN) 115 C6
Averill Park (NY) 158 B3
Avery (IA) 171 A6
Avery (ID) 109 B5
Avery (OK) 190 D2
Avery (TX) 210 C1
Avilla (IN) 154 C2
Avilla (MO) 191 B4
Avinger (TX) 228 B2
Avis (PA) 157 C4
Aviston (IL) 173 D4
Avoca (IA) 150 C3
Avoca (MN) 131 D5
Avoca (NY) 157 B4
Avoca (TX) 226 B1
Avoca (WI) 152 A2
Avon (AL) 232 C1
Avon (CO) 170 C3
Avon (IL) 172 B3
Avon (IN) 174 C1
Avon (MN) 131 B6
Avon (MT) 110 C2
Avon (NC) 217 A6
Avon (NY) 157 B4
Avon (SD) 149 A5-6
Avon Lake (OH) 155 C5-6
Avon Park (FL) 249 B3
Avondale (AZ) 202/203 C3
Avondale (CO) 187 A5
Avonia (PA) 156 B1
Avonmore (PA) 176 B3
Awendaw (SC) 234 A3
Axial (CO) 170 B2
Axson (GA) 233 C4
Axtell (KS) 170 C2
Axtell (NE) 169 B5
Axtell (TX) 227 C4
Axtell (UT) 164 C3
Axton (VA) 197 C4
Ayakulik (AK) 103 B5
Ayden (NC) 217 A4
Ayer (MA) 159 B5
Ayer (WA) 108 C2
Aylmer (ND) 114 B2
Aynor (SC) 216 B2
Ayr (ND) 115 B5
Ayr (NE) 169 B6
Azalia (IN) 174 C2
Azle (TX) 226/227 B3
Aztec (AZ) 220 B2
Aztec (NM) 186 C2
Azwell (WA) 107 B7

B

Babb (MT) 109 A7
Babbie (AL) 231 C5
Babbitt (NV) 162 D2
Babbs (OK) 208 B1
Babcock (WI) 133 C4
Babylon (NY) 179 B4
Backus (MN) 116 C2
Baconton (GA) 232 C2
Bad Axe (MI) 135 D6
Badger (CA) 181 C5
Badger (MN) 115 A7
Badger (SD) 130 C3
Badger (WA) 122 A4
Badin (NC) 216 A1
Bagdad (AZ) 202 B2
Bagdad (CA) 201 B5
Bagdad (FL) 242/243 A3-4
Baggs (WY) 164 A6
Baggs (WY) 170 A2
Bagley (IA) 150 C4
Bagley (MN) 115 B7
Bagley (WI) 152 B1-2

Howard (SD) 130 C3
Howard (WI) 133 C6
Howard City (MI) 154 A2
Howard Lake (MN) 131 B6
Howards Grove (WI) 133 D7
Howardstown (KY) 194 B3
Howardville (MO) 193 C4
Howardwick (TX) 207 A5
Howe (ID) 144 A2
Howe (IN) 154 C2
Howe (NE) 170 B3
Howe (OK) 210 B1
Howe (TX) 209 C4
Howell (AR) 211 A4
Howell (GA) 244 A2
Howell (MI) 154 B4
Howell (TN) 213 A4
Howell (UT) 144 C2
Howells (NE) 150 C2
Howes (SD) 128/129 C3
Howes Mill (MO) 192 B2
Howey in the Hills (FL) 248 A3
Howison (MS) 242 A1
Howland (ME) 120 C3
Howland (TX) 209 C5
Hoxie (AR) 192 C3
Hoxie (KS) 168/169 C4
Hoyt (CO) 171 B5-6
Hoyt (KS) 170 C3
Hoyt (MT) 112 C4
Hoyt (OK) 209 A5
Hoyt Lakes (MN) 117 B4
Hoytville (OH) 154 C4
Huachuca City (AZ) 221 C5
Hub (TX) 206 B3
Hubbard (IA) 151 B5
Hubbard (MN) 116 C2
Hubbard (NE) 150 B2
Hubbard (OH) 176 A2
Hubbard (TX) 227 C4
Hubbard Lake (MI) 135 C5
Hubbardston (MI) 154 A3
Hubbell (MI) 118 B2
Hubbell (NE) 170 B1
Huber (GA) 232 B3
Huber Heights (OH) 175 C3-4
Huber Ridge (OH) 175 B5
Huckabay (TX) 226 B2
Huddy (KY) 196 B1
Hudson (CO) 171 B5
Hudson (FL) 248 A2
Hudson (IA) 151 B6
Hudson (IL) 173 B4-5
Hudson (KS) 189 A6
Hudson (LA) 229 B4
Hudson (MA) 159 B5
Hudson (MD) 178 D1
Hudson (ME) 120 C3
Hudson (MI) 154 C3
Hudson (MN) 132 BC2
Hudson (NC) 196 D2
Hudson (NH) 159 B5
Hudson (OH) 155 C6
Hudson (SD) 150 A2
Hudson (TX) 228 C2
Hudson (WY) 145 B6
Hudson Falls (NY) 137 C4
Hudson Oaks (TX) 226 B3
Hudsonville (MI) 153 B6
Huehue Ranch (HI) 253 D5-6
Huey (IL) 173 D4
Hueytown (AL) 213 C3-4
Huffman (TX) 239 A4-5
Hufmans (AK) 93 E6
Huger (SC) 234 A3
Hugh (FL) 245 A3
Hughes (AK) 92 A1
Hughes (AR) 211 B5
Hughes Springs (TX) 228 B2
Hughesville (MO) 171 D5
Hughesville (MT) 110 B4
Hughesville (PA) 157 C5
Hugo (CO) 171 C6
Hugo (OK) 209 B5
Hugoton (KS) 188 B3
Huguley (AL) 232 B1
Hulah (OK) 190 C2
Hulbert (OK) 191 D3
Hulett (WY) 128 C1
Hull (FL) 248 B3
Hull (GA) 214 B3
Hull (IA) 150 A2
Hull (IL) 172 C2
Hull (TX) 239 A5
Humansville (MO) 191 B5
Humbird (WI) 132 C4
Humble (TX) 239 B4
Humboldt (AZ) 203 B3
Humboldt (IA) 150/151 B4
Humboldt (IL) 173 C5
Humboldt (KS) 190 B3
Humboldt (MN) 115 A6
Humboldt (NE) 170 B3
Humboldt (NV) 162 B2
Humboldt (SD) 149 A6
Humboldt (TN) 193 D5
Hume (IL) 173 C6
Hume (MO) 191 A4
Humeston (IA) 171 B5
Hummelstown (PA) 177 B6
Humnoke (AR) 211 B4
Humphrey (AR) 211 B4
Humphrey (ID) 125 C5
Humphrey (NE) 149 C6
Humphreys (MO) 171 B5
Humphreys (OK) 208 B1
Hundred (WV) 176 C2
Hungerford (TX) 239 B3
Hungry Horse (MT) 109 A6-7
Hunnewell (MO) 172 C1-2
Hunnewell (OK) 190 C1
Hunt (AZ) 204 B1
Hunt (TX) 237 A4
Hunter (AK) 96 C3
Hunter (AL) 231 B5
Hunter (AR) 211 A4
Hunter (KS) 169 C6
Hunter (MO) 192 C3
Hunter (ND) 115 B5
Hunter (OK) 190 C1
Hunter (TX) 238 B1
Hunters (WA) 108 A2
Huntersville (NC) 215 A6
Huntertown (IN) 154 C2
Huntingburg (IN) 194 A1-2
Huntingdon (PA) 177 B4-5
Huntingdon (TN) 193 CD5
Huntington (IA) 150 A4
Huntington (IN) 174 B2
Huntington (OH) 196 A1
Huntington (OR) 123 C6
Huntington (TX) 228 C2
Huntington (UT) 165 C3-4
Huntington Beach (CA) 200 C2
Huntingtown (MD) 177 D6
Huntland (TN) 213 A4
Huntley (MN) 150/151 A4
Huntley (MT) 126 B3
Huntley (NE) 169 B5
Huntley (WY) 147 C4
Huntoon (TX) 188 C4
Huntsville (AL) 213 B4
Huntsville (AR) 191 C5
Huntsville (MO) 171 C6
Huntsville (OH) 175 B6
Huntsville (TN) 195 C4
Huntsville (TX) 239 A4
Huntsville (UT) 144 C3
Hurdland (MO) 172 B1
Hurdsfield (ND) 114 B3
Hurdtown (NJ) 178 B3
Hurley (MO) 191 C5
Hurley (NM) 222 B2
Hurley (NY) 158 C2
Hurley (SD) 149 A6
Hurlock (MD) 178 D2
Huron (CA) 181 C4
Huron (IN) 174 D1
Huron (KS) 170 C3
Huron (OH) 155 C5
Huron (SD) 130 C2
Huron Beach (MI) 135 B4-5
Hurricane (AK) 92 DE4
Hurricane (UT) 184 B1
Hurricane (WV) 196 A1-2
Hurst (IL) 193 B4
Hurst (TX) 227 B3
Hurstville (IA) 152 B2
Hurt (VA) 197 B4
Hurtsboro (AL) 232 B1
Hushpuckena (MS) 211 BC5
Huskerville (NE) 170 B2
Huslia (AK) 91 B7
Huson (MT) 109 B6
Hustisford (WI) 153 A4
Hustler (WI) 133 D4
Huston (ID) 142 A3
Hustonville (KY) 195 B4
Husum (WA) 122 B2
Hutchings (GA) 214 C3
Hutchins (TX) 227 B4
Hutchinson (KS) 189 A6-7
Hutchinson (MN) 131 C6
Hutsonville (IL) 173 C6
Huttig (AR) 229 A4
Hutto (TX) 238 A2
Hutton (LA) 228 C3
Huttonsville (WV) 176 D3
Huxford (AL) 231 C4
Huxley (IA) 151 C5
Huxley (TX) 228 C3
Hyak (WA) 107 B5
Hyampom (CA) 160 B2
Hyannis (NE) 148 B2
Hyattville (WY) 127 C4
Hybart (AL) 231 C4
Hydaburg (AK) 105 D5
Hyde Park (NY) 158 C3
Hyde Park (UT) 144 C3
Hyde Park (VT) 137 B5
Hyden (KY) 195 B5
Hyder (AK) 105 D6
Hyder (AZ) 220 A2
Hydesville (CA) 160 B1-2
Hydetown (PA) 156 C2
Hydro (OK) 208 A2
Hye (TX) 238 A1
Hygiene (CO) 171 B4
Hymer (KS) 190 A2
Hymera (IN) 173 C6
Hyndman (PA) 177 C4
Hyrum (UT) 144 C3
Hysham (MT) 127 A4
Hytop (AL) 213 B4

I

Iaeger (WV) 196 B2
Iago (TX) 239 B4
Iantha (MO) 191 B4
Iatan (MO) 171 C4
Iatan (TX) 225 B4
Ibapah (UT) 163 B7
Iberia (MO) 192 A1
Iberville (LA) 241 A3
Ickesburg (PA) 177 B5
Iconium (IA) 171 B6
Ida (AR) 211 A4
Ida (LA) 228 AB3
Ida (MI) 154 C4
Ida Grove (IA) 150 B3
Idabel (OK) 210 C1
Idaho Falls (ID) 144 A2-3
Idaho Inlet (AK) 104/105 A3-4
Idaho Springs (CO) 171 C4
Idalia (CO) 168 C2
Idalou (TX) 207 C4
Idana (KS) 170 C1
Idanha (OR) 122 C1-2
Idavada (ID) 143 B5
Ideal (GA) 232 B2
Ideal (SD) 148 A4
Ider (AL) 213 B5
Iditarod (AK) 95 A5-6
Idlewild (MI) 134 D3
Idleyld Park (OR) 140 A2
Idmon (ID) 125 C6
Idria (CA) 181 C4
Idyllwild (CA) 201 C4
Igiugig (AK) 95 D7
Igloo (AK) 90 B2-3
Igloo (SD) 147 A5
Ignacio (CO) 186 B2
Igo (CA) 160 B3
Ihlen (MN) 130/131 D4
Ikiak (AK) 84 A4
Ikpek (AK) 90 B2
Ila (GA) 214 B3
Ilfeld (NM) 205 A5
Iliamna (AK) 95 D7
Iliff (CO) 168 B1
Illinois City (IL) 152 C2
Illiopolis (IL) 173 C4
Ilnik (AK) 102 C3
Ilwaco (WA) 121 A1
Imbler (OR) 123 B6
Imboden (AR) 192 C2
Imlay (NV) 162 B2
Imlay (SD) 148 A1
Imlay City (MI) 155 A4-5
Immokalee (FL) 251 A3
Imogene (IA) 170 B3
Impact (TX) 226 B1
Imperial (CA) 219 B4
Imperial (NE) 168 B3
Imperial (PA) 176 B2
Imperial Beach (CA) 218 B2
Ina (IL) 193 A5
Inadale (TX) 225 B5
Inalik (AK) 90 B1
Inchelium (WA) 108 A2
Incline Village (NV) 161 C6
Independence (CA) 182 C1
Independence (IA) 151 B7
Independence (KS) 190 B3
Independence (KY) 174 D3
Independence (LA) 241 A4
Independence (MN) 131 B7
Independence (MO) 171 C4
Independence (MS) 212 B1
Independence (TX) 238/239 A3
Independence (VA) 196 C2-3
Independence (WI) 132 C3
Index (VA) 198 A1
Index (WA) 107 B5
Indiahoma (OK) 208 B2
Indian Fields (KY) 195 B5
Indian Harbour Beach (FL) 249 A4
Indian Head (MD) 177 D5
Indian Heights (IN) 174 B1-2
Indian Hills (CO) 171 C4
Indian Hills (NV) 161 C6
Indian Lake (NY) 136 C3
Indian Lake (TX) 247 C4
Indian Lakes Estates (FL) 249 B3
Indian Point (MO) 191 C5
Indian River (MI) 135 B4
Indian River City (FL) 249 A4
Indian River Shores (FL) 249 B4
Indian Springs (NV) 183 C4
Indian Springs (OH) 174 C3
Indian Trail (NC) 215 A6
Indian Valley (ID) 124 C1
Indian Village (AK) 96 D2
Indian Village (LA) 240 A1-2
Indian Wells (AZ) 203 A5-6
Indiana (PA) 176 B3
Indianapolis (IN) 174 C1-2
City Map 255
Indianapolis (OK) 208 A2
Indianola (IA) 151 C5
Indianola (MS) 211 C5
Indianola (NE) 169 B4
Indianola (OK) 209 A5
Indianola (TX) 238 C3
Indianola (UT) 164 C3
Indiantown (FL) 249 B4
Indiantown (MI) 154 A4
Indio (CA) 201 C4
Indus (MN) 116 A3
Industry (IL) 172 B3
Industry (KS) 170 C1
Industry (PA) 176 B2
Industry (TX) 238 B3
Inez (KY) 196 B1
Inez (TX) 238 C3
Ingalls (KS) 188/189 A4
Ingalls (MI) 134 B1
Ingersoll (OK) 189 C6
Inglefield (IN) 194 A1
Ingleside (TX) 247 B4
Ingleside (WV) 196 B2
Inglewood (CA) 200 BC2
Inglewood (NE) 150 C2
Inglis (FL) 244/245 BC3
Ingomar (MS) 212 B1
Ingomar (MT) 111 C7
Ingot (CA) 160 B3-4
Ingram (TX) 237 A4
Ingram (VA) 197 C4
Ingram (WI) 132 B4
Ingrihak (AK) 94 B3
Inguadona (MN) 116 BC2
Iniskin (AK) 96 D1
Inkom (ID) 144 B2
Inkster (MI) 154 B4
Inkster (ND) 115 A5
Inland (NE) 169 B6
Inlet (NY) 136 C3
Inman (GA) 214 C2
Inman (KS) 190 A1
Inman (NE) 149 B5
Inman (SC) 215 A4
Inman Mills (SC) 215 AB4
Innis (LA) 240 A3
Inola (OK) 190 C3
Institute (WI) 134 C1
Intake (MT) 112 B4
Intercession City (FL) 248/249 A3
Interior (SD) 148 A1-2
Interlachen (FL) 245 B4
Interlaken (NY) 157 B5
International Falls (MN) 116 A3
Intracoastal City (LA) 240 B2
Inverness (CA) 180 A1-2
Inverness (FL) 248 A2
Inverness (MS) 211 C5
Inverness (MT) 110 A4
Inwood (IA) 150 A2
Inwood (WV) 177 C4
Inyokern (CA) 200 A3
Iola (KS) 190 B3
Iola (TX) 239 A3
Iola (WI) 133 C5
Iona (ID) 144 A3
Iona (SD) 149 A4
Ione (CA) 180/181 A3-4
Ione (CO) 171 B5
Ione (NV) 162 D3
Ione (OR) 122 B4
Ione (WA) 108 A3
Ionia (KS) 169 C6
Ionia (MI) 154 AB2-3
Ionia (MO) 191 A5
Iota (LA) 240 A2
Iowa City (IA) 152 C1
Iowa Colony (TX) 239 B4
Iowa Falls (IA) 151 B5
Iowa Park (TX) 208 BC2
Iowa Point (KS) 170 C3
Ipava (IL) 172 B3
Ipswich (MA) 159 B6
Ipswich (SD) 130 B1
Ira (TX) 225 B4-5
Iraan (TX) 236 A2
Irby (WA) 108 B2
Iredell (TX) 226 BC3
Ireland (WV) 176 D2
Irena (MO) 171 B4
Irene (SD) 149 A6
Irene (TX) 227 B4
Irma (WI) 133 B5
Irmo (SC) 215 B5
Iron Belt (WI) 133 A4
Iron City (GA) 232 C2
Iron Creek (AL) 103 A6
Iron Creek (AK) 90 C3
Iron Gate (VA) 197 B4
Iron Hill (KY) 195 A5
Iron Junction (MN) 116 B4
Iron Lightning (SD) 129 B4
Iron Mountain (MI) 133 B6
Iron Ridge (WI) 153 A4
Iron River (MI) 133 A6
Iron River (WI) 117 C5
Iron Springs (AR) 211 B3
Iron Springs (AZ) 202 B3
Iron Springs (UT) 184 B1
Iron Station (NC) 215 A5
Irondequoit (NY) 157 A4
Irondale (AL) 213 C4
Irondale (MO) 192 B3
Ironside (OR) 123 C6
Ironton (LA) 241 B4-5
Ironton (MO) 192 B3
Ironton (OH) 175 D5
Ironton (TX) 227 C5
Ironton (WI) 152 A2
Ironwood (WI) 133 A4
Iroquois (IL) 173 B6
Iroquois (SD) 130 C3
Irrigon (OR) 122 B4
Irvine (CA) 200 C3
Irving (IL) 173 C4
Irving (TX) 227 B4
Irvington (IA) 151 AB4
Irvington (IL) 193 A4
Irvington (KY) 194 B2
Irvington (NE) 150 C2
Irvington (VA) 198 B2
Irwin (CA) 181 B4
Irwin (ID) 144 A3
Irwin (MO) 191 B4
Irwinton (GA) 233 B3
Irwinville (GA) 232/233 C3
Isabel (KS) 189 B6
Isabel (SD) 129 B4
Isabella (MN) 117 B5
Isabella (OK) 189 C6
Isanti (MN) 132 B1
Isbell (AL) 212 B3
Ishpeming (MI) 118 C3
Islamorada (FL) 251 C4
Island (KY) 194 B1
Island City (OR) 123 B5-6
Island Falls (ME) 120 BC3
Island Grove (FL) 245 B3
Island Mountain (CA) 160 B2
Island Park (ID) 125 C6
Island Pond (VT) 138 B1
Islandia (FL) 251 B4
Islandia (NY) 179 B4
Isle (MN) 132 A1
Isle Au Haut (ME) 139 B4
Isle of Palms (SC) 234 B3
Isle of Wight (VA) 198 C2
Islen (NV) 183 B5
Isleta (NM) 205 B4
Isleta Pueblo (NM) 205 B4
Isleton (CA) 180 A3
Ismay (MT) 112 C4
Isney (AL) 230 C3
Isola (MS) 211 C5
Isola (MS) 211 C5
Issaquah (WA) 107 B4-5
Italia (FL) 245 A4
Italy (TX) 227 B4
Itasca (TX) 227 B3
Ithaca (MI) 154 A3
Ithaca (NY) 157 B5
Itta Bena (MS) 211 C5
Itulilik (AK) 95 B6
Iuka (IL) 173 D5
Iuka (KS) 189 B6
Iuka (MS) 212 B2
Iva (SC) 214 B4
Ivan (AR) 211 C3
Ivan (TX) 226 B2
Ivanhoe (CA) 181 C5
Ivanhoe (MN) 131 C4
Ivanpah (CA) 201 A5
Ivey (GA) 233 B3
Ivins (UT) 183 B6
Ivor (VA) 198 C2
Ivydale (WV) 176 D1
Ixonia (WI) 153 A4
Izee (OR) 122 C4

J

Jack Wade (AK) 93 C8
Jack Wade Junction (AK) 93 C8
Jackman (ME) 120 C1
Jackpot (NV) 143 C5
Jacksboro (TN) 195 C4
Jacksboro (TX) 208 C2
Jackson (AL) 231 C4
Jackson (CA) 181 A4
Jackson (GA) 214 C3
Jackson (KY) 195 B5
Jackson (LA) 241 A3
Jackson (MI) 154 B3
Jackson (MN) 150 A4
Jackson (MO) 193 B4
Jackson (MS) 230 B1
Jackson (MT) 125 B4
Jackson (NC) 198 C1
Jackson (NE) 150 B2
Jackson (OH) 175 C5
Jackson (SC) 215 C5
Jackson (TN) 212 A2
Jackson (WI) 153 A4
Jackson (WY) 145 A4
Jackson Center (PA) 156 C1
Jackson Junction (IA) 151 A6-7
Jacksonboro (SC) 234 B2
Jacksonport (AR) 211 A4
Jacksonport (WI) 134 BC1
Jacksons' Gap (AL) 232 B1
Jacksontown (OH) 175 C5
Jacksonville (AL) 213 C5
Jacksonville (AR) 211 B3-4
Jacksonville (FL) 245 A4
City Map 245
Jacksonville (GA) 233 C4
Jacksonville (IL) 172 C3
Jacksonville (ME) 139 B5
Jacksonville (MO) 171 C6
Jacksonville (NC) 217 B4
Jacksonville (OR) 140 B2-3
Jacksonville (PA) 176 B3
Jacksonville (TX) 227 C5
Jacksonville (VT) 158 B4
Jacksonville Beach (FL) 245 A4
Jacob Lake (AZ) 184 C2
Jacobs (TX) 207 B5
Jacobson (MN) 116 C3
Jaconita (NM) 186 D3
Jacumba (CA) 219 B3
Jaffrey (NH) 159 B4
Jakes Corner (AZ) 203 B4
Jakin (GA) 232 C2
Jal (NM) 224 B2
Jamaica (VT) 137 C5
Jamaica Beach (TX) 239 B4-5
James (GA) 232 B3
James (MS) 211 C4-5
James City (NC) 217 A4-5
James City (PA) 156 C3
Jameson (MO) 171 B5
Jamesport (MO) 171 C5
Jamesport (NY) 179 B5
Jamestown (CA) 181 B4
Jamestown (CO) 171 B4
Jamestown (IN) 174 C1
Jamestown (KS) 169 C7
Jamestown (KY) 195 C3-4
Jamestown (LA) 228 B3
Jamestown (MO) 171 D6
Jamestown (NC) 196/197 D3-4
Jamestown (ND) 114 C4
Jamestown (NY) 156 B2-3
Jamestown (OK) 190 C3
Jamestown (PA) 156 C1
Jamestown (SC) 216 C2
Jamestown (TN) 195 C4
Jamestown (VA) 198 B2
Jamesville (NC) 198 D2
Jamesville (NY) 157 B5-6
Jamieson (FL) 244 A1
Jamieson (OR) 123 C6
Jamison (IA) 171 A5
Jane (MO) 191 C4
Jane Lew (WV) 176 C2
Janesville (CA) 161 B5
Janesville (IA) 151 B6
Janesville (MN) 131 C7
Janesville (WI) 152 B3
Janney (MT) 125 B5
Jansen (NE) 170 B1
Japton (AR) 191 D5
Jarbidge (NV) 143 C4
Jardin (MT) 126 B1
Jaroso (CO) 186 B4
Jarratt (VA) 197 C6
Jarrell (TX) 238 A2
Jarvisburg (NC) 198 C3
Jasper (AL) 213 C3
Jasper (AR) 191 C5
Jasper (FL) 244 A3
Jasper (GA) 214 B2
Jasper (IN) 194 A2
Jasper (MI) 154 C3-4
Jasper (MN) 130/131 D4
Jasper (MO) 191 B4
Jasper (NY) 157 B4
Jasper (TN) 213 A5
Jasper (TX) 240 A1

Java (SD) 129 B6
Jay (FL) 242 A3
Jay (LA) 241 B4
Jay (OK) 191 C4
Jay Em (WY) 147 B4
Jayton (TX) 207 C5
Jean (NV) 201 A5
Jean (TX) 208 C2
Jean Lafitte (LA) 241 B4
Jeanerette (LA) 240 B3
Jeannette (PA) 176 B3
Jeddito (AZ) 203 A5
Jeffers (MN) 131 C5
Jeffers (MT) 125 B6
Jefferson (AR) 211 B3
Jefferson (CO) 171 C4
Jefferson (GA) 214 B3
Jefferson (IA) 150 BC4
Jefferson (KS) 190 B3
Jefferson (ME) 138 B3
Jefferson (NC) 196 C2
Jefferson (OK) 190 C1
Jefferson (PA) 176 C2
Jefferson (SC) 215 B6
Jefferson (SD) 150 B2
Jefferson (TX) 228 B2
Jefferson (WI) 152/153 B4
Jefferson City (MO) 172 D1
Jefferson City (MT) 125 A5-6
Jefferson City (TN) 195 C5
Jefferson Heights (NY) 158 B2-3
Jefferson Valley (NY) 158 C3
Jeffersontown (KY) 194 A3
Jeffersonville (IN) 194 A3
Jeffersonville (VT) 137 B5
Jeffersonton (VA) 177 D4-5
Jeffersonville (GA) 233 B3
Jeffersonville (NY) 158 C2
Jeffersonville (OH) 175 C4
Jeffrey (WV) 196 B2
Jeffrey City (WY) 146 B1
Jellico (TN) 195 C4
Jelloway (OH) 175 B5
Jelm (WY) 170 A3
Jemez Pueblo (NM) 205 A4
Jemez Springs (NM) 205 A4
Jemison (AL) 231 B5
Jena (FL) 244 B2
Jena (LA) 229 C4
Jenkins (MN) 116 C2
Jenkins (MO) 191 C5
Jenkins (VA) 195 B6
Jenkinsburg (GA) 214 C2-3
Jenks (OK) 190 C3
Jenner (CA) 180 A1
Jenners (PA) 176 D3
Jennings (FL) 244 A2-3
Jennings (KS) 169 C4
Jennings (LA) 240 A2
Jennings (OK) 190 C2
Jensen (UT) 165 B5
Jensen Beach (FL) 249 B4
Jensens Camp (AK) 90 C3
Jericho (AR) 211 A5
Jericho (TX) 207 A5
Jericho (UT) 164 C2
Jericho (VT) 137 B4-5
Jerico (IA) 151 A6
Jerico Springs (MO) 191 B4-5
Jermyn (TX) 208 C2
Jerome (AR) 211 C4
Jerome (AZ) 203 B3
Jerome (FL) 251 A3
Jerome (ID) 143 B5
Jerome (IL) 172 C4
Jerome (NC) 216 B3
Jerome (PA) 176 B3-4
Jeromesville (OH) 175 B5
Jersey City (NJ) 178 B3
Jersey Shore (PA) 157 C4
Jersey Village (TX) 239 B4
Jerseyville (IL) 172 C3
Jerusalem (GA) 245 A4
Jesmond Dene (CA) 218 A2
Jessie (ND) 115 B4
Jessieville (AR) 210 B2
Jesup (GA) 233 C5
Jesup (IA) 151 B6
Jet (OK) 189 C6
Jetersville (VA) 197 B5-6
Jetmore (KS) 189 A5
Jewell (KS) 169 C6
Jewell (OH) 154 C3
Jewell Junction (IA) 151 B5
Jewett (IL) 173 C5
Jewett (TX) 227 C4
Jewett City (CT) 159 C4-5
Jigger (LA) 229 B5
Jiggs (NV) 163 B5
Jingo (KS) 191 A4
Joanna (PA) 178 B2
Joanna (SC) 215 B5
Joaquin (TX) 228 C2
Joe Ward Camp (AK) 89 D6-7
Joel (TX) 206 B3
Joes (CO) 168 C2
Johannesburg (CA) 200 A3
John Day (OR) 123 C4-5
John Herberts (AK) 89 D7
Johnfarris (TX) 207 B4
Johns (MS) 230 B2
Johns Island (SC) 234 B2
Johnstown (NE) 148 B3
Johnson (AK) 96 C3
Johnson (AR) 191 C4
Johnson (KS) 188 B3
Johnson (MN) 130/131 B4
Johnson (NE) 170 B2-3
Johnson (OK) 209 A4
Johnson (VT) 137 B5
Johnson (WA) 108 C3
Johnson Camp (AK) 91 D6
Johnson City (NY) 157 B5-6
Johnson City (TN) 196 C1
Johnson City (TX) 238 A1
Johnson Creek (WI) 152/153 A4
Johnson Lane (NV) 161 C6
Johnsondale (CA) 181 D6
Johnsonville (SC) 216 C2
Johnston (SC) 215 C5
Johnston City (IL) 193 B5
Johnstone (TX) 236/237 B3
Johnstown (CO) 171 B4-5
Johnstown (NY) 136 C3
Johnstown (OH) 175 B5
Johnstown (PA) 176/177 B3-4
Johnsville (CA) 161 C5
Johntown (TX) 209 C5
Joice (IA) 151 A5
Joiner (AR) 211 A5
Joliet (IL) 153 C4-5
Joliet (MT) 126 B2-3
Jolivue (VA) 197 A4
Jolly (TX) 208 C2
Jollyville (TX) 238 A2
Jonah (TX) 238 A2
Jonancy (KY) 196 B1
Jones (LA) 229 B5
Jones (OK) 209 A3
Jones Chapel (AL) 213 B3
Jones Creek (TX) 239 C4
Jones Mills (PA) 176 B3
Jonesboro (AR) 192 D3
Jonesboro (IL) 193 B5
Jonesboro (LA) 228/229 B4
Jonesboro (TX) 226 C3
Jonesborough (TN) 195 C6
Jonesburg (LA) 229 B5
Jonesburg (MO) 172 D2
Jonesport (ME) 139 B5
Jonestown (MS) 211 B5
Jonestown (PA) 177 B6
Jonestown (TX) 238 A1-2
Jonesville (IN) 174 C1-2
Jonesville (LA) 229 C5
Jonesville (MI) 154 C3
Jonesville (NC) 196 C3
Jonesville (SC) 215 B5
Jonesville (VA) 195 C5-6
Joplin (MO) 191 B4
Joplin (MT) 110 A4
Joplin (TX) 226 A2-3
Joppa (IL) 193 B5
Joppatowne (MD) 177 C6
Joppatowne (MD) 177 C6
Jordan (IA) 151 B5
Jordan (MN) 131 C7
Jordan (MT) 112 B2
Jordan (NY) 157 A5
Jordan Valley (OR) 142 B2-3
Joseph (OR) 123 B6
Joseph (UT) 164 D2
Joseph City (AZ) 203 AB5
Josephine (TX) 227 A4
Joshua (TX) 227 B3
Joshua Tree (CA) 201 B4
Joslin (IL) 152 C2
Jourdanton (TX) 238 C1
Joy (IL) 152 C2
Joy (OK) 209 B3
Joyce (LA) 229 C4
Joyce (WA) 106 A3
Juanita (LA) 240 A1
Juanita (ND) 114 B4
Jubilee Springs (TX) 227 C3
Jud (ND) 114 C4
Juda (WI) 152 B3
Judith Gap (MT) 111 C5
Judson (MN) 131 C6
Judson (ND) 113 C7
Judsonia (AR) 211 A4
Juilliard (TX) 207 A4
Julesburg (CO) 168 B2
Juliaetta (ID) 108 C4
Julian (CA) 218/219 A3
Julian (NC) 197 D4
Julian (NE) 170 B3
Juliette (GA) 232 A3
Juliff (TX) 239 B4
Jumpertown (MS) 212 B2
Junction (IL) 193 B5
Junction (TX) 237 A4
Junction (UT) 184 A2
Junction City (AR) 228/229 A4
Junction City (GA) 232 B2
Junction City (KS) 170 C1-2
Junction City (KY) 195 B4
Junction City (MO) 192/193 B3
Junction City (OR) 121 C2
Junction City (WI) 133 C5
June Lake (CA) 181 B5
Juneau (AK) 105 A4-5
Juneau (WI) 153 A4
Jungo (NV) 162 B2
Juniata (NE) 169 B6
Junior (WV) 176 D2-3
Juniper (GA) 232 B2
Junius (SD) 130 C3
Juno (TX) 236 A2
Juno Beach (FL) 249 C4-5
Juntura (OR) 142 A1
Jupiter (FL) 249 C4-5
Jupiter (NC) 214/215 A4
Jupiter Island (FL) 249 B4-5
Justice (WV) 196 B2
Justiceburg (TX) 225 A4
Justin (TX) 227 A3

K

Kaaawa (HI) 252 B4
Kaanapali (HI) 253 C5
Kachemak City (AK) 96 D2
Kachina Village (AZ) 203 A4
Kackley (KS) 169 C7
Kadane Corner (TX) 208 C2
Kadoka (SD) 129 D4
Kaeleku (HI) 253 C5
Kaena (HI) 252 B3
Kaffir (TX) 207 B4
Kaguyak (AK) 103 C6
Kaguyak (AK) 96 E1
Kahakuloa (HI) 253 C5
Kahaluu (HI) 253 D5
Kahlotus (WA) 108 C2
Kahoka (MO) 172 B2
Kahuku (HI) 252 B4
Kahuku (HI) 253 D6
Kahului (HI) 253 C5
Kaibab (AZ) 184 C2
Kaibito (AZ) 184 C3
Kaigani (AK) 105 E5
Kailua (HI) 252 B4
Kailua (HI) 253 C5
Kailua-Kona (HI) 253 D5
Kakamut (AK) 94 B4
Kake (AK) 105 B5
Kakhonak (AK) 95 D7
Kakhonak Bay (AK) 95 D7
Kako Landing (AK) 94 B4
Kaktovik (AK) 89 A6-7
Kalae (HI) 253 B4
Kalaloch (WA) 106 B2
Kalama (WA) 121 A3
Kalamazoo (MI) 154 B2
Kalapana (HI) 253 D7
Kalaupapa (HI) 253 B4
Kalida (OH) 175 B3
Kalifonsky (AK) 96 C2
Kalispell (MT) 109 A6
Kalkaska (MI) 134 C3
Kallands (AK) 92 B2
Kalona (IA) 151 C7
Kalskag (AK) 95 B4-5
Kaltag (AK) 91 C6
Kalvesta (KS) 189 A4
Kamakaipo (HI) 252/253 B4
Kamalo (HI) 253 BC4-5
Kamas (UT) 164 B3
Kamela (OR) 123 B5
Kamey (TX) 238 C3
Kamiah (ID) 124 A1-2
Kampsville (IL) 172 C3
Kamrar (IA) 151 B5
Kanab (UT) 184 B2
Kanaio (HI) 253 C5
Kanakanak (AK) 95 DE5
Kanapak (AK) 94 B3
Kanarraville (UT) 184 B1
Kanatak Creek (AK) 103 B4-5
Kanawha (IA) 151 B5
Kanawha (WV) 176 C1
Kandiyohi (MN) 131 B6
Kane (IL) 172 C3
Kane (PA) 156 C3
Kane (WY) 126 C3
Kaneohe (HI) 252 B4
Kaneville (IL) 153 C4
Kangee Camp (AK) 90 D2
Kankakee (IL) 173 A5-6
Kannapolis (NC) 215 A6
Kanopolis (KS) 169 D6
Kanorado (KS) 168 C2-3
Kanosh (UT) 164 D2
Kansas (AL) 212/213 C3
Kansas (IL) 173 C6
Kansas (OK) 191 C4
Kansas City (KS) 171 C4
Kantishna (AK) 92 D3
Kapaa (HI) 252 A2
Kaplan (LA) 240 B2
Kappa (IL) 173 B5
Karheen (AK) 105 D5
Karlsruhe (ND) 114 A2
Karlstad (MN) 115 A6
Karluk (AK) 103 B5
Karnack (TX) 228 B2
Karnak (IL) 193 B5
Karnes City (TX) 238 C2
Karns (TN) 195 D4
Karval (CO) 171 D6
Kasaan (AK) 105 D5
Kashega (AK) 101 C5
Kashegelok (AK) 95 C6
Kashiagamint (AK) 95 D4-5
Kashwitna (AK) 96 B2-3
Kasigluk (AK) 94 C3
Kasilof (AK) 96 C2
Kasota (MN) 131 C7
Kassler (CO) 171 C4
Kasson (IN) 193 AB6
Kasson (MN) 132 CD2
Katalla (AK) 97 C5
Katemcy (TX) 237 A4
Kathakne Village (AK) 93 E7
Kathleen (FL) 248 A2-3
Kathryn (ND) 115 C5
Katmai (AK) 103 A5
Katonah (NY) 158 C3
Katy (TX) 239 B4
Kaufman (TX) 227 B4
Kaukauna (WI) 133 C6
Kaumalapau Harbor (HI) 253 C4
Kaunakakai (HI) 253 B4
Kaunolu (HI) 253 C4-5
Kaupo (HI) 253 C5
Kaupulehu (HI) 253 D5
Kaw City (OK) 190 C2
Kawaihae (HI) 253 C5-6
Kawkawlin (MI) 154 A3-4
Kaycee (WY) 146 A2
Kayenta (AZ) 185 C4
Kaylor (SD) 149 A6
Kaysville (UT) 164 AB2-3
Keaau (HI) 253 D6
Keachi (LA) 228 B3
Kealakekua (HI) 253 D5-6
Keams Canyon (AZ) 185 D4
Keansburg (NJ) 178 B3-4
Kearney (MO) 171 C4
Kearney (NE) 169 B5
Kearneysville (WV) 177 C5
Kearny (AZ) 221 A5
Keating (OR) 123 C6
Keats (KS) 170 C2
Kechi (KS) 190 B1
Kechumstuk (AK) 93 C7
Keddie (CA) 161 B5
Keefton (OK) 209 A5
Keeler (CA) 182 C2
Keeline (WY) 147 B4
Keenan (TX) 239 A4
Keene (CA) 200 A2
Keene (ND) 113 B6
Keene (NE) 169 B5-6
Keene (NH) 159 B4
Keene (OH) 175 B6
Keene (TX) 227 B3
Keener (AL) 213 B5
Keenes (IL) 193 A5
Keenesburg (CO) 171 B5
Keensburg (IL) 193 A5-6
Keeseville (NY) 137 B4
Keewatin (MN) 116 B3-4
Keiser (AR) 211 A5
Keithsburg (GA) 214 B2
Keithsburg (IL) 172 A3
Keithville (LA) 228 B3
Keizer (OR) 121 B2
Kekaha (HI) 252 B2
Kekoskee (WI) 153 A4
Keller (TX) 227 B3
Keller (VA) 198 B3
Keller (WA) 108 A2
Kellerton (IA) 171 B4
Kellerville (TX) 207 A5
Kelleys Island (OH) 155 C5
Kelliher (MN) 116 B2
Kellogg (ID) 108/109 B4
Kellogg (MN) 132 C2
Kelloggsville (OH) 156 C1
Kelly (KS) 170 C3
Kelly (KY) 194 C1
Kelly (LA) 229 C4
Kelly Lake (MN) 116 B3-4
Kellyton (AL) 231 B5
Kellyville (OK) 190 D2
Kelsay (TX) 246 C3
Kelsey (MN) 116 B4
Kelseyville (CA) 160 D3
Kelso (AR) 211 C4
Kelso (CA) 201 A5
Kelso (MO) 193 B4
Kelso (WA) 121 A3
Keltys (TX) 228 C2
Kelvin (AZ) 221 A5
Kelvin (ND) 114 A2
Kemmerer (WY) 145 C4
Kemp (OK) 209 C4
Kemp (TX) 227 B4
Kempner (TX) 226 C2-3
Kempster (WI) 133 B5
Kempton (IN) 174 B1
Ken Caryl (CO) 171 C4
Kenai (AK) 96 C2
Kenansville (FL) 249 B4
Kenansville (NC) 216 B4
Kenbridge (VA) 197 C5-6
Kendale Lakes (FL) 251 B4
Kendall (KS) 188 B3
Kendall (NY) 156 A3
Kendall (WA) 33 E8
Kendall (WI) 133 D4
Kendallville (IN) 154 C2
Kendleton (TX) 239 B4
Kendrick (ID) 108 C4
Kendrick (OK) 190 D2
Kenedy (TX) 238 C2
Kenefic (OK) 209 B4
Kenefick (TX) 239 A5
Kenel (SD) 129 B5
Kenesaw (NE) 169 B6
Kenilworth (UT) 165 C4
Kenly (NC) 216 A3
Kenmare (ND) 113 A6-7
Kenmore (NY) 156 B2-3
Kenna (NM) 206 C2
Kenna (WV) 175 D6
Kennan (WI) 132/133 B4
Kennard (NE) 150 C2
Kennard (TX) 228 C1
Kennebec (SD) 129 D6
Kennebunk (ME) 159 A6
Kennebunkport (ME) 159 A6
Kennedy (AL) 212 C3
Kennedy (MN) 115 A6
Kennedyville (MD) 178 C1
Kenner (LA) 241 A4
Kennesaw (GA) 214 B2
Kenneth (KS) 171 D4
Kennett (MO) 193 C3-4
Kennewick (WA) 122/123 A4
Kenney (IL) 173 B4
Kenney (TX) 238/239 A3
Kennicott (AK) 97 B6
Kenny Lake (AK) 97 B5
Keno (OR) 140 B3-4
Kenosha (WI) 153 B5
Kenova (WV) 196 A1
Kensal (ND) 114 B4
Kensett (AR) 211 A4
Kensett (IA) 151 A5
Kensington (KS) 169 C5-6
Kensington (MN) 131 B5
Kent (AL) 231 B5-6
Kent (AR) 210 C3
Kent (CT) 158 C3
Kent (IA) 171 B4
Kent (MN) 130 A4
Kent (OH) 155 C6
Kent (OR) 122 B3
Kent (TX) 224 C1
Kent (WA) 106/107 B4
Kent City (MI) 154 A2
Kentland (IN) 173 B6
Kenton (DE) 178 C2
Kenton (MI) 118 C2
Kenton (OH) 175 B4
Kenton (OK) 188 C2
Kenton (TN) 193 C4-5
Kentwood (LA) 241 A4
Kentwood (MI) 154 B2
Kenyon (MN) 132 C2
Keo (AR) 211 B3-4
Keokea (HI) 253 D6
Keokuk (IA) 172 B2
Keosauqua (IA) 172 B2
Keota (CO) 171 B5
Keota (IA) 151 C6-7
Keota (OK) 210 A1
Kepuhi (HI) 253 B4
Kerens (TX) 227 B4
Kerhonkson (NY) 158 C2
Kerkhoven (MN) 131 B5
Kerman (CA) 181 C4
Kermit (TX) 224 C2
Kermit (WV) 196 B1
Kern (AK) 96 C3
Kernersville (NC) 196 C3
Kernville (CA) 200 A2
Kerrick (MN) 132 A2
Kerrick (OK) 188 C2
Kerrville (TX) 237 A4
Kersey (CO) 171 B5
Kershaw (SC) 215 B6
Keshena (WI) 133 C6
Keswick (IA) 151 C6
Ketchikan (AK) 105 D6
Ketchum (ID) 143 A5
Ketchum (OK) 191 C3-4
Kettering (OH) 175 C3-4
Kettle Falls (WA) 108 A2-3
Kettle River (MN) 116 C4
Kettleman City (CA) 181 CD5
Keuka (NY) 157 B4
Kevil (KY) 193 B5
Kevin (MT) 110 A3
Kewa (WA) 108 A2
Kewanee (IL) 152 C2-3
Kewanee (MO) 193 C4
Kewaskum (WI) 153 A4
Kewaunee (WI) 134 C1
Keweenaw Bay (MI) 118 C2
Key (TX) 225 B4
Key Biscayne (FL) 251 B4-5
Key Colony Beach (FL) 251 C3-4
Key Haven (FL) 251 C3
Key Largo (FL) 251 B4
Key West (FL) 250 C3
Key West (IA) 152 B2
Keyapaha (SD) 148 A3
Keyes (OK) 188 C2
Keyport (NJ) 178 B3
Keyser (WV) 177 C4
Keystone (IA) 151 B6
Keystone (NE) 148 C2
Keystone (SD) 128 D2
Keystone Heights (FL) 245 B3-4
Keysville (FL) 248 B2
Keysville (GA) 215 C4
Keysville (VA) 197 B5
Keytesville (MO) 171 C6
Kezar Falls (ME) 138 C2
Kiana (AK) 87 CD5
Kiawah Island (SC) 234 B2
Kiblah (AR) 228 A3
Kibler (AR) 210 A1
Kichlulik (AK) 94 B4
Kicking Horse (MT) 109 B6-7
Kidder (MO) 171 C4
Kidder (SD) 130 B3
Kief (ND) 114 B2
Kiefer (OK) 190 D2
Kiel (WI) 133 D6
Kiester (MN) 151 A5
Kihei (HI) 253 C5
Kiholo (HI) 253 D6
Kii (HI) 252 AB1
Kijik (AK) 95 C7
Kikmiktalikamiut (AK) 94 C1-2
Kila (MT) 109 A6
Kilauea (HI) 252 A2
Kilbourne (IL) 172 B3
Kilbourne (LA) 229 A5
Kildare (GA) 233 B5
Kildare (OK) 190 C1-2
Kilgore (ID) 125 C6
Kilgore (NE) 148 B2-3
Kilgore (TX) 228 B2
Kill Devil Hills (NC) 198 C3
Killbuck (OH) 175 B5-6
Killdeer (ND) 113 B6
Killduff (IA) 151 C5-6
Killeen (TX) 226 C3
Killen (AL) 212/213 B3
Killian (LA) 241 A4
Killisnoo (AK) 105 B4
Kilmarnock (VA) 198 B2
Kilmichael (MS) 212 C1
Kiln (MS) 242 A1
Kim (CO) 187 B6
Kimball (KS) 191 B3
Kimball (MN) 131 B6
Kimball (NE) 147 C5
Kimball (SD) 149 A5
Kimball (TN) 213 A5
Kimball (WV) 196 B2
Kimballton (IA) 150 C3-4
Kimberly (AL) 213 C4
Kimberly (ID) 143 B5
Kimberly (MN) 116 C3
Kimberly (OR) 122 C4
Kimbolton (OH) 176 B1
Kimbrough (AL) 231 B4
Kimmins (TN) 212/213 A3
Kimper (KY) 196 B1
Kimshan Cove (AK) 104 B3
Kinard (FL) 243 A5
Kinards (SC) 215 B5
Kincaid (IL) 173 C4
Kincaid (KS) 191 A3
Kinde (MI) 135 D6
Kinder (LA) 240 A2
Kinderhook (IL) 172 C2
Kinderhook (NY) 158 B3
Kinderlou (GA) 244 A2
Kindred (ND) 115 C5
Kinegnak (AK) 94 E4
King (IA) 152 B2
King (NC) 196 C3
King (WI) 133 C5
King and Queen Court House (VA) 198 B2

King City (CA) 180/181 C3-4
King City (MO) 171 B4
King Cove (AK) 102 DE1
King George (VA) 198 A1
King Hill (ID) 143 A4
King Salmon (AK) 95 E6
Kingdom City (MO) 172 CD1-2
Kingfield (ME) 138 B2
Kingfisher (OK) 189 D6-7
Kingman (AZ) 202 A1-2
Kingman (KS) 189 B6-7
Kings (IL) 152 C3
Kings Canyon (CO) 170 B3
Kings Mountain (NC) 215 A5
Kings Valley (OR) 121 C2
Kingstown (MD) 178 C1-2
Kingsville (MO) 171 D4-5
Kingsburg (CA) 181 C5
Kingsbury (IN) 153 C6
Kingsbury (NV) 161 CD6
Kingsbury (TX) 238 B2
Kingsdown (KS) 189 B5
Kingsford (MI) 133 B6
Kingsland (AR) 211 C3
Kingsland (GA) 245 A4
Kingsland (TX) 238 A1
Kingsley (FL) 245 B3-4
Kingsley (IA) 150 B2-3
Kingsley (MI) 134 C3
Kingsmill (TX) 207 A4-5
Kingsport (TN) 196 C1
Kingston (AR) 191 C5
Kingston (GA) 214 B2
Kingston (IL) 152/153 B4
Kingston (KY) 195 B4
Kingston (LA) 228 B3
Kingston (MA) 159 BC6
Kingston (MI) 155 A4
Kingston (MN) 131 B6
Kingston (MO) 171 C4
Kingston (NH) 159 B5-6
Kingston (NM) 222 B3
Kingston (NV) 162 C3-4
Kingston (NY) 158 C2-3
Kingston (OK) 209 C4
Kingston (PA) 157 C5-6
Kingston (RI) 159 C5
Kingston (TN) 195 D4
Kingston (UT) 184 A2
Kingston (WI) 152 A3
Kingston (WV) 196 B2
Kingston Mines (IL) 172 B4
Kingston Springs (TN) 194 C1
Kingstree (SC) 216 C2
Kingsville (TX) 247 B4
Kingwood (TX) 239 A4
Kingwood (WV) 176 C3
Kiniklik (AK) 97 C4
Kinmundy (IL) 173 D5
Kinnear (WY) 145 A6
Kinross (IA) 151 C6-7
Kinross (MI) 135 A4
Kinsey (AL) 232 C1
Kinsey (MT) 112 C3
Kinsley (KS) 189 B5
Kinsman (IL) 153 C4
Kinsman (OH) 156 C1
Kinston (AL) 231 C5
Kinston (NC) 217 A4
Kinta (OK) 209 A5
Kinter (AZ) 220 B1
Kintyre (ND) 114 C2-3
Kinwood (TX) 239 B4
Kiowa (CO) 171 C5
Kiowa (KS) 189 B6
Kiowa (MT) 109 A7
Kiowa (OK) 209 B5
Kipahulu (HI) 253 C5-6
Kipling (MI) 134 B1
Kipnuk (AK) 94 D3
Kipp (KS) 170 D1
Kirby (AR) 210 B2
Kirby (MT) 127 B5
Kirby (OH) 175 B4
Kirby (TX) 237 B5
Kirby (WY) 145 A6
Kirbyville (TX) 240 A1
Kirk (CO) 168 C2
Kirk (OR) 140/141 B4
Kirkwood (MO) 172 D3
Kirkland (AZ) 202 B3
Kirkland (GA) 233 C4
Kirkland (IL) 152/153 B4
Kirkland (TX) 207 B5-6
Kirkland (WA) 106/107 B4
Kirkland Junction (AZ) 202 B3
Kirklin (IN) 174 B1
Kirksey (SC) 215 B4-5
Kirksville (MO) 171 B6
Kirkwood (IL) 172 B3
Kirley (SD) 129 C4
Kiron (IA) 150 B3
Kirtland (NM) 185 C6
Kirvin (TX) 227 C4
Kirwin (KS) 169 C5
Kiryas Joel (NY) 158 C2
Kisatchie (LA) 228 C3
Kismet (KS) 188 B4
Kissimmee (FL) 249 A3
Kit Carson (CA) 161 D5-6
Kit Carson (CO) 168 D2
Kitalou (TX) 207 C4
Kite (GA) 233 B4
Kitnepaluk (AK) 90 D1
Kittanning (PA) 176 B3
Kittery (ME) 159 A6
Kittitas (WA) 107 BC6
Kittrell (NC) 197 C5
Kitty Hawk (NC) 198 C3
Kivalina (AK) 86 C3
Kividlo (AK) 86 D3
Kiwalik (AK) 90/91 A5
Klagetoh (AZ) 204 A1
Klamath (CA) 140 C1-2
Klamath Agency (OR) 140 B3-4
Klamath Falls (OR) 141 B4
Klamath River (CA) 140 C2-3
Klawock (AK) 105 D5
Klein (MT) 126 A3
Klemme (IA) 151 A5
Klery Creek (AK) 87 C5
Klickitat (WA) 122 B2
Klikitarik (AK) 91 D5
Kline (CO) 186 B1
Kline (SC) 233 A5
Klinkwan (AK) 105 E5
Klondike (TX) 209 C5
Klondyke (AZ) 221 B5
Klossner (MN) 131 C6
Kloten (ND) 115 B4
Klukwan (AK) 104 D3
Knapp (WI) 132 C2-3
Knappa (OR) 121 A2
Kneeland (CA) 160 B1-2
Knife River (MN) 117 C5
Knight (LA) 240 A1
Knightdale (NC) 197 D5
Knights (FL) 248 A2
Knights Landing (CA) 161 D4
Knightstown (IN) 174 C2
Knik (AK) 96 B3
Kniman (IN) 173 A6
Knippa (TX) 237 B4
Knob Lick (MO) 192 B3
Knob Noster (MO) 171 D5
Knobel (AR) 192 C3
Knockhock (AK) 94 A2
Knoles Corner (ME) 120 B3
Knollwood (TX) 209 C4
Knowles (OK) 189 C4
Knox (IN) 153 C6
Knox (ND) 114 A3
Knox (PA) 156 C2
Knox City (MO) 172 B1-2
Knox City (TX) 208 C1
Knoxville (AL) 231 A4
Knoxville (AR) 210 A2
Knoxville (IA) 151 C5-6
Knoxville (IL) 172 B3
Knoxville (MO) 171 C4-5
Knoxville (TN) 195 D5
Kobuk (AK) 87 D7
Kodiak (AK) 103 B6
Koehler (NM) 187 C5
Kofa (AZ) 220 B2
Koggiung (AK) 95 E6
Kohrville (TX) 239 A4
Kokadjo (ME) 120 C2
Kokee (HI) 252 A2
Kokomo (CO) 170 C3
Kokomo (IN) 174 B1
Kokomo (MS) 230 C2
Kokrines (AK) 92 C1
Kokruagarok (AK) 85 B5
Koliganek (AK) 95 D6
Kolin (LA) 229 C4
Kolin (MT) 111 B5
Kolola Springs (MS) 212 C2
Komalty (OK) 208 A2
Komatke (AZ) 203 C3
Konawa (OK) 209 B4
Kongiganak (AK) 94 D3
Konnarock (VA) 196 C2
Kookoolik (AK) 90 D2-3
Koosharem (UT) 184 A2-3
Kooskia (ID) 124 A2
Kootenai (ID) 108 A4
Kopperl (TX) 227 B3
Kopperston (WV) 196 B2
Korona (FL) 245 B4
Kosciusko (MS) 230 A2
Koshkonong (MO) 192 C2
Kosse (TX) 227 C4
Kossuth (MS) 212 B2
Koszta (IA) 151 C6
Kotlik (AK) 90 D4
Kotzebue (AK) 86 D4
Kougarok (AK) 90 B3
Kountze (TX) 239 A5
Koyuk (AK) 91 C5
Koyukuk (AK) 91 C6-7
Kragnes (MN) 115 BC6
Krakow (WI) 133 C6
Kramer (ND) 114 A2
Kramer (NE) 170 B2
Kramer Junction (CA) 200 A3
Kranzburg (SD) 130 C4
Kravaksarak (AK) 90 E3-4
Krebs (OK) 209 B5
Kremlin (MT) 111 A4
Kremlin (OK) 190 C1
Kremmling (CO) 170 B3
Kress (TX) 207 B4
Krider (NM) 206 B2
Kronborg (NE) 169 B7
Krotz Springs (LA) 240/241 A3
Krugerville (TX) 209 C4
Krugerville (TX) 209 C4
Krum (TX) 209 C3
Kuhlman (FL) 249 B3
Kukaiau (HI) 253 C6
Kukak (AK) 103 A5
Kukuihaele (HI) 253 C6
Kulani (HI) 253 D6
Kulik Lodge (AK) 95 DE7
Kulm (ND) 130 A2
Kulvagavik (AK) 94 D3
Kuna (ID) 142 A3
Kure Beach (NC) 216 BC4
Kurten (TX) 239 A3
Kurthwood (LA) 228 C3
Kustatan (AK) 96 C1-2
Kuttawa (KY) 193 B5
Kutztown (PA) 178 B2
Kvichak (AK) 95 E6
Kwethluk (AK) 94 C4
Kwigillingok (AK) 94 D3
Kwigorlak (AK) 94 B3
Kwiguk (AK) 90 E3
Kwikak (AK) 94 A2
Kwiklokchun (AK) 94 A2
Kwikpak (AK) 90 D3
Kwikpuk (AK) 90 E4
Kyburz (CA) 161 D5
Kykotsmovi Village (AZ) 185 D4
Kyle (SD) 148 A1
Kyle (TX) 238 AB2

L

L'Anse (MI) 118 C2
La Barge (WY) 145 B4
La Belle (FL) 251 A3
La Belle (MO) 172 B1-2
Labolt (SD) 130 B4
La Canada Flintridge (CA) 200 B2
La Center (KY) 193 B4-5
La Center (WA) 121 B3
La Cienega (NM) 205 A4
La Clede (IL) 173 D5
La Conner (WA) 106 A4
La Coste (TX) 237 B5
La Crescent (MN) 132 D3
La Crescenta (CA) 200 B2
La Crosse (FL) 245 B3
La Crosse (IN) 153 C6
La Crosse (KS) 169 D5
La Crosse (VA) 197 C5-6
La Crosse (WA) 108 C3
La Crosse (WI) 132 D3-4
La Cueva (NM) 187 D4
La Cygne (KS) 191 A4
La Due (MO) 191 A5
La Farge (WI) 152 A2
La Fargeville (NY) 136 B1-2
La Feria (TX) 247 C4
La Follette (TN) 195 C4-5
La Fontaine (IN) 174 B2
La Garita (CO) 186 B3
La Gloria (TX) 246 C3
La Grande (OR) 123 B5
La Grande (WA) 106 C4
La Grange (CA) 181 B4
La Grange (GA) 232 A1
La Grange (KY) 194 A3
La Grange (MO) 172 B2
La Grange (NC) 216/217 A4
La Grange (TN) 212 A1
La Grange (TX) 238 B3
La Grange (WI) 153 B4
La Grange (WY) 147 C4
La Grulla (TX) 246 C3
La Habra (CA) 200 C3
La Harpe (IL) 172 B2-3
La Harpe (KS) 191 B3
La Isla (TX) 223 C4
La Jara (CO) 186 B3-4
La Jara (NM) 186 C2-3
La Joya (NM) 205 B4
La Joya (TX) 246/247 C4
La Junta (CO) 187 B6
La Junta (TX) 226 B3
La Luz (NM) 223 AB5
La Madera (NM) 186 C3
La Marque (TX) 239 B4-5
La Mesa (CA) 218 B2-3
La Mesa (NM) 223 B4
La Moille (IL) 152 C3
La Monte (MO) 171 D5
La Palma (AZ) 221 B4
La Paloma (TX) 247 C4
La Pine (OR) 141 A4
La Place (LA) 241 A4
La Plant (SD) 129 B5
La Plata (MO) 171 B6
La Plata (NM) 185 C6
La Platte (NE) 170 A2-3
La Pointe (WI) 117 C6
La Porte (CA) 161 C4
La Porte (IN) 153 C6
La Porte (TX) 239 B4-5
La Porte City (IA) 151 B6
La Prairie (IL) 172 B2-3
La Prairie (MN) 116 B3
La Pryor (TX) 237 C4
La Puente (NM) 186 C3
La Push (WA) 106 B2
La Quinta (CA) 201 C4
La Reforma (TX) 247 C3
La Rose (IL) 173 B4
La Rue (OH) 175 B4
La Russell (MO) 191 B4-5
La Sal (UT) 185 A5
La Sal Junction (UT) 185 A5
La Salle (CO) 171 B5
La Salle (MN) 131 C6
La Salle (TX) 238 C3
La Union (NM) 223 C4
La Vale (MD) 177 C4
La Valle (WI) 152 A2
La Vergne (TN) 194 C2
La Verkin (UT) 184 B1
La Vernia (TX) 238 B1-2
La Veta (CO) 187 B5
La Villa (TX) 247 C4
La Vista (NE) 150 C2-3
La Ward (TX) 238 C3
Labadieville (LA) 241 B4
Labette (KS) 191 B3
Lac du Flambeau (WI) 133 AB5
Lacey (IA) 151 C6
Lacey (OK) 189 C6
Lacey (WA) 106 BC4
Laceyville (PA) 157 C5
Lachine (MI) 135 B5
Lackawanna (NY) 156 B2-3
Lackey (KY) 195 B6
Laclede (KS) 170 C2
Laclede (MO) 171 C5
Lacombe (LA) 241 A5
Lacon (IL) 173 A4
Lacona (IA) 151 C5
Lacona (NY) 136 C1-2
Laconia (NH) 159 A5
Lacoochee (FL) 248 A2
Ladd (AK) 96 B2
Ladd (IL) 152 C3
Laddonia (MO) 172 C2
Ladelle (AR) 211 C4
Ladner (SD) 128 B2
Ladoga (IN) 174 C1
Ladonia (AL) 232 B1
Ladonia (TX) 209 C4-5
Ladora (IA) 151 C6
Ladson (SC) 234 AB2
Lady Lake (FL) 248 A3
Ladysmith (VA) 197 AB6
Ladysmith (WI) 132 B3-4
Lafayette (AL) 232 B1
Lafayette (CO) 171 B4-5
LaFayette (GA) 213 B5
Lafayette (IL) 172 A3-4
Lafayette (IN) 174 B1
Lafayette (LA) 240 A2-3
Lafayette (MN) 131 C6
Lafayette (NJ) 178 A3
Lafayette (OH) 175 C4
Lafayette (OH) 175 B4
Lafayette (OR) 121 B2-3
Lafayette (TN) 194 C2-3
Lafayette (VA) 196 B3
Lafe (AR) 192 C3
Lafitte (LA) 241 B4
Lafontaine (KS) 190 B3
Lafourche (LA) 241 B4
Lago Vista (TX) 238 A1
Lagoon (AK) 92 D4
Lagrange (IN) 154 C2
Lagrange (OH) 155 C5
Lagro (IN) 174 B2
Laguna (NM) 204/205 A3
Laguna Beach (CA) 200 C2-3
Laguna Beach (FL) 243 A4-5
Laguna Heights (TX) 247 C4
Laguna Niguel (CA) 200 C2-3
Laguna Park (TX) 227 C3
Laguna Vista (TX) 247 C4
Lahaina (HI) 253 C5
Lahoma (OK) 189 C6-7
Laie (HI) 252 B4
Laingsburg (MI) 154 B3
Lair (KY) 195 A4
Laird (CO) 168 B2
Laird Hill (TX) 228 B2
Lajitas (TX) 235 B2
Lake (MS) 230 B2
Lake (WY) 126 C1
Lake Alfred (FL) 248 A3
Lake Andes (SD) 149 A5
Lake Angelus (MI) 154 B4
Lake Ann (MI) 134 C3
Lake Annette (MO) 171 D4
Lake Ariel (PA) 157 C6
Lake Arthur (LA) 240 A2
Lake Arthur (NM) 224 A1
Lake Benton (MN) 131 C4
Lake Bird (FL) 244 A2
Lake Bridgeport (TX) 226 A3
Lake Bronson (MN) 115 A6
Lake Buena Vista (FL) 248/249 A3
Lake Butler (FL) 245 A3
Lake Carmel (NY) 158 C3
Lake Center (MN) 115 C6
Lake Charles (LA) 240 A1-2
Lake City (AR) 192 D3
Lake City (CA) 141 C5
Lake City (CO) 186 A2
Lake City (FL) 244/245 A3
Lake City (IA) 150 B4
Lake City (KS) 189 B6
Lake City (MI) 134 C3
Lake City (MN) 132 C2
Lake City (PA) 156 B1
Lake City (SC) 216 C2
Lake City (SD) 130 B3
Lake City (TN) 195 C4
Lake City (TX) 247 A4
Lake Clear (NY) 136 B3
Lake Creek (TX) 209 C5
Lake Crystal (MN) 131 C6
Lake Delton (WI) 152 A3
Lake Elsinore (CA) 200/201 C3
Lake End (LA) 228 C3
Lake Erie Beach (NY) 156 B2
Lake Fenton (MI) 154 B4
Lake Forest (CA) 161 C5
Lake Forest (CA) 200 C3
Lake Forest (IL) 153 B5
Lake Fork (ID) 124 C1
Lake Fork (IL) 173 BC4
Lake Geneva (WI) 153 B4
Lake George (CO) 171 D4
Lake George (MN) 116 B1-2
Lake George (NY) 137 C4
Lake Grove (NY) 179 B4
Lake Hallie (WI) 132 C3
Lake Hamilton (AR) 210 B2-3
Lake Harbor (FL) 251 A4
Lake Havasu City (AZ) 202 B1
Lake Helen (FL) 249 A3
Lake Henry (MN) 131 B6
Lake Hughes (CA) 200 B2
Lake in the Hills (IL) 153 B4
Lake Isabella (CA) 200 A2
Lake Itasca (MN) 116 B1
Lake Jackson (TX) 239 B4
Lake Junaluska (NC) 214 A4
Lake Katrine (NY) 158 BC2-3
Lake Lafayette (MO) 171 D5
Lake Lillian (MN) 131 C6
Lake Linden (MI) 118 B2
Lake Lotawana (MO) 171 D4
Lake Lure (NC) 215 A4
Lake Mary (FL) 249 A3
Lake McDonald (MT) 109 A7
Lake Michigan Beach (MI) 153 B6
Lake Mills (IA) 151 A5
Lake Mills (WI) 152 A4
Lake Minchumina (AK) 92 D2
Lake Mohawk (NJ) 178 AB3
Lake Monroe (FL) 249 A3
Lake Montezuma (AZ) 203 B4
Lake Nacimiento (CA) 199 A1-2
Lake Nebagamon (WI) 117 C6
Lake Norden (SD) 130 C3
Lake Odessa (MI) 154 B2
Lake Orion (MI) 155 B4
Lake Oswego (OR) 121 B3
Lake Ozark (MO) 192 A1
Lake Panasoffkee (FL) 248 A2
Lake Park (GA) 244 A2
Lake Park (IA) 150 A3
Lake Park (MN) 115 C6
Lake Parlin (ME) 138 A2-3
Lake Placid (FL) 249 B3
Lake Placid (NY) 137 B4
Lake Pleasant (NY) 136 C3
Lake Preston (SD) 130 C3
Lake Providence (LA) 229 B5
Lake Ripley (WI) 152 AB4
Lake Sarasota (FL) 248 B2
Lake Shore (MD) 177 C6
Lake Shore (MN) 116 C2
Lake Shore (TX) 226 C1
Lake Spring (MO) 192 B2
Lake Stevens (WA) 107 A4-5
Lake Tanglewood (TX) 207 A4
Lake Tomahawk (WI) 133 B5
Lake Toxaway (NC) 214 A4
Lake Valley (NM) 186 C1
Lake View (IA) 150 B3
Lake View (NY) 156 B2-3
Lake View (SC) 216 B2
Lake Village (AR) 211 C4
Lake Village (IN) 173 A6
Lake Waccamaw (NC) 216 B3
Lake Wales (FL) 249 B3
Lake Waukomis (MO) 171 C4
Lake Wilson (MN) 131 C5
Lake Winnebago (MO) 171 D4
Lake Wissota (WI) 132 C3
Lake Worth (FL) 251 A4-5
Lake Wylie (SC) 215 A5
Lake Zurich (IL) 153 B4
Lakebay (WA) 106 B4
Lakecreek (OR) 140 B3
Lakefield (MN) 150 A3
Lakehills (TX) 237 B5
Lakehurst (NJ) 178 B3
Lakeland (FL) 248 A3
Lakeland (GA) 233 C3-4
Lakeland (MN) 132 C2
Lakeland (TN) 212 A1
Lakeland Village (CA) 200 C3
Lakemont (GA) 214 B3
Lakemont (PA) 177 B4
Lakeport (CA) 160 C2-3
Lakeport (MI) 155 A5
Lakeport (TX) 228 B2
Lakeriew (AK) 96 C3
Lakes of the Four Seasons (IN) 153 C5-6
Lakeshore (CA) 181 B5
Lakeshore (MS) 242 A1
Lakeside (CA) 218 B3
Lakeside (FL) 245 A4
Lakeside (IA) 150 B3
Lakeside (MT) 109 A6
Lakeside (NE) 148 B1
Lakeside (NJ) 158 C2
Lakeside (OR) 140 A1
Lakeside (TX) 226/227 B3
Lakeside (UT) 144 C2
Lakeside City (TX) 208 C2
Lakesite (TN) 213 A5
Laketon (IN) 174 B2
Laketon (TX) 207 A5
Laketown (UT) 144 C3
Lakeview (AK) 96 C3
Lakeview (AL) 213 B4-5
Lakeview (AR) 192 C1
Lakeview (AR) 211 B5
Lakeview (CA) 201 C3-4
Lakeview (ID) 108 B4
Lakeview (MI) 154 A2
Lakeview (MT) 125 C6
Lakeview (OH) 175 B3-4
Lakeview (OR) 141 B5
Lakeview (TX) 207 B4
Lakeview (TX) 207 B5
Lakeview Heights (KY) 195 A5
Lakeville (CT) 158 C3
Lakeville (IN) 153 C6
Lakeville (MA) 159 C6
Lakeville (MN) 132 C1
Lakeway (TX) 238 A2
Lakewood (CO) 171 C4
Lakewood (FL) 244 A1
Lakewood (NM) 224 B1
Lakewood (NJ) 178 B3
Lakewood (NY) 156 B2
Lakewood (OH) 155 C6
Lakewood (TN) 194 C2
Lakewood (WI) 133 B6
Lakewood Club (MI) 153 A6
Lakewood Heights (TX) 247 A4
Lakewood Park (FL) 249 B4
Lakewood Park (ND) 114 A4
Lakewood Shores (IL) 153 C4-5
Lakin (KS) 188 B3
Lakota (IA) 151 A4
Lakota (ND) 114/115 A4
Lamar (AR) 210 A2
Lamar (CO) 188 A2
Lamar (MO) 191 B4
Lamar (NE) 168 B3
Lamar (OK) 209 A4
Lamar (SC) 216 B1
Lamar (TX) 247 A4

Lamar Heights (MO) ... 191 B4
Lamartine (WI) ... 153 A4
Lamasco (KY) ... 193 BC6
Lambert (MS) ... 211 B5
Lambert (MT) ... 112 B4
Lambert (OK) ... 189 C6
Lamberton (MN) ... 131 C5
Lambs Grove (IA) ... 151 C5
Lame Deer (MT) ... 127 B5
Lamesa (TX) ... 225 B3-4
Lamine (MO) ... 171 D6
Lamison (AL) ... 231 B4
Lamkin (TX) ... 226 C2
Lamoille (MN) ... 132 D3
Lamoille (NV) ... 163 B5
Lamoine (CA) ... 160 B3
Lamona (WA) ... 108 B2
Lamoni (IA) ... 171 B5
Lamont (AK) ... 90 E3
Lamont (CA) ... 200 A2
Lamont (FL) ... 244 A2
Lamont (IA) ... 151 B7
Lamont (ID) ... 125 CD6
Lamont (KS) ... 190 A2-3
Lamont (MS) ... 211 C4-5
Lamont (OK) ... 190 C1
Lamont (WA) ... 108 B3
Lamont (WY) ... 146 B1
Lamoure (ND) ... 130 A2
Lamourie (LA) ... 229 C4
Lampasas (TX) ... 226 C2
Lampson (WI) ... 132 AB3
Lamy (NM) ... 205 A5
Lanagan (MO) ... 191 C4
Lanai (HI) ... 253 C5
Lanare (CA) ... 181 C4-5
Lanark (IL) ... 152 B3
Lanark Village (FL) ... 244 B1
Lancaster (CA) ... 200 B2-3
Lancaster (IL) ... 173 D6
Lancaster (KS) ... 170 C3
Lancaster (KY) ... 195 B4
Lancaster (MN) ... 115 A5
Lancaster (MO) ... 171 B6
Lancaster (NH) ... 138 B1
Lancaster (NY) ... 156 B3
Lancaster (OH) ... 175 C5
Lancaster (PA) ... 178 B1
Lancaster (SC) ... 215 B6
Lancaster (TX) ... 227 B4
Lancaster (VA) ... 198 B2
Lancaster (WI) ... 152 B2
Lancaster Mill (SC) ... 215 B6
Lance Creek (WY) ... 147 AB4
Lancing (TN) ... 195 C4
Land O' Lakes (FL) ... 248 A2
Land O' Lakes (WI) ... 133 A5
Land of Pines (NJ) ... 178 B3
Landa (ND) ... 114 A2
Lander (WY) ... 145 B6
Landers (CA) ... 201 B4
Landersville (AL) ... 213 B3
Landis (NC) ... 215 A6
Landisburg (PA) ... 177 B5
Lando (SC) ... 215 B6
Landrum (SC) ... 215 A4
Lane (AK) ... 96 A2-3
Lane (KS) ... 191 A3
Lane (NV) ... 163 C6
Lane (OK) ... 209 B5
Lane (SC) ... 216 C2
Lane (SD) ... 130 C2
Lane City (TX) ... 239 B3-4
Laneburg (AR) ... 210 C2
Lanesboro (MN) ... 151 A7
Lanesboro (PA) ... 157 C6
Lanett (AL) ... 232 B1
Laneville (TX) ... 228 C2
Laney (GA) ... 232 C2-3
Langdon (KS) ... 189 B6
Langdon (ND) ... 114 A4
Langes Corners (WI) ... 134 C1
Langford (SD) ... 130 B3
Langlade (WI) ... 133 B6
Langleville (IL) ... 173 C4
Langley (AR) ... 210 B2
Langley (KS) ... 169 D6-7
Langley (KY) ... 195 B6
Langley (WA) ... 106 A4
Langlois (OR) ... 140 B1
Langston (AL) ... 213 B4-5
Langston (OK) ... 190 D1
Langtry (TX) ... 236 B2
Langworthy (IA) ... 152 B1
Lankin (ND) ... 115 A4-5
Lansdale (PA) ... 178 B2
Lansford (ND) ... 113 A7
Lansing (IA) ... 152 A1
Lansing (KS) ... 171 C3-4
Lansing (MI) ... 154 B3
Lansing (MN) ... 132 D1-2
Lansing (NY) ... 157 B5
Lantana (FL) ... 251 A4-5
Lantry (SD) ... 129 B4
Laona (WI) ... 133 B6
Lapaiki (HI) ... 253 C4-5
Lapeer (MI) ... 154/155 A4
Lapel (IN) ... 174 B2
Lapoint (UT) ... 165 B5
Laporte (MN) ... 116 B2
Lapwai (ID) ... 123 A7
Laramie (WY) ... 146 C3
Larchwood (IA) ... 150 A2
Lardo (ID) ... 124 C1
Laredo (MO) ... 171 B5
Laredo (MT) ... 111 A5
Laredo (TX) ... 246 B2
Largo (FL) ... 248 B2
Lariat (TX) ... 206 B3
Larimore (ND) ... 115 B5
Lark (ND) ... 129 A4
Lark (TX) ... 207 A4
Larkspur (CO) ... 171 C5
Larned (KS) ... 189 A5-6
Larose (LA) ... 241 B4
Larrabee (IA) ... 150 B3
Larsen (WI) ... 133 C6
Larsen Bay (AK) ... 103 B5
Larslan (MT) ... 112 A2
Larsmont (MN) ... 117 C5
Larto (LA) ... 229 C5
Larue (AR) ... 191 C5
Larwill (IN) ... 174 A2
Las Animas (CO) ... 187 A6
Las Cruces (CA) ... 199 B2
Las Cruces (NM) ... 223 B4
Las Flores (CA) ... 160 B3
Las Nutrias (NM) ... 205 B4
Las Palomas (NM) ... 222 A3
Las Tablas (NM) ... 186 C3-4
Las Vegas (NM) ... 205 A5
Las Vegas (NV) ... 183 C4
City Map ... 258
Lasara (TX) ... 247 C4
Lassater (TX) ... 228 B2
Last Chance (CO) ... 171 C6
Last Tetlin Village (AK) ... 93 DE7
Lastrup (MN) ... 131 A6-7
Latah (WA) ... 108 B3
Latexo (TX) ... 227 C5
Latham (IL) ... 173 C4
Latham (KS) ... 190 B2
Latham (WY) ... 146 C1
Latham Park (IL) ... 152 B3
Lathrop (MO) ... 171 C4
Latimer (IA) ... 151 B5
Latimer (KS) ... 170 D2
Latimer (UT) ... 184 A1
Latta (SC) ... 216 B2
Latty (OH) ... 174 A3
Lauada (NC) ... 214 A3
Laud (IN) ... 174 A2
Lauderdale (MS) ... 230 B3
Lauderhill (FL) ... 251 A4
Laughlin (NV) ... 202 A1
Laurel (DE) ... 178 D2
Laurel (FL) ... 248 B2
Laurel (IA) ... 151 C6
Laurel (MD) ... 177 C6
Laurel (MS) ... 230 C2
Laurel (MT) ... 126 B3
Laurel (NE) ... 149 B6
Laurel (NY) ... 179 AB5
Laurel Grove (LA) ... 241 B4
Laurel Hill (FL) ... 243 A4
Laurel Hill (LA) ... 241 A3
Laurel Hill (NC) ... 216 B2
Laurel Mountain Park (PA) ... 176 B3
Laurens (IA) ... 150 B4
Laurens (NY) ... 158 B1-2
Laurens (SC) ... 215 B4
Laurie (MO) ... 191 A6
Laurinburg (NC) ... 216 B2
Laurium (MI) ... 118 B2
Lautz (TX) ... 188 C2
Lava Hot Springs (ID) ... 32 B2-3
Lavaca (AR) ... 210 A1
Lavalette (WV) ... 196 A1
Lavallette (NJ) ... 178 C3-4
Laveen (AZ) ... 203 C3
Laverne (OK) ... 189 C5
Lavina (MT) ... 126 A3
Lavon (TX) ... 227 A4
Lavonia (GA) ... 214 B3
Lawai (HI) ... 252 B2
Lawen (OR) ... 142 A1
Lawler (IA) ... 151 A6
Lawley (AL) ... 231 B5
Lawn (TX) ... 226 B1
Lawndale (IL) ... 173 B4
Lawndale (MN) ... 115 C6
Lawndale (NC) ... 215 A5
Lawrence (IL) ... 153 B4
Lawrence (IN) ... 174 C1-2
Lawrence (KS) ... 170/171 D3
Lawrence (MA) ... 159 B5-6
Lawrence (NE) ... 169 B6
Lawrence (TX) ... 227 B4
Lawrence Creek (OK) ... 190 C2
Lawrenceburg (KY) ... 194/195 A3-4
Lawrenceburg (TN) ... 213 A3
Lawrenceville (GA) ... 214 C2-3
Lawrenceville (IL) ... 173 D6
Lawrenceville (PA) ... 157 C4-5
Lawrenceville (VA) ... 197 C6
Laws (CA) ... 182 B1
Lawson (MO) ... 171 C4
Lawson (TX) ... 227 B4
Lawsonia (MD) ... 198 B3
Lawtell (LA) ... 240 A2
Lawtey (FL) ... 245 A3
Lawton (IA) ... 150 B2
Lawton (MI) ... 154 B2
Lawton (ND) ... 114 A4
Lawton (OK) ... 208 B2
Laxon (NC) ... 196 C2
Lay (CO) ... 170 B2
Layton (FL) ... 251 C4
Layton (UT) ... 164 A2-3
Laytonville (CA) ... 160 C2
Lazare (TX) ... 207 B5-6
Lazear (CO) ... 170 D2
Le Center (MN) ... 131 C7
Le Grand (CA) ... 181 B4
Le Grand (IA) ... 151 B6
Le Loup (KS) ... 170 D3
Le Mars (IA) ... 150 B2
Le Moyen (LA) ... 240 A2
Le Roy (IL) ... 173 B5
Le Roy (KS) ... 190 A3
Le Roy (MN) ... 151 A6
Le Roy (NY) ... 156 B3-4
Le Sourdsville (OH) ... 174 C3
Le Sueur (MN) ... 131 C7
Leachville (AR) ... 192/193 D3
Lead (SD) ... 128 C2
Lead Hill (AR) ... 191 C6
Leader (MN) ... 116 C2
Leadore (ID) ... 125 C4
Leadpoint (WA) ... 108 A3
Leadville (CO) ... 170 C3
Leadwood (MO) ... 192 B3
Leaf (MS) ... 230 C3
Leaf River (IL) ... 152 B3
League City (TX) ... 239 B4-5
Leakesville (MS) ... 230 C3
Leakey (TX) ... 237 B4
Leal (ND) ... 114 B4
Leamington (UT) ... 164 C2
Leander (LA) ... 228 C4
Leander (TX) ... 238 A2
Learned (MS) ... 230 B1
Leary (GA) ... 232 C2
Leary (TX) ... 210 C1
Leasburg (NC) ... 197 C4
Leathersville (GA) ... 215 C4
Leavenworth (IN) ... 194 A2
Leavenworth (KS) ... 170/171 C3-4
Leavenworth (WA) ... 107 B6
Leavittsburg (OH) ... 155 C6-7
Leawood (MO) ... 191 B4
Lebam (WA) ... 106 C3
Lebanon (FL) ... 244 B3
Lebanon (IL) ... 172 D4
Lebanon (IN) ... 174 B1
Lebanon (KS) ... 169 C6
Lebanon (KY) ... 194 B3
Lebanon (MO) ... 192 B1
Lebanon (NE) ... 169 B4
Lebanon (NH) ... 137 C5
Lebanon (OH) ... 175 C3
Lebanon (OK) ... 209 BC4
Lebanon (OR) ... 121 C3
Lebanon (PA) ... 177 B6
Lebanon (SD) ... 129 B6
Lebanon (TN) ... 194 C2
Lebanon (VA) ... 196 C1
Lebanon (WI) ... 153 A4
Lebanon Church (VA) ... 177 C4
Lebanon Junction (KY) ... 194 B3
Lebeau (LA) ... 240 A2-3
Lebec (CA) ... 200 B2
Lebo (KS) ... 190 A3
Lecanto (FL) ... 248 A2
Lecompte (LA) ... 229 C4
Lecompton (KS) ... 170 C3
Ledbetter (IL) ... 193 B5
Ledford (IL) ... 193 B5
Ledger (MT) ... 110 A3
Ledger (NC) ... 196 D1
Lee (FL) ... 244 A2
Lee (IL) ... 152 C4
Lee (MA) ... 158 B3
Lee (ME) ... 120 C3
Lee (NV) ... 163 B5
Lee Bayou (LA) ... 229 C5
Lee Center (IL) ... 152 C3
Lee Creek (AR) ... 210 A1
Lee Vining (CA) ... 181 AB5
Leedey (OK) ... 189 D5
Leeds (AL) ... 213 C4
Leeds (ND) ... 114 A3
Leeds (UT) ... 183 B6
Leeper (MO) ... 192 B3
Lees Summit (MO) ... 171 D4
Leesburg (AL) ... 213 B5
Leesburg (FL) ... 248 A3
Leesburg (GA) ... 232 C2
Leesburg (IN) ... 154 C2
Leesburg (NJ) ... 178 C3
Leesburg (OH) ... 175 C4
Leesburg (VA) ... 177 C5
Leesport (PA) ... 178 B1-2
Leesville (LA) ... 228 C3
Leesville (TX) ... 238 B2
Leeton (MO) ... 171 D6
Leeville (LA) ... 241 B4
Leflore (MS) ... 211 C5
Leflore (OK) ... 210 B1
Lefor (ND) ... 113 C6
Lefors (TX) ... 207 A5
Leggett (CA) ... 160 C2
Leggett (TX) ... 239 A5
Lehi (UT) ... 164 B3
Lehigh (IA) ... 151 B4
Lehigh (KS) ... 190 A1
Lehigh (OK) ... 209 B4
Lehigh Acres (FL) ... 251 A3
Lehighton (PA) ... 178 B2
Lehman (TX) ... 206 C3
Lehr (ND) ... 130 A1
Leicester (NY) ... 156 B3-4
Leigh (NE) ... 149 C6
Leigh (TX) ... 228 B2
Leighton (AL) ... 212/213 B3
Leipsic (DE) ... 178 C2
Leipsic (OH) ... 175 A3-4
Leitchfield (KY) ... 194 B2
Leiter (WY) ... 127 C5
Leith (ND) ... 129 A4
Lela (TX) ... 207 A5
Leland (IA) ... 151 A5
Leland (IL) ... 152/153 C4
Leland (MI) ... 134 B3
Leland (MS) ... 211 C5
Leland (NC) ... 216 B3
Leland (OR) ... 140 B2
Leland (WA) ... 106 B4
Lelia Lake (TX) ... 207 B5
Lely (FL) ... 251 A3
Lemhi (ID) ... 124/125 C4
Leming (TX) ... 238 B1
Lemitar (NM) ... 205 B4
Lemmon (SD) ... 128/129 B3
Lemon Cove (CA) ... 181 C5-6
Lemon Grove (CA) ... 218 B2-3
Lemon Grove (FL) ... 248/249 B3
Lemont (IL) ... 153 C4-5
Lemoore (CA) ... 181 C5
Lemoyne (NE) ... 148 C2
Lena (IL) ... 152 B3
Lena (LA) ... 229 C4
Lena (WI) ... 133 C6-7
Lenapah (OK) ... 190 C3
Lenexa (KS) ... 171 D4
Lengby (MN) ... 115 B7
Lenhartsville (PA) ... 178 B2
Lennep (MT) ... 126 A1
Lennon (MI) ... 154 B3-4
Lennox (SD) ... 150 A2
Lenoir (NC) ... 196 D2
Lenoir City (TN) ... 195 D4
Lenora (KS) ... 169 C4
Lenora (OK) ... 189 C5
Lenorah (TX) ... 225 B4
Lenore (ID) ... 108 C4
Lenox (GA) ... 232/233 C3
Lenox (IA) ... 171 B4
Lenox (MA) ... 158 B3
Lenwood (CA) ... 201 B3
Lenz (TX) ... 238 C2
Lenzburg (IL) ... 193 A4
Leo (TX) ... 209 C3
Leo (WY) ... 146 B2
Leo-Cedarville (IN) ... 154 C2-3
Leola (SD) ... 130 B1-2
Leoma (TN) ... 213 A3
Leominster (MA) ... 159 B5
Leon (IA) ... 171 B5
Leon (KS) ... 190 B2
Leon (OK) ... 209 C3
Leon (WI) ... 132 D4
Leon (WV) ... 175 D6
Leon Junction (TX) ... 227 C3
Leona (KS) ... 170 C3
Leona (TX) ... 227 C5
Leonard (MN) ... 116 B1
Leonard (MO) ... 172 C1
Leonard (ND) ... 115 C5
Leonard (OK) ... 190 D3
Leonard (TX) ... 209 C4
Leonardo (NJ) ... 178 B3-4
Leonardsville (NY) ... 157 B6
Leonardtown (MD) ... 198 A2
Leonardville (KS) ... 170 C2
Leonidas (MN) ... 116 B4
Leonville (LA) ... 240 A3
Leopold (IN) ... 194 A2
Leopold (WV) ... 176 C2
Leoti (KS) ... 188 A3
Leoville (KS) ... 168 C4
Lepanto (AR) ... 211 A5
Leroy (ND) ... 115 A5
Leroy (TX) ... 227 C3
Leshara (NE) ... 150 C2
Lesley (TX) ... 207 B5
Leslie (AR) ... 192 D1
Leslie (GA) ... 232 C2
Leslie (ID) ... 125 D4
Leslie (MI) ... 154 B3
Leslie (MO) ... 192 A2
Lesslie (SC) ... 215 B6
Lester (IA) ... 150 A2
Lester (WA) ... 107 B5
Lester Prairie (MN) ... 131 C6
Lesterville (MO) ... 192 B3
Lesterville (SD) ... 149 A6
Letcher (SD) ... 130 D2
Letha (ID) ... 123 D7
Letohatchee (AL) ... 231 B5
Letts (IN) ... 174 C2
Lettsworth (LA) ... 240/241 A3
Leucadia (CA) ... 218 A2
Leupp (AZ) ... 203 A4
Leupp Corner (AZ) ... 203 A5
Levan (UT) ... 164 C3
Levant (KS) ... 168 C3
Levasy (MO) ... 171 C4
Level Park (MI) ... 154 B2
Level Plains (AL) ... 231 C6
Levelland (TX) ... 206/207 C3
Levelock (AK) ... 95 D6
Levering (MI) ... 134/135 B4
Levittown (PA) ... 178 B3
Levy (NM) ... 187 C5
Lewellen (NE) ... 148 C1
Lewes (DE) ... 178 D2
Lewis (CO) ... 185 B6
Lewis (IA) ... 150 C3
Lewis (KS) ... 189 B5
Lewis (WI) ... 132 B2
Lewis and Clark Village (MO) ... 171 C3-4
Lewis Center (OH) ... 175 B4
Lewis Run (PA) ... 156 C3
Lewis Springs (AZ) ... 221 C5
Lewisburg (KY) ... 175 D4
Lewisburg (KY) ... 194 C2
Lewisburg (LA) ... 241 A4
Lewisburg (OH) ... 174 C3
Lewisburg (TN) ... 213 A4
Lewisburg (WV) ... 196 B3
Lewisport (IN) ... 194 B2
Lewiston (CA) ... 160 B3
Lewiston (ID) ... 123 A6-7
Lewiston (ME) ... 138 B2
Lewiston (MN) ... 132 D3
Lewiston (NE) ... 170 B2
Lewiston (UT) ... 144 C3
Lewiston Woodville (NC) ... 198 C1
Lewistown (IL) ... 172 B3
Lewistown (MO) ... 172 B2
Lewistown (MT) ... 111 B5
Lewistown (PA) ... 177 B5
Lewisville (AR) ... 210 C2
Lewisville (ID) ... 144 A2-3
Lewisville (IN) ... 174 C2
Lewisville (MN) ... 131 D6
Lewisville (NC) ... 196 C3
Lewisville (OH) ... 176 C1
Lewisville (TX) ... 227 A4
Lexie (MS) ... 230 C1
Lexington (AL) ... 213 AB3
Lexington (GA) ... 214 C3-4
Lexington (IL) ... 173 B5
Lexington (KY) ... 195 A4
Lexington (MI) ... 155 A5
Lexington (MO) ... 171 C5
Lexington (MS) ... 230 A1-2
Lexington (NC) ... 196 D3
Lexington (NE) ... 169 B5
Lexington (OH) ... 175 B5
Lexington (OK) ... 209 AB3
Lexington (OR) ... 122 B4
Lexington (SC) ... 215 BC5
Lexington (TN) ... 212 A2
Lexington (TX) ... 238 A2
Lexington (VA) ... 197 B4
Lexington (WA) ... 121 A2-3
Lexington Heights (MI) ... 155 A5
Lexington Hills (CA) ... 180 B3
Lexington Park (MD) ... 198 A2
Leyba (NM) ... 205 A5
Leyden (WI) ... 152 B3
Libby (MT) ... 109 A5
Libbyville (AK) ... 95 E6
Liberal (KS) ... 188 B4
Liberal (MO) ... 191 B4
Liberty (AK) ... 93 C8
Liberty (FL) ... 231 D5
Liberty (ID) ... 144 B3
Liberty (IL) ... 172 C2
Liberty (IN) ... 174 C3
Liberty (KS) ... 190 B3
Liberty (KY) ... 195 B3-4
Liberty (ME) ... 139 B3
Liberty (MO) ... 171 C4
Liberty (MS) ... 229 C6
Liberty (NC) ... 197 D4
Liberty (NY) ... 158 C2
Liberty (PA) ... 157 C4
Liberty (SC) ... 214 B4
Liberty (TN) ... 194 D2-3
Liberty (TX) ... 239 A5
Liberty (WA) ... 107 B6
Liberty (WI) ... 152 A2
Liberty City (TX) ... 228 B1-2
Liberty Hill (LA) ... 228 B4
Liberty Hill (SC) ... 215 B6
Liberty Hill (TX) ... 238 A1-2
Liberty Pole (WI) ... 152 A2
Libertyville (AL) ... 231 C5
Libertyville (IL) ... 153 B4-5
Libertyville (IN) ... 173 C6
Libuse (LA) ... 229 C4
Licking (MO) ... 192 B2
Lida (NV) ... 182 B2
Lidgerwood (ND) ... 130 A3
Liebenthal (KS) ... 169 D5
Lietnik (AK) ... 90 D3
Lighthouse Point (FL) ... 251 A4-5
Lignite (AK) ... 92 D4
Lignum (VA) ... 197 A6
Ligonier (IN) ... 154 C2
Ligonier (PA) ... 176 B3
Ligurta (AZ) ... 220 B1
Lihue (HI) ... 252 B2
Likely (CA) ... 141 C5
Lilbert (TX) ... 228 C2
Lilbourn (MO) ... 193 C4
Lilburn (GA) ... 214 C2
Lilesville (NC) ... 216 B2
Lille (ME) ... 120 A3
Lillian (AL) ... 242 A3
Lillie (LA) ... 229 B4
Lillington (NC) ... 216 A3
Lilliwaup (WA) ... 106 B3
Lilly (GA) ... 232 B3
Lilly (PA) ... 177 B4
Lily (SD) ... 130 B3
Lily (WI) ... 133 B6
Lily Lake (IL) ... 153 BC4
Lim Rock (AL) ... 213 B4
Lima (IL) ... 172 B2
Lima (MT) ... 125 C5
Lima (NY) ... 157 B4
Lima (OH) ... 175 B3
Lima (OK) ... 209 A4
Lima (PA) ... 178 C2
Lime (OR) ... 123 C6
Lime City (OH) ... 154 C4
Lime Lake (NY) ... 156 B3
Lime Springs (IA) ... 151 A6
Lime Village (AK) ... 95 B7
Limerick (ME) ... 159 A6
Limestone (AR) ... 191 D5
Limestone (FL) ... 248 B3
Limestone (ME) ... 120 B4
Limestone (MT) ... 126 B2
Limestone (NY) ... 156 B3
Limestone (TN) ... 195 C6
Limon (CO) ... 171 C6
Linch (WY) ... 146 A2
Lincoln (AL) ... 213 C4
Lincoln (AR) ... 191 D4
Lincoln (CA) ... 161 D4
Lincoln (ID) ... 144 A3
Lincoln (IL) ... 173 B4
Lincoln (KS) ... 169 C6
Lincoln (ME) ... 120 C3
Lincoln (MN) ... 131 A6
Lincoln (MO) ... 191 A5
Lincoln (MT) ... 110 C2
Lincoln (ND) ... 114 C2
Lincoln (NE) ... 170 B2
Lincoln (NH) ... 138 B1
Lincoln (NM) ... 205 C5
Lincoln (TX) ... 238 A2-3
Lincoln City (OR) ... 121 C1
Lincoln Hills (IN) ... 153 C5
Lincoln Park (CO) ... 187 A4
Lincoln Park (GA) ... 232 B2
Lincoln Park (MI) ... 155 B4
Lincolnton (GA) ... 215 C4
Lincolnton (NC) ... 215 A5
Lincolnville (KS) ... 170 D1-2
Lincolnville (ME) ... 139 B4
Lind (WA) ... 108 BC2
Lind Cove (CA) ... 181 C5-6
Lindale (TX) ... 227 B5
Linden (AL) ... 231 B4
Linden (AZ) ... 203 B5
Linden (CA) ... 180 A3
Linden (IN) ... 174 B1
Linden (MI) ... 154 B4
Linden (TN) ... 212 A3
Linden (TX) ... 228 A2
Linden (WI) ... 152 B2
Lindenhurst (IL) ... 153 B4
Lindenau (TX) ... 238 B2
Lindenhurst (NY) ... 179 B4
Lindenwold (NJ) ... 178 C2-3
Lindenwood (IL) ... 152 B3-4

Lindley (NY) 157 B4
Lindon (CO) 171 C6
Lindon (UT) 164 B3
Lindrith (NM) 186 C2
Lindsay (CA) 181 C5-6
Lindsay (LA) 241 A3
Lindsay (MT) 112 B3
Lindsay (NE) 149 C6
Lindsay (OK) 208 B3
Lindsay (TX) 209 C3
Lindsborg (KS) 169 D7
Lindsey (OH) 155 C4
Lindside (WV) 196 B3
Lindy (NE) 149 B6
Linesville (PA) 156 C1
Lineville (AL) 213 C5
Lineville (MO) 171 B5
Lingle (WY) 147 B4
Linn (KS) 170 C1
Linn (MO) 192 A2
Linn (TX) 247 C3
Linn Creek (MO) 191 A6
Linn Grove (IA) 150 B3
Linn Valley (KS) 191 A4
Linneus (ME) 120 B4
Linneus (MO) 171 C5
Linntown (PA) 177 B5-6
Linton (IN) 173 C6
Linton (ND) 129 A5
Linville (NC) 196 C2
Linville (VA) 197 A5
Linwood (GA) 213 B5
Linwood (IN) 174 B2
Linwood (NE) 150 C2
Lipan (TX) 226 B2-3
Lipscomb (TX) 189 C4
Lisbon (IL) 153 C4
Lisbon (LA) 228 B4
Lisbon (ND) 130 A3
Lisbon (NH) 138 B1
Lisbon (NM) 222 B2
Lisbon (OH) 176 B2
Lisbon Falls (ME) 138 BC2
Lisco (NE) 147 C6
Liscomb (IA) 151 B5
Lisle (NY) 157 B5
Lisman (AL) 230 B3
Lismore (MN) 150 A2-3
Lissie (TX) 239 B3
Litchville (ND) 115 C4
Litchfield (CA) 161 B5
Litchfield (CT) 158 C3
Litchfield (IL) 172/173 C4
Litchfield (MI) 154 B3
Litchfield (MN) 131 B6
Litchfield (NE) 169 A5
Litchfield (OH) 175 A5
Litchfield Peak (AZ) 202 C3
Literberry (IL) 172 C3
Lithia Springs (GA) 214 C2
Lithonia (GA) 214 C2-3
Lititz (PA) 177 B6
Littig (TX) 238 A2
Little America (WY) 145 C5
Little Creek (DE) 178 C2
Little Cypress (TX) 240 A1
Little Eagle (SD) 129 B5
Little Falls (ME) 159 A6
Little Falls (MN) 131 AB6
Little Falls (NY) 136 C3
Little Lake (CA) 182 D2
Little Lake (MI) 134 A1
Little Marais (MN) 117 B5-6
Little Mount (KY) 194 A3
Little Mountain (SC) 215 B5
Little Rapids (WI) 133 C6
Little River (CA) 160 C2
Little River (KS) 190 A1
Little River (SC) 216 C3
Little River (TX) 238 A2
Little Rock (AR) 210/211 B3
Little Rock (IA) 150 A3
Little Rock (MN) 116 B1
Little Rock (SC) 216 B2
Little Sauk (MN) 131 B6
Little Valley (CA) 161 B4
Little Valley (NY) 156 B3
Little York (IL) 172 A3
Littlefield (AZ) 183 C5-6
Littlefield (TX) 206 C3
Littlefork (MN) 116 A3
Littleport (IA) 152 B1
Littlerock (CA) 200 B3
Littlerock (WA) 106 C3
Littlestown (PA) 177 C5
Littleton (CO) 171 C4
Littleton (IL) 172 B3
Littleton (ME) 120 B4
Littleton (NC) 197 C6
Littleton (NH) 138 B1
Littleton Common (MA) 159 B5
Littleville (AL) 212 B3
Live Oak (CA) 161 C4
Live Oak (FL) 244 A2
Live Oak (TX) 238 B1
Live Oak Springs (CA) 219 B3
Lively (VA) 198 B2
Livengood (AK) 92 B4
Livermore (CA) 180 B3
Livermore (CO) 171 B4
Livermore (IA) 151 B4
Livermore (KY) 194 B1-2
Livermore Falls (ME) 138 B2
Liverpool (IL) 172 B4
Liverpool (NY) 157 A5
Liverpool (PA) 177 B6
Liverpool (TX) 239 B4
Livia (KY) 194 B1
Livingston (LA) 241 A4
Livingston (AL) 230/231 B3
Livingston (CA) 181 B4
Livingston (IL) 172/173 D4
Livingston (KY) 195 B4
Livingston (MT) 126 B1
Livingston (SC) 215 C5-6
Livingston (TN) 194 C3
Livingston (TX) 239 A4-5
Livingston (WI) 152 B2
Livingston Manor (NY) 158 C2
Livona (ND) 114 C2
Livonia (IN) 174 D1
Livonia (LA) 241 A3
Livonia (MI) 154 B4
Livonia (MO) 171 B6
Livonia (NY) 157 B4
Lizella (GA) 232 B3
Lizemores (WV) 196 A2
Llano (TX) 237 A5
Lloyd (MT) 111 A5
Lloydell (PA) 177 B4
Loa (UT) 184 A3
Loachapoka (AL) 232 B1
Lobeco (SC) 234 B2
Lobelville (TN) 193 D6
Lobo (TX) 235 A1
Locate (MT) 112 C3
Lochiel (AZ) 221 C5
Lochloosa (FL) 245 B3-4
Lock Haven (PA) 177 A5
Lock Springs (MO) 171 C5
Lockbourne (OH) 175 C5
Lockeford (CA) 180 A3
Lockesburg (AR) 210 C1
Lockett (TX) 208 B1
Lockhart (AL) 231 C5
Lockhart (MN) 115 B6
Lockhart (SC) 215 B5
Lockhart (TX) 238 B2
Lockington (OH) 174/175 B3
Lockney (TX) 207 B4
Lockport (IL) 153 C4-5
Lockport (LA) 241 B4
Lockport (NY) 156 A3
Lockridge (IA) 172 A2
Lockwood (CA) 180/181 D3-4
Lockwood (MO) 191 B4-5
Lockwood (MT) 126 B3
Loco (OK) 208 B3
Loco Hills (NM) 224 B2
Locust (NC) 215 A6
Locust Fork (AL) 213 C4
Locust Grove (GA) 214 C2
Locust Grove (MD) 178 C2
Locust Grove (OK) 191 C3
Loda (IL) 173 B5-6
Lodge (IL) 173 B5
Lodge (SC) 234 A2
Lodge Grass (MT) 127 B4
Lodgepole (NE) 147 C6
Lodgepole (SD) 128 B3
Lodi (CA) 180 A3
Lodi (MO) 192 B3
Lodi (NY) 157 B5
Lodi (OH) 175 A5
Lodi (TX) 228 B2
Lodi (WI) 152 A3
Lodoga (CA) 160 C3
Loeb (TX) 239 A5
Lofall (WA) 106 B4
Lofgreen (UT) 164 B2
Log Lane Village (CO) 171 B6
Logan (IA) 150 C3
Logan (KS) 169 C5
Logan (MT) 125 B6
Logan (NC) 215 A5
Logan (NM) 206 A2
Logan (OH) 175 C5
Logan (OK) 189 C4
Logan (UT) 144 C3
Logan (WV) 196 B1
Logandale (NV) 183 C5
Logansport (IN) 174 B1
Logansport (LA) 228 BC2-3
Loganton (PA) 177 A5
Loganville (PA) 177 C6
Loganville (WI) 152 A2
Logging Camp (AK) 104/105 B3-4
Logsden (OR) 121 C2
Lohman (MO) 171 D6
Lohman (MT) 111 A5
Lohrville (IA) 150 B4
Lohrville (WI) 133 C5
Lolita (TX) 238 C3
Lolo (MT) 109 C6
Lolo Hot Springs (MT) 109 C6
Loma (CO) 165 C6
Loma (MT) 110 B4
Loma (ND) 114 A4
Loma (NE) 170 A1-2
Loma Alta (TX) 236 B3
Loma Linda (MO) 191 C4
Loma Rica (CA) 161 C4
Loman (MN) 116 A3
Lomax (AL) 231 B5
Lomax (IL) 172 B2-3
Lombard (IL) 153 C4-5
Lometa (TX) 226 C2
Lomira (WI) 153 A4
Lomita (CA) 200 C2
Lompoc (CA) 199 B2
London (AR) 210 A2
London (KY) 195 B4-5
London (OH) 175 C4
London (TX) 237 A4
London Mills (IL) 172 B3
Londonderry (NH) 159 B5
Londonderry (OH) 175 C5
Lone Elm (KS) 191 A3
Lone Grove (OK) 209 B3
Lone Jack (MO) 171 D4
Lone Mountain (TN) 195 C5
Lone Oak (GA) 214 C2
Lone Oak (KY) 193 B5
Lone Oak (TX) 227 A5
Lone Pine (CA) 182 C1-2
Lone Rock (WI) 152 A2
Lone Star (KS) 170 D3
Lone Star (TX) 228 B2
Lone Tree (CO) 171 C4-5
Lone Tree (IA) 152 C1
Lone Wolf (OK) 208 A1
Lonedell (MO) 192 A3
Lonepine (MT) 109 B6
Lonerock (OR) 122 B4
Lonetree (WY) 165 A4
Long (AK) 91 C8
Long Beach (CA) 200 C2
Long Beach (MD) 198 A2
Long Beach (MN) 131 B5
Long Beach (MS) 242 A1
Long Beach (NY) 178 B4
Long Beach (WA) 121 A1
Long Branch (NJ) 178 B4
Long Bridge (LA) 229 C4
Long Creek (IL) 173 C5
Long Creek (OR) 123 C4
Long Island (AL) 213 B5
Long Island (KS) 169 C5
Long John Lagoon (AK) 102 D1-2
Long Lake (NY) 136 C3
Long Lake (SD) 130 B1
Long Lake (WA) 108 B3
Long Lake (WI) 133 B6
Long Meadow (MD) 177 C5
Long Mott (TX) 238 C3
Long Pine (NE) 149 B4
Long Point (MN) 116 A2
Long Pond (ME) 120 C1
Long Prairie (MN) 131 AB6
Long Ridge (KY) 174 D3
Long Valley (AZ) 203 B4
Long Valley (NJ) 178 B3
Long Valley (SD) 148 A2
Long Valley Junction (UT) 184 B2
Longboat Key (FL) 248 B2
Longbranch (WA) 106 B4
Longdale (OK) 189 C6
Longfellow (TX) 236 A1
Longford (KS) 170 C1
Longmeadow (MA) 158/159 B4
Longmire (WA) 107 C5
Longmont (CO) 171 B4
Longs (SC) 216 C3
Longstreet (LA) 228 B2-3
Longton (KS) 190 B2
Longtown (MO) 193 B4
Longtown (OK) 209 A5
Longview (MS) 212 C2
Longview (NC) 215 A5
Longview (TX) 228 B2
Longview (WA) 121 A2-3
Longville (LA) 240 A1
Longville (MN) 116 C2
Longwood (FL) 249 A3
Longwood (NC) 216 B3
Longwood (WI) 132 C4
Longwoods (MD) 178 D1-2
Longworth (TX) 225 B5
Lono (AR) 210 B3
Lonoke (AR) 211 B4
Lonsdale (AR) 210 B3
Lonsdale (MN) 132 C1
Loogootee (IN) 174 D1
Lookeba (OK) 208 A2
Lookingglass (OR) 140 A2
Lookout (CA) 161 A4
Lookout (PA) 157 C6
Lookout (WV) 196 A3
Loomis (CA) 161 D4
Loomis (NE) 169 B5
Loomis (SD) 130 D2
Loomis (WA) 107 A7
Loon Lake (WA) 108 A3
Loop (TX) 224 B3
Loose Creek (MO) 172 D2
Lopeno (TX) 246 C2
Lorain (OH) 155 C5
Loraine (TX) 225 B5
Lord (TX) 188 C4
Lordsburg (NM) 222 B2
Lordstown (OH) 155 C6-7
Loreauville (LA) 240/241 A3
Lorena (TX) 227 C3
Lorentz (WV) 176 C2
Lorenzo (ID) 144 A3
Lorenzo (NE) 168 A1-2
Lorenzo (TX) 207 C4
Loretta (KS) 169 D5
Loretta (WI) 132 B4
Loretto (KY) 194 B3
Loretto (NE) 149 C5
Loretto (TN) 213 A3
Lorida (FL) 249 B3
Lorimor (IA) 171 A4
Loring (AK) 105 D6
Loring (MT) 111 A7
Loris (SC) 216 B3
Lorman (MS) 229 C5-6
Lorraine (KS) 169 D6
Lorton (VA) 177 D5
Los Alamos (CA) 199 B2
Los Alamos (NM) 186 D3
Los Angeles (CA) 200 B2-3
City Map 257
Los Angeles (TX) 237 C4-5
Los Banos (CA) 181 B4
Los Campos (TX) 236 B3
Los Cerrillos (NM) 205 A4
Los Chaves (NM) 205 B4
Los Fresnos (TX) 247 C4
Los Gatos (CA) 180 B2-3
Los Indios (TX) 247 C4
Los Lunas (NM) 205 B4
Los Montoyas (NM) 205 A5
Los Olivos (CA) 199 B2
Los Pinos (CO) 186 B3
Los Ranchos de Albuquerque (NM) 205 A4
Los Trujillos (NM) 205 B4
Los Ybanez (TX) 225 B4
Losantville (IN) 174 B2
Lost Cabin (WY) 146 A1
Lost City (WV) 176/177 D4
Lost Creek (KY) 195 B5
Lost Creek (TX) 238 A2
Lost Creek (WA) 108 A3
Lost Creek (WV) 176 C2
Lost Hills (CA) 200 A1
Lost Nation (IA) 152 C2
Lost River (AK) 90 B2
Lost River (ID) 144 A1
Lost Springs (KS) 170 D1-2
Lost Springs (WY) 147 B4
Lostant (IL) 173 A4-5
Lostine (OR) 123 B6
Lostwood (ND) 113 A6
Lothair (MT) 110 A3
Lotsee (OK) 190 C2
Lott (TX) 227 C3
Louann (AR) 210 C3
Loudon (TN) 214 A2
Loudonville (OH) 175 B5
Loughman (FL) 248/249 A3
Louin (MS) 230 B2
Louisa (VA) 197 A5-6
Louisa (WV) 196 A1
Louisburg (KS) 171 D4
Louisburg (MN) 131 B4
Louisburg (MO) 191 B5
Louisburg (NC) 197 C5
Louise (GA) 232 A2
Louise (MS) 230 B1
Louise (TX) 238 B3
Louisiana (MO) 172 C2-3
Louisville (AL) 232 C1
Louisville (CO) 171 C4-5
Louisville (GA) 233 A4
Louisville (IL) 173 D5
Louisville (KS) 170 C2
Louisville (KY) 194 A3
Louisville (MS) 230 A2-3
Louisville (NE) 170 B2
Louisville (OH) 176 B1
Louisville (TN) 195 D4
Loup City (NE) 149 C5
Lourdes (IA) 151 A6
Louvale (GA) 232 B2
Louviers (CO) 171 C4-5
Lovejoy (GA) 214 C2
Lovelady (TX) 227 C5
Loveland (CO) 171 B4
Loveland (OH) 175 C3
Loveland (OK) 208 B2
Lovell (ME) 138 B2
Lovell (OK) 190 C1
Lovell (WY) 126 C3
Lovelock (NV) 162 B2
Loves Park (IL) 152 B3-4
Lovewell (KS) 169 C6-7
Lovilia (IA) 171 A6
Loving (NM) 224 B1-2
Loving (TX) 208 C2
Lovingston (VA) 197 B5
Lovington (IL) 173 C5
Lovington (NM) 224 B2
Low (UT) 164 B2
Low Moor (IA) 152 C2
Low Moor (VA) 196/197 B4
Lowden (IA) 152 C2
Lowell (AR) 191 C4
Lowell (FL) 245 B3
Lowell (ID) 124 A2
Lowell (IN) 153 C5
Lowell (MA) 159 B5
Lowell (MI) 154 B2
Lowell (NE) 169 B6
Lowell (OR) 121 D3
Lowell (VT) 137 B5
Lowell (WI) 152 A4
Lowelltown (ME) 138 A2
Lowemont (KS) 170 C3
Lower Brule (SD) 129 C6
Lower Burrell (PA) 176 B3
Lower Kalskag (AK) 95 B4-5
Lower Lake (CA) 160 D3
Lower Tonsina (AK) 97 B5
Lower (HI) 253 C5
Lowesville (NC) 215 A5
Lowgap (NC) 196 C3
Lowman (ID) 124 C2
Lowndesboro (AL) 231 B5
Lowndesville (SC) 214/215 B4
Lowry (MN) 131 B5
Lowry (SD) 129 B6
Lowry City (MO) 191 A5
Lowrys (SC) 215 B5
Lowville (NY) 136 C2
Loxa (IL) 173 C5
Loxley (AL) 242 A3
Loyal (OK) 189 D6
Loyal (WI) 133 C4
Loyal Valley (TX) 237 A4-5
Loyall (KY) 195 C5
Loyalton (CA) 161 C5
Loyalton (SD) 130 B1
Loyd (WI) 152 A2
Loysburg (PA) 177 B4
Loysville (PA) 177 B5
Lozeau (MT) 109 B6
Lubbock (TX) 207 C4
Lubec (ME) 139 B5
Lubeck (WV) 176 C1
Lublin (WI) 132 B4
Lucama (NC) 216 A3
Lucan (MN) 131 C5
Lucas (IA) 171 A5
Lucas (KS) 169 C6
Lucas (KY) 194 C2
Lucas (MS) 230 C2
Lucas (OH) 175 B5
Lucas (SD) 149 A4
Lucas (TX) 227 A4
Lucasville (OH) 175 D5
Lucca (ND) 115 C5
Luce (MN) 115 C7
Lucedale (MS) 242 A2
Lucerne (CA) 160 C3
Lucerne (CO) 171 B5
Lucerne (MO) 171 B5
Lucerne (WA) 107 A6
Lucerne (WY) 145 A6
Lucerne Mines (PA) 176 B3
Lucerne Valley (CA) 201 B4
Lucero (NM) 187 C4
Lucien (OK) 190 C1
Lucile (ID) 124 B1
Lucin (UT) 143 C6
Lucinda (PA) 156 C2
Luck (NC) 214 A4
Luck (WI) 132 B2
Lucky (LA) 228 B3
Lucy (NM) 205 B5
Ludden (ND) 130 B2
Ludell (KS) 168 C3-4
Ludington (LA) 240 A1
Ludington (MI) 134 D2
Ludington (WI) 132 C3-4
Ludlow (CA) 201 B4
Ludlow (CO) 187 B5
Ludlow (IL) 173 B5
Ludlow (MO) 171 C5
Ludlow (PA) 156 C3
Ludlow (SD) 128 B2
Ludlow (VT) 137 C5
Ludlowville (NY) 157 B5
Ludowici (GA) 233 C5
Lueders (TX) 226 B1
Luella (TX) 209 C4
Lufkin (TX) 228 C2
Lugert (OK) 208 B1
Lugoff (SC) 215 B6
Luis Lopez (NM) 205 C4
Lukachukai (AZ) 185 C5
Luke (GA) 232 C2
Lukeville (AZ) 220 C3
Lula (GA) 214 B3
Lula (MS) 211 B5
Lula (OK) 209 B4
Luling (LA) 241 B4
Luling (TX) 238 B2
Lulu (FL) 245 A3
Lumber City (GA) 233 C4
Lumberton (FL) 248 A2
Lumberton (MS) 241 A5
Lumberton (NC) 216 B3
Lumberton (NM) 186 C3
Lumberton (TX) 239 A5
Lumpkin (GA) 232 B2
Lums Chapel (TX) 206 C3
Luna (NM) 204 C2
Luna Pier (MI) 154/155 C4
Lund (ID) 144 B3
Lund (NV) 163 D5
Lund (UT) 183 A6
Lundell (AR) 211 B4-5
Lundy (FL) 245 B4
Lunenburg (MA) 159 B5
Lunenburg (VA) 197 C5
Luning (NV) 182 A1
Lupton (AZ) 204 A1
Lupus (MO) 171 D6
Luraville (FL) 244 A2
Luray (KS) 169 C6
Luray (MO) 172 B2
Luray (SC) 233 B5
Luray (VA) 177 D4
Lurton (AR) 210 A2-3
Lushton (NE) 170 B1
Lusk (WY) 147 B4
Lutcher (LA) 241 A4
Luther (IA) 151 C5
Luther (MT) 126 B2
Luther (OK) 209 A3
Luthersburg (PA) 177 A4
Luthersville (GA) 214 C2
Lutherville (MD) 177 C6
Lutie (OK) 209 B5
Lutie (TX) 207 A5
Luton (IA) 150 B2
Lutsen (MN) 117 B6
Luttrell (TN) 195 C5
Lutz (FL) 248 A2
Luverne (AL) 231 C5
Luverne (MN) 150 A2
Luverne (ND) 115 B5
Luxemburg (IA) 152 B1
Luxemburg (WI) 134 C1
Luxora (AR) 212 A1
Luzerne (IA) 151 C6
Lycan (CO) 188 B2
Lydia (KS) 188 A3
Lydia (SC) 216 B1
Lydia (TX) 210 C1
Lyerly (GA) 213 B5
Lyford (TX) 247 C4
Lyle (MN) 151 A6
Lyle (WA) 122 B2
Lyman (IA) 150 C4
Lyman (MS) 242 A1
Lyman (NE) 147 C4-5
Lyman (SC) 215 B4
Lyman (SD) 129 D6
Lyman (UT) 184 A3
Lyman (WA) 107 A4-5
Lyman (WY) 145 C4
Lynch (KY) 195 C6
Lynch (NE) 149 B5
Lynch (PA) 156 C2-3
Lynch Station (VA) 197 B4
Lynchburg (MO) 192 B1
Lynchburg (MS) 211 B5
Lynchburg (OH) 175 C4
Lynchburg (SC) 216 B1
Lynchburg (TN) 213 A4
Lynchburg (VA) 197 B4-5
Lynd (MN) 131 C5
Lynden (WA) 106 A4
Lyndon (IL) 152 C3
Lyndon (KS) 170 D3
Lyndon (VT) 137 B5
Lyndon Station (WI) 152 A3
Lyndonville (NY) 156 A3
Lyndonville (VT) 138 B1
Lynn (AL) 212/213 B3
Lynn (AR) 192 C2
Lynn (IN) 174 B3
Lynn (MA) 159 B6
Lynn (UT) 143 C6
Lynn Garden (TN) 195 C6
Lynn Haven (FL) 243 A5
Lynnville (IA) 151 C6
Lynnville (KY) 193 C5
Lynndyl (UT) 164 C2
Lynne (FL) 245 B4
Lynnville (IL) 172 C3

Lynnville (IN) 194 A1
Lynnville (TN) 213 A3-4
Lynnwood (WA) 106 B4
Lynx (OH) 175 D4
Lynxville (WI) 152 A1-2
Lyon (MS) 211 B5
Lyon Mountain (NY) 136/137 B3-4
Lyons (CO) 171 B4
Lyons (GA) 233 B4
Lyons (IL) 153 C5
Lyons (KS) 189 A6
Lyons (NE) 150 C2
Lyons (NY) 157 A5
Lyons (OR) 121 C3
Lyons (TX) 238 A3
Lyons (WI) 153 B4
Lyons Falls (NY) 136 C2
Lysite (WY) 146 A1
Lytle (TX) 237 B5
Lytton (CA) 160 D3
Lytton (IA) 150 B4

M

Mabana (WA) 106 A4
Mabank (TX) 227 B4-5
Mabel (MN) 151 A7
Mabelle (TX) 208 C1
Maben (MS) 212 C1
Maben (WV) 196 B2
Mableton (GA) 214 C2
Mabscott (WV) 196 B2
Macclenny (FL) 245 A3
Macdoel (CA) 140 C4
Macdona (TX) 237 B5
Macedon (NY) 157 A4
Macedonia (IA) 150 C3
Maceo (KY) 194 B2
Machens (MO) 172 D3
Machesney Park (IL) 152 B3
Machias (ME) 139 B5
Machovec (TX) 188 D2
Mack (CO) 165 C6
Mackay (ID) 125 D4
Mackey (IN) 194 A1
Mackeys (NC) 198 D2
Mackie (OK) 208 A1
Mackinac Island (MI) 135 B4
Mackinaw (IL) 173 B4
Mackinaw City (MI) 135 B4
Macks Creek (MO) 191 AB5-6
Macksburg (OH) 176 C1
Macksville (KS) 189 B6
Mackville (WI) 133 C6
Macomb (IL) 172 B3
Macomb (OK) 209 A3
Macon (GA) 232 B3
Macon (IL) 173 C5
Macon (MO) 171 C6
Macon (MS) 230 A3
Macon (NC) 197 C5
Macon (NE) 169 B6
Macon (OH) 175 D4
Macungie (PA) 178 B2
Macwahoc (ME) 120 C3
Macy (NE) 150 B2
Madawaska (ME) 120 A3
Maddock (ND) 114 B3
Madelia (MN) 131 C6
Madeline (CA) 161 A5
Madera (CA) 181 C4
Madera (PA) 177 B4
Madera Acres (CA) 181 B4-5
Madera Canyon (AZ) 221 C5
Madill (OK) 209 B4
Madison (AL) 231 B5
Madison (AL) 213 B4
Madison (AR) 211 A5
Madison (FL) 244 A2
Madison (GA) 214 C3
Madison (KS) 190 A2
Madison (KY) 174 D2
Madison (ME) 138 B3
Madison (MN) 131 B4
Madison (MO) 172 C1
Madison (MS) 230 B1-2
Madison (NC) 196 C3-4
Madison (NE) 149 C6
Madison (OH) 155 C6-7
Madison (SD) 130 C3-4
Madison (VA) 197 A5
Madison (WI) 152 AB3
City Map 255
Madison (WV) 196 A2
Madison Heights (VA) 197 B4-5
Madison Lake (MN) 131 C7
Madison Mills (OH) 175 C4
Madisonville (KY) 194 B1
Madisonville (LA) 241 A4
Madisonville (TN) 214 A2
Madisonville (TX) 239 A4
Madisonville (VA) 197 B5
Madoc (MT) 112 A3
Madonna (MD) 177 C6
Madras (GA) 214 C2
Madras (OR) 122 C2
Madrid (AL) 232 C1
Madrid (IA) 151 C5
Madrid (NE) 168 B3
Madrid (NM) 205 A4
Maes (NM) 206 A1
Maeser (UT) 165 B5
Magalia (CA) 161 C4
Magasco (TX) 228 C3
Magazine (AR) 210 A2
Magdalena (NM) 204/205 B3
Magee (MS) 230 C2
Maggie Valley (NC) 214 A3
Magma (AZ) 221 A4
Magness (AR) 211 A4
Magnet (NE) 149 B6
Magnet (TX) 239 B3
Magnolia (AR) 210 C2
Magnolia (DE) 178 C2
Magnolia (IA) 150 C3
Magnolia (IL) 173 A4
Magnolia (KY) 194 B3
Magnolia (LA) 241 B5
Magnolia (MN) 150 A2-3
Magnolia (MS) 230 C1
Magnolia (NC) 216 B3-4
Magnolia (TX) 239 A4
Magnolia (WV) 177 C4
Magnolia Beach (TX) 238 C3
Magnolia Springs (TX) 239 A5
Magwalt (TX) 224 C2
Mahaffey (PA) 177 B4
Mahanoy City (PA) 178 B1
Maharishi Vedic City (IA) 172 A1
Mahaska (KS) 170 C1
Mahnomen (MN) 115 B7
Mahomet (IL) 173 B5
Mahopac (NY) 158 C3
Mahto (SD) 129 B5
Mahukona (HI) 253 C5-6
Maida (ND) 114/115 A4
Maiden (NC) 215 A5
Maiden Rock (MT) 125 B5
Maiden Rock (WI) 132 C2
Maili (HI) 252 B3
Maish Vaja (AZ) 220 B3
Maitland (FL) 249 A3
Maitland (MO) 171 B3-4
Maize (KS) 190 B1
Majenica (IN) 174 B2
Makaha (HI) 252 B3
Makapala (HI) 253 C6
Makena (HI) 253 C5
Makoti (ND) 113 B7
Makushin (AK) 101 C5
Malabar (FL) 249 A4
Malad City (ID) 144 B2
Malaga (CA) 181 C5
Malaga (NM) 224 B1
Malaga (OH) 176 C1
Malakoff (TX) 227 B4-5
Malcolm (NE) 170 B2
Malcom (IA) 151 C6
Malden (IL) 152 C3
Malden (MA) 159 B5-6
Malden (MO) 193 C3-4
Malden (WA) 108 B3
Malden (WV) 196 A2
Malesus (TN) 212 A2
Malibu (CA) 200 BC2
Malin (OR) 141 B4
Maljamar (NM) 224 B2
Mallard (IA) 150 B4
Mallett (TX) 188 C2
Mallory (WV) 196 B2
Malmo (MN) 132 A1
Malmo (NE) 150 C2
Malo (WA) 108 A2
Malone (AL) 213 C5
Malone (FL) 243 A5
Malone (NY) 136 B3
Malone (TX) 227 C4
Malone (WA) 106 C3
Malott (WA) 107 A7
Maloy (IA) 171 B4
Malta (ID) 144 B1
Malta (IL) 152/153 C4
Malta (MT) 111 A7
Malta (OH) 175 C6
Malta Bend (MO) 171 C5
Malvado (TX) 236 B2
Malvern (AL) 232 C1
Malvern (AR) 210 B3
Malvern (IA) 170 A3
Mammoth (AZ) 221 B5
Mammoth (WY) 125 C7
Mammoth Cave (KY) 194 B2-3
Mammoth Lakes (CA) 181 B5-6
Mammoth Spring (AR) 192 C2
Mamont (PA) 176 B3
Mamou (LA) 240 A2
Man (WV) 196 B2
Mana (HI) 252 A2
Manahawkin (NJ) 178 C3
Manakin (VA) 197 B6
Manannah (MN) 131 B6
Manassa (CO) 186 B4
Manassas (GA) 233 B4
Manassas (VA) 177 D5
Manassas Park (VA) 177 D5
Manawa (WI) 133 C6
Mancelona (MI) 134 C3-4
Manchester (CA) 160 D2
Manchester (CT) 158/159 C4
Manchester (GA) 232 B2
Manchester (IA) 152 B1
Manchester (IL) 172 C3
Manchester (KS) 170 C1
Manchester (KY) 195 B5
Manchester (MA) 159 B6
Manchester (MD) 177 C6
Manchester (MI) 154 B3-4
Manchester (MN) 151 A5
Manchester (NH) 159 AB5
Manchester (NY) 157 B4
Manchester (OH) 175 D4
Manchester (OK) 189 C6-7
Manchester (TN) 213 A4
Manchester (VT) 137 C4
Manchester Center (VT) 137 C4-5
Mancos (CO) 186 B1
Mandan (ND) 114 C1-2
Mandaree (ND) 113 B6
Manderfield (UT) 184 A2
Manderson (SD) 148 A1
Manderson (WY) 126/127 C4
Mandeville (AR) 210 C2
Mandeville (LA) 241 A4
Manes (MO) 192 B1
Mangham (LA) 229 B5
Mango (FL) 248 B2
Mangum (OK) 208 B1
Mangum (TX) 226 B2
Manhattan (IL) 153 C5
Manhattan (KS) 170 C2
Manhattan (MT) 125 B6
Manhattan (NV) 182 A2
Manhattan Beach (CA) 200 C2
Manhattan Beach (MN) 116 C2
Manifest (LA) 229 C5
Manila (AR) 193 D3
Manila (AZ) 203 B5
Manila (UT) 165 B5
Manilla (IA) 150 C3
Manilla (IN) 174 C2
Manistee (MI) 134 C2
Manistique (MI) 134 B2
Manitou (MN) 116 A2-3
Manitou (OK) 208 B2
Manitou Springs (CO) 171 D4-5
Manitowish (WI) 133 A4
Manitowish Waters (WI) 133 A5
Manitowoc (WI) 134 C1
Mankato (KS) 169 C6
Mankato (MN) 131 C7
Mankins (TX) 208 C2
Manley (NE) 170 B2
Manley Hot Springs (AK) 92 BC3
Manleyville (AK) 105 B4
Manlius (IL) 152 C3
Manlius (NY) 136 CD2
Manly (IA) 151 A5
Mannford (OK) 190 C2
Manning (AR) 210 B3
Manning (IA) 150 C3
Manning (ND) 113 B6
Manning (SC) 215 C6
Manning (TX) 228 C2
Mannington (KY) 194 B1
Manns Choice (PA) 177 BC4
Manns Harbor (NC) 198 D3
Mannsville (NY) 136 C1-2
Mannsville (OK) 209 B4
Manokotak (AK) 95 D5
Manor (GA) 233 C4
Manor (TX) 238 A2
Manorville (NY) 179 B5
Mansfield (AR) 210 A1
Mansfield (GA) 214 C3
Mansfield (IL) 173 B5
Mansfield (LA) 228 B3
Mansfield (MO) 192 B1
Mansfield (OH) 175 B5
Mansfield (PA) 157 C4-5
Mansfield (SD) 130 B2
Mansfield (TX) 227 B3
Mansfield (WA) 107 B7
Mansfield Village (AK) 93 D7
Manson (IA) 150 B4
Manson (WA) 107 B6
Mansura (LA) 229 C4
Mantachie (MS) 212 B2
Mantador (ND) 130 A3-4
Manteca (CA) 180 B3
Mantee (MS) 212 C1-2
Manteno (IL) 153 C5
Manteo (NC) 198 D3
Manter (KS) 188 B3
Manti (UT) 164 C3
Mantoloking (NJ) 178 B3-4
Manton (CA) 161 B4
Manton (MI) 134 C3
Mantorville (MN) 132 C2
Mantua (NJ) 178 C2
Mantua (OH) 155 C6
Mantua (UT) 144 C3
Manuelito (NM) 204 A1
Manvel (ND) 115 A5
Manvel (TX) 239 B4
Manville (NJ) 178 B3
Manville (WY) 147 B4
Many (LA) 228 C3
Many Farms (AZ) 185 C5
Manzanita (OR) 121 B2
Manzanola (CO) 187 A6
Maple Bay (MN) 115 B6
Maple Falls (WA) 107 A4
Maple Grove (MN) 131 B7
Maple Heights (OH) 155 C6
Maple Hill (KS) 170 C2
Maple Hill (NC) 216/217 B4
Maple Lake (MN) 131 B6
Maple Rapids (MI) 154 A3
Maplesville (AL) 231 B5
Mapleton (IA) 150 B3
Mapleton (IL) 172 B4
Mapleton (KS) 191 A3-4
Mapleton (MN) 131 D7
Mapleton (ND) 115 C5
Mapleton (PA) 177 B4-5
Mapleton (UT) 164 B3
Mapleview (MN) 151 A5-6
Maplewood (WI) 134 C1
Maquoketa (IA) 152 B2
Maquon (IL) 172 B3
Maramec (OK) 190 C2
Marana (AZ) 221 B4
Marathon (FL) 251 C3
Marathon (IA) 150 B3-4
Marathon (NY) 157 B5-6
Marathon (TX) 235 A2
Marathon (WI) 133 C5
Marble (AR) 191 C5
Marble (CO) 170 C2
Marble (WA) 108 A2-3
Marble Canyon (AZ) 184 C3
Marble City (OK) 210 A1
Marble Falls (TX) 238 A1
Marble Hill (MO) 193 B4
Marble Rock (IA) 151 B6
Marblehead (OH) 155 C5
Marblemount (WA) 107 A5
Marbleton (WY) 145 B4
Marceline (MO) 171 C5-6
Marcell (MN) 116 B3
Marcellus (MI) 154 B2
Marcellus (NY) 157 AB5
Marco (FL) 250/251 B3
Marcola (OR) 121 C3
Marcus (IA) 150 B3
Marcus (SD) 128 C3
Mardela Springs (MD) 198 A3
Marengo (IA) 151 C6-7
Marengo (IL) 153 B4
Marengo (IN) 194 A2
Marengo (OH) 175 B5
Marengo (WA) 108 B2
Marengo (WI) 132 A4
Marenisco (MI) 133 A5
Marfa (TX) 235 A1-2
Margaret (TX) 208 B1
Margaretville (NY) 158 B2
Margate (FL) 251 A4
Margie (MN) 116 A2-3
Marianna (AR) 211 B5
Marianna (FL) 243 A5
Mariano Lake (NM) 204 A2
Mariba (KY) 195 B5
Maribel (WI) 133 C7
Maricopa (AZ) 220/221 A3-4
Maricopa (CA) 200 A1
Marienthal (KS) 188 A3
Marienville (PA) 156 C2-3
Marietta (GA) 214 C2
Marietta (KS) 170 C2
Marietta (MN) 130/131 C4
Marietta (MS) 212 B2
Marietta (NC) 216 B2
Marietta (OH) 176 C1
Marietta (OK) 209 C3-4
Marietta (SC) 214/215 A4
Marietta (TX) 228 A2
Marina (CA) 180 C3
Marine (IL) 172 D4
Marine City (MI) 155 B5
Marineland (FL) 245 B4
Marinette (WI) 134 B1
Maringouin (LA) 241 A3
Marion (AL) 231 B4
Marion (AR) 211 A5
Marion (IA) 152 B1
Marion (ID) 143 B5-6
Marion (IL) 193 B5
Marion (IN) 174 B2
Marion (KS) 190 A1-2
Marion (KY) 193 B5-6
Marion (LA) 229 B4
Marion (MI) 134 C3
Marion (MO) 171 D6
Marion (MS) 230 B3
Marion (MT) 109 A6
Marion (NC) 215 A5
Marion (ND) 114/115 C4
Marion (NE) 168 B4
Marion (NY) 157 A4
Marion (OH) 175 B4
Marion (PA) 177 C5
Marion (SC) 216 B2
Marion (SD) 149 A6
Marion (TX) 238 B1
Marion (VA) 196 C2
Marion Center (PA) 176/177 B3-4
Marion Junction (AL) 231 B4
Marionville (MO) 191 B5
Mariposa (CA) 181 B4-5
Marissa (IL) 193 A4
Mark (IA) 171 B6
Mark (IL) 152 C3
Marked Tree (AR) 211 A5
Markesan (WI) 152 A4
Markham (TX) 239 C3
Markle (IN) 174 B2
Markleeville (CA) 161 D6
Marklesburg (PA) 177 B4
Markleysburg (PA) 176 C3
Marks (MS) 211 B5
Marksville (LA) 229 C4-5
Marland (OK) 190 C1
Marlboro (NY) 158 C2-3
Marlborough (CT) 158/159 C4
Marlborough (MA) 159 B5
Marlborough (NH) 159 B4
Marlette (MI) 155 A4-5
Marlin (WA) 108 B1-2
Marlin (TX) 227 C4
Marlinton (WV) 196 A2-3
Marlow (GA) 233 B5
Marlow (OK) 208 B3
Marmaduke (AR) 192/193 C3
Marmarth (ND) 128 A1-2
Marmet (WV) 196 A2
Marne (IA) 150 C3
Marne (MI) 154 A2
Maroa (IL) 173 B5
Marquette (IA) 152 A1
Marquette (KS) 169 D7
Marquette (MI) 118 C3
Marquette (NE) 169 B6
Marquez (TX) 227 C4
MarriottSlaterville (UT) 144 C2
Marrowbone (KY) 194 C3
Mars Hill (ME) 120 B4
Mars Hill (NC) 214/215 A4
Marseilles (IL) 153 C4
Marsh (MT) 112 C4
Marsh (TX) 207 A4
Marshfield (WI) 133 C4
Marshall (AK) 94 B3
Marshall (AR) 192 D1
Marshall (CO) 171 C4
Marshall (IL) 173 C6
Marshall (MI) 154 B3
Marshall (MN) 131 C5
Marshall (MO) 171 C5
Marshall (NC) 195 D6
Marshall (ND) 113 B6
Marshall (OK) 190 C1
Marshall (TX) 228 B2
Marshall (VA) 177 D5
Marshall (WA) 108 B3
Marshall (WI) 152 A3
Marshalltown (IA) 151 B6
Marshdale (CO) 171 C4
Marshfield (MO) 191 B6
Marshfield (VT) 137 B5
Marshville (NC) 215 B6
Marsing (ID) 142 A3
Marsland (NE) 147 B5
Marston (MO) 193 C4
Mart (TX) 227 C4
Martel (FL) 245 B3
Martell (WI) 132 C2
Martha (OK) 208 B1
Marthasville (MO) 172 D2-3
Marthaville (LA) 228 C3
Martin (AK) 92 C4
Martin (GA) 214 B3
Martin (KY) 195 B6
Martin (LA) 228 B3
Martin (MI) 154 B2
Martin (ND) 114 B2
Martin (SC) 233 A5
Martin (SD) 148 A2
Martin (TN) 193 C5
Martindale (TX) 238 B2
Martinez (CA) 180 A2
Martinez (GA) 215 C4
Martinez Lake (AZ) 220 AB1
Martins Creek (NJ) 178 B2
Martins Mill (TX) 227 B5
Martinsburg (MO) 172 C2
Martinsburg (NE) 150 B2
Martinsburg (OH) 175 B5
Martinsburg (PA) 177 B4
Martinsburg (WV) 177 C4-5
Martinsdale (MT) 110 C4
Martinsville (IL) 173 C6
Martinsville (IN) 174 C1
Martinsville (MS) 230 C1
Martinsville (OH) 175 C4
Martinsville (TX) 228 C2
Martinsville (VA) 197 C4
Martinsville (WI) 152 A3
Martinton (IL) 173 B6
Marty (SD) 149 A5
Marvel (CO) 186 B1
Marvell (AR) 211 B5
Marvin (NC) 215 B6
Marvin (SD) 130 B4
Mary Esther (FL) 243 A4
Marydel (MD) 178 C2
Maryneal (TX) 225 B5
Marys Corner (WA) 106 C4
Marys Igloo (AK) 90 B3
Marysvale (UT) 184 A2
Marysville (CA) 161 C4
Marysville (IA) 151 C5-6
Marysville (KS) 170 C2
Marysville (MI) 155 B5
Marysville (OH) 175 B4
Marysville (PA) 177 B5-6
Marysville (TX) 209 C3
Marysville (WA) 107 A4-5
Maryville (MO) 171 B3-4
Maryville (TN) 214 A3
Masardis (ME) 120 B3
Masaryktown (FL) 248 A2
Mascot (NE) 169 B5
Mascot (TN) 195 C5
Mascotte (FL) 248 A2-3
Mascoutah (IL) 193 A4
Mashulaville (MS) 230 A3
Maskell (NE) 150 B2
Mason (IL) 173 D5
Mason (KY) 174 D3
Mason (MI) 154 B3
Mason (OH) 174/175 C3
Mason (TN) 212 A1
Mason (TX) 237 A4
Mason (WI) 132 A3
Mason City (IA) 151 A5
Mason City (IL) 172/173 B4
Mason City (NE) 149 C4
Masonville (KY) 194 B1-2
Masonboro (NC) 216 B4
Masontown (PA) 176 C3
Masontown (WV) 176 C3
Masonville (CO) 171 B4
Massapequa Park (NY) 179 B4
Massadona (CO) 165 B6
Massena (IA) 150 C4
Massena (NY) 136 B3
Massies Mill (VA) 197 B4
Massieville (OH) 175 C4-5
Massillon (OH) 176 B1
Masters (CO) 171 B5
Masterson (TX) 207 A4
Matador (TX) 207 B5
Matagorda (TX) 239 C3-4
Matamoras (OH) 176 C1
Matamoras (PA) 158 C2
Matanuska (AK) 96 B3
Matfield Green (KS) 190 A2
Matherville (IL) 152 C2
Matheson (CO) 171 C5-6
Mathews (LA) 241 B4
Mathews (VA) 198 B2
Mathias (WV) 176/177 D4
Mathis (TX) 247 A4
Mathiston (MS) 212 C1
Matlacha (FL) 250 A2
Matlock (WA) 106 B3
Matoaka (WV) 196 B2
Mattapex (MD) 177 D6
Mattawa (WA) 107 C7
Mattawamkeag (ME) 120 C3
Mattawan (MI) 154 B2
Matthews (MD) 178 D2
Matthews (MO) 193 C4
Matthews (NC) 215 A6
Matthews (TX) 238/239 B3
Mattoon (IL) 173 C5
Mattoon (WI) 133 C5-6
Mattson (MS) 211 B5

Mauckport (IN) 194 A2
Maud (OK) 209 A4
Maud (TX) 210 C1
Maudlow (MT) 125 A6
Mauldin (SC) 215 B4
Maumee (OH) 154 C4
Maumelle (AR) 211 B3
Maunaloa (HI) 253 B4
Maupin (OR) 122 B2-3
Maurice (IA) 150 B2
Maurice (KY) 174 CD3
Maurice (LA) 240 A2
Mauriceville (TX) .. 240 A1
Maurine (SD) 128 BC3
Maury City (TN) ... 193 D4
Mausdale (PA) 177 B6
Mauston (WI) 152 A2
Maverick (TX) 225 C5
Mavisdale (VA) 196 B1
Max (ND) 113 B7
Max (NE) 168 B3
Maxbass (ND) 114 A1
Maxeys (GA) 214 C3
Maxie (LA) 240 A2
Maxie (MS) 242 A1
Maximo (OH) 176 B1
Maxton (NC) 216 B2
Maxville (FL) 245 A3
Maxville (MT) 125 A4
Maxwell (CA) 160 C3
Maxwell (IN) 174 C2
Maxwell (NE) .. 168/169 A4
Maxwell (NM) 187 C5
Maxwell (TX) 238 B2
May (ID) 124 C4
May (OK) 189 C5
May (TX) 226 C2
May City (IA) 150 A3
May Creek (AK) 97 B6
Maywood Park (OR). 121 B3
Maybell (CO) 170 B1
Maybeury (WV) 196 B2
Maybrook (NY) 156 C3
Mayday (CO) 186 B1-2
Maydelle (TX) 227 C5
Mayer (AZ) 203 B3
Mayer (MN) 131 C7
Mayersville (MS) . 229 B5-6
Mayesville (SC) .. 216 BC1
Mayetta (KS) 170 C3
Mayfield (ID) 143 A4
Mayfield (KS) 190 B1
Mayfield (KY) 193 C5
Mayfield (NY) 136 C3
Mayfield (OK) 208 A1
Mayfield (PA) 157 C6
Mayfield (UT) 164 C3
Mayflower (AR). 210/211 B3
Mayhew (MS) 212 C2
Mayhill (NM) 223 B5
Mayland (TN) 194 C3
Mayna (LA) 229 C5
Maynard (AR) 192 C2-3
Maynard (IA) 151 B7
Maynard (MA) 159 B5
Maynard (MN) 131 C5
Maynardville (TN) .. 195 C5
Mayo (FL) 244 A2
Mayo (SC) 215 A5
Mayodan (NC). 196/197 C3-4
Mayors Place (NV) . 163 CD6
Mayoworth (WY) .. 127 D5
Maypearl (TX) 227 B3
Maypens (NM) 224 B2
Mays (IN) 174 C2
Mays Landing (NJ). 178 C3
Mays Lick (KY) 175 D4
Maysfield (TX) 238 A3
Maysville (CO) 170 D3
Maysville (GA) 214 B3
Maysville (KY) 175 D4
Maysville (MO) 171 C4
Maysville (NC) 217 B4
Maysville (OK) 191 C4
Maysville (OK) . 208/209 B3
Maytown (PA) 177 B6
Mayview (MO) 171 C5
Mayville (MI) .. 154/155 A4
Mayville (ND) 115 B5
Mayville (NY) 156 B2
Mayville (OR) 122 B3
Mayville (WI) 153 A4
Maywood (KS) 171 C4
Maywood (MO) ... 172 C2
Maywood (NE) 168 B4
Maza (ND) 114 A3
Mazama (WA) 107 A6
Mazeppa (MN) 132 C2
Mazie (KY) 195 A6
Mazie (OK) 191 C3
Mazomanie (WI) ... 152 A3
Mazon (IL) 153 C4
McAdams (MS) .. 230 AB2
McAdoo (PA) 178 B1
McAlester (OK) 209 B5
McAlister (NM) 206 B2
McAllen (TX) 247 C3
McAllister (MT) 125 B6
McAllister (WI) 134 B1
McAlmont (AR) 211 B3
McAlpin (FL) 244 A3
McArthur (CA) 161 A4
McArthur (OH) 175 C5
McBain (MI) 134 C3
McBaine (MO) 171 D6
McBean (GA) 215 C4-5
McBee (SC) 215 B6
McBride (MO) 193 B4
McBride (OK) 209 C4
McCabe (MT) 112 A4
McCall (ID) 124 C1-2
McCall Creek (MS) . 229 C6
McCallsburg (IA) ... 151 B5
McCallum (MS) 230 C2
McCamey (TX) 225 C3
McCammon (ID) ... 144 B2
McCarthy (AK) 97 B6
McCartys (NM) ... 204 A3
McCaskill (AR) 210 C2
McCaulley (TX) 225 B5
McClave (CO) 188 A2
McCleary (WA) 106 B3
McClellanville (SC) . 234 A3
McClure (OH) 154 C4
McClure (PA) 177 B5
McClure (VA) 196 B1
McClusky (ND) 114 B2
McColl (SC) 216 B2
McComb (MS) 230 C1
McConnells (SC) ... 215 B5
McConnellsburg (PA) 177 C4-5
McCook (NE) 168 B4
McCool (MS) 212 C1
McCool Junction (NE) 170 B1
McCord (AK) 103 B6
McCord (OK) 190 C1-2
McCord Bend (MO) . 191 C5
McCordsville (IN) . 174 C1-2
McCormick (SC) ... 215 C4
McCoy (CO) 170 C3
McCoy (TX) 238 C1
McCoy (TX) 227 B4
McCracken (KS) ... 169 D5
McCredie Springs (OR) 140 A3
McCrory (AR) 211 A4
McCune (KS) 191 B3
McCurtain (OK) ... 210 A1
McCutchenville (OH) . 175 B4
McDade (TX) 238 A2
McDaniels (KY) 194 B2
McDavid (FL) 242 A3
McDermitt (OR) ... 142 B2
McDermott (OH) ... 175 D4
McDonald (KS) 168 C3
McDonald (MS) .. 230 B2-3
McDonald (NC) 216 B2
McDonald (NM) ... 224 A2
McDonald (PA) 176 B2
McDonald (WA) ... 107 B7
McDonough (GA) . 214 C2-3
McDougal (AR) 192 C3
McDougall (AK) 96 B2
McDowell (VA) 197 A4
McEwen (TN) 193 C6
McEwensville (PA) . 177 A6
McFadden (WY) ... 146 C2
McFaddin (TX) ... 238 C2-3
McFarlan (NC) ... 216 B1-2
McFarland (KS) 170 C2
McGaffey (NM) 204 A2
McGehee (AR) 211 C4
McGill (NV) 163 C6
McGrady (NC) 196 C2
McGrath (AK) 91 E8
McGrath (MN) 132 A1
McGraw (NY) 157 B5-6
McGregor (IA) 152 A1
McGregor (MN) ... 116 C3
McGregor (ND) 113 A6
McGregor (TX) 227 C3
McGrew (NE) 147 C5
McHenry (IL) 153 B4
McHenry (KY) 194 B1-2
McHenry (MS) 242 A1
McHenry (ND) 114 B4
McIntire (IA) 151 A6
McIntosh (AK) 97 B4
McIntosh (AL) . 230/231 C3
McIntosh (FL) 245 B3
McIntosh (MN) 115 B7
McIntosh (ND) 129 B4
McIntosh (NM) ... 205 B4-5
McIntyre (GA) 233 B3
McKamie (AR) 210 C2
McKee (KY) 195 B5
McKees Rocks (PA) . 176 B2
McKeesport (PA) .. 176 B3
McKenna (WA) 106 C4
McKenney (VA) .. 197 BC6
McKenzie (AL) 231 C5
McKenzie (ND) 114 C2
McKenzie (TN) 193 C5
McKenzie Bridge (OR)122 C1
McKibben (TX) 188 C3
McKinley (MN) 116/117 B4
McKinley (WY) ... 147 B3-4
McKinley Park (AK) .. 92 D4
McKinleyville (CA) .. 160 B1
McKinney (TX) 209 C4
McKinnon (GA) 233 C5
McKinnon (WY) 165 A5
McKittrick (CA) 200 A1
McKittrick (MO) ... 172 D2
McKnight (OK) 208 B1
McKnight (PA) 176 B2
McLain (MS) 230 C3
McLaughlin (SD) ... 129 B5
McLaurin (MS) 230 C2
McLean (IL) 173 B4
McLean (NE) 149 B6
McLean (TX) 207 A5
McLeansboro (IL) .. 193 A5
McLemoresville (TN) . 193 D5
McLeod (MT) 126 B1
McLeod (ND) 130 A3
McLeod (TX) 228 B2
McLoud (OK) 209 A3
McLouth (KS) 170 C3
McManus (LA) ... 241 A3-4
McMillan (MI) 134 A3
McMillan (MS) 230 A2
McMillin (WA) .. 106/107 B4
McMinnville (OR) .. 121 B2
McMinnville (TN) .. 213 A5
McMullen (AL) . 230/231 A3
McMurray (WA)106/107 A4
McNab (AR) 210 C2
McNabb (IL) 173 A4
McNair (MS) 229 C5-6
McNair (TX) 239 B4-5
McNary (AZ) 203 B6
McNary (LA) 229 CD4
McNary (TX) 223 C5
McNaughton (WI) .. 133 B5
McNeal (AZ) 221 C6
McNeil (AR) 210 C2
McNeil (TX) 238 A2
McNeill (MS) 241 A5
McPherson (KS) ... 190 A1
McQueen (OK) 208 B1
McRae (AR) 211 A4
McRae (GA) 233 B4
McVeytown (PA) ... 177 B5
McVille (MS) 230 B2
McVille (ND) 115 B4
McWilliams (AL) .. 231 C4
McWillie (OK) 189 C6
Meacham (OR) 123 B5
Mead (CO) 171 B4-5
Mead (NE) 150 C2
Mead (OK) 209 B4
Mead (WA) 108 B3
Meade (KS) 189 B4
Meadow (SD) 128 B3
Meadow (TX) 207 C3
Meadow (UT) 164 D2
Meadow Bridge (WV) 96 B3
Meadow Grove (NE) 149 BC6
Meadow Lake (NM) 205 B4
Meadowbrook (IL) . 172 D4
Meadowview (VA) . 196 C2
Meadows (ID) 124 C1
Meadview (AZ) ... 183 C5-6
Meadville (MO) 171 C5
Meadville (MS) 229 C6
Meadville (PA) ... 156 C1-2
Mebane (NC) 197 C4
Mecca (CA) 201 C4
Mecca (IN) 173 C6
Mecca (OH) 155 C7
Mechanic Falls (ME) . 138 B2
Mechanicsburg (OH) . 175 B4
Mechanicsburg (PA) 177 B5-6
Mechanicsburg (VA) . 196 B3
Mechanicsville (MD) . 198 A2
Mechanicsville (VA) . 198 B1
Mechanicville (NY) . 158 B3
Meckling (SD) 149 B6
Mecosta (MI) 154 A2
Medanales (NM) ... 186 C3
Medart (FL) 244 A1
Medaryville (IN) ... 174 A1
Meddybemps (ME) . 139 A5
Medford (MA) 159 B5
Medford (MN) 132 C1
Medford (NY) 179 B4-5
Medford (OK) 190 C1
Medford (OR) 140 B3
Medford (WI) 133 B4
Medford Lakes (NJ) 178 C3
Medfra (AK) 92 D1
Media (IL) 172 B3
Mediapolis (IA) ... 172 AB2
Medical Lake (WA). 108 B3
Medical Springs (OR) 123 BC6
Medicine Bow (WY). 146 C2
Medicine Lodge (KS). 189 B6
Medicine Mound (TX) 208 B1
Medicine Park (OK). 208 B2
Medina (ND) 114 C3
Medina (NY) 156 A3
Medina (OH) 175 A5-6
Medina (TN) 193 D5
Medina (TX) 237 B4
Medina (WI) 133 C6
Medon (TN) 212 A2
Medora (IL) 172 C3
Medora (KS) 190 A1
Medora (ND) 113 C5
Meeker (CO) 170 B2
Meeker (OH) 175 B4
Meeker (OK) 209 A4
Meeks Bay (CA) ... 161 C5
Meers (OK) 208 B2
Meeteetse (WY) .. 126 C2-3
Megargel (TX) 208 C2
Meggett (SC) 234 B2
Megler (WA) 121 A2
Meherrin (VA) 197 B5
Meigs (GA) 232 C2
Meiners Oaks (CA) . 200 B1
Meinhard (GA) 233 B5
Meire Grove (MN) . 131 B6
Mekinock (ND) 115 A5
Mekoryuk (AK) 94 C1
Mekoryuk (AK) 94 C2
Melba (ID) 142 A3
Melbeta (NE) 147 C5
Melbourne (AR) .. 192 C1-2
Melbourne (FL) 249 A4
Melbourne (IA) 151 C5
Melbourne (WA) ... 106 C3
Melcher-Dallas (IA). 151 C5
Melder (LA) 229 C4
Meldrum (KY) 195 C5
Melfa (VA) 198 B3
Melissa (TX) 209 C4
Mellen (WI) 132 A4
Mellette (SD) 130 B2
Mellott (IN) 173 B6
Melrose (IA) 171 B5-6
Melrose (KS) 191 B4
Melrose (MA) 159 B5-6
Melrose (MN) 131 B6
Melrose (MT) 125 B5
Melrose (NM) 206 B2
Melrose (TX) 228 C2
Melrose (WI) 132 C4
Melrose Park (NY) . 157 B5
Melrude (MN) 116 B4
Melstone (MT) ... 111 C6-7
Melstrand (MI) . 118/119 C4
Melvern (KS) 190 A3
Melville (LA) 240 A3
Melville (MT) 126 A1-2
Melvin (IL) 173 B5
Melvin (TX) 226 C1
Melvina (WI) 132 D4
Memphis (FL) 155 B5
Memphis (MO) 172 B1
Memphis (NE) 170 A2
Memphis (TN) 211 A5-6
Memphis (TX) 207 B5
Memphis Junction (KY) 194 C2
Mena (AR) 210 B1
Menahga (MN) ... 116 C1-2
Menan (ID) 144 A2-3
Menard (TX) 237 A4
Menasha (WI) 133 C6
Mendeltna (AK) 97 B4
Mendenhall (MS) .. 230 C2
Mendham (NJ) 178 B3
Mendon (IL) 172 B2
Mendon (MI) 154 B2
Mendon (MO) 171 C5
Mendon (UT) 144 C2-3
Mendota (CA) 181 C4
Mendota (IL) 152 C3
Mendota (TX) .. 188/189 D4
Mendoza (TX) 238 A2
Menlo (GA) 213 B5
Menlo (IA) 150 C4
Menlo (KS) 168 C4
Menlo (WA) 106 C3
Menno (SD) 149 A6
Meno (OK) 189 C6
Menominee (MI) ... 134 B1
Menominee (NE) ... 149 B6
Menomonee Falls (WI) 153 A4
Menomonie (WI) ... 132 C3
Mentasta Lake (AK). 93 E6-7
Mentmore (NM) ... 204 A2
Mentone (AL) 213 B5
Mentone (IN) 174 A1-2
Mentone (TX) 224 C2
Mentor (KS) 170 D1
Mentor (KY) 175 D3
Mentor (MN) 115 B6
Mentor (OH) 155 C6
Mentor-on-the-Lake (OH) 155 C6
Mequon (WI) 153 A4-5
Mer Rouge (LA) ... 229 B5
Meraux (LA) 241 B5
Meraux (LA) 241 B5
Merced (CA) 181 B4
Mercedes (TX) 247 C4
Mercer (ME) 138 B3
Mercer (MO) 171 B5
Mercer (ND) 114 B2
Mercer (PA) 156 C1
Mercer (WI) 133 A4-5
Mercersburg (PA) .. 177 C5
Mercury (NV) 182 C3
Mercury (TX) 226 C1
Meredith (CO) 170 C3
Meredith (NH) 159 A5
Meredosia (IL) 172 C3
Meriden (CT) 158 C4
Meriden (IA) 150 B3
Meriden (KS) 170 C3
Meriden (WY) 147 C4
Meridian (CA) .. 160/161 C4
Meridian (GA) 233 C5
Meridian (ID) ... 142/143 A3
Meridian (MS) 230 B3
Meridian (NY) 157 A5
Meridian (OK) 208 B3
Meridian (OK) 190 D1
Meridian (PA) 176 B2-3
Meridian (TX) 226 C3
Meridianville (AL) .. 213 B4
Merigold (MS) 211 C5
Merino (CO) 171 B6
Merit (TX) 209 C4
Meriwether (SC) ... 215 C4
Merkel (TX) 225 B5-6
Merlin (OR) 140 B2
Mermentau (LA) ... 240 A2
Merna (NE) 148/149 C4
Merna (WY) 145 B4
Merom (IN) 173 C6
Merriam (IN) 154 C2
Merriam (KS) 171 CD4
Merriam Woods (MO) 191 C5
Merricourt (ND) ... 130 A2
Merrifield (MN) 131 A6
Merrill (IA) 150 B2
Merrill (MI) 154 A3
Merrill (OR) 141 B4
Merrill (WI) 133 B5
Merrillan (WI) 132 C4
Merrillville (IN) ... 153 C5
Merrimac (VA) 196 B3
Merrimac (WI) 152 A3
Merriman (NE) 148 B2
Merritt (WA) 107 B6
Merritt Island (FL) . 249 A4
Merryville (LA) 240 A1
Mershon (GA) 233 C4
Mertens (TX) 227 B4
Mertzon (TX) 225 C5
Merwin (MO) 191 A4
Mesa (AZ) 203 C4
Mesa (CO) 170 C1
Mesa (ID) 123 C7
Mesa (WA) 108 C1
Mescalero (NM) ... 223 A5
Meservey (IA) 151 B5
Meshoppen (PA) ... 157 C5
Mesic (NC) 217 A5
Mesick (MI) 134 C3
Mesilla (NM) 223 B4
Mesita (CO) ... 186/187 B4
Mesita (NM) ... 204/205 A3
Mesquite (AZ) ... 183 C5-6
Mesquite (NM) 223 B4
Mesquite (TX) 225 B4
Mesquite (TX) 227 B4
Metairie (LA) 241 B4
Metaline (WA) 108 A3
Metaline Falls (WA) 108 A3
Metamora (IL) 173 B4
Metamora (MI) 155 B4
Metcalf (GA) 244 A1
Metcalf (IL) 173 C6
Metcalf Gap (TX) .. 226 B2
Metcalfe (MS) ... 211 C4-5
Metea (IN) 174 B1
Methow (WA) 107 A7
Methuen (MA) 159 B5
Metlakatla (AK) 105 D6
Metolius (OR) 122 C2
Metropolis (IL) 193 B5
Metter (GA) 233 B4
Metuchen (NJ) 178 B3
Metz (IN) 154 C3
Metz (MO) 191 A4
Mexia (TX) 227 C4
Mexican Hat (UT) .. 185 B5
Mexican Springs (NM) 185 D6
Mexican Water (AZ) . 185 C5
Mexico (IN) 174 B1
Mexico (ME) 138 B2
Mexico (MO) 172 C1-2
Mexico (NY) 157 A5
Mexico Beach (FL) . 243 B5
Meyers (AR) 210 B2
Meyers Chuck (AK) 105 D5-6
Mi-Wuk Village (CA) 181 A4-5
Miami (AZ) 203 C5
Miami (FL) 251 B4
City Map 250
Miami (MO) 171 C5
Miami (NM) 187 C5
Miami (OK) 191 C4
Miami (TX) 207 A5
Miami Beach (FL). 251 B4-5
Miami Springs (FL) . 251 B4
Miamisburg (OH) 174/175 C3
Micanopy (FL) 245 B3
Micaville (NC) 196 D1
Micco (FL) 249 B4
Miccosukee (FL) .. 244 A1-2
Michiana Shores (IN) 153 C6
Michie (TN) 212 A2
Michigan (ND) 115 AB4
Michigan Center (MI) 154 B3
Michigan City (IN) . 153 C5-6
Michigan City (MS) . 212 B1
Micro (NC) 216 A3
Midas (NV) 142 C3
Middle Inlet (WI) ... 133 B7
Middle River (MD) . 177 C6
Middle River (MN) . 115 A6
Middle Water (TX) . 188 D2
Middleton (MI) 154 A3
Middleberg (OK) ... 208 A3
Middleboro (PA) ... 156 C1
Middlebourne (WV) . 176 C2
Middleburg (FL) .. 245 A3-4
Middleburg (NC) ... 197 C5
Middleburg (PA) ... 177 B5
Middleburg (VA) ... 177 D5
Middleburgh (NY) .. 158 B2
Middlebury (IN) ... 154 C2
Middlebury (VT) . 137 BC4-5
Middleport (NY) ... 156 A3
Middleport (OH) .. 175 CD5
Middlesborough (KY). 195 C5
Middlesex (NC) ... 216 A3
Middlesex (NY) 157 B4
Middleton (ID) 142 A3
Middleton (TN) 212 A2
Middleton (WI) 152 A3
Middletown (CA) .. 160 D3
Middletown (CT) ... 158 C4
Middletown (DE) ... 178 C2
Middletown (IA) ... 172 B2
Middletown (KY) ... 194 A3
Middletown (MD) .. 177 C5
Middletown (MO) .. 172 C2
Middletown (NY) .. 158 C2
Middletown (OH) .. 174 C3
Middletown (PA) ... 177 B6
Middletown (VA) .. 177 C4
Middleville (MI) ... 154 B2
Middleville (NY) ... 136 C3
Midfield (AL) 213 C4
Midfield (TX) 239 C3
Midkiff (TX) 225 C4
Midland (AR) 210 A1
Midland (CA) 201 C6
Midland (MD) 176 C3-4
Midland (MI) 154 A3
Midland (NC) 215 A6
Midland (OH) ... 175 C3-4
Midland (OR) .. 140/141 B4
Midland (SD) 129 C4
Midland (TX) 225 B3
Midland City (AL) .. 232 C1
Midland City (IL) .. 173 B4
Midland Park (KS) . 190 B1
Midlothian (TX) .. 227 B3-4
Midlothian (VA) ... 197 B6
Midnight (MS) 230 A1
Midpines (CA) 181 B5
Midtown (TN) 195 D4
Midvale (ID) 123 C7
Midvale (OH) 176 B1
Midvale (UT) 164 B3
Midville (GA) 233 B4
Midway (AL) 232 B1
Midway (AZ) 220 B3
Midway (FL) 244 A1
Midway (GA) 233 C5
Midway (KS) 190 B1
Midway (KY) 193 C5
Midway (KY) 195 A4
Midway (LA) 229 C4
Midway (NM) 206 C1
Midway (TX) 227 C5
Midway (TX) 225 B4
Midway (TX) 207 C4
Midway (UT) 164 B3
Midway Park (NC) . 217 B4
Midwest (WY) 146 A2
Midwest City (OK) . 209 A3

Miesville (MN) 132 C2
Mifflin (OH) 175 B5
Mifflin (PA) 177 B5
Mifflinburg (PA) 177 B5
Mikkalo (OR) 122 B3
Mila Doce (TX) 247 C3-4
Milaca (MN) 131 B7
Milam (TX) 228 C3
Milan (GA) 233 BC3-4
Milan (KS) 190 B1
Milan (MI) 154 B4
Milan (MN) 131 B5
Milan (MO) 171 B5
Milan (NM) 204 A3
Milan (OH) 155 C5
Milan (TN) 193 D5
Milan (WA) 108 B3
Milano (TX) 238 A3
Milbank (SD) 130 B4
Milbridge (ME) 139 B4-5
Milburn (NE) 148/149 C4
Milburn (OK) 209 B4
Milburn (UT) 164 C3
Mildred (KS) 191 A3
Mildred (MT) 112 C4
Miles (IA) 152 B2
Miles (TX) 225 C5
Miles (WA) 108 B2
Miles City (MT) 112 C3
Milesburg (PA) 177 B5
Milesville (SD) 129 C4
Milford (CA) 161 B5
Milford (CT) 158 C3
Milford (DE) 178 D2
Milford (GA) 232 C2
Milford (IA) 150 A3
Milford (IL) 173 B6
Milford (IN) 154 C2
Milford (KS) 170 C2
Milford (MA) 159 B5
Milford (MI) 154 B4
Milford (MO) 191 B4
Milford (NE) 170 B1
Milford (NH) 159 B5
Milford (NJ) 178 B2
Milford (NY) 158 B1-2
Milford (PA) 158 C2
Milford (TX) 227 B4
Milford (UT) 184 A2
Milford (WY) 145 B6
Milford Center (OH) 175 B4
Mill City (NV) 162 B2-3
Mill City (OR) 121 C3
Mill Creek (IL) 193 B4
Mill Creek (OK) 209 B4
Mill Creek (PA) 177 B4-5
Mill Creek (WV) 176 D2-3
Mill Grove (MO) 171 B5
Mill Hall (PA) 177 A5
Mill Iron (MT) 128 B1
Mill Shoals (IL) 193 A5
Mill Spring (NC) 215 A4
Mill Valley (CA) 180 B2
Mill Village (PA) 156 C2
Milladore (WI) 133 C5
Millard (MO) 171 B6
Millarton (ND) 114 C4
Millboro (SD) 148 A4
Millbrook (AL) 231 B5
Millbrook (NY) 158 C3
Millbury (MA) 159 B5
Millcreek (UT) 164 B3
Milledgeville (GA) 232/233 A3
Milledgeville (IL) 152 C3
Milledgeville (TN) 212 A2
Millen (GA) 233 B4-5
Miller (AL) 231 B4
Miller (KS) 170 D2-3
Miller (MO) 191 B5
Miller (MS) 212 B1
Miller (NE) 169 B5
Miller (SD) 130 C1
Miller City (OH) 175 A3
Miller's Cove (TX) 228 A1
Millers Camp (AK) 93 B8
Millers Creek (NC) 196 C2
Millers Falls (MA) 158/159 B4
Millers Ferry (AL) 231 B4
Millers Landing (AK) 96 D2
Millersburg (IN) 154 C2
Millersburg (KY) 195 A4
Millersburg (MI) 135 B4-5
Millersburg (MO) 172 D1-2
Millersburg (OH) 175 B5-6
Millersburg (PA) 177 B6
Millerstown (PA) 177 B5
Millersview (TX) 226 C1
Millersville (MO) 193 B4
Millersville (PA) 177 C6
Millersville (TN) 194 C2
Millerton (IA) 171 B5
Millerton (NY) 158 C3
Millerton (OK) 209 C5-6
Millerville (AL) 213 C5
Millett (TX) 237 C4
Milleville Beach (MI) 155 BC4
Millheim (PA) 177 B5
Millican (TX) 238/239 A3
Milligan (FL) 243 A4
Milligan (NE) 170 B1
Milliken (CO) 171 B5
Millikin (LA) 229 B5
Millington (IL) 153 C4
Millington (MI) 154 A4
Millington (TN) 212 A1
Millinocket (ME) 120 C3
Millport (AL) 212 C2-3
Millport (NY) 157 B5
Millry (AL) 230 C3
Mills (NE) 149 B4
Mills (NM) 187 C5
Mills (UT) 164 C2
Mills (WY) 146 B2
Mills River (NC) 214/215 A4
Millsap (TX) 226 B3
Millsboro (DE) 178 D2
Millsboro (PA) 176 BC2-3
Millston (WI) 132/133 D4
Millstone (KY) 195 B6
Millstone (WV) 176 D1-2
Milltown (IN) 194 A2
Milltown (KY) 194 B3
Milltown (SD) 149 A6
Milltown (WI) 132 B2
Millville (IA) 152 B1
Millville (NJ) 178 C2
Millville (PA) 177 A6
Millville (UT) 144 C3
Millwood (GA) 233 C4
Millwood (KY) 194 B2
Millwood (NY) 158 C3
Milner (CO) 170 B2-3
Milner (GA) 232 A2
Milnesand (NM) 206 C2
Milnor (ND) 130 A3
Milo (ME) 120 C3
Milo (MO) 191 B4
Milo (OR) 140 B2
Milolii (HI) 253 D5-6
Milroy (IN) 174 C2
Milroy (MN) 131 C5
Milroy (PA) 177 B5
Milstead (AL) 231 B6
Milton (DE) 178 D2
Milton (FL) 242/243 A3-4
Milton (IA) 172 B1
Milton (IL) 172 C3
Milton (IN) 174 C2
Milton (KS) 190 B1
Milton (ME) 159 A6
Milton (ND) 115 A4-5
Milton (NY) 158 C2-3
Milton (PA) 177 AB6
Milton (VT) 137 B4
Milton (WI) 152 B4
Milton (WV) 196 A1
Milton-Freewater (OR) 123 B5
Miltona (MN) 131 A5
Miltonvale (KS) 170 C1
Milwaukee (WI) 153 A5
Mimbres (NM) 222 B2-3
Mims (FL) 249 A4
Mina (NV) 182 A1
Mina (SD) 130 B2
Minam (OR) 123 B6
Minatare (NE) 147 C5
Minburn (IA) 151 C4
Minco (OK) 208 A2-3
Minden (IA) 150 C3
Minden (LA) 228 B3
Minden (NE) 169 B5-6
Minden (NV) 161 D6
Mineola (IA) 170 A3
Mineola (NY) 178 B4
Mineola (TX) 227 B5
Miner (MO) 193 C4
Miner (MT) 125 B7
Mineral (CA) 161 B4
Mineral (IL) 152 C3
Mineral (VA) 197 A6
Mineral (WA) 106/107 C4
Mineral Bluff (GA) 214 B2
Mineral Hill (NM) 205 A5
Mineral King (CA) 181 C6
Mineral Point (WI) 152 B3
Mineral Ridge (OH) 176 A2
Mineral Springs (AR) 210 C2
Mineral Springs (NC) 215 B6
Mineral Wells (TX) 226 B2
Mineralwells (WV) 175 C6
Minersville (UT) 184 A2
Minerva (NY) 137 C4
Minerva (OH) 176 B1
Minerva (TX) 238 A2-3
Minetto (NY) 157 A5
Mingo (IA) 151 C5
Mingus (TX) 226 B2
Minidoka (ID) 144 B1
Minier (IL) 173 B4
Mink Creek (ID) 144 B3
Minneapolis (KS) 169 C7
Minneapolis (MN) 132 BC1-2
City Map 254
Minnehaha Springs (WV) 196/197 A4
Minneiska (MN) 132 C2-3
Minneola (KS) 189 B5
Minneota (MN) 131 C5
Minnesota City (MN) 132 C3
Minnesota Lake (MN) 131 D7
Minnesott Beach (NC) 217 B5
Minnetonka (MN) 131 C7
Minnewaukan (ND) 114 A3
Minong (WI) 132 A3
Minonk (IL) 173 B4-5
Minor Hill (TN) 213 A3
Minot (ND) 113 A7
Minquadale (DE) 178 C2
Mint Hill (NC) 215 A6
Minter City (MS) 211 C5
Mintle (NE) 147 C5
Minto (AK) 92 B4
Minto (ND) 115 A5
Minturn (AR) 192 D2
Minturn (CO) 170 C3
Mio (MI) 135 C4
Mira (LA) 228 B3
Miracle Hot Springs (CA) 200 A2
Miramar (FL) 251 B4
Miramar Beach (FL) 243 A4
Miranda (CA) 160 B2
Miranda (SD) 130 C2
Mirando City (TX) 246 B3
Misenheimer (NC) 215 A6
Mishawaka (IN) 153 C6
Mishicot (WI) 134 C1
Mission (OR) 123 B5
Mission (SD) 148 A3
Mission (TX) 247 C3
Mission Bay (FL) 251 A4
Mission Bend (TX) 239 B4
Mission Hill (SD) 149 B6
Mission Ridge (SD) 129 C5
Mission Viejo (CA) 200 C3
Missoula (MT) 109 C6-7
Missouri City (MO) 171 C4
Missouri City (TX) 239 B4
Missouri Valley (IA) 150 C3
Mist (AR) 211 C4
Mist (OR) 121 A2
Mitchell (AL) 231 B5-6
Mitchell (GA) 214 C4
Mitchell (IA) 151 A6
Mitchell (IN) 174 D1
Mitchell (KS) 189 A6
Mitchell (LA) 228 C3
Mitchell (NE) 147 C5
Mitchell (OR) 122 C3
Mitchell (SD) 149 A5
Mitchell Heights (WV) 196 B2
Mitchellsville (IL) 193 B5
Mitchelltown (VA) 197 A4
Mitchellville (AR) 211 C4
Mitchellville (TN) 194 C2
Mitletukeruk (AK) 90 B1-2
Mittie (LA) 240 A2
Mize (MS) 230 C2
Mizpah (MN) 116 B2
Mizpah (MT) 127 A6
Moab (UT) 165 D5
Moapa (NV) 183 C5
Moapa Valley (NV) 183 C5
Mobeetie (TX) 207 A5
Moberly (MO) 171 C6
Mobile (AL) 242 A2-3
Mobile (AZ) 220 A3
Mobile City (TX) 227 B4
Mobridge (SD) 129 B5
Mocane (OK) 189 C4
Moccasin (AZ) 184 C2
Moccasin (CA) 181 B4
Moccasin (MT) 111 B5
Mocksville (NC) 196 D3
Moclips (WA) 106 B2
Modale (IA) 150 C2
Model (CO) 187 B5
Modena (UT) 183 B5-6
Modesto (CA) 180/181 B3-4
Modesto (IL) 172 C3-4
Modoc (GA) 233 B4
Modoc (IN) 174 B2
Modoc (SC) 215 C4
Moenkopi (AZ) 184 C3
Moffat (CO) 186 A4
Moffat (CO) 170 B2
Moffat (TX) 227 C3
Moffett (OK) 210 A1
Moffit (ND) 114 C2
Mogollon (NM) 204 C2
Mogote (CO) 186 B3
Mohall (ND) 113 A7
Mohave Valley (AZ) 202 B1
Mohawk (AZ) 220 B2
Mohawk (MI) 118 B2
Mohawk (NY) 158 AB2
Mohler (WA) 108 B2
Mohnton (PA) 178 B1-2
Moiese (MT) 109 B6
Mojave (CA) 200 A2
Mokane (MO) 172 D2
Mokapu (HI) 252 B4
Mokelumne Hill (CA) 181 A4
Molalla (OR) 121 B3
Mole Lake (WI) 133 B6
Molena (GA) 232 A2
Molina (CO) 170 C1-2
Moline (IL) 152 C2
Moline (KS) 190 B2
Molino (FL) 242 A3
Molson (WA) 107 A7
Molt (MT) 126 B3
Momence (IL) 173 A6
Momeyer (NC) 197 D5
Mona (UT) 164 C3
Monahans (TX) 224 C2-3
Monango (ND) 130 A2
Monarch (CO) 170 D3
Monarch (MT) 110 B4
Moncks Corner (SC) 216 C1-2
Mondamin (IA) 150 C2-3
Mondovi (WA) 108 B2-3
Mondovi (WI) 132 C3
Monee (IL) 153 C5
Monell (WY) 145 C6
Monero (NM) 186 C3
Moneta (VA) 197 B4
Moneta (WY) 146 A1
Monett (MO) 191 C4-5
Monetta (SC) 215 C5
Monette (AR) 192 D3
Moniac (GA) 245 A3
Monico (WI) 133 B5
Monida (MT) 125 C5
Monitor (WA) 107 B6
Monkstown (TX) 209 C5
Monmouth (IL) 172 B3
Monmouth (OR) 121 C2
Monmouth Beach (NJ) 178 B4
Mono Hot Springs (CA) 181 B5
Monolith (CA) 200 A2
Monon (IN) 174 B1
Monongah (WV) 176 C2
Monowi (NE) 149 B5
Monroe (AR) 211 B4
Monroe (GA) 214 C3
Monroe (IA) 151 C5-6
Monroe (IN) 174 B3
Monroe (LA) 229 B4
Monroe (MI) 154 C4
Monroe (NC) 215 B6
Monroe (NE) 149 C6
Monroe (OH) 174/175 C3
Monroe (OK) 210 A1
Monroe (OR) 121 C2
Monroe (PA) 157 C5
Monroe (UT) 164 D2
Monroe (VA) 197 B4
Monroe (WA) 107 B5
Monroe (WI) 152 B3
Monroe City (IN) 173 D6
Monroe City (MO) 172 C2
Monroe City (TX) 239 B5
Monroeville (OH) 155 C5
Monroeville (AL) 231 C4
Monroeville (IN) 174 B2-3
Monroeville (PA) 176 B3
Monse (WA) 107 A7
Monson (ME) 120 C2
Mont Belvieu (TX) 239 B5
Mont Ida (KS) 190 A3
Montgomery (NY) 158 C2
Montrose (MN) 131 B7
Montague (CA) 140 C3
Montague (TX) 208 C3
Montalba (TX) 227 C5
Montana (AK) 96 A2-3
Montana (KS) 191 B3
Montana City (MT) 110 C3
Montauk (NY) 179 A6
Montbrook (FL) 245 B3
Monte Alto (TX) 247 C4
Monte Rio (CA) 180 A1
Monte Vista (CO) 186 B3
Montezuma (IA) 151 C6
Monteagle (TN) 213 A5
Montecito (CA) 200 B1
Monteith (IA) 150 C4
Montell (TX) 237 B4
Montello (NV) 143 C5
Montello (WI) 152 A3
Monterey (CA) 180 C2-3
Monterey (KY) 195 A4
Monterey (LA) 229 C5
Monterey (TN) 194 C3
Monterey (VA) 197 A4
Montesano (WA) 106 C3
Montevallo (AL) 231 A5
Montevallo (MO) 191 B4
Montevideo (MN) 131 C5
Montview (ID) 125 D5
Montezuma (CO) 170/171 C4
Montezuma (GA) 232 B2-3
Montezuma (IN) 173 C6
Montezuma (KS) 188/189 B4
Montezuma (OH) 174 B3
Montezuma Creek (UT) 185 B5
Montfort (WI) 152 B2
Montgomery (AL) 231 B5-6
Montgomery (IN) 173 D6
Montgomery (LA) 228/229 C4
Montgomery (MN) 131 C7
Montgomery (OH) 174/175 C3
Montgomery (PA) 157 C4-5
Montgomery (TX) 239 A4
Montgomery (WV) 196 A2
Montgomery City (MO) 172 CD2
Montgomery Creek (CA) 160/161 B4
Monticello (AR) 211 C4
Monticello (FL) 244 A2
Monticello (GA) 214 C3
Monticello (IA) 152 B1
Monticello (IL) 173 B5
Monticello (IN) 174 B1
Monticello (KY) 195 C4
Monticello (ME) 120 B3-4
Monticello (MN) 131 B7
Monticello (MO) 172 B2
Monticello (MS) 230 C1
Monticello (NM) 204 C3
Monticello (NY) 158 C2
Monticello (SC) 215 B5
Monticello (UT) 185 B5
Monticello (WI) 152 B3
Montmorenci (SC) 215 C5
Montour (ID) 124 D1
Montour Falls (NY) 157 B5
Montoursville (PA) 157 C5
Montoya (NM) 206 A1
Montpelier (ID) 144 B3
Montpelier (IN) 174 B2
Montpelier (LA) 241 A4
Montpelier (ND) 114 C4
Montpelier (OH) 154 C3
Montpelier (VT) 137 B5
Montreal (WI) 133 A4
Montrose (AR) 211 C4
Montrose (CA) 200 B2
Montrose (CO) 186 A2
Montrose (GA) 233 B3
Montrose (IA) 172 B2
Montrose (IL) 173 C5
Montrose (KS) 169 C6-7
Montrose (MI) 154 A3-4
Montrose (MO) 191 A5
Montrose (MS) 230 B2
Montrose (PA) 157 C6
Montrose (SD) 149 A6
Montrose (WV) 176 C3
Montross (VA) 198 A2
Montvale (VA) 197 B4
Montville (OH) 155 C6-7
Monument (CO) 171 C4-5
Monument (NM) 224 B2
Monument (OR) 122/123 C4
Moodus (CT) 159 C4
Moody (AK) 92 D4
Moody (AL) 213 C4
Moody (TX) 227 C3
Moodys (OK) 191 C4
Mooers (NY) 137 B4
Moonshine Hill (TX) 239 B4
Moorhead (MN) 115 C6
Moorhead (MS) 211 C5
Moorcroft (WY) 128 C1
Moore (ID) 144 A1
Moore (MT) 111 C5
Moore (OK) 208/209 A3
Moore (SC) 215 B4
Moore (TX) 237 B4
Moore (UT) 165 D3
Moore Creek (AK) 91 E7
Moore Haven (FL) 249 C3
Moorefield (NE) 168/169 B4
Moorewood (OK) 208 A1
Moorefield (AR) 192 D2
Moorefield (WV) 176 C3-4
Mooreland (IN) 174 C2
Mooreland (OK) 189 C5
Moores Bridge (AL) 212 C3
Moores Hill (IN) 174 C2
Mooresboro (NC) 215 A5
Moorestown (NJ) 178 C3
Mooresville (AL) 213 B4
Mooresville (IN) 174 C1
Mooresville (MO) 171 C5
Mooresville (NC) 215 A6
Mooreton (ND) 130 A3-4
Moorhead (IA) 150 C3
Moorhead (MT) 127 B6
Mooring (TX) 238 A3
Mooringsport (LA) 228 B3
Moorland (IA) 150/151 B4
Moorman (KY) 194 B1
Moorpark (CA) 200 B1-2
Moose (WY) 145 A4
Moose Creek (AK) 96 B3
Moose Creek (AK) 93 C5
Moose Lake (MN) 132 A2
Moose Pass (AK) 96 C3
Moosic (PA) 157 C6
Mopua (HI) 253 C5
Mora (MN) 132 B1
Mora (MO) 171 D5
Mora (NM) 187 D4
Moraine (AK) 96 C3
Morales (TX) 238 B3
Moran (KS) 191 B3
Moran (MI) 135 A4
Moran (TX) 226 B1
Moran (WY) 126 D1
Moravia (IA) 171 B6
Moravia (NY) 157 B5
Moravian Falls (NC) 196 C2
Moreauville (LA) 229 C5
Morehead (KS) 190/191 B3
Morehead (KY) 195 A5
Morehead City (NC) 217 B5
Morehouse (MO) 193 C4
Moreland (GA) 214 C2
Morenci (AZ) 222 A1
Moreno Valley (CA) 201 C3
Morgan (GA) 232 C2
Morgan (MN) 131 C5-6
Morgan (MT) 111 A7
Morgan (TX) 227 B3
Morgan (UT) 164 A3
Morgan City (AL) 213 B4
Morgan City (LA) 241 B3
Morgan City (MS) 211 C5
Morgan Hill (CA) 180 B3
Morgan Mill (TX) 226 B2
Morgantown (PA) 178 B1-2
Morganfield (KY) 193 B5-6
Morganton (GA) 214 B2
Morganton (NC) 215 A5
Morgantown (IN) 174 C1
Morgantown (KY) 194 B2
Morgantown (WV) 176 C3
Morganville (GA) 213 B5
Morganville (KS) 170 C1
Morganza (LA) 240/241 A3
Moriarty (NM) 205 B4
Morita (TX) 225 B4
Morland (KS) 169 C4-5
Morland (KS) 169 C4-5
Morley (IA) 152 B1
Morley (MI) 154 A2
Morley (MO) 193 B4
Mormon Bar (CA) 181 C4
Mormon Lake (AZ) 203 B4
Morning Sun (IA) 172 A2
Moro (AR) 211 B5
Moro (OR) 122 B3
Moro Bay (AR) 211 C3
Morocco (IN) 173 B6
Morongo Valley (CA) 201 B4
Moroni (UT) 164 C3
Morrice (MI) 154 B3
Morrill (KS) 170 C3
Morrill (KY) 195 B4
Morrill (NE) 147 C5
Morrilton (AR) 210 A3
Morris (AL) 213 C4
Morris (GA) 232 C2
Morris (IL) 153 C4
Morris (MN) 131 B5
Morris (NY) 157 B6
Morris (OK) 209 A5
Morris (PA) 157 C4
Morris Ranch (TX) 237 A4
Morrison (IA) 151 B6
Morrison (IL) 152 C3
Morrison (OK) 190 C1
Morrison (TN) 213 A4-5
Morrison Bluff (AR) 210 A2
Morrisonville (IL) 173 C4
Morrisonville (NY) 137 B4
Morriston (FL) 245 B3
Morristown (AZ) 202 C3
Morristown (IN) 174 C2
Morristown (MN) 132 C1
Morristown (NY) 136 B2
Morristown (OH) 176 B1
Morristown (SD) 129 B4
Morristown (TN) 195 C5
Morrisville (MO) 191 B5
Morrisville (NC) 197 D5
Morrisville (NY) 157 B6
Morrisville (PA) 178 B3
Morrisville (VA) 197 A6
Morrisville (VT) 137 B5
Morro Bay (CA) 199 A1-2
Morrow (LA) 240 A2
Morrow (OH) 175 C3
Morrowville (KS) 170 C1
Morse (LA) 240 A2
Morse (TX) 188 C3

Morse (WI) ... 132/133 A4
Morse Bluff (NE) ... 150 C2
Morse Junction (TX) . 188 C3
Morton (IL) ... 173 B4
Morton (MN) ... 131 C5-6
Morton (MS) ... 230 B2
Morton (TX) ... 206 C3
Morton (WA) .. 106/107 C4
Morton (WY) ... 145 A6
Morton Mills (IA) .. 171 A4
Morton Valley (TX) . 226 B2
Mortons Gap (KY) .. 194 B1
Morven (GA) ... 244 A2
Morven (NC) ... 216 B1-2
Morzhovoi (AK) ... 102 E1
Mosby (MO) ... 171 B2
Mosby (MT) ... 111 C7
Mosca (CO) ... 186 B4
Moscow (AR) ... 211 B4
Moscow (IA) ... 152 C1-2
Moscow (ID) ... 108 C4
Moscow (KS) ... 188 B3
Moscow (KY) ... 193 C4
Moscow (OH) ... 175 D3
Moscow (PA) ... 157 C6
Moscow (TN) ... 212 A1
Moscow (TX) ... 239 A5
Moscow Mills (MO) ... 172 D2-3
Moseley (VA) ... 197 B6
Moselle (MS) ... 230 C2
Moses Lake (WA) .. 107 B7
Moses Point (AK) ... 90 C4
Moshannon (PA) ... 177 A4
Mosheim (TN) ... 195 C6
Mosher (SD) ... 148 A3
Mosier (OR) ... 122 B2
Mosinee (WI) ... 133 C5
Mosquero (NM) ... 206 A2
Moss (AL) ... 231 B5
Moss (TN) ... 194 C3
Moss Bluff (LA) ... 240 A1
Moss Hill (TX) ... 239 A5
Moss Landing (CA) . 180 C3
Moss Point (MS) ... 242 A2
Mossville (IL) ... 173 B4
Mossyrock (WA) .. 106 C4
Motley (MN) ... 131 A6
Mott (ND) ... 128 A3
Moulton (AL) ... 213 B3
Moulton (IA) ... 171 B6
Moulton (TX) ... 238 B2
Moulton Heights (AL) ... 213 B3-4
Moultonborough (NH) ... 159 A5
Moultrie (GA) ... 232 C3
Mound (LA) ... 229 B5
Mound (MN) ... 131 C7
Mound Bayou (MS) . 211 C5
Mound City (IL) ... 193 B4
Mound City (KS) ... 191 A4
Mound City (MO) ... 170 B3
Mound City (SD) .. 129 B5-6
Mound Station (IL) . 172 C3
Mound Valley (KS) ... 190/191 B3
Moundridge (KS) ... 190 A1
Mounds (IL) ... 193 B4
Mounds (OK) ... 190 D2
Mounds (UT) ... 165 C4
Moundsville (WV) .. 176 C2
Moundville (AL) ... 231 B4
Moundville (MO) ... 191 B4
Mount Aetna (MD) . 177 C5
Mount Airy (GA) ... 214 B3
Mount Airy (MD) .. 177 C5
Mount Airy (NC) ... 196 C3
Mount Airy (VA) .. 197 BC4
Mount Andrew (AL) . 232 C1
Mount Angel (OR) .. 121 B3
Mount Auburn (IA) . 151 B6-7
Mount Ayr (IA) ... 171 B4
Mount Ayr (IN) ... 173 B6
Mount Baldy (CA) .. 200 B3
Mount Berry (GA) .. 213 B5
Mount Bullion (CA) . 181 B4
Mount Calm (TX) .. 227 C4
Mount Carmel (GA) . 213 B5
Mount Carmel (IL) .. 194 A1
Mount Carmel (MS) . 230 C2
Mount Carmel (PA) . 177 B6
Mount Carmel (SC) 215 BC4
Mount Carmel (TN) . 195 C6
Mount Carmel (UT) . 184 B2
Mount Carroll (IL) ... 152 B3
Mount Clemens (MI) .. 36 C2
Mount Crawford (VA) ... 197 A4-5
Mount Crested Butte (CO) ... 170 D3
Mount Croghan (SC) . 216 B1
Mount Dora (FL) ... 248 A3
Mount Dora (NM) .. 187 C6
Mount Eaton (OH) .. 176 B1
Mount Enterprise (TX) . 228 C2
Mount Etna (IA) ... 171 A4
Mount Etna (IN) ... 174 B2
Mount Gilead (NC) . 216 A2
Mount Gilead (OH) .. 175 B5
Mount Hermon (KY) . 194 C3
Mount Hermon (LA) . 241 A4
Mount Holly (AR) .. 210 C3
Mount Holly (NC) . 215 A5-6
Mount Holly (SC) . 234 A2-3
Mount Hood Village (OR) ... 122 B1-2
Mount Hope (KS) ... 190 B1
Mount Hope (WI) . 152 AB2
Mount Hope (WV) .. 196 B4
Mount Horeb (WI) .. 152 B3
Mount Houston (TX) . 239 B4
Mount Ida (AR) ... 210 B2
Mount Jackson (VA) . 177 D4
Mount Jewett (PA) . 156 C3
Mount Joy (PA) ... 177 B6
Mount Juliet (TN) .. 194 C2
Mount Laguna (CA) . 219 B3
Mount Lebanon (LA) . 228 B3
Mount Leonard (MO) . 171 C5
Mount Moriah (MO) 171 B5
Mount Morris (IL) . 152 BC3
Mount Morris (MI) .. 154 A4
Mount Morris (NY) . 156 B4
Mount Nebo (WV) .. 196 A3
Mount Olive (IL) . 172/173 C4
Mount Olive (MS) .. 230 C2
Mount Olive (NC) . 216 A3-4
Mount Olivet (KY) . 175 D3-4
Mount Orab (OH) . 175 CD3-4
Mount Pleasant (AR) ... 192 D2
Mount Pleasant (IA) ... 172 AB2
Mount Pleasant (MI) . 154 A3
Mount Pleasant (MS) . 212 B1
Mount Pleasant (NC) . 215 A6
Mount Pleasant (PA) . 176 B3
Mount Pleasant (SC) . 234 B3
Mount Pleasant (TN) . 213 A3
Mount Pleasant (TX) . 228 A2
Mount Pleasant (UT) . 164 C3
Mount Plymouth (FL) . 249 A3
Mount Pocono (PA) . 178 A2
Mount Prospect (IL) . 153 B5
Mount Pulaski (IL) . 173 BC4
Mount Selman (TX) . 227 B5
Mount Shasta (CA) . 140 C3
Mount Sidney (VA) . 197 A5
Mount Sterling (IL) . 172 CD3
Mount Sterling (MO) . 192 A2
Mount Sterling (OH) .. 175 C4
Mount Sterling (WI) ... 152 A1-2
Mount Storm (WV) . 176 C3
Mount Trumbull (AZ) . 184 C1
Mount Union (PA) .. 177 B5
Mount Upton (NY) . 157 B6
Mount Vernon (AL) . 231 C4
Mount Vernon (GA) . 233 B4
Mount Vernon (IA) .. 152 C1
Mount Vernon (IL) .. 193 A5
Mount Vernon (IN) . 193 B5-6
Mount Vernon (KY) .. 195 B4
Mount Vernon (MO) . 191 B5
Mount Vernon (NY) . 156 B2-3
Mount Vernon (OH) .. 175 B5
Mount Vernon (OR) .. 123 C4
Mount Vernon (SD) .. 149 A5
Mount Vernon (TN) .. 214 A2
Mount Vernon (TX) . 209 C5
Mount Vernon (VA) . 177 D5
Mount Vernon (WA) ... 106/107 A4
Mount Victory (OH) . 175 B4
Mount Washington (KY) ... 194 A3
Mount Zion (GA) ... 213 C5
Mount Zion (IA) ... 172 B2
Mount Zion (IL) ... 173 C5
Mount Zion (MD) ... 177 D6
Mount Zion (MO) ... 191 A5
Mount Zion (WI) ... 152 A2
Mountain (ND) ... 115 A4-5
Mountain (WI) ... 133 B6
Mountain Brook (AL) . 213 C4
Mountain Center (CA) ... 201 C4
Mountain City (GA) . 214 B3
Mountain City (NV) . 143 C3-4
Mountain City (TN) . 196 C2
Mountain City (TX) . 238 A1-2
Mountain Creek (AL) . 231 B5
Mountain Grove (MO) . 192 B1
Mountain Home (AR) . 192 C1
Mountain Home (ID) .. 143 A4
Mountain Home (NC) ... 214/215 A4
Mountain Home (TX) . 237 A4
Mountain Home (UT) . 165 B4
Mountain Iron (MN) . 116 B4
Mountain Lake (MN) . 131 D6
Mountain Lake Park (MD) ... 176 C3
Mountain Mesa (CA) . 200 A2
Mountain Park (GA) . 214 B2
Mountain Park (OK) . 208 B2
Mountain Pine (AR) . 210 B2
Mountain Point (AK) . 105 D6
Mountain Ranch (CA) . 181 A4
Mountain Valley (AR) . 210 B2
Mountain View (AK) 105 D6
Mountain View (AR) ... 192 D1-2
Mountain View (CA) .. 180 B2
Mountain View (MO) . 192 B2
Mountain View (NC) . 215 A5
Mountain View (OK) . 208 A2
Mountain View (WY) . 145 C4
Mountain View Acres (CA) ... 200 B3
Mountain Village (AK) ... 94 A3
Mountain Village (CO) ... 186 B1-2
Mountainair (NM) .. 205 B4
Mountainboro (AL) . 213 B4
Mountainburg (AR) . 210 A1-2
Mountville (PA) ... 177 B6
Mouser (OK) ... 188 C3
Mouth of Wilson (VA) . 196 C2
Moville (IA) ... 150 B2-3
Moweaqua (IL) .. 173 C4-5
Moxee City (WA) .. 107 C6
Moxley (GA) ... 233 B4
Moyers (OK) ... 209 B5
Moyie Springs (ID) ... 108/109 A4
Moyock (NC) ... 198 C2
Mozelle (KY) ... 195 B5
Mud Bay (AK) ... 105 D6
Mud Butte (SD) ... 128 C3
Mud Lake (ID) ... 125 D5
Muddy (IL) ... 193 B5
Muddy (MT) ... 127 B5
Muddy Gap (WY) ... 146 B1
Muenster (TX) ... 209 C3
Mugisitokiwik (AK) . 90 B1-2
Muir (MI) ... 154 A3
Mukialik (AK) ... 94 A2-3
Mukilteo (WA) ... 106 B4
Mukwonago (WI) .. 153 B4
Mulberry (AR) ... 210 A1-2
Mulberry (FL) ... 248 B3
Mulberry (NC) ... 196 C2
Mulberry (TN) ... 213 A4
Mulberry Grove (IL) . 173 D4
Muldoon (TX) ... 238 B2-3
Muldraugh (KY) ... 194 B3
Muldrow (OK) ... 210 A1
Mule Creek (NM) .. 222 A2
Muleshoe (TX) ... 206 B3
Mulhall (OK) ... 190 C1
Mullan (ID) ... 109 B5
Mullen (NE) ... 148 B2
Mullens (WV) ... 196 B2
Mulliken (MI) ... 154 B3
Mullin (TX) ... 226 C2
Mullins (SC) ... 216 B2
Mullinville (KS) ... 189 B5
Mulvane (KS) ... 190 B1
Mumford (TX) ... 238 A3
Muncie (IN) ... 174 B2
Muncie (KS) ... 171 C4
Muncy (PA) ... 157 C5
Muncy (TX) ... 207 B4
Munday (TX) ... 208 C1
Mundelein (IL) ... 153 B4
Munden (KS) ... 170 C1
Munford (TN) ... 212 A1
Munfordville (KY) . 194 B2-3
Munger (MI) ... 154 A4
Munhall (PA) ... 176 B3
Munich (ND) ... 114 A4
Munising (MI) ... 134 A2
Munjor (KS) ... 169 D5
Munnsville (NY) .. 136 CD2
Munson (FL) ... 243 A4
Munsons Corners (NY) . 157 B5
Murchison (TX) ... 227 B5
Murdo (SD) ... 129 D5
Murdock (FL) ... 248 BC2
Murdock (KS) ... 190 B1
Murdock (MN) ... 131 B5
Murdock (NE) ... 170 B2
Murfreesboro (AR) . 210 B2
Murfreesboro (NC) . 198 C1-2
Murfreesboro (TN) . 194 D2
Murphy (ID) ... 142 A3
Murphy (NC) ... 214 A2-3
Murphy (OR) ... 140 B2
Murphy City (MN) . 117 B5
Murphys (CA) ... 181 A4
Murphysboro (IL) .. 193 B4
Murphytown (WV) .. 176 C1
Murray (AR) ... 191 D5
Murray (IA) ... 171 A5
Murray (ID) ... 109 B5
Murray (KY) ... 193 C5
Murray (NE) ... 170 B2-3
Murray (UT) ... 164 B3
Murrayville (IL) ... 172 C3
Murrells Inlet (SC) . 216 C2
Murrieta (CA) .. 200/201 C3
Murrieta Hot Springs (CA) ... 201 C3-4
Murry Hill (PA) ... 176 B2
Murrysville (PA) ... 176 B3
Murtaugh (ID) ... 143 B5
Muscatine (IA) ... 152 C1-2
Muscle Shoals (AL) . 212 B3
Muscoda (WI) ... 152 A2
Muscotah (KS) ... 170 C3
Musella (GA) ... 232 B2-3
Muskego (WI) ... 153 B4-5
Muskegon (MI) ... 153 A6
Muskegon Heights (MI) ... 153 A6
Muskogee (OK) ... 209 A5
Musselshell (MT) . 111 C6-7
Mustang (OK) ... 208 A3
Mustang Ridge (TX) . 238 A2
Mustoe (VA) ... 197 A4
Mutual (OH) ... 175 B4
Mutual (OK) ... 189 C5
Myakka City (FL) .. 248 B2
Myers (MT) ... 127 A4
Myersville (MD) ... 177 C5
Mylo (ND) ... 114 A3
Mynard (NE) ... 170 B2-3
Myron (AR) ... 192 C2
Myrtle (ID) ... 108 C4
Myrtle (MS) ... 212 B1
Myrtle (WV) ... 196 B1
Myrtle Beach (SC) . 216 C3
Myrtle Creek (OR) .. 140 A2
Myrtle Grove (FL) .. 242 A3
Myrtle Grove (LA) . 241 B4-5
Myrtle Grove (NC) . 216 B4
Myrtle Point (OR) .. 140 A1-2
Myrtle Springs (TX) . 227 B5
Myrtlewood (AL) . 231 B3-4
Mystic (CT) ... 159 C5
Mystic Island (NJ) .. 178 C3
Myton (UT) ... 165 B4-5

N

Naalehu (HI) ... 253 D6
Nabesna (AK) ... 97 A6
Nabesna Village (AK) ... 93 D7-8
Naborton (LA) ... 228 B3
Naches (WA) ... 107 C6
Nacogdoches (TX) . 228 C2
Nada (TX) ... 238 B3
Nageezi (NM) ... 186 C2
Nags Head (NC) ... 198 D3
Naguchik (AK) ... 90 E4
Naha (HI) ... 253 C5
Nahma (MI) ... 134 B2
Nahunta (GA) ... 233 C4-5
Nairn (LA) ... 241 B5
Nakeen (AK) ... 95 E6
Naknek (AK) ... 95 E6
Nallen (WV) ... 196 A3
Nambe (NM) ... 186 D4
Namekagon (WI) .. 132 A3
Nampa (ID) ... 142 A3
Nanakuli (HI) ... 252 B3
Nancy (KY) ... 195 B4
Nankin (OH) ... 175 B5
Nanson (ND) ... 114 A3
Nanticoke (PA) ... 157 C5
Nantucket (MA) .. 159 C6-7
Nanty Glo (PA) . 176/177 B4
Nanvarnarluk (AK) .. 94 C3
Naokak (AK) ... 86 A4
Napa (CA) ... 180 A2
Napaimiut (AK) ... 95 B5
Napakiak (AK) ... 94 C3
Napanoch (NY) ... 158 C2
Napaskiak (AK) ... 94 C4
Napavine (WA) ... 106 C3-4
Naper (NE) ... 149 B4-5
Naperville (IL) ... 153 C4
Naples (FL) ... 250 A3
Naples (ID) ... 108 A4
Naples (IL) ... 172 C3
Naples (NY) ... 157 B4
Naples (SD) ... 130 C3
Naples (TX) ... 210 C1
Naples (UT) ... 165 B5
Naples Manor (FL) ... 250/251 A3
Naples Park (FL) ... 250 A3
Napoleon (IN) ... 174 C2
Napoleon (MI) ... 154 B3
Napoleon (MO) ... 171 C4-5
Napoleon (ND) ... 114 C3
Napoleon (OH) ... 154 C3
Napoleonville (LA) . 241 B3-4
Naponee (NE) ... 169 B5
Napoopoo (HI) ... 253 D6
Nappanee (IN) ... 153 C6
Nara Visa (NM) ... 206 A2
Naranja (FL) ... 251 B4
Narcisso (TX) ... 207 B5
Narcoossee (FL) ... 249 A3
Nardin (OK) ... 190 C1
Narka (KS) ... 170 C1
Narrows (VA) ... 196 B3
Narrowsburg (NY) . 158 C1-2
Naruna (VA) ... 197 B5
Naschitti (NM) ... 185 C6
Naselle (WA) ... 121 A2
Nash (ND) ... 115 A5
Nash (OK) ... 189 C6-7
Nash (TX) ... 210 C1
Nash Harbor (AK) ... 94 C1
Nashoba (OK) ... 209 B5
Nashua (IA) ... 151 B6
Nashua (MN) ... 131 A4
Nashua (MT) ... 112 A2
Nashua (NH) ... 159 B5
Nashville (AR) ... 210 C2
Nashville (GA) ... 233 C3
Nashville (IL) ... 193 A4
Nashville (IN) ... 174 C1
Nashville (KS) ... 189 B6
Nashville (MI) ... 154 B2-3
Nashville (MO) ... 191 B4
Nashville (NC) .. 197 CD5-6
Nashville (OH) ... 175 B5
Nashville (TN) ... 194 C1-2
Nashwauk (MN) ... 116 B3
Naskak Camp (AK) ... 90 D1
Nasonville (WI) ... 133 C4
Nassau (MN) .. 130/131 B4
Nassau (NY) ... 158 B3
Nassawadox (VA) . 198 B2-3
Natalbany (LA) ... 241 A4
Natalia (TX) ... 237 B5
Natchez (LA) ... 228 C3-4
Natchez (MS) ... 229 C5
Natchitoches (LA) . 228 C3
Nathan (AR) ... 210 B2
Nathrop (CO) ... 170 D3
Nation (AK) ... 93 B7-8
National (IA) ... 152 B1
National City (CA) . 218 B2-3
Natoma (KS) ... 169 C5
Natrona (KS) ... 189 B6
Natrona (WY) ... 146 A2
Natural Bridge (AL) ... 212/213 B3
Natural Bridge (NY) . 136 B2
Natural Bridge (VA) . 197 B4
Natural Dam (AR) .. 210 A1
Naturita (CO) ... 185 A6
Natwick (WY) ... 147 C3
Naubinway (MI) ... 134 A3
Naugatuck (CT) ... 158 C3-4
Nauvoo (AL) ... 213 C3
Nauvoo (IL) ... 172 B2
Nauyoaruk (AK) ... 86 C4
Navajo (AZ) ... 204 A1
Navajo (NM) ... 185 D5-6
Navarino (WI) ... 133 C6
Navarre (FL) ... 243 A4
Navarre (KS) ... 170 D1
Navarre (OH) ... 176 B1
Navarro (TX) ... 227 C4
Navasota (TX) ... 239 A3
Navassa (NC) ... 216 B3-4
Naylor (GA) ... 244 A2
Naylor (MO) ... 192 C3
Nazareth (KY) ... 194 B3
Nazareth (PA) ... 178 B2
Nazareth (TX) ... 207 B3
Nazlini (AZ) ... 185 D5
Neah Bay (WA) ... 106 A2
Neal (KS) ... 190 B2
Neame (LA) ... 240 A1
Nebo (KY) ... 194 B1
Nebo (LA) ... 229 C4
Nebraska City (NE) . 170 B2-3
Necaise (MS) ... 242 A1
Necedah (WI) ... 133 CD4
Neche (ND) ... 115 A5
Neches (TX) ... 227 C5
Nederland (CO) ... 171 C4
Nederland (TX) ... 239 B5
Nedrow (NY) ... 157 B5
Needles (CA) ... 202 B1
Needmore (GA) . 244/245 A3
Needmore (PA) ... 177 C4-5
Needmore (TX) ... 206 C3
Needmore (TX) ... 206 B3
Needville (TX) ... 239 B4
Neenah (WI) ... 133 C6
Neeses (SC) ... 215 C5
Negaunee (MI) ... 118 C3
Negra (NM) ... 205 B5
Negreet (LA) ... 228 C3
Nehalem (OR) ... 121 B2
Nehawka (NE) ... 170 B2-3
Neihart (MT) ... 110 C4
Neillsville (WI) ... 133 C4
Neilton (WA) ... 106 B3
Nekoma (KS) ... 189 A5
Nekoma (ND) .. 114/115 A4
Nekoosa (WI) ... 133 C4-5
Nelagoney (OK) ... 190 C2
Nelchina (AK) ... 97 A4
Neligh (NE) ... 149 B5-6
Nellie (OH) ... 175 B5
Nellieburg (MS) ... 230 B3
Nelson (AZ) ... 202 A2
Nelson (GA) ... 214 B2
Nelson (MN) ... 131 B5
Nelson (MO) ... 171 C5
Nelson (MT) ... 110 C3
Nelson (NE) ... 169 B6
Nelson (NV) ... 201 A6
Nelson (VA) ... 197 C5
Nelson (WI) ... 132 C3
Nelson Lagoon (AK) 102 D2
Nelsonville (AK) ... 95 D5
Nelsonville (OH) ... 175 C5
Nelsonville (WI) ... 133 C5
Neltushkin (AK) ... 105 B4
Nemah (WA) ... 106 C3
Nemaha (NE) ... 170 B3
Nemo (SD) ... 128 C2
Nenana (AK) ... 92 C4
Nenzel (NE) ... 148 B2
Neodesha (KS) ... 190 B3
Neoga (IL) ... 173 C5
Neola (IA) ... 150 C3
Neola (UT) ... 165 B4
Neopit (WI) ... 133 C6
Neosho (MO) ... 191 C4
Neosho Falls (KS) .. 190 A3
Neosho Rapids (KS) .. 190 A2
Nephi (UT) ... 164 C3
Neponset (IL) ... 152 C3
Neptune (OH) ... 174 B3
Neptune Beach (FL) . 245 A4
Nesbit (MS) ... 211 B5
Nesbitt (TX) ... 228 B2
Neshkoro (WI) ... 133 D5
Neshoba (MS) ... 230 B2
Nesika Beach (OR) .. 140 B1
Nespelem (WA) .. 108 A1-2
Nesquehoning (PA) ... 178 B2
Ness City (KS) ... 189 A5
Nestoria (MI) ... 118 C2
Netarts (OR) ... 121 B2
Netawaka (KS) ... 170 C3
Nett Lake (MN) ... 116 A3
Nettleton (MS) ... 212 B2
Neuse (NC) ... 197 D5
Neuse Forest (NC) . 217 AB5
Neutral (KS) ... 191 B4
Neuville (TX) ... 228 C2
Nevada (IA) ... 151 B5
Nevada (MO) ... 191 B4
Nevada (OH) ... 175 B4
Nevada (TX) ... 227 A4
Neville (OH) ... 175 D3
Nevis (MN) ... 116 C2
New Albany (IN) .. 194 A2-3
New Albany (KS) .. 190 B3
New Albany (MS) .. 212 B1
New Albany (OH) .. 175 B5
New Albany (PA) .. 157 C5
New Albin (IA) ... 152 A1
New Alexandria (PA) . 176 B3
New Almelo (KS) .. 169 C4
New Athens (IL) .. 193 A4
New Auburn (MN) .. 131 C6
New Auburn (WI) .. 132 B3
New Augusta (MS) ... 230 C2-3
New Baden (IL) ... 172 D4
New Baltimore (MI) . 155 B5
New Baltimore (PA) . 177 C4
New Bedford (MA) . 159 C6
New Berlin (IL) ... 172 C4
New Berlin (NY) ... 157 B6
New Berlin (PA) .. 177 B5-6
New Berlin (TX) ... 238 B1
New Berlin (WI) ... 153 B4
New Bern (NC) ... 217 A4
New Bethlehem (PA) 176 B3
New Bloomfield (MO) ... 172 D1-2
New Boston (IL) .. 152 C1-2
New Boston (OH) .. 175 D5
New Boston (TX) .. 210 C1
New Braunfels (TX) ... 238 B1-2
New Britain (CT) ... 158 C4
New Brockton (AL) . 231 C5-6
New Brunswick (NJ) . 178 B3
New Buffalo (MI) .. 153 C6
New Buffalo (PA) . 177 B5-6
New Burnside (IL) .. 193 B5
New Cambria (MO) . 171 C6
New Canaan (CT) ... 158 C3
New Caney (TX) ... 239 A4
New Canton (IL) ... 172 C2
New Canton (VA) .. 197 B5
New Carlisle (IN) .. 153 C6
New Castle (CO) ... 170 C2
New Castle (IN) ... 174 C2
New Castle (KY) ... 174 D2
New Castle (PA) ... 176 A2

New Castle (VA) ... 196 B3
New Centerville (ID) ... 143 A4
New Centerville (PA) ... 176 C3
New Chapel Hill (TX) ... 228 B1
New Concord (OH) ... 175 C6
New Creek (WV) ... 176 C3-4
New Deal (TX) ... 207 C4
New Eagle (PA) ... 176 B3
New Edinburg (AR) ... 211 C3
New Effington (SD) ... 130 B3-4
New Ellenton (SC) ... 215 C5
New England (ND) ... 113 C6
New Era (LA) ... 229 C5
New Era (MI) ... 153 A6
New Florence (MO) ... 172 D2
New Franken (WI) ... 134 C1
New Franklin (MO) ... 171 C6
New Germany (MN) ... 131 C6-7
New Glarus (WI) ... 152 B3
New Grand Chain (IL) ... 193 B4-5
New Hamilton (AK) ... 90 E4
New Hampton (IA) ... 151 A6
New Hampton (MO) 171 B4
New Hampton (NH) 159 A5
New Harmony (IN) 193 A6
New Harmony (UT) ... 183 B6
New Hartford (IA) ... 151 B6
New Hartford (IL) ... 172 C3
New Hartford (NY) ... 136 C2
New Haven (CT) ... 158 C4
New Haven (IA) ... 151 A6
New Haven (IL) ... 193 B5
New Haven (IN) ... 174 A3
New Haven (KY) ... 194 B3
New Haven (MI) ... 155 B5
New Haven (MO) ... 172 D2
New Haven (NY) ... 157 A5
New Haven (WV) 175 D5-6
New Haven (WY) ... 128 C1
New Holland (IL) ... 173 B4
New Holland (OH) ... 175 C4
New Holland (SD) ... 149 A5
New Holstein (WI) ... 133 D6
New Home (TX) ... 207 C4
New Hope (AL) ... 213 B4
New Hope (FL) ... 243 A5
New Hope (GA) ... 214 C2
New Hope (NC) ... 216 A4
New Hope (PA) ... 178 B2-3
New Hope (TN) ... 213 AB5
New Hradec (ND) ... 113 B6
New Iberia (LA) ... 240 A3
New Igloo (AK) ... 90 B3
New Johnsonville (TN) ... 193 CD6
New Kensington (PA) ... 176 B2-3
New Kent (VA) ... 198 B2
New Knockhock (AK) ... 94 A2
New Laguna (NM) ... 204 AB3
New Lancaster (KS) 191 A4
New Lebanon (OH) ... 174 C3
New Lebanon (PA) ... 156 C1-2
New Leipzig (ND) ... 129 A4
New Lenox (IL) ... 153 C5
New Lexington (OH) ... 175 C5
New Liberty (IA) ... 152 C2
New Lisbon (WI) ... 133 D4-5
New Llano (LA) ... 228 C3
New London (CT) ... 159 C4-5
New London (IA) ... 172 B2
New London (MN) ... 131 B6
New London (MO) ... 172 C2
New London (NC) ... 215 A6
New London (PA) ... 178 C2
New London (TX) ... 228 B2
New London (WA) ... 106 B3
New London (WI) ... 133 C6
New Lothrop (MI) ... 154 A3-4
New Madrid (MO) ... 193 C4
New Market (AL) ... 213 B4
New Market (IA) ... 171 B4
New Market (IN) ... 174 C1
New Market (MN) ... 132 C1
New Market (TN) ... 195 C5
New Market (VA) ... 177 D4
New Martinsville (WV) ... 176 C2
New Meadows (ID) ... 124 C1
New Milford (CT) ... 158 C3
New Milford (IL) ... 152 B3
New Milford (PA) ... 157 C6
New Milton (WV) ... 176 C2
New Minden (IL) ... 193 A4
New Munich (MN) ... 131 B6
New Munster (WI) ... 153 B4
New Orleans (LA) ... 241 AB4-5
City Map ... 240
New Oxford (PA) ... 177 C5
New Paltz (NY) ... 158 C2
New Pekin (IN) ... 174 D1-2
New Pine Creek (OR) ... 141 B5
New Plymouth (ID) ... 123 CD7
New Port Richey (FL) ... 248 A2
New Port Walter (AK) 105 C4
New Prague (MN) ... 131 C7
New Preston (CT) ... 158 C3
New Princeton (OR) ... 142 A1
New Richland (MN) ... 132 D1
New Richmond (OH) ... 175 D3
New Richmond (WI) ... 132 B2
New Ringgold (PA) ... 178 B1-2
New River (AZ) ... 203 C3-4
New Roads (LA) ... 241 A3
New Rochelle (NY) ... 178/179 B4
New Rockford (ND) 114 B3
New Rome (OH) ... 175 C4
New Ross (IN) ... 174 C1
New Salem (IL) ... 172 C3
New Salem (IN) ... 174 C2
New Salem (ND) ... 113 C7
New Sharon (IA) ... 151 C6
New Shoreham (RI) ... 159 C6
New Site (AL) ... 232 A1
New Smyrna Beach (FL) ... 245 B5
New Stanton (PA) ... 176 B3
New Strawn (KS) ... 190 A3
New Stuyahok (AK) ... 95 D6
New Summerfield (TX) ... 228 BC1
New Taiton (TX) ... 228 B3
New Tazewell (TN) ... 195 C5
New Tokeen (AK) ... 105 D5
New Town (ND) ... 113 B6
New Trier (MN) ... 132 C2
New Tripoli (PA) ... 178 B2
New Tulsa (OK) ... 190 C3
New Ulm (MN) ... 131 C6
New Ulm (TX) ... 238 B3
New Underwood (SD) ... 128 C3
New Vienna (IA) ... 152 B1
New Vienna (OH) ... 175 C4
New Vineyard (ME) ... 138 B2-3
New Washoe City (NV) ... 161 C6
New Waverly (TX) ... 239 A4
New Willard (TX) ... 239 A5
New Wilmington (PA) ... 176 A2
New Witten (SD) ... 148 A3
New Woodstock (NY) ... 157 B6
New York (FL) ... 242 A3
New York (NY) ... 178 B4
City Map ... 179
New York (TX) ... 227 B5
New York Mills (MN) ... 131 B7
New Zion (SC) ... 216 C1-2
Newfolden (MN) ... 115 A6
Newmarket (NH) ... 159 A6
Newpoint (IN) ... 174 C2
Newtown (CT) ... 158 C3
Newald (WI) ... 133 B6
Newark (AR) ... 211 A4
Newark (DE) ... 178 C2
Newark (IL) ... 153 C4
Newark (MO) ... 172 B1-2
Newark (NJ) ... 178 B3
Newark (NY) ... 157 A4-5
Newark (OH) ... 175 B5
Newark (TX) ... 227 A3
Newark Valley (NY) ... 157 B5
Newaygo (MI) ... 154 A2
Newberg (OR) ... 121 B2-3
Newbern (TN) ... 193 C4
Newberry (FL) ... 244/245 B3
Newberry (IN) ... 173 D6
Newberry (MI) ... 134 A3
Newberry (SC) ... 215 B5
Newberry Springs (CA) ... 201 B4
Newborn (GA) ... 214 C3
Newburg (IA) ... 151 C6
Newburg (ND) ... 114 A2
Newburg (PA) ... 177 B5
Newburg (TX) ... 226 C2
Newburg (WI) ... 153 A4
Newburg (WV) ... 176 C3
Newburgh (IN) ... 194 B1
Newburgh (NY) ... 158 C2
Newbury (VT) ... 137 B5
Newburyport (MA) ... 159 B6
Newcastle (CA) ... 161 D4
Newcastle (ME) ... 138 B3
Newcastle (NE) ... 150 B2
Newcastle (OK) ... 208 A3
Newcastle (TX) ... 208 C2
Newcastle (UT) ... 183 B6
Newcastle (WY) ... 128 D1
Newcomb (NM) ... 185 C6
Newcomb (NY) ... 136 C3
Newcomerstown (OH) ... 176 B1
Newdale (ID) ... 125 D6
Newell (AR) ... 229 A4
Newell (IA) ... 150 B4
Newell (SD) ... 128 C2
Newellton (LA) ... 229 B5
Newfane (VT) ... 158 B4
Newfield (NJ) ... 178 C2-3
Newfoundland (PA) ... 157 C6
Newfoundland (KY) ... 195 A5-6
Newhalem (WA) ... 107 A5
Newhalen (AK) ... 95 D7
Newhall (CA) ... 200 B2
Newhope (AR) ... 210 B2
Newington (CT) ... 158 C4
Newington (GA) ... 233 B5
Newkirk (NM) ... 206 A1
Newkirk (OK) ... 190 C1-2
Newland (NC) ... 196 C2
Newlin (TX) ... 207 B5
Newman (CA) ... 180 B3
Newman (IL) ... 173 C5-6
Newman (NM) ... 223 B4
Newman Grove (NE) ... 149 C6
Newman Lake (WA) ... 108 B3
Newnan (GA) ... 214 C2
Newport (AR) ... 211 A4
Newport (FL) ... 244 A1
Newport (IN) ... 173 C6
Newport (ME) ... 139 B3
Newport (MS) ... 211 B5
Newport (NC) ... 217 B5
Newport (NE) ... 149 B4
Newport (NH) ... 137 C5
Newport (NY) ... 136 C2-3
Newport (OH) ... 176 C1
Newport (OR) ... 121 C1
Newport (PA) ... 177 B5
Newport (RI) ... 159 C5
Newport (TN) ... 195 D5
Newport (TX) ... 208 C2
Newport (VT) ... 137 B5
Newport (WA) ... 108 A3
Newport News (VA) ... 198 C2
Newry (PA) ... 177 B4
Newry (WI) ... 152 A2
Newsome (TX) ... 228 B1
Newtok (AK) ... 94 C2
Newton (AL) ... 232 C1
Newton (GA) ... 232 C2
Newton (IA) ... 151 C5-6
Newton (IL) ... 173 D5
Newton (KS) ... 190 A1
Newton (MA) ... 159 B5
Newton (MS) ... 230 B2
Newton (NC) ... 215 A5
Newton (NJ) ... 178 A3
Newton (TX) ... 240 A1
Newton (UT) ... 144 C2-3
Newton (WI) ... 133 CD7
Newton Falls (NY) ... 136 B3
Newton Grove (NC) ... 216 A3
Newton Hamilton (PA) ... 177 B5
Newtonia (MO) ... 191 C4
Newtonsville (OH) ... 175 C3
Newtonville (AL) ... 212 C3
Newtown (KY) ... 195 A4
Newtown (MO) ... 171 B5
Newtown (PA) ... 178 B2-3
Newtown (VA) ... 197 A5
Newville (CA) ... 160 C3
Newville (PA) ... 177 B5
Ney (OH) ... 154 C3
Neylandville (TX) ... 209 C4-5
Nezperce (ID) ... 124 A1
Niagara (ND) ... 115 B5
Niagara (WI) ... 133 B6-7
Niagara Falls (NY) ... 156 A2
Niangua (MO) ... 191 B6
Niantic (CT) ... 159 C4
Niantic (IL) ... 173 C4
Niarada (MT) ... 109 B6
Nice (CA) ... 160 C3
Niceville (FL) ... 243 A4
Nicholasville (KY) ... 195 B4
Nicholls (GA) ... 233 C4
Nichols (IA) ... 152 C1
Nichols (NY) ... 157 B5
Nichols (SC) ... 216 B2
Nichols (WI) ... 133 C6
Nichols Hills (OK) ... 208 A3
Nicholson (GA) ... 214 B3
Nicholson (MS) ... 241 A5
Nicholson (PA) ... 157 C6
Nicholville (NY) ... 136 B3
Nickel Creek Station (TX) ... 224 C1
Nickelsville (VA) ... 196 C1
Nickerson (KS) ... 189 A6
Nickerson (NE) ... 150 C2
Nicodemus (KS) ... 169 C5
Nicolaus (CA) ... 161 D4
Nicollet (MN) ... 131 C6
Niederwald (TX) ... 238 A2
Nielsville (MN) ... 115 B6
Nighthawk (WA) ... 107 A7
Nightmute (AK) ... 94 C2
Nikishka (AK) ... 96 C2
Nikolai (AK) ... 92 D1
Nikolski (AK) ... 101 D4
Niland (CA) ... 201 C5
Niles (KS) ... 170 D1
Niles (MI) ... 153 C6
Nillik (AK) ... 87 D6
Nilwood (IL) ... 172 C4
Nimrod (MN) ... 116 C2
Ninaview (CO) ... 187 B6
Nine Mile Falls (WA) 108 B3
Ninety Six (SC) ... 215 B4-5
Ninilchik (AK) ... 96 C2
Ninnekah (OK) ... 208 B3
Ninock (LA) ... 228 B3
Niobe (ND) ... 113 A6
Niobrara (NE) ... 149 B5-6
Niota (TN) ... 214 A2
Niotaze (KS) ... 190 B2
Nipomo (CA) ... 199 A2
Nipton (CA) ... 201 A5
Nisland (SD) ... 128 C2
Nisswa (MN) ... 116 C2
Niter (ID) ... 144 B3
Nitro (WV) ... 196 A2
Nitta Yuma (MS) ... 229 A6
Niverville (NY) ... 158 B3
Niwot (CO) ... 171 B4
Nixa (MO) ... 191 B5
Nixon (NV) ... 161 C6
Nixon (TN) ... 212 A2
Nixon (TX) ... 238 B2
Nixons Crossroads (SC) ... 216 C3
Noatak (AK) ... 86 C4
Noble (IL) ... 173 D5
Noble (LA) ... 228 C3
Noble (OK) ... 209 A3
Noblesville (IN) ... 174 B2
Nocatee (FL) ... 248 B3
Nocona (TX) ... 208 C3
Nodaway (IA) ... 171 B4
Node (WY) ... 147 B4
Noel (MO) ... 191 C4
Noelke (TX) ... 225 C5
Nogales (AZ) ... 221 C4-5
Nogamut (AK) ... 95 B6
Nohly (MT) ... 113 B4
Nokesville (VA) ... 177 D5
Nokogamiut (AK) ... 90 D3
Nokomis (IL) ... 173 C4
Nolan (AK) ... 88 C3
Nolanville (TX) ... 226/227 C3
Nolensville (TN) ... 194 D2
Noma (FL) ... 243 A5
Nome (AK) ... 90 C3
Nome (ND) ... 115 C5
Nome (TX) ... 239 A5
Nondalton (AK) ... 95 CD7
Noonan (ND) ... 113 A5
Noonday (TX) ... 227 B5
Noorvik (AK) ... 87 D5
Nopal (TX) ... 235 A2
Nora (NE) ... 169 B7
Nora Springs (IA) ... 151 A6
Norborne (MO) ... 171 C5
Norcatur (KS) ... 169 C4
Norco (CA) ... 200 C3
Norco (LA) ... 241 A4
Norcross (ME) ... 120 C3
Norcross (MN) ... 131 B4
Nord (CA) ... 160 C3-4
Norden (NE) ... 148 B3-4
Nordheim (TX) ... 238 C2
Nordman (ID) ... 108 A4
Norfleet (FL) ... 244 A1
Norfolk (NE) ... 149 B6
Norfolk (NY) ... 136 B3
Norfork (AR) ... 192 C1
Norge (OK) ... 208 AB2
Norias (TX) ... 247 C4
Norlina (NC) ... 197 C5
Normal (IL) ... 173 B5
Norman (AR) ... 210 B2
Norman (NC) ... 216 A2
Norman (NE) ... 169 B6
Norman (OK) ... 209 A3
Norman Park (GA) ... 232 C3
Normandy (TX) ... 237 C3
Normangee (TX) ... 227 C4-5
Norphlet (AR) ... 210 C3
Norridgewock (ME) 138 B3
Norris (IL) ... 172 B3
Norris (MT) ... 125 B6
Norris (SC) ... 214 B4
Norris (SD) ... 148 A2
Norris (TN) ... 195 C4-5
Norris City (IL) ... 193 AB5
Norristown (GA) ... 233 B4
Norristown (PA) ... 178 B2
Norseland (MN) ... 131 C6
Norshor Junction (MN) ... 117 B5
North (SC) ... 215 C5
North Amity (ME) ... 120 C4
North Asheboro (NC) ... 216 A2
North Augusta (SC) ... 215 C4-5
North Baltimore (OH) ... 175 A4
North Bay (WI) ... 153 B5
North Bay Village (FL) ... 251 B4-5
North Beach (MD) ... 177 D6
North Beach Haven (NJ) ... 178 C3
North Bend (NE) ... 150 C2
North Bend (OH) ... 174 C3
North Bend (OR) ... 140 A1
North Bend (PA) ... 157 C4
North Bend (WA) ... 107 B5
North Bend (WI) ... 132 C3
North Bennington (VT) ... 158 B3
North Berwick (ME) ... 159 A6
North Bibb (AL) ... 172/173 B4
North Bloomfield (OH) ... 155 C7
North Boston (NY) ... 156 B3
North Branch (MI) ... 155 A4
North Branch (MN) ... 132 B1
North Buena Vista (IA) ... 152 B1-2
North Canton (OH) ... 176 B1
North Cape (WI) ... 153 B4-5
North Cape May (NJ) ... 178 D2-3
North Carrollton (MS) ... 212 C1
North Charleston (SC) ... 234 B3
North Chicago (IL) ... 153 B5
North City (IL) ... 193 AB4
North College Hill (OH) ... 174 C3
North Collins (NY) ... 156 B3
North Conway (NH) ... 138 B1
North Corbin (KY) ... 195 BC4-5
North Cowden (TX) ... 224 C3
North Creek (NY) ... 137 C4
North Crossett (AR) ... 229 A5
North East (PA) ... 156 B2
North East Carry (ME) ... 120 C2
North Eastham (MA) ... 159 C7
North Edwards (CA) ... 200 A3
North English (IA) ... 151 C6
North Enid (OK) ... 190 C1
North Epworth (MI) ... 134 CD2
North Folk Village (OH) ... 175 C4
North Fork (CA) ... 181 B5
North Fork (ID) ... 124 B4
North Fork (NV) ... 143 C4
North Fort Myers (FL) ... 250 A2-3
North Freedom (WI) ... 152 A3
North Granby (CT) ... 158 BC4
North Grosvenor Dale (CT) ... 159 C4-5
North Gulfport (MS) ... 242 A1
North Hampton (OH) ... 175 B3-4
North Hanover (MA) ... 159 B6
North Hartsville (SC) ... 216 B1
North Haven (CT) ... 158 C4
North Haven (ME) ... 139 B4
North Haven (NY) ... 179 A5
North Hero (VT) ... 137 B4
North Highlands (LA) ... 228 B3
North Houston (TX) ... 239 B4
North Johns (AL) ... 213 C3
North Key Largo (FL) ... 251 B4
North Kingsville (OH) ... 155 C7
North Komelik (AZ) ... 220/221 B4
North Las Vegas (NV) ... 183 C4-5
North Liberty (IA) ... 152 C1
North Lima (OH) ... 176 B2
North Little Rock (AR) ... 211 B3
North Loup (NE) ... 149 C5
North Manchester (IN) ... 174 B2
North Manitou (MI) ... 134 B3
North Mankato (MN) ... 131 C6
North Marysville (WA) ... 107 A4-5
North Miami (FL) ... 251 B4-5
North Miami (OK) ... 191 C4
North Miami Beach (FL) ... 251 B4-5
North Middletown (KY) ... 195 A4-5
North Muskegon (MI) ... 153 A6
North Myrtle Beach (SC) ... 216 C3
North Naples (FL) ... 250 A3
North Nenana (AK) ... 92 C4
North Newton (KS) ... 190 A1
North Ogden (UT) ... 144 C3
North Olmsted (OH) ... 155 C5-6
North Omak (WA) ... 107 A7
North Palm Beach (FL) ... 249 C4-5
North Pekin (IL) ... 172/173 B4
North Perry (OH) ... 155 C6
North Plains (OR) ... 121 B2-3
North Platte (NE) ... 168 A4
North Pole (AK) ... 93 C5
North Port (FL) ... 248 B2
North Powder (OR) ... 123 B5-6
North Richland Hills (TX) ... 227 B3
North Ridge (NY) ... 156 A3
North Rim (AZ) ... 184 C2
North River (ND) ... 115 BC6
North River Shores (FL) ... 249 B4
North Roby (TX) ... 225 B5
North Rock Springs (WY) ... 145 C5
North Royalton (OH) ... 155 C6
North Salt Lake (UT) ... 164 B3
North Santee (SC) ... 234 A3
North Shore (CA) ... 201 C5
North Sioux City (IA) ... 150 B2
North Springfield (PA) ... 156 B1
North Star (OH) ... 174 B3
North Stratford (VT) ... 138 B1
North Sutton (NH) ... 159 A5
North Terre Haute (IN) ... 173 C6
North Tonawanda (NY) ... 156 A3
North Topsail Beach (NC) ... 217 B4
North Troy (VT) ... 137 B5
North Truro (MA) ... 159 BC6
North Tunica (MS) ... 211 B5
North Vernon (IN) ... 174 C2
North Washington (IA) ... 151 A6
North Waterford (ME) 138 B2
North Westminster (VT) ... 137 C5
North Wildwood (NJ) ... 178 CD3
North Wilkesboro (NC) ... 196 C2-3
North Windham (ME) ... 138 C2
North Zulch (TX) ... 239 A3
Northfield (VT) ... 137 B5
Northampton (MA) ... 158 B4
Northbranch (KS) ... 169 C6
Northcote (MN) ... 115 A6
Northcrest (TX) ... 227 C3
Northfield (MA) ... 158/159 B4
Northfield (MN) ... 132 C1
Northfield (NH) ... 159 A5
Northfield (TX) ... 207 B5
Northfield (WI) ... 132 C3
Northfork (WV) ... 196 B2
Northgate (ND) ... 113 A6
Northglenn (CO) ... 171 C4
Northlake (SC) ... 214/215 B4
Northome (MN) ... 116 B2
Northport (AL) ... 212 C3
Northport (MI) ... 134 B3
Northport (NE) ... 147 C5-6
Northport (WA) ... 108 A3
Northridge (OH) ... 175 B4
Northrop (MN) ... 150 A4
Northumberland (PA) ... 177 B5-6
Northview (MO) ... 191 B6
Northville (NY) ... 136 C3
Northville (SD) ... 130 B2
Northvue (PA) ... 176 B3
Northway (AK) ... 93 E7
Northway Junction (AK) ... 93 D8
Northwest (NC) ... 216 B3
Northwood (IA) ... 151 A5
Northwood (ND) ... 115 B5
Northwood (NH) ... 159 A5
Northwood (OH) ... 154/155 C4
Northwye (MO) ... 192 AB2
Norton (KS) ... 169 C5
Norton (OH) ... 176 A1
Norton (VA) ... 195 C6
Norton (VT) ... 138 B1
Norton (WV) ... 176 D3
Norton Shores (MI) ... 153 A6
Nortonville (ND) ... 114 C4
Nortonville (KS) ... 170 C3
Nortonville (KY) ... 194 B1
Norwalk (CA) ... 200 C2
Norwalk (CT) ... 179 A4
Norwalk (OH) ... 155 C5
Norwalk (WI) ... 132/133 D4
Norway (IA) ... 151 C7
Norway (KS) ... 170 C1
Norway (ME) ... 138 B2
Norway (MI) ... 133 B7
Norway (OR) ... 140 A1
Norway (SC) ... 215 C5
Norwich (CT) ... 159 C4-5
Norwich (KS) ... 190 B1
Norwich (NY) ... 157 B6
Norwich (OH) ... 175 BC6
Norwood (CO) ... 185 A6
Norwood (GA) ... 214 C4

Norwood (IA) . . . 171 A5
Norwood (LA) . . . 241 A3-4
Norwood (MA) . . . 159 B5
Norwood (MN) . . . 131 C7
Norwood (MO) . . . 192 B1
Norwood (NC) . . . 216 A1
Norwood (NY) . . . 136 B2-3
Notasulga (AL) . . . 232 B1
Notrees (TX) . . . 224 C3
Notus (ID) . . . 142 A3
Nounan (ID) . . . 144 B3
Nova (OH) . . . 175 A5
Novato (CA) . . . 180 A2
Novice (TX) . . . 226 BC1
Novinger (MO) . . . 171 B6
Nowata (OK) . . . 190 C3
Nowlin (SD) . . . 129 C4
Noxapater (MS) . . . 230 B2
Noxen (PA) . . . 157 C5
Noyes (MN) . . . 115 A5
Nuangola (PA) . . . 157 C5-6
Nubieber (CA) . . . 161 A4
Nuchek (AK) . . . 97 C4
Nucla (CO) . . . 185 A6
Nuevo (CA) . . . 201 C3
Nuiqsut (AK) . . . 85 B6
Nulato (AK) . . . 91 C6
Nulavik (AK) . . . 84 A3
Nuluk Shelter (AK) . . . 90 B2
Numila (HI) . . . 252 B2
Nunachuak (AK) . . . 95 D6
Nunachuk (AK) . . . 94 C3
Nunamiut (AK) . . . 103 BC6
Nunapitsinchak (AK) . . . 94 C4
Nunda (NY) . . . 156 B4
Nunda (SD) . . . 130 C3-4
Nunez (GA) . . . 233 B4
Nunn (CO) . . . 171 B5
Nunnelly (TN) . . . 194 D1
Nursery (TX) . . . 238 C2
Nushagak (AK) . . . 95 E5
Nutria (WY) . . . 145 C4
Nutrioso (AZ) . . . 204 C1
Nutter Fort (WV) . . . 176 C2
Nuwuk (AK) . . . 84 A3
Nuyaka (OK) . . . 209 A4
Nyac (AK) . . . 95 B4-5
Nye (MT) . . . 126 B2

O

O'Brien (FL) . . . 244 A3
O'Brien (OR) . . . 140 B2
O'Brien (TX) . . . 208 C1
O'Donnell (TX) . . . 225 B4
O'Fallon (MO) . . . 172 D3
O'Kean (AR) . . . 192 C3
O'Neals (CA) . . . 181 B5
O'Neill (NE) . . . 149 B5
Oacoma (SD) . . . 149 A4
Oak (NE) . . . 169 B7
Oak Bluffs (MA) . . . 159 C6
City Map . . . 259
Oak City (NC) . . . 198 D1
Oak City (UT) . . . 164 C2
Oak Creek (CO) . . . 170 B2-3
Oak Creek (WI) . . . 153 B5
Oak Forest (IL) . . . 153 C5
Oak Forest (TX) . . . 238 B2
Oak Grove (AL) . . . 213 C4
Oak Grove (FL) . . . 244 A1
Oak Grove (GA) . . . 214 B2
Oak Grove (IL) . . . 152 C2
Oak Grove (KY) . . . 194 C1
Oak Grove (LA) . . . 228 B3-4
Oak Grove (LA) . . . 229 B5
Oak Grove (MN) . . . 135 C4
Oak Grove (MO) . . . 192 A2
Oak Grove (SC) . . . 215 C6
Oak Grove Heights (AR) . . . 192 C3
Oak Harbor (OH) . . . 155 C4
Oak Harbor (WA) . . . 106 A4
Oak Hill (FL) . . . 249 A4
Oak Hill (KS) . . . 170 C1
Oak Hill (OH) . . . 175 D5
Oak Hill (TN) . . . 194 C2
Oak Hill (TX) . . . 238 A2
Oak Hill (WV) . . . 196 AB2
Oak Islands (NC) . . . 216 C3
Oak Lawn (IL) . . . 153 C5
Oak Leaf (TX) . . . 227 B4
Oak Park (GA) . . . 233 B4
Oak Park (IL) . . . 153 C5
Oak Park (MI) . . . 155 B4
Oak Park (MN) . . . 131 B7
Oak Point (TX) . . . 209 C4
Oak Ridge (LA) . . . 229 B5
Oak Ridge (NC) . . . 196 C3-4
Oak Ridge (TN) . . . 195 C4
Oak Ridge (TX) . . . 227 B4
Oak Ridge (TX) . . . 209 C3-4
Oak Trail Shores (TX) . . . 226 B3
Oak Vale (MS) . . . 230 C1-2
Oak Valley (KS) . . . 190 B2
Oak View (CA) . . . 200 B1
Oakboro (NC) . . . 215 A6
Oakdale (CA) . . . 181 B4
Oakdale (FL) . . . 243 A5
Oakdale (KY) . . . 193 B5
Oakdale (LA) . . . 240 A2
Oakdale (MN) . . . 132 C2
Oakdale (NE) . . . 149 B5-6
Oakes (ND) . . . 130 A2-3
Oakesdale (WA) . . . 108 B3
Oakfield (GA) . . . 232 C3
Oakfield (NY) . . . 156 A3
Oakfield (TN) . . . 212 A2
Oakford (IL) . . . 172 B4
Oakgrove (AR) . . . 191 C5
Oakhaven (AR) . . . 210 C2
Oak Hill (AL) . . . 231 C4
Oakhurst (CA) . . . 181 B5
Oakhurst (OK) . . . 190 C2
Oakhurst (TX) . . . 239 A4
Oakland (CA) . . . 180 B2
Oakland (FL) . . . 248 A3
Oakland (IA) . . . 150 C3
Oakland (IL) . . . 173 C5
Oakland (KY) . . . 194 B2
Oakland (LA) . . . 228 B3
Oakland (LA) . . . 229 B4
Oakland (MD) . . . 176 C3
Oakland (ME) . . . 138 B3
Oakland (MN) . . . 151 A5
Oakland (MS) . . . 211 B5-6
Oakland (OK) . . . 209 B4
Oakland (OR) . . . 140 A2
Oakland (TN) . . . 212 A1
Oakland Acres (IA) . . . 151 C6
Oakland City (IN) . . . 194 A1
Oakland Heights (GA) . . . 214 B2
Oakland Park (FL) . . . 251 A4-5
Oaklawn (KS) . . . 190 B1
Oakley (ID) . . . 143 B6
Oakley (IL) . . . 173 C5
Oakley (KS) . . . 168 C4
Oakley (MI) . . . 154 A3
Oakley (MS) . . . 230 B1
Oakley (SC) . . . 234 A2-3
Oakley (UT) . . . 164 B3
Oakley Park (MI) . . . 154 B4
Oakman (AL) . . . 213 C3
Oakman (GA) . . . 214 B2
Oakport (MN) . . . 115 C6
Oakridge (OR) . . . 140 A3
Oaks (OK) . . . 191 C4
Oakshade (OH) . . . 154 C3
Oakton (KY) . . . 193 C4
Oaktown (IN) . . . 173 D6
Oakvale (WV) . . . 196 B3
Oakville (CT) . . . 158 C3
Oakville (IA) . . . 172 A2
Oakville (WA) . . . 106 C3
Oakwood (GA) . . . 214 B3
Oakwood (OK) . . . 189 D6
Oakwood (TN) . . . 194 C1
Oakwood (TX) . . . 227 C5
Oark (AR) . . . 210 A2
Oasis (CA) . . . 201 C4
Oasis (NV) . . . 163 A6
Oasis (UT) . . . 164 C2
Oatman (AZ) . . . 202 A1
Obar (NM) . . . 206 A2
Oberlin (KS) . . . 168 C4
Oberlin (LA) . . . 240 A2
Oberlin (OH) . . . 155 C5
Oberon (ND) . . . 114 B3
Obert (NE) . . . 149 B6
Obetz (OH) . . . 175 C5
Obion (TN) . . . 193 C4
Oblong (IL) . . . 173 D6
Ocala (FL) . . . 245 B3
Ocate (NM) . . . 187 C4
Occoquan (VA) . . . 177 D5
Ocean Beach (NY) . . . 179 B4
Ocean City (MD) . . . 198 A3
Ocean City (NJ) . . . 178 C3
Ocean City (WA) . . . 106 B2
Ocean Grove (RI) . . . 159 C5
Ocean Isle Beach (NC) . . . 216 C3
Ocean Park (WA) . . . 106 C2
Ocean Pines (MD) . . . 198 A3
Ocean Shores (WA) 106 BC2
Ocean Springs (MS) . 242 A2
Oceana (WV) . . . 196 B2
Oceanside (CA) . . . 218 A2
Ochelata (OK) . . . 190 C3
Ocheyedan (IA) . . . 150 A3
Ochlocknee (GA) . . . 244 A1
Ochoa (TX) . . . 235 B1
Ochopee (FL) . . . 251 B3
Ocilla (GA) . . . 233 C3
Ocoee (FL) . . . 249 A3
Ocoee (TN) . . . 214 A2
Oconee (GA) . . . 233 B4
Oconee (IL) . . . 173 C4-5
Oconomowoc (WI) . . . 153 A4
Oconto (NE) . . . 169 A5
Oconto (WI) . . . 134 C1
Oconto Falls (WI) . . . 133 C6
Ocracoke (NC) . . . 217 A6
Octavia (NE) . . . 149 C6
Octavia (OK) . . . 210 B1
Odanah (WI) . . . 117 C6
Odebolt (IA) . . . 150 B3
Odell (IL) . . . 173 B5
Odell (IN) . . . 174 B1
Odell (NE) . . . 170 B2
Odell (OR) . . . 122 B2
Odell (TX) . . . 208 B1
Odem (TX) . . . 247 B4
Oden (AR) . . . 210 B2
Odenville (AL) . . . 213 C4
Odessa (DE) . . . 178 C2
Odessa (FL) . . . 248 A2
Odessa (MN) . . . 131 B4
Odessa (MO) . . . 171 D5
Odessa (TX) . . . 224/225 C3
Odessa (WA) . . . 108 B2
Odessadale (GA) . . . 232 AB2
Odin (IL) . . . 173 D4
Odin (KS) . . . 169 D6
Odin (MN) . . . 131 D6
Odon (IN) . . . 173 D6
Odum (GA) . . . 233 C4-5
Oelrichs (SD) . . . 147 A5
Oelwein (IA) . . . 151 B7
Offerle (KS) . . . 189 B5
Offerman (GA) . . . 233 C4-5
Ogallah (KS) . . . 169 CD5
Ogallala (NE) . . . 168 A3
Ogden (AR) . . . 210 C1-2
Ogden (IA) . . . 151 B4-5
Ogden (IL) . . . 173 B6
Ogden (KS) . . . 170 C2
Ogden (UT) . . . 144 C3
Ogdensburg (NY) . . . 136 B2
Ogema (MN) . . . 115 B7
Ogema (WI) . . . 133 B4
Ogemaw (AR) . . . 210 C2-3
Ogg (TX) . . . 207 B4
Ogilby (CA) . . . 219 B5
Ogilvie (MN) . . . 132 B1
Oglala (SD) . . . 147 A6
Ogles (TX) . . . 226 C2
Oglesby (GA) . . . 214 B4
Oglesby (IL) . . . 152 C3-4
Oglesby (OK) . . . 190 C3
Oglesby (TX) . . . 227 C3
Oglethorpe (GA) . . . 232 B2
Ogunquit (ME) . . . 159 A6
Ohatchee (AL) . . . 213 C4-5
Ohio (CO) . . . 170 D3
Ohio (IL) . . . 152 C3
Ohiopyle (PA) . . . 176 C3
Ohiowa (NE) . . . 170 B1
Ohlman (IL) . . . 173 C4
Ohogamiut (AK) . . . 94 B4
Ohoopee (GA) . . . 233 B4
Oil City (LA) . . . 228 B3
Oil City (OK) . . . 208 B2-3
Oil City (PA) . . . 156 C2
Oil Trough (AR) . . . 211 A4
Oildale (CA) . . . 200 A1-2
Oilmont (MT) . . . 110 A3
Oilton (OK) . . . 190 C2
Ojai (CA) . . . 200 B1
Ojibwa (WI) . . . 132 B3
Ojo Amarillo (NM) . . . 185 C6
Ojo Caliente (NM) . 186 C3-4
Ojo Caliente (NM) . . . 204 B2
Ojo Feliz (NM) . . . 187 C4-5
Ojo Sarco (NM) . . . 186 C4
Okanogan (WA) . . . 107 A7
Okarche (OK) . . . 208 A3
Okaton (SD) . . . 129 D5
Okawville (IL) . . . 193 A4
Okay (OK) . . . 191 D3
Okeechobee (FL) . . . 249 B4
Okeene (OK) . . . 189 C6
Okemah (OK) . . . 209 A4
Oketo (KS) . . . 170 C2
Oklahoma City (OK) . . . 208/209 A3
City Map . . . 260
Oklaunion (TX) . . . 208 B1
Oklee (MN) . . . 115 B7
Okmulgee (OK) . . . 209 A4-5
Okok Point (AK) . . . 87 D5
Okolona (AR) . . . 210 B2
Okolona (MS) . . . 212 B2
Okolona (OH) . . . 154 C3
Okreek (SD) . . . 148 A3
Oksrukuyik (AK) . . . 88 B4
Oktaha (OK) . . . 209 A5
Ola (AR) . . . 210 A2
Ola (ID) . . . 124 C1
Olamon (ME) . . . 120 C3
Olancha (CA) . . . 182 C2
Olanta (SC) . . . 216 C2
Olar (SC) . . . 215 C5
Olathe (CO) . . . 170 D2
Olathe (KS) . . . 171 D4
Olberg (AZ) . . . 221 A4
Olcott (NY) . . . 156 A3
Old Dime Box (TX) . 238 A3
Old Faithful (WY) . . . 125 C7
Old Fields (WV) . . . 177 C4
Old Forge (NY) . . . 136 C3
Old Fort (NC) . . . 215 A4
Old Fort (OH) . . . 155 C4
Old Glory (TX) . . . 225 A5-6
Old Harbor (AK) . . . 103 B6
Old Horse Spring (NM) . . . 204 C2
Old Jefferson (LA) . . 241 A3
Old Mines (MO) . . . 192 A3
Old Minto (AK) . . . 92 C4
Old Monroe (MO) . . . 172 D3
Old Ocean (TX) . . . 239 B4
Old Orchard Beach (ME) . . . 159 A6
Old Rampart (AK) . . . 89 C8
Old Shawneetown (IL) . . . 193 B5
Old Sitka (AK) . . . 105 B4
Old Skwentna Roadhouse (AK) . . . 96 B2
Old Town (FL) . . . 244 B2-3
Old Town (ME) . . . 139 B4
Old Tyonek (AK) . . . 96 BC2
Old Village (AK) . . . 96 BC1
Old Washington (OH) . . . 176 BC1
Olden (TX) . . . 226 B2
Olds (IA) . . . 172 A2
Oldsmar (FL) . . . 248 A2
Oldtown (MD) . . . 177 C4
Oldtown (WA) . . . 108 A3
Olean (NY) . . . 156 B3
Olena (OH) . . . 175 A5
Olene (OR) . . . 141 B4
Olex (OR) . . . 122 B3
Olga (ND) . . . 115 A4-5
Olin (IA) . . . 152 C1
Olin (TX) . . . 226 C2
Olive (MT) . . . 127 B6
Olive Branch (IL) . . . 193 B4
Olive Branch (MS) . . 212 B1
Olive Hill (KY) . . . 195 A5
Olivehurst (CA) . . . 161 C4
Oliver (GA) . . . 233 B5
Oliver (IL) . . . 173 C6
Oliver (MN) . . . 117 C4
Oliver Springs (TN) . 195 C4
Olivet (IL) . . . 173 C6
Olivet (MI) . . . 154 B3
Olivet (SD) . . . 149 A6
Olivia (MN) . . . 131 C5
Olivia (NC) . . . 216 A2
Olla (LA) . . . 229 C4
Ollie (MT) . . . 113 C4
Olmito (TX) . . . 247 C4
Olmitz (KS) . . . 189 A6
Olmstead (KY) . . . 194 C1-2
Olmsted (IL) . . . 193 B4-5
Olnes (AK) . . . 93 B5
Olney (IL) . . . 173 D5
Olney (MD) . . . 177 C5
Olney (MT) . . . 109 A6
Olney (TX) . . . 208 C2
Olney Springs (CO) . 187 A5-6
Olpe (KS) . . . 190 A2
Olsburg (KS) . . . 170 C2
Olsonville (SD) . . . 148 A3
Olton (TX) . . . 207 B3
Olustee (FL) . . . 245 A3
Olustee (OK) . . . 208 B1
Olympia (WA) . . . 106 B4
Olympian Village (MO) . . . 192 A3
Olyphant (AR) . . . 211 A4
Oma (AR) . . . 210 B2
Oma (MS) . . . 230 C1
Omaha (AR) . . . 191 C5
Omaha (IL) . . . 193 B5
Omaha (NE) . . . 150 C2-3
Omaha (TX) . . . 210 C1
Omaha (TX) . . . 228 A2
Omak (WA) . . . 107 A7
Omega (GA) . . . 232 C3
Omega (NM) . . . 204 B2
Omemee (ND) . . . 114 A2
Omer (MI) . . . 135 C5
Omilak (AK) . . . 90 B4
Omo Ranch (CA) . . . 161 D5
Omro (WI) . . . 133 C6
Ona (FL) . . . 248 B3
Onaga (KS) . . . 170 C2
Onaka (SD) . . . 129 B6
Onalaska (TX) . . . 239 A4
Onalaska (WI) . . . 132 D3
Onamia (MN) . . . 131 A7
Onancock (VA) . . . 198 B3
Onarga (IL) . . . 173 B6
Onava (NM) . . . 205 A5
Onawa (IA) . . . 150 B2
Onaway (ID) . . . 108 C4
Onaway (MI) . . . 135 B4
Onego (WV) . . . 176 D3
Oneida (AR) . . . 211 B5
Oneida (IA) . . . 152 B1
Oneida (IL) . . . 172 A3
Oneida (KS) . . . 170 C2-3
Oneida (NY) . . . 136 C2
Oneida (TN) . . . 195 C4
Oneida (WI) . . . 133 C6
Onekama (MI) . . . 134 C2
Oneonta (AL) . . . 213 C4
Oneonta (KY) . 174/175 CD3
Oneonta (NY) . . . 157 B6
Ong (NE) . . . 169 B7
Onida (SD) . . . 129 C5-6
Onion Creek (TX) . . . 238 A2
Onley (VA) . . . 198 B3
Ono (CA) . . . 160 B3
Onslow (IA) . . . 152 B1-2
Ontario (CA) . . . 200 B3
Ontario (OH) . . . 175 B5
Ontario (OR) . . . 123 C6-7
Ontario (WI) . . . 152 A2
Ontonagon (MI) . . . 117 C7
Onward (MS) . . . 229 B6
Onycha (AL) . . . 231 C5
Onyx (AR) . . . 210 B2
Onyx (CA) . . . 200 A2
Oolitic (IN) . . . 174 D1
Oologah (OK) . . . 190 C3
Ooltewah (TN) . . . 214 A1-2
Oostburg (WI) . . . 153 A5
Opa-locka (FL) . . . 251 B4
Opal (SD) . . . 128 C3
Opal (VA) . . . 177 D5
Opal (WY) . . . 145 C4
Opdyke (IL) . . . 193 A5
Opdyke West (TX) . 206 C3
Opelika (AL) . . . 232 B1
Opelousas (LA) . . . 240 A2
Opheim (MT) . . . 112 A2
Ophir (AK) . . . 91 D7
Ophir (CO) . . . 186 B2
Ophir (OR) . . . 140 B1
Ophir (UT) . . . 164 B2
Opihikao (HI) . . . 253 D7
Opolis (MO) . . . 191 B4
Opp (AL) . . . 231 C5
Oppelo (AR) . . . 210 A3
Opportunity (WA) . . 108 B3
Opportunity (MT) . . . 125 A5
Optima (OK) . . . 188 C3
Oquawka (IL) . . . 172 B2-3
Oquossoc (ME) . . . 138 AB2
Oracle (AZ) . . . 221 B5
Oracle Junction (AZ) 221 B5
Oral (SD) . . . 147 A5
Oran (MO) . . . 193 B4
Orange (CA) . . . 200 C3
Orange (FL) . . . 243 A5-6
Orange (MA) . . . 159 B4
Orange (TX) . . . 240 A1
Orange (VA) . . . 197 A5
Orange Beach (AL) . 242 A3
Orange City (FL) . . . 249 A3
Orange City (IA) . . 150 A2-3
Orange Cove (CA) . . 181 C5
Orange Grove (MS) . . . 242 A1-2
Orange Grove (TX) . 247 B3-4
Orange Heights (FL) . . 245 B3
Orange Lake (FL) . . 245 B3
Orange Lake (NY) . . 158 C2
Orange Park (FL) . . . 245 A4
Orangeburg (SC) . . . 215 C6
Orangeville (IL) . . . 152 B3
Orangeville (OH) . . . 156 C1
Orangeville (PA) . . . 177 A6
Orangeville (UT) 164/165 C3
Orbisonia (PA) . . . 177 B4-5
Orca (AK) . . . 97 C5
Orcas (WA) . . . 106 A4
Orchard (CO) . . . 171 B5
Orchard (ID) . . . 143 A3
Orchard (NE) . . . 149 B5
Orchard (TX) . . . 239 B4
Orchard City (CO) . . 170 D1-2
Orchard Farm (MO) . . 172 D3
Orchard Hill (GA) . . . 232 A2
Orchard Homes (MT) 109 C6
Orchard Mesa (CO) . . 170 C1
Orchard Park (NY) . . 156 B3
Orchard Valley (WY) 171 A5
Orchid (FL) . . . 249 B4
Orcutt (CA) . . . 199 B2
Ord (NE) . . . 149 C5
Orderville (UT) . . . 184 B2
Ordway (CO) . . . 187 A6
Ore City (TX) . . . 228 B2
Oreana (ID) . . . 142 A3
Oreana (IL) . . . 173 C5
Oreana (NV) . . . 162 B2
Oregon (AK) . . . 90 C3
Oregon (IL) . . . 152 BC3
Oregon (MO) . 170/171 BC3
Oregon (OH) . . . 154 C4
Oregon (WI) . . . 152 B3
Oregon City (OR) . . . 121 B3
Orem (UT) . . . 164 B3
Orestes (IN) . . . 174 B2
Oretta (LA) . . . 240 A1
Orfordville (WI) . . . 152 B3
Organ (NM) . . . 223 B4
Orick (CA) . . . 140 C1
Orient (IA) . . . 150 C4
Orient (ME) . . . 120 C4
Orient (SD) . . . 130 C1
Orient (TX) . . . 225 C5
Orient (WA) . . . 108 A2
Orienta (OK) . . . 189 C6
Oriental (NC) . . . 217 A5
Orin (WY) . . . 147 B3
Orion (IL) . . . 152 C2
Orion (OK) . . . 189 C6
Oriska (ND) . . . 115 C5
Oriskany (NY) . . . 136 C2
Oriskany Falls (NY) . . 157 B6
Orla (TX) . . . 224 C2
Orland (CA) . . . 160 C3
Orland Park (IL) . . . 153 C4-5
Orlando (FL) . . . 249 A3
City Map . . . 244
Orlando (OK) . . . 190 C1
Orlando (WV) . . . 176 D2
Orleans (CA) . . . 140 C2
Orleans (IA) . . . 150 A3-4
Orleans (IN) . . . 174 D1
Orleans (MA) . . . 159 C7
Orleans (MN) . . . 115 A6
Orleans (NE) . . . 169 B5
Orleans (VT) . . . 137 B5
Orlinda (TN) . . . 194 C2
Orlovista (FL) . . . 249 A3
Ormond Beach (FL) . . . 245 B4-5
Ormond-By-The-Sea (FL) . . . 245 B4-5
Ormsby (MN) . . . 131 D6
Oro Grande (CA) . 200/201 B3
Oro Valley (AZ) . . . 221 B4-5
Orofino (ID) . . . 108/109 C4
Orogrande (ID) . . . 124 B2
Orogrande (NM) . . 223 B4-5
Orono (ME) . . . 139 B4
Oronoco (MN) . . . 132 C2
Oronogo (MO) . . . 191 B4
Orosi (CA) . . . 181 C5
Orovada (NV) . . . 142 C2
Oroville (CA) . . . 161 C4
Oroville (WA) . . . 107 A7
Orpha (WY) . . . 146 B3
Orr (MN) . . . 116 A4
Orr (OK) . . . 208 B3
Orrick (MO) . . . 171 C4
Orrin (ND) . . . 114 A2
Orrum (NC) . . . 216 B2
Orrville (AL) . . . 231 B4
Orrville (OH) . . . 175 B6
Orson (PA) . . . 157 C6
Orting (WA) . . . 106/107 B4
Ortley (SD) . . . 130 B3
Ortonville (MI) . . . 154 B4
Ortonville (MN) 130/131 B4
Orwell (OH) . . . 155 C7
Osage (AR) . . . 191 C5
Osage (IA) . . . 151 A6
Osage (MN) . . . 115 C7
Osage (OK) . . . 190 C2
Osage (WY) . . . 128 CD1
Osage Beach (MO) . 192 A1
Osage City (KS) . . . 170 D3
Osakis (MN) . . . 131 B5
Osawatomie (KS) . . 191 A4
Osborn (MO) . . . 171 C4
Osborne (KS) . . . 169 C6
Osburn (ID) . . . 109 B4-5
Oscarville (AK) . . . 94 C4
Osceola (AR) . . . 212 A1
Osceola (IA) . . . 171 A5
Osceola (MN) . . . 132 B2
Osceola (MO) . . . 191 A5
Osceola (NE) . . . 149 C6
Osceola (SD) . . . 130 C3
Oscoda (MI) . . . 135 C5
Oscuro (NM) . . . 205 C4
Osgood (ID) . . . 144 A2
Osgood (IN) . . . 174 C2
Osgood (MO) . . . 171 B5
Oshkosh (NE) . . . 148 C1
Oshkosh (WI) . . . 133 C6
Oshoto (WY) . . . 127 C6
Oskaloosa (IA) . . . 151 C6
Oskaloosa (KS) . . . 170 C3
Oskaloosa (MO) . . . 191 B4
Oskawalik (AK) . . . 95 B5
Oslo (FL) . . . 249 B4
Oslo (MN) . . . 115 A5
Osman (IL) . . . 173 B5
Osmond (NE) . . . 149 B6
Osnabrock (ND) . . . 115 A4
Oso (WA) . . . 107 A5
Osprey (FL) . . . 248 B2
Osseo (MI) . . . 154 C3
Osseo (WI) . . . 132 C3
Ossian (IA) . . . 151 A7
Ossian (IN) . . . 174 B2
Ossineke (MI) . . . 135 C5
Ossining (NY) . . . 158 C3
Ossipee (NC) . . . 197 C4
Ossipee (NH) . . . 159 A5
Osteen (FL) . . . 249 A3
Ostrander (OH) . . . 175 B4

Oswayo (PA) 156 C3-4
Oswego (IL) 153 C4
Oswego (KS) 191 B3
Oswego (MT) 112 A3
Oswego (NY) 157 A5
Osyka (MS) 230 C1
Otego (NY) 157 B6
Othello (WA) 107 C7
Otho (IA) 151 B4
Otis (CO) 168 B2
Otis (KS) 169 D5
Otis (LA) 229 C4
Otis (OR) 121 BC2
Otisco (IN) 194 A3
Otisco (MN) 131 D7
Otisville (MI) 154 A4
Otisville (NY) 158 C2
Otley (IA) 151 C5-6
Oto (IA) 150 B3
Otranto (IA) 151 A6
Otsego (MI) 154 B2
Otsego Lake (MI) .. 135 C4
Ottawa (IL) 152/153 C4
Ottawa (KS) 170 D3
Ottawa (MN) 131 C7
Ottawa (OH) 175 AB3-4
Otter (MT) 127 B5
Otter Creek (FL) ... 244 B3
Otter Creek (IA) 152 B2
Otter Lake (MI) 154 A4
Otterbein (IN) 173 B6
Ottertail (MN) 131 A5
Otto (TX) 227 C4
Otto (WY) 126 C3
Ottosen (IA) ... 150/151 B4
Ottoville (OH) 174 B3
Ottumwa (IA) 172 A1
Ottumwa (KS) 190 A3
Ottumwa (SD) 129 C4
Otway (NC) 217 B5
Otway (OH) 175 D4
Otwell (AR) 211 A5
Ouachita (AR) 210 C3
Ouray (CO) 186 A2
Ouray (UT) 165 B5
Outing (MN) 116 C3
Outlook (MT) 112 A4
Ouzinkie (AK) 103 B6
Ovalo (TX) 226 B1
Ovando (MT) 109 B7
Overbrook (AL) 231 A5
Overbrook (KS) 170 D3
Overbrook (OK) 209 B3
Overgaard (AZ) 203 B5
Overland Park (KS) . 171 D4
Overly (ND) 114 A2
Overton (NE) 169 B5
Overton (NV) 183 C5
Overton (TX) 228 B1-2
Ovett (MS) 230 C2
Ovid (CO) 168 B2
Ovid (ID) 144 B3
Ovid (MI) 154 A3
Ovid (NY) 157 B5
Oviedo (FL) 249 A3
Ovilla (TX) 227 B4
Owaneco (IL) 173 C4
Owanka (SD) 128 C3
Owasa (IA) 151 B5
Owasso (OK) 190 C3
Owatonna (MN) 132 C1
Owego (NY) 157 B5
Owego (TX) 224 C3
Owen (WI) 133 C4
Owens (TX) 226 C2
Owens (TX) 207 C4
Owens Cross Roads (AL) 213 B4
Owensboro (IN) .. 194 B1-2
Owensville (AR) ... 210 B3
Owensville (IN) 193 A6
Owensville (MO) ... 192 A2
Owensville (OH) . 175 C3-4
Owenton (KY) 174 D3
Owentown (TX) 228 B1
Owings (MD) 177 D6
Owingsville (KY) ... 195 A5
Owl Village (AK) 94 B2
Owls Head (ME) .. 139 B3-4
Owosso (MI) 154 A3
Owyhee (ID) ... 142/143 A3
Owyhee (NV) 143 C3
Oxford (AL) 213 C5
Oxford (AR) 192 C1-2
Oxford (CO) 186 B2
Oxford (GA) 214 C3
Oxford (ID) 144 B2
Oxford (KS) 190 B1
Oxford (LA) 228 C3
Oxford (MA) 159 B5
Oxford (MD) 178 D1
Oxford (ME) 138 B2
Oxford (MI) 155 B4
Oxford (MS) 212 B1
Oxford (NC) 197 C5
Oxford (NE) 169 B5
Oxford (NJ) 178 B2
Oxford (NY) 157 B6
Oxford (OH) 174 C3
Oxford (PA) 178 C2
Oxford (WI) 152 A3
Oxford Junction (IA) 152 C1-2
Oxnard (CA) 200 B1
Oyak (AK) 94 D3-4
Oyens (IA) 150 B2-3
Oylen (MN) 116 C2
Oyster Creek (TX) .. 239 BC4
Oysterville (WA) .. 106 C2-3
Ozan (AR) 210 C2
Ozark (AL) 232 C1
Ozark (AR) 210 A2
Ozark (MO) 191 B5
Ozawkie (KS) 170 C3
Ozona (MS) 241 A5
Ozona (TX) 236 A2
Ozone (AR) 210 A2
Ozone (TN) 195 D4

P

Pablo (MT) 109 B6
Pace (FL) 242 A3
Pace (MS) 211 C5
Pachuta (MS) 230 B3
Pacific Beach (WA) 106 B2-3
Pacific City (OR) ... 121 B2
Pacific Junction (IA) 170 AB3
Packard (IA) 151 B6
Packwood (WA) 107 C5
Pacolet (SC) 215 B5
Paddock Lake (WI) .. 153 B4
Paden (MS) 212 B2
Paden (OK) 209 A4
Paden City (WV) ... 176 C2
Padonia (KS) 170 C3
Padroni (CO) 171 B6
Paducah (IL) 193 B5
Paducah (TX) 207 BC5
Page (AZ) 184 C3
Page (MN) 131 B7
Page (ND) 115 B5
Page (NE) 149 B5
Page (OK) 210 B1
Page City (KS) 168 C3
Pageland (SC) 215 B6
Pagosa Junction (CO) . 186 B2
Pagosa Springs (CO) . 186 B2
Paguate (NM) 204 A3
Pahala (HI) 253 D6
Pahaska Tepee (WY) 126 C1-2
Pahoa (HI) 253 D6-7
Pahokee (FL) 249 C4
Pahrump (NV) 182 C3
Paia (HI) 253 C5
Paicines (CA) 180 C3
Paige (TX) 238 A2
Paimiut (AK) 94 B2
Paimiut (AK) 94/95 B4
Paincourtville (LA) . 241 AB3
Painesdale (MI) 118 B2
Paint Bank (VA) 196 B3
Paint Lick (KY) 195 B4
Paint Rock (AL) 213 B4
Paint Rock (TX) 226 C1
Painter (VA) 198 B3
Paintersville (PA) ... 177 B5
Paintsville (KY) 195 B6
Paisano (TX) 235 A2
Paisley (FL) 249 A3
Paisley (OR) 141 B5
Pajarito (NM) 205 B4
Pala (CA) 201 C3
Palacios (TX) 239 C3
Palatine (IL) 153 B4
Palatka (FL) 245 B4
Palco (KS) 169 C5
Palermo (CA) 161 C4
Palermo (ND) 113 A6
Palestine (AR) 211 B5
Palestine (IL) 173 C6
Palestine (OH) 174 B3
Palestine (TX) 227 C5
Palisade (CO) 170 C1
Palisade (MN) 116 C3
Palisade (NE) 168 B3
Palisade (NV) 163 B4
Palisades (ID) 144 A3
Palisades (TX) 207 A4
Palisades (WA) ... 107 B6-7
Palito Blanco (TX) .. 247 B3
Palm Bay (FL) 249 A4
Palm Beach Gardens (FL) 249 C4
Palm City (FL) 249 B4
Palm Coast (FL) ... 245 B4
Palm Desert (CA) .. 201 C4
Palm Harbor (FL) 248 A2
Palm Shores (FL) .. 249 A4
Palm Springs (CA) .. 201 C4
Palm Springs (FL) .. 251 A4
Palm Valley (FL) .. 245 A4
Palmdale (CA) 200 B2-3
Palmdale (FL) 249 C3
Palmer (AK) 96 B3
Palmer (IL) 173 C4
Palmer (KS) 170 C1
Palmer (MI) 134 A1
Palmer (NE) 149 C5
Palmer (TN) 213 A5
Palmer (TX) 227 B4
Palmer (WA) 107 B5
Palmer Lake (CO) . 171 C4-5
Palmers Crossing (MS) 230 C2
Palmerton (PA) 178 B2
Palmetto (FL) 248 B2
Palmetto (GA) 214 C2
Palmetto (LA) 240 A3
Palmyra (IL) 172 C3
Palmyra (IN) 194 A2
Palmyra (MO) 172 C2
Palmyra (NE) 170 B2
Palmyra (NJ) 178 BC2-3
Palmyra (NY) 157 A4
Palmyra (PA) 177 B6
Palmyra (VA) 197 B5
Palmyra (WI) 153 B4
Palo (IA) 151 B7
Palo Alto (CA) 180 B2-3
Palo Pinto (TX) 226 B2
Palo Verde (AZ) 202 C3
Palo Verde (CA) 202 C1
Palomas (NM) 206 A2
Palouse (WA) 108 C3
Pamatairutmut (AK) .. 94 D4
Pampa (TX) 207 A5
Pamplico (SC) 216 B2
Pamplin City (VA) .. 197 B5
Pan Tak (AZ) 221 C4
Pana (IL) 173 C4
Panaca (NV) 183 B5
Panacea (FL) 244 A1
Panama (IA) 150 C3
Panama (NE) 170 B2
Panama (OK) 210 A1
Panama City (FL) .. 243 A5
Panama City Beach (FL) 243 A5
Pandora (CO) 186 B2
Pandora (TX) 238 B2
Pangburn (AR) 211 A4
Panguitch (UT) 184 B2
Panhandle (TX) 207 A4
Panola (IL) 173 B4-5
Panora (IA) 150/151 C4
Panorama Village (TX) 239 A4
Pantano (AZ) 221 B5
Pantego (NC) 217 A5
Pantego (TX) 227 B3
Paola (KS) 171 D4
Paoli (CO) 168 B2
Paoli (IN) 174 D1
Paoli (OK) 209 B3
Paoli (PA) 178 B2
Paonia (CO) 170 D2
Papa (HI) 253 D6
Papaaloa (HI) 253 CD6
Papaikou (HI) 253 D6-7
Papalote (TX) 247 A4
Papillion (NE) 170 A2-3
Papineau (IL) 173 B6
Parachute (CO) 170 C1
Parade (SD) 129 B4
Paradis (LA) 241 B4
Paradise (AK) 95 A4
Paradise (CA) 161 C4
Paradise (FL) 245 B3
Paradise (KS) 169 C5-6
Paradise (MI) 119 C5-6
Paradise (MT) 109 B6
Paradise (NV) 183 C4
Paradise (PA) 178 B1-2
Paradise (TX) 226 A3
Paradise (UT) 144 C3
Paradise Beach (AL) . 242 A3
Paradise Hill (OK) .. 209 A5-6
Paradise Hills (NM) .. 205 A4
Paradise Valley (AZ) .. 203 C4
Paradise Valley (NV) .. 142 C2
Paradise Valley (WY) . 146 B2
Paragon (IN) 174 C1
Paragonah (UT) 184 B2
Paragould (AR) 192 C3
Paraje (NM) 204 A3
Paraloma (AR) 210 C1
Paramus (NJ) 178 B3-4
Parchment (MI) 154 B2
Pardeeville (WI) 152 A3
Paris (AR) 210 A2
Paris (ID) 144 B3
Paris (IL) 173 C6
Paris (KY) 195 A4
Paris (ME) 138 B2
Paris (MO) 172 C1
Paris (MS) 212 B1
Paris (TN) 193 C5
Paris (TX) 209 C5
Paris Crossing (IN) .. 174 D2
Parish (NY) 157 A5
Park (KS) 169 C4
Park City (KS) 190 B1
Park City (KY) 194 B2-3
Park City (MT) 126 B3
Park City (UT) 164 B3
Park Falls (WI) 133 B4
Park Hill (OK) 191 D4
Park Hills (MO) 192 B3
Park Layne (OH) ... 175 C3
Park Rapids (MN) .. 116 C1-2
Park River (ND) 115 A5
Park Valley (UT) 144 C1
Park View (IA) 152 C2
Park Village (CA) ... 182 C3
Parkdale (AR) 229 A5
Parker (AZ) 202 B1
Parker (CO) 171 C5
Parker (FL) 243 A5
Parker (ID) 125 D6
Parker (KS) 191 A3-4
Parker (PA) 176 A3
Parker (SD) 149 A6
Parker (WA) 107 C6
Parker Crossroads (TN) 212 A2
Parkerton (WY) 146 B2-3
Parkers Lake (KY) .. 195 C4
Parkers Prairie (MN) . 131 A5
Parkersburg (IA) ... 151 B6
Parkersburg (IL) ... 173 D5
Parkersburg (WV) .. 175 C6
Parkertown (OH) ... 155 C5
Parkerville (KS) 170 D2
Parkfield (CA) 181 D4
Parkin (AR) 211 A5
Parkline (ID) 108 B4
Parkman (OH) 155 C6
Parkman (WY) 127 C4
Parks (AK) 95 B6
Parks (AR) 210 B2
Parks (AZ) 203 A4
Parks (NE) 168 B3
Parksdale (CA) ... 181 C4-5
Parksley (VA) 198 B3
Parkston (SD) 149 A6
Parksville (SC) 215 C4
Parkwood (CA) 181 C4
Parlin (CO) 186 A3
Parma (ID) 142 A2-3
Parma (MI) 154 B3
Parma (MO) 193 C4
Parma (OH) 155 C6
Parmalee (FL) 248 B2
Parmele (NC) 198 D1
Parmelee (SD) 148 A2-3
Parmerton (TX) 206 B3
Parnell (IA) 151 C7
Parnell (IL) 173 B5
Parnell (MO) 171 B4
Parnell (TX) 207 B5
Paron (AR) 210 B3
Parowan (UT) 184 B2
Parran (NV) 162 C2
Parrish (AL) 213 C3
Parrish (FL) 248 B2
Parrish (WI) 133 B5
Parrott (GA) 232 C2
Parrottsville (TN) . 195 CD5-6
Parshall (CO) 170 B3
Parshall (ND) 113 B6
Parshas (AK) 97 C4
Parsippany (NJ) ... 178 B3
Parsons (KS) ... 190/191 B3
Parsons (TN) 212 A2
Parsons (WV) 176 C3
Partridge (KS) 189 B6-7
Pasadena (CA) ... 200 B2-3
City Map 258
Pasadena (MD) 177 C6
Pasadena (TX) 239 B4
Pascagoula (MS) .. 242 A2
Pasco (FL) 248 A2
Pasco (WA) 123 A4-5
Pascoag (RI) 159 C5
Paskenta (CA) 160 C3
Paso Robles (CA) .. 199 A2
Pass Christian (MS) .. 242 A1
Passadumkeag (ME) . 120 C3
Passaic (MO) 191 A4
Passaic (NJ) 178 B3-4
Pastolik (AK) 90 DE4
Pastura (NM) 205 B5-6
Patagonia (AZ) 221 C5
Pataha City (WA) .. 108 C3
Pataskala (OH) ... 175 BC5
Patch Grove (WI) .. 152 B2
Patchogue (NY) ... 179 B4-5
Pateros (WA) 107 A7
Paterson (NJ) 178 B3
Paterson (WA) 122 B4
Patmos (AR) 210 C2
Patoka (IL) 173 D4-5
Patoka (IN) 194 A1
Paton (IA) 151 B4
Patricia (SD) 148 A2
Patricia (TX) 225 B3
Patrick (NV) 161 C6
Patrick (SC) 216 B1-2
Patrick Springs (VA) .. 196 C3
Patriot (IN) 174 D3
Patroon (TX) 228 C2-3
Patsville (NV) 143 C4
Patten (ME) 120 BC3
Patterson (AR) 211 A4
Patterson (CA) ... 180 B3-4
Patterson (GA) 233 C4
Patterson (IA) 151 C5
Patterson (ID) .. 124/125 C4
Patterson (KS) 190 B1
Patterson (LA) 241 B3
Patterson (MO) 192 B3
Patterson (NY) 158 C3
Patterson (OH) 175 B4
Patterson Springs (NC) 215 A5
Pattison (TX) 239 B4
Patton (IL) 193 A6
Patton (MO) 193 B3
Patton (PA) 177 B4
Patton Village (TX) . 239 A4-5
Pattonsburg (MO) .. 171 B4
Pattonville (TX) 209 C5
Patzau (WI) 117 C4
Paul (ID) 143 B6
Paul (NE) 170 B3
Paul Spur (AZ) 221 C6
Paulden (AZ) 202 B3
Paulding (OH) 174 A3
Paulina (OR) 122 C3-4
Pauline (KS) 170 D3
Pauline (NE) 169 B6
Pauline (SC) 215 B5
Paullina (IA) 150 AB3
Pauloff Harbor (AK) .. 102 E1
Pauls Crossroads (VA) 198 B2
Pauls Valley (OK) ... 209 B3
Pavilion (NY) 156 B3
Pavillion (WY) 145 A6
Pavlof (AK) 102 D2
Pavo (GA) 244 A2
Paw Paw (MD) 177 C4
Paw Paw (MI) 154 B2
Pawhuska (OK) 190 C2
Pawley's Island (SC) . 216 C2
Pawling (NY) 158 C3
Pawnee (IL) 173 C4
Pawnee (OK) 190 C2
Pawnee (TX) 238 C2
Pawnee City (NE) .. 170 B2
Pawnee Rock (KS) . 189 A5-6
Pawnee Station (KS) . 191 B4
Pawtucket (RI) 159 C5
Pax (WV) 196 B2
Paxico (KS) 170 C2
Paxson (AK) 93 D6
Paxton (FL) 243 A4
Paxton (IL) 173 B5
Paxton (NE) 168 A3
Paxville (SC) 215 C6
Payette (ID) 123 C7
Payne (GA) 232 B3
Payne (MN) 116 B4
Paynes (MS) 211 C5-6
Paynesville (MN) .. 131 B6
Payneway (AR) 211 A5
Payson (AZ) 203 B4
Payson (UT) 164 B3
Pe Ell (WA) 106 C3
Pea Ridge (AR) 191 C4
Peabody (KS) 190 A1
Peabody (MA) 159 B5-6
Peach Creek (WV) .. 196 B1
Peach Lake (NY) .. 158 C3
Peach Orchard (AR) . 192 C3
Peach Springs (AZ) . 202 A2
Peachland (NC) 215 A6
Peachtree City (GA) 214 C2
Peacock (TX) 225 A5
Peak (SC) 215 B5
Peapack and Gladstone (NJ) 178 B3
Pearblossom (CA) .. 200 B3
Pearce (AZ) 221 C6
Pearcy (AR) 210 B2
Pearisburg (VA) 196 B3
Pearl (IL) 172 C3
Pearl (MS) 230 B1
Pearl Beach (MI) ... 155 B5
Pearl City (IL) 152 B3
Pearl River (LA) 241 A5
Pearl River (MS) ... 230 B2
Pearland (TX) 239 B4
Pearlington (MS) ... 241 A5
Pearsall (TX) 237 C4-5
Pearson (AR) 211 A3
Pearson (GA) 233 C4
Pearson (OK) 209 A3-4
Pearson (WI) 133 B5-6
Pearsonville (CA) .. 182 D2
Pease (MN) 131 B7
Pecan Acres (TX) .. 227 B3
Pecan Gap (TX) 209 C5
Pecan Hill (TX) 227 B4
Pecan Island (LA) .. 240 B2
Peck (ID) 108 C4
Peck (KS) 190 B1
Peck (MI) 155 A5
Peckham (OK) 190 C1
Peconic (CO) 168 C2
Pecos (NM) 205 A5
Pecos (TX) 224 C2
Peculiar (MO) 171 D4
Peden (TX) 226/227 B3
Pedernal (NM) 205 B5
Pedro (SD) 129 C3
Pedro Bay (AK) 96 D1
Pee Dee (SC) 216 B2
Peebles (OH) 175 D4
Peekskill (NY) 158 C3
Peerless (MT) 112 A3
Peetz (CO) 171 B6
Peever (SD) 130 B4
Peggs (OK) 191 C3
Pegram (ID) 144 B3
Pegram (TN) 194 C1-2
Pekin (ND) 114 B4
Pelahatchie (MS) .. 230 B2
Peletier (NC) 217 B4-5
Pelham (AL) 213 C4
Pelham (GA) 232 C2
Pelham (NC) 197 C4
Pelican (AK) . 104/105 B3-4
Pelican (LA) 228 C3
Pelican Lake (WI) .. 133 B5
Pelican Rapids (MN) . 115 C6
Pelion (SC) 215 C5
Pell City (AL) 213 C4
Pella (IA) 151 C6
Pella (WI) 133 C6
Pelland (MN) 116 A3
Pellston (MI) 135 B4
Pemberville (OH) ... 154 C4
Pemberton (MN) .. 131 CD7
Pembina (ND) 115 A5
Pembine (WI) 133 B6-7
Pembroke (FL) 248 B3
Pembroke (KY) 194 C1
Pembroke (ME) 139 B5
Pembroke (NC) 216 B2
Pembroke (VA) 196 B3
Pembroke Pines (FL) . 251 A4
Pen Argyl (PA) 178 B2
Pena Blanca (NM) .. 205 A4
Penalosa (KS) 189 B6
Penasco (NM) .. 186/187 C4
Pencer (MN) 115 A7
Pender (NE) 150 B2
Pender (VA) 177 D5
Pendergrass (GA) .. 214 B3
Pendleton (IN) 174 C2
Pendleton (KY) 194 A3
Pendleton (MO) 172 D2
Pendleton (OR) 123 B5
Pendleton (SC) 214 B4
Pendroy (MT) 110 A2
Penelope (TX) 227 C4
Penfield (GA) 214 C3
Penfield (PA) 156 C3
Pengilly (MN) 116 B3
Penhook (VA) 197 C4
Penn Lake Park (PA) . 157 C6
Penn Valley (CA) ... 161 C4
Penn Yan (NY) 157 B4
Penney Farms (FL) . 245 B4
Pennington (AL) . 230/231 B3
Pennington (NJ) 178 B3
Pennington Gap (VA 195 C5-6
Pennock (MN) 131 B5
Pennsville (NJ) 178 C2
Pennville (IN) 174 B2
Penrose (AR) 211 A4-5
Penrose (CO) 187 A4-5
Penrose (UT) 144 C2
Pensacola (FL) 242 A3
Pensacola (OK) 191 C3
Pensacola Beach (FL) 242 A3
Pensaukee (WI) 133 C7
Pentwater (MI) 134 D2
Penwell (TX) 224 C3
Penzance (AZ) 203 B5
Peoa (UT) 164 B3
Peoria (AZ) 203 C3
Peoria (IL) 173 B4
Peoria (KS) 170 D3
Peoria (OH) 175 B4
Peoria (OK) 191 C4
Peoria Heights (IL) . 173 B4
Peosta (IA) 152 B2
Peotone (IL) 153 C5
Pep (NM) 206 C2
Pepin (WI) 132 C2
Pequop (NV) 143 C5
Pequot Lakes (MN) . 116 C2
Peralta (NM) 205 B4
Percilla (TX) 227 C5
Percy (IL) 193 A4
Percy (MS) 229 A6
Perdido (AL) 231 C4
Perdiz (TX) 235 B2

Perez (CA) 141 C4
Perezville (TX) 246 C3
Perham (MN) 115 C7
Peridot (AZ) 203 C5
Perintown (OH) 174/175 C3
Perkins (LA) 240 A1
Perkins (OK) 190 D1-2
Perkinston (MS) 242 A1
Perkinsville (AZ) 203 B3
Perkinsville (VT) 137 C5
Perla (AR) 210 B3
Perley (MN) 115 B6
Perma (MT) 109 B6
Pernell (OK) 208 B3
Pernitas Point (TX) 247 A3-4
Perote (AL) 232 C1
Perrin (NE) 147 C5
Perrin (TX) 226 A2
Perrinton (MI) 154 A3
Perris (CA) 200/201 C3
Perry (AR) 210 A3
Perry (FL) 244 A2
Perry (GA) 232 B3
Perry (IA) 151 C4
Perry (IL) 172 C3
Perry (KS) 170 C3
Perry (LA) 240 B2
Perry (ME) 139 AB5-6
Perry (MI) 154 B3
Perry (MO) 172 C2
Perry (NY) 156 B3
Perry (OK) 190 C1
Perry (TX) 227 C4
Perry (UT) 144 C2-3
Perry Hall (MD) 177 C6
Perrydale (OR) 121 B2
Perrysburg (OH) 154 C4
Perrysburg (NY) 156 B2-3
Perrysville (IN) 173 B6
Perrysville (OH) 175 B5
Perryton (TX) 188 C4
Perrytown (AR) 210 C2
Perryville (AK) 102 D3
Perryville (AR) 210 B3
Perryville (KY) 195 B4
Perryville (LA) 229 B4-5
Perryville (MO) 193 B4
Perryville (TN) 212 A2-3
Persia (IA) 150 C3
Perth (KS) 190 B1
Perth (ND) 114 A3
Perth Amboy (NJ) 178 B3
Peru (IL) 152 C3
Peru (IN) 174 B1-2
Peru (KS) 190 B2
Peru (WI) 133 C5
Peru (WY) 145 C5
Pescado (NM) 204 A2
Peshastin (WA) 107 B6
Peshawbestown (MI) 134 BC3
Peshtigo (WI) 134 B1
Pesotum (IL) 173 C5
Petaluma (CA) 180 A2
Peterborough (NH) 159 B5
Peters (TX) 239 B3
Peters Creek (AK) 96 A2
Peters Creek (AK) 96 B3
Petersburg (AK) 105 C5
Petersburg (IL) 172 B3-4
Petersburg (IN) 194 A1
Petersburg (MI) 154 C4
Petersburg (MN) 150 A4
Petersburg (ND) 115 A4-5
Petersburg (NE) 149 C5-6
Petersburg (NY) 158 B3
Petersburg (PA) 176 B2
Petersburg (TN) 213 A4
Petersburg (TX) 207 C4
Petersburg (VA) 197 B6
Petersburg (WV) 176 D3-4
Peterson (AL) 213 C3
Peterson (IA) 150 B3
Peterson (MN) 151 A7
Peterstown (WV) 196 B3
Petersville (AK) 96 A2
Petoskey (MI) 134/135 B4
Petrolia (CA) 160 B1
Petrolia (KS) 190 B3
Petrolia (TX) 208 B2
Petronila (TX) 247 B4
Pettibone (ND) 114 B3
Pettigrew (AR) 191 D5
Pettus (TX) 238 C2
Petty (TX) 209 C5
Pevely (MO) 192 A3
Pewamo (MI) 154 A3
Pewaukee (WI) 153 A4
Peyton (CO) 171 CD5
Pfeifer (KS) 169 D5
Pflugerville (TX) 238 A2
Pharr (TX) 247 C3
Pheba (MS) 212 C2
Phelan (CA) 200 B3
Phelps (GA) 213 B5
Phelps (NY) 157 B4-5
Phelps (TX) 239 A4
Phelps (WI) 133 A5-6
Phelps City (MO) 170 B3
Phenix (VA) 197 B5
Phenix City (AL) 232 B1
Phil Campbell (AL) 212 B3
Philadelphia (MS) 230 B2-3
Philadelphia (NY) 136 B2
Philadelphia (PA) 178 BC2
City Map 179
Philadelphia (TN) 214 A2
Philbrook (MN) 131 A6
Philip (SD) 129 C4
Philipp (MS) 211 C5
Philippi (WV) 176 C2-3
Philipsburg (MT) 125 A4
Philipsburg (PA) 177 B4
Phillips (ME) 138 B2
Phillips (NE) 169 B6
Phillips (OK) 209 B4
Phillips (TX) 207 A4
Phillips (WI) 133 B4
Phillipsburg (GA) 232 C3
Phillipsburg (KS) 169 C5
Phillipsburg (MO) 191 B6
Phillipsburg (NJ) 178 B2-3
Philo (CA) 160 C2
Philo (IL) 173 C5
Philo (OH) 175 C6
Philomath (GA) 214 C3-4
Philomath (OR) 121 C2
Philpot (KY) 194 B2
Phippsburg (CO) 170 B2-3
Phlox (WI) 133 B5-6
Phoenicia (NY) 158 B2
Phoenix (AZ) 202/203 C3
City Map 258
Phoenix (LA) 241 B5
Phoenix (NY) 157 A5
Phoenix (OR) 140 B3
Phoenixville (PA) 178 B2
Pica (AZ) 202 A2
Picabo (ID) 143 A5
Picacho (AZ) 221 B4
Picacho (NM) 205 C5
Picayune (MS) 241 A5
Picher (OK) 191 C4
Pick City (ND) 113 B7
Pickens (AR) 211 C4
Pickens (MS) 230 B2
Pickens (OK) 209 B5-6
Pickens (SC) 214 B4
Pickensville (AL) 212 C2
Pickering (MO) 171 B4
Pickett (WI) 133 D6
Pickford (MI) 135 A4
Pickrell (NE) 170 B2
Pickstown (SD) 149 A5
Pickton (TX) 227 A5
Picture Rocks (AZ) 221 B4
Picture Rocks (PA) 157 C5
Pidcoke (TX) 226 C3
Pie Town (NM) 204 B2
Piedmont (MD) 176 C3
Piedmont (AL) 213 C5
Piedmont (KS) 190 B2
Piedmont (MO) 192 B3
Piedmont (OH) 176 B1
Piedmont (OK) 208 A3
Piedmont (SC) 215 B4
Piedmont (SD) 128 C2
Piedmont (WY) 145 C4
Piedra (AZ) 220 B2-3
Pierce (CO) 171 B5
Pierce (ID) 109 C5
Pierce (NE) 149 B6
Pierce (OK) 209 A5
Pierce (TX) 239 B3
Pierce City (MO) 191 C5
Pierceton (IN) 154 C2
Pierceville (KS) 188 B4
Piercy (CA) 160 C2
Pierpont (OH) 155 C7
Pierpont (SD) 130 B3
Pierre (SD) 129 C5
Pierre Part (LA) 241 B3
Pierron (IL) 173 D4
Pierson (FL) 245 B4
Pierson (MI) 154 A2
Pierz (MN) 131 B6
Pigeon (MI) 135 D5
Pigeon Cove (MA) 159 B6
Pigeon Falls (WI) 132 C3
Pigeon Forge (TN) 214 A3
Pigeon River (MN) 117 A7
Piggott (AR) 192/193 C3
Pike (NY) 156 B3
Pike City (AR) 210 B2
Pike View (KY) 194 B3
Piketon (OH) 175 C4
Pikeview (CO) 171 D5
Pikeville (KY) 196 B1
Pikeville (NC) 216 A4
Pikeville (TN) 213 A5
Pikmiktalik (AK) 90 D4
Pilar (NM) 186 C4
Pile Bay Village (AK) 96 D1
Pilgrim Springs (AK) 90 B3
Pillager (MN) 131 A6
Pillow (PA) 177 B6
Pillsbury (ND) 115 B5
Pilot Grove (MO) 171 D5-6
Pilot Hill (CA) 161 D5
Pilot Knob (MO) 192 B3
Pilot Mountain (NC) 196 C3
Pilot Point (AK) 103 B4
Pilot Point (TX) 209 C3-4
Pilot Rock (OR) 123 B5
Pilot Station (AK) 94 B3
Pilot Village (AK) 94 A3
Pilottown (LA) 242 B1
Pilsen (WI) 134 C1
Pima (AZ) 221 B6
Pimento (IN) 173 C6
Pinardville (NH) 159 AB5
Pinckard (AL) 232 C1
Pinckney (MI) 154 B3-4
Pinckneyville (IL) 193 A4
Pinconning (MI) 135 D5
Pindall (AR) 191 C6
Pine (AZ) 203 B4
Pine (CO) 171 C4
Pine (ID) 143 A4
Pine (OR) 123 C6
Pine Aire (NY) 179 B4
Pine Apple (AL) 231 C5
Pine Barren (FL) 242 A3
Pine Bluff (AR) 211 B4
Pine Bluffs (WY) 147 C4
Pine City (MN) 132 B2
Pine City (WA) 108 B3
Pine Cove (CA) 201 C4
Pine Creek (MT) 126 B1
Pine Forest (TX) 240 A1
Pine Grove (CA) 181 A4
Pine Grove (LA) 241 A4
Pine Grove (PA) 178 B1
Pine Grove (WV) 176 C2
Pine Grove Mills (PA) 177 B4-5
Pine Hall (NC) 196 C3-4
Pine Haven (WY) 128 C1
Pine Hill (AL) 231 C4
Pine Hills (FL) 249 A3
Pine Island (MN) 132 C2
Pine Island (NY) 158 C2
Pine Island (TX) 239 A3
Pine Knoll Shores (NC) 217 B5
Pine Knot (KY) 195 C4
Pine Level (AL) 231 B5-6
Pine Level (NC) 216 A3
Pine Log (GA) 214 B2
Pine Mountain (GA) 232 B2
Pine Mountain Valley (GA) 232 B2
Pine Park (GA) 244 A1
Pine Plains (NY) 158 BC3
Pine Prairie (LA) 240 A2
Pine Ridge (AL) 213 B5
Pine Ridge (SD) 148 A1
Pine River (MN) 116 C2
Pine Springs (TX) 223 C6
Pine Valley (CA) 219 B3
Pine Valley (NY) 157 B5
Pine Valley (UT) 183 B6
Pine Village (IN) 173 B6
Pinebluff (NC) 216 A2
Pinecreek (MN) 115 A7
Pinecrest (FL) 251 B4
Pineda (FL) 249 A4
Pinedale (AZ) 203 B5
Pinedale (CA) 181 C5
Pinedale (NM) 204 A2
Pinedale (WY) 145 B5
Pinehill (NM) 204 B2
Pinehurst (CA) 181 C5
Pinehurst (GA) 232 B3
Pinehurst (ID) 108 B4
Pinehurst (MA) 159 B5
Pinehurst (NC) 216 A2
Pinehurst (TX) 239 A4
Pinehurst (TX) 240 A1
Pineland (FL) 250 A2
Pineland (SC) 233 B5
Pineland (TX) 228 C3
Pinellas Park (FL) 248 B2
Pineora (GA) 233 B5
Pineridge (CA) 181 B5
Pineridge (SC) 215 C5-6
Pinesdale (MT) 124 A3
Pinetop Lakeside (AZ) 203 B5-6
Pinetops (NC) 197 D6
Pinetown (NC) 217 A5
Pinetta (FL) 244 A2
Pineview (NC) 216 A2-3
Pineville (AR) 192 C1
Pineville (KY) 195 C5
Pineville (LA) 229 C4
Pineville (MO) 191 C4
Pineville (NC) 215 A6
Pineville (WV) 196 B2
Pinewood (MN) 116 B1
Pinewood (SC) 215 C6
Pinewood Estates (TX) 239 A5
Piney (AR) 210 B2
Piney (AR) 210 A2
Piney Point (FL) 248 B2
Piney River (VA) 197 B4
Piney Woods (MS) 230 B2
Pingree (ND) 114 B3-4
Pink (OK) 209 A3
Pink Hill (NC) 216/217 A4
Pinland (FL) 244 A2
Pinnacle (AR) 210 B3
Pinnacle (MT) 109 A7
Pinnacle (NC) 196 C3
Pinola (MS) 230 C2
Pinon (AZ) 185 C4
Pinon (NM) 223 B5
Pinos Altos (NM) 222 B2
Pinson (AL) 213 C4
Pinson (TN) 212 A2
Pinta (AZ) 204 A1
Pinto (TX) 237 B3
Pintura (UT) 184 B1
Pioche (NV) 183 B5
Pioneer (CA) 181 A4
Pioneer (LA) 229 B5
Pioneer (OH) 154 C3
Pioneer (TN) 195 C4
Pioneer (TX) 226 B1-2
Pioneer Village (KY) 194 A3
Pioneerville (ID) 124 D2
Pipe (WI) 133 D6
Pipe Creek (TX) 237 B4-5
Piper City (IL) 173 B5
Piperton (TN) 212 A1
Pipestone (MN) 131 D4
Piqua (KS) 190 B3
Piqua (OH) 174/175 B3
Pirate Cove (AK) 102 D2-3
Pirate Harbor (FL) 248 C2
Pirtleville (AZ) 221 C6
Piru (CA) 200 B2
Pisek (ND) 115 A5
Pisgah (AL) 213 B5
Pisgah (IA) 150 C3
Pisgah Forest (NC) 214/215 A4
Pisinemo (AZ) 220 B3
Pismo Beach (CA) 199 A2
Pistol River (OR) 140 B1
Pitchfork Ranch (WY) 126 C2
Pitkas Point (AK) 94 A3
Pitkin (CO) 170 D3
Pitkin (LA) 240 A1-2
Pitsburg (OH) 174 BC3
Pittman (AK) 96 B3
Pittman Center (TN) 214 A3
Pitts (GA) 232 C3
Pittsboro (IN) 174 C1
Pittsboro (MS) 212 C1
Pittsboro (NC) 216 A2
Pittsburg (CA) 180 A3
Pittsburg (KS) 191 B4
Pittsburg (MO) 191 B5
Pittsburg (NH) 138 A1
Pittsburg (OK) 209 B5
Pittsburg (TX) 228 B2
Pittsburgh (PA) 176 B3
City Map 255
Pittsfield (IL) 172 C3
Pittsfield (MA) 158 B3
Pittsfield (ME) 138/139 B3
Pittsford (NY) 157 A4
Pittson Farm (ME) 56 C5
Pittston (PA) 157 C6
Pittsview (AL) 232 B1
Pittsville (MO) 171 D4
Pittsville (WI) 133 C4
Pittwood (IL) 173 B6
Pixley (CA) 181 D5
Placedo (TX) 238 C3
Placer (OR) 140 B2
Placerville (AK) 91 C7-8
Placerville (CA) 161 D5
Placerville (CO) 186 A1
Placerville (ID) 124 D2
Placid (TX) 226 C1
Placida (FL) 248 C2
Placitas (NM) 205 A4
Plain (WA) 107 B6
Plain (WI) 152 A2
Plain City (OH) 175 B4
Plain City (UT) 144 C2
Plain Dealing (LA) 228 B3
Plainview (NE) 149 B6
Plainfield (CT) 159 C4-5
Plainfield (GA) 233 B3-4
Plainfield (IA) 151 B6
Plainfield (IL) 153 C4
Plainfield (IN) 174 C1
Plainfield (NH) 137 C5
Plainfield (NJ) 178 B3
Plainfield (VT) 137 B5
Plainfield (WI) 133 C5
Plains (FL) 249 B3
Plains (GA) 232 B2
Plains (KS) 188 B4
Plains (MT) 109 B6
Plains (TX) 206 C3
Plainsboro (NJ) 178 B3
Plainview (AR) 210 B2
Plainview (MN) 132 C2
Plainview (SD) 128 C3
Plainview (TX) 207 B4
Plainville (IN) 173 D6
Plainville (KS) 169 C5
Plainville (WI) 152 A3
Plainwell (MI) 154 B2
Plaistow (NH) 159 B5
Planada (CA) 181 B4
Plankinton (SD) 149 A5
Plano (IA) 171 B5-6
Plano (IL) 153 C4
Plano (TX) 227 A4
Plant City (FL) 248 AB2
Plantation Key (FL) 251 C4
Plantersville (AL) 231 B5
Plantersville (MS) 212 B2
Plantersville (SC) 216 C2
Plantsite (AZ) 222 A1
Plaquemine (LA) 241 A3
Plaska (TX) 207 B5
Plaster City (CA) 219 B4
Plata (TX) 235 B1
Platea (PA) 176 C1
Plateau (TX) 224 C1
Platina (CA) 160 B2-3
Platinum (AK) 94 D4
Platner (CO) 168 B1
Plato (MN) 131 C6
Plato (MO) 192 B1
Platoro (CO) 186 B3
Platte (SD) 149 A5
Platte Center (NE) 149 C6
Platteville (CO) 171 B5
Platteville (WI) 152 B2
Plattsburgh (NY) 137 B4
Plattsburg (MO) 171 C4
Plattsmouth (NE) 170 A2-3
Playas (NM) 222 C2
Plaza (ND) 113 A6-7
Plaza (WA) 108 B3
Pleak (TX) 239 B4
Pleasant Camp (AK) 104 D2
Pleasant City (OH) 175 C6
Pleasant Farm (TX) 224 C3
Pleasant Gap (AL) 213 BC5
Pleasant Gap (PA) 177 B5
Pleasant Green (MO) 171 D6
Pleasant Grove (AL) 213 B5
Pleasant Grove (AL) 213 C3
Pleasant Grove (KS) 170 D3
Pleasant Grove (OH) 175 C6
Pleasant Grove (UT) 164 B3
Pleasant Hill (IL) 172 C3
Pleasant Hill (LA) 228 C3
Pleasant Hill (MO) 171 D4
Pleasant Hill (NM) 206 B2
Pleasant Hill (OH) 174 B3
Pleasant Hill (TN) 194 D3
Pleasant Hill (WA) 107 B5
Pleasant Hills (MD) 177 C6
Pleasant Hope (MO) 191 B5
Pleasant Lake (IN) 154 C3
Pleasant Lake (MN) 131 B6
Pleasant Plains (AR) 211 A4
Pleasant Plains (IL) 172 C3-4
Pleasant Plains (NJ) 178 B3
Pleasant Prairie (WI) 153 B5
Pleasant Valley (TX) 208 C2
Pleasant Valley (VA) 177 D5
Pleasant Valley (WV) 176 C2
Pleasant View (CO) 185 B6
Pleasant View (IN) 174 C2
Pleasant View (TN) 194 C1
Pleasant View (UT) 144 C3
Pleasant View (WA) 108 C2
Pleasanton (CA) 180 B2-3
Pleasanton (KS) 191 A4
Pleasanton (NE) 169 B5
Pleasanton (NM) 204 C2
Pleasanton (TX) 238 C1
Pleasantville (IA) 151 C5
Pleasantville (NJ) 178 C3
Pleasantville (NY) 178 A4
Pleasantville (PA) 177 B4
Pleasantville (PA) 156 C2
Pleasureville (PA) 177 B6
Pledger (TX) 239 B4
Plentywood (MT) 112 A4
Plevna (AL) 213 B4
Plevna (KS) 189 B6
Plevna (MT) 112 C4
Plover (WI) 133 C5
Pluckemin (NJ) 178 B3
Plum (PA) 176 B3
Plum Branch (SC) 215 C4
Plum City (WI) 132 C2
Plum Grove (TX) 239 A4
Plum Springs (KY) 194 BC2
Plumerville (AR) 210 A3
Plummer (ID) 108 B3-4
Plummer (MN) 115 B6-7
Plumville (PA) 176 B3
Plush (OR) 141 B6
Plymouth (CA) 181 A4
Plymouth (FL) 248/249 A3
Plymouth (IA) 151 A5-6
Plymouth (IL) 172 B2-3
Plymouth (IN) 153 C6
Plymouth (KS) 190 A2
Plymouth (MA) 159 C6
Plymouth (MN) 131 B7
Plymouth (NC) 198 D2
Plymouth (NE) 170 B1-2
Plymouth (NH) 159 A5
Plymouth (OH) 175 AB5
Plymouth (UT) 144 C2
Plymouth (WI) 153 A4-5
Plymptonville (PA) 177 A4
Poca (WV) 196 A2
Pocahontas (AR) 192 C2-3
Pocahontas (IA) 150 B4
Pocahontas (IL) 173 D4
Pocahontas (MS) 230 B1
Pocalla Springs (SC) 215 C6
Pocasset (OK) 208 A3
Pocatalico (WV) 196 A2
Pocatello (ID) 144 B2
Pocola (OK) 210 A1
Pocomoke City (MD) 198 A3
Pocono Pines (PA) 178 A2
Point (TX) 227 B5
Point Arena (CA) 160 D2
Point Baker (AK) 105 C5
Point Blank (TX) 239 A4
Point Blue (LA) 240 A2
Point Cedar (AR) 210 B2
Point Clear (AL) 242 A3
Point Comfort (TX) 238 C3
Point Harbor (NC) 198 C3
Point Hope (AK) 86 B2
Point Lay (AK) 86 A4
Point Marion (PA) 176 C2-3
Point of Rocks (MD) 177 C5
Point of Rocks (WY) 145 C6
Point Pleasant (NJ) 178 B3-4
Point Pleasant (WV) 175 D5-6
Point Reyes Station (CA) 180 A2
Point Venture (TX) 238 A2
Pointe a la Hache (LA) 241 B5
Pointe Aux Pins (MI) 135 B4
Poipu (HI) 252 B2
Pojoaque (NM) 186 D3-4
Polacca (AZ) 185 D4
Poland (NY) 136 C2-3
Polaris (MT) 125 B4-5
Polebridge (MT) 109 A6
Polk (NE) 170 A1
Polk (PA) 156 C2
Polk City (FL) 248 A3
Polk City (IA) 151 C5
Polkton (NC) 216 A1
Polkville (MS) 230 B2
Polkville (NC) 215 A5
Pollard (AL) 231 C4
Pollard (AR) 192/193 C3
Pollock (ID) 124 B1
Pollock (LA) 229 C4
Pollock (MO) 171 B5-6
Pollock (SD) 129 B5
Pollock Pines (CA) 161 D5
Pollocksville (NC) 217 B4
Pollok (TX) 228 C2
Polo (IL) 152 C3
Polo (MO) 171 C4
Polo (SD) 130 C1
Polonia (WI) 133 C5
Polson (MT) 109 B6
Polvadera (NM) 205 B4
Pomaria (SC) 215 B5
Pomeroy (IA) 150 B4
Pomeroy (OH) 175 C5
Pomeroy (TX) 207 A4
Pomeroy (WA) 108 C3
Pomona (CA) 200 B3
Pomona (KS) 170 D3
Pomona (MO) 192 C2
Pomona (NJ) 178 C3
Pomona Park (FL) 245 B4
Pompano Beach (FL) 251 A4-5
Pompeys Pillar (MT) 126/127 B4
Ponca (AR) 191 C5
Ponca (NE) 150 B2
Ponca City (OK) 190 C1-2
Ponce de Leon (FL) 243 A5
Ponce Inlet (FL) 245 B5
Poncha Springs (CO) 186 A3
Ponchatoula (LA) 241 A4
Pond (CA) 200 A1
Pond (TN) 194 C1
Pond Creek (OK) 190 C1
Pond Eddy (PA) 158 C2
Ponder (TX) 209 C3
Ponderay (ID) 108 A4

Ponderosa (NM) ... 205 A4
Ponderosa Park (CO) 171 C5
Pondosa (CA) ... 140 C4
Poneto (IN) ... 174 B2
Ponte Vedra Beach (FL) ... 245 A4
Pontiac (IL) ... 173 B5
Pontiac (MI) ... 154 B4
Pontoosuc (IA) ... 172 B2
Pontotoc (MS) ... 212 B1-2
Pontotoc (TX) ... 237 A5
Pony (MT) ... 125 B6
Poole (KY) ... 194 B1
Poole (NE) ... 169 B5-6
Pooler (GA) ... 233 B5
Poorman (AK) ... 91 C8
Pope (MS) ... 211 B5-6
Poplar (CA) ... 181 C5
Poplar (MT) ... 112 A3
Poplar (NC) ... 196 C1
Poplar (WI) ... 117 C5
Poplar Bluff (MO) ... 192 C3
Poplar Branch (NC) . 198 C3
Poplar Grove (AR) .. 211 B5
Poplar Grove (IL) ... 152 B4
Poplarville (MS) ... 241 A5
Poquoson (VA) ... 198 B2
Porcupine (SD) ... 148 A1
Porcupine (AK) ... 104 D2
Port Alexander (AK) . 105 C4
Port Allegany (PA) .. 156 C3
Port Allen (LA) ... 241 A3
Port Alsworth (AK) ... 95 C7
Port Alto (TX) ... 238 C3
Port Angeles (WA) . 106 A3
Port Aransas (TX) . 247 B4-5
Port Armstrong (AK) 105 C4
Port Arthur (TX) ... 240 B1
Port Ashton (AK) ... 96 C3
Port Austin (MI) .. 135 C4-6
Port Barre (LA) ... 240 A3
Port Bolivar (TX) .. 239 B5
Port Byron (IL) ... 152 C2
Port Byron (NY) ... 157 A5
Port Charlotte (FL) .. 248 C2
Port Chester (NY). 178/179 B4
Port Chilkoot (AK) .. 104 D3
Port Clarence (AK) .. 90 B2
Port Clinton (OH) ... 155 C5
Port Clinton (PA) ... 178 B1
Port Clyde (ME) ... 139 C3
Port Crawford (AK). 96/97 C4
Port Dickinson (NY) . 157 B6
Port Edwards (WI) .. 133 C5
Port Frederick (AK) . 105 A4
Port Fourchon (LA) . 241 B4
Port Gamble (WA) .. 106 B4
Port Gibson (MS) . 229 C5-6
Port Graham (AK) .. 96 D1-2
Port Heiden (AK) ... 102 C3
Port Henry (NY) ... 137 B4
Port Herbert (AK) ... 105 C4
Port Hobron (AK) ... 103 B6
Port Hope (MI) ... 135 D6
Port Hudson (LA) .. 241 A3
Port Huron (MI) ... 155 A5
Port Isabel (TX) ... 247 C4
Port Jefferson (NY) . 179 B4
Port Jervis (NY) ... 158 C2
Port Kent (NY) ... 137 B4
Port La Belle (FL) .. 251 A3
Port Lavaca (TX) ... 238 C3
Port Leyden (NY) ... 136 C2
Port Lions (AK) ... 103 B6
Port Ludlow (WA) ... 106 B4
Port Mansfield (TX) .. 247 C4
Port Matilda (PA) . 177 B4-5
Port Mayaca (FL) ... 249 C4
Port Moller (AK) ... 102 C2
Port Neches (TX) .. 240 A1
Port Nellie Juan (AK) 96 C3
Port Norris (NJ) ... 178 C2
Port O'Brien (AK) .. 103 B6
Port O'Connor (TX) . 238 C3
Port Orange (FL) ... 245 B5
Port Orchard (WA) . 106 B4
Port Orford (OR) ... 140 B1
Port Republic (NJ) . 178 C3
Port Royal (PA) ... 177 B5
Port Royal (SC) ... 234 B2
Port Royal (VA) ... 198 A1
Port Safety (AK) ... 90 C3
Port Saint Joe (FL) .. 243 B5
Port Saint John (FL) . 249 A4
Port Saint Lucie (FL) . 249 B4
Port Salerno (FL) ... 249 B4
Port Sanilac (MI) ... 155 A5
Port Sulphur (LA) .. 241 B5
Port Townsend (WA) 106 A4
Port Vincent (LA) .. 241 A4
Port Vita (AK) ... 103 A6
Port Wakefield (AK) 103 AB6
Port Washington (OH) 176 B1
Port Washington (WI) 153 A5
Port Wentworth (GA) ... 234 B1-2
Port William (AK) ... 96 E1
Port William (OH) .. 175 C4
Port Wing (WI) ... 117 C5
Portage (AK) ... 96 C3
Portage (AK) ... 105 AB4
Portage (IN) ... 153 C5
Portage (ME) ... 120 B3
Portage (MI) ... 154 B2
Portage (MT) ... 110 B3
Portage (OH) ... 154 C4
Portage (PA) ... 177 B4
Portage (UT) ... 144 C2
Portage (WI) ... 152 A3
Portage Creek (AK) .. 95 E6
Portage Roadhouse (AK) ... 90 C4
Portageville (MO) .. 193 C4
Portageville (NY) . 156 B3-4
Portal (AZ) ... 222 C1
Portal (GA) ... 233 B5
Portal (ND) ... 113 A6
Portales (NM) ... 206 B2
Porter (MN) ... 131 C4
Porter (OK) ... 190 D3
Porter (WA) ... 106 C3
Porterdale (GA) .. 214 C2-3
Porterfield (WI) ... 134 B1
Portersville (AL) .. 213 B5
Portersville (PA) ... 176 B2
Porterville (CA) ... 181 C5
Porterville (UT) ... 164 B3
Portia (AR) ... 192 C2
Portis (KS) ... 169 C6
Portland (AR) ... 211 C4
Portland (CO) ... 187 A4-5
Portland (CT) ... 158 C4
Portland (FL) ... 243 A4
Portland (IN) ... 174 B3
Portland (KS) ... 190 B1
Portland (ME) ... 159 A6
Portland (MI) ... 154 B3
Portland (MO) ... 172 D2
Portland (ND) ... 115 B5
Portland (OR) ... 121 B3
City Map ... 121
Portland (TN) ... 194 C2
Portland (TX) ... 247 B4
Portlock (AK) ... 96 D2
Portola (CA) ... 161 C5
Portsmouth (IA) ... 150 C3
Portsmouth (NH) ... 159 A6
Portsmouth (OH) ... 175 D4
Portsmouth (VA) ... 198 C2
Portville (NY) ... 156 B3
Porum (OK) ... 209 A5
Posen (MI) ... 135 B5
Posey (TX) ... 207 C4
Poseyville (IN) ... 193 A6
Post (OR) ... 122 C3
Post (TX) ... 225 A4
Post Creek (MT) .. 109 B6-7
Post Falls (ID) ... 108 B4
Post Oak Bend City (TX) ... 227 B4
Poston (AZ) ... 202 C1
Poston (SC) ... 216 C2
Postville (IA) ... 151 A7
Potato Creek (SD) . 148 A1-2
Poteau (OK) ... 210 A1
Poteet (TX) ... 238 B1
Poth (TX) ... 238 B1
Potlatch (ID) ... 108 C4
Potomac (IL) ... 173 B6
Potomac (MD) ... 177 CD5
Potomac Heights (MD) ... 177 D5-6
Potosi (MO) ... 192 B3
Potosi (TX) ... 226 B1
Potosi (WI) ... 152 B2
Potsdam (NY) ... 136 B3
Potter (AK) ... 96 B2-3
Potter (AR) ... 210 B1
Potter (KS) ... 170 C3
Potter (NE) ... 147 C5
Potter (WI) ... 133 C6
Potter Lake (WI) ... 153 B4
Potter Valley (CA) ... 160 C2
Potterville (GA) ... 232 B2
Potterville (MI) ... 154 B3
Potts Camp (MS) ... 212 B1
Pottsville (AR) ... 210 A2-3
Pottsboro (TX) ... 209 C4
Pottstown (PA) ... 178 B2
Pottsville (PA) ... 178 B1
Pottsville (TX) ... 226 C2
Potwin (KS) ... 190 B1-2
Poudre Park (CO) .. 171 B4
Poughkeepsie (NY) . 158 C3
Poulan (GA) ... 232 C3
Poulsbo (WA) ... 106 B4
Poultney (VT) ... 137 C4
Pound (VA) ... 196 B1
Pound (WI) ... 133 B6
Pound Ridge (NY) .. 158 C3
Poway (CA) ... 218 A2-3
Powder River (WY) . 146 A2
Powder Springs (GA) . 214 C2
Powder Wash (CO) . 170 B1
Powderhorn (CO) . 186 A2-3
Powderly (KY) ... 194 B1
Powderly (TX) ... 209 C5
Powderville (MT) ... 127 B6
Powell (AL) ... 213 B5
Powell (FL) ... 248 A2
Powell (NE) ... 170 B1
Powell (OH) ... 175 B4
Powell (OK) ... 209 C4
Powell (PA) ... 157 C5
Powell (TN) ... 195 C4-5
Powell (WY) ... 126 C3
Powell Butte (OR) . 122 C2-3
Powells Crossroads (TN) ... 213 A5
Powellsville (NC) ... 198 C2
Powelton (GA) ... 214 C4
Power (MT) ... 110 B3
Powers (MI) ... 134 B1
Powers (OR) ... 140 B1
Powers Lake (ND) .. 113 A6
Powhatan (AR) ... 192 C2
Powhatan (LA) ... 228 C3
Powhatan (VA) ... 197 B6
Powhattan (KS) ... 170 C3
Pownal (VT) ... 158 B3
Powooiliak Camp (AK). 90 D2
Poy Sippi (WI) ... 133 C6
Poyen (AR) ... 210 B3
Poynette (WI) ... 152 A3
Poynor (MO) ... 192 C3
Poynor (TX) ... 227 B5
Prague (NE) ... 150 C2
Prague (OK) ... 209 A4
Prairie (ID) ... 143 A4
Prairie City (IA) ... 151 C5
Prairie City (IL) ... 172 B3
Prairie City (OR) ... 123 C5
Prairie Creek (AR) .. 191 C4
Prairie du Chien (WI) ... 152 A1-2
Prairie du Rocher (IL) 193 A3
Prairie du Sac (WI) . 152 A3
Prairie Grove (AR) . 191 D4
Prairie Hill (MO) ... 171 C6
Prairie Hill (TX) ... 227 C4
Prairie Home (MO) . 171 D6
Prairie Rose (ND) . 115 C5-6
Prairie View (KS) ... 169 C5
Prairie View (TX) ... 239 A4
Prairie Village (KS) . 171 D4
Prairieville (LA) ... 241 A4
Prarie View (AR) ... 210 A2
Pratt (KS) ... 189 B6
Pratts (VA) ... 197 A5
Prattsville (AR) ... 210 B3
Prattsville (NY) ... 158 B2
Prattville (AL) ... 231 B5
Pray (MT) ... 126 B1
Preble (NY) ... 157 B5
Premont (TX) ... 247 B3
Prentice (WI) ... 133 B4
Prentiss (MS) ... 230 C2
Prescott (AR) ... 210 C2
Prescott (AZ) ... 202 B3
Prescott (IA) ... 171 A4
Prescott (KS) ... 191 A4
Prescott (MI) ... 135 C4-5
Prescott (MN) ... 132 C2
Prescott (OR) ... 121 A2-3
Prescott (WA) ... 123 A5
Prescott Valley (AZ) ... 202/203 B3
Presho (SD) ... 129 D5
Presidio (TX) ... 235 B1
Presque Isle (ME) .. 120 B4
Presque Isle (MI) ... 135 B5
Presque Isle (WI) ... 133 A5
Preston (GA) ... 232 B2
Preston (IA) ... 152 B2
Preston (ID) ... 144 B3
Preston (KS) ... 189 B6
Preston (MD) ... 178 D2
Preston (MN) ... 151 A6
Preston (MO) ... 191 B5
Preston (MS) ... 230 B3
Preston (NE) ... 170 B3
Preston (NV) ... 163 D5
Preston (OK) ... 209 A5
Prestonsburg (KY) . 195 B6
Prestonville (KY) ... 174 D2
Pretty Prairie (KS) .. 189 B6
Prewitt (NM) ... 204 A2-3
Price (AZ) ... 221 A4
Price (MD) ... 178 C2
Price (NC) ... 197 C4
Price (TX) ... 228 B2
Price (UT) ... 165 C4
Price (WI) ... 132 C3-4
Pricedale (MS) ... 230 C1
Priceville (AL) ... 213 B4
Prichard (AL) ... 242 A2
Prichard (MS) ... 211 B5
Prichard (WV) ... 196 A1
Priddy (TX) ... 226 C2
Pridgen (GA) ... 233 C4
Prien (LA) ... 240 A1
Priest River (ID) ... 108 A4
Prim (AR) ... 211 A3
Primera (TX) ... 247 C4
Primghar (IA) ... 150 A3
Primrose (GA) ... 232 A2
Primrose (NE) ... 149 C5
Prince (NV) ... 183 B5
Prince Frederick (MD) ... 177 D6
Prince George (VA) . 198 B1
Princess Anne (MD) . 198 A3
Princeton (IL) ... 152 C3
Princeton (AR) ... 210 BC3
Princeton (CA) ... 160 C3
Princeton (FL) ... 251 B4
Princeton (IA) ... 152 C2
Princeton (IN) ... 194 A1
Princeton (KS) ... 191 A3
Princeton (KY) . 193 B5-6
Princeton (LA) ... 228 B3
Princeton (ME) ... 139 A5
Princeton (MI) ... 134 A1
Princeton (MN) ... 131 B7
Princeton (MO) ... 171 B5
Princeton (NC) ... 216 A3
Princeton (NE) ... 170 B2
Princeton (NJ) ... 178 B3
Princeton (SC) ... 215 B4
Princeton (TX) ... 227 A4
Princeton (WI) ... 133 D5-6
Princeton (WV) ... 196 B2
Princeville (IL) . 172/173 B4
Princeville (NC) ... 197 D6
Prineville (OR) ... 122 C3
Pringle (SD) ... 147 A5
Pringle (TX) ... 188 D3
Prinsburg (MN) ... 131 C5
Pritchett (CO) ... 188 B2
Pritchett (TX) ... 228 B1
Proctor (CO) ... 168 B1-2
Proctor (MN) ... 117 C4
Proctor (MT) ... 109 B6
Proctor (NV) ... 163 B6
Proctor (TX) ... 226 BC2
Proctor (WV) ... 176 C2
Proctorville (NC) . 216 B2-3
Proctorville (OH) ... 196 A1
Progreso (TX) ... 247 C3-4
Progress (TX) ... 206 B3
Promise City (IA) .. 171 B5
Promontory (UT) ... 144 C2
Promontory Point (UT) ... 144 C2
Pronto (NV) ... 162 B2
Prophetstown (IL). 152 C2-3
Prospect (NY) ... 136 C2
Prospect (OH) ... 175 B4
Prospect (OR) ... 140 B3
Prospect (PA) ... 176 B2-3
Prospect (VA) ... 197 B5
Prospect Valley (CO) . 171 B5
Prosper (TX) ... 209 C4
Prosperity (FL) ... 243 A5
Prosperity (SC) ... 215 B5
Prosperity (WV) ... 196 B2
Prosser (NE) ... 169 B6
Prosser (WA) ... 122 A4
Protection (KS) ... 189 B5
Provencal (LA) ... 228 C3
Providence (AL) ... 231 B4
Providence (FL) ... 248 A2-3
Providence (KY) ... 193 B6
Providence (RI) ... 159 C5
Providence (UT) ... 144 C3
Provincetown (MA). 159 B6-7
Provo (AR) ... 210 B1
Provo (SD) ... 147 A5
Provo (UT) ... 164 B3
Prudenville (MI) ... 135 C4
Prudhoe Bay (AK) ... 85 B7
Prue (OK) ... 190 C2
Prunedale (CA) ... 180 C3
Pruntytown (WV) ... 176 C2
Pryor (MT) ... 126 B3
Pryor (OK) ... 190/191 C3
Ptarmigan (AK) ... 97 B5
Puckett (MS) ... 230 B2
Pueblo (CO) ... 187 A5
Pueblo Pintado (NM) 186 CD2
Pueblo West (CO) .. 187 A5
Puente (TX) ... 207 A4
Puerto de Luna (NM). 206 B1
Pukalani (HI) ... 253 C5
Pukin Center (CO) .. 171 D6
Pukoo (HI) ... 253 BC5
Pukwana (SD) ... 149 A4
Pulaski (GA) ... 233 B5
Pulaski (IA) ... 172 B1
Pulaski (IL) ... 193 B4
Pulaski (NY) ... 157 A5
Pulaski (TN) ... 213 A3-4
Pulaski (VA) ... 196 B3
Pulaski (WI) ... 133 C6
Pullman (TX) ... 207 A4
Pullman (WA) ... 108 C3
Pumpkin Center (NC) ... 217 B4
Pumpville (TX) ... 236 B2
Punta Gorda (FL) ... 248 C2
Punta Rassa (FL) . 250 A2-3
Punxsutawney (PA). 176 B3-4
Purcell (MO) ... 191 B4
Purcell (OK) ... 208/209 AB3
Purcellville (VA) ... 177 C5
Purdin (MO) ... 171 C5
Purdon (TX) ... 227 C4
Purdum (NE) ... 148 B3
Purdy (MO) ... 191 C5
Purdy (OK) ... 208 B3
Purdy (WA) ... 106 B4
Purgatory (AK) ... 92 A4
Purley (TX) ... 227 A5
Purves (TX) ... 226 B2
Purvis (MS) ... 230 C2
Puryear (TN) ... 193 C5
Put-in-Bay (OH) ... 155 C5
Putnam (CT) ... 159 C4-5
Putnam (OK) ... 189 D6
Putnam (TX) ... 226 B1
Putnam Hall (FL) . 245 B3-4
Putnamville (IN) ... 174 C1
Putney (GA) ... 232 C2
Putney (KY) ... 195 C5
Putney (SD) ... 130 B2
Putney (VT) ... 158 B4
Puuanahulu (HI) ... 253 D6
Puuwai (HI) ... 252 B1
Puxico (MO) ... 193 C3
Puyallup (WA) ... 106 B4
Pyatt (AR) ... 191 C6
Pyatts (IL) ... 193 A4
Pyote (TX) ... 224 C2
Pyramid (NV) ... 161 B6

Q

Quail (TX) ... 207 B5
Quakertown (PA) ... 178 B2
Quamba (MN) ... 132 B1
Quanah (TX) ... 208 B1
Quantico (VA) ... 177 D5
Quapaw (OK) ... 191 C4
Quarry (TX) ... 238 A3
Quarryville (PA) ... 178 C1
Quartz Hill (CA) ... 200 B2
Quartzsite (AZ) ... 202 C1
Quasqueton (IA) ... 151 B7
Quealy (WY) ... 145 C5
Quebec (TX) ... 235 A1
Quebeck (TN) ... 194 D3
Queen Anne (MD) . 178 D1-2
Queen City (MO) ... 171 B6
Queen City (TX) ... 228 A2
Queen Creek (AZ) .. 203 C4
Queenstown (MD) ... 178 C1
Queensland (GA) ... 233 C3
Quemado (NM) ... 204 B2
Quemado (TX) ... 237 C3
Quenemo (KS) ... 170 D3
Questa (NM) ... 186/187 C4
Quick City (MO) .. 171 D4-5
Quietus (MT) ... 127 B5
Quilcene (WA) ... 106 B3-4
Quimby (IA) ... 150 B3
Quinault (WA) ... 106 B3
Quinby (SC) ... 216 B2
Quincy (CA) ... 161 C4-5
Quincy (FL) ... 244 A1
Quincy (IL) ... 172 C2
Quincy (KS) ... 190 B2
Quincy (MA) ... 159 B6
Quincy (MI) ... 154 C3
Quincy (MO) ... 191 A5
Quincy (MS) ... 212 C2
Quincy (OH) ... 175 B4
Quincy (WA) ... 107 B7
Quinebaug (CT) ... 159 B4-5
Quinhagak (AK) ... 94 D3-4
Quinlan (OK) ... 189 C5
Quinlan (TX) ... 227 B4
Quinn (SD) ... 128/129 D3
Quinnimont (WV) . 196 B2-3
Quintana (TX) ... 239 C4
Quintette (FL) ... 242 A3
Quinton (OK) ... 209 A5
Quinwood (WV) ... 196 A3
Quitaque (TX) ... 207 B4-5
Quitman (AR) ... 211 A3
Quitman (GA) ... 244 A2
Quitman (LA) ... 229 B4
Quitman (MS) ... 230 B3
Quitman (TX) ... 227 B5
Quito (MS) ... 211 C5
Quiukachamut (AK) ... 94/95 D4
Quivero (AZ) ... 202/203 A3
Qulin (MO) ... 192 C3

R

Raceland (LA) ... 241 B4
Rachal (TX) ... 247 C3
Racine (MN) ... 151 A6
Racine (WI) ... 153 B5
Racine (WV) ... 196 A2
Raco (MI) ... 50 C2
Radcliff (KY) ... 194 B2-3
Radcliffe (IA) ... 151 B5
Radersburg (MT) ... 125 A6
Radford (VA) ... 196 B3
Radisson (WI) ... 132 B3
Radium (KS) ... 189 A6
Radium (MN) ... 115 A6
Radium (TX) ... 225 B5-6
Radium Springs (NM) . 223 B4
Raeford (NC) ... 216 B2
Raeville (NE) ... 149 C5-6
Rafter J Ranch (WY) ... 144/145 A4
Ragan (NE) ... 169 B5
Ragan (WY) ... 145 C4
Ragland (AL) ... 213 C4
Ragley (LA) ... 240 A1
Rago (KS) ... 189 B6
Raiford (FL) ... 245 A3
Railroad City (AK) ... 95 A5
Rainbow (AK) ... 96 BC3
Rainbow (CA) ... 201 C3
Rainbow (TX) ... 226 B3
Rainbow City (AL) . 213 C4
Rainbow Lake Estates (FL) ... 245 B3
Rainelle (WV) ... 196 B3
Raines (GA) ... 232 C3
Rainier (OR) ... 121 A2-3
Rainier (WA) ... 106 C4
Rains (SC) ... 216 B2
Rainsville (AL) ... 213 B5
Rainsville (NM) ... 187 D4
Rainy Pass Lodge (AK) . 96 A1
Raisin (TX) ... 238 C2
Raisin City (CA) ... 181 C5
Raleigh (FL) ... 245 B3
Raleigh (GA) ... 232 B2
Raleigh (IL) ... 193 B5
Raleigh (MS) ... 230 B2
Raleigh (NC) ... 197 D5
Ralls (TX) ... 207 C4
Ralph (SD) ... 128 B2
Ralph (SD) ... 128 B3
Ralston (IA) ... 150 B4
Ralston (NE) ... 150 C2-3
Ralston (OK) ... 190 C2
Ralston (PA) ... 157 C5
Ralston (WA) ... 108 C2
Ralston (WY) ... 126 C3
Ramah (CO) ... 171 C5
Ramah (NM) ... 204 A2
Ramblewood (PA) . 177 B4-5
Ramer (TN) ... 212 A2
Ramhurst (GA) ... 214 B2
Ramireno (TX) ... 246 B2
Ramirez (TX) ... 247 B3
Ramon (NM) ... 205 B5-6
Ramona (CA) ... 218 A3
Ramona (KS) ... 170 D1
Ramona (OK) ... 190 C3
Ramona (SD) ... 130 C3
Rampart (AK) ... 92 B3-4
Ramsay (MI) ... 117 C6-7
Ramsay (MT) ... 125 B5
Ramseur (NC) ... 216 A2
Ramsey (AR) ... 210/211 C3
Ramsey (IL) ... 173 C4-5
Ramsey (MN) ... 132 B1
Ramsey (NJ) ... 178 A3
Ranburne (AL) ... 213 C5
Ranchester (WY) ... 127 C4
Ranchito (NM) . 186/187 C4
Rancho Cucamonga (CA) ... 200 B3
Rancho Mirage (CA) . 201 C4
Rancho Murieta (CA) . 161 D4
Rancho Palos Verdes (CA) ... 200 C2
Rancho Santa Fe (CA) ... 218 AB2
Rancho Viejo (TX) .. 247 CD4
Ranchos de Taos (NM) ... 186/187 C4
Rancocas (NJ) ... 178 BC3
Rand (CO) ... 170 B3
Rand (WV) ... 196 A2
Randado (TX) ... 246 B3
Randalia (IA) ... 151 B7
Randall (IA) ... 151 B5
Randall (KS) ... 169 C6
Randall (MN) ... 131 A6
Randle (WA) ... 107 C5
Randleman (NC) ... 197 D4
Randlett (OK) ... 208 B2
Randlett (UT) ... 165 B5
Randolph (AL) ... 231 B4-5
Randolph (AZ) ... 221 B4
Randolph (IA) ... 170 B3
Randolph (KS) ... 170 C2
Randolph (MA) ... 159 B5-6
Randolph (ME) ... 138 B3
Randolph (MN) ... 132 C1
Randolph (MS) ... 212 B1
Randolph (NE) ... 149 B6
Randolph (NY) ... 156 B3
Randolph (TX) ... 209 C4
Randolph (UT) ... 144 C3
Randolph (VT) ... 137 C5

Randolph (WI) ... 152 A3
Random Lake (WI) ... 153 A4-5
Range (AL) ... 231 C4
Range (WI) ... 132 B2
Rangeley (ME) ... 138 AB2
Rangely (CO) ... 165 B6
Ranger (GA) ... 214 B2
Ranger (TX) ... 226 B2
Ranier (MN) ... 116 A3
Rankin (IL) ... 173 B6
Rankin (TX) ... 225 C4
Ransom (IL) ... 173 A5
Ransom (KS) ... 169 D4-5
Ransom Canyon (TX) ... 207 C4
Ranson (WV) ... 177 C5
Rantoul (IL) ... 173 B5
Rantoul (KS) ... 191 A3
Raoul (GA) ... 214 B3
Rapelje (MT) ... 126 AB2
Rapid City (SD) ... 128 C2-3
Raquette Lake (NY) ... 136 C3
Rarden (OH) ... 175 D4
Ratcliff (TX) ... 228 C1
Rathbun (IA) ... 171 B5-6
Rathdrum (ID) ... 108 B3-4
Ratliff (FL) ... 245 A4
Ratliff City (OK) ... 208 B3
Raton (NM) ... 187 C5
Rattan (OK) ... 209 B5
Raub (ND) ... 113 B6-7
Ravalli (MT) ... 109 B6
Ravena (NY) ... 158 B3
Ravendale (CA) ... 161 B5
Ravenden (AR) ... 192 C2
Ravenel (SC) ... 234 B2
Ravenna (MT) ... 109 C7
Ravenna (NE) ... 169 B6
Ravenna (OH) ... 155 C6
Ravenna (TX) ... 209 C4
Ravensdale (WA) ... 107 B5
Ravenswood (WV) ... 175 D6
Ravenwood (MO) ... 171 B4
Ravia (OK) ... 209 B4
Ravinia (SD) ... 149 A5
Rawlins (WY) ... 146 C1
Rawson (ND) ... 113 B5
Rawson (OH) ... 175 B4
Ray (AZ) ... 203 C4-5
Ray (MN) ... 116 A3
Ray (ND) ... 113 A5
Ray City (GA) ... 233 C3
Rayburn (TX) ... 239 A5
Rayle (GA) ... 214 C4
Raymer (CO) ... 171 B6
Raymond (CA) ... 181 B4-5
Raymond (GA) ... 214 C2
Raymond (IL) ... 173 C4
Raymond (KS) ... 189 A6
Raymond (MN) ... 131 BC5
Raymond (MS) ... 230 B1
Raymond (MT) ... 112 A4
Raymond (NE) ... 170 B2
Raymond (NH) ... 159 A5
Raymond (SD) ... 130 C3
Raymond (WA) ... 106 C3
Raymondville (MO) ... 192 B2
Raymondville (TX) ... 247 C4
Raymore (MO) ... 171 D4
Raynham Center (MA) ... 159 BC5
Rayne (LA) ... 240 A2
Raynesford (MT) ... 110 B4
Raynham (NC) ... 216 B2
Raytown (MO) ... 171 C4
Rayville (LA) ... 229 B5
Rayville (MO) ... 171 C4-5
Raywick (KY) ... 194 B3
Reader (AR) ... 210 C2
Reading (KS) ... 190 A2-3
Reading (MI) ... 154 C3
Reading (OH) ... 174 C3
Reading (PA) ... 178 B1-2
Readland (AR) ... 229 A5
Readlyn (IA) ... 151 B6
Reads Landing (WI) ... 132 C2
Readstown (WI) ... 152 A2
Reagan (TX) ... 227 C4
Reager (KS) ... 169 C4
Realitos (TX) ... 246 B3
Reardan (WA) ... 108 B3
Rebecca (GA) ... 232/233 C3
Recluse (WY) ... 127 C6
Rector (AR) ... 192 C3
Rectorville (KY) ... 175 D4
Red Ash (VA) ... 196 B2
Red Bank (NJ) ... 178 B3-4
Red Bank (TN) ... 213 A5
Red Banks (MS) ... 212 B1
Red Bay (AL) ... 212 B2
Red Bird (OK) ... 190 D3
Red Bluff (CA) ... 160 B3
Red Bluff (TX) ... 224 C2
Red Boiling Springs (TN) ... 194 C3
Red Bud (IL) ... 193 A3-4
Red Buttes (WY) ... 146 C3
Red Cliff (CO) ... 170 C3
Red Cliff (WI) ... 117 C6
Red Cloud (NE) ... 169 B6
Red Devil (AK) ... 95 B6
Red Elm (SD) ... 129 B4
Red Feather Lakes (CO) ... 171 B4
Red Gate (TX) ... 247 C3
Red Head (FL) ... 243 A5
Red Hill (AL) ... 231 B5-6
Red Hill (SC) ... 216 C3
Red Hook (NY) ... 158 BC3
Red Lake (AZ) ... 203 A3
Red Lake (AZ) ... 184 C4
Red Lake (MN) ... 116 B1-2
Red Lake Falls (MN) ... 115 B6
Red Level (AL) ... 231 C5
Red Lion (NJ) ... 178 C3
Red Lion (OH) ... 175 C3
Red Lodge (MT) ... 126 B2
Red Mesa (AZ) ... 185 C5
Red Mountain (CA) ... 200 A3
Red Oak (GA) ... 214 C2
Red Oak (IA) ... 170 AB3
Red Oak (NC) ... 197 C6
Red Oak (OK) ... 209 B5-6
Red Oak (TX) ... 227 B4
Red Oaks Mill (NY) ... 158 C3
Red River (NM) ... 187 C4
Red River Hot Springs (ID) ... 124 B2
Red Rock (AZ) ... 221 B4
Red Rock (AZ) ... 185 C5
Red Rock (MT) ... 125 C5
Red Rock (OK) ... 190 C1
Red Rock (TX) ... 238 B2
Red Scaffold (SD) ... 129 C4
Red Shirt (SD) ... 147 A6
Red Springs (NC) ... 216 B2
Red Springs (TX) ... 208 C1
Red Star (AR) ... 191 D5
Red Wing (CO) ... 187 B4
Red Wing (MN) ... 132 C2
Redbank (TX) ... 210 C1
Redbird (WY) ... 147 A4
Redby (MN) ... 116 B2
Reddell (LA) ... 240 A2
Redden (OK) ... 209 B5
Reddick (FL) ... 245 B3
Reddick (IL) ... 173 A5
Redding (CA) ... 160 B3
Redding (IA) ... 171 B4
Redfield (AR) ... 211 B3
Redfield (IA) ... 150/151 C4
Redfield (KS) ... 191 B4
Redfield (SD) ... 130 C2
Redford (TX) ... 235 B1
Redig (SD) ... 128 B2
Redington (NE) ... 147 C5
Redkey (IN) ... 174 B2
Redland (TX) ... 228 C2
Redland (TX) ... 227 B5
Redlands (CA) ... 201 B3-4
Redlands (CO) ... 165 C6
Redmesa (CO) ... 185 B6
Redmon (IL) ... 173 C6
Redmond (OR) ... 122 C2
Redmond (UT) ... 164 C2-3
Redmond (WA) ... 107 B4-5
Redondo Beach (CA) ... 200 C2
Redowl (SD) ... 128 C3
Redrock (NM) ... 222 B2
Redstone (CO) ... 170 C2
Redstone (MT) ... 112 A3-4
Redvale (CO) ... 185 A6
Redwater (MS) ... 230 B2
Redwater (TX) ... 210 C1
Redway (CA) ... 160 B2
Redwood (AK) ... 97 C5
Redwood (MS) ... 229 B6
Redwood (NY) ... 136 B2
Redwood City (CA) ... 180 B2
Redwood Falls (MN) ... 131 C5
Redwood Valley (CA) ... 160 C2
Ree Heights (SD) ... 129 C6
Reece (KS) ... 190 B2
Reece City (AL) ... 213 B4-5
Reed (AR) ... 211 C4
Reed (KY) ... 194 B1
Reed (OK) ... 208 B1
Reed City (MI) ... 134 D3
Reed Point (MT) ... 126 B2
Reeder (ND) ... 128 A3
Reedley (CA) ... 181 C5
Reeds (MO) ... 191 B4
Reeds Spring (MO) ... 191 C5
Reedsburg (WI) ... 152 A2
Reedsport (OR) ... 140 A1
Reedsville (WI) ... 133 C7
Reedville (VA) ... 198 B2
Reedy (WV) ... 176 D1
Reese (MI) ... 154 A4
Reeseville (WI) ... 152/153 A4
Reeves (LA) ... 240 A1-2
Reevesville (SC) ... 215 C6
Reform (AL) ... 212 C2-3
Refuge (MS) ... 211 C4
Refugio (TX) ... 247 A4
Regal (MN) ... 131 B6
Regan (ND) ... 114 B2
Regent (ND) ... 128 A3
Register (GA) ... 233 B4-5
Rehobeth (AL) ... 232 C1
Rehoboth (NM) ... 204 A2
Reidland (KY) ... 193 B5
Reidsville (GA) ... 233 B4-5
Reidsville (NC) ... 197 C4
Reiffton (PA) ... 178 B2
Reile's Acres (ND) ... 115 C6
Reinbeck (IA) ... 151 B6
Reinersville (OH) ... 176 C1
Reisterstown (MD) ... 177 C5-6
Reklaw (TX) ... 228 C1-2
Reliance (SD) ... 129 D6
Reliance (WY) ... 145 C5
Rembert (SC) ... 215 B6
Rembrandt (IA) ... 150 B3
Remer (MN) ... 116 B3
Remerton (GA) ... 244 A2
Remington (IN) ... 173 B6
Remington (VA) ... 177 D5
Remsen (IA) ... 150 B3
Remsen (NY) ... 136 C2
Rena (AR) ... 210 A1
Rendon (TX) ... 227 B3
Renfroe (GA) ... 232 B2
Renfroe (MS) ... 230 B2
Renfrow (OK) ... 190 C1
Renick (MO) ... 171 C6
Rennies Landing (AK) ... 91 D7
Reno (GA) ... 244 A1
Reno (KS) ... 170 C3
Reno (MN) ... 152 A1
Reno (NV) ... 161 C6
Reno (TX) ... 209 C5
Renova (MS) ... 211 C5
Renovo (PA) ... 156/157 C4
Rensselaer (IN) ... 173 B6
Rensselaer (MO) ... 172 C2
Rensselaer Falls (NY) ... 136 B2
Rentiesville (OK) ... 209 A5
Renton (WA) ... 106/107 B4
Rentz (GA) ... 233 B3-4
Renville (MN) ... 131 C5
Renwick (IA) ... 151 B5
Repton (AL) ... 231 C4
Repton (KY) ... 193 B5-6
Republic (KS) ... 170 C1
Republic (MI) ... 118 C3
Republic (MO) ... 191 B5
Republic (PA) ... 176 C2-3
Republic (WA) ... 108 A2
Republican City (NE) ... 169 B5
Rerdell (FL) ... 248 A2
Resaca (GA) ... 214 B2
Reserve (KS) ... 170 C3
Reserve (LA) ... 241 A4
Reserve (NM) ... 204 C2
Retreat (TX) ... 227 B4
Retrop (OK) ... 208 A1
Reubens (ID) ... 124 A1
Reva (SD) ... 128 B2
Revere (MN) ... 131 C5
Revere (MO) ... 172 B2
Revere (WA) ... 108 B3
Revillo (SD) ... 130 BC4
Rex (AK) ... 92 C4
Rexburg (ID) ... 125 D6
Rexford (KS) ... 168 C4
Rexford (MT) ... 109 A5
Rexton (MI) ... 134 A3
Rexville (IN) ... 174 D2
Reydon (OK) ... 208 A1
Reyno (AR) ... 192 C3
Reynolds (GA) ... 232 B2
Reynolds (ID) ... 142 A3
Reynolds (IN) ... 174 B1
Reynolds (MO) ... 192 B2
Reynolds (ND) ... 115 B5
Reynolds (NE) ... 170 B1
Reynoldsburg (OH) ... 175 C5
Reynoldsville (GA) ... 244 A1
Reynoldsville (PA) ... 176/177 A3-4
Rhame (ND) ... 128 A2
Rhea (AR) ... 191 C4
Rhea (OK) ... 189 D5
Rheatown (TN) ... 195 C6
Rhine (GA) ... 233 C3
Rhinebeck (NY) ... 158 C3
Rhinelander (WI) ... 133 B5
Rhodell (WV) ... 196 B2
Rhododendron (OR) ... 122 B1-2
Rhome (TX) ... 227 A3
Rib Falls (WI) ... 133 BC5
Rib Lake (WI) ... 133 B4
Ribera (NM) ... 205 A5
Ricardo (NM) ... 206 B1
Ricardo (TX) ... 247 B4
Rice (CA) ... 201 B6
Rice (KS) ... 170 C1
Rice (MN) ... 131 B6
Rice (TX) ... 227 B4
Rice (VA) ... 197 B5
Rice (WA) ... 108 A2
Rice Lake (WI) ... 132 B3
Riceboro (GA) ... 233 C5
Riceville (IA) ... 151 A6
Riceville (PA) ... 156 C2
Riceville (TN) ... 214 A2
Rich (MS) ... 211 B5
Rich Bar (CA) ... 161 C4
Rich Creek (VA) ... 196 B3
Rich Hill (MO) ... 191 A4
Rich Pond (KY) ... 194 C2
Rich Square (NC) ... 198 C1
Richland (NE) ... 149 C6
Richland Center (WI) ... 152 A2
Richards (MO) ... 191 B4
Richards (TX) ... 239 A4
Richards Spur (OK) ... 208 B2
Richardson (AK) ... 93 C5
Richardson (TX) ... 227 B4
Richardson (WA) ... 106 A4
Richardton (ND) ... 113 C6
Richburg (NY) ... 156 B3
Richburg (SC) ... 215 B5-6
Richey (MT) ... 112 B3
Richfield (ID) ... 143 A5
Richfield (KS) ... 188 B3
Richfield (MN) ... 132 C1
Richfield (NC) ... 216 A1
Richfield (PA) ... 177 B5
Richfield (UT) ... 164 D2
Richfield (WI) ... 153 A4
Richfield Springs (NY) ... 158 B2
Richford (VT) ... 137 B5
Richford (WI) ... 133 CD5
Richgrove (CA) ... 181 D5
Richland (GA) ... 232 B2
Richland (KS) ... 170 D3
Richland (MI) ... 154 B2
Richland (MO) ... 192 B1
Richland (MS) ... 230 B1
Richland (MT) ... 112 A2
Richland (OR) ... 123 C6
Richland (SD) ... 150 B2
Richland (TX) ... 227 C4
Richland (WA) ... 123 A4
Richland Springs (TX) ... 226 C2
Richlands (NC) ... 217 B4
Richlands (VA) ... 196 B2
Richmond (AR) ... 210 C1
Richmond (CA) ... 180 B2
Richmond (IL) ... 153 B4
Richmond (IN) ... 174 C2-3
Richmond (KS) ... 190/191 A3
Richmond (KY) ... 195 B4
Richmond (LA) ... 229 B5
Richmond (ME) ... 138 B3
Richmond (MI) ... 155 B5
Richmond (MN) ... 131 B6
Richmond (MO) ... 171 C5
Richmond (OH) ... 176 B2
Richmond (TX) ... 239 B4
Richmond (UT) ... 144 C3
Richmond (VA) ... 197 B6
Richmond (VT) ... 137 B5
Richmond Dale (OH) ... 175 C5
Richmond Hill (GA) ... 233 C5
Richmondville (NY) ... 158 B2
Richtex (SC) ... 215 B5
Richton (MS) ... 230 C3
Richvale (CA) ... 161 C4
Richview (IL) ... 193 A4
Richville (NY) ... 136 B2
Richwood (GA) ... 232 B3
Richwood (KY) ... 174 D3
Richwood (LA) ... 229 B4-5
Richwood (MN) ... 115 C7
Richwood (WI) ... 152 A4
Richwood (WV) ... 196 A3
Rickardsville (IA) ... 152 B2
Rickman (TN) ... 194 C3
Rico (CO) ... 186 B1-2
Riddle (ID) ... 143 B3
Riddle (OR) ... 140 B2
Riddleville (GA) ... 233 B4
Ridge (MT) ... 127 B6
Ridge (NY) ... 179 B5
Ridge (TX) ... 227 C4
Ridge Farm (IL) ... 173 C6
Ridge Manor (FL) ... 248 A2
Ridge Spring (SC) ... 215 C5
Ridgecrest (CA) ... 200 A3
Ridgecrest (LA) ... 229 C5
Ridgefield (CT) ... 158 C3
Ridgeland (MS) ... 230 B1-2
Ridgeland (SC) ... 234 B1-2
Ridgeland (WI) ... 132 B3
Ridgely (MO) ... 171 C4
Ridgely (TN) ... 193 C4
Ridgetop (TN) ... 194 C2
Ridgeview (SD) ... 129 B5
Ridgeville (SC) ... 234 A2
Ridgeway (IA) ... 151 A7
Ridgeway (OH) ... 175 B4
Ridgeway (SC) ... 215 B6
Ridgeway (TX) ... 209 C5
Ridgeway (VA) ... 197 C4
Ridgeway (WI) ... 152 B2-3
Ridgway (CO) ... 186 A2
Ridgway (IL) ... 193 B5
Ridgway (PA) ... 156 C3
Ridott (IL) ... 152 B3
Riegelsville (NJ) ... 178 B2
Riesel (TX) ... 227 C4
Rieth (OR) ... 123 B5
Rifle (CO) ... 170 C2
Rigby (ID) ... 144 A3
Riggins (ID) ... 124 B1
Riley (IN) ... 173 C6
Riley (KS) ... 170 C2
Riley (OR) ... 141 A6
Rileyville (VA) ... 177 D4
Rillito (AZ) ... 221 B4
Rimersburg (PA) ... 176 AB3
Rimforest (CA) ... 200/201 B3
Rincon (GA) ... 233 B5
Riner (VA) ... 196 B3
Riner (WY) ... 146 C1
Ringgold (GA) ... 214 B1-2
Ringgold (LA) ... 228 B3
Ringgold (NE) ... 148 C3
Ringgold (TX) ... 208 C3
Ringle (WI) ... 133 C5
Ringling (MT) ... 125 A7
Ringling (OK) ... 208 B3
Ringold (OK) ... 209 B5
Ringwood (NJ) ... 178 A3
Ringwood (OK) ... 189 C6
Rio (IL) ... 172 A3
Rio (VA) ... 197 A5
Rio (WI) ... 152 A3
Rio Blanco (CO) ... 170 C2
Rio Bravo (TX) ... 246 B2
Rio Creek (WI) ... 134 C1
Rio del Mar (CA) ... 180 C3
Rio Dell (CA) ... 160 B1
Rio Grande (OH) ... 175 D5
Rio Grande City (TX) ... 246 C3
Rio Grande Village (TX) ... 245 B3
Rio Hondo (TX) ... 247 C4
Rio Pecos (TX) ... 224/225 C3
Rio Rancho (NM) ... 205 A4
Rio Verde (AZ) ... 203 C4
Rio Vista (CA) ... 180 A3
Rio Vista (TX) ... 227 B3
Riomedina (TX) ... 237 B4-5
Rios (TX) ... 247 B3
Ripley (CA) ... 202 C1
Ripley (IL) ... 172 CD3
Ripley (MS) ... 212 B2
Ripley (NY) ... 156 B2
Ripley (OH) ... 175 D4
Ripley (OK) ... 190 C2
Ripley (TN) ... 212 A1
Ripley (WV) ... 175 D6
Riplinger (WI) ... 133 C4
Ripon (CA) ... 180 B3
Ripon (WI) ... 133 D6
Ripperdan (CA) ... 181 C4
Rippey (IA) ... 151 C4
Rippon (WV) ... 177 C5
Ririe (ID) ... 144 A3
Risco (MO) ... 193 C4
Rising City (NE) ... 149 C6
Rising Fawn (GA) ... 213 B5
Rising Star (TX) ... 226 B2
Rising Sun (KY) ... 174 D3
Rising Sun (MD) ... 178 C1-2
Risingsun (OH) ... 154/155 C4
Rison (AR) ... 211 C3
Ritchey (MO) ... 191 C4
Rittman (OH) ... 175 B6
Ritzville (WA) ... 108 B2
River Bend (MO) ... 171 C4
River Bend (NC) ... 217 A4
River Bluff (KY) ... 194 A3
River Falls (AL) ... 231 C5
River Falls (WI) ... 132 C2
River Sioux (IA) ... 150 C2-3
Riverbank (CA) ... 181 B4
Riverside (NM) ... 224 B1
Riverside (NY) ... 157 B4
Riverdale (GA) ... 214 C2
Riverdale (KS) ... 190 B1
Riverdale (ND) ... 113 B7
Riverdale (NE) ... 169 B5
Riverside (AL) ... 213 C4
Riverside (CA) ... 200 BC3
Riverside (GA) ... 232 C3
Riverside (MO) ... 171 C4
Riverside (OR) ... 142 A1
Riverside (TX) ... 239 A4
Riverside (WA) ... 107 A7
Riverside (WY) ... 146 C2
Riverton (IA) ... 170 B3
Riverton (IL) ... 173 C4
Riverton (KS) ... 191 B4
Riverton (LA) ... 229 B4-5
Riverton (MN) ... 116 C2-3
Riverton (NE) ... 169 B6
Riverton (UT) ... 164 B2-3
Riverton (VA) ... 177 D4
Riverton (WV) ... 176 D3
Riverton (WY) ... 145 A6
Rivervale (AR) ... 211 A5
Riverview (AL) ... 231 C4-5
Riverview (FL) ... 248 B2
Riverview (WY) ... 147 A4
Riverview (WY) ... 147 A4
Rives (MO) ... 193 C3-4
Rives Junction (MI) ... 154 B3
Riviera (TX) ... 247 B4
Riviera Beach (FL) ... 251 A4-5
Roach (NV) ... 201 A5
Roads (OH) ... 175 C5
Roan Mountain (TN) ... 196 C1
Roane (TX) ... 227 B4
Roanoke (AL) ... 232 A1
Roanoke (IL) ... 173 B4
Roanoke (IN) ... 174 B2
Roanoke (MO) ... 171 C6
Roanoke (TX) ... 227 AB3
Roanoke (VA) ... 197 B4
Roanoke Rapids (NC) ... 197 C6
Roaring Gap (NC) ... 196 C3
Roaring Spring (PA) ... 177 B4
Roaring Springs (TX) ... 207 C5
Robbin (MN) ... 115 A5
Robbins (CA) ... 161 D4
Robbins (NC) ... 216 A2
Robbins (TN) ... 195 C4
Robbinsville (NC) ... 214 A3
Robe (WA) ... 107 A5
Robeline (LA) ... 228 C3
Robersonville (NC) ... 198 D1
Robert (LA) ... 241 A4
Robert Lee (TX) ... 225 C5
Roberta (GA) ... 232 B2-3
Roberts (ID) ... 144 A2
Roberts (IL) ... 173 B5
Roberts (MT) ... 126 B2
Roberts (WI) ... 132 B2
Robertsburg (WV) ... 175 D6
Robertsdale (AL) ... 242 A3
Robertson (WY) ... 165 A4
Robesonia (PA) ... 178 B1
Robin (ID) ... 144 B2
Robinson (IL) ... 173 C6
Robinson (KS) ... 170 C3
Robinson (ND) ... 114 B3
Robinson (TX) ... 227 C3-4
Robinsonville (MS) ... 211 B5
Robstown (TX) ... 247 B4
Roby (MO) ... 192 B1
Roby (TX) ... 225 B5
Roca (NE) ... 170 B2
Rochelle (FL) ... 245 B3
Rochelle (GA) ... 232/233 C3
Rochelle (IL) ... 152 C3
Rochelle (TX) ... 226 C1
Rocheport (MO) ... 171 CD6
Rochester (IL) ... 173 C4
Rochester (IN) ... 174 A1
Rochester (MN) ... 132 C2
Rochester (NH) ... 159 A6
Rochester (NY) ... 157 A4
Rochester (OH) ... 175 A5
Rochester (PA) ... 176 B2
Rochester (TX) ... 208 C1
Rochester (WA) ... 106 C3-4
Rochester (WI) ... 153 B4
Rochester Hills (MI) ... 155 B4-5
Rochford (SD) ... 128 C2
Rock (KS) ... 190 B2
Rock (MI) ... 134 A1
Rock Cave (WV) ... 176 D2
Rock City (IL) ... 152 B3
Rock Creek (KS) ... 170 C3
Rock Creek (MN) ... 132 B2
Rock Creek (OH) ... 155 C7
Rock Creek (OR) ... 122 B3
Rock Falls (IA) ... 151 A5
Rock Hall (MD) ... 178 C1
Rock Hill (SC) ... 215 B5
Rock Island (IL) ... 152 C2
Rock Island (OK) ... 210 A1
Rock Island (TX) ... 238 B3
Rock Island (WA) ... 107 B6
Rock Lake (ND) ... 114 A3
Rock Point (AZ) ... 185 C5
Rock Port (MO) ... 170 B3
Rock Rapids (IA) ... 150 A2
Rock River (WY) ... 146 C2-3
Rock Spring (GA) ... 213 B5
Rock Springs (AZ) ... 203 B3
Rock Springs (MT) ... 112 C2
Rock Springs (WI) ... 152 A3
Rock Springs (WY) ... 145 C5-6
Rock Valley (IA) ... 150 A2
Rockland (WI) ... 132 D4
Rockaway Beach (OR) ... 121 B2
Rockbridge (IL) ... 172 C3
Rockbridge (WI) ... 152 A2
Rockdale (TX) ... 238 A2
Rockdale (WI) ... 152 B3-4
Rockerville (SD) ... 128 D2
Rockfield (IN) ... 174 B1
Rockford (AL) ... 231 B5
Rockford (IA) ... 151 A6
Rockford (ID) ... 144 A2
Rockford (IL) ... 152 B3
Rockford (MI) ... 154 A2

Rockford (MN) ... 131 B7
Rockford (NE) ... 170 B2
Rockford (OH) ... 174 B3
Rockford (WA) ... 108 B3
Rockham (SD) ... 130 C2
Rockingham (NC) ... 216 B2
Rockland (ID) ... 144 B2
Rockland (ME) ... 139 B3-4
Rockland (MI) ... 118 C1
Rockland (TX) ... 228 C2
Rockledge (AL) ... 213 B4
Rockledge (FL) ... 249 A4
Rockmart (GA) ... 213 B5
Rockport (AR) ... 210 B3
Rockport (CA) ... 160 C2
Rockport (IL) ... 172 C2-3
Rockport (IN) ... 194 B1-2
Rockport (KY) ... 194 B1-2
Rockport (MA) ... 159 B6
Rockport (MS) ... 230 C1
Rockport (TX) ... 247 A4-5
Rockport (WA) ... 107 A5
Rockport (WV) ... 176 C1
Rocksprings (TX) ... 237 AB3
Rockton (IL) ... 152 B3
Rockvale (CO) ... 187 A4
Rockville (CT) ... 158 C4
Rockville (IN) ... 173 C6
Rockville (MD) ... 177 C5
Rockville (MN) ... 131 B6
Rockville (MO) ... 191 A4
Rockville (NE) ... 169 A6
Rockville (SC) ... 234 B2
Rockville (UT) ... 184 B1-2
Rockville Centre (NY) ... 178 B4
Rockwall (TX) ... 227 B4
Rockwell (AR) ... 210 B2
Rockwell (IA) ... 151 B5
Rockwell (NC) ... 215 A6
Rockwell City (IA) ... 150 B4
Rockwood (IL) ... 193 B4
Rockwood (ME) ... 120 C2
Rockwood (NI) ... 68 D1
Rockwood (PA) ... 176 C3
Rockwood (TN) ... 195 D4
Rockwood (TX) ... 226 C1
Rocky (OK) ... 208 A1-2
Rocky Bar (ID) ... 143 A4
Rocky Boy (MT) ... 111 A5
Rocky Comfort (MO) ... 191 C4
Rocky Ford (CO) ... 187 AB6
Rocky Ford (GA) ... 233 B5
Rocky Fork (TN) ... 195 C6
Rocky Gap (VA) ... 196 B2
Rocky Hill (OH) ... 175 CD5
Rocky Mound (TX) ... 228 A1-2
Rocky Mount (NC) ... 197 D6
Rocky Mount (VA) ... 196/197 C4
Rocky Ridge (OH) ... 155 C4
Rocky River (OH) ... 155 C6
Rockypoint (WY) ... 127 C6
Rodanthe (NC) ... 217 A6
Rodarte (NM) ... 186/187 C4
Rodeo (NM) ... 222 C1-2
Rodessa (LA) ... 228 B3
Rodet (TX) ... 225 B5
Rodman (IA) ... 150 AB4
Rodman (SC) ... 215 B5
Rodney (IA) ... 150 B3
Rodokakat (AK) ... 91 C6
Roe (AR) ... 211 B4
Roebling (NJ) ... 178 B3
Roebuck (SC) ... 215 B4-5
RoEllen (TN) ... 193 CD4
Roff (OK) ... 209 B4
Roganville (TX) ... 240 A1
Rogers (AR) ... 191 C4
Rogers (MN) ... 131 B7
Rogers (ND) ... 114/115 B4
Rogers (NE) ... 150 C2
Rogers (TX) ... 238 A2
Rogers City (MI) ... 135 B5
Rogerson (ID) ... 143 B5
Rogersville (AL) ... 213 B3
Rogersville (MO) ... 191 B5-6
Rogersville (TN) ... 195 C5
Roggen (CO) ... 171 B5
Rogue River (OR) ... 140 B2
Rohn Roadhouse (AK) ... 96 A1
Rohnert Park (CA) ... 180 A2
Rohwer (AR) ... 211 C4
Roland (OK) ... 210 A1
Rolesville (NC) ... 197 D5
Rolette (ND) ... 114 A3
Rolfe (IA) ... 150 B4
Rolinda (CA) ... 181 C5
Roll (AZ) ... 220 B1-2
Roll (IN) ... 174 B2
Roll (OK) ... 189 D5
Rolla (KS) ... 188 B3
Rolla (MO) ... 192 B2
Rolla (ND) ... 114 A3
Rolling Fork (MS) ... 229 B6
Rolling Hills (WY) ... 146 B3
Rolling Prairie (IN) ... 153 C6
Rollins (MT) ... 109 B6
Rollinsford (ME) ... 159 A6
Roma-Los Saenz (TX) ... 246 C2-3
Romayor (TX) ... 239 A5
Rome (GA) ... 213 B5
Rome (IA) ... 172 B2
Rome (IL) ... 173 B4
Rome (KS) ... 190 B1
Rome (KY) ... 194 B1
Rome (MS) ... 211 C5
Rome (NY) ... 136 C2
Rome (PA) ... 157 C5
Rome (TN) ... 194 C2
Rome City (IN) ... 154 C2
Romeo (CO) ... 186 B3-4
Romeo (FL) ... 245 B3
Romeo (MI) ... 155 B4
Romero (TX) ... 206 A3
Romeroville (NM) ... 205 A5
Romney (TX) ... 226 B2
Romney (WV) ... 177 C4
Romoland (CA) ... 201 C3
Ronan (MT) ... 109 B6
Ronceverte (WV) ... 196 B3
Ronneby (MN) ... 131 B7
Roodhouse (IL) ... 172 C3
Roopville (GA) ... 213 C5
Roosevelt (AZ) ... 203 C4
Roosevelt (MN) ... 116 A1
Roosevelt (OK) ... 208 B1
Roosevelt (TX) ... 237 A3
Roosevelt (UT) ... 165 B4
Roosevelt Beach (NY) ... 156 A3
Roosevelt Park (MI) ... 153 A6
Roper (GA) ... 233 C4
Roper (KS) ... 190 B3
Roper (NC) ... 198 D2
Ropesville (TX) ... 207 C3
Rosa (AL) ... 213 B4
Rosalia (KS) ... 190 B2
Rosalia (WA) ... 108 B3
Rosalie (AL) ... 213 B5
Rosalie (NE) ... 150 B2
Rosamond (CA) ... 200 B2
Rosanky (TX) ... 238 B2
Rosario (WA) ... 106 A4
Rosati (MO) ... 192 A2
Rosboro (AR) ... 210 B2
Rosburg (WA) ... 121 A2
Roscoe (IL) ... 152 B3
Roscoe (MN) ... 131 B6
Roscoe (MO) ... 191 B5
Roscoe (NE) ... 168 A3
Roscoe (NY) ... 158 C1-2
Roscoe (SD) ... 129 B6
Roscoe (TX) ... 225 B5
Roscommon (MI) ... 135 C4
Rose (NE) ... 149 B4
Rose Bud (AR) ... 211 A3-4
Rose City (MI) ... 135 C4
Rose City (TX) ... 239 A5
Rose Creek (MN) ... 151 A6
Rose Hill (IL) ... 173 C5
Rose Hill (KS) ... 190 B1
Rose Hill (NC) ... 216 B3
Rose Hill (VA) ... 195 C5
Rose Lodge (OR) ... 121 BC2
Roseau (MN) ... 115 A7
Roseboro (NC) ... 216 B3
Rosebud (MO) ... 192 A2
Rosebud (MT) ... 127 A5
Rosebud (SD) ... 148 A3
Rosebud (TX) ... 227 C4
Roseburg (OR) ... 140 A2
Rosebush (MI) ... 154 A3
Rosedale (CA) ... 200 A1
Rosedale (LA) ... 241 A3
Rosedale (MS) ... 211 C4-5
Rosedale (OK) ... 209 B3
Roseglen (ND) ... 113 B7
Roseland (FL) ... 249 B4
Roseland (LA) ... 241 A4
Roseland (NE) ... 169 B6
Roselle (MO) ... 192 B3
Rosemark (TN) ... 212 A1
Rosemont (NE) ... 169 B6
Rosemount (OH) ... 175 D4-5
Rosen (MN) ... 130/131 B4
Rosenhayn (NJ) ... 178 C2
Rosenberg (TX) ... 239 B4
Rosendale (MN) ... 131 B6
Rosendale (WI) ... 153 A4
Rosepine (LA) ... 240 A1
Rosetta (MS) ... 229 C5
Rosette (UT) ... 144 C1
Roseville (CA) ... 161 D4
Roseville (IL) ... 172 B3
Roseville (OH) ... 175 C5-6
Rosewood (MN) ... 115 A6
Roseworth (ID) ... 143 B5
Rosharon (TX) ... 239 B4
Rosholt (SD) ... 130 B4
Rosholt (WI) ... 133 C5
Rosiclare (IL) ... 193 B5
Rosier (GA) ... 233 B4
Rosita (CO) ... 187 A4
Rosita (TX) ... 246 C3
Rosita (TX) ... 246 B3
Roslyn (SD) ... 130 B3
Roslyn (WA) ... 107 B6
Rosman (NC) ... 214 A4
Ross (IA) ... 150 C4
Ross (MN) ... 115 A7
Ross (ND) ... 113 A6
Ross (TX) ... 227 C3
Ross Fork (MT) ... 111 B5
Rosser (TX) ... 227 B4
Rossford (OH) ... 154 C4
Rosston (AR) ... 210 C2
Rosston (OK) ... 189 C5
Rosston (PA) ... 176 B3
Rossville (IA) ... 152 A1
Rossville (IL) ... 173 B6
Rossville (KS) ... 170 C3
Rossville (TN) ... 212 A1
Roswell (GA) ... 214 B2
Roswell (NM) ... 206 C1
Roswell (SD) ... 130 D3
Rotan (TX) ... 225 B5
Rothbury (MI) ... 153 A6
Rothsay (MN) ... 130/131 A4
Rothville (MO) ... 171 C5-6
Rotonda (FL) ... 248 C2
Rougemont (NC) ... 197 C4-5
Rough Rock (AZ) ... 185 C5
Roulette (PA) ... 156 C3
Round Grove (MO) ... 191 B4-5
Round Lake (FL) ... 243 A5
Round Lake (NY) ... 158 B3
Round Mountain (NV) ... 162 D3-4
Round Mountain (TX) ... 238 A1
Round Oak (GA) ... 232 A3
Round Prairie (MN) ... 131 B6
Round Rock (AZ) ... 185 C5
Round Rock (TX) ... 238 A2
Round Top (TX) ... 238 A3
Roundup (MT) ... 126 A3
Roundup (TX) ... 207 C3-4
Rouses Point (NY) ... 137 AB4
Rousseville (PA) ... 156 C2
Rovana (CA) ... 181 B6
Rover (AR) ... 210 B2
Rover (MO) ... 192 C2
Rover (TN) ... 213 A4
Rowan (IA) ... 151 B5
Rowden (TX) ... 226 B1
Rowe (NM) ... 205 A5
Rowena (SD) ... 150 A2
Rowena (TX) ... 225 C5-6
Rowesville (SC) ... 215 C6
Rowland (NC) ... 216 B2
Rowlett (TX) ... 227 B4
Rowley (MA) ... 159 B6
Rowsburg (OH) ... 175 B5
Rox (NV) ... 183 C5
Roxboro (NC) ... 197 C5
Roxbury (KS) ... 170 D1
Roxbury (NY) ... 158 B2
Roxbury (PA) ... 177 B5
Roxbury (WI) ... 152 A3
Roxie (MS) ... 229 C5
Roxton (TX) ... 209 C5
Roy (ID) ... 144 B2
Roy (LA) ... 228 B3
Roy (MT) ... 111 B6
Roy (NM) ... 187 D5
Roy (UT) ... 164 A2-3
Roy (WA) ... 106 C4
Royal (IL) ... 173 B6
Royal (NE) ... 149 B5
Royal Center (IN) ... 174 B1
Royal City (WA) ... 107 C7
Royal Gorge (CO) ... 187 A4
Royal Lakes (IL) ... 172 C3-4
Royal Oak (MI) ... 155 B4
Royal Palm Beach (FL) ... 251 A4
Royalton (IL) ... 193 B4
Royalton (MN) ... 131 B6
Royalton (WI) ... 133 C6
Royalty (TX) ... 224 C3
Royce (NM) ... 187 C6
Royersford (PA) ... 178 B2
Royse City (TX) ... 227 AB4
Royston (GA) ... 214 B3-4
Royston (TX) ... 225 B5
Royville (KY) ... 194/195 B3
Rozel (KS) ... 189 A5
Rozet (WY) ... 127 C6
Rubicon (WI) ... 153 A4
Rubio (IA) ... 151 C7
Rubonia (FL) ... 248 B2
Ruby (AK) ... 91 C8
Ruby (NE) ... 170 B1
Ruby (SC) ... 215 B6
Ruby (WA) ... 108 A3
Ruby Roadhouse (AK) ... 90 C3-4
Ruby Valley (NV) ... 163 B5
Rubys Inn (UT) ... 184 B2
Rucker (TX) ... 226 B2
Ruckersville (VA) ... 197 A5
Rudd (IA) ... 151 A6
Rudolph (TX) ... 247 C4
Rudolph (WI) ... 133 C5
Rudy (AR) ... 210 A1
Rudyard (MI) ... 135 A4
Rudyard (MT) ... 110 A4
Rueter (MO) ... 191 C6
Rufe (OK) ... 209 B5
Ruffin (NC) ... 197 C4
Ruffin (SC) ... 234 A2
Rufus (OR) ... 122 B3
Rugby (ND) ... 114 A3
Rugby (TN) ... 195 C4
Ruidosa (TX) ... 235 B1
Ruidoso (NM) ... 205 C5
Ruidoso Downs (NM) ... 205 C5
Rule (AR) ... 191 C5
Rule (TX) ... 208 C1
Ruleville (MS) ... 211 C5
Rulo (NE) ... 170 B3
Ruma (IL) ... 193 A4
Rumford (SD) ... 147 A5
Runaway Bay (TX) ... 226 A3
Runge (TX) ... 238 C2
Runnells (IA) ... 151 C5
Runnelstown (MS) ... 230 C2-3
Rupert (GA) ... 232 B2
Rupert (ID) ... 144 B1
Rupert (WV) ... 196 B3
Rural Hall (NC) ... 196 C3
Rural Hill (TN) ... 194 C2
Rural Retreat (VA) ... 196 C2
Rush (CO) ... 171 D5
Rush Center (KS) ... 189 A5
Rush City (MN) ... 132 B2
Rush Springs (OK) ... 208 B3
Rush Valley (UT) ... 164 B2
Rushford (MN) ... 132 D3
Rushford Village (MN) ... 132 D3
Rushmere (VA) ... 198 B2
Rushmore (MN) ... 150 A3
Rushsylvania (OH) ... 175 B4
Rushville (IL) ... 172 B3
Rushville (IN) ... 174 C2
Rushville (MO) ... 171 C3-4
Rushville (NE) ... 148 B1
Rushville (NY) ... 157 B4
Rushville (OH) ... 175 C5
Rusk (TX) ... 228 C1
Rusk (WI) ... 132 C3
Ruskin (FL) ... 248 B2
Ruskin (NE) ... 169 B7
Ruso (ND) ... 114 B1-2
Russell (AR) ... 211 A4
Russell (FL) ... 245 A4
Russell (GA) ... 214 C3
Russell (IA) ... 171 B5
Russell (KS) ... 169 D6
Russell (MN) ... 131 C5
Russell (ND) ... 114 A2
Russell (PA) ... 156 C2
Russell (WI) ... 153 B5
Russell Springs (KS) ... 168 D3
Russell Springs (KY) ... 195 BC3-4
Russellville (PA) ... 178 C1-2
Russellville (AL) ... 212 B3
Russellville (AR) ... 210 A2-3
Russellville (IL) ... 173 D6
Russellville (KY) ... 194 C1-2
Russellville (MO) ... 192 A1
Russellville (OH) ... 175 D4
Russellville (TN) ... 195 C5
Russellville (TX) ... 207 C5
Russian Mission (AK) ... 94 B4
Russiaville (IN) ... 174 B1
Rustad (MN) ... 115 C6
Rustburg (VA) ... 197 B4-5
Ruston (LA) ... 229 B4
Ruston (WA) ... 106 B4
Rutersville (TX) ... 238 B3
Ruth (MS) ... 230 C1
Ruth (NC) ... 215 A4-5
Ruth (NV) ... 163 C5
Ruther Glen (VA) ... 198 B1
Rutherford (TN) ... 193 C5
Rutherford College (NC) ... 215 A5
Rutherfordton (NC) ... 215 A4-5
Ruthton (MN) ... 131 C4-5
Ruthven (IA) ... 150 A4
Rutland (IA) ... 150 B4
Rutland (IL) ... 173 B4-5
Rutland (SD) ... 130 C4
Rutland (VT) ... 137 C5
Rutledge (AL) ... 231 C5
Rutledge (GA) ... 214 C3
Rutledge (MO) ... 172 B1
Rutledge (TN) ... 195 C5
Ryan (IA) ... 152 B1
Ryan (OK) ... 208 BC3
Ryan (TX) ... 235 A1
Ryan Park (WY) ... 146 C2
Ryder (ND) ... 113 B7
Ryderwood (WA) ... 121 A2-3
Rye (AR) ... 211 C3
Rye (CO) ... 187 B5
Rye (NY) ... 178 B4
Rye Beach (NH) ... 159 B6
Ryegate (MT) ... 126 A2

S

Sabattis (NY) ... 136 B3
Sabetha (KS) ... 170 C3
Sabin (MN) ... 115 C6
Sabina (OH) ... 175 C4
Sabinal (NM) ... 205 B4
Sabinal (TX) ... 237 B4
Sabine (TX) ... 240 B1
Sabine Pass (TX) ... 240 B1
Sabinoso (NM) ... 206 A1
Sabula (IA) ... 152 B2
Sac City (IA) ... 150 B3-4
Sacaton (AZ) ... 221 A4
Sackets Harbor (NY) ... 136 BC1
Saco (ME) ... 159 A6
Saco (MT) ... 111 A7
Sacramento (CA) ... 161 D4
Sacramento (KY) ... 194 B1
Sacramento (NM) ... 223 B5
Sacred Heart (MN) ... 131 C5
Saddlestring (WY) ... 127 C4-5
Sadieville (KY) ... 195 A4
Sadler (TX) ... 209 C4
Sadorus (IL) ... 173 C5
Saegertown (PA) ... 156 C1
Safford (AL) ... 231 B4
Safford (AZ) ... 221 B6
Sagamore (MA) ... 159 C6
Sage (AR) ... 192 C2
Sage (WY) ... 144 C4
Sagerton (TX) ... 226 A1
Sageville (IA) ... 152 B2
Saginaw (AL) ... 213 C4
Saginaw (MI) ... 154 A3-4
Saginaw (MN) ... 116 C4
Saginaw (MO) ... 191 BC4
Saginaw (TX) ... 227 B3
Saguache (CO) ... 186 A3-4
Sagwon (AK) ... 88 A4
Sahuarita (AZ) ... 221 C5
Sailor Springs (IL) ... 173 D5
Saint Albans (VT) ... 137 B4
Saint Albans (WV) ... 196 A1-2
Saint Andrews (SC) ... 215 B5
Saint Anne (IL) ... 173 AB6
Saint Ansgar (IA) ... 151 A5-6
Saint Anthony (ID) ... 125 D6
Saint Anthony (ND) ... 114 C1-2
Saint Augustine (FL) ... 245 B4
Saint Augustine (IL) ... 172 B3
Saint Augustine Beach (FL) ... 245 B4-5
Saint Augustine Shores (FL) ... 245 B4
Saint Benedict (KS) ... 170 C2
Saint Benedict (LA) ... 241 A4
Saint Bernard (LA) ... 241 B5
Saint Bernard (NE) ... 149 C6
Saint Bethlehem (TN) ... 194 C1
Saint Catherine (FL) ... 248 A2
Saint Charles (AR) ... 211 B4
Saint Charles (ID) ... 144 B3
Saint Charles (IL) ... 153 C4
Saint Charles (MD) ... 177 D6
Saint Charles (MI) ... 154 A3
Saint Charles (MN) ... 132 CD2-3
Saint Charles (SC) ... 215 B6
Saint Charles (SD) ... 149 A4-5
Saint Clair (GA) ... 233 A4
Saint Clair (MI) ... 155 B5
Saint Clair (MN) ... 131 C7
Saint Clair (MO) ... 192 A3
Saint Clair Shores (MI) ... 155 B5
Saint Clairsville (OH) ... 176 B1-2
Saint Clairsville (PA) ... 177 B4
Saint Cloud (FL) ... 249 A3
Saint Cloud (MN) ... 131 B6
Saint Cloud (MO) ... 192 A3
Saint Cloud (WI) ... 133 D6
Saint David (AZ) ... 221 C5
Saint David (IL) ... 172 B3
Saint David (ME) ... 120 A3
Saint Donatus (IA) ... 152 B2
Saint Edward (NE) ... 149 C6
Saint Elmo (IL) ... 173 C5
Saint Florian (AL) ... 212 B3
Saint Francis (AR) ... 192/193 C3
Saint Francis (KS) ... 168 C3
Saint Francis (ME) ... 120 A3
Saint Francis (MN) ... 132 B1
Saint Francis (SD) ... 148 A3
Saint Francis (TX) ... 207 A4
Saint Francisville (IL) ... 173 D6
Saint Francisville (LA) ... 241 A3
Saint Gabriel (LA) ... 241 A3
Saint George (AK) ... 101 A4
Saint George (GA) ... 245 A3-4
Saint George (KS) ... 170 C2
Saint George (SC) ... 215 C6
Saint George (UT) ... 182 BC6
Saint George Island (FL) ... 244 B1
Saint Germain (WI) ... 133 B5
Saint Hedwig (TX) ... 238 B1
Saint Helen (MI) ... 135 C4
Saint Helena (CA) ... 180 A2
Saint Helena (NC) ... 216 B3-4
Saint Helena (NE) ... 149 B6
Saint Helens (OR) ... 121 B2-3
Saint Hilaire (MN) ... 115 AB6
Saint Ignace (MI) ... 135 B4
Saint Ignatius (MT) ... 109 B6-7
Saint Jacob (IL) ... 172/173 D4
Saint James (AR) ... 192 D2
Saint James (LA) ... 241 AB4
Saint James (MI) ... 134 B3
Saint James (MN) ... 131 CD6
Saint James (MO) ... 192 A2
Saint James (NC) ... 216 C3
Saint James City (FL) ... 250 A2
Saint Jo (TX) ... 208/209 C3
Saint Joe (AR) ... 191 CD6
Saint Joe (ID) ... 108 B4
Saint Joe (IN) ... 154 C3
Saint John (KS) ... 189 A6
Saint John (ND) ... 114 A3
Saint John (UT) ... 164 B2
Saint Johns (AZ) ... 204 B1
Saint Johns (MI) ... 154 B3
Saint Johns (OH) ... 175 B3-4
Saint Johnsbury (VT) ... 137 B5-6
Saint Johnsville (NY) ... 136 C3
Saint Joseph (IL) ... 173 B5-6
Saint Joseph (KS) ... 170 C1
Saint Joseph (LA) ... 229 C5
Saint Joseph (MN) ... 131 B6
Saint Joseph (MO) ... 171 C4
Saint Joseph (TN) ... 213 A3
Saint Lawrence (SD) ... 130 C2
Saint Leo (KS) ... 189 B6
Saint Leo (MN) ... 131 C4-5
Saint Leon (IN) ... 174 C3
Saint Leonard (MD) ... 198 A2
Saint Libory (IL) ... 193 A4
Saint Libory (NE) ... 169 A6
Saint Louis (MI) ... 154 A3
Saint Louis (MO) ... 172 D3
City Map ... 256
Saint Louis (OK) ... 209 A4
Saint Louis Park (MN) ... 132 C1
Saint Louisville (OH) ... 175 B5
Saint Lucie (FL) ... 249 B4
Saint Maries (ID) ... 108 B4
Saint Marks (FL) ... 244 A1
Saint Marks (GA) ... 232 A2
Saint Marks (KS) ... 190 B1
Saint Martin (OH) ... 175 C4
Saint Martinville (LA) ... 240 A3
Saint Mary (MO) ... 193 B4
Saint Mary (MT) ... 109 A7
Saint Mary (NE) ... 170 B2
Saint Marys (AK) ... 94 A3
Saint Marys (GA) ... 245 A4
Saint Marys (KS) ... 170 C2-3
Saint Marys (OH) ... 174 B3
Saint Marys (PA) ... 156 C3
Saint Marys (WV) ... 176 C1
Saint Marys City (MD) ... 198 A2
Saint Matthews (KY) ... 194 A3
Saint Matthews (SC) ... 215 C6
Saint Maurice (LA) ... 228 C4
Saint Michael (AK) ... 90/91 D4-5
Saint Michael (MN) ... 131 B7
Saint Michaels (AZ) ... 204 A1
Saint Michaels (MD) ... 177 D6
Saint Nicholas (MN) ... 131 B6
Saint Olaf (IA) ... 152 B1
Saint Onge (SD) ... 128 C2
Saint Paris (OH) ... 175 B4
Saint Paul (AK) ... 101 A4
Saint Paul (AR) ... 191 D5
Saint Paul (IA) ... 172 B2
Saint Paul (KS) ... 191 B3
Saint Paul (KY) ... 175 D4
Saint Paul (MN) ... 132 C1-2
Saint Paul (MO) ... 172 D3
Saint Paul (NE) ... 149 C5
Saint Paul (TX) ... 247 A4
Saint Paul (VA) ... 196 C1
Saint Pauls (NC) ... 216 B3
Saint Pete Beach (FL) ... 248 B2
Saint Peter (IL) ... 173 D5
Saint Peter (KS) ... 169 C4-5
Saint Peter (MN) ... 131 C6-7

Saint Peters (MO) 172 D3
Saint Petersburg (FL) 248 B1-2
Saint Regis (MT) 109 B5
Saint Regis Falls (NY) 136 B3
Saint Robert (MO) 192 B1
Saint Simons (GA) 233 C5
Saint Stephen (MN) 131 B6
Saint Stephen (SC) 216 C2
Saint Stephens (NE) 169 B6
Saint Teresa (FL) 244 B1
Saint Terese (AK) 105 A4
Saint Thomas (ND) 115 A5
Saint Vincent (MN) 115 A5
Saint Xavier (MT) 127 B4
Sainte Genevieve (MO) 193 AB3
Saks (AL) 213 C5
Salado (AR) 211 A4
Salado (TX) 238 A2
Salamanca (NY) 156 B3
Salamatof (AK) 96 C2
Salduro (UT) 164 B1
Sale City (GA) 232 C2
Sale Creek (TN) 213 A5
Salem (AL) 232 B1
Salem (AR) 192 C2
Salem (FL) 244 B2
Salem (IL) 173 D5
Salem (IN) 174 D1
Salem (KY) 193 B5
Salem (MA) 159 B6
Salem (ME) 138 B2
Salem (MO) 192 B2
Salem (NE) 170 B3
Salem (NJ) 178 C2
Salem (NM) 222 B3
Salem (NY) 137 C4
Salem (OH) 176 B2
Salem (OR) 121 C2
Salem (SC) 214 B4
Salem (SD) 149 A6
Salem (UT) 164 B3
Salem (VA) 196 B3
Salem (WV) 176 C2
Salemburg (NC) 216 A3
Salesville (AR) 192 C1
Salesville (TX) 226 B2
Salida (CA) 180 B3
Salida (CO) 170 D4
Salina (AZ) 185 C5
Salina (KS) 170 D1
Salina (OK) 191 C3
Salina (UT) 164 D3
Salinas (CA) 180 C3
Saline (LA) 228 B4
Saline (MI) 154 B4
Salineno (TX) 246 C2
Salineville (OH) 176 B2
Salisbury (MA) 159 B6
Salisbury (MD) 198 A3
Salisbury (MO) 171 C6
Salisbury (NC) 215 A6
Salitpa (AL) 231 C3-4
Salix (IA) 150 B2
Salkum (WA) 106 C4
Salladasburg (PA) 157 C4
Sallis (MS) 230 A2
Sallisaw (OK) 210 A1
Sallyards (KS) 190 B2
Salmon (ID) 124 B3-4
Salmon Creek (WA) 121 B3
Salmon Village (AK) 89 D7-8
Salol (MN) 115 A7
Salome (AZ) 202 C2
Salt Chuck (AK) 105 D5
Salt Flat (TX) 223 C5
Salt Fork (OK) 190 C1
Salt Gap (TX) 226 C1
Salt Lake City (UT) 164 B3
City Map 259
Salt Lick (KY) 195 A5
Salt Springs (FL) 245 B4
Salt Wells (NV) 162 C2
Saltair (UT) 164 B2
Saltaire (NY) 179 B4
Saltdale (CA) 200 A3
Salter Path (NC) 217 B5
Salters (SC) 216 C2
Saltese (MT) 109 B5
Saltillo (MS) 212 B2
Saltillo (TX) 209 C5
Salton City (CA) 201 C4-5
Saltsburg (PA) 176 B3
Saltville (VA) 196 C2
Saluda (NC) 215 A4
Saluda (SC) 215 B5
Saluda (VA) 198 B2
Salunga (PA) 177 B6
Salunga (PA) 177 B6
Salus (AR) 210 A2
Salvo (NC) 217 A6
Salyer (CA) 160 B2
Salyersville (KY) 195 B5-6
Samantha (AL) 212/213 C3
Samaria (ID) 144 B2
Samburg (TN) 193 C4
Samnorwood (TX) 207 A5
Sampson (FL) 245 B3
Samson (AL) 231 C5-6
Samsula (FL) 245 B4
San Acacia (NM) 205 B4
San Andreas (CA) 181 A4
San Angelo (TX) 225 C5
San Antonio (CO) 186 BC3-4
San Antonio (FL) 248 A2
San Antonio (NM) 205 C4
San Antonio (TX) 238 B1
San Antonio Heights (CA) 200 B3
San Ardo (CA) 181 C4
San Augustine (CA) 199 B2
San Augustine (TX) 228 C2-3
San Benito (CA) 180/181 C3-4
San Benito (TX) 247 C4
San Bernardino (CA) 200/201 B3-4
San Buenaventura (CA) 200 B1
San Carlos (AZ) 203 C5
San Carlos Park (FL) 250 A3
San Clemente (CA) 200 C3
San Cristobal (NM) 186/187 C4
San Diego (CA) 218 B2
City Map 218
San Diego (TX) 247 B3
San Elizario (TX) 223 C4
San Felipe (TX) 239 B3
San Felipe Pueblo (NM) 205 A4
San Fernando (CA) 200 B2
San Fidel (NM) 204 A3
San Francisco (CA) 180 B2
City Map 257
San Gregorio (CA) 180 B2
San Ignacio (NM) 205 A5
San Ildefonso Pueblo (NM) 186 D3
San Isidro (TX) 246/247 C3
San Jacinto (CA) 201 C4
San Jacinto (NV) 143 C5
San Joaquin (CA) 181 C4
San Jon (NM) 206 A2
San Jose (CA) 180 B3
San Jose (IL) 173 B4
San Jose (NM) 205 A5
San Juan (NM) 222 B2-3
San Juan (TX) 247 C3
San Juan Bautista (CA) 180 C3
San Juan Capistrano (CA) 200 C3
San Juan Pueblo (NM) 186 C3-4
San Leandro (CA) 180 B2-3
San Lorenzo (NM) 222 B3
San Lucas (CA) 180/181 C3-4
San Luis (AZ) 220/221 B4
San Luis (AZ) 219 B5
San Luis (CO) 187 B4
San Luis Obispo (CA) 199 A2
San Luis Rey (CA) 200/201 C3
San Manuel (AZ) 221 B5
San Marcial (NM) 205 C4
San Marcos (CA) 218 A2
San Marcos (TX) 238 B1-2
San Martin (CA) 180 B3
San Mateo (CA) 180 B2
San Mateo (FL) 245 B4
San Mateo (NM) 204 A3
San Miguel (AZ) 221 C4
San Miguel (CA) 199 A2
San Miguel (NM) 223 B4
San Pablo (CA) 180 AB2
San Pablo (CO) 187 B4
San Patricio (NM) 205 C5
San Patricio (TX) 247 B4
San Pedro (TX) 247 B4
San Perlita (TX) 247 C4
San Pierre (IN) 153 C6
San Rafael (CA) 180 AB2
San Rafael (NM) 204 A3
San Remo (NY) 179 B4
San Saba (TX) 226 C2
San Simeon (CA) 199 A1
San Simon (AZ) 222 B1
San Xavier (AZ) 221 C4
San Ygnacio (TX) 246 B2
San Ysidro (NM) 205 A4
Sanatorium (MS) 230 C2
Sanborn (FL) 244 A1
Sanborn (IA) 150 A3
Sanborn (MN) 131 C5-6
Sanborn (ND) 114/115 C4
Sanborn (NY) 156 A3
Sanbornville (NH) 159 A5
Sanchez (NM) 206 A1
Sand Coulee (MT) 110 B3
Sand Creek (OK) 189 C6-7
Sand Creek (WI) 132 B3
Sand Draw (WY) 145 B6
Sand Hill (MS) 230 C3
Sand Lake (MI) 154 A2
Sand Pass (NV) 161 B6
Sand Point (AK) 102 D2
Sand Rock (AL) 213 B5
Sand Springs (IA) 152 B1
Sand Springs (MT) 111 B7
Sand Springs (OK) 190 C2
Sandborn (IN) 173 D6
Sanders (AZ) 204 A1
Sanders (MT) 127 A4-5
Sanderson (FL) 245 A3
Sanderson (TX) 236 A1
Sandersville (GA) 233 AB4
Sandersville (MS) 230 C2-3
Sandgap (KY) 195 B4
Sandia (TX) 247 A4
Sandia Heights (NM) 205 A4
Sandia Park (NM) 205 A4
Sandia Pueblo (NM) 205 A4
Sandoval (IL) 173 D4
Sandow (TX) 238 A2-3
Sandpoint (ID) 108 A4
Sandstone (MN) 132 A2
Sandusky (MI) 155 A5
Sandusky (OH) 155 C5
Sandy (OR) 122 B1
Sandy (TX) 238 A1
Sandy (UT) 164 B3
Sandy Bottom (MD) 178 C1
Sandy Creek (NC) 216 B3
Sandy Creek (NY) 157 A5
Sandy Hook (KY) 195 A5
Sandy Hook (MS) 230 C2
Sandy Lake (PA) 156 C1
Sandy Point (TX) 239 B4
Sandy Ridge (PA) 177 B4
Sandy Springs (GA) 214 C2
Sandy Springs (SC) 214 B4
Sandy Valley (NV) 201 A5
Sandyville (IA) 151 C5
Sandyfield (NC) 216 B3
Sandyville (WV) 176 D1
Sanford (AL) 231 C5
Sanford (CO) 186 B4
Sanford (FL) 249 A3
Sanford (KS) 189 A5
Sanford (ME) 159 A6
Sanford (MI) 154 A3
Sanford (MS) 230 C2
Sanford (NC) 216 A2
Sanford (TX) 207 A4
Sanger (CA) 181 C5
Sanger (TX) 209 C3
Sanibel (FL) 250 A2-3
Sanostee (NM) 185 C5-6
Santa (ID) 108 B4
SanTan Valley (AZ) 221 A4
Santa Ana (CA) 200 C3
Santa Ana (NM) 205 A5
Santa Ana Pueblo (NM) 205 A4
Santa Anna (AK) 105 C6
Santa Anna (TX) 226 C1
Santa Barbara (CA) 200 B1
Santa Clara (CA) 180 B2-3
Santa Clara (NM) 222 B2
Santa Clara (NY) 136 B3
Santa Clara (TX) 238 B1-2
Santa Clara (UT) 183 B6
Santa Clara Pueblo (NM) 186 D3-4
Santa Clarita (CA) 200 B2
Santa Claus (GA) 233 B4
Santa Claus (IN) 194 A2
Santa Cruz (CA) 180 C2
Santa Cruz (NM) 186 D3-4
Santa Elena (TX) 246 C3
Santa Fe (FL) 245 B3
Santa Fe (MO) 172 C2
Santa Fe (NM) 205 A5
City Map 259
Santa Fe (TX) 239 B4
Santa Margarita (CA) 199 A2
Santa Maria (CA) 199 B2
Santa Maria (TX) 247 C4
Santa Monica (CA) 200 B2
Santa Paula (CA) 200 B1
Santa Rita (MT) 110 A2
Santa Rita (NM) 222 B2-3
Santa Rosa (AZ) 220 B3-4
Santa Rosa (CA) 180 A2
Santa Rosa (MS) 241 A5
Santa Rosa (NM) 206 B1
Santa Rosa (TX) 247 C4
Santa Rosa Beach (FL) 243 A4
Santa Susana (CA) 200 B2
Santan (AZ) 221 A4
Santaquin (UT) 164 C3
Santee (CA) 218 B2-3
Santee (NE) 149 B6
Santee (SC) 215 C6
Santeetlah (NC) 214 A3
Santiago (MN) 131 B7
Santo (TX) 226 B2
Santo Domingo Pueblo (NM) 205 A4
Santos (FL) 245 B3
Sapello (NM) 205 A5
Sappho (WA) 106 A2
Sappington (MT) 125 B6
Sapulpa (OK) 190 C2
Saragosa (TX) 224 C2
Sarah (MS) 211 B5
Saraland (AL) 242 A2-3
Saranac (MI) 154 B2
Saranac (NY) 137 B4
Saranac Lake (NY) 136 B3
Sarasota (FL) 248 B2
Sarasota Beach (FL) 248 B2
Saratoga (AR) 210 C2
Saratoga (CA) 180 B2
Saratoga (IA) 151 A6
Saratoga (NC) 216/217 A4
Saratoga (TX) 239 A5
Saratoga (WY) 146 C2
Saratoga Springs (NY) 137 C4
Saratoga Springs (UT) 164 B2-3
Sarcoxie (MO) 191 B4-5
Sardinia (IN) 174 C2
Sardinia (OH) 175 C4
Sardis (AL) 231 B5
Sardis (GA) 233 B5
Sardis (MS) 211 B5-6
Sardis (OH) 176 C1-2
Sardis (WV) 176 C2
Sardis City (AL) 213 B4-5
Sarepta (LA) 228 B3
Sarepta (MS) 212 B1
Sargent (GA) 214 C2
Sargent (NE) 149 C4
Sargents (CO) 186 A3
Sarita (TX) 247 B4
Sarles (ND) 114 A3
Sarona (WI) 132 B3
Saronville (NE) 169 B6-7
Sartell (MN) 131 B6
Sarversville (PA) 176 B3
Sasabe (AZ) 221 C4
Sasakwa (OK) 209 B4
Sasser (GA) 232 C2
Satanta (KS) 188 B4
Satartia (MS) 230 B1
Satellite Beach (FL) 249 A4
Satin (TX) 227 C3-4
Satsuma (AL) 242 A2-3
Satsuma (FL) 245 B4
Satsuma (TX) 239 B4
Sattley (CA) 161 C5
Saturn (TX) 238 B2
Satus (WA) 122 A3
Saucier (MS) 242 A1
Saugatuck (MI) 153 B6
Saugerties (NY) 158 B2-3
Saugus (CA) 200 B2
Sauk Centre (MN) 131 B5-6
Sauk City (WI) 152 A3
Sauk Rapids (MN) 131 B6
Saukville (WI) 153 A4-5
Saulich (AK) 92 C4
Saulsbury (TN) 212 A1-2
Sault Sainte Marie (MI) 119 C6
Saum (MN) 116 B2
Saunders (KS) 188 B2-3
Saunemin (IL) 173 B5
Sauquoit (NY) 136 CD2
Savage (MN) 132 C1
Savage (MS) 211 B5
Savage (MT) 112/113 B4
Savanna (IA) 152 B2
Savanna (OK) 209 B5
Savannah (GA) 234 B1-2
City Map 261
Savannah (MO) 171 C4
Savannah (TN) 212 A2
Savery (WY) 170 A2
Savona (NY) 157 B4
Savonburg (KS) 191 B3
Savonski (AK) 95 E6
Savoonga (AK) 90 C2
Savoy (IL) 173 B5
Savoy (MT) 111 A6
Savoy (TX) 209 C4
Sawgrass (FL) 245 A4
Sawmill (AZ) 185 D5
Sawmills (NC) 196 D2
Sawpit (CO) 186 B1
Sawyer (KS) 189 B6
Sawyer (MI) 153 C6
Sawyer (MN) 116 C4
Sawyer (ND) 114 A1-2
Sawyer (OK) 209 BC5
Sawyers Bar (CA) 140 C2-3
Sawyerville (AL) 231 B4
Sawyerville (IL) 172 C4
Saxapahaw (NC) 197 D4
Saxeville (WI) 133 C5-6
Saxman (AK) 105 D6
Saxman (KS) 189 A6
Saxton (KY) 195 C4
Saxton (PA) 177 B4
Saybrook (IL) 173 B5
Saybrook (OH) 155 C7
Saybrook Manor (CT) 158/159 C4
Saylorville (IA) 151 C5
Sayner (WI) 133 AB5
Sayre (OK) 208 A1
Sayre (PA) 157 C5
Sayreville (NJ) 178 B3
Sayville (NY) 179 B4-5
Scallorn (TX) 226 C2
Scaly Mountain (NC) 214 A3
Scammon (KS) 191 B4
Scammon Bay (AK) 94 B2
Scandia (KS) 170 C1
Scandinavia (WI) 133 C5
Scanlon (MN) 116 C4
Scappoose (OR) 121 B2-3
Scarboro (IL) 152 C3
Scarborough (ME) 159 A6
Scarbro (WV) 196 B2
Scarville (IA) 151 A5
Scenic (SD) 148 A1
Scenic (WA) 107 B5
Scenic Oaks (TX) 237 B5
Schaal (AR) 210 C2
Schaffer (MI) 134 B1
Schaller (IA) 150 B3
Schaumburg (IL) 153 BC4-5
Scheelite (CA) 181 B6
Schell City (MO) 191 AB4
Schellsburg (PA) 177 B4
Schenectady (NY) 158 B2-3
Schenevus (NY) 158 B2
Schererville (IN) 153 C5
Scherr (WV) 176 C3
Schertz (TX) 238 B1
Schishmaref (AK) 90 A2-3
Schleswig (IA) 150 B3
Schley (MN) 116 B2
Schlusser (PA) 177 B5
Schneider (IN) 153 C5
Schoenchen (KS) 169 D5
Schofield (WI) 133 C5
Schoharie (NY) 158 B2
Scholle (NM) 205 B4
Schoolcraft (MI) 154 B2
Schrag (WA) 108 B2
Schram City (IL) 173 C4
Schriever (LA) 241 B4
Schroeder (MN) 117 B6
Schroon Lake (NY) 137 C4
Schuchk (AZ) 221 B4
Schuchuli (AZ) 220 B3
Schulenburg (TX) 238 B3
Schulte (KS) 190 B1
Schulter (OK) 209 A4-5
Schurz (NV) 162 D2
Schuyler (NE) 149 C6
Schuylerville (NY) 137 C4
Schuyler Lake (NY) 158 B1-2
Science Hill (KY) 195 B4
Scio (OH) 176 B1
Scio (OR) 121 C3
Sciota (IL) 172 B3
Scipio (OK) 209 A5
Scipio (UT) 164 C2
Scissors (TX) 247 C3
Scituate (MA) 159 B6
Scobey (MT) 112 A3
Scofield (UT) 165 C3
Scooba (MS) 230 B3
Scotia (NE) 149 C5
Scotia (SC) 233 B5
Scotland (CA) 200 B3
Scotland (GA) 233 B4
Scotland (MD) 198 A2
Scotland (PA) 177 C5
Scotland (SD) 149 A6
Scotland (TX) 208 C2
Scotland Neck (NC) 198 C1
Scott (AR) 211 B3
Scott (GA) 233 B4
Scott (LA) 240 A2
Scott (MS) 211 C4-5
Scott (OH) 174 AB3
Scott City (KS) 188 A4
Scott City (MO) 193 B4
Scottville (MI) 134 D2
Scottdale (PA) 176 B3
Scottie Creek Lodge (AK) 93 E8
Scotts Hill (TN) 212 A2
Scotts Mills (OR) 121 B3
Scotts Valley (CA) 180 B2-3
Scottsbluff (NE) 147 C5
Scottsburg (IN) 174 D2
Scottsboro (AL) 213 B4-5
Scottsburg (OR) 140 A2
Scottsburg (VA) 197 C5
Scottsdale (AZ) 203 C4
Scottsmoor (FL) 249 A4
Scottsville (KS) 169 C7
Scottsville (KY) 194 C2
Scottsville (NY) 156/157 A4
Scottsville (TX) 228 B2
Scottsville (VA) 197 B5
Scow Bay (AK) 105 C5
Scranton (AR) 210 A2
Scranton (IA) 150 BC4
Scranton (KS) 170 D3
Scranton (ND) 128 A2-3
Scranton (PA) 157 C6
Scranton (SC) 216 C2
Screven (GA) 233 C4
Scribner (NE) 150 C2
Scurry (TX) 227 B4
Sea Girt (NJ) 178 B3-4
Sea Isle City (NJ) 178 C3
Sea Ranch Lakes (FL) 251 A4-5
Seaboard (NC) 198 C1
Seabrook (TX) 239 B4-5
Seabrook Farms (NJ) 178 C2
Seadrift (TX) 247 A5
Seaford (DE) 178 D2
Seaford (VA) 198 B2
Seagate (NC) 216 B4
Seagoville (TX) 227 B4
Seagraves (TX) 224 B3
Seagrove (NC) 216 A2
Seagrove Beach (FL) 243 A4
Seal Rock (OR) 121 C1
Seale (AL) 232 B1
Sealevel (NC) 217 B5
Sealy (TX) 239 B3
Seama (NM) 204 A3
Seaman (OH) 175 D4
Searchlight (NV) 201 A6
Searcy (AR) 211 A4
Searcy (LA) 229 C4
Searles (CA) 200 A3
Searles (MN) 131 C6
Searsboro (IA) 151 C6
Searsport (ME) 139 B4
Seaside (CA) 180 C3
Seaside (OR) 121 AB2
Seaside Park (NJ) 178 C3-4
SeaTac (WA) 106 B4
Seaton (TX) 227 C3
Seaton Roadhouse (AK) 93 E8
Seattle (WA) 106 B4
City Map 106
Sebastian (FL) 249 B4
Sebastian (TX) 247 C4
Sebastopol (CA) 180 A2
Sebastopol (MS) 230 B2
Sebeka (MN) 116 C1-2
Sebewaing (MI) 154 A4
Seboeis (ME) 120 C3
Seboyeta (NM) 204 A3
Sebree (KY) 194 B1
Sebrell (VA) 198 C1
Sebring (FL) 249 B3
Sebring (OH) 176 B1-2
Second Mesa (AZ) 185 D4
Secor (IL) 173 B4
Secretary (MD) 178 D1-2
Section (AL) 213 B4-5
Sedalia (CO) 171 C4-5
Sedalia (IN) 174 B1
Sedalia (MO) 171 D5
Sedalia (NC) 197 C4
Sedan (KS) 190 B2
Sedan (MN) 131 B5
Sedan (NM) 187 C6
Sedco Hills (CA) 200/201 C3
Sedgefield (NC) 196/197 C3-4
Sedgwick (AR) 192 D2-3
Sedgwick (CO) 168 B2
Sedgwick (KS) 190 B1
Sedona (AZ) 203 B4
Sedro Woolley (WA) 33 E8-9
Seeley (CA) 219 B4
Seeley Lake (MT) 109 B7
Seelyville (IN) 173 C6
Segno (TX) 239 A5
Seguin (KS) 168 C4
Seguin (TX) 238 B2
Segundo (CO) 187 B5
Seibert (CO) 168 C2
Seiling (OK) 189 C6
Selah (WA) 107 C6
Selawik (AK) 87 D5
Selbyville (DE) 198 A3
Selden (KS) 168 C4
Selden (NY) 179 B4-5
Seldovia (AK) 96 D1-2
Selfridge (ND) 129 A4-5
Seligman (AZ) 202 A3
Seligman (MO) 191 C4-5
Selinsgrove (PA) 177 B6
Selkirk (KS) 188 A3
Sellers (SC) 216 B2
Sellersburg (IN) 194 A3
Sells (AZ) 221 C4
Selma (AL) 231 B4-5
Selma (CA) 181 C5
Selma (IA) 172 B1
Selma (IN) 174 B2
Selma (KS) 191 A3

Selma (NC) 216 A3
Selma (OH) 175 C4
Selma (OR) 140 B2
Selman (OK) 189 C5
Selmer (TN) 212 A2
Selvin (IN) 194 A1
Selz (ND) 114 B3
Seminary (MS) 230 C2
Seminoe Dam (WY) 146 B1
Seminole (AL) 242 A3
Seminole (FL) 248 B2
Seminole (OK) 209 A4
Seminole (TX) 224 B3
Semmes (AL) 242 A2
Semobook (ME) 56 C5
Sena (NM) 205 A5
Senath (MO) 193 C3
Senatobia (MS) 211 B5-6
Seneca (IL) 153 C4
Seneca (KS) 170 C2-3
Seneca (MO) 191 C4
Seneca (NE) 148 B3
Seneca (NM) 187 C6
Seneca (OR) 123 C5
Seneca (SC) 214 B3-4
Seneca (SD) 129 B6
Seneca (WI) 152 A1-2
Seney (IA) 150 B2
Seney (MI) 134 A3
Senoia (GA) 214 C2
Sentinel (AZ) 220 B2
Sentinel (OK) 208 A1
Sentinel Butte (ND) 113 C5
Sequim (WA) 106 A3
Serafina (NM) 205 A5
Serena (LA) 229 C5
Serenada (TX) 238 A2
Sergeant Bluff (IA) 150 B2
Serpentine Hot Springs (AK) 90 B3
Sespe (CA) 200 B1-2
Sesser (IL) 193 A4
Seth Ward (TX) 207 B4
Sevak Camp (AK) 90 D3
Seven Devils (NC) 196 C2
Seven Hills (OH) 155 C6
Seven Lakes (NC) 216 A2
Seven Lakes (NM) 186 D1-2
Seven Oaks (TX) 239 A4-5
Seven Points (TX) 227 B4
Seven Sisters (TX) 246 A3
Seventeenmile (AK) 89 D6
Severance (CO) 171 B5
Severance (KS) 170 C3
Severn (MD) 177 C6
Severn (NC) 198 C1
Severna Park (MD) 177 C6
Seversens (AK) 95 D7
Severy (KS) 190 B2
Sevier (UT) 164 D2
Sevierville (TN) 195 D5
Seville (FL) 245 B4
Seville (GA) 232 C3
Sewall's Point (FL) 249 B4
Sewanee (TN) 213 A4-5
Seward (AK) 96 C3
Seward (KS) 189 A6
Seward (NE) 170 B1
Seward (OK) 190 D1
Seward (PA) 176/177 B3-4
Sewickley (PA) 176 B2
Sextonville (WI) 152 A2
Seymour (CT) 158 C3
Seymour (IA) 171 B5
Seymour (IN) 174 D1-2
Seymour (MO) 191 B6
Seymour (TN) 195 D5
Seymour (TX) 208 C1
Seymourville (LA) 241 A3
Shade (OH) 175 C5-6
Shade Gap (PA) 177 B4-5
Shadehill (SD) 128/129 B3
Shadeland (IN) 173 B6
Shadwell (VA) 197 A5
Shady (FL) 245 B3
Shady Cove (OR) 140 B3
Shady Dale (GA) 214 C3
Shady Grove (FL) 244 A2
Shady Grove (OK) 190 C2
Shady Point (OK) 210 A1
Shady Spring (WV) 196 B2
Shafer (MN) 132 B2
Shafter (CA) 200 A1
Shafter (NV) 163 B6
Shafter (TX) 235 B1
Shaftsbury (VT) 137 C4
Shageluk (AK) 91 E6
Shaker Heights (OH) 155 C6
Shaktoolik (AK) 91 C5
Shalimar (FL) 243 A4
Shallotte (NC) 216 C3
Shallow Water (KS) 188 A3-4
Shallowater (TX) 207 C4
Shambaugh (IA) 171 B3-4
Shamokin (PA) 177 B6
Shamrock (FL) 244 B2
Shamrock (OK) 190 D2
Shamrock (TX) 207 A5
Shandon (CA) 199 A2
Shaniko (OR) 122 B3
Shannon (GA) 214 B1-2
Shannon (IL) 152 B3
Shannon (MS) 212 B2
Shannon City (IA) 171 B4
Shannon Hills (AR) 211 B3
Sharon (GA) 214 C4
Sharon (ID) 144 B3
Sharon (KS) 189 B6
Sharon (ND) 115 B5
Sharon (OK) 189 C5
Sharon (PA) 156 C1
Sharon (SC) 215 B5
Sharon (TN) 193 C5
Sharon (WI) 153 B4
Sharon Springs (KS) 168 D3
Sharon Springs (NY) 158 B2
Sharp (TX) 238 A2
Sharpe (KS) 190 A3
Sharpe (KY) 193 C5
Sharpes (FL) 249 A4
Sharpsburg (GA) 214 C2
Sharpsburg (IA) 171 B4
Sharpsburg (NC) 197 D6
Sharpsburg (OH) 175 C5-6
Sharps Corner (SD) 148 A1
Sharptown (MD) 178 D2
Shasta (CA) 160 B3
Shasta Lake (CA) 160 B3
Shattuck (OK) 189 C5
Shavano Park (TX) 238 B1
Shaw (KS) 191 B3
Shaw (MN) 116 B4
Shaw (MS) 211 C5
Shaw Creek Lodge (AK) 93 C5-6
Shawan (MD) 177 C6
Shawanee (TN) 195 C5
Shawano (WI) 133 C6
Shawhan (KY) 195 A4
Shawmut (MT) 126 A2
Shawnee (GA) 233 B5
Shawnee (KS) 171 C4
Shawnee (OH) 175 C5
Shawnee (OK) 209 A4
Shawnee (WY) 147 B3-4
Shawneetown (IL) 193 B5
Shawsville (VA) 196 B3
Shawville (TX) 225 C5
Sheakleyville (PA) 156 C1
Sheboygan (WI) 153 A5
Sheboygan Falls (WI) 153 A5
Shedd (OR) 121 C2
Sheep Mountain Lodge (AK) 97 B4
Sheep Springs (NM) 185 C6
Sheffield (AL) 212 B3
Sheffield (IA) 151 B5
Sheffield (IL) 152 C3
Sheffield (MT) 127 A5
Sheffield (PA) 156 C2-3
Sheffield (TX) 236 A2
Sheffield Lake (OH) 155 C5
Shelbiana (KY) 196 B1
Shelbina (MO) 172 C1
Shelburn (IN) 173 C6
Shelburn (LA) 229 B5
Shelburne (VT) 137 B4
Shelburne Falls (MA) 158 B4
Shelby (IA) 150 C3
Shelby (MI) 153 A6
Shelby (MS) 211 C5
Shelby (MT) 110 A3
Shelby (NC) 215 A5
Shelby (NE) 149 C6
Shelby (OH) 175 B5
Shelby (TX) 238 A3
Shelbyville (IL) 173 C5
Shelbyville (IN) 174 C2
Shelbyville (KY) 194 A3
Shelbyville (MO) 172 C1
Shelbyville (TN) 213 A4
Shelbyville (TX) 228 C2-3
Sheldahl (IA) 151 C5
Sheldon (AZ) 222 B1
Sheldon (IA) 150 A3
Sheldon (IL) 173 B6
Sheldon (MO) 191 B4
Sheldon (ND) 115 C5
Sheldon (SC) 234 B2
Sheldon (TX) 239 B4
Sheldon (WI) 132 B4
Sheldon Point (AK) 94 A2
Shell (WY) 127 C4
Shell Knob (MO) 191 C5
Shell Lake (WI) 132 B2-3
Shell Point (SC) 234 B2
Shell Rock (IA) 151 B6
Shell Valley (ND) 114 A3
Shelley (ID) 144 A2
Shellman (GA) 232 C2
Shellsburg (IA) 151 B6-7
Shelly (MN) 115 B6
Shelocta (PA) 176 B3
Shelter Island (NY) 179 A5
Shelton (CT) 158 C3
Shelton (NE) 169 B6
Shelton (WA) 106 B3
Shenandoah (PA) 178 B1
Shenandoah (IA) 170 B3
Shenandoah (TX) 239 A4
Shenandoah (VA) 197 A5
Shepherd (MI) 154 A3
Shepherd (MT) 126 B3
Shepherd (TX) 239 A4-5
Shepherdsville (KY) 194 B3
Sheppard (AR) 210 C2
Sherack (MN) 115 A6
Sherard (MS) 211 B5
Sherborn (MA) 159 B5
Sherburn (MN) 150 A4
Sherburne (NY) 157 B6
Sheridan (AR) 211 B3
Sheridan (CA) 161 D4
Sheridan (IL) 153 C4
Sheridan (MI) 154 A2-3
Sheridan (MO) 171 B4
Sheridan (MT) 125 B5
Sheridan (OR) 121 B2
Sheridan (TX) 238 B3
Sheridan (WI) 133 C5
Sheridan (WY) 127 C4-5
Sheridan Lake (CO) 188 A2
Sherman (AK) 92 E4
Sherman (IL) 172/173 C4
Sherman (KS) 191 B3-4
Sherman (MS) 212 B2
Sherman (NM) 222 B3
Sherman (NY) 156 B2
Sherman (SD) 150 A2
Sherman (TX) 209 C4
Sherman Mills (ME) 120 C3
Sherman Station (ME) 120 C3
Sherrill (AR) 211 B4
Sherrill (NY) 136 C2
Sherrodsville (OH) 176 B1
Sherwin (KS) 191 B3-4
Sherwood (AR) 211 B3
Sherwood (ND) 37 E10
Sherwood (OH) 154 C3
Sherwood (TN) 213 A5
Sherwood (WI) 133 C4
Sherwood (WI) 133 C6
Sheshalik (AK) 86 C4
Shevlin (MN) 116 B1
Sheyenne (ND) 114 B3-4
Shickshinny (PA) 157 C5
Shickley (NE) 170 B1
Shidler (OK) 190 C2
Shields (KS) 168/169 D4
Shields (MI) 154 A3-4
Shields (ND) 129 A4
Shiloh (AL) 213 B5
Shiloh (FL) 249 A4
Shiloh (GA) 232 B2
Shiloh (NJ) 178 C2
Shiloh (OH) 175 B5
Shine (WA) 106 B4
Shiner (TX) 238 B2
Shinglehouse (PA) 156 C3
Shingler (GA) 232 C3
Shingleton (MI) 134 A2
Shingletown (CA) 160 B3-4
Shinnston (WV) 176 C2
Shiocton (WI) 133 C6
Shipley (IA) 151 C5
Shipman (IL) 172 C3
Shippensburg (PA) 177 B5
Shippenville (PA) 156 C2
Shiprock (NM) 185 C6
Shirley (AR) 211 A3
Shirley (MA) 159 B5
Shirley (MO) 192 B3
Shirley (MT) 112 C3
Shirley Mills (ME) 120 C2
Shirleysburg (PA) 177 B5
Shiro (TX) 239 A4
Shively (CA) 160 B2
Shively (KY) 194 A3
Shivwits (UT) 183 B6
Shoals (IN) 174 D1
Shobonier (IL) 173 D4
Shoemakersville (PA) 178 B1-2
Sholes (NE) 149 B6
Shongaloo (LA) 228 B3
Shongopovi (AZ) 185 D4
Shonto (AZ) 185 C4
Shooks (MN) 116 B2
Shop Springs (TN) 194 C2
Shopton (AL) 231 B6
Shopville (KY) 195 B4
Shoreacres (TX) 239 B5
Shoreham (NY) 179 B5
Shoreham (VT) 137 C4
Shoreline (WA) 106 B4
Shorewood (IL) 153 C4
Shorewood (WI) 153 A5
Short Creek (KY) 194 B2
Shorter (AL) 231 B6
Shorterville (AL) 232 C1-2
Shoshone (CA) 182 D3
Shoshone (ID) 143 B5
Shoshoni (WY) 145 A6
Shouns (TN) 196 C2
Shoup (ID) 124 B3
Show Low (AZ) 203 B5-6
Shreve (OH) 175 B5
Shreveport (LA) 228 B2-3
Shrewsbury (PA) 177 C6
Shubert (NE) 170 B3
Shubuta (MS) 230 C3
Shueyville (IA) 151 C7
Shullsburg (WI) 152 B2
Shumway (IL) 173 C5
Shungnak (AK) 87 D7
Shuqualak (MS) 230 AB3
Siasconset (MA) 159 C7
Sibley (IA) 150 A3
Sibley (IL) 173 B5
Sibley (LA) 228 B3
Sibley (MO) 171 C4
Sibley (MS) 229 C5
Sibley (ND) 115 B4-5
Sibyl (AZ) 221 C5
Sicard (LA) 229 B4-5
Sicily Island (LA) 229 C5
Sidell (IL) 173 C6
Sidnaw (MI) 118 C2
Sidney (IA) 170 B3
Sidney (IL) 173 BC5-6
Sidney (MT) 112/113 B4
Sidney (NE) 147 C6
Sidney (NY) 157 B6
Sidney (OH) 175 B3
Sidon (MS) 211 C5
Sieper (LA) 228/229 C4
Sierra Blanca (TX) 223 C5
Sierra City (CA) 161 C5
Sierra Vista (AZ) 221 C5
Sierraville (CA) 161 C5
Sigel (IL) 173 C5
Sigel (PA) 156 C2
Signal Mountain (TN) 213 A5
Sigourney (IA) 151 C6
Sigsbee (GA) 232 C3
Sigurd (UT) 164 D3
Sikes (LA) 229 B4
Sikeston (MO) 193 C4
Siknik Trading Camp (AK) 90 D2-3
Sil Nakya (AZ) 221 B4
Silas (AL) 230 C3
Silco (GA) 245 A4
Siler City (NC) 216 A2
Silesia (MT) 126 B3
Siletz (OR) 121 C1-2
Silex (MO) 172 C2-3
Silica (OH) 154 C4
Silio (NM) 205 B5
Silo (OK) 209 B4
Siloam (GA) 214 C3
Siloam Springs (AR) 191 C4
Silook Camp (AK) 90 D2
Silsbee (TX) 239 A5
Silt (CO) 170 C2
Silva (MO) 192 B3
Silver (TX) 225 B5
Silver Bay (MN) 117 B5
Silver City (GA) 214 B2
Silver City (IA) 170 A3
Silver City (ID) 142 A3
Silver City (MS) 230 A1
Silver City (NC) 216 AB2
Silver City (NM) 222 B2
Silver City (SD) 128 C2
Silver City (UT) 164 C2
Silver Cliff (CO) 187 A4
Silver Creek (MS) 230 C1
Silver Creek (NE) 149 C6
Silver Creek (NY) 156 B2
Silver Lake (FL) 248 A3
Silver Lake (IN) 174 A2
Silver Lake (KS) 170 C3
Silver Lake (MN) 131 C6
Silver Lake (NC) 216 B4
Silver Lake (OR) 141 A4-5
Silver Lake (WA) 121 A3
Silver Lake (WI) 133 C5
Silver Peak (NV) 182 B2
Silver Plume (CO) 171 C4
Silver Ridge (NJ) 178 C3
Silver Spring (MD) 177 D5-6
Silver Springs (FL) 245 B3-4
Silver Springs (NV) 161 C6
Silver Springs (NY) 156 B3-4
Silver Star (MT) 125 B5
Silver Valley (TX) 226 C1
Silverdale (KS) 190 B2
Silverdale (WA) 106 B4
Silverhill (AL) 242 A3
Silverstreet (SC) 215 B5
Silverthorne (CO) 170 C3
Silvertip (AK) 96 C3
Silverton (CO) 186 B2
Silverton (NJ) 178 B3
Silverton (OR) 121 BC3
Silverton (TX) 207 B4
Silverton (WA) 107 A5
Silvies (OR) 123 C5
Simcoe (ND) 114 A2
Simi Valley (CA) 200 B2
Similk Beach (WA) 106 A4
Simla (CO) 171 C5
Simmesport (LA) 240 A3
Simmons (MO) 192 B1
Simms (MT) 110 B3
Simms (TX) 210 C1
Simnasho (OR) 122 BC2
Simons (OH) 156 C1
Simonton (TX) 239 B3-4
Simpson (KS) 169 C6-7
Simpson (LA) 228 C3
Simpson (MN) 132 D2
Simpson (MT) 111 A4
Simpson (NC) 217 A4
Simpsonville (KY) 194 A3
Simpsonville (SC) 215 B4
Sims (AR) 210 B2
Sims (NC) 197 D5-6
Simsboro (LA) 228/229 B4
Sinai (SD) 130 C3-4
Sinclair (WY) 146 C1-2
Singeak (AK) 86 D3
Singer (LA) 240 A1
Singigyak (AK) 90 C2
Singiluk (AK) 84 B3
Singleton (CO) 171 C4
Singleton (TX) 239 A4
Sink Creek (FL) 243 A5
Sinking Spring (OH) 175 C4
Sinona Lodge (AK) 93 E6
Sinton (TX) 247 A4
Sinuk (AK) 90 C2
Sioux Center (IA) 150 A2
Sioux City (IA) 150 B2
Sioux Falls (SD) 150 A2
Sioux Pass (MT) 112/113 B4
Sioux Rapids (IA) 150 B3
Siren (WI) 132 B2
Sirmans (FL) 244 A2
Siskiyou (OR) 140 B3
Sisseton (SD) 130 B3
Sissonville (WV) 176 D1
Sister Bay (WI) 134 B1
Sister Lakes (MI) 153 B6
Sisters (OR) 122 C2
Sitka (AK) 105 B4
Sitka (KS) 189 B5
Situk (AK) 104 D1
Six Mile (GA) 213 B5
Six Mile (SC) 214 B4
Sixes (OR) 140 B1
Skagway (AK) 104 D3
Skamokawa (WA) 121 A2
Skedee (OK) 190 C2
Skellytown (TX) 207 A4
Skiatook (OK) 190 C2
Skidaway Island (GA) 233 C5
Skiddy (KS) 170 D2
Skidmore (MD) 177 C6
Skidmore (TX) 247 A4
Skidway Lake (MI) 135 C4-5
Skime (MN) 115 A7
Skin Pond (ME) 120 B3
Skipton (MD) 178 D1
Skokie (IL) 153 BC5
Skokomish (WA) 106 B3-4
Skowhegan (ME) 138 B3
Skull Valley (AZ) 202 B3
Skwentna (AK) 96 B2
Sky Valley (GA) 214 B3
Skykomish (WA) 107 B5
Skyland (NC) 215 A4
Skyline (AL) 213 B4
Skyline (NE) 150 C2
Skyline View (PA) 177 B6
Slade (KY) 195 B5
Slagle (LA) 228 C3
Slana (AK) 93 E7
Slanesville (WV) 177 C4
Slapout (OK) 189 C4
Slate Creek (AK) 93 D6
Slate Lick (PA) 176 B3
Slate Spring (MS) 212 C1
Slater (CO) 170 B2
Slater (MO) 171 C6
Slater (SC) 215 A4
Slater (WY) 147 C4
Slaterville Springs (NY) 157 B5
Slatington (PA) 178 B2
Slaton (TX) 207 C4
Slaty Fork (WV) 196 A3
Slaughter (LA) 241 A3
Slaughter Beach (DE) 178 D2
Slaughters (KY) 194 B1
Slaughterville (OK) 209 A3
Slayden (MS) 212 B1
Slayton (MN) 131 D5
Sledge (MS) 211 B5
Sleeper (MO) 192 B1
Sleepy Eye (MN) 131 C6
Sleetmute (AK) 95 B6
Slick (OK) 209 A4
Slick Rock (CO) 185 A6
Slidell (LA) 241 A5
Slidell (TX) 208/209 C3
Sligo (LA) 228 B3
Sligo (PA) 176 A3
Slinger (WI) 153 A4
Slippery Rock (PA) 176 A2-3
Sloan (IA) 150 B2
Sloan (NV) 183 D4
Sloan (NY) 156 B3
Sloat (CA) 161 C5
Slocomb (AL) 232 C1
Slocum (TX) 227 C5
Smackover (AR) 210 C3
Smale (AR) 211 B4
Smarr (GA) 232 B3
Smartville (CA) 161 C4
Smethport (PA) 156 C3
Smiley (TX) 238 B2
Smiley Peak (CA) 200/201 B3
Smith (NV) 161 D6
Smith Center (KS) 169 C6
Smith Creek (FL) 244 A1
Smith Point (TX) 239 B5
Smithburg (NJ) 178 B3
Smithburg (WV) 176 C2
Smithers (WV) 196 A2
Smithfield (IL) 172 B3
Smithfield (KY) 194 A3
Smithfield (NC) 216 A3
Smithfield (NE) 169 B5
Smithfield (UT) 144 C3
Smithfield (VA) 198 C2
Smithfield (WV) 176 C2
Smithland (IA) 150 B3
Smithland (KY) 193 B5
Smithland (TX) 228 B2
Smiths Ferry (ID) 124 C1
Smiths Grove (KY) 194 BC2
Smiths Station (AL) 232 B1
Smithton (MO) 171 D5
Smithton (PA) 176 B3
Smithville (AR) 192 C2
Smithville (GA) 232 C2
Smithville (MO) 171 C4
Smithville (MS) 212 B2
Smithville (OH) 175 B6
Smithville (OK) 210 B1
Smithville (TN) 194 D3
Smithville (TX) 238 A2
Smithville (WV) 176 C1-2
Smithwick (SD) 147 A5
Smoaks (SC) 234 A2
Smoke Bend (LA) 241 A3
Smoke Creek (NV) 161 B6
Smoke Rise (AL) 213 C4
Smokey Point (WA) 106 A4
Smolan (KS) 170 D1
Smoot (WY) 144 B4
Smyer (TX) 207 C3
Smyrna (DE) 178 C2
Smyrna (GA) 214 C2
Smyrna (SC) 215 A5
Smyrna (TN) 194 D2
Smyrna (WA) 107 C7
Smyrna Mills (ME) 120 B3
Snake River (WA) 123 A5
Snead (AL) 213 B4
Sneads (FL) 244 A1
Sneads Ferry (NC) 217 B4
Sneedville (TN) 195 C5
Snelling (CA) 181 B4
Snelling (SC) 216 C6
Snellville (GA) 214 C2-3
Snettisham (AK) 105 AB5
Snider (MT) 109 B5
Snohomish (WA) 107 B4-5
Snook (TX) 238 A3
Snoqualmie (WA) 107 B5
Snover (MI) 155 A5
Snow Hill (AL) 231 B4
Snow Hill (MD) 198 A3
Snow Hill (NC) 217 A4
Snow Lake (AR) 211 B4-5
Snow Lake Shores (MS) 212 B1
Snow Shoe (PA) 177 A5
Snowball (AR) 191 D6
Snowdoun (AL) 231 B5
Snowflake (AZ) 203 B5
Snowmass (CO) 170 C2-3
Snowmass Village (CO) 170 C2-3
Snowville (UT) 144 C2
Snug Harbor (AK) 96 C3
Snyder (CO) 171 B6
Snyder (NE) 150 C2
Snyder (OK) 208 B2
Snyder (TX) 225 B4-5
Soap Lake (WA) 107 B7
Sobieski (MN) 131 B6
Sobieski (WI) 133 C6
Socastee (SC) 216 C2
Social Circle (GA) 214 C3
Social Hill (AR) 210 B2-3
Society Hill (AL) 232 B1
Society Hill (SC) 216 B2
Socorro (NM) 205 B4

Socorro (TX) 223 C4
Soda Springs (CA) 161 C5
Soda Springs (ID) 144 B3
Sodaville (OR) 121 C2-3
SoddyDaisy (TN) 213 A5
Soderville (MN) 132 B1
Sodus (NY) 157 A4
Sodus Point (NY) 157 A5
Sofia (NM) 187 C6
Solana Beach (CA) 218 B2
Solano (NM) 187 D5
Soldier (IA) 150 C3
Soldier (KS) 170 C3
Soldier Pond (ME) 120 A3
Soldier Summit (UT) 165 C3-4
Soldiers Grove (WI) 152 A2
Soldotna (AK) 96 C2
Soledad (CA) 180 C3
Solen (ND) 129 A5
Solitude (IN) 193 AB6
Solomon (AK) 90 C3
Solomon (AZ) 221 B6
Solomon (KS) 170 D1
Solomons (MD) 198 A2
Solon (IA) 152 C1
Solon (ME) 138 B3
Solon (OH) 155 C6
Solon Springs (WI) 132 A3
Solvang (CA) 199 B2
Solvay (NY) 157 A5
Solway (MN) 116 B1
Solway (TN) 195 CD4
Somers (IA) 150 B4
Somers (MT) 109 A6
Somers (WI) 153 B5
Somers Point (NJ) 178 C3
Somerset (CO) 170 D2
Somerset (KY) 195 B4
Somerset (LA) 229 B5
Somerset (OH) 175 C5
Somerset (PA) 176 B3
Somerset (TX) 238 B1
Somerset (WI) 132 B2
Somersworth (NH) 159 A5-6
Somerton (AZ) 219 B5
Somerton (OH) 176 C1
Somerville (AL) 213 B4
Somerville (IN) 194 A1
Somerville (NJ) 178 B3
Somerville (TN) 212 A1
Somerville (TX) 238 A3
Somes Bar (CA) 140 C2
Somesville (ME) 139 B4
Somonauk (IL) 152/153 C4
Sondheimer (LA) 229 B5
Sonestown (PA) 157 C5
Sonnette (MT) 127 B6
Sonoita (AZ) 221 C5
Sonoma (CA) 180 A2
Sonora (AZ) 221 A4
Sonora (CA) 181 AB4
Sonora (KY) 194 B3
Sonora (TX) 236/237 A3
Sooghmeghat (AK) 90 D3
Sopchoppy (FL) 244 A1
Soper (OK) 209 B5
Soperton (GA) 233 B4
Sophia (NC) 197 D4
Sophia (WV) 196 B2
Sopris (CO) 187 B5
Sorrel (LA) 241 B3
Sorrento (LA) 241 A4
Sorum (SD) 128 B3
Soso (MS) 230 C2
Soudan (MN) 117 B4
Souderton (PA) 178 B2
Soulsbyville (CA) 181 AB4
Sound Beach (NY) 179 AB4-5
Sour Lake (TX) 239 A5
Sourdough (AK) 97 A5
Sourdough Camp (AK) 93 B5
Souris (ND) 114 A2
South Amherst (MA) 158/159 B4
South Amherst (OH) 155 C5
South Ashburnham (MA) 159 B4-5
South Barre (VT) 137 B5
South Bay (FL) 251 A4
South Beach (FL) 249 B4
South Belmar (NJ) 178 B3-4
South Bend (IN) 153 C6
South Bend (NE) 170 B2
South Bend (TX) 226 A2
South Bend (WA) 106 C3
South Bloomfield (OH) 175 C4
South Boardman (MI) 134 C3
South Boston (VA) 197 C4-5
South Burlington (VT) 137 B4
South Carrollton (KY) 194 B1
South Carthage (TN) 194 C3
South Charleston (OH) 175 C4
South Charleston (WV) 196 A2
South China (ME) 138 B3
South Cleveland (TN) 214 A1-2
South Coffeyville (OK) 190 C3
South Colton (NY) 136 B3
South Congaree (SC) 215 C5
South Dayton (NY) 156 B2
South Daytona (FL) 245 B4
South Deerfield (MA) 158 B4
South English (IA) 151 C6
South Fork (CO) 186 B3
South Fork (KY) 195 B4
South Fork (MO) 192 C2
South Fulton (TN) 193 C5
South Garcia (NM) 205 B3
South Greeley (WY) 171 A5
South Greenfield (MO) 191 B5
South Haven (IN) 153 C5-6
South Haven (KS) 190 B1
South Haven (MI) 153 B6
South Haven (MN) 131 B6
South Heart (ND) 113 C6
South Henderson (NC) 197 C5
South Hero (VT) 137 B4
South Hill (NY) 157 B5
South Hill (VA) 197 C5
South Houston (TX) 239 B4
South Hutchinson (KS) 190 AB1
South Jacksonville (IL) 172 C3
South Jordan (UT) 164 B2-3
South Junction (OR) 122 C2-3
South Lagrange (ME) 120 C3
South Lake (CA) 200 A2
South Lake Tahoe (CA) 161 D6
South Laramie (WY) 146 C3
South Lead Hill (AR) 191 C5-6
South Lyon (MI) 154 B4
South Mansfield (LA) 228 B3
South Miami Heights (FL) 251 B4
South Mills (NC) 198 C2
South Milwaukee (WI) 153 B5
South Montrose (PA) 157 C5-6
South Mound (KS) 191 B3
South New Berlin (NY) 157 B6
South Newport (GA) 233 C5
South Ogden (UT) 144 C3
South Padre Island (TX) 247 C4
South Paris (ME) 138 B2
South Pass City (WY) 145 B6
South Patrick Shores (FL) 249 A4
South Pekin (IL) 172/173 B4
South Pittsburg (TN) 213 A5
South Plains (TX) 207 B4
South Platte (CO) 171 C4
South Point (OH) 195 A6
South Ponte Vedra Beach (FL) 245 A4
South Punta Gorda Heights (FL) 248 C3
South Range (MI) 118 B2
South Range (WI) 117 C4-5
South River (NJ) 178 B3
South Rosemary (NC) 197 C6
South Salt Lake (UT) 164 B3
South San Francisco (CA) 180 B2
South Sanford (ME) 159 A6
South Shore (KY) 175 D4-5
South Shore (MO) 172 D3
South Shore (SD) 130 B4
South Sioux City (NE) 150 B2
South Sumter (SC) 215 C6
South Taft (CA) 200 A1
South Torrington (WY) 147 B4
South Tucson (AZ) 221 B4-5
South Tunnel (TN) 194 C2
South Vacherie (LA) 241 B4
South Valley (NM) 205 AB4
South Venice (FL) 248 B2
South Vienna (OH) 175 C4
South Vinemont (AL) 213 B4
South Wadesboro (NC) 216 B1
South Wayne (WI) 152 B3
South Weber (UT) 164 A3
South Webster (OH) 175 D5
South Weldon (NC) 197 C6
South West City (MO) 191 C4
South Westport (MA) 159 C5-6
South Whitley (IN) 174 A2
South Williamson (WV) 196 B1
South Windham (CT) 159 C4
Southam (ND) 114 A4
Southampton (NY) 179 B5
Southard (OK) 189 C6
Southaven (MS) 211 A5-6
Southbridge (MA) 159 B4-5
Southbury (CT) 158 C3
Southdown (LA) 241 B4
Southern Pines (NC) 216 A2
Southern Shores (NC) 198 C3
Southern View (IL) 172/173 C4
Southfield (MI) 154/155 B4
Southfields (NY) 158 C2
Southington (CT) 158 C4
Southland (TX) 207 C4
Southmayd (TX) 209 C4
Southold (NY) 179 A5
Southport (FL) 243 A5
Southport (IN) 174 C1
Southport (NC) 216 C3-4
Southside (AL) 213 C4-5
Southton (TX) 238 B1
Southwest Harbor (ME) 139 B4
Southwick (MA) 158 B4
Spaceport City (NM) 223 B4
Spade (TX) 225 B5
Spalding (NE) 149 C5
Spanaway (WA) 106 B4
Spangle (WA) 108 B3
Spangler (PA) 177 B4
Spanish Fork (UT) 164 B3
Spanish Fort (AL) 242 A3
Sparkman (AR) 210 C3
Sparks (AK) 95 D5
Sparks (GA) 232/233 C3
Sparks (KS) 170 C3
Sparks (NE) 148 B3
Sparks (NV) 161 C6
Sparks (OK) 209 A4
Sparks (TX) 223 C4
Sparland (IL) 173 A4
Sparlingville (MI) 155 AB5
Sparr (FL) 245 B3
Sparta (GA) 214 C3-4
Sparta (IL) 193 A4
Sparta (MI) 154 A2
Sparta (MO) 191 B5
Sparta (NC) 196 C2
Sparta (TN) 194 D3
Sparta (WI) 132 D4
Spartanburg (SC) 215 B5
Spartansburg (PA) 156 C2
Spaulding (OK) 209 A4
Spaulding Tract (CA) 161 B5
Spavinaw (OK) 191 C3
Speaks (TX) 238 B3
Spear (NC) 196 CD1-2
Spearfish (SD) 128 C2
Spearman (TX) 188 C3
Spearville (KS) 189 B5
Speculator (NY) 136 C3
Speed (KS) 169 C5
Speedway (IN) 174 C1
Speer (OK) 209 B5
Spencer (AK) 96 C3
Spencer (IA) 150 A3-4
Spencer (ID) 125 C5
Spencer (IN) 174 C1
Spencer (LA) 229 B4
Spencer (MA) 159 B4-5
Spencer (NC) 215 A6
Spencer (NE) 149 B5
Spencer (NY) 157 B5
Spencer (SD) 149 A6
Spencer (TN) 213 A5
Spencer (VA) 196 C3
Spencer (WI) 133 C4
Spencer (WV) 176 D1
Spencerport (NY) 156 A3-4
Spencerville (IN) 154 C2-3
Spencerville (OH) 174 B3
Spencerville (OK) 209 B5
Sperry (OK) 190 C2
Sperryville (VA) 177 D4
Spiceland (IN) 174 C2
Spicer (MN) 131 B5-6
Spickard (MO) 171 B5
Spillville (IA) 151 A7
Spindale (NC) 215 A4-5
Spink (SD) 150 B2
Spirit (WI) 133 B4
Spirit Lake (IA) 150 A3-4
Spirit Lake (ID) 108 B4
Spiritwood (ND) 114 BC4
Spiritwood Lake (ND) 114 B4
Spiro (OK) 210 A1
Spivey (KS) 189 B6
Splendora (TX) 239 A4
Spofford (TX) 237 B3
Spokane (MO) 191 C5
Spokane (WA) 108 B3
Spooner (WI) 132 B3
Sportsmen Acres (OK) 191 C3
Spotsylvania (VA) 197 A6
Spotted Horse (WY) 127 C6
Spraberry (TX) 225 C4
Sprague (AL) 231 B5
Sprague (NE) 170 B2
Sprague (WA) 108 B3
Sprague River (OR) 141 B4
Spray (OR) 122 C4
Spread Eagle (WI) 133 B6
Spring (TX) 239 A4
Spring Arbor (MI) 154 B3
Spring Branch (TX) 238 B1
Spring Brook (ND) 113 A5
Spring Brook (NY) 156 B3
Spring Church (PA) 176 B3
Spring City (TN) 214 A2
Spring City (UT) 164 C3
Spring Creek (NV) 163 B5
Spring Creek (OK) 208 A2
Spring Creek (SD) 148 A2
Spring Glen (UT) 165 C4
Spring Green (WI) 152 A2-3
Spring Grove (IN) 174 C3
Spring Grove (MN) 152 A1
Spring Grove (PA) 177 C6
Spring Grove (VA) 198 B2
Spring Hill (AL) 231 C5-6
Spring Hill (AR) 210 C2
Spring Hill (FL) 248 A2
Spring Hill (IA) 151 C5
Spring Hill (KS) 171 D4
Spring Hill (MN) 131 B6
Spring Hill (TN) 213 A3-4
Spring Hill (TX) 228 B2
Spring Hope (NC) 197 D5
Spring House (PA) 178 B2
Spring Lake (NC) 216 A3
Spring Mills (PA) 177 B5
Spring Place (GA) 214 B2
Spring Valley (AR) 191 C5
Spring Valley (IL) 152 C3
Spring Valley (MN) 151 A6
Spring Valley (NV) 183 C4
Spring Valley (NY) 178 A3-4
Spring Valley (OH) 175 C4
Spring Valley (TX) 239 B4
Spring Valley (WI) 132 C2
Springdale (SC) 215 B6
Springdale (UT) 184 B1
Springfield (MI) 154 B2
Springboro (PA) 156 C1
Springbrook (WI) 132 B3
Springdale (AR) 191 C4-5
Springdale (ID) 143 B6
Springdale (MT) 126 B1
Springdale (SC) 215 C5-6
Springer (NM) 187 C5
Springer (OK) 209 B3
Springerton (IL) 193 A5
Springerville (AZ) 204 B1
Springfield (CO) 188 B2
Springfield (FL) 243 A5
Springfield (GA) 233 B5
Springfield (ID) 144 A2
Springfield (IL) 172/173 C4
Springfield (KY) 194 B3
Springfield (LA) 241 A4
Springfield (MA) 158 B4
Springfield (ME) 139 A4-5
Springfield (MN) 131 C6
Springfield (MO) 191 B5
Springfield (NE) 170 A2
Springfield (OH) 175 C4
Springfield (OR) 121 CD2
Springfield (SC) 215 C5
Springfield (SD) 149 B5-6
Springfield (TN) 194 C1-2
Springfield (VT) 137 C5
Springfield (WV) 177 C4
Springhill (LA) 228 AB3
Springlake (TX) 206/207 B3
Springport (IN) 174 B2
Springport (MI) 154 B3
Springs (NY) 179 A5
Springtown (AR) 191 C4
Springtown (TX) 226 B3
Springvale (GA) 232 C2
Springvale (ME) 159 A6
Springview (NE) 148/149 B4
Springville (AL) 213 C4
Springville (CA) 181 C6
Springville (IA) 152 B1
Springville (MS) 212 B1-2
Springville (NY) 156 B3
Springville (UT) 164 B3
Springwater (NY) 157 B4
Sprott (AL) 231 B4
Spruce Pine (NC) 196 D1
Spry (UT) 184 A2
Spur (TX) 207 C5
Spurger (TX) 239 A5
Square Butte (MT) 111 B4
Squaw Harbor (AK) 102 D2
Squaw Lake (MN) 116 B2
Squaw Valley (CA) 181 C5
Squire (WV) 196 B2
Squires (MO) 191 C5
Staatsburg (NY) 158 C2-3
Stacy (MN) 132 B1
Stacy (TX) 226 C1
Stacyville (IA) 151 A6
Stafford (KS) 189 B6
Stafford (OK) 208 A1
Stafford (VA) 198 A1
Stafford Springs (CT) 159 BC4
Stafford Springs (MS) 230 C2
Stagecoach (TX) 239 A4
Stairtown (TX) 238 B2
Staley (NC) 197 D4
Stallings (NC) 215 A6
Stallo (MS) 230 B2
Stalwart (MI) 135 A4
Stamford (CT) 179 A4
Stamford (NE) 169 B5
Stamford (NY) 158 B2
Stamford (SD) 129 D4-5
Stamford (TX) 226 B1
Stamping Ground (KY) 195 A4
Stamps (AR) 210 C2
Stanardsville (VA) 197 A5
Stanberry (MO) 171 B4
Standard (AK) 92 C4
Standard (IL) 152 C3
Standing Rock (NM) 185 D6
Standish (CA) 161 B5
Standish (MA) 159 B6
Standish (MI) 135 D5
Standrod (ID) 144 B1
Stanfield (AZ) 220/221 B4
Stanfield (NC) 215 A6
Stanford (IL) 173 B4
Stanford (KY) 195 B4
Stanford (MT) 111 B4
Stanhope (IA) 151 B5
Stanhope (NJ) 178 B3
Stanley (ID) 124 C2-3
Stanley (KS) 171 D4
Stanley (KY) 194 B1
Stanley (LA) 228 C3
Stanley (NC) 215 A5
Stanley (ND) 113 A6
Stanley (NM) 205 A5
Stanley (VA) 177 D4
Stanley (WI) 132 C4
Stanleytown (VA) 196/197 C4
Stanleyville (NC) 196 C3
Stannards (NY) 156/157 B4
Stansbury Park (UT) 164 B2
Stanton (AL) 231 B5
Stanton (IA) 170 B3
Stanton (KY) 195 B5
Stanton (MI) 154 A2
Stanton (MN) 132 C1-2
Stanton (MO) 192 A2
Stanton (MS) 229 C5
Stanton (ND) 113 B7
Stanton (NE) 149 C6
Stanton (TN) 212 A1
Stanton (TX) 225 B4
Stantonsburg (NC) 216/217 A4
Stanwood (IA) 152 C1
Stanwood (MI) 154 A2
Stanwood (WA) 106 A4
Staplehurst (NE) 170 B1
Staples (MN) 131 A6
Stapleton (AL) 242 A3
Stapleton (GA) 215 C4
Stapleton (NE) 148 C3
Star (ID) 142 A3
Star (MS) 230 B1
Star (NC) 216 A2
Star (TX) 226 C2
Star City (AR) 211 C4
Star City (IN) 174 AB1
Star Harbor (TX) 227 B4
Star Lake (NY) 136 B2
Starbuck (MN) 131 B5
Starbuck (WA) 108 C2
Stark (KS) 191 B3
Stark City (MO) 191 C4
Starke (FL) 245 B3
Starkey (VA) 196/197 B4
Starks (LA) 240 A1
Starkville (CO) 187 B5
Starkville (MS) 212 C2
Starkweather (ND) 114 A4
Starr (SC) 214 B4
Starr School (MT) 110 A1
Starrs Mill (GA) 214 C2
Start (LA) 229 B5
State Bridge (CO) 170 C3
State Center (IA) 151 B5
State College (PA) 177 B5
State Line (ID) 108 B3-4
State Line (MS) 230 C3
State Road (NC) 196 C3
Stateline (NV) 161 D5-6
Statenville (GA) 244 A2
Statesboro (GA) 233 B5
Statesville (NC) 215 A6
Statham (GA) 214 C3
Staunton (IL) 172 C4
Staunton (IN) 173 C6
Staunton (VA) 197 A4-5
Stayton (OR) 121 C3
Stead (NM) 187 C6
Steamboat Canyon (AZ) 204 A1
Steamboat Springs (CO) 170 B3
Stearns (KY) 195 C4
Stebbins (AK) 90 D4
Stecker (OK) 208 B2
Stedman (NC) 216 A3
Steele (AL) 213 C4
Steele (MO) 193 C4
Steele (ND) 114 C3
Steele City (NE) 170 B1
Steele Creek (AK) 93 C8
Steeleville (IL) 193 AB4
Steelville (MO) 192 B2
Steens (MS) 212 C2
Stehekin (WA) 107 A6
Steilacoom (WA) 106 B4
Steinauer (NE) 170 B2
Steinhatchee (FL) 244 B2
Stella (KY) 193 C5
Stella (MO) 191 C4
Stella (NE) 170 B3
Stem (NC) 197 C5
Stephan (SD) 129 C6
Stephen (MN) 115 A6
Stephen Creek (TX) 239 A4
Stephens (AR) 210 C2-3
Stephens City (VA) 177 C4
Stephensburg (KY) 194 B2
Stephenson (MI) 134 B1
Stephenville (TX) 226 B2
Steptoe (NV) 163 C5-6
Steptoe (WA) 108 C3
Sterley (TX) 207 B4
Sterling (AK) 96 C2
Sterling (CO) 171 B6
Sterling (GA) 233 C5
Sterling (ID) 144 A2
Sterling (IL) 152 C3
Sterling (KS) 189 A6
Sterling (MI) 135 C4-5
Sterling (ND) 114 C2
Sterling (NE) 170 B2
Sterling (OK) 208 B2
Sterling (UT) 164 C3
Sterling (VA) 177 CD5
Sterling City (TX) 225 C5
Sterling Heights (MI) 155 B4-5
Sterling Landing (AK) 91 E8
Sterling Run (PA) 156 C3
Sterlington (LA) 229 B4
Sterrett (AL) 213 C4
Stetsonville (WI) 133 B4
Steuben (MI) 134 A2
Steuben (WI) 152 A2
Steubenville (KY) 195 C4
Steubenville (OH) 176 B2
Stevens Point (WI) 133 C5
Stevens Pottery (GA) 233 B3
Stevens Village (AK) 92 A4
Stevensville (PA) 157 C5
Stevenson (AL) 213 B5
Stevenson (WA) 122 B1-2
Stevensville (MD) 177 CD6
Stevensville (MI) 153 B6
Stevensville (MT) 109 C6-7
Steward (IL) 152 C3
Stewardson (IL) 173 C5
Stewart (GA) 214 C3
Stewart (MN) 131 C6
Stewart (MS) 212 C1
Stewartsville (MO) 171 C4
Stewartville (AL) 231 A5
Stewartville (MN) 132 D2
Stickney (SD) 149 A5
Stidham (OK) 209 A5
Stigler (OK) 209 A5
Stiles (TX) 225 C4
Stiles (WI) 133 C6-7
Stilesville (IN) 174 C1
Still River (MA) 159 B5
Stillman Valley (IL) 152 B3
Stillmore (GA) 233 B4
Stillwater (MN) 132 B2
Stillwater (NV) 162 C2
Stillwater (NY) 158 B3
Stillwater (OH) 176 B1
Stillwater (OK) 190 C1
Stilson (TX) 239 A5
Stilwell (KS) 171 D4
Stilwell (OK) 191 D4
Stinesville (IN) 174 C1

Stinnett (TX) 188 D3
Stippville (KS) 191 B4
Stirling City (CA) 161 C4
Stirrat (WV) 196 B1
Stites (ID) 124 A1-2
Stockbridge (MI) 154 B3
Stockbridge (WI) 133 C6
Stockbridge (GA) 214 C2
Stockdale (TX) 238 B2
Stockett (MT) 110 B3
Stockham (NE) 169 B7
Stockholm (ME) 120 A3-4
Stockholm (SD) 130 B4
Stockholm (WI) 132 C2
Stockland (IL) 173 B6
Stockman (TX) 228 C2
Stockton (AL) 231 C4
Stockton (CA) 180 B3
Stockton (GA) 244 A3
Stockton (IA) 152 C2
Stockton (IL) 152 B2-3
Stockton (KS) 169 C5
Stockton (MN) 132 CD3
Stockton (MO) 191 B5
Stockton (NJ) 178 B3
Stockton (UT) 164 B2
Stockville (NE) 168/169 B4
Stoddard (WI) 152 A1
Stokesdale (NC) 196/197 C4
Stone (ID) 144 B2
Stone Creek (OH) 176 B1
Stone Harbor (NJ) 178 C3
Stone Lake (WI) 132 B3
Stone Mountain (GA) 214 C2
Stoneburg (TX) 208 C3
Stonefort (IL) 193 B5
Stoneham (CO) 171 B6
Stoneham (TX) 239 A3-4
Stonelick (OH) 175 C3
Stoner (CO) 185 B6
Stoneville (NC) 197 C4
Stoneville (SD) 128 C3
Stonewall (CO) 187 B4
Stonewall (LA) 228 B3
Stonewall (MS) 230 B3
Stonewall (NC) 217 A5
Stonewall (OK) 209 B4
Stonewall (TX) 237 A5
Stonewood (WV) 176 C2
Stonington (CO) 188 B2
Stonington (CT) 159 C5
Stonington (IL) 173 C4
Stonington (ME) 139 B4
Stony Creek (VA) 198 C1
Stony Lake (MI) 153 A6
Stony Point (NC) 196 D2-3
Stony Prairie (OH) 155 C4
Stony Ridge (OH) 154 C4
Stony River (AK) 95 B6
Stonyford (CA) 160 C3
Storden (MN) 131 C5
Storla (SD) 130 D2
Storm Lake (IA) 150 B3
Storrs (CT) 159 C4
Story (AR) 210 B2
Story City (IA) 151 B5
Stotesbury (MO) 191 B4
Stotts City (MO) 191 B5
Stottville (NY) 158 B3
Stoughton (MA) 159 B5
Stoughton (WI) 152 B3
Stout (OH) 175 D4
Stoutsville (MO) 172 C2
Stoutsville (OH) 175 C5
Stovall (MS) 211 B5
Stovall (NC) 197 C5
Stovepipe Wells (CA) 182 C2
Stover (MO) 171 D6
Stow (OH) 176 A1
Stowe (VT) 137 B5
Stowell (TX) 239 B5
Stoy (IL) 173 D6
Stoystown (PA) 176 B3-4
Strafford (MO) 191 B5
Strandburg (SD) 130 BC4
Strandquist (MN) 115 A6
Strang (NE) 170 B1
Strang (OK) 191 C3
Strasburg (MO) 171 D4
Strasburg (CO) 171 C5
Strasburg (IL) 173 C5
Strasburg (ND) 129 A5
Strasburg (OH) 176 B1
Strasburg (VA) 177 CD4
Stratford (CA) 181 C5
Stratford (CT) 158 C3-4
Stratford (IA) 151 B5
Stratford (OK) 209 B3-4
Stratford (SD) 130 B2
Stratford (TX) 188 C2
Stratford (WA) 107 B7
Stratford (WI) 133 C4-5
Strathcona (MN) 115 A6-7
Strathmore (CA) 181 C5-6
Strattanville (PA) 156 C2
Stratton (CO) 168 C2
Stratton (ME) 138 A2
Stratton (NE) 168 B3
Stratton (OH) 176 B2
Strauss (NM) 223 C4
Strausstown (PA) 178 B1
Strawberry (AR) 192 D2
Strawberry (AZ) 203 B4
Strawberry Plains (TN) 195 C5
Strawn (IL) 173 B5
Strawn (TX) 226 B2
Streamwood (IL) 153 BC4
Streator (IL) 173 A5
Streeter (ND) 114 C3
Streeter (TX) 237 A4
Streetman (TX) 227 C4
Strelna (AK) 97 B5-6
Strevell (ID) 144 B1
String Prairie (TX) 238 B2
Stringer (MS) 230 C2
Stringtown (OK) 209 B4-5
Stromsburg (NE) 170 A1
Stronach (MI) 134 C2
Strong (AR) 229 A4
Strong City (KS) 190 A2
Strong City (OK) 208 A1
Stronghurst (IL) 172 B2-3
Stroud (AL) 232 A1
Stroud (OK) 209 A4
Stroudsburg (PA) 178 B2
Struble (IA) 150 B2
Strum (WI) 132 C3
Struthers (OH) 176 A2
Stryker (MT) 109 A6
Stuart (FL) 249 B4
Stuart (IA) 150/151 C4
Stuart (NE) 149 B4
Stuart (OK) 209 B4
Stuart (VA) 196 C3
Stuarts Draft (VA) 197 AB4-5
Stuckey (SC) 216 C2
Studley (KS) 169 C4
Stull (KS) 170 D3
Sturbridge (MA) 159 B4-5
Sturgeon (MO) 172 C1
Sturgeon Bay (WI) 134 C1
Sturgis (KY) 193 B6
Sturgis (MI) 154 C2
Sturgis (MS) 212 C1-2
Sturgis (OK) 188 C2
Sturgis (SD) 128 C2
Sturtevant (WI) 153 B4-5
Stuttgart (AR) 211 B4
Stuyahok (AK) 95 D6
Stuyahok (AK) 94 A4
Suamico (WI) 133 C6
Subiaco (AR) 210 A2
Sublett (ID) 144 B1
Sublett (TX) 227 B3
Sublette (IL) 152 C3
Sublette (KS) 188 B4
Sublime (TX) 238 B3
Sublimity (OR) 121 C3
Success (MO) 192 B1
Sudan (TX) 206 B3
Sudden (CA) 199 B2
Sudden Valley (WA) 106 A4
Sudlersville (MD) 178 C2
Suffern (NY) 178 A3
Suffolk (MT) 111 B5
Suffolk (VA) 198 C2
Sugar Bush (WI) 133 C6
Sugar City (CO) 187 A6
Sugar City (ID) 125 D6
Sugar Creek (LA) 228 B4
Sugar Creek (MO) 171 C4
Sugar Grove (IL) 153 C4
Sugar Grove (NC) 196 C2
Sugar Grove (OH) 175 C5
Sugar Grove (PA) 156 BC2
Sugar Hill (GA) 214 B2
Sugar Land (TX) 239 B4
Sugar Mountain (NC) 196 C2
Sugar Notch (PA) 157 C5-6
Sugar Valley (GA) 213 B5
Sugarcreek (OH) 175 B6
Sugarcreek (PA) 156 C1-2
Sugarloaf (CO) 171 B4
Sugartown (LA) 240 A1-2
Sugarville (UT) 164 C2
Sugden (OK) 208 B3
Suisun City (CA) 180 A2-3
Suitland (MD) 177 D6
Sula (MT) 124 B4
Sulatna Crossing (AK) 91 C8
Sulligent (AL) 212 C2
Sullivan (IL) 173 C5
Sullivan (IN) 173 C6
Sullivan (KY) 193 B5-6
Sullivan (MO) 192 A2
Sullivan (WI) 153 B4
Sullivan Camp (AK) 90 BC2
Sullivan City (TX) 246 C3
Sullivan's Island (SC) 234 B3
Sully (IA) 151 C6
Sulphur (LA) 240 A1
Sulphur (NV) 162 B2
Sulphur (OK) 209 B4
Sulphur Bluff (TX) 209 C5
Sulphur Rock (AR) 211 A4
Sulphur Springs (AR) 191 C4
Sulphur Springs (TX) 227 A5
Sulphurdale (UT) 164 D2
Sultan (WA) 107 B5
Sultana (CA) 181 C5
Sulzer (AK) 105 D5
Sumas (WA) 33 E8
Sumatra (FL) 244 A1
Sumatra (MT) 111 C7
Sumdum (AK) 105 B5
Sumiton (AL) 213 C3-4
Summerhaven (AZ) 221 B5
Summer Haven (FL) 245 B4
Summer Lake (OR) 141 AB5
Summerville (OR) 123 B5-6
Summerville (PA) 176 A3
Summerdale (AL) 242 A3
Summerfield (FL) 248 A2
Summerfield (KS) 170 C2
Summerfield (LA) 228/229 B4
Summerfield (NC) 197 C4
Summerfield (OH) 176 C1
Summerfield (TX) 206 B3
Summerland (MS) 230 C2
Summerland Key (FL) 251 C3
Summers (AR) 191 D4
Summersville (KY) 194 B3
Summersville (MO) 192 B2
Summersville (WV) 196 A3
Summerton (SC) 215 C6
Summertown (GA) 233 B4
Summertown (TN) 213 A3
Summerville (GA) 213 B5
Summerville (SC) 234 A2
Summit (AK) 92 D4
Summit (AK) 90 C3
Summit (AL) 213 B4
Summit (AR) 192 C1
Summit (CA) 200 B3
Summit (KY) 195 A6
Summit (KY) 194 B2
Summit (MS) 230 C1
Summit (NM) 222 B1-2
Summit (OK) 209 A5
Summit (OR) 121 C2
Summit (SC) 215 C5
Summit (SD) 130 B3-4
Summit (UT) 184 B1-2
Summit Corners (WI) 153 A4
Summit Lake (WI) 133 B5
Summit Point (UT) 185 A5
Summitville (CO) 186 B3
Summitville (IA) 172 B2
Summitville (IN) 174 B2
Summitville (TN) 213 A4-5
Summum (IL) 172 B3
Sumner (GA) 232 C3
Sumner (IA) 151 B6
Sumner (IL) 173 D6
Sumner (MO) 171 C5
Sumner (MS) 211 C5
Sumner (NE) 169 B5
Sumner (OK) 190 C1
Sumner (TX) 209 C5
Sumner (WA) 106 B4
Sumpter (OR) 123 C5
Sumrall (MS) 230 C2
Sumter (GA) 232 C2
Sumter (SC) 215 C6
Sumterville (FL) 248 A2-3
Sun (LA) 241 A5
Sun City (CA) 201 C3
Sun City (FL) 248 B2
Sun City (KS) 189 B6
Sun City West (AZ) 202/203 C3
Sun Lakes (AZ) 203 C4
Sun Prairie (MT) 111 B7
Sun Prairie (WI) 152 A3
Sun River (MT) 110 B3
Sun River Terrace (IL) 173 A6
Sun Valley (ID) 143 A5
Sun Valley (NV) 161 C6
Sunfield (MI) 154 B2-3
Sunbeam (CO) 170 B1
Sunbeam (ID) 124 C3
Sunbright (TN) 195 C4
Sunburg (MN) 131 B5
Sunburst (MT) 110 A2-3
Sunbury (NC) 198 C2
Sunbury (OH) 175 B5
Sunbury (PA) 177 B6
Suncook (NH) 159 A5
Sundance (WY) 128 C1
Sunderland (MD) 177 D6
Sundown (MO) 192 C1
Sundown (TX) 206 C3
Sunflower (AZ) 203 C4
Sunflower (MS) 211 C5
Sunland Park (NM) 223 C4
Sunniland (FL) 251 A3
Sunny Side (TX) 239 B3
Sunny South (AL) 231 C4
Sunnyside (AK) 104 AB3
Sunnyside (GA) 233 C4
Sunnyside (NV) 183 A4
Sunnyside (TX) 206/207 B3
Sunnyside (UT) 165 C4
Sunnyside (WA) 122 A4
Sunnyvale (CA) 180 B2
Sunol (NE) 147 C6
Sunray (OK) 208 B3
Sunray (TX) 188 C3
Sunrise (AK) 96 C3
Sunrise (FL) 251 A4-5
Sunrise (MN) 132 B2
Sunrise (WY) 147 B4
Sunrise Beach (MO) 191 A6
Sunrise Beach Village (TX) 238 A1
Sunrise Manor (NV) 183 C4-5
Sunset (AK) 96 A2
Sunset (AK) 90 C3
Sunset (AR) 211 A5
Sunset (LA) 240 A2
Sunset (NM) 205 C5-6
Sunset (TX) 208 C3
Sunset Beach (NC) 216 C3
Sunset Valley (TX) 238 A2
Sunshine (AK) 96 A3
Sunshine (MD) 177 C5
Supai (AZ) 184 C2
Superior (AZ) 203 C4
Superior (IA) 150 A4
Superior (MT) 109 B6
Superior (NE) 169 B6-7
Superior (WI) 117 C4-5
Superior (WY) 145 C6
Superior Village (WI) 117 C4
Supply (NC) 216 BC3
Surf City (NC) 217 B4
Surfside Beach (SC) 216 C3
Surgoinsville (TN) 195 C5-6
Suring (WI) 133 B6
Surprise (AZ) 202/203 C3
Surprise (NE) 170 A1
Surrency (GA) 233 C4
Surrey (ND) 114 A1
Surry (VA) 198 B2
Susank (KS) 169 D6
Susanville (CA) 161 B5
Susitna (AK) 96 B2
Sussex (NJ) 158 C2
Sussex (VA) 198 C1
Sussex (WY) 146 A2
Sutcliffe (NV) 161 C6
Sutherland (NE) 148 C2
Sutherland (IA) 150 AB3
Sutherland (KY) 194 B1
Sutherland (VA) 197 B6
Sutherlin (OR) 140 A2
Sutter (CA) 161 C4
Sutter Creek (CA) 181 A4
Suttle (AL) 231 B4
Sutton (AK) 96 B3
Sutton (ND) 114 B4
Sutton (NE) 169 B7
Sutton (NE) 170 B1
Sutton (WV) 176 D2
Suttons Bay (MI) 134 C3
Suwanee (GA) 214 B2
Suwanee (NM) 205 B3
Suwannee (FL) 244 B2
Svea (MN) 131 B5-6
Swaim (AL) 213 B4
Swain (AR) 191 D5
Swainsboro (GA) 233 B4
Swaledale (IA) 151 B5
Swan (IA) 151 C5
Swan Lake (MT) 109 B7
Swan River (MN) 116 B3
Swan Valley (ID) 144 A3
Swanton (OH) 154 C4
Swanlake (ID) 144 B2-3
Swannanoa (NC) 215 A4
Swanquarter (NC) 217 A5
Swansboro (NC) 217 B4
Swansea (SC) 215 C5-6
Swanton (NE) 170 B1
Swanton (VT) 137 B4
Swanville (MN) 131 B6
Swanwick (IL) 193 A4
Swartz (LA) 229 B5
Swartz Creek (MI) 154 B4
Swea City (IA) 151 A4
Swearingen (TX) 207 B5-6
Swedeburg (NE) 170 A2
Sweden (ME) 120 B3
Swedesburg (IA) 172 A2
Sweeny (TX) 239 B4
Sweet (ID) 124 D1
Sweet Briar Station (VA) 197 B4-5
Sweet Home (OR) 121 C3
Sweet Home (TX) 238 B2-3
Sweet Springs (MO) 171 CD5
Sweet Springs (WV) 196 B3
Sweet Water (AL) 231 B4
Sweetser (IN) 174 B2
Sweetwater (NE) 169 A5
Sweetwater (OK) 208 A1
Sweetwater (TN) 214 A2
Sweetwater (TX) 225 B5
Sweetwater Station (WY) 145 B6
Swenson (TX) 207 C5
Swepsonville (NC) 197 C4
Swetmann Camp (AK) 96 C3
Swift (MN) 116 A1
Swift Falls (MN) 131 B5
Swift Trail Junction (AZ) 221 B6
Swifton (AR) 192 D2
Swikshak (AK) 96 E1
Swink (CO) 187 A6
Swink (OK) 209 BC5
Swisher (IA) 151 C7
Swiss Alp (TX) 238 B3
Swisshome (OR) 121 C2
Switzer (WV) 196 B2
Swords (GA) 214 C3
Swormville (NY) 156 A3
Sycamore (AL) 213 C4
Sycamore (GA) 232 C3
Sycamore (IL) 153 BC4
Sycamore (KS) 190 B3
Sycamore (SC) 233 A5
Sykeston (ND) 114 B3
Sykesville (PA) 176/177 A4
Sylacauga (AL) 213 C4
Sylva (NC) 214 A3
Sylvan (WI) 152 A2
Sylvan Beach (NY) 136 C2
Sylvan Grove (KS) 169 CD6
Sylvan Lake (MI) 154 B4
Sylvania (AL) 213 B5
Sylvania (GA) 233 B5
Sylvania (MI) 154 C4
Sylvania (PA) 157 C5
Sylvarena (MS) 230 B2
Sylvester (GA) 232 C3
Sylvester (TX) 225 B5
Sylvester (WV) 196 A2
Sylvia (KS) 189 B6
Symco (WI) 133 C6
Symerton (IL) 153 C4-5
Synarep (WA) 107 A7
Syosset (NY) 178/179 B4
Syracuse (IN) 154 C2
Syracuse (KS) 188 AB3
Syracuse (MO) 171 D6
Syracuse (NE) 170 B2
Syracuse (NY) 136 C1-2
Syringa (ID) 124 A2

T

Tabernash (CO) 170/171 B4
Taberville (MO) 191 A5
Tabiona (UT) 165 B4
Table Grove (IL) 172 B3
Table Rock (MO) 191 C5
Table Rock (NE) 170 B2
Table Rock (WY) 145 C6
Tabler (OK) 208 A3
Tabor (IA) 170 B3
Tabor (MN) 115 A6
Tabor (SD) 149 B6
Tabor City (NC) 216 B3
Tacna (AZ) 220 B2
Tacoma (CO) 186 B2
Tacoma (WA) 106 B4
Taconite (MN) 116 B3
Taconite Harbor (MN) 117 B6
Taft (OK) 209 A5
Taft (TX) 247 B4
Tafton (PA) 157 C6
Tagus (ND) 113 A6-7
Tahlequah (OK) 191 D4
Tahoe City (CA) 161 C5
Tahoe Pines (CA) 161 C5
Tahoe Vista (CA) 161 C5-6
Tahoka (TX) 225 A4
Taholah (WA) 106 B2
Tahoma (CA) 161 C5
Taiban (NM) 206 B1
Tajiguas (CA) 199 B2
Takikchak (AK) 94 C2
Takiketak (AK) 94 D3-4
Takilma (OR) 140 B2
Takotna (AK) 91 D7-8
Takshak (AK) 94 B3-4
Taku Lodge (AK) 105 A5
Talala (OK) 190 C3
Talbott (TN) 195 C5
Talbotton (GA) 232 B2
Talco (TX) 209 C5
Talent (OR) 140 B3
Talihina (OK) 209 B5
Talisheek (LA) 241 A5
Talkeetna (AK) 96 A2-3
Talking Rock (GA) 214 B2
Talladega (AL) 213 C4-5
Tallahassee (FL) 244 A1
Tallapoosa (GA) 213 C5
Tallassee (AL) 231 B5-6
Tallassee (TN) 214 A2-3
Tallevast (FL) 248 B2
Tallmadge (OH) 176 A1
Tallman (OR) 121 C2-3
Tallulah (LA) 229 B5
Tallulah Falls (GA) 214 B3
Talmage (NE) 170 CD1
Talmage (NE) 170 B2-3
Talmage (UT) 165 B4
Talmo (GA) 214 B3
Taloga (OK) 189 C6
Talowah (MS) 230 C2
Talpa (TX) 226 C1
Talty (TX) 227 B4
Tama (IA) 151 C6
Tamaha (OK) 210 A1
Tamaqua (PA) 178 B1-2
Tamarac (FL) 251 A4
Tamarack (MN) 116 C3
Tamaroa (IL) 193 A4
Tamms (IL) 193 B4
Tamo (AR) 211 B4
Tamora (NE) 170 B1
Tampa (FL) 248 B2
Tampico (TX) 207 B5
Tanacross (AK) 93 D7
Tanana (AK) 92 B2
Tanani (AK) 104 D3
Taneytown (MD) 177 C5
Taneyville (MO) 191 C5-6
Tangent (OR) 121 C2
Tangier (VA) 198 B3
Tangipahoa (LA) 241 A4
Tanglewood (TX) 238 A2
Tankersley (TX) 225 C5
Tannehill (LA) 229 B4
Tanner (AL) 213 B3-4
Tannersville (PA) 178 A2
Tanque (AZ) 221 B6
Tanque Verde (AZ) 221 B5
Taopi (MN) 151 A6
Taos (MO) 192 A1
Taos (NM) 186/187 C4
Taos Pueblo (NM) 187 C4
Taos Ski Valley (NM) 187 C4
Tappahannock (VA) 198 B1-2
Tappen (ND) 114 C3
Tar Heel (NC) 216 B3
Taral (AK) 97 B5
Tarboro (GA) 233 C5
Tarboro (NC) 197 D6
Tariffville (CT) 158 C4
Tarkio (MO) 170 B3
Tarkio (MT) 109 BC6
Tarlton (OH) 175 C5
Tarnov (NE) 149 C6
Tarpon Springs (FL) 248 A2
Tarry (AR) 211 B4
Tarryall (CO) 171 C4
Tarrytown (GA) 233 B4
Tarrytown (NY) 178 A3-4
Tarver (GA) 244 A3
Tarzan (TX) 225 B4
Tasco (KS) 169 C4
Tascosa (TX) 206/207 A3
Tasso (TN) 214 A2
Tatalina (AK) 91 E7
Tate (GA) 214 B2
Tatitlek (AK) 97 C4
Tatum (NM) 206 C2
Tatum (SC) 216 B2
Tatum (TX) 228 B2
Tatums (OK) 208/209 B3
Taunton (MA) 159 C5
Taunton (MN) 131 C4-5
Tavares (FL) 248 A3
Tavernier (FL) 251 B4
Tawas City (MI) 135 C5
Taycheedah (WI) 133 D6
Taylor (AK) 90 B3
Taylor (AL) 232 C1
Taylor (AR) 228 A3
Taylor (AZ) 203 B5
Taylor (FL) 245 A3
Taylor (MI) 154/155 B4
Taylor (MO) 172 C2
Taylor (ND) 113 C6
Taylor (NE) 149 C4
Taylor (PA) 157 C6
Taylor (TX) 238 A2
Taylor (WI) 132 C3
Taylor Creek (FL) 249 B4
Taylor Springs (IL) 173 C4
Taylors (SC) 215 B4
Taylors Falls (WI) 132 B2
Taylorsville (IN) 174 C2
Taylorsville (CA) 161 B5
Taylorsville (GA) 214 B1-2
Taylorsville (KY) 194 A3
Taylorsville (MS) 230 C2
Taylorsville (NC) 196 D2
Taylorsville (UT) 164 B2-3
Taylorville (IL) 173 C4
Tazewell (GA) 232 B2
Tazewell (TN) 195 C5
Tazewell (VA) 196 B2
Tazlina Lodge (AK) 97 A4
Tchula (MS) 211 C5
Tea (SD) 150 A2
Teachey (NC) 216 B3

Teague (NM) 224 B2
Teague (TX) 227 C4
Teasdale (UT) 184 A3
Teaticket (MA) 159 C6
Teays Valley (WV) 196 A1-2
Tecolotito (NM) 205 A5
Tecopa (CA) 182 D3
Tecumseh (KS) 170 C3
Tecumseh (MI) 154 B4
Tecumseh (MO) 192 C1
Tecumseh (NE) 170 B2
Tecumseh (OK) 209 A3-4
Tee Harbor (AK) 105 A4
Teec Nos Pos (AZ) 185 C5
Teepee (AK) 104 D3
Tega Cay (SC) 215 A5
Tegarden (OK) 189 C6
Tehachapi (CA) 200 A2
Tehama (CA) 160 B3-4
Tehuacana (TX) 227 C4
Teigen (MT) 111 B6
Tekamah (NE) 150 C2
Tekoa (WA) 108 B3
Tekonsha (MI) 154 B3
Telegraph (TX) 237 A3-4
Telephone (TX) 209 C4-5
Telferner (TX) 238 C3
Telida (AK) 92 D2
Tell City (IN) 194 B2
Teller (AK) 90 B2
Tellico Plains (TN) 214 A2
Telluride (CO) 186 B2
Telma (WA) 107 B6
Telocaset (OR) 123 B6
Telogia (FL) 244 A1
Temecula (CA) 200/201 C3
Tempe (AZ) 203 C4
Temperanceville (VA) 198 B3
Tempiute (NV) 183 B4
Temple (GA) 214 C1-2
Temple (LA) 228 C4
Temple (OK) 208 B2
Temple (PA) 178 B2
Temple (TX) 227 C3
Temple Bar Marina (AZ) 183 C5
Temple Hill (KY) 194 C3
Temple Terrace (FL) 248 A2
Templeton (CA) 199 A2
Templeton (IA) 150 C4
Temvik (ND) 129 A5
Ten Mile (TN) 214 A2
Ten Sleep (WY) 127 CD4
Tenaha (TX) 228 C2
Tenakee Springs (AK) 105 B4
Tendal (LA) 229 B5
Tenino (WA) 106 C4
Tenmile (OR) 140 A2
Tenmile Post (AK) 87 D5
Tennant (AL) 213 C5
Tennessee (IL) 172 B3
Tennessee City (TN) 194 C1
Tennessee Colony (TX) 227 C5
Tennessee Ridge (TN) 193 C6
Tenney (MN) 130 A4
Tennille (FL) 244 B2
Tennille (GA) 233 B4
Tennyson (TX) 225 C5
Tennyson (WI) 152 B2
Tensaw (AL) 231 C4
Tensed (ID) 108 B4
Tenstrike (MN) 116 B2
Tequesta (FL) 249 C4
Tererro (NM) 205 A5
Terlingua (TX) 235 B2
Terlton (OK) 190 C2
Terminous (CA) 180 A3
Termo (CA) 161 B5
Terra Bella (CA) 181 D5-6
Terral (OK) 208 C3
Terre Haute (IN) 173 C6
Terrebonne (MN) 115 B6
Terrebonne (OR) 122 C2
Terrell (NC) 215 A5-6
Terrell (TX) 227 B4
Terreton (ID) 125 D5
Terry (LA) 229 B5
Terry (MS) 230 B1
Terry (MT) 112 C3
Terrytown (NE) 147 C5
Terryville (CT) 158 C3-4
Tesco (TX) 225 B5
Tescott (KS) 169 D7
Tesuque (NM) 205 A4-5
Tesuque Pueblo (NM) 205 A4-5
Tetlin (AK) 93 D7
Tetlin Junction (AK) 93 D7
Teton (ID) 125 D6
Teton Village (WY) 144 A4
Tetonia (ID) 144 A3
Teutopolis (IL) 173 C5
Tewksbury (MA) 159 B5
Texarkana (AR) 210 C1-2
Texas City (TX) 239 B5
Texas Creek (CO) 187 A4
Texasville (AL) 232 C1
Texhoma (OK) 188 C3
Texico (NM) 206 B2
Texline (TX) 187 C6
Texola (OK) 208 A1
Texon (TX) 225 C4
Thach (AL) 213 B4
Thackerville (OK) 209 C3-4
Thalia (TX) 208 C1
Thalmann (GA) 233 C5
Thama (ID) 108 A4
Thatcher (AZ) 221 B6
Thatcher (CO) 187 B5
Thatcher (ID) 144 B3
Thawville (IL) 173 B5
Thaxton (MS) 212 B1
Thayer (IA) 171 AB4-5
Thayer (IL) 172 C4
Thayer (KS) 190 B3
Thayer (MO) 192 C2
Thayer (NE) 170 B1
Thayer Junction (WY) 145 C6
Thayne (WY) 144 B4
The Birches (ME) 56 C5
The Colony (TX) 227 A3-4
The Dalles (OR) 122 B2
The Foothills (AZ) 220 B1
The Gap (AZ) 184 C3
The Glen (NY) 137 C4
The Grove (TX) 227 C3
The Hills (TX) 238 A1-2
The Landing (AK) 94 B3
The Pinery (CO) 171 C5
The Plains (OH) 175 C5
The Rock (GA) 232 B2
The Village (OK) 208 A3
The Villages (FL) 248 A2-3
Theba (AZ) 220 B3
Thebes (IL) 193 B4
Thedford (NE) 148 BC3
Theilman (MN) 132 C2
Thelma (TX) 238 B1
Theodore (AL) 242 A2
Theodosia (MO) 192 C1
Theresa (NY) 136 B2
Theresa (WI) 153 A4
Theressa (FL) 245 B3-4
Theriot (LA) 241 B4
Thermal (CA) 201 C4
Thermopolis (WY) 145 A6
Thibodaux (LA) 241 B4
Thief River Falls (MN) 115 A6
Thistle (UT) 164 C3
Thomas (OK) 208 A2
Thomas (WV) 176 C3
Thomasboro (IL) 173 B5
Thomaston (AL) 231 B4
Thomaston (CT) 158 C3
Thomaston (GA) 232 B2
Thomaston (ME) 138/139 B3
Thomaston (MI) 117 C6-7
Thomastown (MS) 230 B2
Thomasville (AL) 231 C4
Thomasville (GA) 244 A2
Thomasville (NC) 196/197 D3-4
Thompson (IA) 151 A5
Thompson (ND) 115 B5
Thompson (PA) 157 C6
Thompson Falls (MT) 109 B5
Thompson Springs (UT) 165 CD5
Thompsontown (PA) 177 B5
Thompson's Station (TN) 213 A3-4
Thompsons (TX) 239 B4
Thompsonville (CT) 158 C4
Thompsonville (IL) 193 B5
Thompsonville (MI) 134 C2-3
Thompsonville (PA) 176 B2-3
Thomson (GA) 215 C4
Thomson (IL) 152 C2-3
Thomson (MN) 116/117 C4
Thonotosassa (FL) 248 A2
Thoreau (NM) 204 A2
Thornburg (IA) 151 C6
Thorndale (TX) 238 A2
Thorne (NV) 162 D2
Thorne Bay (AK) 105 D5
Thornton (AR) 210/211 C3
Thornton (CA) 180 A3
Thornton (CO) 171 C5
Thornton (IA) 151 B5
Thornton (ID) 144 A3
Thornton (MS) 230 A1
Thornton (TX) 227 C4
Thornton (WA) 108 B3
Thornton (WI) 133 C6
Thornton (WV) 176 C3
Thorntonville (TX) 224 C2-3
Thorp (WA) 107 B6
Thorp (WI) 132 C4
Thorsby (AL) 231 B5
Thousand Oaks (CA) 200 B2
Thousand Palms (CA) 201 C4
Thousandsticks (KY) 195 B5
Thrall (TX) 238 A2
Three Creek (ID) 143 B4
Three Forks (AK) 103 A5
Three Forks (MT) 125 B6
Three Lakes (WI) 133 B5
Three Oaks (MI) 153 C6
Three Points (AZ) 221 B4
Three Rivers (CA) 181 C6
Three Rivers (MI) 154 C2
Three Rivers (NM) 205 C4-5
Three Rivers (OR) 141 A4
Three Rivers (TX) 247 A3
Three Way (TN) 212 A2
Throckmorton (TX) 208 C1
Throop (PA) 157 C6
Thunder Butte (SD) 129 B4
Thunder Hawk (SD) 129 B4
Thunderbolt (GA) 233 B5
Thurman (IA) 170 B3
Thurman (OH) 175 D5
Thurmont (MD) 177 C5
Thurston (NE) 150 B2
Thurston (OH) 175 C5
Tibbie (AL) 230 C3
Ticaboo (UT) 184/185 B4
Tice (FL) 250 A3
Tickfaw (LA) 241 A4
Ticonderoga (NY) 137 C4
Tidewater (OR) 121 C2
Tidioute (PA) 156 C2
Tie Plant (MS) 212 C1
Tie Siding (WY) 171 A4
Tiekel (AK) 97 B5
Tierra Amarilla (NM) 186 C3
Tieton (WA) 107 C6
Tiff City (OK) 191 C4
Tiffany (CO) 186 B2
Tiffin (IA) 151 C7
Tiffin (MO) 191 B5
Tiffin (OH) 175 A4
Tiffin (TX) 226 B2
Tifton (GA) 232 C3
Tigard (OR) 121 B3
Tiger (GA) 214 B3
Tiger (WA) 108 A3
Tigerton (WI) 133 C5-6
Tightwad (MO) 191 A5
Tignall (GA) 214 C4
Tijeras (NM) 205 A4
Tikchik Lodge (AK) 95 D5
Tilden (IL) 193 A4
Tilden (MS) 212 B2
Tilden (NE) 149 B6
Tilden (TX) 246 A3
Tilden (WI) 132 B3
Tilford (SD) 128 C2
Tillamook (OR) 121 B2
Tillar (AR) 211 C4
Tillatoba (MS) 212 BC1
Tilleda (WI) 133 C6
Tiller (OR) 140 B3
Tillman (SC) 233 B5
Tillmans Corner (AL) 242 A2
Tillson (NY) 158 C2
Tilton (AR) 211 A5
Tilton (IL) 173 B6
Timber (OR) 121 B2
Timber Lake (SD) 129 B4-5
Timbercreek Canyon (TX) 207 AB4
Timberlake (NC) 197 C5
Timberlake (VA) 197 B4
Timberlane (IL) 152/153 B4
Timberville (VA) 177 D4
Timberwood Park (TX) 238 B1
Timbo (AR) 192 D1
Timken (KS) 189 A5
Timmonsville (SC) 216 B2
Timnath (CO) 171 B4
Timpas (CO) 187 B6
Timpie (UT) 164 B2
Timpson (TX) 228 C2
Tin City (AK) 90 B2
Tina (MO) 171 C5
Tinaja (TX) 235 A2
Tincup (CO) 170 D3
Tindall (MO) 171 B5
Tinley Park (IL) 153 C4-5
Tintah (MN) 131 AB4
Tinton Falls (NJ) 178 B3
Tioga (LA) 229 C4
Tioga (ND) 113 A5-6
Tioga (PA) 157 C4
Tioga (TX) 209 C4
Tionesta (CA) 141 C4
Tionesta (PA) 156 C2
Tipler (WI) 133 B6
Tiplersville (MS) 212 B2
Tipp City (OH) 175 C3
Tippett (NV) 163 C6
Tipton (CA) 181 C5
Tipton (IA) 152 C1
Tipton (IN) 174 B1-2
Tipton (KS) 169 C6
Tipton (MO) 171 D6
Tipton (OK) 208 B1
Tipton (PA) 177 B4
Tiptonville (TN) 193 C4
Tira (TX) 209 C5
Tisch Mills (WI) 134 C1
Tishomingo (MS) 212 B2
Tishomingo (OK) 209 B4
Tiskilwa (IL) 152 C3
Titley (TX) 235 A2
Titonka (IA) 151 A4
Titusville (FL) 249 A4
Titusville (PA) 156 C2
Tiverton (RI) 159 C5
Tivoli (NY) 158 B3
Tivoli (TX) 247 A5
Toadlena (NM) 185 C5-6
Toano (VA) 198 B2
Toast (NC) 196 C3
Tobaccoville (NC) 196 C3
Tobias (NE) 170 B1
Tobona (AK) 96 B2
Tobyhanna (PA) 157 C6
Tobys Cabin (AK) 91 B7
Toccoa (GA) 214 B3
Toccopola (MS) 212 B1
Tocito (NM) 185 C6
Toco (TX) 209 C5
Tocsin (IN) 174 B2
Todd (AK) 105 B4
Todd Mission (TX) 239 A4
Toddville (IA) 151 B7
Toddville (SC) 216 C2
Tofte (MN) 117 B6
Tofty (AK) 92 B3
Toga (VA) 197 B5
Togiak (AK) 94/95 D4
Togo (MN) 116 B3
Togo (TX) 238 B2
Tohatchi (NM) 185 D6
Tok (AK) 93 D7
Tokeland (WA) 106 C2
Tokio (AR) 210 C2
Tokio (ND) 114 B4
Tokio (TX) 206 C3
Toklat (AK) 92 C3
Toklat (AK) 92 D3-4
Toklik (AK) 94 B4
Toksook Bay (AK) 94 C2
Tolar (NM) 206 B2
Tolar (TX) 226 B3
Tolbert (TX) 208 B1
Toledo (IA) 151 BC6
Toledo (IL) 173 C5
Toledo (OH) 154 C4
Toledo (OR) 121 C2
Toledo (WA) 121 A3
Tollette (AR) 210 C2
Tolley (ND) 113 A7
Tolley (ND) 113 A7
Tollhouse (CA) 181 B5
Tolna (ND) 114 B4
Tolono (IL) 173 C5
Tolovana (AK) 92 C3-4
Tolstoi (AK) 91 D7
Tolstoy (SD) 129 B6
Toltec (AZ) 221 B4
Toluca (IL) 173 AB4
Tom (OK) 210 C1
Tom Bean (TX) 209 C4
Tomah (WI) 132/133 D4
Tomahawk (WI) 133 B5
Tomball (TX) 239 A4
Tombstone (AZ) 221 C5-6
Tome (NM) 205 B4
Tomnolen (MS) 212 C1
Tompkinsville (KY) 194 C3
Toms Brook (VA) 177 D4
Toms Place (CA) 181 B6
Tonasket (WA) 107 A7
Tonganoxie (KS) 170/171 C3-4
Tonica (IL) 152 C3-4
Tonka (AK) 105 C5
Tonkawa (OK) 190 C1
Tonok (AK) 90 C4
Tonopah (AZ) 202 C2-3
Tonopah (NV) 182 A2
Tonsina (AK) 97 B5
Tontitown (AR) 191 C4
Tonto Basin (AZ) 203 C4
Tony (WI) 132 B4
Tooele (UT) 164 B2
Tool (TX) 227 B4
Toomsuba (MS) 230 B3
Toomsboro (GA) 233 B3-4
Toone (TN) 212 A1-2
Toonerville (CO) 187 B6
Topawa (AZ) 221 C4
Topaz (CA) 161 D6
Topeka (KS) 170 C3
Topeka Junction (GA) 232 B2
Topinabee (MI) 135 B4
Topkok (AK) 90 C3-4
Topock (AZ) 202 B1
Toponas (CO) 170 B3
Toppenish (WA) 122 A3
Topsail Beach (NC) 217 B4
Topsfield (MA) 159 B6
Topsfield (ME) 139 A5
Topsham (ME) 138 C3
Topton (NC) 214 A3
Toquerville (UT) 184 B1
Tornado (WV) 196 A2
Tornillo (TX) 223 C4
Toro (LA) 228 C3
Toronto (IA) 152 C2
Toronto (KS) 190 B3
Toronto (SD) 130 C4
Torrance (CA) 200 C2
Torrance (NM) 205 B5
Torreon (NM) 205 A3
Torrey (UT) 184 A3
Torrington (WY) 147 B4
Torrington (CT) 158 C3
Tortilla Flat (AZ) 203 C4
Tortolita (AZ) 221 B4
Toston (MT) 125 A6
Totz (KY) 195 C5
Touchet (WA) 123 A5
Tougaloo (MS) 230 B1
Touhy (NE) 170 A2
Toulon (IL) 172 A4
Toulon (NV) 162 B2
Tovey (IL) 173 C4
Towanda (IL) 173 B5
Towanda (KS) 190 B2
Towanda (PA) 157 C5
Towaoc (CO) 185 B6
Tower (MI) 135 B4
Tower (MN) 117 B4
Tower City (ND) 115 C5
Tower Hill (IL) 173 C4-5
Town Creek (AL) 213 B3
Towner (CO) 188 A2
Towner (ND) 114 A2
Townsend (DE) 178 C2
Townsend (GA) 233 C5
Townsend (MA) 159 B5
Townsend (MT) 125 A6
Townsend (TN) 214 A3
Townsend (WI) 133 B6
Townville (SC) 214 B3-4
Toxey (AL) 230 C3
Toy (NV) 162 B2
Toyah (TX) 224 C2
Toyahvale (TX) 235 A2
Tracy (CA) 180 B3
Tracy (IA) 151 C6
Tracy (MN) 131 C5
Tracy (MO) 171 C4
Tracy City (TN) 213 A5
Tracys Landing (MD) 177 D6
Trade Lake (WI) 132 B2
Traer (IA) 151 B6
Traer (KS) 168 C4
Traer (KS) 169 C4
Trafalgar (IN) 174 C1
Trail (MN) 115 B7
Trail (OK) 189 D5
Trail City (SD) 129 B5-6
Trail City (SD) 129 B5
Trail Creek (IN) 153 C6
Trammel (VA) 196 B1
Tramway (NC) 216 A2
Tramway Bar (AK) 88 C3
Tranquillity (CA) 181 C4
Transylvania (LA) 229 B5
Trappe (MD) 178 D1
Trapper Kreek (AK) 96 A2
Traskwood (AR) 210 B3
Travelers Rest (SC) 215 B4
Traver (CA) 181 C5
Traverse City (MI) 134 C3
Trawick (TX) 228 C2
Treadwell (AK) 105 A4
Trebloc (MS) 212 C2
Treece (KS) 191 B4
Trego (MT) 109 A6
Trego (NV) 162 B1
Trego (WI) 132 B3
Trementina (NM) 206 A1
Tremont (IL) 173 B4
Tremont (MS) 212 B2
Tremonton (UT) 144 C2
Trenary (MI) 134 A2
Trent (KY) 195 B5
Trent (SD) 130 D4
Trent (TX) 225 B5
Trent Woods (NC) 217 A4
Trenton (AL) 213 B4
Trenton (FL) 244 B3
Trenton (GA) 213 B5
Trenton (IL) 172/173 D4
Trenton (KY) 194 C1
Trenton (ME) 139 B4
Trenton (MI) 155 B4
Trenton (MO) 171 B5
Trenton (NC) 217 A4
Trenton (ND) 113 A5
Trenton (NE) 168 B3-4
Trenton (NJ) 178 B3
Trenton (SC) 215 C5
Trenton (TN) 193 CD5
Trenton (TX) 209 C4
Trenton (UT) 144 C3
Tres Piedras (NM) 186 C4
Tres Pinos (CA) 180 C3
Trevose (PA) 178 B2-3
Treynor (IA) 150 C3
Trezevant (TN) 193 C5
Tri-Lakes (IN) 154 C2
Triadelphia (WV) 176 B2
Triana (AL) 213 B4
Triangle (NC) 215 A5-6
Triangle (VA) 177 D5
Tribbey (OK) 209 A3-4
Tribune (KS) 188 A3
Trident (MT) 125 B6
Trilby (FL) 248 A2
Trimbelle (WI) 132 C2
Trimble (CO) 186 B2
Trimble (IL) 173 C6
Trimble (MO) 171 C4
Trimble (TN) 193 C4
Trimmer (CA) 181 C5
Trimont (MN) 150 A4
Trinchera (CO) 187 B5
Trinidad (CA) 160 A1
Trinidad (CO) 187 B5
Trinidad (TX) 227 B4-5
Trinity (AL) 213 B3
Trinity (NC) 196/197 D4
Trinity (TX) 239 A4
Trinity Center (CA) 160 A3
Trion (GA) 213 B5
Triplett (MO) 171 C5
Tripoli (IA) 151 B6
Tripoli (WI) 133 B5
Tripp (SD) 149 A6
Triumph (ID) 143 A5
Triumph (IL) 152 C3-4
Triumph (LA) 241 B5
Trogshak (AK) 90 E3
Trona (CA) 200 A3
Trooper (PA) 178 B2
Tropic (UT) 184 B2-3
Trosky (MN) 131 D4
Trotters (ND) 113 B5
Trotwood (OH) 174 C3
Troup (TX) 228 B1
Trousdale (KS) 189 B5
Trout Creek (MI) 118 C1
Trout Creek (MT) 109 B5
Trout Creek (UT) 163 C6-7
Trout Dale (VA) 196 C2
Trout Lake (MI) 134 A3-4
Trout Lake (WA) 122 AB2
Trout Run (PA) 157 C4-5
Troutman (NC) 215 A5-6
Troutville (PA) 177 AB4
Troutville (VA) 197 B4
Trowbridge Park (MI) 118 C3
Troy (AL) 231 C6
Troy (ID) 108 C4
Troy (IN) 194 AB2
Troy (KS) 170/171 C3
Troy (MI) 155 B4
Troy (MO) 172 CD2-3
Troy (MS) 212 B2
Troy (MT) 109 A5
Troy (NC) 216 A2
Troy (NY) 158 B3
Troy (OH) 175 B3
Troy (OR) 123 B6
Troy (PA) 157 C5
Troy (SD) 130 B4
Troy (TN) 193 C4
Troy (TX) 227 C3
Troy Grove (IL) 152 C3
Truchas (NM) 186 C4
Truckee (CA) 161 C5
Truesdale (IA) 150 B3
Trujillo (NM) 206 A1
Truman (MN) 131 D6
Trumann (AR) 211 A5
Trumansburg (NY) 157 B5
Trumbauersville (PA) 178 B2
Trumbull (CT) 158 C3
Trumbull (NE) 169 B6
Trumbull (TX) 227 B4
Truscott (TX) 208 C1
Trussville (AL) 213 C4
Truth or Consequences (NM) 222 A3
Truxton (AZ) 202 A2
Tryon (NC) 215 A4
Tryon (NE) 148 C3
Tryon (OK) 190 D2
Tsaile (AZ) 185 C5
Tshayagagamut (AK) 95 D5
Tsukon (AK) 89 D6
Tuba City (AZ) 184 C3
Tubac (AZ) 221 C4
Tuchiak (AK) 90 E3
Tucker (AR) 211 B4
Tucker (GA) 214 C2
Tucker (MS) 230 B2-3
Tucker (OK) 210 A1
Tucker (TX) 227 C5
Tuckerman (AR) 211 A4
Tuckers (AK) 94 B4
Tuckers Crossing (MS) 230 C2-3
Tuckerton (NJ) 178 C3

Vinita (OK) 191 C3
Vinland (KS) 170 D3
Vinson (OK) 208 B1
Vinton (CA) 161 C5
Vinton (IA) 151 B6-7
Vinton (LA) 240 A1
Vinton (NM) 223 C4
Vinton (VA) 197 B4
Viola (AR) 192 C2
Viola (CA) 161 B4
Viola (DE) 178 C2
Viola (IL) 152 C2
Viola (KS) 190 B1
Viola (MN) 132 C2
Viola (TN) 213 A5
Viola (TX) 247 B4
Viola (WI) 152 A2
Violet (TX) 247 B4
Violet Hill (AR) 192 C2
Virden (IL) 172 C4
Virden (NM) 222 B2
Virgelle (MT) 110/111 A4
Virgil (IL) 153 C4
Virgil (KS) 190 B2
Virgil (SD) 130 C2
Virgilina (NC) 197 C5
Virgin (UT) 184 B1
Virginia (ID) 144 B2
Virginia (IL) 172 C3
Virginia (MN) 116 B4
Virginia (NE) 170 B2
Virginia Beach (VA) 198 C3
Virginia City (MT) 125 B6
Virginia City (NV) 161 C6
Viroqua (WI) 152 A2
Visalia (CA) 181 C5
Vista (CA) 218 A2
Vista (MO) 191 B5
Vista (NY) 158 C3
Vivian (LA) 228 B2-3
Vivian (SD) 129 D5
Voca (TX) 226 C1
Volant (PA) 176 A2
Volborg (MT) 127 B6
Volcano (HI) 253 D6
Volens (VA) 197 C5
Volga (IA) 152 B1
Volga (SD) 130 C3-4
Volin (SD) 149 B6
Volland (KS) 170 D2
Vollmar (CO) 171 B5
Volo (IL) 153 B4
Volta (CA) 181 B4
Voltaire (ND) 114 A2
Vona (CO) 168 C2
Vonore (TN) 214 A2
Voorheesville (NY) 158 B2-3
Voorhies (IA) 151 B6
Vortex (KY) 195 B5
Voss (ND) 115 A5
Vossburg (MS) 230 C3
Votaw (TX) 239 A5
Vulcan (MI) 134 B1
Vya (NV) 141 C6

W

Wabash (AR) 211 B5
Wabash (IN) 174 B2
Wabash (OH) 174 B3
Wabasha (MN) 132 C2-3
Wabasso (FL) 249 B4
Wabasso (MN) 131 C5
Wabaunsee (KS) 170 C2
Wabbaseka (AR) 211 B4
Wabeno (WI) 133 B6
Wabuska (NV) 161 C6
Wacissa (FL) 244 A2
Waco (GA) 213 C5
Waco (MO) 191 B4
Waco (NC) 215 A5
Waco (NE) 170 B1
Waco (TX) 227 C3
Waconia (MN) 131 C7
Wacouta (MN) 132 C2
Waddington (NY) 136 B2
Wade (MS) 242 A2
Wade (NC) 216 A3
Wadena (IA) 152 B1
Wadena (MN) 131 A5-6
Wadesboro (NC) 216 B1
Wadesville (IN) 193 A6
Wadley (AL) 232 A1
Wadley (GA) 233 B4
Wadsworth (NV) 161 C6
Wadsworth (OH) 175 AB6
Wadsworth (TX) 239 C4
Waelder (TX) 238 B2
Wagarville (AL) 231 C3-4
Wagener (SC) 215 C5
Waggoner (IL) 173 C4
Wagner (MT) 111 A6-7
Wagner (SD) 149 A5
Wagon Mound (NM) 187 D5
Wagon Wheel Gap (CO) 186 B3
Wagoner (AZ) 202 B3
Wagoner (OK) 191 D3
Wagontire (OR) 141 A5-6
Wagram (NC) 216 B2
Wagstaff (KS) 171 D4
Wahiawa (HI) 252 B3-4
Wahkon (MN) 132 A1
Wahneta (FL) 248 B3
Wahoo (NE) 150 C2
Wahpeton (IA) 150 A3
Wahpeton (ND) 130 A4
Waiakoa (Kula) (HI) 253 C5
Waianae (HI) 252 B3
Waikii (HI) 253 D6
Wailea (HI) 253 C5
Wailua (HI) 253 C5
Wailuku (HI) 253 C5
Waimea (HI) 252 B2
Waimea (HI) 252 B3
Waimea/Kamuela (HI) 253 C6
Wainwright (AK) 84 B1
Wainwright (OK) 209 A5
Waite (ME) 139 A5
Waite Park (MN) 131 B6
Waitsburg (WA) 123 A5
Waka (TX) 188 C3-4
Wakarusa (IN) 157 C2
Wakarusa (KS) 170 D3
Wake Forest (NC) 197 CD5
Wake Village (TX) 210 C1
WaKeeney (KS) 169 C5
Wakefield (KS) 170 C1
Wakefield (LA) 241 A3
Wakefield (MI) 117 C7
Wakefield (NE) 150 B2
Wakefield (OH) 175 D4-5
Wakefield (RI) 159 C5
Wakefield (VA) 198 C2
Wakeman (OH) 155 C5
Wakenda (MO) 171 C5
Wakita (OK) 190 C1
Waklarok (AK) 94 A2
Wakonda (SD) 149 A6
Wakpala (SD) 129 B5
Wakulla (FL) 244 A1
Wakulla Beach (FL) 244 A1
Walapai (AZ) 202 A2
Walcott (IA) 152 C2
Walcott (ND) 115 C5-6
Walcott (WY) 146 C2
Walden (CO) 170 B3
Walden (TN) 213 A5
Waldenburg (AR) 211 A5
Waldo (AL) 213 C4-5
Waldo (AR) 210 C2
Waldo (FL) 245 B3
Waldo (KS) 169 C6
Waldo (ME) 139 B3
Waldo (OH) 175 B4-5
Waldo (WI) 153 A4-5
Waldoboro (ME) 138 B3
Waldorf (MD) 177 D6
Waldorf (MN) 131 D7
Waldport (OR) 121 C1
Waldron (AR) 210 B1-2
Waldron (IN) 174 C2
Waldron (KS) 189 B6
Waldron (MO) 171 C4
Waldron (WA) 106 A3
Wales (AK) 90 B1
Wales (MN) 117 B5
Wales (UT) 164 C3
Waleska (GA) 214 B2
Walford (IA) 151 C7
Walhalla (MI) 134 D2
Walhalla (ND) 115 A5
Walhalla (SC) 214 B3
Walker (AZ) 202/203 B3
Walker (CA) 181 A5
Walker (IA) 151 B7
Walker (LA) 241 A4
Walker (MI) 154 AB2
Walker (MN) 116 B2
Walker (MO) 191 B4
Walker (SD) 129 B4
Walkerville (MT) 125 A5
Walkersville (MD) 177 C5
Walkersville (WV) 176 D2
Walkerton (IN) 153 C6
Walkertown (NC) 196 C3
Wall (SD) 128 C3
Wall (TX) 225 C5
Wall Lake (IA) 150 B3
Walla Walla (AK) 90 C4-5
Walla Walla (WA) 123 A5
Wallace (ID) 109 B5
Wallace (KS) 168 D3
Wallace (NC) 216 B3-4
Wallace (NE) 168 B3
Wallace (SD) 130 B3
Wallace (VA) 196 C1
Wallace (WV) 176 C2
Walland (TN) 214 A3
Waller (TX) 239 A4
Wallerville (MS) 212 B2
Wallingford (IA) 150 A4
Wallingford (VT) 137 C4-5
Wallins Creek (KY) 195 C5
Wallis (TX) 239 B3
Wallkill (NY) 158 C2
Wallowa (OR) 123 B6
Walls (MS) 211 B5
Wallsboro (AL) 231 B5
Wallsburg (UT) 164 B3
Wallula (WA) 123 A5
Walnut (IA) 150 C3
Walnut (IL) 152 C3
Walnut (KS) 191 B3-4
Walnut (MS) 212 B2
Walnut (NC) 195 D6
Walnut Bottom (PA) 177 B5
Walnut Cove (NC) 196 C3
Walnut Creek (CA) 180 B2-3
Walnut Creek (NC) 216 A4
Walnut Grove (AL) 213 B4
Walnut Grove (CA) 180 A3
Walnut Grove (GA) 214 C3
Walnut Grove (MN) 131 C5
Walnut Grove (MO) 191 B5
Walnut Grove (MS) 230 B2
Walnut Grove (TN) 194 C2
Walnut Hill (TN) 196 C1
Walnut Ridge (AR) 192 C3
Walnut Shade (MO) 191 C5
Walnut Springs (TX) 226 B3
Walpole (MA) 159 B5
Walpole (NH) 137 C5
Walsenburg (CO) 187 B5
Walsh (CO) 188 B2
Walterboro (SC) 234 B2
Walterhill (TN) 194 D2
Walters (LA) 229 C5
Walters (OK) 208 B2
Walters (VA) 198 C2
Walterville (OR) 121 C3
Walthall (MS) 212 C1
Waltham (MA) 159 B5
Waltham (ME) 139 B4
Waltham (MN) 132 D2
Walthill (NE) 150 B2
Walthourville (GA) 233 C5
Waltman (WY) 146 A1
Walton (FL) 249 B4
Walton (IN) 174 B1
Walton (KS) 190 A1
Walton (KY) 174 D3
Walton (NY) 157 B6
Walton (WV) 176 D1
Waltonville (IL) 193 A4-5
Waltreak (AR) 210 AB2
Walum (ND) 115 B4
Walworth (WI) 153 B4
Wamac (IL) 193 A4
Wamego (KS) 170 C2
Wamic (OR) 122 B2
Wamsutter (WY) 146 C1
Wanakah (NY) 69 C9
Wanamingo (MN) 132 C2
Wanaque (NJ) 178 A3
Wanatah (IN) 153 C6
Wanblee (SD) 148 A2
Wanchese (NC) 198 D3
Wando (SC) 234 B3
Wanette (OK) 209 B3
Wanilla (MS) 230 C1
Wann (NE) 170 A2
Wann (OK) 190 C3
Wannaska (MN) 115 A7
Wanship (UT) 164 B3
Wapakoneta (OH) 174/175 B3
Wapanucka (OK) 209 B4
Wapato (WA) 122 A3
Wapella (IL) 173 B4-5
Wapello (IA) 152 C1
Wapinitia (OR) 122 B2
Wapiti (WY) 126 C2
Wappingers Falls (NY) 158 C3
War (WV) 196 B2
War Eagle (AR) 191 C4-5
Warba (MN) 116 B3
Warbler (NC) 217 A5
Ward (AR) 211 A4
Ward (CO) 171 B4
Ward (SC) 215 C5
Ward Cove (AK) 105 D5-6
Ward Ridge (FL) 243 B5
Ward Springs (MN) 131 B6
Warda (TX) 238 A3
Warden (LA) 229 B5
Warden (WA) 108 BC1
Wardensville (WV) 177 C4
Wardner (ID) 109 B4
Wardsville (MO) 192 A1
Wardville (OK) 209 B4-5
Ware (IL) 193 B4
Ware (MA) 159 B4
Ware (TX) 188 C2
Ware Shoals (SC) 215 B4
Wareham (MA) 159 C6
Wareham Center (MA) 159 C6
Waresboro (GA) 233 C4
Waretown (NJ) 178 C3
Waring (TX) 237 B5
Warland (MT) 109 A5
Warm Beach (WA) 106 A4
Warm Mineral Springs (FL) 248 B2
Warm River (ID) 125 C6
Warm Springs (GA) 232 B2
Warm Springs (MT) 125 A4-5
Warm Springs (NV) 163 C5-6
Warm Springs (NV) 182 A3
Warm Springs (OR) 122 C2
Warm Springs (VA) 197 A4
Warman (MN) 132 A1
Warner (OK) 209 A5
Warner (SD) 130 B2
Warner Robins (GA) 232 B3
Warner Springs (CA) 201 C4
Warnerton (LA) 241 A4
Warren (AR) 211 C3-4
Warren (ID) 124 B2
Warren (IN) 174 B2
Warren (MI) 155 B4-5
Warren (MN) 115 A6
Warren (MT) 126 B3
Warren (NH) 137 C5-6
Warren (OH) 155 C7
Warren (PA) 156 C2
Warren (TX) 239 A5
Warrendale (PA) 176 B2-3
Warrens (WI) 133 C4
Warrensburg (IL) 173 C4
Warrensburg (MO) 171 D5
Warrensburg (NY) 137 C4
Warrensville (NC) 157 C5
Warrenton (GA) 214 C4
Warrenton (MO) 172 D2
Warrenton (NC) 197 C5
Warrenton (OR) 121 A2
Warrenton (VA) 177 D5
Warrington (FL) 242 A3
Warrior (AL) 213 C4
Warroad (MN) 116 A1
Warsaw (IL) 172 B2
Warsaw (IN) 154 C2
Warsaw (MN) 132 C1
Warsaw (MO) 191 A5
Warsaw (NC) 216 A3-4
Warsaw (NY) 156 B3
Warsaw (OH) 175 B5-6
Warsaw (VA) 198 B2
Wartburg (TN) 195 C4
Warthen (GA) 233 A4
Wartrace (TN) 213 A4
Warwick (GA) 232 C2-3
Warwick (ND) 114 B4
Warwick (NY) 158 C2
Warwick (OK) 209 A3-4
Warwick (RI) 159 C5
Wasatch (UT) 144 C3
Wasco (CA) 200 A1
Wasco (OR) 122 B3
Wascott (WI) 132 A3
Waseca (MN) 131 C7
Washburn (AR) 210 A1
Washburn (IA) 151 B6
Washburn (IL) 173 B4
Washburn (ME) 120 B3-4
Washburn (MO) 191 C4-5
Washburn (ND) 114 B1-2
Washburn (TN) 195 C5
Washburn (TX) 207 A4
Washburn (WI) 117 C5-6
Washington (AR) 210 C2
Washington (CA) 161 C5
Washington (GA) 214 C4
Washington (IA) 151 C7
Washington (IL) 173 B4
Washington (KS) 170 C1-2
Washington (KY) 175 D4
Washington (LA) 240 A2
Washington (ME) 138/139 B3
Washington (MO) 172 D2
Washington (NC) 217 A4-5
Washington (NE) 150 C2
Washington (NJ) 178 B3
Washington (OK) 208/209 A3
Washington (PA) 176 B2
Washington (TX) 238/239 A3
Washington (UT) 183 B6
Washington (VA) 177 D4
Washington Court House (OH) 175 C4
Washington D.C. (DC) 177 D5-6
City Map 256
Washington Terrace (UT) 164 A3
Washingtonville (OH) 176 B2
Washoe (MT) 126 B2
Washoe City (NV) 161 C6
Washta (IA) 150 B3
Washtucna (WA) 108 C2
Wasilla (AK) 96 B3
Waskish (MN) 116 A2
Waskom (TX) 228 B2
Wasson (IL) 193 B5
Wasta (SD) 128 C3
Wastella (TX) 225 B5
Wataga (IL) 172 A3
Watauga (SD) 129 B4
Watauga (TN) 196 C1
Water Valley (KY) 193 C5
Water Valley (MS) 212 B1
Water Valley (TX) 225 C5
Watertown (SD) 130 C3
Watervliet (NY) 158 B3
Waterbury (CT) 158 C3
Waterbury (NE) 150 B2
Waterbury (VT) 137 B5
Wateree (SC) 215 C6
Waterfall (AK) 105 D5
Waterflow (NM) 185 C6
Waterford (CA) 181 B4
Waterford (MS) 212 B1
Waterford (NY) 158 B3
Waterford (PA) 156 C1-2
Waterford (WI) 153 B4
Waterloo (AR) 210 C2
Waterloo (IA) 151 B6
Waterloo (IL) 192/193 A3
Waterloo (IN) 154 C2-3
Waterloo (MT) 125 B5
Waterloo (NE) 150 C2
Waterloo (NY) 157 B5
Waterloo (OR) 121 C3
Waterloo (SC) 215 B4
Waterloo (WI) 152 A3-4
Waterman (IL) 152/153 C4
Watermill (NY) 179 B5
Waterproof (LA) 229 C5
Watersmeet (MI) 133 A5-6
Watertown (FL) 245 A3
Watertown (MN) 131 C6-7
Watertown (NY) 136 C2
Watertown (OH) 175 C6
Watertown (TN) 194 C2
Watertown (WI) 152/153 A4
Waterville (KS) 170 C2
Waterville (ME) 138 B3
Waterville (MN) 131 C7
Waterville (NY) 157 B6
Waterville (OH) 154 C4
Waterville (WA) 107 B6-7
Watervliet (MI) 153 B6
Watford City (ND) 113 B5
Wathena (KS) 170/171 C3-4
Watkins (CO) 171 C5
Watkins (MN) 131 B6
Watkins Glen (NY) 157 B4-5
Watkinsville (GA) 214 C3
Watonga (OK) 189 D6
Watova (OK) 190 C3
Watrous (NM) 187 D5
Watseka (IL) 173 B6
Watson (AR) 211 C4
Watson (IL) 173 C5
Watson (LA) 241 A4
Watson (MN) 131 B5
Watson (MO) 170 B3
Watson (TX) 238 A1
Watsonville (CA) 180 C3
Wattis (UT) 165 C3-4
Watts (OK) 191 C4
Wattsburg (PA) 156 B2
Wattsville (AL) 213 C4
Waubay (SD) 130 B3
Waubun (MN) 115 B6-7
Wauchula (FL) 248 B3
Waucoma (IA) 151 A6-7
Waucousta (WI) 153 A4
Waukau (WI) 133 D6
Waukegan (IL) 153 B5
Waukesha (WI) 153 AB4
Waukomis (OK) 189 C6-7
Waukon (IA) 152 A1
Waunakee (WI) 152 A3
Waunakea (KS) 190 B2
Wauneta (NE) 168 B3
Waupaca (WI) 133 C5-6
Waupun (WI) 152/153 A4
Wauregan (CT) 159 C4-5
Waurika (OK) 208 B2-3
Wausa (NE) 149 B6
Wausau (FL) 243 A5
Wausau (WI) 133 C5
Wausaukee (WI) 133 B6-7
Wauseon (OH) 154 C3
Wautoma (WI) 133 C5
Wauzeka (WI) 152 A2
Waveland (AR) 210 A2
Waveland (IN) 173 C6
Waveland (MS) 241 A5
Waverly (AL) 232 B1
Waverly (FL) 249 B3
Waverly (GA) 233 C5
Waverly (IA) 151 B6
Waverly (IL) 172 C3-4
Waverly (KS) 190 A3
Waverly (KY) 193 B6
Waverly (MI) 154 B3
Waverly (MN) 131 B6-7
Waverly (MO) 171 C5
Waverly (NE) 170 B2
Waverly (NY) 157 B5
Waverly (TN) 193 C6
Waverly (VA) 198 B1
Waverly (WA) 108 B3
Waverly City (OH) 175 C5
Waverly Hall (GA) 232 B2
Wawawai (WA) 108 C3
Wawina (MN) 116 B3-4
Wawona (CA) 181 B5
Waxahachie (TX) 227 B3-4
Waxhaw (NC) 215 B6
Way (MS) 230 B1-2
Wayan (ID) 144 AB3
Waycross (GA) 233 C4
Wayland (IA) 172 A2
Wayland (MI) 154 B2
Wayland (MO) 172 B2
Wayland (NY) 157 B4
Waymart (PA) 157 C6
Wayne (KS) 170 C1
Wayne (NE) 150 B2
Wayne (OK) 209 B3
Wayne City (IL) 193 A5
Waynesburg (PA) 176 C2
Waynesboro (GA) 233 A4-5
Waynesboro (MS) 230 C3
Waynesboro (PA) 177 C5
Waynesboro (TN) 212 A3
Waynesboro (VA) 197 A4-5
Waynesburg (OH) 176 B1
Waynesville (IL) 173 B4-5
Waynesville (MO) 192 B1
Waynesville (NC) 214 A4
Waynesville (OH) 175 C3
Waynetown (IN) 174 B1
Waynoka (OK) 189 C6
Wayside (KS) 190 B3
Wayside (MS) 211 C4-5
Weare (NH) 159 A5
Weatherford (OK) 208 A2
Weatherby (MO) 171 C4
Weatherford (TX) 226 B3
Weathers (AR) 191 D5
Weathers (OK) 209 B5
Weathersby (MS) 230 C2
Weatogue (CT) 158 C4
Weaubleau (MO) 191 B5
Weaver (AL) 213 C5
Weaver (MN) 132 C2-3
Weaverville (CA) 160 B2-3
Weaverville (NC) 215 A4
Webb (AL) 232 C1
Webb (MS) 211 C5
Webb (TX) 227 B3
Webb (WV) 196 B1
Webb City (AR) 210 A2
Webb City (MO) 191 B4
Webb City (OK) 190 C2
Webber (KS) 169 C6-7
Webbers Falls (OK) 209 A5
Webberville (MI) 154 B3
Webberville (TX) 238 A2
Weber (GA) 233 C3
Weber City (NM) 206 B2
Weber City (VA) 195 C6
Webster (FL) 248 A2
Webster (IA) 151 C6
Webster (MA) 159 B5
Webster (MD) 178 C1
Webster (MT) 128 A1
Webster (NC) 214 A3
Webster (ND) 114 A3-4
Webster (NY) 157 A4
Webster (SD) 130 B3
Webster (TX) 239 B4
Webster (WI) 132 B2
Webster City (IA) 151 B5
Weches (TX) 228 C1
Wecota (SD) 130 B1
Weddington (NC) 215 A6
Wedgefield (SC) 215 C6
Wedowee (AL) 213 C5
Wedron (IL) 152/153 C4
Weed (CA) 140 C3
Weed (NM) 223 B5
Weed Heights (NV) 161 D6
Weedonville (VA) 198 A1
Weedsport (NY) 157 A5
Weedville (PA) 156 C3
Weeki Wachee (FL) 248 A2
Weeping Water (NE) 170 B2
Weesatche (TX) 238 C2
Wegdahl (MN) 131 C5
Weigelstown (PA) 177 C5-6
Weimar (CA) 161 C5
Weimar (TX) 238 B3
Weiner (AR) 211 A5
Weinert (TX) 208 C1
Weingarten (MO) 192/193 B3
Weippe (ID) 124 A2
Weir (KS) 191 B4
Weir (MS) 212 C1
Weirsdale (FL) 248 A3
Weirton (WV) 176 B2
Weiser (ID) 123 C7

Weissert (NE) 149 C4
Welaka (FL) 245 B4
Welch (OK) 191 C3
Welch (TX) 225 B3
Welch (WV) 196 B2
Welcome (LA) 241 A4
Welcome (MN) 150 A4
Welcome (NC) 196 D3
Weld (ME) 138 B2
Welda (KS) 190/191 A3
Weldon (AR) 211 A4
Weldon (CA) 200 A2
Weldon (IA) 171 B5
Weldon (IL) 173 B5
Weldon (MT) 112 B3
Weldon (NC) 197 C6
Weldon (TX) 227 C5
Weldona (CO) 171 B6
Weleetka (OK) 209 A4
Wellborn (FL) 244 A3
Wellborn (TX) 238 A3
Wellesley (MA) 159 B5
Wellfleet (MA) 159 C6-7
Wellfleet (NE) 168 B4
Wellington (AL) 213 C5
Wellington (CO) 171 B4
Wellington (IL) 173 B6
Wellington (KS) 190 B1
Wellington (MO) 171 C5
Wellington (NV) 161 D6
Wellington (OH) 155 C5
Wellington (TX) 207 B5
Wellington (UT) 165 C4
Wellman (IA) 151 C7
Wellman (TX) 224/225 A3
Wellpinit (WA) 108 B2-3
Wells (AK) 104 D3
Wells (KS) 170 C1
Wells (MN) 151 A5
Wells (NV) 163 A5-6
Wells (NY) 136 C3
Wells (TX) 228 C2
Wells (TX) 225 A3-4
Wells River (NH) 137 B5-6
Wellsford (KS) 189 B5
Wellsville (UT) 144 C3
Wellsboro (IN) 153 C6
Wellsboro (PA) 157 C4
Wellsburg (IA) 151 B6
Wellsburg (ND) 114 B3
Wellsburg (NY) 157 B5
Wellsburg (OH) 176 B2
Wellston (MI) 134 C3
Wellston (OH) 175 C5
Wellston (OK) 209 A3
Wellsville (KS) 171 D3-4
Wellsville (MO) 172 C2
Wellsville (NY) 156/157 B4
Wellsville (OH) 176 B2
Wellton (AZ) 220 B1
Welsh (LA) 240 A2
Welshfield (OH) 155 C6
Welton (IA) 152 C2
Welty (OK) 209 A4
Wenasoga (MS) 212 AB2
Wenatchee (WA) 107 B6
Wendel (CA) 161 B5
Wendell (ID) 143 B5
Wendell (MN) 131 A4
Wendell (NC) 216 A3
Wenden (AZ) 202 C2
Wendover (UT) 163 B6-7
Wendte (SD) 129 C5
Wenona (GA) 232 C3
Wenona (IL) 173 A4-5
Wenona (MD) 198 A3
Wenonah (IL) 173 C4
Wentworth (MO) 191 C4
Wentworth (NC) 197 C4
Wentworth (NH) 137 C5-6
Wentworth (SD) 130 C4
Wentworth (WI) 117 C5
Weona (AR) 211 A5
Weott (CA) 160 B1-2
Weskan (KS) 168 D3
Weslaco (TX) 247 C4
Wesley (AR) 191 C5
Wesley (IA) 151 A4-5
Wesley (ME) 139 B5
Wesleyville (PA) 156 B1-2
Wesleyan (GA) 232 B3
Wessington (SD) 130 C2
Wessington Springs (SD) 130 C2
Wesson (AR) 229 A4
Wesson (MS) 230 C1
West (MS) 212 C1
West (TX) 227 C3
West Alexander (PA) 176 B2
West Allis (WI) 153 AB4-5
West Baden Springs (IN) 174 D1
West Bay (FL) 243 A5
West Bend (IA) 150 AB4
West Bend (WI) 153 A4
West Bishop (CA) 182 B1
West Blocton (AL) 231 A4
West Bloomfield (WI) 133 C5-6
West Bountiful (UT) 164 B2-3
West Branch (IA) 152 C1
West Branch (MI) 135 C4
West Brattleboro (VT) 158 B4
West Burke (VT) 138 B1
West Burlington (IA) 172 B2
West Carrollton City (OH) 174/175 C3
West Chatham (MA) 159 C6-7
West Chazy (NY) 137 B4
West Chester (IA) 151 C7
West Chester (PA) 178 C2
West City (IL) 193 A4-5
West Columbia (SC) 215 C5
West Columbia (TX) 239 B4
West Concord (MN) 132 C2
West Crossett (AR) 229 A4-5
West De Land (FL) 245 B4
West Decatur (PA) 177 B4
West Des Moines (IA) 151 C5
West Dover (VT) 158 B4
West End (NC) 216 A2
West End (NY) 157 B6
West End Anniston (AL) 213 C4-5
West Fargo (ND) 115 C5-6
West Farmington (OH) 155 C6-7
West Fork (AR) 191 D4
West Forks (ME) 120 C2
West Frankfort (IL) 193 B5
West Frostproof (FL) 248/249 B3
West Gilgo Beach (NY) 179 B4
West Glacier (MT) 109 A7
West Green (GA) 233 C4
West Hamlin (WV) 196 A1
West Hampton Dunes (NY) 179 B5
West Hattiesburg (MS) 230 C2
West Haven (CT) 158 C4
West Haven (UT) 144 C2
West Helena (AR) 211 B5
West Hickory (PA) 156 C2
West Hurley (NY) 158 B2
West Jefferson (AL) 213 C3
West Jefferson (NC) 196 C2
West Jersey (IL) 172 AB4
West Jordan (UT) 164 B2-3
West Juneau (AK) 105 A4
West Lafayette (IN) 173 B6
West Lake Hills (TX) 238 A2
West Lebanon (IN) 173 B6
West Liberty (IA) 152 C1
West Liberty (KY) 195 B5
West Liberty (OH) 175 B4
West Lincoln (NE) 170 B2
West Logan (WV) 196 B2
West Memphis (AR) 211 A5
West Middlesex (PA) 156 C1
West Middletown (PA) 176 B2
West Milford (WV) 176 C2
West Millgrove (OH) 154 C4
West Milton (OH) 175 C3
West Mineral (KS) 191 B3-4
West Monroe (LA) 229 B4
West Ocean City (MD) 198 A3
West Odessa (TX) 224 C3
West Okoboji (IA) 150 A3
West Orange (TX) 240 A1
West Palm Beach (FL) 251 A4-5
West Pawlet (VT) 137 C4
West Pelzer (SC) 215 B4
West Pensacola (FL) 242 A3
West Petersburg (AK) 105 C5
West Pike (PA) 157 C4
West Plains (MO) 192 C2
West Point (AL) 213 B3-4
West Point (CA) 181 A4
West Point (GA) 232 B1
West Point (IA) 172 B2
West Point (KY) 194 A3
West Point (MS) 212 C2
West Point (NE) 150 C2
West Point (OH) 176 B2
West Point (TX) 238 B2-3
West Point (TX) 207 C3-4
West Point (UT) 164 A2
West Point (VA) 198 B2
West Riverside (MT) 109 C7
West Rutland (VT) 137 C4
West Salem (IL) 173 D5
West Salem (OH) 175 AB5
West Salem (WI) 132 D3
West Sand Lake (NY) 158 B3
West Seboeis (ME) 120 C3
West Seneca (NY) 156 B3
West Siloam Springs (OK) 191 C4
West Smithfield (NC) 216 A3
West Sullivan (MO) 192 A2
West Swanzey (NH) 159 B4
West Terre Haute (IN) 173 C6
West Thumb (WY) 126 C1
West Topsham (VT) 137 B5
West Union (IA) 151 B7
West Union (IL) 173 C6
West Union (MN) 131 B5
West Union (OH) 175 D4
West Union (SC) 214 B3
West Union (WV) 176 C2
West Unity (OH) 154 C3
West Valley City (UT) 164 B2
West Warwick (RI) 159 C5
West Wendover (NV) 163 B6
West Winfield (NY) 157 B6
West Yarmouth (MA) 159 C6
West Yellowstone (MT) 125 C6-7
West York (IL) 173 C6
Westmorland (CA) 219 AB4
Westwood (IA) 172 B2
West-Covina (CA) 200 B3
West-Hollywood (CA) 200 B2
Westboro (OH) 175 C4
Westboro (WI) 133 B4
Westbrook (ME) 139 A6
Westbrook (MN) 131 C5
Westbrook (TX) 225 B4
Westbury (NY) 179 B4
Westby (MT) 113 A4-5
Westby (WI) 152 A2
Westcliffe (CO) 186/187 A4
Westcreek (CO) 171 C4
Westdale (LA) 228 B3
Westel (TN) 195 D4
Westend (CA) 200 A3
Westerly (RI) 159 C5
Western (NE) 170 B1
Western Grove (AR) 191 C6
Westerville (NE) 149 C4
Westerville (OH) 175 B5
Westfall (KS) 169 D6
Westfall (OR) 123 CD6
Westfield (IA) 150 B2
Westfield (IL) 173 C6
Westfield (IN) 174 B1
Westfield (ME) 120 B4
Westfield (ND) 129 A5
Westfield (NY) 156 B2
Westfield (PA) 157 C4
Westfield (TX) 239 A4
Westfield (WI) 133 D5
Westfir (OR) 140 A3
Westhampton Beach (NY) 179 B5
Westhoff (TX) 238 B2
Westhope (ND) 38 E1-2
Westlake (LA) 240 A1
Westlake Village (CA) 200 B1-2
Westland (MI) 154 B4
Westley (CA) 180 B3
Westline (PA) 156 C3
Westminster (CO) 171 C4-5
Westminster (MD) 177 C5-6
Westminster (NC) 215 A5
Westminster (SC) 214 B3
Westminster (TX) 209 C4
Westminster (VT) 137 C5
Westmoreland (KS) 170 C2
Westmoreland (TN) 194 C2
Weston (AL) 212 B2
Weston (CO) 187 B5
Weston (FL) 251 A4
Weston (GA) 232 C2
Weston (IA) 150 C3
Weston (ID) 144 B2-3
Weston (LA) 229 B4
Weston (MN) 132 B1-2
Weston (MO) 171 C4
Weston (NE) 150 C2
Weston (OH) 154 C4
Weston (OR) 123 B5
Weston (TX) 209 C4
Weston (WI) 133 C5
Weston (WV) 176 C2
Weston (WY) 127 C6
Weston Mills (NY) 156 B3
Westover (PA) 177 B4
Westover (SD) 148 A3
Westover (TN) 212 A1-2
Westover (TX) 208 C1
Westphalia (KS) 190/191 A3
Westphalia (MO) 192 A2
Westpoint (IN) 173 B6
Westport (CA) 160 C2
Westport (CT) 158 C3
Westport (MN) 131 B5
Westport (NC) 215 A5-6
Westport (NY) 137 B4
Westport (OK) 190 C2
Westport (OR) 121 A2
Westport (PA) 156/157 C4
Westport (SD) 130 B2
Westport (WA) 106 C2
Westside (IA) 150 B3-4
Westvaco (WY) 145 C5
Westville (FL) 243 A5
Westville (IL) 173 B6
Westville (IN) 153 C6
Westville (OK) 191 C4
Westville (SC) 215 B6
Westwater (UT) 165 C5-6
Westway (TX) 223 C4
Westwego (LA) 241 B4
Westwood (CA) 161 B4
Westwood (MI) 154 B2
Westwood (NJ) 178 A3-4
Wethersfield (CT) 158 C4
Wetmore (CO) 187 A4-5
Wetmore (KS) 170 C3
Wetmore (MI) 134 A2
Wetonka (SD) 130 B2
Wetumka (OK) 209 A4
Wetumpka (AL) 231 B5
Wever (IA) 172 B2
Wevok (AK) 86 B2-3
Wewahitchka (FL) 243 A5
Wewela (SD) 148/149 A4
Wewoka (OK) 209 A4
Weyauwega (WI) 133 C6
Weyerhaeuser (WI) 132 B3
Whalan (MN) 151 A7
Whaleyville (VA) 198 C2
Wharton (TX) 239 B3
What Cheer (IA) 151 C6
Whatley (AL) 231 C4
Wheat Ridge (CO) 171 C4
Wheatcroft (KY) 193 B6
Wheatfield (IN) 153 C5-6
Wheatland (CA) 161 C4
Wheatland (IA) 152 C2
Wheatland (IN) 173 D6
Wheatland (MO) 191 B5
Wheatland (WY) 147 B4
Wheatley (AR) 211 B4-5
Wheatley (KY) 174 D3
Wheaton (IL) 153 C4-5
Wheaton (KS) 170 C2
Wheaton (MN) 130 B4
Wheaton (MO) 191 C4-5
Wheeler (IL) 173 C5
Wheeler (KS) 168 C3
Wheeler (MS) 212 B2
Wheeler (MT) 112 B2
Wheeler (OR) 121 B2
Wheeler (TX) 207 A5
Wheeler (WA) 108 B1
Wheeler (WI) 132 B3
Wheeler Ridge (CA) 200 AB1-2
Wheeler Springs (CA) 200 B1
Wheelersburg (OH) 175 D5
WheelersPoint (MN) 40 D1
Wheeless (OK) 188 C2
Wheeling (LA) 228/229 C4
Wheeling (MO) 171 C5
Wheeling (OH) 176 B2
Wheelock (ND) 113 A5
Wheelock (TX) 238 A3
Wheelwright (KY) 195 B6
Whelen Springs (AR) 210 C2
Whetstone (AZ) 221 C5
Whigham (GA) 244 A1
Whipholt (MN) 116 B2
Whiskey Creek (AK) 91 C7-8
Whisper Walk (FL) 251 A4
Whispering Pines (NC) 216 A2
Whitakers (NC) 197 C6
White (AR) 229 A4-5
White (GA) 214 B2
White (SD) 130 C4
White Apple (MS) 229 C5-6
White Bead (OK) 209 B3
White Bear Lake (MN) 132 B2
White Bird (ID) 124 B1
White Bluff (TN) 194 C1
White Butte (SD) 128 B3
White Canyon (UT) 185 B4
White Castle (LA) 241 A3
White Church (MO) 192 C2
White City (FL) 249 B4
White City (FL) 243 B5
White City (IL) 172 C4
White City (KY) 194 B3
White City (OR) 140 B3
White Cloud (KS) 170 C3
White Cloud (MI) 154 A2
White Creek (WI) 133 D5
White Deer (TX) 207 A4
White Earth (MN) 115 B7
White Earth (ND) 113 A6
White Eye (AK) 89 D5
White Hall (AR) 211 B3
White Haven (PA) 178 A2
White Heath (IL) 173 B5
White Horse (NJ) 178 B3
White Horse (SD) 148 A3
White Horse Beach (MA) 159 C6
White House (TN) 194 C2
White Lake (NC) 216 B3
White Lake (NM) 205 A5
White Lake (SD) 149 A5
White Lake (WI) 133 B6
White Mountain (AK) 90 C4
White Oak (GA) 233 C5
White Oak (KY) 195 B5
White Oak (MO) 193 C3
White Oak (MS) 230 B2
White Oak (SC) 215 B5
White Oak (TX) 228 B2
White Owl (SD) 128 C3
White Pigeon (MI) 154 C2
White Pine (MI) 117 C7
White Pine (MT) 109 B5
White Pine (TN) 195 C5
White Pines (CA) 181 A4
White Plains (GA) 214 C3-4
White Plains (KY) 194 B1
White Plains (MD) 177 D6
White Plains (NC) 196 C3
White Plains (NY) 178 A4
White River (SD) 148 A3
White River Junction (NH) 137 C5
White Rock (MN) 130 B4
White Rock (NM) 205 A4
White Salmon (WA) 122 B2
White Sands (NM) 223 B4
White Settlement (TX) 226/227 B3
White Shield (ND) 113 B7
White Signal (NM) 222 B2
White Springs (FL) 244/245 A3
White Stone (VA) 198 B2
White Sulphur Springs (MT) 110 C4
White Sulphur Springs (WV) 196 B3
White Swan (WA) 122 A3
Whitehall (MT) 125 B5
Whiteclay (NE) 148 B1
Whiteface (TX) 206 C3
Whitefield (NH) 138 B1
Whitefield (OK) 209 A5
Whitefish (MT) 109 A6
Whitefish Bay (WI) 153 A5
Whitefish Bay (WI) 134 C1
Whitefish Point (MI) 119 C6
Whiteflat (TX) 207 B5
Whitehall (AR) 211 A5
Whitehall (LA) 229 C4-5
Whitehall (LA) 241 A4
Whitehall (MI) 153 A6
Whitehall (NY) 137 C4
Whitehall (WI) 132 C3
Whitehorse (NM) 186 D2
Whitehorse (SD) 129 B5
Whitehouse (TX) 227 B5
Whiteland (TX) 226 C1
Whitelaw (WI) 133 C7
Whitemarsh Island (GA) 234 BC1-2
Whitepine (CO) 170 D3
Whiteriver (AZ) 203 C6
Whiterocks (UT) 165 B5
Whites City (NM) 224 B1
Whitesboro (NJ) 178 C2-3
Whitesboro (NY) 136 C2
Whitesboro (OK) 210 B1
Whitesboro (TX) 209 C4
Whitesburg (GA) 214 C2
Whitesburg (KY) 195 B6
Whiteside (AL) 213 B3-4
Whiteside (MO) 172 C2
Whiteson (OR) 121 B2
Whitesville (GA) 232 B1-2
Whitesville (KY) 194 B2
Whitesville (WV) 196 B2
Whitetail (MT) 112 A3
Whitethorn (CA) 160 B1-2
Whitetop (VA) 196 C2
Whiteville (NC) 216 B3
Whiteville (TN) 212 A1
Whitewater (CO) 170 D1
Whitewater (KS) 190 B1-2
Whitewater (MT) 111 A7
Whitewater (NM) 222 B2
Whitewater (WI) 152/153 B4
Whitewood (SD) 128 C2
Whitewright (TX) 209 C4
Whitharral (TX) 206/207 C3
Whiting (IA) 150 B2
Whiting (IN) 153 C5
Whiting (KS) 170 C3
Whiting (ME) 139 B5
Whiting (WI) 133 C5
Whitlash (MT) 110 A3
Whitley City (KY) 195 C4
Whitman (MA) 159 B6
Whitman (ND) 115 A4-5
Whitman (NE) 148 B2
Whitman Square (NJ) 178 C2-3
Whitmire (SC) 215 B5
Whitmore Lake (MI) 154 B4
Whitnel (NC) 196 D2
Whitney (ID) 144 B3
Whitney (NE) 147 B5
Whitney (TX) 227 C3
Whitney Point (NY) 157 B5-6
Whitsett (NC) 197 C4
Whitsett (TX) 238 C1
Whittaker (MI) 154 B4
Whittemore (IA) 150/151 A4
Whittemore (MI) 135 C5
Whittier (AK) 96 C3
Whittier (CA) 200 B2-3
Whittier (NC) 214 A3
Whittington (IL) 193 A5
Whittlesey (WI) 133 B4
Whitwell (TN) 213 A5
Why (AZ) 220 B3
Wibaux (MT) 112/113 C4
Wichita (KS) 190 B1
Wichita Falls (TX) 208 C2
Wickenburg (AZ) 202 C3
Wickerham Manor (PA) 176 B2-3
Wickersham (WA) 106/107 A4
Wickes (AR) 210 B1
Wickett (TX) 224 C2
Wickliffe (KY) 193 C4-5
Wickliffe (OH) 155 C6
Wicksville (SD) 128 C3
Wicomico Church (VA) 198 B2
Wide Ruins (AZ) 204 A1
Wiggins (CO) 171 B5
Wiggins (MS) 230 B2
Wiggins (MS) 242 A1
Wigwam (CO) 171 D5
Wikieup (AZ) 202 B2
Wilber (NE) 170 B1-2
Wilbraham (MA) 159 B4
Wilbur (WA) 108 B2
Wilburton (KS) 188 B3
Wilburton (OK) 209 B5
Wilcox (NE) 169 B5
Wilcox (PA) 156 C3
Wilcox (TX) 238 A3
Wilcox (WY) 146 C3
Wild Horse (CO) 168 C1-2
Wild Horse (TX) 224 C1
Wild Rose (WI) 133 C5
Wilder (ID) 142 A2-3
Wilder (MN) 150 A3
Wilderness (VA) 197 A6
Wilderville (OR) 140 B2
Wildomar (CA) 200 C3
Wildorado (TX) 206/207 A3
Wildrose (ND) 113 A5
Wildwood (FL) 248 A2-3
Wildwood Crest (NJ) 178 D3
Wiley (CO) 188 A2
Wiley Ford (WV) 177 C4
Wilkes-Barre (PA) 157 C6
Wilkesboro (NC) 196 C2
Wilkinson (MN) 116 B2
Wilkinson (TX) 210 C1
Willacoochee (GA) 233 C3
Willaha (AZ) 203 A3
Willard (CO) 171 B6
Willard (KS) 170 C3
Willard (MO) 191 B5
Willard (MT) 128 A1
Willard (NM) 205 B4
Willard (OH) 175 A5
Willard (UT) 144 C2-3
Willards (MD) 198 A3
Willcox (AZ) 221 B6
Willette (TN) 194 C3
Willhoit (MO) 192 C1
Williams (AZ) 202/203 A3
Williams (CA) 160 C3
Williams (IA) 151 B5
Williams (MN) 116 A2
Williams Bay (WI) 153 B4
Williamsfield (IL) 172 B4
Williamsport (PA) 157 C4-5
Williamstown (NJ) 178 C3
Williamstown (NY) 136 C2
Williamsville (IL) 172/173 BC4
Williamsburg (IA) 151 C6
Williamsburg (KS) 190/191 A3
Williamsburg (KY) 195 C4
Williamsburg (MI) 134 C3
Williamsburg (MS) 230 C2
Williamsburg (NM) 222 A3
Williamsburg (OH) 175 C3-4
Williamsburg (VA) 198 B2
Williamson (GA) 214 C2
Williamson (IA) 171 A5
Williamson (IL) 172/173 D4
Williamson (NY) 157 A4
Williamsport (AK) 96 D1
Williamsport (IN) 173 B6
Williamsport (MD) 177 C5
Williamsport (OH) 175 B5
Williamston (MI) 154 B3
Williamston (NC) 198 D1-2
Williamston (SC) 215 B4
Williamstown (KS) 170 C3
Williamstown (KY) 174 D3
Williamstown (MA) 158 B3
Williamstown (PA) 177 B6
Williamstown (WV) 176 C1
Willimantic (CT) 159 C4
Willis (KS) 170 C3
Willis (TX) 239 A4
Williston (FL) 245 B3

Williston (ND) 113 A5
Williston (SC) 215 C5
Williston (TN) 212 A1
Willisville (AR) 210 C2
Willisville (IL) 193 B4
Willits (CA) 160 C2
Willmar (MN) 131 B5-6
Willoughby (OH) 155 C6
Willow (AK) 96 B2
Willow (OK) 208 A1
Willow Beach (AZ) 183 D5
Willow City (ND) 114 A2
Willow Creek (AK) 97 B5
Willow Creek (AK) 95 A5-6
Willow Creek (CA) 160 B2
Willow Creek (MT) 125 B6
Willow Glen (LA) 229 C4
Willow Hill (IL) 173 D5-6
Willow House (AK) 89 C6
Willow Island (NE) 169 B4
Willow Lake (SD) 130 C3
Willow Oak (FL) 248 B2-3
Willow River (MN) 132 A2
Willow Springs (MO) 192 BC2
Willow Street (PA) 177 C6
Willow Valley (AZ) 202 B1
Willowbrook (KS) 189 A6
Willowdale (KS) 189 B6
Willowdale (OR) 122 C3
Willows (CA) 160 C3
Wills Point (TX) 227 B4
Willshire (OH) 174 B3
Wilma (FL) 244 A1
Wilmar (AR) 211 C4
Wilmer (AL) 242 A2
Wilmer (LA) 241 A4
Wilmer (TX) 227 B4
Wilmington (DE) 178 C2
Wilmington (IL) 153 C4-5
Wilmington (NC) 216 B3-4
City Map 261
Wilmington (OH) 175 C4
Wilmington (VT) 158 B4
Wilmore (KS) 189 B5
Wilmore (KY) 195 B4
Wilmot (AR) 229 A5
Wilmot (KS) 190 B2
Wilmot (OH) 176 B1
Wilmot (SD) 130 B4
Wilno (MN) 131 C4
Wilsall (MT) 126 B1
Wilsey (KS) 170 D2
Wilseyville (CA) 181 A4
Wilson (AR) 211 A5
Wilson (FL) 249 A4
Wilson (KS) 169 D6
Wilson (LA) 241 A3
Wilson (MN) 132 D3
Wilson (NC) 216 A4
Wilson (OK) 209 B3
Wilson (TX) 207 C4
Wilson (WI) 132 C2
Wilson (WY) 144 A4
Wilson City (MO) 193 D6
Wilson Creek (WA) 108 B1
Wilsonville (OR) 121 B3
Wilsonia (CA) 181 C6
Wilsons (VA) 197 B6
Wilsons Mills (ME) 138 B1-2
Wilsons Mills (NC) 216 B3
Wilsonville (AL) 213 C4
Wilsonville (NE) 169 B4
Wilton (AL) 231 A5
Wilton (AR) 210 C1
Wilton (CA) 180 A3
Wilton (IA) 152 C1-2
Wilton (ME) 138 B2
Wilton (MN) 116 B1
Wilton (ND) 114 B2
Wilton (WI) 133 D4
Wilton Center (IL) 153 C5
Wimauma (FL) 248 B2
Wimberley (TX) 238 B1
Wimbledon (ND) 114 B4
Winchester (KS) 170 C3
Winborn (MS) 212 B1
Winchell (TX) 226 C1
Winchendon (MA) 159 B4
Winchester (AR) 211 C4
Winchester (CA) 201 C3-4
Winchester (ID) 123 A7
Winchester (IL) 172 C3
Winchester (IN) 174 B3
Winchester (KY) 195 B4
Winchester (MS) 230 C3
Winchester (NH) 159 B4
Winchester (NV) 183 C4-5
Winchester (OH) 175 D4
Winchester (OK) 190 D3
Winchester (OR) 140 A2
Winchester (TN) 213 A4
Winchester (VA) 177 C4
Winchester (WA) 107 B7
Winchester Bay (OR) 140 A1
Wind Gap (PA) 178 B2
Wind Lake (WI) 153 B4
Wind Point (WI) 153 B5
Wind Ridge (PA) 176 C2
Windber (PA) 177 B4
Windemere (NC) 216 B4
Winder (GA) 214 BC3
Windermere (FL) 248/249 A3
Windham (AK) 105 B5
Windham (MT) 110/111 B4
Windom (KS) 190 A1
Windom (MN) 131 D5-6
Windom (TX) 209 C4-5
Window Rock (AZ) 204 A1
Windsor (CA) 180 A2
Windsor (CO) 171 B4-5
Windsor (CT) 158 C4
Windsor (IL) 173 C5
Windsor (IL) 152 C2
Windsor (MO) 171 D5
Windsor (NC) 198 C1-2
Windsor (NH) 137 C5
Windsor (NJ) 178 B3
Windsor (NY) 157 B6
Windsor (SC) 215 C5
Windsor (VA) 198 C2
Windsor (WI) 152 A3
Windsor Locks (CT) 158 C4
Windthorst (KS) 189 B5
Windthorst (TX) 208 C2
Windy (AK) 92 D4
Winfall (NC) 198 C2
Winfield (AL) 212 C3
Winfield (FL) 244 A3
Winfield (IA) 172 A2
Winfield (KS) 190 B2
Winfield (MO) 172 C3
Winfield (TN) 195 C4
Winfield (TX) 209 C5
Winfield (WV) 175 D6
Winfred (SD) 130 D3
Wing (ND) 114 B2
Wingate (NC) 215 AB6
Wingate (NM) 204 A2
Winger (MN) 115 B6
Wingo (KY) 193 C5
Winifred (KS) 170 C2
Winifred (MT) 111 B5
Wink (TX) 224 C2
Winkelman (AZ) 221 B5
Winlock (WA) 106 C3-4
Winnabow (NC) 216 B3
Winnebago (IL) 152 B3
Winnebago (MN) 131 D6
Winnebago (NE) 150 B2
Winnebago (WI) 133 C6
Winnemucca (NV) 162 AB3
Winner (SD) 148 A4
Winnetoon (NE) 149 B5-6
Winnett (MT) 111 C6
Winnfield (LA) 229 C4
Winnie (TX) 239 B5
Winnsboro (LA) 229 B5
Winnsboro (SC) 215 B5
Winnsboro (TX) 227 B5
Winnsboro Mills (SC) 215 B5-6
Winokur (GA) 233 C4-5
Winona (AZ) 203 A4
Winona (KS) 168 C3
Winona (MI) 118 C1-2
Winona (MO) 192 B2
Winona (MS) 212 C1
Winona (OH) 176 B1-2
Winona (TX) 228 B1
Winona (WA) 108 C3
Winona (WI) 132 C3
Winona Lake (IN) 154 C2
Winooski (VT) 137 B4
Winside (NE) 149 B6
Winslow (AR) 191 D4
Winslow (AZ) 203 A5
Winslow (IN) 194 A1
Winslow (NE) 150 C2
Winslow (WI) 152 B3
Winsted (CT) 158 C3
Winsted (MN) 131 C6
Winston (MO) 171 C4
Winston (MT) 125 A6
Winston (NM) 204 C3
Winston-Salem (NC) 196 C3
Winstonville (MS) 211 C5
Winter (WI) 132 B3-4
Winter Garden (FL) 248/249 A3
Winter Haven (FL) 248 A3
Winter Haven (TX) 237 C4
Winter Park (CO) 170/171 C4
Winter Park (FL) 249 A3
Winterboro (AL) 213 C4
Winterport (ME) 139 B3-4
Winters (CA) 180 A2-3
Winters (TX) 225 C5-6
Wintersburg (AZ) 202 C3
Winterset (IA) 151 C4-5
Wintersville (OH) 176 B2
Winterville (ME) 120 B3
Winterville (NC) 217 A4
Winthrop (AR) 210 C1
Winthrop (ME) 138 B2-3
Winthrop (MN) 131 C6
Winthrop (WA) 107 A6
Winthrop Harbor (IL) 153 B5
Winton (MN) 117 B5
Winton (NC) 198 C2
Winton (WA) 107 B6
Wiota (IA) 150 C4
Wiota (WI) 152 B2-3
Wirt (MN) 116 B3
Wisacky (SC) 215 B6
Wiscasset (ME) 138 C3
Wisconsin Dells (WI) 152 A3
Wisconsin Rapids (WI) 133 C5
Wisdom (MT) 125 B4
Wise (NC) 197 C5
Wise (VA) 195 BC6
Wise River (MT) 125 B5
Wiseman (AK) 88 C3
Wishek (ND) 129 A6
Wishon (CA) 181 B5
Wisner (LA) 229 C5
Wisner (NE) 150 C2
Wister (OK) 210 B1
Witco (TX) 225 C4
Withee (WI) 132/133 D4
Withrow (WA) 107 B7
Witt (IL) 173 C4
Witt (TN) 195 C5
Wittenberg (WI) 133 C5-6
Witter (AR) 191 D5
Wittmann (AZ) 202 C3
Witts Springs (AR) 210 A3
Wixon Valley (TX) 238 A3
Woburn (MA) 159 B5
Woburn (ME) 56 D3
Woden (IA) 151 A5
Wofford Heights (CA) 200 A2
Wolbach (NE) 149 C5
Wolcott (CO) 170 C3
Wolcott (CT) 158 C3-4
Wolcott (IN) 174 B1
Wolcott (KS) 171 C4
Wolcott (NY) 157 A5
Wolcott (VT) 137 B5
Wolf (KS) 188 A3
Wolf Bayou (AR) 211 A4
Wolf Creek (MT) 110 C2-3
Wolf Creek (OR) 140 B2
Wolf Point (MT) 112 A3
Wolfdale (PA) 176 B2
Wolfe City (TX) 209 C4-5
Wolfeboro (NH) 159 A5
Wolfforth (TX) 207 C3
Wolflake (IN) 154 C2
Wolford (ND) 114 A3
Wolsey (SD) 130 C2
Wolverine (MI) 135 B4
Wolverton (MN) 115 C6
Womer (KS) 169 C6
Wondervu (CO) 171 C4
Wonewoc (WI) 152 A2
Wood (SD) 148 A3
Wood Lake (NE) 148 B3
Wood River (AK) 95 D5
Wood River (NE) 169 B6
Woodbury (NJ) 178 C2
Woodville (WI) 132 BC2
Woodward (IA) 151 C5
Woodardville (LA) 228 B3
Woodbine (GA) 245 A4
Woodbine (IA) 150 C3
Woodbine (KS) 170 D1-2
Woodbine (KY) 195 C4-5
Woodbine (TX) 209 C3-4
Woodboro (WI) 133 B5
Woodbourne (NY) 158 C2
Woodbranch (TX) 239 A4
Woodbridge (VA) 177 D5
Woodburn (IA) 171 AB5
Woodburn (KY) 194 C2
Woodburn (OR) 121 B2-3
Woodbury (GA) 232 B2
Woodbury (MI) 154 B2-3
Woodbury (TN) 194 D2-3
Woodchopper (AK) 92 B3
Woodchopper Creek (AK) 93 B7
Woodcock (PA) 156 C1-2
Woodcreek (TX) 238 A1
Woodcrest (CA) 200 C3
Woodfin (NC) 215 A4
Woodford (SC) 215 C5-6
Woodford (WI) 152 B3
Woodfords (CA) 161 D6
Woodhaven (MI) 154/155 B4
Woodhull (IL) 152 C2
Woodlake (CA) 181 C5
Woodlake (TX) 228 C1-2
Woodland (AL) 213 C5
Woodland (CA) 160/161 D4
Woodland (GA) 232 B2
Woodland (IL) 173 B6
Woodland (ME) 139 A5
Woodland (MI) 154 B2
Woodland (MS) 212 C1-2
Woodland (NC) 198 C1
Woodland (PA) 177 B4
Woodland (TX) 209 C5
Woodland (WA) 121 B3
Woodland Heights (PA) 156 C2
Woodland Hills (UT) 164 BC3
Woodland Park (CO) 171 CD4
Woodland Park (MI) 154 A2
Woodlawn (IL) 193 A4
Woodlawn (LA) 240 A2
Woodlawn (NC) 196 D1-2
Woodleaf (NC) 215 A6
Woodloch (TX) 239 A4
Woodmoor (CO) 171 C5
Woodrow (AK) 96 C3
Woodrow (CO) 171 C6
Woodrow (TX) 207 C4
Woodruff (ID) 144 B2
Woodruff (KS) 169 C5
Woodruff (SC) 215 B4-5
Woodruff (UT) 144 C3
Woodruff (WI) 133 B5
Woods Cross (UT) 164 B3
Woods Hole (MA) 159 C6
Woods Landing (WY) 170 A3-4
Woodsboro (MD) 177 C5
Woodsboro (TX) 247 A4
Woodsfield (OH) 176 C1-2
Woodside (LA) 240 A3
Woodside (UT) 165 C4
Woodson (AR) 211 B3
Woodson (IL) 172 C3
Woodson (TX) 226 A1-2
Woodstock (AL) 213 C3
Woodstock (IL) 153 B4
Woodstock (GA) 214 B2
Woodstock (MN) 131 C4
Woodstock (VA) 177 D4
Woodstock (VT) 137 C5
Woodston (KS) 169 C5
Woodville (AL) 213 B4
Woodville (CA) 181 C5
Woodville (FL) 244 A1
Woodville (GA) 214 C3
Woodville (MS) 229 C5
Woodville (OH) 154 C4
Woodville (OK) 209 C4
Woodville (TX) 239 A5
Woodward (OK) 189 C5
Woodway (TX) 227 C3
Woodworth (IL) 173 B6
Woodworth (LA) 229 C4
Woodworth (ND) 114 B3
Woody (CA) 200 A2
Woody Creek (CO) 170 C3
Wooldridge (MO) 171 D6
Woolsey (GA) 214 C2
Woolsey (NV) 162 B2
Woolstock (IA) 151 B5
Woolwine (VA) 196 C3
Woonsocket (SD) 130 C2
Wooster (OH) 175 B6
Woosung (IL) 152 C3
Worland (MO) 191 A4
Worcester (MA) 159 B4-5
Worcester (NY) 158 B2
Worcester (PA) 178 B2
Worden (IL) 172 D4
Worden (MI) 154 B4
Worden (OR) 140/141 B4
Worland (WY) 126/127 CD4
Worley (ID) 108 B4
Worth (CA) 181 C6
Worth (IL) 153 C5
Wortham (TX) 227 C4
Worthing (SD) 150 A2
Worthington (IA) 152 B1
Worthington (IN) 174 C1
Worthington (MN) 150 A3
Worthington (MO) 171 B6
Worthington (OH) 175 B4
Worthington (OH) 175 D5
Worthington (PA) 176 B3
Worthington Springs (FL) 245 B3
Worthville (KY) 174 D2-3
Wounded Knee (SD) 148 A1
Wrangell (AK) 105 C5
Wray (CO) 168 B2
Wren (AL) 213 B3
Wrens (GA) 215 C4
Wrenshall (MN) 116 C4
Wright (FL) 243 A4
Wright (KS) 189 B5
Wright (MN) 116 C3-4
Wright (WY) 146 A3
Wright City (OK) 209 B5-6
Wrights Corners (NY) 156 A3
Wrightstown (NJ) 178 B3
Wrightstown (WI) 133 C6-7
Wrightsville (AR) 211 B3
Wrightsville (GA) 233 B4
Wrightsville Beach (NC) 216/217 B4
Wrightwood (CA) 200 B3
Wrigley (KY) 195 A5
Wrigley (TN) 194 D1
Wurtland (KY) 175 D5
Wurtsboro (NY) 158 C2
Wyaconda (MO) 172 B2
Wyalusing (PA) 157 C5
Wyalusing (WI) 152 B1-2
Wyandotte (MI) 155 B4-5
Wyandotte (OK) 191 C4
Wyanet (IL) 152 C3
Wyarno (WY) 127 C5
Wyatt (LA) 229 B4
Wyatte (MS) 212 B1
Wyattville (MN) 132 D3
Wyldwood (TX) 238 A2
Wylie (TX) 227 A4
Wylliesburg (VA) 197 C5
Wymer (WA) 107 C6
Wymore (NE) 170 B2
Wyndmere (ND) 130 A3
Wynnburg (TN) 193 C4
Wynne (AR) 211 A5
Wynnewood (OK) 209 B3
Wynona (OK) 190 C2
Wynot (NE) 149 B6
Wyomissing (PA) 178 B1-2
Wyocena (WI) 152 A3
Wyodak (WY) 127 C6
Wyoming (DE) 178 C2
Wyoming (IA) 152 B1-2
Wyoming (IL) 172/173 A4
Wyoming (MI) 154 B2
Wyoming (MN) 132 B1-2
Wyoming (NY) 156 B3
Wyoming (PA) 157 C6
Wytheville (VA) 196 C2-3
Wytopitlock (ME) 139 A4-5

X

Xenia (IL) 173 D5
Xenia (KS) 191 B3-4
Xenia (OH) 175 C4

Y

Y City (AR) 210 B1
Yaak (MT) 109 A5
Yachats (OR) 121 C1
Yacherk (AK) 95 DE5
Yacolt (WA) 121 B3
Yadkinville (NC) 196 C3
Yah-Ta-Hey (NM) 204 A2
Yakima (WA) 107 C6
Yakutat (AK) 104 D1
Yale (AR) 210 A2
Yale (IA) 150/151 C4
Yale (IL) 173 C5
Yale (KS) 191 B4
Yale (MI) 155 A5
Yale (OK) 190 C2
Yale (SD) 130 C3
Yamhill (OR) 121 B2
Yampa (CO) 170 B2-3
Yampai (AZ) 202 A2
Yancey (TX) 237 B4
Yanceyville (NC) 197 C4
Yanert (AK) 92 D4
Yankeetown (FL) 244 B3
Yankeetown (IN) 194 B1
Yankton (SD) 149 B6
Yantis (TX) 227 B5
Yanush (OK) 209 B5
Yarbo (AL) 230 C3
Yarmouth (ME) 138 C2
Yarnell (AZ) 202 B3
Yates (NM) 187 C6
Yates Center (KS) 190 B3
Yatesboro (PA) 176 B3
Yatesville (GA) 232 B2
Yazoo City (MS) 230 B1
Yeager (OK) 209 A4
Yeddo (IN) 173 BC6
Yeehaw Junction (FL) 249 B4
Yellow Bluff (AL) 231 C4
Yellow Jacket (CO) 185 B6
Yellow Lake (WI) 132 B2
Yellow Pine (AL) 230 C3
Yellow Springs (OH) 175 C4
Yellville (AR) 192 C1
Yelm (WA) 106 C4
Yemassee (SC) 234 B2
Yeoman (IN) 174 B1
Yerington (NV) 162 D1
Yermo (CA) 201 B4
Yes Bay (AK) 105 D5-6
Yeso (NM) 206 B1
Yistletaw (AK) 91 C7
Yoakum (TX) 238 B2
Yocemento (KS) 169 D5
Yoder (CO) 171 D5
Yoder (IN) 174 B2
Yoder (KS) 190 B1
Yoder (WY) 147 C4
Yolo (CA) 160/161 D4
Yoncalla (OR) 140 A2
Yonkers (NY) 178 B3-4
York (AK) 90 B2
York (AL) 230 B3
York (ND) 114 A3
York (NE) 170 B1
York (PA) 177 C6
York (SC) 215 A5
York Harbor (ME) 159 A6
York Haven (PA) 177 B6
York Springs (PA) 177 B5-6
Yorktown (AR) 211 B4
Yorktown (IA) 170 B3
Yorktown (IN) 174 B2
Yorktown (TX) 238 C2
Yorktown (VA) 198 B2
Yorkville (GA) 213 C5
Yorkville (IL) 153 C4
Yorkville (OH) 176 B2
Yorkwood (NC) 215 A5
Yosemite Forks (CA) 181 B5
Yosemite Lakes (CA) 181 B5
Yosemite Village (CA) 181 B5
Young (AZ) 203 B5
Young Harris (GA) 214 B3
Youngstown (FL) 243 A5
Youngstown (NY) 156 A2-3
Youngstown (OH) 176 A2
Youngsville (LA) 240 A2-3
Youngsville (NC) 197 CD5
Youngsville (NM) 186 C3
Youngsville (PA) 156 C2
Youngtown (AZ) 202 C3
Yountville (CA) 180 A2
Ypsilanti (MI) 154 B4
Ypsilanti (ND) 114 C4
Ypsilanti (ND) 114 C4
Yreka (CA) 140 C3
Yuba (WI) 152 A2
Yuba City (CA) 161 C4
Yucaipa (CA) 201 B3-4
Yucca (AZ) 202 B1
Yucca Valley (CA) 201 B4
Yukon (MO) 192 B2
Yukon (OK) 208 A3
Yulee (FL) 245 A4
Yuma (CA) 219 B5
Yuma (CO) 168 B2
Yutan (NE) 150 C2

Z

Zachary (LA) 241 A3
Zafra (OK) 210 B1
Zahl (ND) 113 A5
Zalma (MO) 193 B3
Zama (MS) 230 B2
Zana (FL) 249 B4
Zane (UT) 183 B6
Zanesfield (OH) 175 B4
Zanesville (OH) 175 C5
Zap (ND) 113 B7
Zapata (TX) 246 C2
Zavalla (TX) 228 C2
Zearing (IA) 151 B5
Zebulon (GA) 232 A2
Zebulon (KY) 196 B1
Zebulon (NC) 197 D5
Zeeland (MI) 153 B6
Zeeland (ND) 129 B6
Zeigler (IL) 193 B4
Zela (WV) 196 A3
Zelienople (PA) 176 B2
Zell (SD) 130 C2
Zellwood (FL) 248 A3
Zena (OK) 191 C4
Zenda (KS) 189 B6
Zephyr (TX) 226 C2
Zephyr Cove (NV) 161 C6
Zephyrhills (FL) 248 A2
Zia Pueblo (NM) 205 A4
Zillah (WA) 122 A3
Zilwaukee (MI) 154 A3-4
Zim (MN) 116 B4
Zimmerman (LA) 229 C4
Zimmerman (MN) 131 B7
Zion (IL) 153 B5
Zion (MO) 192 B3
Zion (PA) 177 B5
Zionsville (IN) 174 C1
Zita (TX) 207 A4
Zoar (OH) 176 B1
Zolfo Springs (FL) 248 B3
Zumbo Falls (MN) 132 C2
Zumbrota (MN) 132 C2
Zuni (VA) 198 C2
Zuni Pueblo (NM) 204 A2
Zurich (KS) 169 C5
Zwingle (IA) 152 B2
Zwolle (LA) 228 C3

A

Abasolo (COA) ... 269 A 6
Abasolo (DUR) ... 268 C 3
Abasolo (GUA) ... 272 D 2
Abasolo (TAM) ... 270 D 1
Abraham González (DUR) ... 268 D 3
Abuya (SIN) ... 271 D 8
Acacoyagua (CHP) . 277 D 7
Acala (CHP) ... 277 C 7
Acámbaro (GUA) 272 E 2-3
Acancéh (YUC) ... 279 B 5
Acapetahua (CHP) . 277 D 7
Acaponeta (NAY) . 271 B 2
Acapulco (GRO) . 275 C 6-7
City Map ... 275
Acatic (JAL) ... 271 D 4
Acatlán (HID) ... 273 D 5
Acatlán (JAL) ... 271 D 4
Acatlán (OAX) ... 276 A 3
Acatlán de Osorio (PUE) ... 276 A 2
Acatzingo (PUE) .. 273 E 6
Acayucan (VER) 276 B 4-5
Acebuches (COA) .. 265 E 7
Aconchi (SON) ... 263 D 7
Actopan (HID) ... 272 D 5
Actopan (VER) ... 273 E 7
Acuitzio del Canje (MIC) ... 272 E 2-3
Acula (VER) ... 276 A 4
Aculco (MEX) ... 272 D 4
Acultzingo (PUE) .. 276 A 2
Acuyo (MIC) ... 275 A 5
Adolfo López Mateos (CHH) ... 264 E 2
Adolfo Ruíz Cortines (CAM) ... 279 C 4-5
Aduana (SON) ... 271 A 6
Agiabampo (SON) . 271 B 6
Agua Blanca (ROO) 279 D 6
Agua Buena (SLP) . 272 B 4
Agua Caliente de Garate ... (SIN) ... 271 A 1-2
Agua Dulce (VER) . 278 D 1
Agua Flores (BCN) 262 B 2
Agua Fria (CHH) .. 268 A 2
Agua Nueva (COA) ... 269 C 6-7
Agua Nueva (TAM) ... 272/273 A 5
Agua Prieta (SON). 263 B 8
Agua Verde (SIN) . 271 B 1
Aguacatán (GUA) . 277 D 8
Aguada Seca (CAM) ... 279 D 4
Agualeguas (NLE) 269 B 8
Aguamilpa (NAY) . 271 C 3
Aguaruto (SIN) ... 271 D 8
Aguascalientes (AGU) ... 272 C 1-2
Aguililla (MIC) ... 274 A 4
Agujita (COA) ... 269 A 6-7
Ahuacatlán (NAY) . 271 C 3
Ahuacatlan (SLP) . 272 C 4-5
Ahualulco (JAL) .. 271 D 3-4
Ahualulco (SLP). 272 B 2-3
Ahuazotepec (PUE) ... 273 D 5-6
Ahuijullo (JAL) ... 271 E 4
Ahuisculco (JAL) .. 271 D 4
Ajacuba (HID) .. 272 D 4-5
Ajalpan (PUE) ... 276 A 2
Ajijic (JAL) ... 271 D 4
Ajuchitlán del Progreso (GRO) ... 275 A 6
Akil (YUC) ... 279 B 5
Akumal (ROO) ... 279 B 7
Alamo (VER) ... 273 D 6
Alamos (SON) ... 271 A 7
Alamos de Márquez (COA) ... 265 E 6
Alamos de Peña (CHH) ... 264 C 3
Alaquines (SLP) ... 272 B 4
Alberto Oviedo Moto (BCN) ... 262 A 2
Aldama (CHH) ... 264 E 3-4
Aldama (TAM) ... 273 B 5
Alemán (TAB) ... 277 A 6
Algodones (BCN) . 262 A 3
Allende (COA) ... 265 E 9
Allende (JAL) ... 272 D 1
Allende (NLE) ... 269 C 7
Allende (VER). 276/277 A 5
Alpoyeca (GRO) .. 275 B 8
Altamira (TAM) ... 273 B 6
Altamirano (CHP) . 277 C 7
Altar (SON) ... 263 C 6
Altata (SIN) ... 271 D 8
Alto de la Zapupera (VER) ... 273 B 6
Altotonga (VER). 273 E 6-7
Alvarado (VER) ... 276 A 4
Alvaro Obregón (CHH) ... 264 E 3
Álvaro Obregón (CHP) ... 277 E 7
Amacueca (JAL) .. 271 D 4
Amantenango del Valle ... (CHP) ... 277 C 7
Amatán (CHP) ... 277 B 7
Amatepec (MEX) .. 275 A 6
Amatitán (JAL) ... 271 D 4
Amatitlán (GUA) .. 277 E 9
Amatlán de Cañas (NAY) ... 271 D 3
Amealco (QUE) ... 272 D 3
Ameca (JAL) ... 271 D 3
Amecameca (MEX) ... 272/273 E 5
Amozoc (PUE) .. 276 A 1-2
Ampliación La Loma (TAM) ... 270 C 1
Anáhuac (CHH) ... 264 E 3
Angamacutiro de la ... Unión (MIC) ... 272 D 2
Angangueo (MIC) ... 272 E 3
Angel Albino Corzo (CHP) ... 277 D 7
Angel R. Cabada (VER) ... 276 A 4
Angostura (SIN) .. 271 C 7
Antigua (GUA) ... 277 E 9
Antiguo Morelos (TAM) ... 272 B 4-5
Antón Lizardo (VER). 273 E 8
Antonio Amaro (DUR) ... 268 D 3
Apan (HID) ... 273 E 5
Apango (GRO) ... 275 B 7
Apaseo el Alto (GUA) ... 272 D 3
Apaseo el Grande (GUA) ... 272 D 3
Apatzingán (MIC) .. 272 E 1
Apaxtla de Castrejón (GRO) ... 275 A 6-7
Apic-Pac (CHP) ... 277 B 6
Apizaco (TLA) ... 273 E 5-6
Apodaca (NLE) ... 269 C 7
Apoma (SIN) ... 271 C 8
Aquila (MIC) ... 274 A 3
Aquiles Serdán (CHH) ... 264 E 4
Aquiles Serdán (JAL) ... 271 D 2
Arados (CHH) ... 264 D 3
Aramberri (NLE) .. 269 D 8
Arandas (JAL) ... 272 D 1
Arcelia (GRO) ... 275 A 6
Arenal (JAL) ... 271 D 4
Areponapuchi (CHH) ... 271 A 8
Aribabi (SON) .. 263 C 8-9
Ario de Rosales (MIC) ... 272 E 2
Arivaipa (SON) ... 263 D 5
Arivechi (SON) ... 263 E 8
Arizpe (SON) ... 263 C 7
Armadillo (SLP) ... 272 B 3
Armenta (OAX) ... 275 C 8
Armería (COL) ... 274 A 2
Arrayán (NAY) ... 271 B 2
Arriaga (CHP) ... 277 C 6
Arroyo Seco (QUE) . 272 C 4
Arroyo Zarco (HID) . 272 D 4
Arteaga (COA) ... 269 C 7
Arteaga (MIC) ... 274 A 4
Ascensión (CHH) . 264 B 2
Aserradero (DUR) . 271 A 3
Aserradero San Rafael ... (CHH) ... 268 B 1
Astapa (TAB) ... 277 B 7
Asunción Nochixtlán (OAX) ... 276 B 2
Atarjea (GUA) ... 272 C 4
Atasta (CAM) ... 277 A 7
Atenango del Río (GRO) ... 275 A 7-8
Atencingo (PUE) .. 275 A 8
Atenquillo (JAL) .. 271 D 3
Atequiza (JAL) ... 271 D 4
Atexcal (PUE) ... 276 A 2
Atijo (MIC) ... 275 A 5
Atlacomulco (MEX). 272 E 4
Atlapexco (HID) ... 273 C 5
Atlatlahuacan (MOR) ... 275 A 8
Atlixco (PUE) ... 275 A 8
Atolinga (ZAC) ... 271 C 4
Atotonilco (SLP) .. 272 C 3
Atotonilco (TLA) ... 273 E 5-6
Atotonilco de los Martínez (ZAC) ... 269 D 5
Atotonilco el Alto (JAL) ... 272 D 1
Atotonilco El Grande (HID) ... 273 D 5
Atoyac de Alvarez (GRO) ... 275 B 6
Atoyatempan (PUE) ... 276 A 1-2
Autlán de Navarro (JAL) ... 271 E 3
Avalos (ZAC) ... 269 D 6
Avila Camacho (PUE) ... 273 D 6
Avila y Urbina (TAM) ... 272 A 4
Axochiapan (PUE). 275 A 8
Axtla de Terrazaz (SLP) ... 272 C 5
Ayoquezco de Aldana (OAX) ... 276 C 2-3
Ayotitlán (JAL) ... 271 E 3
Ayotlán El Chico (JAL) ... 272 D 1
Ayotoxco (PUE) ... 273 D 6
Ayutla (JAL) ... 271 D 3
Ayutla (OAX) ... 276 B 3
Ayutla de los Libres (GRO) ... 275 C 7-8
Azoyu (GRO) ... 275 C 8

B

Baborigame (CHH) . 271 B 8
Baca (SIN) ... 271 B 7
Bacabachi (SON) . 271 B 6
Bacadehuachi (SON) ... 263 D 8-9
Bacalar (ROO) ... 279 D 6
Bacanora (SON) . 263 DE 8
Bacanuchi (SON) . 263 C 7
Bacerac (SON) ... 263 C 9
Bachimba (CHH) .. 264 E 4
Bachiniva (CHH) .. 264 E 2
Bacoachi (SON) .. 263 C 8
Bacobampo (SON) 271 B 6
Bacubirito (SIN) .. 271 C 8
Bácum (SON) ... 271 A 5
Badiraguato (SIN) . 271 C 8
Bahía Asunción (BCS) ... 270 A 1
Bahía de Kino Nuevo (SON) ... 263 E 5-6
Bahía de Kino Viejo (SON) ... 263 E 5-6
Bahía de Los Angeles (BCN) ... 262 E 4
Bahía de Tortugas (BCS) ... 270 A 1
Bahía Santa Maria (BCN) ... 262 C 3
Baján (COA) ... 269 B 6
Bajío de Ahuichila (COA) ... 268/269 C 5
Bajios de Agua Blanca (CHH) ... 268 C 1
Balancán (TAB) ... 277 B 8
Balleto (NAY) ... 271 C 1
Balsas del Norte (GRO) ... 275 A 7
Bámuri (SON) ... 263 C 5
Banámichi (SON) . 263 C 7
Banderilla (VER) . 273 E 6-7
Barillas (GUA) ... 277 D 8
Barra de Cazones (VER) ... 273 D 6-7
Barra de Navidad (JAL) ... 271 E 3
Barra de Palmas (VER) ... 273 D 7
Barra de Tuxpam (VER) ... 273 D 6-7
Barra el Tordo (TAM) ... 273 A 6
Barra Santa Elena (OAX) ... 276 D 3
Barranca del Oro (NAY) ... 271 D 3
Barrancos de Guadalupe (CHH) ... 264 CD 5
Basaseachi (CHH) . 264 E 1
Batopilas (CHH) .. 271 A 8
Batopilillas (CHH) 271 A 7
Baturi (SIN) ... 271 C 7
Baviácora (SON) . 263 D 7-8
Bavispe (SON) ... 263 C 9
Bayas (DUR) ... 271 A 3
Becal (CAM) ... 279 B 4-5
Becanchén (YUC) . 279 C 5
Bejucos (MEX) ... 275 A 6
Belén del Refugio (JAL) ... 272 C 1
Belisario Domínguez (CHP) ... 277 C 8
Bellavista (NAY) .. 271 C 3
Benito Juarez (BCS) ... 270 A 2
Benito Juárez (BCS) ... 270 C 4
Benito Juárez (CHH) ... 264 D 3
Benito Juárez (CHH) ... 264 C 2-3
Benito Juárez (CHP) ... 277 C 6
Benito Juárez (DUR) ... 268 D 5
Benito Juárez (MIC) ... 272 E 3
Benito Juárez (TAB) 277 B 7
Benjamin Hill (SON) . 263 C 6
Benuelas (AGU) ... 272 C 1
Bermejillo (DUR) .. 268 C 4
Bernal (QUE) ... 272 D 4
Berriozábal (CHP) . 277 C 6
Big Bass (TAM) .. 269 DE 9
Boca de Apiza (MIC) ... 274 A 3
Boca de la Vinarrama (BCS) ... 271 E 6-7
Boca de Pascuales (COL) ... 274 A 2
Boca del Alamo (BCS) ... 271 E 6
Boca del Río (VER). 273 E 7
Boca Paila (ROO) .. 279 B 7
Bocas de Camichín (NAY) ... 271 C 2
Bochil (CHP) ... 277 C 7
Bocoyna (CHH) ... 271 A 8
Bolonchén de Rejón ... (CAM) ... 279 B 5
Bonfil (CAM) ... 279 D 5
Boquilla de Abajo (CHH) ... 268 A 1
Boquilla del Mezquite (CHH) ... 264 D 5
Boquillas del Carmen ... (COA) ... 265 D 7
Buctzotz (YUC) ... 279 A 6
Buenaventura (CHH) ... 264 D 2
Buenaventura (YUC) ... 279 A 6-7
Buenavista (BCS) .. 271 E 6
Buenavista (BCS) .. 270 A 2
Buenavista (CAM) . 277 A 8
Buenavista (CHP) .. 277 C 6
Buenavista (SIN) .. 271 C 7
Buenavista (SLP) . 272 B 3-4
Buenavista (SON) .. 271 A 6
Buenavista (ZAC) ... 271 A 4
Buenavista Tomatlán (MIC) ... 272 E 1
Búfalo (CHH) ... 268 A 2
Burgos (TAM) ... 269 D 9
Bustamante (NLE) 269 B 7

C

Cabo Pulmo (BCS). 271 E 6
Cabo San Lucas (BCS) ... 271 E 7
Caborca (SON) ... 263 C 5
Cabricán (GUA) ... 277 D 8
Cabullona (SON) ... 263 B 8
Cacahoatán (CHP) . 277 D 7
Cacahuamilpa (GRO) ... 275 A 7
Cacalotán (SIN) ... 271 A 2
Cacalotepec (OAX) 276 D 2
Cachimbo (CHP) .. 277 C 5
Cadejé (BCS) ... 270 B 3
Cadereyta (NLE) 269 C 7-8
Cadereyta (QUE) .. 272 D 4
Cafetal (ROO) ... 279 D 6
Caimanero (SIN) .. 271 B 1
Cajoncitos (CHH) .. 264 C 4
Cajurichi (CHH) ... 264 E 1
Calabazas (DUR) .. 271 A 2
Calamajué (BCN) 262 D 3-4
Calcahualco (VER). 273 E 6
Calderitas (ROO) .. 279 D 6
Calkiní (CAM) .. 279 B 4-5
Calles (TAM) . 272/273 A 5
Calnalí (HID) ... 273 D 5
Calotmul (YUC) . 279 B 6-7
Calpulalpan (MEX) . 272 D 4
Calpulalpan (TLA) .. 273 E 5
Calvillo (AGU) ... 272 C 1
Camalú (BCN) ... 262 C 1
Camargo (CHH) ... 268 A 2
Camargo (TAM). 269 B 8-9
Camarón (NLE) . 269 A 7-8
Camarones (NLE) . 269 D 8
Camotlán de Miraflores (COL) ... 271 E 3
Campeche (CAM) .. 278 C 4
Campo René (BCS) . 270 B 2
Cañada d. Moreno (GUA) ... 272 C 3
Cananea (SON) ... 263 C 7
Cañas (MIC) ... 275 A 4-5
Canatlán (DUR) ... 268 D 3
Cancún (ROO) .. 279 A 7-8
City Map ... 278
Candela (COA) ... 269 B 7
Candelaria (CAM) ... 277 A 8-9
Candelaria (CHH) .. 264 B 3
Candelaria (ROO) .. 279 C 6
Candelaria Loxicha (OAX) ... 276 D 3
Cándido Aguilar (TAM) ... 270 C 1-2
Cañitas de Felipe Pescador (ZAC) ... 272 A 1
Cansahcab (YUC) . 279 A 5-6
Capácuaro (MIC) .. 272 E 2
Capula (HID) ... 272 D 4-5
Carapán (MIC) ... 272 E 2
Carbajal (TAM) ... 270 D 2
Carbó (SON) ... 263 D 7
Carboneras (TAM) . 270 D 2
Cardel (VER) ... 273 E 7
Cárdenas (SLP) ... 272 C 4
Cárdenas (TAB) ... 277 B 6
Cardonal (HID) . 272 D 4-5
Carichi (CHH) ... 271 A 8
Carlos A. Carrillo (VER) ... 276 A 4
Carmona (MEX) . 272 E 3-4
Carrillo (CHH) ... 268 B 4
Casa Blanca (NLE) 269 B 7
Casa Vieja (SON). 263 D 6
Casas (TAM) ... 269 E 9
Casas Grandes (CHH) ... 264 C 1-2
Casas Grandes (SON) ... 263 D 6
Casimiro Castillo (JAL) ... 271 E 3
Castaños (COA) ... 269 B 6
Cataviña (BCN) ... 262 D 3
Catazajá (CHP) ... 277 B 7
Catemaco (VER) . 276 A 4-5
Cazones de Herrera (VER) ... 273 D 6
Cebadilla de Dolores (CHH) ... 264 D 1
Ceballos (DUR) ... 268 B 3
Cedral (ROO) ... 279 B 7
Cedral (SLP) ... 269 E 7
Cedros (SON) ... 271 A 6
Cedros (ZAC) ... 269 D 6
Celaya (GUA) ... 272 D 3
Celestún (CAM) ... 279 B 4
Cementerio Codornices (BCN) ... 262 D 3
Cenotillo (YUC) .. 279 AB 6
Cenzontle (COA) .. 268 A 4
Cerralvo (NLE) ... 269 B 8
Cerritos (SLP) ... 272 B 3
Cerritos de Bernal (SLP) ... 272 A 2
Cerro Azul (VER) .. 273 C 6
Cerro Gordo (JAL) 272 D 1
Cerro Nanchital (VER) ... 277/276 B 5
Cerro Pinto (SON) ... 262 A 3-4
Cerro Prieto (BCN) 262 A 2
Cerro Prieto (DUR) . 268 B 1
Chablé (CHP) ... 277 B 8
Chacaltianguis (VER) ... 276 A 4
Chahuites (OAX) .. 277 C 5
Chajul (GUA) ... 277 D 8-9
Chalcatongo (OAX) . 276 B 2
Chalchihuites (ZAC) . 271 A 4
Chalchijapan (VER) . 276 B 5
Chalco (DF) ... 272 E 4-5
Chamela (JAL) ... 271 E 2
Chametla (SIN) . 271 B 1-2
Champotón (CAM) ... 278 C 3-4
Chamula (CHP) ... 277 C 7
Chan Kom (YUC) .. 279 B 6
Chanal (CHP) ... 277 C 7
Chancah Veracruz (ROO) ... 279 C 7
Chandiablo (COL) . 271 E 3
Chapala (BCN) ... 262 D 3
Chapala (JAL) ... 271 D 4
Chapalilla (NAY) .. 271 C 3
Chapula (COA) ... 269 C 6
Chapulco (PUE) ... 276 A 2
Chapulhuacan (HID) ... 272 C 5
Charay (SIN) ... 271 B 7
Charcas (SLP) ... 272 A 2
Charco de la Peña (CHH) ... 264 E 5
Chaucingo (GRO) . 275 A 7
Chaveta (GRO) ... 275 B 5
Chekubul (CAM) ... 277 A 8
Chemax (YUC) ... 279 B 7
Chencán (CAM) ... 278 C 4
Chencoyi (CAM) .. 279 C 4
Cherán (MIC) ... 272 E 2
Chetumal (GUA) ... 279 D 6
Chiantla (GUA) ... 277 D 8
Chiapa de Corzo (CHP) ... 277 C 7
Chiautempan (TLA) ... 273 E 5-6
Chiautla de Tapia (PUE) ... 275 A 8
Chicacao (GUA) ... 277 E 8
Chicbul (CAM) ... 277 A 9
Chiché (GUA) ... 277 E 8-9
Chichicastenango (GUA) ... 277 E 8-9
Chichihualco (GRO) ... 275 B 7
Chicomuselo (CHP) ... 277 D 7
Chicontepec de Tejeda (VER) ... 273 D 5-6
Chicxulub (YUC) .. 279 A 5
Chicxulub Pto. (YUC) ... 279 A 5
Chignahuapan (PUE) ... 273 E 6
Chihuahua (CHH). . 264 E 3
Chihuahuita (SIN). 271 B 6-7
Chikindzonot (YUC) . 279 B 6
Chilapa (GRO) .. 275 B 7-8

Chilapa (NAY) 271 B2
Chilón (CHP) 277 B7
Chilpancingo (GRO) 275 B7
Chiltepec (TAB) 277 A6-7
Chimaltenango (GUA) 277 E9
Chimaltita (DUR) 271 B3
Chimaltitlán (JAL) 271 C4
China (CAM) 279 C4
China (NLE) 269 C8
Chinameca (VER) 276 A5
Chinampas (JAL) 272 C2
Chinipas (CHH) 271 A7
Chinobampo (SIN) 271 B7
Chiquilá (ROO) 279 A7
Chiquilistlán (JAL) 271 D4
Chocholá (YUC) 279 B4-5
Choix (SIN) 271 B7
Cholay (SON) 263 E6
Cholula (PUE) 273 E5
Chontalpa (TAB) 277 B6
Chontla (VER) 273 C6
Chuarrancho (GUA) 277 E9
Chuhuichupa (CHH) 264 D1
Chumpón (ROO) 279 C7
Chunchucmil (YUC) 279 B4-5
Chunhuhub (ROO) 279 C6
Chunyaxché (ROO) 279 B7
Chupadero de Caballo (COA) 265 D7-8
Churíntzio (MIC) 272 D1
Churumuco de Morelos (MIC) 275 A5
Ciénega de Casal (SIN) 271 C8
Ciénega de Escobar (DUR) 268 C2
Ciénega de Flores (NLE) 269 BC7
Cihuatlán (JAL) 271 E3
Cintalapa de Figueroa (CHP) 277 C6
Ciudad Acuña (COA) 265 D8-9
Ciudad Altamirano (GRO) 275 A5-6
Ciudad Anáhuac (NLE) 269 A7
Ciudad Constitución (BCS) 270 C4
Ciudad Cuauhtémoc (CHP) 277 D7
Ciudad del Carmen (CAM) 277 A7-8
Ciudad del Maíz (SLP) 272 B4
Ciudad Frontera (COA) 269 B6
Ciudad Guerrero (CHH) 264 E2
Ciudad Guzmán (JAL) 271 E4
Ciudad Hidalgo (CHP) 277 E7
Ciudad Hidalgo (MIC) 272 E3
Ciudad Insurgentes (BCS) 270 C3-4
Ciudad Ixtepec (OAX) 276 C4
Ciudad Juárez (CHH) 264 B2-3
Ciudad Lerdo (DUR) 268 C4
Ciudad Madero (TAM) 273 B6
Ciudad Mante (TAM) 272 B4
Ciudad Manuel Doblado (GUA) 272 D2
Ciudad Mendoza (VER) 276 A2-3
Ciudad Miguel Alemán (TAM) 269 B8
Ciudad Obregón (SON) 271 A6
Ciudad Pemex (TAB) 277 B7
Ciudad Sahagún (HID) 273 E5
Ciudad Serdán (PUE) 276 A2
Ciudad Valles (SLP) 272 C4-5
Ciudad Victoria (TAM) 269 E8
Coahuayana (MIC) 274 A3
Coahuayutla (GRO) 275 A5
Coahuila (BCN) 262 A3
Coalcomán de Matamoros (MIC) 274 A3-4
Coatepec (MEX) 275 A7
Coatepec (VER) 273 E6-7
Coatepeque (GUA) 277 E8
Coatzacoalcos (VER) 276 A5
Coatzingo (PUE) 276 A1
Cobá (ROO) 279 B7
Cobachi (SON) 263 E7
Cobán (GUA) 277 D9
Cocóspera (SON) 263 C7
Cocula (JAL) 271 D4
Coicoyán de las Flores (GRO) 276 B1
Cojumatlán (MIC) 271 D4
Colima (COL) 271 E4
Collones (MEX) 272 E3
Colomba (GUA) 277 E8
Colombia (NLE) 269 A8
Colón (QUE) 272 D3-4
Colonia la Hulería (TAB) 277 A8
Colonia la Mariana (BCN) 262 A2
Colonia Madero (CHH) 264 C2
Colonia Vado Banderas (CHH) 264 C4
Colotenango (GUA) 277 D8
Colotlán (JAL) 271 B4
Colotlipa (GRO) 275 B7-8
Comalá (COL) 271 E4
Comalcalco (TAB) 277 A6-7
Comitán de Domínguez (CHP) 277 C7-8
Comonfort (GUA) 272 D3
Compostela (NAY) 271 C2-3
Concepcion de Buenos Aires (JAL) 271 E4
Concepción del Oro (ZAC) 269 D6
Concordia (SIN) 271 A1-2
Conhuas (CAM) 279 D5
Conicarit (SON) 271 A6-7
Conitaca (SIN) 268 D1
Conkal (YUC) 279 A5
Constancia (SIN) 271 D8
Contepec (MIC) 272 E3
Contla (JAL) 271 E4
Copainalá (CHP) 277 B6
Copala (GRO) 275 C8
Copala (SIN) 271 A2
Copalillo (GRO) 275 A7
Coquimatlán (COL) 271 E3
Córdoba (VER) 276 A3
Coroneo (GUA) 272 D3
Corozal (GUA) 279 D6
Corraiero (OAX) 275 C8
Corral (TAM) 270 C1
Cortazar (GUA) 272 D2-3
Cosalá (SIN) 268 D1
Cosamaloapan (VER) 276 A3-4
Coscomatepec (VER) 273 E6
Cosío (AGU) 272 B1
Costa Rica (SIN) 271 D8
Costa Rica (SON) 263 E6
Cotaxtla (VER) 276 A3
Cotija de la Paz (MIC) 271 E4
Coxcatlán (PUE) 276 A2-3
Coyame (CHH) 264 D4
Coyoacán (DF) 272 E4
Coyotitán (SIN) 268 E1
Coyuca de Benítez (GRO) 275 B6-7
Coyuca de Catalán (GRO) 275 A6
Cozolapa (VER) 276 A3
Creel (CHH) 271 A8
Cruces (CHH) 264 D2
Cruillas (TAM) 270 D1
Cruz de Elorza (NLE) 269 E7
Cruz de Piedro (SON) 271 A5
Cruz Grande (GRO) 275 C7-8
Cuajinicuilapa (GRO) 275 C8
Cuatrociénegas de Carranza (COA) 269 A5
Cuauhtémoc (CHH) 264 E3
Cuauhtémoc (COL) 271 E4
Cuauhtémoc (DUR) 268 D4
Cuauhtémoc (TAM) 273 B5
Cuauhtemoctzin (TAB) 277 A5-6
Cuautepec (HID) 273 D5
Cuautitlán (MEX) 272 E4
Cuautitlán (JAL) 271 E3
Cuautla (JAL) 271 D3
Cuautla (MOR) 275 A7-8
Cubulco (GUA) 277 D9
Cuchillo Parado (CHH) 264 D5
Cucurpé (SON) 263 C7
Cuchuverachi (SON) 222 C1
Cuencamé (DUR) 268 D4
Cuerámaro (GUA) 272 D2
Cuernavaca (MEX) 275 A7
Cuetzalán (PUE) 273 D6
Cuichapa (VER) 276 A3
Cuitláhuac (VER) 276 A3
Culiacán (SIN) 271 D8
Culiacancito (SIN) 271 D8
Cumbres de Majalca (CHH) 264 E3
Cumpás (SON) 263 C8
Cumuripa (SON) 263 E8
Cunduacán (TAB) 277 A6
Cunén (GUA) 277 D9
Cuquío (JAL) 271 D4
Curácuaro (MIC) 275 A5
Cusárare (CHH) 271 A8
Custepec (CHP) 277 D7
Cutzamala de Pinzón (GRO) 275 A6
Cutzato (MIC) 272 E1
Cuzamá (YUC) 279 B5

D

Damián Carmona (SLP) 272 B4
Degollado (JAL) 272 D1
Delicias (CHH) 264 E4
Desemboque (SON) 263 D5
Dieciocho de Marzo (CAM) 277 A8
Dieciocho de Marzo (TAM) 270 C1-2
Dimas (SIN) 268 E1
Divisaderos (SON) 263 D8
División del Norte (CAM) 277 A9
División del Norte (CHH) 268 B3
Doctor Arroyo (NLE) 272 A3
Doctor Coss (NLE) 269 C8
Doctor González (NLE) 269 C8
Doctor Mora (GUA) 272 C3
Dolores (ZAC) 272 C2
Dolores Hidalgo (GUA) 272 C3
Domingo Chanona (CHP) 277 C6
Don Martin (COA) 269 A7
Donato Guerra (DUR) 268 D3
Dos Bocas (ROO) 279 D6
Dos Casas (MEX) 272 E3
Dos de Abril (SIN) 271 C7
Duarte (GUA) 272 C2
Durango (DUR) 268 D3
Dzemul (YUC) 279 A5
Dzibalchén (CAM) 279 C5
Dzidzantún (YUC) 279 A5
Dzilam de Bravo (YUC) 279 A6
Dzilam González (YUC) 279 A6
Dzitás (YUC) 279 B6
Dzitbalché (CAM) 279 B4
Dziuché (ROO) 279 C6
Dzoyola (ROO) 279 C6

E

Ebano (SLP) 273 B5
Ejido Héroes de la Independencia (BCN) 262 B2
Ejido Josefa Ortiz de Domínguez (SON) 263 C5
Ejido la Misión (BCN) 262 A1
Ejido Lic. Gustavo Díaz Ordaz (BCN) 262 C1
Ejido Tajitos (SON) 263 C5
Ejido Uruapan (BCN) 262 B1
Ejido Yucatán (BCN) 262 A2
Ejutla (JAL) 271 E3
Ejutla (OAX) 276 C3
El Águila (TAB) 277 B8
El Alacrán (TAB) 277 A6
El Alamillo (CHH) 264 D2
El Alamo (BCN) 262 B1
El Alamo (NLE) 269 B8
El Alicante (COA) 268 A4
El Arco (BCN) 262 E4
El Arenal (DUR) 268 D3
El Arenoso (SON) 263 C5
El Atajo (JAL) 271 D3
El Barreal (CHH) 264 B2
El Barretal (TAM) 269 D8
El Barril (BCN) 263 E5
El Barril (SLP) 272 A1
El Bosque (CHP) 277 B7
El Brillante (CHP) 277 C7
El Burro (SON) 263 D6
El Cajete (BCS) 271 D5
El Caldillo (CHH) 268 B1
El Camarón (OAX) 276 C3
El Canelo (NLE) 269 D7
El Cantabro (COA) 268 C4-5
El Cardón (BCN) 262 E3
El Carmen (CHP) 277 D6
El Carmen (GUA) 277 E7
El Carrizal (BCS) 271 E5
El Carrizal (CHH) 264 C3
El Carrizo (SON) 263 D6
El Carrizo (TAM) 270 D2
El Casco (DUR) 268 C3
El Cedral (ROO) 279 B7
El Centenario (BCS) 271 D5
El Chamal (TAM) 270 E2
El Chevo (BCS) 270 A1
El Chichón (VER) 277/276 B5
El Chinero (BCN) 262 B2
El Chorrito (NLE) 269 D8
El Cipres (BCN) 262 C2
El Ciruelo (BCS) 271 D5
El Colorado (SIN) 271 C6
El Conejo (BCS) 270/271 D4
El Coyote (SON) 263 C5
El Crucero (BCN) 262 D3
El Cuarenta (CHH) 264 C3
El Cuyo (YUC) 279 A7
El Delirio (ROO) 279 B7
El Desemboque (SON) 262 C4
El Doctor (QUE) 272 D4
El Doctor (SON) 262 A3
El Dorado (CHH) 268 A2
El Dorado (SIN) 271 D8
El Encial (SON) 263 E8
El Encinal (TAM) 270 D1
El Espinal (OAX) 276 C4
El Espino (TAB) 277 A7
El Estribo (SLP) 272 B4
El Faro (MIC) 274 A3
El Fraile (NLE) 269 C8
El Fuerte (SIN) 271 B7
El Golpe (TAB) 277 A6
El Grullo (JAL) 271 E3
El Guaje (COA) 265 E6
El Higo (VER) 273 C5
El Horcón (TAM) 270 C2
El Huacal (DUR) 268 C1
El Ideal (ROO) 279 B7
El Jarro (NLE) 269 E7
El Juile (VER) 276 B5
El León (COA) 265 E8
El Limon (JAL) 271 E3
El Limón (TAB) 277 A6
El Limón (TAM) 272 B4
El Lucero (CHH) 264 C3
El Manguito (CHP) 277 D6
El Mayor (BCN) 262 A2
El Médano (BCS) 270 D4
El Mezquite (ZAC) 272 A1
El Milagro (COA) 265 E7
El Mirador (CHH) 264 C2
El Molino (CHH) 264 D2
El Molino (SON) 263 C5
El Moral (COA) 265 E9
El Morrión (CHH) 264 D4
El Nacori (SON) 263 D6
El Naranjal (ROO) 279 C6
El Naranjo (GUA) 277 B9
El Naranjo (NAY) 271 B3
El Nopal (SON) 263 C7
El Oasis (SON) 263 D6
El Ocotito (GRO) 275 B7
El Ojito (DUR) 268 B2
El Olvido (TAM) 272 A4
El Orégano (ZAC) 268/269 D5
El Oro (COA) 268 A4
El Oro (MEX) 272 E3-4
El Oso (COA) 269 A5
El Palmito (DUR) 268 C3
El Papalote (COA) 269 B5
El Papalote (COA) 269 B5
El Paradero (CHH) 264 D5
El Paraíso (GRO) 275 B6
El Paraíso (VER) 276 B4
El Pastor (CHH) 264 D4
El Peñol (CHH) 264 D3
El Pescadero (BCS) 271 E5
El Plomo (SON) 263 B5
El Porvenir (CHH) 268 A1
El Porvenir (CHH) 264 B4
El Porvenir (CHP) 277 D7
El Provenir (BCN) 262 A1
El Puesto (JAL) 272 C2
El Quelite (SIN) 271 A1
El Rebalse (CHH) 264 E4
El Recodo (SIN) 271 A1
El Refugio (BCS) 270 D4
El Refugio (TAM) 270 C2
El Remolino (COA) 265 E8
El Reventón (SLP) 272 A2
El Revés (COA) 269 A5
El Rey (ROO) 279 AB8
El Roble (CHH) 264 C3
El Rodeo (GUA) 277 E9
El Rosario (GUA) 272 D3
El Rosario (SIN) 271 A2
El Rosario de Abajo (BCN) 262 C2
El Rosarito (BCS) 270 B4
El Rucio (ZAC) 272 A1-2
El Sacrificio (COA) 269 B6
El Sahuaro (SON) 262 B4-5
El Salado (COA) 265 D8
El Salitre (CHH) 264 E3-4
El Salitre (DUR) 268 C1-2
El Salto (DUR) 268 E2
El Salvador (ZAC) 269 D7
El Sargento (BCS) 271 D6
El Sásabe (SON) 263 B6
El Saúz (CHH) 264 DE3
El Sauzal de Rodríguez (BCN) 262 B1
El Socorro (SON) 262 C4-5
El Sueco (CHH) 264 D3
El Tajo (SLP) 272 B3
El Tamarindo (GRO) 275 C7
El Tecolote (BCS) 271 D5
El Tecolote (NLE) 269 D7
El Tecuán (JAL) 271 D2
El Temascal (TAM) 270 D1-2
El Terrero (GUA) 272 D3
El Triunfo (BCS) 271 E5-6
El Triunfo (SON) 263 E6
El Triunfo (TAB) 277 B8-9
El Tuito (JAL) 271 D2
El Tule (CHH) 268 A1
El Tule (COA) 265 E8
El Tule (COA) 269 C6
El Tule (JAL) 271 D2
El Vapor (CAM) 277 A8
El Varejonal (SIN) 271 C8
El Veinticuatro (CHH) 264 C4
El Venado (COA) 269 B6
El Venado (NAY) 271 C3
El Verde (SIN) 271 A1-2
El Vergel (DUR) 268 C4
El Vergelito (CHP) 277 C7
El Volcán (COA) 265 E6
El Walamo (SIN) 271 A1
El Zacatal (OAX) 276 C4
El Zape (DUR) 268 C2
Elocuca (SON) 263 C6
Elota (SIN) 268 E1
Emiliano Martínez (DUR) 268 C2
Emiliano Zapata (BCS) 270 A2
Emiliano Zapata (CAM) 279 C4-5
Emiliano Zapata (CHP) 277 B8
Emiliano Zapata (COA) 268/269 C5
Emiliano Zapata (ROO) 279 C6
Emiliano Zapata (SON) 263 E6
Empalme (NLE) 269 C8
Empalme (SON) 271 A5
Empalme Escobedo (GUA) 272 D3
Encarnación (HID) 272 D4
Encarnación de Díaz (JAL) 272 C1-2
Ensenada (BCN) 262 B1
Ensenada de los Muertos (BCS) 271 E6
Entronque La Cuchilla (COA) 268/269 C5
Epatlán (PUE) 275 A8
Eréndira (BCN) 262 B1
Ermita de los Correas (ZAC) 271 B4
Erongarícuaro (MIC) 272 E2
Escalón (CHH) 268 B3
Escuinapa de Hidalgo (SIN) 271 B2
Escuintla (CHP) 277 D7
Esmeralda (BCN) 262 D2
Esperanza (SON) 271 A6
Espinal (VER) 273 D6
Espinazo (NLE) 269 B6-7
Espíritu Santo (ZAC) 272 B2
Espita (YUC) 279 B6
Esqueda (SON) 263 C8
Estación Camacho (ZAC) 269 D5
Estación Candela (NLE) 269 B7
Estación Catorce (SLP) 272 A2-3
Estacion Charoas (SLP) 272 A3
Estación Chocoy (TAM) 273 B5
Estación Conchos (CHH) 268 A2-3
Estación Cruz (TAM) 269 D8
Estación Darías (COA) 268 D4-5
Estación Janota (NLE) 269 A8
Estación Las Tablas (SLP) 272 B4
Estación León Fonseca (SIN) 271 C7-8
Estación Llano (SON) 263 C6
Estación Ojuelos (ZAC) 272 A1
Estación Opal (ZAC) 269 D5
Estación Pabellones (AGU) 272 B1-2
Estación Pastora (SLP) 272 B4

Estación Pereyra (DUR) 268 B2
Estación Picachos (CHH) 264 D4-5
Estación Simón (DUR) 269 D5
Estación Vanegas (SLP) 269 E7
Etchojoa (SON) 271 B6
Etchonuaquilla (SON) 271 A6
Etchoropo (SON) 271 B6
Etronque El Huizache (SLP) 272 B3
Etzatlán (JAL) 271 D3
Ezequiel Montes (QUE) 272 D4

F

Felipe Carrillo Puerto (ROO) 279 C7
Fernández El Refugio (SLP) 272 C3
Filisola (VER) 278 D1
Filomeno Mata (VER) 273 D6
Flores García (ZAC) 268 E4
Fortin (VER) 276 A3
Francisco Escárcega (CAM) 277 A9
Francisco I. Madero (COA) 268 C4
Francisco I. Madero (DUR) 268 D3
Francisco Rueda (TAB) 277 B6
Francisco Zarco (BCN) 262 A1
Fraustro (COA) 269 C6
Fresnillo (ZAC) 271 A4
Frontera (TAB) 277 A7
Frontera Comalapa (CHP) 277 D7
Frontera Corozal (CHP) 277 C9
Frontera Hidalgo (CHP) 277 E7
Fronteras (SON) 263 C8
Fucu (YUC) 279 A5

G

Gabriel Zamora (MIC) 275 A4
Galeana (CHH) 264 C2
Galeana (NLE) 269 D7
Gallego (CHH) 264 D3
Gambara (MIC) 272 E1
García de la Cadena (JAL) 271 C4
Gargaleote (SLP) 272 C5
Garro (VER) 276 A4
Genaro Godina (ZAC) 272 B1
General Bravo (NLE) 269 C8
General Carlos Pacheco (CHH) 268 A1
General Cepeda (COA) 269 C6
General Fco. González Villarreal (TAM) 270 C1
General Frías (CHH) 264 E3
General Galeana (DUR) 268 C2
General Pánfilo Natera (ZAC) 272 B1-2
General Rodrigo M. Quevedo (CHH) 264 B2
General Simón Bolivar (DUR) 268 D4
General Terán (NLE) 269 C8
General Treviño (NLE) 269 B8
Gloria (COA) 269 B6
Golfo de Santa Clara (SON) 262 B3
Gómez Farías (CHH) 264 D2
Gómez Farías (COA) 269 D6-7
Gómez Farías (JAL) 271 E4
Gómez Farías (TAM) 272 A4
Gómez Palacio (DUR) 268 C3-4
González (TAM) 273 B5
González Ortega (ZAC) 272 A1
Gorguz (SON) 263 E6
Gran Morelos (CHH) 264 E3
Granados (GUA) 277 E9
Granados (SON) 263 D8
Gregorio Méndez (CHP) 277 B8
Gruñidora (ZAC) 269 D6
Grutas de García (NLE) 269 C7
Guachinango (JAL) 271 D3
Guachochi (CHH) 271 B8
Guadalajara (JAL) 271 D4
Guadalcázar (SLP) 272 B3
Guadalupe (COA) 265 E9
Guadalupe (DUR) 271 A2
Guadalupe (NLE) 269 C7
Guadalupe (SON) 263 D7
Guadalupe (TAM) 270 E1
Guadalupe (ZAC) 272 B1
Guadalupe de Bahues (CHH) 268 B2-3
Guadalupe de Bravo (CHH) 264 B3
Guadalupe de los Reyes (SIN) 268 D1
Guadalupe Victoria (DUR) 268 D3-4
Guadalupe Victoria (NAY) 271 C2
Guadalupe Victoria (PUE) 273 E6
Guadalupe Victoria (TAM) 270 C2
Guadalupe y Calvo (CHH) 271 B8
Guamúchil (SIN) 271 C7
Guanaceví (DUR) 268 C2
Guanajuato (GUA) 272 C2
Guanajuato (ZAC) 271 A4
Guardianes de la Patria (BCN) 262 A2
Guasave (SIN) 271 C7
Guatemala (GUA) 277 E9
Guaymas (SON) 271 A4
Güémez (TAM) 269 E9
Guerrero (COA) 265 E9
Guerrero (TAM) 269 B8
Guerrero Negro (BCS) 270 A1
Guimbalete (CHH) 268 A4
Guisamopa (SON) 263 E8
Gustavo Díaz Ordaz (BCS) 270 A2
Gutiérrez Zamora (VER) 273 D6-7
Guzmán (CHH) 264 B2

H

Halachó (YUC) 279 B4-5
Haltunchén (CAM) 278 C4
Hampolol (CAM) 279 C4
Hecelchakán (CAM) 279 B4-5
Hermosillo (SON) 263 D7
Hernández (SLP) 272 A1-2
Hidalgo (CHH) 264 C2
Hidalgo (DUR) 268 D3
Hidalgo (NLE) 269 BC7
Hidalgo (TAB) 277 A7
Hidalgo (TAM) 269 D8
Hidalgo (ZAC) 269 D5
Hidalgo del Parral (CHH) 268 A2
Hidalgotitlán (VER) 276 B5
Higuera de Zaragoza (SIN) 271 B6
Higueras (NLE) 269 C7-8
Hipolito (COA) 269 C6
Hocabá (YUC) 279 B5
Holbox (ROO) 279 A7
Holca (YUC) 279 B5-6
Hool (CAM) 279 C4
Hopelchén (CAM) 279 C5
Hormigas (CHH) 264 D4
Hormigas (COA) 268 A4
Hornos (SON) 271 A6
Hostotipaquillo (JAL) 271 C3-4
Huacao (MIC) 272 D3
Huachinera (SON) 263 C9
Huajuapan (DUR) 268 D2
Huajuapan de León (OAX) 276 B1-2
Hualahuises (NLE) 269 D8
Huamantla (TLA) 273 E6
Huamuxtitlán (GRO) 275 B8
Huandacareo (MIC) 272 D2
Huaniqueo (MIC) 272 E2
Huanusco (ZAC) 271 C4
Huasabas (SON) 263 D8
Huatabampo (SON) 271 B6
Huatulco (OAX) 276 D3
Huatusco (VER) 273 E7
Huauchinango (PUE) 273 D5-6
Huautla (HID) 273 C5
Huautla de Jiménez (OAX) 276 A3
Huayacocotla (VER) 273 D5
Huehuetenango (GUA) 277 D8
Huehuetla (HID) 273 D5
Huehuetlán El Chico (PUE) 275 A8
Huejotitán (CHH) 268 A1
Huejotzingo (PUE) 273 E5
Huejúcar (JAL) 271 B4
Huejuquilla El Alto (JAL) 271 B4
Huejutla de Reyes (HID) 273 C5
Huépac (SON) 263 D7
Huertecillas (SLP) 269 D6
Huetamo de Nuñez (MIC) 275 A5-6
Hueytamalco (PUE) 273 E6
Hueytepec (VER) 273 D6
Huhí (YUC) 279 B5
Huichapan (HID) 272 D4
Huimanguillo (TAB) 277 B6
Huimilpan (QUE) 272 D3
Huirivis (SON) 271 A5
Huisachal (COA) 269 B6
Huitiupan (CHP) 277 B7
Huitussi (SIN) 271 C7
Huitziltepec (GRO) 275 B7
Huitzuco (GRO) 275 A7
Huivulai (SON) 271 A6
Huixtla (CHP) 277 D7
Humariza (CHH) 268 A1
HuntoChac (CAM) 279 C5
Hunucmá (YUC) 279 A4-5
Hunukú (YUC) 279 B6-7

I

Ibarra (GUA) 272 C2
Ichmul (YUC) 279 B6
Ignacio de la Llave (VER) 276 A4
Ignacio Zaragoza (CHH) 264 D2
Iguala (GRO) 275 A7
Igualapa (GRO) 275 C8
Illescas (SLP) 272 A1
Imala (SIN) 271 D8
Imuris (SON) 263 C7
Indé (DUR) 268 C2
Infiernillo (MIC) 275 A5
Inguarán (MIC) 275 A5
Inmaculadita (SON) 263 D6
Irapuato (GUA) 272 D2
Isla (VER) 276 B4
Isla Aguada (CAM) 277 A8
Isla Mujeres (ROO) 279 A8
Isla Zaragoza (DUR) 268 D2-3
Iturbide (CAM) 279 C5
Iturbide (NLE) 269 D8
Itztacoyotla (HID) 272 D5
Ixcamilpa (PUE) 275 A8
Ixhuatlán (VER) 273 E7
Ixmiquilpan (HID) 272 D4
Ixtacomitán (CHP) 277 B6
Ixtahuaca de Rayón (MEX) 272 E3-4
Ixtapa (CHP) 277 C7
Ixtapa (GRO) 275 B5
Ixtapa (JAL) 271 D2
Ixtapa (PUE) 276 A2
Ixtapan de la Concepción (NAY) 271 C2
Ixtapan de la Sal (MEX) 275 A7
Ixtlahuacan (COL) 274 A3
Ixtlahuacan del Río (JAL) 271 D4
Ixtlán de Juárez (OAX) 276 B3
Ixtlán del Río (NAY) 271 C3
Izamal (YUC) 279 B5
Izúcar de Matamoros (PUE) 275 A8

J

J. Díaz Covarrubias (VER) 276 A4-5
J. Ma. Morelos (NAY) 271 C1
J. Rodríguez Clara (VER) 276 B4
Jacala (HID) 272 C4
Jacona d. Plancarte (MIC) 272 E1
Jalacingo (VER) 273 E6
Jalapa (TAB) 277 B7
Jalapa de Díaz (OAX) 276 A3
Jalapa del Marqués (OAX) 276 C4
Jalcocotán (NAY) 271 C2-3
Jaleaca de Catalán (GRO) 275 B7
Jalostotitlán (JAL) 272 C1
Jalpa (ZAC) 271 C4
Jalpa de Méndez (TAB) 277 A6
Jalpan (QUE) 272 C4
Jáltipan de Morelos (VER) 276 B5
Jamau (BCN) 262 B2
Jamay (JAL) 272 D1
Janos (CHH) 264 C1
Jantetelco (MOR) 275 A8
Jaral del Progreso (GUA) 272 D2-3
Jaumave (TAM) 272 A4
Jerécuaro (GUA) 272 D3
Jeréz de García Salinas (ZAC) 271 B4
Jerónimo (CHH) 264 B3
Jesayo (BCN) 262 A1-2
Jesús Carranza (CHH) 264 B3
Jesús Carranza (VER) 276 B5
Jesús María (AGU) 272 C1
Jesús María (NAY) 271 B3
Jilotepec (MEX) 272 E4
Jilotlán de los Dolores (JAL) 271 E4
Jiménez (CHH) 268 A2-3
Jiménez (COA) 265 D9
Jiménez de Teul (ZAC) 271 A4
Jiquilpan de Juárez (MIC) 271 E4
Jiquipilas (CHP) 277 C6
Jiquipilco (MEX) 272 E4
Jitzamuri (SIN) 271 B6
Joachín (VER) 276 A3
Jocotepec (JAL) 271 D4
Jocotitlán (MEX) 272 E4
Jojutla de J. (MOR) 275 A7
Jolalpan (PUE) 275 A8
Jonacapa (HID) 272 D4
Jonuta (TAB) 277 A7
Jopoy (VER) 273 B5
José Colomo (TAB) 277 B7
José María Morelos (ROO) 279 C6
José Saldaña (BCN) 262 B2
Juan Aldama (ZAC) 268 D4
Juan José Ríos (SIN) 271 C7
Juanacatlán (JAL) 271 D4
Juárez (CHH) 264 C1
Juárez (CHP) 277 B6
Juárez (COA) 269 A7
Juárez (COL) 271 E3
Juárez (NLE) 269 C7
Juárez (VER) 276 A4-5
Juchipila (ZAC) 271 C4
Juchique (VER) 273 E7
Juchitán (GRO) 275 C8
Juchitán de Zaragoza (OAX) 276 C5
Juchitlán (JAL) 271 D3
Julimes (CHH) 264 E4
Jungapeo (MIC) 272 E3
Juquila (OAX) 276 C2
Juquila Mixes (OAX) 276 C4
Juventino Rosas (GUA) 272 D2

K

Kanasín (YUC) 279 B5
Kantunil (YUC) 279 B5
Kantunilkin (ROO) 279 A7
Kapchén (ROO) 279 C6
Kaua (YUC) 279 B6
Kikil (YUC) 279 A6
Kinchil (YUC) 279 B5
Konchén (CAM) 279 C5

L

La Alameda (DUR) 268 D2
La Amistad (COA) 265 D8
La Angostura (SON) 263 C8
La Antigua (VER) 273 E7
La Ascensión (NLE) 269 D8
La Babia (COA) 265 E7
La Barca (JAL) 272 D1
La Bocana (BCN) 262 D3
La Bocana (BCN) 262 B1
La Bocana (BCS) 270 B2
La Boquilla del Conchos (CHH) 268 A2
La Brecha (SIN) 271 C7
La Bufa (CHH) 271 A8
La Bufadora (BCN) 262 B1
La Calle (GUA) 272 D2
La Cantera (MIC) 272 E1
La Catedral (CHH) 268 B1
La Ciénega (SON) 263 C6
La Ciudad (DUR) 268 E2
La Colorado (SON) 263 E7
La Coma (TAM) 270 D1
La Concha (DUR) 268 D3
La Concordia (CHP) 277 C7
La Costa (CAM) 279 B4
La Cruz (CHH) 268 A2
La Cruz (HID) 272 D4
La Cruz (SIN) 268 E1
La Cruz de Loreto (JAL) 271 E2
La Cuesta (COA) 265 E7
La Democracia (GUA) 277 D8
La desviación de la Unión (GRO) 275 B5
La Dura (SON) 263 E8
La Escondida (NLE) 269 D7
La Escopeta (BCS) 271 E8
La Esperanza (CAM) 279 D4
La Esperanza (CHH) 264 D3-4
La Estancia (DUR) 268 B2
La Flor de Jimulco (COA) 268 C4
La Florida (BCS) 270 C3
La Gloria (JAL) 271 E2
La Gloria (NLE) 269 B8
La Gringa (BCN) 262 D4
La Guajolota (DUR) 271 A3
La Hediondilla (NLE) 269 D7
La Herradura (SLP) 272 A2
La Higuera (SON) 271 A7
La Huacana (MIC) 275 A5
La Huerta (BCN) 262 B1-2
La Huerta (JAL) 271 E3
La Jarille (SLP) 272 B5
La Laguna (CHH) 268 A2
La Laja (VER) 273 C6
La Libertad (CHP) 277 B8
La Libertad (GUA) 277 D8
La Linda (COA) 265 D7
La Magarita del Norte (COA) 269 B5
La Manga (SON) 263 D6
La Máquina (CHH) 264 C4
La Memela (SLP) 272 B4
La Mesa del Huracán (CHH) 264 D1-2
La Mesilla (GUA) 277 D8
La Misa (SON) 263 E7
La Misión (BCN) 262 A1
La Misión (HID) 272 C4
La Mora (COA) 269 A5
La Morita (CHH) 264 E5
La Muralla (COA) 265 D9
La Noria (SIN) 271 A1
La Nueva Victoria (VER) 276 A4
La Ochoa (DUR) 268 D4
La Palma (NAY) 271 B2
La Palma (SON) 263 E7
La Palma (TAB) 277 B8
La Paloma (SON) 263 E6
La Paz (BCS) 271 D5
La Paz (CHH) 264 E3
La Peña (DUR) 271 A3
La Perla (CHH) 264 E5
La Perla (DUR) 268 C3
La Pesca (TAM) 270 E2
La Piedad (MIC) 272 D2
La Piedra (VER) 276 A3-4
La Pila (SIN) 271 C7
La Pila (SLP) 272 B3
La Pinta (CHH) 264 D2
La Pocitos de Aguirre (SON) 263 E7
La Poza Grande (BCS) 270 C3
La Purísima (BCS) 270 B3
La Recholera (DUR) 268 C3
La Reforma (OAX) 276 C2
La Revancha (TAB) 277 B8
La Ribera (BCS) 271 E6
La Rosa (COA) 269 C6
La Rosita (COA) 265 E6
La Rosita (COA) 265 E8
La Rumorosa (BCN) 262 A1
La Selva (CHH) 265 E6
La Soledad (COA) 269 B6
La Soledad (DUR) 271 C8
La Soledad (DUR) 268 D3
La Soledad (TAM) 270 E1
La Tasajera (SON) 263 D9
La Templadera del Derrumbe (DUR) 268 C1
La Tinaja (VER) 276 A3
La Trinidad (BCS) 271 E6
La Trinitaria (CHP) 277 C7
La Trueba (SLP) 269 D7
La Union (DUR) 268 C4
La Unión (GUA) 279 D5-6
La Venada (BCS) 270 B3
La Ventana (BCN) 262 B2
La Ventana (SLP) 272 A3
La Ventosa (OAX) 276 C5
La Zarca (DUR) 268 C3
Lacanja (CHP) 277 C8
Lagos de Moreno (JAL) 272 C2
Laguna de San Ignacio (BCS) 270 B2-3
Laguna del Rey (COA) 268 A4
Laguna Kana (ROO) 279 C6
Lagunillas (SLP) 272 C4
Lagunitas (SON) 262 A3
Lamadrid (COA) 269 A6
Lampazos de Naranjo (NLE) 269 A7
Landa de Matamoros (QUE) 272 C4
Larrainzar (CHP) 277 C7
Las Adjuntas (TAM) 270 D1-2
Las Arrastras (BCN) 262 D3
Las Barrancas (BCS) 270 B3
Las Bocas (SON) 271 B6
Las Brujas (TAM) 272 B5
Las Cañaditas (JAL) 271 C4
Las Choapas (VER) 277 B5
Las Coloradas (YUC) 279 A7
Las Conchas (CHH) 264 D5

Las Cruces (BCS) **271** D5
Las Cruces (SLP) **272** B2
Las Cucharas (VER) **273** C6
Las Cuevas (BCS) **271** E6
Las Encantades (BCN) **262** D3
Las Esperanzas (COA) **269** A6
Las Glorias (SIN) **271** C7
Las Granjas (CHH) **264** B3
Las Hormigas (NLE) **270** C1
Las Lagunas (BCS) **271** E6
Las Margaritas (CHP) **277** C7-8
Las Mesas (GRO) **275** C7
Las Minitas (BCN) **262** C2-3
Las Nieves (DUR) **268** B2
Las Norias (COA) **265** D7
Las Palmas (ZAC) **271** A4
Las Palomas (BCS) **270** A2
Las Palomas (COA) **269** B5-6
Las Parras (BCN) **262** C2-3
Las Peñas (MIC) **274** A4
Las Rosas (CHP) **277** C7
Las Varas (CHH) **264** E4
Las Varas (CHH) **264** D2
Las Varas (NAY) **271** C2
Las Vigas (GRO) **275** C7
Las Vigas (VER) **273** E6
Laureles (COA) **269** A5
Lavin (TAM) **272** A5
Lázaro Cárdenas (BCN) **262** B2
Lázaro Cárdenas (CHH) **264** E4
Lázaro Cárdenas (CHP) **277** C6
Lázaro Cárdenas (GRO) **274** B4
Lázaro Cárdenas (OAX) **276** C5
Lázaro Cárdenas (ROO) **279** D6
León (GUA) **272** C2
León Guzmán (DUR) **268** C4
Leona Vicario (ROO) **279** A7
Lequeifio (COA) **268** C4
Lerdo de Tejada (VER) **276** A4
Lerma (CAM) **278** C4
Libre Unión (YUC) **279** B5-6
Limones (ROO) **279** C6-7
Linares (NLE) **269** D8
Llera de Canales (TAM) **272** A4
Lobatos (ZAC) **271** B4
Loma Blanca (CHH) **264** D4
Loma Bonita (OAX) **276** A4
Lomas de Arena (CHH) **264** C4-5
Lomas de Chapultepec (GRO) **275** C7
Lomas del Real (TAM) **273** B6
Loreto (BCS) **270** B4
Loreto (ZAC) **272** B2
Los Aldamas (NLE) **269** B8
Los Altos (TAM) **270** B1
Los Arrieros (SON) **263** E7
Los Ayala (NAY) **271** D2
Los Aztecas (TAM) **272/273** B5
Los Barriles (BCS) **271** E6
Los Bateos (SIN) **268** E1
Los Comales (TAM) **269** B8-9
Los Corrales (BCN) **263** E5
Los Encuentros (GUA) **277** E8-9
Los Frailes (CHH) **268** C1
Los Gavilanes (BCS) **270** A2
Los Herrera (DUR) **268** C2
Los Herreras (NLE) **269** C8
Los Hoyos (SON) **263** C8
Los Ídolos (TAB) **277** A7
Los Inocentes (BCS) **271** E5
Los Janos (SON) **263** C7
Los Lavaderos (TAM) **273** A6
Los Lirios (ROO) **279** C6
Los Mochis (SIN) **271** C6
Los Molinos (SON) **263** B6
Los Morales (TAM) **270** D1-2
Los Muertos (SON) **271** B7
Los Naranjos (VER) **276** A3
Los Nogales (NLE) **269** B8
Los Nopales (CHH) **264** E3
Los Olímpicos (SLP) **272** B5
Los Pericos (TAM) **273** A6
Los Picos (COA) **265** D7
Los Pinitos (SON) **263** D6
Los Planes (BCS) **271** E6
Los Puentes (SIN) **271** D8
Los Ramones (NLE) **269** C8
Los Remedios (DUR) **268** D1
Los Reyes de Salgado (MIC) **272** E1
Los Rodríguez (COA) **269** A6
Los Volcanes (JAL) **271** D3
Lucio Vázquez (TAM) **272** B4
Luis Echeverría (BCN) **262** A1
Luis Moya (DUR) **268** D4
Luis Moya (ZAC) **272** B1

M

Maclovio Herrera (CHH) **264** DE4
Macuspana (TAB) **277** B7
Madera (CHH) **264** D1-2
Magdalena (JAL) **271** D4
Magdalena de Kino (SON) **263** C6-7
Magdalena Tequisistlán (OAX) **276** C4
Magiscalzin (TAM) **272/273** B5
Magozal (VER) **273** C5-6
Maguarichi (CHH) **271** A8
Magueyal (COA) **269** A5
Mahahual (ROO) **279** D7
Malarrimo (BCS) **270** A1
Malinalco (MEX) **275** A7
Malpaso (JAL) **271** D3
Malpaso (ZAC) **272** B1
Mama (YUC) **279** B5
Mamantel (CAM) **277** A8
Mamulique (NLE) **269** B7
Manatlán (JAL) **271** E3
Maní (YUC) **279** B5
Manuel (TAM) **273** B5
Manuel Benavides (CHH) **265** D5-6
Manzanillo (COL) **274** A2
Mapastepec (CHP) **277** D7
Mapimí (DUR) **268** C4
Maravatío (MIC) **272** E3
Maravillas (CHH) **268** A3
Marín (NLE) **269** C7-8
Mariscala de Juárez (OAX) **276** B1
Marquelia (GRO) **275** C8
Martínez de la Torre (VER) **273** DE6-7
Mascota (JAL) **271** D3
Maskall (GUA) **279** D6
Mata Ortiz (CHH) **264** C1-2
Matachi (CHH) **264** E2
Matamoros (CAM) **277** A9
Matamoros (COA) **268** C4-5
Matamoros (TAM) **270** C2
Matanzas (JAL) **272** C2
Matehuala (SLP) **272** A3
Matías Romero (OAX) **276** C5
Maxcanú (YUC) **279** B4
Mayanalán (GRO) **275** A7
Maycoba (SON) **263** E9
Maytorena (SON) **263** E7
Mazamitla (JAL) **271** E4
Mazapil (ZAC) **269** D6
Mazatán (CHP) **277** E7
Mazatán (SON) **263** D7
Mazatenango (GUA) **277** E8
Mazatlán (SIN) **271** A1
Mazocahui (SON) **263** D7-8
Mecatán (NAY) **271** C2-3
Mecayucan (VER) **276** A3-4
Medias Aguas (VER) **276** B5
Melchor Múzquiz (COA) **269** A6
Melchor Ocampo (ROO) **279** D5-6
Melchor Ocampo (ZAC) **269** D6
Meoqui (CHH) **264** E4
Meresichic (SON) **263** C7
Mérida (YUC) **279** B5
City Map **278**
Mesa de Guadalupe (DUR) **268** CD1
Mesa de las Tablas (COA) **269** C7
Meson del Prado (QUE) **272** D3
Metepec (HID) **273** D5
Metepec (MEX) **272** E4
Metepec (PUE) **275** A8
Metlaltoyucan (PUE) **273** D6
Metlatonoc (GRO) **275** B8
Metztitlán (HID) **272** D5
Mexcaltitán (NAY) **271** C2
Mexicali (BCN) **262** A2
México D.F. (Mexico City) (DF) **272** E4
City Map **273**
Mexticacán (JAL) **271** C4
Mezcala (GRO) **275** B7
Mezcalapa (CHP) **277** B6
Mezquital (DUR) **271** A3
Mezquital (TAM) **270** C2
Mezquitic (JAL) **271** B4
Mezquititlán (HID) **272/273** D5
Mezquitosa (COA) **269** A7
Miahuatlán (OAX) **276** C3
Mier (TAM) **269** B8
Mier y Noriega (NLE) **272** A3
Miguel Auza (ZAC) **268** D4
Miguel Hidalgo (TAM) **272** B4
Mil Cumbres (MIC) **272** E3
Milpillas (CHH) **271** A7
Milpillas (SON) **263** D6
Mina (NLE) **269** C7
Minas de Barroterán (COA) **269** A6
Minas la Luz (COA) **269** A6
Minatitlán (COL) **271** E3
Minatitlán (VER) **278** D1
Mineral de Pozos (GUA) **272** C3
Mineral del Chico (HID) **272** D5
Mineral del Monte (HID) **272/273** D5
Miquihuana (TAM) **272** A4
Mirador (CHP) **277** C6
Miraflores (BCS) **271** E6
Misantla (VER) **273** E7
Misión de San Fernando (BCN) **262** C2
Mitla (OAX) **276** C3
Mixco (GUA) **277** E9
Mixquiahuala (HID) **272** D4
Mixtlán (JAL) **271** D3
Mochitlán (GRO) **275** B7
Mocorito (SIN) **271** C8
Mocorúa (SON) **271** B6
Moctezuma (CHH) **264** C3
Moctezuma (SLP) **272** B2-3
Moctezuma (SON) **263** D8
Mohovano (COA) **268** B4
Molango (HID) **272/273** D5
Momax (ZAC) **271** C4
Monclova (CAM) **277** A9
Monclova (COA) **269** B6
Monte Escobedo (ZAC) **271** B4
Monte Mariana (ZAC) **271** A4
Monte Pío (VER) **276** A4-5
Montemorelos (NLE) **269** C8
Monterde (CHH) **271** A7
Monterrey (BCN) **262** A2
Monterrey (CHP) **277** C6
Monterrey (NLE) **269** C7-8
Morcillo (DUR) **268** D3
Morelia (MIC) **272** E2
Morelos (BCN) **262** A3
Morelos (COA) **265** D7
Morelos (COA) **265** E8-9
Morelos (DUR) **268** C2
Morelos (SON) **263** E7
Morelos (ZAC) **272** B1
Moroleón (GUA) **272** D2
Morón (TAM) **273** B6
Motozintla de Mendoza (CHP) **277** D7
Motul (YUC) **279** A5
Movas (SON) **263** E8
Moyahua de Estrada (ZAC) **271** C4
Mulatos (SON) **263** E9
Mulegé (BCS) **270** B3-4
Muna (YUC) **279** B5

N

Nacajuca (TAB) **277** A6-7
Naco (SON) **263** B7-8
Nacori Chico (SON) **263** D8
Nacozari de García (SON) **263** C8
Nadadores (COA) **269** A6
Nahuajá (GUA) **277** E8
Nahuatzen (MIC) **272** E2
Naica (CHH) **268** A2
Namiquipa (CHH) **264** D2
Nanacamilpa (TLA) **273** E5
Nanchital (VER) **276** A5
Naolinco (VER) **273** E7
Napopa (SON) **263** D9
Naranjo (SIN) **271** C7
Naranjos (VER) **273** C6
Nátora (SON) **263** E9
Naucalpan (MEX) **272** E4
Nautla (VER) **273** D7
Nava (COA) **265** E9
Navarrete (NAY) **271** C2
Navojoa (SON) **271** A6
Navolato (SIN) **271** D8
Nazas (DUR) **268** C3
Nebaj (GUA) **277** D8
Neixpa (MIC) **274** A4
Neutla (GUA) **272** D3
Nezahualcóyotl (DF) **272** E4-5
Nicolás Bravo (ROO) **279** D6
Nieves (ZAC) **268** D4
Nieves Ixpantepec (OAX) **276** B1
Niltepec (OAX) **276** C5
Nochistlan (ZAC) **271** C4
Nocupétaro de Morelos (MIC) **272** E2-3
Nogales (CHH) **264** B1
Nogales (SON) **263** B6
Nogales (VER) **276** A2-3
Nohalal (YUC) **279** C5
Nohbec (ROO) **279** C6
Nombre de Dios (DUR) **268** E3
Nonoava (CHH) **268** A1
Nopala (OAX) **276** C2
Nopoló (BCS) **270** C4
Noria (SON) **263** D7
Norias (ZAC) **269** D5
Norias del Caballo (COA) **268** A4
Norógachi (CHH) **271** A8
Novillero (NAY) **271** B2
Nueva Cd. Guerrero (TAM) **269** B8
Nueva Coahuila (CAM) **277** B9
Nueva Italia de Ruíz (MIC) **275** A4-5
Nueva Reforma (COA) **269** A5-6
Nueva Rosita (COA) **265** E9
Nuevo Anáhuac (NLE) **269** AB7-8
Nuevo Campechito (TAB) **277** A7
Nuevo Casas Grandes (CHH) **264** C2
Nuevo Ideal (DUR) **268** D2-3
Nuevo Ixcatlán (VER) **276** B4
Nuevo Laredo (TAM) **269** A8
Nuevo León (BCN) **262** A2
Nuevo México (CHP) **277** C6
Nuevo Morelos (TAM) **272** B4
Nuevo Padilla (TAM) **269** D9
Nuevo Valle de Moreno (GUA) **272** C2
Numaran (MIC) **272** D2
Nuncio (COA) **269** C7
Nunkiní (CAM) **279** B4
Nurí (SON) **263** E8
Nuxco (GRO) **275** B6

O

Oaxaca (OAX) **276** B3
Ocampo (CHH) **264** E1
Ocampo (COA) **269** A5
Ocampo (GUA) **272** C2
Ocampo (TAM) **272** B4
Ocoroni (SIN) **271** B8
Ocós (CHP) **277** E7
Ocosingo (CHP) **277** C7-8
Ocotlán (JAL) **271** D4
Ocotlán (OAX) **276** C3
Ocozocoautla (CHP) **277** C6
Ohuisa (SON) **263** E8
Ojinaga (CHH) **264** D5
Ojo Caliente (ZAC) **272** B1
Ojo de Carrizo (CHH) **264** D4
Ojo Laguna (CHH) **264** D3
Ojos Calientes (CHH) **264** C3
Ojos Negros (BCN) **262** B1
Ojuelos de Jalisco (JAL) **272** C2
Olinalá (GRO) **275** B8
Omealca (VER) **276** A3
Ometepec (GRO) **275** C8
Onavas (SON) **263** E8
Opichén (YUC) **279** B5
Opodepe (SON) **263** D7
Opopeo (MIC) **272** E2
Oquitoa (SON) **263** C6
Orange Walk (GUA) **279** D6
Oriental (PUE) **273** E6
Orizaba (VER) **276** A2
Orizatlán (HID) **272/273** C5
Orozo (SON) **271** A5
Ortiz (SON) **263** E7
Oscar Soto Maynes (CHH) **264** D2
Ostuacán (CHP) **277** B6
Ostula (MIC) **274** A3
Otinapa (DUR) **268** D2-3
Otumba (MEX) **272** E5
Oxkutzcab (YUC) **279** B5
Ozuluama (VER) **273** C6
Ozumba (MEX) **275** A8

P

Paa-mul (ROO) **279** B7
Pabelo (JAL) **271** E3
Pacheco (CHH) **264** C1
Pacheco (ZAC) **269** D5
Pachuca (HID) **272** D5
Paila (COA) **269** C5
Pajacuarán (MIC) **272** D1
Pajapan (VER) **276** A5
Pajapita (GUA) **277** E7-8
Pajaritos (NAY) **271** B2
Palaú (COA) **269** A6
Palenque (CHP) **277** B8
Palín (GUA) **277** E9
Palizada (CAM) **277** A7-8
Palma Sola (VER) **273** E7
Palmar de Cuautla (NAY) **271** B2
Palmarillo (VER) **276** A4
Palmas (ROO) **279** C6-7
Palmillas (TAM) **272** A4
Palmitos (NLE) **269** C8
Palo Gordo (DUR) **271** A2
Palomares (OAX) **276** B4
Palomas (SLP) **272** B4
Panabá (YUC) **279** A6
Panindicuaro (MIC) **272** E2
Pantelhó (CHP) **277** B7
Pantepec (PUE) **273** D6
Pánuco (VER) **273** BC5
Papaloapan (OAX) **276** A3-4
Papalutla (GRO) **275** A8
Papantla (VER) **273** D6
Paracho de Verduzco (MIC) **272** E1
Parácuaro (GUA) **272** D3
Parácuaro (MIC) **272** E1
Paraíso (TAB) **277** A6
Parás (NLE) **269** B8
Paredón (CHP) **277** C6
Paredón (COA) **269** C7
Parotal (GRO) **275** B6
Parras de la Fuente (COA) **269** C5
Pascualitos (BCN) **262** A2
Paso de Cuarenta (JAL) **272** C2
Paso de Ovejas (VER) **273** E7
Paso del Macho (VER) **276** A3
Paso del Toro (VER) **273** E7
Paso Hondo (CHP) **277** D7
Paso Nacional (DUR) **268** C3-4
Pastór Ortíz (MIC) **272** D2
Pastora (COA) **269** C6
Pathe (MEX) **272** E4
Pátzcuaro (MIC) **272** E2
Patzicía (GUA) **277** E9
Patzún (GUA) **277** E8-9
Pedernales (CHH) **264** E2
Pedernales (MIC) **272** E2
Pedriceña (DUR) **268** C4
Pedro Escobedo (QUE) **272** D3
Peñamiller (QUE) **272** C4
Peñitas (NAY) **271** C2
Pénjamo (GUA) **272** D2
Peñón Blanco (DUR) **268** D3
Peñuelas (PUE) **273** E5
Peribán (MIC) **272** E1
Pericos (NAY) **271** B2
Pericos (SIN) **271** C8
Perote (VER) **273** E6
Pesqueira (SON) **263** D7
Petapa (GUA) **277** E9
Petaquillas (GRO) **275** B7
Petatlán (GRO) **275** B5
Petcacab (ROO) **279** C6
Petlalcingo (PUE) **276** A1-2
Peto (YUC) **279** B6
Pich (CAM) **279** C4
Pichachi (CHH) **264** E2
Pichilingue (BCS) **271** D5
Pichucalco (CHP) **277** B6
Pie de la Cuesta (GRO) **275** C6-7
Piedras Negras (COA) **265** E9
Piedras Negras (VER) **276** A3-4
Piedritas (COA) **265** E6
Pihuamo (JAL) **271** E4
Pijijiapan (CHP) **277** D6
Pimientillo (NAY) **271** B2
Pinos (ZAC) **272** B2
Pinotepa de Don Luis (OAX) **276** C2
Piste (YUC) **279** B6
Pitahayo (GRO) **275** C8

Pitiquito (SON) . . . 263 C5
Pixoyal (CAM) . . . 277 A9
Placer (ROO) . . . 279 C7
Placer de Guadalupe (CHH) . . . 264 D4
Plan de las Hayas (VER) . . . 273 E7
Plan del Carmen (CAM) . . . 277 A7-8
Plateros (ZAC) . . . 271 A4
Platón Sánchez (VER) . . . 273 C5
Playa Algodones (SON) . . . 263 E6
Playa Azul (MIC) . . . 274 B4
Playa del Carmen (ROO) . . . 279 B7-8
Playa Grande (GUA) . 277 D9
Playa La Costilla (BCN) . . . 262 C3
Playa Lauro Villar (TAM) . . . 270 C2-3
Playa Los Corchos (NAY) . . . 271 C2
Playa Vicente (VER) . 276 B4
Polotitlan (MEX) . . . 272 D4
Polvorillas (CHH) . . . 265 E5
Polyuc (ROO) . . . 279 C6
Pomaro (MIC) . . . 274 A3
Pomuch (CAM) . . . 279 B4
Poncitlán (JAL) . . . 271 D4
Popolnah (YUC) . . . 279 B7
Portezuelo (SLP) . . . 272 B3
Porvenir (ROO) . . . 279 A7
Potam (SON) . . . 271 A5
Potosi (NLE) . . . 269 D7
Potrero de Gallegos (ZAC) . . . 271 B4
Potrero de Los Sánchez (SIN) . . . 271 C8
Potrero del Llano (CHH) . . . 264/265 D5
Potrero del Llano (VER) . . . 273 C6
Poza Rica (VER) . . . 273 D6
Poza Teresa (BCS) . 270 C4
Pozas de Santa Ana (SLP) . . . 272 B3
Pozo Coyote (SON) 263 D5
Pozo de Gamboa (ZAC) . . . 272 B1
Pres. Juárez (ROO) 279 C6
Presa Verde (SLP) 269 DE7
Presidio de Arriba (DUR) . . . 268 C2
Primero de Mayo (COA) . . . 269 A6-7
Primo Tapia (BCN) 262 A1
Progreso (CHH) . . . 264 C2
Progreso (COA) . . . 269 A6-7
Progreso (GUA) . . . 279 D6
Puc-té (ROO) . . . 279 D6
Puebla (PUE) . . . 273 E5-6
Pueblito (CHH) . . . 264 D4-5
Pueblito de Allende (CHH) . . . 268 A2
Pueblo de Alamos (SON) . . . 263 D7
Pueblo Hidalgo (GRO) . . . 275 C8
Pueblo Nuevo (CHP) . . . 277 B6-7
Pueblo Nuevo (GUA) . . . 272 D2
Pueblo Nuevo Solistahuacan (CHP) . . . 277 B6-7
Pueblo Viejo (VER) . 277 B6
Pueblo Yaqui (SON) . . . 271 A5
Puente de Ixtla (MOR) . . . 275 A7
Puente Negro (COA) . 265 E9
Puertecitos (BCN) 262 C3
Puerto Adolfo López Mateos (BCS) . . . 270 C3
Puerto Angel (OAX) . 276 D3
Puerto Arista (CHP) . 277 D6
Puerto Bravo (ROO) 279 D7
Puerto Cancún (BCS) . . . 270 D4
Puerto Catarina (BCN) . . . 262 D2
Puerto Chale (BCS) . 270 D4
Puerto Cortés (BCS) . . . 270 D3-4
Puerto Escondido (BCS) . . . 270 A1
Puerto Escondido (BCS) . . . 270 C4
Puerto Escondido (OAX) . . . 276 D2
Puerto Juárez (ROO) . . . 279 A7-8
Puerto Libertad (SON) . . . 262/263 D5
Puerto Lobos (SON) . 263 C5
Puerto Madero (CHP) . . . 277 E7
Puerto Madero (ROO) . 279 C7
Puerto Magdalena (BCS) . . . 270 D3
Puerto Morelos (ROO) . . . 279 B8
Puerto Paloma (OAX) . . . 277 C5
Puerto Peñasco (SON) . . . 262 B4
Puerto Progreso (YUC) . . . 279 A5
Puerto Real (CAM) . . 277 A8
Puerto San Carlos (BCS) . . . 270 D3-4
Puerto Vallarta (JAL) . . . 271 D2-3
Punta Abreojos (BCS) . . . 270 B2
Punta Allen (ROO) 279 C7
Punta Baja (BCN) . 262 D2
Punta Cabras (BCN) . . . 262 B1
Punta Colonet (BCN) . . . 262 B1-2
Punta Coyote (BCS) . 271 D5
Punta de Mita (NAY) . . . 271 D2
Punta Eugenia (BCS) . . . 270 A1
Punta Final (BCN) . 262 D3
Punta Morro Redondo (BCN) . . . 262 E2-3
Punta Prieta (BCN) 262 D3
Punta Prieta (BCS) . 270 A1
Punta Radar (BCN) 262 C3
Punta Sam (ROO) 279 A7-8
Punta Santo Domingo (BCN) . . . 262 E3
Purépero (MIC) . . . 272 E2
Purificación (JAL) . 271 E3
Puruándiro (MIC) . . . 272 D2
Puruarán (MIC) . . . 272 E2
Pustunich (CAM) . . . 279 C4
Putla de Guerrero (OAX) . . . 276 B2

Q

Quechultenango (GRO) . . . 275 B7-8
Queréndaro (MIC) . . . 272 E3
Querétaro (QUE) . . . 272 D3
Querobabi (SON) . . . 263 C7
Quezaltenango (GUA) . . . 277 E7-8
Quila (SIN) . . . 271 D8
Quimichis (NAY) . . . 271 B2
Quintero (TAM) . . . 272 B4
Quiriego (SON) . . . 271 A6
Quiroga (MIC) . . . 272 E2
Quitupan (JAL) . . . 271 E4

R

R. de Lugo (CHH) . . . 264 E2
Rabinal (GUA) . . . 277 D9
Rafael L. Grajales (PUE) . . . 273 E6
Ramírez (COA) . . . 269 A7
Ramón Corona (DUR) . . . 268 D4
Ramos Arizpe (COA) . . . 269 C6-7
Raudales (ROO) . . . 279 D6
Raudales de Malpaso (CHP) . . . 277 B6
Rayón (CHP) . . . 277 B6-7
Rayón (SLP) . . . 272 C4
Rayones (NLE) . . . 269 D7
Real de Catorce (SLP) . . . 269 E7
Rebelco (SON) . . . 263 E8
Reforma (CHP) . . . 277 B6
Reforma (ROO) . . . 279 D6
Refugio de Abrego (ZAC) . . . 271 A4
Regocijo (DUR) . . . 271 A2
Rellano (CHH) . . . 268 B3
Retalhuleu (GUA) . . . 277 E8
Revolución Mexicana (CHP) . . . 277 C6-6
Reynosa (TAM) . . . 270 B1
Ricardo Flores Magón (CHH) . . . 264 D3
Rincón de Romos (AGU) . . . 272 B1
Rincón Juárez (OAX) . . . 276 C5
Río Bravo (COA) . . . 265 E8-9
Río Bravo (GUA) . . . 277 E8
Río Bravo (TAM) . . . 270 C1-2
Río Chancalá (CHP) . . . 277 B8
Río Escondido (ROO) . . . 279 D5-6
Río Grande (OAX) . 276 C2
Río Grande (ZAC) . . . 268/269 E5
Río Lagartos (YUC) . . . 279 A6-7
Ríoverde (SLP) . . . 272 C4
Riva Palacio (CHH) . . . 264 E3
Rochéachi (CHH) . . . 271 A8
Rockstone Pond (GUA) . . . 279 D6
Rodeo (DUR) . . . 268 C3
Rodolfo Sánchez Taboada (BCN) . . . 262 B1
Romita (GUA) . . . 272 D2
Rosa de Castillo (BCN) . . . 262 A1
Rosales (CHH) . . . 264 E4
Rosamorada (NAY) . . . 271 B2-3
Rosario (SON) . . . 271 A6
Rosario (SON) . . . 263 E6
Rosarito (BCN) . . . 262 C2
Rosarito (BCN) . . . 262 A1
Rosarito (BCN) . . . 262 E3-4
Rosetilla (CHH) . . . 264 E4
Ruiz (NAY) . . . 271 C2
Ruiz Cortines (SIN) . . . 271 C7

S

Sabán (ROO) . . . 279 B6
Sabancuy (CAM) . . . 277 A8-9
Sabinal Viejo (CHH) . . . 264 C2
Sabinas (COA) . . . 269 A6-7
Sabinas Hidalgo (NLE) . . . 269 B7
Sacalum (YUC) . . . 279 B5
Sacapulas (GUA) . . . 277 D8-9
Sacramento (COA) . . . 269 B6
Sahuaral (SON) . . . 263 E6
Sahuaripa (SON) . . . 263 D8
Sahuayacancito (CHH) . . . 263 E9
Sahuayo (MIC) . . . 271 D4
Sain Alto (ZAC) . . . 271 A4
Sainapuchic (CHH) . . . 264 E3
Saint Antonio (CHP) . . . 277 D7
Salado (SLP) . . . 269 D7
Salaices (CHH) . . . 268 B2
Salamanca (GUA) . 272 D2
Salina Cruz (OAX) . . . 276 C4-5
Salinas (CHH) . . . 264 B3
Salinas de Hidalgo (SLP) . . . 272 B2
Salinas del Rey (COA) . . . 268 AB4
Salinas Victoria (NLE) . . . 269 C7
Saltillo (COA) . . . 269 C6
Salto de Agua (CHP) . . . 277 B7
Salto del Agua (SLP) . . . 272 B4
Salvatierra (GUA) . 272 D3
Samachique (CHH) . . . 271 A8
Samalayuca (CHH) . 264 B3
San Agustin Atenango (OAX) . . . 276 B1
San Andrés (ZAC) . 269 E5-6
San Andrés Tuxtla (VER) . . . 276 A4
San Ángel (BCN) . . . 262 E4
San Antonio (BCN) 262 B1
San Antonio (BCS) . . . 271 E6
San Antonio de Las Alazanes (COA) . . . 269 C7
San Antonio el Bravo (CHH) . . . 264 C5
San Antonio El Grande (CHH) . . . 264 E4
San Antonio Huitepec (OAX) . . . 276 C2
San Antonio Limón (PUE) . . . 273 E6
San Antonio Rayón (VER) . . . 273 B5
San Antonio Villalongín (MIC) . . . 272 E3
San Atitlán (GUA) . 277 E8
San Augustin (BCN) 262 D3
San Augustín (JAL) . 271 D4
San Baltazar Chichicapan (OAX) . . . 276 C3
San Bartolo (BCS) . 271 E6
San Bartolo (SLP) . 272 B4
San Bartolo de Berrios (GUA) . . . 272 C2
San Bartolomé Loxicha (OAX) . . . 276 D3
San Bernadé (CHH) . 264 E3
San Bernardino (SON) . . . 263 B8-9
San Bernardo (DUR) . . . 268 B2
San Bernardo (SON) . . . 271 A7
San Blas (COA) . . . 269 A6
San Blas (NAY) . . . 271 C2
San Blas (SIN) . . . 271 B7
San Blás Atempa (OAX) . . . 276 C4
San Borja (BCN) . . . 262 E4
San Bruno (BCS) . 270 A3-4
San Buenaventura (BCS) . . . 270 B3-4
San Buenaventura (COA) . . . 269 A6
San Carlos (BCN) . 262 D2
San Carlos (COA) . . . 265 DE8-9
San Carlos (SON) . . . 270/271 A4
San Carlos Sija (GUA) . . . 277 DE8
San Ciro de Acosta (SLP) . . . 272 C4
San Cristóbal de la Barranca (JAL) . . . 271 C4
San Cristóbal de las Casas (CHP) . . . 277 C7
San Cristobal Verapaz (GUA) . . . 277 D9
San Diego (CHH) . . . 264 C1
San Diego de Alcalá (CHH) 264 E4
San Diego de Alcalá (DUR) . . . 268 D2-3
San Diego de la Unión (GUA) . . . 272 C2-3
San Dionisio del Mar (OAX) . . . 276 C4-5
San Domingo (SLP) . 272 C3
San Esteban (BCS) . 270 A2
San Evaristo (BCS) . 271 D5
San Fco. Ixhuatán (OAX) . . . 276 C5
San Felipe (BCN) . . . 262 B3
San Felipe (GUA) . . . 272 C2
San Felipe (YUC) . . . 279 A6
San Felipe Aztatan (NAY) . . . 271 B2
San Felipe de Jesús (CHH) . . . 268 A2
San Felipe del Hijar (JAL) . . . 271 D3
San Felipe Nuevo Mercurio (ZAC) . . . 269 D5
San Fermín (DUR) . 268 B3
San Fernando (CHP) . . . 277 C6
San Fernando (VER) . . . 273 D5-6
San Fernando de Presas (TAM) . . . 270 D1
San Francisco (CHH) . . . 264 E5
San Francisco (SLP) . 272 B4
San Francisco de Borja (CHH) . . . 268 A1
San Francisco de Cabrales (ZAC) . . . 271 A4
San Francisco de Horizonte (DUR) . . . 268 BC4
San Francisco de la Sierra (BCS) . . . 270 A2-3
San Francisco de los Romo (AGU) . . . 272 B1
San Francisco del Oro (CHH) . . . 268 B1-2
San Francisco del Oro (ZAC) . . . 269 E6
San Francisco del Rincón (GUA) . . . 272 D2
San Francisco Pujiltic (CHP) . . . 277 C7
San Francisquito (BCN) . . . 263 E5
San Gabriel Chilac (PUE) . . . 276 A2
San Gabriel Mixtepec (OAX) . . . 276 C2-3
San Gregorio (CHP) . 277 D7
San Hipólito (BCS) . 270 A2
San Ignacio (BCS) . 270 A3
San Ignacio (BCS) . 270 B4
San Ignacio (SIN) . 271 C7
San Ignacio (SIN) . 268 E1
San Ignacio (SLP) . 272 A3
San Isidro (BCS) . . . 270 B4
San Isidro (CHH) . . . 264 B3
San Isidro (COA) . . . 269 A5
San Isidro (TAM) . . . 269 D9
San Isidro Poniente (ROO) . . . 279 C5-6
San J. Bautista Cuicatlán (OAX) . . . 276 B3
San J. Bautista Jayacatlán (OAX) . . . 276 B3
San J. Bautista Valle Nacional (OAX) . . . 276 B3
San Javier (CHH) . . . 268 A1
San Jerónimo (GRO) . . . 275 B5
San Jerónimo (GRO) . . . 275 B6
San Jerónimo (ZAC) . . . 269 C5
San Jerónimo Taviche (OAX) . . . 276 C3
San Joaquín (CAM) . . . 277 A7-8
San Joaquín (QUE) . . . 272 CD4
San Josde Comondú (BCS) . . . 270 C4
San Jose (SIN) . . . 271 C6
San José Acateno (PUE) . . . 273 D6
San José Avino (DUR) . . . 268 D3
San José Chiltepec (OAX) . . . 276 B3
San José de Bácum (SON) . . . 271 A5
San José de Bavícora (CHH) . . . 264 D2
San José de Gracia (AGU) . . . 272 B1
San José de Gracia (BCS) . . . 270 B3
San José de Gracia (JAL) . . . 272 D1
San José de Gracia (SIN) . . . 271 B8
San José de Guajademi (BCS) . . . 270 B3-4
San José de la Boca (DUR) . . . 268 C2
San José de la Noria (BCS) . . . 271 C5
San José de la Parrilla (DUR) . . . 268 E3
San José de la Piedra (BCN) . . . 262 D2-3
San José de la Zorra (BCN) . . . 262 A1
San José de las Rusias (TAM) . . . 273 A5
San José de Moradillas (SON) . . . 263 E7
San José de Raíces (NLE) . . . 269 D7
San José del Cabo (BCS) . . . 271 E8
San José del Progreso (OAX) . . . 276 C2
San José Dimas (SON) . . . 263 E7
San José Iturbide (GUA) . . . 272 CD3
San José La Reforma (CHP) . . . 277 C8
San José Lachiguiri (OAX) . . . 276 C3
San Jose Miahuatlán (PUE) . . . 276 A2
San José Pinula (GUA) . . . 277 E9
San José Viejo (BCS) . . . 271 E8
San Juan (CAM) . . . 279 D4
San Juan (COA) . . . 269 B6
San Juan (NLE) . . . 269 C8
San Juan (SON) . . . 263 C5
San Juan Achiuta (OAX) . . . 276 B2
San Juan Cacahuatepec (OAX) . . . 276 C1-2
San Juan Cancuc (CHP) . . . 277 C7
San Juan Chiguihuitlán (OAX) . . . 276 B3
San Juan Cotzal (GUA) . . . 277 D9
San Juan de Guadalupe (DUR) . . . 269 D5
San Juan de la Costa (BCS) . . . 271 D5
San Juan de los Lagos (JAL) . . . 272 C1
San Juan de Sabinas (COA) . . . 269 A6
San Juan del Mar (BCN) . . . 262 C3
San Juan del Río (DUR) . . . 268 D3
San Juan del Río (QUE) . . . 272 D3-4
San Juan del Salado (SLP) . . . 272 A2
San Juan Guichicovi (OAX) . . . 276 BC4
San Juan Ixcaquixtla (PUE) . . . 276 A2
San Juan Ixcoy (GUA) . . . 277 D8
San Juan Lachao (OAX) . . . 276 C2-3
San Juan Mixtepec (OAX) . . . 276 B2
San Juan Nepomuceno (CHH) . . . 271 B8
San Juan Quiotepec (OAX) . . . 276 B3
San Juan Vaquerías (NLE) . . . 269 C8-9
San Juanico (BCS) . 270 B4
San Juanico (BCS) . 270 B3
San Juanito (CHH) . . . 264 E2
San Julián (JAL) . . . 272 D1

San Lorenzo (CHH) **264** D2-3
San Lorenzo (COA) **269** A6
San Lorenzo (GUA) **277** DE8
San Lorenzo (SLP). **272** B3
San Lucas (MIC). **275** A6
San Lucas Ojitlán (OAX) **276** A3
San Lucas Tolimán (GUA) **277** E8-9
San Luis Acatlán (GRO) **275** C8
San Luis de la Paz (GUA) **272** C3
San Luis del Cordero (DUR) **268** C3
San Luis Gonzaga (BCS) **270** CD4
San Luis Potosí (SLP) **272** B2
San Luis Río Colorado (SON) **262** A3
San Luis San Pedro (GRO) **275** B5-6
San Luisito (SON) **263** B5
San Marcos (GRO) **275** B7
San Marcos (GRO) **275** C7
San Marcos (GUA) **277** E8
San Marcos (JAL). **271** D3
San Martín (ZAC) **272** B2
San Martín Chalchicuautla (SLP) **273** C5
San Martín de Bolaños (JAL) **271** C4
San Martín Hidalgo (JAL) **271** D3-4
San Martin Peras (OAX) **276** B1
San Martín Texmelucan (PUE) **272/273** E5
San Mateo (ZAC) **271** B4
San Mateo Atenco (MEX) **272** E4
San Mateo del Mar (OAX) **276** C4-5
San Mateo Ixtatán (GUA) **277** D8
San Mateo Yucutindo (OAX) **276** C2
San Miguel (CHH) **264** E2
San Miguel (COA) **265** E7
San Miguel (OAX) **276** C5
San Miguel Aloapan (OAX) **276** B3
San Miguel Chicahua (OAX) **276** B2
San Miguel de Allende (GUA) **272** CD3
San Miguel el Alto (JAL) **272** C1
San Miguel Quetzaltepec (OAX) **276** C4
San Miguel Suchixtepec (OAX) **276** C3
San Miguel Talea de Castro (OAX) **276** B3
San Miguel Totolopán (GRO) **275** A6
San Miguel Tulancingo (OAX) **276** B2
San Miguel Zapotitlán (SIN) **271** BC6-7
San Miguel Zinacantepec (MEX) **272** E3-4
San Miguelito (SON) **263** C8
San Nicolás (BCS) **270** B4
San Nicolás (SON) **263** E8
San Nicolás (TAM) **269** D9
San Nicolás de Arriba (DUR) **268** D2
San Nicolás Tolentino (SLP) **272** B3
San Pablo Balleza (CHH) **268** B1
San Pablo Huitzó (OAX) **276** B3
San Pablo Huixtepec (OAX) **276** C3
San Pablo Pixtun (CAM) **278/279** C4
San Pedro (BCN) **262** E4
San Pedro (BCS) **271** E5
San Pedro (CHH) **264** D5
San Pedro (GUA) **279** D6
San Pedro (HID) **273** D5
San Pedro (SON) **263** DE6
San Pedro (TAB) **277** B8
San Pedro Corralitos (CHH) **264** C2
San Pedro Cuitlapa (GRO) **275** B8
San Pedro de la Cueva (SON) **263** D8
San Pedro de la Soledad (BCS) **271** E7
San Pedro de las Colonias (COA) **268/269** C5
San Pedro del Gallo (DUR) **268** C3
San Pedro el Alto (OAX) **276** CD3
San Pedro Huamelula (OAX) **276** C4
San Pedro Lagunillas (NAY) **271** C3
San Pedro Lagunillas (NAY) **271** C3
San Pedro Pochutla (OAX) **276** D3
San Pedro Sacatepéquez (GUA) **277** E8
San Pedro Tapanatepec (OAX) **276/277** C5
San Pedro Totolapan (OAX) **276** C3
San Pedro y S. Pablo Tequixtepec (PUE) **276** AB2
San Quintín (BCN) **262** C2
San Quintín (CHP) **277** C8
San Rafael (BCS) **270** A1-2
San Rafael (COA) **269** C7
San Rafael (DUR) **268** C3
San Rafael (NLE) **269** C7
San Rafael (SON) **263** B6
San Rafael (VER) **273** D6-7
San Roberto (NLE) **269** D7
San Román (ROO) **279** D6
San Roque (BCS) **270** A1
San Salvador (TAM) **269** D8
San Salvador el Seco (PUE) **273** E6
San Sebastian (GUA) **277** D8
San Sebastian (JAL) **271** D3
San Sebastián (VER) **273** C5-6
San Sebastián Coatlán (OAX) **276** C3
San Simon (SIN) **271** B7-8
San Telmo (BCN) **262** B1-2
San Tiburcio (ZAC) **269** D6
San Vicente (BCN) **262** B1-2
San Vicente Lachixio (OAX) **276** C2
San Vicente Tanacuayalab (SLP) **272/273** C5
Sánchez Magallanes (TAB) **277** A5-6
Santa Ana (SON) **263** C7
Santa Ana (TAB) **277** A6
Santa Ana Tavela (OAX) **276** C4
Santa Anita (COA) **265** E6
Santa Anita (JAL) **271** D4
Santa Apolonia (TAM) **270** C2
Santa Bárbara (CHH) **268** B2
Santa Bárbara (DUR) **268** E3
Santa Catarina (BCN) **262** D2
Santa Catarina (NLE) **269** C7
Santa Catarina Loxicha (OAX) **276** C3
Santa Cecilia (GUA) **279** D7
Santa Clara (CHH) **264** D3
Santa Clara (DUR) **268** D4
Santa Cruz (CAM) **278/279** C4
Santa Cruz (COA) **269** C6
Santa Cruz (OAX) **276** D3-4
Santa Cruz (SIN) **268** D1
Santa Cruz (SON) **263** B7
Santa Cruz del Quiché (GUA) **277** D8
Santa Cruz Verapaz (GUA) **277** D9
Santa Elena (COA) **268/269** A5
Santa Elena (YUC) **279** B5
Santa Eulalia (COA) **265** D8
Santa Eulalia (GUA) **277** D8
Santa Fé (BCS) **270** D4
Santa Fé (MIC) **272** D2
Santa Gertrudis (CHH) **268** A2
Santa Inés (CHP) **277** D8
Santa Inés Ahuatempan (PUE) **276** A1
Santa Isabel (CHP) **277** C6
Santa Lucia la Reforma (GUA) **277** D8
Santa Maria (SON) **263** E6
Santa Maria (TAM) **273** A5
Santa María Chicometepec (OAX) **276** C1-2
Santa María Chimalapa (OAX) **276** C5
Santa María Colotepec (OAX) **276** D3
Santa María de Cuevas (CHH) **268** A1
Santa María de los Angeles (JAL) **271** B4
Santa María del Oro (DUR) **268** C2
Santa María del Oro (NAY) **271** C3
Santa María del Río (SLP) **272** C3
Santa María del Valle (JAL) **272** D1
Santa María delTule (OAX) **276** B3
Santa María Ecatepec (OAX) **276** C3-4
Santa María Guienagati (OAX) **276** C4
Santa María Huazolotitlán (OAX) **276** C2
Santa María Jacatepec (OAX) **276** B3
Santa Mariá Sola (OAX) **276** C2-3
Santa Maria Tecomavaca (OAX) **276** B2
Santa María Xadani (OAX) **276** D3-4
Santa Maria Zacatepec (OAX) **276** C2
Santa María Zoquitlán (OAX) **276** C3
Santa Matilde (CHH) **271** A7
Santa Rita (BCS) **270** D4
Santa Rita (COL) **271** E3
Santa Rosa (COA) **265** D8
Santa Rosa (COA) **265** E8
Santa Rosa (GRO) **275** B6
Santa Rosa (ROO) **279** C6
Santa Rosa (QUE) **272** D3
Santa Rosa (SIN) **268** D1
Santa Rosa (SON) **263** E8-9
Santa Rosa (TAM) **270** D2
Santa Rosalía (BCS) **270** A3
Santa Rosalía (SON) **263** D7
Santa Rosaliita (BCN) **262** E3
Santa Teresa (NAY) **271** B3
Santa Teresa (TAM) **270** C1-2
Santa Victoria (COA) **269** C6
Santa Casilda (MIC) **272** E2
Santander Jiménez (TAM) **270** D1
Santiago (BCS) **271** E6
Santiago (COL) **271** E3
Santiago (NLE) **269** C7
Santiago Amoltepec (OAX) **276** C2
Santiago Astata (OAX) **276** D4
Santiago Chazumba (OAX) **276** A2
Santiago Choapan (OAX) **276** B4
Santiago de la Peña (VER) **273** D6
Santiago de Los Caballeros (SIN) **271** C8
Santiago de Pochotitán (NAY) **271** C3
Santiago Ixcuintla (NAY) **271** C2
Santiago Ixtayutla (OAX) **276** C2
Santiago Jalahuy (OAX) **276** B4
Santiago Jamiltepec (OAX) **276** C2
Santiago Juxtlahuaca (OAX) **276** B1
Santiago Lachiguiri (OAX) **276** C4
Santiago Maravatío (GUA) **272** D2-3
Santiago Matatlán (OAX) **276** C3
Santiago Mexquititlán (QUE) **272** D3-4
Santiago Miahuatlán (PUE) **276** A2
Santiago Papasquiaro (DUR) **268** C2
Santiago Pinotepa Nacional (OAX) **276** C1-2
Santiago Tamazola (OAX) **276** B1
Santiago Tangamandapio (MIC) **272** DE1
Santiago Tianguistenco (MEX) **272** E4
Santiago Tlazoyaltepec (OAX) **276** B2-3
Santiago Tuxtla (VER) **276** A4
Santiago Xonacatlán (PUE) **273** E6
Santiago Yosondúa (OAX) **276** C2
Santo Domingo (BCS) **270** C3-4
Santo Domingo (JAL) **271** C3-4
Santo Domingo (OAX) **276** C5
Santo Domingo (SLP) **272** B3
Santo Domingo (TAM) **270** C1
Santo Domingo Petapa (OAX) **276** C4
Santo Domingo Tehuantepec (OAX) **276** C4
Santo Domingo Xagacia (OAX) **276** B3
Santo Domingo Zanatepec (OAX) **276/277** C5
Santo Tómas (BCN) **262** B1
Santo Tomás (CHH) **264** E2
Santo Tomás la Unión (GUA) **277** E8
Santo Tomas Mazaltepec (OAX) **276** B2-3
Santo Tomás Oxchuc (CHP) **277** C7
Santo Tomás Tamazulapan (OAX) **276** C3
Santuario (HID) **272** D4
Saric (SON) **263** B6
Sarteneja (GUA) **279** D6
Satevó (CHH) **268** A1
Saucillo (CHH) **264** E4
Sayula (JAL) **271** E4
Sayula de Alemán (VER) **276** B5
Señor (ROO) **279** C6
Sentispac (NAY) **271** C2
Seybaplaya (CAM) **278** C4
Seyé (YUC) **279** B5
Sierra Mojada (COA) **268** A4
Sierrita de López (SON) **263** D6
Sihochác (CAM) **278/279** C4
Silao (GUA) **272** D2
Siltepec (CHP) **277** D7
Silvituc (CAM) **279** D4
Simojovel (CHP) **277** B7
Sinaloa de Leyva (SIN) **271** C7
Sinoquipe (SON) **263** C7
Siqueiros (SIN) **271** A1
Sisal (YUC) **279** A4
Sisoguichi (CHH) **271** A8
Sitalá (CHP) **277** C7
Socorro (COA) **269** B5
Sola de Vega (OAX) **276** C2-3
Soledad (SON) **262** C4-5
Soledad de Doblado (VER) **273** E7
Soledad Diez Gutiérrez (SLP) **272** B3
Solola (GUA) **277** E8
Soloma (GUA) **277** D8
Sombrerete (ZAC) **271** A4
Sonoyta (SON) **262** B4-5
Soteapan (VER) **276** A5
Soto la Marina (TAM) **270** E1-2
Sotuta (YUC) **279** B5-6
Soyalo (CHP) **277** C7
Soyaltepec (OAX) **276** B2
Soyatita (SIN) **271** C8
Soyopa (SON) **263** E8
Suaqui Grande (SON) **263** E8
Suchiapa (CHP) **277** C6-6
Suchil (DUR) **271** A3-4
Suchitlán (COL) **271** E4
Sucilá (YUC) **279** A6
Sultepec (MEX) **275** A6-7
Surutato (SIN) **271** C8

T

Tabala (SIN) **271** D8
Tabasco (ZAC) **271** C4
Tacámbaro (MIC) **272** E2
Tacaná (GUA) **277** D7-8
Tacoaleche (ZAC) **272** B1
Tacotalpa (TAB) **277** B7
Tacubaya (COA) **268** C5
Tahdzibichén (YUC) **279** B5-6
Tajicaringa (DUR) **271** A3
Tala (JAL) **271** D4
Talpa de Allende (JAL) **271** D3
Tamazula (SIN) **271** C7
Tamazula de Gordiano (JAL) **271** E4
Tamazula de Victoria (DUR) **268** D1
Tamazulapán (OAX) **276** B2
Tamazunchale (SLP) **272/273** C5
Tamiahua (VER) **273** C6
Tampacán (SLP) **272/273** C5
Tampico (VER) **273** B6
Tampico Alto (VER) **273** B6
Tamuín (SLP) **272** B5
Tan Kah (ROO) **279** B7
Tanacatita (JAL) **271** E2-3
Tancanhuitz de Santos (SLP) **272** C5
Tancítaro (MIC) **272** E1
Tancuime (SLP) **272** C4
Tangancícuaro (MIC) **272** E1
Tankuché (CAM) **279** B4
Tanque Nuevo (COA) **269** B5
Tanques (SON) **271** A7
Tanquián de Escobedo (SLP) **273** C5
Tantoyuca (VER) **273** C5-6
Tapachula (CHP) **277** E7
Tapalpa (JAL) **271** E4
Tapijulapa (TAB) **277** B7
Tapilula (CHP) **277** B6
Tarandacuao (GUA) **272** D3
Taretán (MIC) **272** E2
Tarímbaro (MIC) **272** E2
Tarimoro (GUA) **272** D3
Tasajera (SIN) **271** B7
Tastiota (SON) **263** E6
Taxco (GRO) **275** A7
Tayahua (ZAC) **271** B4
Tayoltita (DUR) **268** D2
Teabo (YUC) **279** B5
Teacapan (SIN) **271** B2
Teapa (CHP) **277** B7
Tecali (PUE) **276** A1-2
Tecalitlán (JAL) **271** E4
Tecamachalco (PUE) **276** A2
Tecate (BCN) **262** A1
Techaluta (JAL) **271** D4
Tecoanapa (GRO) **275** C7
Tecoh (YUC) **279** B5
Tecolutilla (TAB) **277** A6
Tecolutla (VER) **273** D6-7
Tecomán (COL) **274** A3
Tecomatlán (PUE) **275** A8
Tecoripa (SON) **263** E7-8
Tecozautla (HID) **272** D4
Tecpan de Galeana (GRO) **275** B6
Tecpatán (CHP) **277** B6
Tecuala (NAY) **271** B2
Tehuacán (PUE) **276** A2
Tehuipango (VER) **276** A2-3
Tehuitzingo (PUE) **275** A8
Tejamen (DUR) **268** D2
Tejolachi (CHH) **264** E2
Tejupilco de Hidalgo (MEX) **275** A6
Tejutla (GUA) **277** D8
Tekal de Venegas (YUC) **279** AB6
Tekax (YUC) **279** B5
Tekit (YUC) **279** B5
Tekom (YUC) **279** B6
Telchac Puerto (YUC) **279** A5
Teloloapan (GRO) **275** A6-7
Temascal (OAX) **276** A3
Temascalapa (MEX) **272** E5
Temax (YUC) **279** A6
Temaxaltepec (OAX) **276** C2
Temo (CHP) **277** B7-8
Témoris (CHH) **271** A7
Temosachi (CHH) **264** E2
Temozón (YUC) **279** B6
Tempoal de Sánchez (VER) **273** C5
Tenabo (CAM) **279** B4
Tenamaxtlán (JAL) **271** D3
Tenampulco (PUE) **273** D6
Tenancingo (MEX) **275** A7
Tenango de Arista (MEX) **272** E4
Tenanguito (PUE) **273** D6
Tenejapa (CHP) **277** C7
Tenexpa (GRO) **275** B6
Tenixtepec (VER) **273** D6
Tenochtitlán (VER) **276** B5
Tenosique (TAB) **277** B8
Teocaltiche (JAL) **272** C1
Teocelo (VER) **273** E7
Teocuitlán de Corona (JAL) **271** D4
Teopisca (CHP) **277** C7
Teotitlán de Flores Magón (OAX) **276** A2-3
Teotitlán del Valle (OAX) **276** B3

Tepalcatepec (MIC) 271 E4
Tepalcingo (MOR) 275 A8
Tepames (COL) 271 E4
Tepantita (SIN) 271 C8
Tepantitlán (GRO) 275 C8
Tepatepec (HID) 272 D4-5
Tepatitlán de Morelos (JAL) 272 D1
Tepeaca (PUE) 276 A1-2
Tepeapulco (HID) 273 E5
Tepechitlán (ZAC) 271 C4
Tepecoacuilco (GRO) 275 A7
Tepehuajes (TAM) 273 A6
Tepehuanes (DUR) 268 C2
Tepeji del Río (HID) 272 E4
Tepeojuma (PUE) 275 A8
Tepetitlán (TAB) 277 B7
Tepetixtla (GRO) 275 B6
Tepetongo (ZAC) 271 B4
Tepetzintla (VER) 273 C5-6
Tepexi de Rodríguez (PUE) 276 A2
Tepezalá (AGU) 272 B1
Tepic (NAY) 271 C3
Tepich (ROO) 279 B6
Teposcolula (OAX) 276 B2
Tepotzotlán (MEX) 272 E4
Tepoztlán (MOR) 272 E4-5
Tepuxtla (SIN) 271 A1
Tequexquitla (PUE) 273 E6
Tequila (JAL) 271 D4
Tequisquiapan (QUE) 272 D4
Tequixquiac (MEX) 272 E4-5
Terrenate (TLA) 273 E5-6
Terreros (COA) 265 E8
Tesistán (JAL) 271 D4
Tetanmeche (SIN) 271 C7
Tetela del Río (GRO) 275 B6
Teuchitlán (JAL) 271 D4
Teúl de González Ortega (ZAC) 271 C4
Texcaltitlan (MEX) 275 A6-7
Texcoco (MEX) 272/273 E5
Texistepec (VER) 276 B5
Teziutlán (PUE) 273 E6
Tezoatlán (OAX) 276 B2
Tezontepec (HID) 272 E5
Thul (YUC) 279 B5
Tianguistengo (HID) 273 D5
Ticul (YUC) 279 B5
Tierra Blanca (VER) 276 A3-4
Tierra Colorada (GRO) 275 B7
Tierra Nueva (SLP) 272 C3
Tihosuco (ROO) 279 B6
Tihuatlán (VER) 273 D6
Tijuana (BCN) 262 A1
Tikuch (YUC) 279 B6
Tilantongo (OAX) 276 B2
Tilzapotla (MOR) 275 A7
Tingambato (MEX) 272 E3
Tinúm (CAM) 279 C4
Tinum (YUC) 279 B6
Tiquicheo (MIC) 275 A6
Tixbacab (YUC) 279 A6
Tixcacalcupul (YUC) 279 B6-7
Tixcancal (YUC) 279 A7
Tixkokob (YUC) 279 A5
Tixmucuy (CAM) 279 C4
Tixtla de Guerrero (GRO) 275 B7
Tizapán El Alto (JAL) 271 D4
Tizayuca (MEX) 272 E4-5
Tizimín (YUC) 279 A6-7
Tlachichila (ZAC) 271 C4
Tlachichilco (VER) 273 D5
Tlachichuca (PUE) 273 E6
Tlacoapa (GRO) 275 B8
Tlacolula de Matamoros (OAX) 276 C3
Tlacolulan (VER) 273 E6-7
Tlacotalpan (VER) 276 A4
Tlacotepec (GRO) 275 B7
Tlacotepec (MOR) 275 A8
Tlacotepec (PUE) 276 A2
Tlacuilolapa (VER) 278 D1
Tlacuilotepec (PUE) 273 D5
Tlacuitlapan (JAL) 272 C1
Tlahualilo de Zaragoza (DUR) 268 B4
Tlahuiltepa (HID) 272 D5
Tlajomulco (JAL) 271 D4
Tlalchapa (GRO) 275 A6
Tlalixcoyan (VER) 276 A3-4
Tlalixtaquilla (GRO) 275 B8
Tlalnepantla (MEX) 272 E4-5
Tlalpujahua (MIC) 272 E3
Tlaltenango (ZAC) 271 C4
Tlaltizapán (MOR) 275 A7-8
Tlancualpicán (PUE) 275 A8
Tlapa de Comonfort (GRO) 275 B8
Tlapacoyan (VER) 273 E6-7
Tlapanalá (PUE) 275 A8
Tlapehuala (GRO) 275 A6
Tlaquepaque (JAL) 271 D4
Tlatlaya (MEX) 275 A6
Tlaxcala (TLA) 273 E5
Tlaxco (TLA) 273 E5
Tlaxcoapan (HID) 272 D4
Tlaxiaco (OAX) 276 B2
Tochimilco (PUE) 275 A8
Tocumbo (MIC) 272 E1
Todos Santos (BCS) 271 E6
Tolimán (HID) 272 D4
Tolimán (JAL) 271 E4
Tolimán (QUE) 272 D3-4
Toluca (MEX) 272 E4
Tomás Garrido Canabal (ROO) 279 D5-6
Tomatlán (JAL) 271 E2
Tomochi (CHH) 264 E2
Tonalá (CHP) 277 C6
Tonalá (JAL) 271 D4
Tonalá (VER) 277 A5
Tonaya (JAL) 271 E4
Tonichi (SON) 263 E8
Tonila (JAL) 271 E4
Topahue (SON) 263 D7
Topía (DUR) 268 C1
Topolobampo (SIN) 271 C6
Torreón (COA) 268 C4
Torreón de Cañas (DUR) 268 B2-3
Torres (SON) 263 E7
Tosanachi (CHH) 264 E2
Totonicapán (GUA) 277 E8
Totontepec (OAX) 276 B4
Tototlán (JAL) 271 D4
Totutla (VER) 273 E7
Trancas (CHH) 264 E4
Tres Alamos (CHH) 264 C1
Tres Marías (MOR) 272 E4
Tres Palos (GRO) 275 C7
Tres Picos (CHP) 277 D6
Tres Reyes (ROO) 279 B7
Tres Valles (VER) 276 A3-4
Trincheras (SON) 263 C6
Trojes (MIC) 274 A3
Troncones (VER) 273 D7
Troncoso (ZAC) 272 B1
Tubutama (SON) 263 C6
Tuitán (DUR) 268 D3
Tula (HID) 272 D4
Tula (TAM) 272 A4
Tulancingo (HID) 273 D5
Tulipan (TAB) 277 B8
Tultepec (MEX) 272 E4-5
Tulum (ROO) 279 B7
Tumbiscatío de Ruíz (MIC) 274 A4
Tunkás (YUC) 279 B6
Tupilco (TAB) 277 A6
Tupitina (MIC) 274 A4
Turicachi (SON) 263 C8
Turicato (MIC) 272 E2
Tutuaca (CHH) 264 E3
Tututepec (OAX) 276 C2
Tuxpam (VER) 273 D6
Tuxpan (JAL) 271 E4
Tuxpan (MIC) 272 E3
Tuxpan (NAY) 271 C2
Tuxtepec (OAX) 276 A3-4
Tuxtilla (VER) 276 A4
Tuxtla Gutiérrez (CHP) 277 C6
Tzimol (CHP) 277 C7
Tzinteel (CHP) 277 B7-8
Tzintzuntzan (MIC) 272 E2
Tziscao (CHP) 277 C8
Tzitzio (MIC) 272 E3
Tzucacab (YUC) 279 B5-6

U

Uayma (YUC) 279 B6
Ucum (ROO) 279 D6
Umán (YUC) 279 B5
Umécuaro (MIC) 272 E2
Unión de Tula (JAL) 271 E3
Unión Hidalgo (OAX) 276 C5
Unión Juárez (CHP) 277 D7
Ures (SON) 263 D7
Uriangato (GUA) 272 D2
Ursulo Galván (VER) 273 E7
Uruachi (CHH) 271 A7
Uruapan (MIC) 272 E1-2
Uspantán (GUA) 277 D9
Uspero (MIC) 274 A4

V

V. M. Sánchez (DUR) 268 CD3
Valadeces (TAM) 269 B9
Valerio (CHH) 268 A1
Valladolid (YUC) 279 B6
Valle de Allende (CHH) 268 B2
Valle de Banderas (NAY) 271 D2
Valle de Bravo (MEX) 272 E3-4
Valle de Guadalupe (JAL) 272 D1
Valle de Juárez (MIC) 271 DE4-5
Valle de Santiago (GUA) 272 D2
Valle de Vázques (MOR) 275 A7-8
Valle de Zaragoza (CHH) 268 A1
Valle del Rosario (CHH) 268 A1
Valle Hermoso (ROO) 279 C6
Valle Hermoso (TAM) 270 C2
Valle Las Palmas (BCN) 262 A1
Valle Perdido (BCS) 271 E5-6
Vallecillo (NLE) 269 B7-8
Valparaíso (ZAC) 271 B4
Vasconcelos (VER) 276 B5
Vega de Alatorre (VER) 273 D7
Venado (SLP) 272 B2
Venustiano Carranza (BCN) 262 C2
Venustiano Carranza (CHP) 277 C7
Venustiano Carranza (DUR) 268 D3
Venustiano Carranza (MIC) 272 D1
Venustiano Carranza (NAY) 271 C1
Venustiono Carranza (JAL) 271 E4
Veracruz (VER) 273 E7-8
Vicam (SON) 271 A5
Vicam Pueblo (SON) 271 A5
Vicente Guerrero (BCN) 262 C2
Vicente Guerrero (TLA) 273 E5-6
Vicente Guerrero (ZAC) 268 E4
Victor Rosales (ZAC) 272 AB1
Victoria (GUA) 272 C3
Vieja Palestina (COA) 265 D8
Viesca (COA) 268/269 C5
Vigía Chico (ROO) 279 C7
Villa Ahumada (CHH) 264 C3
Villa Ahumada y Anexas (CHH) 264 C2-3
Villa Azueta (VER) 276 A4
Villa Blanca (TAM) 273 B5
Villa Canales (GUA) 277 E9
Villa Comaltitlán (CHP) 277 D7
Villa Corona (JAL) 271 D4
Villa Coronado (CHH) 268 B2
Villa Corzo (CHP) 277 C6
Villa de Ahome (SIN) 271 C6
Villa de Arista (SLP) 272 B3
Villa de Bustamante (TAM) 272 A4
Villa de Chiapilla (CHP) 277 C7
Villa de Cos (ZAC) 272 A1
Villa de García (NLE) 269 C7
Villa de Guadalupe (SLP) 272 A3
Villa de Méndez (TAM) 270 C1
Villa de Pozos (SLP) 272 B2-3
Villa de Ramos (SLP) 272 B2
Villa de Reyes (SLP) 272 C2-3
Villa Escobedo (COA) 269 A6
Villa Flores (CHP) 277 C6
Villa García (AGU) 272 B2
Villa González Ortega (ZAC) 272 B2
Villa Guerrero (JAL) 271 C4
Villa Hermosa (SON) 220 C3
Villa Hidalgo (COA) 269 A7-8
Villa Hidalgo (DUR) 268 B2-3
Villa Hidalgo (JAL) 272 C1
Villa Hidalgo (SLP) 272 B3
Villa Hidalgo (SON) 263 C8
Villa Jesús María (BCN) 262 E4
Villa Juanita (VER) 276 B4
Villa Juárez (AGU) 272 B1
Villa Juárez (DUR) 268 C4
Villa Juárez (SLP) 272 B3
Villa Juarez (SON) 271 A6
Villa López (CHH) 268 A2-3
Villa Madero (MIC) 272 E2
Villa Mainero (TAM) 269 D8
Villa Matamoros (CHH) 268 B2
Villa Nicolás Romero (MEX) 272 E4
Villa Obregon (JAL) 272 C1
Villa Ocampo (DUR) 268 B2
Villa Pesquera (SON) 263 D8
Villa Progreso (QUE) 272 D4
Villa Santo Domingo (SLP) 272 A2
Villa Unión (COA) 265 E9
Villa Unión (DUR) 268 E3-4
Villa Unión (SIN) 271 A1
Villa Victoria (MEX) 272 E3
Villagrán (GUA) 272 D2-3
Villagrán (TAM) 269 D8
Villahermosa (CAM) 279 D5
Villahermosa (TAB) 277 A7
Villaldama (NLE) 269 B7
Villanueva (ZAC) 271 B4
Vincente Guerrero (ROO) 279 B7
Vincente Guerrero (SON) 263 B7
Vista Hermosa (MIC) 272 D1

X

Xalapa (VER) 273 E7
Xalpatláhuac (GRO) 275 B8
Xaltianguis (GRO) 275 B7
Xbacáb (CAM) 277 A9
X-Can (YUC) 279 B7
Xcupil (CAM) 279 C5
Xel-Há (ROO) 279 B7
Xichú (GUA) 272 C3-4
Xico (VER) 273 E6
Xicoténcatl (TAM) 272 B5
Xicotepec (PUE) 273 D6
Xilitla (SLP) 272 C4-5
Xiulub (ROO) 279 B7
Xmaben (ROO) 279 C5
Xnoh-Cruz (ROO) 279 C5
Xochiapa (VER) 276 B4
Xochihuehuetlán (GRO) 275 B8
Xochitlán (PUE) 276 A2
Xpujil (CAM) 279 D5
Xul (YUC) 279 B5
Xyatil (ROO) 279 C6

Y

Yahualica (JAL) 271 C4
Yajalón (CHP) 277 B7
Yalina (OAX) 276 B3
Yalsihon (YUC) 279 A6
Yanga (VER) 276 A3
Yanhuitlán (OAX) 276 B2
Yautepec (MOR) 275 A7
Yautepec (OAX) 276 C3
Yávaros (SON) 271 B6
Yaxcaba (YUC) 279 B6
Yaxcopoil (YUC) 279 B5
Yécora (SON) 263 E8-9
Yecorato (SIN) 271 B7
Yecuatla (VER) 273 E7
Yeloixtlahuacan (PUE) 276 A1
Yepachi (CHH) 264 E1
Yepómera (CHH) 264 DE2
Yerbanis (DUR) 268 D4
Yerbitas (CHH) 268 B1
Yermo (DUR) 268 B3
Yiquiché (GUA) 277 D9
Yogana (OAX) 276 C3
Yohaltún (CAM) 279 C4
Yolomecatl (OAX) 276 B2
Yoquivo (CHH) 271 A8
Yoyabai (GUA) 277 E9
Yucatán (YUC) 279 A7
Yurécuaro (MIC) 272 D1
Yuriria (GUA) 272 D2-3

Z

Zaachila (OAX) 276 C3
Zacapoaxtla (PUE) 273 E6
Zacapu (MIC) 272 E2
Zacatal (CAM) 277 A8
Zacatecas (ZAC) 271 B4
Zacatelco (TLA) 273 E5
Zacatepec (MOR) 275 A7
Zacatlán (PUE) 273 E6
Zacoalco de Torres (JAL) 271 D4
Zacualpa (GUA) 277 D9
Zacualpan (MEX) 275 A7
Zacualtipan (HID) 273 D5
Zamora (MIC) 272 D1
Zapopan (JAL) 271 D4
Zapotán (NAY) 271 C3
Zapotiltic (JAL) 271 E4
Zapotitlán Lagunas (GRO) 275 B8
Zapotitlán Salinas (PUE) 276 A2
Zapotitlán Tablas (GRO) 275 B8
Zapotlanejo (JAL) 271 D4
Zaragoza (CHH) 264 B3
Zaragoza (CHP) 277 C6
Zaragoza (COA) 265 E8-9
Zaragoza (NLE) 269 E8
Zaragoza (PUE) 273 E6
Zaragoza (SLP) 272 B3
Zicuirán (MIC) 275 A5
Zihuatanejo (GRO) 275 B5
Zimapan (HID) 272 D4
Zimatlán (OAX) 276 C3
Zinacatepec (PUE) 276 A2-3
Zináparo (MIC) 272 D2
Zinapécuaro (MIC) 272 E3
Zipoco (JAL) 271 E4
Ziracuarétiro (MIC) 272 E2
Zirándaro (GRO) 275 A5
Zitácuaro (MIC) 272 E3
Zitlala (GRO) 275 B7
Zongolica (VER) 276 A3
Zumpango (MEX) 272 E4
Zumpango del Río (GRO) 275 B7

MapArt PUBLISHING CORPORATION MapArt.com

produces approximately 95% of all paper maps retailing in Canada.

Wall Maps

All our Wall Maps are protected with a durable plastic lamination*

*(except where noted below as "Paper")

Item #20754—**North America** (Paper); 36″ X 49″; $19.95
Item #80007—**Canada Wall Map**; 33″ X 48″; $19.95
Item #20750—**Canada Wall Map** (Paper); 39″ X 55″; $19.95
Item #20751—**United States Wall Map** (Paper;) 39″ X 55″; $19.95
Item #10527—**Toronto & Area Wall Map**; 48″ X 60″; $99.95
Item #1123—**Golden Horseshoe/South Central Ontario Wall Map**; 48″ X 60″; $99.95
Item #80011—**World Wall Map**; 28″ X 40″; $19.95
Item #20466—**Super Large Wall Map**; 38″ X 59″; $29.95
Item #20075—**Antique World Wall Map**; 31″ X 49″; $19.95
Item #20753—**World Political Wall Map** (Paper); 39″ X 55″; $19.95
Item #20591—**Montreal Wall Map**; 48″ X 60″; $49.95
Item #20594—**Quebec (Province) Wall Map**; 41″ X 59″; $49.95
Item #10817—**Ontario Wall Map**; 41″ X 59″; $49.95
Item #20660—**Alberta Wall Map**; 41″ X 59″; $49.95
Item #20661—**British Columbia Wall Map**; 41″ X 59″; $49.95
Item #20666—**Calgary Wall Map**; 41″ X 59″; $49.95

Item #20075—**Antique World Wall Map**; 31″ X 49″; $19.95

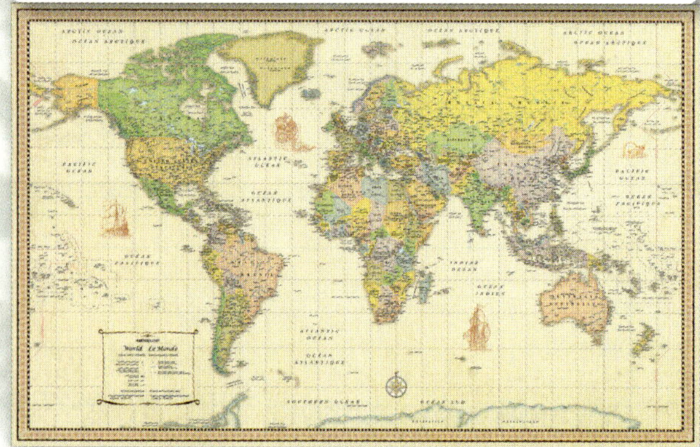

Item #20753—**World Political Wall Map** (Paper); 39″ X 55″; $19.95

Item #80007—**Canada Wall Map**; 33″ X 48″; $19.95

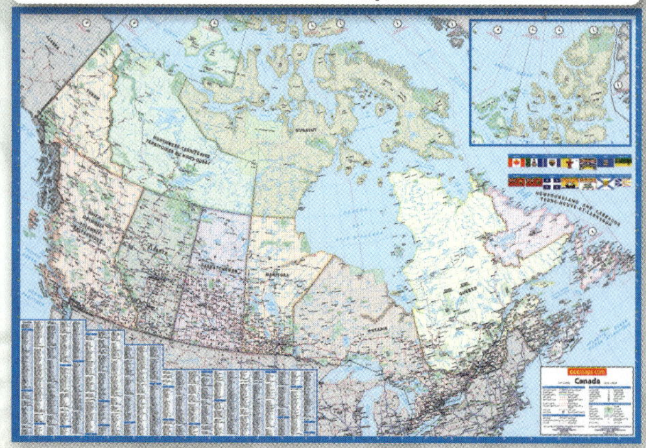

Item #20751—**United States Wall Map** (Paper;) 39″ X 55″; $19.95

Item #20754—**North America** (Paper); 36″ X 49″; $19.95

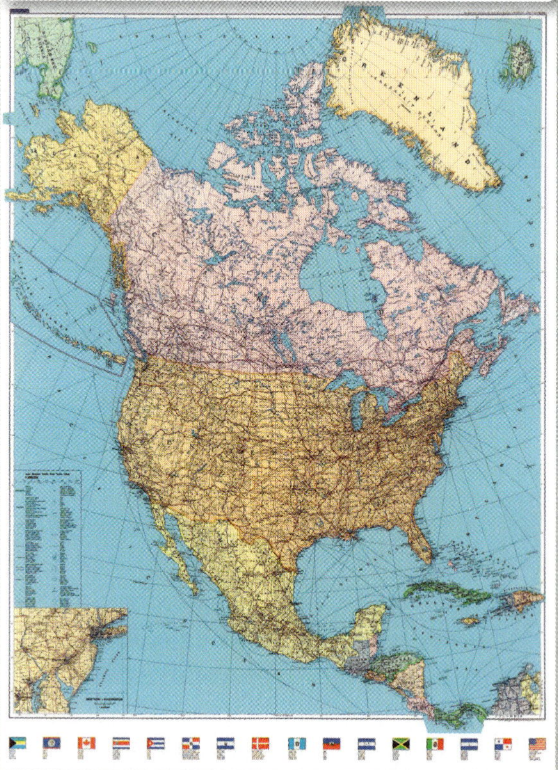

Les PUBLICATION MapArt CORPORATION

produit environ 95% de toutes les cartes de papier vendu au Canada

MapArt.com

Item #1123—**Golden Horseshoe/South Central Ontario Wall Map**;
48" X 60"; $99.95

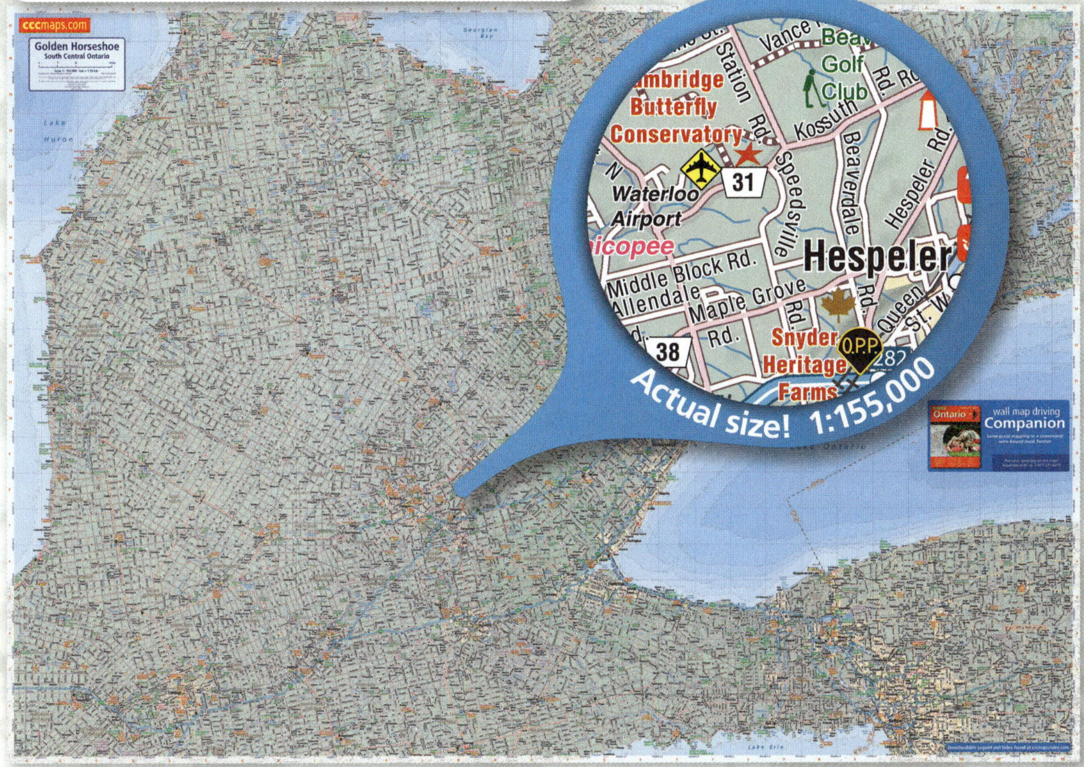

Item #10527—**Toronto & Area Wall Map**;
48" X 60"; $99.95

Notes:

Notes: